ère Charette 9-91.

La direction
des entreprises
concepts et applications

Sous la direction de Roger Miller

D1451665

McGraw-Hill, Éditeurs

Montréal   Toronto   New York   Saint Louis   San Francisco
Auckland   Bogotá   Caracas   Guatemala   Hambourg   Le Caire   Lisbonne
Londres   Madrid   Mexico   Milan   New Delhi   Panama
Paris   San Juan   São Paulo   Singapour   Sydney   Tokyo

La direction des entreprises, concepts et applications,
2ᵉ édition
Copyright © 1989, 1985, McGraw-Hill, Éditeurs

Dépôt légal: 4ᵉ trimestre 1988 © 1989

Bibliothèque nationale du Québec

Imprimé et relié au Canada

 234567890 BI 88 76543210

ISBN 0-07-549604-6

Gaudeamus igitur,
Iuvenes dum sumus.
Post iucundam inventutem,
Post molestam senectutem,
Nos habebit Deus ;
Nos habebit Cælum.

Vivat academia !
Vivant professores !
Vivat membrum quodlibet,
Vivant membra quælibet !
Semper sint in flore !

Table des matières

Préface

Le défi auquel le Canada est confronté en matière de science, de technologie et de gestion englobe tous les aspects de notre société. Ce dont nous avons le plus besoin, ce ne sont pas seulement quelques dollars de plus pour financer certains projets mais surtout une modification profonde d'une part, de nos attitudes à l'égard de la science, de la technologie et de la gestion et d'autre part, une reconnaissance sans équivoque de son rôle fondamental dans l'amélioration qualitative et quantitative de notre niveau de vie.

LE MONDE N'EST PAS EN MUTATION, IL A DÉJÀ CHANGÉ.

Bien que le taux de chômage demeure relativement élevé, le Canada est l'un des pays industrialisés qui enregistrent la plus forte croissance économique. La plupart des experts prévoient, par surcroît, que la tendance actuelle se poursuivra au cours des prochaines années. Ces circonstances favorables ne doivent pas nous inciter à la passivité. La concurrence internationale change de nature et s'écarte de plus en plus de ce que nous avons connu dans le passé. L'économie canadienne accélérera son processus de continentalisation à la suite de l'Accord sur le libre-échange avec les États-Unis. Les règles du jeu sont donc en voie d'être profondément transformées.

Notre dotation en ressources naturelles nous a permis historiquement de bénéficier d'un niveau de vie élevé. Les industries qui les exploitent conserveront sans doute une certaine importance à l'avenir et demeureront, dans certaines régions, le pivot de l'économie locale. Or, l'importance de nos ressources naturelles nous a conduits à négliger les enseignements de la théorie moderne de la croissance économique.

En effet, la connaissance scientifique, l'innovation organisationnelle, l'innovation en matière de produits et les inventions technologiques constituent désormais les nouveaux et les principaux « facteurs » de production que les pays et les chefs d'entreprises se doivent d'apprendre à maîtriser. Le principe selon lequel le commerce international entre pays est fonction de leurs avantages comparatifs « naturels » respectifs est battu en brèche dans un nombre croissant de secteurs industriels. La compétitivité relative des pays est de plus en plus associée à leurs investissements technologiques respectifs et à leur attitude à l'égard du progrès scientifique.

La structure de l'économie canadienne ne génère pas suffisamment d'avantages comparatifs « créés ». Il s'ensuit que la part des produits à haute intensité technologique dans le total des exportations canadiennes est demeurée stable à environ 4 %, alors que celle du Japon atteint dorénavant 16 %. Contrairement aux autres pays industrialisés qui diversifient leurs exportations afin de conquérir une part de ce marché en croissance rapide, le Canada a conservé sa structure économique traditionnelle, laquelle est confrontée à des défis de plus en plus exigeants dans ses marchés d'exportation habituels.

En bref, le Canada a accepté une situation de dépendance qui n'a aucune raison d'être. Cependant, pour changer les choses, nous devons adopter une nouvelle attitude à l'égard de la science, de la technologie et du progrès, ainsi que mettre en place une infrastructure nationale destinée à appuyer notre capacité d'innover.

Désormais, la concurrence économique entre les pays industrialisés se fera sur le plan technologique par le biais d'innovations en matière d'organisation, de produits et de technologie. Pour être en mesure de rivaliser avec succès, nous devons faire des efforts concertés dans nos industries et nos institutions publiques. Trois facteurs principaux doivent être pris en considération dans l'élaboration d'une stratégie nationale. Premièrement, la qualité de l'enseignement au Canada doit être considérablement améliorée. Deuxièmement, il faut augmenter la quantité et la qualité de la recherche effectuée au Canada, surtout en milieu universitaire. Troisièmement, les milieux d'affaires canadiens doivent apprendre à exploiter les inventions et les innovations.

- La qualité de l'enseignement

« Si une puissance étrangère hostile avait essayé d'imposer en Amérique le système d'enseignement médiocre qui existe aujourd'hui, nous aurions considéré cela comme un acte de guerre. » Cet énoncé véhément a été prononcé récemment par la Commission nationale sur la qualité de l'éducation (la Commission Gardner) du président des États-Unis, dans son rapport intitulé « Une nation en péril ». Depuis la publication de ce rapport, la plupart des États américains ont entrepris des analyses de la qualité de leurs systèmes d'enseignement respectifs.

Il est assez révélateur que le Canada ne procède pas à l'heure actuelle à des évaluations publiques approfondies de la qualité de l'enseignement donné dans les écoles secondaires et les établissements postsecondaires. Cette situation témoigne de notre insouciance et de notre inaptitude à saisir les éléments fondamentaux des défis que notre société doit relever. S'il y a un pays qui aurait tout particulièrement intérêt à s'inquiéter de la qualité de l'enseignement qu'il prodigue, c'est bien le Canada.

Il s'agit d'un problème majeur, non seulement en termes de potentiel perdu pour les jeunes Canadiens mais également pour l'ensemble du Canada. Devons-nous rappeler que

la position dominante que le Japon occupe sur le plan économique est le fruit de la qualité de sa main-d'œuvre et non celui de stratégies industrielles mythiques ou de l'action du MITI ? Comment expliquer cela ? La réponse est unanime : la qualité de l'enseignement japonais. Et malgré tout, les Japonais continuent de s'inquiéter de la qualité de leur système d'enseignement, comme l'illustre la constitution de la Japanese Excellence Commission.

Un changement s'impose. Il s'agit essentiellement d'une question d'attitude. La qualité de notre système d'éducation n'est que le reflet de nos aspirations. Nous nous préoccuperions certainement davantage du rendement de notre système éducatif si nous avions plus d'informations à ce sujet. Je me rends bien compte qu'aucun aspect de l'enseignement n'est plus intéressant sur le plan intellectuel et ne possède plus de connotation politique que la mesure du rendement des étudiants et des écoles. Toutefois, une évaluation objective serait dans l'intérêt des étudiants, des écoles, des parents et des employeurs éventuels. Bien conçues et administrées, ces évaluations seraient très utiles à des fins de diagnostic et d'accréditation.

Le Canada est l'un des rares pays industrialisés qui n'imposent pas d'examen national. Étant donné la médiocrité relative de notre système, le gouvernement fédéral devrait aider financièrement des instituts indépendants se consacrant à l'analyse des moyens susceptibles d'être utilisés pour évaluer systématiquement les écoles et les étudiants et qui iraient à la découverte des moyens de tirer parti de ces résultats. L'amélioration de l'enseignement devrait constituer une priorité pour le gouvernement en vue d'augmenter le caractère concurrentiel de l'économie canadienne.

- Le financement de la recherche scientifique

Il est bien connu aujourd'hui que la société dans son ensemble bénéficie davantage des inventions et du progrès technique que les entreprises qui en sont les initiatrices. En d'autres termes, le rendement social du progrès est beaucoup plus élevé que le rendement privé. Dans une étude récente, Edwin Mansfield a établi la médiane estimative du taux de rendement social à 56 % et celle du taux de rendement privé à 25 % avant impôts. Il a également trouvé que le rendement privé est directement proportionnel à l'importance économique de l'invention, et inversement proportionnel au coût requis pour copier l'invention.

Ces résultats empiriques devraient avoir des répercussions profondes sur l'élaboration de nos politiques. Ils signifient que sans intervention de l'État, l'investissement en recherche et développement ne serait pas suffisant. Ils démontrent aussi que le gouvernement est justifié, et même tenu, d'investir des fonds considérables en vue de favoriser la connaissance scientifique et l'innovation. Cela est de plus en plus vrai dans l'économie actuelle, car le niveau de compétitivité sur le marché international est de plus en plus fonction de l'aptitude à saisir des occasions à caractère technologique et de moins en moins fonction de la plus ou moins grande dotation en ressources.

Le fait que des fonds publics considérables doivent être investis dans la recherche et le développement ne signifie pas que le gouvernement doive exercer lui-même de telles activités. Nous avons trop souvent tendance au Canada à confondre les objectifs d'une politique et les moyens mis en œuvre pour les atteindre. Encore une fois, une analyse comparative des politiques en matière de technologie de pointe des principaux pays industrialisés devrait indiquer que l'orientation la plus efficace est la qualité de la recherche fondamentale et l'investissement par l'entreprise.

Le Canada doit s'engager à atteindre l'excellence en matière de recherche générique, fondamentale et préconcurrentielle. La capacité des universités canadiennes de former des personnes compétentes, d'acquérir de nouvelles connaissances et de les diffuser est fondamentale pour l'avenir du pays. À cette fin, il existe de très bons arguments à l'appui d'une proposition visant à accroître les budgets des universités consacrés aux activités de recherche fondamentale, générique et précompétitive.

● Maîtriser le processus d'innovation

Pour être en mesure d'accélérer le progrès et de mieux diffuser la technologie, les chefs d'entreprise canadiens devront apprendre à maîtriser la technologie et à l'exploiter de façon rentable. Trop peu d'entreprises canadiennes ont appris à contrôler la technologie et à l'utiliser comme outil concurrentiel. La technologie constitue un élément crucial de la stratégie des compagnies. Des choix techniques implicites sont à la base de ces stratégies, même pour celles qui prétendent ne pas dépendre de la science et de la technologie. Depuis quelques années, en raison de la nature de la concurrence, il est en effet devenu impératif de tenir compte des facteurs technologiques pour les élaborer et acquérir des champs de compétence distincts.

L'importance de la science et de la technologie est encore sous-évaluée dans les écoles et facultés de gestion canadiennes. L'aspect technologique de la stratégie, la gestion des risques techniques et la transformation nécessaire des organisations humaines ne jouissent pas de l'importance qui leur revient. On accorde plus d'importance au marketing et aux risques financiers qu'à la gestion stratégique des risques technologiques. Le degré de connaissances d'une personne détermine son ouverture d'esprit face à l'innovation, et, par le fait même, son attitude. L'enseignement qui est dispensé dans les écoles contribue beaucoup à façonner les attitudes. C'est pourquoi les universités, et les écoles de gestion en particulier, ont un rôle crucial à jouer.

Une stratégie de développement économique fondée sur l'esprit d'entreprise et l'innovation serait donc très différente de celle qui caractérise les politiques publiques actuelles. La croissance économique est en effet un processus complexe, par lequel de nouvelles activités de production sont ajoutées au tissu économique. L'expérience démontre clairement que ce sont les entrepreneurs qui sont à l'origine de ces phénomènes de croissance. Mettre en œuvre une stratégie d'esprit d'entreprise nécessite de l'imagination et du courage. En outre, il faudra revoir des politiques considérées comme acquises depuis longtemps. L'accent devra porter sur l'établissement de l'infrastructure favorable.

Les dirigeants d'entreprise comme les ingénieurs ou les médecins font de plus en plus appel à un ensemble croissant de schémas conceptuels, de théories et de technologies. Le praticien efficace est celui qui a développé non seulement l'habitude de la délibération intellectuelle mais aussi un jugement professionnel. L'efficacité d'un dirigeant est fonction à la fois de ses connaissances théoriques et des habitudes personnelles d'action.

Cette conception de la pratique et de la nature de l'administration a incité le professeur Roger Miller à développer pour les étudiants universitaires novices une approche intégrée en vue de l'apprentissage des sciences administratives. Cette perspective intégrée comprend trois volets :

— la transmission et l'apprentissage des théories et des schémas conceptuels qui peuvent aider le dirigeant à comprendre et à structurer les problèmes d'administration qu'il doit affronter ;

— le recours aux simulations d'entreprise et aux outils informatisés d'aide à la décision, de façon à développer chez l'étudiant l'habitude d'une prise de décision analytique et réfléchie en situation de concurrence ;

— l'étude de cas, de façon à développer chez l'étudiant les capacités d'analyse, de synthèse, de jugement et d'action.

Ce livre s'inscrit dans le premier volet de cette approche intégrée de l'enseignement des sciences administratives à l'Université du Québec à Montréal. Il a justement comme première préoccupation de répondre aux vœux des étudiants novices en quête d'un manuel d'introduction à l'administration qui soit fondé sur les théories les plus pertinentes.

Pierre Lortie
Président du Conseil et chef de la direction
Provigo Inc.

Introduction

par

Roger Miller

Ce volume s'inspire d'une conception globale de l'administration décrite dans le schéma intégrateur présenté au chapitre suivant à la figure 1.3. Ce schéma constitue pour l'étudiant un instrument privilégié, qui l'accompagnera jusqu'à la fin de ses études. Le volume se divise en cinq parties distinctes : les fondements conceptuels de l'administration, le contexte de l'entreprise, le processus d'administration, les domaines d'application du processus d'administration et les fonctions.

- Les fondements conceptuels

La première partie traite des fondements conceptuels. Elle est composée de deux chapitres, l'un décrivant la perspective systémique et l'autre esquissant un schéma conceptuel de l'administration. L'administration y est présentée comme un processus d'activités qui se déroulent au sein d'une organisation, elle-même imbriquée dans un contexte économique, technologique et socio-politique qui l'influence. Les actions des dirigeants et des subordonnés sont la source de la vitalité du processus d'administration.

- Le contexte de l'entreprise

La seconde partie décrit le contexte et les systèmes industriels où œuvrent les entreprises. Les contextes économique, technologique et socio-politique sont abordés dans quatre chapitres distincts. Le premier décrit le contexte théorique qui sert souvent de cadre conceptuel aux dirigeants : en effet, les choix sont souvent influencés par les théories épousées par les décideurs ; le second met en lumière le rôle de l'entrepreneur dans l'émergence des firmes ; le troisième propose une analyse des aspects technologiques et économiques de l'évolution des industries et de l'entreprise ; le quatrième aborde les aspects socio-politiques de l'entreprise dans son milieu concurrentiel et social.

- Le processus d'administration

La troisième partie traite du processus d'administration. Les activités et les styles du processus de même que les styles personnels sont abordés dans un premier chapitre. Le second chapitre de cette section porte sur le processus décisionnel et propose une méthode d'analyse systémique et causale des problèmes d'administration. Les erreurs de jugement qui guettent l'administrateur imprudent sont discutées dans le dernier chapitre de cette partie.

- Les domaines d'application de l'administration

La quatrième partie aborde des décisions critiques, c'est-à-dire les domaines d'application du processus d'administration au sein de l'entreprise. Ces domaines sont analysés dans quatre chapitres. Le premier chapitre présente les concepts de formulation et de réalisation de la stratégie. Le design organisationnel intimement lié à la stratégie est abordé dans le second chapitre. Le contrôle, domaine d'application souvent négligé du processus d'administration, est abordé dans le troisième chapitre. Le dernier chapitre de cette section porte sur le changement organisationnel qui accompagne les modifications de stratégie.

- Les fonctions dans l'entreprise

La cinquième partie du volume est consacrée à l'étude des fonctions de l'entreprise. Une perspective globale et pratique du marketing est présentée dans le premier chapitre de cette partie. Le domaine de la gestion financière des entreprises est abordé dans le second chapitre. L'examen de la gestion des opérations de production, fonction où se trouve la majorité du personnel des entreprises, est exposé dans le troisième chapitre de cette partie. L'informatique centralisée ou distribuée est devenue une fonction majeure dans l'entreprise; l'évolution de la fonction informatique depuis 30 années est décrite dans le quatrième chapitre de cette partie. L'étude des relations industrielles, si importante pour la direction, est entreprise dans le cinquième chapitre. Le sixième chapitre de cette partie est consacré à la fonction de gestion des ressources humaines. Enfin, le dernier chapitre de cette partie porte sur la gestion de la recherche et du développement technique.

La conclusion résume l'essentiel de nos propos. L'administration à titre de science appliquée n'est pas la somme de contributions parcellaires de la théorie des jeux, de la psychologie, de l'économie, de la sociologie ou des mathématiques. Au contraire, bien que leurs degrés de formalisation soient modestes, les théories en administration permettent de saisir les phénomènes complexes. L'expérience et l'apprentissage viennent à leur tour aider à l'élaboration et à la reformulation de schémas conceptuels encore plus pertinents. L'administration, comme les autres sciences appliquées, résulte d'un processus d'itération constant entre la théorie et la pratique. En bref, l'administration est une science appliquée en développement et qui se donne un triple objet:

— comprendre par des schémas conceptuels cohérents et valides les phénomènes de direction de l'entreprise et de l'entrepreneuriat;

— jeter les bases d'un enseignement professionnel et expérientiel en vue de la formation de praticiens. Les outils pédagogiques pertinents sont les cas, les simulations, la modélisation et les interactions avec les praticiens;

— mettre l'accent sur la rivalité économique et technique, et les pressions politiques qui accroissent la complexité des décisions.

À titre de directeur de cette collection, il me fait plaisir d'exprimer ma reconnaissance à tous ceux et celles qui ont contribué à sa réalisation. En premier lieu, à mes collègues de l'Université du Québec à Montréal, qui ont montré un intérêt indéfectible au projet. Mentionnons particulièrement Monsieur Pierre Leahey et Mesdames Claire McNicoll et Florence Junca-Adenot. Il faut souligner en second lieu la contribution spéciale de Monique Gemme et Manon Pariseau qui ont dactylographié le manuscrit final. Enfin, notre gratitude s'adresse à Madame Nicole Lemay de McGraw-Hill.

Ce livre est dédié à Jean Ladrière, professeur à l'Université Catholique de Louvain. Jean Ladrière a apporté une contribution à tous les domaines de la connaissance humaine. Philosophe, mathématicien, juriste et sociologue, il tente de saisir l'essence des efforts intellectuels de l'homme. Sa foi, sa science et son amour indéfectible de la vérité ont inspiré des générations d'étudiants dans le monde. Dévoué au maintien de l'indépendance de son institution, il a su garder l'idéal du professeur d'université.

Montréal, en la fête de saint Thomas More, 1988

Roger Miller, D.Sc.

Les auteurs

YVAN ALLAIRE
M.B.A. (Sherbrooke),
Ph.D. (M.I.T.),
Directeur du doctorat en sciences
administratives, UQAM.

MICHEL G. BÉDARD
M.B.A. (UQAM),
Docteur en science politique/administration
publique (UQAM).

ROGER A. BLAIS
B.Sc.A. et M.Sc. (Laval),
Ph.D. (Université de Toronto),
Professeur à l'École Polytechnique de
Montréal.

JEAN-CHARLES CHEBAT
M.B.A. (Laval),
Ph.D. (Montréal),
Professeur de marketing.

MARCEL CÔTÉ
B.Sc. (Ottawa),
M.Sc. (Carnegie),
Président du Conseil, Secor Inc.

PIERRE D'ARAGON
B.Sc.A. (Polytechnique),
M.B.A. (McGill),
Professeur de méthodes quantitatives,
UQAM.

PAUL DELL'ANIELLO
B.Com. (H.E.C.),
L.Sc.Com. (H.E.C.),
Ph.D. (Columbia),
Professeur et titulaire de la chaire McDonald
Stewart, UQAM.

JOCELYN DESROCHES
B.A. (Sherbrooke),
Lic. ès Sc. Éd. (Montréal),
M.A. (Chicago),
M.B.A. (York-Laval),
Ph.D. (Toronto),
Professeur et directeur associé du
département des sciences administratives,
UQAM.

PIERRE FILIATRAULT
B.Sc.A. (Polytechnique),
M.B.A. (McGill),
Ph.D. (Laval),
Professeur de marketing, UQAM.

ERMINA M. FIRSIROTU
Lic. Sc. Éco. (Bucarest),
Ph.D. (McGill),
Professeur de stratégie, UQAM.

JEAN-CLAUDE FORCUIT
Lic. gestion (Paris-Dauphine),
M.A. sc. gestion (Paris-Dauphine),
Vice-doyen, sciences économiques et
administratives, UQAM.

ROLAND FOUCHER
B.A. (Montréal),
Maîtrise en psychologie (Montréal),
Doct. psy. ind. (Montréal),
Professeur de comportement
organisationnel, UQAM.

MICHEL GRANT
B.Sc. sociologie (Montréal),
M.A. relations industrielles (Montréal),
Professeur de relations industrielles, UQAM.

MARCEL LIZÉE
LL.L. (Montréal),
Maîtrise droit commercial (Montréal),
Professeur de sciences administratives,
UQAM.

NOËL MALLETTE
B.A. (Montréal),
M.A. relations industrielles (Montréal),
LL.L. (Montréal),
LL.M. (McGill),
Docteur LL.D. (Ottawa),
Professeur de relations industrielles, UQAM.

ROGER MILLER
B.Sc.A. (Polytechnique),
M.Sc. (Stanford),
M.B.A. (Columbia),
D.Sc. (Louvain),
Professeur de sciences administratives,
UQAM.

JEAN PASQUERO
Diplôme ESSEC (Paris),
L.Sc.Éco. (Paris),
M.B.A. (Columbia),
Doct. d'État en gestion (Grenoble),
Professeur de sciences administratives,
UQAM.

YVON G. PERREAULT
B.Sc.A. (Sherbrooke),
M.B.A. (Sherbrooke),
Doctorat de gestion (Grenoble),
Professeur de sciences administratives,
UQAM.

ROBERT POUPART
B.A. (Montréal),
M.A. (Montréal),
Doctorat en psychologie (Montréal),
Professeur de sciences administratives,
UQAM.

GILLES E. SAINT-AMANT
B.Sc. (Montréal),
M.Sc. (UQAM),
Doctorat en administration (UQAM),
Professeur adjoint d'informatique de gestion,
UQAM.

LÉON MICHEL SERRUYA
Diplôme HEC (Paris),
M.B.A. (Columbia University),
Ph.D. (University of California,
Los Angeles),
Professeur de finance et directeur du
département des sciences administratives,
UQAM.

ROBERT D. TAMILIA
B.Sc. (McGill),
M.B.A. (McGill),
Ph.D. Marketing (Ohio State),
Professeur de marketing, UQAM.

PARTIE I

Les fondements conceptuels de l'administration

L'administration, comme les autres sciences appliquées, résulte d'un processus d'itération entre la théorie et l'expérience, c'est-à-dire entre la déduction et l'induction. En raison des apports constants de la pratique, les théories administratives s'appuient largement sur l'expérience. Dans la pratique, les dirigeants, comme les professionnels dans les domaines de la médecine ou du génie, font appel à un ensemble croissant de théories, de techniques et de technologies.

Le praticien efficace est celui qui a développé une capacité de jugement professionnel et qui a appris quand et comment utiliser les connaissances théoriques pertinentes. Cette partie a justement pour objet de présenter une perspective intégrée et conceptuelle de l'administration.

Le chapitre 1, l'*introduction*, présente l'administration comme un phénomène intimement associé à l'émergence des entreprises, grandes et petites. Les caractéristiques des organisations contemporaines sont esquissées à grands traits. L'analogie systémique pour comprendre et conceptualiser l'administration y est ensuite présentée. Ce chapitre introductif se termine par une discussion des entreprises comme système d'action.

Le chapitre 2 présente un *schéma conceptuel systémique de l'administration*. Ce schéma offre aux praticiens une méthode permettant d'aborder et de comprendre la structure et la réalité dynamique de l'entreprise ainsi que la concurrence. Grâce à ce schéma, les dirigeants comme les chercheurs ont la possibilité de pousser l'analyse sans perdre de vue l'ensemble. L'analyse est en effet constamment réintégrée dans une perspective globale.

L'avantage de ce schéma conceptuel est d'offrir au décideur un moyen d'organiser la réalité de l'entreprise selon les variables les plus pertinentes et d'esquisser les relations les plus significatives en vue de l'action. L'objectif ambitieux du schéma est d'étudier l'ensemble des variables qui interviennent dans l'administration dans une perspective autant statique que dynamique.

La valeur du schéma conceptuel est d'insérer ces variables diverses et isolées de l'administration des entreprises dans un ensemble cohérent. Une fois les familles de variables identifiées, il devient alors possible de les relier et de comprendre leurs interactions. L'examen des liens d'influence et de réciprocité des variables permet d'arriver à une compréhension dynamique et synchronique du phénomène de l'administration. Grâce à la réflexion et à l'expérience, le dirigeant peut modifier le schéma conceptuel de façon à développer une vision personnelle de l'industrie où il œuvre.

CHAPITRE 1

INTRODUCTION

par

Roger Miller

« Proposer un critère d'excellence, d'éduquer en fonction de lui, d'aider les étudiants, chacun dans la mesure de ses aptitudes particulières, à s'élever jusqu'à lui, voilà ce que je considère être la tâche de l'université. »

Cardinal J.H. Newman

L'administration, les connaissances scientifiques et les organisations se présentent comme autant de manifestations d'un même phénomène, c'est-à-dire l'emprise de la pensée rationnelle sur l'action et les relations sociales. L'administration a pris de l'ampleur surtout depuis l'émergence, au XIXᵉ siècle, des grandes organisations industrielles rendues nécessaires grâce aux progrès technologiques.

Au cours des siècles précédents, quelques grandes organisations, notamment les armées, l'Église catholique et les administrations des États, ont mis au point des modes de gestion utiles. Cependant, en dépit de l'apparition de quelques grandes entreprises industrielles au siècle dernier, la majeure partie de la population œuvrait dans de petites unités de production, soit la ferme, l'entreprise artisanale ou les petits commerces.

De nos jours cependant, les organisations privées et publiques de grande ou de petite taille sont devenues les lieux de travail de la plupart des citoyens. C'est dans leur cadre que se développent et s'appliquent la plupart des connaissances scientifiques, et que sont mis au point les systèmes en vue de produire les biens et les services désirés. Les carrières administratives et scientifiques au sein de ces organisations, de même que l'investissement individuel et public dans l'éducation sont devenus les nouveaux mécanismes de la mobilité sociale.

Dans ce chapitre introductif, nous traiterons principalement de quatre éléments. En premier lieu, nous ferons état de l'apparition des organisations formelles. Ensuite, nous examinerons les caractéristiques des organisations contemporaines où se déroulent les activités d'administration. Puis, nous montrerons comment les entreprises peuvent être analysées grâce à l'analogie systémique. Enfin, nous situerons la problématique de l'administration grâce à un schéma intégrateur.

1. L'apparition de l'organisation formelle

L'administration, phénomène intimement lié à la volonté de rationalité, est surtout évidente dans les organisations corporatives ou les entreprises à l'intérieur desquelles elle constitue l'élément dynamique qui oriente le fonctionnement. Ces organisations formelles sont des associations délibérées et structurées hiérarchiquement de façon à remplir les fonctions nécessaires pour réaliser leur mission et leurs objectifs.

La mission de l'entreprise ainsi que sa technologie et ses produits déterminent son domaine d'activité : l'entreprise peut être industrielle si elle s'oriente vers la transformation ou la fabrication de matières premières en produits finis ou semi-finis, ou commerciale si elle vend des produits ou services à des fabricants, distributeurs ou consommateurs. L'entreprise appartient à un secteur d'activité économique précis : i) le secteur primaire qui regroupe les activités relatives aux ressources naturelles : mines, extraction, agriculture, élevage, hydro-électricité, pêche, exploitation forestière ; ii) le secteur secondaire qui rassemble les activités de fabrication et de transformation physique ; et enfin, iii) le secteur tertiaire qui comprend les activités de services qui constituent maintenant la part dominante de l'économie.

Les entreprises ne sont donc pas des associations fondées sur la solidarité, la coutume ou l'actualisation des valeurs comme un village, une famille ou une communauté religieuse. Elles sont au contraire des instruments utilitaires confectionnés en vue de la coordination rationnelle des activités individuelles et de la réalisation d'objectifs.

Les entreprises sont donc des artifices établis afin de produire des biens ou des services, et elles prennent naissance grâce aux conventions sociales. Les mécanismes formels tels que la stratégie, les structures et les plans modèlent les actions humaines dont ils tirent leur vitalité et leur dynamisme. Les organisations s'appuient sur des normes sociales et sur des contrats explicites ou implicites acceptés par les membres d'une société et qui donnent naissance à des comportements préétablis.

En bref, les entreprises dépendent de la collaboration de leurs ressources humaines. Ces organisations formelles comprennent, en tout premier lieu, des individus qui unissent leurs talents, leurs habiletés et leur temps pour réaliser des objectifs communs, qu'ils soient d'ordre commercial, social, culturel ou autre. Ce sont ces mêmes personnes qui vont donner une personnalité distincte à l'entreprise en prenant volontairement des décisions de participer aux activités à réaliser.

2. Les caractéristiques des organisations contemporaines

Après cette brève définition des entreprises, il est essentiel d'esquisser les caractéristiques marquantes des organisations contemporaines. Voici les plus importantes.

- Les organisations industrielles, commerciales ou publiques sont conçues en vue d'exploiter des technologies de production de biens ou de services.

Les organisations sont construites pour produire des biens et des services à l'aide de technologies physiques ou sociales. À titre d'exemple, mentionnons les technologies de l'affinage de l'aluminium, de la transformation pétrochimique, de la dispensation des soins médicaux préventifs ou de l'enseignement universitaire. Plusieurs de ces technologies sont claires et cohérentes. D'autres technologies, au contraire, donnent lieu à des désaccords généralisés quant aux objectifs poursuivis et aux méthodes à utiliser.

La constitution d'entreprises industrielles de grande taille a été rendue nécessaire afin d'exploiter les techniques des chemins de fer, de la sidérurgie, des pâtes et papiers ou de la chimie, apparues à la suite des développements scientifiques du XIXe siècle[1]. En s'inspirant des possibilités suscitées par l'élargissement des espaces économiques, les entrepreneurs ont su profiter des technologies pour créer des entreprises. Ces organisations disparaissent souvent avec la technologie qui leur a donné naissance. Elles sont remplacées par des firmes nouvelles créées par des entrepreneurs au courant des possibilités économiques et technologiques récentes. À leur tour, quelques-unes de ces firmes deviennent des organisations de grande taille.

Au sein des sociétés libérales, les statuts juridiques ont été modifiés de façon à permettre la mise sur pied de personnes morales, c'est-à-dire d'entreprises à responsabilité limitée, capables de rassembler les capitaux nécessaires à l'exploitation des techniques et des occasions de marché. Grâce à la libéralisation économique et à l'établissement d'unions douanières, les structures industrielles se sont modifiées. Ainsi, on a vu l'émergence d'entreprises jouissant de parts de marché substantielles au sein d'industries oligopolistiques et la multiplication des petites et moyennes entreprises.

De plus, dans le désir d'atteindre des objectifs nationaux, plusieurs États libéraux se sont aussi lancés dans la création d'entreprises publiques qui font concurrence au secteur privé. En outre, depuis les années 30 surtout, les gouvernements ont mis sur pied des fonctions publiques pour répondre aux exigences des législations sociales.

L'apparition des idéologies et des théories de la planification sociale, depuis John Maynard Keynes, a rendu possible l'intervention publique dans des domaines tels que la gestion de l'économie, la santé, l'éducation ou la réglementation des entreprises industrielles et commerciales[2]. Ainsi on a assisté à la nationalisation d'organismes privés tels que les institutions de charité, les hôpitaux et les institutions d'enseignement. L'entrée de l'État dans des secteurs laissés auparavant à l'initiative privée a permis la construction de grands organismes administratifs. La part de l'État dans les activités économiques est ainsi passée d'un faible pourcentage au début du XXe siècle à des proportions allant jusqu'à la moitié du produit national brut aujourd'hui, transformant ainsi les économies libérales en économies mixtes.

L'exploitation des techniques industrielles et des modèles d'intervention sociale a donc eu pour conséquence l'établissement d'organisa-tions hiérarchisées et axées vers la réalisation de buts. Ces organisations rationnelles et leur administration sont aujourd'hui l'objet de préoccupation des sciences administratives.

- Les entreprises, sauf les monopoles sanctionnés, sont soumises aux pressions de la rivalité émanant des concurrents ou des industries offrant des substituts.

Les entreprises sont à des degrés divers soumises à la concurrence. En d'autres mots, leur avenir n'est pas assuré mais il dépend de l'utilité que les clients retirent des produits ou des services vendus et de la préférence que ces mêmes acheteurs accordent aux produits ou aux services de chaque entreprise. Les décisions d'achat des clients permettent à l'entreprise d'obtenir les fonds nécessaires à son fonctionnement et à sa survie. Par exemple, les clients peuvent délaisser les firmes A et B pour la firme C, leur rivale, parce qu'elle offre maintenant des produits jugés supérieurs.

Dans certaines industries, les conditions de rivalité peuvent être très intenses en raison du nombre élevé de concurrents. Dans d'autres industries, la rivalité entre des concurrents moins nombreux se joue par la publicité, l'innovation et la recherche scientifique. Certaines firmes jouissent de monopole (téléphone, gaz et électricité) mais elles sont réglementées par l'État pour simuler l'effet de la concurrence.

Seuls les bureaucraties publiques et les monopoles d'État échappent à court terme aux pressions de la concurrence. Cependant, la résistance des payeurs de taxes et la possibilité de privatisation de certaines activités limitent à moyen terme le pouvoir monopolistique des organisations publiques. Les décisions récentes de privatisation des sociétés d'État et de plusieurs services publics en Grande-Bretagne, en France et au Canada montrent bien comment les bureaucraties publiques n'échappent pas à la concurrence, lorsqu'elles sont inefficaces.

Les entreprises, quelles que soient les industries où elles œuvrent, sont soumises non seulement à la rivalité entre les firmes pour la faveur des clients mais aussi à l'offre de produits nouveaux et de substituts provenant d'industries émergentes ou en cours d'expansion. Ainsi, les producteurs d'électricité sont soumis à la concurrence des distributeurs de gaz naturel ; les salles de cinéma sont soumises à la concurrence des entreprises de location de vidéocassettes.

● Les organisations privées et publiques sont caractérisées par la présence d'un groupe de direction jouissant de pouvoirs officiels.

L'administration des entreprises commerciales, industrielles ou publiques est confiée à des personnes auxquelles des pouvoirs officiels de direction sont conférés, soit par le droit de la propriété privée, ou par la délégation de la part de l'État dans le cas des sociétés publiques. Les propriétaires confient souvent à leur tour la gestion à des experts de l'administration.

Des rapports d'inégalité de pouvoirs fondés sur le droit de propriété, les compétences administratives ou les mandats juridiques constituent la seconde caractéristique importante des organisations[3]. En raison de ces inégalités entre les dirigeants et les employés, des tensions et des conflits naissent souvent dans le cadre des organisations.

Les pouvoirs officiels et légitimes de direction ont pour objet d'assurer la réalisation, de manière rationnelle, des objectifs pour lesquels l'organisation a été mise sur pied. Ces pouvoirs s'exerceront par la mise en place d'une stratégie et de structures d'autorité et d'influence. Le groupe de direction établira, d'une part, les mécanismes administratifs d'acquisition des ressources, de formulation des buts, de préparation et d'exécution des décisions et d'échanges avec l'environnement. Il établira, d'autre part, les méthodes de motivation des membres, de contrôle des comportements et de mesure des performances.

La direction supérieure est sujette à des contraintes économiques, technologiques et politiques externes, mais elle dispose de marges de manœuvre. Toutefois, elle a besoin de la collaboration active des cadres intermédiaires et de la participation des employés. Les cadres intermédiaires œuvrent surtout à la préparation des politiques et à la concrétisation des programmes

d'action ; à leur tour, ils jouissent d'un pouvoir de persuasion auprès de la direction supérieure et d'un niveau de contrôle élevé sur les contremaîtres et les ouvriers. Les marges de décision des contremaîtres ou des ouvriers sont davantage limitées ; ils exercent néanmoins un pouvoir réel et concret dans la réalisation des activités. Leur participation au travail d'exécution et à la réalisation des activités est absolument nécessaire au groupe de direction.

En bref, l'administration d'une organisation dont la responsabilité revient en grande partie aux dirigeants, comprend plusieurs types de décisions (voir la figure 1.1). Les décisions stratégiques et les politiques de fonctionnement articulent les relations de l'organisation par rapport à ses clients, ses investisseurs et ses ressources humaines. L'exercice continu de la motivation et de la stimulation des membres de l'organisation est nécessaire pour susciter leur adhésion, leur participation et la réalisation des activités courantes[4].

● Les mécanismes formels d'influence orientent et contrôlent les comportements.

Les comportements et les conduites sociales ont toujours été guidés en partie soit par la tradition, soit par les valeurs ou le pouvoir juridique formel. Toutefois, les organisations modernes utilisent des formes différentes de contrôle, à savoir la hiérarchie, les procédures, la carrière, le contrat de travail et la socialisation[5].

Les organisations industrielles et publiques orientent les conduites des membres afin de rendre leurs comportements prévisibles. De plus, elles coordonnent les relations interpersonnelles afin d'assurer la coopération en vue de la réalisation des buts.

Le contrôle des comportements dans les organisations industrielles et publiques ne s'effectue pas par la force mais plutôt par des calculs volontaires d'adhésion de la part des membres. La direction offre des salaires, des possibilités de carrière et des occasions de prendre des décisions en contrepartie de la participation aux activités prescrites. Ces stimulations incitent les membres à réaliser des projets et à se conformer

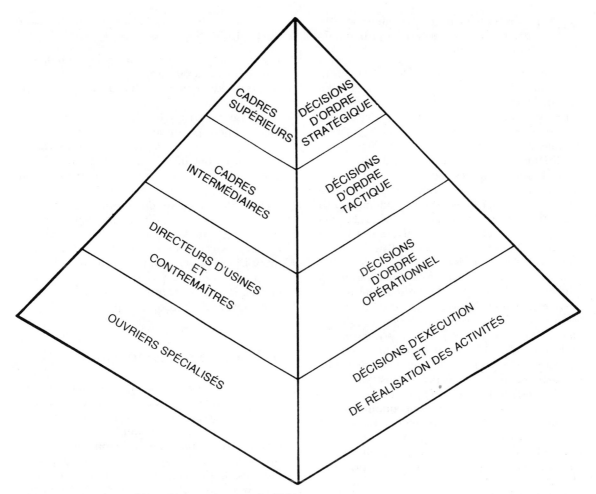

Figure 1.1 Les niveaux hiérarchiques et les types de décisions

aux attentes de leurs collègues ou de leurs supérieurs.

Les dirigeants établissent des mécanismes structurés et rationnels de gestion qui ont tendance à dépouiller les relations sociales de leur dimension affective et à fractionner les tâches. Si le travail au sein des unités artisanales a toujours été personnalisé, avec tous les avantages et les désavantages que cela comporte, la rationalisation et la formalisation des tâches dominent dans les grandes organisations. La mise en place de programmes et les exigences de rendement au sein des grandes organisations ont tendance à dépersonnaliser les relations sociales de travail et à les transformer en conventions contractuelles ou formelles.

Il serait illusoire de penser que les comportements des membres sont entièrement déterminés par les mécanismes formels mis en place par la direction. Les interactions et les actions des membres transforment les organisations corporatives en des milieux de vie qui dépassent largement les cadres formels ; les attitudes, les solidarités et les comportements réels au cours de la réalisation des activités donnent naissance à «l'organisation réelle», c'est-à-dire à un tissu à la fois formel et informel[6].

- Le consentement et la collaboration des membres sont nécessaires à la poursuite efficace des buts.

La diffusion de l'idée de la démocratie rend souvent difficiles le consentement volontaire et la canalisation des énergies des membres d'une organisation. En effet, l'accent mis depuis plusieurs siècles sur la liberté personnelle et l'autonomie individuelle entre en contradiction avec l'adhésion volontaire au projet organisationnel et l'harmonisation des conduites.

La pensée démocratique, en plus d'introduire de nouvelles institutions politiques, propose trois principes fondamentaux : 1) l'égalité des personnes en dépit des différences individuelles ; 2) la reconnaissance de l'autonomie et de la volonté de réalisation personnelle et 3) la nécessité de la légitimation des mécanismes de différenciation sociale[7]. D'abord limité au domaine politique, le processus de démocratisation s'est ensuite étendu à l'organisation formelle, en commençant par les lois régissant les relations de travail et en s'appliquant ensuite aux doctrines des relations humaines, de la participation et de la démocratie industrielle.

La gestion des ressources humaines au sein des organisations se situe donc aujourd'hui au point de rencontre de forces contradictoires. Ainsi, la hiérarchisation des personnes et le contrôle des conduites en vue d'atteindre des objectifs entrent en conflit avec deux principes fondamentaux de la pensée démocratique, soit l'égalité et l'autonomie. De même, la division des tâches et la dépersonnalisation des relations sociales au sein des organisations structurées ou formelles entrent en contradiction avec le besoin, ressenti par plusieurs, d'un retour à des relations sociales communautaires et personnalisantes. Enfin, les inégalités de pouvoir et de rémunération au sein des organisations, bien que légitimées socialement, sont des sources constantes de tensions et de frictions. Les stratifications sociales fondées sur la compétence technique, l'expertise administrative ou la propriété sont continuellement remises en cause, mais elles subsistent.

- Les entreprises et les organisations publiques survivent et reçoivent les ressources nécessaires dans la mesure où elles sont efficaces.

Les entreprises et les organisations publiques sont soumises à des évaluations constantes. Les clients décident ou non d'encourager une entreprise s'ils jugent ses produits supérieurs. Les fournisseurs de capitaux s'attendent à des résultats compétitifs sur les capitaux investis. Les cadres et les ouvriers désirent obtenir des conditions de travail intéressantes. Les citoyens jugent le comportement social des entreprises en matière d'emploi, de protection de l'environnement et de protection du consommateur.

Les entreprises en situation de concurrence sont obligées de s'adapter rapidement aux évaluations externes sinon elles disparaissent. Les organismes publics sont souvent plus lents à réagir en raison non pas de l'incapacité des dirigeants, mais des contraintes d'action qui résultent souvent de la propriété publique.

3. L'analogie systémique

Diverses analogies ou métaphores peuvent être utilisées pour comprendre la réalité de l'entreprise. Les présupposés mécaniques et biologiques ont largement répandu les idées de causalité linéaire simple ou d'évolution naturelle. Le présupposé mécanique a été utilisé dans les théories classiques de l'administration, et l'analogie biologique a été employée largement par le mouvement des relations humaines. De même, en raison de l'influence de l'informatique, l'analogie cybernétique est aussi fréquemment proposée. Ces métaphores sont certes utiles, mais il saute aux yeux que les entreprises ne sont ni des mécaniques, ni des organismes vivants, ni des automatismes. Le tableau 1.1 résume les éléments essentiels des analogies qui peuvent être utilisées. Au lieu d'une approche réductionniste, nous avons besoin d'une approche dynamique et systémique pour l'étude de l'administration de l'entreprise.

Pour bien saisir les concepts administratifs présentés dans ce volume, il fallait trouver un outil épistémologique approprié. Or, l'analogie systémique s'avère l'outil fondamental pour la

Analogie mécanique	Analogie organique	Analogie cybernétique	Analogie systémique
• L'entreprise est une mécanique. • Elle est un système fermé aux influences extérieures. • Elle a une structure simple et formelle. • Elle n'a aucune possibilité de changement. • Elle est manipulable. • Elle offre peu d'incertitude interne.	• L'entreprise est assimilable à des organismes biologiques. • L'organisme maintient sa structure et s'adapte aux variations extrêmes. • L'adaptation est auto-rejetée. • L'organisme échange énergie et fonction avec l'environnement. • L'organisme vieillit et disparaît un jour.	• L'entreprise est un réseau d'information et de contrôle. • L'adaptation a des variations externes, s'effectue par des décisions informées. • Le système maintient sa structure et son fonctionnement dans des limites précises. • La rétroaction d'information est élevée.	• L'entreprise est un système ouvert mais géré. • L'énergie et les décisions viennent des membres et des dirigeants. • L'adaptation et le maintien de la structure viennent des décisions. • Les décisions d'adaptation et de participation ne sont pas automatiques. • La rétroaction est élevée.

Tableau 1.1 Les analogies utilisées pour l'étude de l'administration et des organisations

compréhension globale des phénomènes économiques et sociaux de l'entreprise[8].

3.1 LA NOTION DE SYSTÈME

Un système est un ensemble d'éléments interdépendants et en interaction constante, (agencés selon un ordre et en fonction de buts et de résultats à atteindre). Un système opère dans un contexte avec lequel il entretient des relations d'échange et d'influence. Les frontières du système établissent la distinction entre les variables internes et les variables contextuelles ou exogènes. Divers processus se déroulent au sein d'un système, notamment : i) la rétroaction d'information, ii) la transformation des intrants en extrants, et iii) la recherche de l'équilibre.

La notion de système d'action permet de tenir compte de la double nature, humaine et technico-économique, de l'entreprise. Le système d'action semble à notre avis l'analogie la plus utile afin de faire face à la complexité des phénomènes décisionnels et aux multiples réseaux de causalité qui s'entrelacent dans les phénomènes de l'administration de l'entreprise.

Abordée grâce à l'analogie du système d'action, l'entreprise, comme toute organisation sociale, est un système d'événements, d'actes et de communications dont les flux sont influencés par les efforts de la direction[9]. La volonté de survivre, de fonctionner avec efficacité et d'investir pour l'avenir oblige la direction et les membres, à gérer rationnellement deux grands types de problèmes, soit : a) les relations avec l'environnement (facteurs exogènes ou contextuels) ; b) la structure interne (variables endogènes). Ainsi, l'entreprise est influencée non seulement par les décisions prises par la direction mais aussi par le contexte externe.

Nous pouvons résumer l'analogie systémique en décrivant l'organisation comme un système d'actions composé de sous-systèmes interdépendants et interreliés : les décisions prises dans un sous-système affectent les autres sous-systèmes et par voie de conséquence le système entier[10]. En bref, la charpente du système d'événements et de communications qu'est l'entreprise est déterminée non seulement par les décisions prises par la direction mais aussi par des influences externes à l'entreprise.

3.2 LES PROPRIÉTÉS DES SYSTÈMES D'ACTION

L'entreprise, organisation humaine et technico-économique, étudiée à l'aide de l'analogie de système, est caractérisée par les propriétés suivantes :

- L'entreprise œuvre dans un contexte où elle échange des ressources, des produits ou des services avec des organismes extérieurs.

L'identification du système d'action qu'est l'entreprise ou l'organisme public peut se faire par l'analyse des relations qu'il entretient avec les sources d'énergie, d'information et de ressources afin de maintenir ses activités.

L'entreprise importe des ressources, les transforme et les échange contre des rémunérations, des produits et des services. Les fonctions d'un système sont souvent étudiées selon le cycle indiqué à la figure 1.2. Les *intrants* ont trait à l'importation d'énergie et de ressources de l'environnement externe : matières premières, ressources humaines, financières et techniques. La *tranformation* est le processus qui convertit les intrants en produits ou services par l'application des ressources. Cette étape comporte de nombreuses activités telles que la transformation des matériaux, la direction du personnel ou la création de nouveaux produits. Les *extrants*, c'est-à-dire les produits et services, sont utilisés par des clients. La *rétroaction* est l'opération qui indique aux décideurs les résultats du système : elle permet d'apporter les modifications nécessaires.

Une entreprise ne survit que grâce à un commerce et à des échanges constants avec l'environnement. L'entreprise en croissance a une balance d'échanges favorables avec son environnement. Par contre, lorsque les échanges sont défavorables, l'entreprise dépérit, faute de ressources.

- Le système d'action de l'entreprise est situé dans un contexte qui l'influence et qu'elle peut modifier en partie.

L'entreprise s'insère dans un contexte plus large, et plusieurs de ses éléments (fonctions, techniques, procédures institutionnelles, rapports d'autorité, etc.) sont tributaires du milieu ambiant[11]. Les structures économiques, les régimes concurrentiels et les idéologies politiques en sont quelques exemples.

L'entreprise évolue au sein d'une société et interagit avec des organisations concurrentes, des clients et des organismes publics. Par leurs décisions d'achat, les clients fournissent à l'entreprise grâce aux transactions les fonds qui permettent de payer les coûts de production et d'investir dans le développement d'activités nouvelles. Le contexte de l'entreprise est la source d'occasions économiques de progrès mais aussi d'incertitudes et de contraintes. Les contraintes politiques, sociales et économiques limitent la marge de manœuvre de l'entreprise.

- Les activités de transformation, d'échange et d'adaptation à l'environnement sont agencées par la direction selon une structure.

Les régularités qui caractérisent les activités de production et d'échange ne sont pas imputables au hasard mais aux volontés de structuration, de coordination et de collaboration des dirigeants et des membres[12]. À mesure qu'elles évoluent dans la réalisation de leur mission économique, les entreprises passent de l'état de structure simple ou centralisée à celui de système complexe.

La direction différencie l'entreprise en sous-systèmes ou fonctions de fabrication, d'achats,

Figure 1.2

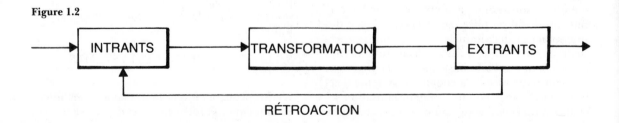

INTRANTS → TRANSFORMATION → EXTRANTS

RÉTROACTION

de recherche, de marketing ou de personnel. Dans le but de faire face aux exigences ressenties de concurrence, les dirigeants établissent des services orientés vers l'avenir pour recueillir des informations au sujet de l'environnement, réaliser des recherches techniques et planifier les actions en vue d'assurer le progrès[13]. La division de l'entreprise en fonctions où les activités s'effectuent, crée des interdépendances. Dès lors, la mise en place de mécanismes de coordination et d'intégration s'impose, de façon à ce que les activités des sous-systèmes contribuent d'une manière cohérente à la réalisation de la mission globale de l'entreprise.

La structure de l'entreprise dépend des décisions des dirigeants. Elle est conçue de façon à réaliser des activités visant à atteindre des objectifs déterminés. La direction détermine l'attribution des tâches, le contrôle et la coordination.

La diversité des structures correspond aux objectifs de la direction et aux facteurs contextuels tels que l'industrie, le mode de propriété, la situation géographique et les technologies de production. Ainsi, les différences de structures entre une banque, un hôpital, une école ou une usine de fabrication dépendent largement du contexte[14].

- L'énergie et les décisions de l'entreprise viennent des dirigeants et des membres qui la composent.

Les apports fondamentaux d'énergie et de dynamisme proviennent des actions individuelles des dirigeants qui donnent à l'entreprise leurs capacités de décision, d'exécution et de collaboration[15]. Sans ces apports, non seulement l'entreprise serait léthargique, mais elle pourrait difficilement se maintenir. Sans les contributions des dirigeants, l'entreprise s'éteindrait faute d'énergie.

Les décisions des membres autres que les dirigeants constituent la seconde influence sur la structure de l'entreprise. En effet, sans la participation et la collaboration active des membres, les dirigeants ne peuvent réaliser les tâches d'approvisionnement, de production et de marketing. En d'autres mots, une partie des trames de régularités que l'on peut observer échappent partiellement au contrôle de la direction, mais elles sont structurées par les membres eux-mêmes.

L'organisation formelle, composée de sous-systèmes axés sur la réalisation des tâches, donne naissance à des groupes et à des comportements concrets informels[16]. Au sein de chacun des groupes, les membres occupent des rôles et interagissent comme personnes. Les groupes distincts deviennent des lieux d'influence où se développent les solidarités, les attitudes et les perceptions des membres. Les personnes manifestent des attitudes, des intentions et des comportements qui ne correspondent pas toujours aux prescriptions formelles de la direction.

- Au sein de l'entreprise se déroulent des processus dynamiques de décisions d'adaptation, d'équilibre et de changement.

Les entreprises ne s'adaptent pas automatiquement comme des mécanismes dotés d'intelligence artificielle. Au contraire, l'adaptation exige des décisions délibérées et calculées de la part des dirigeants. L'unité des volontés des dirigeants et des membres vers la réalisation des buts contribue à donner une cohérence à l'entreprise.

Au sein de l'entreprise, les activités sont orientées vers la réalisation de buts présents et futurs. Ces activités se regroupent en deux catégories ; en premier lieu, les activités fonctionnelles, c'est-à-dire les activités opérationnelles de financement, d'achat, de fabrication, de distribution et de marketing ; et en second lieu, les activités administratives de coordination, d'adaptation et d'innovation.

Grâce aux processus de décision, l'entreprise peut combattre la dégénérescence. Ainsi, une entreprise peut, au cours des périodes rentables, utiliser ses ressources pour investir dans l'avenir grâce au lancement de produits neufs ou à la diversification. L'adaptation aux exigences concurrentielles et l'innovation dépend des décisions des dirigeants et des membres.

- Les variables qui décrivent un système d'action sont interdépendantes et doivent être en équilibre.

Les variables qui décrivent un système d'action sont interdépendantes. En d'autres mots, la stratégie de l'entreprise doit être en harmonie avec les contextes concurrentiel, technologique et socio-politique. L'organisation humaine et les comportements des membres doivent eux aussi être en harmonie avec la stratégie. Les produits ou les services offerts doivent correspondre aux attentes des clients et s'avérer supérieurs aux produits ou aux services offerts par les concurrents. Enfin, les résultats financiers atteints doivent eux aussi être en harmonie avec les besoins financiers pour rémunérer le capital, les ouvriers et les dirigeants.

L'entreprise peut survivre temporairement à une situation de déséquilibre entre les variables interdépendantes. Cependant, à moyen et long terme, l'entreprise tombera en faillite si les dirigeants ne prennent pas les décisions s'imposant pour opérer le redressement qui instaurera une nouvelle situation d'équilibre. Toute modification dans l'une ou l'autre des variables affectera inévitablement les autres variables dans le tâtonnement vers un nouvel équilibre.

Examinons quelques-unes des relations d'interdépendance et quelques effets en chaîne des variations dans l'une ou l'autre des variables interdépendantes. Une modification du contexte concurrentiel nécessitera une modification de la stratégie qui à son tour affectera la structure de l'organisation. Les résultats atteints par l'entreprise, s'ils sont inadéquats, exigeront d'autres modifications de stratégie et de structure.

- L'entreprise est orientée vers la réalisation de buts et évaluée en fonction de ses résultats.

Conçue pour la réalisation de buts comme la production de biens ou de services, l'entreprise est constamment évaluée par rapport à ces buts. Les buts sont non seulement ceux des fondateurs ou des dirigeants mais aussi ceux des clients ou des fournisseurs de ressources financières comme les actionnaires, les prêteurs ou les organismes qui subventionnent.

Les résultats du système d'action peuvent être mesurés selon trois dimensions : i) l'efficacité, c'est-à-dire la satisfaction des exigences des agents économiques externes avec lesquels l'en-treprise traite en vue d'assurer sa survie ; ii) l'efficience du système de production qui transforme les extrants en produits et services ; et iii) la satisfaction des besoins matériels et psychosociologiques des membres.

L'efficacité d'une entreprise fait donc référence à l'atteinte des buts, alors que l'efficience a trait aux dépenses des ressources nécessaires à l'atteinte de ces buts. Ainsi, une entreprise peut être efficace mais inefficiente à court terme. Cependant, une entreprise efficiente mais inefficace ne survit pas longtemps, car elle atteint des buts qui ne correspondent pas aux attentes.

4. Un schéma intégrateur

En bref, l'analogie du système d'action s'articule autour de deux conceptions théoriques distinctes. La première est d'inspiration formaliste : l'entreprise est conçue comme un système de relations économiques analysables, d'une manière objective, et maniables par des décisions de la part des dirigeants. La seconde est d'inspiration personnaliste, c'est-à-dire que l'entreprise est formée de personnes, animées par des intentions et des volontés. Ces personnes sont la cause des événements qui forment l'entreprise comme système. La vitalité d'une entreprise ne peut venir que des intentions, des décisions et des actions des personnes qui la constituent.

L'analogie systémique nous permet de terminer ce chapitre introductif en présentant le SCHÉMA INTÉGRATEUR de la *Direction des entreprises*. Pour percevoir l'ensemble de l'approche exposée dans ce volume, nous proposons donc un schéma intégrateur de l'ensemble des chapitres dont le fondement repose sur l'analogie systémique (fig. 1.3).

Les *intrants* de ce système ont trait au contexte c'est-à-dire les informations passées, actuelles et futures qui affectent l'entreprise. Nous retrouvons d'abord le contexte historique, c'est-à-dire les théories de la pensée administrative qui inspirent les décisions des dirigeants. Nous retrouvons ensuite le contexte actuel composé des environnements économiques,

Figure 1.3 Schéma intégrateur *Direction des entreprises*

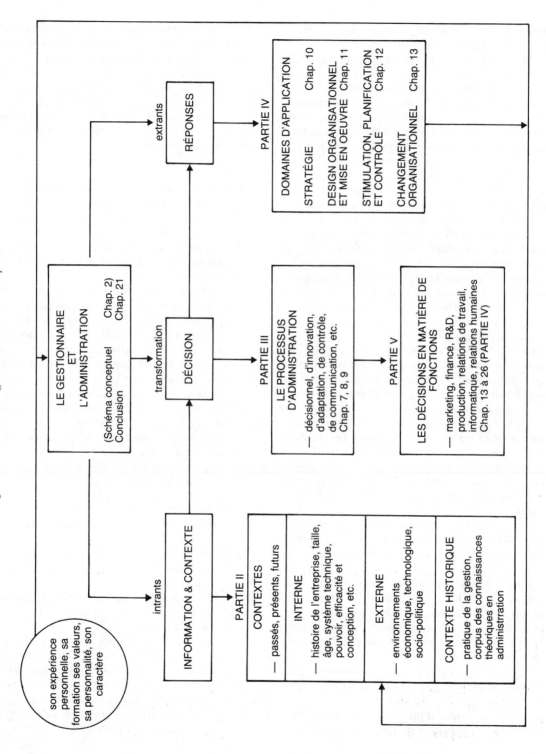

technologiques et socio-politiques, qui établit le jeu de la concurrence.

La deuxième composante systémique est la transformation des intrants par le processus d'administration. Ainsi, l'information recueillie doit être analysée de façon à ce que l'entreprise puisse être en constante harmonie avec le contexte où elle œuvre. Le schéma conceptuel de l'administration développé au chapitre 2 devient donc l'outil fondamental qui permet l'adaptation de l'entreprise à son milieu tant interne qu'externe. Ce schéma analytique regroupe les concepts administratifs en cinq familles de variables reliées entre elles : les variables contextuelles, administratives, organisationnelles, individuelles et de performance. Ce schéma conceptuel doit aussi être dynamique et montrer comment l'entreprise et son environnement interagissent au fil du temps. La direction joue sur des variables afin de réaliser l'efficacité et l'efficience de l'entreprise.

Les informations recueillies et analysées par les dirigeants nous conduisent aux *extrants* du processus d'administration, c'est-à-dire la stratégie définie par l'action des dirigeants, le design organisationnel, le contrôle et, dans certains cas, le changement organisationnel. La stratégie représente les décisions de produits/marchés/technologies en vue de positionner l'entreprise par rapport à son contexte alors que le design organisationnel et le changement organisationnel portent sur l'établissement, l'adaptation et la modification des structures au service de la stratégie.

Ce processus continu, interrelié et interdépendant doit être révisé par le contrôle rétroactif. Le contrôle et ses différents outils permettent de vérifier, selon les moyens et les délais voulus, l'atteinte des objectifs organisationnels tant au niveau des intrants, de la transformation et des extrants afin que la direction de l'entreprise puisse réajuster l'équilibre en tout temps et profiter des occasions offertes par l'environnement.

Le schéma intégrateur est chapeauté par l'organe vital de l'entreprise, c'est-à-dire le gestionnaire, qui décide des actions à entreprendre, à la suite d'un processus décisionnel qui exige des capacités de réflexion, de raison-

nement, de planification et d'analyse. Les rôles internes et externes du gestionnaire sont directement reliés à ses capacités de saisir son environnement afin de recueillir l'information, l'adapter et de décider des moyens appropriés pour l'atteinte des objectifs. Ses qualités de communicateur, de motivateur et de décideur sont des atouts importants dans le choix des ressources compétentes.

QUESTIONS

1. Une des caractéristiques de l'administration est d'être liée à l'exercice du pouvoir. D'où provient ce pouvoir ? Nommez au moins deux sources.

2. L'administration est une science appliquée faisant appel à la fois à la science et à l'art. Pourquoi ?

3. L'administration considérée comme champ d'étude et comme processus social ou pratique individuelle, ne prend son véritable sens qu'à la lumière de l'organisation corporative. Ce type d'organisation dont se réclament les organisations industrielles, commerciales ou publiques, est issu de conventions et de mécanismes sociaux établis en vue d'atteindre des buts de production de biens et de services.
Définissez brièvement les principaux facteurs qui ont concouru à l'émergence de l'organisation corporative telle que nous la connaissons aujourd'hui.

4. La *gestion de ressources humaines* au sein des organisations modernes se situe de nos jours à la jonction de forces contradictoires. Commentez.

5. Qu'entend-on par analogie systémique de l'entreprise ? Quelles sont les autres analogies possibles ?

6. Les entreprises sont des systèmes d'action. Quelles sont les caractéristiques de ces systèmes d'action ?

7. Pourquoi les variables contextuelles sont-elles considérées comme si importantes ? Quelles sont ces variables contextuelles ?

8. Donnez une description des concepts de stratégie et de design organisationnel.

9. Quelles sont les caractéristiques des organisations contemporaines ?

10. Quels sont les intrants et les extrants du système d'action qu'est l'entreprise ?

NOTES BIBLIOGRAPHIQUES

1) A.A. CHANDLER. *The Visible Hand*, Cambridge, Mass., Harvard University Press, 1981.

2) T.J. LOWI. *The End of Liberalism*, New York, W.W. Norton, 1969.

3) P. DE WOOT. *Pour une doctrine de l'entreprise*, Paris, Seuil, 1971.

4) A.A. THOMPSON. *Economics of the Firm*, Englewood Cliffs, N.J., Prentice-Hall, 1977.

5) H. MINTZBERG. *The Structuring of Organizations*, Englewood Cliffs, N.J., Prentice-Hall, 1979.

6) T. BURNS et G.M. STALKER. *The Management of Innovation*, London, Tavistock Publications, 1967.

7) K. WOLFF. *From Karl Manheim*, Londres, Oxford University Press, 1968.

8) P. DE BRUYNE. *Esquisse d'une théorie générale de l'administration*, Louvain, Vander, 1966.

9) H.A. SIMON et J.G. MARCH. *Organizations*, New York, Wiley, 1958.

10) T. PARSONS. *Structure and Processes in Modern Societies*, New York, Free Press, 1960.

11) J. FORRESTER. *Collected Papers*, Cambridge, Mass., The MIT Press, 1975.

12) C. BARNARD. *The Function of the Executive*, Cambridge, Mass., Harvard University Press, 1938.

13) J.D. THOMPSON. *Organizations in Action*, New York, McGraw-Hill, 1967.

14) A.P. SLOAN. *My Years with General Motors*, New York, Doubleday, 1964

15) C. SUMMER *et al. The Managerial Mind*, Homewood, Illinois, Richard D. Irwin, 1977.

16) E. SCHEIN. *Organizational Psychology*, Prentice-Hall, 1970.

CHAPITRE 2

L'ADMINISTRATION : UN SCHÉMA CONCEPTUEL SYSTÉMIQUE

par

Roger Miller

« Les théories sont des filets tendus pour capturer ce que nous appelons «le monde», pour le rationaliser, l'expliquer et le maîtriser. »

K. Popper

L'administration, comme les sciences appliquées, telles que le génie ou la médecine, résulte d'un processus d'itération entre la théorie et l'expérience, c'est-à-dire entre la déduction et l'induction. En raison des apports constants de l'expérience, la théorie administrative s'appuie largement sur l'expérience des dirigeants. L'administration n'est ni un art ni une science exacte mais plutôt une science appliquée où les dirigeants font appel à un ensemble croissant de théories et de techniques.

Un administrateur efficace est celui qui a développé une capacité de jugement professionnel et qui a appris quand et comment utiliser les connaissances théoriques de son domaine. Ce chapitre propose une perspective intégrée et conceptuelle de l'administration. Le schéma conceptuel proposé a l'avantage d'offrir aux futurs cadres un moyen d'organiser la réalité de l'entreprise et d'esquisser les relations les plus significatives en vue de l'action. L'objectif est ambitieux !

Divisé en trois sections, ce chapitre a donc pour objet de présenter un schéma conceptuel systémique de l'administration. La première section traite de la nécessité d'un schéma conceptuel, en particulier de l'analyse systémique de l'entreprise. La seconde section décrit d'une manière statique les familles de variables qui forment le schéma conceptuel systémique. La troisième section porte sur les relations dynamiques entre les familles de variables du schéma conceptuel.

1. La nécessité d'un schéma conceptuel de l'administration

Dans le but d'améliorer la pratique de l'administration, le besoin de développer des théories s'est fait sentir. Nous verrons dans le chapitre suivant comment les approches formelles, humanistes, politiques, contingentes et économiques peuvent servir de fondement à une approche systémique. De plus, les disciplines fonctionnelles du marketing, de la finance ou des relations industrielles se sont développées pour résoudre des problèmes concrets.

Ces diverses contributions théoriques ont permis de constituer une toile de fond intellectuelle qui enrichit notre compréhension de l'administration. L'analyse de ces contributions révèle qu'il s'agit surtout d'aspects morcelés et particuliers et non du problème global de l'administration. Il est donc nécessaire, voire urgent, de concevoir un schéma conceptuel systémique de l'administration.

L'administration, science d'abord pratique, peut difficilement se développer comme les sciences physiques ou biologiques, c'est-à-dire par l'étude et la recherche de lois universelles ou de théories générales soumises à l'épreuve empirique. En effet, la réalité et la pratique de l'administration sont en constante mutation en raison des actions et des innovations des décideurs, des concurrents et des cadres tant à l'intérieur qu'à l'extérieur de l'entreprise.

L'administration, en tant que discipline, ne peut ainsi prétendre établir des lois universelles et impératives comme dans les sciences naturelles, mais elle peut identifier, par la recherche, des «trames» qui rendent compte des régularités observées dans les comportements. Pour saisir ces trames, il faut d'abord disposer d'un schéma conceptuel qui nous permet d'appréhender et de catégoriser la réalité des entreprises en interaction avec leur environnement[1].

Le schéma proposé ici veut mettre l'accent sur la dimension externe et se démarquer des études abordant les problèmes de l'administration uniquement de l'intérieur, tenant peu compte ni des conditions concurrentielles ni des facteurs exogènes tels que l'ordre juridique et le développement technique.

L'objectif du schéma conceptuel systémique est ambitieux. Il se veut une étude de l'ensemble des variables qui interviennent dans l'administration en vue de l'examen de leurs interdépendances mutuelles. Les avantages principaux d'un schéma conceptuel de l'administration sont les suivants :

— Un schéma conceptuel donne aux praticiens une méthode permettant d'aborder et de comprendre la réalité dynamique de l'entreprise et de la concurrence. Il offre donc des supports et des moyens d'analyse en vue de l'action.

— Un schéma conceptuel offre la possibilité de pousser l'analyse sans perdre de vue l'ensemble. L'analyse est constamment réintégrée dans une perspective globale de l'administration.

— Un schéma conceptuel permet de comprendre le phénomène de l'administration par une catégorisation des dimensions importantes en familles de variables. La compréhension du phénomène de l'administration débute ainsi par l'identification statique des variables qui décrivent l'entreprise et ensuite par l'analyse des relations dynamiques.

— Un schéma conceptuel permet aussi une compréhension dynamique du phénomène de l'administration. Une fois les familles de variables identifiées, il devient alors possible de les relier et de comprendre leurs interactions. L'examen des liens d'influence et de réciprocité des variables permet d'arriver à une compréhension dynamique et synchronique du phénomène de l'administration.

— Un schéma conceptuel peut aider au départ le praticien novice. Grâce à la réflexion et à l'expérience, le dirigeant expérimenté modifiera le schéma conceptuel de façon à développer une vision personnelle, propre à l'industrie et l'entreprise où il œuvre.

— Un schéma conceptuel permet enfin de structurer le phénomène de l'administration en vue d'entreprendre des recherches. Sans schéma conceptuel global et dynamique, la recherche n'est composée que d'investigations illusoires.

2. Une version statique du schéma conceptuel

Afin de bien saisir les composantes conceptuelles de l'entreprise, nous allons d'abord l'analyser dans une perspective statique. Le schéma conceptuel systémique que nous proposons à la figure 2.1 forme un système interactif compor-

Figure 2.1 Un schéma descriptif

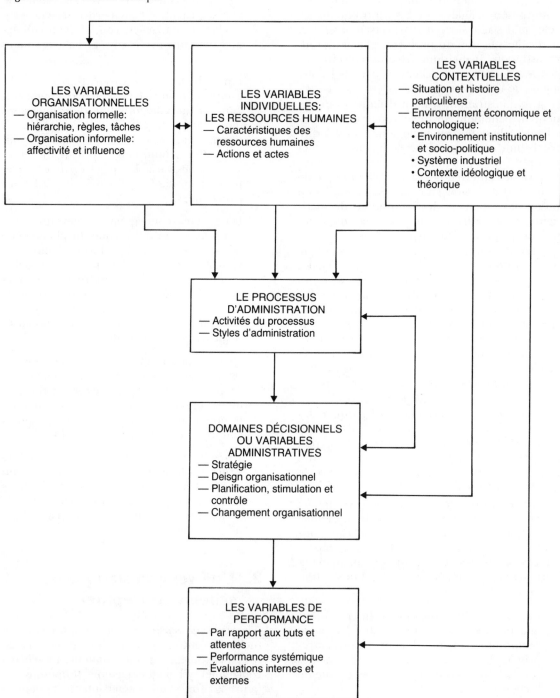

tant six familles de variables. Ces diverses variables interviennent dans le fonctionnement d'une entreprise et ont entre elles des liens d'interdépendance et d'influence mutuelle.

Le processus d'administration est influencé à la fois par le contexte externe de l'entreprise et les dimensions internes telles que les ressources humaines et l'organisation, comme l'indique la figure 2.1. Par ailleurs, le processus d'administration influence les variables décisionnelles de stratégie et de design organisationnel, qui à leur tour influencent le contexte où œuvre l'entreprise. Les interrelations des variables ne sont pas instantanées mais dynamiques, c'est-à-dire qu'elles se modifient au fil du temps en raison des délais. Nous aborderons les relations dynamiques dans la section suivante. Examinons, pour l'instant, chacune des familles de variables.

2.1 LES VARIABLES CONTEXTUELLES

L'entreprise se situe dans un contexte spécifique en raison des décisions stratégiques antérieures de la direction. Les variables contextuelles font référence aux caractéristiques et aux influences des milieux économiques, technologiques ou politiques où œuvre l'entreprise. L'examen du contexte de l'entreprise sera abordé dans la deuxième partie de ce volume. Pour l'instant, nous situerons l'entreprise dans trois environnements concentriques résumés au tableau 2.1 : 1) la situation particulière et historique de l'entreprise ; 2) le contexte économique et technologique ; 3) le cadre institutionnel et politique. Les théories en administration font aussi partie du contexte.

2.1.1 La situation et l'histoire particulière de l'entreprise

La situation particulière de l'entreprise résulte de l'ensemble des choix stratégiques passés, qui ont conduit à l'adoption d'une technologie de production, au recrutement de ressources humaines et à la constitution d'actifs déployables. En d'autres mots, la situation d'une entreprise diffère selon la stratégie adoptée dans le passé par les dirigeants.

Certaines organisations sont nées il y a 50 ans et plus ; d'autres sont plus récentes. Certaines sont des entreprises en croissance, d'autres sont devenues des bureaucraties. Les organisations industrielles diffèrent non seulement quant à leur origine mais aussi quant à leur histoire. Ces différences se reflètent dans leurs modes de fonctionnement et leur taille.

Enfin, le type de propriété et le cadre juridique constituent des variables contextuelles importantes. L'entreprise gérée par ses propriétaires est, toutes choses étant égales par ailleurs, petite et axée sur la rentabilité. L'entreprise de propriété publique est soumise à des contraintes politiques qui imposent des limites réelles à la poursuite d'objectifs de rentabilité. L'entreprise gérée par des cadres professionnels est conduite d'une manière plus analytique et formelle.

2.1.2 L'environnement économique et technologique

L'environnement immédiat de l'entreprise est formé d'agents avec lesquels celle-ci interagit : 1) ses clients, 2) ses fournisseurs, 3) ses concurrents et 4) un ensemble d'agents socio-économiques régulateurs, tels que les agences gouvernementales et les syndicats.

Le contexte économique externe est celui qui influence le plus l'entreprise. En effet, l'entreprise œuvre au sein d'une ou de plusieurs industries, ou elle est en situation concurrentielle avec d'autres producteurs qui tentent d'obtenir aussi des parts de marché[2]. L'intensité et la forme spécifique de la concurrence qui prévaut dans chacune des industries ne sont pas des coïncidences. Au contraire, la vivacité de la concurrence prend plutôt racine dans la structure économique de l'industrie. Une compréhension claire du contexte économique est donc indispensable. Nous étudierons les conditions économiques et technologiques qui influencent une industrie et sa structure dans les chapitres 4 et 5.

Les fournisseurs de matières premières et de composantes ainsi que les distributeurs font partie de l'environnement économique. L'entreprise baigne aussi dans un environnement technologique qui offre sans cesse des occasions

Tableau 2.1   Les variables contextuelles

(1)	(1) Configuration et situation particulière de l'entreprise	(2) Environnement immédiat dû à la stratégie	(3) Cadre institutionnel et culturel
Définition	La situation particulière de l'entreprise par suite de la mise en oeuvre de la stratégie passée	L'environnement économique, technologique et socio-politique découlant des choix stratégiques de l'entreprise	Les facteurs juridiques, économiques et culturels communs aux entreprises
Variables	• Technologie de production • Propriété • Ressources humaines • Âge et taille • Disponibilités financières • Concurrence	Préférences et actions des: • concurrents • fournisseurs • clients • communautés locales Évolution de l'industrie	• Politiques fiscale, monétaire et réglementaire de l'État • Normes et valeurs de la société civile • Attentes sociales vis-à-vis des entreprises

intéressantes mais qui présente aussi des risques[3]. En effet, les concurrents et les fournisseurs proposent constamment de nouvelles méthodes de fabrication et des concepts de nouveaux produits.

2.1.3 L'environnement institutionnel et socio-politique

Le cadre institutionnel fait référence aux systèmes juridiques et politiques et aux valeurs de la société dans laquelle l'entreprise est insérée. Ainsi, l'entreprise s'inscrit dans une société civile particulière. Les normes et les mœurs de cette société affecteront non seulement ses modes d'opération mais surtout les ressources humaines qu'elle recrutera pour mener à bien ses activités.

L'environnement socio-politique de l'entreprise est défini par les groupes, les organismes ou les communautés avec lesquels l'entreprise traite et dont elle dépend pour sa légitimité. En effet, le siège social est souvent situé au sein d'une métropole, mais les établissements de fabrication ou d'exploitation sont répartis dans des centres urbains ou des municipalités éloignées.

Le contexte socio-politique dans lequel œuvre l'entreprise l'influence de plusieurs façons. En premier lieu, les organismes extérieurs ont des attentes vis-à-vis de l'entreprise. À dé-

faut d'atteindre les résultats escomptés, l'entreprise n'obtiendra pas les commandes ou les ressources dont elle a besoin. En second lieu, les concurrents et les organismes publics posent des contraintes et des limites aux activités de l'entreprise. Le contexte socio-politique est examiné au chapitre 6.

2.1.4 Le contexte idéologique et théorique

Les idées et les théories concernant l'administration font aussi partie du contexte qui affecte l'entreprise. En effet, les administrateurs prennent leurs décisions suite à l'analyse des faits mais aussi à la lumière de leurs connaissances théoriques et de leur expérience.

Il serait faux de penser que les théories en administration dictent les décisions. Cependant, dans un domaine de science appliquée comme l'administration, où des jugements s'imposent sans cesse, les preneurs de décision s'inspirent largement de leurs connaissances théoriques, bien que les apprentissages et les objectifs personnels jouent aussi. Le chapitre 3 examine en détail les courants théoriques de l'administration.

2.2 LE PROCESSUS D'ADMINISTRATION

Les activités d'administration exercées par les entrepreneurs et les cadres forment l'élément moteur du progrès économique. Les entrepreneurs organisent le passage de l'invention à la production par le lancement de nouvelles entreprises. Dans les entreprises existantes, les administrateurs innovateurs prennent des décisions qui stimulent la concurrence, permettent le renouvellement des gammes de produits et conduisent à des innovations dans les produits ou les procédés.

L'administration est un processus organisationnel d'orientation et de coordination des activités humaines et techniques, dont le but est d'atteindre des objectifs concrets. Le processus d'administration est composé d'activités d'instauration, d'analyse, de décision, d'influence et d'évaluation réparties dans le temps et réalisées par des cadres et des employés aux différents niveaux hiérarchiques. La structure de l'entreprise influence certes le processus, mais ce sont les membres eux-mêmes qui par leurs décisions font fonctionner le processus d'administration.

Les décisions qui ont trait à la stratégie, à la mobilisation des ressources, au design organisationnel et à la motivation des comportements, sont réparties inégalement dans la hiérarchie; elles s'additionnent et s'entrecroisent pour former des flux d'action. Sans l'exercice d'actes volontaires orientés vers le changement, l'organisation est vouée à la répétition des programmes existants[4].

L'administration est rarement le fait d'une seule personne; elle est au contraire un processus où plusieurs dirigeants en coalition exercent des rôles complémentaires. Les entreprises œuvrent dans des environnements économiques, technologiques et socio-politiques dont la nature et la dynamique évoluent rapidement et appellent des décisions continues. Le processus d'administration est examiné en détail aux chapitres 7, 8 et 9.

2.3 LES DOMAINES DÉCISIONNELS OU VARIABLES ADMINISTRATIVES

Le processus d'administration porte sur des décisions critiques en vue d'assurer la survie et le progrès de l'entreprise. Par ordre d'importance, ces choix critiques sont la formulation d'une stratégie, la mobilisation des ressources,

le design organisationnel, la stimulation des activités courantes et le changement[5]. La mise en place de la stratégie exige la mobilisation de ressources humaines, financières et techniques. Une fois la stratégie arrêtée et les ressources disponibles, il s'agit alors de créer une organisation propice à la réalisation des tâches découlant de la stratégie.

Les variables décisionnelles font donc référence à des décisions critiques qui orientent et structurent l'entreprise. Sans ces décisions, l'entreprise est incapable de s'adapter aux exigences concurrentielles. En fait, il s'agit non pas de décisions uniques ou ponctuelles, mais de grappes de décisions critiques prises au cours du déroulement du processus d'administration[6]. Les variables décisionnelles sur lesquelles porte le processus d'administration peuvent être regroupées sous quatre thèmes que nous examinerons brièvement dans les chapitres 10, 11, 12 et 13 :

— la stratégie de l'entreprise,

— le design organisationnel,

— la planification et la stimulation des performances et le contrôle,

— le changement organisationnel.

2.3.1 La stratégie

La stratégie est la trame des décisions qui établissent le domaine d'activité de l'entreprise et ses relations avec les organismes extérieurs. Le rôle de la stratégie est de fournir un ensemble de lignes directrices qui permettra à l'entreprise de réaliser les buts fixés tout en tenant compte des occasions et des menaces qui émanent de l'environnement.

La stratégie représente la trame des décisions qui déterminent l'orientation à long terme des activités. Définie d'une manière explicite ou implicite lors du lancement de l'entreprise, la stratégie est modifiée au fil des adaptations aux exigences de la concurrence et aux occasions qui se présentent. Au moment des crises, la direction peut modifier la stratégie de manière radicale afin d'opérer une réorientation ou un redressement.

La notion de stratégie d'entreprise n'est apparue qu'au milieu du XXᵉ siècle dans les sciences administratives, bien qu'elle ait été largement utilisée auparavant dans le domaine militaire. L'émergence de la stratégie d'entreprise dépend de deux types de facteurs[7] :

— l'évolution de la capacité de gestion des entreprises qui permet : i) une plus grande capacité de prévoir les changements ; ii) la saisie de l'opportunité et des occasions d'expansion ; et iii) l'analyse des menaces émanant de l'environnement ;

— les nouvelles technologies offrent sans cesse des occasions d'expansion et de réduction des coûts. Les techniques de gestion quant à elles permettent une plus grande capacité d'analyse, des prises de décision plus éclairées et l'accroissement de l'habileté des gestionnaires à faire face à des environnements incertains et turbulents.

La stratégie établit, grâce à des choix successifs, une cohérence dans les actions de l'entreprise vis-à-vis des groupes dont dépend sa survie, soit les clients, les fournisseurs, la communauté et l'État. De plus, elle met l'accent sur le développement d'avantages différentiels pour l'avenir. En bref, la stratégie identifie, d'une manière sélective, les domaines où l'entreprise veut atteindre des résultats exceptionnels et développer des avantages différentiels. Une stratégie comprend au minimum les éléments suivants :

— le choix d'une ou de plusieurs missions qui positionnent l'entreprise en termes de marchés visés, de produits ou de services offerts et de technologies pour fabriquer ces produits ou ces services ;

— le déploiement des ressources en vue de développer les avantages différentiels dans des domaines tels que la technologie, l'organisation et les ressources humaines, la concurrence économique, les relations socio-politiques et le financement ;

— l'articulation d'avantages différentiels par rapport aux concurrents : accès à des approvisionnements, coûts faibles, différenciation des produits, capacité de développement de produits, etc. ;

— des objectifs explicites et des idéaux. Ces objectifs et ces idéaux sont issus des préférences des cadres supérieurs, mais aussi des attentes des groupes extérieurs dont dépend l'entreprise. Un consensus s'établit au sein du groupe dirigeant quant aux objectifs à poursuivre.

La formulation de la stratégie est le premier domaine décisionnel du processus d'administration. La stratégie initiale d'une entreprise est souvent implicite ; elle découle des intentions de l'entrepreneur-fondateur. Pour les entreprises ayant atteint une certaine taille et un niveau de complexité, la stratégie est souvent explicite. La formulation d'une stratégie, activité cognitive et intellectuelle, s'appuie souvent sur des assises analytiques et conceptuelles. Des modèles, des techniques de prévision élaborées et des analyses scientifiques sont utilisés. L'analyse ne vise pas cependant à supplanter l'aspect créateur, innovateur et intuitif. Au contraire, l'analyse incite l'administrateur à utiliser une démarche systématique et professionnelle pour mieux encadrer l'intuition.

Le tableau 2.2 indique que la stratégie porte aussi sur les actions concurrentielles par rapport aux concurrents et sur les actions coopératives par rapport aux autres organisations. La stratégie d'une entreprise influencera éventuellement, grâce à ses effets, les variables contextuelles de l'entreprise.

2.3.2 Le design organisationnel

Le second domaine décisionnel du processus d'administration est la confection d'une organisation au service de la stratégie. Le design organisationnel a pour objet, d'une part, la mise en place d'une structure et d'un ensemble de politiques de gestion orientant les activités vers la réalisation de sa stratégie et d'autre part, la mobilisation des ressources humaines, financières et techniques nécessaires[8]. Le design organisationnel a donc trait aux décisions qui ont pour objet d'assurer la cohérence entre la stratégie et l'or-

Tableau 2.2   La stratégie globale d'entreprise

		Marché	Socio-politique	Technologie
NIVEAU DE L'ENTREPRISE	STRATÉGIE	• les stratégies de concurrence	• les stratégies d'adaptation socio-politique	• les stratégies d'innovation
	STRUCTURE	• les parts de marché et les barrières à l'entrée	• les unités de surveillance et d'analyse	• le développement et les nouveaux produits
	PERFORMANCE	• les performances économiques	• les performances socio-politiques	• les performances technologiques: procédés et produits
NIVEAU DE L'INDUSTRIE	STRATÉGIE	• les stratégies d'industries	• les stratégies collectives de responsabilité	• les stratégies collectives de recherche
	STRUCTURE	• les types d'industries	• les associations industrielles	• les organes collectifs de recherche
	PERFORMANCE	• l'efficacité économique	• les performances socio-politiques	• la diffusion de l'innovation

ganisation humaine et technique à mettre en place. Le design organisationnel est réalisé par des décisions quant aux éléments suivants: i) la forme de l'organisation; ii) la mobilisation des ressources.

2.3.2.1 La forme de l'organisation

La forme de l'organisation découle des décisions ayant pour objet i) l'identification des tâches clés; ii) le découpage et le regroupement des unités; et iii) les mécanismes opératoires de coordination.

• L'identification des tâches clés

Les tâches clés à réaliser découlent par déduction de la stratégie de l'entreprise mais aussi des besoins de pérennité de l'entreprise même. Les tâches clés sont les impératifs d'action que l'entreprise doit réaliser si elle veut accomplir sa stratégie et survivre.

Les tâches clés à réaliser dépendent essentiellement de la stratégie et du contexte de l'entreprise. La figure 2.2 montre la relation entre la stratégie, le contexte, les tâches à réaliser et l'organisation formelle en vue d'exécuter ces tâches. À titre d'exemple de tâches à réaliser, mentionnons la production à coût faible pour une firme en concurrence dans un marché ho-

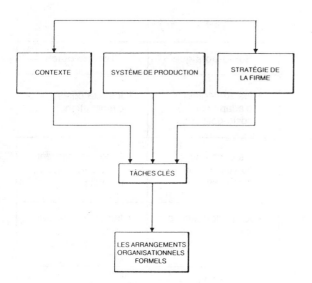

Figure 2.2   Les tâches clés: liens avec le contexte, la stratégie et l'organisation

mogène où les économies d'échelle sont importantes. Un second exemple de tâches serait la conception et le lancement de nouveaux produits, pour une firme qui poursuit une stratégie économique de différenciation.

- Le découpage et le regroupement des unités

L'affectation des tâches à réaliser se concrétise par le découpage progressif de l'entreprise en unités. Il n'existe pas de solution universelle au problème du découpage en unités. Au contraire, les dirigeants créent les unités administratives en tenant compte des situations, des ressources humaines et des tâches liées à la stratégie. Non seulement les entreprises sont découpées en unités, mais elles sont aussi coordonnées afin de réaliser leurs objectifs.

— Le découpage horizontal par fonctions
Le découpage horizontal a trait à la segmentation de l'entreprise en unités fonctionnelles : fabrication, recherche, marketing et finance. La figure 2.3 montre les principales caractéristiques de ce découpage par fonctions.

- La fonction marketing a pour objet d'analyser l'évolution des marchés et d'offrir aux clients des produits et des services qui répondent à leurs attentes. De plus, la fonction marketing planifie et gère la vente des produits et des services.

- La fonction de recherche applique les connaissances techniques aux produits et services présents et futurs.

- La fonction de fabrication transforme les matières premières, les composantes et les connaissances en produits et services. Ceux-ci sont mis à la disposition du marketing.

- La fonction de finance mobilise les fonds nécessaires aux investissements, gère la trésorerie et contrôle les résultats financiers.

- La fonction de direction générale coordonne l'ensemble des besoins et des objectifs contradictoires des diverses fonctions pour assurer le progrès et la survie de l'entreprise.

— Le découpage vertical et le regroupement en divisions
Le découpage vertical a pour objectif l'affectation de responsabilités de gestion et d'exécution différentes selon les niveaux :

- la direction générale se préoccupe de problèmes stratégiques : objectifs et mission de l'entreprise, acquisition des ressources financières et humaines, affectation des ressources et contrôle des résultats ;

- le niveau administratif est orienté, d'une part, vers la formulation des objectifs opératoires et des plans tactiques en vue de réaliser les objectifs établis par la direction générale et, d'autre part, vers la coordination des activités des unités fonctionnelles ;

- le niveau opérationnel a trait à la réalisation concrète des fonctions d'achats, de fabrication, de marketing et de recherche

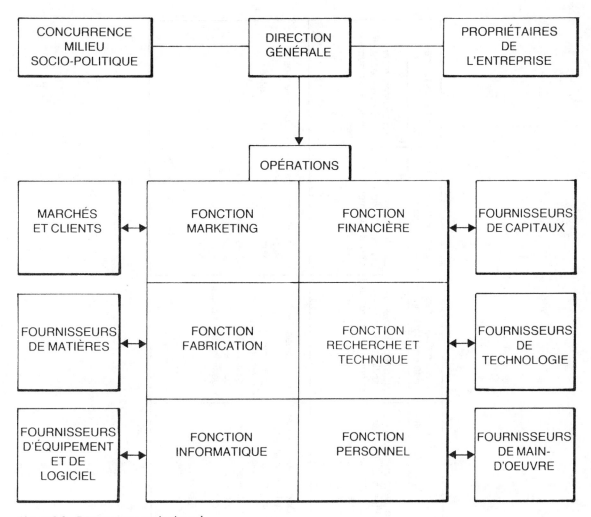

Figure 2.3 Découpage organisationnel

en vue d'atteindre les objectifs de rentabilité.

Les unités fonctionnelles peuvent être regroupées en un centre de profits visant une industrie particulière. L'entreprise peut ainsi être composée de plusieurs divisions, chacune visant une industrie distincte. Le découpage organisationnel, vertical et horizontal, donne naissance à des espaces organisationnels distincts dont les plus connus sont :

- le siège social : direction générale et services communs ;

- les sièges administratifs des divisions orientées vers des industries distinctes ;

- les unités de marketing, de fabrication, de finance et de personnel des divisions.

Tableau 2.3 Les variables organisationnelles

Les variables	Les tâches	Le découpage et les structures d'autorité	Les mécanismes de coordination	La structure sociale concrète	Les ressources
Définition	Les tâches à réaliser pour mettre en oeuvre la tratégie et assurer le progrès de l'organisation humaine	Le découpage en unités pour réaliser les tâches et la confection d'une structure d'autorité	Les mécanismes de planification d'intégration, de coordination et de stimulation	La structure concrète qui résulte de la fusion du formel et de l'informel	Ressources techniques, matérielles, financières et humaines
Les éléments	Tâches clés: • production • approvisionnement • ventes • préparation de l'avenir • maintien de l'organisation • motivation des membres	• Découpage vertical et horizontal en unités • Définition des hiérarchies des positions • Design des tâches individuelles	Mécanismes de: • planification • budget annuel • gestion des ressources • gestion des projets	• Les relations des supérieurs et des subordonnés • Les normes et les valeurs • Les rôles	• Compétences • Disponibilité

● Les mécanismes opératoires de coordination

Les mécanismes opératoires sont les politiques et les procédures utilisées par la direction en vue d'intégrer les activités, de mobiliser les ressources et de stimuler les performances. Le tableau 2.3 présente les principaux mécanismes opératoires de planification et de contrôle.

À titre d'exemple d'un mécanisme d'intégration, mentionnons le processus de développement de nouveaux produits. Les responsabilités des décisions devant être prises par les unités de marketing, de recherche, de finance, de fabrication et d'entretien y sont clairement définies[9]. Les mécanismes de planification et de coordination peuvent être conçus dans une perspective de centralisation de certaines décisions ou au contraire en vue de diffuser le pouvoir et les responsabilités au sein de l'entreprise. Les mécanismes opératoires les plus connus sont :

— la planification stratégique ;
— la confection des plans et des budgets annuels ;
— le contrôle des résultats ;
— la gestion des projets ;
— les programmes de développement des produits.

2.3.2.2 La mobilisation des ressources

La mobilisation des ressources a pour objet de donner à l'entreprise les capacités nécessaires pour faire face à la concurrence.

Au-delà des tâches clés liées à la stratégie, de nombreuses activités administratives s'imposent en vue de maintenir l'organisation. Ainsi, les tâches de recrutement du personnel, de prévision et d'analyse des besoins financiers et de gestion des ressources humaines doivent être réalisées. Ces tâches de mobilisation des ressources visent la préparation de l'avenir et le maintien de l'organisation humaine.

Par exemple, une entreprise dotée de ressources limitées peut être un concurrent valable dans une industrie où les autres firmes sont faibles. Par contre, une grande entreprise comme RCA, en dépit de ses ressources financières, n'a pu être un concurrent valable par rapport à IBM dans l'industrie des grands ordinateurs.

La mobilisation des ressources humaines, techniques et financières est un exercice de jugement où les dirigeants, pour bien identifier les compétences distinctives de l'entreprise par rapport à ses concurrents, doivent soupeser les activités que les firmes, au sein de l'industrie, doivent réaliser d'une manière efficace pour survivre et se développer.

La mobilisation des ressources repose sur un examen critique des compétences distinctives ou des faiblesses de l'entreprise par rapport à ses concurrents, compte tenu des exigences du succès dans l'industrie où elle œuvre[10]. Les exigences du succès varient d'une industrie à l'autre. Dans certaines industries, la capacité de réaliser rapidement le passage de la recherche et du développement au lancement des produits est l'exigence critique du succès. Dans d'autres, il s'agit de produire, à des coûts inférieurs, des produits homogènes.

2.3.3 La planification, la stimulation des performances et le contrôle

La planification, la stimulation des performances et le contrôle ont pour objet d'imposer une discipline aux dirigeants et d'inciter les membres à s'intéresser aux responsabilités qui leur ont été conférées. Il s'agit, non plus des grands choix stratégiques, mais de la mise sous tension de l'organisation humaine en vue de l'atteinte des buts. Le processus d'administration est alors tourné, d'une part, vers la planification des actions dans le cadre de la stratégie établie et, d'autre part, vers la motivation et le contrôle des membres en vue d'atteindre les résultats prévus dans les plans[11].

● La planification

La planification est une application du processus d'administration qui a pour objet l'établissement des plans, des programmes et des budgets. La planification permet de déterminer les buts concrets à atteindre, d'affecter des responsabilités et des mandats, et d'élaborer des méthodes d'exécution. Le tableau 2.4 présente

Tableau 2.4 La planification : processus organisationnel

Intrants	Processus	Extrants

• Informations utilisées par les participants:
  – hypothèses a priori
  – analyses industrielles
  – analyses des concurrents
  – stratégie existante
	• Design formel du processus:
	
	  – qui participe?
	  – quand?
	  – quels rapports, documents?
	  – hypothèses?	

• Valeurs et préférences des dirigeants:
  – professionnalisme
  – style intuitif
	• Style de la direction:
	
	  – planification unilatérale
	  – participation des cadres
		• Hiérarchie des plans stratégiques:
		  – corporatif d'ensemble
		  – plans tactiques et fonctionnels
		  – projets

• Habiletés et formation des participants:
  – perceptions et conception
  – capacités analytiques
  – créativité
	• Réalités organisationnelles:
	
	  – nature politique du processus de planification
	  – conflits
		• Programmation des actions:
		
		  – plan annuel
		  – plan de marketing
		  – plan de recherche
		  – plan de production
		  – plan de ressources humaines
		  – plan de financement

• Culture organisationnelle:
  – routine bureaucratique
  – méthodes de prise de décision
  – mythes et préférences
  – normes et valeurs
		• Budgets:
		  – annuels
		  – trimestriels

une esquisse des intrants, de la structure et des plans du processus de planification. En fait, la planification est un processus structuré qui guide l'avenir de l'entreprise par le choix des objectifs et des moyens dans un contexte de ressources limitées et de concurrence. Les choix explicites sont consignés au sein de programmes, de plans fonctionnels et de budgets.

La portée des plans et des programmes diffère. Le plan stratégique traite de la totalité de l'entreprise. Les programmes tactiques ont pour objet de réaliser des composantes du plan stratégique. Les projets sont confectionnés ad hoc pour résoudre un problème précis tel que la construction d'une nouvelle usineou la diversification. Les plans fonctionnels traitent des diverses unités de marketing, de fabrication, de finance et de personnel. Les budgets, quant à eux, portent sur la quantification des résultats escomptés en termes de ventes, coûts, dépenses et rentabilité.

● La stimulation des performances

La stimulation des performances fait référence à la motivation des membres. La stimulation des performances a pour objet de motiver et d'engager les membres de l'entreprise à se fixer des objectifs élevés et à les atteindre. La stimulation des membres ou des unités a donc trait à l'exercice du «leadership» par la direction.

La stimulation des performances s'effectue, d'abord et avant tout, au cours de l'activité de planification. En effet, les objectifs poursuivis par les subordonnés peuvent être relevés de façon à ce qu'ils soient plus conformes aux espoirs de la direction. Le «leadership» s'exerce aussi au cours des activités d'exécution de façon que les blocages soient éliminés et que les membres entreprennent les actions nécessaires.

La motivation dépend, en grande partie, des incitatifs offerts par la direction. Parmi ces incitatifs, mentionnons les salaires, les bonis, les promotions, les mutations, l'autonomie individuelle, etc. Les incitatifs offerts par la direction doivent être en harmonie avec les attentes des membres. Il existe cependant des situations de tensions, de conflits et d'anxiété en raison des différences entre les attentes des membres et les incitatifs de la direction.

● Le contrôle

Le but du contrôle est de s'assurer de l'adéquation entre les objectifs désirés et les résultats atteints. L'objet du contrôle est de s'assurer que le design organisationnel, la planification et la stimulation des performances contribuent à l'atteinte des buts établis dans la stratégie.

Le contrôle a pour but premier de mesurer et d'évaluer le progrès accompli dans la réalisation des plans d'action et dans l'application des décisions. Son intervention se caractérise à cet égard par la comparaison qu'il opère entre les résultats et les objectifs, en affichant le progrès établi par rapport à des normes préétablies, afin de relever les écarts ou les anomalies éventuelles. Le contrôle tend, par ailleurs, à ce que les programmes d'action et les décisions soient réellement menés à bonne fin dans le concret.

Le contrôle suppose donc qu'il existe quatre éléments: 1) des buts, de normes ou de plans; 2) l'observation des résultats; 3) la comparaison des résultats aux buts escomptés; 4) l'élaboration d'actions correctrices, si nécessaire. Les systèmes d'information de gestion servent bien sûr à la planification, mais ils trouvent une application concrète dans le contrôle. La figure 2.4 montre les caractéristiques des systèmes d'information reliés au contrôle stratégique, administratif et opérationnel.

2.3.4 Le changement organisationnel

L'introduction de changements dans la stratégie, le design organisationnel, les modes de planification et les ressources humaines est le dernier domaine décisionnel du processus d'administration. Le changement organisationnel a trait au diagnostic et à l'intervention en vue d'assurer l'équilibre entre la stratégie, le design organisationnel, les mécanismes de gestion et les ressources humaines.

Les modes de réalisation du changement organisationnel sont divers. Le changement peut être effectué par des décisions unilatérales de la direction de modifier la stratégie, les politiques ou les structures. Ainsi, l'introduction de technologies nouvelles, de systèmes informatiques ou de programmes de diversification réalisent des changements majeurs. Les nominations et les remplacements des cadres sont aussi des moyens efficaces et rapides, du point de vue de la direction, d'introduire des changements.

Le changement organisationnel peut aussi s'effectuer au niveau des cadres et des employés. L'initiation du personnel à des techniques ou la formation en vue de développer des attitudes nouvelles de gestion sont des moyens souvent utilisés. La formation cognitive et la persuasion modifient les attitudes, les habiletés et les comportements.

Le changement organisationnel est souvent préparé et réalisé d'une manière participative par la direction, avec les cadres et les employés. En s'appuyant sur des modes collaboratifs de décision, le changement organisationnel est long à se réaliser, mais il suscite des engagements personnels élevés qui en assurent le succès.

2.4 LES VARIABLES INDIVIDUELLES

Les variables individuelles ont trait aux personnes qui composent l'entreprise. Les compor-

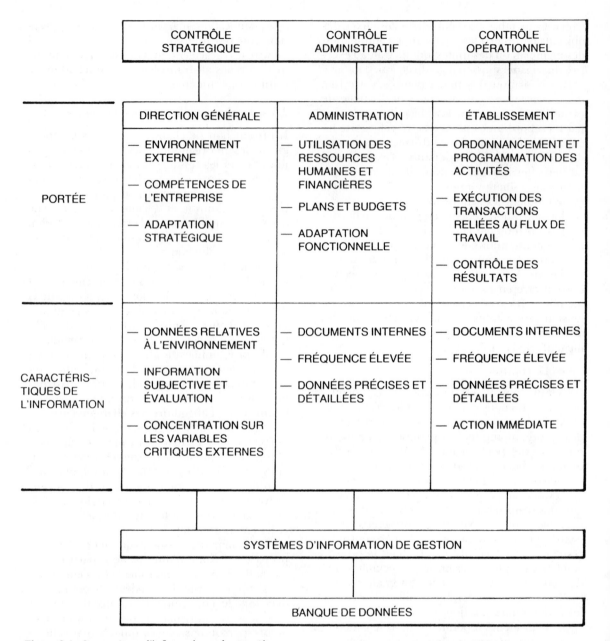

Figure 2.4 Les systèmes d'information et le contrôle

tements des membres de l'entreprise sont fonction, d'une part, des caractéristiques personnelles et, d'autre part, des caractéristiques du milieu dans lequel ces personnes œuvrent. Les comportements comprennent aussi bien l'adhésion aux objectifs de l'entreprise et le fait d'assumer des responsabilités que la résistance ou le conflit[12].

La conception du membre de l'organisation qui sous-tend notre approche est personnaliste, que ce membre soit administrateur ou employé. La conception personnaliste met l'accent, d'une part, sur les capacités intellectuelles et volitives et, d'autre part, sur l'intentionnalité dans l'action[13]. Les comportements des dirigeants et des membres de même que leurs contributions au processus d'administration dépendent non seulement de leurs situations précises mais aussi de l'idée qu'ils ont d'eux-mêmes. Nous préférons une anthropologie qui met en valeur la capacité consciente de décision des personnes, en dépit des limites cognitives[14].

Les membres, quels que soient leur niveau hiérarchique ou leur fonction, doivent être étudiés comme des personnes dotées de capacités intellectuelles et volitives, en plus évidemment de dimensions affectives et émotives. La personne est douée des capacités cognitives. La volonté donne à la personne une puissance motrice qui lui confère une capacité d'autodétermi-

nisme dans le choix des fins et l'articulation des moyens pour atteindre ces fins.

Le tableau 2.5 met en lumière les dimensions clés de l'action. Les capacités cognitives et volitives jouent des rôles distincts au cours des phases de la formulation de l'intention, de la délibération et de l'exécution. L'action, de l'intention à l'exécution, pourrait être représentée par la figure 2.5.

L'accent que nous mettons sur les capacités intellectuelles et volitives s'oppose aux conceptions behavioristes, dans lesquelles les comportements sont dictés et déterminés par les besoins. La figure 2.6 résume l'essentiel de notre argument. Les résultats personnels et organisationnels dépendent des comportements des membres. Ces comportements découlent à leur tour des décisions personnelles.

L'exercice du libre arbitre et des capacités intellectuelles permet à l'individu d'arriver à des choix qui intègrent ses appréciations et ses jugements. Ses valeurs morales déterminent ultimement ses décisions.

Tableau 2.5 Action et actes

PHASES	RAISON-COGNITION	VOLONTÉ	PUISSANCES PHYSIQUES
I- INTENTION D'UNE FIN [BUT]	– Connaissance d'un bien lié à la fin – Discernement de la fin	– Désir de ce bien – Intention de la fin	
II- DÉLIBÉRATION	– Analyse de la situation – Invention des moyens – Discernement du moyen approprié	– Consentement général aux moyens – Choix du moyen approprié	
III- EXÉCUTION	– Jugement et appréciation – Plan d'exécution – Ordre d'exécution	– Exécution par la volonté – Jouissance du bien	– Exécution (Acte) – Grâce aux capacités physiques et technologiques

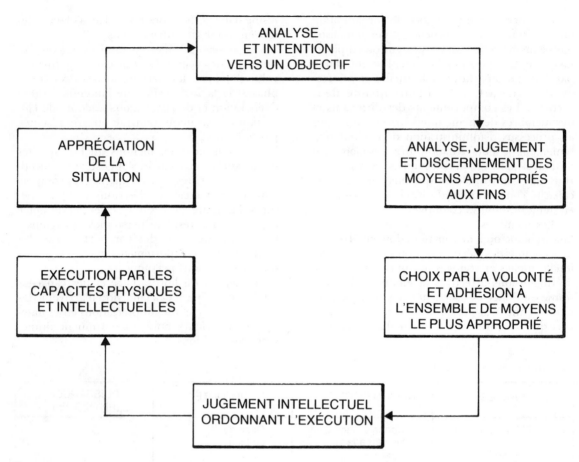

Figure 2.5

2.5 LES VARIABLES ORGANISATIONNELLES

Les variables organisationnelles font référence à l'organisation réelle, c'est-à-dire celle qui résulte, d'une part, des décisions de design organisationnel de la direction et d'autre part, des comportements effectifs des membres de l'entreprise. En d'autres mots, les variables organisationnelles découlent elles-mêmes des décisions passées et influenceront le processus d'administration et les décisions futures quant à la stratégie et au design organisationnel.

À mesure que croissent la taille de l'entreprise, la complexité des buts et l'hétérogénéité des contextes, la direction divise l'organisation en unités responsables de tâches particulières.

L'entreprise progresse ainsi vers une différenciation interne plus poussée. La coordination de ces unités, différenciées par des mécanismes opératoires en vue d'atteindre les buts, constitue l'essentiel du processus d'administration.

Au sein des unités qui constituent l'organisation formelle, se trouvent des postes conçus de façon à réduire l'influence personnelle des titulaires qui seront appelés à les remplir. En plus, la direction institue des systèmes de règles stipulant les formes de comportement appropriées et sanctionnant les comportements manifestés.

Ces règles sont superposées à la structure formelle des tâches et imposent des rapports et des modes d'opération quant à la préparation

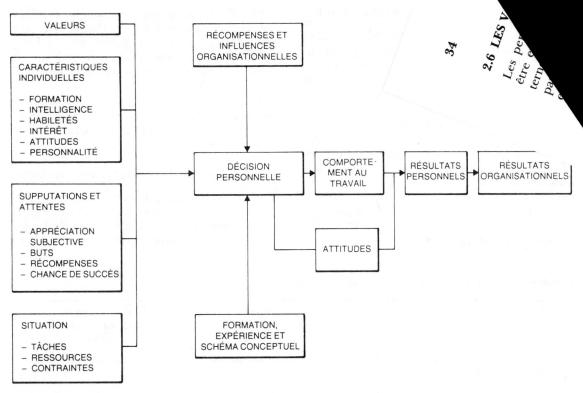

Figure 2.6   L'agir du manager

des décisions, la distribution des ordres et des instructions, et la diffusion de l'information. Ces règles prescrivent et définissent les résultats escomptés.

La structure sociale réelle de l'entreprise résulte à la fois des structures formelles mises en place par la direction mais aussi de l'organisation informelle qui émerge des interactions spontanées des membres. La vie réelle et les interactions suscitent des comportements de résistance, des normes de groupes et une répartition du pouvoir au sein de l'entreprise qui peut différer des pouvoirs officiels.

L'organisation informelle découle de la formation de liens d'affinité et de jeux d'influence qui se tissent quand les membres de l'entreprise interagissent au fil des activités du travail. Ces relations répondent à des besoins individuels et se nouent parfois pour protéger les membres de la rigueur de la structure formelle. L'organigramme ne tient aucun compte de ces rapports affectifs. Officiellement, ils n'existent pas. Ils ont pourtant des effets notoires sur l'ensemble des résultats obtenus et parfois à la surprise des administrateurs.

La fusion des organisations formelles et informelles se réalise par la présence d'un ensemble de rôles que les membres jouent en tenant compte des aspects formels et informels. Si la structure formelle supplante l'organisation informelle, le caractère de l'entreprise est alors mécaniste et les membres ont peu de marges de manœuvre. Si, à l'opposé, l'organisation informelle domine, elle peut donner lieu soit à des conflits avec la direction de l'entreprise, soit à l'identification des membres à des valeurs qui supportent ou s'opposent à celles de la direction.

...ARIABLES DE PERFORMANCE

...formances d'une entreprise peuvent ...xaminées à la lumière des objectifs in- ...es ou externes. En fait, la performance n'est ...s mesurée par une seule variable mais par un ...nsemble de critères complémentaires et quelquefois contradictoires. Il est utile de préciser que les entreprises, personnes morales abstraites, ne peuvent avoir d'objectifs, mais que seules des personnes comme les dirigeants, les investisseurs ou les employés peuvent avoir des objectifs au nom ou à propos de l'entreprise.

L'évaluation de la performance de l'entreprise peut être effectuée de deux façons distinctes. En premier lieu, les résultats atteints peuvent être comparés aux buts escomptés ou aux attentes des groupes comme les employés ou les investisseurs situés aussi bien à l'intérieur qu'à l'extérieur de l'entreprise. En second lieu, l'entreprise peut être évaluée comme un système en interaction avec son environnement. Il s'agit dans ce cas de porter des jugements sur l'adaptation et l'intégration de l'entreprise aux exigences de cet environnement. Le tableau 2.6 résume les critères utilisés au sein des deux modes d'évaluation.

2.6.1 Les évaluations par rapport à des buts

Les évaluations par rapport à des buts ou à des attentes sont faites non seulement par les dirigeants mais aussi par les membres de l'entreprise et des personnes extérieures.

Tableau 2.6 Évaluation de la performance de l'entreprise

	Évaluation par rapport à des buts escomptés et des attentes	Évaluation de l'entreprise comme système
Évaluation interne – Direction générale – Administration – Membre	– Rentabilité, cote en bourse – Intégration au milieu – Productivité – Rotation de la main-d'oeuvre – Rendement du capital – Satisfaction – Salaires et carrière – Qualité de vie au travail	– Utilisation des ressources et efficience – Capacité de réponse – Capacité d'adaptation stratégique
Évaluation externe – Clients et fournisseurs – Investisseurs – Groupes de pression – État	– Qualité, délais – Rendement du capital – Cote en bourse – Évaluations sociales – Protection de l'environnement du travailleur et des consommateurs – Obéissance aux lois – Responsabilités sociales	– Innovation – Intégration dans un ensemble large – Mobilisation des ressources – Flexibilité et capacité d'adaptation

Les personnes qui composent l'entreprise, quel que soit leur niveau hiérarchique, ont des objectifs personnels mais aussi des objectifs au nom et pour l'entreprise. Les évaluations internes proviennent de la direction supérieure, des cadres administratifs et des membres. La direction supérieure est préoccupée de la rentabilité et de la cote en bourse, s'il y a lieu, mais surtout de la capacité de l'entreprise de reformuler sa stratégie, d'adapter sa structure et de susciter l'adhésion des subordonnés. Les cadres supérieurs sont préoccupés, à juste titre, des évaluations externes portées sur l'entreprise. Dès lors, ils consacrent une attention particulière à entretenir des relations efficaces et à mettre en œuvre les programmes qui susciteront des évaluations externes positives.

Les cadres administratifs, quant à eux, sont préoccupés d'objectifs différents selon les fonctions qu'ils occupent. Ainsi, les responsables du marketing seront intéressés à la croissance des ventes, au nombre de nouveaux produits lancés, ou aux parts de marché. Les responsables de la planification seront préoccupés de l'efficience des installations et de la productivité de la main-d'œuvre. Les responsables financiers examineront avec attention la rentabilité des ventes, des produits et du capital investi.

Les évaluations personnelles des membres, qu'ils soient dirigeants ou employés de l'entreprise, portent aussi sur la rémunération, la carrière, la satisfaction au travail et les possibilités de développement. Les membres évaluent l'entreprise par rapport aux occasions de prise de décision, aux avantages matériels et aux possibilités de carrière qu'elle offre. En bref, les membres évaluent à titre personnel les incitations qu'offre l'entreprise dans les tâches et la carrière par rapport aux contributions qu'ils doivent fournir, c'est-à-dire les responsabilités qu'ils doivent assumer, le travail et l'engagement personnel.

Les appréciations des personnes extérieures déterminent en grande partie leurs décisions de se mettre ou non à la disposition de l'entreprise les ressources financières, techniques et politiques nécessaires. Les partenaires extérieurs qui évaluent l'entreprise effectuent des analyses de coûts et de bénéfices subjectives sur les résultats atteints. Ainsi, les appréciations et les évaluations des fournisseurs de capitaux, des clients, des groupes de pression ou des acteurs politiques qui commandent l'accès à des ressources clés, ont un effet réel sur l'entreprise.

Les clients portent des jugements sur la qualité des produits et des services, l'efficacité du service après-vente et les délais de livraison. Les courtiers et les analystes financiers qui évaluent les actions en bourse en vue de conseiller les investisseurs sont appelés à porter des jugements sur la capacité d'adaptation et sur les performances à court terme de l'entreprise.

Les fournisseurs de capitaux ont des exigences de performance quant à la rentabilité. Les administrations publiques et les dirigeants politiques ont des attentes de performance en termes de création d'emplois, de conduite sociopolitique et d'adhésion aux législations. Les milieux socio-politiques, les administrations publiques et les groupes de pression évaluent en effet constamment l'entreprise en fonction de leurs attentes. Ainsi, on évalue la contribution de l'entreprise à la protection de l'environnement et des travailleurs et au progrès économique.

2.6.2 L'évaluation de l'entreprise perçue comme un système

L'évaluation de l'entreprise, en tant que système, porte sur des concepts plus difficiles à mesurer. Ainsi, on parle de mobilisation des ressources, d'efficience du processus de transformation, de capacité de réponse aux variations de l'environnement et de capacité d'adaptation stratégique.

L'examen de la situation d'une entreprise permet de constater l'efficience à court terme du système de transformation. L'évaluation de la capacité d'adaptation stratégique de l'entreprise, grâce aux ressources, aux nouveaux produits ou aux compétences administratives dont elle dispose pour affronter la concurrence, est surtout une question de jugement et de discernement. D'autres critères sont souvent utilisés pour évaluer les entreprises, parmi lesquels on trouve le degré d'utilisation des modèles participatifs et la qualité de vie au travail.

3. L'aspect dynamique de l'administration

L'entreprise est un système ouvert aux influences externes, mais qui est géré par les décisions de la direction. La description statique des variables d'un système d'action par lequel nous représentons l'entreprise n'est pas une fin en soi mais une étape vers l'objectif réel, qui est la compréhension des interactions dynamiques de ces variables.

L'administration est avant tout un effort de compréhension des situations d'action visant à identifier les variables décisionnelles qui, espère-t-on, pourront être mises en équilibre. Les administrateurs recherchent des informations quantitatives et « expérientielles » afin de porter des jugements qui leur permettront de comprendre la situation réelle de l'entreprise en interaction avec son environnement. C'est ainsi, grâce aux décisions prises au fil du temps, que l'adaptation dynamique à son environnement se réalisera.

L'aspect dynamique de l'administration sera abordé selon trois éléments :

— la recherche délibérée de l'équilibre,

— l'adaptation contingente au contexte par les variables maniables,

— l'évolution de l'entreprise dans son contexte industriel.

3.1 LA RECHERCHE DÉLIBÉRÉE DE L'ÉQUILIBRE

L'équilibre est le degré de cohérence entre les exigences, les besoins et les implications d'une famille de variables, d'une part, et les exigences, les besoins et les implications d'une autre famille de variables, d'autre part[15]. Un équilibre doit exister non seulement entre les paires de variables mais aussi au sein de l'ensemble des variables qui forment le système qu'est l'entreprise.

Un haut niveau d'équilibre doit exister entre les familles de variables, sinon l'entreprise court, à moyen ou à long terme, vers sa déchéance. En d'autres mots, le fonctionnement de l'entreprise, c'est-à-dire les mécanismes de gestion, les caractéristiques des personnes, les structures formelles et informelles, doit être en cohérence avec la stratégie qui doit elle-même être en harmonie avec les exigences du contexte. Ainsi, une entreprise est d'autant plus efficace que sa stratégie est en accord avec l'environnement externe et les ressources dont elle dispose. L'efficacité est donc liée à un haut niveau d'équilibre entre les variables contextuelles, la stratégie, les variables organisationnelles et les ressources humaines.

L'équilibre n'est pas atteint par l'application de solutions générales et universelles mais il découle au contraire de solutions spécifiques au contexte. Les décisions de la direction doivent développer des arrangements de variables qui tendent vers l'équilibre.

L'harmonisation, par la direction, des familles de variables en vue de réaliser l'équilibre est ni déterministe ni volontariste. Selon la perspective déterministe, les dirigeants ne disposeraient d'aucune marge de manœuvre, puisque les exigences des variables contextuelles sont telles qu'elles imposent des formes d'organisation et déterminent sa survie. Les tenants du volontarisme, au contraire, sont d'avis que les dirigeants contrôlent les facteurs qui influencent le progrès et la stratégie de l'entreprise.

Selon les partisans du *déterminisme*, les contextes économiques, technologiques et sociopolitiques influencent non seulement le processus d'administration mais imposent aussi les stratégies et les modes d'organisation[16]. Ainsi, plusieurs auteurs, notamment ceux qui ont opté pour la perspective écologique, acceptent a priori que le contexte détermine la structure et la survie de l'entreprise. En d'autres mots, les variables contextuelles et la concurrence font la sélection des entreprises qui survivront ou qui échoueront. La seule option des dirigeants est de s'adapter aux conditions et aux caractéristiques de l'environnement. Les entreprises dont les performances sont élevées seraient donc dirigées par des décideurs qui savent reconnaître les exigences des variables contextuelles et s'y adapter.

Le *volontarisme*, par opposition, fait référence à la liberté d'action stratégique des dirigeants quant à la manipulation des ressources en vue d'atteindre des objectifs. Les tenants du volontarisme indiquent que les dirigeants peuvent, grâce au contrôle des variables telles que le marketing ou l'innovation, modifier le contexte et la dynamique de leur situation concurrentielle. Ainsi, les dirigeants pourraient, grâce à des choix stratégiques, orienter l'entreprise vers la croissance, l'exploitation des marchés et des produits existants, ou la diversification[17].

La *perspective systémique*, adoptée dans ce volume, reconnaît que les dirigeants disposent d'une certaine marge de manœuvre mais qu'en même temps ils doivent s'adapter au contexte dans lequel l'entreprise œuvre. L'antinomie entre le volontarisme et le déterminisme disparaît donc rapidement lorsque l'on considère l'entreprise comme un système ouvert, qui doit être géré d'une manière rationnelle pour atteindre des buts établis et s'adapter à son environnement. La direction doit structurer les problèmes par un effort conceptuel d'identification des variables interdépendantes et manipuler les variables susceptibles d'adapter l'entreprise à son environnement. Les influences contextuelles émanant des forces économiques, technologiques et politiques encadrent et orientent fortement l'action des administrateurs. Cependant, ils disposent de marges de manœuvre où l'innovation et l'esprit d'entreprise peuvent s'exercer. Les entreprises innovatrices réussissent, grâce à leurs dirigeants, à contourner ces contraintes, alors que les entreprises léthargiques subissent les déterminismes.

3.2 L'ADAPTATION CONTINGENTE À L'ENVIRONNEMENT PAR LES VARIABLES MANIABLES

Dans cette perspective, les influences de l'environnement ne sont pas des impératifs et les adaptations de l'organisation ne sont pas attribuables aux contraintes extérieures. Les dirigeants disposent d'une réelle autonomie pour choisir des solutions de rechange compatibles avec l'environnement ; plusieurs formes d'organisation sont viables et plusieurs stratégies répondent valablement aux variations et aux contraintes de l'environnement, lesquelles limitent le choix mais ne l'éliminent pas.

Dans la recherche de l'équilibre, les dirigeants pourront arriver non pas à des solutions typiques, mais plutôt à des solutions spécifiques et contigentes au contexte de l'entreprise. En d'autres mots, la fonction fondamentale de l'administration ne serait donc pas de chercher des solutions universelles « toutes faites » mais au contraire de comprendre et d'articuler les relations de contingence qui peuvent amener l'équilibre entre les exigences contextuelles, la stratégie, la structure et les processus internes, et les ressources humaines. Plus le degré d'équilibre entre les familles de variables est élevé et plus il correspond aux exigences du contexte, plus la performance de l'entreprise est élevée.

Les contextes dans lesquels œuvrent les entreprises déterminent en grande partie leurs stratégies et leurs organisations. L'environnement est fractionné, mouvant, et ses exigences sont souvent divergentes et fluctuantes, laissant donc une marge d'indétermination et d'appréciation à la direction. Surtout, les influences de l'environnement ne sont pas directes, elles sont médiatisées par les choix des dirigeants. La perspective systémique reconnaît que les entreprises sont ouvertes aux influences, aux ressources et aux informations émanant de l'environnement. Les environnements posent à l'entreprise des contraintes et des incertitudes, mais offrent aussi des occasions d'action. L'entreprise est soumise à des discontinuités, des incertitudes, des contraintes qui émanent d'éléments externes tels que les concurrents, les innovateurs ou les groupes de pression.

Une comparaison de deux types d'entreprises servira à illustrer la notion de contingence résultant de l'équilibre atteint entre les diverses familles de variables. Une entreprise de transport aérien de propriété publique exploite un réseau de lignes dans un pays donné, à l'aide d'appareils éprouvés. La stratégie de l'entreprise sera orientée vers la réduction des coûts, grâce à une part de marché élevée, tout en maintenant de bonnes relations avec les gouvernements pour assurer sa situation. Le contexte dans lequel œuvre l'entreprise laisse supposer que celle-ci doit être dotée d'une organisation très formelle et que ses processus d'administration doivent être rationnels et méthodiques.

Par contre, un fabricant de micro-ordinateurs œuvre dans une industrie où les concurrents sont nombreux, la rivalité féroce et la technologie en constante effervescence. Ces variables contextuelles exigent une stratégie de flexibilité, une organisation souple et des processus de gestion informels permettant des décisions et des réorientations rapides. Les variables décisionnelles comme la stratégie, le design organisationnel et la stimulation des ressources humaines sont des leviers d'action puissants à la portée de la direction pour s'adapter aux différents contextes.

Au fil du temps, la direction procédera à des ajustements et à des adaptations de façon à garder l'entreprise en équilibre. En d'autres mots, la direction a la possibilité partielle de «construire» son milieu et d'«exploiter» l'environnement, par des stratégies et des tactiques destinées à conserver l'autonomie en évitant les dépendances.

La contingence fait donc référence au fait qu'il existerait des configurations uniques et particulières à certains types d'entreprises entre les variables contextuelles, organisationnelles, processuelles et individuelles. Une entreprise est par conséquent plus efficace et plus performante lorsqu'il y a équilibre entre les variables qui forment le système articulé et que ce système est lui-même en équilibre avec les exigences de variables contextuelles. La figure 2.7 montre les principales relations de contingence qui devraient lier les types de variables. Ces observations sont basées sur de nombreuses re-

Figure 2.7   Relations et congruence entre les familles de variables

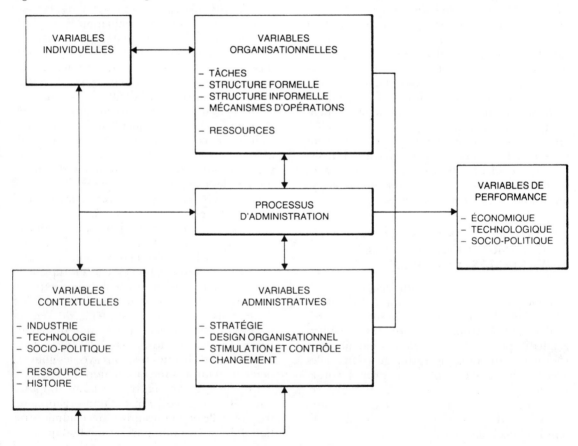

cherches. Nous les résumons dans les propositions suivantes :

— Les entreprises qui atteignent des performances élevées montrent en général un haut niveau d'équilibre entre la stratégie et le design organisationnel d'une part, et les variables contextuelles, d'autre part[18]. En d'autres mots, grâce aux décisions de la direction, la stratégie est adaptée au contexte et le design organisationnel est adapté à la stratégie.

— Par contre, une entreprise dont la stratégie n'est pas en conformité avec les exigences du contexte est en situation de déséquilibre. Si ce déséquilibre se poursuit pendant longtemps, l'entreprise perdra son marché et la situation se soldera par une faillite. La direction devra réaliser une mutation de l'organisation et de la stratégie pour les rendre plus conformes aux exigences du contexte.

— Les entreprises dont le design organisationnel et les variables organisationnelles ne sont pas en équilibre avec la stratégie seront incapables de réaliser la stratégie et de faire face aux exigences contextuelles. Une entreprise n'atteint des performances élevées que si ses structures formelles et informelles sont conformes aux exigences concurrentielles nécessaires à la réalisation de sa stratégie[19].

— Les entreprises qui atteignent des performances sont celles qui modifient leur stratégie en fonction de l'évolution du contexte et des ressources disponibles. (La modification de la stratégie au temps « t » pour faire face à un nouveau contexte entraîne des décisions de modification du design organisationnel au temps « t + 1 ».)

3.3 L'ÉVOLUTION DE LA FIRME DANS SON CONTEXTE INDUSTRIEL

L'évolution des contextes et les adaptations calculées des entreprises par les dirigeants auront pour conséquence divers états d'équilibre. Pour les fins de l'exposé, nous décrirons trois étapes dans l'évolution des entreprises qui survivent au processus d'élimination concurrentielle : i) le stade d'émergence, ii) le stade de croissance et iii) le stade de maturité/déclin.

Les choix stratégiques de la direction procèdent de ses perceptions et appréciations de l'environnement. La formulation d'une stratégie implique l'intervention combinée de trois forces : i) l'environnement qui est exposé au changement ; ii) le système de l'entreprise qui cherche à se stabiliser et à s'adapter aux changements ; et iii) la direction dont la tâche consiste en la médiation entre l'environnement changeant et les progrès visés. Examinons les trois stades de l'évolution des entreprises qui survivent.

3.3.1 La phase d'émergence

Au cours de l'étape d'émergence, les entrepreneurs innovateurs se fixent des programmes de mise au point de produits nouveaux. L'innovation suppose la jonction entre les informations scientifiques et les informations de marketing. Les recherches empiriques montrent que les innovations qui réussissent offrent des avantages réels aux consommateurs, correspondent à des besoins identifiés dans le marché, et ont été lancées d'une manière cohérente grâce aux capacités techniques et scientifiques de l'entreprise. La proportion des échecs subis par les entreprises dans la commercialisation d'innovations est très élevée. Les études réalisées afin de déterminer les causes des échecs pointent toutes dans une même direction : le manque de connaissances quant à la nature du marché.

Au moment de la phase d'émergence, la préoccupation de l'entrepreneur est de réussir à produire et à améliorer les produits. En d'autres mots, le problème fondamental n'est pas de produire en grande série, mais au contraire de pénétrer et de développer le marché. Le nombre de changements dans les produits est très élevé et il y a une diversité de produits entre les différents concurrents. À ce moment, le procédé de fabrication est composé en grande partie de méthodes non standardisées ou artisanales qui ne demandent pas d'équipements spécialisés. La production étant à petite échelle, la petite entreprise y œuvre sans difficulté.

À la phase d'émergence correspond la stratégie entrepreneuriale imitatrice ou innovatrice. L'esprit d'entreprise imitateur est beaucoup plus fréquent que l'esprit d'entreprise innovateur. En effet, le risque élevé associé à l'innovation favorise le recours aux technologies déjà éprouvées en vue de satisfaire un besoin perçu. L'entrepreneur innovateur quant à lui propose un produit, un service ou une technique nouvelle. La stratégie entrepreneuriale est peu explicite et repose sur des tâtonnements délibérés en vue de découvrir les solutions efficaces. L'entrepreneur tente de répondre à une demande virtuelle et d'établir des liens commerciaux entre son entreprise d'une part, et des clients et fournisseurs d'autre part. Le succès n'est pas facile parce que l'entrepreneur se trompe souvent sur la nature de la demande effective.

La compétence distinctive de l'entreprise est formée non pas de machines ou de réseaux de distribution mais des idées des dirigeants et des employés. Au moment du lancement et de l'expansion initiale, le succès dépend en grande partie des qualités de l'équipe entrepreneuriale de départ.

Une organisation flexible est critique pour les entreprises en phase d'émergence. Celles-ci doivent être en mesure de s'ajuster rapidement aux variations de la demande effective. De plus, elles doivent pouvoir reconstituer constamment leurs équipes de travail ; en d'autres termes, les ressources humaines doivent être en mesure de se retrancher mais aussi de gérer les périodes d'expansion. Enfin, elles doivent pouvoir modifier et développer continuellement de nouveaux produits.

3.3.2 La phase de croissance

Au cours de l'étape de croissance, l'accent est mis sur l'amélioration du produit et l'augmentation de la productivité. Les marges de profit sont élevées et les ventes progressent, attirant la concurrence et de nombreuses imitations. À mesure que le nombre de producteurs et de clients augmente, l'incertitude face au produit diminue. Apparaît alors le besoin d'une différenciation accrue des produits pour des segments de marché précis. Certains modèles dominent grâce à des parts de marché élevées et ouvrent la voie à de plus grandes installations de production. Seules les petites entreprises qui ont réinvesti leur trésorerie, ou les entreprises qui ont accès à des sources extérieures continues, survivent à cette étape.

Les procédés de fabrication évoluent vers la production de masse pour faire face à l'augmentation de la demande. À mesure qu'ils se développent, les procédés de fabrication prennent les caractéristiques suivantes : intensité plus grande en capital, division du travail, spécialisation accrue, rationalisation et automatisation des installations.

Les options stratégiques qui s'offrent à l'entreprise en période de croissance sont : le lancement de produits différenciés, l'exploitation systématique d'un produit et la réduction des coûts par les innovations-procédés. Nous reviendrons plus en détail sur ces points dans un chapitre ultérieur. Ainsi, au cours de cette période, la stratégie consiste à développer les réseaux de distribution, à atteindre des économies d'échelle de production et de distribution et à orienter le design des produits vers les modèles dominants. L'entreprise entre alors dans une phase de stabilité.

L'harmonisation des ressources humaines à la stratégie, au cours de la phase de croissance, s'opère d'abord par la recherche de la cohérence. L'objectif est de s'assurer que les ressources humaines sont recrutées et formées de façon que la stratégie effective corresponde aux intentions. L'harmonisation des ressources humaines à la stratégie de croissance s'opère grâce à la formulation de politiques et de méthodes de gestion. Les politiques de gestion des ressources humaines s'articulent autour de trois thèmes : le choix des titulaires compétents pour chacun des postes, la stimulation des performances et le contrôle des résultats.

L'absence d'une gestion efficace des ressources humaines peut créer des conditions de risques et de contraintes qui nuisent à la réalisation d'une stratégie bien articulée. Plus les risques de grèves, de réduction de la productivité ou de désengagement sont élevés, plus la gestion des ressources humaines a l'occasion de jouer un rôle critique.

3.3.3 La phase de maturité et de déclin

La concurrence au moment de la maturité se joue largement sur les prix et non plus sur l'innovation et la différenciation des produits. Cette étape dans l'évolution de l'industrie est donc caractérisée par la recherche de réductions des coûts. Les marges de profit diminuent et les procédés de production exigent de nouveaux investissements en capital et même des relocalisations d'usines. À mesure que le produit pénètre l'ensemble du marché, le besoin de présenter des modèles dont les prix sont faibles se fait sentir.

L'étape de déclin est celle où les ventes commencent à diminuer. L'entreprise n'investit plus dans le produit ou les procédés de fabrication, mais tente de soutirer le maximum de revenus des ventes du produit. Le produit, technologiquement vieux et peu rentable à cause des baisses de prix successives imposées par la concurrence, est en voie de remplacement par un nouveau produit.

Lorsque les systèmes de gestion des ressources humaines et les technologies d'appui sont complètement harmonisés à la stratégie, l'entreprise est souvent incapable de susciter en elle-même les innovations techniques et commerciales qui assureront son redressement ou son progrès. Sans effort de renouvellement, l'entreprise s'achemine donc vers la déchéance.

3.3.4 Le rajeunissement

Seules quelques entreprises sont capables de passer au stade de rajeunissement. La stratégie de rajeunissement comprend soit l'intention d'entreprendre une diversification, soit la promotion de l'esprit d'entreprise interne. La diversification peut s'opérer selon plusieurs voies, chacune faisant un usage différent de la technologie et des ressources financières. Ces voies sont :

— l'achat de firmes œuvrant au sein d'industries en croissance ;

— l'intégration verticale en vue de réduire les coûts unitaires ;

— la diversification concentrique par l'entrée au sein d'industries nouvelles mais liées par la technologie ou le marché à celle où œuvre l'entreprise ;

— la diversification conglomérée : l'entrée au sein d'industries qui n'ont aucun lien de marketing ou de technologie.

La direction peut aussi tenter de rajeunir l'entreprise de l'intérieur. Les dirigeants peuvent ainsi décider de susciter, au sein de leur entreprise, un climat propice à l'esprit d'entreprise par l'utilisation des méthodes suivantes :

— l'établissement de systèmes de rémunération qui permettent aux cadres et au personnel, d'une part, de financer sans trop de risques personnels les projets innovateurs et d'autre part, de tirer un profit personnel des initiatives qui réussissent ;

— le lancement de projets internes à partir des technologies et des occasions de marchés sans trop de contraintes imposées par la planification formelle ou les juridictions organisationnelles ;

— des encouragements crédibles à l'innovation qui viennent des cadres supérieurs.

Les stratégies et les formes des entreprises varient ainsi selon les étapes d'évolution de l'industrie et les ressources de l'entreprise (voir tableau 2.7). Ainsi, nous venons de montrer que les stratégies d'esprit d'entreprise, de croissance et de rajeunissement correspondent habituellement aux stades d'émergence, de croissance et de maturité. Cependant, une mise en garde importante s'impose. En effet, les étapes d'évolution d'une industrie et les types d'innovation sont des outils conceptuels utiles mais ils n'impliquent aucun déterminisme. Souvent un produit en maturité, qui n'a pas été l'objet de changements majeurs depuis plusieurs années, peut soudainement devenir le théâtre d'innovations spectaculaires et de regains de ventes. De même, une entreprise en période d'émergence

Tableau 2.7   Liens entre la stratégie, la technologie et les ressources humaines en fonction du cycle de l'industrie

	Stade d'émergence	Stade de croissance	Stade de maturité et déclin
• STRATÉGIE	**Stratégie entrepreneuriale** — intuitive et délibérée — planification par produit et client — pénétration du marché	**Stratégie de croissance** — planification formelle — économies d'échelle de production et distribution — réseaux de distribution	**Stratégie de rajeunissement** — diversification — stimulation de l'esprit d'entreprise interne — réduction des coûts
• TECHNOLOGIE	— méthodes non standardisées et artisanales — innovations fréquentes	— intensité plus grande en capital — division du travail — spécialisation — automatisation des installations	— prévision des technologies en émergence
• RESSOURCES HUMAINES	— compétences techniques — recherche de la flexibilité — potentiel innovateur — recrutement chez les entreprises incubatrices	— recherche de la cohérence — recrutement en fonction de tâches précises — développement et gestion des ressources humaines en fonction de la stratégie	— nomination de cadres pour changer la culture et réaliser des réorientations — recherche de la diversité

et de croissance peut surestimer la demande et faire faillite.

4. Conclusion

Le véritable mérite du schéma conceptuel est de permettre aux décideurs de comprendre que les variables isolées s'insèrent dans un ensemble cohérent, évitant ainsi de les traiter en vase clos[20]. Ce schéma conceptuel a aussi l'intérêt d'aider à formuler des hypothèses en vue de recherches qui permettront de découvrir des trames de régularité. Ainsi exploité, ce schéma conceptuel aboutit à une organisation et à une systématisation des variables étudiées. La figure 2.8 résume en quelques mots le processus d'administration et les variables décisionnelles sur lesquelles il agit.

QUESTIONS

1. Donnez un aperçu des principaux facteurs qui militent en faveur d'une approche conceptuelle de l'administration, et dites en quoi celle-ci est de nature à mieux refléter l'action administrative qu'une approche mécaniste. Étayez votre réponse à l'aide d'exemples concrets.

2. Le schéma conceptuel de l'administration et le modèle de l'organisation industrielle sont semblables. Commentez.

3. Le schéma conceptuel forme un système de six familles de variables. Les variables administratives représentent l'une de ces familles et font référence aux domaines d'application du processus d'administration. Identifiez et indiquez l'objet de chacun de ces domaines.

4. À partir d'exemples, expliquez l'impact du processus d'administration sur le schéma conceptuel.

5. Pour justifier la nécessité d'un schéma conceptuel de l'administration comme outil indispensable de réflexion et de synthèse, on énumère cinq raisons fondamentales qui relèvent de la nature même du rôle de l'administration dans l'entreprise. Comment justifie-t-on la nécessité d'un schéma conceptuel ?

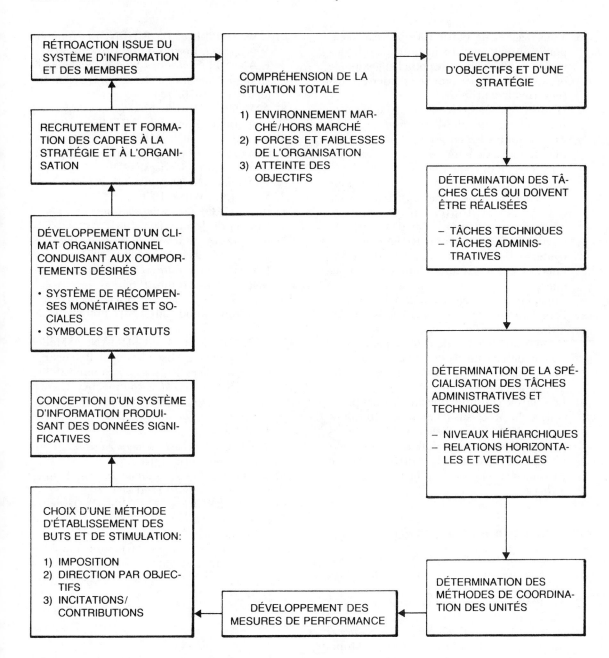

Figure 2.8 Fonction globale de direction

6. Vous décidez de partir votre bureau d'experts-conseils en informatique. Expliquez comment le schéma conceptuel et le modèle organisationnel peuvent vous aider à réussir votre entreprise.

7. D'après de nombreux auteurs, il n'existe pas de forme idéale d'organisation applicable à toutes les entreprises, mais plutôt une nécessité de tenir compte de certaines caractéristiques contextuelles. Lesquelles?

8. La fonction fondamentale du processus d'administration ne serait pas de chercher des solutions «toutes faites» mais au contraire de comprendre et d'articuler les relations qui s'imposent entre les exigences contextuelles, la structure et les processus internes, et les ressources humaines. Expliquez.

9. Lorsqu'une variable contextuelle change, l'organisation doit s'adapter. Quels sont les différents types de variables contextuelles? Donnez un exemple de changement à l'intérieur de chacun de ces types. Choisissez une variable comme la technologie pour mieux développer votre réponse.

10. Le contrôle constitue une application particulière du processus d'administration dont le but est d'assurer l'adéquation entre les objectifs désirés et les résultats atteints. Expliquez ces trois types de contrôle ainsi que les caractéristiques de l'information reliées à chacun.

NOTES BIBLIOGRAPHIQUES

1) H.E. ALDRICH. *Organizations and Environments*, Englewood Cliff, N.J., Prentice-Hall, 1979.

2) M. PORTER. *Competitive Strategies*, New York, Free Press, 1980.

3) R. MILLER. *La Technologie et la Stratégie*, Montréal, Centre d'Innovation de Montréal, 1984.

4) J.B. QUINN. *Strategic Change*, Homewood, Ill., Richard D. Irwin, 1980.

5) J.D. THOMPSON. *Organizations in Action*, New York, McGraw-Hill, 1967.

6) C.W. HOFER et D. SCHENDEL. *Strategic Management*, Boston, Little Brown, 1979.

7) I. ANSOFF *et al. From Strategic Planning to Strategic Management*, New York, Wiley Interscience, 1976.

8) A.A. CHANDLER. *Strategy and Structure*, Cambridge, Mass., The MIT Press, 1962.

9) Y. ALLAIRE et R. MILLER. *Le Pouvoir de l'entreprise: le cas d'IBM*, Ottawa, Approvisionnement et Services, 1979.

10) W.M. EVAN. *Organization Theory*, New York, John Wiley, 1976.

11) R.A. ACKOFF. *Creating the Corporate Future*, New York, John Wiley, 1981.

12) A. FOX. *A Sociology of Work in Industry*, Londres, Collier, MacMillan, 1971.

13) J. MARITAIN. *Introduction générale à la philosophie*, Paris, Téqui, 1963.

14) H.A. SIMON. *The New Science of Management*, Englewood Cliffs, N.J., Prentice-Hall, 1977.

15) D. NADLER et M. TUSHMAN. A Model for Diagnosing Organizational Behavior», in *Organizational Dynamics*, Automne 1980.

16) D.J. HICKSON *et al.* A contingency Theory of Intraorganizational Power», in *Administrative Science Quarterly*, vol. 19, n° 1, p. 22-44, 1974.

17) P. DEWOOT. *La Fonction d'entreprise*, Louvain, Nauwelærts, 1961.

18) J. LORSCH. *Organization Design*, Homewood, Ill., Richard D. Irwin, 1972.

19) P. LAWRENCE et J. LORSCH. *Organization and Environment*, Boston, Harvard Graduate School of Business, 1967.

20) D. PUGH. «Studying Structure and Processes», in Morgan G. *Beyond Methods: Strategies for Social Research Sage*, Beverly Hills, 1980.

PARTIE II

Les contextes de l'entreprise

Si l'administration est un phénomène universel, sa pratique prend une coloration distincte dans l'entreprise soumise aux rigueurs du marché. En conséquence, la seconde partie de cet ouvrage fait état des caractéristiques de l'entreprise soumise aux pressions de la concurrence, qu'elle soit de propriété privée ou publique.

L'entreprise est avant tout un mécanisme technico-économique construit en vue de produire des biens et des services. Administrer ou lancer une entreprise consiste, au premier chef, à prendre des décisions économiques d'adaptation et d'innovation dans un contexte concurrentiel. Il est d'une importance capitale pour le futur administrateur de prendre conscience que l'entreprise peut difficilement survivre et croître sans développer en son sein une capacité de réponse aux exigences économiques, techniques et politiques en constante mutation. Les fluctuations des marchés, les discontinuités technologiques et la conjoncture politique sont autant de variables externes qui menacent l'équilibre ou la stabilité des entreprises.

Le premier contexte est celui des théories que les dirigeants épousent dans la pratique. Le chapitre 3 intitulé « L'Évolution de la pensée administrative : le contexte théorique » rassemble dans un approche synthétique les divers courants de pensée en administration. Les écoles formelles, humanistes, socio-politiques, contingentes et économiques proposent des perspectives partielles et quelquefois contradictoires. Le dirigeant fonde ses décisions sur les théories qu'il épouse et préfère : ces théories l'aident à structurer les problèmes et les décisions à prendre. Au fil des expériences et à la lumière des faits, les dirigeants modifient par des apprentissages et des jugements les théories épousées. Il peut même en venir à rejeter comme fausse une théorie autrefois préférée.

L'entreprise contemporaine est dépeinte selon ses dimensions économique, socio-politique et technologique. Dans le volet économique, l'entreprise est perçue comme un ensemble de ressources organisées en vue de saisir ou de créer des occasions sur un marché. Dans le volet technologique, l'entreprise apparaît comme un siège d'innovations aussi bien pour les produits que pour les procédés, stimulant ainsi la demande et contribuant à rehausser la productivité. Enfin, dans le volet socio-politique, le pouvoir d'action et les relations conflictuelles avec les autres pouvoirs de la société sont esquissés.

Le texte de Marcel Côté (chapitre 4), intitulé « L'Entrepreneur, l'entreprise et la croissance économique », met en lumière les phénomènes de la création d'activités économiques nouvelles et de l'expansion des entreprises. Le progrès économique résulte en effet du lancement d'entreprises par des entrepreneurs et de l'addition d'activités par les entreprises existantes en réponse aux occasions qui se présentent. Les firmes des industries à maturité, aujourd'hui les acteurs principaux sur l'échiquier économique, seront remplacées à brève échéance par les nouvelles firmes lancées par des entrepreneurs. Seules quelques-unes de ces firmes deviendront de grandes firmes. L'expérience et les études statistiques démontrent que la création d'emplois et le progrès économique découlent en très grande partie de l'effervescence entrepreneuriale.

45

Le chapitre 5, intitulé « L'entreprise et les systèmes industriels : Aspects économiques et technologiques », présente un schéma d'analyse des firmes en situation concurrentielle. Il indique que grâce à sa stratégie, l'entreprise s'insère dans un environnement économique et technique qui présente sans cesse des possibilités, des contraintes et des risques. La nature de l'entreprise change avec l'évolution de l'industrie et elle est fonction de la dynamique de l'industrie au sein de laquelle elle œuvre.

L'action économique et technique de l'entreprise soulève des enjeux, des attentes et des préoccupations socio-politiques qui s'imposent à la direction. L'entreprise offre des emplois, mais elle peut être aussi la source d'effets non désirés chez les clients, les communautés régionales et les travailleurs. Le chapitre 6, de Jean Pasquero, intitulé « L'Entreprise et son environnement socio-politique », suggère que les relations avec les partenaires de l'entreprise peuvent être abordées dans une perspective à la fois décisionnelle et éthique.

CHAPITRE 3

L'ÉVOLUTION DE LA PENSÉE ADMINISTRATIVE : LE CONTEXTE THÉORIQUE

par

Roger Miller

> « *Jamais un débat purement intellectuel n'aboutira à une décision : plus les motifs sont intelligemment dégagés, plus s'égalise leur force, car le monde est complexe, et il n'est pas de pour qui ne s'enveloppe de beaucoup de contre, pas de motif qui ne trouve sans sophisme à mobiliser beaucoup de sagesse. C'est pourquoi l'intellectuel qui n'est qu'intellectuel, peseur d'idées, voit toujours sa balance à peu près au point mort. L'action a pour effet précisément de franchir cette mort, dans un pari qui pour n'être pas toujours irrationnel, n'est cependant jamais tout à fait raisonnable.* »

E. Mounier

L'administration des entreprises se trouve au cœur d'un dilemme fondamental. En effet, la concurrence et les décisions rationnelles exigent la hiérarchisation des membres, le contrôle par la programmation des activités individuelles et la stimulation du rendement par des essais d'influence, alors que l'idéal démocratique du siècle incite à croire à l'égalité et aux besoins d'autoréalisation des individus. Ces deux exigences contradictoires se reflètent dans les approches théoriques de l'étude de l'administration.

1. Les tentatives d'organisation du savoir administratif

Les tentatives en vue d'organiser le savoir en administration sont récentes. En effet, ce n'est que depuis le début du XXe siècle que des efforts en ce sens ont vu le jour, contribuant ainsi au développement d'une approche générale. Or, en raison du dynamisme émanant des actions des entrepreneurs et des dirigeants, l'administration comme champ d'étude peut difficilement dégager des lois stables et des théories valables pour toutes les circonstances concrètes. Les actions libres des innovateurs et entrepreneurs les jeux économiques et les situations organisationnelles rendent illusoire l'idée que le phénomène de l'administration ne serait que la mise en action de déterminismes.

Les premiers balbutiements de la pensée administrative proviennent de chefs d'entreprise qui se sont attachés à traduire leur expérience en directives destinées à leurs pairs. Plus tard, des sociologues, inspirés par le modèle de la bureaucratie développé par Max Weber, contribuèrent dans une large mesure à l'élaboration de la théorie des organisations. De même, les économistes, à partir de l'approche néoclassique, sont à l'origine des théories de la décision axées sur la rationalité.

L'évolution de la pensée administrative est présentée selon cinq grands axes : les théories formelles (administration classique, approche scientifique, approche bureaucratique et théories décisionnelles), les théories humanistes (relations humaines et participation), les théories socio-politiques (sociologie industrielle, participation conflictuelle et relations industrielles), les théories de la contingence et les théories économiques (économie classique, organisation industrielle).

Chacune de ces perspectives apporte un éclairage différent à l'administration. Les théories formelles axées sur la rationalité adoptent souvent le point de vue de la direction. Les approches humanistes mettent l'accent sur la dimension émotive des membres de l'organisation et la nécessité d'un style de direction orienté vers la participation. Les théories socio- politiques voient la gestion des ressources humaines comme imbriquée dans un processus de conflit et de pouvoir. Les théories de la contingence constatent les limites des solutions universelles et indiquent que les modes d'organisation sont contingents au contexte de l'entreprise. Depuis quelques années, la vigueur de la concurrence a donné une pertinence nouvelle aux approches économiques.

La figure 3.1 montre comment ces approches théoriques contribuent à l'approche systémique développée dans ce volume, notamment dans le schéma conceptuel présenté dans le chapitre précédent.

2. Les modes de constitution des théories en administration

Les connaissances à propos de l'administration se développent en corpus théorique depuis le début du XXe siècle. Ce savoir est le fruit des réflexions empiriques des chefs d'entreprise de même que des constructions théoriques élaborées par des universitaires. L'évolution des connaissances théoriques en ce qui a trait à l'administration est marquée par la profusion des idées et la faiblesse des tests empiriques. Dans le dessein de mettre de l'ordre dans ce savoir théorique en formation, nous avons recensé et synthétisé un grand nombre de conceptions. On les trouvera résumées au tableau 3.1.

Toutefois, avant d'aborder le contenu des théories en administration, une discussion des processus discursifs grâce auxquels les théories sont construites s'impose. Par processus discursifs nous entendons les métaphores et les méthodes de constitution des théories en administration. Les théories visent à rendre compte des phénomènes, à fournir une explication de la réalité étudiée, et à dégager des lois générales dont la validité s'étend au-delà des cas particuliers.

Les théories se construisent, en premier lieu, à partir de l'induction basée sur l'observation de la réalité ou de l'expérience en vue de formuler des hypothèses d'investigation. En second lieu, des raisonnements logiques ou déductifs permettent d'élaborer la structure des théories. En troisième lieu, la vérification des théories s'effectue par un retour à la réalité, soit par la méthode expérimentale, ou par l'application concrète. Une attitude critique est nécessaire à la connaissance scientifique ou à la constitution du savoir. Une théorie non vérifiée

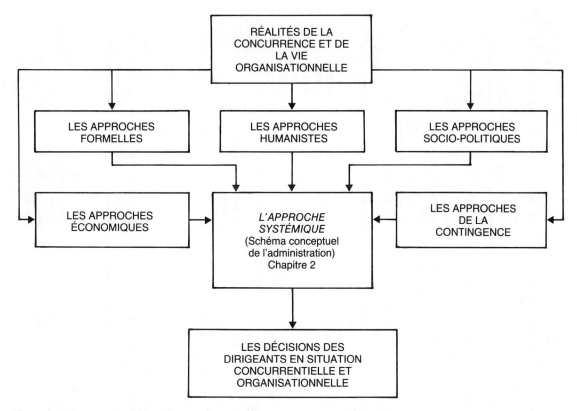

Figure 3.1   La convergence vers l'approche systémique

par la réalité est fausse même si elle est élégante et conforme à nos préjugés.

L'administration, si elle veut accéder au statut de science, doit expliquer les phénomènes qu'elle étudie. En d'autres mots, elle doit non seulement accumuler des faits, les observer, les décrire grâce aux recherches empiriques, mais surtout il lui faut affiner les instruments conceptuels et construire des théories capables de vérification empirique.

Sous l'effet du succès de la méthode scientifique dans les sciences naturelles, l'idée s'est répandue que cette méthode devrait s'appliquer à l'administration. La méthode hypothético-déductive ou positiviste, consistant à regarder tous les phénomènes comme assujettis à des lois naturelles inévitables, a largement dominé le champ des sciences sociales. Les autres voies d'explication des phénomènes, soit les modes philosophiques, littéraires ou herméneutiques, ont été par conséquent plus ou moins ignorées, malgré les insuffisances du modèle scientifique. Avant d'entamer la section sur les théories en administration, il apparaît essentiel d'analyser ces théories à la lumière des modes discursifs d'explication du réel et de constitution des théories.

Les processus discursifs de production du savoir peuvent être classifiés globalement en quatre grandes catégories en ce qui a trait aux sciences administratives : les modes formels, les modes hypothético-déductifs, les modes dialectiques et les modes herméneutiques[1].

Tableau 3.1   Résumé des approches de la gestion

Caractéristiques / Approches	Formelles	Humanistes	Socio-politiques	Contingence	Économiques
MOTIVATION ET CONCEPTION DES RESSOURCES HUMAINES	— Homme économique — Imbu d'efficience — Inerte, obéit aux commandements	— Homme social et auto-actualisé — Orienté vers le groupe et la coopération	— Homme complexe et récalcitrant — Motivations intrinsèques et extrinsèques — Équilibre, incitation et contribution — Rationalité limitée	— Homme complexe — Équilibre, incitation et contribution — Gestion de sa carrière — Ressources humaines s'harmonisent aux formes d'organisation	— Calculus économique que des employés — L'entrepreneur et la rationalité — Les dirigeants ont des préférences
STRUCTURE	— Pyramide, tâches et règles — Délégation de l'autorité — Imputabilité ascendante — Articulée en fonction des buts	— Structure informelle émergente dans le cadre de l'autorité et des règles — Hiérarchie des groupes	— Structure de rôles et de statuts — Système social d'attentes réciproques	— Formes d'organisation varient en fonction du contexte — La coordination et l'intégration s'imposent	— La structure est sans importance réelle en situation de concurrence — Les grandes organisations existent pour réduire les coûts de transactions et de contrôle
PERSPECTIVE GLOBALE	— Formalisation et structuration des relations sociales — Impersonnalité des relations humaines	— Relations supérieurs / subordonnés — Dimension affective, sociale et informelle — Arrangements participatifs — Égalisation du pouvoir	— Les conflits sont la réalité de l'organisation — Processus d'influence formels et informels	— Théorie de la contingence — Influence des variables contextuelles	— D'abord déductive à partir de postulats de rationalité — Ensuite, institutionnelle et analyse de la réalité
BUTS DE L'ENTREPRISE	— Établis par la direction — L'organisation est au service des buts	— Établis par la direction et la stratégie — Modifiés par les groupes	— Établis par négociation entre les parties en fonction des bases de pouvoir	— Établis par la direction dans la définition de la tâche première	— Établis par la direction en fonction des conditions de la concurrence
PRISE DE DÉCISION	— Les cadres sont rationnels — Logique du système fermé	— Participation et prise de décision de groupe	— Résolution de conflits par confrontation et marchandage — Système ouvert	— Système ouvert aux influences extérieures mais dirigé par les cadres	— Rationalité économique — Marchandage entre la direction et les cadres

Tableau 3.1 Résumé des approches de la gestion (suite)

Caractéristiques / Approches	Formelles	Humanistes	Socio-politiques	Contingence	Économiques
CONCEPTION DES DIRIGEANTS	— Rationnels et éclairés — Détenteurs de l'autorité légitime — Séparation de la planification et de l'exécution	— « Leadership » émergent — Capacité sociale — Commandement associatif	— Groupe social qui tente d'influencer — L'autorité est implicite	— Stratégie qui harmonise les formes d'organisation avec les conditions de l'environnement	— Rationnels, calculateurs et dotés de préférences personnelles
INSTRUMENTS DE GESTION	— Recrutement — Définition et analyse des tâches — Règles — Plans et contrôle	— Intégration sociale par la participation — Structure de groupes et de comités	— Négociation formelle — Résolution des conflits	— Adaptation de la forme d'organisation à la dynamique et à la complexité de l'environnement	— Analyse des industries — Rationalité des stratégies
CRITÈRES DE PERFORMANCE	— Efficience	— Satisfaction de la motivation des employés — Développement individuel	— Stabilité et survie	— Survie et adaptation à l'environnement	— Rentabilité — Progrès — Emploi

2.1 LE MODE FORMEL

Le mode formel est celui de la construction, à partir de l'expérience, de théories qui se veulent parcimonieuses. Le mode formel fait appel aux capacités de synthèse : les théories résultent de démarches de la pensée avant tout synthétique, c'est-à-dire à partir de l'expérience pour aller à des représentations théoriques. La vérification empirique à l'aide des mesures est peu utilisée mais les théories sont soumises aux tests de la pratique concrète. Seule l'application concrète au fil du temps permet donc de vérifier ces théories formelles.

Dans le champ de l'administration, les théories classiques, l'approche bureaucratique, l'organisation scientifique, les systèmes d'action et les approches décisionnelles sont des approches formelles.

2.2 LE MODE EMPIRICO-FORMEL OU SCIENTIFIQUE

Le mode empirico-formel ou scientifique vise à construire des théories vérifiables par des mesures empiriques. L'explication, dans le contexte du mode empirico-formel, emprunte plus ou moins le chemin suivant. Grâce à l'observation, un système social est étudié à un moment donné. Les conditions observées sont ensuite exprimées dans des hypothèses de recherche. Ces hypothèses permettent d'obtenir, grâce aux règles de déduction, des prédictions qui pourront être mesurées en termes empiriques et vérifiées. Si les prédictions sont effectivement observées, une explication « scientifique » est alors fournie.

En raison de leur insistance à utiliser des recherches empiriques, les relations humaines, le modèle participatif, la sociologie industrielle et les théories socio-techniques se rattachent au mode empirico-formel.

2.3 LE MODE DIALECTIQUE

Le mode dialectique constate les contradictions qui existent dans la réalité. Ces contradictions proviennent non seulement des insuffisances de la pensée mais aussi des conflits humains. Les points de vue sont en contradiction parce qu'ils ne saisissent la réalité que sous des aspects partiels. Les partisans de la méthode dialectique construisent, à partir de leur expérience, des théories qui expliquent la présence des contradictions[2].

Utilisée depuis le temps des philosophes grecs dans l'enseignement classique, la méthode dialectique a été reprise par Hegel et Marx. Les théories socio-politiques de l'administration, et en particulier la section sur la participation conflictuelle et les relations industrielles, s'inspirent de la méthode dialectique[3].

2.4 LE MODE HERMÉNEUTIQUE

Le mode herméneutique, nouvelle approche dans les sciences administratives, est utilisé depuis des siècles dans les domaines littéraires, philologiques ou historiques. L'herméneutique a comme préoccupation de saisir le sens et la réalité de l'expérience humaine. Les réflexions, les tribulations et les intentions des acteurs sont saisissables par les traces que laissent les œuvres réalisées. Il est ainsi possible d'interpréter les intentions poursuivies. Le mode herméneutique intervient dès que les significations sont prises en considération.

En administration, l'approche stratégique utilise ce modèle d'appréhension de la connaissance. Les traces qui permettent d'inférer des intentions et des normes qui ont guidé les comportements sont les documents, les enregistrements, les mythes, les idéologies, les actions, etc.

2.5 L'APPROCHE SYSTÉMIQUE

L'approche systémique utilisée au sein de ce volume permet de combiner les divers modes de production du savoir. Elle permet d'analyser l'entreprise, d'une part, comme un réseau de relations technico-économiques en interaction avec un contexte concurrentiel, technologique et politique et, d'autre part, comme un ensemble d'actes et d'événements découlant des intentions des personnes.

3. Les théories formelles

La rationalité est le concept central et fondamental de l'administration. Les théories formelles de l'administration axées sur l'action rationnelle sont toujours utilisées aujourd'hui. Les théories formelles axées sur la rationalité ont le mérite de mettre l'accent sur les problèmes fondamentaux de l'administration des entreprises, soit la détermination de la stratégie et l'exécution des politiques grâce à la mise en place de mécanismes formels. Nous passerons en revue six principales contributions théoriques de la perspective rationnelle : l'organisation bureaucratique, l'administration classique, l'organisation scientifique, les systèmes d'action et l'approche décisionnelle.

3.1 L'ORGANISATION BUREAUCRATIQUE

Le modèle bureaucratique est le fruit des analyses socio-historiques de Max Weber[4]. Peu préoccupé directement par l'administration des entreprises, Max Weber essayait surtout de comprendre la régularité des comportements et l'émergence des grandes organisations.

Selon Max Weber, les membres d'une société poursuivent à la fois des objectifs matériels et la réalisation de valeurs. La société étant hiérarchisée, les relations d'autorité et de subordination sont stables en raison des valeurs et des orientations normatives partagées à la fois par les supérieurs et les subordonnés. Selon Weber, l'ordre s'appuie non plus sur la tradition ou les dons charismatiques mais sur les conventions formelles et l'organisation bureaucratique du travail. Ainsi, grâce à l'observation historique des phénomènes sociaux, Max Weber a dégagé les caractéristiques typiques de la bureaucratie, la forme d'organisation la plus efficace, selon lui.

— Les caractéristiques structurelles et fonctionnelles de l'organisation bureaucratique découlent de l'existence d'un ensemble de buts établis par la direction.

— Des règles administratives, des méthodes de coordination et des plans servent, dans un cadre rigide d'autorité, à intégrer les diverses tâches. Les communications suivent les voies hiérarchiques, et les rôles individuels sont décrits en détail de façon à assurer la précision et la régularité des actions routinières.

— Les ressources humaines, recrutées en fonction de leur compétence et de leurs diplômes, obéissent aux règles établies par l'autorité légitime. Ces règles et des normes impersonnelles dictent le comportement des individus.

— Les systèmes de récompense et de contrôle renforcent les comportements désirés. L'autorité des cadres supérieurs supprime les conflits et les discussions au sujet des buts à atteindre ou des moyens à employer.

— L'organisation bureaucratique est caractérisée par l'obligation d'un engagement total à la rationalité, à l'impersonnalité des relations humaines et à la régularité des comportements.

Dans l'hypothèse où l'environnement est stable et la stratégie économique bien adaptée à l'environnement, les entreprises du type bureaucratique s'avèrent très efficaces et atteignent d'excellents résultats. Cependant, leur rendement élevé est souvent obtenu au détriment de la satisfaction des membres, qui éprouvent des difficultés à œuvrer au sein de milieux de travail si impersonnels et formels. En dépit de ces critiques, de l'utilisation de plus en plus poussée des ordinateurs et des systèmes modernes de gestion, l'organisation de type bureaucratique se répand de plus en plus.

La question de l'innovation ne préoccupait guère Max Weber. L'organisation bureaucratique est isolée des influences sociales et humaines. Or les environnements économique, social ou technique sont devenus des sources dynamiques de variations et d'incertitudes pour l'entreprise. De plus, à cause des effets dysfonctionnels des systèmes formels, les approches basées sur la participation sont souvent opposées au modèle bureaucratique.

3.2 L'ADMINISTRATION CLASSIQUE

Le courant de l'administration classique correspond au rêve technocratique du début du XXe siècle. L'ingénieur technique et social devait supplanter non seulement les élites traditionnelles, mais aussi les capitalistes. L'administration classique a des origines européennes : son principal initiateur est Henri Fayol. Après une carrière fructueuse d'ingénieur, ce chef d'entreprise décida de réfléchir sur son expérience de direction et de dégager par induction des principes de gestion, afin d'aider à mieux former les ingénieurs appelés à diriger des hommes et des entreprises[5]. Ses idées ont été reprises et développées par d'autres auteurs néo-classiques tels Drucker, Urwick[6] et Newman[7].

L'objectif fondamental des réflexions de Henri Fayol était d'établir des principes d'organisation qui permettraient, d'une part, d'élaborer des structures universelles assurant une efficacité maximale compte tenu des buts établis par la direction, et d'autre part, d'identifier les principales fonctions du processus d'administration.

3.2.1 Les structures de l'organisation

Les prémisses de Henri Fayol et des auteurs classiques quant à la structure de l'entreprise sont nombreuses. Nous essaierons cependant de les rassembler sous quatre thèmes : la forme d'organisation optimale, l'autorité hiérarchique, le caractère rationnel des membres et les aspects formels.

● La forme d'organisation optimale

Les tenants de l'administration classique proposent l'établissement d'une structure d'autorité monohiérarchique centralisée. Dans leur esprit, la mission économique de l'entreprise définie par la direction exige la réalisation d'une multitude d'activités techniques, commerciales, financières et comptables. En bref,

— les buts de l'entreprise sont établis par la direction ;

— ces buts nécessitent la réalisation de nombreuses activités de supervision, de coordination et d'exécution ;

— la réalisation des activités doit être délimitée par des responsabilités précises affectées à des individus grâce à des descriptions de tâches ;

— les membres de l'entreprise acceptent spontanément de collaborer, leur intérêt individuel et les normes sociales les y incitant ;

— les tâches individuelles sont d'abord regroupées par unité puis par service, selon l'un ou l'autre des critères suivants : produits, fonctions, lieu géographique ou processus de production ;

— les regroupements d'activités des unités et des services sont réalisés de façon à minimiser les frais d'exécution et de coordination.

● L'autorité hiérarchique et l'imputabilité

L'autorité légitime prend sa source au sommet de la hiérarchie ; elle peut cependant être déléguée. Toutefois, la délégation d'autorité implique de facto une imputabilité du subordonné vis-à-vis du supérieur. La délégation doit se conformer au principe de l'unité du commandement : l'entreprise n'a qu'un seul chef et un seul programme d'action pour l'ensemble des opérations axées sur la réalisation des buts. La coordination des activités est la responsabilité de la direction supérieure, qui doit la planifier et la diriger.

● La rationalité

Les membres sont des instruments rationnels guidés par des motifs économiques et éthiques. Ils font partie d'une société qui met l'accent sur les responsabilités juridiques et sur l'obligation des employés de collaborer à l'entreprise. Les membres réalisent donc spontanément les tâches qui leur sont confiées et se comportent d'une manière prévisible grâce à une rémunération équitable. En raison du style de gestion efficace, ferme et attentif du chef, ils subordonnent aussi leurs intérêts particuliers à l'intérêt général. Les membres réagissent aux stimuli économiques. Les tâches doivent être établies avec précision afin qu'il n'y ait pas de chevauchements dans leur exécution.

- Les aspects formels et l'équité des dirigeants

Les auteurs classiques reconnaissent la dimension humaine et sociale des membres de l'entreprise, mais ils considèrent qu'elle ne devrait pas préoccuper les dirigeants. Ceux-ci devraient définir des paramètres formels tels que les tâches, la hiérarchie, les règles, les méthodes et critères de sélection ; les aspects non structurés et informels seront dès lors infléchis et conditionnés par les caractéristiques formelles établies. Les problèmes personnels n'ont pas leur place dans un cadre impersonnel axé sur la réalisation d'objectifs. Toutefois, l'impersonnalité des conventions de travail doit être tempérée par les normes d'équité des dirigeants.

3.2.2 Les activités de l'administration et les principes

En ce qui a trait à l'administration, Henri Fayol et les auteurs classiques nous proposent de la considérer comme un phénomène analysable. Ainsi, Fayol décompose l'administration en activités de prévision, d'organisation, de commandement, de coordination et de contrôle. Cette division du processus d'administration a été reprise par de multiples auteurs. La planification a pour objet d'établir des objectifs et de préparer des plans à la suite de prévisions. L'organisation traite de la confection des structures et des règles formelles de l'entreprise de façon à limiter l'effet des facteurs humains. L'exécution des plans et la coordination des activités font partie du commandement : le contrôle a pour objet de vérifier le rendement. Le recrutement et la motivation du personnel se sont ajoutés à cette liste des fonctions de l'administration.

Les auteurs classiques ont aussi proposé des principes d'administration. Le principe de la hiérarchie « scalaire » met l'accent sur l'existence d'une chaîne unique de commandement et de relations entre supérieurs et subordonnés. Le principe de l'unité du commandement prescrit la structure « hiérarchie-conseil », c'est-à-dire la concentration de l'autorité chez les cadres hiérarchiques et l'affectation de responsabilités analytiques aux cadres-conseils. Le principe de l'éventail de subordination établit à sept le nombre maximal de subordonnés d'un supérieur. Enfin, le principe de la spécialisation des fonctions préconise la division du travail et le regroupement des tâches en fonctions homogènes. Ces principes sont, selon Fayol, des règles que les administrateurs devraient appliquer avec mesure et art au corps social de l'entreprise.

Les théories des auteurs classiques résument leur expérience quant à l'organisation et à la motivation du personnel. La pratique et l'expérience des cadres supérieurs en sont les sources vives. En conséquence, ces principes ne constituent pas des lois scientifiques vérifiables et éprouvées mais plutôt des guides empiriques induits de l'expérience. Les théories classiques présentent non seulement des solutions pratiques aux problèmes des structures et des méthodes d'organisation, mais aussi une vision sociale conservatrice. Malheureusement, certains auteurs ont fait l'erreur de considérer ces opinions sensées comme des lois universelles valables dans toutes les situations, alors qu'il s'agit de solutions contingentes[8].

En résumé, les théories préconisées par les auteurs classiques consistent à mettre en place des structures et des règles de gestion de façon que les membres, guidés par leurs motivations économiques, se comportent de manière prévisible et œuvrent à la réalisation des buts de l'entreprise. Les préoccupations des auteurs classiques ont trait à la délégation de l'autorité, à l'imputabilité et à la responsabilité des cadres et des membres de l'organisation. En s'intéressant surtout aux facteurs structurels, les théories classiques éliminent de leur schéma conceptuel les comportements réels, les interactions humaines, les relations de pouvoir et la concurrence économique que se livrent les entreprises.

3.3 L'ORGANISATION SCIENTIFIQUE

Le fondateur du mouvement de l'organisation scientifique est Frederick Taylor, ingénieur sidérurgiste, qui publia en 1911 un traité intitulé Principles of Scientific Management[9]. Taylor postule que le principal but de l'administration est la prospérité économique de l'employeur et des ouvriers. La nature artisanale du travail des ouvriers ou des patrons nuit, selon Taylor, à la prospérité.

Une direction plus scientifique et une division plus systématique des tâches seront plus efficaces. Frederick Taylor est en conséquence plus intéressé au développement d'une démarche microscientifique de l'administration du travail qu'à des problèmes de structures et de ressources humaines.

Le taylorisme représente une des premières véritables manifestations de l'application de l'idée de la rationalité dans le monde industriel. Dans l'optique de Frederick Taylor, le travail réalisé de façon artisanale par le patron ou l'ouvrier est inefficace. Le travail rationnel devrait être dépouillé de toutes les activités inutiles, de façon à assurer des revenus élevés aux ouvriers et aux dirigeants.

La rationalisation du travail nécessite en conséquence la parcellisation des tâches qui tend à dévaloriser l'aspect informel ou artisanal du travail. À la suite des analyses scientifiques des tâches entreprises par la direction, les ouvriers tout comme les cadres perdent le contrôle effectif de leur travail. La démarche préconisée par Taylor repose sur une analyse « scientifique » du travail grâce à des observations et des mesures psychomotrices. L'approche de Frederick Taylor a donné naissance à l'organisation scientifique du travail et aux techniques du génie industriel. Dans le dessein de réaliser l'organisation optimale du travail dans l'usine, Taylor a élaboré quatre grands principes :

— Le travail mérite d'être soumis à une analyse et à une décomposition systématiques. Le système artisanal, qui laisse à l'ouvrier la responsabilité à la fois de planifier et d'exécuter son travail, est inefficace. Il incombe donc à la direction de réaliser la microanalyse des tâches et d'accroître l'efficacité du travail grâce à la planification.

— La division du travail entre la direction et les ouvriers est claire. La direction planifie, analyse et systématise les tâches. Elle choisit les ouvriers et établit les systèmes de rémunération. Les ouvriers, de leur côté, exécutent les tâches de façon à atteindre des revenus élevés. Le travail des cadres lui-même doit

être analysé et spécifié de façon à réduire les styles de direction artisanaux ou intuitifs.

— La sélection et la rémunération des ouvriers méritent d'être faites d'une manière scientifique. La responsabilité de la direction est d'établir une adéquation entre les exigences des tâches et les capacités des ouvriers et des cadres. Pour ce faire, la direction doit délaisser les méthodes artisanales, empiriques et autoritaires pour adopter une démarche scientifique d'analyse.

— L'ouvrier est d'abord un agent économique qui répond aux stimuli financiers établis par la direction. En conséquence, les systèmes de récompenses et de rémunération à la pièce s'avèrent les plus efficaces, étant donné l'intérêt économique des ouvriers pour des salaires plus élevés.

Le taylorisme a eu de multiples adeptes, notamment Le Chatelier en France et Frank Gilbreth aux États-Unis, pour n'en citer que quelques-uns. Aujourd'hui, on s'aperçoit que l'échec relatif de l'organisation scientifique est imputable à ses conséquences sur la nature et le climat de travail. En effet, l'homme n'est pas uniquement un agent économique, mais s'inscrit dans une dimension sociale. Dès lors, l'organisation du travail en fonction d'objectifs purement économiques est incomplète. De même, la séparation de la planification et de l'exécution des tâches contribue à l'aliénation et à la monotonie du travail ; en outre, elle est contraire à l'esprit démocratique de contrôle personnel. C'est d'ailleurs en réaction au taylorisme que sont apparues les notions d'élargissement des tâches et de styles participatifs. Néanmoins, le taylorisme a proposé une démarche systématique utilisée fréquemment aujourd'hui sous des noms modernes tels que l'analyse de système, la recherche opérationnelle et la direction scientifique.

3.4 LES SYSTÈMES D'ACTION

L'approche des systèmes d'action est issue de la sociologie des systèmes sociaux. Talcott Parsons et Chester Barnard en sont les auteurs les plus représentatifs[10]. Cette approche constitue en quelque sorte un prolongement de la vision de Max Weber. Elle met l'accent sur la dimension rationnelle des entreprises et leurs adaptations à l'environnement.

Parsons décrit l'entreprise comme un instrument au service de buts économiques se réalisant dans la poursuite d'activités de production. Les entreprises sont des systèmes d'action imbriqués dans un ensemble plus vaste d'organisations dont elles sont dépendantes. Les entreprises économiques remplissent des fonctions utiles de production de biens et de services et, pour cette raison, la société leur accorde, à certaines conditions, les ressources humaines et financières nécessaires.

L'efficacité de l'entreprise se mesure au degré d'accomplissement de son rôle social. Plus précisément pour l'entreprise, cela veut dire produire des biens et services désirés par les consommateurs et les vendre avec profit. Pour réaliser leur mission, les entreprises doivent : i) mobiliser les ressources et contrôler leur utilisation ; ii) mettre en place des mécanismes de décision.

3.4.1 La mobilisation des ressources

L'acquisition des ressources humaines, financières et techniques nécessaires est l'activité de direction la plus critique. Ainsi, le recrutement et le maintien des ressources humaines se font par l'intermédiaire de contrats individuels ou collectifs. La mobilisation des ressources humaines des cadres nécessite le recrutement, la promotion et la formation d'un personnel hautement qualifié. La gestion des carrières des cadres est souvent une activité organisée.

3.4.2 Les mécanismes de décision

Les mécanismes de décision qui ont trait à l'affectation des ressources mobilisées portent sur des décisions stratégiques, administratives et opérationnelles. Les *décisions stratégiques* ou institutionnelles ont trait à la sélection de tandems produits- marchés, à l'établissement d'objectifs de rendement, à la création d'installations de fabrication et au développement de tactiques concurrentielles. Les décisions administratives traitent de la planification des structures d'auto-

rité, de la division du travail en unités, et de l'élaboration des plans et des budgets. Les décisions opérationnelles, de leur côté, portent sur les problèmes de la motivation du personnel et de la coordination des activités.

D'un point de vue interne, les entreprises ne sont pas des structures monolithiques. Elles sont composées de systèmes hiérarchiques différents, organisés entre eux, et traitant avec des parties spécialisées de l'environnement. On distingue trois systèmes : la direction institutionnelle, l'administration et les opérations, comme l'indique la figure 3.2.

Les opérations d'achats, de fabrication et de distribution sont les activités du processus opérationnel. Le système administratif guide à son tour, grâce aux politiques de gestion, les échanges avec l'environnement et assure des conditions propices aux innovations. Enfin, la direction institutionnelle ou stratégique ajuste l'organisation aux valeurs de la société et traite des problèmes de légitimation et de mobilisation des ressources. Le système administratif agit donc comme intermédiaire entre, d'une part, la direction institutionnelle qui établit les buts et les stratégies, et les opérations qui régissent la production et, d'autre part, la distribution.

3.5 LES APPROCHES DÉCISIONNELLES : LE NÉO-RATIONALISME

Herbert Simon, prix Nobel d'économie et le plus illustre des néo-rationalistes, est le fondateur de l'approche décisionnelle. La préoccupation fondamentale de Simon, de l'école de Carnegie- Mellon, est la création de formes d'organisation qui assurent des comportements individuels orientés vers la réalisation des buts établis par la direction[11].

L'école de Carnegie-Mellon ne présente pas de rupture réelle par rapport aux approches classiques. Elle offre cependant un vocabulaire nouveau et une vision plus complexe grâce à la prise en considération de la dimension psychologique. En d'autres mots, l'école de Carnegie-Mellon développe une approche formelle moderne, où le contrôle des membres s'effectue moins par des méthodes directes et autoritaires

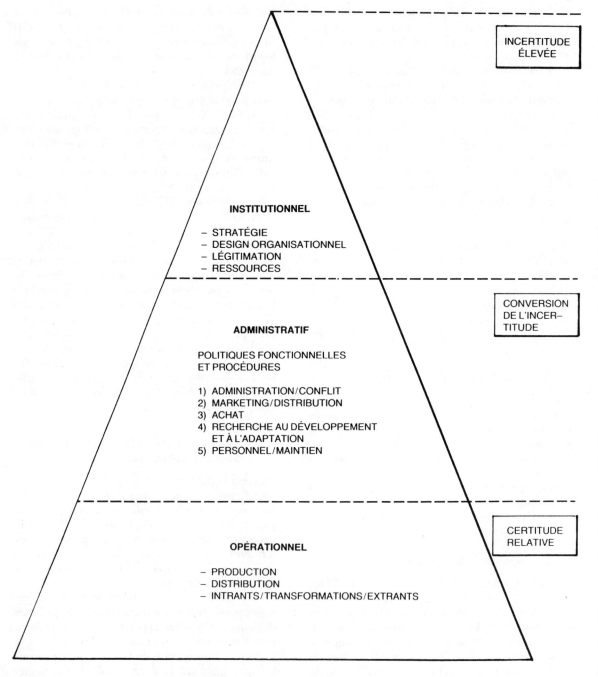

Figure 3.2 Les sous-systèmes de l'organisation

que par des mécanismes organisationnels indirects.

Le point de départ de l'approche décisionnelle est double. En premier lieu, l'individu dans l'organisation doit être considéré comme un décideur à la fois rationnel et affectif dont les capacités d'analyse et d'action sont limitées. En second lieu, il est nécessaire de coordonner et d'organiser d'une manière systématique les comportements des personnes dans l'entreprise, de façon à tendre vers la réalisation des buts.

3.5.1 L'individu dans l'organisation

L'homme administratif, selon Herbert A. Simon, est loin d'atteindre des niveaux élevés de rationalité. Il a une vue simplifiée de la réalité et est incité à l'action immédiate par des stimuli. Ses recherches de solutions et ses analyses sont incomplètes. La plupart des prises de décision se limitent à la recherche et la sélection de choix satisfaisants et non optimaux[12]. Seulement dans des cas exceptionnels, la décision recherche-t-elle des solutions optimales. Grâce à une synthèse des enseignements classiques et des recherches psychologiques, le courant décisionnel nous présente une approche «cognitive» qui reconnaît l'existence de mobiles économiques et psychologiques chez les membres des organisations. Leurs capacités de décision sont cependant limitées par leurs connaissances parcellaires et leurs aptitudes cognitives.

3.5.2 L'organisation et la coordination des activités

L'administration efficace des entreprises exige des décisions cohérentes et des actions empreintes d'un haut degré de régularité. À cette fin, les ressources humaines doivent être contrôlées et motivées par leur intégration dans des structures et des processus de gestion. Les contrôles peuvent être à la fois directs et indirects. Ainsi, les cadres supérieurs se verront dans l'obligation d'établir les prémisses qui déterminent les décisions des membres dans le cadre organisationnel.

Les moyens par lesquels les dirigeants des organisations peuvent influencer les décisions des membres sont, d'une part, la spécification des rôles et, d'autre part, l'établissement de mécanismes formels tels la sélection du personnel, les systèmes de gestion, la structure d'autorité et les normes de rendement. Les rôles définis par l'organisation établissent les prémisses et les contraintes qui guideront les décisions individuelles. Certains rôles s'insèrent dans des actions programmées, alors que d'autres supposent l'exercice d'initiative de la part de leur titulaire. Selon Simon, les mécanismes efficaces de l'influence des prémisses de décision des membres de l'entreprise sont:

— la division et la spécialisation du travail, qui limitent les membres à des rôles précis dans des domaines spécifiques et restreints à leurs compétences;

— l'établissement d'une structure d'autorité et de pouvoir dans le but de transmettre les prémisses de décision, les informations et les décisions à prendre;

— la mise en place de réseaux de communications de façon à ne transmettre aux membres que les informations nécessaires aux décisions et à l'exécution des tâches;

— la formation et l'endoctrinement des membres en fonction des valeurs de rationalité et d'efficacité;

— l'établissement de mécanismes de coordination et de contrôle par des règles de gestion et des plans.

3.5.3 Les programmes d'action

La meilleure façon, selon March et Simon, de canaliser les activités afin de rendre rationnelles les actions des membres est de créer des programmes. Ces programmes sont élaborés à partir d'une décomposition des objectifs à atteindre et des moyens nécessaires en chaînes causales de décisions, en séquence ou en parallèle.

Ces programmes sont reliés entre eux, tantôt d'une manière lâche, on a alors une entreprise décentralisée, tantôt d'une manière rigide, on a alors une bureaucratie. La plupart des comportements individuels sont ainsi gouvernés par des programmes, c'est-à-dire des schémas d'exécution et des répertoires d'action. Ces programmes d'activités forment l'essentiel de la structure et des fonctions de l'organisation. L'utilisation de programmes est d'autant plus généralisée et leur précision est d'autant meilleure que la certitude quant aux délais, aux opérations et aux objectifs est grande.

En bref, l'approche décisionnelle met l'accent sur le contrôle des comportements humains par la création de structures, de réseaux d'information et de programmes de décision. Elle fournit les moyens modernes de contrôle et de stimulation des individus, y compris ceux d'inculquer aux individus les valeurs et les objectifs qui provoqueront les comportements attendus.

La volonté de cohérence et de contrôle qui sous-tend l'approche décisionnelle entre en conflit avec les conceptions démocratiques d'autonomie et d'épanouissement de l'individu. Il ne faut donc pas s'étonner que des humanistes, tel Argyris, contestent vivement l'approche décisionnelle néo-rationaliste[13].

3.6 LES APPROCHES FORMELLES : CONCLUSION

Les théories axées sur la rationalité partagent des conceptions assez similaires quant à la motivation des personnes, à la structure de l'organisation et au processus de l'administration.

La motivation humaine est définie comme la recherche individuelle et active par les membres de l'organisation de leur intérêt et de leur utilité. La légitimité des rapports sociaux de domination hiérarchique est prise comme une donnée. Le subordonné obéit pour des raisons économiques, d'une part, et, d'autre part, parce qu'il considère comme légitime et éclairé le commandement des supérieurs. Les dirigeants et les subordonnés partagent les valeurs de l'efficience et du progrès.

L'organisation est un instrument construit délibérément en vue de la réalisation des buts établis par la direction. Les structures d'autorité, les définitions de tâches et les mécanismes de coordination sont les manifestations de la rationalité organisationnelle. L'organisation est

une structure maniable, qui peut s'articuler de façon à accroître l'efficience de l'ensemble. Les comportements des personnes au sein des organisations sont infléchis et administrés d'une manière rationnelle par des règles, des incitatifs économiques et un recrutement planifié.

Le processus d'administration est le fruit de décisions délibérées de la part de la direction. Ces choix sont articulés en fonction d'objectifs économiques à la suite d'analyses rationnelles de la situation. Les approches formelles axées sur la rationalité mettent l'accent sur les objectifs à atteindre et sur les moyens structurels et analytiques nécessaires.

Les considérations humanistes n'entrent pas dans leur champ de préoccupation. Au contraire, l'efficience et l'efficacité sont les critères fondamentaux de rendement. La formalisation des relations sociales par l'utilisation rationnelle de l'organisation constitue la caractéristique dominante des théories axées sur la rationalité. Il ne faut donc pas se surprendre de l'apparition de théories humanistes.

4. Les approches humanistes

Les théories humanistes ont pris naissance avec le mouvement des relations humaines, qui voulait donner aux individus l'occasion de retirer des satisfactions sociales du travail. Par la suite, le modèle axé sur la participation a remis en cause la répartition du pouvoir et a proposé des styles de gestion qui laissent une large place aux groupes et à l'actualisation du moi.

Les théories humanistes sont nées en réaction aux courants axés sur la rationalité. Elles se veulent néanmoins scientifiques et empiriques. Leur intention est d'établir scientifiquement des concepts qui redressent le besoin de faire appel à l'autorité des dirigeants. Or l'analyse de leurs schémas théoriques indique que la prétention scientifique voile la plupart du temps des options idéologiques faciles à dégager.

Nous examinerons d'abord l'approche des relations humaines et ensuite le modèle axé sur la gestion participative. Règle générale, les approches humanistes mettent l'accent sur l'option démocratique aux dépens souvent de structures et de systèmes formels orientés vers la réalisation des buts.

4.1 LES RELATIONS HUMAINES

Le mouvement des relations humaines s'inscrit dans une opposition aux théories formelles et économiques. Il constitue l'antithèse du rêve technocratique de Frederick Taylor. En effet, le mouvement des relations humaines nous présente une vision selon laquelle l'entreprise est un organisme social que la direction doit gérer grâce à un style de commandement associatif. Les principaux chefs de file sont Rœthlisberger, Dickson, Whitehead, Mayo, White et Homans[14].

La préoccupation de ces auteurs témoigne, d'une part, de leur volonté d'humaniser la condition ouvrière de façon à contrer l'isolement des travailleurs par une amélioration du climat social et, d'autre part, de leur désir de modifier d'une manière importante les modèles rationnels de gestion. Le mouvement des relations humaines emprunte ses bases théoriques à la sociologie d'Émile Durkheim et aux enseignements de Pareto sur les rôles des élites. Les dirigeants ont, dans la perspective du mouvement des relations humaines, la responsabilité de gérer les relations sociales de façon à créer des milieux de travail harmonieux et intégrés. Les conflits sont vus comme des situations anormales et imputables à des phénomènes extérieurs aux milieux de travail.

Le champ d'analyse du mouvement des relations humaines est le milieu social de l'usine dans le cadre organisationnel établi par la direction grâce à la hiérarchie, aux règles et aux plans de gestion. Deux orientations complémentaires le caractérisent. D'abord le système humain de l'entreprise est un ensemble complexe de groupes formant un organisme social capable de s'auto-équilibrer. Ensuite les membres sont des êtres affectifs dont les comportements et les attitudes s'adaptent au milieu social de l'usine.

4.1.1 Les expériences de Hawthorne

Le mouvement des relations humaines émane de recherches empiriques réalisées à l'usine de Hawthorne de la Western Electric dans la région de Chicago, au cours des années 20 et 30. Il convient, avant de procéder à l'analyse du mouvement des relations humaines, de décrire en détail les expériences de Hawthorne. Dirigées par Elton Mayo de la Harvard Business School, ces recherches ont été le point de départ de l'approche des relations humaines[15].

La première série d'expériences, inspirée de l'administration scientifique, avait comme objectif de mesurer la relation entre l'éclairage (facteur indépendant) et la productivité (facteur dépendant). Les chercheurs ont noté que l'éclairage n'était qu'une des variables modifiant la productivité et qu'il fallait entreprendre d'autres expériences afin de mieux connaître le rôle des facteurs humains et sociaux.

La deuxième série d'expériences consistait à isoler un petit groupe d'ouvrières affectées à des tâches routinières et à observer systématiquement leurs comportements. Au cours de 23 périodes d'une durée de quelques semaines chacune, les chercheurs modifièrent systématiquement des facteurs tels le nombre et la durée des pauses, le nombre d'heures de travail par jour et la méthode de rémunération. Ils observèrent que, quel que fût le changement introduit, la productivité augmentait pour ensuite se stabiliser à un niveau élevé.

Une troisième expérience fut entreprise dans le but, d'une part, de connaître les attitudes des employés vis-à-vis du système de gestion de l'entreprise et, d'autre part, d'approfondir les notions psychosociologiques de « moral » et de « satisfaction ». Les chercheurs effectuèrent 20 000 entrevues: la moitié du personnel des usines fut ainsi interrogée. Cet effort a permis de mettre à jour l'organisation informelle, grâce à laquelle les employés décident d'un niveau de production différent de celui qui est imposé par la direction. L'autonomie du groupe s'exprime alors par l'intermédiaire de l'organisation informelle intimement liée à la structure formelle. En fait, les attitudes et les comportements des membres dépendent non seulement de leurs personnalités mais surtout de l'organisation informelle au sein de l'usine.

Une dernière expérience avec un groupe d'ouvriers a mis en évidence la dynamique de l'organisation informelle. S'inspirant du taylorisme, la direction avait élaboré un système complexe de rémunération afin de motiver les ouvriers à accroître leur productivité. Or les chercheurs observèrent que les employés décidaient du niveau approprié de productivité par l'intermédiaire de l'organisation informelle. Au cours de l'expérience, la productivité est demeurée constante. Les ouvriers étaient en effet convaincus que si leur productivité augmentait, la direction diminuerait la rémunération à la pièce. Cette expérience éclaire le processus de développement des « cliques » et les mécanismes de freinage élaborés par le groupe pour contrôler le niveau de production. Enfin, les chercheurs ont observé que la dynamique du groupe est régie par quatre normes implicites : il ne faut ni trop produire ni trop peu produire ; il ne faut ni être un délateur auprès de la direction ni déroger aux ordres du groupe.

La conclusion fondamentale des chercheurs est que la satisfaction personnelle ressentie par les membres lors du travail en groupe exerce plus d'influence sur les comportements et la productivité que les caractéristiques physiques ou économiques des tâches. Les chercheurs proposèrent alors l'explication suivante pour rendre compte de la hausse sensible de productivité. En premier lieu, grâce à l'intervention des chercheurs, le travail était ainsi devenu une source de satisfaction. En raison du climat amical, les ouvrières avaient le sentiment d'appartenir à un groupe privilégié, et les liens personnels à l'intérieur du groupe étaient renforcés. Enfin, le groupe s'était donné un objectif commun, soit celui de la hausse de productivité. En bref, l'amélioration des relations humaines avait permis d'accroître la productivité.

Les expériences de Hawthorne ont suscité aussi de vives critiques au point de vue de la méthode. Ainsi, selon Carey, les conclusions des chercheurs ne sont absolument pas fondées, car les données recueillies confirment aussi l'hypothèse selon laquelle les récompenses matérielles sont les déterminants principaux du moral et des comportements au travail[16]. En effet, au cours des expériences, la productivité s'est mise à augmenter lorsque les deux ouvrières les moins productives ont été soustraites du groupe. Une des remplaçantes, en raison de sa situation familiale, avait besoin de revenus ; l'expérience lui permettait d'accroître ses gains. Le climat amical de supervision serait aussi l'effet et non la cause de la productivité. Enfin, l'étude d'un cas, limitée à quelques phénomènes précis, rend difficile la généralisation des observations et des conclusions à l'ensemble du monde industriel.

4.1.2 Les prémisses du mouvement des relations humaines

Le mouvement des relations humaines repose sur un certain nombre de prémisses qui peuvent être regroupées selon les thèmes suivants :

— La division du travail entre dirigeants et ouvriers, entre corps de métiers, différencie les tâches, mais ne crée pas de conflits d'intérêt irrémédiables. En effet, les différentes parties d'une société ont des fonctions distinctes mais complémentaires ; leur rôle est de contribuer à la réalisation des objectifs de l'ensemble.

— L'administration comme science appliquée traite surtout de l'application par les dirigeants des principes de rationalité économique et technique en vue de susciter des comportements rationnels chez les membres et ce, afin de réaliser les buts de l'entreprise. Or la centralisation de l'autorité au moyen de directives et de règles freine les communications. Les plans rationnels de la direction sont souvent mis en échec par les réactions des membres. La rationalité administrative rompt les liens de solidarité des groupes et isole les membres.

— Les styles rationnels et technocratiques de la direction rendent calculateurs les membres de l'entreprise. En réaction à la rationalité administrative, le syndicalisme et les groupes de pression sont apparus. L'organisation formelle, parce qu'elle brise les traditions et les solidarités, rend en effet difficile la collaboration efficace et harmonieuse entre dirigeants et ouvriers. L'État, organisme impersonnel, ne peut combler ces lacunes.

— La fonction première de l'entreprise est de satisfaire les besoins sociaux des membres au sein même des milieux de travail, de façon à contrecarrer les effets néfastes de la gestion technocratique et impersonnelle. Les décisions techniques et économiques de la direction modifient en effet l'organisation humaine et rendent la coopération difficile.

— Enfin, l'homme est un animal social non rationnel qui préfère la sécurité. Seule l'intégration dans un groupe lui assurera les satisfactions qu'il recherche. L'homme de la société industrielle désire à la fois des satisfactions créées par le contact humain au sein de groupes et la participation à un objectif commun. Il préfère une société ordonnée dont la cohérence est assurée par des coutumes et la loyauté. Les employés ne sont pas des êtres rationnels liés entre eux par des contrats impersonnels : au contraire, l'affectivité joue chez eux un rôle clé.

Ainsi, la fonction de l'administrateur dépasse la recherche de l'efficacité pour comprendre la promotion de la stabilité sociale et de la collaboration dans les milieux de travail.

4.1.3 Le contenu théorique du mouvement des relations humaines

Le contenu théorique du mouvement des relations humaines peut se résumer à quelques éléments clés tels que la notion de systèmes clos, le groupe primaire et l'intervention sociale de la direction.

— La notion de systèmes clos est la métaphore utilisée pour constituer en termes théoriques les résultats empiriques des expériences de Hawthorne. Grâce à cette notion, les chercheurs ont défini deux types de facteurs : les variables contextuelles, c'est-à-dire la structure formelle et les tâches établies par la direction, qui déterminent l'organisation des relations sociales dans l'usine ; et les variables organisationnelles internes, c'est-à-dire le système social formé par les motivations sociales, le moral du groupe, les normes, les satisfactions individuelles, les

communications, la productivité et l'absentéisme.

— L'exclusion d'un certain nombre d'aspects contextuels pertinents fait en sorte que le système social étudié constitue une partie incomplète de la réalité de l'usine. Ainsi, les activités extérieures des membres, les conditions et l'activité syndicale restent hors du champ de préoccupations des instaurateurs du mouvement des relations humaines.

— Le groupe primaire issu des liens et des interactions des membres est la cellule de base de l'organisation. Les membres des groupes partagent des coutumes, des normes ou des croyances et retirent des satisfactions de leur appartenance au groupe. En bref, les comportements des membres résultent surtout de la culture des groupes et des interactions personnelles. Les normes émanant de la vie du groupe ont pour effet de permettre aux employés de contrôler en partie leur environnement et de diminuer leur dépendance vis-à-vis de la direction.

— Le groupe primaire a plusieurs fonctions par rapport aux membres qui le composent. Il leur permet de s'intégrer dans un système de relations humaines. En outre, il défend les travailleurs contre les pressions de l'environnement et les exigences de la direction. Enfin, les normes de freinage, de défense collective et de revendication d'autonomie permettent aux subordonnés d'exercer un certain pouvoir par rapport à la direction.

— La productivité dépend du moral et de la satisfaction des membres au sein du groupe. Les normes implicites et informelles du groupe de même que l'interdépendance des parties tendent à susciter la collaboration spontanée. La satisfaction au travail et la considération venant des chefs informels ont un effet positif sur la motivation des membres ainsi que sur le moral et la productivité du groupe.

— La solution aux problèmes des conflits sociaux provoqués par la direction technocratique et le syndicalisme militant est la recherche de l'harmonie entre l'organisation informelle et l'organisation formelle. Dans cet esprit, le problème de la direction est de maintenir l'équilibre de l'organisation sociale de façon que les individus et les groupes puissent retirer des satisfactions émotives de leur collaboration aux objectifs de l'entreprise. Plus précisément, la direction doit éliminer les blocages dans les réseaux de communications et aider les individus à s'identifier à l'entreprise grâce à la participation du groupe.

— Le rôle de la direction est donc de modifier, grâce aux techniques de l'ingénierie sociale, l'équilibre du système humain en vue d'en assurer l'harmonie. La direction doit régler les problèmes de communication et utiliser l'organisation informelle. Elle doit le faire de façon que les normes du groupe s'accordent aux buts de l'entreprise. Afin de contrecarrer les forces déstabilisantes tels l'émiettement du travail, les conflits et le syndicalisme, la direction doit aller au-devant des situations et prendre des mesures qui tiendront compte de la dimension affective du travail en vue de susciter la participation des employés.

— L'équilibre du système est obtenu par la collaboration entre les parties et par l'interaction des sentiments et des intérêts. L'état d'équilibre désiré par le mouvement des relations humaines est celui de la cohésion et de l'harmonie. Si, en raison de phénomènes extérieurs, le système se déséquilibre, la direction doit intervenir par des actions correctives.

— Les moyens d'action mis à la disposition de la direction pour lui permettre d'assurer l'intégration des membres à l'entreprise sont la mise en place de services sociaux et la promotion chez les cadres d'un style de direction associatif. Les salaires et les revenus des employés doivent être assez élevés pour réduire l'influence syndicale et faire en sorte que ces employés préfèrent une participation limitée aux décisions en contrepartie d'une rémunération intéressante.

— La stratégie d'intégration consiste donc à rendre les membres solidaires de la direction et à les faire adhérer à ses projets en créant une identification à des groupes. L'essentiel est donc de faire intérioriser par le personnel les objectifs économiques de l'entreprise en leur offrant la possibilité de retirer des satisfactions émotives. Le personnel participe activement au système social, sans qu'il y ait pour cela redistribution de l'autorité et du pouvoir de décision. En effet, la participation aux décisions est, dans ce contexte, limitée.

— Le syndicalisme est un phénomène temporaire en voie de disparition à mesure que les dirigeants adoptent des styles de commandement axés sur la participation. Ainsi, White estimait que les relations industrielles passent par trois phases avant d'atteindre un optimum de collaboration[17]. Dans une première étape, les conflits industriels ne donnent pas lieu à des règlements : la direction communique d'une manière unidirectionnelle avec ses employés par la voie hiérarchique, alors que les syndicats militants suscitent les communications vers le haut. L'apparition des lois régissant les conflits industriels forme la seconde étape : elle a pour conséquence éventuelle de conduire à la bureaucratisation des syndicats. En même temps, les directions d'entreprises apprennent à multiplier les communications dans tous les sens avec les ouvriers et à développer des programmes favorisant la fidélité et l'identification des employés à l'entreprise. À la troisième étape, le conflit fait place à une collaboration organisée grâce au « leadership » des cadres et des contremaîtres. Le syndicalisme est en quelque sorte une résistance vaine dont les conséquences sont le désordre, l'absence de collaboration et la réduction de la participation individuelle à l'organisation sociale.

— Le syndicalisme existe, selon le mouvement des relations humaines, en raison de l'isolement des ouvriers provoqué par la technologie et les styles de gestion autoritaires. Or, dès l'instant où la direction prend en charge l'organisation sociale de l'entreprise, le syndicalisme perd sa fonction. Grâce à leur participation, les membres trouvent alors des satisfactions et des occasions d'autodéveloppement au travail. Selon l'approche des relations humaines, les syndicats peuvent apporter une contribution sociale importante en acceptant les buts de l'entreprise. Au lieu de s'opposer, les parties patronales et syndicales forment ainsi une élite responsable du maintien de l'harmonie dans la société.

4.1.5 Critique du mouvement des relations humaines

Le mouvement des relations humaines a contribué à faire reconnaître que les styles de commandement associatifs sont souvent plus efficaces que les styles autoritaires.

Les expériences de Hawthorne ont influencé d'une manière déterminante la pensée administrative, en mettant l'accent sur les facteurs humains. Il est certes difficile de reprocher aux chercheurs, qui ont contribué à ces expériences, de s'être intéressés à l'analyse des aspects des comportements qui contribuent à l'harmonie. Cependant, il est impossible de prétendre que leur analyse soit une description complète de la réalité de l'entreprise.

La faiblesse fondamentale de l'approche des relations humaines est, d'une part, de minimiser l'importance des décisions économiques et techniques dans la concurrence, et, d'autre part, d'exagérer le rôle des rapports humains et de l'affectivité. En faisant abstraction de la concurrence, le mouvement des relations humaines nous a présenté une vision statique de l'entreprise. La cohésion du groupe devait constituer la source de satisfaction, de productivité et de coopération. La théorie des relations humaines a accordé une importance démesurée à la dimension grégaire de la personne. Les ouvriers ne pouvaient s'épanouir que dans un groupe de travail, pensait-on !

La direction de l'entreprise a été présentée comme l'autorité bienveillante à laquelle les subordonnés confient, dans leur intérêt, l'organisation des relations humaines. Les notions de conflits d'intérêt et de relations de pouvoir qui ont servi à l'élaboration des lois de travail ne sont pas entrées dans le champ de préoccupations des chercheurs de Hawthorne. Le mouvement des relations humaines récuse donc les notions libérales d'individualisme, de concurrence et de conflits d'intérêt pour se préoccuper de relations interpersonnelles harmonieuses.

Malgré ses faiblesses, le mouvement des relations humaines a fait progresser de façon significative la pensée administrative. Il a fait apparaître l'importance de la dimension sociale dans la motivation au travail de l'individu et a montré que les facteurs économiques et théoriques ne constituent pas les seuls éléments influençant le comportement des travailleurs. L'enseignement fondamental est que le rôle essentiel du dirigeant consiste à satisfaire les besoins socio-psychologiques des employés. Plus la satisfaction est élevée, plus elle contribue à accroître leur productivité.

En bref, le dirigeant n'est plus confiné à son rôle d'entrepreneur économique ; il joue aussi un rôle social. Il doit améliorer les relations interpersonnelles, encourager la participation des membres et susciter le fonctionnement harmonieux des équipes de travail. Le style autoritaire est souvent inefficace, et les situations de travail nécessitent la modification des styles de commandement de façon à tenir compte des différences et des besoins individuels[18]. L'administrateur est donc mis en demeure de faire l'apprentissage d'un style de gestion plus associatif, interagir avec les ouvriers et devenir plus compréhensif, sans pour cela abandonner ses fonctions économiques fondamentales de planification et de contrôle.

4.2 LE MODÈLE PARTICIPATIF

Le mouvement des relations humaines s'est lui-même modifié pour faire place à une vision encore plus conforme à l'idéologie démocratique, c'est-à-dire l'organisation axée sur la participation. Le modèle participatif proposé aux dirigeants et aux membres des entreprises est le fruit de recherches empiriques mais aussi de spéculations idéologiques. Nous examinerons d'abord les fondements psychosociologiques qui ont servi d'inspiration aux chercheurs. Ensuite, nous décrirons le contenu théorique du modèle axé sur la participation.

4.2.1 Les fondements psychosociologiques

Grâce aux efforts de Douglas McGregor, de Rensis Likert et de Chris Argyris, diverses notions de la psychologie sociale ont été regroupées en un corpus théorique modifiant la perspective des relations humaines et formant le modèle de gestion participative. Pour les psychologues des organisations, les recherches empiriques doivent servir à l'action ; il faut passer à l'action, même si la validité scientifique des recherches et des concepts peut être mise en doute.

Avant de décrire le modèle de la gestion participative, examinons les trois courants théoriques qui en constituent les fondements. En premier lieu, nous dépeindrons les études sur les groupes et le «leadership» émergent. En second lieu, nous ferons état de l'hypothèse de l'homme «auto-actualisé». En troisième lieu, nous discuterons du conflit entre l'individu et l'organisation considéré comme inévitable mais résoluble.

● Les groupes et le «leadership» émergent

L'influence du groupe sur l'individu et ses attitudes a été examinée au cours de plusieurs recherches. Les travaux de Kurt Lewin en constituent le point de départ. Lewin constate que la discussion et la décision du groupe sont efficaces non seulement pour modifier les attitudes mais aussi pour assimiler de nouvelles orientations[19]. De même, Cartwright et Zander conçoivent le groupe comme un levier efficace pour réaliser des modifications de comportement[20]. Newcomb, quant à lui, observe que la cohésion du groupe établit des relations de soutien mutuel qui, à leur tour, permettent de changer les attitudes et les comportements individuels[21]. Le groupe semble ainsi jouir d'un certain nombre d'avantages contribuant à sa supériorité pour ce qui est de la prise de décision, de la motivation et des influences sociales. Il est toutefois dispendieux comme instrument de gestion.

Le prix de la participation à un groupe est l'obligation pour l'individu de se conformer aux exigences et aux normes du groupe. Lorsqu'un comportement déviant fait son apparition, le groupe tend à exercer des pressions sur l'individu de façon qu'il se conforme. Dans l'éventualité où le comportement déviant persiste, le membre se trouvera exclu et isolé.

La supériorité et l'efficacité potentielles du groupe ne sont atteintes qu'à la condition que celui-ci dépasse le stade nocif des relations interpersonnelles de concurrence pour atteindre ce qu'il est convenu d'appeler l'effet de groupe. Cet effet découle du cheminement du groupe d'une situation de conflit vers un état d'harmonie, par l'intermédiaire d'un processus d'apprentissage. L'idée de l'effet de groupe, grâce auquel le groupe stabilise ses tensions et influence ses membres, a surtout été l'œuvre de R.F. Bales[22].

Le processus d'apprentissage du groupe vers le stade d'efficacité peut être décrit de la façon suivante. En premier lieu, la nécessité d'exécuter des tâches et de résoudre des problèmes en groupe au sein de l'organisation crée des tensions qui ont tendance à détruire la cohésion du groupe. Ces tensions se caractérisent par des «ordres du jour» informels et par une énergie agressive chez les membres ; il en résulte une situation concurrentielle empreinte de tension. À ce stade le groupe est politique. Il progresse difficilement vers la cohésion nécessaire : des blocages freinent la capacité de résolution de problèmes. C'est alors que le «leadership» se différencie et que deux types de chef apparaissent spontanément : le leader axé sur les tâches et le leader socio-émotif. Le chef orienté vers la tâche crée des tensions, alors que le dirigeant émotif désamorce ces tensions et établit un climat de soutien mutuel. À la suite de l'apparition du double «leadership», un groupe efficace capable de résoudre des problèmes se forme par la fusion des membres dans le groupe. Grâce à la dynamique de groupe, il est possible de faire passer un groupe de la phase politique, caractérisée par des conflits, à la phase socio-émotive, où apparaissent les normes de collaboration chez les membres et le double «leadership».

● Une conception anthropologique humaniste

Les psychosociologues des organisations ont rejeté la vision paternaliste du mouvement des relations humaines et ont largement accepté l'hypothèse humaniste de l'actualisation du moi. À leurs yeux, les membres d'une organisation désirent négocier des contrats psychologiques qui leur permettent de réaliser leurs besoins[23].

Cette conception anthropologique peut être esquissée de la façon suivante. Les personnes ont des besoins, liés à leur personnalité, et ces besoins sont organisés de manière hiérarchique ; ils vont des besoins inférieurs de sécurité aux besoins supérieurs d'actualisation du moi. Il existe un conflit entre les besoins individuels et les exigences de l'organisation rationnelle. La solution est d'élaborer un mode d'organisation qui concilie les besoins individuels et les besoins organisationnels de rationalité : le modèle participatif.

Pour Maslow, par exemple, l'homme est mû par la recherche de satisfaction de besoins qui s'inscrivent dans une hiérarchie : besoins physiologiques, et besoins de sécurité, d'affiliation, d'estime et d'actualisation du moi[24]. Au fur et à mesure que sont satisfaits les besoins inférieurs, ils cessent d'être des facteurs de motivation ; des besoins d'un ordre supérieur sont alors déclenchés. Selon Argyris, l'individu s'inscrit dans une logique de développement personnel allant d'un état infantile de dépendance, de soumission et de vision à court terme, vers un état adulte caractérisé par la recherche du contrôle et de l'autonomie[25].

Herzberg a aussi proposé une théorie selon laquelle l'individu serait motivé différemment selon qu'il s'agit d'incitations intrinsèques ou extrinsèques[26]. Les incitations extrinsèques sont, par exemple, le salaire, la qualité des interactions sociales, les politiques et pratiques de l'organisation, les conditions de travail ou la sécurité d'emploi. Les motivations intrinsèques, par contre, touchent à la réalisation du moi et à la responsabilité. Selon Herzberg, les facteurs extrinsèques ne contribuent qu'à réduire l'insatisfaction, alors que les incitations intrinsèques accroissent la satisfaction et la motivation.

Cette conception anthropologique est fausse mais elle comporte des observations justes. Il est vrai que la personne est sans cesse appelée à se dépasser et donc à atteindre des valeurs plus élevées. Elle est fausse car elle valorise explicitement l'égoïsme, le narcissisme et les comportements individualistes. Les psychosociologues présentent une anthropologie «en rose» de l'homme non basée sur la réalité de ses faiblesses morales. Chris Argyris admet en toute honnêteté étudier les comportements dont l'homme serait idéalement capable et non ses comportements réels dans le contexte organisationnel.

● Les relations entre les individus et l'organisation

La personne, selon la vision des humanistes, est donc activement engagée dans un processus de développement qui la conduit vers des phases successives de croissance. Au fil des diverses étapes de la vie, les buts et les besoins changeraient. En ce qui a trait à la motivation individuelle, l'accent est mis sur les stimulants personnels et psychiques de préférence aux stimulants économiques. Dans leur optique, ces stimulants sont des composantes essentielles de l'organisation participative, notamment l'élargissement des tâches, les plans de carrière, le prestige de la fonction et la possibilité de réalisation du moi au travail.

La personne désire exercer son autonomie et développer ses compétences. Or, les incitations économiques et les contrôles rationnels de l'organisation créent des tensions régressives qui freineraient l'évolution de l'individu vers une maturité plus grande. La seule satisfaction des besoins inférieurs laisserait l'individu insatisfait. L'évolution à long terme de sa carrière au sein de l'entreprise devrait le préoccuper plus que sa situation immédiate. Toujours selon Argyris, il existe souvent des conflits entre les besoins des individus et les mécanismes rationnels de l'entreprise. Ces conflits auraient des effets néfastes sur la santé mentale et l'engagement affectif des membres. Les organisations pyramidales et rationnelles centralisent l'information et le pouvoir aux échelons supérieurs et spécialisent les tâches. Elles établissent des normes, évaluent le rendement et suscitent des styles de commandement directifs. L'organisation réduit les occasions d'action et accroît la dépendance du membre. Dans la situation où il existe une discordance entre les exigences rationnelles de l'organisation et le progrès de l'individu, ce dernier peut régresser vers un stade infantile. L'individu se trouverait dès lors en situation de frustration et pourrait adopter l'un ou l'autre des comportements suivants : se joindre à un syndicat, laisser l'entreprise, limiter son engagement ou exiger des compensations monétaires et symboliques plus importantes.

De nombreuses recherches tendraient, selon Argyris, à confirmer cette thèse[27]. Les études portant sur l'aliénation et la satisfaction au travail feraient état de la situation de dépendance et d'impuissance des travailleurs. Les recherches sur la satisfaction montreraient que plus les individus ont l'occasion de contrôler les éléments essentiels de leur travail, plus leur satisfaction est élevée : les cadres supérieurs, les médecins et les professeurs d'université sont plus satisfaits au travail que les ouvriers. La solution à cette situation est le développement de modes de gestion axés sur la participation, de telle sorte que l'individu puisse obtenir des satisfactions intrinsèques. Malheureusement, selon Argyris, le monde des organisations est caractérisé par la méfiance, la conformité et le repli sur soi, alors qu'il devrait être celui de la confiance et de l'expression du moi.

4.2.2 Les recherches de l'Institute for Social Research

Les recherches menées à l'Institute for Social Research de l'Université du Michigan ont suscité chez Rensis Likert et ses collègues l'idée que les entreprises n'utilisent qu'en partie, et mal, le potentiel des ressources humaines dont elles disposent. Likert s'est fait le défenseur de la forme d'organisation axée sur la participation[28].

● Les éléments de base du modèle de gestion participative

Le modèle d'organisation orienté vers la participation a pour objet d'utiliser au maximum la motivation des ressources humaines, en mo-difiant les systèmes de gestion de façon à réaliser l'intégration de l'individu aux exigences techniques et économiques de l'entreprise. Le système de gestion basé sur la participation semble, selon les chercheurs de l'Institute for Social Research, être plus efficace dans les milieux de travail, car il stimule les échanges d'information, l'influence des subordonnés et la prise de décision en groupe. Le contenu théorique de la gestion participative est composé des éléments suivants :

— La cellule de base de l'organisation est le groupe formé par le superviseur et ses subordonnés. L'organisation est elle-même formée de groupes reliés entre eux par des agents de liaison et forme ainsi une pyramide de groupes.

— Les groupes situés au sommet de la pyramide ont une grande influence sur les autres groupes. Ils décident en effet des politiques, des méthodes et des objectifs qui concernent le fonctionnement des autres groupes.

— Le style de gestion du dirigeant vis-à-vis du groupe détermine les comportements et le rendement. Un dirigeant efficace utilise la décision en groupe et fait en sorte que les interactions se produisent dans un climat de soutien mutuel. Par opposition, le dirigeant inefficace adopte un style autoritaire qui suscite des comportements contribuant peu au rendement.

Cette forme d'organisation permet à l'individu de s'autocontrôler, de participer à l'établissement des buts et d'améliorer les attitudes. Les formes d'organisation autoritaires peuvent certes, à court terme, atteindre de hauts niveaux de productivité, mais, à long terme, elles ont des effets négatifs sur la collaboration des employés, les comportements et la satisfaction au travail.

La forme d'organisation participative s'oppose aux systèmes de gestion autoritaire, bienveillant ou consultatif. Comme indiqué au tableau 3.2, la direction qui a déjà une stratégie économique et un système de production efficace peut choisir un des quatre systèmes de gestion caractérisés soit par l'exploitation, la

Tableau 3.2 Système de gestion

Préalables	– La direction générale dispose		– d'une stratégie, – de plans, – de buts et de ressources	
Choix d'un système de gestion	– L'administration choisit un des quatre systèmes de gestion définissant la structure organisationnelle et le style de supervision.			
	(I) **Autoritaire**	**(II)** **Paternaliste**	**(III)** **De consultation**	**(IV)** **De participation**
Facteurs d'ordre causal	– Pression, normes et contraintes – Structure hiérarchique – Commandement autoritaire et technique		– Relation de soutien et confiance – Décision de participation en groupes – Structures de chevauchement des groupes	
Facteurs intermédiaires	– Loyauté faible du groupe – Buts minimaux individuels – Conflits – Peu d'assistance technique fournie aux pairs – Sentiment de pression fort – Attitudes négatives envers les cadres – Motivation monétaire		– Loyauté forte du groupe – Buts élevés – Soutien et communication – Assistance technique fournie aux pairs – Décision en groupe – Pas de sentiment de pression – Attitudes favorables envers les cadres – Motivation élevée et désir d'autonomie	
Conséquences	– Haute productivité et résistance – Absentéisme et perte de personnel – Difficulté à long terme		– Haute productivité – Faible absentéisme – Bénéfices élevés	

bienveillance, la consultation ou la participation.

Le modèle axé sur la participation va au-delà de la simple délégation d'autorité ou de la consultation systématique qui caractérise l'organisation décentralisée. Il favorise la participation des subordonnés aux décisions et à la formulation des politiques. Au lieu de relever uniquement de la direction, les prises de décision et l'élaboration des politiques s'effectuent de manière à tenir compte des contributions des membres subalternes. En bref, il s'agit d'un mode d'organisation qui étend le pouvoir aux

employés, grâce à la mise en place de groupes, de comités ou de commissions ad hoc.

Les systèmes de gestion fondés sur l'autorité ou la bienveillance font appel, selon Likert, à des motivations inférieures, soit l'insécurité économique, les punitions ou les récompenses pécuniaires. Par contre, le système de participation s'articule autour des motivations d'actualisation du moi au sein des groupes. Les récompenses monétaires, bien qu'importantes, vont de pair avec la participation au travail de groupe et à l'élaboration des buts. En conséquence, les membres se sentent responsables de la réalisation des buts de l'entreprise.

Les communications dans l'organisation autocratique ou bienveillante prennent leur source au sommet de la hiérarchie. Dans l'organisation axée sur la participation, elles émanent de tous les niveaux de la hiérarchie et s'effectuent dans toutes les directions. Les processus d'interaction et d'influence entre supérieurs et subordonnés se caractérisent, dans les systèmes autoritaires ou bienveillants, par la méfiance et les conflits latents. Au contraire, il existe un haut niveau de confiance et de soutien mutuel dans le système de participation. Les membres, peu importe leur niveau, ont le sentiment que

les rapports interpersonnels contribuent à leur autodéveloppement.

● Les réaménagements de structure

L'application du système de gestion orienté vers la participation suppose des aménagements de structure, c'est-à-dire la création de groupes à pouvoirs collégiaux et reliés entre eux (à cet effet, voir la figure 3.3). Les groupes se chevauchent, car ils sont reliés les uns aux autres par l'intermédiaire des dirigeants de chaque groupe, qui jouent le rôle d'agents de liaison. Chaque dirigeant joue un triple rôle : il est à la fois subordonné, chef et collègue. Les dirigeants ont, en conséquence, un rôle particulier

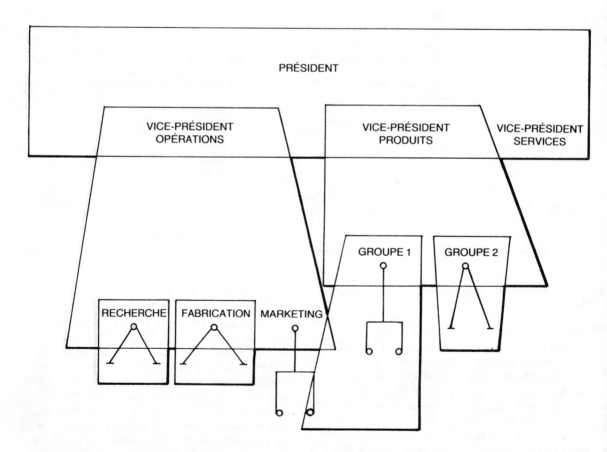

Figure 3.3 Chevauchement des groupes dans les systèmes de participation

de cheville ouvrière ; ils transmettent l'information d'un groupe à l'autre et exercent une influence de façon à réaliser l'intégration des membres et des groupes.

Les groupes correspondent aux cellules hiérarchiques, mais peuvent aussi comprendre des comités temporaires, des équipes de projets ou des chargés de missions particulières. Les groupes temporaires rassemblent, en vue d'atteindre un but déterminé, des individus de différents niveaux hiérarchiques ; ils se composent de membres de différents secteurs, placés temporairement sous la direction d'un responsable. Les comités ad hoc et les groupes de travail, composés de conseillers et de cadres, facilitent les communications verticales et horizontales, et font en sorte que les décisions soient prises à la lumière de l'information disponible.

- ● Les effets positifs de la participation

Les chercheurs de l'Institute for Social Research sont d'avis que le système de gestion axé sur la participation réduit certaines des frustrations des subalternes dans l'entreprise. La participation leur permet d'accroître leur autorité et d'élargir le champ de leurs activités. Les règles de l'entreprise leur apparaissent moins arbitraires en raison de leur collaboration aux décisions. Ainsi, la participation fait du subalterne un décideur et accroît non seulement sa satisfaction mais aussi sa motivation au travail.

La participation donne différents types de satisfactions. La première est de nature symbolique ou psychologique ; elle provient de la réalisation des besoins d'autonomie, d'indépendance et de contrôle sur l'environnement. La participation offre des récompenses personnelles élevées, car les participants au sein des groupes de décision discutent de sujets qui les intéressent et prennent, de plus, des décisions importantes. Les activités de participation font appel aux capacités intellectuelles, techniques et humaines qui, autrement, resteraient inutilisées. Le système axé sur la participation se définit donc par rapport à l'influence qu'exercent les individus sur la prise de décision. La participation peut aussi donner des résultats matériels importants. Ainsi, les employés peuvent inflé-

chir les politiques de l'organisation en fonction de leurs intérêts personnels.

L'avantage fondamental de la décision en groupe n'est pas tant la qualité rationnelle des décisions que leur acceptation par les individus qui les ont prises. La direction laisse plus de liberté aux individus, au sein de limites compatibles avec les exigences économiques de l'organisation. Dans l'organisation axée sur la participation, le contrôle appartient plus aux individus et aux groupes, plutôt qu'au système formel de règles, d'évaluations et de sanctions. Au lieu d'être réservée aux cadres supérieurs, l'autorité est largement concédée aux subordonnés ; ceux-ci sont alors capables d'exercer une influence sur leur supérieur hiérarchique.

L'autorité cesse, dans cette forme d'organisation, d'être un pouvoir réservé au départ à la direction, et cédé morceau par morceau aux subordonnés. Elle est au contraire une influence qui s'exerce dans tous les sens, de bas en haut, de haut en bas et latéralement. Selon les expériences de Likert et de ses collègues, l'autorité conçue comme influence peut s'accroître en fonction de la manière dont l'organisation est régie, c'est-à-dire en fonction du système de gestion choisi[29]. Grâce à la participation, comme l'indique la figure 3.4, les dirigeants augmentent leur contrôle, et les membres ont aussi la certitude de mieux contrôler leur travail. Les subordonnés ont l'impression que leurs suggestions sont écoutées. Les tentatives d'influence des subordonnés ne sont pas perçues par les administrateurs comme des menaces mais comme des contributions à l'organisation en vue d'en accroître l'efficacité.

- ● Conclusion : les effets imprévus du modèle participatif

La mise en place de la gestion participative ne produit pas toujours les effets prévus. Le style participatif peut s'avérer inefficace lorsque les membres choisissent l'action revendicatrice, conflictuelle ou syndicale. Plusieurs auteurs ont ainsi mis en évidence les dysfonctions de la participation et ont même mis en doute son efficacité.

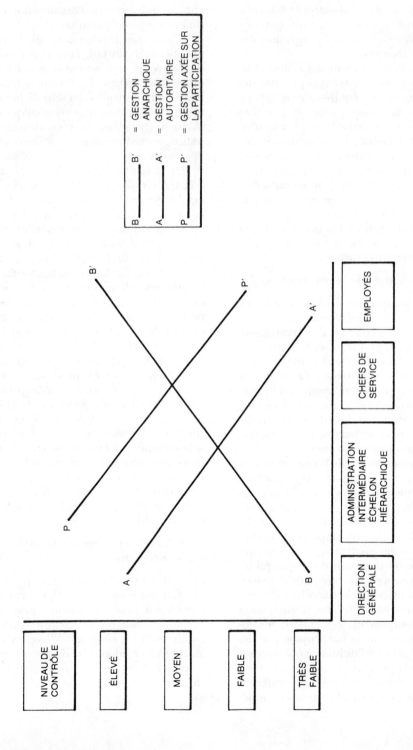

Figure 3.4   Distribution du contrôle et style de gestion

Le travail de groupe peut susciter des problèmes. Par exemple, les membres dont les opinions sont rejetées peuvent se sentir aliénés. La participation peut aussi conduire à une cohésion contre la direction et créer [...] réalistes compte te[...] ques. La particip[...] consommation de te[...] des frustrations, sur[...] des décisions qui en[...] de leurs bonnes in[...] l'entreprise peuvent[...] tudes nécessaires au[...]

En dernière an[...] difficultés des perspe[...] dent surtout de le[...] l'homme. S'il est valab[...] dignité de la personn[...] saire de reconnaître qu[...] sont aussi la cause d[...] dans le fonctionnem[...] sion plus exacte de l'ho[...] sophie sociale pourrait[...] cessaires à une compr[...] l'homme.

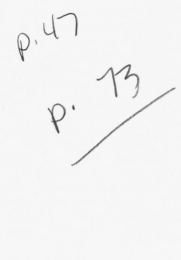

5. Les modèles socio-politiques conflictuels

La participation aux décisions et le partage du pouvoir ne s'effectuent pas toujours dans l'harmonie. Au contraire, les conflits et les confrontations sont des phénomènes communs. Par ailleurs, l'apparition de ces conflits a contribué largement à la mauvaise réputation, dans certains milieux, du modèle participatif.

Les théories de l'administration ont en général évité d'aborder de front les problèmes du pouvoir et des conflits dans l'entreprise. Les approches socio-politiques, par contre, mettent en lumière les relations de pouvoir et acceptent les conflits et les tensions comme des éléments de base de la vie organisationnelle.

Nous allons examiner successivement trois perspectives de nature socio-politique : la sociologie industrielle, la participation conflictuelle et les relations industrielles. Ces trois perspec-

tives traitent surtout des conflits dans les relations verticales entre dirigeants et employés.

5.1 [...] OGIE INDUSTRIELLE

[...]isme, la sociologie industrielle [...]dèles humanistes. Elle consi-[...]ns harmonieuses proposées in-[...]leur en erreur en lui faisant [...] les intérêts[30]. Les conflits d'in-[...]leurs et dirigeants de même [...]ces entre les besoins des [...] de l'entreprise sont acceptés [...] Plus précisément, la sociolo-[...]t l'accent sur les processus [...]res, les professionnels et les [...]s de l'entreprise tentent d'i-[...] des dirigeants, et vice versa. [...] humanistes et de la gestion [...]t pas toujours vérifiés dans [...]rise. Les membres de l'en-[...] leur travail non pas uni-[...] occasion d'actualisation de [...]moi, mais aussi comme le moyen d'atteindre des récompenses extrinsèques telles que le salaire, la position hiérarchique et l'exercice du pouvoir[31].

La sociologie industrielle a de même constaté que les préférences des membres, sur le plan de la participation aux décisions de l'entreprise, peuvent aller du refus à l'engagement complet. Elle a aussi observé que les attitudes, les attentes et les contributions des membres sont inégales et varient selon les niveaux hiérarchiques. Les occasions de participation et de réalisation du moi au travail sont plus grandes au sommet de la hiérarchie qu'aux niveaux des ouvriers ou des cadres subalternes. L'engagement des cadres supérieurs est en général élevé en raison de la nature de leur travail. Les inégalités entre niveaux peuvent être la source d'insatisfaction, de désaffection et de tensions aux niveaux subalternes de l'entreprise.

5.1.1 Les conflits suscités par la rationalité des dirigeants

Des conflits peuvent aussi naître des efforts de rationalisation et de changement de la part de la direction. En effet, les efforts de rationalisation détruisent les accords implicites, les habitudes et les réseaux d'avantages personnels du système social. Les efforts de rationalisation peuvent ainsi détruire un système stable d'attentes, qui reçoit l'adhésion des membres en place et qui est la source de multiples satisfactions. Les membres réagissent aux actions de la direction d'abord par des résistances et des tensions qui peuvent éventuellement déboucher sur des conflits majeurs et des grèves.

Selon la sociologie industrielle, des négociations entre les membres et la direction se déroulent sans cesse au sein de l'entreprise. Les membres, aux différents niveaux de la hiérarchie, tentent d'établir avec la direction et avec leurs pairs des contrats implicites et explicites qui définissent les contributions et les compensations. Dans l'hypothèse où les membres acceptent les normes formelles et les compensations offertes, il y a un accord normatif produisant l'harmonie, la coopération et le consentement à l'autorité. Les supérieurs et les subordonnés partagent dans ce cas des valeurs communes. Cependant, si les aspirations des membres ne se réalisent pas, des désaccords normatifs apparaissent et affaiblissent les relations d'autorité. Dans l'éventualité où la direction impose ses normes, la relation de pouvoir se caractérise par un faible niveau de légitimité et donne lieu à des conflits acerbes.

Dans cette optique, le dirigeant avisé qui prépare des changements essaie de prévoir les conséquences de ces changements sur le système social et met sur pied les mécanismes nécessaires à une transition sociale difficile.

5.1.2 Les stratégies des membres

Les stratégies d'adaptation des membres aux situations de conflits normatifs peuvent être individuelles ou collectives. Les membres peuvent, par exemple, percevoir la situation de conflits en termes individuels et adopter des attitudes d'acceptation passive, de rigidité, de retrait, de révolte ou de négociation personnelle.

Les solutions collectives sont les pressions de groupe et les associations syndicales en vue de modifier les règles ou de résister aux projets de la direction. Elles s'exercent grâce à des résis-tances, des griefs ou des pressions visant l'établissement de mécanismes formels d'évaluation ou de règlement des conflits. Les membres, qui ne voient plus d'avantages à négocier individuellement, s'organisent en association et même en syndicat afin de protéger leur système de normes. Les stratégies d'adaptation par rapport aux dirigeants supérieurs comprennent, entre autres, les calculs individuels de carrière, les jeux politiques, les résistances voilées, la manipulation indirecte et la participation à des « cliques ».

5.1.3 La non-coopération

Pour Robert Merton et Alvin Gouldner, la non-coopération des membres est une dysfonction, c'est-à-dire un résultat non désiré produit en réaction aux règles et directives de la direction[32]. Le phénomène de la non-collaboration paralyse les structures formelles qui ne réussissent pas à prendre en considération les dimensions affectives des membres. La structure réelle de l'entreprise est donc le résultat de l'influence réciproque des aspects formels et informels de l'organisation. La non-participation est le fruit d'une décision consciente et calculée de la part des membres.

L'organisation est une jungle peuplée de calculateurs qui se disputent âprement les ressources, le prestige et le pouvoir[33]. Melville Dalton a mis en évidence la grande variété des types de conflits : conflits entre les différents secteurs de l'entreprise, conflits entre les niveaux hiérarchiques ou conflits entre les individus.

Selon Michel Crozier, le pouvoir dépend du contrôle que peut exercer un membre sur une source d'incertitude[34]. Les bases de ce pouvoir ne se trouvent pas uniquement dans l'autorité hiérarchique mais aussi dans la possession, la manipulation et la conservation de l'information par les subordonnés. Cet élargissement du concept de pouvoir fondé sur les notions d'information et d'incertitude permet de considérer l'organisation comme un système politique dans lequel chaque partie a des intérêts à promouvoir et un pouvoir à acquérir.

Les sociologues des organisations ont abordé de front la réalité des conflits. En attirant l'attention sur la complexité des motivations humaines et les possibilités de non-collaboration et de conflit, ils ont présenté une vision dynamique des relations de contrôle et de pouvoir dans le contexte organisationnel.

5.2 LA PARTICIPATION CONFLICTUELLE

Des conflits acerbes caractérisent souvent les milieux de travail. Le modèle de la participation conflictuelle fournit un instrument utile pour comprendre l'origine et la dynamique des conflits dans les milieux de travail. Le monde de l'entreprise selon les tenants de la participation conflictuelle se divise en deux camps, les dirigeants et les membres[35]. Ces deux groupes s'engagent d'une manière différente dans l'entreprise.

Non seulement les dirigeants désirent intégrer les membres à l'organisation grâce à leur style de gestion, mais ils ont aussi la responsabilité de gérer l'entreprise d'une manière économique et rationnelle. Les dirigeants adoptent donc des stratégies rationnelles aptes à assurer la rentabilité de l'entreprise. Leurs actions peuvent de ce fait susciter des réactions négatives de la part des membres.

De leur côté, les membres s'engagent dans l'entreprise de différentes façons. Certains membres préféreront adopter une position de retrait, plusieurs verront dans l'entreprise des occasions de développement individuel et de participation aux décisions, d'autres enfin revendiqueront d'une manière radicale.

L'organisation est donc un intermédiaire entre les membres soumis à des décisions de la direction qu'ils veulent percevoir comme légitimes et les dirigeants animés par la volonté de rationalité économique. L'analyse repose donc sur la double dialectique gouvernés-gouvernants. Plus un membre participe à l'entreprise, plus il entre dans le système de moyens qui est l'organisation. Le membre qui s'identifie à son entreprise revendiquera contre les dirigeants au nom même des valeurs qui fondent sa participation. Revendication et participation

sont liées; en fait, revendiquer, c'est participer. Exiger avec force quelque chose de la direction de l'entreprise, c'est manifester que l'on s'y intéresse.

L'engagement des membres, d'une part, et des dirigeants, d'autre part, signifie donc des réalités différentes. Pour les membres, l'engagement se fait par la participation et la revendication, alors que pour les dirigeants, il se situe dans l'exercice de la rationalité. Touraine arrive à la conclusion qu'il existe quatre types d'organisation selon l'équilibre dynamique établi entre l'engagement des membres et les styles de commandement des dirigeants. Des situations de déséquilibre apparaissent lorsque les modes d'engagement des membres et les projets des dirigeants sont en contradiction. Les quatre types d'organisation en équilibre dynamique sont décrits au tableau 3.3.

5.2.1 L'organisation coercitive

Au sein de l'organisation coercitive, le membre n'a pas de projet personnel et adopte une position de retrait. Le commandement technocratique de la direction se limite aux exigences de la production sans considérer l'entreprise comme un ensemble social. Ce type d'entreprise se situerait au stade de l'administration préscientifique.

5.2.2 L'organisation instrumentale

Le second type, l'organisation instrumentale, serait pour les membres l'instrument de réalisation de leurs calculs personnels. L'orientation individualiste des membres incite la direction à établir un style de gestion utilitariste qui fait appel aux intérêts individuels des membres. La politique de stimulation individuelle adoptée par la direction correspondrait à l'administration scientifique.

5.2.3 L'organisation intégratrice

Dans le troisième type, c'est-à-dire l'organisation intégratrice, les individus s'identifient à la collectivité des membres de l'entreprise. La direction, quant à elle, considère l'entreprise surtout comme un ensemble d'interactions et de

Tableau 3.3   Types d'organisation d'équilibre dynamique dans les relations dirigeants-gouvernés

	Organisation coercitive	Organisation instrumentale	Organisation intégratrice	Organisation démocratique représentative
STRATÉGIE DE LA DIRECTION				
– Style de direction	Formalisme	Utilitarisme	Coordination	«Leadership» organisationnel
– Politique vis-à-vis des ressources humaines	Autoritarisme technicien et bureaucratique	Stimulation individuelle scientifique	Politique de relations humaines	Politique de progrès et de participation
ENGAGEMENT DES MEMBRES				
– Style de participation au travail	Absence de projet	Projet individuel	Projet collectif	Projet organisationnel
– Revendications des membres	Utopie anti-organisationnelle	Défense des droits individuels	Solidarité	Revendication gestionnaire

réseaux de communication qu'elle essaie de structurer. Elle utilise alors un style de gestion basé sur les relations humaines et la participation.

5.2.4 L'organisation représentative

Enfin, le dernier type est l'organisation représentative. Les conflits peuvent y être très importants, car les membres participent réellement à l'élaboration des buts poursuivis par l'entreprise. La direction tente d'intégrer les membres à l'entreprise par des arguments idéologiques. De même, en raison d'une participation élevée, les membres revendiquent contre la direction parce qu'ils constatent une différence entre leurs valeurs et les objectifs poursuivis par la direction.

Les types de revendications des membres varient selon leur degré de participation. Dans l'organisation coercitive, le membre est en position de retrait : il ne considère pas l'entreprise comme un organisme social. Au sein de l'organisation instrumentale, les membres participent en vue de réaliser des projets personnels : ils ont tendance à identifier leurs revendications à la défense des droits individuels dans une perspective utilitariste. Dans l'organisation intégratrice, la participation des membres se réalise surtout par leur fusion et leur identification au groupe. La participation plus élevée dans l'organisation représentative, c'est-à-dire l'élaboration conjointe des buts, prend souvent une tournure revendicatrice et conflictuelle. En effet, les membres revendiquent contre la direction qui fait obstacle aux fins qu'ils voudraient prêter à l'entreprise. Plus un membre participe à l'entreprise, plus il revendique au nom même des valeurs qui fondent sa participation. En résumé, du fait de sa participation très active, un membre revendique contre l'entreprise, car les fins qu'il poursuit sont différentes des fins poursuivies par la direction.

Dans le but de mettre en œuvre les idées de la démocratie industrielle, de nombreuses expériences de participation politique ont été réalisées. Par opposition aux théories axées sur la participation humaniste, ces expériences mettent l'accent sur les mécanismes formels, les comités et la séparation des pouvoirs au sein des entreprises. Or les conflits créés sont difficiles à résoudre. Dans la section suivante, nous verrons donc comment les relations industrielles sont apparues afin de régler les problèmes de la participation conflictuelle.

5.3 LES RELATIONS INDUSTRIELLES

Les relations industrielles ont pour objet l'étude et le règlement des conflits de travail dans les sociétés libérales. Dans le dessein de stabiliser les milieux de travail, les relations entre patrons et ouvriers ont été réglementées par l'État.

L'entreprise, dans le cadre de la perspective des relations industrielles, est conçue comme un réseau de relations entre deux parties : patrons et ouvriers. Ces deux parties en interaction font fonctionner un système technique en vue de produire des biens et des services. Des mécanismes d'élaboration de normes sont mis en œuvre afin d'assurer les accords normatifs qui permettront à l'entreprise de fonctionner. Les exigences des parties se règlent par le jeu des forces et des accommodements. Le processus de négociation se déroule, d'une part, dans un contexte technique et économique particulier et, d'autre part, dans le cadre de relations de pouvoir existant entre la partie «employeur» et la partie «employé». La négociation collective tente de conduire à des accords normatifs explicites.

5.3.1 Les conflits

Les relations industrielles introduisent plusieurs éléments nouveaux tels le «bilatérisme» et l'utilisation du conflit comme mécanisme de résolution des problèmes de travail. Le «bilatérisme» fait référence à la décomposition formelle de l'entreprise en deux camps: les ouvriers syndiqués et la partie patronale, qu'il s'agisse de propriétaires ou de dirigeants professionnels. Par la mise en relief de la relation entre employeur et employé, le syndicalisme incite au partage en deux camps des individus qui œuvrent dans une même entreprise. L'individu doit juridiquement se situer d'un côté ou de l'autre.

Les conflits d'intérêt, pour les relations industrielles, apparaissent non plus comme des dysfonctions mais comme des occasions et des moyens de résoudre des problèmes de travail. Les relations industrielles considèrent le conflit comme un moyen de développer des accords normatifs entre patrons et employés. Ainsi, dans les sociétés occidentales pluralistes, le conflit devient un moyen légitime de régler les problèmes de relations de travail.

L'émergence du syndicalisme n'a pas créé de forces nouvelles de contrôle chez les employés. Au contraire, l'influence des employés, nous l'avons vu, s'est toujours fait sentir d'une manière informelle par l'influence des groupes et par des mécanismes subtils de résistance. Les expériences de Hawthorne ont mis à jour les processus par lesquels les employés établissent leurs propres normes, sans l'appui de la négociation collective. Avant l'établissement de la négociation, des tractations officielles ou privées se déroulaient au sein des entreprises. Les membres, les sous-groupes et les associations entraient couramment en négociation *bona fide* avec l'employeur. Des contrats individuels à la fois juridiques et psychologiques reflétaient le pouvoir de marchandage des individus et des sous-groupes au sujet des conditions salariales, des plans de carrière et des conditions de travail.

5.3.2 Les techniques des relations de travail

L'introduction de la technique des relations de travail entraîne la mise sur pied de règles ou de mécanismes nouveaux de règlement des relations entre employeurs et employés. Non seulement la négociation est-elle obligatoire, mais encore les lois du travail prévoient la médiation et le droit de grève ou de contregrève. Ainsi, la gestion des conflits s'effectue selon des règles qui confèrent à l'ensemble des employés des possibilités de négociations nouvelles. En bref, le conflit se déroule désormais selon des schèmes précis et dans le cadre de rapports de forces.

La technique des relations de travail se caractérise par le fait qu'elle tend à produire des accords normatifs dans une situation de rapports de forces. Les parties en présence n'essaient pas nécessairement de se détruire. Pour certains idéologues, il est vrai, la négociation constitue seulement une phase de recherche d'un compromis temporaire avec l'ennemi, qui n'a pour effet que de retarder l'échéance de la confrontation réelle. Toutefois, pour la plupart des syndicats, la négociation est un jeu social qui a pour objet de permettre la participation des employés aux décisions qui les intéressent, notamment au chapitre de la rémunération. Les règles du jeu ont pour effet premier d'institutionnaliser le conflit résultant de rapports de forces entre employeurs et employés. Le conflit apparaît donc, dans ce schéma, comme un moyen d'élaborer des normes conjointes plutôt qu'une fin en soi. Il devient alors très difficile d'établir une différence conceptuelle entre conflit et collaboration, car le conflit industriel est alors un mécanisme latent de collaboration.

5.3.3 La nature des conflits

Il importe de signaler que le conflit peut être double : conflit d'intérêt et conflit induit. Le conflit d'intérêt entre la partie « employeur » et la partie « employé » concerne les droits de gérance. L'employeur désire établir ses règles de gestion et rémunérer les ouvriers en fonction de la rentabilité de l'entreprise, alors que les ouvriers veulent décider de leurs conditions de travail et accroître leur rémunération. Par contre, le conflit induit découle du besoin pour une partie de démontrer sa force vis-à-vis de l'autre. Ainsi, les dirigeants des deux parties peuvent créer des situations conflictuelles qui ont pour but de régler non pas le conflit d'intérêt mais bien les problèmes qu'ils éprouvent dans l'exercice de leur autorité personnelle vis-à-vis de leurs commettants.

La résolution du conflit d'intérêt entre les parties prend deux formes : la forme diplomatique et la forme agressive. La résolution diplomatique se joue autour de la table de négociation, et par le mécanisme des griefs ; elle se caractérise par le juridisme et l'utilisation de la persuasion verbale. Le recours à la grève, à la contre-grève et à l'emploi de moyens coercitifs

marque la forme agressive. Les formes que le conflit est susceptible de prendre dépendent non seulement des règles juridiques qui gouvernent les relations industrielles mais aussi de facteurs contextuels telles les caractéristiques des ressources humaines, les factions au sein du syndicat, les attitudes de la partie patronale vis-à-vis du phénomène syndical ainsi que les conditions techniques et économiques dans lesquelles se trouve l'entreprise.

5.3.4 Les approches de la négociation

Il existe trois grandes approches du processus de négociation entre les parties « employé » et « employeur » : l'approche distributive, l'approche intégratrice et l'approche destructrice. Selon l'approche distributive, les parties conçoivent la négociation comme un jeu à « somme nulle ». Un climat d'opposition et de méfiance existe ; les parties s'abordent dans le combat et déploient des stratégies offensives ou défensives. Au terme de la négociation, les parties formulent des normes fragiles qui conduisent à des accords d'une durée plus ou moins longue. Selon l'approche intégratrice, les deux parties, bien que conscientes de leurs forces respectives, se donnent comme mission d'élaborer des accords normatifs qui, tout en satisfaisant leurs visées, permettent aussi à l'entreprise de se développer. Les deux parties voient la négociation comme un mode de décision. Ainsi conçu, le processus peut conduire à des accords de productivité, à la reconnaissance de groupes autonomes, à la création de comités paritaires de participation formelle des employés et à des formules de reconversion du surplus de personnel.

La négociation exige alors de chacune des parties des calculs rationnels qui permettront d'accroître l'influence à partager entre les parties ; celles-ci conçoivent la négociation comme un jeu à « somme croissante ».

Selon l'approche destructrice, les parties, tout en respectant les normes juridiques minimales, ont l'intention de se détruire l'une l'autre. Il s'agit, en définitive, soit de renverser la partie patronale pour instaurer l'autogestion, soit de provoquer la désintégration totale du syndicat. De part et d'autre, on cherche à créer un ordre nouveau.

En cas d'échec de la phase de négociation, les parties passent à une deuxième phase que l'on peut qualifier de contentieuse. Les parties se livrent une guerre ouverte ou font appel à une tierce partie. En d'autres termes, les parties ont le choix entre, d'une part, la grève et la contre-grève et, d'autre part, l'arbitrage et le décret. En ce qui concerne la grève ou la contre-grève, tout est question de stratégie. Il s'agit, pour l'une des parties, de refuser de présenter son scénario. Ces moyens influent de façon directe non pas uniquement sur les parties en présence mais aussi sur les clients de l'entreprise.

Lorsque le recours à la grève est possible, les parties choisissent alors de vider la question de leurs rapports devant l'opinion publique. Les parties sont appelées à mesurer leurs forces de façon à choisir le moment où il convient de refuser de donner leur scénario. Au surplus, elles utilisent au cours de la grève des moyens de pression supplémentaires. Le contentieux de la négociation peut aussi se régler par l'intervention d'une tierce partie, soit par l'arbitrage obligatoire ou le décret. Le règlement du contentieux dans les sociétés libérales est généralement laissé au rapport de forces entre les parties. Il peut arriver cependant que le législateur privilégie un mécanisme : par exemple, l'arbitrage obligatoire ou le décret.

5.3.5 Les matières à négocier

La syndicalisation des employés d'une entreprise impose aux parties patronale et syndicale l'obligation de réglementer conjointement leurs rapports. Les matières qui demeurent soumises à la réglementation conjointe forment ce que l'on appelle le champ de négociation. Dans la mesure où sa détermination est laissée à la discrétion des parties, son étendue dépendra du rapport de forces entre elles. Les dimensions du champ de négociation sont donc extensibles.

Les employés reconnaissent que certaines responsabilités sont du domaine de la direction. De même, les dirigeants reconnaissent que, dans certains cas, certaines activités et décisions doivent être prises en charge par les employés. Le conflit normatif joue alors sur les matières à propos desquelles les parties sont intéressées à développer une réglementation conjointe. Ainsi, au-delà de la forme passive de l'accord normatif, on trouve la forme active et conflictuelle portant sur les aspects à négocier. Dans les matières contestées, les syndiqués, individuellement ou collectivement, refusent d'accorder à la direction un droit exclusif de décision. Cette contestation modifie, d'une façon simple et évidente, la relation d'autorité. La négociation permet d'effectuer une division formelle des responsabilités, qui crée ainsi une nouvelle relation d'autorité fondée sur le consentement.

Dans les sociétés libérales, le législateur laisse aux parties le soin de définir le contenu du champ de négociation. En conséquence, la jurisprudence fait en sorte que la notion de conditions de travail évolue avec la pratique des relations de travail, c'est-à-dire selon les rapports de forces. Dans ce système, toute matière peut faire l'objet de négociations entre employeur et employé, même la participation aux décisions. On peut distinguer, dans le contenu des conventions collectives, deux grands types de dispositions. Les premières sont d'ordre monétaire : salaire et avantages sociaux à incidence financière. Les secondes sont d'ordre normatif : carrière, sécurité d'emploi, reconnaissance du syndicat, heures de travail, tâches à exercer, etc. Les procédures concernant les griefs sont parfois considérées comme un troisième type de clauses.

Les parties patronales et syndicales sont en concurrence constante pour la loyauté des membres. Au fil du temps, la partie syndicale, en assumant des droits de gestion et des responsabilités, accentue son interdépendance avec l'employeur. La direction syndicale est ainsi amenée à penser non seulement en termes de conflits mais aussi en termes de collaboration et de responsabilité.

5.4 LES APPROCHES SOCIO-POLITIQUES : UN SOMMAIRE

Les approches socio-politiques mettent l'accent sur les conflits et sur la réciprocité des processus d'influence entre les dirigeants et les employés. Les dirigeants tentent d'influencer les subordonnés, mais, grâce à des stratégies individuelles ou collectives, les membres influencent aussi les dirigeants. Ces processus d'influence bilatérale se déroulent dans des situations souvent conflictuelles.

6. Les approches de la contingence

Les approches contingentes, s'appuyant sur des recherches empiriques, indiquent l'inefficacité des solutions universelles. Elles mettent en relief l'influence circonstancielle des variables contextuelles sur les stratégies d'organisation. Nous passerons en revue les principales recherches qui constituent les assises de cette approche. Ces études, souvent discutables au point de vue de la qualité des instruments de mesure, suggèrent cependant que les formes d'organisation dépendent de situations et de contextes particuliers.

6.1 L'INFLUENCE DE L'ENVIRONNEMENT SUR LES FORMES D'ORGANISATION

Effectuées dans une vingtaine d'entreprises britanniques en cours de reconversion industrielle, les recherches de Tom Burns et G.M. Stalker ont permis de constater qu'il n'existe pas de forme idéale d'organisation, applicable à toutes les entreprises[36].

Au contraire, la forme d'organisation appropriée dépend des caractéristiques du contexte technique et commercial. Grâce aux processus décisionnels, les entreprises adoptent des formes d'organisation différentes selon les rythmes de changement de l'environnement. Certains environnements ou contextes sont relativement stables (secteur de l'industrie lourde) et d'autres sont caractérisés par la concurrence, l'innovation et la mise en œuvre continuelle de nouveaux moyens de production (secteur de l'industrie chimique ou électronique).

Burns et Stalker en arrivent à décrire deux formes typiques d'organisation : le système mécaniste et le système organique. Le système mécaniste convient aux entreprises œuvrant dans un milieu relativement stable, alors que le système organique est efficace dans les environnements dynamiques. Les principales caractéristiques de ces deux types de systèmes de gestion sont esquissées au tableau 3.4.

Le système mécaniste se rapproche d'une organisation centralisée de type bureaucratique. Le pouvoir y est essentiellement pyramidal et hiérarchique. Le système organique, par contre, se rapproche plutôt d'une organisation décentralisée, axée sur la participation et dans laquelle la souplesse des structures permet l'adaptation rapide aux changements de l'environnement. La base du pouvoir dans ce système est avant tout la compétence des membres et l'accès à l'information. Seule une entreprise du type organique est réellement capable, selon les auteurs, de faire face aux problèmes de l'innovation.

Dans l'éventualité d'une accélération du rythme des changements dans l'environnement technique et commercial, les entreprises dont les formes d'organisation se rapprochent des deux types évoqués réagissent différemment. Ainsi, un système mécaniste réagit en créant de nouveaux services, en affectant des responsabilités à un secteur déjà en place et en redéfinissant d'une manière plus rigoureuse les tâches. Le but poursuivi est de renforcer la structure de l'entreprise. Par contre, une entreprise de type organique, placée dans la même situation, tend à se redéfinir totalement. Elle considère que les décisions émanent de toute l'entreprise et qu'elles nécessitent la participation des membres importants.

L'entreprise dont la gestion est organique définit très sommairement les rôles des professionnels et des administrateurs, et s'attend à ce que ces derniers assument leurs responsabilités personnelles. Le modèle organique implique donc l'ouverture des communications dans toutes les directions et la décentralisation des pouvoirs décisionnels. L'étude de l'environnement n'est plus uniquement le fait de l'équipe de direction ; le modèle organique suppose donc une certaine liberté d'action et un degré élevé de participation.

Tableau 3.4   Caractéristiques des systèmes mécaniste et organique

Système mécaniste	Système organique
• Décomposition des activités en tâches et spécialisation des rôles. • Cloisonnement des rôles: chaque individu accomplit sa tâche comme étant une fin en soi, sans participation réelle à la tâche globale de l'entreprise. • À chaque niveau hiérarchique, l'unification des diverses tâches individuelles se fait par le supérieur immédiat, à son tour responsable d'une part plus importante de la tâche globale. • Existence d'une définition précise et rigoureuse des droits (pouvoir), devoirs et moyens attribués à chaque rôle. • Traduction de ces droits, devoirs et moyens en termes de responsabilités liées à chaque rôle. • Existence d'une structure hiérarchique de contrôle, d'autorité et de communication. • Renforcement de cette structure par la convergence et la concentration des informations au sommet de la hiérarchie, où l'unification finale des multiples tâches est réalisée. • Au sein de cette hiérarchie, les interactions se font essentiellement à la verticale, entre supérieurs et subordonnés. • Le comportement au travail et les différentes activités nécessaires à l'accomplissement de la tâche sont gouvernés par des directives et des décisions dictées par le seul supérieur: absence d'initiative et de participation aux décisions chez les subordonnés. • Insistance sur la loyauté envers l'entreprise et obéissance aux supérieurs comme conditions de participation. • Valorisation des connaissances, expériences et habiletés acquises à l'intérieur de l'entreprise.	• La spécialisation individuelle des connaissances sert la réalisation de la tâche globale de l'entreprise. • La tâche de chaque individu est déterminée par la situation totale de l'entreprise. • Adaptation et redéfinition continuelles des tâches individuelles à travers l'interaction avec les autres participants. • La notion de responsabilité, en tant que champ limité de droits, délégations et moyens, éclate. La responsabilité est partagée entre tous les participants à une même tâche. • Le champ de participation à l'entreprise dépasse toute définition technique. La structure de contrôle, d'autorité et de communication prend la forme d'un réseau. La distinction apparente et la structure informelle deviennent difficiles. • Les informations concernant l'entreprise et son environnement technique et commercial ne sont pas concentrées au sommet de la hiérarchie. Les informations nécessaires à l'accomplissement d'une tâche spécifique se concentrent là où cette tâche s'accomplit, ce lieu devenant le centre *ad hoc* de contrôle, de pouvoir et de communication. • Les communications se font davantage dans un sens horizontal que vertical. Les communications entre individus de niveaux hiérarchiques différents se font grâce à la consultation et non par un commandement autoritaire. • Le contenu des communications consiste davantage en échanges d'informations et de conseils, en directives et décisions. • Insistance sur la participation aux objectifs de l'entreprise, au progrès technique et à l'expansion générale plutôt que sur la loyauté et l'obéissance. La faiblesse des structures est compensée par le désir de participation de chaque individu. • Valorisation des affiliations et des expériences acquises dans les milieux industriels, techniques et commerciaux extérieurs à l'entreprise.

6.2 L'INFLUENCE DE L'ENVIRONNEMENT SUR L'ORGANISATION INTERNE

Avec Lawrence et Lorsch, l'environnement devient le facteur contextuel déterminant de la forme d'organisation[37]. Ces auteurs ont étudié la façon dont les entreprises adaptent leurs structures aux exigences de leur environnement. En effet, la stratégie de l'entreprise nécessite la division du travail et la répartition des tâches entre différents spécialistes. Les parties en présence doivent coordonner leurs efforts en vue du but commun, qui est la mise au point, la fabrication et la vente de produits.

En conséquence, l'efficacité d'une entreprise, telle que mesurée par la rentabilité, dépend de l'adéquation entre les degrés de différenciation et d'intégration, compte tenu des conditions posées par le contexte. Dans un environnement dynamique et complexe, les entreprises les plus efficaces sont celles qui possèdent le plus haut degré de différenciation et le plus

haut degré d'intégration. La figure 3.5 indique que la forme d'organisation, définie par la différenciation et l'intégration, doit se trouver en adéquation avec les exigences de l'environnement. Ainsi, la forme d'organisation F[1], caractérisée par des degrés faibles de différenciation et d'intégration, correspond à un environnement peu complexe, alors que c'est l'inverse pour la forme F[2]. Les situations F[3] et F[4] présentent des formes d'organisation mal adaptées aux exigences de l'environnement.

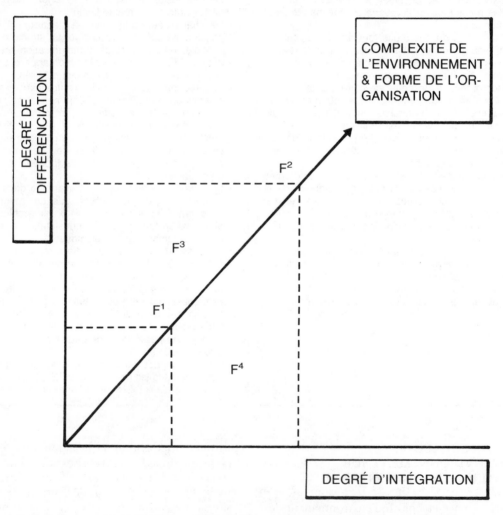

Figure 3.5   Relations entre l'environnement et la forme d'organisation selon Lawrence et Lorsch

La forme efficace, selon Lawrence et Lorsch, est caractérisée d'abord par une adéquation entre la différenciation interne des sous-systèmes et les caractéristiques de l'environnement. Dans une unité de fabrication où l'environnement est prévisible, l'efficacité est accrue s'il existe une gestion formelle. Au contraire, dans un environnement de marketing incertain, l'unité est plus efficace si elle est gérée d'une manière décentralisée et participative. Par ailleurs, dans les organisations efficaces, les objectifs des unités se rapprochent des exigences stratégiques critiques.

L'organisation efficace est aussi bien intégrée. Les auteurs ont constaté qu'il existait dans les entreprises efficaces une adéquation entre le degré de différenciation et les mécanismes d'intégration utilisés. Par exemple, au tableau 3.5, une entreprise dans l'industrie des plastiques, dont le degré de différenciation était élevé, possédait cinq moyens différents pour assurer l'intégration entre les unités. L'entreprise au sein de l'industrie des conteneurs, dont le degré de différenciation était faible, n'avait par contre que trois moyens d'intégration. Ainsi, l'entreprise efficace, grâce à ses mécanismes d'intégration, parvient à mettre en place et à faire fonctionner des moyens valables de stimulation et de résolution de conflits.

6.3 L'INFLUENCE DE LA TECHNOLOGIE SUR LES FORMES D'ORGANISATION

Joan Woodward a effectué une recherche auprès d'une centaine d'entreprises britanniques du South East Essex, dans le but de découvrir si les théories classiques et les principes d'administration contribuaient au succès des entreprises industrielles[38]. Elle a constaté que ni le recours aux principes classiques, ni la taille, ni le secteur industriel auquel appartient l'entreprise, ni la personnalité des dirigeants n'expliquaient vraiment la réussite.

Tableau 3.5 Comparaison des degrés de différenciation et d'intégration dans les entreprises à haut rendement

	Firme dans l'industrie des plastiques	Firme dans l'industrie de la fabrication alimentaire	Firme dans l'industrie des conteneurs
MESURE DE DIFFÉREN- CIATION	Élevée	Moyenne	Faible
MÉCANISMES D'INTÉGRATION	– Service d'intégration – Équipe permanente inter-fonctionnelle – Contacts de management directs – Hiérarchie – Plans et procédures	– Intégrateurs individuels – Équipe temporaire inter-fonctionnelle – Contacts de management directs – Hiérarchie – Plans	– Contacts de management directs – Hiérarchie – Plans et procédures

Tiré de Lawrence et Lorsch (1967), p. 138. Reproduit avec permission.

Joan Woodward conclut que seule l'adaptation contingente des formes d'organisation aux technologies de production permettait de rendre compte d'une manière valable des différences de succès économique entre les entreprises. En fait, les entreprises ayant des systèmes de production similaires avaient dans l'ensemble des formes d'organisation semblables.

Les entreprises dont la technologie est routinière utilisent, selon Charles Perrow, une forme d'organisation bureaucratique dans le but de préciser l'autorité des cadres intermédiaires et des subalternes[39]. La coordination y est réalisée par des règles, des plans et des programmes. Les membres de l'organisation retirent des satisfactions de leur salaire, de la sécurité au travail ou de la protection contre des décisions arbitraires. Les buts de l'entreprise sont la stabilité, la rentabilité et les économies d'échelle.

Par contre, les organisations qui utilisent une technologie non routinière utilisent des formes d'organisation décentralisées dans lesquelles les cadres intermédiaires et subalternes disposent de marges de décision importantes en raison de problèmes techniques complexes à résoudre. La coordination y est réalisée par des interactions personnelles. Les membres obtiennent des satisfactions d'éléments tels que la contribution à la mission de l'entreprise et l'évolution de leur carrière. Les buts de ces types d'entreprises sont l'innovation, la croissance et l'adaptation au milieu social.

6.4 LES RESSOURCES HUMAINES APPROPRIÉES

La perspective de contingence a fait germer l'idée que les caractéristiques des ressources humaines les plus appropriées peuvent varier en fonction du contexte organisationnel. Ainsi, l'organisation qui veut être innovatrice doit compter des professionnels et des cadres orientés vers le progrès. Au contraire, l'entreprise qui œuvre dans un secteur industriel stable adopte un système de gestion bureaucratique et choisit un personnel à l'aise dans un milieu routinier.

L'accroissement rapide, au sein des organisations, du personnel administratif et professionnel par rapport aux ouvriers ne peut être imputé uniquement aux problèmes de gestion interne, c'est-à-dire à la complexité croissante des procédés de production ou à la nécessité de coordonner l'exécution des tâches techniques. Au contraire, c'est plutôt l'adaptation aux exigences de la concurrence et de l'environnement socio-politique qui en est la cause véritable. L'augmentation du nombre de cadres affectés à la recherche et au développement ainsi qu'à la production future par rapport à la production actuelle compte pour beaucoup dans l'accroissement du groupe des administrateurs. La présence d'une main-d'œuvre professionnelle, caractérisée par des aspirations et des compétences élevées, serait donc le résultat de la nécessité de faire face à des environnements complexes et dynamiques.

La forme d'organisation la plus appropriée aux problèmes de l'innovation est du type organique. Les décisions doivent être prises par des groupes de spécialistes au sein d'une structure décentralisée et axée sur la participation. De cette façon, l'importance de l'autorité hiérarchique est réduite. Les caractéristiques de l'organisation professionnelle sont la participation, la liberté des communications latérales et verticales et la collégialité.

Certains auteurs en sont même venus à l'idée que des types de personnalités et de comportements seraient plus appropriés à certains contextes organisationnels. Dans le cas du travail routinier, la structure bureaucratique serait plus efficace et plus conforme aux attentes des individus qui préfèrent la stabilité et la certitude[40]. Par ailleurs, l'étude de Morse (1970) indique l'existence d'un lien entre la forme d'organisation et les motivations individuelles. Ainsi, lorsque les attentes des individus correspondent à la forme d'organisation, le degré de motivation serait élevé. Les membres trouveraient alors plus de satisfaction, se sentiraient plus compétents dans les situations où il y a adéquation entre la forme d'organisation, la tâche à accomplir et le climat créé par le style de gestion de la direction[41].

6.5 L'APPROCHE DE LA CONTINGENCE: UN SOMMAIRE

En résumé, les approches socio-techniques ont proposé l'idée de la *contingence*. Elles suggèrent le fait que les formes d'organisation appropriées varient en fonction de la technologie et de l'environnement de l'entreprise. Ainsi, la forme d'organisation mécaniste serait plus adaptée à un environnement stable, alors que la forme organique conviendrait mieux à l'entreprise qui œuvre dans un environnement dynamique.

De même, l'entreprise qui fait face à des environnements dynamiques aurait des structures et des ressources humaines différenciées et serait en conséquence obligée de mettre en place des mécanismes d'intégration plus complexes. Les formes d'organisation organiques ou professionnelles s'imposeraient dans le cas des technologies non routinières. Enfin, certains types de ressources humaines seraient plus adaptés à la forme d'organisation mécaniste, et d'autres le seraient davantage à la forme organique.

7. Les approches économiques

Les approches économiques de l'administration ont subi un certain déclin au cours des cinquante dernières années alors que les approches humanistes gagnaient du terrain. Or, dans une économie de marché, les décisions administratives dépendent évidemment des conditions économiques de la concurrence. Il ne faut donc pas se surprendre que l'approche économique, notamment l'économie industrielle, non seulement regagne en vigueur, mais s'impose de plus en plus comme une des approches les plus utiles à l'enseignement de l'administration.

La firme est certes un lieu de production des rapports humains et sociaux, mais elle est avant tout un organisme économique utilisant les facteurs de production disponibles, les combinant grâce aux efforts de l'entrepreneur et interagissant avec les agents économiques tels que les fournisseurs, les marchés du travail, les institutions bancaires et l'État. Les clients, raison d'être de l'entreprise, achètent les produits ou les services en fonction de l'utilité qui en dérive.

7.1 LA THÉORIE ÉCONOMIQUE CLASSIQUE

La théorie économique classique est en fait plus une théorie des marchés qu'une théorie de l'entreprise. En effet, à partir d'un ensemble de postulats, les économistes ont développé un certain nombre de déductions et de prédictions quant à l'efficacité d'un système économique caractérisé par la concurrence libre. Dans un système de concurrence libre ou parfaite, un équilibre s'établit entre l'offre et la demande, équilibre qui conduit à une affectation optimale des ressources dans l'économie. Ces postulats ou prémisses sont les suivants:

— L'atomicité des concurrents, c'est-à-dire que les industries sont caractérisées par un grand nombre de firmes dirigées par des entrepreneurs.

— Les barrières à l'entrée sont minimales. En conséquence, des entrepreneurs entrent constamment sur le marché pour profiter des occasions qui s'y présentent. D'autres, ne pouvant s'adapter à la concurrence, se retirent du marché.

— Les ressources financières, le travail et les équipements sont parfaitement mobiles et peuvent passer d'une industrie à l'autre.

— Les produits fabriqués sont homogènes du point de vue des acheteurs: la concurrence et l'équilibre se réalisent d'abord et avant tout par le prix des produits.

— Il n'existe aucune restriction ou imperfection dans les marchés contraignant l'offre et la demande ou les prix des produits. En somme, les marchés sont libres d'entraves publiques ou de pouvoirs monopolistiques.

— Les consommateurs comme les producteurs disposent d'une information parfaite au sujet des prix, des quantités et des coûts. De plus, ils prennent leurs décisions de manière rationnelle.

L'entreprise, dans ce contexte, correspond à l'entrepreneur et n'est pas une organisation humaine qui dispose de ressources pour élaborer des stratégies et influencer son environnement.

Au contraire, grâce à la rationalité parfaite qui domine, l'entrepreneur doit s'adapter aux exigences dictées par l'environnement concurrentiel.

Plusieurs critiques des prémisses de la théorie classique viennent à l'esprit. En premier lieu, les industries sont loin d'être toutes atomistiques. C'est d'ailleurs en réponse à cette observation que les économistes ont développé les théories du monopole, de l'oligopole et de la concurrence monopolistique. Plusieurs économistes ont montré que les décisions suivent peu le mode rationnel. De plus, en raison de la présence d'économies d'échelle, des différenciations évidentes des produits et des imperfections des marchés, un certain nombre d'économistes ont mis en évidence les limites de la conception néo-classique de l'entreprise. Examinons les plus évidentes.

— Les entreprises ne sont pas toutes petites. Au contraire, on observe que plusieurs entreprises atteignent une taille importante et qu'elles ne sont plus dirigées uniquement par des entrepreneurs. Au contraire, elles sont de véritables organisations humaines. Plusieurs de ces entreprises sont intégrées verticalement et fabriquent à l'intérieur des produits et des services qui ne sont plus achetés sur des marchés extérieurs. Ces entreprises ont des stratégies d'action sur l'environnement, de développement de produits, de diversification et de croissance.

— L'hypothèse de l'atomicité des centres de décisions est modifiée par la présence de nombreuses grandes firmes qui ont des relations d'interdépendance entre elles. Les produits offerts sur le marché sont loin d'être tous homogènes. Au contraire, on observe des différences quant à la qualité des produits, le « leadership » technique, les symboliques associées à la publicité ou aux perceptions des acheteurs.

— La présence d'un très grand nombre de petites firmes au sein d'industries fragmentées de production ou de services est remarquable. En fait, ces nouvelles entreprises entrepreneuriales et non les grandes firmes sont les principales sources de création d'emplois. Ainsi, les structures économiques sont de plus en plus caractérisées par la coexistence et l'interdépendance des grandes et des petites firmes.

— Les firmes au sein même d'une industrie ont des tailles différentes. Ainsi, on trouve dans une même industrie, des petites firmes offrant des produits différenciés au sein de niches et des grandes firmes offrant aussi des produits différenciés visant le marché global de l'industrie. Dans une même industrie, on trouve donc des petites entreprises et des firmes dont les formes organisationnelles varient : fonctionnelle, multidivisionnaire ou mondiale.

— L'hypothèse de la libre entrée est souvent mise en cause par la présence de véritables barrières à l'entrée libre. Ainsi, dans certaines industries, la propriété intellectuelle de la technologie, la présence de concurrents qui occupent déjà le marché, la nécessité de ressources financières importantes créent de véritables barrières à l'entrée. De même, la présence de barrières à la sortie se fait sentir. Il est difficile pour une entreprise de liquider ses investissements dans une industrie où les facteurs sont difficilement mobiles et où les dirigeants veulent continuer d'œuvrer faute d'autres occasions.

— La rationalité parfaite est souvent loin de la réalité. En effet, les décideurs ne disposent pas toujours de l'information adéquate. De plus, l'obtention de l'information est une opération économique coûteuse. L'information n'est pas gratuite mais a un coût véritable. L'impossibilité de prendre des décisions de manière rationnelle amène le décideur à suivre des règles empiriques de décisions ou à tenter de forger un environnement négocié et moins concurrentiel où les décisions seront plus faciles à prendre.

— La maximalisation des profits est aussi souvent loin de la réalité. En effet, les motivations des agents économiques sont souvent beaucoup plus la recherche de cotes en bourse, de croissance des ventes ou des parts du marché, de liquidité, ou de confort managerial que la poursuite d'un rendement optimal sur le capital investi. Les preneurs de décisions acceptent rapidement que l'objectif est d'atteindre des résultats satisfaisants et non de poursuivre la maximalisation des profits.

— Les coûts de transaction en vue d'acheter des produits et des services sont souvent si élevés qu'il en coûte moins cher pour l'entreprise de fabriquer elle-même ses produits et ses services plutôt que de les acheter sur les marchés extérieurs. De plus, l'entreprise peut trouver des bénéfices à transférer les produits et les connaissances d'une industrie ou d'un pays à l'autre. En conséquence, l'entreprise devient une organisation qui a pour objet de réduire les coûts de transaction et d'accroître les bénéfices d'une organisation d'envergure plus vaste.

La réponse des économistes aux limites du modèle de la concurrence parfaite a toujours été de montrer que les firmes qui survivent au fil du temps agissent selon les principes de la rationalité économique. De plus, la théorie classique, selon eux, n'a pas pour objet de décrire le fonctionnement réel de la firme ou des marchés, mais de faire des prédictions à partir d'un certain nombre de prémisses pour juger de l'efficacité sociale des structures économiques.

7.2 LES APPROCHES ÉCONOMIQUES ANALYTIQUES

Les approches économiques analytiques essaient de fournir aux administrateurs des méthodes normatives de décision. Ces approches ont connu des progrès remarquables au cours des années qui suivirent la Seconde Guerre mondiale.

Les approches économiques analytiques se préoccupent de la structuration des problèmes de décision et du choix des solutions optimales en fonction des objectifs. Les approches analytiques s'adressent surtout aux problèmes de décision rationnelle en situation de risque et d'incertitude. L'objectif n'est pas tant de tenir compte

des aspirations des membres que d'arriver à des modèles mathématiques qui donnent des solutions optimales ou quasi optimales qui devront être mises en place par l'entreprise.

La prise de décision rationnelle s'appuie sur la combinaison de l'analyse économique et de la modélisation par ordinateur. Les noms les plus courants de ces approches analytiques sont : i) la recherche opérationnelle, et ii) la dynamique industrielle.

La recherche opérationnelle est une méthode d'analyse dont le but est de donner aux décideurs des outils quantitatifs de façon qu'ils puissent choisir des solutions optimales. Grâce à l'élaboration de modèles analytiques ou mathématiques, la recherche opérationnelle traite des problèmes de marketing, de fabrication, de finance ou de gestion des ressources humaines. Elle s'applique surtout aux problèmes d'affectation, d'entretien et de gestion des stocks[42].

La dynamique industrielle propose la construction de modèles de simulation par ordinateur pouvant rendre compte des flux financiers, humains et informationnels de l'entreprise, et des conséquences des décisions. Selon Jay Forrester, son principal initiateur, les entreprises sont des systèmes complexes susceptibles d'autorégulation grâce aux décisions des dirigeants[43].

7.3 LES APPROCHES ÉCONOMIQUES INSTITUTIONNELLES

En opposition aux approches économiques déductives et normatives sont apparues les approches institutionnelles[44]. D'abord développées par des historiens allemands qui mettaient en doute l'universalité des hypothèses de la théorie classique et de la concurrence uniquement articulée sur les prix, les approches institutionnelles s'inspirent de deux constats :

L'analyse économique doit être basée sur l'analyse empirique de la réalité de façon à établir la nature concrète de la concurrence, des forces économiques et du cadre institutionnel dans lequel les entreprises fonctionnent. En fait, les théories économiques ne sont probablement pas universelles, mais dépendent du contexte institutionnel au sein duquel les firmes opèrent.

Les institutions qui forment le contexte de l'entreprise ne devraient pas être traitées comme une donnée dans l'analyse économique, c'est-à-dire comme des contraintes non modifiables mais, au contraire, comme des conventions capables de modifications. Ainsi, la nature de la concurrence et les formes organisationnelles s'entrecroisent avec les forces économiques mais sont infléchies par la direction.

Au sein des approches institutionnelles réalistes, nous examinerons successivement trois orientations distinctes qui forment la base d'une nouvelle approche économique de l'entreprise : i) la concurrence réelle par l'innovation ; ii) les approches réalistes qui décrivent la réalité interne du fonctionnement de l'entreprise ; iii) le modèle de l'organisation industrielle qui met l'accent sur les relations qui existent entre le contexte du marché de l'entreprise, les stratégies des firmes et les résultats économiques atteints.

7.3.1 La concurrence réelle par l'innovation et l'esprit d'entreprise

Joseph Schumpeter fut l'un des premiers institutionnalistes à remettre en cause la théorie classique de l'entreprise. Pour Schumpeter, la concurrence réelle n'est pas celle qui se fonde sur les prix dans un contexte donné de technologie. Au contraire, la vraie concurrence émerge des innovations des entrepreneurs dans les produits, les procédés, les formes administratives ou la distribution. L'innovation est ainsi la locomotive principale de la croissance capitaliste et la source fondamentale du profit des entrepreneurs.

Les entrepreneurs reconnaissent les inventions et les technologies disponibles pour les combiner à leurs perceptions des marchés et ainsi profiter de nouvelles occasions de profit. Les succès des premiers entrepreneurs attirent une fournée d'imitateurs rapides et d'innovateurs imitatifs qui mettent ainsi en branle une vague d'investissements, créant de la sorte des conditions d'expansion pour l'ensemble de l'économie. Le processus concurrentiel mis en marche par ce bouillonnement d'activités entrepreneuriales décline éventuellement à mesure

que les marges de profits des innovateurs décroissent en raison de la saturation des marchés et des entrées nombreuses. Le processus, loin de s'éteindre totalement, reprend de plus belle à la fin d'un cycle économique, lorsque de nouvelles inventions et technologies se présentent aux nouveaux entrepreneurs. Les nouvelles entreprises et les nouvelles industries détruiront les entreprises et les industries existantes qui ne répondent plus aux attentes des consommateurs.

En bref, les entrepreneurs innovateurs ouvrent la voie et montrent les occasions qui existent dans des nouveaux secteurs industriels. L'entrée de concurrents innovateurs ou d'imitateurs suscite un processus de concurrence tel que les profits des firmes diminuent, à mesure que l'industrie arrive à l'étape de la maturité.

La vision de la concurrence chez Joseph Schumpeter est assez éloignée de la conception classique. Ainsi, les industries n'atteignent jamais d'équilibre mais sont au contraire caractérisées par un processus continuel de déséquilibre et de création destructrice en raison des actions innovatrices et des stratégies des entrepreneurs. Les innovations mises en place par les entrepreneurs créent de nouveaux marchés. En effet, les entrepreneurs découvrent des nouvelles formes de la demande au lieu de répondre uniquement à la demande existante. La véritable concurrence est celle qui existe entre les secteurs industriels, où les entreprises offrent des produits substituts aux produits existants grâce à l'innovation technologique. Enfin, l'économie des pays et même l'économie mondiale sont constamment soumises à des ajustements structurels et à des déséquilibres qui découlent sans cesse du processus de tâtonnements stratégiques et d'innovations des entrepreneurs.

Les innovations technologiques réalisées par les entrepreneurs ne sont pas des améliorations marginales mais des séries d'explosions concurrentielles qui transforment de manière irrégulière l'économie et les industries. En fait, les innovations effectuées par les entrepreneurs détruisent souvent les industries existantes. La concurrence par l'innovation est donc un processus révolutionnaire grâce auquel des entrepreneurs modifient les produits, les marchés et les technologies.

Il est bon de noter que vers la fin de ses jours, Schumpeter constatait la croissance des grandes entreprises et observait que la grande entreprise devenait le nouvel entrepreneur. Joseph Schumpeter a contribué, de manière remarquable, à montrer que l'entrepreneur et l'entreprise entrepreneuriale sont les sources véritables de la création destructrice qui est à l'origine de la croissance économique.

7.3.2 La réalité des processus décisionnels

Une des hypothèses de la théorie classique de la firme a toujours été que la structure organisationnelle interne de l'entreprise n'avait aucun effet sur la rationalité des décisions prises. En effet, selon la théorie classique, l'entrepreneur fonctionnait toujours avec une rationalité absolue et une information parfaite. Or, l'analyse du fonctionnement réel a mis l'accent sur : i) les objectifs effectivement poursuivis ; ii) le marchandage interne.

- Les objectifs réels des dirigeants

Déjà en 1929, Berle et Means constataient que dans plus de la moitié des deux cents plus grandes entreprises américaines, le contrôle effectif était aux mains des administrateurs et non des propriétaires. Aujourd'hui, le contrôle managerial chez les grandes firmes dépasse plus de 80 %. Les actionnaires, sauf dans le cas des petites et moyennes entreprises, jouent un rôle souvent indirect de contrôle : ils participent aux profits et aux risques mais ne dirigent pas. La maximalisation du profit dans ce contexte tient-elle toujours ? Quels sont les motifs qui animent véritablement les dirigeants ? Les objectifs sont-ils le profit, l'utilité personnelle, le confort des dirigeants ou le pouvoir ?

Les économistes tels que March et Simon qui analysent le processus réel de décision constatent que les dirigeants d'entreprise ont une pluralité de motifs personnels : la recherche du profit et le mieux-être physiologique, social ou psychologique. Au lieu de maximiser le profit, les dirigeants tenteraient donc d'accroître le pouvoir économique de l'entreprise de façon à atteindre des objectifs personnels.

- Le marchandage organisationnel

Les processus de décision au sein de l'entreprise ne se déroulent pas toujours de façon ordonnée, comme le font remarquer Cyert et March[45]. Selon ces auteurs, les prises de décision dans l'entreprise sont surtout caractérisées par des tensions et des négociations entre les cadres.

Les buts de l'entreprise n'apparaissent pas comme des données, mais au contraire émergent de la coalition des dirigeants interagissant et négociant entre eux et prenant des décisions au nom de l'entreprise. Ainsi, les objectifs de la firme résultent de la négociation entre les dirigeants supérieurs et leurs subordonnés immédiats. En fait, les objectifs de la firme ne sont pas stables : ils varient au fil du temps, non seulement en fonction des conditions de l'environnement, mais aussi selon les préférences des dirigeants qui s'y trouvent.

L'objectif poursuivi par la coalition dirigeante n'est pas le profit optimal mais un ensemble de buts, souvent contradictoires, découlant de la négociation entre les membres. Les objectifs de vente orientés vers la croissance et l'augmentation des parts du marché peuvent entrer en conflit avec les objectifs de production stable et de maintien de niveaux d'inventaire faibles. La résolution de ces objectifs contradictoires s'opère par la négociation entre la direction supérieure et les cadres, grâce au développement d'une stratégie de l'entreprise qui accepte la sous-optimisation en vue de la survie à long terme.

A bien des égards, l'entreprise n'est pas un « décideur » unique ou un ensemble homogène de preneurs de décisions ; elle s'avère plutôt le lieu d'une négociation entre joueurs et entre groupes[46]. L'influence des joueurs dépend de leur position officielle, de leur rôle et des enjeux. Les jeux se déroulent selon des règles formelles et implicites telles que les statuts, les conventions sociales et les normes culturelles propres à l'entreprise. Les solutions aux problèmes ne sont donc pas le fruit d'analyses froides ou de consensus. Au contraire, les joueurs mettent l'accent sur les décisions à prendre dans l'immédiat plutôt que sur le problème global. Les décisions émanent donc de compromis et de marchandages.

7.3.3 Le modèle de l'organisation industrielle

Le modèle de l'organisation industrielle a été conçu d'abord pour aider les dirigeants politiques à formuler des stratégies de réglementation économique vis-à-vis des industries, en vue de maintenir un haut niveau de concurrence. En mettant l'accent sur les structures qui caractérisaient les industries, les preneurs de décisions politiques pouvaient identifier les facteurs à l'origine de situations non concurrentielles conduisant à des rentabilités élevées. Dès lors, ces éléments de structures de l'industrie qui affectent la concurrence pouvaient être modifiés par des réglementations économiques de façon à accroître le niveau de la concurrence au sein de l'industrie.

Le modèle de l'organisation industrielle tire son origine des travaux de John Maurice Clark qui tentait de découvrir les conditions d'une concurrence acceptable. Par la suite, un certain nombre d'auteurs, tels Edward Mason et Jœ S. Bain, ont tenté d'identifier les normes de performances acceptables, les structures du marché et les pratiques commerciales qui créaient des conditions de concurrence acceptables du point de vue social[47].

S'insérant dans une perspective institutionnelle, le paradigme de l'organisation industrielle établit des relations entre la structure de l'industrie, les stratégies des firmes et les performances. Au sein de ce modèle, la performance de l'industrie et la rentabilité des firmes sont déterminées par la structure de l'industrie dans laquelle les firmes œuvrent. Les attributs de la structure industrielle, qui ont un impact sur les stratégies et les rendements des firmes, sont les barrières à l'entrée, le nombre et la taille des concurrents et le degré de différenciation des produits. Les performances observées au sein d'une industrie, c'est-à-dire l'efficience allocative, sont mesurées par les marges de rentabilité et le profit sur le capital investi. La figure 3.6 esquisse les relations entre les variables du modèle de l'organisation industrielle.

Au fil du temps, les préoccupations de recherche au sein du paradigme de l'organisation industrielle sont passées du rôle déterminant des structures externes au rôle primordial de la stratégie. Les premiers initiateurs ont mis l'accent sur l'influence qu'exerçait la structure de l'industrie sur les performances des firmes et de l'industrie. Le rôle central des stratégies des firmes (de la conduite) dans la détermination des structures du marché a été reconnu par les auteurs qui ont observé l'influence de certaines firmes sur la situation concurrentielle. Ainsi, les stratégies des firmes dépendent certes des structures du marché, mais ces stratégies peuvent aussi influencer à leur tour les structures du marché. Les théoriciens de la stratégie ont voulu utiliser les enseignements du paradigme de l'organisation industrielle pour permettre aux entreprises d'atteindre des rentabilités plus élevées. La stratégie devenait un moyen de modifier les structures de l'industrie, d'élaborer des conduites et des pratiques commerciales conduisant à des rendements élevés. Le paradigme de l'organisation industrielle constitue une des approches théoriques privilégiées dans ce volume.

8. Conclusion : l'approche systémique

En raison de l'importance des désaccords qui peuvent exister entre les diverses théories de l'administration, on peut se demander en toute honnêteté comment les dirigeants peuvent les utiliser pour gérer les tensions et adapter l'entreprise aux exigences de l'environnement. Les entreprises survivent aux tensions politiques et à la concurrence parce qu'elles sont des systèmes adaptatifs, c'est-à-dire des systèmes d'action. Examinons les éléments des systèmes d'adaptation. Trois points méritent de retenir notre attention.

— Les entreprises sont à la fois des systèmes technico-économiques et des systèmes sociaux. À titre de système d'action, l'entreprise est d'abord conçue comme un système de relations techniques et économiques ana-

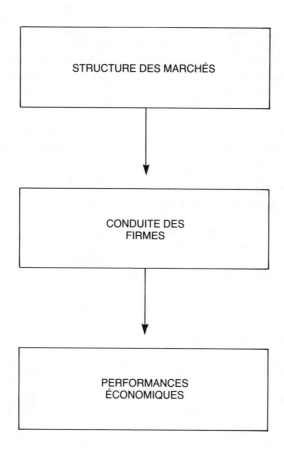

Tableau 3.6   Modèle de l'organisation industrielle

lysables, d'une manière objective, et maniables par des décisions de la part des dirigeants. En second lieu, l'entreprise est formée de personnes, animées par des intentions et des volontés. Ces personnes sont la cause des événements qui forment l'entreprise comme système d'action. La vitalité d'une entreprise ne peut venir que des intentions, des décisions et des actions des personnes qui la constituent.

Abordée grâce à l'analogie du système d'action, l'entreprise est un système d'événements, d'actes et de communications dont les flux sont influencés par les efforts de la direction et des membres. La volonté de survivre, de fonctionner avec efficacité et d'in-

vestir en vue de l'avenir oblige la direction et les membres à gérer rationnellement deux grands types de problèmes, soit : 1. les relations avec l'environnement (facteurs exogènes ou contextuels) ; 2. la structure interne (variables endogènes). Ainsi, l'entreprise est influencée non seulement par les décisions internes de la direction et des membres mais aussi par le contexte externe, soit les concurrents, les fournisseurs, les clients et les organismes publics.

Les adaptations du système découlent des décisions des dirigeants et des membres. La direction développe une stratégie et une forme organisationnelle en vue de faire face aux contextes économique, technologique et socio-politique, et à la concurrence. Au contraire, un accent particulier est mis dans ce volume sur les paradigmes de l'organisation industrielle qui ont été retenus en raison de l'importance donnée aux variables contextuelles et à la stratégie.

— La perspective du système reconnaît que les dirigeants et les membres s'appuient sur des schémas conceptuels ou des théories imparfaites pour prendre des décisions. Elle ne prétend donc pas que la pratique de l'administration soit l'application de lois universelles et scientifiques valables pour toutes les circonstances. Au contraire, l'action des dirigeants dépend autant de leur compréhension intellectuelle des problèmes, grâce aux schémas conceptuels, que de leur capacité personnelle d'action, d'initiative et de reconnaissance des occasions au sein des situations incertaines.

En d'autres termes, la perspective systémique reconnaît que la direction tente d'infléchir d'une manière volontariste le devenir de la firme mais qu'elle est soumise à des incertitudes, des contingences et des contraintes sur lesquelles elle peut difficilement agir. La capacité personnelle des dirigeants de juger les événements, de saisir les occasions et de commander le respect des subordonnés a certes autant d'influence que les calculs techniques et économiques.

— L'approche systémique accepte au point de départ que la réalité sociale, économique et technique où vit l'entreprise est à ce point entachée d'incertitude et de variabilité qu'il est difficile de dégager des lois universelles.

Quatre facteurs sont à la source de cette variabilité systématique. En premier lieu, l'imprévisibilité des actions des entrepreneurs et des innovateurs rend difficile l'élaboration de lois gouvernant l'évolution sociale. Par définition, l'innovation radicale est une rupture quasiment imprévisible par rapport au passé. Qui peut prédire l'innovation radicale ? En deuxième lieu, la concurrence et la dimension temporelle rendent contingentes toutes les décisions. Il est en effet impossible de prévoir à l'avance le contenu des décisions car elles seront prises au moment opportun en fonction des conditions existant à l'instant où elles seront prises. S'il est difficile de prédire à l'avance nos actions, a fortiori celles des autres et des concurrents sont encore plus difficiles à prévoir. En troisième lieu, la vie sociale est souvent le théâtre de jeux concurrentiels en situation d'incertitude et d'information incomplète. Ainsi, au lieu de se dérouler d'une manière cohérente, la concurrence fait apparaître des coalitions, des alliances et des « agendas » multiples qui rendent difficile la prévision de l'avenir. En quatrième lieu, le monde social et la concurrence sont affectés souvent de manière radicale par des événements fortuits. Par exemple, l'arrivée opportune d'un groupe d'ingénieurs à Minneapolis, qui fondèrent Control Data, explique une bonne partie du développement économique de cette région. De même, le rhume de Napoléon à Waterloo explique en partie sa défaite.

En dépit de ces incertitudes, l'approche systémique reconnaît que des schémas conceptuels qui n'ont pas le statut de lois scientifiques universelles peuvent néanmoins servir à identifier des trames de régularité et ainsi aider les dirigeants à structurer les décisions à prendre. L'organisation de l'entreprise et des systèmes industriels sert à imposer un niveau suffisant de régularité pour rendre possibles la concurrence, le travail et l'action. Enfin, les institutions majeures de la société telles que le professionnalisme, la famille, la propriété ou l'État créent des cadres stables qui permettent une certaine régularité dans la vie sociale.

QUESTIONS

1. Qu'est-ce qui justifie que les approches sociotechniques soient souvent qualifiées d'approches « contingentes » ? Présentez des exemples qui mettent en évidence la notion de *contingence* proposée par des auteurs tels que Lorsch et Lawrence.

2. Les « humanistes » se sont inspirés, entre autres, des conclusions des expériences menées par l'équipe de Mayo (Western Electric) pour nous amener à concevoir l'entreprise d'une façon très différente des « rationalistes ». Quels sont les principes fondamentaux de l'approche humaniste ? Identifiez les principales faiblesses de cette approche.

3. Quels sont les grands principes de base qui sont à l'origine du taylorisme ou de l'organisation scientifique du travail ?

4. L'administration des organisations se trouve au cœur d'un dilemme fondamental car elle se situe au point de rencontre de deux idéaux difficiles à concilier : la rationalité et l'efficacité, d'une part, et l'idéal démocratique, d'autre part. Comparez la position des approches formelles et humanistes face à ce dilemme. Faites ressortir les différences entre ces deux écoles de pensée quant à la conception de l'homme et aux mécanismes de relations entre les membres de l'organisation.

5. Quelles sont les principales critiques que l'on peut adresser au mouvement des relations humaines ?

6. Quelles fonctions Fayol identifie-t-il à l'intérieur de l'entreprise ? Quelle est la particularité du modèle d'organisation proposé par Fayol comparé à celui de Taylor ?

7. Que nous enseignent Maslow, Herzberg et Argyris par rapport à la psychologie humaine ?

8. Qu'entend-on par marchandage organisationnel ?

9. Comment les modèles humanistes contribuent-ils à l'évolution de la pensée administrative ? Décrivez.

10. Quelle fut la contribution des modèles sociotechniques ou de contingence à la compréhension du milieu de travail ?

11. Tracez les grandes lignes de l'évolution de la pensée administrative au XXᵉ siècle en ce qui a trait à la conception des employés et des dirigeants.

NOTES BIBLIOGRAPHIQUES

1) J. LADRIÈRE. *L'Articulation du sens*, Paris, Édition du Cerf, 1970.

2) G. BURRELL et G. MORGAN. *Sociological Paradigms and Organizational Analysis*, Londres, Heneman, 1980.

3) J.K. BENSON. « Paradigm and Praxis in Organizationnal Analysis », in *Research in Organizational Behavior*, JAI Press, Vol. 5, 1983.

4) M. WEBER. *Économie et société*, Paris, Plon, 1925.

5) H. FAYOL. *Administration générale et industrielle*, Paris, Dunod, 1962.

6) L.F. URWICK. « The Meaning of Control », *Michigan Business Review*, Nov. 1969, p. 4-8.

7) M.H. NEWMAN. *Administrative Action*, Englewood Cliffs, N.J., 1951.

8) H.A. SIMON. *Administrative Behavior*, New York, Free Press, 1957.

9) F.W. TAYLOR. *The Principles of Scientific Management*, New York, Harper and Row, 1947.

10) T. PARSONS. *Structure and Processes in Modern Societies*, New York, Free Press, 1960.

11) H. SIMON. *The New Science of Management Decision*, Englewood Cliffs, N.J., Prentice-Hall, 1977.

12) J.G. MARCH et H.A. SIMON. *Les Organisations*, Paris, Dunod, 1969.

13) C. ARGYRIS. « Some Limits of Rational Man », *Public Administration Review*, Vol. 33, 1973, p. 354-357.

14) F.J. RŒTHLISBERGER et W.J. DICKSON. *Management and the Worker*, Cambridge, Mass., Harvard University Press, 1939.

15) E. MAYO. *The Social Problems of Industrial Civilization*, Cambridge, Mass., Harvard University Press, 1945.

16) A. CAREY. « The Hawthorne Studies : a Radical Criticism », *American Sociological Review*, Vol. 32, p. 403-416.

17) W.F. WHITE. *Money and Motivation*, New York, Harper and Row, 1955.

18) M.P. FOLLET. *The New York State*, New York, Longmans, 1918.

19) K. LEWIN. « Frontiers in Human Dynamics », *Human Relations*, Vol. 48, 1947, p. 5-41.

20) A. ZANDER. *Group Aspirations and Group Coping Behavior*, Ann Arbor, University of Michigan Press, 1964.

21) T.M. NEWCOMB. *Social Psychology*, New York, Dryden Press, 1950.

22) R.F. BALES. « Task Roles and Social Roles in Problem-solving Groups », in E. MACOBY, *Readings in Social Psychology*, New York, Holt, Rinehart, Winston, 1958.

23) E.A. FLEISCHMAN *et al. Leadership and Supervision in Industry*, Columbus, Ohio, Bureau of Educational Research, Ohio State University, 1955.

24) A. MASLOW. « A Theory of Human Motivation », *Psychological Review*, Vol. 50, 1943, p. 370-396.

25) C. ARGYRIS. *Reasoning, Learning and Action : Individual and Organization*, San Francisco, Jassey-Bass, 1982.

26) F. HERZBERG. « One More Time : How to Motivate your Employees », *Harvard Business Review*, Janv.-Fév. 1968, p. 53-63.

27) C. ARGYRIS et D. SCHON. *Theory in Practice : Increasing Professional Effectiveness*, San Francisco, Jassey-Bass, 1976.

28) R. LIKERT. *The Human Organizations*, New York, McGraw-Hill, 1967.

29) A.S. TANNENBAUM. *Social Psychology of the Work Organization*, Londres, Tavistock, 1966.

30) A. ETZIONI. *Complex Organizations : a Sociological Render*, New York, Holt, 1961.

31) A. FOX. *A Sociology of Work in Industry*, Londres, Collier-MacMillan, 1971.

32) A. GOULDNER. *Patterns of Industrial Bureaucracy*, Glencœ, Ill., Free Press, 1954.

R. MERTON. *Social Theory and Social Structure*, Glencœ, Ill., Free Press, 1949.

33) M. DALTON. *Men Who Manage*, New York, Wiley, 1959.

34) M. CROZIER. *Le Phénomène bureaucratique*, Paris, Seuil, 1963.

35) A. TOURAINE. *Sociologie de l'action*, Paris, Seuil, 1965.

36) T. BURN et G.M. STALKER. *The Management of Innovation*, Londres, Tavistock, 1961.

37) J. LORSCH et P. LAWRENCE. *Organizations and Environment*, Boston, Division of Research, Harvard Graduate School of Business, 1967.

38) J. WOODWARD. *Industrial Organization : Theory and Practice*, Londres, Oxford University Press, 1965.

39) C. PERROW. *Organizational Analysis*, Glenorew, Ill., Scott, Foresman & Co., 1972.

40) R.M. CYERT et J.G. MARCH. *A Behavioral Theory of the Firm*, Englewood Cliffs, N.J., Prentice-Hall, 1963.
C. PERROW. *Complex Organizations*, Glenorew, Ill., Scott, Foresman & Co., 1972.

41) J.J. MORSE et J.W. LORSCH. « Beyond Theory of... », *Harvard Business Review*, Vol. 48, n° 3, 1970, p. 61-68.

42) R.L. ACKOFF et D. SASIENI. *Fondamentals of Operations Research* , New York, John Wiley, 1968.

43) J. FORRESTER. *Industrial Dynamics*, Cambridge, Mass., The MIT Press, 1961.

44) P. DEVINE *et al. Industrial Economics*, Londres, Allan and Union, 1976.

45) R.M. CYERT et J.G. MARCH. *A Behavioral Theory of the Firm*, Englewood Cliffs, N.J., Prentice-Hall, 1963.

46) G. ALLISON. *The Essence of Decision*, Boston, Little Brown, 1971.

47) F.M.S. SCHERER *Industrial Market Structure and Economic Performance* , Chicago, Rand McNally, 1980.

CHAPITRE 4

L'ENTREPRENEUR, L'ENTREPRISE ET LA CROISSANCE ÉCONOMIQUE

par

Marcel Côté

> « *Les entrepreneurs d'industrie ne sont, pour ainsi dire, que des intermédiaires qui réclament les services productifs nécessaires pour tel produit en proportion de la demande qu'on fait de ce produit. Le cultivateur, le manufacturier et le négociant comparent perpétuellement le prix que le consommateur veut et peut mettre à telle ou telle marchandise, avec les frais qui seront nécessaires pour qu'elle soit produite ; s'ils en décident la production, ils établissent une demande de tous les services productifs qui devront y concourir, et fournissent ainsi une des bases de la valeur de ces services.* »

Jean-Baptiste Say

1. Introduction

La croissance économique résulte de l'addition d'activités dans le tissu économique d'une région. Cette addition est le fruit des actions d'entrepreneurs qui fondent des entreprises ou développent les entreprises qu'ils dirigent. Nous voulons, dans ce texte, éclairer ce processus complexe et les conditions qui influencent la multiplication des activités entrepreneuriales.

Le débat public d'ordre économique porte principalement sur la situation conjoncturelle de l'économie — l'inflation, le chômage, les taux d'intérêt — et sur le partage des richesses entre les différents groupes de la société. Notre préoccupation dans ce texte est différente ; elle porte sur la croissance, à moyen et à long terme, du niveau d'activités économiques d'une région.

L'étude du processus de la croissance économique s'inspire d'une tradition qui a dominé l'économie politique pendant longtemps. En effet, l'origine de la richesse des nations a toujours été la principale préoccupation des économistes classiques tels Adam Smith et John Ricardo. Ce n'est qu'au XXᵉ siècle que des économistes tels que Marshall et Keynes ont défini le problème économique comme étant celui de l'équilibre conjoncturel. Toutefois, en 1967, Jane Jacobs publiait *The Economy of Cities*, dans lequel elle reprenait la tradition classique orientée vers la croissance, en mettant en lumière le rôle central des villes dans le processus de développement économique[1]. Plus récemment, la montée de l'école du *supply-side* aux États-Unis et les frustrations croissantes des économistes devant leur impuissance à expliquer le phénomène de la *stagflation* (c'est-à-dire le paradoxe d'une croissance des prix en période de sous-utilisation des ressources) ont stimulé l'intérêt pour l'étude des processus de croissance. L'examen des conditions propices à l'apparition de nouvelles activités économiques prend donc aujourd'hui plus d'acuité. En effet, nombreux sont ceux qui croient que la sous-utilisation des ressources, qui se traduit par des taux élevés de chômage chronique, provient de déficiences dans le processus de régénération des économies et non de causes conjoncturelles qui pourraient être corrigées par des politiques fiscales et monétaires appropriées.

Nous traiterons dans ce texte de croissance économique régionale. Les régions varient beaucoup quant à leur potentiel de croissance et à leur structure économique. Par exemple, la région de Montréal a une structure économique beaucoup plus riche et plus diversifiée que la Beauce. Par ailleurs, les grandes villes jouent un rôle fondamental dans la croissance économique, rôle qui est différent de celui des petites villes et des régions. En effet, c'est surtout dans les grandes villes que sont développés les nouveaux produits et les innovations.

Le processus de croissance est le même à Saint-Georges de Beauce qu'à Montréal. Les mêmes mécanismes sont observables, et les mêmes facteurs influencent le processus de croissance. Toutefois, la simplicité d'une économie régionale, telle que celle de la Beauce, permet une observation beaucoup plus fouillée et compréhensible du processus.

Les propos de ce texte sont basés sur les expériences de consultations qu'a faites l'auteur depuis dix ans. L'auteur a aussi grandement emprunté à Jane Jacobs, qui signait dans les années 50 la chronique d'urbanisme de la revue *Architectural Forum*. En 1960, elle publiait *The Life and Death of Great American Metropolis*, un livre choc qui remettait en question les principes avancés par Le Corbusier sur l'architecture urbaine[2]. Ce livre a eu une influence majeure sur le concept urbain en Amérique du Nord. Son second livre, *The Economy of Cities*, publié en 1967, présentait les fondements d'une théorie du développement économique et, particulièrement, le principe du remplacement créatif des importations qui caractérise le développement des villes en croissance. Son plus récent livre, *Cities and the Wealth of Nations*, approfondit cette vision du développement[3].

Le développement récent de banques de données statistiques sur les entreprises a aussi stimulé des recherches sur le processus de croissance économique et le rôle des entrepreneurs dans ce processus. Ainsi, en 1980, les travaux de David Birch, professeur au M.I.T., ont amené une révision fondamentale de nos connaissances en ce qui a trait à l'origine des nouveaux emplois[4]. La contribution majeure de Birch fut d'avoir constitué, à partir des données de Dun et Bradstreet, une banque de données sur l'ensemble des établissements commerciaux aux États-Unis. Cette banque permet de suivre leur évolution de 1969 à 1976, en fonction de paramètres tels que l'emploi, la taille, le secteur et le type de propriété. L'usine aérospatiale de 5000 employés de Fort Worth s'y trouve au même titre que le magasin de chapeaux de 5 employés de New York.

Birch conclut que les P.M.E. sont les principales sources de nouveaux emplois dans l'économie américaine. Ce constat souleva beaucoup d'intérêt et de débats. Depuis, d'autres banques de données ont été constituées, plus complètes et plus précises que celles de Birch. On dispose maintenant d'instruments micro-économiques efficaces, qui permettent d'analyser l'évolution de l'activité économique.

Les constats suivants émergent de l'analyse de ces données :

— les P.M.E. (définies comme étant les entreprises ayant moins de 100 employés) représentent environ 40 % des emplois du secteur privé aux États-Unis ;

— les P.M.E. contribuent à l'augmentation nette des emplois dans une proportion supérieure à leur importance dans l'économie. Les estimations sont de l'ordre de 50 % à 60 %. En somme, la P.M.E. est un créateur d'emplois plus important, *per capita*, que la grande entreprise. (Le *per capita* concerne évidemment le nombre d'employés.) Plus une entreprise est grande, plus la probabilité d'accroissement relatif des emplois est faible ;

— la contribution des P.M.E. aux nouveaux emplois varie d'une région à l'autre. De 1976 à 1980, en Californie, une région en croissance rapide, elles auraient fourni 79 % des nouveaux emplois[5]. Dans d'autres régions, ce pourcentage serait plus bas, mais jamais moindre que la proportion des P.M.E. dans l'emploi total. Le dynamisme des P.M.E. varie selon les régions et est associé au taux de croissance de la région. Plus la région connaît une croissance élevée, plus les P.M.E. y sont dynamiques, et vice versa ;

— un petit nombre d'entreprises en croissance rapide et de nouvelles entreprises sont la source d'une proportion élevée des nouveaux emplois. Les P.M.E. ne sont pas toutes dynamiques, mais certaines d'entre elles le sont ;

— les P.M.E. ont un taux élevé de natalité, de même qu'un taux élevé de mortalité. Le taux de formation varie selon la croissance de la région. Le taux de disparition est plus uniforme, mais il varie aussi selon le dynamisme des régions ;

— les P.M.E. sont plus présentes et plus dynamiques dans le secteur tertiaire. La grande entreprise est plus présente et dynamique, toutes choses étant égales par ailleurs, dans le secteur manufacturier.

L'entreprise dirigée par un entrepreneur est donc la principale source de nouveaux emplois et d'expansion d'une économie. Cette entreprise peut se présenter sous trois aspects : la nouvelle entreprise, la petite entreprise dynamique et l'entreprise en croissance, qui passe de petite à moyenne puis à grande en moins d'une génération, sous la férule d'un entrepreneur.

L'analogie suivante montre bien le rôle dynamique de ces entreprises. L'économie peut être comparée à une forêt. Les agents producteurs, les entreprises, sont les arbres, les plantes et les arbustes. Il est d'usage de caractériser la forêt par ses principaux arbres (« une forêt d'érables », etc.). Il en est ainsi d'une économie, que l'on caractérise par ses grandes entreprises. Toutefois, une analyse plus fouillée révèle qu'une importante partie de la biomasse de la forêt est constituée de plantes, d'arbustes, de pousses et de petits arbres. Les gros arbres sont à maturité et ajoutent peu, d'année en année, à la biomasse. En fait, la disparition des vieux arbres se traduit par une contribution négative. La croissance se fait surtout par les jeunes arbres en croissance rapide, certains arbustes et un certain nombre de jeunes pousses. Ils jouent le rôle, par analogie, des entreprises en croissance rapide, des P.M.E. dynamiques et des nouvelles entreprises. Par ailleurs, les plantes varient peu en nombre et en biomasse, d'année en année. Elles représentent assez bien les P.M.E. du secteur induit, qui s'abreuvent au marché local caractérisé par des conditions d'entrée et de sortie fluides.

Les travaux de Birch et des autres économistes qui ont étudié la question de la création de nouveaux emplois ont clairement démontré que l'entrepreneur est au cœur du phénomène de la croissance économique. Sa décision de lancer une entreprise, ou de la faire croître, contribue, lorsqu'il réussit, à enrichir le tissu économique de nouveaux échanges. Les facteurs qui l'amènent à prendre ses décisions entrepreneuriales sont les éléments fondamentaux d'un système économique. Nous examinerons ces facteurs dans les pages qui suivent.

2. L'addition de nouvelles activités économiques

L'addition de nouvelles activités économiques sera analysée à l'aide d'exemples et de descriptions de concepts.

2.1 La Marie-Tomiche

Thilda Thabet, une immigrante du Liban établie avec son mari à Saint-Georges de Beauce depuis vingt-cinq ans, rêvait d'avoir sa propre entreprise depuis très longtemps. Aussi, lorsqu'un nouveau centre commercial fut construit en 1982, à proximité du centre-ville, elle prit la décision d'y ouvrir un restaurant. S'inspirant d'une formule populaire à Montréal, la Marie-Tomiche de Saint-Georges offrait, dans un décor moderne et attrayant, un menu structuré autour d'un choix de crêpes. Saint-Georges de Beauce connaissait alors une croissance économique exceptionnelle, et Mme Thabet voulait y créer un restaurant à la mode. Le restaurant n'eut toutefois pas le succès escompté et, deux ans plus tard, Thilda Thabet le vendit. Tout en conservant le même nom, le restaurant devint une brasserie ; il est aujourd'hui un des endroits les plus populaires de Saint-Georges.

L'expérience de la Marie-Tomiche nous permet d'illustrer certains aspects fondamentaux du mécanisme de la croissance économique. Premièrement, l'expérience entrepreneuriale est à la base de la croissance économique. Thilda Thabet croyait qu'il y avait à Saint-Georges de Beauce une demande pour un restaurant « nouveau style ». Le succès de la formule dans d'autres villes, les conseils et les avis de ses proches, les encouragements de ses amis, sa propre analyse du marché local et de la concurrence et enfin son intuition l'avaient convaincue qu'une demande suffisante existait pour un service particulier de restauration. En ouvrant son restaurant, elle tentait de greffer à l'économie de Saint-Georges de Beauce une nouvelle activité économique, basée sur sa perception des possibilités qu'offrait le marché de Saint-Georges.

Deuxièmement, une nouvelle activité économique implique une redistribution de la demande du moment. La clientèle de la Marie-Tomiche venait principalement des autres restaurants de la région. Nul doute aussi que certains clients étaient nouveaux, et que ceux-ci, en l'absence de la Marie-Tomiche, auraient mangé plus souvent à la maison. Les épiciers de Saint-Georges ne l'ont peut-être jamais su, mais ils ont vendu quelques gigots en moins. Une nouvelle activité économique « s'alimente », en général, par un déplacement de la demande d'entreprises en place.

Troisièmement, une nouvelle activité peut toutefois susciter une nouvelle demande. Considérons, à cet égard, la contribution de Clairette, une des serveuses à la Marie-Tomiche. C'était son premier emploi. Originaire d'un village avoisinant, elle emménagea chez sa belle-sœur lorsqu'elle dénicha son emploi, en payant une pension de 100 $ par semaine. À partir de ce moment-là, le frère et la belle-sœur prirent l'habitude de venir manger à la Marie-Tomiche le vendredi soir. Les services de Clairette et la chambre d'amis de sa belle-sœur étaient des facteurs de production inutilisés avant l'ouverture de la Marie-Tomiche. En favorisant un échange mutuel de services, la Marie-Tomiche amena une croissance nette de l'activité économique à Saint-Georges. À peine perceptible, cette addition, comme plusieurs autres du même type, constitue un véritable apport de la Marie-Tomiche à l'économie. Ces additions à la demande globale, connues en économie sous le nom de « loi de Say », sont toutefois diffusées dans l'ensemble de l'économie et réparties sur un grand nombre de biens et de services.

Quatrièmement, la greffe d'une nouvelle activité est un processus complexe qui échoue fréquemment. L'addition d'un nouveau restaurant à Saint-Georges fut une greffe difficile. L'échec de la formule initiale du restaurant démontre que la demande pour ce type de restaurant n'était pas suffisante pour soutenir une affaire rentable ; la formule se devait d'être modifiée. Le marché de Saint-Georges a exigé une réorientation du restaurant. La demande globale des consommateurs se répartit entre des produits et des services spécifiques. Quels que soient les efforts entrepreneuriaux, un équilibre interne reflétant les préférences des acheteurs effectifs régit la répartition des produits et des services demandés dans une région. L'addition d'activités nouvelles, telle la Marie-Tomiche, amène une expansion de la demande totale et donc des demandes pour des produits et des services spécifiques. Toutefois, l'équilibre se maintient et détermine le rôle fondamental de la base économique et des exportations dans le développement. Nous y reviendrons plus loin.

La greffe de la Marie-Tomiche montre bien les aspects principaux du mécanisme de croissance économique. Il s'agit d'une expérience entrepreneuriale. Le marché fut testé à l'aide d'une idée nouvelle, qui fut elle-même par la suite modifiée pour être plus acceptable. Comme toute entreprise nouvelle, la Marie-Tomiche a trouvé ses clients principalement auprès de ses concurrents. Mais elle a aussi élargi le marché, grâce aux investissements du propriétaire et aux revenus des employés, qui furent réinjectés dans l'économie. On remarque aussi l'implacable discipline du marché, qui n'accepte que ce qui s'insère à ce moment-là dans la structure de la demande : des crêpes, peut-être, mais toute une crêperie, pas à Saint-Georges ! Et enfin, la greffe de la Marie-Tomiche nous permet d'observer clairement le processus d'addition d'activités économiques. Grâce au restaurant, Clairette a pu greffer ses services de serveuse au tissu économique ; son frère et sa belle-sœur y ont greffé un service de pension. Ces additions, difficiles à observer, constituent l'essence du processus de croissance économique. Ainsi, il est fort possible que grâce aux revenus additionnels de Clairette et de sa belle-sœur, une coiffeuse de Saint-Georges ait aussi un peu plus de travail.

2.2 LA NATURE DE LA CROISSANCE ÉCONOMIQUE

De façon schématique, une économie peut être conçue comme un système intégré de production et de consommation de biens et de services. La figure 4.1 explique ce système d'échanges. En retour de leur travail et de leur capital, les individus reçoivent des salaires et des profits. Ces revenus sont dépensés pour l'achat des biens et des services produits par les entreprises. Cette production n'est possible que grâce à l'apport de travail et de capital. Ce système est un flux d'échanges en équilibre constant. Bien qu'une économie se présente de façon dynamique et réagisse aux variations de la demande et à l'évolution de l'environnement, elle tend toujours vers un quasi-équilibre global ; non seule-

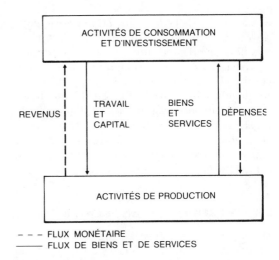

Figure 4.1   L'activité économique

ment le niveau de production reflète les conditions de la demande, mais la production contribue à soutenir cette demande par les revenus qui en sont tirés.

En réalité, une économie est un tissu complexe d'activités liant, de multiples façons, un grand nombre d'agents économiques. Les entreprises, les ménages, les institutions et les gouvernements sont à la fois producteurs et consommateurs d'une multitude de biens et de services. Chacun procède à des échanges continus avec les autres agents économiques. Dans une économie de marché, comme l'économiste français Jean-Baptiste Say l'a énoncé il y a deux cents ans, la production crée sa propre demande. La loi de Say s'appliquera toujours dans la mesure où les producteurs dépenseront les revenus tirés de la vente de leur production et que les prix refléteront les conditions d'offre et de demande.

La croissance économique procède de l'addition de nouvelles activités économiques dans ce système de production et de consommation. Pour ces greffes, les nouvelles activités doivent être concurrentielles par rapport aux activités existantes, quant au prix et à la qualité. Elles iront d'ailleurs chercher une partie de leur clientèle de départ chez leurs concurrents. Ces nouvelles activités contribuent à augmenter le niveau global de la demande et, par l'originalité de leur produit ou de leur service, à élargir parfois la demande spécifique pour ce produit ou ce service. Les entrepreneurs expérimentent continuellement grâce à leurs tentatives de greffer de nouvelles activités. Lorsque les conditions de compétitivité sont remplies, le système les intègre. L'addition de nouvelles activités porte l'équilibre du système à un autre niveau. En effet, les nouveaux travailleurs sont aussi des acheteurs. C'était le cas de Clairette.

2.3 UN PROCESSUS SANS LIMITE

Dans une perspective à long terme, on ne connaît pas de limites à la croissance d'une économie. Dans la mesure où une nouvelle activité s'insère dans la structure de la demande, le système l'intégrera et elle contribuera à augmenter la demande globale. De nouvelles activités peuvent donc s'ajouter indéfiniment. Ainsi, le revenu réel *per capita* des Canadiens était cinq fois plus élevé en 1984 qu'au début du siècle. Dans l'avenir, le revenu moyen *per capita* continuera de s'élever ; une croissance annuelle de 1,5 % par année le ferait doubler en deux générations. Cette absence de limite est due non seulement à la logique du processus lui-même, mais encore aux besoins de l'homme qui ne sont jamais saturés. Le revenu médian d'un ménage au Canada était de l'ordre de 30 000 $ en 1984. On peut facilement concevoir un niveau de vie de l'ordre de 60 000 $ (en dollar de 1984). Il sera atteint éventuellement.

Le même processus est observable dans les économies moins développées, sauf que les caractéristiques de la demande y sont différentes. Les nouvelles activités sont donc soumises à des contraintes différentes. Les activités greffées avec succès accroissent la demande globale et donc les demandes spécifiques. Le relèvement progressif du niveau de vie et l'élargissement du marché par l'incorporation de nouveaux travailleurs-consommateurs font évoluer la structure de la demande, mais, à tout moment, un équilibre doit être respecté.

La capacité des régions et des pays à susciter de nouvelles activités varie grandement. Quelquefois, des conditions favorables à la création de nouvelles activités existent du côté de la demande. C'est le cas des pays pétroliers de la péninsule arabique, dont le niveau de vie a décuplé en l'espace d'une génération. Toutefois, il est rare que la croissance économique soit principalement tributaire de la demande. Les écarts de taux de croissance entre les pays et entre les régions s'expliquent surtout par les conditions favorisant l'expérimentation entrepreneuriale.

Les années 70 furent le moment d'un débat international sur les limites à la croissance posées par l'épuisement des ressources naturelles. Le débat est maintenant chose du passé, et très peu d'experts défendent aujourd'hui ces scénarios néo-malthusianistes. En effet, les limites posées par les ressources naturelles ne sont pas aussi contraignantes que ces scénarios le prétendaient. En fait, ce sont les sociétés stagnantes qui finissent par surexploiter une frange sans cesse plus étroite de ressources naturelles. Une économie innovatrice et en croissance augmente le potentiel des ressources dont elle se sert. D'ailleurs, une partie importante de la croissance économique repose sur des percées technologiques qui permettent de nouvelles méthodes d'exploitation et d'utilisation des ressources. Enfin, le marché contribue à la hausse des prix des matières les plus rares, favorisant ainsi la recherche de produits de substitution, ce qui transforme des ressources jusque-là marginales en ressources économiquement rentables. La crise actuelle du pétrole est une démonstration claire de ce phénomène de substitution.

2.4 L'ACTE ENTREPRENEURIAL

Les nouvelles activités économiques se présentent sous des formes très diverses. Il peut s'agir d'un nouveau bien, d'un nouveau service, ou d'une nouvelle façon de produire un bien ou un service existant, dans une nouvelle entreprise ou dans une entreprise existante. L'acte entrepreneurial se trouve aussi dans la décision d'une entreprise d'augmenter sa production ou de la diversifier par l'addition d'une nouvelle gamme de produits.

Deux aspects de l'acte entrepreneurial méritent une attention particulière : la technologie qui sous-tend l'activité nouvelle et le processus d'expérimentation qui préside à la greffe.

La technologie, c'est-à-dire les caractéristiques du produit ou du service, peut être plus ou moins innovatrice. Ainsi, la Marie-Tomiche était une innovation à Saint-Georges, bien qu'elle s'inspirât d'une formule développée dans les grandes villes. La conception d'un nouveau produit ou d'un service s'inspire normalement de technologies existantes. Les possibilités vont de la copie conforme à l'adaptation ou à de nouvelles combinaisons de technologies existantes. Le degré d'innovation technologique est une caractéristique importante de l'action entrepreneuriale. Plus la technologie appropriée à un besoin est connue et disponible, plus l'acte entrepreneurial est fréquent. En effet, la technologie étant déjà éprouvée, l'entrepreneur teste surtout la demande. C'est le cas, par exemple, des activités du commerce de détail ou de services types, telles que l'étude d'avocat, le garage, le poste de radio. Il en est de même pour des produits fabriqués sur une base relativement standard, tels le pain, les pâtisseries, les portes et châssis, les ateliers d'usinage.

D'autres activités sont plus complexes, et leur technologie est moins accessible. Dans ces cas, l'acte entrepreneurial est plus difficile, car il implique l'apprentissage ou la mise au point de la technologie. Les échecs entrepreneuriaux sont alors plus fréquents. C'est le cas de l'entrepreneur qui veut fabriquer un nouvel amplificateur. Non seulement doit-il surmonter les difficultés de concevoir et fabriquer un produit qui satisfasse aux standards de qualité et aux contraintes de coût, mais il doit aussi s'assurer que le produit aura un marché. Le jeune avocat qui ouvre son étude fait face à beaucoup moins d'incertitudes quant aux services qu'il offrira et quant à la façon de les rendre. En somme, la technologie peut être une des principales sources des difficultés que doit affronter l'entrepreneur. Plus elle est complexe, moins le succès des actes entrepreneuriaux est fréquent.

L'acte entrepreneurial est fondamentalement expérimental. Par tâtonnement, l'entrepreneur tente de répondre par un produit ou un service à une demande virtuelle. Il doit créer des liens commerciaux continus entre son entreprise, d'une part, et des clients et des fournisseurs, d'autre part. Cela n'est pas toujours facile, souvent parce que l'entrepreneur se trompe sur la demande effective. Certaines greffes sont plus faciles. C'est le cas d'une expansion de capacité, dans lequel très peu d'éléments d'incertitude, hormis la demande effective, entrent en ligne de compte. Toutefois, que ce soit l'épicier qui double la superficie de son magasin ou les Hélicoptères Bell qui construisent une nouvelle usine, le phénomène est fondamentalement le même : l'entreprise ou l'entrepreneur accroît la capacité de production de l'économie pour répondre à une demande présumée et incertaine.

L'expérimentation entrepreneuriale est donc un processus de tâtonnement continu : essais, succès, demi-succès, nouveaux essais, etc. Toute nouvelle activité ou technique de production doit prouver sa valeur économique, c'est-à-dire convaincre un nombre suffisant de « clients » de sa spécificité et de sa supériorité.

David Birch illustre par ses travaux le rôle stratégique de ce processus de tâtonnement[6]. Il démontre que les villes qui ont le plus de succès dans la création de nouvelles entreprises enregistrent aussi les taux les plus élevés d'échec. Par exemple, de 1972 à 1976, Houston, une ville en croissance rapide, enregistra un taux de création de nouvelles entreprises de 62,7 %. Pendant la même période, le taux d'échec y fut de 37,5 %. Le gain net fut donc une augmentation de 27 % du nombre d'entreprises. Toujours pendant la même période, Worcester, Mass., une ville en déclin, présentait un gain de 24,6 % et des pertes de 25,1 %, pour une diminution nette du nombre d'entreprises de 0,5 %. À un taux plus élevé d'expérimentation est associé un taux d'échec plus élevé mais aussi un bilan nettement supérieur.

La multiplication de ce phénomène des greffes suscite le développement d'un tissu complexe d'échanges économiques. Par analogie, on pourrait le comparer à un tissu vivant. Au sein de ce tissu économique, des échanges sont continuellement redéfinis, sous la poussée d'entrepreneurs-innovateurs à la recherche d'une plus grande efficacité ou d'une plus grande valeur. Dans cette optique, toute entreprise peut s'avérer un endroit privilégié d'expérimentation.

L'analyse des conditions qui favorisent l'expérimentation entrepreneuriale est un champ d'études peu développé. On sait que l'entrepreneur à la recherche de nouvelles possibilités est favorisé par un environnement en ébullition. Cette effervescence peut avoir différentes causes. Ainsi, la croissance économique crée une effervescence en élargissant rapidement la taille des marchés. Une innovation majeure caractérisée par l'arrivée d'une nouvelle famille de produits, tels que les ordinateurs personnels, crée aussi une effervescence technologique. L'entrepreneur décèle les interstices profitables ou potentiels et tente de greffer de nouvelles activités. C'est dans ce sens qu'il est souvent dit de l'esprit d'entreprise qu'il s'épanouit dans le désordre.

Une organisation efficace est peu hospitalière au geste entrepreneurial, aussi paradoxal que cela puisse sembler. On sait que les grandes entreprises sont peu hospitalières aux entrepreneurs et qu'en général elles sont moins innovatrices que les petites. Jane Jacobs illustre ce paradoxe par l'exemple de plusieurs villes dont la croissance à long terme varie selon l'efficacité de l'organisation de leur économie[7]. Manchester, au XIXe siècle, était le modèle d'une ville progressive, ordonnée, efficace, structurée autour de grandes entreprises modernes. Birmingham était tout le contraire : une ville de petites entreprises, mal planifiée, sans épine dorsale. Or c'est Birmingham qui a offert aux entrepreneurs les interstices et les possibilités de marché. Aujourd'hui, Birmingham est deux fois plus grosse que Manchester.

2.5 LA BASE ÉCONOMIQUE ET LE SECTEUR INDUIT

Dans une région, la structure de la demande de biens et de services par les agents économiques de la région peut être considérée comme relativement figée : tant de produits alimentaires, tant de vêtements, tant de services juridiques, tant de voitures, etc. L'entreprise qui veut produire pour le marché local est astreinte à ces contraintes. Toutefois, les caractéristiques de la production de ces biens et services font que certains d'entre eux sont produits dans la région et

que d'autres sont importés. Le pourcentage des biens et services importés dans une région varie entre 30 % et 50 % selon les régions. Il n'y a pas de statistiques régionales qui renseignent sur l'importance des importations dans l'ensemble des biens et services qui satisfont à la demande finale dans une région. Pour les grandes régions métropolitaines, telles que Montréal ou Toronto, ce pourcentage se situe vraisemblablement entre 20 % et 30 %. Dans de plus petites régions, ce pourcentage se situe entre 30 % et 40 %. Dans des villes isolées telles que La Tuque, il s'approche de 50 %. Toutefois, l'importance des services dans l'économie est telle que le pourcentage des biens et services importés dépasse rarement 50 % de la demande finale.

En contrepartie à ces biens et services importés, une région se spécialise dans la production de certains biens et services qu'elle exporte. L'importation se traduit par une sortie de fonds de la région, alors que l'exportation se traduit par une entrée de fonds dans la région. Les conditions d'équilibre font en sorte que les entrées et sorties de fonds dans une région soient égales. Comme les importations et les exportations constituent les principaux éléments de la balance des paiements d'une région, elles tendent à être du même ordre de grandeur.

La figure 4.2 présente ces relations. La production locale est consommée sur place ou exportée. La consommation locale est faite d'importation et de production locale. Les entrées et sorties de fonds sont en équilibre. Les autres entrées de fonds sont constituées de mouvements de capitaux (investissements), de paiements d'intérêts et de dividendes, de paiements de transferts et de dons, ainsi que de subventions. Les sorties de fonds comprennent de plus les paiements de taxes et d'impôts aux gouvernements.

Ces considérations préalables nous permettent maintenant d'approfondir l'analyse du processus de croissance en distinguant deux activités de production : les activités de base (destinées aux marchés extérieurs) et les activités induites (destinées au marché local).

Les activités de base économiques régionales sont constituées des activités destinées à l'exportation. On y trouve généralement les activités de

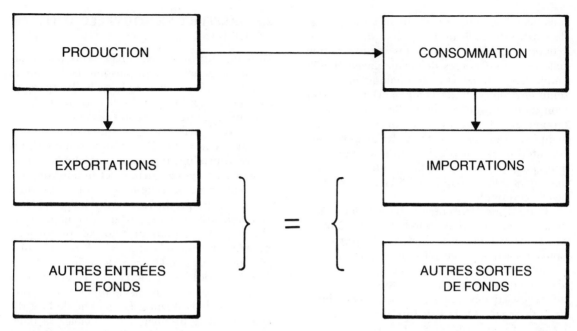

Figure 4.2 Fonctionnement d'une économie régionale

fabrication de produits. Ainsi, dans une région comme la Beauce, la base économique est constituée des activités manufacturières et du secteur primaire. À Montréal, une certaine partie de l'activité manufacturière vise le marché local et n'est pas dans la base économique. Par ailleurs, on trouve de nombreux services qui sont des activités de base. C'est le cas, par exemple, des sièges sociaux d'entreprises d'envergure nationale, des cabinets d'ingénieurs qui exportent leurs services, et des hôtels qui dépendent des touristes. Les activités de base sont associées à une demande externe et donc à une entrée de fonds dans l'économie régionale.

Les activités induites s'articulent autour de la demande locale. Ce sont les biens et services produits sur place pour la consommation locale. Le commerce de détail, les services personnels, les activités de fabrication telles que les boulangeries et les ateliers d'usinage conventionnels sont des exemples d'activités induites. Les activités induites ne sont pas associées à des entrées ou à des sorties de fonds de l'économie régio-

nale. Il s'agit d'une production locale qui satisfait la demande locale. Le restaurant Marie-Tomiche appartenait au secteur induit.

La délimitation statistique du secteur induit et de la base économique peut donner naissance à de nombreuses difficultés méthodologiques. Ces considérations importantes pour les spécialistes sont toutefois secondaires pour notre démonstration.

L'importance relative de la base économique et du secteur induit varie selon la taille des régions. Plus la région est grande, plus le secteur induit occupe une place importante. Toutefois, il y a des limites qui sont rarement dépassées. Ainsi, dans des régions mono-industrielles de petite taille, la base économique peut représenter jusqu'à 50 % de l'activité économique. Ce pourcentage tombe à quelque 20 % dans de grandes régions métropolitaines. Ainsi, la région économique de Montréal, avec 3,7 millions d'habitants, compte un secteur de base qui représente de 20 à 30 % des emplois. La région métropolitaine de New York, qui compte 17 millions d'habitants, aurait un secteur de base de l'ordre de 20 % de l'ensemble des activités économiques. Une région plus petite, comme celle de Saint-Georges de Beauce avec 50 000 emplois, aurait une base économique qui représente environ 30 % de l'emploi. Dans une région minière comme celle de Sept-Îles, la base économique représenterait au-delà de 40 % de l'emploi. Pour les fins de la discussion, nous considérons qu'une région économique typique, quelle que soit sa taille, produit entre les deux tiers et les trois quarts des biens et services qu'elle consomme.

Cette distinction entre la base économique et le secteur induit est fondamentale dans le processus de croissance. En effet, les greffes de nouvelles activités sont plus faciles dans la base économique que dans le secteur induit. Nous avons vu plus haut que le processus de greffe de nouvelles activités était assujetti aux contraintes de la demande. Or la structure de la demande locale dans une région est relativement fixe. Une nouvelle activité a plus de chance d'être greffée si elle se situe à la marge. Toutefois, une nouvelle activité n'est pas nécessairement liée à la demande locale. Elle peut viser les marchés d'exportation, qui sont par définition des marchés plus vastes que le marché local, et sur lesquels une position même marginale peut être importante. Non seulement les greffes y sont plus faciles, mais leur effet est plus grand.

En fait, la base économique s'avère importante à trois titres. Premièrement, les marchés externes constituent des débouchés moins contraignants et plus importants que le marché local. Il est plus facile d'y greffer une nouvelle activité. Deuxièmement, l'expansion de la base amène une augmentation rapide de la demande locale et donc du potentiel du secteur induit : c'est l'effet multiplicateur. Troisièmement, l'expansion des exportations d'une région suscite une expansion concurrente des importations et donc du potentiel de substitution d'importations. C'est par cette dernière voie qu'un grand nombre de nouvelles entreprises à haut potentiel émergent. Dans les pages qui suivent, nous examinerons successivement chacun de ces trois mécanismes.

2.6 GREFFER UNE NOUVELLE ACTIVITÉ DE BASE

Pour un entrepreneur, la base économique offre un potentiel souvent plus intéressant que le marché local. À cause de la taille des marchés externes, il devient plus facile d'atteindre le niveau minimal de production sans perturber indûment la structure concurrentielle des marchés. Une nouvelle entreprise (ou même un nouveau produit) trouve son marché principalement chez ses concurrents et impose une redistribution du marché entre « n + 1 » producteurs. Plus les producteurs entre lesquels l'effet de la redistribution est partagé sont nombreux, plus il est facile pour un nouveau producteur d'entrer sur le marché. En 1978, Pro-Cycle, une entreprise de Saint-Georges de Beauce, se lança dans la fabrication de bicyclettes. Il était impensable de concevoir une usine uniquement pour le marché de la Beauce. Le marché de l'Est du Québec fut le premier marché cible. Sa taille permettait l'implantation d'une petite usine qui pourrait décrocher une petite part du marché (environ 10 %). Par la suite, les marchés cibles furent étendus successivement à l'ensemble du Québec, à l'Est du Canada puis à l'Ouest, ainsi qu'au Nord-Est des États-Unis, et l'usine fut agrandie en conséquence.

Les marchés externes présentent toutefois des difficultés, par opposition aux marchés locaux. La qualité de l'information disponible est moins élevée que sur le marché local : taille du marché, caractéristiques recherchées, réseau de distribution, etc. L'entrepreneur est aussi moins connu sur les marchés externes et il ne peut utiliser sa réputation comme élément de marketing. Aussi est-il moins fréquent qu'un entrepreneur qui démarre une entreprise vise d'emblée les marchés externes. Il s'attaquera d'abord au marché local et aux marchés avoisinants. Après avoir mis au point ses opérations et ses produits, il élargira ses marchés. C'est la stratégie qu'a suivie implicitement Pro-Cycle, et c'est une stratégie que nous avons observée fréquemment en Beauce. Par exemple, les Aciers Canam ont suivi le même cheminement géographique que Pro-Cycle. Aujourd'hui, Canam vend jusqu'à Vancouver, Los Angeles et Houston et possède des usines en Beauce, à Montréal, à Toronto et en Arkansas.

Il y a cependant des exceptions à ce mode de développement. Les *spin-offs* sont des entreprises fondées par des cadres qui délaissent leur employeur pour fonder une entreprise dans un domaine connexe. Ces cadres amènent dans la nouvelle entreprise une connaissance des marchés et des réseaux de distribution, de même que leur réputation sur ces marchés. Les *spin-offs* ont plus de facilité à s'attaquer directement aux marchés externes, parce qu'ils ont déjà accumulé un bagage technologique et commercial. Le modèle est fréquent dans la haute technologie.

Toutefois, l'expansion de la base économique d'une région est le plus souvent le fait d'entreprises existantes, qui exploitent déjà avec succès le marché local et des marchés avoisinants, et qui prennent de l'expansion. Certaines de ces entreprises sont du secteur induit, n'exploitant au départ que le marché local. D'autres sont déjà dans la base économique et élargissent leurs gammes de produit, ou leurs marchés externes. Nous reviendrons plus loin à ces modèles d'expansion.

2.7 L'EFFET MULTIPLICATEUR

L'effet multiplicateur décrit l'expansion de la demande pour des biens et des services du secteur induit, conséquente à une expansion de la base économique. Le multiplicateur découle du mécanisme suivant. Un accroissement de la demande externe pour les produits ou les services de la région économique amène une hausse des activités de base et donc des revenus des travailleurs et des propriétaires des entreprises de la base économique de la région. Ces derniers augmentent alors leurs dépenses, ce qui se traduit par une hausse de la demande pour des produits et des services du secteur induit de la région. Parce qu'une partie de leurs dépenses va vers des produits importés, cette hausse de l'activité induite est toutefois inférieure à l'expansion initiale. Mais la hausse de l'activité du secteur induit entraîne elle aussi une expansion des revenus tirés de la production locale. Cette

seconde vague se traduit donc elle aussi par un accroissement de la demande pour d'autres produits du secteur induit. Et le processus continue, chacune des vagues successives étant toutefois plus petite. L'effet cumulatif de ces vagues s'appelle l'effet multiplicateur.

Le concept du multiplicateur permet d'établir un lien entre la croissance des activités de base et la croissance des activités totales dans une région. Introduit en 1932 par R.A. Kahn et popularisé vers 1950 par Wassily Leontieff, le concept du multiplicateur est aujourd'hui utilisé à toutes les sauces, et parfois de manière abusive. Son principal attrait est de multiplier l'effet d'un investissement ou d'une injection exogène de fonds dans l'économie, d'où une incitation à l'utiliser de façon abusive pour justifier des investissements publics. Toutefois, au-delà des querelles méthodologiques, il demeure que dans la mesure où le secteur induit peut répondre à une expansion de la demande, une injection imputable à la demande externe a un effet multiplicateur.

Le multiplicateur est défini comme le ratio entre la valeur de l'augmentation des activités globales et la valeur de l'injection initiale. Plusieurs bases de mesure existent, les plus courantes étant le multiplicateur des dépenses et le multiplicateur d'emplois. La valeur du multiplicateur varie selon la taille de l'économie et selon sa structure. De plus, il varie avec le temps. Pour les fins de notre analyse, disons qu'une valeur de 2 pour le multiplicateur d'emplois est acceptable. La création d'un emploi de base suscite un emploi induit supplémentaire, pour un total de deux emplois créés. Les multiplicateurs de dépenses font l'objet d'estimations plus divergentes. Ce multiplicateur établit le lien entre une injection de dépenses et la hausse globale de la valeur ajoutée dans la région. Ces multiplicateurs ont des valeurs peu élevées à l'échelle régionale, et ils sont souvent inférieurs à 1, particulièrement dans le secteur touristique.

Une hypothèse sous-jacente au principe du multiplicateur est celle de l'absence de contraintes à l'expansion du secteur induit, par suite d'une hausse de la demande. Cette hypothèse semble justifiée par l'observation empirique, qui n'a jamais permis d'invalider le principe du multiplicateur, quoique son ampleur et sa stabilité aient fait l'objet de nombreuses discussions. Cette validation empirique permet de conclure que l'hypothèse sous-jacente, l'élasticité élevée du secteur induit par suite d'une expansion de la demande, est aussi valide.

Cette hypothèse suppose en effet que l'esprit d'entreprise est très vivant dans le secteur induit. Une expansion de la demande, ou plus spécifiquement une matérialisation de la demande, est suffisante pour déclencher une réaction entrepreneuriale, qui vient répondre à cette demande par une production accrue. L'esprit d'entreprise est-il si vivant? Il semblerait que oui.

Les manifestations d'esprit d'entreprise dans le secteur induit sont étonnantes. Aucune petite ville, si tranquille et si morose soit-elle, ne peut se plaindre de l'absence des services de coiffeurs, d'épiciers, de garagistes, de courtiers d'assurance, et lorsque la taille de l'économie le justifie, d'avocats, de comptables, etc.

Toutefois, il s'agit d'un esprit d'entreprise imitateur, qui est peu innovateur. Il transplante dans un marché une technique éprouvée ailleurs. Ainsi, on a reproché à Thilda Thabet d'avoir trop risqué en transplantant à Saint-Georges une formule de la grande ville; elle aurait reçu plus d'appuis locaux si elle avait ouvert un restaurant McDonald's ou Burger King.

L'esprit d'entreprise imitateur existe à grande échelle dans le secteur induit. Le risque entrepreneurial y est plus faible. L'entrepreneur connaît le produit, et il sait qu'il « marche ». Il ne se pose qu'une question: la demande est-elle suffisante pour accepter une nouvelle entreprise dans ce secteur? Une autre question importante, que l'entrepreneur se pose rarement, est de savoir s'il est un gestionnaire suffisamment compétent pour gérer une entreprise.

L'esprit d'entreprise imitateur n'est pas réservé au secteur induit. Les succès commerciaux sont toujours imités dans la phase de démarrage d'une nouvelle industrie. Par exemple, de 1965 à 1970, une trentaine de producteurs de motoneiges s'établirent au Québec, imitant l'innovateur Bombardier. L'industrie a passé de la phase de démarrage à la phase de la maturité: il

ne reste aujourd'hui qu'un producteur. Dans les années 80, on remarque cet esprit d'entreprise imitateur dans les entreprises de logiciels et d'ordinateurs personnels.

Dans le secteur induit, l'esprit d'entreprise imitateur est limité par la taille du marché. Dans un marché local, il amènera un foisonnement d'entreprises en vue de satisfaire à cette demande locale. Si le marché est plus grand, les producteurs les plus efficaces déplaceront graduellement les entrepreneurs imitateurs inefficaces.

L'entrepreneur innovateur modifie un produit, un service ou une technique et grâce au succès commercial de son innovation, il construit une entreprise. En raison de cette innovation, l'entreprise a un avantage distinctif et peut souvent dépasser son marché original.

2.8 LA SUBSTITUTION D'IMPORTATIONS

La substitution d'importations est un puissant mécanisme de croissance, car elle offre un tremplin aux entrepreneurs innovateurs qui veulent déborder le marché local. Les produits importés sont toujours sujets à être remplacés par de la production locale. Les entrepreneurs sont toujours à l'affût de ces occasions, et ce sont les importations perçues comme les plus vulnérables qui font l'objet de leur convoitise. Au fur et à mesure que se développe la taille du marché local, plusieurs produits importés deviennent vulnérables à la concurrence locale. Des entrepreneurs réussissent généralement à greffer une production locale sur ces marchés spécifiques.

Ces greffes sont souvent associées à des innovations quant aux produits ou aux services. Pour se différencier de leurs concurrents de l'extérieur ou pour diminuer les coûts de production, les entrepreneurs locaux modifieront le produit, le service ou le mode de production.

Un nouvel entrant sur un marché n'est pas hypothéqué par le passé: il peut plus facilement expérimenter. Ces expériences ne seront pas toutes des succès. Mais ce sont de telles expériences qui permettent à des innovations de faire leurs preuves et de s'implanter. Ces innovations permettront à l'entrepreneur d'exporter plus facilement. Une caractéristique importante des produits ou services échangés entre régions (les importations des unes et les exportations des autres) est qu'ils se prêtent généralement à des économies d'échelle. Dans la mesure où une entreprise réussit à s'insérer dans le tissu économique grâce à la substitution d'importations, elle peut abaisser ses coûts en augmentant son niveau d'activité. Il y a donc pour elle une incitation économique à devenir éventuellement exportatrice, c'est-à-dire à déborder le marché local et à vendre à l'extérieur. Cette opération sera grandement facilitée si l'entrepreneur a déjà innové dans la conception de son produit ou de son mode de production.

Le mécanisme de substitution d'importations se matérialise donc en deux volets. Dans un premier temps, la production locale se substitue à des produits et services importés. Le marché local permet à l'entrepreneur de mettre au point et de raffiner son produit, et de constuire son organisation. Dans un deuxième temps, ces biens et services produits sur place sont expédiés vers l'extérieur, s'ils se prêtent évidemment à des exportations. L'entreprise est déjà créée à cette étape et peut prendre le risque des marchés extérieurs.

Selon Jane Jacobs, la substitution d'importations est le principal mécanisme de croissance des villes[8]. Néanmoins, pour que le mécanisme soit efficace, trois conditions s'imposent :

— des entrepreneurs doivent continuellement tenter de remplacer des importations par de la production locale ;

— les entrepreneurs doivent différencier leurs produits par des innovations dans leurs caractéristiques ou dans les coûts ;

— les entreprises qui ont conquis le marché local doivent s'attaquer aux marchés extérieurs.

On ne peut évidemment satisfaire à ces conditions dans toutes les régions. Dans les régions et les villes à forte croissance, on peut répondre largement à de telles exigences. La substitution d'importations devient alors le mécanisme principal qui alimente la croissance de ces villes et régions.

La Beauce offre de nombreux exemples de ce processus en action. Les Aciers Canam ont d'abord été distributeurs d'acier pour la région de l'Est du Québec, puis ont agi comme fabricants de poutrelles, substituant une production locale à des produits fabriqués à Montréal et à Hamilton. À ce titre, ils ont innové tant dans la conception des produits que dans les méthodes de fabrication. De producteurs efficaces, ils sont graduellement devenus les plus importants fabricants canadiens de poutrelles durant les années 70 ; ils visent à devenir un des principaux fournisseurs du marché américain durant les années 80. Une autre entreprise de Saint-Georges, Manac, a débuté en 1967 comme fabricant des remorques utilisées par Canam. Il s'agissait d'une substitution locale de produits importés. L'entreprise a par la suite innové en popularisant au Canada les remorques fermées en fibres renforcées. En quinze ans, Manac est devenu le deuxième fabricant canadien de remorques. Enfin, Pro-Cycle a débuté comme importateur des bicyclettes Peugeot pour l'Est du Québec vers 1975. L'entreprise est maintenant devenue le principal fabricant de bicyclettes au Canada.

2.9 LE PROCESSUS DE CROISSANCE

Le rôle critique de la base économique et des importations dans la croissance économique est mis en évidence par l'analyse de la croissance économique d'une région autarcique, c'est-à-dire une région qui se suffit à elle-même et qui n'a ni exportations ni importations. Les greffes de nouvelles activités sont soumises aux contraintes de la structure de la demande locale et doivent donc être marginales. Sinon elles susciteraient une réaction trop forte des concurrents et seraient rejetées. Toutefois, leur marginalité fait que leur influence respective sur la demande globale et sur la demande des produits spécifiques est mineure. L'expansion de l'économie se fait donc très lentement.

La figure 4.3 montre le processus de croissance relié à la greffe des nouvelles entreprises.

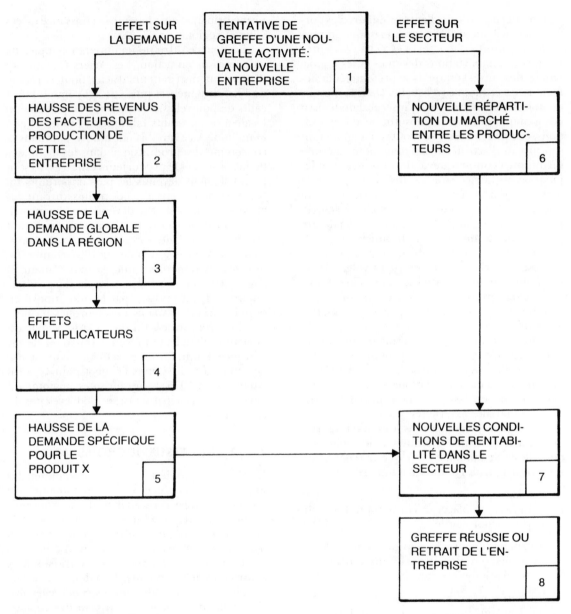

Figure 4.3   Le processus de croissance

Appliquons-le à une région autarcique en considérant l'ouverture d'un cinquième restaurant dans une région hypothétique où les restaurants représentent 5 % de l'économie. Le nouveau restaurant partage le marché de quatre autres restaurants, que nous présumons tous de la même taille et tous frappés également par ce nouveau concurrent.

Le nouveau restaurant (étape 1) paie des revenus à ses employés et patron (étape 2). Ces revenus, pour les fins de l'exemple, amènent une hausse de 1 % de la demande globale (étape 3). L'effet multiplicateur de 2 donne une hausse de 2 % de la demande pour tous les types de biens et services produits dans la région (étape 4). La demande pour les services de restauration augmente de 2 % (étape 5). Par ailleurs, le marché moyen des quatre autres restaurants diminue de 25 %, à la suite de l'arrivée du cinquième restaurant (étape 6). Face à ce petit accroissement de la demande spécifique (2 %) et de la nécessité d'une diminution de 25 % du marché des autres restaurants, la greffe a peu de chances de réussir. Si elle réussit, il est possible qu'un des restaurants ferme, ce qui éliminera l'effet initial et ramènera l'activité économique globale au niveau antérieur.

Les choses sont très différentes si l'aspect autarcique n'existe pas. Remplaçons le restaurant par une activité de base ou une substitution d'importations. L'étape 6 est alors beaucoup plus diluée et elle se fait sentir non pas localement mais dans d'autres régions. Les entreprises de l'extérieur qui fournissent le marché local sentiront une contraction de la demande dans un de leurs marchés d'exportation. L'effet de la greffe sur les activités existantes sera nettement plus faible et entraînera une contre-réaction plus mitigée. Il lui est alors plus facile de réussir à s'implanter.

La tentative de greffe en région autarcique démontre aussi le mécanisme autorégulateur du secteur induit de l'économie. À moins qu'une croissance de la demande globale amenée par une expansion de la base ou par une substitution d'importations assouplisse les conditions de rentabilité d'une activité induite, il est difficile pour une nouvelle entreprise de s'y implanter. La taille du marché local influence aussi les probabilités de succès d'une greffe. Plus le marché local est vaste, plus l'effet d'une greffe sur les entreprises existantes (étape 6) est dilué et plus il est facile de l'insérer dans le tissu.

Que l'économie de la région soit autarcique ou non, nous savons que de nouvelles conditions de rentabilité seront définies dans le secteur (étape 7) à la suite de la répartition du marché entre producteurs. Ce sont ces nouvelles conditions qui déterminent la réussite ou l'échec de la greffe (étape 8). En cas d'échec, la nouvelle entreprise se retire du marché. La demande retombe alors à son niveau initial, c'est-à-dire au niveau qu'elle atteignait avant que le processus ne soit enclenché.

Il ne faudrait pas se méprendre et donner aux tentatives de greffes un aspect ponctuel. Bien au contraire, elles constituent un processus continu. Plus une région manifeste des signes de dynamisme, plus ses entrepreneurs ont envie de développer de nouvelles activités et, par conséquent, plus les tentatives de greffes sont nombreuses. Or comme les tentatives de greffes ont un effet positif sur la demande (étapes 2, 3, 4, 5), un processus plus intense de création des greffes fait sensiblement augmenter la demande dans l'économie régionale. À son tour, une demande accrue stimule la greffe de nouvelles activités, accélérant ainsi le processus de croissance. Les tentatives de greffes et la demande de biens et de services sont donc des éléments intimement liés, et la façon dont elles s'articulent contribue au phénomène de croissance.

3. Une illustration du processus de croissance : Villejacobs et Smithsburg

Les économies les plus simples permettent d'observer clairement les processus fondamentaux de la croissance économique. À cet égard, nous avons imaginé deux fables, chacune reliée à une ville hypothétique, pour illustrer certains processus. La première fable raconte l'histoire de Villejacobs, une ville miracle qui n'en finit pas d'étonner. Voici cette histoire.

... Par un beau jour de mai, après la fonte des neiges, un petit groupe de bûcherons quitta la ville d'Astu pour remonter le cours de la rivière Potamos vers le nord. Au cœur de la forêt, à environ 150 kilomètres d'Astu, Jacobs, le chef de file, convainquit les membres du groupe d'établir leur camp au bord de la rivière. Ce furent les débuts de Villejacobs.

Les bûcherons construisirent un campement sommaire et firent la coupe du bois durant l'été et l'automne. À la fin de septembre, Jacobs redescendit vers le sud et réussit à vendre les coupes de l'été et de l'automne, de même que celles qu'ils comptaient faire pendant l'hiver. Le bois fut « descendu » par flottage au printemps suivant. Cette vente représenta les premières exportations du nouveau campement. Grâce aux revenus qu'ils en tirèrent, les bûcherons achetèrent divers articles qu'ils emportèrent au campement. Il s'agissait là de leurs premières importations, lesquelles incluaient de l'équipement de travail, telles des scies, des biens de consommation durables comme des poêles, et des provisions de nourriture. En fait, les bûcherons dépensèrent non seulement l'argent qu'ils avaient reçu de la vente de leur production, mais ils entamèrent aussi des fonds empruntés. Comme dans toutes les nouvelles régions, ils importaient des capitaux. Nous pouvons ainsi observer, bien qu'à l'échelle réduire de Villejacobs à ses débuts, une caractéris tique fondamentale de toutes les économies régionales : les importations de biens et de services et les exportations s'équilibrent, les mouvements de capitaux (emprunts ou exportations de capitaux) assurant cet équilibre.

Les bûcherons avaient passé leur premier hiver seuls dans la forêt. Au printemps ils firent venir leurs familles. Le campement connaissait ainsi son premier accroissement de population et, avec lui, une demande croissante pour certains biens comme des meubles (chaises, tables, berceaux, etc.). Le père d'un bûcheron, un menuisier, vint aussi s'établir à Villejacobs. Ce menuisier était le premier travailleur à produire exclusivement pour les besoins du campement. Ainsi naissait le secteur induit de l'économie de Villejacobs.

Au cours des cinq premières années, le village prit de l'ampleur avec l'arrivée de plusieurs autres bûcherons et de leurs familles. On continuait d'exporter le bois et d'importer d'Astu des produits variés. Par ailleurs, avec l'accroissement de la demande locale et la variété des besoins, de nouvelles activités induites apparaissaient. Des bûcherons délaissaient la forêt, les uns pour se lancer dans la construction, un autre pour ouvrir un magasin général, un autre encore pour assurer le transport entre le campement et Astu. Ces nouvelles activités étaient orientées uniquement vers les besoins du village. La coupe du bois demeurait l'activité économique de base, sans laquelle Villejacobs n'aurait pu survivre. Mais de plus en plus d'activités induites se structuraient autour de cette première activité.

Cinq ans après l'arrivée des premiers bûcherons, le gouvernement fit construire une route carrossable jusqu'à Villejacobs. On commença alors à expédier le bois par camion. Deux ans plus tard, quelques contremaîtres mirent en commun leurs économies et ouvrirent un moulin à scie. La nouvelle route avait rendu avantageuse l'exportation du bois scié, en plus de l'expédition du bois brut. Elle contribua ainsi à la première diversification de la base économique de Villejacobs. Le moulin à scie permit la création d'une quinzaine d'emplois, des emplois de base, qui furent occupés par des jeunes gens qui vinrent d'Astu. En l'espace de quelques mois apparurent aussi une quinzaine de nouveaux emplois induits, pour répondre entre autres aux besoins des ouvriers du moulin à scie et de leurs familles. C'est un exemple de l'effet multiplicateur de l'expansion des activités de base.

Au début, les habitants de Villejacobs faisaient réparer leur outillage et leur machinerie à Astu. Ils importaient ces services de réparation de la même façon que les oranges ou les vêtements. Un an après l'ouverture de la scierie, l'un des mécaniciens du moulin s'établissait en affaires pour fournir des services de réparation.

Il effectuait ainsi un *spin-off* entrepreneurial, une façon fréquente de greffer une nouvelle activité à une économie. Du travail nouveau s'ajoutait dans la région. Dans ce cas, il s'agissait d'une substitution d'importations. D'autres suivirent son exemple en fournissant localement des services jusque-là importés. Certains subirent des échecs. On les accusa d'être de mauvais gestionnaires. Mais les conditions de succès étaient minces pour plusieurs d'entre eux. Les greffes entrepreneuriales ne réussissent pas toujours.

La région n'importait que très peu de capitaux. C'était principalement les exportations qui financaient les importations. La nature des exportations et des importations évoluait, et le bois d'œuvre représentait une proportion de plus en plus élevée des exportations. Les importations se diversifiaient, malgré le fait que les activités induites de Villejacobs prenaient de l'ampleur. La croissance du marché favorisait cette diversification. Néanmoins, les importations et les exportations de Villejacobs s'équilibraient.

À son quinzième anniversaire, Villejacobs comptait près de 5000 habitants. On y trouvait une gamme variée d'établissements : deux scieries, une vingtaine de commerces, deux médecins, un avocat, deux agents d'assurances, etc. La forêt était maintenant plus éloignée, et un petit village satellite était apparu. Une zone agricole commençait à se préciser, avec des cultures et des pâturages. L'agriculture n'était destinée à l'origine qu'à l'approvisionnement de Villejacobs. Tout comme l'apparition des services, il s'agissait au début de substitutions d'exportations. Toutefois, certains agriculteurs élargirent rapidement leurs marchés vers Astu. Ainsi, l'agriculture, qui n'était qu'une industrie induite, devint partie de la base économique. La mutation d'une activité du secteur induit vers la base économique, un des volets du processus de substitution d'importations, constitue une importante voie d'expansion de l'économie d'une région.

À son vingtième anniversaire, Villejacobs comptait environ 8000 habitants et commençait à prendre l'allure d'une petite ville. La forêt était maintenant éloignée de dix kilomètres. L'atelier de réparations fondé par le mécanicien de la scierie fabriquait maintenant des pièces de machinerie pour la coupe du bois. Le mécanicien avait conçu quelques machines spécialisées pour le marché local, qu'il exporta par la suite hors de la région, devenant de la sorte partie de la base économique. Il effectuait ainsi le cheminement usuel de beaucoup d'entrepreneurs, qui s'adressent d'abord au marché local, puis se diversifient géographiquement. Par ailleurs, le fils du menuisier de la première heure était devenu entrepreneur de construction. Il planifiait alors la mise sur pied d'une usine de bois ouvré.

Villejacobs était devenu le chef-lieu d'une région en émergence. Plusieurs petits villages avaient été construits autour de Villejacobs et le long de la route d'Astu. Leurs habitants envoyaient leurs enfants à l'école à Villejacobs, venaient y faire leurs emplettes le samedi, et y réglaient leurs affaires.

À son trentième anniversaire, Villejacobs comptait 13 000 habitants. Les premiers habitants étaient maintenant de vénérables citoyens. L'élite d'affaires de la ville était formée des premiers entrepreneurs. Toutefois, des « jeunes » s'affirmaient de plus en plus. La ville avait aussi beaucoup changé. La forêt en était maintenant éloignée. Il ne restait plus qu'une seule scierie aux abords de la ville. De nouvelles industries avaient remplacé les plus anciennes. L'usine de machinerie de coupe de bois avait grandi de façon spectaculaire. Elle employait maintenant plus de 300 personnes. De plus, des employés de cette usine avaient fondé une entreprise de fabrication de remorques de camions, poursuivant ainsi la tradition d'émergence entrepreneuriale à Villejacobs. Une société multinationale avait construit une usine de contre-plaqué à 20 kilomètres de Villejacobs. La majorité des ouvriers et des cadres de l'usine habitaient Villejacobs. Plusieurs autres petites entreprises manufacturières avaient été fondées ; certaines fonctionnaient avec succès, d'autres moins. Ainsi, une entreprise qui fabriquait des bateaux de plaisance avait fait une faillite retentissante.

Lors de son quarantième anniversaire, Villejacobs était devenue le chef-lieu d'une grande région. La ville et les paroisses contiguës comptaient 22 000 habitants. De plus on trouvait dans un périmètre de 50 kilomètres plus de 35 000 habitants. Une riche zone agricole s'était développée. Sept villages s'étaient installés près de la forêt. On trouvait dans ces villages des scieries, des épiceries, des caisses populaires, etc. Néanmoins, ces villages demeuraient dans l'orbite économique de Villejacobs. La ville elle-même comptait un bureau d'ingénieurs, deux comptables, un architecte, une polyvalente, deux centres commerciaux, un club de golf, cinq paroisses. Depuis deux ans, il y avait un commissaire industriel à plein temps, qui se préoccupait d'attirer de nouvelles industries. Villejacobs avait grandi. Elle cherchait maintenant à gérer sa croissance économique.

L'histoire de Smithsburg est bien différente de celle de Villejacobs. Au début, Smithsburg était une ville modèle, planifiée par des experts et destinée à refléter le sens rationnel, le confort et le progrès. La ville reposait toutefois sur une base étroite et peu créatrice. Elle s'est graduellement atrophiée et sombra dans une stagnation gênante.

Smithsburg fut fondée dix ans après Villejacobs, par la General Pulp and Paper Company. Smithsburg était située à 100 kilomètres à l'est de Villejacobs, le long de la rivière Makemiac, au cœur d'une des plus riches forêts du Canada. La « General » avait dès la première année persuadé le gouvernement de construire une route qui partait d'Astu pour se rendre jusqu'aux réserves forestières de la « General ». Quatre ans plus tard, le chemin de fer atteignait Smithsburg. L'implantation du chemin de fer avait d'ailleurs été une des conditions négociées par la « General » pour construire l'usine de Smithsburg.

La « General » construisit une ville pour accommoder les employés de la « General ». Elle retint les services d'urbanistes et d'architectes de premier ordre. Smithsburg devait être, et fut, un élément de fierté pour la direction de la « General ». Lors d'une conférence de presse, au siège social, les dirigeants de la « General » présentèrent Smithsburg comme la ville du futur, une ville raisonnée, une solution de rechange au développement anarchique de Villejacobs.

À ses débuts, Smithsburg fut effectivement perçue comme un modèle d'urbanisme. Lors de « l'ouverture officielle » de la ville, cinq ans après l'annonce du projet, et la même année que celle de l'ouverture de la papeterie, Smithsburg fut l'objet de commentaires louangeurs de la part des urbanistes mais aussi de la part de ses premiers résidants. De belles rues asphaltées, pourvues de trottoirs et bordées d'arbres, accueillaient 500 coquettes maisons préfabriquées. Un centre commercial moderne, accessible aux piétons, était situé au centre de la ville.

La papeterie employait 700 ouvriers. De plus, 500 employés travaillaient en forêt. Cinq ans après son « ouverture », Smithsburg était une coquette petite ville de 9000 habitants. Elle faisait l'envie des citoyens de Villejacobs, sa rivale comme métropole du « nord d'Astu » et qu'elle avait même dépassée au chapitre de la population. Villejacobs ne comptait à cette époque que 8000 habitants et était vue comme une ville mal conçue, mal planifiée, « un désastre d'architecture et d'urbanisme ». Smithsburg traçait la voie avec son hôpital, son aréna, ses deux églises et ses deux hôtels. L'un d'entre eux, Le Manoir, était célèbre par la beauté de son architecture. Géré par la « General », le Manoir était utilisé en grande partie pour la commodité des fournisseurs et des clients de la « General » de passage à Smithsburg.

La « General » offrait de bons salaires, plus élevés que ceux de toute autre entreprise d'Astu et de Villejacobs. Nul ne doutait, les habitants de Villejacobs moins que tous les autres, que l'avenir appartînt à Smithsburg.

Et pourtant, lorsque Smithsburg célébra son vingt-cinquième anniversaire, elle ne comptait que 10 500 habitants et était toujours isolée, sans village avoisinant. Son économie ne s'était pas diversifiée. La papeterie de la « General » employait 800 travailleurs. Deux expansions avaient gâché l'apparence originelle de l'usine. La ville elle-même avait mal vieilli. Le site demeurait enchanteur, mais les maisons qu'avait fait bâtir la « General » semblaient vétustes et même la rue principale paraissait délabrée. Des terrains vagues témoignaient de l'absence de constructions récentes. Le maire de la ville, un cadre supérieur de la « General », s'activait à équilibrer un budget trop tributaire de la contribution de la « General ».

À part la « General », il n'y avait à Smithsburg que deux autres entreprises manufacturières, toutes deux de petite taille : une scierie et une usine de fabrication de tuyaux de béton. L'autre employeur local d'importance, le Transport Michaud, était une entreprise de camionnage fondée à Smithsburg, qui s'était diversifiée géographiquement et comptait plus de 300 employés dont 85 à Smithsburg. Le tourisme était également devenu une industrie importante et offrait des emplois d'été aux jeunes de la ville. Un très beau terrain de camping (« Le plus beau camping du Nord ») avait été construit le long de la rivière, en amont de l'usine de pâtes et papiers. De plus, chaque automne, des centaines de chasseurs envahissaient Smithsburg lors du Festival du chevreuil.

La ville avait depuis longtemps été dotée d'un commissariat industriel, lequel avait publié plusieurs brochures illustrées vantant les charmes de Smithsburg. Sa priorité de l'année était la construction d'une route pavée entre Villejacobs et Smithsburg. Mais malgré ces efforts, les citoyens de Smithsburg se montraient pessimistes. Le développement était difficile.

Ces deux exemples hypothétiques démontrent, dans le cas de Villejacobs, les mécanismes les plus importants de la croissance économique et, dans celui de Smithsburg, les causes de la stagnation d'une économie. À l'origine, la croissance de Villejacobs reposait sur l'exploitation d'une ressource naturelle, le bois, exportée de la région. De telles activités sont à l'origine d'un grand nombre de villes. Cette base industrielle soutient des importations et favorise le développement d'activités économiques qui alimentent le marché local, grâce aux effets multiplicateurs. Par la suite, les produits et les services importés sont remplacés par des produits et des services locaux. Cette production entraîne un accroissement global de l'activité économique et active le multiplicateur de la substitution d'importations.

Certaines entreprises du secteur induit, telles que les ateliers de construction, exportent leurs produits, élargissant ainsi la base économique. La base économique se diversifie aussi par l'addition de nouvelles entreprises dans des secteurs connexes. Dans le cas de Villejacobs, il est possible de retracer cette progression, qui débute avec les scieries, puis se poursuit avec le travail du bois, les meubles, la machinerie et enfin les produits métalliques. La structure de la base se modifie également dans le temps : les scieries et la coupe du bois n'étaient plus aussi importantes que dans les premières années de Villejacobs. Le processus de croissance économique ne peut se faire sans heurts, ni sans failites ; toutes les tentatives ne réussissent pas. Villejacobs a connu des échecs, des fermetures et des faillites.

Le développement de l'économie de Smithsburg a suivi un chemin très différent de celui de Villejacobs. Tout avait été pensé en fonction d'une seule activité : le fonctionnement efficace de la papeterie. L'environnement économique et l'environnement culturel n'ont pas favorisé l'émergence d'entrepreneurs. L'économie stérile ne s'est donc pas diversifiée. Les ouvriers rêvaient d'être contremaîtres, les contremaîtres d'être cadres, et les cadres d'être promus au siège social. Peu d'exemples de succès existaient pour stimuler la volonté des entrepreneurs potentiels : les quelques exemples appartenaient au secteur induit. L'économie de Smithsburg s'est atrophiée parce que sa base économique ne s'est pas diversifiée. De plus, l'incapacité des dirigeants de la ville d'identifier les véritables causes de la situation les a amenés à retenir des solutions peu efficaces pour stimuler le développement. Par exemple, le tourisme offre un potentiel limité de développement. La ville a toutefois trouvé une façon de se valoriser (« Le plus beau camping du Nord »). De même, la construction de routes vers d'autres villes plus florissantes ne contribue pas nécessairement à la croissance économique. C'est la diversité et l'hétérogénéité de l'économie de Villejacobs qui ont fait sa force, et non pas sa composition en infrastructures.

4. Les voies de la croissance

Le processus de la croissance économique régionale que nous venons de décrire se décompose en trois mécanismes distincts : 1. l'expansion exogène de la base économique ; 2. l'effet multiplicateur sur le secteur induit ; 3. la substitution d'importations.

Ces trois mécanismes sont complémentaires. L'expansion exogène de la base économique a un effet multiplicateur. Elle permet aussi une augmentation et une diversification des importations, ce qui augmente les possibilités de substitutions d'importations. Il est difficile de les observer séparément dans le développement concret d'une ville. Il est souvent difficile également d'attribuer l'apparition d'une nouvelle activité induite soit à l'effet multiplicateur, soit à une substitution d'importations. Nous présentons à la figure 4.4 une taxinomie des voies de croissance. Nous identifions neuf voies.

Base économique	Mécanisme
1. Ressources naturelles	a
2. Nouvelles entreprises locales	a
3. Expansion d'entreprises existantes	a
4. Importation d'établissements	a
5. Mutation du secteur induit	c
Secteur induit	
6. Nouvelless entreprises locales	b
7. Expansion d'entreprises existantes	b
8. Importation d'établissements	b
9. Substitution d'importations	c

Les trois mécanismes deviennent actifs dans des situations concrètes : c'est ce que la classification présentée à la figure 4.4 démontre. D'autres classifications pourraient être conçues. Celle-ci a l'avantage de décomposer la croissance des emplois d'une région en avenues appropriées à des interventions locales.

Nous avons donc identifié neuf voies de croissance des emplois d'une région. Chaque voie est associée à des décisions d'addition d'activités dans la région. Ces décisions ont leurs caractéristiques propres, et leur activation dépend des conditions régionales. Nous examinons ces voies d'expansion une à une dans la section suivante.

4.1 L'EXPLOITATION DE RESSOURCES NATURELLES

En majorité, les régions doivent leur création à l'exploitation d'une ressource naturelle. C'est le chaînon autour duquel est tissée l'économie de la région. Nous entendons ici par ressource naturelle un avantage géographique particulier que possède un territoire. L'exploitation de cet avantage y a amené les premiers habitants. Il peut s'agir de sources de matières premières, comme du bois ou du minerai de fer, d'un site à rivière navigable, ou encore d'une terre fertile.

Dans la plupart des régions industrialisées, cette voie de croissance a perdu son importance stratégique. Toutes les ressources susceptibles d'être exploitées de façon rentable le sont déjà. De plus, les ressources naturelles potentielles ont aussi été identifiées, et leur exploitation dépend de l'évolution de paramètres de rentabilité tels les prix internationaux et la technologie d'exploitation. Prenons l'exemple d'un gisement de minerai de cuivre dont l'exploitation n'est pas considérée rentable actuellement. Une hausse de prix du cuivre pourrait rendre son exploitation rentable. Sur le plan technologique, des progrès sont possibles dans divers domaines : métallurgie, modes de transport, forage, recyclage des déchets, etc. Ces progrès pourraient justifier l'exploitation du gisement.

La demande globale d'une ressource est évidemment importante. Toute hausse actuelle ou pressentie de la demande aura un effet de prix, qui se répercutera sur les conditions de rentabilité et de mise en valeur. Cet effet de la demande globale est visible dans le cas de sites touristiques. Ainsi, la hausse du niveau de vie et la popularité croissante du ski ont rendu rentable la mise en valeur de sites touristiques en faisant des centres de ski. Le drainage d'un territoire à potentiel agricole ou l'aménagement d'une rivière sont d'autres exemples.

Les subventions gouvernementales peuvent aussi « rentabiliser » des projets d'exploitation de ressources naturelles en abaissant artificiellement le coût du capital. Les projets de mise en valeur d'une ressource naturelle se font généralement à grande échelle et nécessitent des capitaux importants. Les subventions gouvernementales permettent de les rendre économiquement réalisables, bien avant que les forces du marché ou la technologie ne le permettent. Le principal effet des subventions gouvernementales, pour des projets d'une telle envergure, est d'accélérer la mise en valeur. Les subventions gouvernementales sont donc devenues des facteurs capitaux dans la décision de mettre en œuvre un projet d'exploitation d'une ressource naturelle.

La mise en valeur effective d'une ressource naturelle a souvent un effet majeur sur l'économie peu diversifiée de certaines régions. Les dé-

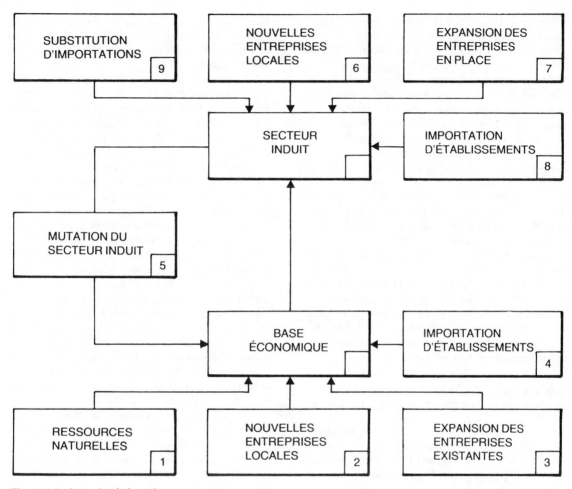

Figure 4.4 Les voies de la croissance

penses d'investissement créent des retombées importantes au sein de ces régions. De plus, les activités d'exploitation fournissent des emplois de base permanents.

Néanmoins, la mise en valeur de ressources naturelles est devenue un mode de croissance d'importance secondaire dans la plupart des régions d'Amérique du Nord, malgré le haut profil de ces projets. Ces projets ne sont importants que dans les régions en voie de développement primaire. De plus, bien qu'impliquant des investissements élevés en capital, ces projets sont souvent peu significatifs en termes de création d'emplois.

Le cas du pétrole semble contredire ces affirmations. En effet, depuis 40 ans, le pétrole a présidé au développement des économies de l'Alberta et de diverses régions du Sud-Ouest américain. Toutefois, il s'agit d'un cas exceptionnel. En effet, le pétrole a bénéficié, au Canada et aux États-Unis, d'une conjoncture de prix très favorable, d'abord grâce à l'intervention gouvernementale à partir de la Seconde Guerre jusqu'en 1970, puis, depuis 1973, grâce à l'explosion des prix mondiaux de l'énergie. Cette conjoncture artificielle de prix a eu des effets bénéfiques importants. Premièrement, elle a suscité un investissement continu dans la recherche et l'exploration. Deuxièmement, elle a suscité des profits de rentes élevés pour les gouvernements régionaux, ce qui leur a permis d'offrir un environnement fiscal priviligié et des subventions importantes à l'investissement industriel. Cette situation ne peut durer très longtemps. Le jeu de la concurrence internationale a déjà commencé à faire fléchir les prix. Les dépenses de recherche et d'exploration ont diminué d'une manière dramatique en Alberta. L'importante rente que percevait son gouvernement provincial s'amenuise d'année en année, et l'environnement fiscal devient moins attrayant. De 1981 à 1984, la croissance économique de l'Alberta a été nulle, et la population de la province a diminué en 1984.

Les métaux et la forêt n'ont pas bénéficié de ces conditions exceptionnelles. Sudbury, Timmins, Rouyn-Noranda, Val-d'Or, Sept-Îles et Chicoutimi sont les plus typiques des villes régionales tributaires de ressources naturelles. Elles affichent des taux de croissance faibles depuis qu'elles ont atteint le niveau économique conforme à leur base économique.

4.2 LA CRÉATION LOCALE DE NOUVELLES ENTREPRISES DE BASE

La création d'entreprises de base par des entrepreneurs locaux constitue l'une des principales sources de croissance dans les régions dynamiques. Ce mécanisme de croissance peut être géré par des politiques et des mesures publiques appropriées. L'approche traditionnelle consiste à effectuer des études de présélection industrielle pour essayer d'intéresser des investisseurs à des projets potentiels. Cette approche est fausse dans sa conception même. Il y a rarement des « trous » dans le tissu économique, c'est-à-dire des besoins qui ne seraient pas satisfaits. Les projets que pourrait identifier une étude ont généralement été examinés déjà par des entrepreneurs toujours à l'affût de produits importés qu'ils pourraient fabriquer sur place. S'ils n'ont pas été retenus, c'est que ces projets n'étaient pas valables ou qu'ils étaient trop risqués. Ces études découvrent donc rarement des possibilités de développement. De plus, en étant dirigée vers des investisseurs mythiques extérieurs, qui disposeraient de ressources importantes, la méthode tend à diminuer l'importance de l'entrepreneur local dans une économie régionale.

La gestion de la croissance passe par une autre voie : celle de la mise en place des conditions favorables à l'initiative entrepreneuriale. L'intervention publique efficace ne porte pas sur la création d'entreprises mais plutôt sur l'instauration des conditions qui inciteront des entrepreneurs à créer des entreprises.

Il est difficile d'identifier a priori les secteurs manufacturiers les plus propices à l'émergence dans une région de nouvelles entreprises. Néanmoins, la création d'entreprises obéit à des schémas typiques. En général, les nouvelles entreprises de base puisent aux mêmes sources technologiques et commerciales que les entreprises en place. Les entrepreneurs exploitent une idée, ou répondent aux besoins d'un marché spécifique qu'ils ont connu dans leur expérience de travail. Ou encore, ils imitent une ou plusieurs firmes déjà installées dans un domaine particulier. Les filiations des firmes au sein de la structure industrielle en place sont évidentes. C'est ce qui permet à des concentrations sectorielles de se développer.

L'exemple le plus célèbre est celui de la Silicon Valley en Californie ; il s'agit d'une concentration d'entreprises du secteur de l'électronique. Ces concentrations sont fréquentes, et tout examen détaillé de la base économique d'une région les révélera. Par exemple, on trouve des grappes de fabricants de chemises et de vêtements en jean à Saint-George de Beauce. On trouve de même plusieurs constructeurs de bateaux et des usines de reconstruction de moteurs dans la région de Shawinigan — Grand-Mère.

Un constat d'importance ressort. Il se dégage rarement des relations claires entre les avantages comparatifs d'une région — notamment ses ressources naturelles — et les grappes ou les types d'entreprises issues de l'esprit d'entreprise local. Il est donc peu utile de vouloir identifier a priori le type d'entreprises qui peut être développé dans la région.

Les conditions objectives de marché qui permettent à l'entreprise de réussir varient peu d'une région à l'autre. L'expérience démontre, par exemple, que des entreprises de fabrication métallique peuvent être situées en Beauce et en Abitibi, aussi bien qu'à Montréal. Il en est de même pour la plupart des produits. Cela ne veut pas dire qu'une entreprise peut être établie n'importe où. Les conditions de succès varient grandement d'une région à l'autre et ne sont pas toutes les mêmes dans tous les secteurs. Il semblerait cependant que ces conditions peuvent se retrouver dans toutes les régions, grâce à des politiques appropriées, adoptées pendant le temps nécessaire pour les réaliser.

La question pertinente est celle de la nature de ces conditions de succès. Elles relèvent autant de l'accueil réservé aux entrepreneurs et de leur habileté à construire une organisation que des caractéristiques objectives du marché. Autrement dit, l'effervescence entrepreneuriale dépend de facteurs sociaux et de facteurs économiques.

Il existe, dans tout milieu, un nombre élevé d'entrepreneurs. Toutefois, on les trouve surtout, et quelquefois uniquement, dans le secteur induit : commerces, professions, services, construction, services financiers, etc. Analysées du point de vue de l'entrepreneur, les perspectives de réussite d'une nouvelle entreprise ne diffèrent guère, que la nouvelle activité soit de base ou induite. La demande pour le nouveau produit ou le nouveau service que l'entrepreneur veut offrir est tout aussi incertaine, que le marché soit local ou extra-régional. De plus, l'efficacité de la nouvelle entreprise reste à démontrer dans les deux cas. En somme, le problème de l'esprit d'entreprise ne réside pas dans une carence d'entrepreneurs mais dans un déséquilibre de sa distribution sectorielle. Cela peut provenir en partie de ce qu'il est plus difficile de lancer une nouvelle entreprise dans le secteur manufacturier que dans le secteur des services, où les investissements requis sont plus faibles. Pourtant, l'expérience de Saint-George de Beauce, où 1,5 nouvelle entreprise manufacturière par 1000 habitants fut créée de 1976 à 1981, démontre que les possibilités de création d'entreprises manufacturières peuvent être élevées. Nous devons donc retenir d'autres facteurs si nous voulons expliquer les carences entrepreneuriales dans le secteur de la base.

Nous pouvons donc définir le problème comme étant celui de la création dans la base économique des mêmes conditions qui prévalent dans le secteur induit. À cet effet, les autorités publiques d'une région peuvent concevoir un ensemble de politiques et de mesures ayant pour but de valoriser l'esprit d'entreprise de base et de diminuer les risques qui y sont associés. Les bénéfices que recherche l'entrepreneur sont d'ordre social et d'ordre pécuniaire. Les autorités responsables du développement économique peuvent inciter les corps publics, tels les chambres de commerce et les journaux régionaux, à promouvoir les succès des entrepreneurs de base. La reconnaissance sociale des entrepreneurs est une des caractéristiques des régions en croissance. Dans la mesure où la création d'une entreprise est largement reconnue comme une voie de réussite sociale dans une région, des entrepreneurs en puissance seront plus portés à laisser la sécurité de leurs emplois du moment pour tenter des expériences entrepreneuriales.

Ces mesures de reconnaissance sociale ne sont pas seulement des incitations pour l'entrepreneur ; elles amènent aussi la population à mieux soutenir l'entrepreneur et l'entreprise. Ce soutien se manifeste de façons très variées, allant de l'apport de fonds à l'appui des autorités locales en faveur des entreprises. La disponibilité de subventions peut aussi être un élément motivateur pour un entrepreneur qui songe à démarrer son entreprise.

L'entrepreneur et le fonctionnaire, dans un organisme de développement, ont souvent des personnalités fort différentes, soit en raison de leur âge, soit à cause de leur éducation, de leurs valeurs ou de leurs méthodes de travail. L'entrepreneur type est intuitif et mise beaucoup sur son expérience. Le fonctionnaire est plus méthodique dans son analyse et plus objectif dans son évaluation.

Leurs rôles respectifs sont également une source de conflits. La fonction essentielle de l'entrepreneur est de prendre des risques, mais celle de l'analyste est de s'assurer que le capital

dont il est responsable sera investi en toute sûreté. De plus, on oublie souvent que l'analyste
gouvernemental est appelé à évaluer non pas
un simple projet de développement, mais plutôt
ce qui s'avère être l'œuvre magistrale de l'entrepreneur, son travail de plusieurs années. Il y a
certes investi du temps, de l'argent, des efforts,
mais également un capital émotif. L'entrepreneur est donc sur la défensive, et sa réaction
naturelle est de prendre une attitude négative à
l'égard du bureaucrate. Il en résulte donc une
incompréhension mutuelle. Il n'est pas surprenant, dans ce contexte, que la plupart des entrepreneurs en arrivent à qualifier les programmes
d'aide de bureaucratiques, de complexes et
d'inefficaces.

La peur du qu'en-dira-t-on est parfois très
inhibitrice, surtout chez les entrepreneurs qui
sont sensibles à l'opinion d'autrui. Le rôle de
fondateur d'une entreprise doit être perçu
comme « accessible ». Sur ce plan, le secteur induit se distingue clairement de la base économique, et cela peut expliquer en partie les différences de degré d'esprit d'entreprise. Des mesures visant à démystifier l'esprit d'entreprise de
base peuvent avoir un effet important dans une
région où il y en a peu. Un programme de publicité peut proposer les entrepreneurs qui ont
réussi comme des modèles de référence, que les
entrepreneurs potentiels pourront évaluer et
ensuite imiter : « S'il a pu le faire, je peux le
faire aussi », se dira un entrepreneur en puissance. Dans les régions où il y a beaucoup d'esprit d'entreprise, cet effort n'est toutefois pas
nécessaire.

La démystification du rôle d'entrepreneur
peut avoir aussi un effet sur la population et les
milieux d'affaires de la région qui ont un rôle
de soutien important dans le démarrage d'entreprises. Que ce soit le directeur de banque, le
comptable ou l'entrepreneur de construction,
ils prendront plus de risques s'ils ont connu peu
de temps auparavant d'autres entrepreneurs.
« Si Paul a pu le faire, Jeanne réussira aussi », se
diront-ils. Dans un milieu dynamique, ces effets
d'entraînement s'opèrent seuls. Dans des régions peu dynamiques, l'intervention active
d'un commissariat peut diffuser des modèles de

réussite, qui servent en quelque sorte à façonner des attitudes positives vis-à-vis du risque.

Néanmoins, certains environnements sont
peu favorables à l'émergence de conditions
propres à l'esprit d'entreprise. Les conditions
socio-économiques d'une région peuvent as-
phyxier l'esprit d'entreprise local. L'exemple typique à cet égard est celui d'une ville dominée
par une industrie ou une entreprise, comme
c'était le cas à Smithsburg. Jane Jacobs décrit
l'influence pernicieuse d'Eastman Kodak sur
l'esprit d'entreprise de la ville de Rochester,
N.Y.[9]. De même, toute ville dominée par une
oligarchie sociale n'est pas un terrain fertile à
l'éclosion d'entrepreneurs. En effet, l'entrepreneur est souvent un rebelle, qui défie l'ordre
conventionnel des choses. Une « élite » se permet souvent de trier les idées et les projets à sa
convenance et de mettre des bâtons dans les
roues à ceux qui ne partagent pas ses idées. On
trouve aussi des conditions défavorables à l'esprit d'entreprise dans les villes où l'élite est
composée de professionnels ou de fonctionnaires. L'esprit d'entreprise et le commerce en
général y sont moins valorisés. Dans ces villes,
les modèles de succès ne sont pas propices à
l'esprit d'entreprise.

Par ailleurs, lorsque s'amorce le processus
de croissance, grâce à la création d'entreprises
locales, les conditions propices à la création de
nouvelles entreprises s'améliorent grandement.
Les modèles de succès se multiplient, ce qui diminue le risque entrepreneurial pour les entrepreneurs et pour les investisseurs appelés à les
soutenir. L'expansion économique attire de
nouvelles personnes dans la région, dont des
entrepreneurs en puissance. Des possibilités
nouvelles sont aussi créées.

La présence d'agglomérations régionales
d'industries suggère qu'il existe des facteurs
économiques favorisant l'intégration industrielle sur une base géographique et l'établissement d'entreprises apparentées. Le développement économique peut, en fait, être induit par
la structure industrielle, lorsque se développe
une grappe d'entreprises d'activités apparentées. Les publications font grand cas de ces effets d'agglomération[10]. L'addition de nouvelles

activités peut reposer sur les avantages qu'offre la présence, dans la région, de fournisseurs de matières premières (intégration en aval), de clients (intégration en amont) ou de savoir-faire technologique (diversification latérale). De plus, la présence d'un réseau de fournisseurs de biens et de services déjà expérimentés dans un secteur donné facilite grandement l'expérimentation entrepreneuriale.

La proximité physique qui caractérise ces grappes industrielles dépend rarement de la recherche d'une minimisation des coûts de transport. L'agglomération d'industries découle, en général, de la façon dont naissent et croissent les firmes et non d'avantages économiques en termes de production ou d'échanges. La formation de grappes relève d'un processus d'addition de nouvelles activités aux activités anciennes. Ainsi, les liens entre les entreprises sont des liens généalogiques, commerciaux et technologiques.

La décision de lancer une entreprise intégrée à la structure industrielle d'une région est parfois reliée à l'exploitation d'une technologie nouvelle ou à la transformation sur place de rebuts jusque-là non utilisés. Il est plus rare que cette intégration joue dans le cas d'un établissement qui ne ferait que se substituer à un fournisseur de l'extérieur de la région. En effet, les clients de la région offrent rarement des volumes de demande suffisants pour justifier la fondation d'une nouvelle entreprise. C'est pour cela que les enquêtes auprès des entreprises, pour analyser leurs achats, ne révèlent que très rarement des possibilités intéressantes. Trois conditions favorisent le lancement de nouvelles entreprises dans une région :

— la présence d'établissements dans des secteurs où l'environnement présente des progrès technologiques rapides ;

— la présence, au sein de ces établissements, des fonctions stratégiques de l'entreprise : marketing, finances, recherche et développement, etc. ;

— la présence de partenaires potentiels au sein de la communauté des affaires.

Les enquêtes menées auprès de grandes entreprises locales, enquêtes qui portent sur leurs achats de biens et de services, ne sont pas une approche très fertile ; ces recherches ont, en général, des résultats très décevants. Elles ne cherchent pas tant à amener l'entreprise à identifier des possibilités qu'à découvrir s'il y a des intrants qui pourraient être fabriqués localement. Les entrepreneurs locaux tirent déjà parti des possibilités offertes par les entreprises locales. Notre expérience en matière de développement économique nous amène donc à ne pas recommander ces approches.

La meilleure façon d'aider les entrepreneurs qui tentent des *spin-off* est de faire connaître les expériences positives. Le succès d'un projet incitera grandement à la canalisation de capital de risque local vers des projets entrepreneuriaux. Ainsi, il se créera un climat favorable à l'émergence d'initiatives entrepreneuriales. À Smithsburg, par exemple, un tel climat faisait défaut. Malgré la présence d'une base technologique intéressante, aucun effet d'entraînement n'a émergé de ce désert entrepreneurial.

Ces liens se développent, entre autres, par le biais d'entrepreneurs qui font leur apprentissage dans une entreprise incubatrice avant de se lancer eux-mêmes en affaires. On appelle communément ces entreprises des *spin-off*. Ces entreprises ont tendance à rester dans l'environnement qui leur est familier et constituent, à la longue, une agglomération.

La création de nouvelles entreprises locales par voie de *spin-off* est à la base de la constitution des agglomérations d'entreprises technologiques de Boston et de la Silicon Valley. Il s'agit d'un processus qui s'autogénère, à partir d'une première génération d'entreprises incubatrices. Ces entreprises émergent des entrepreneurs, qui créent une seconde génération d'entreprises incubatrices, d'où émergent d'autres entrepreneurs.

Le *spin-off* facilite grandement l'expérimentation entrepreneuriale. L'entrepreneur apprend son métier et acquiert sa réputation dans l'entreprise incubatrice, où il est rémunéré à plein temps. Par ailleurs, le tissu local d'entreprises offre souvent à la nouvelle entreprise des marchés initiaux. Enfin, l'entrepreneur trouve localement un réseau de fournisseurs qui connaissent son secteur d'entreprises et qui sont souvent une importante source de financement pour lui, par le simple jeu du crédit commercial.

4.3 LA CROISSANCE DES INDUSTRIES EXISTANTES DE LA BASE ÉCONOMIQUE

Ce mode de croissance est souvent la meilleure voie à court terme pour une région. Selon l'étude de Birch citée plus haut, de 1969 à 1976, aux États-Unis, environ 50 % des emplois nouveaux furent créés par des entreprises en expansion. Les entrepreneurs indépendants amenèrent 60 % des emplois d'expansion.

La croissance d'une entreprise peut dépendre d'une grande variété de facteurs : le niveau technologique des produits, l'évolution des marchés, la gestion et la taille de l'entreprise, etc. Les entreprises de la base économique sont plus en mesure, en général, d'augmenter leurs marchés hors-région. Mais ce ne sont pas toutes les entreprises de base qui opteront pour une croissance soutenue. En fait, le potentiel véritable de croissance des entreprises de base d'une région varie grandement d'une entreprise à l'autre. Trois indicateurs reflètent adéquatement ce potentiel : l'âge de l'entreprise, son expérience de croissance et son équipe de gestion.

De façon générale, le potentiel de croissance d'une entreprise varie à l'inverse de l'âge. Toutes choses étant égales par ailleurs, ce potentiel est plus élevé pour une entreprise jeune que pour une plus âgée. L'expérience de croissance, quant à elle, témoigne de la vitalité de l'entreprise. Par exemple, une entreprise de 30 ans, dont la croissance en termes d'emplois a été faible ou nulle depuis plusieurs années, offre un faible potentiel de croissance. De même, il est peu probable qu'une entreprise en stagnation relative pendant une dizaine d'années, génère soudainement les éléments nécessaires à une reprise de la croissance. En effet, une entreprise « stagnante » est dépassée sur le plan des produits, de l'image, de la technologie, de l'équipement et de la compétence de son personnel. D'ailleurs, selon les analyses de Birch, les entreprises « stables » sont parmi celles qui

semblent appelées à prendre le moins d'expansion et qui sont les plus vouées à la faillite.

Maintenir ou accélérer la croissance d'une entreprise qui a acquis un certain niveau de développement est plus facile, car les dirigeants manifestent une volonté de croissance. Une entreprise qui démontre une croissance soutenue est souvent dirigée par une équipe qui possède la volonté et la capacité de développer l'entreprise. Cette volonté et cette capacité varient grandement d'une entreprise à l'autre et même avec le temps au sein d'une entreprise. Il est facile d'identifier les entreprises de base d'une région qui sont en croissance ou qui en ont le potentiel. À cet égard, il y a lieu de distinguer les entreprises autonomes des établissements locaux de grandes entreprises.

Le potentiel de croissance des établissement intégrés à de grandes entreprises variera selon le dynamisme du secteur en question. Dans une grande entreprise, plusieurs services et divisions sont concernés par les décisions d'expansion. Une entreprise cherche à minimiser le degré d'incertitude ; dès lors, l'expansion d'une usine pose moins d'inconnues que la construction d'une nouvelle usine.

La situation des petites et moyennes entreprises locales est différente. Il faut souligner d'abord que nombre d'entre elles offrent peu d'intérêt. En fait, le potentiel d'expansion de nombreuses P.M.E. de base est souvent sévèrement limité par des facteurs tels que les marchés restreints, la technologie, l'absence de gestionnaires et la faiblesse de la rentabilité. Néanmoins, dans toutes les régions, il existe des petites et moyennes entreprises qui sont en mesure de contribuer de façon significative à l'expansion de la base économique.

Voici une typologie des entreprises de base, selon leur potentiel de croissance. Cinq catégories d'entreprises sont identifiées :

— Les P.M.E. dynamiques. Elles sont contrôlées localement et affichent un potentiel de croissance intéressant. Sur la base des expériences passées de croissance, ces entreprises peuvent être facilement identifiées. On y trouve une équipe de direction qui a la volonté et la capacité de prendre une expansion. Elles constituent entre 10 % et 20 % des entreprises de base. Elles fournissent entre 10 % et 15 % des emplois de base et en termes de croissance, elles peuvent représenter plus de 50 % des emplois nouveaux.

Le développement économique dépend de la stimulation à prendre de l'expansion dans ces entreprises. En effet, les dirigeants des P.M.E. ont souvent d'excellentes raisons d'hésiter face aux défis d'expansion. Pour eux, une décision d'expansion est toujours grave. Il s'agit d'un pas important dans l'inconnu, qui peut mettre en danger la survie de l'entreprise. Un entrepreneur prend rarement de telles décisions *in vacuo*. Il consulte d'autres gens d'affaires et se compare à ses pairs. Il est souvent sensible aux pressions sociales implicites ou explicites, et peut donc être incité par ses pairs à prendre des risques. Un ensemble de mesures peut concourir à la création d'un climat propice. Ces mesures peuvent sembler disparates de prime abord, mais leur conjonction permet d'exercer une influence subtile et puissante sur les dirigeants de P.M.E. La valorisation sociale du dirigeant dynamique et la pression des pairs par le biais d'un réseau de gens d'affaires sont des éléments qui contribuent à créer un tel climat.

Considérons le cas d'une région ou d'une ville de 50 000 à 150 000 habitants. Le cercle des gens d'affaires, et particulièrement des dirigeants d'entreprises de base, y est relativement restreint, totalisant quelques centaines de personnes. Un tel milieu se prête bien à des mesures de stimulation et d'animation. Le nombre des entreprises de base à potentiel élevé y est également restreint. Aussi peut-on élaborer des programmes très concentrés, ayant des objectifs précis, afin de stimuler des décisions d'expansion. Une fois le processus amorcé, il se crée des effets d'entraînement.

Les subventions se sont avérées aussi un moyen précieux de motiver les dirigeants à prendre des décisions d'expansion. Peu de dirigeants d'entreprise restent insensibles à la possibilité d'obtenir un octroi qui défrayerait une partie substantielle du coût des immobilisations associées à une expansion. Les autorités responsables du développement économique qui aident l'entrepreneur à négocier ces demandes de subventions peuvent réduire le risque d'échec et ainsi influencer fortement la décision d'expansion.

— Les entreprises en hibernation. Il existe, dans toutes les régions, des entreprises contrôlées localement et dont le potentiel pourrait s'avérer intéressant sous une autre direction. Ces entreprises ont le potentiel technique nécessaire pour croître, mais elles n'ont pas les dirigeants appropriés. Le dirigeant d'une entreprise peut être amené, pour plusieurs raisons, à restreindre ses horizons et ses ambitions. Il devient alors un parasite de sa propre entreprise. Son objectif est de minimiser les problèmes, et il n'est donc pas intéressé à l'expansion. Ces entreprises sont souvent mûres pour une acquisition. Une entreprise dirigée par un management incompétent est dans la même situation, et le même diagnostic peut être posé dans son cas. Susciter des changements au niveau de la direction supérieure peut, dans ces situations, contribuer au développement économique.

— Les entreprises fragiles. Les entreprises « fragiles » sont, en général, dans les secteurs « mous » ; leur fermeture aurait un effet économique majeur. Cette catégorie comprend celles dont la survie semble douteuse à moyen terme, mais dont la disparition modifierait de façon non négligeable la base économique. La consolidation de ces entreprises, par une mise de fons additionnelle de la part des propriétaires, peut être le geste décisif qui ancrera plus solidement les dirigeants dans l'entreprise et rendra la liquidation moins probable.

Des subventions exceptionnelles sont disponibles en raison des coûts sociaux élevés qu'entraîneraient les pertes d'emplois en cas de fermeture. Toutefois, il est souvent plus « rentable » de s'occuper des entreprises en bonne santé que des entreprises malades.

— Les entreprises tranquilles. La majorité des P.M.E. de la base économique d'une région ont un potentiel limité et n'aspirent qu'à la tranquillité. Plusieurs facteurs peuvent limiter le potentiel de ces entreprises. Très souvent, elles occupent les interstices sectoriels où l'entrée de concurrents est facile. D'autres sont dirigées par des propriétaires aux horizons limités. Ces entreprises n'ont pas le potentiel pour devenir des employeurs significatifs. Collectivement, elles peuvent être importantes, mais prises individuellement, elles méritent d'être abandonnées à leur sort.

— Les grandes entreprises. Ces entreprises sont de gros employeurs. Toutefois, la majorité d'entre elles sont en situation de maturité et elles ne seront pas des sources importantes de nouveaux emplois. Certaines d'entre elles pourront connaître une expansion, mais il est très difficile d'avoir une influence sur cette décision. Les processus internes de décisions des grandes entreprises sont immunisés contre les influences externes.

La structure industrielle d'une région offre une base qui, si elle est bien exploitée, peut s'avérer fertile en termes d'emplois. Les deux dernières catégories d'entreprises sont peut-être de moindre importance : les grandes entreprises, sur lesquelles il est difficile d'avoir une influence, et les entreprises tranquilles, dont le potentiel de croissance n'est pas significatif. Entre ces deux pôles se trouve une vaste gamme d'entreprises qui pourraient prendre de l'expansion.

4.4 L'IMPORTATION D'ÉTABLISSEMENTS

Un des mythes du développement économique consiste à accorder beaucoup d'importance à l'implantation dans une région d'établissements de grandes entreprises de l'extérieur. Or il s'agit là d'une voie d'expansion mineure pour la majorité des régions. Expliquons-nous !

Il est utile, pour des fins d'analyses, de distinguer l'importation d'établissements intégrés à la structure industrielle, telle une usine de papier qui se greffe à une usine de pâte, de l'importation d'établissements non intégrés, c'est-à-dire sans relations techniques ou commerciales avec d'autres établissements de la région.

L'importation d'établissements intégrés est très rare. Ce serait le cas d'un établissement qui viendrait fournir un entrant à des établissements existants ou qui viendrait utiliser un extrant d'un établissement sur place. Très peu d'établissements se prêtent à de telles « connections », sauf lorsqu'ils sont au stade de la conception. C'est à ce stade que les approvisionnements des entrants et l'écoulement des extrants sont planifiés. Il est rare que les conditions se modifient au point de justifier ultérieurement un lien d'intégration. Par exemple, la crise de l'énergie met grandement l'accent sur la chaleur rejetée par un grand nombre d'entreprises. Malgré cela, très peu d'établis sements « énergivores » ont tenté d'exploiter ces sources d'énergie.

Un cas relativement plus fréquent est celui de l'implantation d'un fournisseur à la suite du développement d'une grappe industrielle. Par exemple, à la suite de l'expansion des entreprises du secteur de l'acier, Air Liquide a construit, en 1984, une usine de fabrication d'oxygène à Sorel. Mais il faut noter que l'élément moteur du projet a été l'expansion du marché local.

L'importation d'établissements non intégrés à la structure industrielle est une activité relativement rare, sur laquelle il est difficile d'avoir une influence. Il s'agit d'une activité où la concurrence est très vive. Il est donc essentiel de comprendre à fond le processus décisionnel menant au choix d'un site, avant d'adopter une stratégie d'importation d'établissements efficace.

Notons d'abord que la décision d'une entreprise d'implanter une nouvelle usine ne se prend pas à la hâte ; il s'écoule souvent plusieurs années entre les premières démarches et la décision finale. Il s'agit d'un processus décisionnel de longue haleine, qui peut habituellement être décomposé en deux phases.

En premier lieu, l'entreprise décide de construire un nouvel établissement sur un site qui n'est pas déterminé a priori. En second lieu, elle choisit un site. Ces deux phases du processus décisionnel sont illustrées aux figures 4.5 et 4.6.

Dans la plupart des entreprises, la décision d'implanter un établissement dans une nouvelle région n'est pas fréquente. La décision de construire une nouvelle usine dans une grande entreprise est un phénomène rare. Il n'y a donc pas de processus formel de décision structuré dans l'entreprise. En fait, la plupart de ces décisions sont prises sur une base *ad hoc*.

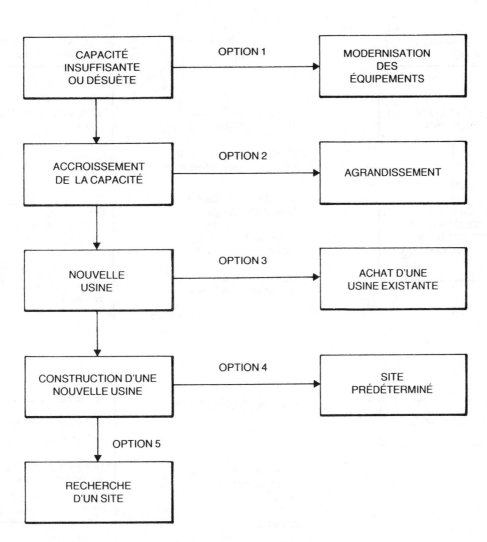

Figure 4.5 Le processus décisionnel de construction d'un nouvel établissement

La figure 4.5 montre le processus décisionnel de la première phase. Aux fins de l'explication, cette phase a été décomposée en quatre
étapes. Lorsqu'une entreprise fait face à un problème de capacité insuffisante, elle doit d'abord
choisir entre la modernisation des installations
et l'accroissement de sa taille. Cette deuxième
option peut s'effectuer soit par l'agrandisse-
ment d'une usine, soit par l'addition d'une nouvelle usine. Dans le cas où une entreprise
conclut à la nécessité d'une nouvelle usine, elle
peut préférer acheter une usine déjà construite
plutôt que de construire.

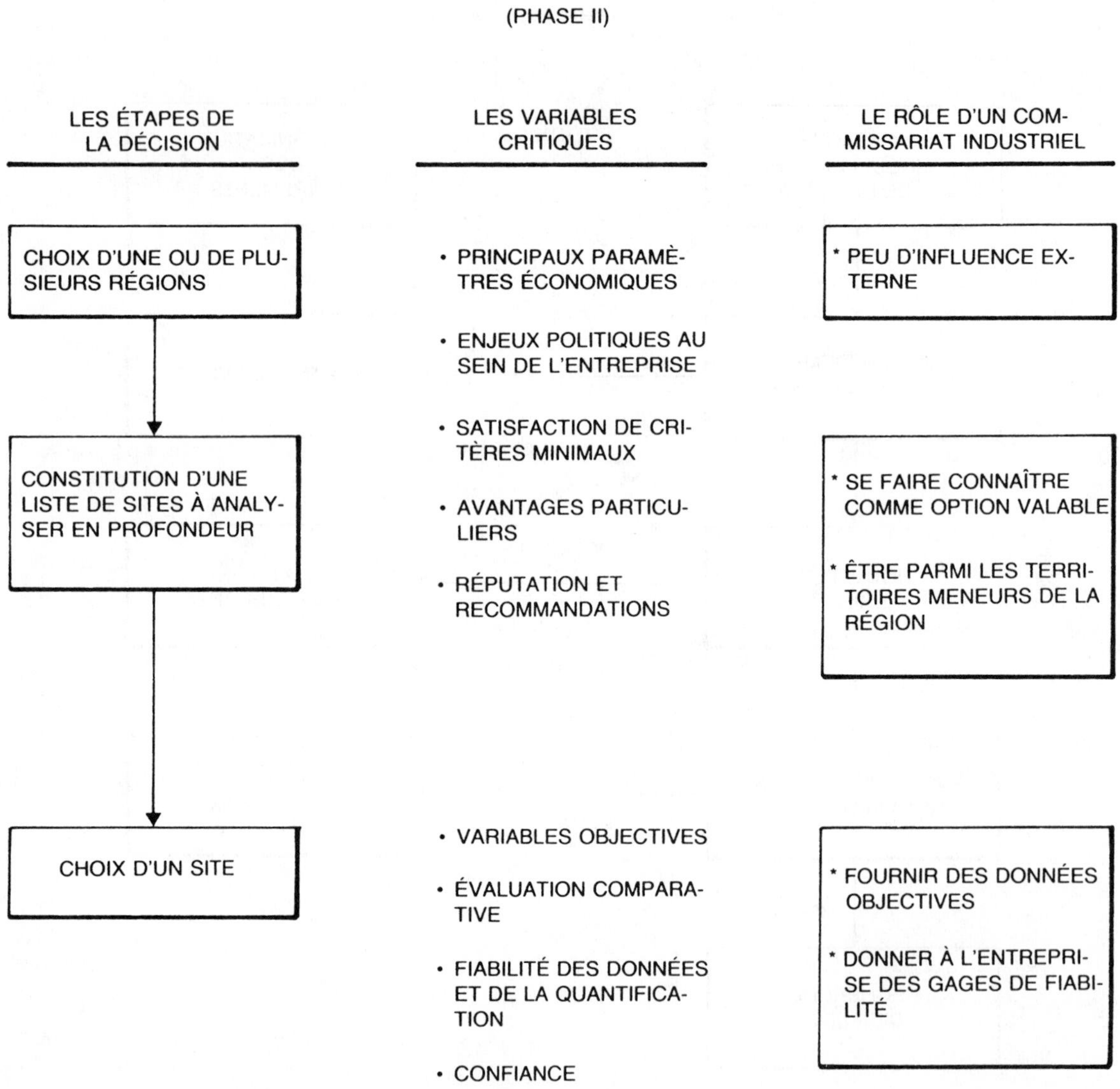

(PHASE II)

LES ÉTAPES DE LA DÉCISION	LES VARIABLES CRITIQUES	LE RÔLE D'UN COMMISSARIAT INDUSTRIEL
CHOIX D'UNE OU DE PLUSIEURS RÉGIONS	• PRINCIPAUX PARAMÈTRES ÉCONOMIQUES • ENJEUX POLITIQUES AU SEIN DE L'ENTREPRISE	* PEU D'INFLUENCE EXTERNE
CONSTITUTION D'UNE LISTE DE SITES À ANALYSER EN PROFONDEUR	• SATISFACTION DE CRITÈRES MINIMAUX • AVANTAGES PARTICULIERS • RÉPUTATION ET RECOMMANDATIONS	* SE FAIRE CONNAÎTRE COMME OPTION VALABLE * ÊTRE PARMI LES TERRITOIRES MENEURS DE LA RÉGION
CHOIX D'UN SITE	• VARIABLES OBJECTIVES • ÉVALUATION COMPARATIVE • FIABILITÉ DES DONNÉES ET DE LA QUANTIFICATION • CONFIANCE	* FOURNIR DES DONNÉES OBJECTIVES * DONNER À L'ENTREPRISE DES GAGES DE FIABILITÉ

Figure 4.6 Le choix d'un site

Par ailleurs, si une entreprise choisit de construire une nouvelle usine, sa localisation peut être prédéterminée. Très souvent, l'entreprise a peu de latitude quant au choix de la nouvelle localisation. Plusieurs facteurs peuvent restreindre ce choix : i) la nécessité d'un lien physique ou au moins d'une certaine proximité avec un établissement fournisseur ou client ; ii) la proximité des autres usines de l'entreprise ; iii) l'accessibilité à des sources particulières d'énergie ou à des voies de transport. De plus, les entreprises tendent à favoriser pour leurs nouvelles usines des régions appelées à croître plus rapidement, plutôt que les régions à faible croissance. C'est ainsi que l'Ouest et le Sud des États-Unis sont favorisés par rapport au Nord-Est et au Mid-West. Il en est de même pour l'Ontario, qui est plus favorisé que le Québec.

Il n'en reste pas moins qu'il existe parfois des situations où le site de l'implantation d'une nouvelle usine n'est pas prédéterminé et est sujet à une décision discrétionnaire. Les entreprises qui se trouvent dans une telle situation possèdent déjà plusieurs établissements. Quoique le processus de décision soit très rationnel, il s'oriente selon deux préoccupations majeures. D'une part, l'entreprise recherche le site qui offrira le plus d'avantages ; ces avantages sont évalués de façon globale suivant une analyse des coûts et bénéfices. D'autre part, l'entreprise cherche à minimiser l'incertitude liée à son choix. En somme, la décision de localisation est analogue à une décision d'investissement et sera analysée dans les mêmes termes : rentabilité et risque.

Le processus de choix d'un site peut être décomposé en trois étapes, comme le montre la figure 4.6. Chaque étape implique une décision, et chaque décision répond à des critères spécifiques.

La première étape est le choix d'une région. Ce choix est l'aboutissement d'un processus complexe de décisions au sein de l'entreprise ; il est influencé par deux catégories de facteurs : les paramètres économiques du projet (matières premières, sources d'énergie, marchés, proximité d'une autre usine) et les enjeux stratégiques au sein de l'entreprise. Les facteurs économiques sont quantifiables : en général, la locali-

sation de l'établissement, par rapport aux autres établissements de l'entreprise, est un facteur dominant. Les facteurs stratégiques peuvent toutefois être plus déterminants. Souvent négligés dans la documentation sur ce sujet, ils sont pourtant fondamentaux. L'addition d'une nouvelle usine est rarement un geste marginal dans une entreprise. De multiples intérêts doivent être réconciliés. Le service du marketing préférera telle région ; le service des finances en préférera une autre. En outre, les cadres régionaux ont des opinions arrêtées en faveur de leur propre région. Aussi le choix d'une région est-il souvent le résultat de négociations serrées au sein de la direction supérieure d'une entreprise.

La première étape est parfois écourtée lorsque le choix de la région s'impose de lui-même. Les critères déterminants sont, d'une part, des variables objectives que l'entreprise maîtrise et, d'autre part, des variables stratégiques internes. La seconde étape porte sur le choix d'un nombre limité de sites, qui seront étudiés en profondeur. À cette fin, un comité ou groupe de travail est formé dans l'entreprise. Sa première tâche est d'établir une courte liste des sites possibles. Ceux-ci sont ensuite évalués plus en profondeur sur une base comparative. Parfois, plusieurs régions peuvent être considérées à cette étape.

En général, la deuxième étape offre aux responsables régionaux du développement économique de meilleures possibilités d'intervention, soit au moment de la compilation de la courte liste de sites envisagés. C'est à ce moment-là qu'ils doivent faire en sorte que leur région fasse partie de l'*evoked set* des membres du groupe de travail.

À cette étape, le groupe de travail sélectionne les sites qui répondent à des critères minimaux. Ces critères sont souvent vagues, car le groupe de travail ne dispose en réalité que de peu d'informations. Ses décisions sont basées sur des informations partielles venant de tierces parties et sur des indicateurs reconnus comme fiables.

La troisième étape est celle du choix final du site. Ce choix repose en partie sur l'analyse de facteurs objectifs. Toutefois, très souvent, les différences entre les centres industriels d'une région sont si minimes sur le plan quantitatif ou objectif que l'entreprise doit ajouter d'autres critères. L'élément déterminant ultime pourrait être le degré de confiance qu'a l'entreprise dans son évaluation. Le défi de la stratégie de communication, lors de cette phase finale, est de pénétrer le tamis analytique constitué par l'évaluation comparative des sites possibles.

L'importation d'entreprises venant de l'extérieur de la région est un phénomène rare dans l'Est du Canada et le Nord-Est des États-Unis depuis au moins 15 ans. Il est bon de rappeler à cet effet les résultats d'une étude de la Société Fantus. Fantus, une entreprise de consultation de Chicago, spécialisée en localisation industrielle, avait identifié 15 secteurs d'activité où le Québec pouvait prétendre posséder un avantage comparatif (les mini-tracteurs, l'équipement de télécommunication pour ordinateurs, les plats préparés surgelés, etc.). Le gouvernement du Québec écrivit à quelque 8000 firmes œuvrant dans ces secteurs au Canada, aux États-Unis et en Europe. Deux lettres, l'une signée par le Premier ministre, et l'autre par le ministre de l'Industrie et du Commerce, furent envoyées à la direction des entreprises. Cet envoi permit d'identifier 180 clients potentiels intéressants, vers lesquels on dirigea des efforts particuliers : visites de représentants du Québec, missions du Québec, etc. Les résultats furent décevants. Seulement huit implantations ont pu être reliées directement ou indirectement à cette opération. Le taux de succès fut donc de un pour mille.

Cela ne veut pas dire que, pour certaines régions, l'importation d'établissements ne soit pas une bonne stratégie. La croissance économique de certaines régions des États-Unis repose actuellement sur ce mécanisme. Il faut souligner que les usines de grandes entreprises sont souvent des établissements « stériles » qui ont une plus faible probabilité d'expansion qu'un établissement indépendant. La grande entreprise conçoit une nouvelle usine selon des critères rationnels et pour desservir un marché circonscrit. De plus, les entreprises qui possèdent plusieurs usines canalisent généralement l'expansion de leurs activités vers l'amélioration de la productivité des usines existantes plutôt que

vers l'augmentation de leur nombre. À cet égard, l'usine de General Motors à Sainte-Thérèse, au Québec, fournit un exemple typique. Le nombre maximal d'employés n'a pas varié depuis son ouverture, il y a 15 ans. Les investissements majeurs, depuis cette date, ont accru la productivité sans augmenter la main-d'œuvre.

De plus, les usines de grandes entreprises font peu pour promouvoir la croissance économique autonome de la région. Le développement économique à long terme d'une région repose sur la capacité des entrepreneurs de susciter de nouvelles activités. Les établissements des grandes entreprises ne sont pas doués en la matière, et ce, pour plusieurs raisons. Ils sont, en effet, dépendants des décisions prises au siège social et ne peuvent donc développer de nouvelles technologies. Ils sont trop intégrés à la société mère pour constituer de bons incubateurs, car ils ne possèdent pas les fonctions stratégiques qui permettraient aux cadres d'acquérir une expérience complète. Enfin, ils ne fournissent pas non plus un environnement de travail favorable au développement d'initiatives entrepreneuriales de la part de leurs employés, comme le démontre le cas de Smithsburg.

4.5 LA MUTATION D'UNE ENTREPRISE DU SECTEUR INDUIT VERS LE SECTEUR D'EXPORTATION

Nombreuses sont les entreprises qui produisent pour le marché local et qui optent de vendre sur des marchés extérieurs, passant ainsi du secteur induit à la base économique. L'exemple hypothétique de Villejacobs présentait quelques cas typiques de mutation, tel que celui de l'entreprise de fabrication d'équipement de coupe du bois, qui émanait d'un atelier de réparation. Les cas de mutation d'une entreprise du secteur induit vers le secteur de base sont fréquents mais difficiles à identifier. Les candidats à des mutations sont souvent des entreprises qui, au départ, ont substitué de la production locale à des importations. Les produits sont importés, mais ils peuvent aussi être exportés.

L'analyse de la structure industrielle d'une région indique souvent des entreprises qui ont commencé comme distributeurs, c'est-à-dire comme importateurs. Par la suite, ces entreprises se sont lancées dans la production pour le marché local et, enfin, elles ont diversifié leurs marchés en exportant hors de la région. Ce schéma d'expansion se retrouve notamment dans l'industrie alimentaire, l'imprimerie, certaines industries de services et dans le cas de sous-traitants dans le domaine de la construction. Voici quatre exemples d'entreprises québécoises qui ont réussi : Vachon Inc., qui débuta en tant que pâtisserie, Bombardier, né d'un atelier de réparation, les Aciers Canam, un importateur d'acier, et Pro-Cycle, un importateur de bicyclettes.

Les succès entrepreneuriaux abondent dans le secteur induit. Et pourtant, tant que ces entreprises appartiendront à ce secteur, leur potentiel sera limité par la taille du marché local. L'expérience personnelle des entrepreneurs restera, elle aussi, locale. Afin de dépasser les limites de leur région, ceux-ci devront constituer des entreprises de base en élargissant leur marché, ou encore en ajoutant à leur gamme un nouveau produit « exportable ». La clé de ce mécanisme de croissance est, en fait, l'intérêt des entrepreneurs du secteur induit pour l'élargissement de leur marché.

On rencontre dans toute région des entrepreneurs dotés du talent et de la volonté de lancer des affaires dans le secteur de base. Le climat local des affaires peut grandement influencer les décisions de ces individus. Un nombre limité d'entreprises ou d'entrepreneurs possèdent le potentiel d'expansion. Le candidat le plus apte à la mutation vers le secteur de base est l'entreprise en croissance, qui jouit à la fois d'une bonne gestion et d'une excellente santé financière, et qui est en concurrence avec des entreprises de produits ou de services importés. Les mesures précises qui amèneront leur mutation vers la base sont similaires à celles qui servent à stimuler la croissance d'entreprises de base.

4.6 L'EXPANSION DU SECTEUR INDUIT

Le secteur induit est tributaire de la demande locale. L'expansion de la base économique amène une expansion du marché local. Toutefois, l'importance relative des activités induites dans une économie régionale peut varier grandement, non seulement en raison de la taille des régions mais aussi du dynamisme des milieux locaux. Le niveau des importations dans l'ensemble de la consommation d'une région devrait normalement diminuer avec la croissance de la région.

Nous avons identifié quatre voies de croissance pour le secteur induit :

— l'expansion de la production actuelle des entreprises locales du secteur induit, à la suite d'une expansion de la demande ;

— la création de nouvelles entreprises locales pour répondre à l'expansion de la demande pour des biens et des services déjà fournis localement ;

— l'importation d'établissements qui viennent satisfaire localement des besoins ;

— la substitution d'importations par de la production locale, soit de firmes déjà existantes qui étendent leur gamme de produits, soit de nouvelles entreprises.

Cette dernière voie est la plus importante, car c'est par la substitution d'importations que l'importance relative du secteur induit augmente. La taille du secteur induit et la présence d'entreprises dans ce secteur dépendent avant tout de la taille du marché local ; cette dernière détermine, dans le cas de plusieurs produits ou services, s'ils peuvent être produits localement ou s'ils doivent être importés. Contrairement à la croyance populaire, les coûts du transport ne jouent pas un rôle important. Ce n'est pas parce qu'une région est éloignée qu'il devient économique de produire localement un produit ou un service. Au Canada, il en coûte généralement de 1 ¢ à 3 ¢ le kilo pour transporter un produit sur une distance supplémentaire de 100 km. Ce sont là des coûts marginaux par rapport aux prix de fabrication des produits.

La décision de produire localement un produit ou un service dépend davantage de la technologie de production et de la taille minimale de l'unité de production nécessaire. Les établissements ayant cette taille minimale peuvent faire concurrence aux établissements extérieurs plus grands. Les entrepreneurs sont continuellement à l'affût d'occasions sur le marché local. Ainsi, lorsque la taille du marché local atteint un niveau suffisant pour justifier la présence d'un établissement, des entrepreneurs saisissent l'occasion pour établir une nouvelle activité. La substitution d'importations est le mécanisme clé de croissance d'une économie, car elle pave la voie à des exportations nouvelles et au renouvellement de la base économique d'une région. L'expansion du secteur induit se fait aussi par trois autres voies, comme nous l'indiquions à la figure 4.4.

L'expansion des entreprises en place et la création de nouvelles entreprises dans des activités existantes, du salon de coiffure à l'atelier de réparation, s'effectuent rapidement à la suite d'une expansion de la demande locale. L'expérience montre aussi que l'expansion du secteur induit se fait quasi automatiquement, sans besoin d'intervention spécifique.

Toutefois, si l'expansion du secteur induit n'a nul besoin d'être stimulée à la suite d'une expansion de la demande locale, elle peut avoir besoin d'être dirigée. Une région peut avoir une influence profonde sur son développement économique selon les politiques poursuivies à l'égard du secteur induit.

Choisir entre la construction d'un centre commercial par un investisseur extérieur qui inviterait principalement des succursales de magasins, et le développement d'une rue commerciale existante où les commerces sont contrôlés par des intérêts locaux, est une décision d'ordre politique. Il est clair que la deuxième possibilité facilite l'éclosion d'entrepreneurs locaux et stimule davantage la croissance économique, dans le secteur de base ou le secteur induit, que la première. Le gérant du magasin Woolworth peut être utile lors de son passage dans la région, mais il ne peut avoir l'influence qu'aurait le commerçant local qui a de profondes racines dans la région, qui y investit personnellement et qui cherche à y établir ses enfants. L'avenir de ce dernier est intimement lié à l'essor économique de la région.

L'établissement du secteur induit, que ce soit le quotidien *Southam News* ou le restaurant McDonald du coin, apporte une contribution moindre à l'économie locale que l'entreprise locale dans ces mêmes secteurs, et ce, pour plusieurs raisons :

— L'engagement économique local des dirigeants et de leur famille est moins grand : les établissements sont souvent dirigés par des gens de passage.

— La diversité des fonctions de direction établies localement y est moindre : les établissements dépendent du siège social pour les fonctions stratégiques.

— Les possibilités de diversification des produits et des marchés y sont limitées : les établissements sont confinés au marché local.

— L'expansion repose davantage sur la croissance du marché local : l'avenir de l'entreprise locale est intimement lié à l'expansion de l'économie locale, alors que l'établissement fait partie d'un ensemble diversifié.

Les entreprises locales dans le secteur induit contribuent beaucoup au développement à long terme de la région, et ce, de façon structurelle. Leur avenir est intimement lié à l'avenir économique de la région. Cette communauté d'intérêts favorise leur engagement. La presse locale, les commerces locaux et, surtout, les professionnels sont souvent les piliers régionaux du monde des affaires. Bien qu'ils ne fassent pas partie de la base économique, ils peuvent être des éléments importants de dynamisme dans un milieu d'affaires.

Enfin, l'émergence d'activités induites peut être freinée par des goulots d'étranglement. C'est souvent le cas des services publics, qui relèvent des gouvernements et qui ne sont pas soumis aux forces du marché. L'absence de services publics comme une école ou un hôpital peut entraver le développement d'une région, surtout lorsque l'accroissement de la population exige ces services. Or les décisions relatives à ces questions sont d'ordre politique, et une région peut être défavorisée en la matière.

5. Une synthèse

La croissance économique résulte du succès des greffes de nouvelles activités dans un tissu économique. Réussir une greffe n'est pas facile. L'entrepreneur qui veut insérer une nouvelle activité dans un secteur perturbe l'équilibre de ce secteur. Il ne réussit à se maintenir que s'il est un producteur aussi efficace, sinon plus, que ses concurrents, qui devront alors lui faire une place. Par contre, s'il réussit, il contribue à augmenter la demande globale pour l'ensemble des produits et des services. L'ensemble des secteurs bénéficie de cette greffe.

C'est dans ce contexte que les activités de base jouent un rôle stratégique dans une économie. Les marchés des produits de base sont plus vastes ; l'arrivée d'un nouveau concurrent qui veut greffer une activité perturbe moins le marché et est donc plus facile. Parce que les greffes sont plus faciles, elles sont aussi plus importantes. Lorsqu'elles réussissent, elles ont souvent une influence majeure sur le marché local. L'effet multiplicateur se traduit par une hausse de la demande et des possibilités au sein du marché local.

Toutefois, c'est par leur habileté à substituer des importations qu'ultimement les régions se distingueront entre elles. La substitution d'importations est le mécanisme le plus efficace en vue de greffer une nouvelle activité. Dans un premier temps, la taille du marché local permet à un entrepreneur d'établir une unité de production qui correspond au seuil minimal d'efficacité, sans perturber indûment la situation concurrentielle du secteur. Les concurrents peuvent s'accommoder plus facilement du nouvel entrant. Par la suite, l'entrant se développe, améliore le produit ou le service, innove, réduit ses coûts et peut devenir un exportateur. Si la production locale augmente, l'effet multiplicateur améliore la demande dans le secteur induit et accroît les possibilités locales.

Les marchés d'importation ne sont pas des laissés-pour-compte dans cette expansion. Ils profitent de l'expansion du marché local au même titre que les produits locaux. Le niveau des importations s'élève avec la croissance de l'économie locale.

À la base de la croissance économique se trouve l'entrepreneur et sa recherche continuelle du succès. Il expérimente en tentant de lancer un produit ou un service sur un marché. L'idée du produit ou du service n'est pas toujours neuve. Il s'agit, le plus souvent, d'une copie ou d'une adaptation. Mais une grande incertitude demeure quant à l'accueil du marché. Pourra-t-il s'imposer et vendre la quantité minimale pour rentabiliser son opération ?

Dans les villes dynamiques, le mécanisme de la substitution des importations fonctionne à plein régime. Le climat entrepreneurial est stimulant ; de nombreux modèles de succès existent. L'entrepreneur en puissance est encouragé par son milieu ; les greffes se multiplient. Les entreprises prennent de l'expansion. Des moyennes et des grandes entreprises émergent.

La croissance améliore les conditions de croissance. Des marchés en expansion créent des conditions favorables pour de nouveaux entrants. Évidemment, le marché impose toujours sa discipline : la demande a des contraintes que les entrepreneurs téméraires ressentent. Les échecs sont donc nombreux. Mais les succès le sont encore plus.

Une véritable politique de croissance doit viser à stimuler l'effervescence entrepreneuriale. Un entrepreneur n'a pas peur des taux d'intérêt élevés ; il est un fonceur. Ce qu'il recherche, ce sont des conditions favorables de demande. Il trouve le crédit nécessaire dans la mesure où il peut vendre son service ou ses produits. Un entrepreneur a aussi besoin d'être encouragé par son milieu. Il recherche sûrement une compensation financière, mais avant tout, il veut prouver à tous qu'il peut lui aussi réussir.

Les politiques gouvernementales visant à stimuler la croissance économique doivent donc être conçues autant en fonction des grands paramètres de l'économie qu'en fonction des conditions locales. Nous avons présenté, au chapitre précédent, divers éléments d'une politique locale de développement, articulée autour d'un commissariat industriel. Essentiellement, cette politique a pour but de favoriser la création de nouvelles entreprises et le développement accéléré d'un certain nombre d'entreprises à potentiel élevé, et met l'accent sur les activités de base.

Des mesures spécifiques visent d'abord à créer un climat favorable à l'esprit d'entreprise. La promotion de modèles de succès contribue autant à stimuler les entrepreneurs à se lancer en affaires qu'à créer dans l'environnement des attitudes plus positives face aux risques de la nouvelle entreprise. D'autres mesures visent à encadrer l'entrepreneur et à lui fournir un soutien dans la phase critique du lancement de l'entreprise. Enfin, des entreprises locales à haut potentiel peuvent être identifiées et être aussi l'objet d'un encadrement particulier, afin que leur croissance soit accélérée.

Les politiques conjoncturelles peuvent aussi influencer grandement le rythme de création d'entreprises et leur expansion. Notre analyse suggère que la stimulation de la demande crée des conditions plus favorables aux greffes de nouvelles activités. À cet égard, une baisse des impôts individuels procure aux consommateurs un pouvoir d'achat plus élevé, qui crée une hausse subite, en quelque sorte un choc, permettant à un nombre plus élevé de greffes de réussir. Cela peut ainsi amorcer une effervescence entrepreneuriale, qui crée ses propres forces expansionnistes. La vigueur de la reprise économique américaine de 1982-1984, par suite d'une baisse de 25 % des impôts personnels étalée sur trois ans, pourrait être un reflet de ce phénomène.

Par ailleurs, une hausse des transferts aux individus, dans la mesure où l'effet est largement diffusé dans la population, devrait avoir sensiblement le même résultat. Toutefois, il n'y a pas un programme de transfert dont les effets soient aussi disséminés que ceux du système fiscal, particulièrement en ce qui a trait à l'impôt sur les revenus individuels.

Une hausse des dépenses générales du gouvernement, quant à elle, n'a pas le même effet, principalement parce que l'injection initiale, la dépense elle-même, est beaucoup moins stimulatrice de greffes entrepreneuriales. En effet, à l'encontre d'une baisse d'impôt, dont l'effet direct est une hausse généralisée de la demande de biens et de services, une hausse des dépenses gouvernementales vise initialement l'engagement de personnes et la demande pour des biens spécifiques, notamment des biens d'inves-

tissements. Ce n'est que par l'effet multiplicateur que l'influence, déjà atténuée, est transmise à l'ensemble des biens et des services.

La politique monétaire a aussi un effet moindre sur l'effervescence entrepreneuriale. Une hausse des taux d'intérêt touche peu l'entrepreneur; les sommets atteints par les taux d'intérêt records, entre 1982 et 1984, ont coïncidé avec des taux records de création d'entreprises. Par ailleurs, dans la mesure où une baisse des taux d'intérêt provoque une hausse généralisée et très diffuse de la demande de biens et de services, elle devrait stimuler des greffes.

Les politiques visant à abaisser les coûts des facteurs de production, tels des baisses sélectives de taux d'intérêt, des programmes de subventions de la main-d'œuvre, des programmes de formation de main-d'œuvre, etc., ont aussi peu d'effet sur l'effervescence entrepreneuriale, car elles ont rarement un rôle critique dans le succès d'une greffe. Par contre, la disponibilité de capitaux de risque a une influence déterminante. Les baisses des impôts sur les gains de capitaux et les baisses des taux marginaux d'imposition des contribuables à revenus élevés peuvent avoir un effet direct sur la marge de manœuvre (c'est-à-dire le capital) dont dispose l'entrepreneur lors de sa tentative de greffe.

Il n'en reste pas moins que l'on connaît très peu les mécanismes qui activent la croissance économique. Les critiques les plus fréquentes contre Jane Jacobs affirment qu'il n'existe pas de statistiques pour soutenir ces théories. On ne possède pas encore de statistiques nationales fiables qui nous renseignent sur l'effervescence entrepreneuriale, alors que la moindre dépense d'investissements de dinosaures tels General Motors, Bell Canada ou Hydro-Québec fait l'objet de nombreux rapports statistiques minutieusement compilés par Statistique Canada. En 1965, Ray Kroc (McDonald's) et Ross Perot (E.D.S.) étaient des hurluberlus ou des têtes fortes; Stevens Jobs (Apple) n'allait pas encore à l'école, Postes Canada ne se doutait même pas que des entreprises de petits colis verraient le jour, et les Beatles étaient vus comme une fantaisie d'adolescents. Il ne faut jamais miser contre le dynamisme des entrepreneurs.

Dans l'introduction de ce texte, nous faisions une analogie entre une forêt et une économie. Un biologiste qui se promène dans la forêt peut rapidement déterminer si les conditions sont propices à la croissance des jeunes arbres et des pousses qui constitueront la forêt de demain. Il ne s'attarde pas uniquement aux vieux arbres, qui somme toute le renseignent peu sur la forêt de l'avenir. L'économiste n'a pas cette chance. S'il n'utilise que les statistiques officielles, il ne voit que les grandes entreprises, c'est-à-dire l'économie d'aujourd'hui et d'hier. Mais quel que soit l'objet d'étude des économistes, les entrepreneurs font leur travail. Les économistes les rattraperont peut-être un jour.

COMMENTAIRE : L'ENTREPRISE ET LES CRISES DE GESTION
par
Paul Dell'Aniello
et
Yvon G. Perreault

Le sigle P.M.E. signifie « petites et moyennes entreprises », soit un ensemble qui comprend les quasi-entreprises, les micro-entreprises, les petites entreprises et les moyennes entreprises. Les quasi-entreprises n'ont aucun salarié ; le propriétaire y effectue seul tout le travail. Les micro-entreprises sont celles qui emploient de un à quatre salariés, y compris le propriétaire. Les petites entreprises comptent entre cinq et soixante-quinze employés, alors que les moyennes entreprises comptent moins de deux cents employés. La caractéristique distinctive d'une P.M.E. réside dans le fait que le propriétaire en assume la direction, d'où l'expression propriétaire-gestionnaire ».

L'importance économique et sociale des P.M.E. n'est plus à démontrer. La P.M.E. en Amérique du Nord et au Québec a créé plus d'emplois que les grandes entreprises au cours des cinq dernières années. Il y a au Canada plus d'un million d'entreprises ; 97 % d'entre elles sont des P.M.E. Ces P.M.E. sont responsables d'un volume de ventes de plus de 450 milliards de dollars, et leurs activités représentent 30 % du P.N.B. et 45 % de l'emploi.

Sur 20 P.M.E. lancées, 19 fermeront leurs portes au cours des 10 premières années de leur existence. De plus, les analyses établissent clairement que plus de 90 % de ces échecs découlent d'une mauvaise gestion. Le taux d'échec des P.M.E. varie avec l'âge des entreprises. Des P.M.E. nouvellement lancées, 35 % fermeront leurs portes au cours de la première année de leur existence, 50 % au cours des deux premières années, 70 % au cours des cinq premières années et 95 % au cours des dix premières années. La petite entreprise qui subit la faillite a un chiffre d'affaires inférieur à 200 000 $, un actif inférieur à 100 000 $, elle emploie moins de trois personnes et elle est dirigée par une personne possédant uniquement des compétences techniques.

- Les crises dans les P.M.E.

La conjoncture des années est difficile pour les P.M.E. En effet, même si les grandes entreprises sont aussi touchées par la situation économique, elles peuvent compter sur des réserves qui leur permettent de survivre. Les P.M.E., quant à elles, possèdent des ressources humaines et financières limitées, qui les rendent vulnérables aux chocs économiques. Cette vulnérabilité, qui a ses racines dans la taille et les lacunes de leur gestion, explique pourquoi les P.M.E. ne vivent que très rarement plus de dix ans et disparaissent à mesure qu'elles font face aux crises de croissance.

On entend par « crise » un événement qui peut être assez grave pour amener la disparition ou du moins toucher sérieusement l'entreprise. Il faut toujours garder à l'esprit que plusieurs crises sont normales, en ce sens qu'elles frappent toutes les entreprises. Ce qui accentue la portée de ces événements dans le cas des P.M.E., c'est la vulnérabilité de celles-ci. Les P.M.E. n'ont pas « deux chances ».

Il est toujours plus facile de se défendre contre des problèmes que l'on connaît. D'où l'importance pour le propriétaire-gestionnaire de P.M.E. d'être conscient que les affaires ne sont jamais aussi simples que le décrivent les manuels. Ceux qui suivent de près les P.M.E.

(les banquiers, les prêteurs, les analystes de crédit et les chercheurs) ont identifié sept phases critiques dans l'évolution des firmes : il s'agit des sept crises de la P.M.E. Évidemment, les entreprises ne passent pas nécessairement à travers toutes ces crises, et il ne s'agit pas là d'un cheminement linéaire obligatoire.

Les phases critiques que traversent les P.M.E sont les suivantes :

— La crise de lancement : c'est le moment le plus déterminant de la vie d'une P.M.E. Les erreurs de localisation, de choix de produits, de choix de partenaires sont irréversibles et fatales.

— La crise de liquidité : vendre, même à profit, peut étouffer une P.M.E. qui croît trop rapidement ou qui gèle trop de fonds dans ses stocks et ses comptes-clients.

— La crise de la délégation : le gestionnaire individualiste hésite beaucoup, par tempérament, à laisser d'autres personnes agir à sa place ; il n'a pourtant ni le temps ni le talent nécessaire pour tout faire.

— La crise de la direction : elle se produit quand tout va bien et que l'on doit songer à une seconde phase de croissance, qui nécessite des gestionnaires mieux qualifiés que ne le sont les propriétaires.

— La crise financière : où aller chercher les capitaux pour croître, alors qu'on a déjà investi tout son avoir ? Les apports de fonds extérieurs s'imposent souvent !

— La crise de prospérité : la croissance rapide dépasse souvent les capacités financières de l'entreprise.

— La crise de continuité : elle ne doit pas être envisagée uniquement à l'occasion d'un décès, mais il faut la préparer par une relève adéquate.

En bref, les trois premières crises frappent plutôt les entreprises jeunes, alors que les quatre suivantes touchent des entreprises qui ont déjà survécu aux premiers tests.

● Qui est l'entrepreneur ?

Une étude réalisée auprès de propriétaires-gestionnaires de petites entreprises a montré que les entrepreneurs qui réussissent possèdent en commun certains traits de personnalité (Perreault, 1984). Cinq caractéristiques auraient une corrélation significative avec le succès. Ce sont l'énergie, la capacité conceptuelle, la capacité d'établir de bonnes relations, la capacité de communiquer et les connaissances techniques.

L'énergie se définit par la responsabilité, la vigueur, l'initiative, la ténacité et la santé. La capacité conceptuelle signifie l'originalité, la créativité, l'esprit critique et l'esprit d'analyse. La capacité d'établir de bonnes relations humaines suppose l'ascendant, la stabilité émotive, la sociabilité, la prudence, la considération, l'encouragement, la coopération et la délicatesse. La capacité de communication a trait au vocabulaire, à l'expression orale et aux écrits. Enfin, les connaissances techniques constituent l'ensemble des informations que possède le gestionnaire sur les processus matériels de production de biens ou de services, sa capacité d'utiliser ces informations dans un but précis et son habileté à le faire.

Plus du quart des entrepreneurs disent avoir créé une entreprise parce qu'ils voulaient être maître à bord. Souvent, les entrepreneurs proviennent d'organisations où il leur est impossible de mettre à profit leurs habiletés. Il n'est pas surprenant que les entrepreneurs quittent ces organisations. Le désir de diriger leur destinée est si fort que les entrepreneurs ont souvent préféré quitter l'école et faire leur apprentissage sur le terrain. L'entrepreneur étant un meneur d'hommes, il lui apparaît normal de créer sa propre entreprise et, ainsi, de pouvoir influencer et motiver les autres.

Le désir de s'enrichir apparaît secondaire dans beaucoup de cas. On a toutefois constaté qu'au Québec les entrepreneurs y accordaient plus d'importance qu'ailleurs en Amérique du Nord. Il va de soi que l'entrepreneur recherche le succès financier. Mais sa motivation première n'est pas le gain monétaire ; l'entrepreneur vise d'abord à satisfaire ses besoins d'accomplissement et d'estime de soi. Montrer sa réussite, se bâtir une réputation sont aussi des incitations à se lancer en affaires. D'autres sont poussés par leur responsabilité sociale, qui les amène à concrétiser une idée ou à développer un produit utile à la société.

• Conclusion

Le rêve de posséder sa propre entreprise devient une réalité rentable lorsque l'entrepreneur évite les pièges, participe à des programmes de formation en gestion et accepte de consulter des experts. La formation est un moyen de prévoir les problèmes de l'entreprise, et avant tout d'en prendre conscience et de poser les bonnes questions.

QUESTIONS

1. En quoi la base économique s'avère-t-elle très importante dans la croissance économique ?

2. La création de nouvelles entreprises locales et l'expansion de la production locale actuelle contribuent davantage à l'économie locale que l'importation d'établissements de firmes extérieures. Pourquoi ?

3. « Les villes fortes sont construites autour des firmes locales avec des dirigeants en place. Les grands projets d'infrastructure ne créent que des mirages. » Discutez cette affirmation et distinguez les éléments du processus de croissance économique.

4. Marcel Côté dans son texte intitulé *L'entrepreneur, l'entreprise et le développement économique* aborde la notion de croissance économique.
   a) Expliquez ce qu'est le processus de croissance éco no mique.
   b) Comparez brièvement les activités du secteur induit avec celles du secteur de base.
   c) Expliquez pourquoi le secteur de base est considéré comme la force motrice du processus de croissance économique.

5. Commentez l'analogie suivante : « L'économie peut être comparée à une forêt. »

6. Pourquoi les projets majeurs (en termes d'investissements) ne sont-ils pas aussi importants pour la croissance économique que la croyance le veut ? Développez.

7. Énumérez et décrivez les huit voies et mécanismes de la croissance économique.

8. Décrivez les effets d'une expansion des activités de la base économique sur les activités du secteur induit.

9. En vous référant au texte de M. Côté sur l'entrepreneur, l'entreprise et la croissance économique, répondez aux questions suivantes :
   a) Qu'entend-on par « entreprise incubatrice » ?
   b) Établissez un bref parallèle entre les styles de raisonnement de décision et d'action de l'entrepreneur du secteur privé et du fonctionnaire du secteur public.

10. Le « secteur induit », la « base économique » et l'« esprit d'entreprise » sont trois notions intimement liées à la croissance économique régionale. Développez.

11. En vous appuyant sur le texte intitulé « L'entrepreneur, l'entreprise et la croissance économique », définissez et donnez un exemple :
    a) d'un effet multiplicateur ;
    b) d'un *spin-off* entrepreneurial ;
    c) d'une activité de base ;
    d) d'un secteur induit ;
    e) d'une émergence entrepreneuriale.

NOTES BIBLIOGRAPHIQUES

1) J. JACOBS. *The Economy of Cities*, New York, Random House, 1969.
2) J. JACOBS. *The Life and Death of Great American Metropolis*, New York, Random House, 1961.
3) J. JACOBS. *Cities and the Wealth of Nations*, New York, Random House, 1984.
4) D. BIRCH. *Who Creates Job Public Interest*, New York, n° 65, Printemps 1981.
5) M. TEITZ. *Job Creation in California*, Working paper : Graduate School of Business University of California, Becheley, 1983.
6) D. BIRCH. *The Job Creation Process*, Working paper. MIT, Cambridge, Mass., 1979.

7) J. JACOBS. *The Economy of Cities*, New York, Random House, 1969.

8) *Id.*

9) *Id.*

10) E.J. MALECKI. « Product Cycles, Innovation Cycles and Regional Economic Change », *Technological Forecasting and Social Change*, Vol. 19, 1981, p. 291-306.

CHAPITRE 5

L'ENTREPRISE ET LES SYSTÈMES INDUSTRIELS : ASPECTS ÉCONOMIQUES ET TECHNOLOGIQUES

par

Roger Miller

réalité
le-t-il les
toute

d Aron

L'entreprise est une organisation, c'est-à-d[...]ns. La un lieu de production et de reproduction [...] entre-rapports sociaux, mais elle est d'abord un age[...]ique, économique, produisant et distribuant des bie[...] ou des services en interrelation avec d'autr[...] agents économiques tels que les consomma-teurs, les autres producteurs, les institutions financières et l'État.

Système économique et technique, l'entre-prise comprend des personnes, des équipe-ments et des technologies. Ce système est tra-versé par deux séries de flux : 1) des commandes, des ressources et des « matières » qui entrent dans le système et en sortent pour être livrées et distribuées sous forme de pro-duits ou de services ; 2) des informations issues de l'extérieur et d'autres trouvant leur origine à l'intérieur. La direction dirige et commande ces flux, bien que son contrôle soit limité.

[...] grâce à sa stra-[...] On y examine plus particulière-ment les systèmes de production, les types de technologies et les systèmes industriels. La se-conde et la troisième sections portent sur la structure et la dynamique des environnements concurrentiel et technologique. Le modèle de l'organisation industrielle, qui permet de saisir d'une manière statique l'influence des contextes économiques et technologiques sur les struc-tures du marché, les surplus discrétionnaires, les stratégies des firmes et les performances, est le sujet de la quatrième section. La dernière sec-tion examine l'évolution dynamique des indus-tries et les effets sur les stratégies des firmes.

1. L'insertion par la stratégie dans un contexte économique, technologique et socio-politique

L'entreprise œuvre dans un ou plusieurs systèmes industriels constitués notamment de fournisseurs, de concurrents, de clients et d'organismes publics. La concurrence exige des décisions judicieuses, sinon la déchéance s'ensuit. La direction doit être attentive au contexte économique et doit connaître son marché, sa concurrence et ses fournisseurs. Il est important que l'entreprise perçoive les tendances et les modifications à venir de son environnement afin de s'y adapter.

L'entreprise s'insère aussi dans un contexte technologique et socio-politique en raison de la stratégie qu'elle poursuit. Cette stratégie découle de choix délibérés ou implicites. Dans cette section, nous décrirons d'abord le positionnement de l'entreprise découlant du choix de sa stratégie et de ses objectifs. Puis nous examinerons l'entreprise comme système de production faisant partie d'un système industriel.

1.1 LA STRATÉGIE

La stratégie caractérise et détermine la nature spécifique de chaque entreprise et la positionne dans un contexte économique, technologique et socio-politique[1]. La stratégie, c'est avant tout un ensemble de choix critiques dans les matières suivantes:

— choix d'une ou de plusieurs missions (trio produit-marché-technologie) qui positionne l'entreprise au sein d'environnements concurrentiels, technologiques et socio-politiques;

— établissement d'objectifs quantitatifs que l'entreprise poursuit dans les domaines économique, technologique, socio-politique et réorganisationnel (ex.: parts de marché, rentabilité, croissance des ventes);

— mobilisation et déploiement des ressources financières, techniques et humaines afin de constituer une organisation capable de réaliser la mission et d'atteindre les objectifs.

L'objet fondamental de la stratégie est de développer dans l'entreprise des avantages différents de ceux des concurrents. Pour l'instant, nous n'examinerons que les concepts de mission, d'objectifs et de posture, reportant au chapitre 10 l'examen complet de la stratégie.

1.1.1 Mission: le trio produit-technologie-marché

Les choix entrepreneuriaux insèrent l'entreprise dans un environnement économique et technique par l'élaboration d'une mission. Ces choix produit-technologie-marché pour le présent ou l'avenir sont redéfinis par les dirigeants à la lumière i) des occasions du marché, ii) des ressources de l'entreprise. Ces décisions établissent: i) les produits ou les services offerts, ii) les clients ou les segments de marché visés, et iii) les espaces géographiques considérés (local, national ou international).

Ces choix du trio produit-technologie-marché placent l'entreprise au sein d'une ou de plusieurs industries. La décision de lancer une entreprise exige, de la part du fondateur, une réflexion stratégique intense. De même, l'adaptation de la mission de l'entreprise aux réalités concurrentielles et techniques suppose des efforts d'analyse, d'articulation et de formulation de stratégies complexes de la part des dirigeants. En effet, l'identification créatrice des produits ou des marchés visés est l'élément déterminant de la survie de l'entreprise. La très grande partie des firmes lancées ne survivent pas sauf les firmes de haute technologie. Seules les firmes dont les choix de produits et de services répondent à des besoins réels dans le marché et dont les coûts de production et de gestion sont contrôlés avec justesse, survivent et croissent.

1.1.2 Les buts et les finalités

La prudence exige que les dirigeants mettent bien en lumière les fins qu'ils veulent atteindre et qu'ils articulent d'une manière cohérente les moyens pour atteindre ces fins. Les buts sont des idéaux ou des normes stables qui ne changent que dans les moments de crise, de réorientation, alors que les objectifs sont des cibles quantifiables dont la réalisation peut être mesurée à la fin d'une période précise, soit un trimestre ou une année. Les buts établis par les dirigeants donnent donc à l'entreprise un caractère distinct et constituent des guides précis de performance. Voici quelques exemples de buts qui servent d'idéaux normatifs et qui orientent l'entreprise vers des finalités.

- La dimension économique

  — le taux de croissance des ventes devrait être de 10 % par année en unité ;

  — le rendement moyen des actifs devrait être 2 % supérieur au rendement des obligations publiques ;

  — les parts de marché de l'entreprise en unités devraient être de 40 % dans le marché local et de 25 % dans le marché national ;

  — les profits devraient augmenter de 15 % par année au cours des dix prochaines années ;

  — le portefeuille des produits de l'entreprise ne devrait pas comprendre de produits dont les marges brutes sont inférieures à 25 %.

- La dimension technologique

  — les produits et les procédés devraient prouver le « leadership » technologique de l'entreprise par rapport au reste de l'industrie. L'innovation technologique sera une arme concurrentielle ;

  — l'entreprise ne devrait pas développer elle-même ses nouveaux produits et procédés mais fonctionner par acquisition ou imitation rapide ;

  — 25 % des ventes devraient être réalisées par des produits qui n'existaient pas il y a cinq ans.

- La dimension administrative et socio-politique

  — la légitimité auprès des communautés locales ;

  — des plans stratégiques et des budgets d'opération seront établis tous les ans ;

  — les décisions seront prises d'une manière rationnelle et analytique.

Les buts peuvent être définis d'une manière rationnelle par le conseil d'administration, raffinés par les dirigeants et traduits en objectifs au sein de programmes d'action et de politiques fonctionnelles. Souvent, les buts demeurent imprécis et varient selon les préférences des dirigeants ou des propriétaires. De plus, ils peuvent se préciser en réaction aux attentes formelles des fournisseurs de capitaux. Au sein de la petite et moyenne entreprise, les buts ne découlent pas toujours des analyses d'un groupe de planification stratégique, mais sont intimement liés aux préférences et aux aspirations des propriétaires et des dirigeants.

1.1.3 Deux modes de mobilisation des ressources

Contrairement aux prescriptions des modèles rationalistes qui présupposent que le développement économique est le fruit des plans de développement des grandes entreprises, plusieurs études empiriques démontrent clairement que les petites entreprises sont des créateurs importants d'emplois. Les nouveaux emplois viennent d'abord d'une minorité de firmes jeunes et ensuite de firmes de taille moyenne et ainsi que grande. Nous examinerons les modes stratégiques entrepreneurial et corporatif de mobilisation et de déploiement des ressources.

- Le mode stratégique entrepreneurial

Grâce aux lancements d'entreprises et à la disponibilité de capital de développement, un ou plusieurs entrepreneurs pénètrent des marchés spécialisés. L'entrepreneur se lance en affaires sans disposer immédiatement des ressources nécessaires. Il compte les acquérir par étapes, s'appuyant sur les résultats atteints pour convaincre les clients ou les fournisseurs de capitaux.

Au fil du temps, ces firmes se dégagent des marchés spécialisés pour aborder les marchés commerciaux. Les développements des industries des semi-conducteurs, des instruments de contrôle électronique et de micro-ordinateurs correspondent au modèle entrepreneurial. Le flux continu de nouveaux entrants remet en question les positions établies des concurrents. La formulation des stratégies y est intuitive et s'appuie sur les expériences préalables au sein d'entreprises incubatrices.

Le mode entrepreneurial est propice à la naissance des industries caractérisées par une grande effervescence technique, des barrières à l'entrée faibles et une segmentation du marché en niches.

● Le mode stratégique corporatif

La préoccupation des universitaires et des dirigeants des grandes entreprises pour la stratégie a, depuis un quart de siècle, mis l'accent sur le rôle de la rationalité.

Fiduciaires des ressources dont dispose l'entreprise, les dirigeants établissent des stratégies calculées d'une manière rationnelle. Les objectifs sont clairs, les ressources nécessaires pour réussir les entrées ou les programmes sont disponibles ou prévisibles et les risques sont mesurés. En d'autres termes, les dirigeants assument leur rôle de fiduciaire des ressources de l'entreprise.

La formulation de stratégies rationnelles est devenue un des aspects importants de l'enseignement dans les sciences administratives. Qu'elle soit entrepreneuriale ou corporative, la stratégie place l'entreprise dans des contextes économique, technologique et socio-politique qui l'influenceront.

Les buts et les objectifs, explicites ou implicites, adoptés par les dirigeants ou les propriétaires établiront des types d'entreprises tout à fait différents. Par exemple, on trouvera : 1) des entreprises axées sur le rendement du capital mais qui ne se préoccupent pas de la croissance

ou du «leadership» technique ; 2) des entreprises orientées vers l'augmentation des ventes et soumises à des exigences de rentabilité mais dont les buts ultimes sont d'accroître la valeur du capital-action des propriétaires ; 3) des entreprises progressistes et innovatrices orientées vers le développement de nouveaux produits, grâce à des recherches commerciales et scientifiques ; 4) des entreprises préoccupées de l'amélioration constante et minutieuse des produits, des parts de marché et de l'efficacité des installations de fabrication.

1.2 LES SYSTÈMES DE PRODUCTION

Le choix d'une mission, c'est-à-dire d'un trio produit-technologie-marché, conduit à l'établissement d'un système de production[2]. L'entreprise peut dès lors être conçue comme un système qui transforme les intrants en extrants (en leur ajoutant une valeur) grâce à des activités humaines et techniques articulées autour de technologies. Une entreprise peut, par ailleurs, être constituée de plusieurs systèmes de production. Limitons-nous cependant à l'entreprise constituée d'un seul trio produit-technologie-marché.

La figure 5.1 illustre le processus de transformation qui s'opère. Les intrants sont acheminés de diverses façons: la fonction personnel recrute les ressources humaines, la fonction ingénierie utilise les connaissances techniques au moyen de l'outillage et des installations et la fonction achat et approvisionnement gère le ravitaillement en matières premières, en pièces et en énergie. Coordonné et impulsé par la direction, le processus de transformation combine ces intrants pour produire des biens et des services qui sont conçus et vendus par la fonction marketing. Les paiements des clients permettent à la direction, par la fonction finance, de rémunérer les fournisseurs de capital et les ressources humaines, d'acheter les matières nécessaires au processus et de dégager un surplus.

Commençons par décrire les intrants et les extrants ; nous examinerons ensuite les types de processus de transformation.

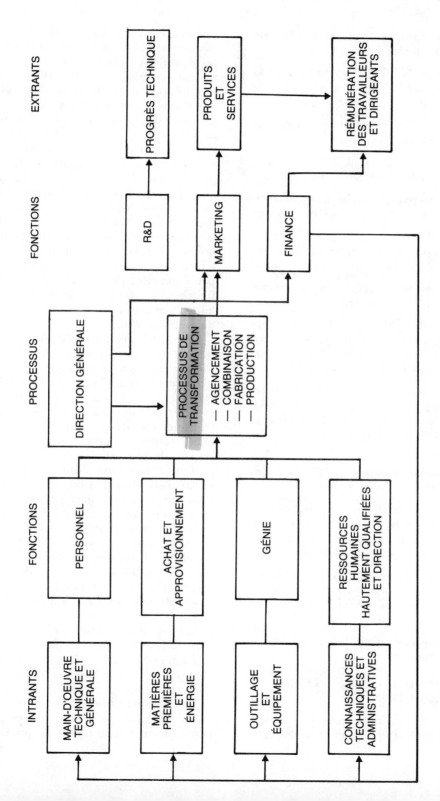

Figure 5.1 Processus technique de transformation

- Les *intrants* qui alimentent le système de transformation sont :

  — des matières premières, telles que la bauxite pour les alumineries ou la silice pour les semi-conducteurs ;

  — des ressources énergétiques : électricité, gaz ou pétrole ;

  — des ressources de travail, qui exécuteront des transformations : ouvriers, cadres ;

  — des connaissances techniques, scientifiques et administratives : idées, concepts et stratégies ;

  — des ressources financières : liquidités, prêts et investissements des actionnaires ;

  — de l'outillage et de l'équipement, tels que marteaux, fours, machines-outils.

- Les *extrants* du système sont distribués vers les marchés et les segments qui les composent. Les extrants du système de transformation sont de plusieurs ordres :

  — les produits et les services achetés par les clients qui se trouvent au sein du marché ou de segments de marché. La survie et la rentabilité de l'entreprise dépendent des acheteurs ;

  — les rémunérations des travailleurs et des dirigeants pour leurs services ;

  — la rémunération des investisseurs, des entrepreneurs et des financiers qui ont donné la possibilité à l'entreprise de naître et de croître en offrant du crédit ;

  — des progrès techniques (inventions ou innovations) lorsque l'organisme affecte une partie de ses revenus à la recherche de nouveaux produits ou procédés ;

  — les impôts et les droits payés à l'État.

1.3 UNE TYPOLOGIE DES SYSTÈMES DE PRODUCTION

Le processus de transformation est en quelque sorte un ensemble d'activités et de tâches agen-cées par des technologies et une structure organisationnelle en vue de combiner les intrants pour produire des biens et des services[3]. Le système de transformation est articulé à l'aide de technologies, d'investissements en outillage et installations, et de ressources humaines. La quasi-totalité des employés et des cadres d'une entreprise se situent au niveau des installations de transformation. Les cadres de direction générale tentent de contrôler et de diriger les activités de transformation de façon à atteindre avec efficience et rentabilité les objectifs visés.

Les technologies utilisées dans les institutions scolaires, universitaires et médicales reposent sur des connaissances conceptuelles appliquées à la transformation de personnes. Ces technologies changent certes, mais progressent peu en matière de productivité comme les entreprises industrielles et commerciales. De plus, les technologies employées varient en fonction des buts à atteindre.

Prenons l'exemple de l'école. Quels sont les buts poursuivis ? Certains fonctionnaires publics pensent à la formation d'une main-d'œuvre qualifiée. Certains parents cèdent à l'école leur responsabilité de formation humaine. D'autres, au contraire, sont d'avis que l'école ne transmet que des connaissances, les valeurs étant inculquées au sein de la famille. Quel système de production sera dès lors utilisé ?

L'objet de notre étude étant avant tout l'entreprise, nous pouvons nous référer à une typologie décrivant six types de systèmes de production (voir le tableau 5.1). Deux axes ou dimensions ont été utilisés pour constituer cette typologie. La première dimension (axe) oppose la stabilité à l'évolution rapide des connaissances qui forment les assises du processus. Les systèmes de production basés sur des connaissances effervescentes sont soumis à des discontinuités constantes. Par exemple, les connaissances relatives à l'électrolyse de l'aluminium sont stables, alors que celles qui sont reliées à la fabrication des semi-conducteurs sont caractérisées par des innovations majeures depuis 40 ans : transistors, circuits intégrés, circuits VLSI, etc. La seconde dimension (axe) réfère à la quantité de produits manufacturés : cas d'espèces, petite course (*batch*) ou production de

Tableau 5.1 Typologie des systèmes de production

Volume de production / État des connaissances	Cas d'espèces	Produits variés fabriqués en petite course (*BATCH*)	Production de masse
Connaissances techniques évolutives	*Technologie artisanale et professionnelle* Ex.: — pratique du droit ou de la médecine — électriciens, plombiers et horlogers	*Atelier de petite course* Ex.: — fabrication métallique — appareillage lourd — école — vêtements	*Processus continus ou processus d'assemblage* Ex.: — électrolyse de l'aluminium — pâtes et papier — exploitation minière à ciel ouvert — automobile
Connaissances techniques en progrès continu et rapide	*Organismes de conseil et de recherche* Ex.: — société de conseil en génie et stratégie — organisme de recherche oeuvrant à contrat	*Entreprise émergente de haute technologie* Ex.: entreprise de bio-technologie, de programmation ou d'instruments	*Entreprise intensive de technologie* Ex.: — avionnerie — produits chimiques — produits de télécommunication — ordinateurs centraux

SYSTÈME DE PRODUCTION

Bureau de placement à définir.

masse. Par exemple, la construction de 50 ébrancheuses mécaniques est une petite course, alors que la fabrication de lingots d'aluminium est une production de masse en processus continu. L'entreprise de conseil et l'artisan, quant à eux, travaillent surtout sur des cas particuliers.

On accepte facilement l'idée que la majorité des travailleurs sont à l'emploi de grandes entreprises dont les systèmes de production sont des grandes lignes d'assemblage. Rien n'est plus faux. La vaste majorité des travailleurs œuvrent au sein de petites entreprises embauchant moins de 100 employés. Le tableau 5.2 donne la répartition des entreprises selon la taille et l'emploi dans l'économie américaine. Les entreprises de moins de 100 employés représentent 54,3 % de l'emploi mais 97,7 % du nombre des établissements. Les entreprises de plus de 100 employés occupent 45,7 % des personnes mais ne représentent que 2,3 % du nombre des établissements. Au Québec, comme l'indique le tableau 5.3, les entreprises de moins de 100 employés représentent presque la moitié des emplois et la quasi-totalité des nouveaux emplois.

Examinons les six types de technologies qui existent dans la production des biens et des services et qui contribuent à former des systèmes de production différents quant à la taille, aux ressources humaines et à l'intensité du capital utilisé.

Les technologies de production diffèrent en fonction du stade où se situe le produit dans l'évolution de l'industrie. Dans le cas des produits en croissance ou à maturité, les connaissances techniques et les besoins des consommateurs sont connus. Dès lors, lorsque cela est possible, la technologie est concrétisée dans des procédés, des outillages et des installations qui permettent d'atteindre des économies d'échelle. Par économie d'échelle, nous entendons la baisse du coût unitaire de production à mesure que le volume de production augmente. Dans le cas des produits en émergence, les procédés de fabrication sont en mutation, et les besoins des consommateurs, en constante redéfinition. Dès lors, la technologie demeure flexible sans se concrétiser dans des machines spécialisées, et les firmes qui les utilisent demeurent petites.

1.3.1 La technologie artisanale ou professionnelle

La technologie artisanale est caractérisée par l'application d'habiletés individuelles à la production de biens et de services spécialisés, à petit volume. À titre d'exemples, mentionnons les entrepreneurs en construction, la pratique de la médecine, ou les bureaux de conseillers en gestion.

L'artisan aborde des problèmes variés et distincts. L'artisan mécanicien a la certitude de

Tableau 5.2 Répartition en pourcentage des emplois selon la taille des établissements

Taille des établissements en employés	Répartition de l'emploi	Répartition du nombre d'établissements
+ 1 000	14,3 %	0,10 %
500 – 999	7,6 %	0,20 %
250 – 499	9,4 %	0,4 %
100 – 249	14,4 %	1,6 %
50 – 99	12,4 %	2,9 %
20 – 49	15,9 %	8,3 %
10 – 19	10,8 %	12,4 %
5 – 9	8,5 %	19,8 %
1 – 4	6,7 %	54,3 %
TOTAL	100 %	100 %

Source: *County Business Patterns*, 1987.

Tableau 5.3   Variations de l'emploi par taille d'entreprises (sauf administration publique), Québec, 1978 à 1985

Année	Taille des entreprises			
	Nombre d'employés			
	1-19	20-99	100-499	500 et +
Emploi total (en milliers)				
1978	397,5	381,9	392,9	973,8
1979	412,8	392,2	402,6	995,9
1980	427,3	392,2	398,0	1 047,0
1981	439,3	391,4	399,1	1 045,5
1982	427,8	358,8	369,5	969,0
1983	447,7	359,0	352,7	890,0
1984	478,4	399,8	381,7	952,1
1985[1]	530,4	416,7	389,3	952,6
Variations (en milliers)				
1978-1979	15,3	10,9	9,7	22,1
1979-1980	14,5	0,0	− 4,6	51,1
1980-1981	12,0	− 0,8	1,1	− 1,5
1981-1982	− 11,5	− 32,6	− 29,6	− 76,5
1982-1983	19,9	0,2	− 16,8	− 79,0
1983-1984	30,7	40,8	29,0	62,1
1984-1985	52,0	16,9	7,6	0,5
Variations (en pourcentage)				
1978-1979	3,8	2,9	2,5	2,3
1979-1980	3,5	0,0	− 1,1	5,1
1980-1981	2,8	− 0,2	0,3	− 0,1
1981-1982	− 2,6	− 8,3	− 7,4	− 7,3
1982-1983	4,7	0,1	− 4,5	− 8,2
1983-1984	6,9	11,4	8,2	7,0
1984-1985	10,9	4,2	2,0	0,0

Source: *Les PME au Québec*, ministère de l'Industrie et du Commerce, Québec, 1987.

pouvoir réparer les pannes les plus diverses. L'artisan s'appuie sur des habiletés et des connaissances personnelles acquises au cours d'un long apprentissage. Le lien entre l'effort personnel et le résultat est clair, que le travail soit manuel ou intellectuel.

L'artisan a reçu une formation de longue durée selon la profession choisie. La pratique de son métier lui a enseigné à porter des jugements à la lumière de son expérience. L'ouvrier de la construction a reçu un entraînement formel court mais un long apprentissage. La profession de médecin ou de comptable exige une formation plus longue. Le professeur d'université et le spécialiste de haute technologie ont poursuivi leur formation au-delà des études doctorales.

Les goûts de plus en plus différenciés des consommateurs conduisent à de nombreux segments de marchés très favorables au développement de l'industrie artisanale aux dépens des grandes usines orientées vers la production de masse. Le cas de Louis Vuitton, fabricant de sacs à main, illustre bien l'émergence de firmes artisanales orientées vers les biens de consommation de luxe.

Un système artisanal

La compagnie Louis Vuitton, autrefois une petite entreprise familiale, fabrique d'élégants sacs à main, de même que des valises et des porte-monnaie à monogrammes, vendus à travers le monde. Pourtant l'usine d'Asnières en banlieue de Paris donne l'impression d'un atelier artisanal du XIXᵉ siècle plutôt que d'une manufacture de l'ère industrielle.

En effet, on peut à peine y entendre les machines. Au rez-de-chaussée un travailleur assemble l'intérieur d'une valise à cosmétiques, clouant à la main les pièces de bois les unes aux autres. À l'étage supérieur, un travailleur colle une doublure, un autre ajoute une épaisseur de tissu garnie de monogrammes, alors qu'un dernier fixe les poignées et les serrures.

La compagnie Louis Vuitton s'en tient aux méthodes traditionnelles du « fait à la main » même si elle est devenue un groupe international depuis sa fusion avec Mœt-Hennessy. « C'est une autre échelle », de dire Patrick-Louis Vuitton, arrière-arrière-petit-fils du fondateur. « Mais la qualité du produit doit être maintenue. »

Source : *The Wall Street Journal*, 28 décembre 1987.

Atelier de petite course

Équipements Denis a acquis une position privilégiée dans le marché des équipements forestiers en raison de sa capacité d'innover dans le développement de produits de qualité répondant aux besoins particuliers des utilisateurs et en raison de son service après-vente. Ses principaux produits sont l'ébrancheuse, la tête abatteuse et le véhicule ébrancheur sur roues. Cette compagnie s'adapte à une variété de commandes. Par exemple, au cours des dernières années, Équipements Denis a développé plusieurs modèles d'ébrancheuses afin de mieux répondre aux différents types d'exploitation forestière. De plus, par l'entremise de sa filiale en Abitibi, elle fabrique sur commande des équipements destinés au transport routier, tels des bennes pour camions, des remorques et d'autres accessoires.

Le processus de production consiste à couper, plier, usiner et assembler plusieurs composantes et à faire l'inspection finale des produits assemblés. Pour accomplir ces tâches, l'entreprise compte 118 employés assurant la production et possède du matériel à la fine pointe de la technologie, entre autres, des équipements /f vert//f vert/ de conception et de fabrication assistées par ordinateurs.

Source : Prospectus provisoire 1987.

1.3.2 Les ateliers de petite quantité (petite course)

Les ateliers de petite quantité ou petite course constituent fort probablement les lieux de travail les plus répandus. Les commandes des clients cheminent au sein d'un processus où des équipements et des travailleurs participent à la réalisation des produits ou des services en petite série.

Voici quelques exemples de systèmes de production en petites séries : fabrication métallique, fabrication de meubles, dispensation de cours d'enseignement, restauration ou services automobiles. Ces technologies flexibles fonctionnent à petite échelle car les marchés visés exigent des produits différents. Dès lors, les producteurs ne fabriquent qu'à petit volume en fonction de la demande. Les installations de petite taille sont souvent flexibles et peuvent s'adapter à une variété de commandes dans une gamme assez large.

La technologie progresse, certes, mais sans modification radicale. Par exemple, la fabrication métallique, la fabrication de meubles et l'enseignement universitaire sont caractérisés par une stabilité relative des méthodes. Le cas d'Équipements Denis illustre bien les ateliers de petite course.

1.3.3 Les processus continus ou d'assemblage

Les processus continus ou d'assemblage se trouvent dans les industries à maturité ou dans les administrations publiques. Ces technologies sont caractérisées par l'aspect routinier des tâches en raison, d'une part, de la stabilité des connaissances et, d'autre part, de la possibilité d'atteindre des économies d'échelle.

Les firmes dont la technologie est relativement stable et dont les produits varient peu peuvent construire des installations qui entraînent des économies d'échelle à l'étape de la fabrication et de la distribution. Ces installations exigent habituellement au départ des investissements majeurs en capital.

Parmi les processus continus, mentionnons le raffinage du pétrole, la fabrication des pâtes et du papier, l'exploitation du minerai de fer ou l'électrolyse de la bauxite d'aluminium. Les processus d'assemblage en chaîne comprennent la fabrication d'automobiles, d'appareils électroménagers ou d'ordinateurs. En raison des tailles économiques optimales, élevées, ces usines sont grandes et fonctionnent à grand volume[4].

Plusieurs administrations publiques utilisent aussi des processus continus. À titre d'exemples, mentionnons le traitement des dossiers d'impôt, l'émission des permis, les dossiers de chômage, d'immigration et d'assistance sociale. Les administrations publiques utilisent une technologie intensive en main-d'œuvre mais peu importante en capital, sauf pour les installations informatiques. Elles atteignent très vite le stade des « déséconomies » d'échelle, c'est-à-dire que les coûts réels de production croissent au lieu de décroître avec la taille.

Une usine d'assemblage

Honda of America Manufacturing Inc. a établi en 1979 une usine d'assemblage de voitures (Accord et Civic) à Marysville, Ohio. L'usine est de taille économique optimale pour l'industrie et produit 360 000 voitures par année ; elle emploie 4 200 personnes. Les coûts de fabrication sont très faibles en dépit du fait que les moteurs sont importés du Japon. Plus de la moitié des pièces vient des États-Unis. Les économies d'échelle de production ont été réalisées grâce à une forte automatisation et à des investissements de plus de 550 000 000 $ U.S.

Source : Japan Automobile Manufacturers Association, 1988.

Processus continu ou d'assemblage

L'usine de Mirabel des Breuvages Nora est si automatisée qu'il faut seulement 10 employés pour la faire fonctionner 24 heures par jour. Cet embouteilleur a investi 15 millions de dollars pour doter sa nouvelle usine de 2500 m² des équipements les plus sophistiqués qui soient. Voici une description de son procédé de fabrication de bouteilles.

Une machine électronique chauffe d'abord des granules de polyéthylène pour les déshydrater. De là, les granules sont acheminés vers une extrudeuse par moulage. Ils deviennent fluides sous l'effet de la chaleur, et la matière est injectée dans un moule et refroidie. Ce moule a une capacité de plus de 8000 préformes à l'heure. Les préformes sont ensuite ramenées à un état de semifluidité, puis introduites dans des moules et gonflées pour atteindre leur capacité de 1,5 litre avant d'être refroidies. Le moule à préformes éjecte 48 pièces à toutes les 21 secondes. Le robot ne dispose alors que de six secondes pour entrer entre les deux parties du moule et les retirer. À lui seul, ce robot économise 30 % de temps à cette étape.

Toutes ces opérations sont contrôlées par des automates programmables. Aucun risque d'erreur possible. Les bouteilles arrivent pêle-mêle et une redresseuse automatique les remet debout sur le convoyeur au rythme de 30 000 à l'heure. Les bouteilles passent ensuite à la rinceuse qui en élimine les poussières possibles.

Source : *Les Affaires*, semaine du 2-8 janvier 1988.

1.3.4 Les organismes de conseil et de recherche

Les organismes de conseil ou de recherche réalisent des services ou des prototypes selon des contrats spécifiques. Ils utilisent des technologies en mutation constante. Les sociétés de conseil en génie, en gestion et en informatique en sont des exemples. Ces firmes exécutent des contrats en utilisant les connaissances techniques d'une main-d'œuvre hautement spécialisée. Des firmes comme Lavalin ou SNC constituent de tels organismes.

Les institutions de recherche privées et des laboratoires universitaires exécutent aussi des contrats pour des clients en s'appuyant sur des technologies en constante mutation. Le Laboratoire d'Intelligence Artificielle du MIT, le Conseil de l'Institut de recherche en biotechnologie et l'Institut des pâtes et papiers en sont des exemples.

Un système artisanal de recherche

La société Secor est un cabinet de consultation qui s'est donné comme mission d'offrir à l'entreprise des conseils professionnels de haut calibre. Par ses liens avec plusieurs universités canadiennes, Secor est étroitement associée aux derniers perfectionnements des sciences de la gestion. Cette société propose à l'entreprise des conseils en stratégie, en marketing, en économie, en finance ainsi que dans les domaines socio-politique et réglementaire. Cette diversité de champs d'action exige par conséquent des spécialistes dans chaque domaine. Quoique les conseillers s'occupent de plusieurs clients à la fois, chaque client représente un cas d'espèce puisqu'il a un problème unique à résoudre.

1.3.5 Les entreprises émergentes de haute technologie

Les entreprises émergentes de haute technologie sont créées par des entrepreneurs qui ont acquis une expérience technique et commerciale dans une firme intensive en technologie ou dans un organisme de recherche[5]. Financés par du capital de développement, les dirigeants de ces entreprises ont l'intention de les faire croître. À titre d'exemple, mentionnons Biotech à Montréal ou Mitel à Ottawa.

Ces entreprises émergentes de haute technologie sont caractérisées par l'effort important qu'elles consacrent aux activités de recherche et de développement. Grâce aux recherches, elles

remettent en cause les techniques utilisées en vue de créer des produits et des services nouveaux vendus à des clients innovateurs et progressistes.

Plus une économie stimule la naissance de ces firmes, plus ses capacités d'adaptation et de création d'emplois sont élevées. Les domaines de la biotechnologie, de l'informatique appliquée, de la robotique et des instruments de mesure et de contrôle sont les lieux d'émergence de nombreuses petites firmes.

L'effervescence technique, c'est-à-dire l'apparition d'occasions en ce qui a trait aux applications des produits et aux configurations des processus de production, exige des relations continues entre chercheurs, ingénieurs et directeurs de fabrication. L'organisme de haute technologie est en quelque sorte un regroupement d'artisans spécialistes. Au fil du temps, lorsque l'effervescence technique et commerciale se calme, l'entreprise de haute technologie devient à son tour une grande entreprise en croissance.

Une entreprise de haute technologie

IAF Biochem International est une entreprise nord-américaine de biotechnologie, détenue en partie par l'Institut Armand-Frappier. Cette société fabrique et commercialise des produits destinés au traitement des maladies impliquant le système immunitaire.

IAF Biochem a comme objectif ultime de passer du statut d'une petite compagnie vouée presque exclusivement à la recherche, à celui d'une entreprise pharmaceutique intégrée. IAF Biochem deviendrait ainsi la seule entreprise du genre au Canada, à ne pas être sous domination étrangère. Les travaux de recherche et de développement sont financés, d'une part, par le produit de l'émission REA et, d'autre part, par des subventions dont la plus importante provient actuellement du CRSNG. IAF Biochem se veut un point de convergence de la recherche faite sur le système immunitaire dans les laboratoires universitaires, industriels et gouvernementaux.

Source : Prospectus de IAF Biochem, 1987.

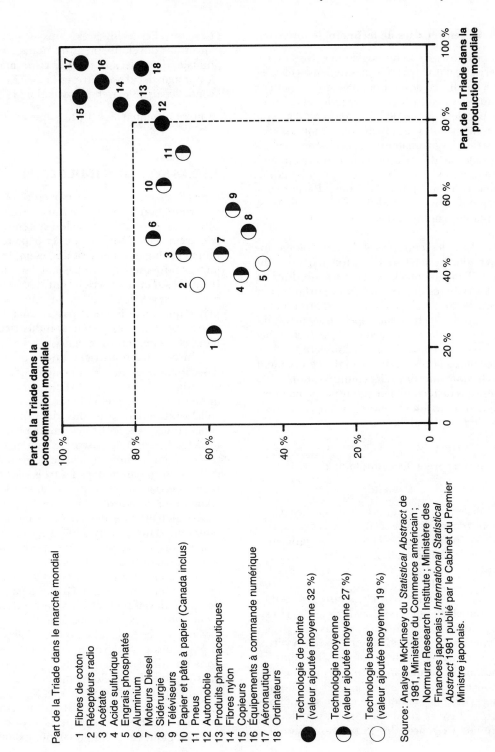

Part de la Triade dans la consommation mondiale

Part de la Triade dans la production mondiale

Part de la Triade dans le marché mondial

1 Fibres de coton
2 Récepteurs radio
3 Acétate
4 Acide sulfurique
5 Engrais phosphatés
6 Aluminium
7 Moteurs Diesel
8 Sidérurgie
9 Téléviseurs
10 Papier et pâte à papier (Canada inclus)
11 Pneus
12 Automobile
13 Produits pharmaceutiques
14 Fibres nylon
15 Copieurs
16 Équipements à commande numérique
17 Aéronautique
18 Ordinateurs

● Technologie de pointe
(valeur ajoutée moyenne 32 %)

◐ Technologie moyenne
(valeur ajoutée moyenne 27 %)

○ Technologie basse
(valeur ajoutée moyenne 19 %)

Source: Analyse McKinsey du *Statistical Abstract* de 1981, Ministère du Commerce américain ; Normura Research Institute ; Ministère des Finances japonais ; *International Statistical Abstract* 1981 publié par le Cabinet du Premier Ministre japonais.

Figure 5.2　La plupart des secteurs à technologie de pointe restent le domaine privilégié de la Triade

1.3.6 Les entreprises de technologie intensive

Les entreprises de technologie intensive sont caractérisées, d'une part, par des dépenses élevées en recherche et développement qui remettent en cause les produits et les procédés et, d'autre part, par des courses de fabrication ou d'assemblage importantes. Les firmes œuvrant dans les industries des ordinateurs, de la chimie, de l'aérospatiale ou des télécommunications en sont des exemples. Ces firmes de grande taille, comme IBM ou Pratt & Whitney, doivent supporter des activités de recherche essentielles à l'adaptation continue des produits et des procédés.

En bref, les entreprises de technologie intensive sont caractérisées à la fois par un rythme de changement élevé dans les produits et par des rythmes de production importants. Les fabricants de semi-conducteurs, d'ordinateurs ou de produits chimiques spécialisés affectent plus de 6 % de leurs revenus à la recherche. Northern Telecom au Canada consacre 10 % de ses revenus à la recherche et au développement dans le domaine des télécommunications. Les entreprises de technologie intensive peuvent représenter, dans une économie avancée, jusqu'à 10 % de l'emploi global.

Une entreprise de technologie intensive:

Canadair

Filiale à part entière de Bombardier, Canadair œuvre dans le secteur de l'aéronautique. En janvier 1987, la société a signé un contrat de soutien technique intégré pour la flotte de 138 chasseurs CF-18 des forces canadiennes. Pratiquement, Canadair se trouve à se substituer au constructeur McDonnell Douglas pour assurer les services de soutien d'un des appareils les plus complexes au monde. Il s'agit donc d'un véritable transfert de technologie de pointe, grâce auquel Canadair exerce la maîtrise de la conception et de l'exécution des améliorations et des perfectionnements qui seront apportés à l'avion, au fil des années, pour satisfaire aux exigences des forces canadiennes.

Les nouvelles technologies ainsi acquises serviront au développement de nouveaux produits et de nouveaux services et permettront à Bombardier d'accroître sa capacité concurrentielle sur le marché international.

Source : Bombardier Inc., Rapport annuel, 1987.

1.4 LES SYSTÈMES INDUSTRIELS

Grâce à sa stratégie et au moyen d'un système de production, l'entreprise s'insère dans un ou plusieurs ensembles appelés systèmes industriels. L'automobile, les pâtes et papier, l'aluminium et l'alimentation sont des exemples de systèmes industriels qui dépassent largement les frontières d'un pays et qui ont déjà atteint des niveaux élevés de globalisation. Ainsi, les entreprises qui ne se limitent pas au marché local, s'insèrent dans des systèmes industriels nationaux et même internationaux.

Un système industriel est donc un ensemble d'organisations qui i) contribuent à l'évolution, au progrès et au contrôle d'une industrie et ii) qui entretiennent, selon le cas, des relations de collaboration, de contrôle, de support et de concurrence avec les firmes qui forment l'industrie. La figure 5.2 illustre 18 systèmes industriels ainsi que l'importance de la production et de la consommation dans les trois plus grandes régions économiques du monde, soit le Japon, l'Amérique du Nord et l'Europe occidentale.

La globalisation des systèmes industriels se poursuit, d'une façon générale, sur une tendance qui va croissant. Cette globalisation résulte, entre autres, d'échanges croissants entre les pays ou les grandes zones géographiques du monde, notamment de l'OCDE. La part relative des pays développés et en voie de développement dans les exportations mondiales donne la mesure de cette globalisation. De 1980 à 1986, le poids des pays développés dans les exportations mondiales passe de 63 à 70 % ; celui des pays en voie de développement de 28 à 19 % ; celui des pays de l'Est de 9 à 18 %.

Les principaux acteurs dans un système industriel touchent aux aspects économiques, technologiques et politiques. Nous examinerons en détail, dans les sections qui suivent, les aspects économiques et technologiques des systèmes industriels. Pour l'instant, illustrons succinctement les principaux acteurs énumérés à la figure 5.3, en recourant à l'exemple du système industriel qu'est l'automobile.

● L'industrie et ses participants

Le système industriel que forme l'industrie de l'automobile est composé d'une vingtaine de concurrents répartis à travers le monde. Les producteurs japonais (Toyota, Nissan, Honda, Mazda, etc.) ne se limitent plus à exporter du Japon, mais ont des installations aux États-Unis, au Canada et en Europe. Les producteurs européens visent surtout les marchés européens (Renault, Peugeot, VW, Fiat) sauf pour l'exportation de voitures de luxe (BMW, Daimler-Benz, Saab et Volvo). Les producteurs américains s'adressent surtout au marché de l'Amérique du Nord mais ils ont aussi des activités européennes importantes (Ford et GM).

La plupart des producteurs sont des généralistes fabriquant une large gamme de produits, allant de la petite voiture aux automobiles de luxe, en passant par les camions et les camionnettes. D'autres au contraire sont des spécialistes de segments tels que Honda ou BMW.

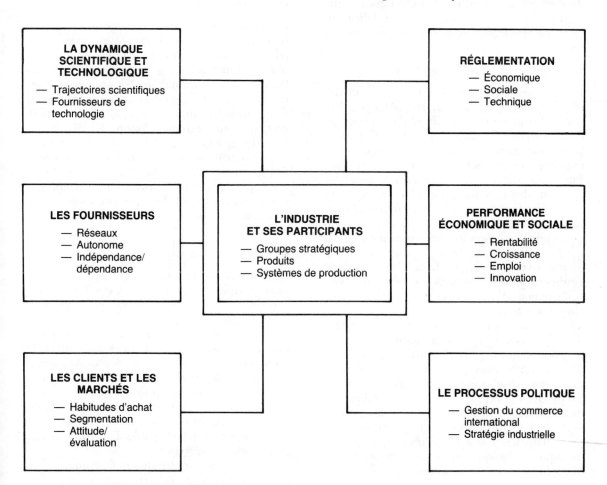

Figure 5.3 Les systèmes industriels

● Les fournisseurs

Les fournisseurs de pièces jouent un rôle majeur dans la conception et la réalisation des automobiles. Plus de 80 % de la valeur ajoutée d'une automobile provient des fournisseurs. En fait, les producteurs confient de plus en plus d'activités de R&D, de production et d'approvisionnement aux « équipementiers » d'envergure mondiale. Parmi ceux-ci se trouvent Bosch, TRW, Nippondenso, DuPont, Borg-Wagner, etc. Les relations qui unissent les fabricants de pièces aux producteurs d'automobiles sont de nature collaborative et associative. À leur tour, les fournisseurs de premiers niveaux, c'est-à-dire les « équipementiers », entretiennent des relations avec des milliers de petits fabricants pour les 20 000 pièces qui forment une automobile.

● Organismes gouvernementaux

Les organismes gouvernementaux jouent des rôles contradictoires au sein des systèmes industriels. En premier lieu, ils réglementent les conditions de travail ainsi que la protection de l'environnement et des consommateurs. Par exemple, l'Environment Protection Agency aux États-Unis détermine les émissions tolérables émanant des moteurs à combustion, et de ce fait, oblige les producteurs et les fournisseurs à investir en R&D de façon à s'ajuster aux exigences de protection de l'environnement.

En même temps, les organismes gouvernementaux veulent stimuler le développement de l'industrie automobile dans leur territoire. Ainsi, ils tentent d'une part de forcer, ou d'empêcher selon le cas, les entreprises étrangères à investir dans des installations locales, grâce à des tarifs, des normes de contenu local ou des pressions officieuses. D'autre part, les divers paliers de gouvernement se concurrencent pour offrir des subsides et des incitatifs pour attirer les producteurs d'automobiles et les fabricants de pièces dans leur territoire. Enfin, les gouvernements tentent de supporter les firmes nationales dans leurs efforts de transition vers les pratiques techniques et organisationnelles les plus efficaces de façon à assurer leur compétitivité.

Le rôle de l'État va-t-il décroissant ? À de nombreux égards, on peut le penser. Le mouvement de privatisation des entreprises publiques atteint la Grande-Bretagne, la France, l'Italie, l'Espagne et le Canada. Il serait pourtant naïf de croire au désengagement de l'État vis-à-vis de l'économie et de la technologie. Les formes de l'action publique diffèrent mais les faits sont là : responsabilités ultimes des intérêts économiques nationaux, grandes négociations économiques internationales, subventions directes et indirectes, commandes militaires, marchés publics et activités industrielles organisées de facto de façon semi-étatique.

● Les clients

Les clients au sein d'un système industriel ne forment pas un groupe homogène mais se répartissent au contraire de manière changeante parmi les différents segments de marché. Dans l'industrie de l'automobile, les nouveaux types de clients dans les pays développés se font rares, ce qui indique que l'industrie a atteint le stade de la maturité. En même temps, les clients exigent des produits de plus en plus différenciés (mini-voiture, petite voiture, voiture sportive, fourgonnette, voiture familiale et voiture de luxe) qui obligent les fabricants à offrir non pas des « voitures mondiales uniformes » mais une très vaste gamme dont les modèles se renouvellent sans cesse.

● La dynamique scientifique et technologique

L'effervescence de la science et les progrès radicaux élargissent sans cesse la gamme des occasions qui s'offrent aux firmes qui participent ou désirent participer à un système industriel. Les progrès scientifiques et technologiques émanent des laboratoires universitaires et des centres de recherche des producteurs, des fournisseurs, des firmes de haute technologie. Le financement des recherches exploratoires qui conduiront à l'émergence de trajectoires scientifiques nouvelles exigent souvent une contribution publique importante pour pallier l'insuffisance des investissements privés.

Certains systèmes industriels, comme ceux des ordinateurs, de l'électronique et des semi-conducteurs, sont soumis à des perturbations constantes en raison des progrès scientifiques. D'autres par contre stagnent en raison de la faible fertilité des domaines scientifiques qui les sous-tendent. Les nouvelles technologies conduisent à la réinvention des activités et des industries dites traditionnelles telles que l'automobile, le textile et l'horlogerie. Elles provoquent des modifications souvent significatives des processus et des coûts d'assemblage, quel que soit par ailleurs le coût d'investissement. Ainsi, dans l'industrie automobile, la robotisation et l'informatisation ont-elles eu tendance à faire passer les coûts d'assemblage proprement dits de 25 % à moins de 10 % des coûts d'une automobile.

2. Le contexte économique et concurrentiel

La stratégie de l'entreprise insère le système de production dans un environnement concurrentiel. Cet environnement comprend l'ensemble des organismes extérieurs avec lequel elle entre en relation soit au sujet de la vente des produits, soit pour les achats de matières ou les concurrents. Cet ensemble présente aussi des informations à l'entreprise sous forme de stimuli, d'actions concurrentielles, de risques ou d'occasions[6]. En d'autres termes, le contexte concurrentiel est un sous-ensemble d'un système industriel où les relations entre les participants sont économiques et concurrentielles.

Comme l'indique la figure 5.4, ces organismes sont : les concurrents établis dans l'industrie, les acheteurs des produits, les fournisseurs, les producteurs de produits substitutifs et les nouveaux entrants. L'environnement concurrentiel de l'entreprise est celui qui la stimule à des innovations, qui les exige même, dans les produits et les procédés.

2.1 LA STRUCTURE DU CONTEXTE CONCURRENTIEL

Le contexte économique comprend autant les concurrents que les fournisseurs. Les membres de l'environnement économique sont les entre-

prises liées tant à la demande des produits qu'à leur production. La figure 5.4 résume les composants de l'environnement économique.

— Les *concurrents* dans l'industrie sont des firmes qui produisent des biens et des services similaires et qui visent les mêmes marchés ou segments de marché. Les petites et moyennes entreprises œuvrent souvent au sein de marchés fragmentés, c'est-à-dire où le nombre de concurrents est élevé et les parts de marché faibles. Dans ces cas, la rivalité est très grande. Quelques petites entreprises offrent des produits spécialisés au sein de segments de marché ou de marchés locaux où le nombre de concurrents est limité. Les concurrents de certaines industries sont peu nombreux et de grande taille en raison des économies d'échelle.

— Les *clients* forment les marchés ou des segments de marché de l'entreprise. Ils peuvent être regroupés en trois catégories : les consommateurs, les fabricants et les distributeurs. Les clients de la plupart des entreprises sont ultimement les consommateurs individuels. Cependant, certaines entreprises vendent souvent leurs produits ou leurs services à des entreprises intermédiaires, soit des fabricants ou des distributeurs. Par exemple, les fabricants d'appareils électroménagers ou de meubles vendent plus à des entreprises de distribution et de détail qu'aux consommateurs individuels. De même, les petites entreprises de fabrication sont souvent des fournisseurs de pièces ou d'appareils.

— Les *fabricants de produits substitutifs*, oubliés souvent à tort, font virtuellement partie de l'environnement concurrentiel de la firme. Ils peuvent même déplacer les concurrents en place. Par produits substitutifs, il faut entendre ceux qui, du point de vue des consommateurs ou des acheteurs industriels, offrent des caractéristiques telles qu'ils remplissent les mêmes fonctions. Par exemple, le sirop de maïs, à haute teneur en fructose, est un substitut au sucre liquide, un réseau de mini-ordinateurs est un substi-

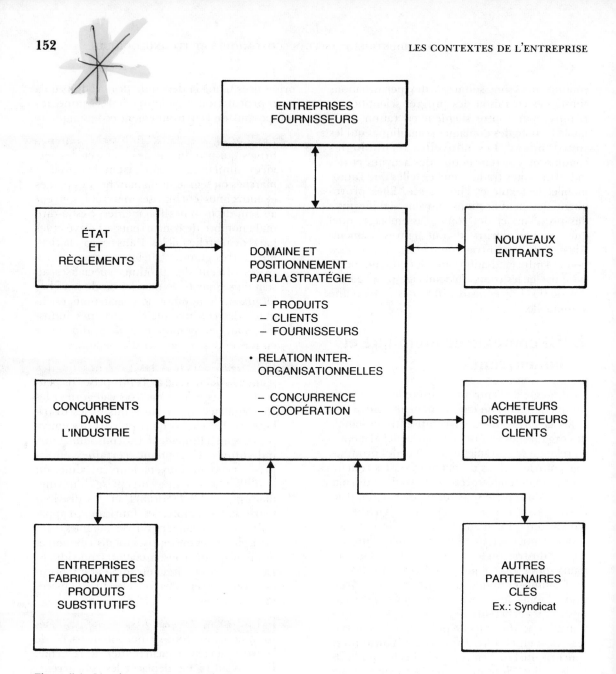

Figure 5.4 L'environnement économique

tut aux grandes unités informatiques, ou des cannettes d'aluminium sont des substituts aux cannettes d'acier. En général, plus l'innovation technologique est importante dans les industries connexes, plus les produits substitutifs risquent de supplanter les produits de l'industrie en question.

— Les *fournisseurs* de l'entreprise offrent divers produits : matières premières, pièces fabriquées, appareils, etc. Dans la plupart des cas, l'entreprise, à titre d'acheteur, peut négocier en position solide avec ses fournisseurs, mais, en ce qui a trait aux matières où il y a pénurie, elle dépend des fournisseurs qui disposent d'un certain pouvoir de marché. Les produits des fournisseurs peuvent être l'occasion d'innovations pour l'entreprise ; par exemple, les fournisseurs de contrôles industriels peuvent susciter des modifications aux procédés de fabrication.

— Les *nouveaux entrants* sont des concurrents nouvellement établis ou des firmes établies dans des industries différentes qui envahissent le marché. Les nouveaux entrants dans une entreprise s'inspirent en général d'une innovation technologique ou commerciale. Les petites et moyennes entreprises jouissent quelquefois de positions privilégiées dans des marchés ou des segments de marchés distincts. La plupart cependant œuvrent dans des industries où les barrières à l'entrée des concurrents sont faibles. Ainsi, ces firmes se trouvent dans des industries fragmentées où le nombre de concurrents est élevé. Cependant, lorsque l'industrie est en croissance ou que les rythmes d'innovation dans les produits ou les procédés sont rapides, des firmes nouvelles ou des envahisseurs en profitent pour entrer au sein de l'industrie.

— Les *organismes de réglementation* de l'État sont aussi des membres clés de l'environnement économique. Ainsi, la structure et la nature de la concurrence dans de nombreuses industries sont déterminées par des lois appliquées par des organismes gouvernementaux. Par exemple, le CRTC détermine en partie, par ses décisions d'affectation, des permis de station de télévision et la structure de l'industrie dans la radio-télévision.

— De même, les industries des services bancaires, du transport aérien et du transport par camion sont largement affectées par les décisions des organismes de réglementation.

La volonté de déréglementer certaines de ces industries affectera aussi la concurrence. Enfin, les réglementations sociales en vue de la protection du consommateur, du travailleur et de l'environnement s'appliquent à l'ensemble des firmes et des industries.

Réglementation de la concurrence

Un des rôles de l'État est de maintenir la concurrence, c'est-à-dire de minimiser sinon empêcher les coalitions économiques. Ainsi le gouvernement fédéral a voté dès 1889 la première loi antitrust qui avait pour but de renforcer la concurrence. Dans le cas des monopoles naturels, qui se retrouvent dans les industries où les réalités technologiques et économiques limitent la mise en place d'un marché concurrentiel, par exemple Hydro-Québec, les gouvernements ont créé des commissions pour réglementer les prix et la qualité des services offerts.

2.2 ÉVOLUTION DYNAMIQUE DU CONTEXTE CONCURRENTIEL

L'environnement économique de l'entreprise est en constante mutation sous l'effet de facteurs exogènes sur lesquels l'entreprise a peu de contrôle[7]. Dans cette section, nous esquissons quelquesuns des facteurs de l'environnement économique qui sont la cause d'incertitudes, d'occasions et de changements. Nous examinerons donc quelques phénomènes dynamiques, dont les dirigeants doivent tenir compte par des prévisions ou des analyses. La connaissance de l'environnement économique repose sur les réseaux d'information et sur les analyses des dirigeants.

2.2.1 Les mutations des marchés

Les marchés sont en constante mutation et redéfinition en raison, d'une part, des décisions des acheteurs et, d'autre part, de l'offre de produits compétitifs ou de substituts par les concurrents[8]. Un marché n'est pas défini par l'ensemble des produits similaires fabriqués et vendus par des entreprises bien identifiées. Au contraire, la définition d'un marché doit être abordée du point de vue des clients. Le produit est constitué d'un ensemble de caractéristiques recherchées par les clients ; les produits substitutifs qui possèdent une ou plusieurs des caractéristiques importantes recherchées par eux font partie du marché. Les dimensions du marché varient selon que l'on donne une définition large ou étroite aux besoins que doit satisfaire un ensemble de produits.

À titre d'exemple, les besoins d'information exprimés par une région constituent un marché. L'industrie, c'est-à-dire l'ensemble des firmes offrant des produits qui sont de très proches substituts pour les clients de cette région, devra inclure tous les éléments suivants :

— radio et télévision ;

— publications hebdomadaires et mensuelles ;

— journaux à contenu régional, excluant ainsi les journaux publiés hors de la région mais lus dans la région.

2.2.2 La croissance ou la décroissance de l'industrie

La croissance ou la décroissance de la demande des produits et des services de l'industrie dépend de l'évolution démographique, des progrès des revenus disponibles et des variations des préférences des consommateurs. Une industrie en croissance est celle où les acheteurs des produits sont surtout des clients nouveaux. Par exemple, la croissance radicale des ventes de motoneiges au cours des années 60 provenait de l'afflux de clients nouveaux. Une industrie dont les clients ne font que des achats répétitifs se dirige vers une situation de maturité. L'industrie de l'automobile ou de l'aluminium en sont des exemples.

2.2.3 L'offre de produits ou de services substitutifs

La pénétration de produits ou de services substitutifs aux yeux des consommateurs tend à diminuer la croissance des ventes des industries établies. Dans certains cas, lorsque les substituts

sont supérieurs aux produits de l'industrie, on assiste à un déplacement et à une réduction des ventes. Ainsi, les calculatrices électroniques ont remplacé et détruit le marché des règles à calcul. De même, la câblodistribution, le magnétoscope et la télévision payante sont des substituts partiels mais réels aux salles de cinéma.

2.2.4 Les nouveaux segments de marché

La découverte de nouveaux segments de marché par l'adaptation des produits à des usages nouveaux est une source de croissance des ventes et de dynamisme pour l'industrie. Ainsi, les avions légers ou les jeeps conçus à des fins militaires ont été modifiés pour des usages nouveaux et ont vu leurs ventes s'accroître rapidement. De même, les micro-ordinateurs conçus à des fins utilitaires commerciales et domiciliaires atteignent des segments plus larges.

2.2.5 L'apprentissage des consommateurs et les efforts de différenciation

Les producteurs essaient de différencier leurs produits par la recherche scientifique, le design, la qualité ou les symboles. Avec l'expérience, les consommateurs apprennent et sont plus en mesure d'évaluer les produits. L'apprentissage que font les consommateurs réduit éventuellement l'efficacité des efforts de différenciation des produits de l'entreprise. Les produits deviennent ainsi moins différenciés. Par exemple, la diffusion des connaissances informatiques grâce aux universités a réduit la préséance d'IBM dans certains marchés (réduisant ainsi l'avantage établi) et a permis à des fabricants d'ordinateurs de se tailler des « niches » spécialisées.

2.2.6 Les innovations radicales dans les produits

Les innovations de produits radicales donnent naissance à des industries nouvelles et influencent la demande des produits déjà offerts sur le marché. Les ordinateurs, les motoneiges et les vidéocassettes sont des exemples d'innovations. L'amélioration et l'extension de ces innovations stimulent aussi l'effervescence au sein d'une industrie. La capacité de lancer continuellement de nouveaux produits à la suite d'activités de recherche et de développement scientifiques et commerciales peut créer une situation de rivalité intense. Certaines industries à haute intensité technologique sont la source d'un très grand nombre d'innovations[9]. Plusieurs entreprises introduisent constamment de nouveaux produits et, de ce fait, rendent la concurrence difficile pour les firmes dont les revenus ne leur permettent pas de modifier les leurs.

2.2.7 Les variations des coûts des facteurs de production ou de transport

L'évolution des prix des facteurs de production influence les coûts des entreprises et, par conséquent, la concurrence. Quand les augmentations des taux d'intérêt, des salaires ou des intrants énergétiques touchent l'ensemble d'une industrie, elles peuvent faire décroître ou stabiliser les ventes globales de l'industrie au profit de substituts vendus par une autre industrie. Lorsque des industries sont en concurrence internationale, les augmentations des prix des facteurs dans un pays donné défavorisent les firmes de ce pays.

De même, les réductions des frais de transport ont souvent pour conséquence d'élargir les marchés géographiques, les faisant passer successivement du marché régional ou national au marché international. La globalisation des marchés dépend en grande partie des réductions des coûts de transport.

2.2.8 Les innovations de procédés

Les innovations dans les procédés, suscitées par la vigueur de la concurrence sur les prix ou par les fournisseurs, peuvent conduire à des réductions de coûts et à l'élimination des concurrents incapables de les adopter. En général, les innovations dans les procédés conduisent à des économies d'échelle et nécessitent des installations plus grandes et plus coûteuses. Elles créent donc des barrières à l'entrée et réduisent le nombre de concurrents. Les innovations dans les matières premières peuvent aussi causer des chambardements graves au sein d'une indus-

trie; par exemple, le refus de Head Ski de s'intéresser aux fibres de verre lui a coûté une part importante de son marché.

2.2.9 Les stratégies des entreprises des industries connexes

Les stratégies de développement et d'invasion des firmes dans des industries connexes peuvent aussi modifier l'évolution de l'industrie. Par exemple, l'intégration verticale des entreprises de pâtes et papier vers l'industrie des emballages a créé des conditions difficiles pour les cartonneries indépendantes. De même, l'accroissement du pouvoir de marché des firmes de distribution au détail, telles que Sears ou La Baie, oblige les entreprises d'appareils ménagers à fabriquer des marques privées pour ces distributeurs. Enfin, les innovations dans les réseaux de distribution influencent l'évolution d'une industrie.

2.2.10 Les nouveaux entrants et les envahisseurs

L'entrée de nouvelles firmes dans l'industrie soit par la constitution de nouvelles entreprises, soit par la diversification de firmes établies au sein d'autres industries suscite la concurrence. Les nouvelles entreprises s'articulent souvent autour de technologies ou de produits supérieurs. Par exemple, l'entrée de sociétés pétrochimiques a modifié l'industrie traditionnelle du textile. De même, l'entrée des restaurants McDonald, grâce à des innovations de gestion, a modifié la structure de l'industrie de la restauration.

2.2.11 Le retrait de concurrents

Les faillites et les désinvestissements volontaires diminuent le nombre de concurrents et la production globale au sein d'une industrie. Au cours de l'évolution d'une industrie, il y a souvent des périodes d'épuration durant lesquelles disparaissent les producteurs marginaux dont les coûts de production ou de distribution sont élevés[10]. Par contre, des pressions sociopolitiques très fortes s'exercent contre les fermetures d'usines ou d'entreprises vétustes.

2.3 LES VARIATIONS DE LA DEMANDE

La demande constitue un phénomène dynamique d'importance, qui justifie à elle seule cette section. La demande à laquelle fait face l'entreprise est formée par l'agrégation des décisions et des préférences individuelles d'achat des clients industriels ou commerciaux.

La demande à laquelle doit répondre l'entreprise résulte de facteurs endogènes, qui dépendent des dirigeants, mais aussi de facteurs exogènes qui échappent entièrement à leurs actions et qui influencent même les facteurs endogènes. Ces divers facteurs endogènes ou exogènes interagissent pour former la demande qui se présente à l'industrie et à l'entreprise.

2.3.1 Les variables endogènes contrôlées par la direction

- La qualité du produit

La qualité du produit offert par le système de production influence la demande. Pour certains produits comme l'automobile, la qualité est un déterminant majeur de la demande.

- Le prix du produit

Le prix du produit réel et affiché par l'entreprise influence également la demande.

2.3.2 Les variables exogènes non contrôlées par la direction

- Les facteurs du macro-environnement
  - La capacité d'achat dépend du revenu disponible des consommateurs, de l'état de l'économie, de la fiscalité et de l'emploi.
  - La conjoncture économique représente le niveau global de demande dans l'économie en fonction des cycles économiques (expansion, récession, dépression) et agit aussi sur la demande de l'entreprise, de même que l'indice saisonnier.
  - La dynamique de la population pèse également sur la demande. Une population en croissance crée une demande d'habitations, de services scolaires, etc., alors qu'une population en stagnation suscite

peu de croissance des marchés, sauf pour les services reliés à la vieillesse ou à certains styles de vie.

- Les facteurs de micro-environnement ou de rivalité
  - En dépit des efforts publicitaires, les préférences et les goûts évoluent en fonction du revenu, des produits substitutifs, des valeurs de l'époque, des styles de vie et de l'information. Exemple : la préoccupation pour la santé fait croître la demande de bicyclettes et décroître la demande de cigares.
  - Les attentes des consommateurs quant aux prix futurs des produits, à leurs revenus personnels et à l'état de l'économie influencent les décisions d'achat au cours d'une période donnée.
  - L'offre de produits que les clients considèrent comme des substituts agit sur la demande du produit de la firme. Exemple : La demande de films vidéo est un substitut à la fréquentation des cinémas.
  - Les prix des produits reliés, complémentaires ou substitutifs influencent la demande du produit. Exemple : Les prix de l'électricité, du pétrole et du gaz naturel influent sur la demande d'appareils de chauffage de différentes manières.
  - Les efforts de concurrence hors de prix (publicité, promotion et qualité) déployés par les concurrents ont pour but d'accroître la demande du produit pendant un certain temps.

En conclusion, il faut souligner l'importance de reconnaître que l'environnement économique est en constante mutation. La notion d'industrie stable est un non-sens. La seule certitude concernant l'environnement économique de l'entreprise c'est le changement continu et discontinu.

La difficulté de prévoir la demande

Amber Electronics, fondée à Montréal en 1973, est une petite entreprise de haute tech-

Tableau 5.4 Types et caractéristiques des structures d'industries

Types d'industries	Exemple	Nombre de producteurs	Produits homogènes ou différenciés	Bases de la concurrence
Monopole	Services publics de téléphone	Un par région	Homogènes	Réglementation des tarifs
Concurrence monopolistique	• Produits cosmétiques • Appareils scientifiques spécialisés	• Nombre limité • Dans une « niche » • Mais nb élevé dans l'industrie totale	Différenciés • par le design • par le marketing	Différenciation par la technologie, le marketing et les nouveaux modèles
Oligopole type 1 • **Produit homogène**	• Acier • Produits chimiques • Aluminium	Faible	Homogène	Prix et économie d'échelle
Oligopole type 4 • **Produits différenciés**	• Produits pharmaceutiques • Automobiles	Faible	Différenciés	• R & D • Design technique • Qualité
Monopole temporaire	Industrie émergente	Un seul producteur innovateur	Différenciés et nouveaux	• Monopole temporaire • Entrée rapide de concurrents
Industrie fragmentée	Construction métallique	Élevé	Différenciés	• Prix et qualité • Présence dans une région
Concurrence quasi parfaite	• Produits agricoles • Scieries	Très élevé	Homogènes	Prix

nologie, qui fabrique des instruments d'analyse pour l'industrie de l'audio-visuel : postes de radio et de télévision, salles de spectacles et studios d'enregistrement. Après une faillite, l'entrepreneur fondateur recommença avec deux employés et investit 5000 $. La stratégie est toujours de produire des équipements de très haute qualité pour une « niche » particulière. Des investisseurs de capital de risque ont fourni 100 000 $ à l'avoir des actionnaires et à la trésorerie. Les produits d'Amber sont vendus sur le marché international (États-Unis 45 %, Canada 10 % et Europe 45 %) grâce à un réseau de distributeurs de produits audio. Les ventes atteignent aujourd'hui 1 million de dollars, et l'entreprise a atteint le seuil de rentabilité après des pertes accumulées de 80 000 $. L'entreprise a développé continuellement de nouveaux produits, car la taille des marchés dans cette industrie est faible. Dès lors, le problème fondamental est celui des fonds essentiels pour financer le développement des produits et des marchés et les inventaires nécessaires. Les marges de manœuvre sont très étroites et exigent des sacrifices personnels importants de la part des investisseurs, du fondateur et des employés. L'entreprise a survécu grâce à la réduction des coûts fixes, à la qualité de ses produits et à la collaboration des membres de son réseau de distribution. Sans l'aide financière d'investisseurs de capital de risque, elle serait disparue depuis longtemps. Elle est en voie de devenir une entreprise de haute technologie de taille moyenne.

3. Le contexte technologique de l'entreprise

L'importance qu'ont pris le marketing et l'analyse stratégique a jeté dans l'ombre le rôle de la technologie et de la recherche. Les modèles analytiques attrayants du marketing et de la stratégie ont en effet marqué les dirigeants d'entreprise au cours des 20 dernières années.

Or aujourd'hui, la concurrence internationale, l'importance de la réduction des coûts et le rôle moteur des industries de haute technologie rappellent l'aspect capital des choix techniques. Le contexte technologique est un sous-ensemble du système industriel où œuvre l'entreprise. Les relations relèvent plus de la collaboration que de la concurrence car l'entreprise peut puiser dans cet environnement les appuis nécessaires pour accélérer son adaptation aux exigences de la concurrence.

3.1 LE RÔLE DE LA TECHNOLOGIE

Dans le système économique, le progrès technique contribue sans contredit à la croissance. En effet, le lancement de nouvelles industries ou de nouveaux produits remplace graduellement les industries ou les produits établis et stimule la demande. De même, le rehaussement de la productivité, grâce à la diffusion des technologies de production, conduit à une meilleure utilisation des ressources.

Les innovations technologiques et leur diffusion influencent la stratégie de l'entreprise à plusieurs égards. La direction peut en effet décider de lancer de nouveaux produits ou d'introduire de nouveaux procédés. Elle devra de toute façon adapter la stratégie de l'entreprise au contexte créé par les innovations des concurrents et les nouveaux procédés en cours de diffusion. L'évolution dynamique de la concurrence et les discontinuités imputables aux innovations techniques incitent plusieurs entreprises à adopter une attitude volontariste par la gestion stratégique, et des décisions délibérées et réfléchies s'imposent, comme celles de trouver le moyen le plus efficace de faire face aux incertitudes et aux défis de l'environnement économique, de profiter des occasions qu'offrent les connaissances techniques, en vue de lancer des produits et des nouveaux procédés, et d'organiser les ressources humaines afin de réaliser des innovations.

3.2 COMPOSANTES DU CONTEXTE TECHNOLOGIQUE DE L'ENTREPRISE

L'entreprise, quelle que soit sa taille, baigne dans un environnement technologique dont elle peut connaître la structure et l'évolution dynamique[10]. Cet environnement peut contribuer à la réussite de l'entreprise en suggérant des informations pertinentes, des technologies imitables, des équipements incorporant les techniques de pointe et des services de recherche scientifique. La connaissance de cet environnement dépend des réseaux d'information des dirigeants. Les dirigeants des entreprises léthargiques discernent avec difficulté la structure de cet environnement, alors que ceux des entreprises innovatrices en connaissent le potentiel.

La production de biens ou de services nécessite des relations avec les fournisseurs de services ou de technologies. La fabrication de certains biens exige l'emploi de technologies de haute intensité en capital, alors que dans d'autres cas, les installations sont plus modestes mais d'un contenu scientifique élevé. Dans les paragraphes qui suivent, nous allons examiner les différentes composantes de cet environnement technologique illustrées à la figure 5.5.

— Les *clients* peuvent se révéler une source d'innovation technologique. En effet, tenant compte de leurs besoins particuliers, ils peuvent inciter l'entreprise à concevoir de nouveaux produits pour combler leurs attentes. Les clients suggèrent des solutions aux fabricants à la suite de l'expérimentation des produits.

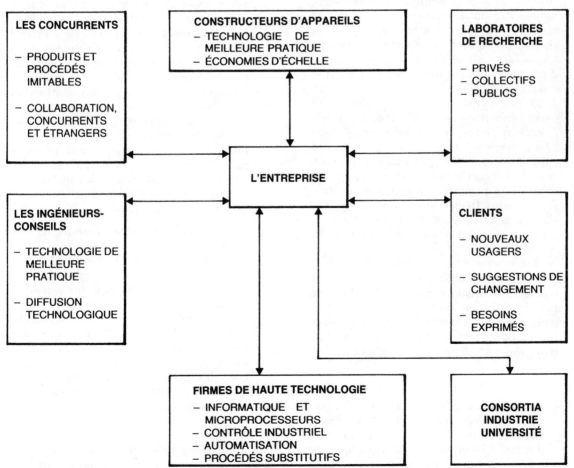

Figure 5.5 L'environnement technologique

— Les *concurrents* stimulent énormément l'innovation technologique dans une entreprise donnée puisque cette dernière est appelée à disparaître en ne fabricant pas de produits compétitifs ou en n'abaissant pas ses coûts de production par l'utilisation de nouveaux procédés. L'entreprise doit au minimum imiter les nouvelles technologies mais a tout avantage à en concevoir d'autres pour se garder une longueur d'avance.

Équipements Denis a connu une croissance très rapide depuis quelques années grâce à une ébrancheuse à mât télescopique supérieure aux produits existants. Cette innovation imitatrice a été réalisée par le fondateur de l'entreprise qui, stimulé par un client œuvrant dans l'exploitation forestière, a voulu acquérir les droits sur la technologie d'un entrepreneur local afin d'offrir une ébrancheuse de haute performance. En 1983, l'entreprise développe, conjointement avec Timberjack Inc., un véhicule ébrancheur sur roues spécialement conçu pour l'ébranchage mécanique. En 1984, elle fait l'acquisition des brevets et droits de production de l'ébrancheuse « Roger », propriété d'un de ses principaux concurrents d'alors. Équipements Denis songe à une association avec de grands fabricants de tracteurs pour s'assurer une pénétration plus grande du marché mondial.

Les besoins de recherche et de développement sont comblés par les services d'un conseiller technique extérieur, du CRIQ, et par des contrats avec des ingénieurs. Les dirigeants de l'entreprise sont en contact constant avec les utilisateurs et les distributeurs afin d'améliorer leurs produits.

— Les *constructeurs d'appareils* et les *entreprises de haute technologie* conçoivent des produits et des services qui s'appliquent à plusieurs industries. L'incorporation de ces technologies a pour objet de réduire les coûts de fabrication ou d'accroître la productivité de la main-d'œuvre. Les entreprises en croissance investissent dans le but d'augmen-ter leurs capacités de production ; elles peuvent choisir les appareils et les styles qui incorporent les nouvelles technologies. Aujourd'hui par exemple, des gains substantiels de productivité peuvent être réalisés par l'emploi de contrôles industriels et de systèmes de fabrication par ordinateur de microprocesseurs. Même les industries traditionnelles (textiles, distribution ou plastique) peuvent atteindre des accroissements de productivité élevés grâce aux entreprises de haute technologie.

— Les *ingénieurs-conseils* et les sociétés de conseil stratégique ont pour mission de suggérer les meilleurs choix technologiques et économiques. La diffusion des technologies les plus avancées s'effectue par l'intermédiaire de ces entreprises. Grâce aux politiques d'« impartition » de l'Hydro-Québec, par exemple, les ingénieurs-conseils de Montréal, telles SNC, Lavalin ou Morenco, sont devenus des acteurs importants du transfert de technologie à l'échelle internationale. Ils œuvrent dans les domaines les plus divers : pétrochimie, ciment, pétrole et gaz, automobile, etc. Leur rôle est très important dans la diffusion des technologies de procédés, mais il est moindre en ce qui a trait aux nouveaux produits.

— Les *laboratoires de recherche* appliquée sont aussi la source d'idées d'innovation. Les laboratoires privés tels que Batelle Memorial, ou les laboratoires universitaires tels que le Centre de développement technologique de l'École Polytechnique, réalisent à contrat pour des clients des travaux en commandite de recherche orientée. Les laboratoires d'associations industrielles, comme celui de l'Association canadienne des pâtes et papier, contribuent aussi au développement de nouveaux procédés qui peuvent être largement diffusés.

Connaught Laboratories de Toronto fabrique des vaccins, de l'insuline et divers produits biologiques. Les ventes d'environ

60 millions de dollars qu'ils réalisent en font une entreprise de taille moyenne en concurrence, à l'échelle nord-américaine, avec des sociétés pharmaceutiques et biologiques importantes. Les progrès rapides réalisés depuis le début des années 70, dans la technologie des transformations génétiques, permettront d'ici quelques années, à des sociétés pharmaceutiques, de produire une insuline artificielle à un coût moindre, alors que Connaught Laboratories utilise encore les procédés traditionnels. Sans les ressources intellectuelles de pointe, Connaught Laboratories aurait été incapable de développer par ses propres moyens un procédé de recombinaison génétique pour la fabrication de l'insuline. Grâce à un projet PILP avec le Conseil national de la recherche du Canada, Connaught a obtenu les ressources lui permettant d'adapter à ses besoins les recherches réalisées par le Dr Narang du Conseil national de la recherche du Canada, lui donnant ainsi la possibilité de faire face à la concurrence technologique nouvelle.

— Les *laboratoires de recherche fondamentale*, contrairement à ce que l'on pourrait être porté à croire, ne sont pas des sources importantes d'innovations, sauf à l'occasion. Leur utilité essentielle dans le processus de transfert technologique est l'accumulation d'un ensemble de théories et de méthodologies disponibles lorsque les laboratoires de développement en ont besoin.

— Les *firmes de haute technologie* vendent des produits et des services qui diffusent les progrès scientifiques. Par exemple, les fabricants d'appareils de conception assistée par ordinateur vendent des produits dont le résultat est d'accroître la productivité de nombreuses entreprises de fabrication métallique. De même, les sociétés de conseil en informatique suggèrent des systèmes informatisés qui accroissent l'efficacité des transactions et des décisions dans les entreprises.

En résumé, sauf pour quelques entreprises au sein d'industries de pointe, les entreprises s'appuient sur la collaboration d'un environnement technologique extérieur. L'environnement technologique est composé de firmes de grande et de petite taille et il est souvent intersectoriel et international. Il offre des occasions d'innovation dans les produits ou les procédés. L'entreprise est certes une source d'informations pertinentes pour le développement des produits ou des procédés, mais les clients, les fabricants et les laboratoires extérieurs jouent aussi des rôles prédominants dans les phases préliminaires du développement.

3.3 L'ÉVOLUTION DYNAMIQUE DU CONTEXTE TECHNOLOGIQUE

L'environnement technologique de l'entreprise offre d'une manière soutenue des idées ou des technologies que l'entreprise peut utiliser par des investissements. Dans plusieurs industries comme celles de l'aluminium, des pâtes et papier ou la sidérurgie, les progrès sont continus mais prévisibles. Dans d'autres industries comme celles des semi-conducteurs, des appareils de télécommunication ou des produits biologiques, des progrès majeurs et réels apparaissent de manière discontinue[11]. Voici une esquisse de ces éléments dynamiques :

3.3.1 Le progrès et l'effervescence techniques

La contribution du progrès technique au progrès économique est remarquable par le foisonnement de produits nouveaux qui stimulent la demande et l'introduction de procédés neufs qui rehaussent la productivité.

Plusieurs études internationales ont essayé de comprendre les sources de la croissance économique, notamment l'influence du progrès technologique. Il est généralement admis que la croissance économique tire son origine, entre autres, de l'organisation et de l'utilisation plus rationnelles des facteurs de production par les entreprises, grâce à la technologie, aux économies d'échelle et aux techniques de gestion. En d'autres termes, les déterminants des types et des quantités de biens et de services qu'une économie peut produire sont :

— le stock des connaissances techniques, qui établit les grands paramètres de la gamme des produits ou des services dont la production est possible ;

— l'éducation et l'expérience des ressources humaines et intellectuelles, qui influencent le degré auquel le stock des connaissances techniques a été intériorisé ;

— la structure industrielle et l'organisation de l'économie, qui influencent la rapidité avec laquelle les connaissances techniques apprises peuvent être utilisées ;

— le stock de capital, qui, par son renouvellement et sa croissance, constitue un des moyens privilégiés de mise en œuvre des technologies.

Ainsi, Solow, Dennison, Kendrick et Malinvaud ont mis en valeur la part que tient dans la croissance économique un « facteur résiduel » qui n'est ni le travail ni le capital, mais le progrès technique, la recherche et l'éducation[12]. Par ailleurs, d'autres études ont analysé l'effet du progrès technique sur la croissance de la productivité au sein des secteurs industriels à haute technicité.

3.3.2 Les réductions des coûts unitaires

Grâce à des investissements qui incorporent les meilleures technologies disponibles, les entreprises réduisent leurs coûts de production, améliorant ainsi leur position concurrentielle. Sous l'influence des recherches fondamentales et appliquées et des apprentissages, la technologie de l'industrie évolue et contribue à faire décroître les coûts unitaires de fabrication[13].

La figure 5.6 illustre la structure des coûts unitaires au sein d'une industrie, au temps « t ». Ainsi, l'entreprise « A », dont l'usine a été construite en l'année « t », a des coûts unitaires de production inférieurs à ceux de l'entreprise « D », dont l'usine a été construite 16 ans auparavant (t-16). L'entreprise « E » doit se retirer du marché, car ses coûts unitaires en raison de la vétusté de ses installations dépassent les prix en vigueur au temps « t ».

En plus de l'incorporation de technologies existantes, l'entreprise peut modifier ses installations grâce aux expériences et aux apprentis-

sages réalisés. Ainsi, les coûts de fabrication des semi-conducteurs diminuent de manière radicale depuis 30 ans grâce à l'aménagement des techniques de production.

3.3.3 Les économies d'échelle et d'envergure

Les réductions des coûts unitaires de production se réalisent souvent par des économies d'échelle. La figure 5.7 présente un schéma décrivant la manière dont les coûts unitaires diminuent avec la taille des installations. Cependant, au delà d'une certaine taille, les coûts unitaires s'accroissent en raison des déséconomies d'échelle et de coordination.

Les économies d'échelle à court terme dépendent de la taille et des capacités de production de l'entreprise. À moyen terme, une augmentation des capacités de production peut réduire les coûts de plusieurs façons : i) augmenter la longueur des courses, ii) spécialiser l'équipement et le personnel dans un nombre limité de produits. À long terme, les économies d'échelle dépendent, d'une part, des investissements dans les machines et, d'autre part, des améliorations des coûts marginaux qui résultent de l'habileté et de l'expérience à utiliser les technologies disponibles et à modifier les équipements pour les améliorer.

Le rapport entre la taille de l'industrie canadienne et son efficacité est un sujet qui a fait couler beaucoup d'encre. Dans bien des secteurs d'activité, nos usines sont sans doute plus petites que celles d'autres pays. Mais, si on exclut de l'ensemble des usines canadiennes les établissements de taille vraiment modeste, on s'aperçoit qu'à tout prendre, nos usines ne sont pas tellement plus petites que celles des autres pays. Le marché canadien n'est que le dixième du marché américain, mais il ne s'ensuit pas que la taille des entreprises canadiennes ne représente que le dixième de celle de leurs homologues américains. Les économies d'échelle au niveau de l'usine, lesquelles ont fait l'objet des principales études sur le sujet, sont importantes dans quelques industries canadiennes mais

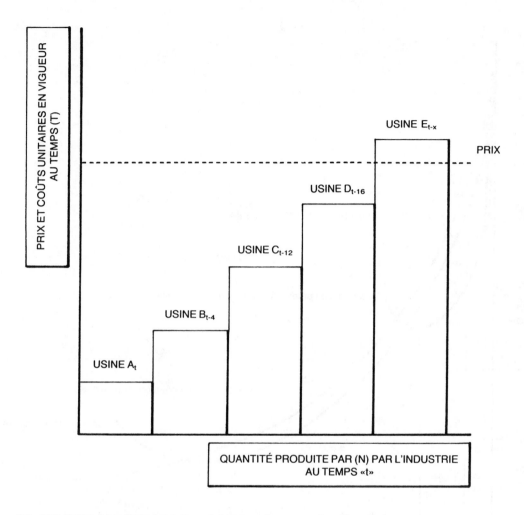

Figure 5.6   L'évolution dynamique des coûts unitaires pour la construction d'installation

n'ont pas, d'une façon générale, désavantagé gravement, en matière de coûts, les entreprises canadiennes qui répondent aux besoins du marché intérieur.

Source: Commission Bryce, 1979.

La figure 5.7 illustre comment divers systèmes de production réalisent des économies d'échelle et d'envergure. Le spécialiste des automobiles haut de gamme, tel que SAAB, fabrique à un volume d'environ 150 000 unités par année mais vend ses produits très cher. Le spécialiste des automobiles de luxe, tel que Daimler-Benz, produit environ 600 000 unités par année. Peugeot S.A., généraliste à haut volume, offre une large gamme de produits, vise surtout le marché français et produit environ 2 000 000 d'unités par année. Les généralistes mondiaux de l'automobile comme GM, Ford, Toyota ou Nissan, produisent à plus de 3 000 000 d'unités par année. En plus des économies d'échelle, ces généralistes mondiaux jouissent d'économies d'envergure dans les activités de R&D, la conception des produits, la diffusion des inno-

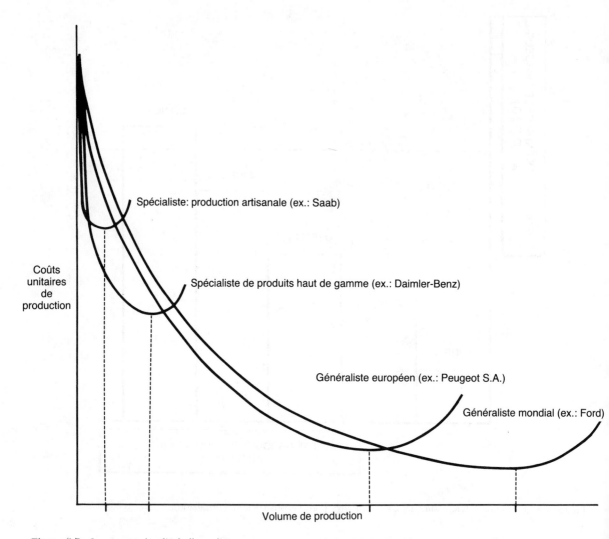

Spécialiste: production artisanale (ex.: Saab)

Coûts
unitaires
de
production

Spécialiste de produits haut de gamme (ex.: Daimler-Benz)

Généraliste européen (ex.: Peugeot S.A.)

Généraliste mondial (ex.: Ford)

Volume de production

Figure 5.7   Les économies d'échelle et d'émergence

vations, les relations avec les fournisseurs et le marketing.

Quoi qu'il en soit, il ne faudrait pas conclure que plus la taille de l'entreprise est grande, plus les économies d'échelle et d'envergure apparaissent d'une manière inéluctable. Au contraire, la complexité du système et les difficultés de gestion, de coordination et de stimulation des performances freinent les réductions possibles des coûts unitaires et conduisent éventuellement à des déséconomies d'échelle et de coordination.

3.3.4 Les discontinuités technologiques

Les innovations radicales dans les produits ou les procédés viennent bouleverser l'industrie par des discontinuités. Plusieurs industries sont soumises à des innovations radicales introduites par des concurrents ou des envahisseurs issus d'autres industries. Ces innovations radicales peuvent même conduire à la destruction de l'industrie. Par exemple, les câbles de fibres optiques réduisent rapidement, en raison du processus de substitution, le marché des câbles de cuivre.

Les industries où apparaissent des discontinuités techniques s'adaptent difficilement. Elles tentent de s'ajuster, mais sans succès véritable. Deux exemples suffiront à expliquer ces difficultés d'adaptation. D'abord, l'entrée de General Motors dans l'industrie des locomotives s'est traduite par la disparition progressive des entreprises qui avaient décidé de continuer à fabriquer des locomotives à vapeur. Ensuite, la découverte des procédés de transformation génétique permet l'entrée de firmes nouvelles dans l'industrie pharmaceutique, souvent aux dépens des firmes établies.

Les discontinuités technologiques sont des déplacements radicaux d'une base technologique à une autre[14]. C'est le cas, par exemple, du passage des transistors aux circuits intégrés ou des turbopropulseurs aux moteurs à réaction. L'entreprise qui a misé toutes ses capacités et ses investissements sur l'ancienne base technologique se trouve en grave difficulté lors du déplacement causé par une technologie nouvelle (voir la figure 5.8).

4. Un schéma intégrateur : le modèle de l'organisation industrielle*

Dans les sections précédentes, nous avons examiné les systèmes de production, les systèmes industriels et les contextes technologique et économique dans lesquels œuvrent les entreprises. Ces environnements présentent des contraintes, des imprévus et des discontinuités auxquels les entreprises doivent s'adapter. De plus, les environnements présentent des occasions d'affaires et d'innovation, dont les entreprises peuvent profiter par des stratégies « proactives ».

Pour décrire les relations de l'entreprise avec ses contextes économique, technologique et socio-politique, nous utiliserons le modèle de l'organisation industrielle issue de l'économie appliquée. Ce schéma statique nous propose des catégories de variables et leurs interrelations. Nous examinerons, dans la section suivante, un modèle dynamique de l'évolution de l'entreprise dans ses environnements technique et économique.

Pour l'instant, rappelons brièvement la perspective néo-classique, pour lui opposer le modèle de l'organisation industrielle plus près de la réalité de la concurrence.

4.1 LES INSUFFISANCES DE L'APPROCHE ÉCONOMIQUE NÉO-CLASSIQUE

La théorie néo-classique des sciences économiques utilise une approche déductive, dans laquelle l'entreprise est représentée par l'entrepreneur. Les marchés sont caractérisés par la concurrence parfaite : l'entrepreneur investit jusqu'au moment où les revenus marginaux économiques égalent les coûts marginaux. Ces choix assurent l'optimum économique pour la firme par la maximalisation du profit et, pour la société, par l'affectation optimale des facteurs de production.

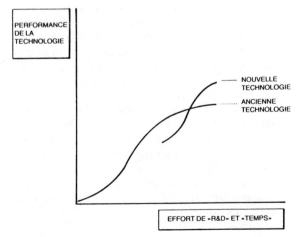

Figure 5.8 Les discontinuités technologiques

* Dans ce texte, les mots « modèle » et « schéma conceptuel » sont synonymes.

Or la réalité de la concurrence ne correspond pas, du moins dans la plupart des marchés, aux postulats de la rationalité économique parfaite et de l'atomicité*. Les progrès techniques et administratifs ont souvent conduit à des barrières à l'entrée, au relèvement de la taille des firmes et à la différenciation des produits : les structures oligopolistiques sont aussi courantes. L'analyse institutionnelle des marchés a donc mis en lumière la présence des éléments suivants :

— la non-atomicité des centres de décision : ce sont souvent des entreprises de grande taille et non uniquement des petites entreprises qui constituent l'industrie ;

— la non-homogénéité des produits, sans cesse différenciés grâce à l'innovation, à la publicité et au design des produits ;

— l'existence de barrières à l'entrée sur les marchés, entravant la libre circulation des facteurs de production : barrières liées au capital, à la technologie, aux matières premières et à la distribution ;

— la sous-information (ou la sur-information) des agents économiques et la divergence de leurs motivations : information imparfaite et rationalité limitée par rapport à la maximalisation des profits.

Faut-il dès lors abandonner la théorie économique néo-classique ? Non, mais nous préférons utiliser le modèle de l'organisation industrielle développé par les économistes institutionnels qui tentent de décrire la réalité de la concurrence.

4.2 LE MODÈLE DE L'ORGANISATION INDUSTRIELLE

Le modèle de l'organisation industrielle est issu des travaux des économistes institutionnels tels que Joseph Schumpeter, Edward Mason, Joes

---

* L'atomicité est l'existence d'une offre et d'une demande composées d'éléments nombreux et suffisamment petits pour qu'une modification individuelle de l'offre ou de la demande ne puisse déterminer une variation de l'offre ou de la demande globale.

Bain et F. Scherrer. Leur méthode se veut inductive, basée sur les faits et les réalités de la concurrence. Le schéma conceptuel de l'organisation industrielle, qui est une variante du schéma présenté au chapitre 2, tente de rendre compte des comportements réels.

Dès le départ, ces économistes acceptent le fait que grâce à leurs actions stratégiques, les dirigeants d'entreprise peuvent influencer, à moyen et à long terme, les structures du marché et même les conditions économiques et technologiques déterminant les structures du marché ; le pouvoir économique de l'entreprise donne ainsi une marge de manœuvre aux dirigeants. En même temps, certaines contraintes techniques, économiques ou politiques externes dictent des solutions aux dirigeants et rendent inopérante leur liberté d'action. En bref, le modèle de l'organisation industrielle concilie l'influence des contextes économique, technologique et socio-politique avec les possibilités d'actions stratégiques et discrétionnaires des dirigeants dans la poursuite d'objectifs de performance.

Le modèle de l'organisation industrielle permet d'étudier la situation de l'entreprise par l'examen des conditions économiques et techniques, des structures du marché, des stratégies et des performances. Ce modèle (décrit à la figure 5.9) indique le sens des influences causales. Les conditions économiques, technologiques et socio-politiques du contexte industriel où œuvre l'entreprise déterminent les structures de l'industrie. À leur tour, les structures de l'industrie influencent les capacités de générer des surplus et de les affecter à des stratégies. Les stratégies de firmes de même que les conditions économiques, technologiques et socio-politiques affectent les performances. Cependant, les influences ne vont pas toujours dans le même sens. En effet, grâce à leurs actions stratégiques, les firmes peuvent influencer partiellement les conditions économiques, technologiques et socio-politiques.

Examinons maintenant le modèle de l'organisation industrielle et les cinq catégories de variables qui le composent.

4.2.1 Les conditions émanant du contexte économique, technologique et socio-politique

Les conditions économiques, technologiques et socio-politiques ont trait à l'état de la technologie, aux coûts des facteurs de production, à la demande et aux éléments dynamiques qui établissent les tendances du changement. Elles forment pour ainsi dire les conditions de base qui influenceront les structures du marché et de l'industrie. L'examen des conditions socio-politiques fait l'objet du chapitre suivant.

Ces conditions établissent le contexte de l'industrie. Ce contexte dicte des contraintes, suscite des imprévus et des innovations ou offre des occasions d'expansion. Ces conditions font partie de la famille des variables contextuelles du schéma conceptuel décrit au chapitre 2.

Par exemple, en raison des coûts de transport et des conditions technologiques qui rendent non rentables les grandes installations, on trouve dans certaines industries un grand nombre de concurrents de petite taille. Par ailleurs, lorsque les conditions techniques et commerciales conduisent à des installations de grande taille permettant des économies d'échelle substantielles dans la distribution et la publicité, on trouve de grandes firmes jouissant de parts de marché importantes.

Le modèle de l'organisation industrielle est très semblable au schéma conceptuel décrit au chapitre 2. En effet, ceux-ci font tous deux référence à l'influence des contextes économique, politique et technologique. Les deux font état des stratégies des firmes et de la mesure des performances. En fait, le schéma conceptuel de l'administration présenté au chapitre 2 est général; il est explicité dans ses dimensions économiques et technologiques par le modèle de l'organisation industrielle.

La croissance de la demande est une des conditions contextuelles les plus déterminantes. Si la demande augmente rapidement, les firmes déjà établies consacrent toutes leurs énergies à accroître leur capacité de production. De plus, de nouveaux entrants peuvent apparaître, stimulant à peine les firmes en place à défendre leurs parts de marché, puisque de toute façon des profits élevés s'annoncent. La structure de l'industrie se trouve donc modifiée par l'augmentation du nombre de producteurs. Cependant, plus la demande croît rapidement, plus il est profitable pour une firme de se battre pour élargir sa part de marché en vue de réaliser des économies d'échelle. Cette compétition entraînera éventuellement des profits plus faibles à court terme, et une difficulté plus grande pour les nouveaux entrants à pénétrer le marché.

4.2.2 Les structures de l'industrie

Les structures de l'industrie qui découlent des conditions économiques et technologiques de l'industrie peuvent être examinées sous trois aspects. En premier lieu, nous définirons le concept d'industrie. Ensuite, nous utiliserons des concepts structuraux pour aborder l'étude d'une industrie. Enfin, nous ferons appel à divers types concrets pour catégoriser les structures industrielles: le monopole, l'oligopole, la concurrence parfaite, la concurrence monopolistique, etc.

- La définition de l'industrie

Une industrie est une arène où les firmes concurrentes sont en rivalité les unes avec les autres pour vendre des produits ou des services aux acheteurs. Elles doivent suivre les règles établies par le cadre juridique et l'État. Les frontières d'une industrie varient selon la perspective qui est adoptée. Voici quelques exemples.

— L'industrie peut être définie d'une manière étroite comme étant composée des firmes fabriquant des produits similaires, par exemple les firmes de pâtes et papier.

— L'industrie peut être définie d'une manière étroite en ne choisissant que les concurrents au sein d'un segment de marché, par exemple les concurrents dans les voitures sportives de luxe sont Mercedes-Benz, BMW, Jaguar et Saab.

— L'industrie peut être définie de manière très large en prenant tous les fabricants offrant des produits substituts, par exemple la radio, les journaux, la télévision.

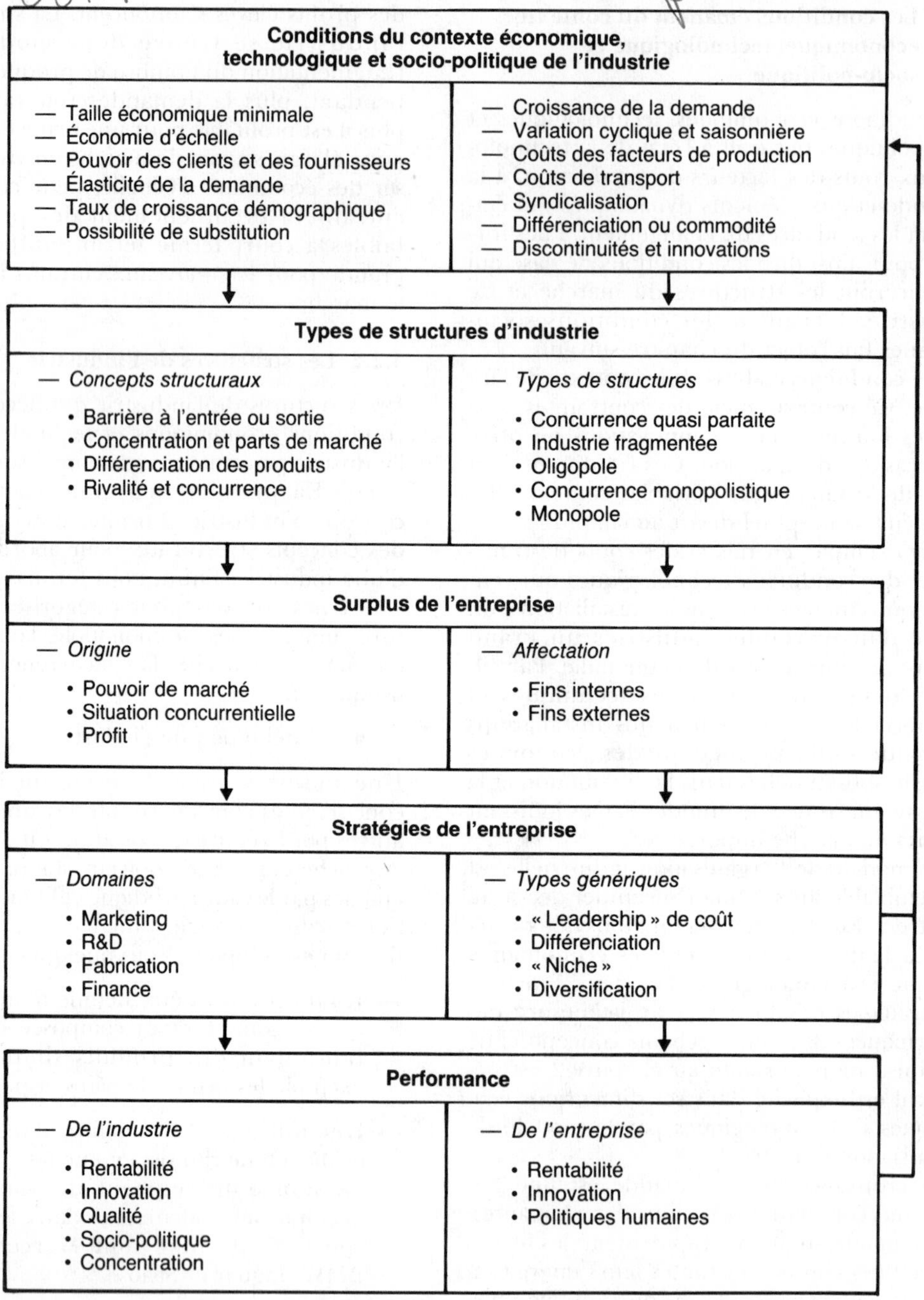

Paradigme. VISION

Outil   *principe.*

Conditions du contexte économique, technologique et socio-politique de l'industrie

— Taille économique minimale	— Croissance de la demande
— Économie d'échelle	— Variation cyclique et saisonnière
— Pouvoir des clients et des fournisseurs	— Coûts des facteurs de production
— Élasticité de la demande	— Coûts de transport
— Taux de croissance démographique	— Syndicalisation
— Possibilité de substitution	— Différenciation ou commodité
	— Discontinuités et innovations

Types de structures d'industrie

— *Concepts structuraux*	— *Types de structures*
• Barrière à l'entrée ou sortie	• Concurrence quasi parfaite
• Concentration et parts de marché	• Industrie fragmentée
• Différenciation des produits	• Oligopole
• Rivalité et concurrence	• Concurrence monopolistique
	• Monopole

Surplus de l'entreprise

— *Origine*	— *Affectation*
• Pouvoir de marché	• Fins internes
• Situation concurrentielle	• Fins externes
• Profit	

Stratégies de l'entreprise

— *Domaines*	— *Types génériques*
• Marketing	• « Leadership » de coût
• R&D	• Différenciation
• Fabrication	• « Niche »
• Finance	• Diversification

Performance

— *De l'industrie*	— *De l'entreprise*
• Rentabilité	• Rentabilité
• Innovation	• Innovation
• Qualité	• Politiques humaines
• Socio-politique	
• Concentration	

Figure 5.9   Modèle de l'organisation industrielle

— La définition de l'industrie dépasse souvent les frontières nationales quand on prend en considération les producteurs qui visent les marchés d'exportation et les firmes multinationales.

- Les concepts structuraux d'analyse de l'industrie

Les concepts structuraux nous permettent de saisir la forme d'une industrie. Le degré de concentration ainsi que les barrières à l'entrée et la différenciation des produits devraient refléter des caractéristiques fondamentales du contexte. Examinons quatre concepts structuraux.

— La concentration économique et les parts de marché

En raison d'économies d'échelle dans la fabrication, les achats et la distribution, une industrie peut se composer d'une ou de quelques firmes jouissant de parts de marché élevées ; on parle alors de monopole ou d'oligopole. Dans ces cas, la concentration est forte. Par contre, dans l'industrie de la construction, le nombre de producteurs est très grand et la concentration est faible. Ainsi, la concentration globale s'exprime en fonction de parts de marché détenues par un nombre donné d'entreprises importantes pour un secteur de l'industrie et reflète le nombre de rivaux sur le marché.

— Les barrières à l'entrée ou à la sortie

Les barrières à l'entrée au sein d'une industrie dépendent des conditions techniques et économiques de l'industrie. Les barrières à l'entrée freinent l'entrée de nouveaux concurrents. L'entreprise doit être en mesure soit d'entrer lorsque la participation à l'industrie n'est pas limitée par des barrières, soit de disposer des ressources nécessaires pour franchir les barrières et se tailler une place dans l'industrie. Les industries de la construction métallique, de la construction générale ou du meuble présentent peu de barrières à l'entrée. Par contre, les industries pétrochimiques, métallurgiques ou pa-

pétières sont caractérisées par des barrières à l'entrée liées au capital, à la distribution et à l'accès aux richesses naturelles.

On a l'habitude de mesurer la concentration comme suit :

— La *concentration globale* mesure la position relative des grandes firmes dans l'économie en général ou dans tel ou tel secteur de l'économie (par exemple, le secteur manufacturier).

— La *concentration par branche d'activité* mesure la position relative des grandes firmes dans certaines branches d'activité (par exemple, l'abattage et le conditionnement des viandes ou les véhicules automobiles).

— La *concentration par produit* mesure la position relative des grandes firmes dans la production et la vente de certains produits (par exemple, les conduites intérieures à quatre portes, les soupes en boîte).

En général, la concentration globale se mesure par les actifs et (ou) les ventes de 25, 50 et 100 sociétés non financières les plus importantes de l'économie. Les économistes, les sociologues et les spécialistes en sciences politiques s'intéressent aux mesures de la concentration globale surtout dans le contexte de théories se rapportant au pouvoir économico-politique des grandes entreprises dans les économies capitalistes modernes. Voici une théorie ou une hypothèse classique à cet égard : la liberté d'action des gouvernements démocratiquement élus peut se voir limitée ou entravée dans les économies dominées par des grandes entreprises, parce qu'en déplaçant leurs ressources financières, ces sociétés sont à même d'influer sur le niveau de l'activité économique ou de l'emploi non seulement dans certaines branches, mais aussi dans d'importants segments de la société tout entière.

S'il y a bien d'autres manières de mesurer la concentration par branche d'activité, la plus commune et la plus connue est le coefficient de concentration des quatre compagnies (CR_4). Le CR_4 mesure le pourcentage des ventes (ou quelque autre unité de l'activité économique, par exemple l'emploi) représenté par les quatre firmes les plus importantes d'une branche[1].

Source : Commission MacDonald, 1984.

Les barrières à l'entrée peuvent provenir des éléments suivants :

- restrictions juridiques : lorsque le gouvernement accorde un privilège spécial à une firme unique (ex. : radio, télévision, transport) ;

- brevets : lorsque des droits exclusifs de production sont accordés pour un certain temps aux inventeurs de produits (ex. : brevets pharmaceutiques) ;

- accès à des ressources naturelles : lorsque les ressources sont rares, il est difficile de s'en approprier (ex. : diamants, bauxite, électricité) ;

- supériorité technologique : lorsqu'une firme possède une compétence technologique qui surpasse de beaucoup celle de ses compétiteurs (ex. : Cray Research dans les superordinateurs) ;

- économies d'échelle : lorsqu'une firme ne peut bénéficier des avantages de coûts à cause de sa petite part de marché et de sa faible capacité financière ;

- différenciation des produits : lorsque les produits d'un fabricant sont à ce point différents qu'ils lui donnent une part substantielle des marchés et la loyauté des clients (IBM).

Les barrières à la sortie, telles que le capital déjà investi, la non-mobilité des cadres et des travailleurs ou les coûts sociaux de fermeture, freinent ou empêchent le désinvestissement ou le retrait des firmes d'un secteur d'activité non rentable.

— La différenciation des produits

La différenciation fait référence à l'effort des producteurs pour offrir des produits ou des services qui correspondent à des attentes distinctes des clients quant à des variables telles que le prix, la qualité, le style, l'utilité et la distribution. La concurrence joue à la fois sur les prix, la conception des produits, la publicité et le service. Par contre, au sein des industries où les produits sont homogènes (non différenciés), la concurrence joue surtout sur les prix. Plus la différenciation des produits (par la recherche, le service, l'innovation ou la publicité) est élevée, plus les producteurs tentent de positionner leurs produits dans des segments de marché où les concurrents n'œuvrent pas.

— La rivalité et la concurrence

La concurrence fait référence aux rapports qui existent entre producteurs et commerçants qui se disputent une clientèle. On parle de rivalité lorsque les concurrents sont peu nombreux et que les actions de l'un peuvent influencer celles des autres.

- Les types de structures de marché ou d'industrie

En raison des effets combinés des variables contextuelles, notamment les économies d'échelle, les barrières à l'entrée et le progrès scientifique, on trouve plusieurs types de structures industrielles (voir le tableau 5.4). Les effets combinés des contextes économique, technique et politique et de leur évolution nous permettent de cerner plusieurs types de structure d'industrie[15].

— Les *monopoles*, soit en raison des économies d'échelle ou des interventions publiques, sont des structures industrielles caractérisées par la présence d'un seul fournisseur pour lequel il n'y a pas de substitut. La réglementation économique des monopoles a pour objet de maintenir l'efficience économique et de rétablir l'équilibre du pouvoir entre le producteur et les consommateurs.

Les monopoles peuvent aussi être établis de manière artificielle par l'État. Par exemple, l'État peut décider de se réserver la vente des alcools, les soins de santé ou le transport en commun.

— Les industries de *concurrence monopolistique* sont caractérisées par la présence de nombreuses firmes dont chacune diffère légèrement de l'autre, jouissant ainsi d'un pouvoir monopolistique, soit dans une région donnée, soit au sein de segments et de « niches » dans le marché global.

À titre d'exemples, mentionnons l'entreprise de construction dans une région éloignée, le distributeur alimentaire d'un village et l'entreprise d'informatique qui a développé une spécialité unique dans des domaines d'application. Dans chaque cas, une ou des firmes jouissent d'un pouvoir réel de dominer la concurrence soit dans une région ou une niche.

— L'industrie *oligopolistique* est caractérisée par un faible nombre de producteurs qui détiennent des parts de marché assez fortes. Les produits peuvent être homogènes ou différenciés et les barrières à l'entrée y sont importantes. La concurrence est très vive dans ce genre d'industrie. L'entreprise qui dispose d'une part plus importante du marché est en meilleure position pour influencer la demande par des actions sur les prix et la publicité, pour réaliser des économies d'échelle dans ses achats et pour accroître sa part de marché grâce à une stratégie de développement bien articulée. L'industrie des pâtes et papier de même que celle des banques canadiennes en sont des exemples.

— Les *industries fragmentées* sont caractérisées par des ventes qui croissent à des rythmes faibles, et par la présence de nombreuses petites entreprises. L'absence d'économies d'échelle, l'importance des marchés régionaux, et la différenciation des produits ren-

dent possible la participation d'un grand nombre de firmes. Les barrières à l'entrée sont faibles. Les industries de l'alimentation, de la fabrication métallique et de la chaussure en sont des exemples.

Les industries en concurrence quasi-parfaite se définissent par un nombre élevé de petites entreprises et par l'homogénéité des produits. Les barrières à l'entrée et à la sortie sont faibles. La concurrence se joue uniquement au niveau des prix. Peu d'industries appartiennent vraiment à ce type de structure industrielle. Comme exemple, nous pouvons utiliser les producteurs de blé d'un pays ou les agents d'assurance.

Selon les structures industrielles, le degré de rivalité permet ou non aux entreprises participantes de dégager des surplus discrétionnaires. Nous examinerons maintenant ce phénomène.

4.2.3 Les surplus discrétionnaires

Les surplus discrétionnaires sont les sommes qui résultent, à un moment « t » dans une firme, de la différence entre les revenus et les frais d'exploitation. Les entreprises en situation de concurrence parfaite ou faisant partie d'une industrie en déclin jouissent rarement de surplus. Les entreprises en émergence ont des surplus négatifs, c'est-à-dire qu'elles doivent constamment aller chercher du financement extérieur pour combler leurs besoins de trésorerie.

Certaines entreprises peuvent, à certaines périodes, dégager des surplus. Les entreprises en croissance ou faisant partie d'industries à maturité peuvent produire à des coûts faibles et vendre à des prix qui donnent la possibilité de dégager des surplus. L'entreprise qui œuvre au sein d'un marché oligopolistique et qui a atteint une taille économiquement rentable jouit souvent de surplus discrétionnaires. Ces entreprises pourraient donc utiliser leurs surplus discrétionnaires à des fins stratégiques[15].

La recherche d'un surplus répond à deux types de préoccupations : d'une part, le souci de satisfaire les attentes financières des partenaires et des participants à l'entreprise et, d'autre part, le souci de dégager des marges discrétionnaires, destinées à permettre une certaine liberté d'entreprendre.

Environ les deux cinquièmes (44 %) du PIB canadien sont produits dans des secteurs ou des branches que l'on peut qualifier d'«effectivement concurrentiels», le cinquième (18 %) étant produit dans des conditions de marché «oligopolistiques» et plus du tiers (38 %) de l'activité économique du Canada étant réglementé ou surveillé par l'État.

Les chiffres estimatifs présentés par Nutter et Einhorn pour les États-Unis indiquent que 62 % du revenu national américain provenait en 1950 de secteurs «pratiquement concurrentiels», 16 % de secteurs «effectivement monopolistiques» et 22 % de secteurs «surveillés par l'État». Ainsi, tandis que près des quatre cinquièmes de l'économie américaine sont qualifiés d'essentiellement concurrentiels, les chiffres estimatifs pour le Canada sont de beaucoup inférieurs : deux cinquièmes seulement du PIB. À vrai dire, à l'exception du bâtiment (et peut-être du secteur manufacturier), chacun des grands secteurs de l'économie canadienne présente un degré moindre de concurrence effective que son équivalent américain.

RÉPARTITION DU PIB PAR SECTEUR ET
PAR CATÉGORIE DE MARCHÉ, 1980

	Marché oligopole	Marché contrôlé ou réglementé par l'État	Marché compétitif	Part du PIB total en millions de $ (% du total)
Agriculture, exploitation forestière, pêche et piégeage	0	47	53	11 571,2
Mines	70	23	7	18 890,5
Fabrication	28	0	72	56 170,4
Construction	0	0	100	15 071,8
Transport, communications et services d'utilité publique	0	82	18	32 999,4
Commerce	44	2	54	29 443,1
Finances, assurances et affaires immobilières	17	49	34	35 505,6
Services (communautaires, d'affaires et personnels)	1	57	42	52 682,5
Administration publique et défense	0	100	0	20 101
Total (tous les secteurs)	18	38	44	272 622,8
Total (sans Admin. et défense)	19	34	47	252 521,8

Source : Commission MacDonald, 1984.

En bref, le surplus de l'entreprise se traduit soit par des profits nets que l'entreprise réutilise à des fins stratégiques, soit par un excédent organisationnel qui assure temporairement une confortable adaptation à l'environnement et aux exigences des participants. Dans le cas d'une entreprise léthargique ou bureaucratique, on peut assister à un gaspillage du surplus. Dans le cas d'une entreprise dynamique, le surplus sera utilisé en vue de la croissance, de l'innovation et de la diversification.

4.2.4 Les options stratégiques

Dans cette section, nous examinerons à l'aide de la figure 5.10, les voies stratégiques qui s'offrent à l'entreprise, c'est-à-dire les affectations des surplus économiques. Les surplus d'opération disponibles sont fonction de la différence entre les revenus et les coûts de fabrication. Or, les revenus de l'entreprise dépendent de sa position concurrentielle dans l'industrie où elle œuvre. Grâce à ses actions stratégiques, la direction de l'entreprise peut influencer les coûts de production, les affectations à des fins internes et externes et, éventuellement, la structure de l'industrie.

Les motivations et les critères de décision des dirigeants, en ce qui a trait à l'affectation des surplus économiques, sont de plusieurs ordres : la responsabilité sociale, la rationalité stratégique et les normes professionnelles intériorisées par les dirigeants[16]. Il est évident que l'affectation des fonds sera fortement influencée par la conception que se fait la direction générale de la stratégie de l'entreprise et des obligations professionnelles des dirigeants.

- Les domaines d'affectation des surplus

Les surplus économiques peuvent être affectés à des fins internes mais aussi à des fins externes. Certaines d'entre elles peuvent avoir une connotation stratégique orientée vers le progrès, la croissance et l'innovation.

— Affectation à des fins internes

- Investissements : Les investissements technologiques nécessaires au progrès de la productivité sont importants. En raison de l'entropie et du vieillissement, les investissements doivent à tout le moins correspondre aux charges de dépréciation.

- Design et développement organisationnel : La direction d'une entreprise peut investir une partie des surplus économiques dans le développement des capacités de l'organisation et des mécanismes opératoires de gestion, en embauchant de nouvelles ressources humaines compétentes.

- Dépenses excédentaires : La direction d'une entreprise peut décider d'offrir aux cadres et aux employés des avantages sociaux, des frais de voyages et des appointements luxueux. Ces dépenses excédentaires constituent néanmoins une réserve pour les périodes difficiles, car ces coûts peuvent être éliminés avec plus ou moins de facilité selon le cas.

- Dépenses d'innovation : des dépenses en recherche et développement sont souhaitables pour la mise au point de nouveaux produits ou procédés, qui peuvent donner des avantages concurrentiels à l'entreprise.

— Affectation à des fins externes

Les fins externes auxquelles peuvent être consacrés les surplus économiques sont de trois types : d'abord le paiement de dividendes aux propriétaires, ensuite des dépenses stratégiques dont l'objet est d'accroître le pouvoir économique de l'entreprise et enfin, des dépenses discrétionnaires visant à assurer à l'entreprise certaines formes de pouvoir politique.

- Dividendes : Dans le but de rémunérer les actionnaires et de maintenir la valeur des actions afin d'obtenir du financement à long terme, la direction peut consacrer une partie des surplus aux dividendes. Les actionnaires constituent en effet l'une des parties qui composent l'entreprise.

- Dépenses stratégiques : La direction peut utiliser une partie des surplus économiques disponibles en vue de modifier ou de maintenir leur position sur le marché. Les stratégies de croissance s'appuient sur des politiques de marketing, de nouveaux produits et de recherche. La diversification hors de l'industrie est aussi une stratégie importante. Ainsi, les surplus économiques disponibles peuvent aussi être utilisés en vue de réaliser des acquisitions dans des domaines reliés ou connexes.

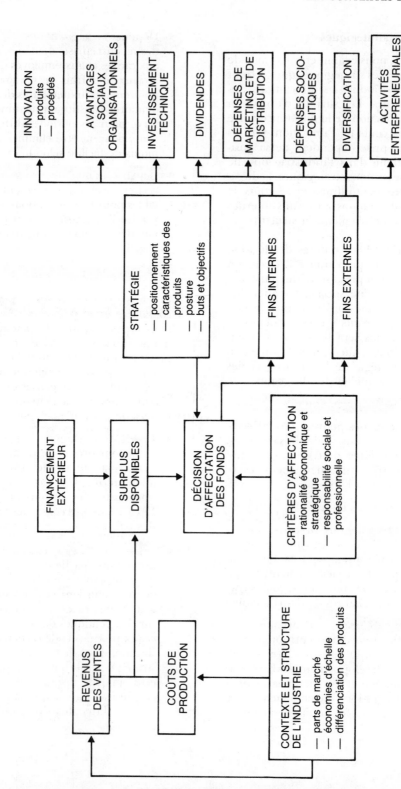

Figure 5.10   Le déploiement des ressources financières à des fins stratégiques

- **Dépenses de pouvoir politique** : L'entreprise peut utiliser une partie des surplus disponibles de façon à accroître son pouvoir politique. Cela pourrait se faire par des communications privilégiées avec les élites politiques et par des essais d'influence, dont les conséquences seraient l'élaboration ou le maintien d'un cadre juridique favorable à l'entreprise et l'adoption de lois spéciales conformes à ses intérêts particuliers. Plus précisément, ces essais d'influence pourraient prendre la forme d'activités organisées de pression et de contributions aux partis politiques.

- **Les modes d'action stratégiques**

Les modes d'action stratégiques de l'entreprise reflètent surtout les attitudes des dirigeants quant à l'avenir. Ces attitudes peuvent être regroupées sous cinq thèmes globaux[17].

— Le *mode volontariste ou offensif* regroupe les attitudes actives des dirigeants qui entendent façonner en partie leur environnement et la croissance de leur entreprise par des actions internes de recherche scientifique ou commerciale, de lancement de nouveaux produits ou de développement de nouveaux procédés. Ces entreprises orientées vers la croissance ont les ressources financières, managériales et scientifiques nécessaires pour entreprendre des activités axées sur le « leadership » et l'innovation. Les dirigeants se sentent capables d'innover, d'empêcher les concurrents d'imiter leurs innovations, de contrôler les canaux de distribution ou d'envahir les domaines des concurrents.

— Le *mode réactif ou défensif* est celui des attitudes d'attente de l'entreprise par rapport aux événements externes des milieux économiques, technologiques ou sociopolitiques. La direction ne planifie pas à l'avance, mais réagit aux occasions et aux stimulations extérieures afin de protéger ses actifs.

En ce qui a trait à l'innovation dans les produits et les procédés, la position réactive implique une réponse aux actions des concurrents ou aux demandes des clients. Stimulée par les actions des concurrents, l'entreprise peut améliorer ses produits ou ses procédés, imiter les innovations des concurrents ou même améliorer, par une imitation rapide, les produits ou les procédés des concurrents.

— Le *mode de la manipulation politique* ou de la régulation vise à transformer les contraintes. La direction de l'entreprise tente ainsi d'influencer les programmes ou les engagements des partenaires privés et publics.

Ces démarches politiques comprennent la formation de coalitions, de consortiums ou d'ententes avec d'autres firmes. De plus, les dirigeants utilisent la cooptation de représentants du monde extérieur. Les actions politiques ont pour objet d'aménager l'environnement conformément aux intérêts de l'entreprise et d'obtenir des soutiens extérieurs.

— Le *mode coopératif* prend la forme d'accords contractuels et d'échanges de ressources avec d'autres organisations en vue de résoudre des problèmes techniques. Les actions conjointes entre plusieurs firmes au sein d'associations momentanées ou les *joints ventures* en sont des exemples.

Par exemple, plusieurs firmes canadiennes telles que Northern Telecom, Bell Northern Research, Marconi, etc. se sont regroupées avec le Conseil national de recherche du Canada pour financer un consortium majeur de recherche sur la production des circuits intégrés à l'arséniure de gallium. Le programme coûte environ 6 millions de dollars mais la contribution annuelle des entreprises est 200 000 $ au maximum.

— L'*attitude « pionnière »* consiste pour une entreprise à tenter d'être la première sur un marché grâce à sa technologie ou à ses innovations. Par contre, une entreprise peut décider de choisir une entrée tardive car elle juge que les conditions d'incertitude économique et technique sont trop élevées. En général, les entrepreneurs préfèrent des entrées « pionnières » alors que les entreprises établies préfèrent entrer au sein de nouveaux marchés d'une manière tardive, lorsque les autres participants ont ouvert la voie et fait face aux difficultés.

● La gamme des options stratégiques de croissance

Les options stratégiques comprennent d'abord les activités de la firme vis-à-vis de son industrie et ensuite la diversification vers d'autres industries. Le tableau 5.5 regroupe ces diverses stratégies génériques, tant à l'intérieur d'un seul système industriel que dans les activités multi-industrielles.

— Le lancement de produits différenciés

Cette stratégie implique le développement de nouveaux produits qui se substituent aux produits existants ou le lancement de nouveaux produits qui visent des marchés nouveaux. Les produits sont différenciés de façon à répondre aux attentes et aux besoins des consommateurs ou des acheteurs industriels de segments de marché.

La stratégie de lancement de nouveaux produits originaux est celle des entreprises orientées vers la croissance et disposant des ressources financières nécessaires pour mettre au point des produits et les protéger contre les imitations. Souvent ces entreprises jouiront de parts de marché importantes et investiront des sommes considérables dans le lancement des produits.

Le lancement de nouveaux produits est une opération complexe, dispendieuse et risquée. En général, les coûts de recherche commerciale ou scientifique sont peu élevés, mais les phases de conception, de test et de lancement des produits sont coûteuses. Par exemple, le coût moyen de lancement d'un nouveau produit de consommation est de 12 millions de dollars y compris le coût des installations de production nécessaires. La petite entreprise devra donc se limiter aux produits dont les coûts de lancement sont faibles, sinon elle devra aller chercher du financement extérieur sous forme de capital de risque ou d'association avec des entreprises qui désirent investir dans des « aven-

Tableau 5.5   Les stratégies économiques génériques

● AU SEIN D'UNE INDUSTRIE

  — Lancement de produits différenciés
  — Exploitation systématique des produits
  — Développement de nouveaux segments de marché
  — Réduction des coûts par les innovations de procédés
  — Positionnement au sein d'une « niche »

● ACTIVITÉS MULTI-INDUSTRIELLES

  — Diversification hors des marchés présents
    • Acquisition
    • Innovation
    • Diversification concentrique et reliée
    • Diversification conglomérée

  — Repli
    • Retranchement
    • Désinvestissement
    • Liquidation

  — Alliances et collaboration
    • Associations momentanées ou durables
    • Alliances stratégiques

tures » technologiques en offrant du capital et des réseaux de distribution.

Le développement de nouveaux produits commence par la compréhension des marchés et des acheteurs, et non par la conception technique du produit. Malheureusement, la plupart des tentatives, surtout celles qui échouent, cherchent un marché pour un produit déjà conçu au point de vue technique.

Pour contrôler cette démarche coûteuse et risquée, autant les chefs d'entreprise que les chercheurs en stratégie proposent une démarche normative résumée à la figure 5.11. Cette figure indique que les idées initiales, peu importe leur origine, doivent passer d'abord par l'analyse des marchés potentiels et des préférences des consommateurs avant d'arriver à la conception scientifique du produit. De même, avant de songer au lancement, il faut tester et modifier les produits et leurs plans de marketing. Le lancement des produits de même que leur évolution sont gérés d'une manière délibérée. À chacune de ces étapes, la direction peut prendre la décision de rejeter l'idée ou d'abandonner le processus.

Comterm Inc. est une petite entreprise montréalaise engagée dans la conception, la fabrication et la mise en marché de systèmes de visualisation perfectionnés, basés sur des microprocesseurs. Ces systèmes de visualisation, assemblages de circuits électroniques modulaires fabriqués sur place, utilisent des modules de logiciels conçus et mis au point par l'entreprise. Les systèmes de visualisation sont utilisés par des organismes commerciaux, industriels et gouvernementaux pour enregistrer, modifier, visualiser et imprimer l'information traitée par les systèmes informatiques. Après avoir fabriqué des terminaux lourds, compatibles avec les produits IBM, dont les ventes ont décliné, l'entreprise s'est orientée vers les terminaux de visualisation. Elle a obtenu des contrats d'Air Canada, d'Iran Electronics Industries, de Loto-

Québec, d'Hydro-Québec et de fabricants de systèmes d'ordinateurs. Elle a des accords avec ITT et CII Honeywell Bull. Un de ses produits à succès est un terminal bilingue arabe-anglais. L'entreprise a connu des moments difficiles au point de vue financier, selon le président Laurent Nadeau. Les produits vendus par Comterm sont mis au point sur place, ce qui démontre l'importance des programmes de recherche et de développement. L'objectif est de transformer l'expérience acquise dans le domaine des logiciels de communications informatiques et des microprocesseurs pour mettre au point des produits ayant des débouchés importants dans les communications informatiques.

— L'exploitation systématique des produits

L'exploitation systématique d'un produit consiste en une tentative de mieux pénétrer les marchés et les segments de marché existants par des efforts minutieux d'amélioration du produit, de découverte d'usages nouveaux ou de gestion du réseau de distribution. Cette stratégie d'accentuation exploite les connaissances techniques afin d'améliorer la conception du produit et les modes de fabrication, et d'en rehausser l'attrait par rapport à ceux des concurrents.

Souvent, lorsqu'il s'agit d'un produit en phase de maturité, on procède à une prolifération des modèles ou des versions par suite de la compréhension des segments de marché révélés par les attitudes et les préférences des consommateurs. On peut repositionner complètement le produit vers le bas du marché en offrant des modèles à prix réduit ou, au contraire, on peut améliorer la qualité du produit de façon à le placer en haut de la gamme. De même, on peut faire de nombreuses versions différentes du produit visant des usages nouveaux. On cherche enfin de nouveaux canaux de distribution, des empaquetages qui multiplient le nombre d'unités vendues par client et l'on ajuste de façon optimale les dépenses publicitaires.

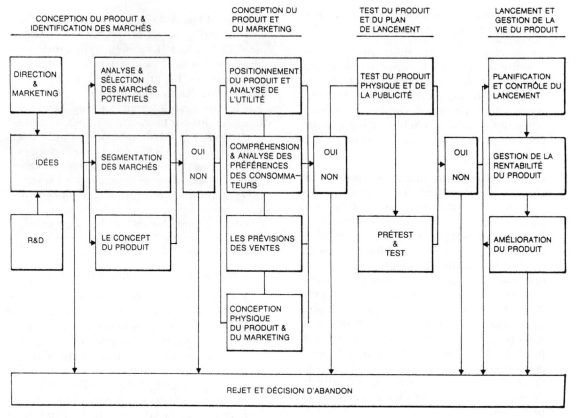

Figure 5.11 Phases critiques du développement d'un nouveau produit

Les Industries du Hockey Canadien est une petite entreprise qui a su utiliser la recherche pour appuyer sa stratégie. L'entreprise, fondée en 1969, a d'abord fabriqué des bâtons traditionnels en bois. Face à une concurrence de plus en plus forte, la direction a songé à utiliser des matériaux qui nécessitaient de la recherche et du développement. En 1974, l'entreprise commençait à fabriquer des bâtons de hockey à base de fibre de verre. Les Industries du Hockey Canadien est devenue un chef de file, au point de vue technique de la fabrication, au sein de l'industrie des bâtons de hockey. L'entreprise a atteint un chiffre d'affaires de 4 millions de dollars. Le lancement de produits traditionnels fabriqués à partir de matières premières nouvelles a permis à l'entreprise de maintenir une part de marché intéressante. Elle exporte une bonne partie de sa production aux États-Unis et en Europe.

— Le développement de nouveaux segments de marché

Cette option est axée sur la recherche de segments nouveaux et de nouveaux marchés géographiques, en vue d'accroître le nombre et le type d'acheteurs. Pour la petite entreprise orientée vers la croissance grâce à la technologie, le développement du marché peut se réaliser de multiples façons :

● Associations, accords ou achats d'une entreprise de distribution dans des régions géographiques inexploitées. Par exemple, une petite entreprise d'équipements biomédicaux signe un accord de distribution avec une grande entreprise pharmaceutique en vue de la distribution de son produit au sein du marché américain.

- Recherche systématique des contrats de sous-traitance. La petite entreprise surveille les occasions qui se présentent grâce à des projets tels que celui du F-18 au Canada, ou offre ses services aux instances publiques par l'intermédiaire de propositions spontanées.

- Sous-traitance de fabrication ou de service auprès de sociétés multinationales ou canadiennes. Ces entreprises désirent souvent confier la fabrication de pièces à des petites entreprises locales pour des raisons économiques ou socio-politiques.

- Offre de ses capacités de recherche d'innovation technologique aux grandes entreprises qui désirent soit procéder à des investissements défensifs, soit développer des technologies de pointe hors de leurs laboratoires. Par exemple, Genentech, fondée par des scientifiques, a accueilli des investissements de grandes sociétés chimiques et pétrochimiques, élargissant ainsi la gamme de ses activités de recherche.

— La réduction des coûts par les innovations de procédés

L'innovation dans les procédés de fabrication comprend à la fois les modifications aux installations dans le but d'accroître la productivité et les innovations majeures qui impliquent le remplacement des procédés en cours. Certes, toutes les entreprises désirent réduire leurs frais d'exploitation, mais, au sein des industries où la concurrence joue sur les prix, surtout en raison du fait que les produits ne sont pas différenciés, cette stratégie est primordiale[18]. Quelle est l'originalité de la stratégie orientée vers la recherche d'avantages de coûts? Elle consiste dans

l'utilisation systématique de la technologie et de la recherche et du développement en vue d'augmenter la taille des installations et d'adopter les techniques les plus efficaces.

— Plus précisément, cette approche suggère :

- une culture ou un climat qui valorise l'attention continue et constante à l'amélioration de l'efficacité des procédés de fabrication et à la gestion des inventaires, de façon à identifier les occasions en apparence minimes de réduction des coûts ;

- l'introduction d'innovations dans les procédés qui réduisent les coûts de fabrication. Ces innovations proviennent en bonne partie des industries de haute technicité telles que l'informatique et les contrôles industriels ;

- la recherche de parts de marché élevées par des stratégies de prix et de service, de façon à pouvoir construire des usines réalisant des économies d'échelle. Les coûts de fabrication inférieurs permettront une concurrence plus vive sur les prix.

La réduction possible des coûts de production dépend de : i) l'augmentation de la taille qui permet l'automatisation et la production de masse, ii) l'adoption des technologies les plus efficaces, iii) les apprentissages qui permettent d'utiliser les machines bien au delà de leurs capacités originales.

Canam-Manac est une entreprise québécoise qui a su utiliser la fonction production comme arme stratégique. Canam-Manac de Saint-Georges de Beauce a réussi depuis 20 ans à déclasser des concurrents établis tant dans la construction de pontages et de poutrelles que dans la fabrication de remorques, par une stratégie articulée de recherche d'avantages de coûts, en maintenant un ratio prix-qualité élevé. Ses coûts de fabrication inférieurs permettent une concurrence sur les prix et la pénétration de marchés établis. À leur tour, les parts de marché gagnées rendent possibles l'innovation et l'utilisation de technologies dont les effets sont de réduire encore les coûts unitaires en termes réels. Les ventes de Canam-Manac dépassent aujourd'hui 250 millions de dollars, alors que l'entreprise n'employait que quelques personnes en 1961. Elle a des parts de marché significatives au Québec et en Ontario dans les poutrelles, les pontages et les remorques. Elle entend pénétrer successivement le marché de l'Ouest canadien et le marché américain.

— Le positionnement au sein d'une « niche »

La stratégie de spécialisation consiste à viser un segment de marché précis ou une région géographique déterminée. La documentation stratégique, qui y fait référence sous le nom de « niche », indique qu'il s'agit là d'une stratégie particulièrement appropriée à la petite et moyenne entreprise, notamment dans le secteur de la technologie. La recherche et le développement ainsi que la technologie peuvent être utilisés dans ce cas, soit pour concevoir des produits spécifiques à des segments de marché, soit pour fabriquer des produits à des coûts inférieurs. Les avantages différentiels peuvent donc tenir à la fois des produits et des procédés.

La recherche d'une « niche » spécialisée au sein de segments de marché impose des contraintes et des demandes aux installations techniques. Une stratégie de positionnement au sein de segments spécialisés de marché peut être réalisée grâce aux efforts de la fonction fabrication dans les voies suivantes :

- supériorité technique incontestée et constamment améliorée par la recherche et l'innovation ;

- livraison rapide en raison de fabrication et d'entreposage près des marchés géographiques ;

- multitude de modèles et de styles ;

- qualité élevée et fiabilité du produit ;

- fabrication spéciale grâce à des unités modulaires.

L'exemple de Crown Cork and Seal, qui a utilisé la fabrication et le service technique afin de se spécialiser dans les conteneurs d'application difficile, est bien connu. Au lieu de concurrencer sur les prix et les coûts de fabrication, en raison de sa faible part de marché, Crown Cork and Seal a choisi de se spécialiser dans une « niche » distincte à partir de la fabrication, évitant ainsi la confrontation directe avec Continental Can et American Can.

— La diversification hors des marchés présents

La diversification hors des marchés présents est une option stratégique importante pour l'entreprise orientée vers la croissance. Cette diversification peut se réaliser soit par des efforts internes de développement de produits nouveaux, soit par l'acquisition d'entreprises. La diversification peut impliquer l'entrée au sein d'une industrie où l'entreprise a peu d'expérience et où ses connaissances du marché sont parfois partielles.

La diversification peut s'effectuer selon plusieurs voies, chacune faisant un usage différent de la technologie ainsi que de la recherche et du développement. Ce peut être l'achat de firmes œuvrant au sein d'industries en croissance, ce qui a pour effet de se rapprocher ou de s'éloigner des activités de la firme qui fait l'acquisition. La diversification peut être concentrique par l'entrée au sein d'industries nouvelles liées à celle où œuvre l'entreprise, par la technologie ou le marché. Enfin, la diversification peut être conglomérée : l'entrée au sein d'industries qui n'ont aucun lien de marketing ou de technologie. Le tableau 5.6 regroupe les différentes voies de diversification.

La diversification est devenue une voie normale de croissance dans la plupart des entreprises. Les recherches démontrent cependant que la diversification concentrique ou la diversification à dominance de rationalité technique ou commerciale donnent lieu à de meilleures performances économiques que la diversification conglomérée. Les petites et moyennes entreprises qui s'engagent dans la diversification voient leurs problèmes de gestion multipliés. Elles doivent se donner des structures appropriées à la complexité de leurs activités.

Bombardier a songé à se diversifier lorsque les ventes de motoneiges eurent atteint le stade de la maturité. De nombreux nouveaux produits se sont ajoutés à la gamme existante dans le réseau de distribution. Très intégrée à la verticale pour ses approvisionnements, Bombardier avait développé une expertise d'assemblage et de fabrication. La direction supérieure s'est rendu compte qu'un des

avantages distinctifs de Bombardier était justement la fabrication et l'assemblage. Ainsi, grâce à des contrats publics au début, elle s'est tournée entre autres vers la fabrication des wagons de métro.

De plus, en décembre 1986, Bombardier faisait l'acquisition de Canadair, s'engageant ainsi dans un nouveau secteur d'activité, soit l'aéronautique. Donc depuis sa production de motoneiges à l'origine, Bombardier s'est beaucoup diversifiée et œuvre maintenant dans les domaines du transport en commun, des produits ferroviaires et diesel, des produits aéronautiques et des véhicules récréatifs et utilitaires.

— Le repli stratégique

Le repli stratégique fait d'abord référence à la décision de l'entreprise de réduire la taille de certaines de ses divisions pour les rendre plus rentables en réduisant les dépenses

Tableau 5.6   Définition des diverses stratégies d'entreprises

---

1. **Entreprise spécialisée:** se livre à une seule activité, dans une seule industrie.

2. **Entreprise à activité dominante:** qui a diversifié ses activités dans une certaine mesure, mais qui tire encore la majorité de ses recettes d'une seule activité dans une seule industrie.

   a) *Verticale à dominante:* entreprise à dominante intégrée verticalement.

   b) *À activités liées et à dominante:* entreprise à dominante non intégrée verticalement, qui a diversifié ses activités à partir d'une activité particulière; ses activités sont étroitement liées entre elles.

   c) *À activités connexes et à dominante:* entreprise à dominante non intégrée verticalement, qui a diversifié ses activités à partir de plusieurs activités différentes; ses activités ne comportent pas de liens étroits entre elles, mais ont tout de même un rapport avec l'activité dominante.

   d) *Hétérogène et à dominante:* entreprise à dominante non intégrée verticalement, dont les activités diversifiées n'ont aucun rapport avec l'activité dominante.

3. **Entreprise à activités liées:** entreprise diversifiée et non intégrée verticalement s'occupant de plusieurs industries mais dont les activités sont liées.

   a) *À activités liées et connexes:* entreprise à activités liées qui ont toutes un rapport avec une activité centrale.

   b) *À activités liées et hétérogènes:* entreprise à activités liées, qui s'est diversifiée à partir de plusieurs activités différentes, et qui, par conséquent, s'occupe d'industries très différentes.

4. **Entreprise à activités hétérogènes:** entreprise non intégrée verticalement, qui a diversifié ses activités sans tenir compte des rapports entre les nouvelles activités et celles qui sont déjà en cours.

mais aussi les produits et les services offerts de même que les types de clients. La direction supérieure accepte une présence plus restreinte mais axée sur l'efficacité et la rentabilité.

Le désinvestissement et la liquidation indiquent que l'entreprise décide de se départir soit par vente ou par fermeture de divisions non rentables œuvrant dans des industries à faible potentiel. Par exemple, General Electric a vendu et fermé plusieurs divisions, notamment celle des ordinateurs, reconnaissant ainsi qu'elle est incapable de concurrencer IBM. La prémisse sous-jacente à une décision de désinvestissement est que les ressources humaines et financières peuvent être mieux utilisées au sein d'autres systèmes industriels plus en cohérence avec les compétences de la firme. Les divisions faibles peuvent être vendues à des cadres ou à des concurrents qui pensent mieux les gérer.

— Les alliances et les collaborations

Les alliances et les collaborations font référence à des associations momentanées ou durables avec d'autres firmes. Deux exemples serviront d'illustration.

Toyota et General Motors [...] leurs forces pour une périod[...] d'exploiter une ancienne usin[...] tors à Fremont en Californie. [...] la technologie d'assemblage d[...] et prenait de l'expérience [...] Amérique du Nord. General [...] apprenait de Toyota les nouv[...] d'assemblage orientées vers la [...] participation des travailleurs.

Waterville Cellular de Wat[...] établissait un accord de *joint ve*[...] Gosei pour fabriquer des jo[...] pour l'industrie automobile. C[...] tait à Waterville Cellular de pé[...] où elle n'œuvrait pas et à Toy[...] prendre sa percée en Amériq[...]

En conclusion, notons qu[...] influencés par leurs percepti[...]

tences de leur organisation, retiennent de préférence certaines voies stratégiques en vue d'atteindre des performances élevées.

4.2.5 Les performances

Les performances ont trait aux évaluations des résultats économiques et non économiques des entreprises formant une industrie. Les variables de performance ont été examinées dans le schéma conceptuel de l'administration au chapitre 2, mais certains rappels s'imposent.

La performance d'une industrie se définit comme sa contribution au bien-être social. Cette contribution peut se mesurer par : 1) l'*efficience* avec laquelle elle utilise les facteurs de production ; 2) les *progrès* réalisés dans les techniques de production et l'innovation dans les produits ; 3) l'*emploi* qu'elle crée par un usage optimal des facteurs de production ; 4) l'*équité* dans la redistribution de gains aux entrepreneurs, fournisseurs de capitaux, cadres et ouvriers.

L'efficience se mesure surtout par la rentabilité comparative. En effet, une variation très grande dans la rentabilité des industries et des firmes indique une mauvaise affectation des facteurs de production. Des profits élevés sont souvent associés à une structure d'industrie concentrée et à des barrières à l'entrée. Les industries dont la rentabilité est faible utilisent des [...] être mieux employés [...] l'industrie grâce aux [...] être mesuré de di-[...]ieu, par les efforts de [...]ement : les grandes [...] effet des sommes [...] de développement [...], par les innovations. [...] observer que les pe-[...]s d'innovations ma-[...]uoi qu'il en soit, il [...] innovations se réa-[...]s industries concur-[...] objectifs imputés à [...]nplois. La contribu-[...]firmes dans la créa-[...]aux grandes firmes en situation de maturité et d'oligopole, a été remarquée dans de nombreuses recherches. Les considérations d'équité font référence aux structures de rémunération, notamment aux inégalités dans les revenus et la discrimination salariale.

5. Analyse dynamique de l'industrie et de la firme

Dans cette section nous abordons l'étude dynamique, c'est-à-dire l'évolution technique et technologique des industries, des firmes et des stratégies au fil des années. L'évolution de la firme, à mesure que l'industrie progresse et décline, dépend de la stratégie des dirigeants mais aussi de facteurs externes tels que le niveau de développement de la technologie des produits et des procédés de fabrication utilisés par l'entreprise et ses concurrents.

Les stratégies des entreprises varient, en général, selon les étapes d'évolution de l'industrie et les ressources de l'entreprise. La figure 5.11 donne l'exemple des produits informatiques selon les étapes d'évolution d'une industrie. Le tableau 5.7 résume quelques caractéristiques de l'évolution des industries selon les étapes de

Tableau 5.7 Les stades de l'évolution d'une industrie et les stratégies de la firme

STADE / ÉTAT	Émergence et développement	Croissance	Épuration et turbulence	Maturité et saturation	Déclin ou rajeunissement
Volume des ventes	Faible	Grand	Très grand	En fonction du PNB et de la démographie	Volume des ventes diminue
Croissance des ventes	Faible	Croissance rapide, nouveaux acheteurs	Début de décroissance rapide	Décroissance	Décroissance rapide ou lente
Nombre de segments	Limité	Début de la différenciation	Plusieurs	Plusieurs	Peu nombreux
Nombre de producteurs	– Peu élevé – Entrée facile	– Très nombreux – Entrée et imitation	– Nombreux – Retrait des marginaux	– Oligopole – Parts de marché stables	– Peu élevé – Retraits nombreux
Rythme des innovations de produits	Très élevé	Élevé	Modéré	Faible	Faible
Rythme des innovations de procédés	Faible	Modéré	Très rapide	Modéré	Faible
Fonctions critiques	R&D, entrepreneurs	Ingenierie	Fabrication	Marketing, distribution et finance	Marketing et finance

Tableau 5.7 Les stades de l'évolution d'une industrie et les stratégies de la firme *(suite)*

STADE / ÉTAT	Émergence et développement	Croissance	Épuration et turbulence	Maturité et saturation	Déclin ou rajeunissement
Politiques de distribution	Exclusive ou sélective	– Intensive – Service à la clien-tèle – Inventaires élevés	– Intensive – Service aux distribu-buteurs – Inventaires minimaux	– Intensive – Services aux distribu-teurs – Inventaires minimaux	– Sélective – Retrait de certains réseaux
Conception du produit	– Peu de modèles – Qualité importante	– Plusieurs modèles visant des segments distincts	– Améliora-tion du produit – Retrait des modèles inutiles	– Réduction des coûts et amélioration – Proliféra-tion à la marge	– Élimination des modèles non rentables
Politique de prix	En fonction du segment le plus réceptif	Bas et haut de gamme	Réduction des prix par la promotion	– Concurrence défensive sur les prix	– Prix établis de façon à assurer un profit élevé
Politique de publicité et de promotion	– Susciter les inno-variations – Ventes per-sonnelles	– Publicité importante – Promotions importantes	– Promotion à la dis-tribution	Recherches en vue d'une publicité et d'une promotion optimales	Plus de promotion que de publicité
Stratégie globale de la firme	Développer la présence du produit et susciter les achats inno-vateurs	Accroître la part de mar-ché et les investisse-ments	S'assurer de la loyauté des clients et maintenir la part de marché	Protéger les parts de mar-ché en rédui-sant les coûts et le contrôle de distribution	– Réduction des actifs et trésorerie maximale – Dominance ou «niches» spé-cialisées

l'émergence, de la croissance, de l'épuration, de la maturité et du déclin.

5.1 LE STADE DE L'ÉMERGENCE ET DU DÉVELOPPEMENT

Au stade de l'émergence, l'industrie est petite : les consommateurs font l'apprentissage d'un produit innovateur. En effet, l'industrie vient d'être lancée par un ou quelques entrepreneurs qui sont à l'origine d'une innovation radicale. Par exemple, la motoneige, les micro-ordi-nateurs, les vidéo-cassettes, etc. Au cours de cette période, les entreprises qui participent à l'industrie sont de tailles diverses mais surtout petites.

Si le produit exige des changements d'habi-tudes, des coûts de modification et des appren-tissages réels, le marché croîtra très lentement et exigera des investissements financiers impor-tants. Les grandes entreprises y joueront fort probablement un rôle déterminant. Par contre, lorsque l'innovation répond à un besoin jusqu'a-lors non identifié mais exigeant peu d'appren-tissage et de coûts de changement chez les clients, les ventes croîtront fort probablement plus rapidement. Les petites entreprises et celles qui offrent des produit nouveaux pourront survivre, même si leurs capacités financières sont limitées.

La stratégie des firmes consistera à développer, chez les clients visés, la connaissance des avantages qu'offre le produit et à susciter des essais par les acheteurs innovateurs. Les ventes seront réalisées grâce à des contacts personnels et à un service à la clientèle accompagnés d'efforts de publicité. Le nombre limité de versions du produit et l'accent mis sur le ratio prix/qualité serviront à réduire les appréhensions des clients au sein des segments du marché les plus réceptifs au produit. Des analyses permettront d'en éliminer les défauts et de comprendre les usages imprévus qu'en font les clients. La distribution sera confiée à des agents exclusifs ou sélectionnés qui prendront des marges bénéficiaires importantes. Le prix du produit sera élevé, mais il correspondra aux capacités financières des innovateurs : cela est rendu possible par le quasi-monopole temporaire dont peut jouir l'entreprise innovatrice.

5.2 LE STADE DE LA CROISSANCE

L'étape de la croissance, c'est-à-dire lorsque les nouveaux clients dépassent en nombre le groupe des acheteurs innovateurs, est celle où la diffusion du produit permet une accélération des ventes. Les ventes s'accroissent en raison de l'apparition des nouveaux usages ou des progrès technologiques qui élargissent le nombre de segments desservis.

Plusieurs entreprises en quête de diversification entrent dès lors en grand nombre dans l'industrie, en offrant des produits imitateurs ou améliorés. Les entreprises qui ont lancé l'industrie tenteront, en contrepartie, de diminuer les prix en fonction des réductions possibles des coûts. De plus, elles tenteront d'assurer leur position au sein de « niches » distinctes grâce à des efforts de distribution, de développement et d'identification de la marque de leurs produits.

La différenciation des produits s'accroîtra. Diverses versions des produits seront conçues de façon à desservir les segments et les usages nouveaux qui apparaîtront. Le positionnement des produits couvrira une large gamme, des prix inférieurs aux plus élevés. Les prix diminueront encore en fonction des réductions de coûts imputables aux économies d'échelle. Les efforts de publicité et de promotion entrepris auront pour objet de développer des préférences, à la fois chez les clients et les distributeurs des produits (des marques) de l'entreprise. Du même coup, le réseau de distribution sera élargi : les marges des distributeurs seront réduites en raison de la vigueur de la demande. Le service à la clientèle et la disponibilité des produits accompagneront les efforts de communication. C'est durant cette phase qu'il est le plus économique de bâtir une part de marché importante.

5.3 LE STADE DE L'ÉPURATION ET DE LA TURBULENCE

L'étape de l'épuration ou de la turbulence au sein de l'industrie est marquée par l'accroissement rapide de l'offre par rapport à la demande. La concurrence est donc très vive. Les usages nouveaux et les segments imprévus se font plus rares ; la croissance des ventes diminue, même si le volume total des ventes de l'industrie s'accroît encore. Les producteurs marginaux, entrés lors de la croissance rapide de l'industrie, offrent des produits imitatifs mais leurs parts de marché sont faibles ; ils seront fort probablement forcés de se retirer de l'industrie.

Les concurrents au sein de l'industrie tenteront de maintenir et d'accroître les positions établies en s'assurant de la loyauté des distributeurs et des clients. Une large gamme de prix sera utilisée, de façon à pénétrer de nouveaux segments et à susciter de nouveaux usages. De multiples améliorations seront apportées aux produits, en même temps que les versions non rentables de ces produits seront retirées du marché. Les efforts de publicité et de promotion tenteront de susciter l'identification à la marque de la part des acheteurs mais aussi des distributeurs.

5.4 LE STADE DE LA MATURITÉ ET DE LA SATURATION

L'étape de la maturité ou de la saturation de l'industrie se caractérise par une croissance lente des ventes en fonction de l'évolution du revenu disponible et des facteurs démographiques. Les acheteurs et les usages nouveaux sont rares, et des produits substitutifs apparaissent. La décroissance des ventes est déjà entamée.

Le nombre de concurrents et les parts de marché demeurent stables en dépit du fait que la concurrence sur les prix est vive. Il n'y a plus d'entrées nouvelles au sein de l'industrie. La concurrence par les prix s'accroît, et la réduction des coûts devient un impératif. Plusieurs entreprises seront dans l'obligation d'abandonner leurs marques, de façon à fabriquer des produits qui seront vendus sous les marques privées des entreprises qui contrôlent les réseaux de distribution.

Les concurrents au sein de l'industrie apportent sans cesse des améliorations aux produits et défendent leurs parts de marché par des actions calculées et des innovations de publicité, de promotion et de distribution. Des efforts de réduction des coûts par des innovations de procédés sont faits en raison de la vigueur de la concurrence sur les prix. En vue de maintenir leurs parts de marché, certaines entreprises ont souvent recours à la prolifération des produits sous la même marque. Les distributeurs deviennent l'objet des efforts de publicité et de promotion autant que les clients. Le maintien du réseau de distribution s'impose à cette étape comme une priorité importante.

5.5 LE STADE DU DÉCLIN

L'étape du déclin est associée à la pénétration de plus en plus grande de produits substitutifs et au retrait volontaire de concurrents. Les ventes de l'industrie diminuent en raison de facteurs démographiques, de changements dans les goûts et les préférences des consommateurs et de l'apparition de substituts. Les produits de l'industrie sont devenus des produits courants non différenciés, mais une demande spécialisée persiste toujours. Plusieurs entreprises quitteront l'industrie, mais d'autres, par stratégie

ou par obligation, décideront de continuer d'y œuvrer.

Les options stratégiques des entreprises qui auront décidé de demeurer au sein de l'industrie consisteront soit à acquérir des parts de marché substantielles, ou à se positionner dans des «niches» spécialisées, tout en cherchant à retirer des profits élevés. Les entreprises qui choisiront la stratégie visant à accroître leurs parts de marché dans l'industrie en dépit du déclin procéderont à l'achat de concurrents et indiqueront clairement leur volonté de dominer le marché. D'autres entreprises, au contraire, diminueront leurs gammes de produits pour ne vendre que les plus rentables et rationaliseront leurs réseaux de distribution de même que l'éventail des clients visés afin de se positionner dans un segment stable.

5.6 LA DESTRUCTION OU LE RAJEUNISSEMENT

Les étapes que nous venons de décrire peuvent être suivies par la destruction de l'industrie par des produits substituts. En effet, certaines industries sont détruites par l'envahissement de produits substituts offerts par des firmes en cours de diversification. D'autres industries seront au contraire le théâtre d'un rajeunissement spectaculaire grâce à leur innovation et à leur esprit d'entreprise.

Une mise en garde importante s'impose. En effet, les étapes d'évolution d'une industrie et les types d'innovations sont des outils conceptuels utiles, mais ils n'impliquent aucun déterminisme. Souvent un produit à maturité, qui n'a pas été l'objet de changements majeurs depuis plusieurs années, peut soudainement devenir le théâtre d'innovations spectaculaires et de regains de ventes. De même, des industries oligopolistiques et à maturité peuvent se retrouver en situation d'effervescence, grâce à la découverte d'usages nouveaux ou de progrès techniques.

Voici quelques exemples. L'industrie de l'automobile, à la suite de l'augmentation des coûts des hydrocarbures et des normes antipollution, est devenue le lieu d'innovations importantes dans les produits et les procédés. Le développement des procédés biotechnologiques modifiera de manière radicale les entreprises de chimie et de pétrochimie établies. Des variations soudaines dans les goûts et les préférences des consommateurs ont donné un regain de vitalité à l'industrie traditionnelle des bicyclettes. Il faut donc se garder de toute tentation de déterminisme dans l'évolution d'une industrie et des types d'innovations.

6. Conclusion

Ce chapitre avait pour but d'analyser l'influence des facteurs technologiques et économiques sur la structure de l'industrie et les stratégies des firmes qui y œuvrent. Il s'agit d'un approfondissement d'une partie des variables décrites au chapitre 2. Les variables contextuelles jouent un rôle déterminant et elles influencent largement le processus d'administration.

Les structures de l'industrie influencent à leur tour les surplus discrétionnaires et les options stratégiques ouvertes à l'entreprise. Certaines structures d'industrie permettront le développement des stratégies qui, à leur tour, conduiront à des performances élevées. Les fruits de ces performances pourront être utilisés pour transformer les structures de l'industrie et les conditions économiques et techniques.

QUESTIONS

1. Comment peut-on dire que le choix d'un trio produit-technologie-marché définit un système de production ? p.138

2. Le schéma conceptuel de l'organisation industrielle présenté dans le texte intitulé « L'entreprise et les systèmes industriels: aspects économiques et technologiques », nous aide à saisir les relations de l'entreprise avec ses concurrents grâce à cinq catégories de variables et à leurs interrelations.
   a) Quelles sont ces cinq catégories de variables ?
      Élaborez brièvement sur chacune d'elles.
   b) Quels liens peut-on faire entre ces catégories de variables ? p.150

3. Donnez un aperçu de la structure de l'environnement technologique de l'entreprise.

4. Les surplus économiques peuvent être affectés à des fins internes mais aussi à des fins externes. Expliquez.

5. Donnez un aperçu de la structure de l'environnement concurrentiel de l'entreprise.

6. La réalité de l'entreprise s'insère dans différents environnements. Énumérez et expliquez leurs intentions.

7. Lorsque l'on parle de technologie, qu'entend-on par :
   a) artisanale ou professionnelle ;
   b) atelier de petite course ;
   c) processus continu.

8. « L'entreprise s'insère dans un cadre environnemental en raison de la stratégie qu'elle poursuit. »
   a) Dites en quoi le cadre environnemental peut influencer la vie de l'entreprise (pourquoi, comment).
   b) Expliquez comment s'y prend l'entrepreneur pour se conformer à l'évolution du cadre environnemental.

9. Le cycle de vie, la courbe d'innovation et la courbe de profit sont interactifs et interreliés. Expliquez à l'aide d'un exemple d'un produit comment cela peut se justifier dans la réalité.

10. Comparez, à l'aide d'exemples, les notions suivantes :
    a) mission(s) et but(s) d'une entreprise ;
    b) économie d'échelle à la fabrication et économie d'échelle au marketing ;
    c) monopole et oligopole ;
    d) intrants, processus de transformation et extrants.

11. Qu'entend-on par « surplus discrétionnaire » ? Dites en quoi ces surplus représentent une forme de pouvoir pour la firme.

12. Décrivez les stratégies des entreprises aux différents stades de l'évolution de l'industrie.

13. Expliquez comment les facteurs de l'environnement économique influent sur l'entreprise.

14. Après avoir défini ce que sont les économies d'échelle, montrez les liens qui existent entre les économies d'échelle, les processus

continus ou d'assemblage et le « leadership » de coûts.

15. Décrivez succinctement les types de structures industrielles en prenant bien soin d'expliciter au préalable les concepts structuraux qui sont à l'origine de cette typologie.

16. Est-il toujours avantageux pour une firme d'atteindre rapidement les économies d'échelle ? Justifiez votre réponse.

17. Expliquez la notion de discontinuité technologique, et à l'aide d'un exemple, montrez les implications qu'aurait cette notion sur les concurrents.

18. Qu'entend-on par « concentration économique d'une industrie » ? À l'aide d'un exemple, montrez comment et pourquoi une industrie devient concentrée.

19. Pourquoi peut-il devenir intéressant pour une firme d'atteindre rapidement des économies d'échelle ? Qu'entend-on par « économies d'échelle » ?

20. Énumérez les phénomènes qui font changer l'environnement concurrentiel.

21. Dans le modèle de l'organisation industrielle, les options stratégiques jouent un rôle important. Quelle est la gamme des options stratégiques de croissance de l'entreprise ?

22. Quelles sont les principales formes de concurrence ? De quelles façons différent-elles ?

NOTES BIBLIOGRAPHIQUES

1) K. ANDREWS. *A Concept of Corporate Strategy*, Homewood, Ill., Irwin, 1980.

2) J.M. UTTERBACK. « Innovation in Industry and the Diffusion of Technology », *Science*, Vol. 183, 1974, p. 620-626.

3) M. PORTER. *Competitive Strategy*, New York, Free Press, 1980.

4) H. THORELLI. *Strategy, Structure, Performance*, Bloomington, Ind., Indiana University Press, 1977.

5) R. MILLER. « Le Processus d'émergence des firmes de haute technologie », *Gestion*, Novembre 1983.

6) R. SOLOW. « Technical Change and the Aggregate Production Function », *Review of Economics and Statistics*, Août 1957.

7) E.F. DENNISON. *Why Growth Rates Differ*, The Brookings Institution, Washington, 1967 et Accounting for the United States Economic Growth, The Brooking Institution, Washington, 1974.

8) J.W. KENDRICK. *Productivity Trends in the United States*, National Bureau of Economic Research, 1974.

9) J.J. CARRÉ, P. DUBOIS, E. MALINVAUD. *Abrégé de la croissance française : Un essai d'analyse économique causale de l'après-guerre*, Paris, Éditions du Seuil, 1973.

10) E. MANSFIELD. *Industrial Research as a Technological Innovation*, New York, Norton, 1968.

11) R. FOSTER. *The Management of Research and Development*, McKensey-Quarterly, Septembre 1982.

12) A. JACQUEMIN. *L'entreprise et son pouvoir de marché*, Québec, Les Presses de l'Université Laval, 1967.

13) F.M. SCHERER. *Industrial Market Structure and Performance*, Boston, Houghton Mifflin, 1980.

14) R. DEVINE. *Industrial Economics*, Londres, Allen & Uncor, 1977.

15) W.D. GUTH. « Corporate Growth Strategies », *Journal of Business Strategy*, n° 2, 1980.

16) Y. ALLAIRE et R. MILLER. *L'Entreprise de presse*, Ottawa, Approvisionnement et Services, 1979.

17) G. URBAN et J.R. HAUSER. *Design and Marketing of New Products*, Englewood Cliffs, N.J., Prentice-Hall, 1980.

18) W.J. ABERNATHY et J.M. UTTERBACK. « Patterns of Industrial Innovation », *Technology Review*, Juin-Juillet 1978.

CHAPITRE 6

L'ENTREPRISE ET SON ENVIRON
SOCIO-POLITIQUE

par

Jean Pasquero

> « *C'est dans le domaine du bien-être national que le monde des affaires devra faire ses preuves dans les années à venir.* »
>
> **Thomas J. Watson, Jr**
> Président de IBM
> (*A Business and Its Beliefs*, 1963)

1. Introduction

L'entreprise joue de multiples rôles dans notre société. Comme unité de production, elle doit satisfaire les besoins économiques de la société exprimés par le marché. Comme milieu de travail, elle doit répondre aux aspirations de ses employés. Comme citoyenne, elle doit faire preuve de son bon comportement social. L'entreprise est devenue indissociable de son environnement socio-politique.

La mutation socio-économique que nous connaissons nous oblige à repenser le rôle de l'entreprise dans la société. Le changement social rend la gestion plus complexe. Il offre de nouvelles possibilités, mais il crée aussi de nouveaux risques pour les entreprises. Pour faire face à ces transformations, la gestion a dû s'ouvrir non seulement aux aspects économiques traditionnels de la création de richesses, mais à toutes les dimensions de l'interaction croissante qui lie l'entreprise et la société. L'analyse de l'environnement socio-politique de l'entreprise est donc devenue un élément essentiel de la stratégie des firmes qui cherchent à assurer leur permanence dans l'environnement turbulent des années de transition que nous traversons.

Ce chapitre est divisé en six sections. Après l'introduction, nous examinerons l'évolution historique du rôle de l'entreprise. Puis nous montrerons la complexité des interdépendances de l'entreprise et de son environnement socio-politique. Nous présenterons ensuite un modèle d'analyse de cet environnement, puis nous examinerons le processus décisionnel socio-politique de l'entreprise. Le chapitre se terminera par une conclusion.

entreprise et la société :
un changement de
perspectives

Dans cette section, nous examinerons les différentes perspectives qui se sont succédé historiquement quant au rôle de l'entreprise dans la société. La section comprend six parties. Nous analyserons d'abord brièvement le rôle de l'entreprise dans la perspective libérale classique, dans la perspective socialiste et dans celle de l'économie mixte contemporaine. Puis nous examinerons la doctrine de la responsabilité sociale de l'entreprise et les controverses qui l'entourent. Enfin, nous présenterons l'approche managériale des relations entre la firme et son environnement socio-politique, autour de laquelle est organisé le reste du chapitre.

Un changement de perspective radical s'est opéré par rapport au passé en ce qui concerne la place de l'entreprise au sein de la collectivité. L'entreprise n'est plus considérée seulement comme le véhicule exclusif des aspirations de ses propriétaires. Elle est également de plus en plus envisagée sous sa fonction globale d'agent de progrès social et économique, tributaire d'une société de plus en plus exigeante envers elle.

La thèse que nous proposons est qu'il en a toujours été ainsi. Depuis les débuts du capitalisme industriel, il y a deux siècles, jusqu'aux débats les plus récents sur la « responsabilité sociale » de l'entreprise, la société dans son ensemble a toujours attendu de l'entreprise une contribution au bien commun. Ainsi, dès l'avènement du libéralisme économique, ses meilleurs défenseurs ont toujours posé le problème des relations entre l'entreprise et la société en ces termes. Par exemple, la question fondamentale à laquelle Adam Smith, comme bien d'autres avant lui, essaie de répondre en 1776 dans un livre sur la richesse des nations est la suivante : Quelle forme faut-il donner à l'appareil productif d'une « nation » pour susciter un enrichissement général qui puisse profiter à toute la population[1]? De sa réponse devait naître l'une des justifications les plus solides du libéralisme économique. Cette justification re-

pose sur deux arguments, l'un de nature économique, exprimé en termes d'efficacité, et l'autre moral, exprimé sous plusieurs formes. Cette justification de l'entreprise privée et du libre marché constitue pour les libéralistes classiques la charte des relations entre l'entreprise et la société qui l'entoure. Nous verrons plus loin que ce problème est toujours actuel, bien qu'il ait été plusieurs fois reformulé.

2.1 LA PERSPECTIVE LIBÉRALE CLASSIQUE

2.1.1 L'argument économique : l'efficacité

Dans l'esprit des économistes libéraux ou dits « classiques », le marché est en effet investi de trois vertus essentielles au progrès de l'économie, et donc de la société. En premier lieu, le marché élimine les producteurs socialement inutiles, c'est-à-dire les producteurs les plus faibles. Un producteur est socialement inutile s'il n'a pas les qualités requises pour se maintenir dans le peloton de tête des entreprises de son secteur, c'est-à-dire si ses prix sont supérieurs aux attentes du marché, ou si la qualité de ses produits est trop faible pour les rendre désirables par les consommateurs. En second lieu, le marché limite les abus possibles que peuvent commettre les producteurs. Ainsi, un producteur ne pourra pas impunément maintenir ses prix élevés pendant trop longtemps, puisque sa clientèle le délaissera pour ses concurrents moins avides. De même, les ententes illicites entre concurrents seront appelées à être trahies dès que l'un des participants trouvera son profit à ne plus les respecter. La course à l'enrichissement individuel, tout âpre qu'elle soit, ne peut donc dépasser les limites imposées par les lois du marché. En troisième lieu, le marché rend inéluctable la croissance économique. Chaque producteur, contraint pour survivre à toujours se dépasser, n'a d'autre choix que de toujours produire plus et moins cher.

Dans le système économique esquissé par Adam Smith et les théoriciens de l'économie libérale, l'entreprise est tributaire des exigences de son marché, présenté comme une force impitoyable qui ne laisse prospérer que les producteurs qui la servent le mieux. Dans cet argument de nature plus particulièrement économique, nous trouvons déjà un fort contenu moral, issu probablement du puritanisme des premiers défenseurs du libéralisme.

2.1.2 L'argument moral

Comme la plupart des fondateurs du libéralisme économique, Adam Smith était avant tout un philosophe et un moraliste. S'il accorde tant d'importance à la poursuite « égoïste » de l'intérêt individuel comme fondement d'une société libérale, c'est parce qu'il voit dans cet intérêt le moteur le plus efficace de la croissance économique. Loin de glorifier l'égoïsme, et encore moins les pratiques des producteurs de son temps, Adam Smith entend les soumettre aux contraintes inéluctables d'un marché libre et ouvert, réglé par la « main invisible » de la concurrence, à laquelle aucun d'entre eux ne pourrait se soustraire impunément.

Adam Smith était en effet convaincu que, dans un marché non concurrentiel, les producteurs ont une tendance naturelle à s'entendre aux dépens des consommateurs. Il voyait par contre dans un marché libre le meilleur gardien de la probité des pratiques commerciales, puisque personne ne peut se soustraire aux impératifs de la loi de l'offre et de la demande. Dans son système, la nécessité de laisser libre cours, voire d'encourager, la poursuite de leur intérêt individuel par les entrepreneurs — une prescription difficilement défendable pour un moraliste — est en quelque sorte « rachetée » par l'utilité sociale des effets de leurs actions pris collectivement.

Ainsi pour le libéralisme classique, l'égoïsme est au départ une donnée inéluctable de la nature humaine. Toutefois, la libre entreprise l'ennoblit, car elle est preuve de liberté individuelle. Et la loi d'airain de la concurrence le rend alors moralement justifiable, car elle limite automatiquement les dérèglements de ceux qui voudraient abuser du système et elle conduit nécessairement à l'amélioration du bien-être de tous.

Dès les débuts de la Révolution industrielle, on trouve donc chez les défenseurs du libéralisme une double justification morale de l'entreprise privée, à la fois sur le plan individuel et sur le plan social. La première justification est sans doute la plus fondamentale, celle sur laquelle encore aujourd'hui les défenseurs du libéralisme feront le moins de compromis. Elle proclame que la raison d'être principale de l'entreprise privée est qu'elle donne aux individus un moyen d'exercer concrètement leurs libertés économiques, un droit fondamental de toute société qui se prétend libre. La deuxième justification est inséparable de la première. Elle réside dans le fait que considérée collectivement, l'entreprise privée se révèle être le moteur le plus efficace du progrès économique d'une société.

Ce type de raisonnement a toujours été central dans la problématique des relations entre l'entreprise et la société. Il a traditionnellement été repris sous une forme ou une autre pour déterminer quelles devaient être les obligations de l'entreprise envers la société. Il mérite donc qu'on le suive à travers le temps pour éclairer les grands débats contemporains sur cette question éternelle.

2.2 LA PERSPECTIVE SOCIALISTE

Le développement brutal du capitalisme industriel au XIXe siècle devait ruiner le rêve d'une société harmonieuse, et donner naissance à une autre idéologie du développement économique, le socialisme. Mais comme leurs prédécesseurs libéraux, les fondateurs du socalisme devaient poser la question des relations entre l'entreprise et la société en termes à la fois d'efficacité et de morale. Sur le plan de l'efficacité, les diverses écoles socialistes devaient proposer une multitude de types d'organisations socio-économiques, allant de l'autogestion la plus décentralisée jusqu'à l'étatisme le plus centralisé. Sur le plan de la morale, l'objectif fondamental du socialisme était de chercher à établir les bases d'une société dans laquelle l'être humain fût affranchi de toute forme d'exploitation économique. Dans leur extrême diversité cependant, les solutions socialistes envisageaient toute entreprise comme étant avant tout un instrument de développement au service de la collectivité[2et3].

2.3 LA PERSPECTIVE MACRO-ÉCONOMIQUE CONTEMPORAINE

En dépit de leurs vastes différences, les courants de pensée qui ont le plus marqué le développement économique de l'Occident indutriel se sont donc toujours préoccupés, sous une forme ou une autre, de l'utilité sociale de l'unité de production qu'est l'entreprise. Il ne s'agit donc pas d'une idée nouvelle.

Ce qui a changé par contre, en particulier depuis les années 30, c'est la perspective dans laquelle cette relation de l'entreprise et de la société est envisagée. Le libéralisme économique primitif considérait le rôle social de l'entreprise comme un effet secondaire de ses activités de production. L'entreprise était d'abord un instrument d'enrichissement personnel au service de ses propriétaires. Cette optique reléguait naturellement l'entreprise au statut d'un simple investissement : utile si elle faisait des profits, inutile si elle faisait des pertes.

Mais l'essence du capitalisme a considérablement évolué. Avec la crise de 1929 est apparue une nouvelle façon de considérer la vie économique. L'attention portée jusque-là sur l'entreprise privée s'est déplacée vers la compréhension, puis la maîtrise, des grands flux économiques entre des catégories d'agents économiques. La science économique est passée d'une préoccupation quasi exclusive pour la « micro-économie » à une conception qui englobait l'analyse de la « macro-économie »[4]. Les États ont graduellement troqué leur rôle d'arbitre de la vie économique contre une intervention croissante, au point de devenir la pièce centrale de certaines économies capitalistes. L'approche macro-économique comprend aujourd'hui deux variantes, une variante néo-libéraliste et une variante social-démocrate. Malgré leurs grandes divergences idéologiques, chacune de ces variantes envisage l'entreprise sous l'angle d'un instrument au service de la collectivité, un instrument influençable par des politiques économiques globales et par un appareil réglementaire orchestré par l'État.

Ainsi, l'entreprise privée n'est plus la seule forme d'unité de production, même si elle reste de loin la plus répandue. Notre époque nous offre en effet l'exemple de nombreuses formes d'économie « mixte », où entreprises privées et entreprises d'État coexistent. Le plein emploi est devenu un objectif politique et économique partagé par toutes les couches de la société. En conséquence, l'entreprise est considérée non seulement comme une machine à produire des biens et des services mais aussi comme un créateur d'emplois. Un large consensus dans la société réclame de l'entreprise qu'elle se comporte comme un citoyen « responsable ».

Au sein de ce modèle d'économie mixte moderne, le marché reste une source fondamentale de besoins à satisfaire, mais il n'est plus le seul. Les besoins dits sociaux sont déterminés par l'action politique des gouvernements. Les États ont, par exemple, établi des systèmes de protection contre les pertes d'emploi (l'assurance-chômage), contre la maladie (assurance-maladie), ou contre la pauvreté (bien-être social). Ils ont aussi répondu aux exigences exprimées par de nombreux groupes sociaux, en entourant les entreprises d'un système complexe d'interdictions ou d'obligations destiné à orienter leurs décisions dans un sens jugé conforme aux intérêts de la collectivité.

Dans ces conditions, il n'est plus question d'envisager l'entreprise comme une simple source de revenus pour ses propriétaires. L'entreprise est devenue un lieu de création de richesses collectives, un milieu de vie, et un citoyen. L'entreprise ne doit donc pas exercer seulement des responsabilités économiques. Elle doit aussi assumer des responsabilités « sociales ».

Les dépenses publiques

Voici les données essentielles du budget de dépenses du gouvernement du Canada prévues pour l'exercice financier 1984-1985. Le total s'élève à 98,2 milliards de dollars. Il ne comprend pas les dépenses propres aux autres paliers du gouvernement. Le budget est divisé en « enveloppes », c'est-à-dire en grandes catégories de dépenses. Toutes ces dépenses touchent directement ou indirectement les entreprises, soit comme contribuables, soit comme récipiendaires, ou comme outils de réalisation des programmes gouvernementaux.

— Dépenses totales : 98,2 milliards de dollars
— Enveloppe énergie : 4,1 milliards de dollars
— Enveloppe développement économique : 11,2 milliards de dollars
— Enveloppe affaires sociales : 24,1 milliards de dollars
— Enveloppe défense nationale : 8,8 milliards de dollars
— Enveloppe dette publique : 20,3 milliards de dollars
— Aide au développement international : 2,7 milliards de dollars
— Services gouvernementaux : 4,3 milliards de dollars

En déposant le budget devant la Chambre des communes, le président du Conseil du trésor a indiqué que le gouvernement fédéral prévoyait soutenir l'expansion du secteur privé par un certain nombre de travaux publics de construction ou d'amélioration. Il déclara que, selon lui, ces projets devaient stimuler les investissements privés, le financement des exportations, la petite entreprise, l'agriculture et le logement, de même que créer de nouveaux emplois. À ce seul chapitre, plus de 1,2 milliard de dollars sont consacrés dans le budget à la création directe d'emplois.

Voici une liste de quelques-uns des programmes de création d'emplois :

— Programme « Canada au Travail » : 293,8 millions de dollars
— Aide à la création locale d'emplois : 108,8 millions de dollars
— Programme « Accès-carrière » : 237,5 millions de dollars
— Mesures spéciales de recrutement : 29,4 millions de dollars
— Emploi et Défense nationale : 35 millions de dollars

— Programme « Été-Canada » : 170 millions de dollars
— Programme « Katimavik » : 30 millions de dollars
— Programme « Relais » : 6,9 millions de dollars

À ces programmes, il faut ajouter un budget de 1,2 milliard de dollars au chapitre du financement de la formation professionnelle.

2.4 LA DOCTRINE DE LA RESPONSABILITÉ SOCIALE DE L'ENTREPRISE

Peu de notions prêtent autant à controverse que celle de « responsabilité sociale » de l'entreprise. Depuis une vingtaine d'années, dans tous les pays capitalistes, de nombreux groupes ont tenté de définir cette notion. Cette réflexion émane de tous les milieux, qu'il s'agisse des gouvernements, des milieux d'affaires, des milieux universitaires, ou d'autres milieux. Les gouvernements ont, par exemple, établi des commissions spéciales pour étudier cette question. Ainsi, le rapport Sudreau[5], en France, et le rapport de la Commission royale d'enquête sur les groupements de société au Canada[6] ont eu un retentissement national, voire international. Aux États-Unis, les milieux d'affaires ont pris plusieurs fois position sur la question par l'intermédiaire d'organismes tels que le Committee for Economic Development[7], le Conference Board ou le Business Roundtable. Des dirigeants de grand renom ont multiplié les interventions publiques en exhortant les entreprises à faire preuve d'une plus grande « responsabilité » envers les attentes de la société. De nombreuses chambres de commerce ont pris l'initiative de développer les éléments de base d'une responsabilité sociale de l'entreprise moderne.

Dans les milieux universitaires, l'effervescence a été telle qu'un nouveau domaine est apparu à l'intérieur du champ des sciences administratives, celui de la gestion des relations entre l'entreprise et la société environnante. Il s'agit d'un champ d'études multidisciplinaire, au carrefour du management, de la sociologie, des sciences politiques, de l'administration publique, de l'éthique, de l'économique et d'autres disciplines. Enfin, d'autres milieux se sont également intéressés à la notion de responsabilité sociale de l'entreprise. L'Église catholique, par exemple, a une longue tradition de réflexion sur les relations entre l'être, l'entreprise, la propriété et la société.

De nombreux groupes de pression se sont organisés en vue de sensibiliser les entreprises au respect des droits ou des attentes de certains groupes sociaux. C'est le cas, par exemple, des groupes de défense des droits des consommateurs.

La responsabilité sociale de l'entreprise est donc une question qui est abordée sous des angles très différents par une multitude d'intervenants sociaux. Dans ces conditions, il est peu étonnant que son contenu soit aujourd'hui aussi riche que diversifié.

Pour certains, la responsabilité sociale de l'entreprise est une doctrine, un ensemble de prescriptions que les gestionnaires doivent respecter, au même titre que les impératifs imposés par le marché. Pour d'autres, il ne s'agit que d'une philosophie de la gestion, d'une réflexion sur le rôle de l'entreprise dans notre société qui fixe quelques principes de base, mais dont l'application concrète est laissée à la libre initiative des gestionnaires. Pour d'autres encore, cette notion est vide de sens tant qu'elle n'est pas explicitée par l'appareil réglementaire de l'État. On trouve cependant dans cette notion deux dimensions essentielles, celle d'une obligation morale et celle d'une nécessité économique.

— Une obligation morale : selon cette approche, les gestionnaires doivent, au nom de principes moraux universels, s'interroger en permanence sur l'ensemble des effets à court et à long terme de leurs décisions sur la société environnante. Ils doivent en particulier s'assurer que ces effets seront le moins négatifs possible pour la société, et qu'au contraire ils contribueront positivement aux objectifs sociaux en vigueur. L'entreprise est ainsi appelée à faire preuve des mêmes ver-

tus morales que le citoyen. Ainsi, selon cette doctrine, l'entreprise « socialement responsable » ne sacrifie jamais les intérêts à long terme de la société à ses propres intérêts à court terme, et en particulier à la poursuite aveugle du profit. Pour obtenir ce comportement, il suffit que les dirigeants de l'entreprise, de même que ses employés, soient conscients qu'ils appartiennent à une collectivité humaine dont chacun doit, dans son comportement quotidien et dans ses décisions, contribuer au bien-être à long terme. Cette approche fait de la responsabilité sociale des entreprises un problème d'ordre social, dont les effets se manifestent à trois niveaux :

- Au niveau personnel, dans le comportement individuel des membres de l'entreprise (dirigeants, employés) ;

- Au niveau organisationnel, par l'intermédiaire des politiques et des pratiques de gestion de l'entreprise pour assumer ses responsabilités sociales (objectifs à atteindre, moyens d'action) ;

- Au niveau industriel, par l'intermédiaire des principes et normes de gestion que peuvent se donner, à l'intérieur d'une même branche, les associations d'employeurs.

— Une nécessité économique : selon cette approche, la responsabilité sociale des entreprises consiste à préserver les intérêts économiques à long terme de l'entreprise, en s'efforçant de satisfaire les exigences des membres de son environnement, au fur et à mesure qu'elles se dévoilent. Le changement social de nouvelles valeurs, de nouveaux goûts et de nouvelles attentes, voilà des exigences auxquelles l'entreprise responsable sait s'adapter. La direction ne laisse jamais d'écart se creuser entre son comportement d'agent économique et social et les vœux du public ou des membres de la société dont elle dépend. Cette approche fait de la responsabilité sociale des entreprises une affaire de bonne gestion, propre à assurer la survie économique à long terme de l'entreprise. Elle se manifeste elle aussi aux niveaux personnel et industriel, mais le niveau organisationnel est prépondérant. C'est par des systèmes de gestion orientés vers la prévision et l'analyse des facteurs socio-économiques auxquels elle se sent le plus vulnérable que l'entreprise s'arme pour faire face au changement social, et qu'elle assume ses responsabilités.

Quand l'entreprise donne : la philanthropie

La philanthropie privée ou institutionnelle est l'une des plus anciennes formes de contribution volontaire au bien-être de la société environnante. Au Moyen Âge, les riches bourgeois, le roi, les institutions religieuses tentaient de soulager la misère ambiante par différentes formes de dons aux hôpitaux, aux écoles et aux œuvres de charité. La tradition anglo-saxonne a conservé vivante cette pratique, qui s'est naturellement étendue aux entreprises. Au Québec, la philanthropie d'entreprise est moins répandue qu'ailleurs en Amérique du Nord, en partie parce que l'État a pris en charge de nombreux services de nature sociale ou culturelle. De nombreuses entreprises font cependant bénéficier la société québécoise de leur soutien financier, en particulier dans les domaines de l'éducation, de la santé, de la culture ou de l'aide aux défavorisés. La philanthropie d'entreprise se distingue de la commandite, en ce sens que les entreprises n'en attendent aucun bénéfice direct pour elles-mêmes. Pour maintenir la plus stricte étanchéité entre leurs objectifs commerciaux et leurs penchants philanthropiques, certaines entreprises poussent même la confidentialité jusqu'à faire des dons anonymes.

Voici comment quelques gestionnaires québécois responsables de budgets de philanthropie, interrogés récemment, conçoivent le rôle de la philanthropie pour leur entreprise.

« La banque a un rôle social important à jouer. Elle existe grâce à la population. Elle lui doit quelque chose. »

« (Notre budget) existe afin que l'entreprise puisse contribuer d'une façon anonyme à l'amélioration de la qualité de la vie, du milieu dans lequel elle évolue. »

« (Pour nous, la philanthropie) c'est aider sans idée de reconnaissance ou d'avantage. »

« … c'est verser des dons aux associations qui favorisent le bien commun. »

Les contributions totales des entreprises sont minimes par rapport à l'ampleur des programmes gouvernementaux en matières socio-culturelles. Mais l'existence persistante et l'institutionnalisation croissante de la philanthropie d'entreprise démontrent que la gamme des relations entre les entreprises et la société qui les entoure dépasse le cadre étroit des simples relations d'intérêt.

2.5 LES CONTROVERSES AUTOUR DE LA NOTION DE RESPONSABILITÉ SOCIALE DE L'ENTREPRISE

La diversité des agents économiques et de leurs aspirations a donné naissance dans les sociétés libérales à de nombreuses polémiques autour de la notion même de responsabilité sociale de l'entreprise. Deux camps s'opposent, celui des partisans et celui des adversaires de la notion. Les arguments sont variés et trouvent leurs sources aussi bien dans des considérations de nature idéologique que dans des motifs pratiques de gestion. Chez les uns comme chez les autres, les conceptions proposées reposent à la fois sur des arguments moraux et sur des arguments économiques.

La démarche des partisans de la responsabilité sociale est avant tout pragmatique. Ses défenseurs sont réformistes. Les réformistes assoient leurs convictions sur la condamnation globale des idéologies dites « extrémistes », qu'elles soient conservatrices ou radicales. Ils recherchent les moyens d'amender le capitalisme pour l'adapter aux exigences sociales modernes tout en préservant ses fondements libéraux. Ils redoutent autant l'immobilisme que les bouleversements structurels. Contrairement aux adversaires de la responsabilité sociale, dont les positions conservatrices ou radicales sont clairement différenciées, les réformistes se répartissent selon un large éventail de points de vue[8].

La démarche des adversaires de la responsabilité sociale est avant tout idéologique. Pour les « conservateurs », l'environnement est une source de possibilités, et la seule responsabilité « sociale » de l'entreprise est la création de richesses toujours plus abondantes au moindre coût ; pour eux, l'entreprise n'est redevable qu'à ceux qui contrôlent son capital, c'est-à-dire à ses actionnaires. Dans l'ensemble, les conservateurs puisent leurs arguments dans l'économie politique classique, héritiers des théoriciens libéraux du XVIIIe siècle[9].

À l'autre extrême du spectre idéologique, les « radicaux », héritiers des traditions socialistes du XIXe siècle, font également une critique fondamentale de la notion de responsabilité sociale de l'entreprise. Pour les radicaux, il ne s'agit que d'un mythe légitimateur par lequel les capitalistes cherchent à se donner bonne conscience. Selon eux, le système capitaliste impose aux dirigeants d'entreprise une logique implacable. Cette logique est fondée sur la maximalisation du profit. Elle conduit à écarter systématiquement des objectifs de l'entreprise toute activité non rentable, ce qui exclut automatiquement de ses activités un grand nombre de besoins sociaux de la population. Les règles du marché ne laissent aucun choix aux dirigeants d'entreprise. Seule l'intervention économique et sociale d'un État puissant peut contraindre l'entreprise privée à poursuivre des objectifs qui dépassent ses intérêts économiques étroits.

Les controverses qui divisent les milieux d'affaires sont celles qui opposent les réformateurs et les conservateurs sur le rôle socio-économique de l'entreprise. Elles sont regroupées autour de cinq grands thèmes, dans lesquels on reconnaîtra des arguments de type moral et des arguments de type économique.

- **Les limites de la responsabilité des entreprises envers la société**

Pour les réformistes, il appartient à chaque entreprise en particulier de définir l'ensemble de ses responsabilités envers la société. L'entreprise poursuit des objectifs qui lui sont propres et doit s'efforcer de satisfaire les attentes de ses partenaires socio-économiques. La définition des obligations sociales d'une entreprise n'est que l'une des multiples facettes de la fonction de gestion. Ces obligations sont toutefois difficiles à définir de l'extérieur. Il n'y a pas de normes ni de critères de mesure clairs comme il y en a dans les fonctions de gestion plus classiques telles que la finance, la comptabilité, la production ou le marketing. Les dirigeants ont donc besoin de marges de manœuvre pour déterminer les moyens les plus efficaces d'assurer la prospérité à long terme de l'entreprise dont ils ont la charge. Responsables des résultats économiques, ils doivent également décider de ses obligations socio-politiques.

Pour les conservateurs, l'entreprise n'a pas d'obligations envers la société autres que celles que le législateur impose. Les seules décisions que les dirigeants d'entreprise peuvent légitimement prendre sont de nature économique. Au-delà commence le domaine de l'arbitraire. Une entreprise est avant tout une unité de production qui appelle des décisions d'ordre strictement économique. Seuls les individus dans leur vie privée peuvent s'imposer des obligations morales. Pour les conservateurs, la notion de responsabilité sociale de l'entreprise est donc ambigüe et peut conduire à des abus qu'aucune autorité n'a le pouvoir de contrôler.

- **L'efficacité sociale de l'entreprise**

Pour les réformistes, en se créant des obligations sociales, l'entreprise sert à la fois ses propres intérêts et ceux de la société. En participant, par exemple, à l'effort collectif d'amélioration de la qualité de la vie, elle contribue à l'entretien et au progrès de la société en général, et donc à la préservation de ses marchés à long terme. En répondant aux attentes les plus pressantes de ses partenaires sociaux, elle cultive la confiance dont elle a besoin pour maintenir avec eux des relations profitables. En apportant de sa propre initiative des solutions aux problèmes socio-économiques soulevés par ses partenaires, elle rend inutile l'intervention de l'État. Les réformistes font également valoir que les gestionnaires, rompus à la solution quotidienne de problèmes pratiques, sont une source considérable d'expériences diversifiées, dont l'ensemble de la société peut et doit profiter.

Pour les conservateurs, toute décision non dictée exclusivement par les impératifs du marché conduit à une affectation non optimale des ressources productives. Quand les gestionnaires font entrer en jeu dans leurs décisions des critères de choix non strictement économiques, tels que des obligations envers la société, ils font précisément dériver des fonds destinés à des investissements productifs vers des fins non rentables économiquement. De telles décisions conduisent donc à un gaspillage des ressources collectives et desservent à long terme les intérêts de la société dont elles prétendent servir les intérêts.

Les conservateurs font également valoir que l'expérience acquise par les gestionnaires comme décideurs économiques ne garantit en aucun cas leur efficacité en matière de choix de nature socio-politique. Il s'agit de deux types d'activités bien différentes. Il est donc préférable pour la société de confiner l'entreprise à son rôle économique et de confier la définition et la mise en œuvre des objectifs socio-politiques de l'entreprise à l'État, dont c'est précisément l'une des missions spécifiques.

● La légitimité de la notion de responsabilité sociale de l'entreprise

Pour les réformistes, la notion de responsabilité sociale de l'entreprise est légitime parce qu'elle est utile pour la société en général. L'opinion publique, les partenaires directs et indirects de l'entreprise, et l'État attendent de l'entreprise qu'elle fasse preuve de responsabilité. De nombreux gestionnaires, à titre privé et au sein de leurs activités professionnelles, se sentent également concernés par cette question. Ils font re-

marquer qu'en général les lois d'une époque sont en retard sur les aspirations de cette époque. Il est donc parfaitement admissible, voire recommandable, que les entreprises s'ajustent à ses aspirations et s'imposent des contraintes qui dépassent les strictes exigences des textes de loi. Il incombe donc aux gestionnaires d'utiliser à bon escient la marge de manœuvre dont ils disposent dans l'affectation des ressources de leur entreprise. Il leur incombe également de s'engager dans les débats publics sur les grandes questions qui touchent l'entreprise. Pour les réformistes, un tel engagement contribue même à renforcer le caractère pluraliste de nos sociétés démocratiques.

Pour les conservateurs, la notion de responsabilité sociale de l'entreprise est dangereuse pour la démocratie. Dans un système d'économie libre, le seul mandat des gestionnaires est de faire fructifier l'avoir des actionnaires. Toute décision qui échappe à cet objectif constitue à un double titre un abus de pouvoir. En premier lieu, un tel comportement est une entorse aux obligations des gestionnaires envers les actionnaires. En second lieu, il y a abus de pouvoir envers la société dans la mesure où, en arrêtant des choix non réclamés par les lois, les gestionnaires se font eux-mêmes législateurs. En se substituant au processus politique d'établissement des objectifs sociaux, les dirigeants font courir deux risques à la société. Premièrement, ils peuvent à la longue influencer ce processus en fonction de leurs intérêts propres et acquérir ainsi un pouvoir nuisible à l'équilibre démocratique. Deuxièmement, ils peuvent devenir complices de l'État dans la définition des objectifs collectifs, contribuant ainsi à la concentration du pouvoir économique et du pouvoir politique. Une telle coalition est d'autant plus menaçante qu'elle est sans contrepoids et peut dégénérer en tyrannie. Dans les deux cas, toute appropriation du pouvoir socio-politique par les entreprises ne peut donc mener qu'à une dangereuse restriction des libertés civiles. Pour ces raisons, l'exercice discrétionnaire de responsabilités sociales par les entreprises est donc illégitime.

Le débat entre partisans et adversaires de la notion de responsabilité sociale de l'entreprise est déjà ancien ; il est loin d'être clos. Il revient de manière périodique dans les remises en question auxquelles participent les divers éléments de la société sur la nature des relations souhaitables entre l'entreprise et son environnement socio-politique. Les changements dans la conjoncture économique entraînent parfois des revirements. Ainsi, dans les années 1960 et 1970, il était généralement acquis parmi les milieux d'affaires les plus influents que les responsabilités sociales de l'entreprise étaient appelées à occuper une place croissante dans la gestion des entreprises. Optimisme et idéalisme régnaient, et les milieux d'affaires n'en étaient pas exempts. Avec l'approfondissement de la crise économique, les priorités ont brusquement changé. La croissance économique est redevenue un objectif de premier plan. Les thèmes qui accaparent le discours public se sont concentrés sur des éléments de nature plus étroitement économique, tels que l'amélioration de la productivité, le chômage, les mutations industrielles, la recherche et le développement, ou la concurrence internationale. Les milieux d'affaires estiment que les obligations des entreprises sont actuellement essentiellement économiques. Cependant, même si elle est conjoncturellement reléguée au second plan, la dimension socio-politique de la gestion est toujours présente dans les préoccupations des gestionnaires. Les nouvelles conditions économiques ne peuvent en effet que relancer le débat sur la nature des relations désirables entre l'entreprise et la société.

2.6 L'APPROCHE MANAGÉRIALE

L'approche managériale est celle qui envisage les relations entre l'entreprise et son environnement socio-politique sous l'angle de la gestion. C'est la perspective qui sera adoptée dans le reste du chapitre. L'approche managériale part du constat de l'échec du modèle de gestion micro-économique classique pour proposer un autre modèle, celui de la gestion proactive.

2.6.1 Les insuffisances du modèle de gestion classique

Les milieux d'affaires sont restés pendant longtemps, et restent encore aujourd'hui dans une large mesure, attachés à un modèle de gestion hérité du libéralisme classique. Selon ce modèle, la gestion est abordée de façon analytique. On sait que la tâche du gestionnaire y est de décider de l'affectation la plus rationnelle possible de ressources limitées, en vue de maximiser le profit de l'entreprise. L'approche analytique se concentre sur le coût des facteurs de production et sur les variables qui peuvent influencer la demande pour les produits de l'entreprise. Depuis le début du siècle, cette approche a permis de développer considérablement l'appareil technique du gestionnaire. De nouvelles techniques de gestion ont été introduites, en particulier dans les disciplines les plus quantitatives telles que la comptabilité, la finance, la production, la recherche en marketing. Issues de la tradition micro-économique, ces méthodes ont permis une rationalisation des dimensions de la gestion qui sont reliées directement au marché. Elles ont permis une amélioration constante de l'efficacité économique de la gestion. Mais l'approche analytique a fini par révéler ses limites. Plusieurs entreprises prospères se sont en effet trouvées confrontées à des difficultés qu'elles n'avaient pas su prévoir[10]. Ainsi, la contestation écologique a pris de court de nombreuses entreprises, grandes comme petites. D'autres entreprises se sont trouvées dépassées par les revendications parfois très coûteuses des consommateurs insatisfaits de la qualité de leurs produits. D'autres encore se sont trouvées vilipendées sur la place publique à la suite de révélations sur des pratiques commerciales qui jusque-là avaient été admises par les normes sociales en vigueur. De nombreuses entreprises ont dû faire face aux revendications pressantes de minorités qui tentaient d'accroître leur participation à la vie économique. Enfin, toutes les entreprises ont dû se plier à un barrage de nouvelles législations conçues expressément pour les amener à modifier leurs comportements.

Beaucoup d'entreprises se sont donc trouvées face à de nouvelles obligations, pour lesquelles elles étaient mal préparées. Ce manque de préparation a entraîné deux conséquences fâcheuses pour la gestion des entreprises. En premier lieu, l'autonomie des gestionnaires comme décideurs s'est trouvée considérablement diminuée. Qu'ils le veuillent ou non, les gestionnaires voient leur action désormais soumise à toutes sortes de règles, de normes et de délais qui ralentissent considérablement leur capacité d'adaptation aux conditions changeantes du marché. De nombreuses décisions doivent satisfaire des textes réglementaires ou recevoir l'approbation de fonctionnaires avant de devenir opératoires. Les normes imposées par l'État tiennent généralement peu compte des conditions particulières à chaque entreprise. Dans certains cas, elles peuvent même contraindre les entreprises à adopter des comportements inefficaces. Les exigences de la bureaucratie gouvernementale sont parfois contradictoires. En effet, les objectifs poursuivis par les différents ministères d'un même gouvernement ne sont pas toujours cohérents. Les documents administratifs requis par les organismes publics sont devenus tellement nombreux qu'ils peuvent alourdir considérablement le processus décisionnel, en particulier pour les petites entreprises. Ces entraves ont créé une situation dans laquelle le gestionnaire n'est plus le seul à prendre des décisions. Il doit partager son pouvoir avec les dirigeants de nombreux organismes extérieurs.

En second lieu, les nouvelles contraintes socio-politiques de la gestion ont créé des coûts nouveaux pour les entreprises. L'entreprise, qui pendant des années a ignoré les effets destructeurs de ses activités de production sur l'environnement, se voit soudain légalement obligée d'investir massivement dans des équipements de dépollution. Dans bien des cas, le coût de la réparation des dommages causés est supérieur à la valeur actualisée des dépenses qu'aurait entraînées une politique préventive de protection de l'environnement. Si l'entreprise n'est pas prospère, ces coûts pourront mettre sa survie en danger, voire l'obliger à cesser ses opérations. De même, l'entreprise qui doit subitement mettre sur pied une politique de prévention des accidents du travail se trouvera confrontée à des difficultés qu'une politique préventive aurait permis de résoudre graduellement. Une entreprise mal préparée aux nouvelles attentes de la société pourra se voir réduite à se plier dans le désarroi aux décisions d'un tribunal donnant raison aux plaintes d'une minorité ou d'un groupe de consommateurs puissants. Elle devra alors faire face sur tous les fronts à des problèmes d'administration, de coûts et d'image publique. Dans la même veine, l'entreprise inopinément mise en évidence par les médias dans une affaire banale de corruption regrettera de ne pas avoir élaboré à temps des politiques strictes en matière d'éthique commerciale.

2.6.2 Le modèle de la « gestion proactive »

L'entreprise ne peut donc plus se permettre d'ignorer les attentes de ses partenaires socio-économiques. Le refus de s'adapter à ces attentes comporte de nombreux risques et peut lui imposer de lourdes pénalités. Un écart trop large et trop durable entre le comportement de l'entreprise et les attentes de ses partenaires se traduit toujours par une liberté d'action réduite et des coûts supplémentaires. L'entreprise doit désormais mériter son droit à l'existence non pas seulement en jouant son rôle économique de producteur, mais encore en démontrant qu'elle prend les précautions nécessaires pour limiter les conséquences négatives de ses décisions pour la société environnante.

Pour assurer la permanence à long terme de son entreprise, le gestionnaire doit donc adopter une démarche « proactive », c'est-à-dire une démarche anticipatrice[11]. Il doit fonder ses décisions sur une analyse et une compréhension globales des processus socio-économiques. Il lui faut s'assurer que les effets secondaires de ses décisions ne viendront pas contrarier le succès de ses politiques. Il doit en particulier veiller à ce que l'atteinte des objectifs économiques de son entreprise ne heurte les intérêts d'aucun des groupes sociaux puissants, car ces groupes disposent souvent d'un pouvoir de riposte suffisant pour faire trébucher les stratégies économiques les plus raffinées.

Le modèle de gestion proactive qui est appelé à devenir la norme impose donc au gestionnaire les exigences suivantes :

— l'acceptation de l'idée que l'entreprise n'est pas l'institution centrale de la société mais seulement l'un de ses membres, et qu'elle est par nécessité solidaire des intérêts des autres membres ;

— la nécessité de tenir compte, dans la fixation des objectifs de l'entreprise, et dans la mise en œuvre des moyens requis pour les atteindre, des intérêts de tous les partenaires importants de l'entreprise. C'est ainsi que le gestionnaire sera appelé à jouer de plus en plus un rôle de médiateur. On attendra de lui des qualités de négociateur, à l'aise dans les situations de conflit. Il devra savoir éviter et gérer les tensions nées des conflits entre les intérêts de son entreprise et ceux de ses partenaires socio-économiques ;

— une approche systémique de la gestion, à travers laquelle le gestionnaire envisagera chacune de ses décisions comme une opération de création de changement dans le système complexe qui relie son entreprise au reste de la société ;

— une compréhension adéquate par le gestionnaire des processus par lesquels naissent et se transforment les attentes des partenaires socio-économiques les plus critiques pour la prospérité de son entreprise ;

— une préoccupation permanente des effets secondaires de ses décisions sur la prospérité à long terme de son entreprise. L'accumulation de décisions efficaces à court terme n'est en aucun cas la garantie d'une efficacité à long terme. Le gestionnaire devra s'habituer à prévoir, pour pouvoir mieux prévenir, et donc mieux s'adapter aux contraintes et aux possibilités de l'environnement. Il s'agit d'une tâche rendue complexe par l'évolution accélérée de la société ;

— la capacité de réagir rapidement aux transformations parfois radicales d'un environ-

nement socio-politique de plus en plus turbulent. Le gestionnaire devra pour cela acquérir une expérience intime de la nature des relations entre son entreprise et ses partenaires socio-économiques.

Dix priorités pour l'entreprise

En juin 1980, quelque 650 gestionnaires et universitaires, provenant de plus de 30 pays, se réunirent au Palais de l'Unesco à Paris pour déterminer comment préparer les gestionnaires de l'avenir aux problèmes de plus en plus complexes auxquels ils seraient confrontés. La conférence était patronnée conjointement par les deux plus prestigieuses fédérations d'écoles de gestion d'Europe et d'Amérique du Nord. Elle fut organisée autour d'une liste de dix questions jugées prioritaires pour les entreprises dans les trente années à venir.

1. La disponibilité des ressources naturelles, en particulier des ressources non renouvelables ;

2. Le poids croissant des relations Nord-Sud (entre pays riches et pays pauvres) dans les relations internationales ;

3. L'avènement des valeurs nouvelles de la société postindustrielle ;

4. Le désintérêt généralisé des populations vis-à-vis des rôles traditionnels d'institutions comme les gouvernements, les grandes entreprises et les syndicats ;

5. Les obligations croissantes des entreprises envers des catégories spéciales de citoyens, comme les femmes, les jeunes, les personnes âgées et les minorités ;

6. La vulnérabilité des entreprises à diverses formes de violence, politique ou autre ;

7. La nécessité pour les entreprises d'aborder leurs problèmes et leurs plans d'action selon une approche globale ;

8. Les menaces à la légitimité de l'autorité des gestionnaires dans la conduite de leurs entreprises ;

9. La mise en place de fonctions et de rôles nouveaux pour les gestionnaires ;

10. La motivation, la satisfaction et le maintien du moral des gestionnaires au sein d'une société où leur rôle est continuellement remis en cause.

Source : adapté de Walton, Clarence C. (éd.), *Managers for the XXI Century*, AACSB (Washington) and EFMD (Brussels), 1981, p. 2.

3. L'interaction de l'entreprise et de son environnement socio-politique

Après avoir analysé les conceptions modernes du rôle de l'entreprise dans la société, nous abordons maintenant l'étude des relations mutuelles qu'entretiennent l'entreprise et son environnement socio-politique. Nous ferons ressortir la complexité de ces relations en insistant sur l'interdépendance de l'entreprise et de son environnemet socio-politique.

Dans cette section nous examinons les trois types de relations qu'entretiennent l'entreprise et son environnement socio-politique, soit les relations d'échange, les relations de pouvoir et les relations d'effet.

Ces trois types de relations ne sont pas indépendants, mais chacun possède des caractéristiques propres et a des conséquences différentes pour la gestion de l'entreprise.

3.1 LES RELATIONS D'ÉCHANGE

Les relations d'échange sont celles où l'entreprise et les membres de son environnement troquent des ressources, des biens ou des services. L'entreprise, dans la poursuite de ses objectifs économiques, doit se procurer des ressources et écouler ses produits.

3.1.1 L'acquisition de ressources

L'entreprise doit acquérir deux catégories de ressources : les ressources matérielles, qu'elle peut se procurer sur le marché (matières premières, capitaux, main-d'œuvre, équipements, brevets d'invention, etc.) ; et les ressources intangibles, qu'elle ne peut pas acheter sur le marché, mais qui sont essentielles toutefois à l'atteinte de ses objectifs économiques. L'environnement socio-politique est particulièrement important pour l'acquisition des ressources intangibles. Parmi ces dernières nous pouvons citer le capital de bienveillance dont l'entreprise jouit auprès de la population. Cette bienveillance lui permet en effet de renforcer sa légitimité, de faciliter son accès aux marchés, et de bénéficier d'appuis en cas de difficultés sociales ou économiques. Ainsi, il sera plus difficile pour un État de nationaliser ou d'imposer des restrictions sévères à une entreprise ou à une industrie si ces mesures sont impopulaires auprès de la population. Au contraire, lorsque la population ou ses représentants ont peu de sympathie pour une entreprise considérée comme piètre citoyen corporatif, cette dernière pourra voir sa légitimité contestée pour toutes sortes de raisons. Sa crédibilité comme intervenant socio-économique s'en trouvera menacée.

3.1.2 La distribution de produits

L'entreprise trouvera d'autant plus d'acquéreurs pour ses produits que ceux-ci satisferont les besoins matériels et les besoins intangibles des consommateurs. Dans leurs décisions d'achat en effet, les consommateurs ne feront pas intervenir que les caractéristiques économiques des produits (prix, qualité, disponibilité, service après-vente). Ils feront également intervenir d'autres caractéristiques qui ne sont pas directement monnayables sur le marché, telles que les qualités non polluantes des produits, leur esthétique, l'image projetée par l'entreprise comme bon citoyen corporatif.

3.1.3 Les relations contractuelles d'échange

L'entreprise entretient également des relations d'échange avec d'autres agents socio-économiques que ses consommateurs et ses fournisseurs. Elle peut, par exemple, échanger subventions, réductions fiscales ou autres avantages avec l'État, en retour d'un engagement d'atteindre des objectifs nationaux divers. Elle peut également échanger de meilleures conditions de travail avec ses employés contre une productivité accrue.

Ces quelques exemples démontrent que les relations d'échange que l'entreprise peut avoir avec les membres de son environnement socio-politique sont permanentes et diverses. Elles touchent tous les intervenants de la société. Toutes ces relations ont cependant un point commun important : elles comprennent à la fois des éléments économiques et des éléments socio-politiques, que l'on ne peut pas dissocier.

3.2 LES RELATIONS DE POUVOIR

L'entreprise et ses partenaires socio-politiques entretiennent également entre eux des relations de pouvoir. Dans la poursuite de ses intérêts, chacun cherche à influencer les décisions prises par l'autre. Le pouvoir se définit comme la capacité qu'un agent A détient d'influencer en sa faveur les décisions prises par l'agent B.

3.2.1 L'entreprise et son pouvoir sur la société

L'entreprise essaie de peser sur son environnement par les moyens à sa disposition. Ainsi, elle cherche à influencer le comportement d'achat des consommateurs par la publicité. Elle exerce un pouvoir direct sur ses employés, par ses politiques et ses pratiques vis-à-vis des ressources humaines. Elle peut tenter d'influencer le pouvoir politique. La grande entreprise dispose d'un pouvoir important vis-à-vis de ses petits fournisseurs. Tous les partenaires de l'entreprise sont donc touchés, directement ou indirectement, par le pouvoir qu'elle possède de les amener à modifier leur comportement. Les relations de pouvoir sont par essence socio-politiques. On peut diviser le pouvoir qu'exerce l'entreprise sur la société en six catégories[12] :

— Le pouvoir économique, soit la capacité pour l'entreprise de modifier en sa faveur les lois du marché, en contrôlant les principales variables économiques (prix, qualité, distribution, ressources disponibles). La concurrence entre les entreprises est en quelque sorte une course au pouvoir de marché sur ses adversaires. La recherche d'un plus grand pouvoir économique est encouragée et légitimée dans les sociétés libérales. Elle devient illégale cependant quand elle se fait aux dépens de l'intérêt des consommateurs ou quand elle utilise des moyens interdits par la loi.

— Le pouvoir social et culturel, soit la capacité d'influencer délibérément les institutions, les normes culturelles et sociales prévalentes, les modes de vie. Par exemple, certaines entreprises, dans le souci de préserver les valeurs culturelles que leurs dirigeants épousent, accordent délibérément leur soutien financier aux universités ou aux programmes d'études qui transmettent ces valeurs. De même, la publicité est un puissant agent de pouvoir socio-culturel. De nombreuses entreprises ont recours à l'utilisation délibérée de stéréotypes, cherchant ainsi à créer des modes, voire à modifier les normes socio-culturelles dans le but d'augmenter leur marché. Les exemples les plus frappants du pouvoir socio-culturel de l'entreprise se trouvent peut-être dans les pays en voie de développement, où les entreprises tentent de modifier certaines formes de consommation locales. C'est ainsi que les fabricants de lait en poudre ont réussi à persuader de larges couches de populations du Tiers-Monde de remplacer l'allaitement maternel des nourrissons par le biberon de lait en poudre étendu d'eau. Mentionnons enfin le pouvoir considérable que les entreprises possèdent, par l'embauche et les promotions, de renforcer ou de revaloriser le statut socio-économique de catégories minoritaires de la population.

— Le pouvoir sur les individus, qui consiste en la capacité dont dispose l'entreprise d'influencer, de contraindre ou de modeler la vie, les décisions, les comportements, voire les valeurs des individus avec lesquels elle entre en relation, en particulier de ses employés. Les horaires de travail que fixe l'entreprise, par exemple, selon qu'ils sont rigides ou souples, ont un effet considérable sur la vie courante de ses employés. De même, les méthodes de travail imposées aux travailleurs, selon qu'elles privilégient l'initiative individuelle ou le travail à la chaîne, influencent à des degrés divers les possibilités d'épanouissement des employés. Les décisions d'embauche ou de mise à pied sont autant de formes de pouvoir sur les individus qui ont besoin d'un emploi.

— Le pouvoir technologique, par lequel l'entreprise modifie les techniques utilisées par la société. La concurrence pousse les entreprises à développer des produits nouveaux pour s'ouvrir de nouveaux marchés. Elle les pousse également à adopter des procédés de production plus efficaces, et donc à modifier la technologie en vigueur. La stratégie des entreprises productrices de technologie consiste à persuader leurs clients de remplacer leurs équipements et de modifier leurs méthodes de production. L'histoire est jalonnée de développements techniques qui ont remis en cause les anciennes méthodes de production et dévalorisé un grand nombre de métiers. Une entreprise qui s'approvisionne régulièrement auprès de sous-traitants de moindre taille peut mettre en danger la survie économique de ces derniers si elle décide sans préavis de les abandonner pour des fournisseurs de technologie plus avancée. En présentant au grand public une vaste gamme de produits audio-visuels, les industriels de la vidéo (magnétoscope, vidéodisque), des télécommunications (câblodistribution, télématique) ou de l'informatique (micro-ordinateurs) essaient délibérément d'influencer les choix technologiques des populations dans leur vie personnelle (loisirs, éducation des enfants, tâches domestiques diverses).

— Le pouvoir sur l'environnement physique, par lequel l'entreprise influence la qualité de la vie des citoyens. Une entreprise qui pollue l'eau ou l'air ambiant qui démolit un édifice

historique pour ériger un immeuble à bureaux à sa place, ou qui ferme un littoral au public, réduit considérablement les choix dont disposent les riverains ou les municipalités en matière de qualité de vie, de développement urbain ou de construction domiciliaire.

— Le pouvoir politique, par lequel l'entreprise tente d'influencer les décisions de l'État et le processus législatif. L'entreprise peut influencer les décisions de l'exécutif en faisant des pressions sur les membres du gouvernement, ou tout simplement en offrant sa collaboration intéressée aux fonctionnaires chargés des dossiers qui la concernent le plus. Elle peut influencer le contenu des lois en tentant de rallier à sa cause des députés. Elle peut influencer le processus électoral en apportant son soutien financier ou moral aux candidats les plus favorables à ses intérêts. Cette forme de pouvoir, très controversée, a été parfois considérable à certaines époques. Elle a souvent été associée à des trafics d'influence divers, voire des tentatives de corruption. Menée à grande échelle, sans contrepoids, elle peut fausser le processus démocratique en donnant une influence indue aux intérêts des entreprises et de leurs propriétaires. C'est pourquoi elle est très suspecte aux yeux des populations.

Le pouvoir que l'entreprise détient sur le reste de la société est donc considérable. Il se manifeste de nombreuses manières. D'une certaine façon, chaque décision que prend l'entreprise comporte des éléments par lesquels elle peut délibérément influencer la société en fonction de ses intérêts.

3.2.2 Les contrepouvoirs au pouvoir de l'entreprise

La société réagit aux manifestations du pouvoir de l'entreprise en suscitant l'apparition de contrepouvoirs, dans le but de rétablir l'équilibre entre les différentes formes de pouvoir social[13]. Parmi ces contrepouvoirs figurent notamment l'État, les syndicats et divers groupes de pression.

• L'État

Le pouvoir économique de l'entreprise est limité par le cadre juridique imposé par l'État. Les coalitions économiques sont, par exemple, circonscrites par les lois antimonopolistiques. De nouvelles lois, de nouveaux règlements viennent sanctionner les abus passés ou possibles des entreprises. L'appareil législatif, réglementaire ou judiciaire de l'État est donc un contrepoids important au pouvoir de l'entreprise.

• Les syndicats

Des groupes de pression émergent pour défendre les intérêts de leurs membres quand ils estiment que ceux-ci sont menacés ou lésés par les entreprises. Les plus anciens, et probablement les plus influents depuis longtemps, sont les syndicats. Les premières associations de travailleurs sont apparues timidement dès les débuts du capitalisme industriel, et leurs moyens sont restés longtemps limités. Mais les syndicats modernes ont obtenu un instrument de contrepouvoir considérable en faisant reconnaître le principe de la négociation collective et celui du droit de grève. Grâce à ces principes, les associations de travailleurs peuvent partager avec les employeurs le pouvoir de gestion en matière de conditions de travail et de salaires pour les employés syndiqués.

• Les groupes de pression

Au-delà des associations de travailleurs, de nombreux groupes de pression tentent d'exercer un pouvoir sur l'entreprise. Ces groupes de pression sectoriels prolifèrent depuis une vingtaine d'années. Certains de ces groupes sont permanents, d'autres sont éphémères. Tous défendent des intérêts particuliers, parfois avec succès, parfois sans grand succès. On peut citer, comme exemples, les associations de défense des consommateurs, les groupes écologistes, les groupes féministes et des groupes occasionnels se formant au gré de l'apparition de nouvelles tendances ou attentes socio-politiques.

Mutations technologiques et gestion : les télécommunications

L'industrie des télécommunications connaît depuis quelques années une véritable révolution, dont elle sortira profondément transformée. On peut prévoir que cette mutation aura une influence considérable sur l'ensemble de la société et donc sur la gestion des entreprises.

L'industrie moderne des télécommunications est née dans les années 1880. Pendant presque 100 ans, elle fut dominée par le téléphone. Un flot continu d'innovations technologiques permit d'obtenir une baisse constante du coût réel à l'usager (en dollars constants), tout en améliorant considérablement la qualité du service.

L'industrie était à ses débuts extrêmement concurrentielle. De nombreuses compagnies se partageaient le marché. Très tôt cependant, il apparut que cette concurrence était destructrice et se faisait au détriment du consommateur. C'est pourquoi les États finirent par confier l'industrie du téléphone à des monopoles réglementés.

Cette structure industrielle visait à assurer trois bénéfices au consommateur : 1) un service fiable et de qualité (en soustrayant les compagnies aux risques du marché) ; 2) un coût aussi bas que la technique le permettait (en faisant profiter les consommateurs des économies d'échelle dues à la grande taille) ; 3) un service de qualité et de coût comparables pour tous les citoyens (en imposant la « disponibilité » de service même en dehors des marchés les plus rentables). L'intervention de l'État était donc de nature à la fois technique, économique et sociale.

Pendant plusieurs décennies, l'industrie du téléphone se caractérisa donc par un ensemble immuable de facteurs : 1) un monopole territorial de service public ; 2) une forte intégration verticale (recherche, fabrication, distribution, service étaient assurés sur un territoire donné par une seule compagnie) ; 3) un contrôle total sur tous les aspects de la gestion, à l'intérieur des limites imposées sur le niveau des prix et du service par la réglementation publique.

L'avènement de la microélectronique devait, à partir des années 1970, remettre en cause l'ensemble des bases sur lesquelles s'était édifiée l'industrie. Sous la poussée de la technologie, l'industrie des télécommunications et l'industrie de l'informatique, longtemps indépendantes, finirent par converger. L'industrie de l'informatique, qui travaillait à la création de réseaux d'ordinateurs, entra dans les télécommunications. L'industrie des télécommunications, qui devait gérer des réseaux de transmission de données de plus en plus complexes, entra dans l'informatique. C'est ainsi que naquit une nouvelle industrie aux contours mal définis, la « télématique ».

L'industrie de la télématique présente des caractères très différents de l'industrie des télécommunications qui l'a précédée : une concurrence à l'échelle internationale entre entreprises géantes provenant d'industries jadis indépendantes ; une baisse continuelle des prix sous la pression de la technologie et de la concurrence ; une prolifération des produits et services aux consommateurs ; une extension sans relâche à l'ensemble de l'économie et à tous les aspects de la vie des citoyens.

Cette révolution ne fait que commencer. Mais les transformations structurelles qu'elle entraîne dans la société sont déjà visibles à plusieurs points de vue : 1) les compagnies de téléphone devront modifier de fond en comble leurs pratiques traditionnelles, en particulier en matière de marketing et de fixation des prix. Elles devront apprendre à se maintenir dans un milieu extrêmement concurrentiel, où les risques d'échec sont particulièrement élevés ; 2) l'État devra remettre fondamentalement en cause les notions de monopole et de réglementation dans cette industrie, étant donné que la concurrence semble jouer désormais en faveur des consommateurs ; 3) les citoyens devront ap-

prendre à choisir entre une foule de possibilités culturelles, de nouveaux produits et de nouveaux fournisseurs, tâche à laquelle ils ne sont pas préparés ; 4) employés et syndicats devront faire face à des licenciements, des déplacements et des programmes de reconversion massifs dans un grand nombre de branches industrielles ; 5) les groupes de pression devront rajuster leurs objectifs et leurs stratégies en fonction des nouvelles contraintes et possibilités de la télématique ; 6) gouvernements et politiciens devront se préoccuper des moyens de faire face à une concurrence internationale de plus en plus farouche, souvent orchestrée d'ailleurs par d'autres gouvernements. Ils devront également se pencher sur les effets économiques, socio-culturels et politiques de la concentration croissante de cette industrie clé entre les mains d'un nombre limité d'entreprises multinationales. Il est ainsi possible que les États soient amenés à intervenir de plus en plus dans la vie économique et dans celle des entreprises.

En l'espace de moins d'une décennie, une industrie relativement dormante comme celle du téléphone peut donc se trouver au centre d'un bouleversement d'envergure sociétale. Il s'agit vraiment d'une mutation, où l'ensemble des relations entre l'entreprise, l'État et les citoyens est remis en question, et ce sur tous les plans : technologique et économique, mais aussi social, humain, culturel et politique, c'est-à-dire socio-politique. Tous ces aspects sont liés, et chaque entreprise, dans chaque industrie, en sera influencée. Les entreprises qui survivront à la tourmente seront celles qui auront su s'adapter à temps à l'ensemble de ces forces.

3.2.3 La permanence de relations conflictuelles

● Entre l'accommodement et le rapport de forces

Au sein des relations de pouvoir qu'entretiennent les entreprises et les membres de son environnement, on trouve des relations qui s'apparentent aux relations d'échange. C'est le cas, par exemple, lorsqu'un syndicat et un employeur négocient sans difficultés une nouvelle convention collective de travail. C'est aussi le cas quand une entreprise indemnise des riverains pour les dommages que la pollution qu'elle crée leur fait subir. Ces relations d'échange ne passent cependant pas par le marché. Ce sont des opérations de gré à gré, qui reposent en fait sur une relation de pouvoir. S'ils n'obtiennent pas satisfaction par la négociation, l'association de travailleurs ou le groupe de défense des riverains ne peuvent s'adresser à d'autres partenaires dans l'espoir d'obtenir plus. Le pouvoir qu'ils détiennent d'influencer les décisions de l'entreprise en leur faveur est l'élément déterminant de leur succès.

Dans les relations de pouvoir, il peut arriver que les intérêts de chaque partie soient suffisamment éloignés pour qu'aucun compromis par voie d'échange ne soit possible. Le contact entre les parties peut alors aller de la simple indifférence jusqu'à la confrontation. Entre ces deux extrêmes, les deux parties peuvent tenter une conciliation de leurs divergences, et s'ouvre alors la voie de la négociation.

- ● La menace continuelle de rapports de forces

Quand un compromis ne peut être élaboré, l'entreprise se trouve plongée au sein de rapports de forces avec son environnement. Selon que ces rapports sont équilibrés ou déséquilibrés, l'entreprise se trouve soumise à des contraintes plus ou moins contrôlables.

La présence de rapports de forces est une constante dans la gestion des entreprises. Une forme limite en est l'épreuve de force, c'est-à-dire une situation où le gain d'une partie passe par l'affaiblissement de l'autre. C'est le cas, par exemple, lorsqu'une association de travailleurs décide d'utiliser l'arme de la grève pour forcer un employeur à réviser sa position. La contrepartie patronale de cette action est le lock-out, par lequel un employeur met à pied tout ou une partie de son personnel lors d'un conflit de travail. Les relations de travail constituent un domaine où les démonstrations de force comptent

parmi les plus spectaculaires. Ces relations sont d'ailleurs largement réglementées et soumises à de nombreuses restrictions. Malgré ces balises, ces épreuves de force peuvent dégénérer en violence. Et même quand elles finissent par déboucher sur un compromis, elles laissent souvent derrière elles des traces amères.

Il faut souligner cependant qu'il s'agit là de cas limites. La plupart des négocations entre employeurs et employés se règlent sans le recours ni à la grève ni au lock-out.

Les rapports de forces sont également au centre des relations entre l'entreprise et les groupes de pression qui l'entourent. Les campagnes de boycottage des consommateurs, les pressions continues des groupes écologistes, les poursuites judiciaires des groupes de défense des minorités, et bien d'autres actions ont toutes pour objet d'amener l'entreprise à modifier ses choix, sans qu'il y ait nécessairement échange entre les parties. La résolution de ces épreuves dépend du rapport entre l'efficacité des moyens des groupes de pression et la capacité de résistance ou de contre-attaque de l'entreprise. Elle est donc le résultat d'un affrontement.

La puissance coercitive de l'État s'articule aussi autour de la force. L'État, en définissant les règles du jeu économiques, en contraignant les entreprises à des obligations légales, en disposant du pouvoir de punir les agents socio-économiques qui transgressent ces obligations, exerce un pouvoir de contrainte considérable sur la vie de l'entreprise. La pression de l'État sur l'entreprise est continue, même si elle n'est pas spectaculaire en général. Cette pression peut cependant s'accentuer quand l'État décide de modifier en profondeur certaines pratiques des entreprises. Bien entendu, l'État entretient également avec l'entreprise des relations d'échange, en particulier quand il joue le rôle de client de l'entreprise. Mais en dehors de marchés de l'État ou d'autres formes secondaires d'échange, les rapports entre l'entreprise et l'État sont en général des rapports de pouvoir dans lesquels la force est présente et dans lesquels l'État dispose presque toujours de l'avantage.

Enfin, n'oublions pas que l'entreprise, par l'entremise de la concurrence, vit dans une situation perpétuelle de rapports de forces. La lutte acharnée que se livrent certaines entreprises, et de plus en plus certaines industries autrefois indépendantes (comme les télécommunications et l'informatique), en est l'exemple le plus visible. Il en va de même des marchés internationaux, où le jeu concurrentiel est de plus en plus âpre. Les formes de concurrence les plus vives poussent généralement les entreprises à adopter des stratégies qui s'apparentent à l'art de la guerre, où toutes les décisions sont prises en fonction de la capacité de réponse des rivaux les plus dangereux. Ces jeux stratégiques sont en vérité des rapports de forces. L'enjeu essentiel y est la victoire, c'est-à-dire la taille du marché que l'on peut contrôler aux dépens de l'adversaire. Certains voient d'ailleurs dans la permanence de ces rapports de forces concurrentiels le contrepouvoir le plus efficace au pouvoir toujours suspect de l'entreprise sur le reste de la société. Selon cette optique, un pouvoir toujours menacé par des contrepouvoirs disposant des mêmes moyens que lui ne peut pas réellement avoir d'influence durable.

3.3 LES RELATIONS D'EFFETS

L'entreprise et son environnement sociopolitique entretiennent enfin un troisième type de relations, soit les relations d'effets. Toute décision économique ou sociale a des effets secondaires, qui dépassent les intentions de ses auteurs. Ces effets sont généralement imprévisibles et ne se font sentir qu'à long terme. Ils constituent les relations d'effets entre l'entreprise et son environnement. Contrairement aux relations d'échange ou aux relations de pouvoir, les effets ne sont pas délibérément provoqués.

Nous diviserons ces effets secondaires en mutations structurelles et en effets pervers. Les mutations structurelles constituent ce que l'on appelle, avec le recul du temps, le changement social. Les effets pervers sont les conséquences socialement indésirables des décisions prises par les agents. Mutations structurelles et effets pervers sont souvent inséparables.

3.3.1 L'effet de l'entreprise sur son environnement socio-politique

● Les mutations sociales entraînées par les entreprises

Le lancement de nouvelles technologies sur le marché est l'une des causes les plus importantes des mutations socio-économiques causées par l'action des entreprises. Les exemples sont nombreux. Ainsi, la révolution industrielle, qui a débuté en Europe à la fin du XVIIIᵉ siècle en donnant le coup d'envoi à la croissance économique, a également considérablement transformé la société occidentale. Cette dernière, essentiellement rurale, centrée sur le travail de la terre, s'est lentement transformée en une société industrielle, centrée sur la production en usine. Une telle mutation ne résulte pas d'un plan de changement délibéré mais du développement, pris dans son ensemble, d'une multitude d'unités de production industrielle, chacune axée sur des marchés particuliers. L'automobile a modifié les sociétés rurales de façon irréversible : elle est responsable en particulier du développement des réseaux routiers et de l'urbanisation massive des populations. La pénétration de la télévision, présentée au début comme un simple instrument de divertissement à l'avenir incertain, a entraîné dans nos sociétés des répercussions inestimées. Il en va de même aujourd'hui avec l'avènement de la télématique familiale.

L'effet de l'entreprise sur les valeurs sociales telles que le développement de l'esprit d'entreprise, le goût du confort matériel, les aspirations à l'indépendance personnelle et même, selon certains, sur la démographie, est difficile à supporter mais réel. Ces mutations ne sont pas directement attribuables à l'action d'une ou de plusieurs entreprises en particulier. Cependant, leurs effets sont évalués de façons très différentes par les membres du corps social. Certains se concentreront sur leurs aspects positifs, d'autres, au contraire, s'inquiéteront de leurs effets négatifs. Dans ce dernier cas, les mutations sociales créées par les entreprises seront alors jugées comme néfastes.

● Les effets pervers des actions des entreprises

Chaque décision individuelle ou collective
comporte la possibilité d'effets pervers à court
comme à long terme. Ces effets ne sont pas délibérés au moment de la décision, mais ils existent. Ils jouent un rôle important dans les
conflits entre l'entreprise et son environnement
socio-politique. Nous pouvons distinguer les effets collectifs et les effets individuels.

Les entreprises considérées collectivement
sont l'une des sources du développement économique, et donc des grandes mutations qui
transforment la société. Or chaque grande mutation amène avec elle son cortège d'effets pervers. Le progrès économique ne réussit pas à
éliminer la misère de certaines couches de la
population. L'automobile est source de pollution et d'accidents. L'organisation scientifique
du travail, clé de la productivité industrielle
dans de nombreux secteurs, entraîne chez les
travailleurs une aliénation qui va à l'encontre
des valeurs humaines fondamentales. Chaque
grande vague de développement technologique
est accompagnée de chômage et de détresse
chez les travailleurs dont elle rend les services
désuets.

Nous pouvons citer d'autres exemples d'effets pervers causés sans dessein préétabli par
l'action collective des entreprises. En concentrant leurs investissements dans les régions at-
trayantes économiquement, selon les critères
habituels de la rentabilité financière, les entreprises contribuent involontairement à créer des
déséquilibres économiques entre les régions
d'un même pays. C'est le cas au Canada, par
exemple, où certaines régions souffrent par
rapport à d'autres d'un sous-développement
chronique. Dans le cas des pays en voie de développement, le phénomène inverse peut même
se produire. Des investissements massifs dans
des industries locales par des compagnies étrangères peuvent créer de graves déséquilibres
structurels à long terme, dans la mesure où certains secteurs économiques non essentiels se
trouvent indûment privilégiés. Dans certains
cas, les investissements étrangers sont même

considérés par les gouvernements nationaux
comme une menace à leur souveraineté.

Sur le plan individuel, l'entreprise prend
des décisions qui peuvent également affecter ses
partenaires socio-économiques. Certaines de ses
méthodes de production peuvent polluer l'environnement physique. D'autres peuvent être
dangereuses pour ses employés et être la source
d'accidents du travail ou de maladies industrielles. Les produits qu'elle fabrique peuvent
être dangereux pour les consommateurs,
comme c'est le cas de certaines peintures bon
marché mais toxiques. L'entreprise peut employer des méthodes de vente jugées inacceptables par la société, comme dans le cas des
ventes pyramidales. La construction d'une usine
nouvelle dans un site résidentiel peut en détériorer la beauté. Certaines opérations financières peuvent entraîner des mouvements erra-
tiques dans les marchés boursiers. La résiliation
d'un contrat peut mettre un fournisseur au
bord de la faillite. Enfin, la sortie massive de
capitaux vers l'étranger peut grever la balance
des paiements, voire affecter la valeur de la
monnaie nationale.

La plupart de ces opérations de gestion sont
conformes à la plus stricte légalité. Mais elles
créent des effets secondaires non délibérés et
peuvent donc être considérées comme indésirables, voire inacceptables, par les partenaires
socio-politiques de l'entreprise.

3.3.2 L'effet de l'environnement sur l'entreprise

L'effet non délibéré de l'environnement socio-
politique sur l'entreprise passe généralement
par ses partenaires les plus immédiats, tels que
ses employés ou ses clients. Cet effet est lui aussi
analysable en termes d'effets structurels et d'effets pervers.

● L'effet structurel sur l'entreprise

L'évolution des caractéristiques socio-politiques
d'une société a une influence considérable sur la
conduite des affaires. Par exemple, le système
politique détermine le degré de liberté d'entreprise et la nature des rapports entre l'État, l'en-

treprise, les employés et les autres agents socio-économiques. Les valeurs et les normes sociales déterminent les pratiques de gestion que l'entreprise peut utiliser ou qui lui sont interdites. Ces facteurs évoluent également, modifiant durablement l'esprit d'innovation, les structures de l'entreprise, les relations d'autorité ou le partage des surplus financiers de l'entreprise. Ces facteurs déterminent dans une large mesure la forme que prend à long terme la fonction de direction et expliquent pourquoi elle varie d'un siècle à l'autre, d'un pays à l'autre, voire d'une région à l'autre.

- Les effets pervers

L'environnement socio-politique a aussi des effets pervers sur l'entreprise. En voici quelques exemples :

— Certaines formes d'intervention de l'État sont devenues étouffantes pour beaucoup d'entreprises. Il ne s'agit pas d'effets délibérés mais de la conséquence d'actions souvent bien intentionnées de l'État, qui vient malheureusement d'objectifs contradictoires au départ.

— La permissivité de la société moderne face à la consommation de drogues et d'alcool et l'élasticité de la morale face au vol créent dans certaines entreprises de graves problèmes de gestion des ressources humaines. On estime qu'environ 10 % de la main-d'œuvre souffre de problèmes physiques ou psychologiques liés à la consommation de drogues, ce qui crée un effet négatif sur la productivité et augmente le nombre d'accidents causés à autrui. Le vol fait augmenter le prix des produits d'une manière importante.

— La corruption généralisée dans certains pays fausse les règles du jeu concurrentiel et pose de plus en plus de problèmes de conscience aux gestionnaires de projets ou d'opérations internationales.

— L'action continue d'investigation des médias, quand elle s'attaque à des cas isolés de malversation par les entreprises, peut à la longue ruiner la crédibilité du monde des affaires en général.

3.4 CONCLUSION

En résumé, dans cette section nous avons vu que l'entreprise et les membres de son environnement social, économique et politique entretiennent trois sortes de relations : les relations d'échange, les relations de pouvoir et les relations d'effets. Les relations d'échange sont entièrement délibérées, c'est-à-dire que chaque agent peut choisir librement d'entrer ou non, selon ses propres intérêts. Les relations de pouvoir représentent pour les agents des contraintes, sur lesquelles ils disposent d'un contrôle qui varie selon leur propre pouvoir. Les relations d'effets constituent les effets secondaires, positifs ou négatifs, qui découlent des décisions quotidiennes que prennent les agents dans la poursuite de leurs intérêts ou de leur mission. L'ensemble de ces relations est toujours remis en question par les changements structurels. C'est au sein de cette dynamique complexe que se trouve le dirigeant responsable, qui doit concilier l'atteinte des objectifs économiques que lui fixent ses commettants et le respect des contraintes que lui impose son environnement socio-politique.

4. L'analyse de l'environnement socio-politique de l'entreprise

Dans la section précédente, nous avons mis en relief la complexité des relations entre l'entreprise et son environnement socio-politique. Notre but dans cette section est de simplifier cette réalité en présentant un modèle d'analyse de cet environnement.

La section sera divisée en quatre parties. Après une présentation sommaire du modèle, nous examinerons la structure de l'environnement socio-politique de la firme. Nous présenterons ensuite les principales attentes des membres de cet environnement. Et finalement, nous étudierons la dynamique de la formation de ces attentes et des contraintes socio-politiques qui pèsent sur l'entreprise.

4.1 PRÉSENTATION DU MODÈLE

Il existe de nombreuses façons d'aborder la question de la gestion des relations entre l'entreprise et son environnement socio-politique. Le modèle que nous présentons (figure 6.1) est fondé sur les prémisses suivantes :

— L'entreprise et son environnement socio-politique forment un système en interaction permanente. Leurs relations changent avec le temps, en particulier leurs relations de pouvoir.

— L'environnement socio-politique de l'entreprise est turbulent et complexe. Son évolution suit des tendances où l'on peut reconnaître certaines régularités, mais elle est difficilement prévisible au-delà d'une ou de quelques années. Elle est en effet fréquemment perturbée par des ruptures, voire des retournements de tendances brutaux, qui rendent caduques toutes les prévisions faites auparavant.

— Toutes les décisions que prend la direction d'une entreprise ont en même temps des dimensions économiques et des dimensions morales, c'est-à-dire qu'elles ont toutes des répercussions socio-politiques.

— Malgré leur turbulence, les relations entre l'entreprise et son environnement socio-politique peuvent être gérées. Il faut pour cela que l'entreprise développe des politiques et des pratiques qui la rendent apte à prévoir les risques que le changement socio-politique fait peser sur elle. Ces systèmes de gestion sont d'autant plus efficaces que chaque gestionnaire possède une bonne connaissance de la structure de son environnement socio-politique et du processus de formation des contraintes nouvelles qui s'y développent.

— Même si l'environnement socio-politique est de plus en plus contraignant pour l'entre-

prise, cette dernière peut toujours choisir entre plusieurs comportements face à ces contraintes. Le dirigeant doit cependant reconnaître que les décisions qu'il prend aujourd'hui influencent l'éventail des choix dont il pourra disposer à l'avenir.

Selon ce modèle, l'entreprise entretient donc en permanence des relations de nature socio-politique avec son environnement. Ces relations font l'objet d'une évaluation constante par les membres de l'environnement de la firme, qui jugent dans quelle mesure elles satisfont leurs aspirations. Dans le cas où ces relations sont estimées inadéquates, les membres de l'environnement pèsent de tout leur pouvoir de contrainte sur l'entreprise, pour qu'elle les redresse en fonction de leurs intérêts.

La gestion des relations de l'entreprise avec son environnement socio-politique consiste donc à maintenir un équilibre dynamique entre les possibilités économiques du marché, que l'entreprise doit faire fructifier pour en tirer des profits, et les contraintes fluctuantes que lui imposent les membres de son environnement socio-politique.

4.2 LA STRUCTURE DE L'ENVIRONNEMENT SOCIO-POLITIQUE

L'environnement socio-politique de la firme est composé des agents avec lesquels l'entreprise entretient des relations. Il comprend deux parties : un environnement « immédiat », et un environnement « résiduel ». Ces deux environnements forment une structure hiérarchisée, traversée par des flux de pressions sociales.

4.2.1 L'environnement immédiat

L'environnement immédiat de l'entreprise comprend les agents ou les institutions en contact étroit avec elle. On y trouve l'ensemble des partenaires dont l'entreprise doit tenir compte quand elle détermine ses objectifs à court et à moyen terme (plus rarement à long terme). Il s'agit des individus, groupes, institutions ou entreprises avec lesquels le gestionnaire

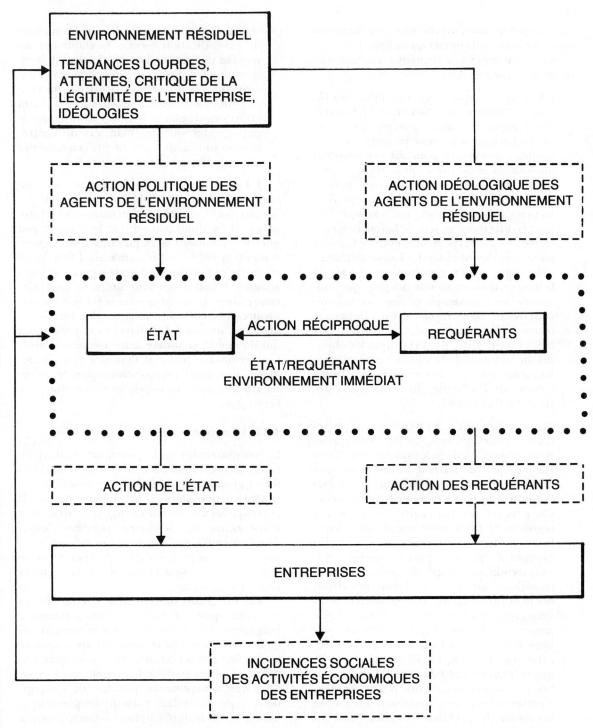

Figure 6.1 Structure hiérarchisée de l'environnement et flux de pressions sociales

est susceptible de se trouver, sous une forme ou sous une autre, en contact quotidien.

Cet environnement immédiat est composé de deux sous-ensembles :

— L'État, qui comprend un ensemble très divers d'organismes disposant tous du pouvoir d'influencer le comportement des entreprises. Chaque organisme possède une personnalité propre et poursuit des objectifs qui sont les siens, sur lesquels règne la plus grande hétérogénéité. Une analyse réaliste du pouvoir administratif de l'État sur l'entreprise prendrait soin, par exemple, de faire la différence au sein de la fonction exécutive (le « gouvernement ») entre le Cabinet (ensemble des ministres), chaque ministère et les organismes réglementaires chargés de la mise en œuvre concrète des politiques ministérielles. Un exemple éclairera cette hétérogénéité. Dans le cas d'une industrie comme celle du tabac, une industrie fortement exportatrice, il est clair que les objectifs du ministère de la santé ne peuvent être les mêmes que ceux des ministères de l'agriculture, de l'industrie, du commerce extérieur, ou de l'emploi.

— Les « requérants », c'est-à-dire les partenaires socio-économiques de l'entreprise, dont l'objectif est de peser sur elle pour faire valoir ce qu'ils définissent comme étant leurs droits. Le groupe des requérants se caractérise lui aussi par une extrême hétérogénéité. On y trouve des partenaires commerciaux réguliers de l'entreprise (employés, clients, fournisseurs, actionnaires, etc.) et des groupes de pression plus ou moins organisés (syndicats, groupes de consommateurs, écologistes, groupes de défense des droits des minorités, chambres de commerce, et divers groupes sociaux aux objectifs et aux moyens d'action très divers). Certains requérants sont en contact quotidien avec l'entreprise, d'autres n'entrent en contact avec elle que de manière épisodique. Certains constituent des organisations permanentes, d'autres naissent et disparaissent au gré de l'évolution des problèmes sociaux, voire des modes. Certains sont mus par des objectifs

clairs, d'autres sont animés par des mobiles de revendication sociale. Certains ont les moyens de leurs ambitions, d'autres doivent se contenter d'actions symboliques[14]. Tous estiment cependant avoir des droits sur l'entreprise. L'éventail de ces droits ainsi défini est très vaste, puisqu'il concerne aussi bien le partage des surplus financiers de l'entreprise et son comportement que la qualité des biens et des services qu'elle produit.

L'État et le secteur des requérants poursuivent en fin de compte l'objectif commun de peser sur les décisions que prennent les entreprises. Il est donc naturel que leur action soit interdépendante. Les requérants font régulièrement appel à la puissance de l'État pour contraindre l'entreprise à tenir compte de leurs attentes. L'État à son tour utilise le canal des requérants pour atteindre certains de ses propres objectifs. Les attentes des deux évoluent en fonction des tendances socio-politiques qui dominent la société à un moment donné. Ces tendances forment l'essence des phénomènes que nous regrouperons sous le terme d'environnement socio-politique « résiduel » de l'entreprise.

4.2.2 L'environnement

L'environnement socio-politique résiduel de l'entreprise est celui où se forme l'ensemble des forces globales qui caractérisent une société par rapport à une autre à un moment donné. Il regroupe les facteurs de changement structurel d'une société, ou « tendances lourdes », c'est-à-dire l'ensemble des phénomènes démographiques, économiques, sociaux, politiques, culturels et autres qui sont à l'origine du changement social à long terme.

Les dirigeants doivent tenir compte de ces tendances quand ils formulent leurs objectifs à long terme. Ces tendances peuvent être plus ou moins infléchies par certains groupes, comme les intellectuels ou certains chefs politiques. On trouve également dans l'environnement résiduel des mouvements qualifiés de « marginaux », qui se révèlent porteurs de préoccupations d'avenir malgré leur impuissance (groupes politiques naissants, critiques sociaux et politiques, « formateurs d'opinion publique » divers, artistes, associations sans liens directs avec l'entreprise, etc.).

Malgré leur prolifération, ces agents n'ont pas véritablement d'influence directe sur les opérations ordinaires de l'entreprise. Ils n'en ont généralement pas les moyens. Leurs aspirations ou désirs sont trop faibles ou trop éloignés de l'entreprise pour que celle-ci doive en tenir compte dans la fixation de ses objectifs. Leurs attentes sont perçues comme des revendications idéologiques que les dirigeants d'entreprise considèrent comme irréalistes. Cet environnement éloigné est pour eux « résiduel » : les dirigeants sont conscients de son existence, mais il reste étranger à leurs préoccupations.

L'environnement résiduel revêt cependant une grande importance pour les activités futures de la firme, car c'est en lui que naissent les remises en cause de la légitimité de celle-ci. Les membres de l'environnement résiduel de la firme sont à l'origine de l'évolution des structures et des valeurs de la société. Leur influence se fait sentir à la fois sur l'État et sur les requérants, amenés ainsi à réviser périodiquement leurs attentes vis-à-vis de l'entreprise.

4.3 LES ATTENTES DES MEMBRES DE L'ENVIRONNEMENT IMMÉDIAT

Les membres de l'environnement socio-politique immédiat de l'entreprise entretiennent des attentes envers elle. La présente section est consacrée à un examen de ces attentes.

4.3.1 L'État

Partenaire multiforme de l'entreprise, l'État entretient avec elle des relations ambiguës. D'une part, il la contraint à des comportements qu'elle juge encombrants et contradictoires, et, d'autre part, il a besoin d'elle pour mener à bien ses politiques économiques et sociales. L'ambiguïté est réciproque. Bien que souvent très critiques envers l'interventionnisme de l'État, les dirigeants bénéficient largement de sa présence. Les attentes de l'État envers l'entreprise découlent des rôles qu'il joue dans la société. Ces rôles sont les suivants :

— rôle de protecteur : l'État doit garantir l'ordre public, protéger les personnes et les biens contre la violence ou le vol, et sauvegarder les minorités des abus de la majorité. Très limitée aux débuts du libéralisme économique, la protection de l'État s'est rapidement étendue depuis la fin de la Deuxième Guerre mondiale à des programmes sociaux permanents : assurance-chômage, bien-être social, protection économique des citoyens vulnérables (minorité, santé et sécurité des travailleurs, personnes âgées, etc.) ;

— rôle d'arbitre : par ses lois, l'État détermine les règles du jeu social et économique. Formulateur du cadre juridique dans lequel évoluent les acteurs sociaux, il juge les cas de déviation et administre les sentences et les peines ;

— rôle de soutien : depuis les débuts du capitalisme libéral, l'État a toujours eu comme rôle de veiller à ce que les conditions favorables à l'essor économique soient réunies. C'est ainsi qu'il a progressivement pris en charge la construction des infrastructures telles que les ponts, les routes, puis les hôpitaux et les écoles. Depuis la Grande Crise économique de 1929, il a ajouté à ses objectifs traditionnels celui de soutenir la croissance économique et de limiter l'effet des crises économiques ;

— rôle de coordonnateur : l'État est le garant de la cohésion nationale. Il est en particulier chargé d'assurer la justice sociale, ce qui explique son intervention dans la redistribution de la richesse nationale depuis les catégories de citoyens les plus riches jusqu'aux plus pauvres ;

— rôle de producteur : l'État est également producteur de certains biens et services réclamés par la population, mais que l'entreprise privée ne peut fournir dans des conditions de prix ou de service raisonnables (postes nationales, services publics, sociétés d'État).

Les attentes de l'État envers l'entreprise sont ainsi exprimées par deux catégories d'objectifs :

— des objectifs économiques : maintenir une croissance économique constante, si possible équilibrée, et limiter le pouvoir économique des entreprises ;

— des objectifs sociaux : assurer la protection des groupes sociaux en contact avec l'entreprise (employés, clients, autres) et surveiller le respect des lois en vigueur.

L'État est en contact permanent avec l'entreprise, puisque le secteur privé reste largement majoritaire dans la création de la richesse économique nationale.

4.3.2 Les employés

Les employés constituent le groupe de requérants le plus proche de l'entreprise. Leurs attentes envers l'entreprise peuvent se regrouper en trois catégories :

— la qualité de vie au travail : cette attente est traditionnelle. Elle comprend entre autres de meilleures conditions de travail (environnement physique plus agréable, cadences de production moins rapides, etc.), des milieux de travail moins dangereux et des tâches plus satisfaisantes et plus enrichissantes sur le plan personnel ;

— des avantages sociaux : caisse de retraite, assurances et protection aux frais des employeurs. Selon les pays, ces avantages sociaux ajoutent de 20 à 60 % au coût des salaires que doivent verser les employeurs ;

— des droits : parmi les droits revendiqués par les travailleurs, beaucoup font l'objet de pressions relativement nouvelles. Citons le droit d'être traité équitablement, le droit d'être consulté sur les conditions de travail, le droit à la confidentialité des fichiers personnels et le droit très controversé de participer à certaines décisions.

4.3.3 Les consommateurs

Depuis une vingtaine d'années, le mouvement de protection des consommateurs a fait sa mar-

que sur la vie de l'entreprise. Il s'agit en fait d'un mouvement socio-politique qui revendique la satisfaction des droits des consommateurs, plus critiques aujourd'hui qu'autrefois. Parmi les attentes des consommateurs modernes, on trouve la qualité et la sécurité des produits, une information honnête et utile à leur sujet, une publicité qui renonce à présenter les êtres humains comme des objets de consommation, une meilleure protection contre les produits défectueux (garanties) et le droit d'obtenir pleine satisfaction en cas de défectuosité.

4.3.4 Les actionnaires

Les actionnaires sont les propriétaires des entreprises. Leur objectif premier est d'obtenir un rendement satisfaisant. Cependant, quand les actionnaires sont nombreux et dispersés, leurs attentes peuvent être très variées. Ce sont généralement les suivantes :

— un rendement adéquat sur le capital investi : c'est là une attente traditionnelle ;

— des droits : le droit à la protection des intérêts des actionnaires minoritaires lors des transactions importantes, le droit d'accès à des informations justes, complètes et régulières sur les activités et les résultats de l'entreprise, et un plus grand droit de regard sur les décisions prises en leur nom par la haute direction ou les membres du conseil d'administration ;

— un bon comportement civique de l'entreprise : chaque actionnaire est aussi un citoyen. Il est donc susceptible de se poser les mêmes questions que les autres citoyens sur le comportement civique des entreprises. C'est pourquoi de plus en plus d'actionnaires s'inquiètent de la performance de leur entreprise en matière de protection de l'environnement, de promotion des minorités, d'honnêteté des pratiques commerciales, ou d'investissements dans des pays violant les droits de l'homme.

4.3.5 Les groupes de pression

Les groupes de pression sont des coalitions d'individus ou d'associations. Ils sont particulièrement actifs dans les cas où il n'est pas possible de peser sur les décisions des entreprises par l'intermédiaire de relations d'échange. Leurs objectifs, leur pouvoir, leur audience sont variés. On peut citer pêle-mêle les écologistes, les groupes de défense des droits des minorités, les partis politiques, les groupes de pression du monde des affaires (chambres de commerce, associations industrielles, etc.), ou les associations de bienfaisance. Il faut ajouter à cette liste les médias qui forment une catégorie à part.

Parmi les attentes des groupes de pression, on trouve, par exemple, la philanthropie d'entreprise. De nombreux secteurs de la collectivité attendent en effet de l'entreprise qu'elle fasse preuve d'un minimum de générosité en aidant les organismes pauvres en ressources. Parmi les domaines où ces attentes sont traditionnelles figurent l'éducation, les arts (orchestres, musées, arts plastiques, etc.), la santé (hôpitaux) et l'aide aux personnes démunies (campagne annuelle de Centraide, fonds de lutte contre la faim, etc.).

La protection de l'environnement et la promotion des droits représentent aussi des attentes importantes des groupes de pression.

L'entreprise et ses partenaires

La chambre de commerce de la province de Québec publiait récemment un rapport sur la responsabilité sociale de l'entreprise. Ce rapport, fruit de deux ans de travail d'un comité spécial de la Chambre, identifie les huit partenaires et les dix-huit attentes sociales considérés comme étant les plus importants pour le monde des affaires au Québec. Le rapport précise qu'il appartient à chaque entreprise de définir l'ordre de priorité qui lui convient parmi ces suggestions.

Les partenaires (« requérants ») :

— Employés,
— Clients,
— Gouvernements,
— Collectivité,
— Fournisseurs,
— Concurrents,
— Actionnaires,
— Médias.

Les attentes de ces partenaires :

— Respect des lois,
— Rentabilité de l'entreprise,
— Qualité des relations de travail,
— Protection du consommateur,
— Protection de l'environnement,
— Qualité des relations avec les fournisseurs,
— Pratiques loyales de concurrence,
— Qualité de vie au travail,
— Création d'emplois,
— Participation à la vie communautaire,
— Encouragement des fournisseurs du milieu,
— Participation aux associations professionnelles,
— Efficacité de la gestion,
— Satisfaction des clients,
— Formation des employés,
— Respect des politiques et des objectifs nationaux,
— Communication permanente avec les « partenaires »,
— Contribution à la qualité de la vie.

De telles listes ne représentent en vérité qu'un certain nombre des multiples partenaires et attentes socio-politiques dont l'entreprise doit tenir compte quotidiennement. Elles indiquent cependant l'importance que les milieux d'affaires eux-mêmes attachent aux dimensions socio-politiques de la gestion pour la bonne marche des affaires.

Source : Chambre de commerce du Québec (reproduction autorisée).

4.4 LA DYNAMIQUE DE LA FORMATION DES CONTRAINTES SOCIO-POLITIQUES

Dans cette section, nous étudierons les processus par lesquels les partenaires de l'entreprise expriment leurs attentes. Nous examinerons en premier lieu les facteurs structurels du changement socio-politique, en second lieu la notion des coûts sociaux, et enfin les étapes de formation des contraintes socio-politiques de l'entreprise.

4.4.1 Les facteurs structurels du changement socio-politique

Les facteurs structurels du changement de l'environnement socio-politique de la firme sont ceux que nous avons regroupés dans l'environnement résiduel. Ils créent des modifications durables dans les attentes des partenaires de la firme. Les plus importants sont mentionnés ci-dessous.

— Les facteurs politiques : il s'agit des facteurs qui déterminent la légitimité de l'entreprise, c'est-à-dire son droit d'exister en tant qu'agent économique privé, son droit de poursuivre ses propres intérêts (et en particulier de faire des profits), et la liberté d'action dont elle peut profiter. On comprend mieux l'importance de ces facteurs quand on observe l'évolution considérable de ces droits depuis les débuts de l'économie de marché.

— Les facteurs socio-culturels : il s'agit des facteurs qui influencent les valeurs et les normes sociales en vigueur dans la société. Ils sont hétérogènes, mais certains finissent par devenir dominants. Citons comme exemples la conception du travail, la tendance historique vers l'égalitarisme, la progression de l'esprit de démocratie (qui tente de plus en plus d'investir les milieux de travail), la définition et la valorisation de la qualité de la vie, la sensibilisation à la conservation des ressources naturelles, la justice sociale et les diverses idéologies qui se partagent la conscience des citoyens. Ainsi un relâchement de la valeur accordée au travail se traduit par des exigences plus grandes en matière de congés. Le gaspillage de ressources favorise l'émergence de groupes de pression écologistes. La montée de l'égalitarisme pousse l'État à lancer des programmes de protection sociale.

— Les facteurs économiques : parmi ces facteurs, on trouve en particulier la croissance économique et ses faiblesses conjoncturelles (crises économiques, chômage, inflation) ou l'internationalisation des marchés. En période de crise économique, par exemple, les syndicats seront amenés à défendre la sécurité d'emploi de leurs membres. Certaines industries demanderont à l'État de les protéger contre la concurrence étrangère en relevant les barrières protectionnistes.

— Les facteurs technologiques : la montée de l'esprit scientifique, l'apparition de nouveaux produits, l'introduction de nouvelles technologies de production complexes ont de nombreuses répercussions sur les partenaires de l'entreprise. La main-d'œuvre menacée de déclassement technique exigera des cours de formation aux frais des entreprises. Les consommateurs exigeront une information plus claire et plus complète au sujet des produits disponibles sur le marché. L'État développera des politiques d'aide à l'entreprise et à l'emploi.

— Les facteurs démographiques : ces facteurs comprennent les mouvements quantitatifs de la population (croissance, décroissance, migrations interrégionales, composition de la main-d'œuvre, etc.) et ses caractéristiques qualitatives (progression du niveau d'éducation, cohésion de la cellule familiale, etc.). L'évolution de la composition de la main-d'œuvre modifie les attentes de ces catégories et entraîne des répercussions sur les politiques de personnel des entreprises. La progression du niveau d'éducation accroît chez les travailleurs les aspirations à l'autonomie personnelle et provoque des changements dans la façon dont l'entreprise doit organiser les relations internes d'autorité.

4.4.2 La notion des coûts sociaux

La notion de coût social est centrale dans la formation des contraintes socio-politiques de la firme. Pour le comprendre, il faut se référer à la notion d'« externalité » de la production, une notion empruntée à la micro-économie. Il y a « externalité » de la production chaque fois que la valeur d'une production est en partie influencée par l'activité d'agents économiques extérieurs à l'opération de production. Ces activités extérieures sont hors du contrôle direct du producteur, mais elles modifient, en plus ou en moins, la valeur de sa production.

La notation généralement admise d'une « externalité » est

$$U^A = f\,(X_1^A \dots X_m^A, X_n^B)$$

où U^A = utilité de production ou de consommation de l'agent A, résultant des activités $X_1, \dots X_m$; X_n

$X^A_1, \dots, X^A_m$ = activités sous le contrôle de A

X^B_n = activités d'un autre agent B, hors du contrôle direct de A, mais qui influencent cependant l'utilité de A.

Une « externalité » peut être soit positive, soit négative : dans le premier cas, A se trouve à bénéficier gratuitement d'activités d'autres agents économiques qui ne peuvent ou ne veulent rien lui demander en retour. Voici un exemple : A, qui ne fait pas de publicité, profite de l'accroissement de clientèle créé par la publicité que fait B. Dans ce cas, A augmente sa clientèle aux frais de B, qui ne peut forcer A à partager ses coûts. Dans le cas d'une « externalité » négative, A doit assumer sans compensation des coûts créés par B. Voici un autre exemple : B rejette des déchets toxiques dans l'eau utilisée plus bas par A. Ce dernier doit dépolluer cette eau à grands frais et ne peut envoyer la facture à B.

Les partenaires incommodés par les activités d'une entreprise peuvent en arriver à estimer que la différence entre les « coûts privés » des activités de cette entreprise et leurs propres « coûts sociaux » est devenue intolérable. Les coûts privés sont les coûts comptabilisés par l'entreprise. Les coûts sociaux comprennent tous les coûts supportés par les membres de la société.

La notion de coût social comprend des coûts réels, des coûts d'opportunité et des coûts psychologiques. Par exemple, une entreprise pollue son environnement sans aucun coût pour elle ; son coût privé de production dans ce cas comprend uniquement les coûts entraînés par les facteurs de production et les ressources achetées par elle. Le coût social de cette production peut comprendre à la fois les coûts réels de la dépollution aux frais de la société environnante, les coûts d'opportunité d'une utilisation sous-optimale des ressources utilisées et les coûts psychologiques d'une dégradation écologique tels que ressentis par les résidants locaux.

La présence d'« externalités » négatives entraîne deux conséquences préjudiciables au bien-être social : l'inefficience économique et l'injustice sociale[15].

- L'inefficience économique

La non-comptabilisation de coûts sociaux conduit nécessairement à un sous-optimum économique. Quand les prix du marché ne reflètent pas tous les coûts, les mécanismes du marché sont perturbés, et l'optimum économique est difficile à atteindre. En effet, tout producteur qui prend en charge moins de coûts qu'il n'en crée a tendance à produire plus que son optimum de production. Ce surplus de production ne compense pas nécessairement les pertes économiques qu'il impose à ses victimes. Pour la société, l'optimalité de l'affectation des ressources s'en trouve faussée : les producteurs sont poussés à sur-utiliser des ressources dont le coût, incomplet, est plus faible pour eux que pour la société. L'inefficience économique est une première source de pressions sociales sur l'entreprise. Ces pressions ont pour objet d'amener la firme à assumer la totalité des coûts imputables à ses activités de production.

- L'injustice sociale

L'inégalité du partage des coûts sociaux de production par les partenaires est la seconde cause de pressions sur l'entreprise. Dans le cas de la pollution d'une rivière, les coûts seront supportés entièrement par les riverains, injustement défavorisés sur ce plan par rapport aux résidants plus éloignés. Dans le cas de conditions de travail dangereuses, les coûts seront supportés par les employés sous forme d'accidents du travail ou de maladies.

Ces injustices dans la prise en charge des coûts sociaux susciteront des pressions pour que la firme supporte une part équitable des coûts imputables à ses activités.

4.4.3 Les étapes de la formation des contraintes socio-politiques

Les notions d'« externalités » négatives et de coût social nous permettent de reconstituer la dynamique de la formation des contraintes et des pressions socio-politiques qui s'exercent sur l'entreprise. Cette dynamique se décompose en quatre étapes distinctes (figure 6.2) :

- Première étape : les effets externes

L'entreprise exerce des activités économiques qui ont des incidences socio-économiques négatives dont le coût échappe aux mécanismes du marché. Tant que l'environnement de l'entreprise ignore, tolère ou accepte ces incidences, celles-ci sont désignées par le terme d'« effets externes » des activités de production.

La pollution sidérurgique, par exemple, a longtemps été considérée comme un signe de progrès et un symbole de fierté. Il s'agit là d'un effet externe négatif considéré comme tolérable ou même valorisé.

Ces incidences sociales sont ressenties à différents degrés par les membres de l'environnement résiduel de l'entreprise. Les segments les plus actifs ou les plus touchés sont les premiers à soulever la question du caractère indésirable de ces effets externes négatifs. C'est la phase de « reconnaissance » : au cours de ce processus, une fraction grandissante de l'environnement résiduel manifeste le désir de faire disparaître l'effet négatif, désormais connu comme une « externalité », c'est-à-dire comme un effet externe négatif intolérable.

- Deuxième étape : les externalités négatives

Le constat d'une « externalité » négative par les membres de l'environnement résiduel entame une phase d'« amplification » du problème. Des groupes d'activistes se manifestent et cherchent à accroître leur soutien auprès de la population. De nouvelles attentes envers les entreprises ap-

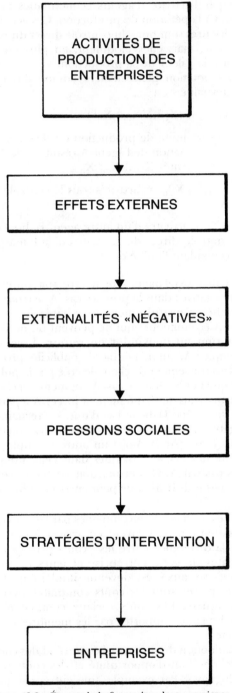

Figure 6.2 Étapes de la formation des contraintes socio-politiques

paraissent. Des pressions sociales naissent, croissent et se diffusent. En même temps, ces activistes tentent de politiser le problème pour y intéresser les forces les plus susceptibles de s'imposer à l'entreprise : les membres de son environnement immédiat (l'État et les requérants).

- Troisième étape : les pressions sociales

Le problème est alors connu, et un soutien suffisant est acquis. Une phase de «formulation» du problème intervient : les membres de l'environnement immédiat, organisés et puissants, prennent le relai de l'action engagée par les segments actifs de l'environnement résiduel. Des recherches, des conférences, des débats sont entrepris jusqu'à l'établissement d'une problématique solide de la situation : les coûts sociaux publicisés par les membres de l'environnement résiduel sont ordonnés par les membres de l'environnement immédiat ; des priorités d'intériorisation sont déterminées ; des stratégies d'intervention sur l'entreprise sont mises au point.

- Quatrième étape : les stratégies d'intervention

Les membres de l'environnement immédiat ont désormais rendu opérationnelle la nouvelle définition de la légitimité des actions de l'entreprise réclamée par les membres actifs de l'environnement résiduel. Ils sont prêts à utiliser leurs pouvoirs de contrainte sur l'entreprise pour résorber l'«externalité» en jeu. Ils entrent alors dans une phase d'«action», en vue d'infléchir le comportement de la firme.

Le processus de formation des pressions sociales décritesci-dessus apparaît dans de nombreux exemples : l'interdiction de l'utilisation du DDT aux États-Unis, la sécurité automobile, l'égalité salariale sans discrimination de sexe. Ces pressions sociales et les législations auxquelles elles ont abouti ont été déclenchées par la publication, par un «activiste social», d'un livre documenté dénonçant un type donné d'«externalité» négative. Les phases d'amplification et de formulation ont débouché sur des lois.

Dans les trois cas ci-dessus, il n'a fallu que quelques années pour passer de la critique sociale (début des années 60) aux législations (fin des années 60). Dans d'autres cas, comme pour les lois linguistiques au Québec ou la réglementation de la salubrité dans les mines d'amiante, il a fallu plusieurs générations.

Coûts sociaux et sécurité au travail

Chaque année, des dizaines de milliers de travailleurs sont victimes d'accidents du travail ou de maladies professionnelles contractées sur les lieux de leur travail. Le coût social pour la collectivité de ces accidents et maladies est difficile à chiffrer. Mais on peut s'en faire une idée en se référant au total des indemnités versées aux victimes admissibles selon la législation québécoise. Ces coûts ne représentent qu'une fraction des coûts totaux encourus par la société. Il faudrait leur ajouter des coûts indirects divers, dont beaucoup sont intangibles (pertes de salaires, coûts psychologiques, pertes de jouissance de la santé par les victimes, effets sur la productivité, effets sur les familles des victimes, engorgement du système de santé, effets sur les relations patronales-syndicales, décès prématurés, manque à gagner pour l'économie nationale, etc.).

Le tableau suivant indique les coûts directs financiers des indemnités versées en 1977 à titre de compensations pour accidents du travail et maladies professionnelles au Québec. Il comprend quatre sections : les frais d'assistance médicale, des indemnités versées pour incapacité temporaire des victimes, pour incapacité permanente (des paiements forfaitaires et des rentes pour compenser les pertes de salaire) et des indemnités de décès versées aux familles. Le total atteignait près de 260 millions de dollars pour 1977 et plus de 700 millions de dollars en 1981.

	Indemnités (milliers $)	%
Assistance médicale		
— Hôpitaux	29 314	11,3

— Professionnels de la santé	9 961	3,9
— Transport et pension	3 067	1,2
— Allocation pour réadaptation et premiers soins	2 151	0,8
— Orthèses et prothèses	1 530	0,6
— Pharmacie et journée d'examen	1 183	0,5
Sous-total	47 206	18,3
Incapacité temporaire	108 849	42,1
Incapacité permanente	95 074	36,7
Décès	7 576	2,9
TOTAL GÉNÉRAL	258 705	100,0

Source: Commission des accidents du travail du Québec.

On peut comparer cette somme au coût du programme dévolu la même année par la caisse d'indemnisation à la prévention des accidents et des maladies industrielles. Ce coût s'élevait à un peu plus de 4 millions de dollars en 1977 (4 061 378 $), soit moins de 2 % du coût des indemnités de réparation.

Le gouvernement du Québec se décida à tenter une nouvelle approche du problème. Fin 1979, il sanctionnait la Loi sur la santé et la sécurité du travail, par laquelle il proclamait son intention de combattre à la source le fléau des accidents du travail et des maladies professionnelles dans la province. Plusieurs dispositions de cette loi, par ailleurs très controversées, sont originales. Le cadre général est le suivant : la loi accorde aux travailleurs un certain nombre de droits (en particulier le droit de refuser un travail jugé par eux dangereux) ; elle impose aux employeurs des obligations strictes en matière de protection de la santé et de la sécurité de leurs employés ; elle confie la mise en œuvre locale de la loi à des comités paritaires (composés de patrons et d'employés) ; elle organise un important volet de prévention ; et elle crée la Commission de la santé et de la sécurité du travail (CSST), l'organisme public chargé de

l'application de la loi tant en matière de prévention que d'indemnisation. La CSST étant financée surtout par les cotisations des employeurs, il s'agit donc d'un cas où l'État force les producteurs à « intérioriser » les coûts sociaux engendrés par leurs activités de production.

5. La stratégie socio-politique de la firme

La définition d'une stratégie d'adaptation de la firme à l'évolution des contraintes de son environnement socio-politique est un problème complexe. Plus encore que les autres catégories de décisions importantes, la décision socio-politique est conditionnée par les valeurs de ses dirigeants. Dans cette section, nous examinerons d'abord l'importance de ces valeurs pour la décision, puis nous analyserons les caractéristiques de la décision socio-politique, et enfin nous présenterons les grandes options stratégiques qui s'offrent à la firme.

5.1 L'INFLUENCE DES VALEURS DES DIRIGEANTS

Face à un même environnement socio-politique, les entreprises d'une même industrie adoptent des comportements différents. Certaines réagissent plus vite que d'autres. Elles s'efforcent d'adapter leurs pratiques aux nouvelles conditions, alors que d'autres entreprises essaient de gagner du temps et tardent à se décider.

Ces différences de comportement sont attribuables à trois facteurs :

— le pouvoir de contrainte que peuvent exercer les membres de l'environnement socio-politique sur l'entreprise pour l'amener à satisfaire leurs attentes ;

— les ressources dont dispose l'entreprise pour satisfaire ces attentes ;

— les valeurs des dirigeants.

Quand le pouvoir de contrainte de leurs partenaires est fort, les dirigeants sont stimulés à réagir à leurs pressions. La stratégie qu'ils choisiront devra cependant être compatible avec les ressources de l'entreprise. Mais ces évaluations laissent une large place au jugement. Elles sont donc influencées par les perceptions qu'ont les gestionnaires des éléments importants de la situation. En l'absence de critères reconnus fiables, l'estimation du niveau de risque d'une pression sociale donnée peut être très variable d'un dirigeant à l'autre. Il en va de même pour l'estimation du coût des attentes à satisfaire et de la capacité pour l'entreprise de supporter ce coût. Les perceptions des dirigeants dépendent de leur expérience, mais elles dépendent aussi de leurs valeurs, c'est-à-dire de la façon dont ils conçoivent les relations entre l'entreprise et son environnement socio-politique.

Les valeurs des dirigeants influencent également leurs motivations dans la réponse qu'ils apportent aux pressions sociales de leur environnement socio-politique. Ces motivations sont un mélange indissociable de calcul, d'altruisme et de préférences idéologiques.

Le calcul est le processus d'analyse plus ou moins rationnelle de la situation et des conséquences des solutions possibles sur l'intérêt de l'entreprise. Les considérations économiques dominent l'analyse.

Si les dirigeants raisonnent à court terme, ils se contenteront de se conformer aux normes juridiques. S'ils raisonnent à plus long terme, ils sélectionneront les pressions qui menacent l'entreprise et les réponses qui servent le mieux ses intérêts.

L'altruisme est la tendance qui porte certains dirigeants à agir conformément aux aspirations de leurs partenaires socio-économiques pour des raisons d'ordre moral plutôt qu'économique. L'altruisme procède d'une combinaison complexe de normes sociales intériorisées par les individus et de préférences individuelles. L'altruisme explique en grande partie la philanthropie discrète de certaines entreprises ou l'attention désintéressée qu'elles portent à la prévention de certains maux de la société sans chercher à en tirer un quelconque avantage économique.

Les préférences idéologiques sont le degré de sympathie ou d'antipathie que les dirigeants éprouvent pour l'action des membres de leur environnement socio-politique. Ces préférences englobent, par exemple, les attitudes des dirigeants face à la légitimité de l'intervention de l'État ou face aux options politiques du parti au pouvoir, ou encore face à la représentativité des activistes sociaux. Elles exercent une influence puissante sur leurs choix stratégiques.

La réaction des dirigeants aux pressions socio-politiques de leur environnement est donc fortement influencée par leurs valeurs. Ces valeurs varient d'un dirigeant à l'autre, d'une entreprise à l'autre. Elles orientent la façon dont les dirigeants perçoivent ce qui est important dans leur environnement socio-politique. Elles influencent leur stratégie d'action face à ces pressions. Ainsi certains dirigeants percevront plus tôt que d'autres les grandes tendances socio-politiques qui peuvent modifier leurs opérations. Selon leurs préférences, ils accorderont la priorité aux pressions qu'ils considéreront les plus légitimes. Dans certaines entreprises, les dirigeants préféreront collaborer avec les membres de leur environnement socio-politique, alors que dans d'autres, ils choisiront de minimiser leurs contacts avec ces groupes. Face à une pression controversée, telle entreprise adoptera une attitude de conciliation, alors que telle autre optera pour la confrontation.

Les valeurs des dirigeants jouent donc un rôle central dans la réponse des entreprises aux pressions de leur environnement socio-politique.

5.2 LA PRISE DE DÉCISION SOCIO-POLITIQUE

La prise de décision socio-politique est une tâche ardue parce qu'elle repose sur des données très incertaines. Mais en même temps, la lenteur des processus sociaux laisse aux dirigeants une marge de manœuvre considérable pour s'ajuster aux demandes de leur environnement socio-politique.

L'incertitude qui entoure la décision socio-politique est due à trois causes.

En premier lieu, les pressions sociales sont hétérogènes. L'entreprise doit en effet satisfaire des partenaires nombreux et variés, dont le nombre ne cesse de croître. Sa survie à court terme exige la satisfaction des attentes de ses clients, de ses fournisseurs, de ses bailleurs de fonds. Sa survie à long terme exige la satisfaction des attentes de ses autres partenaires, tels que les employés, les gouvernements, les groupes de pression. De nouveaux groupes de pression se forment, d'autres disparaissent. Les attentes de tous ces partenaires sont à la fois économiques, sociales et politiques. Elles sont très diverses et souvent indissociables.

En second lieu, les pressions sociales sur l'entreprise ne se manifestent pas toutes en même temps ni avec la même intensité. Elles semblent suivre un certain « cycle de vie », mais, comme l'indique la figure 6.3, celui-ci est difficile à prévoir. Il n'existe pas de méthode fiable de prévision sociale. Les dirigeants doivent donc se fier à leur jugement personnel pour déterminer dans quelle mesure chaque pression sociale est susceptible de se transformer en une contrainte importante pour leur entreprise.

En troisième lieu, le contenu des pressions socio-politiques est souvent imprécis. Certains groupes de pression sont plus ou moins représentatifs de la population, et rien n'assure que leurs revendications soient populaires. Leurs objectifs sont parfois contradictoires. Leurs arguments sont occasionnellement étrangers à la logique des dirigeants. L'adoption d'une nouvelle loi ou de nouveaux règlements ne lève pas toujours ces ambiguïtés, et bien des chefs d'entreprise s'interrogent sur les intentions du législateur. Dans certains cas, l'entreprise doit recourir aux tribunaux pour faire préciser le contenu de ses responsabilités socio-politiques.

La direction d'une entreprise est en général bien préparée pour affronter les dimensions économiques de ses activités. Mais elle est mal préparée pour prendre des décisions fondées sur des éléments intangibles. Cette incertitude est un frein puissant au déroulement du processus de décision.

Entre le moment où une nouvelle pression socio-politique commence à émerger et celui où les partenaires de l'entreprise se donnent les moyens de la contraindre, les dirigeants disposent cependant d'une marge de manœuvre souvent considérable. Cet intervalle de temps s'étend en général sur plusieurs années, car les processus socio-politiques sont lents. Les dirigeants perspicaces disposent donc de tout le temps nécessaire pour analyser la situation et s'y adapter[16].

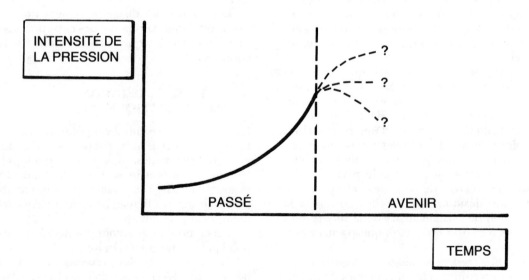

Figure 6.3   Cycle de vie d'une pression sociale

Nous avons vu que les entreprises s'adaptent plus rapidement aux attentes socio-politiques qui présentent pour elles le plus de risques. Les dirigeants doivent donc porter un jugement sur la vulnérabilité de leur entreprise aux attentes de leur environnement socio-politique en évaluant les risques suivants :

— les risques d'une dégradation de la réputation de la firme ;

— les risques de perdre des clients ou des contrats ;

— les risques d'une restriction de la liberté d'action des dirigeants, dans le cas où de nouvelles contraintes leur seraient imposées par les membres de leur environnement socio-politique.

La firme qui désire s'adapter aux pressions de son environnement doit passer d'un « comportement compétitif » (centré sur l'efficacité des activités de production et de vente) à un « comportement anticipateur » (qui révise les liens de l'entreprise et de l'environnement et qui innove). Il lui faudra pour cela transformer son idéologie et ses pratiques de gestion.

5.3 LES OPTIONS STRATÉGIQUES DE LA FIRME FACE À SON ENVIRONNEMENT SOCIO-POLITIQUE

Face à son environnement, l'entreprise soumise à des pressions sociales dispose de trois réponses : l'«intériorisation» des coûts sociaux dont on lui impute la responsabilité, l'inaction ou la diversion.

5.3.1 L'« intériorisation » des coûts sociaux

Dans ce cas, la direction reconnaît l'«externalité» comme un problème qui la concerne et prend des mesures pour la résorber ou la prévenir. Elle «intériorise» alors plus ou moins complètement les coûts sociaux engagés. Elle peut en outre collaborer avec ses partenaires socio-politiques à l'élaboration des normes qui régiront son comportement.

La stratégie d'«intériorisation» des coûts sociaux est coûteuse pour deux raisons : 1) elle peut impliquer des déboursés financiers importants ; par exemple, le coût des équipements de dépollution d'une centrale thermique au charbon peut atteindre 100 millions de dollars ; 2)

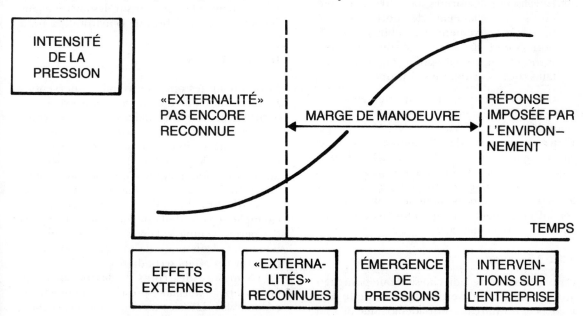

Figure 6.4 La marge de manoeuvre face à une pression sociale

elle conduit souvent l'entreprise à modifier profondément ses systèmes de gestion et ses structures internes.

Les stratégies d'« intériorisation » regroupent deux types d'actions : 1) les actions préventives, par lesquelles l'entreprise élimine les sources d'« externalités » (exemple : l'achat d'équipement de dépoussiérage pour une mine d'amiante) et 2) la compensation des victimes (exemple : le versement d'indemnisations aux mineurs atteints d'amiantose). Cette dernière solution est moins désirable, car elle n'élimine pas la source des « externalités ». Cependant, c'est parfois la seule solution possible techniquement.

Certaines entreprises décident parfois d'adopter une stragégie volontaire des coûts sociaux en devançant les normes des lois et règlements en vigueur. Deux cas se présentent :

— si des normes coercitives existent : la direction se fixe des normes propres plus sévères que la loi ou elle devance l'échéance prévue par les normes légales, ou encore elle étend les normes légales à des domaines non couverts par la loi ;

— en l'absence de normes coercitives : la direction se fixe elle-même des normes ou elle participe activement à l'établissement de normes en collaborant avec son environnement, ou encore elle prend en charge certains coûts sociaux, de son propre chef.

On trouve ce type de comportements dans certaines très grandes entreprises réputées pour la qualité de leur gestion. Mais l'expérience montre que, dans la plupart des autres cas, il s'agit de tentatives limitées. De tels programmes préventifs permettent cependant aux entreprises de rester au courant des attentes de leurs partenaires socio-politiques et de se préparer adéquatement à l'imposition d'éventuelles contraintes réglementaires.

5.3.2 L'inaction

Dans ce cas, la direction choisit de ne pas réagir aux pressions qui s'exercent sur elle. Cette stratégie peut traduire un refus idéologique de tout compromis avec le milieu environnant. Ce cas est probablement peu fréquent. Plus souvent, la direction se place en position d'expectative et préfère attendre que soit levée l'incertitude au sujet des actions à entreprendre.

Elle attendra dans ce cas que d'autres institutions aient ordonné les pressions sociales en priorités.

5.3.3 La diversion

Dans ce cas, la direction essaie de contourner les pressions de son environnement. Elle entreprend, par exemple, de convaincre ses partenaires socio-politiques de sa bonne foi. Ses armes comprennent les relations publiques, la contre-information, la pression, la rhétorique déculpabilisatrice, l'endoctrinement et la philanthropie bien orchestrée. Une autre stratégie de diversion consiste à contre-attaquer : l'entreprise entraîne ses détracteurs dans le maquis du légalisme, les défiant de prouver devant les tribunaux la légitimité de leurs plaintes dans tous les domaines où une preuve juridique s'avère difficile pour eux (la situation est courante en matière de plaintes de consommateurs quant à la qualité des produits ou services achetés). Les stratégies de diversion sont rarement efficaces si elles ne peuvent s'appuyer sur des faits convaincants pour les membres de l'environnement.

6. Conclusion

Les économistes ont montré que l'intervention réglementaire de l'État ne permet pas de régler le problème des « externalités » de façon économiquement satisfaisante, sauf dans les rares cas où ces « externalités » sont isolées et qu'elles perturbent peu les marchés. Dans la plupart des autres cas, l'élimination d'un coût social local engendre la création de coûts sociaux additionnels ailleurs dans l'économie. Ainsi, par exemple, le coût de la dépollution peut causer des pertes d'emplois dans certains secteurs économiques. Mais nous ne savons ni prévoir ni mesurer ces effets secondaires.

La mesure des coûts et des bénéfices attachés aux « externalités » est en effet une tâche redoutable : données incomplètes, incertaines ; variables intangibles, incommensurables, telles que les coûts psychologiques ; incapacité de prévoir la nature et l'importance des effets secondaires entraînés par les corrections apportées. Les méthodes d'évaluation disponibles, telles l'analyse des coûts et bénéfices ou l'analyse des risques et avantages, sont encore trop théoriques pour être utiles dans la pratique.

Les intervenants socio-économiques, en concurrence entre eux, articulent mal leurs priorités. Les gouvernements, comme les entreprises, ne peuvent véritablement établir une liste concrète des désirs de la population, puisqu'aucun ordre de priorités ne pourra satisfaire tous les groupes sociaux.

De plus, nous avons vu que la réglementation publique entraîne souvent des coûts élevés, tant pour les entreprises que pour l'État, sans que l'on puisse vraiment déterminer si ces coûts sont justifiables.

Pour toutes ces raisons, le pouvoir réel des partenaires socio-économiques de l'entreprise est souvent réduit. Même l'État hésite à intervenir quand les bénéfices sont incertains. Il demeure que la prospérité de l'entreprise est indissolublement liée à la satisfaction des membres de son environnement socio-politique, et c'est au dirigeant d'entreprise qu'il appartient de maintenir ce lien.

QUESTIONS

1. Jean Pasquero dans le chapitre intitulé « L'entreprise et son environnement socio-politique », discute des options stratégiques de la firme face à l'environnement socio-politique. Il propose que la firme dispose de trois stratégies face aux pressions sociales. Quelles sont ces stratégies ? Expliquez-les brièvement.

2. Quelles sont les qualités essentielles d'un gestionnaire contemporain dans son environnement socio-politique ?

3. Qu'entend-on par « doctrine de la responsabilité sociale de l'entreprise » ? Quelles controverses a suscitées cette doctrine ?

4. Expliquez les relations d'échange de pouvoir et d'effets de l'entreprise avec son environnement.

5. Quels sont les contrepouvoirs de l'entreprise ?

6. Distinguez : effets externes, externalité négative et effets pervers.

7. Quelle est la nature du processus par lequel la direction perçoit les pressions sociales et élabore des stratégies de réponse ?

NOTES BIBLIOGRAPHIQUES

1) Adam SMITH (1776). *Recherches sur la nature et les causes de la richesse des nations*, Paris, Gallimard (coll. Idées), 1976.

2) Élie HALÉVEY. *Histoire du soudisme européen*, Paris, Gallimard (coll. Idées), 1974.

3) Karl MARX et Friedrich ENGELS (1848). *Manifeste du Parti Communiste*, Paris, Éditions Sociales, 1976.

4) John Maynard KEYNES (1936). *Théorie générale de l'emploi, de l'intérêt et de la monnaie*, Paris, Payot, 1971.

5) *La Réforme de l'entreprise*, Rapport du Comité Sudreau, Paris, La Documentation Française et Union Générale d'Éditions (coll. 10-18), 1975.

6) Gouvernement du Canada (1978). *Rapport de la Commission royale d'enquête sur les groupements de sociétés*, Ottawa, ministère des Approvisionnements et Services, 1978.

7) Committee for Economic Development. *Social Responsibilities of Business Corporations*, Washington, D.C., CED, 1971.

8) Melvin ANSHEN (éd.). *Managing the Socially Responsible Corporation*, New York, MacMillan Publishing Co., 1974.

9) Milton FRIEDMAN. « The Social Responsibility of Business is to Increase Its Profits », *The New York Times Magazine*, 13 septembre 1970.

10) Lee E. PRESTON et James E. POST. *Private Management and Public Policy ; the Principle of Public Responsibility*, Englewood Cliffs, N.J., Prentice-Hall, 1975.

11) Kenyon B. DE GREENE. *The Adaptive Organization : Anticipation and Management of Crisis*, New York, John Wiley and Sons, 1982.

12) Edwin M. EPSTEIN. « Dimensions of Corporate Power », *California Management Review*, hiver 1973.

13) John K. GALBRAITH. *Le Capitalisme américain*, Paris, Éditions M-th. Génin, 1956.

14) Mancur OLSON. *The Logic of Collective Action: Public Goods and the Theory of Groups*, Cambridge, Mass., Harvard University Press, 1971.

15) E.J. MISHAN. « The Postwar Literature on Externalities: An Interpretative Essay », *Journal of Economic Literature*, Vol. 9, nº 1, mars 1971, p. 1-27.

16) Robert ACKERMAN et Raymond BAUER. *Corporate Social Responsiveness: The Modern Dilemma*, Reston, Va, Reston Publishing Company, 1976.

PARTIE III

Le processus d'administration

L'analyse du processus d'administration est divisée en trois chapitres. Le chapitre 7 décrit les activités et les styles du processus d'administration qui se déroule dans l'entreprise et qui est établi par les dirigeants, les cadres et les employés. Le chapitre 8 fait état des principales limites cognitives humaines qui malheureusement amènent les dirigeants à faire à l'occasion des erreurs de jugement. Le chapitre 9 esquisse une méthode décisionnelle fondée sur l'analyse des cheminements de causalité.

Le processus d'administration est l'objet du septième chapitre. Ce processus se compose d'événements et d'activités de décision et d'influence réalisés par des individus ou des groupes de personnes réparties au sein de la structure. Dans l'organisation apathique ou bureaucratique, le processus d'administration est répétitif et routinier, alors que pour l'entreprise dynamique et innovatrice, le processus d'administration est stimulé par de multiples interventions de la part des dirigeants, des membres et des concurrents. L'idée de décrire l'administration comme un processus organisationnel met l'accent sur la nature collective des choix. En effet, la majeure partie des décisions dans l'entreprise est le fruit d'efforts conjoints mais parcellaires. L'entrepreneur qui met seul, et lui seul, sur pied son entreprise, peut prétendre être un décideur unique. Dans l'entreprise, les décideurs sont multiples.

Les erreurs de jugement en administration sont abordées dans le huitième chapitre. Le décideur, qu'il soit administrateur ou non, est soumis à des contraintes cognitives et discursives qui l'éloignent de la rationalité. Ainsi, il comprend la réalité à l'aide de ses théories préférées, et il choisit souvent des informations d'une manière biaisée. Les difficultés des jugements d'induction et de déduction sont passées en revue par l'examen systématique de 15 types d'erreurs telles que le confirmationisme, l'échantillon biaisé, le Post Hoc Ergo Propter Hoc et le Non Sequitur. Seul un administrateur réaliste risque de prendre des décisions valides.

Le chapitre 9, intitulé «Le processus décisionnel», propose l'utilisation des réseaux de causalité en vue de la prise de décision. Selon J.C. Forcuit, on ne met pas une décision en place sans en prévoir les conséquences, à la fois positives et négatives. Il est rare cependant qu'une décision produise exactement les effets prévus. Le processus de prise de décision s'alimente donc à même les questions qu'il suscite, et la décision finale n'est jamais vraiment définitive.

CHAPITRE 7

LE PROCESSUS D'ADMINISTRATION

par

Roger Miller

et

Jocelyn Desroches

« Il faut agir en homme de pensée et penser en homme d'action. »

Bergson

Le processus d'administration est l'ensemble des décisions grâce auxquelles l'entreprise s'adapte aux exigences dynamiques de son contexte, élabore des stratégies d'action, résiste à ses tensions internes et atteint des niveaux élevés d'efficience. Le processus d'administration rassemble et canalise les énergies et les décisions des personnes qui travaillent à la survie et au progrès de l'entreprise.

La vigueur et le dynamisme avec lesquels les activités du processus se déroulent dépendent des attributs des entreprises et de leurs membres. Au sein de l'organisation léthargique, le processus d'administration est répétitif et routinier. Dans l'entreprise dynamique et innovatrice, le processus d'administration est stimulé par de multiples initiatives de la part des diri-

geants et des membres ; les possibilités sont perçues, reconnues et traduites en prises de conscience et en objectifs à réaliser. Dans l'entreprise émergente, le processus d'administration est centré sur le groupe d'entrepreneurs fondateurs.

Ce chapitre se divise en quatre sections. Dans la première section, nous esquissons d'une manière descriptive les types d'activités dont se compose le processus d'administration. Les styles distinctifs que prend le processus d'administration sont abordés dans la seconde section. La troisième section traitera des styles personnels et des activités des dirigeants. Enfin, la quatrième section présente une description réaliste du processus d'administration tel qu'il se déroule dans la vie concrète des entreprises.

1. Les activités au sein du processus d'administration

Les décisions individuelles et collectives qui constituent le processus d'administration prennent des formes différentes, soit la stratégie, le design organisationnel, la planification, le changement et le contrôle. Ces décisions majeures sont elles-mêmes constituées d'un nombre de cycles de décisions entrelacées et imbriquées les unes dans les autres.

Pour chacune de ces décisions, le processus d'administration débute par les activités d'instauration ou de relance et se poursuit par les activités de prise de décision et de programmation. La réalisation concrète du travail suppose aussi la communication des plans aux différents échelons administratifs, l'établissement de mécanismes de contrôle dans le but de vérifier la réalisation pratique des décisions et enfin, l'évaluation et la révision. Le processus d'administration forme ainsi un ensemble de grappes de décisions interreliées et cycliques[1]. Les activités de révision relancent en effet les activités d'instauration.

La figure 7.1 présente les types idéalisés d'activités du processus d'administration. Toutes les activités ne sont pas nécessairement réalisées selon cette séquence. Dans les faits, le cycle est souvent abrégé. La programmation d'une décision peut conduire à une évaluation et à une révision immédiate, éliminant ainsi les étapes de la communication et du contrôle. Les phases d'évaluation et de révision donnent un caractère cyclique au processus d'administration, car elles permettent de le concevoir comme une boucle de rétroaction qui rejoint les activités de départ, c'est-à-dire l'instauration et le déclenchement[2].

Les activités sont aussi souvent concomitantes. En réalité, plusieurs étapes du processus sont réalisées de manière simultanée. Un cycle peut fort bien débuter au niveau supérieur de l'entreprise en ce qui a trait à ses objectifs fondamentaux, alors que d'autres cycles sont déjà bien amorcés au niveau fonctionnel des ventes, de la finance ou du personnel[3]. Dès lors, un même processus d'administration composé de

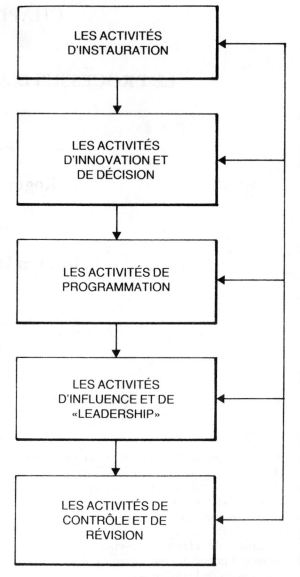

Figure 7.1   Les activités du processus d'administration

cycles d'activités d'importance et d'amplitude différentes peut se dérouler en même temps selon des formes abrégées ou entières à divers niveaux de l'entreprise. Chacun de ces cycles contribue à l'action administrative.

Le tableau 7.1 donne un résumé des termes utilisés par les auteurs qui ont tenté, à leur fa-

Tableau 7.1 Classification des activités d'administration

AUTEURS ET RECHERCHES	DÉBUT DU PROCESSUS	LES ACTIVITÉS	FIN DU PROCESSUS
MARCH & SIMON Étude descriptive de décisions d'entreprises	**Intelligence** – stimuli – formulation du problème	**Design** – recherche, sélection et examen des possibilités – factorisation en programmes	**Choix** – décision de mettre en oeuvre une solution satisfaisante
UTTERBACK Sommaire des recherches sur l'innovation technologique	**Génération d'idées** – reconnaissance d'un besoin – reconnaissance d'une possibilité technique – synthèse dans une proposition d'innovation	**Résolution du problème** – division en sous-problèmes – priorité et information – design et évaluation des solutions	**Mise en oeuvre** – innovation – imitation – diffusion
ACKOFF & TRIST Module normatif basé sur l'expérience	**Planification** des fins et buts idéalisés	**Planification** des moyens **Planification** des ressources	**Planification** de l'organisation **Mise en oeuvre**
DALTON & LAWRENCE Étude du processus d'innovation dans 30 hôpitaux	Pression sur la direction générale et intervention externe	Diagnostic et définition des problèmes Invention des solutions Participation des intéressés	Expérimentation et changement
HAGE & AIKEN Examen du processus d'innovation dans 30 hôpitaux	**Évaluation** – une élite constate le besoin de changement	**Instauration** – l'élite choisit la solution et trouve les ressources **Mise en oeuvre et programmation**	Routinisation au sein de programmes stables

çon, d'étudier les activités qui se déroulent au sein du processus d'administration. La plupart de ces classifications sont basées sur des études empiriques axées sur le changement organisationnel, sur la stratégie ou sur l'innovation technique et commerciale. Les phases identifiées portent des noms différents, mais elles débutent toutes par la reconnaissance du problème ou l'identification d'une possibilité. L'élaboration et l'examen des solutions envisagées en fonction des critères d'application précèdent le choix final. Enfin, la mise en œuvre et la conversion en programmes des nouvelles activités terminent le processus. Examinons donc en premier lieu les activités d'instauration.

1.1 LES ACTIVITÉS D'INSTAURATION

Les activités d'instauration sont les ressorts du processus d'administration. En effet, la prise de décision n'est pas uniquement l'acte final de choisir parmi une gamme de solutions, mais elle est précédée par l'instauration et l'innovation. Sans les activités d'instauration par ses membres et ses dirigeants, l'entreprise demeure insensible aux différentes occasions ou dangers internes et externes. L'importance de ces activités est esquissée par H.A. Simon.

« Les cadres passent une grande partie de leur temps à scruter l'environnement économique, technique, politique et social pour identifier les nouvelles conditions qui exigent de nouvelles actions. Ils passent probablement la plus grande partie de leur temps seuls ou avec leurs associés, à essayer d'inventer, de concevoir ou de mettre sur pied des plans d'action possibles pour se rendre maîtres de situations où une décision est nécessaire. Et ils passent une toute petite partie de leur temps à choisir parmi les différentes actions possibles qu'ils ont déjà envisagées pour faire face à un problème connu et dont les conséquences ont déjà été analysées. Ces trois activités constituent la plus grande partie du travail des dirigeants[4] ».

L'instauration est la décision de ne pas continuer un programme d'actions en cours, en réponse à des stimuli internes et externes perçus

ou en fonction d'objectifs nouveaux. Grâce à l'instauration par un dirigeant ou une coalition de dirigeants, l'entreprise remet en cause les politiques et les pratiques du moment. L'instauration apparaît donc comme une activité primordiale. Sans elle, il est impossible d'expliquer l'origine des changements qui se produisent et les mécanismes d'adaptation de l'entreprise à l'évolution des exigences de la concurrence et des attentes socio-politiques.

L'instauration est, en quelque sorte, la mise en évidence d'une situation problématique par les dirigeants de l'entreprise et la formulation de nouveaux objectifs[5]. Les activités d'instauration résultent de trois types de phénomènes :

— la perception subjective, juste ou incomplète, par des cadres ou des employés de stimuli externes ou internes qui semblent offrir des possibilités, montrer des problèmes ou esquisser des dangers ;

— l'insatisfaction chez les cadres ou les employés quant au résultat atteint par opposition aux attentes ou en comparaison avec les concurrents ;

— la volonté d'atteindre des performances plus élevées et de réaliser des progrès.

Les stimuli, c'est-à-dire les occasions ou les dangers qui déclenchent les activités d'instauration, proviennent de différentes sources :

— les actions des concurrents, les innovations issues de l'environnement technologique ou les attentes perçues des fournisseurs de capitaux ;

— les suggestions et les idées des cadres innovateurs au sein des activités de planification ;

— les dangers et les risques perçus qui résultent des actions des concurrents, des fournisseurs ou des auteurs socio-politiques.

Les stimuli qui déclenchent les activités individuelles d'instauration sont divers. Mentionnons, à titre d'exemple, le lancement par un concurrent d'une innovation technologique, de mauvais résultats financiers au cours d'un trimestre ou un mécontentement ressenti par les dirigeants. Ainsi, le directeur commercial d'une entreprise peut apprendre qu'un concurrent a mis au point un nouveau produit. Ce stimulus peut le conduire à rechercher des informations au sujet des produits similaires et à proposer des changements dans sa propre entreprise. De même, lorsqu'une attitude d'insatisfaction se développe si le niveau des résultats observés est inférieur aux aspirations, les cadres prennent la responsabilité de signaler des possibilités d'innovation. Enfin, les fournisseurs, en tentant de vendre leurs produits, peuvent proposer des occasions d'innovation aux entreprises établies.

Les activités d'instauration, au lieu d'être laissées au hasard des événements ou de la spontanéité, peuvent être programmées par des mécanismes de planification ou d'évaluation systématique des résultats. Ces stimuli programmés deviennent des déterminants importants d'interrogation et d'instauration. L'instauration est institutionnalisée dans l'entreprise par la présence d'objectifs tels que des taux annuels de croissance, des parts de marché et des mesures de rentabilité. Les entreprises peuvent automatiser l'instauration grâce à des activités telles que le lancement périodique de produits ou la planification annuelle[6]. La planification stratégique stimule l'institutionnalisation de l'instauration et de l'innovation. Ainsi, lorsque les performances escomptées ne sont pas atteintes, l'exploration systématique de l'environnement et les activités de recherche peuvent aboutir à la découverte d'occasions d'innover.

Les situations problématiques ne déclenchent pas nécessairement des activités d'instauration. En effet, les cadres ne réagissent pas à tous les problèmes, mais, au contraire, en raison des contraintes de temps, ne s'occupent d'une manière sélective que des problèmes les plus urgents. Seuls les cadres qui perçoivent et formulent les problèmes dans une optique stratégique en vue de l'adaptation à l'environnement déclenchent des activités d'instauration orientées vers l'avenir. Les dirigeants, aux prises avec des résultats insatisfaisants, sont poussés à esquisser des solutions novatrices aux problèmes : la nécessité devient ainsi la mère de l'invention.

En bref, les activités d'instauration conduisent les dirigeants à la formulation de buts nou-

veaux ou à l'intention d'atteindre de nouveaux objectifs au nom de l'entreprise. L'instauration et la relance du processus d'administration peuvent donc être stimulées par l'intuition personnelle des dirigeants, l'insuffisance des performances, les actions des concurrents ou les pressions émanant des niveaux opérationnels. L'instauration et l'innovation, qui, de prime abord, apparaissent comme des activités foncièrement internes de l'entreprise, peuvent aussi résulter des occasions ou des dangers externes associés à la concurrence.

Lorsque la décision est prise, c'est-à-dire lorsque l'on a admis qu'une situation est problématique ou que de nouveaux objectifs s'imposent, les activités d'instauration laissent place aux activités d'innovation et de décision proprement dites.

1.2 LES ACTIVITÉS D'INNOVATION ET DE DÉCISION

Les activités d'instauration sont une condition nécessaire, mais non suffisante, au déroulement du processus d'administration. En effet, la direction doit non seulement réagir à l'action, mais aussi s'y préparer. Les activités de prise de décision dans l'organisation sont à certains moments rationnelles et délibérées, tandis qu'à d'autres, elles sont répétitives, innovatrices et souvent inspirées par l'intuition du moment. De plus, lorsque les enjeux sont importants, les décisions sont prises dans un climat de relations de pouvoir et de conflit[7].

Les activités d'innovation et de décision peuvent être réalisées d'une manière délibérée ou spontanée. Nous décrirons le mode délibéré, car ce n'est qu'en analysant la forme idéalisée qu'il est possible d'esquisser les étapes qui sont escamotées dans l'action. Ces activités sont au cœur des préoccupations des dirigeants et au centre du processus d'administration.

Le mode délibéré et analytique se caractérise par la réalisation méthodique des activités suivantes : définition du problème, élaboration et appréciation des solutions possibles, délibération quant aux conséquences des solutions et, enfin, choix. Cette séquence idéalisée d'activités présuppose l'existence d'une volonté de rationalité et des pouvoirs discrétionnaires de mise en œuvre. De plus, elle suppose que l'entreprise dispose d'abord du temps nécessaire aux délibérations, ensuite des moyens d'évaluer clairement chacune des options suggérées et enfin, d'une information et d'une connaissance éclairée de la situation. Il est cependant rare que tous ces facteurs soient présents.

● Le diagnostic du problème

La définition du problème à résoudre concerne le diagnostic et l'identification des causes probables de la situation. Cette première étape, de nature essentiellement cognitive, a pour objectif de formuler une définition novatrice du problème. Le déroulement des étapes subséquentes est évidemment fonction de la justesse et de la clarté avec lesquelles la définition du problème à résoudre aura été réalisée[8]. L'analyse de la situation consiste en un effort systématique de recherche et de présentation des données factuelles relatives à la situation problématique ou encore en une appréciation subjective lorsque les données quantitatives ne sont pas disponibles. L'identification subjective des blocages créés par le problème en est le point de départ. Plusieurs techniques d'analyse peuvent être utilisées : sondages des préférences des clients, analyses de marché, tests de produits, recherches opérationnelles, simulation des résultats d'exploitation, etc.

● La recherche de solutions

La recherche innovatrice de solutions consiste en une identification, par des processus volontaires d'analyse et de création, des voies opérationnelles de résolution du problème, même si la compréhension des causes est imparfaite. Le processus de recherche de solutions peut être exhaustif ou partiel. Le temps et l'énergie nécessaires à une recherche exhaustive sont tels que les preneurs de décision proposent souvent l'imitation des solutions mises en œuvre par des concurrents, l'application de solutions aisément réalisables et qui corrigent en partie les symptômes et non les causes réelles, et l'acceptation de solutions partielles qui n'abordent pas le problème dans une perspective systémique mais

contribuent à faire un pas dans la bonne direction[9].

● L'évaluation des solutions

L'évaluation des choix de solutions est l'examen et la comparaison de la situation actuelle avec les solutions possibles. Cette étape comporte l'estimation subjective des probabilités de succès de chacune des options, de même que l'identification des critères d'évaluation des solutions. Le choix, dans ces circonstances, est influencé par plusieurs facteurs, dont la volonté des dirigeants et leur marge de manœuvre.

L'objectif, dans l'exercice du choix, est la rationalité pratique et non la poursuite d'un absolu. La volonté de trouver la solution optimale et le rejet des améliorations marginales conduisent fréquemment à des décisions tardives et coûteuses, à des indécisions inutiles et à une nervosité considérable pour les décideurs.

Dans le feu de l'action, les activités d'innovation et de décision ne suivent pas les étapes du mode idéalisé. Les contraintes de temps suggèrent que des circonstances spéciales motivent la suppression d'étapes non nécessaires ou évidentes. Les activités d'évaluation s'inspirent de l'information disponible, qui est filtrée différemment par chaque participant et donc biaisée[10]. La recherche d'information et l'évaluation des effets des solutions possibles sont souvent rudimentaires, bien qu'il existe de nombreuses techniques d'analyse.

Les décideurs favorisent très tôt une solution plutôt qu'une autre, bien avant d'en connaître toutes les implications. Les activités de choix sont donc souvent simplifiées par l'adoption d'une solution convenablement développée mais inférieure à la solution optimale. Une solution est adoptée dès qu'elle satisfait les exigences des participants et qu'elle recueille un soutien suffisant du reste de la coalition dirigeante[11].

1.3 LES ACTIVITÉS DE PROGRAMMATION

Les solutions choisies n'auront d'effets économiques et organisationnels que si elles sont effectivement traduites en programmes d'action et mises en œuvre. Dès lors, on peut comparer le processus d'administration à une multiplication. Si l'un de ses éléments, tel que la programmation des activités, fait défaut, le produit final est nul, quelle que soit la qualité des contributions des autres activités du processus d'administration[12].

Les solutions choisies par les dirigeants, aussi brillantes et innovatrices soient-elles, demeurent inefficaces si elles ne sont pas traduites en programmes concrets d'action. Les solutions aux situations problématiques sont mises en œuvre au sein de l'entreprise non pas par des décisions isolées, mais par l'élaboration de programmes nouveaux ou des modifications substantielles aux programmes en vigueur.

En fait, les activités journalières et continues d'une entreprise s'opèrent grâce à la réalisation, par les membres, des activités prévues dans un éventail de programmes. Les cadres et les employés exécutent des programmes d'action construits par la direction ; ces programmes ont pour objet d'articuler et d'agencer les contributions des ressources humaines, informationnelles et matérielles. Les programmes sont établis par des politiques générales, des définitions de rôles individuels, des interactions techniques et administratives spécifiques et des règles de décision[13].

L'élaboration des programmes d'action permet d'établir à l'avance : i) les contributions des personnes qui participeront à l'exécution de la solution choisie, ii) les informations qui seront utilisées et iii) les séquences de décisions à prendre. Sans programme détaillé, l'exécution est soumise aux aléas et aux caprices des décideurs et des événements.

Les programmes utilisés au sein de l'entreprise portent divers noms selon leur niveau : planification stratégique, planification annuelle, développement de nouveaux produits, gestion informatisée de la production, traitement des commandes, procédures d'achat, etc. Les programmes confèrent au processus d'administration une stabilité telle que les personnes qui travaillent dans l'entreprise prennent des décisions dans des cadres établis d'une manière rationnelle sans nécessairement comprendre l'ensemble.

La véritable supériorité d'une organisation apparaît alors. En effet, grâce à la programmation des actions, l'entreprise peut agir de manière rationnelle, logique et cohérente même si les membres sont incapables d'autant de rationalité. Le programme permet d'aller au delà des oublis, des erreurs et des humeurs des membres pour forger une action collective efficace.

1.4 LES ACTIVITÉS D'INFLUENCE ET DE « LEADERSHIP »

L'exécution des programmes est souvent réalisée par le personnel qui n'a pas toujours participé à leur élaboration. En conséquence, une des familles d'activités du processus d'administration consiste à informer, à inciter et à stimuler les personnes qui contribueront à l'exécution des divers programmes réalisés dans l'entreprise[14].

L'exercice de l'influence et du pouvoir prend en premier lieu une coloration formelle qui met l'accent sur la définition des tâches, la coordination des activités ou l'évaluation des résultats. L'influence s'exerce aussi par des relations personnelles et par le « leadership » motivateur. Les cadres dirigeants veillent à l'exécution des programmes par la supervision, le « leadership » et la stimulation des performances.

L'exercice de l'autorité légitime et du commandement en vue de l'exécution des programmes se fait à travers la structure formelle et les mécanismes organisationnels. L'élaboration de politiques, de directives et de procédures formelles destinées aux employés est aussi une façon de communiquer les attentes. L'influence formelle des dirigeants, dans le but de réaliser les programmes organisationnels, s'exerce par le biais de plusieurs mécanismes :

— la communication des politiques, des procédures et des directives ;

— la définition des tâches et des mandats ;

— la motivation des employés grâce aux systèmes de récompenses ;

— les outils de coordination et d'évaluation des résultats.

L'influence et le « leadership » s'exercent aussi grâce aux relations interpersonnelles et à la diffusion des valeurs. Ainsi, l'établissement d'un climat de travail qui suscite la motivation des employés, la valorisation des normes sociales proposées par l'entreprise de même que la formation technique et administrative des employés viennent compléter les mécanismes formels[15].

Le « leadership » manifesté au sein de l'entreprise en vue de réaliser les programmes d'activité s'exerce à tous les niveaux, de la direction générale aux contremaîtres. Les caractéristiques personnelles des dirigeants et des subordonnés agissent sur le « leadership » ; l'influence des dirigeants nécessite le consentement des subordonnés.

L'exercice du « leadership » suppose que le dirigeant remplisse à des moments divers des fonctions distinctes : recherche et transmission d'information, orientation, discussion, commandement, critique, encouragement et établissement de normes et de tâches[16]. Les styles de « leadership » varient en fonction des personnes et des problèmes. Néanmoins, plusieurs modes sont observables : i) le mode autoritaire ; ii) le mode démocratique ; iii) le mode bureaucratique ; iv) le mode charismatique. Nous examinerons plus loin dans ce chapitre les styles de « leadership ».

1.5 LES ACTIVITÉS DE CONTRÔLE ET DE RÉVISION

L'efficacité d'une décision « programmée » varie selon le degré auquel elle est communiquée aux responsables de son exécution et selon le degré de précision des normes de performance. La détermination des normes de performance ainsi que des mesures de stimulation est mieux connue sous le nom de contrôle. Le contrôle est un ensemble d'activités qui fournit des normes, des politiques et des guides aux exécutants. Il sert aussi à mesurer le degré d'application des décisions[17].

Les activités de contrôle ont pour objet d'assurer la réalisation efficace des programmes et d'éviter les comportements individuels et collectifs dysfonctionnels. Les activités de contrôle servent à vérifier si les programmes ont été réalisés selon les modes prévus et si les résultats escomptés ont été atteints.

Un exemple du processus d'administration : l'usine IBM de Bromont

Au début des années 80, l'usine IBM à Bromont possédait un niveau de qualité de 85 % pour les produits fabriqués. Envisagé d'un autre œil, cela signifiait aussi pour la direction que le client risquait de recevoir 15 % de produits défectueux. Les stimuli résultant des risques perçus par la direction ont donc déclenché les activités du processus d'administration. On décida alors d'adopter une nouvelle stratégie pour améliorer la qualité, et se fixer comme objectif « zéro-défaut » (activités d'instauration).

On décida d'innover en élaborant des modes de gestion qui différaient de ceux que l'usine utilisait auparavant. Après avoir défini la source des problèmes de qualité, et délibéré au sujet des solutions que l'entreprise pouvait adopter pour atteindre son objectif de « zéro-défaut », on décida d'engager les employés dans le contrôle du produit (activités d'innovation et de décision).

Cette décision de la direction de l'usine entraîna la mise en branle d'un programme qui visait l'examen et l'amélioration non seulement de la fabrication, mais aussi de la conception, de la distribution et de la mise en marché du produit. Chaque aspect de la mise en place de la nouvelle stratégie était planifié avec une précision exceptionnelle, améliorant ainsi les chances de réussite de la réalisation du plan d'action (activités de programmation).

Un des aspects les plus importants de cette initiative était de convaincre les employés de l'usine de la faisabilité de la nouvelle stratégie, c'est-à-dire l'objectif « zéro-défaut », puisque l'usine de Bromont possédait déjà, à ce moment-là, la réputation d'être la plus performante de toutes les unités de fabrication d'IBM. Afin d'obtenir l'apport maximum de chaque individu, on impliqua, dans la définition des tâches et des responsabilités, chaque employé en ce qui concerne la qualité à atteindre, la cadence et les procédures de fabrication. Ces activités d'influence et de « leadership » ont ainsi permis d'améliorer le sentiment d'appartenance de chaque employé, entraînant par le fait même une plus grande motivation et une sensibilisation à la qualité des produits fabriqués **(activités d'influence et de « leadership »).**

La réalisation de ce plan d'action a permis à l'usine IBM de Bromont d'atteindre un niveau de qualité de l'ordre de 99 %. Comparés aux objectifs fixés au début du processus, qui étaient de « zéro-défaut », les résultats étaient excellents mais non satisfaisants. Par contre, avec le contrôle qui s'exerce à tous les niveaux et l'implication exceptionnelle des travailleurs, l'entreprise ne doute nullement qu'elle atteindra son objectif de la perfection, soit 100 % de qualité **(activités de contrôle et de révision).**

Les activités de contrôle supposent l'existence de programmes, de plans et de budgets : les résultats atteints peuvent ainsi être comparés aux prévisions. Le contrôle peut s'exercer à plusieurs niveaux. En premier lieu, la direction peut examiner la qualité des budgets, des plans et des programmes établis. Il s'agit là du contrôle prévisionnel. En second lieu, le contrôle des activités et des résultats peut s'exercer en cours d'exécution. Cette forme concomitante du contrôle est devenue de plus en plus populaire en raison du développement des systèmes informatisés de gestion. En troisième lieu, le contrôle peut s'exercer sur les méthodes suivies dans l'exécution des tâches et la réalisation des travaux. Il s'agit là d'un travail de vérification. Enfin, le travail de contrôle peut s'exercer *ex-post*, c'est-à-dire à la fin de la période comptable ou à la fin de l'exécution d'un pro-

gramme. Le contrôle *ex-post* comprend des activités telles que l'évaluation des performances, la comparaison des résultats et l'examen des facteurs expliquant l'atteinte ou la non-atteinte des résultats escomptés.

Les activités de révision aident à comprendre les facteurs qui expliquent les résultats inférieurs et déclenchent les activités d'instauration. Les activités de révision s'inspirent d'abord des informations glanées à tous les niveaux grâce aux mécanismes de contrôle. La rétroaction d'information permet d'évaluer la justesse des objectifs et des programmes. L'examen des résultats fournis par le contrôle peut conduire à la décision de poursuivre les programmes sans modification ou, au contraire, il peut conduire à des modifications et à des réorientations.

Les activités de révision sont déclenchées par des stimuli ou des rétroactions d'information de natures diverses. En premier lieu, les résultats des programmes d'action peuvent être inférieurs aux résultats escomptés. En second lieu, les hypothèses de planification en ce qui a trait à l'évolution de l'économie ou aux actions des concurrents peuvent être remises en question par l'apparition de données nouvelles. Enfin, des erreurs de décision ou d'exécution peuvent mettre en évidence des déviations.

1.6 CONCLUSION

Le caractère volitif et stimulateur des activités d'instauration, de décision, d'influence, de stimulation et de « leadership » du processus d'administration mérite d'être souligné. Ces activités individuelles et collectives sont réparties au sein de la structure de l'entreprise. Elles sont exécutées au fil du temps et dépendent des comportements des dirigeants et des cadres qui en sont les auteurs. Elles sont également collectives, puisque l'interdépendance des activités exige la collaboration des membres de l'entreprise. Les activités sont orientées vers les buts de l'entreprise tels que les membres les comprennent, soit la rentabilité et l'adaptation aux exigences de la concurrence ou le progrès technologique.

2. Les styles du processus d'administration

Notre propos dans cette section est d'esquisser les styles que peut prendre le processus d'administration (voir le tableau 7.2). Le premier style est celui de la rationalité technocratique. L'accent dans ce style est placé sur la dimension analytique et le processus rationnel de planification, de décision et de contrôle. Le second style est politique. Les processus sociaux déclenchés par la volonté des dirigeants de gérer l'organisation selon des normes de rationalité ont pour conséquence de donner une allure réactive et politique au processus d'administration. Le style entrepreneurial du processus d'administration est

le dernier que nous examinerons. Les jugements et les initiatives personnelles y jouent des rôles plus importants que l'analyse rationnelle et les comportements politiques.

2.1 LE STYLE TECHNOCRATIQUE ET ANALYTIQUE

Le premier style du processus d'administration fait appel à l'analyse pour l'identification rationnelle des objectifs et des programmes d'action. Cette conception du processus d'administration jouit d'une grande faveur aujourd'hui, en raison du fait que les administrateurs disposent de schémas d'analyse et de méthodologies d'action utiles. Le centre de gravité du style technocratique et formel est la préparation délibérée des décisions et de la mise en œuvre par l'analyse[18].

Tableau 7.2   Les styles du processus d'administration

Éléments	Style technocratique analytique	Style politique	Style entrepreneurial
Élaboration de la stratégie et contrôle	— Buts clairs: • Croissance, • Projets, • Bénéfices. — Méthode analytique, contrôles formels par missions et projets — Plan à long terme	— Buts diffus — Négociations — Contrôle des dépenses — Plans formels — Marchandage	— Buts clairs mais non explicités — Méthode intuitive — Contrôle informel des résultats — Actions à court terme — Redéfinition par l'action
Organisation et culture	— Division poussée du travail — Structure dépendant de la stratégie — Définition de tâches et de règles	— Division basée sur le pouvoir — Structure dépendant des personnalités et des problèmes — Identification personnelle à la tâche et non aux rôles	— Organisation peu structurée et liée aux préférences de l'entrepreneur — Contacts personnels — Attitude souvent dominatrice
Information	— Formelle et structurée — Organisée par niveau — Centralisée	— Quantitative et fragmentaire — Réseaux informels — Nombreux participants aux décisions	— Quantitative et informelle — Réseaux personnels de l'entrepreneur — Centralisation des décisions
Contexte approprié	— Environnement externe et interne stable — Grande taille et économie d'échelle — Maintien des statistiques plus qu'innovation	— Environnement riche — Réactions au marché doivent être centrées	— Lancement d'un projet innovateur — Entrée dans un marché turbulent — Décisions rapides en raison des discontinuités

2.1.1 Les caractéristiques de la démarche analytique

L'attitude fondamentale préconisée par la démarche analytique est d'essayer de comprendre ex ante les problèmes de l'administration de l'entreprise, de façon à saisir adéquatement les effets aléatoires, les facteurs incontrôlables et les contraintes de façon à dégager les leviers contrôlables par la direction. La démarche analytique, telle qu'indiquée à la figure 7.2, propose de déplacer l'essence du rôle du dirigeant vers la préparation ex ante des décisions de façon que l'action concrète qui en découle soit plus efficace[19].

Le style analytique s'applique à tous les types de problèmes d'administration : structurés, non structurés, fonctionnels ou stratégiques[20]. Les applications fonctionnelles les plus répandues sont, par ordre décroissant : en finance, en marketing, en fabrication, en planification et en personnel (voir à cet effet le tableau 7.3). Le style analytique s'appuie sur les informations pertinentes et la traduction des informations en action à la suite de décisions délibérées et analytiques.

La figure 7.3 résume l'ensemble des éléments essentiels de l'approche analytique. Le décideur analytique utilise des modèles, des logiciels d'analyse statistique et des banques de

Tableau 7.3 Les applications analytiques les plus fréquentes et utiles

	Fonction	Intérêt Rang sur 20	Utilité Rang sur 20
– Modèles de planification stratégique	DG	1	2
– Analyse du mouvement de trésorerie	FIN	2	17
– Prévisions financières à long terme	FIN	3	19*
– Gestion des inventaires	FAB	4	3*
– Prévisions économiques à long terme	DG	5	9
– Planification de la fabrication	FAB	6	1
– Analyse des investissements	FIN	7	14
– Affectation du capital	FIN	8	**
– Système d'information financière	FIN	9	9
– Simulation des stratégies	DG	10	**
– Planification des installations	DG	11	3*
– Système d'information de gestion général	DG	12	**
– Budget et contrôle	FIN	13*	9
– Ordonnancement de la fabrication	FAB	13*	15
– Études de marché	M	15	5
– Élaboration des plans	DG	16	**
– Étude des prix	M	17	9
– Évaluation des stratégies	DG	18	**
– Analyse des stratégies de marché	M	19*	12*
– Système d'information de marketing	M	19*	**

Source: Conference Board, *Management Science in Business*, New York, 1977.

* Égalité

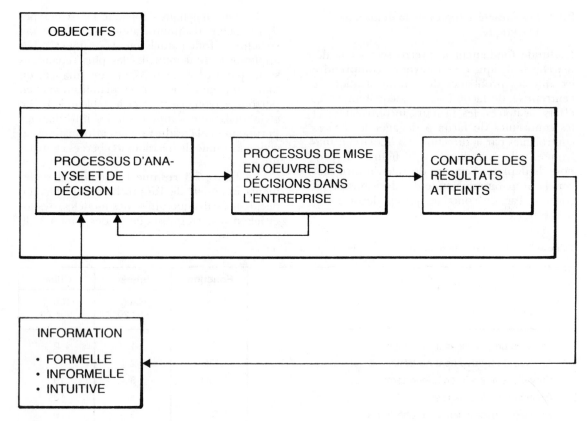

Figure 7.2   La démarche analytique du processus d'administration

données pour prendre ses décisions. La mise en œuvre des décisions peut agir sur les résultats qui forment les éléments de base de la banque de données formelles[21]. Voici, esquissées à grands traits, les caractéristiques les plus pertinentes du style analytique.

• Une orientation téléologique

Le style analytique est avant tout téléologique, c'est-à-dire orienté vers le choix délibéré et réfléchi de solutions efficaces dans le but d'atteindre les objectifs choisis. L'établissement a priori et ex ante d'objectifs à atteindre permet non seulement de clarifier les priorités au sein de l'entreprise, mais aussi d'établir à l'avance les critères qui permettront d'évaluer l'efficacité des solutions envisagées[21].

L'évaluation des solutions et des actions possibles s'appuie d'abord sur des critères économi-ques et quantitatifs mesurables. Les objectifs sont donc traduits en buts concrets, quantifiables et répartis à travers le temps. Les objectifs ne sont pas imposés de l'extérieur, mais ils s'inspirent des normes de rentabilité et d'utilité des théories économiques ou des critères de performance propres au système de transformation de l'entreprise. Ces objectifs peuvent être uniques, par exemple le profit ou l'efficience, mais ils peuvent aussi être multiples : croissance des ventes, parts de marché, etc. La poursuite d'objectifs multiples implique des compromis inévitables. L'établissement d'objectifs ex ante comprend souvent les étapes suivantes :

— la détermination d'une fonction d'utilité ou d'objectifs de performance acceptables aux décideurs concernés ;

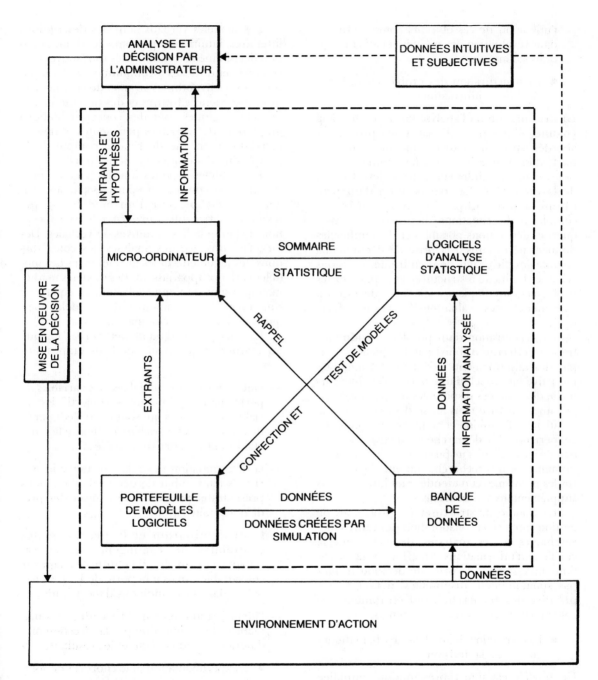

Figure 7.3 Attitude de décision analytique

— l'utilisation de ces objectifs comme critères dans l'évaluation des mérites relatifs des options examinées.

● La structuration des problèmes et la recherche d'information

La structuration ou l'analyse fait référence à la volonté, d'une part, de saisir les problèmes abordés dans toute leur complexité et, d'autre part, d'identifier les variables maniables qui pourraient devenir les véritables leviers d'action de la direction[22]. La structuration d'un problème a pour objet de comprendre la complexité des situations, de prévoir les conséquences des options possibles et d'identifier les données nécessaires à la prise de décision. La volonté des dirigeants de prendre des décisions éclairées les incite à structurer et à analyser les problèmes, si complexes soient-ils, de façon à aller au-delà des évaluations hâtives et subjectives.

La structuration d'un problème d'administration s'effectue d'abord par l'induction, puis par des raisonnements déductifs. La méthode inductive fait appel, d'une part, à l'analyse formelle des données disponibles de façon à dégager une structure mais aussi, d'autre part, à la créativité, à l'intuition et au jugement fondé sur l'expérience. La démarche déductive est celle des dirigeants qui s'inspirent des théories économiques et des recherches en vue de structurer les problèmes et d'identifier les informations supplémentaires à recueillir.

La volonté de structurer les problèmes de gestion suppose la collaboration des cadres hiérarchiques et des analystes, de même que la cueillette d'informations. En effet, les informations nécessaires à la prise de décision n'étant pas spontanément disponibles, il faut entreprendre des recherches, qui entraînent des coûts réels de ressources et de temps.

● La confection de modèles mathématiques en vue de la décision

Un modèle est une représentation simplifiée des aspects pertinents d'un problème ou d'une situation[23]. Les modèles peuvent être verbaux, logiques ou mathématiques.

Les modèles verbaux sont des descriptions littéraires, intuitives et personnelles d'une situation décisionnelle. Ces modèles sont souvent incomplets et difficiles à communiquer. Ils reposent sur des hypothèses au sujet de la structure, des conséquences futures et des prévisions. Les modèles logiques sont des conceptualisations graphiques des variables pertinentes et des interrelations en vue de rendre compte de la complexité d'une situation décisionnelle.

Les modèles logiques font largement appel aux théories connues et épousées par les dirigeants. L'élaboration d'un modèle logique oblige les dirigeants à expliciter leurs conceptions expérientielles, intuitives ou verbales. Dès lors, l'insuffisance des analyses, les contradictions des jugements et les incohérences des modèles verbaux apparaissent. Les modèles mathématiques sont ceux qui traduisent en équations simultanées et dynamiques des modèles logiques succincts et parcimonieux.

La construction d'un modèle verbal, logique ou mathématique comprend les étapes suivantes :

— l'identification des variables : les variables de performance qui mesurent l'objectif, les variables endogènes qui sont contrôlées par la direction et les variables contextuelles qui établissent le cadre du modèle ;

— la détermination des relations entre les variables dans le but de décrire les situations présentes et passées et de réaliser des prédictions pour l'avenir ;

— la détermination et la prévision des contraintes, des contingences et des variables contextuelles. Il est difficile d'agir sur ces variables, mais il importe de les prédire, même dans des conditions d'incertitude ;

— l'identification des variables endogènes maniables, dont l'inflexion par la direction modifiera l'état du système et les résultats.

● L'expérimentation et le choix d'une solution

L'expérimentation a pour objet de rechercher une solution qui satisfasse aux critères de performance[24]. Les modèles analytiques supposent des prévisions quant à l'état des contraintes, des variables incontrôlables ou du milieu environnant. L'expérimentation préalable à l'action permet d'identifier les stratégies les plus aptes à l'atteinte des objectifs visés.

L'examen des hypothèses de solution et des conséquences des options peut être fait à l'aide de simulations sur ordinateur. Les effets à court terme et à long terme des solutions peuvent être esquissés. Souvent les solutions utiles à court terme peuvent avoir des effets contre-intuitifs à long terme et vice versa[25]. L'exploitation du modèle mathématique en vue d'identifier les solutions les plus efficaces suppose l'établissement de prévisions et d'anticipations sur l'état des contraintes et des variables non contrôlables. Ainsi, on établira des hypothèses relatives au niveau de l'activité économique, à l'aspect saisonnier de la croissance des ventes, etc.

La caractéristique la plus importante du style analytique est la volonté de faire des prévisions et des anticipations sur l'avenir en dépit de l'imperfection des connaissances due au risque ou à l'incertitude[26]. Les prévisions et les anticipations peuvent être établies à partir des analyses formelles des données du passé ou d'une manière subjective et volontariste en fonction des opinions personnelles des dirigeants.

● La mise en œuvre des solutions

Le style analytique porte non seulement sur les choix mais aussi sur la mise en œuvre dans l'entreprise des solutions choisies. Il ne suffit pas de trouver la solution optimale, il faut aussi mobiliser les moyens de mettre à exécution la décision. Cependant, dans le style analytique, la foi dans le choix d'une solution technique optimale et rationnelle limite souvent la mise en œuvre de l'achat d'ordinateurs, d'équipement et du design de programmes.

2.1.2 La mise en œuvre par des programmes formels

La mise en œuvre des solutions analytiques s'appuie souvent sur des programmes formels. À mesure que s'accroissent la taille et la complexité des organisations, la nécessité de structurer les activités de planification et d'exécution du processus d'administration s'impose. La méthode de mise en œuvre privilégiée par les dirigeants est celle qui consiste à élaborer des structures, des politiques et des mécanismes de gestion.

L'idéal est alors de procéder à une description détaillée des tâches ou des mandats et de rédiger des manuels de référence qui déterminent à l'avance les politiques à suivre et les modes de réponses individuels et organisationnels sanctionnés. Ainsi, les niveaux hiérarchiques supérieurs établissent successivement les règles et les politiques qui gouvernent les actions des niveaux inférieurs. Les cadres ainsi établis déterminent les paramètres des actions individuelles et organisationnelles. Guidés par des motivations économiques, les cadres et les membres devraient dès lors se comporter de manière prévisible et œuvrer à la réalisation des buts sanctionnés. Les comportements réels sont ainsi encadrés par une série de règles, de procédures et de directives qui définissent clairement les axes d'action.

La formalisation du processus de mise en œuvre suit de manière déductive l'effort d'analyse. Ainsi, de l'analyse des tâches ou des missions organisationnelles à réaliser, la direction déduit les articulations de ces tâches, les structures d'autorité ou de communication, et les mécanismes de coordination en vue de la réalisation efficace et ordonnée des buts. La figure 7.4 donne une esquisse de la méthode utilisée.

Des objectifs établis grâce à l'analyse, la direction déduit les tâches clés qui devront être réalisées. Les tâches sont les moyens significatifs, au point de vue organisationnel, qui concourent à l'atteinte des objectifs dans une chaîne de fins et de moyens. L'analyse des tâches clés suggère la mise en place de structures et de mécanismes qui encadreront le processus d'administration.

2.1.3 Les avantages et les critiques du style analytique

En dépit de l'image de rigidité qui se dégage de la conception analytique du processus d'administration, le style est largement répandu. Les organisations, qu'elles soient des entreprises industrielles et commerciales ou des administrations politiques, sont de plus en plus conçues comme des instruments au service de la réalisation du mandat ou de la mission établie. Dès lors, le style analytique s'impose.

Le style analytique propose une véritable attitude de délibération, de décomposition des problèmes et de synthèse. Harold J. Leavitt est d'avis que la pensée analytique dépasse le cadre d'un ensemble de techniques. Elle fait référence à un mode de pensée difficile à décrire mais qui inclut une préférence pour la quantification, la propension à décomposer les problèmes, la recherche de règles de décision opératoires et la valorisation de solutions optimales aux problèmes. Les conditions économiques, la nécessité d'accroître la productivité et de gérer les inventaires, de même que la prolifération des logiciels de gestion stimulent les dirigeants à accepter le style analytique[27].

Les avantages du style analytique sont nombreux. En premier lieu, l'analyse conduit à l'examen exhaustif et intégré des problèmes et à la volonté de réfléchir, d'une manière rigoureuse et objective, aux problèmes complexes de gestion pour en saisir la structure qui intéresse les dirigeants. En second lieu, le style analytique est résolument orienté vers la mise sur pied de solutions concrètes et pratiques dans le but d'atteindre des objectifs de profit et de performance. Enfin, la volonté de mesurer de manière quantitative les résultats et de construire des systèmes formels d'information accroît le contrôle au sein de l'entreprise.

Les critiques à l'endroit du style analytique et technocratique sont aussi nombreuses. La première est qu'il est difficile, coûteux et long de comprendre un problème, alors que l'action spontanée peut être aussi efficace. En second lieu, le style analytique tombe souvent dans le ritualisme et le formalisme. Enfin, ce style suppose que la réalisation d'une solution est chose facile, alors que les problèmes de pouvoir, de motivation et de stimulation pour mettre en œuvre la solution sont difficiles à résoudre.

Le style analytique est bien décrit par les systèmes de développement de nouveaux produits mis en place dans des firmes telles que IBM ou Gillette. Ces systèmes ont pour objet de canaliser les idées et les informations vers des points précis de décision et de permettre aux décideurs d'éviter les échecs. Ces systèmes précisent aussi les contributions des fonctions et les priorités. Ces systèmes décomposent la vie d'un produit en étapes réparties à travers le temps et exigent la collaboration de diverses parties de l'entreprise.

La première étape est celle de l'identification des marchés. Les responsables du marketing identifient les occasions au sein des marchés en croissance, alors que la R&D élabore des concepts de nouveaux produits. Cette phase comprend de nombreuses analyses du marché et des recherches d'information en vue de la décision d'approuver ou de rejeter le produit. Les premières analyses ayant démontré l'opportunité économique et la possibilité technique, dans la seconde phase on entreprend des études détaillées de rentabilité et de raffinement des spécifications du produit. Les fonctions marketing, technique et recherche sont concernées par cette phase. La conception technique et commerciale du produit forme l'essentiel de la troisième phase. Orientée vers la conception physique et psychologique du produit, elle a pour objet d'identifier les variables psychologiques par lesquelles les consommateurs évaluent les produits, et de concrétiser le concept final du produit. La quatrième phase est celle des tests et de la fabrication.

L'étape suivante est celle du lancement. Toutes les fonctions de l'entreprise y sont concernées : marketing, fabrication, services et recherche. La dernière étape est celle de la gestion du produit au cours des périodes de croissance, de maturité et de déclin. Des normes indiquent le moment où le produit est désuet et doit être retiré du marché.

2.2 LE STYLE POLITIQUE DU PROCESSUS D'ADMINISTRATION

Les études empiriques du fonctionnement des entreprises ont montré, sans l'ombre d'un doute, que les processus de gestion ne se déroulent pas dans la cohérence analytique des modèles axés sur la rationalité. Au contraire, les structures rationnelles et les procédures administratives sont influencées par les préférences individuelles, les luttes de pouvoir et les processus sociaux qui limitent la portée des conceptions rationalistes de la gestion. Philip Selznick en arrive même à dire qu'« administrer une organisation, selon des critères de pure rationalité technique, est irrationnel car cette méthode ne fait aucun état de la dimension non rationnelle des conduites des hommes »[28].

Au cours de leurs premières expériences de travail, les jeunes cadres, imbus des principes de rationalité, découvrent avec effarement les résistances ouvertes ou cachées à l'action rationnelle dans l'entreprise. De plus, ils constatent avec amertume les solutions imparfaites auxquelles sont arrivés les cadres supérieurs ainsi que le gaspillage de ressources financières et d'énergies humaines.

Les pressions qui freinent l'action rationnelle émanent des pouvoirs des organismes extérieurs dont l'entreprise dépend ainsi que des processus sociaux et des conflits internes. L'effet conjugué de ces processus sociaux internes ou externes sur l'administration de l'entreprise peut avoir comme conséquence de réduire sérieusement l'efficacité et donner une coloration franchement politique au processus d'administration.

Examinons d'abord succinctement les processus sociaux internes et externes qui donnent au fonctionnement des organisations une coloration politique. Ensuite, nous esquisserons les styles d'administration, c'est-à-dire les dispositions de la direction en vue de faire face à la nature politique de l'entreprise.

2.2.1 Les processus sociaux et politiques

Les relations interpersonnelles et informelles entre les cadres et les employés donnent naissance, au fil du temps, à un tissu social stable et résistant. Les résistances du tissu social de l'entreprise, en réaction à la volonté de la direction d'introduire des changements techniques et administratifs, ont été analysées à plusieurs reprises. Loin d'être imputables à des personnes, ces résistances sont associées directement aux situations sociales. L'introduction efficace de changements techniques et administratifs exige donc une connaissance de ce tissu social.

Les sciences du comportement ont tenté de montrer la portée limitée d'une vision analytique et formelle du processus d'administration. Ces études ont examiné les processus informels, les résistances et les conflits déclenchés par des actions administratives. La délégation des responsabilités au sein de l'organisation formelle a souvent pour effet de soumettre le processus d'administration à des influences qui échappent à la direction[29].

Ces processus sociaux et organisationnels tirent leur origine du fait que, loin d'être totalement encadrés par les structures, les membres (cadres ou employés) disposent d'une marge de manœuvre dans leurs décisions de participer, de s'engager et de collaborer à l'entreprise. Les aspirations, les buts et les intérêts des membres peuvent les amener à opposer des résistances aux directives organisationnelles qui entrent en contradiction avec leurs préférences, leurs intérêts et leurs habitudes. L'action des dirigeants est ainsi limitée par l'obligation d'harmoniser en partie leurs décisions aux vues et aux préférences du personnel, qui dispose d'un pouvoir de contestation[30].

Les processus informels font référence aux phénomènes sociaux qui apparaissent dans le fonctionnement d'une organisation en dehors du cadre formel établi par les règles, la hiérarchie, les tâches et les systèmes de gestion. Les programmes d'action amènent les membres du personnel à interagir et créent, au fil du temps, des alliances et des loyautés personnelles[31]. L'organisation formelle des tâches donne ainsi naissance à des interactions personnelles, à des échanges et à des accords implicites de loyauté et de solidarité[32].

La dépendance réciproque de la direction vis-à-vis du consentement des membres et des membres vis-à-vis du « leadership » de la direction montre bien la nature coopérative de l'organisation[33]. La direction tente de s'assurer la coopération des membres en distribuant des incitatifs financiers et en adoptant des modes de fonctionnement qui valorisent la responsabilité individuelle et le développement personnel. Les personnes qui œuvrent au sein des structures formelles ont des objectifs complexes qui ne coïncident pas toujours avec ceux de l'entreprise. Leur participation effective dépendra à la fois des incitations de la direction pour obtenir leur consentement et des contrôles administratifs.

Les normes sociales et les valeurs que les membres apportent avec eux au travail, dans l'entreprise, sont infléchies en partie par leurs expériences personnelles. Au cours des interactions, les membres développent des habitudes et des orientations. Les buts et les politiques acceptés par les membres se transforment en normes qui s'institutionnalisent au fil des années. Cette culture, ou esprit maison, reflète les accords mutuels passés, les apprentissages et les intérêts des groupes[34].

Les dirigeants peuvent accepter ces normes et ces valeurs ou tenter de les infléchir. À court terme, la direction peut entreprendre de modifier les normes et les valeurs organisationnelles, mais, tôt ou tard, des réactions de la part des membres se feront sentir. Grâce aux mécanismes de communication, de recrutement, de rémunération ou de socialisation, la direction peut tenter de modifier à long terme les normes, les valeurs et les attitudes des subordonnés.

Les processus sociaux conduisent à la formation de groupes d'intérêt et de coalitions au sein de l'entreprise, en vue soit de favoriser le changement, soit de freiner des changements contraires aux intérêts. La délégation de responsabilités à des unités organisationnelles, la possession d'informations ou la capacité de résolution de problèmes créent les conditions propices à l'émergence de centres de pouvoir qui échappent au contrôle de la direction[35]. Ainsi, les buts de l'entreprise ne sont pas entièrement déterminés par la direction supérieure, mais proviennent du marchandage entre les membres de la coalition dominante, c'est-à-dire

les cadres qui remplissent les fonctions critiques dans l'entreprise.

Des conflits latents ou ouverts naissent ainsi de la nécessité pour les unités interdépendantes de prendre des décisions conjointes. Les cadres sont en réalité des joueurs aux intérêts et aux pouvoirs différents, qui ont des conceptions distinctes des buts de l'entreprise. Le pouvoir effectif des joueurs, leur habileté à utiliser le marchandage et leur contrôle sur l'information déterminent l'influence qu'ils exercent. Les jeux du processus politique se déroulent selon des règles formelles, implicites et culturelles propres à l'entreprise. Les solutions aux problèmes ne sont donc pas le fruit d'analyses froides : au contraire, les décisions et les actions de l'entreprise sont souvent des solutions politiques découlant de compromis et de marchandages entre les cadres.

2.2.2 Les réponses de la direction à la nature politique du processus d'administration

Le processus d'administration prend aussi un style politique en raison du besoin de la direction supérieure d'inciter les membres et les coalitions à participer aux décisions et à les mettre en œuvre. L'obligation continuelle pour la direction d'obtenir, par des mécanismes d'influence et de contrôle, le consentement des subordonnés et des groupes, donne au processus d'administration une coloration véritablement politique.

Trois types de style politique du processus d'administration seront décrits. D'abord la recherche de consensus, ensuite la négociation et l'influence, enfin l'exercice du « leadership » de la direction.

● Le style consensuel et participatif

Le style consensuel insiste sur la nécessité de rechercher activement la collaboration des parties au cours du processus de décision et de mise en œuvre des solutions[36]. Ce style aborde le processus décisionnel comme une succession de compromis. Les étapes de décision et de programmation sont jalonnées de longs marchandages entre les centres de pouvoir, jusqu'à ce qu'un accord sur un ensemble de préférences parmi les membres soit atteint.

La prise de conscience des problèmes de l'entreprise passe par un lent processus de perception collective avant de déclencher l'analyse. La direction recherche l'accord des parties sur les objectifs désirables et les coûts des solutions proposées : la solution choisie est celle qui est acceptable aux parties internes, aux membres pertinents de l'environnement. La direction n'annonce publiquement les décisions qu'au moment où elles sont acceptables.

La participation des cadres aux décisions de l'entreprise se réalise par les mécanismes de planification. Au niveau des employés, il s'agit de comités paritaires, de cercles de qualité ou de groupes consultatifs. Les styles de la gestion participative, estime-t-on, accroissent la contribution des cadres et la satifaction des employés et font ainsi meilleur usage de leurs capacités[37]. De plus, sur le plan émotif, l'acharnement des membres mis au service des buts de l'organisation contribuerait, pense-t-on, au relèvement de la productivité et de l'efficacité.

- Le marchandage et la négociation

La direction peut concevoir le processus d'administration comme une série d'ajustements à l'autonomie des unités et au pouvoir des coalitions par des marchandages[38]. Dans ce style, les choix sont souvent influencés par les pratiques en vigueur et sont opérés en fonction d'objectifs et d'attentes continuellement en évolution. En d'autres mots, la direction se laisse imposer des objectifs.

Le marchandage de la direction avec les unités et les coalitions importantes permet à l'entreprise de survivre aux tensions qui la déchirent et d'obtenir la collaboration des membres. Ainsi, la direction distribue des compensations monétaires et politiques, qui constituent en quelque sorte un moyen de préciser les priorités relatives des diverses unités. La direction traite des problèmes de décision au jour le jour, d'une manière consécutive et spécifique, évitant ainsi la nécessité de résoudre les incohérences entre ses divers buts. Au lieu d'apporter des solutions rationnelles, la direction recherche des solutions satisfaisantes.

- La persuasion et les valeurs

Le style politique peut s'articuler aussi autour des valeurs de la direction en vue d'insuffler une mission à l'entreprise et de motiver les membres à adhérer aux objectifs. La direction élabore un projet organisationnel et le propose avec ardeur aux membres dans le but de donner naissance à une culture organisationnelle[39]. La persuasion vise la création de normes et de valeurs qui mettent en lumière les éléments suivants :

— une orientation constante vers l'action et le progrès ;

— une compréhension claire des besoins des clients en termes de qualité, de service et de fiabilité ;

— une stratégie claire et stable, transmise par des impulsions de la direction jusqu'aux premiers niveaux de l'entreprise ;

— l'innovation et l'esprit d'entreprise interne ;

— l'excellence des performances individuelles chez les cadres et les employés ;

— l'accent sur la responsabilité des cadres hiérarchiques dans le feu de l'action plutôt que sur l'importance des conseillers stratégiques ou des systèmes formels de gestion ;

— la flexibilité structurelle, qui comprend à la fois la délégation des responsabilités de gestion des produits établis et l'adhésion à des valeurs clés telles que l'innovation, la qualité ou le service.

Le style axé sur la persuasion prend comme prémisse que les idéaux ont plus d'influence sur les actions des membres que le pouvoir de la direction. Les valeurs que viennent à partager les membres d'une entreprise sont plus stables que les structures ou les systèmes de gestion.

2.3 LE STYLE ENTREPRENEURIAL

En dépit de la présence sans cesse grandissante des technologies de gestion, le style entrepreneurial garde toute sa vigueur. Ce style s'applique aux situations qui nécessitent des décisions rapides, qu'il s'agisse d'une entreprise dans une industrie émergente, d'une entreprise en cours de diversification ou d'une organisation en difficulté[40].

Pourquoi le style entrepreneurial est-il si pertinent aujourd'hui ? Les sciences administratives avaient pourtant supposé que l'entrepreneur allait être remplacé par des administrateurs rationnels. Schumpeter, le grand défenseur de l'entrepreneur, constatait avec amertume au milieu du XXe siècle que la formalisation des activités entrepreneuriales par la recherche organisationnelle et les technologies du marketing progressait d'une manière irréversible[41]. Au cours des trente dernières années, les progrès des sciences administratives laissèrent présager un niveau de professionnalisation tel que la gestion des entreprises et des organismes publics allait devenir le domaine de spécialistes formés à l'université.

● L'entrepreneur et la création d'emplois

Or, le style entrepreneurial garde sa pertinence en raison du rôle nécessaire de l'entrepreneur dans le développement économique. Contrairement aux modèles qui présupposent que le développement économique est le fruit des stratégies industrielles de l'État ou des plans de développement des grandes entreprises, les études empiriques démontrent clairement que les petites entreprises sont la source primordiale des emplois nouveaux[42]. Les industries qui étaient en croissance arrivent par la suite à maturité et même au déclin : elles sont remplacées par les industries émergentes qui, à leur tour, deviennent au fil des ans des industries à maturité. Les recherches réalisées au Massachusetts Institute of Technology, au Brookings Institute et à l'Université de Californie indiquent que les firmes ayant moins de 100 employés créent de 55 à 80 % des nouveaux emplois selon les régions aux États-Unis[43].

L'émergence de nouvelles firmes s'appuie sur les initiatives personnelles d'entrepreneurs qui ont eu l'occasion, grâce à leurs études et leurs expériences, de connaître des technologies et leurs applications potentielles à des marchés. L'entrepreneur qui saisit les occasions, décèle les besoins et défie l'ordre économique établi

qui est à la base de la croissance économique. L'entrepreneur tente d'insérer une nouvelle activité économique dans le tissu complexe d'une économie. Dans une entreprise en croissance, l'entrepreneur s'affaire à construire une organisation en vue d'exploiter de façon profitable un avantage économique distinct.

Le développement économique dépend aussi de la création d'emplois dans les firmes existantes et surtout dans les jeunes firmes. La distribution des emplois dans l'économie canadienne est, à cet égard, très révélatrice. On trouve au Canada environ 25 % des emplois dans les secteurs public et parapublic. La grande entreprise représente environ 30 % des emplois. La P.M.E. compte pour un peu plus de 45 % des emplois. Ces statistiques montrent bien le rôle que joue la petite et moyenne entreprise, où le style entrepreneurial domine. Fernand Braudel, économiste et historien français, a démontré que la révolution industrielle aux XVIIIe et XIXe siècles s'est faite essentiellement par une multiplication des petites entreprises locales grâce aux entrepreneurs.

● L'esprit d'entreprise dans la grande organisation

Le style entrepreneurial dans l'entreprise est important, car les dirigeants constatent que les occasions de croissance par voie de diversification et d'internationalisation sont de plus en plus limitées. En conséquence, les dirigeants désirent encourager le lancement d'activités nouvelles fondées surtout sur la technologie[44]. Le phénomène de l'esprit d'entreprise interne prend une expansion insoupçonnée. Les recherches empiriques réalisées par Brian Quinn indiquent que les grandes entreprises demeurent innovatrices si elles peuvent reproduire en leur sein les conditions et les caractéristiques des petites entreprises de style entrepreneurial[45]. Elles s'associent à des entreprises entrepreneuriales ou stimulent en leur sein des activités entrepreneuriales.

Enfin, les grandes entreprises en situation de maturité ou de déclin sont souvent dans l'obligation d'opérer des réorientations, des retraits et des renversements. Ces décisions radicales exigent des dirigeants forts et innovateurs, qui possèdent largement les attitudes et les caractéristiques des entrepreneurs. Ces réformateurs doivent en effet s'attaquer aux pratiques et coutumes, réduire le personnel et imposer, plus par la force que par la persuasion, les solutions qui leur semblent les plus appropriées afin d'éviter la déchéance de l'entreprise.

• Le style de l'entrepreneur

Les décisions entrepreneuriales d'orientation et d'innovation sont prises par un groupe limité de personnes et plus souvent par des jugements délibérés que par des méthodes analytiques. Les entrepreneurs appuient souvent leurs décisions sur des expériences vécues au sein d'organisations innovatrices, sur l'intuition et la certitude personnelle quant à l'existence des occasions[48]. L'entrepreneur s'informe auprès de son réseau de relations, mais ses décisions sont personnelles. Un jugement personnel éclairé par l'expérience forme donc l'assise principale des décisions.

Le style entrepreneurial se prolonge jusque dans l'exécution des activités nécessaires à la réalisation des projets innovateurs. Les méthodes d'influence des entrepreneurs en vue de l'exécution sont personnelles, directes et souvent dirigistes. Le style entrepreneurial est aussi très personnel en ce qui concerne les directives administratives, l'évaluation du personnel et la distribution des récompenses. L'influence s'exerce non pas par des mécanismes formels et impersonnels mais par des voies directes et intimes. Dans certains cas, les relations sont amicales, mais dans d'autres, elles sont tendues et même dominatrices.

Le style entrepreneurial contraste avec les styles analytique et politique. Loin de valoriser le rationalisme, l'ordre formel et la planification, le style entrepreneurial met l'accent sur la liberté individuelle et l'initiative. Ce mode de pensée, brouillon mais délibéré, va à l'encontre des intérêts des élites intellectuelles rompues aux sciences sociales et à la pensée rationaliste. L'entrepreneur, individu rustre et obsédé par le progrès mais en quête de reconnaissance sociale, est souvent mal accueilli dans les cercles des administrateurs professionnels.

2.4 CONCLUSION

Les trois styles du processus d'administration sont résumés dans le tableau 7.2. Ces trois types sont évidemment des abstractions décrivant des situations extrêmes. La réalité concrète du processus d'administration contiendra des éléments des trois styles ; nous en discuterons dans la section suivante portant sur la réalité administrative.

Le style entrepreneurial est approprié aux contextes dynamiques alors que le style analytique s'applique aux contextes stables. Le style politique n'est possible que dans le cas d'entreprises jouissant de surplus discrétionnaires importants et vivant dans des conditions de stabilité ou de croissance.

3. Les styles personnels et les activités des dirigeants

Dans cette section, nous examinerons les styles personnels et les rôles basés sur l'observation de la réalité des comportements des dirigeants dans l'entreprise. Examinons d'abord les styles de « leadership » et ensuite les rôles.

3.1 LES STYLES PERSONNELS DU DIRIGEANT

Nous avons esquissé dans la section précédente, les différents styles que pouvait prendre le processus d'administration. La présente section a pour but de décrire les différents styles personnels du dirigeant dans le processus d'administration.

Plusieurs groupes de chercheurs ont identifié les styles de comportements des dirigeants. Le but de ces études était d'abord de développer des classifications qui permettraient de catégoriser les styles de direction. Il existe deux grandes écoles de pensée sur le sujet, dont nous présentons ci-après les lignes directrices.

3.1.1 Les styles de commandement

Les études réalisées à l'Université d'Iowa furent les premières à tenter de classifier les comportements de direction. L'étude réalisée par Lippitt et White, sous la direction de Lewin, le grand pionnier du domaine, a permis d'identifier trois styles de « leadership »[47].

● Le style autocratique

Le dirigeant prend seul toutes les décisions et ne fait qu'informer les subordonnés de la tâche qu'ils ont à accomplir. Les membres n'ont aucune responsabilité, ce qui peut entraîner un climat d'insatisfaction dans le milieu de travail.

● Le style démocratique

Le dirigeant implique ses subordonnés dans la prise de décision, la résolution de problèmes et la détermination d'objectifs. On retrouve régulièrement un effort de la part du dirigeant visant à solliciter l'apport des individus au sein du processus d'administration, en déléguant ses responsabilités et son pouvoir aux membres de son unité.

● Le style du « laisser-faire »

Le dirigeant qui préconise ce style fera en sorte de diminuer son pouvoir ainsi que ses responsabilités. Les subordonnés sont ainsi en mesure de prendre les décisions qui leur sont favorables. Ce style peut entraîner des différences importantes au sein des nombreuses unités de l'organisation.

Interprétés d'une autre façon, ces styles se ramènent à deux grandes distinctions : i) le style orienté vers les relations humaines, ii) le style orienté vers l'efficacité et la rationalité.

● Le style orienté vers les relations humaines

Le style orienté vers l'individu ou la considération des subordonnés met l'accent sur le principe de la valorisation personnelle. Une meilleure communication entre les parties et une délégation des responsabilités et de l'autorité vers les subordonnés sont des exemples de comportement de ce style.

● Le style orienté vers une production efficiente et rationnelle

Un dirigeant qui préconise un style de « leadership » orienté vers une production efficiente

met l'accent sur la planification rationnelle et la détermination d'objectifs précis à atteindre. Le dirigeant pourra, grâce à l'autorité, mettre en place des procédures détaillées afin d'atteindre les résultats d'une manière efficiente. Ce style est aussi caractérisé par une évaluation fréquente des subordonnés.

Les recherches effectuées dans le but de mesurer l'efficacité de ces styles ont démontré que le dirigeant démocratique tendait à susciter davantage de satisfaction de la part des membres d'une organisation que ce n'est le cas pour les autres styles de « leadership », pour une même situation d'entreprise donnée ou une situation semblable. Ce niveau élevé de satisfaction des subordonnés serait le résultat du niveau élevé de motivation et de sentiment d'appartenance des subordonnés, sentiment qui découle des relations harmonieuses et positives entre le supérieur et ses subordonnés.

3.1.2 La nécessité d'une approche contingente

Un dirigeant qui utilise un style axé sur la participation des employés n'assure pas nécessairement un haut niveau de productivité. En fait, le style du dirigeant doit s'adapter au contexte. L'organisation dans laquelle il se trouve, le type de tâche à accomplir, ainsi que les caractéristiques des subordonnés auront un impact sur le choix du style le plus approprié.

Les études de Fred Fiedler ont permis d'identifier les styles de « leadership » efficaces et d'isoler les relations qui peuvent exister entre les variables situationnelles[48]. Pour décrire la situation du dirigeant, Fiedler utilise trois caractéristiques : i) la qualité des relations entre le gestionnaire et ses subordonnés, ii) le degré de structure de la tâche à accomplir par les subordonnés, et iii) le degré d'autorité que possède le dirigeant.

À l'aide de ces caractéristiques, il est possible d'identifier les styles de direction qui s'avèrent les plus efficaces dans des situations particulières.

— Lorsque la situation est défavorable, c'est-à-dire lorsque les relations entre le gestionnaire et ses membres sont plus ou moins bonnes, que la tâche est mal définie, et que le dirigeant possède très peu d'autorité à l'intérieur de son unité, le style du dirigeant devra être orienté vers la tâche et la rationalité.

— Dans une situation moyennement favorable, c'est-à-dire où les relations entre le gestionnaire et ses subordonnés sont saines, mais où la tâche n'est pas bien définie, et que le gestionnaire exerce un certain pouvoir sur son organisation, le style du manager sera alors orienté vers les relations humaines.

— Pour ce qui est des situations favorables, c'est-à-dire lorsque les relations entre le gestionnaire et ses membres sont harmonieuses, que la tâche à accomplir est clairement définie, et que le dirigeant possède un pouvoir réel lui permettant de contrôler à sa guise les activités se déroulant au sein de son unité, le style de « leadership » du manager sera plutôt orienté vers la tâche, ce qui lui permettra d'atteindre un niveau maximum d'efficacité.

En bref, le dirigeant doit opter pour un style de « leadership » qui convient à la situation dans laquelle il se trouve. En d'autres mots, la source de réussite est la combinaison optimale du style de « leadership » et de la situation.

3.2 LA RÉALITÉ DU TRAVAIL DES DIRIGEANTS

Les styles analytiques, entrepreneuriaux et politiques, qui existent à divers degrés dans l'entreprise, se reflètent dans les activités des dirigeants. Le dirigeant sera tantôt analyste, tantôt entrepreneur et souvent politicien.

Depuis les études de Henri Fayol, le rôle de l'administrateur a souvent été associé à quatre grandes fonctions, c'est-à-dire la planification, l'organisation, la coordination et le contrôle. Mais il suffit d'observer attentivement la tâche d'un dirigeant pour se rendre compte que, entre ce qu'il fait et ce que proposent les théories classiques, les différences sont parfois très importantes.

3.2.1 Les mythes relatifs à la nature du travail des dirigeants

Nous présentons, dans les lignes qui suivent, un rapide survol des mythes, tels que rapportés et identifiés dans l'étude de Henry Mintzberg sur le travail du dirigeant[49]. Voici ces mythes.

> « Après avoir longuement réfléchi, le dirigeant procède à l'élaboration de plans d'actions et ce, d'une manière très systématique. »

Dans la réalité, l'administrateur travaille avec acharnement et à un rythme effréné. De plus, les tâches qu'il exécute sont nombreuses, brèves et caractérisées par des décisions spontanées. Le dirigeant organise son travail en vue de l'action plutôt que sur la base d'un plan réfléchi, réagissant ainsi aux pressions constantes de son travail. Le temps réel est donc une caractéristique dominante du travail du manager.

> « Le dirigeant doit s'occuper des tâches importantes et irrégulières, déléguant ainsi les tâches répétitives à ses subordonnés. »

Selon les constatations de Mintzberg, le gestionnaire ne fait pas que s'occuper des cas d'exception, mais aussi des fonctions régulières. Nombreuses sont ses tâches qui ont pour but de constituer un réseau d'informations informel, qui se trouve à la base de son travail.

> « Le dirigeant a besoin d'un système d'informations formel afin de pouvoir recevoir une information condensée et pertinente. »

Les observations indiquent que les dirigeants préfèrent les informations informelles, les rumeurs, les conversations et les suppositions. Ce type d'informations trouve surtout sa pertinence dans les situations où le dirigeant désire saisir une occasion. Avec le temps, il semble que les systèmes d'information se sont avérés d'une utilité limitée. Les dirigeants préfèrent plutôt les notes écrites, le téléphone, les réunions planifiées, les rencontres imprévues et les tournées d'inspection. Ainsi, l'importance de l'aspect oral de l'information est due à une préférence pour une information vivante et actuelle.

3.2.2 Les rôles effectifs du dirigeant

Après avoir montré que les descriptions du travail du dirigeant sont parfois erronées, il serait maintenant utile de découvrir en quoi consiste réellement le travail du dirigeant. Henry Mintzberg définit le travail du dirigeant selon trois types de rôles, chaque rôle ayant un aspect de complémentarité. Ceux-ci découlent de l'autorité formelle du dirigeant ; ils supposent des rôles informationnels permettant ainsi au dirigeant de remplir ses rôles décisionnels.

Rôles interpersonnels
↓
Rôles informationnels
↓
Rôles décisionnels

3.2.3 Les rôles interpersonnels

* Le rôle de figure de proue

Le rôle de figure de proue concerne les activités qui portent sur les cérémonies et les relations avec les employés. Ces activités ne traitent guère de communications stratégiques ou de décisions cruciales, mais elles sont tout de même importantes pour le fonctionnement harmonieux de l'entreprise.

* Le rôle de meneur d'hommes

Dans ce rôle, on retrouve les activités d'embauche et de formation du personnel, en plus de la nécessité de voir à ce que les besoins des subordonnés soient en harmonie avec ceux de l'organisation.

* Le rôle d'agent de liaison

Le rôle d'agent de liaison est celui par lequel le dirigeant établit des contacts en dehors de l'entreprise. Plusieurs études semblent démontrer que les relations avec les dirigeants d'entreprises similaires pouvaient représenter près de 50 % de leurs contacts. Ces relations sont d'une extrême importance, puisqu'ils constituent un système d'informations efficace. Parmi les autres groupes contactés, on retrouve les subordonnés, les clients, les fournisseurs, les membres du conseil d'administration, etc.

3.2.4 Les rôles informationnels

* Le rôle de pilote

Par l'entremise de ce rôle, le dirigeant scrute l'environnement pour y trouver des informations. Le dirigeant possède plusieurs relations émanant de ses rôles interpersonnels. Et c'est de ses relations qu'il reçoit des informations présentées de manière informelle.

* Le rôle d'informateur

Dans son rôle d'informateur, le dirigeant fait partager et diffuse les informations reçues de l'extérieur aux subordonnés. De plus, lorsqu'il existe une mauvaise communication entre ses subordonnés, le dirigeant peut transmettre des informations de l'un ou l'autre.

* Le rôle de porte-parole

C'est dans ce rôle que le dirigeant adressera des informations à des personnes extérieures à l'unité ou à l'entreprise. En outre, le dirigeant informe les groupes qui exercent un contrôle sur son entreprise, notamment l'État, les fournisseurs de capitaux, etc.

3.2.5 Les rôles décisionnels

* Le rôle d'entrepreneur

Dans son rôle d'entrepreneur, le dirigeant cherche à faire progresser l'entreprise et à l'adapter aux variables contextuelles. Grâce à des idées nouvelles, le gestionnaire mettra en marche des projets de développement, qui feront de lui un initiateur de changements.

* Le rôle d'arbitre

À titre d'arbitre, le dirigeant réagit aux perturbations et aux conflits qui peuvent survenir au sein de l'entreprise. Il répond aux pressions des critiques.

* Le rôle de financier

En tant que répartiteur de ressources, le dirigeant décide des fonds affectés aux unités qui sont sous sa responsabilité. Le dirigeant met aussi en place une structure et détermine la façon dont les tâches doivent être attribuées et coordonnées.

- Le rôle de négociateur

Dans son rôle de négociateur, le dirigeant combine l'autorité et l'information nécessaire à la négociation. Il dispose grâce à la position qu'il occupe au sein de son unité.

3.3 CONCLUSION

À la suite de ce survol, il apparaît que les différents rôles du dirigeant ne peuvent être séparés d'une manière claire et précise. L'interpénétration des rôles est telle que si on en modifie un, les autres seront inévitablement affectés. Par contre, le fait que ces rôles forment un ensemble structuré ne signifie pas que tous les dirigeants leur accordent la même importance.

4. La rationalité administrative

En dépit des contraintes des processus sociaux, des limites à l'analyse et des incertitudes imputables à la concurrence, il n'en demeure pas moins que les entreprises, grâce au processus d'administration, témoignent d'une rationalité élevée dans la poursuite des buts ou la réalisation d'une stratégie. La rationalité n'est jamais complètement atteinte, mais les entreprises dont les ressources humaines et l'organisation contribuent efficacement au processus d'administration prennent les décisions qui s'imposent et les mettent en œuvre.

La rationalité administrative s'exprime à certains moments par un processus d'administration de nature technocratique et à d'autres moments, par des décisions entrepreneuriales. Les difficultés d'harmonisation exigent souvent des négociations de style politique. Ainsi, le style de processus d'administration variera selon les niveaux organisationnels et les problèmes à résoudre. Dans cette section, nous examinerons comment les styles technocratique, politique et entrepreneurial s'intègrent pour impartir un haut niveau de rationalité au processus d'administration.

4.1 LES SITUATIONS DÉCISIONNELLES ET LES STYLES DE PROCESSUS D'ADMINISTRATION

Le processus d'administration prend des modes différents selon la situation décisionnelle au sein de l'entreprise. Pour vous aider à bien saisir ces situations décisionnelles, nous présentons une typologie construite à partir de deux dimensions, soit le degré de structuration des problèmes et les niveaux au sein de l'entreprise.

Le tableau 7.4 donne neuf exemples de types de décisions. Le style entrepreneurial est propre aux situations faiblement structurées et au niveau institutionnel. Le style analytique convient aux situations plus structurées et à tous les niveaux de l'entreprise. Le style politique se trouve surtout aux niveaux institutionnel et administratif.

Avant de décrire les neuf situations décisionnelles, examinons les deux dimensions, horizontale et verticale, de la typologie, soit le degré de structuration des problèmes et le niveau organisationnel.

4.1.1 Le degré de structuration des problèmes

Les recherches portant sur la prise de décision distinguent les processus décisionnels « structurés » ou « semi-structurés » des situations structurées[50]. Les situations structurées sont analysables et ont trait plutôt à des actions tactiques ou opérationnelles. Les théories normatives de décision y trouvent leur plus grande application. Ces problèmes sont programmables grâce à des procédures administratives, des règles de décisions et des prescriptions.

Les situations semi-structurées sont celles qui combinent l'exercice du jugement de la part des dirigeants et la possibilité d'analyse grâce à des méthodes d'investigation. Une situation est dite non structurée quand elle a trait à un problème pour lequel il n'existe aucun schéma d'analyse ou aucune procédure de solution. La décision est donc prise avec incertitude et ambi-

Tableau 7.4   Exemples de situations où le processus d'administration prend des formes variées

Niveau organisationnel	Degré de structure des problèmes		
	Non structuré	Semi-structuré	Structuré
Institutionnel	• Innovation majeure produits-procédés • Relations socio-politiques • Stratégie globale	• Programme de fusions et d'acquisitions • Lancement de modèles nouveaux	• Déplacement d'une flotte de minéraliers • Choix du site d'un établissement
Administratif	• Recrutement de cadre • Planification de la R&D	• Prévision des ventes • Préparation des budgets • Planification annuelle de la production	• Gestion des usines • Prévisions à court terme
Opérationnel	• Mandat de consultation • Confection de la page titre d'un journal	• Choix des médias pour la publicité • Gestion de la trésorerie	• Contrôle des stocks • Préparation des états financiers

guïté. Elle est « stratégique » si elle implique la mise en œuvre de ressources importantes ou si elle a des conséquences à long terme.

4.1.2   Les niveaux au sein de l'entreprise

Loin de former un monolithe où la direction supérieure déléguerait aux subordonnés des éléments de sa tâche, l'entreprise est composée de sous-ensembles distincts. Plusieurs observateurs sont arrivés à la conclusion que l'entreprise est composée de niveaux qui traitent de problèmes distincts mais interreliés[51].

Ainsi, la direction supérieure est éloignée des problèmes techniques ou des budgets, non pas en raison de son isolement hiérarchique, mais surtout parce qu'elle consacre son temps aux problèmes de stratégie, de mobilisation des ressources et de design organisationnel qui relèvent de sa compétence. Le processus d'administration prend donc des colorations différentes selon qu'il se déroule aux niveaux institutionnel, administratif ou opérationnel. Examinons donc ces trois niveaux.

— Niveau institutionnel : ce niveau est formé des organes de direction tels que le conseil d'administration, le cabinet du président et les conseillers supérieurs. Les décisions stratégiques d'adaptation aux environnements économique, technologique et socio-politique se prennent à ce niveau. La mobilisation des ressources financières et humaines de même que la légitimation sociale de l'entreprise y sont des préoccupations majeures.

— Niveau administratif : ce niveau est formé des organes de direction des divisions ou des fonctions orientées vers les échanges concrets avec l'environnement et le déroulement des activités quotidiennes de production de biens et de services. Les cadres qui y œuvrent s'engagent dans des relations externes d'approvisionnement, de recrutement, de financement, de distribution et de vente. Ils établissent aussi les politiques de fonctionnement de façon à planifier la réalisation de la mission établie au niveau institutionnel.

— Niveau opérationnel : ce niveau comprend les unités de l'entreprise qui opèrent la transformation des intrants en biens ou services, grâce à la division du travail, à l'organisation et à la coordination. La quasi-totalité du personnel des entreprises ou des organisations se trouve à ce niveau. Le traitement des malades à l'hôpital, la fabrication et la distribution des ordinateurs, la gestion des vols pour une société aérienne ou la réalisation de projets dans une entreprise de génie-conseil en sont quelques exemples.

Au niveau institutionnel, les décisions sont souvent caractérisées par un haut niveau d'incertitude, d'ambiguïté et un faible niveau de structure. Néanmoins, plusieurs des problèmes du niveau institutionnel sont de nature structurée ou semi-structurée. Les problèmes semi-structurés sont caractéristiques du niveau administratif, alors que les problèmes structurés se trouvent surtout au niveau opérationnel. Voici, à titre d'exemples, quelques problèmes de gestion selon les neuf types de situations décisionnelles :

— situations non structurées de niveau institutionnel : stratégie initiale d'une entreprise, innovation majeure de produits ou de procédés, réorientation d'une entreprise en déclin et crises socio-politiques ;

— situations non structurées de niveau administratif : recrutement de cadres, établissement d'un design organisationnel, planification de la R&D ;

— situations non structurées de niveau opérationnel : salle d'urgence dans un hôpital, mandat de consultation, confection de la page titre d'un journal ;

— situations semi-structurées de niveau institutionnel : planification d'un programme d'acquisition et de diversification dans le cadre de la stratégie, lancement de versions ou de modèles nouveaux d'un produit ;

— situations semi-structurées de niveau administratif : confection d'un programme de publicité, établissement d'une prévision des ventes et préparation des budgets, planification annuelle de la production ;

— situations semi-structurées au niveau opérationnel : gestion de la trésorerie et des investissements à court terme dans une entreprise, sélection des médias pour la réalisation d'une campagne publicitaire ;

— situations structurées de niveau institutionnel : choix d'un site en vue de la construction d'un établissement ou d'une usine, déplacement optimal d'une flotte de minéraliers ;

— situations structurées de niveau administratif : gestion d'une usine, prévisions à court terme des besoins en ressources humaines, financières et matérielles ;

— situations structurées de niveau opérationnel : commande de matières premières en vue de rééquilibrer les stocks, préparation des états financiers, contrôle d'un processus de production.

4.2 LE PROCESSUS D'ADMINISTRATION ET L'ÉVOLUTION DE L'ENTREPRISE

Le processus d'administration est présent dans toutes les étapes de la vie d'une entreprise, mais sa nature varie. Lors du démarrage de l'entreprise, le processus prendra un style plutôt entrepreneurial, étant donné la petite taille de l'entreprise et les décisions rapides qui doivent être prises. Au moment de la croissance, le processus conserve son style entrepreneurial, mais les systèmes de gestion sont mis en place. Quand la firme a atteint une taille appréciable, le processus d'administration prendra un style technocratique et analytique afin de rationaliser les décisions et maintenir l'efficacité au sein de l'entreprise, grâce en grande partie à la réalisation d'économies d'échelle.

Dans sa phase de déclin, l'apparition de produits substitutifs incitera l'entreprise à se positionner dans une niche spécialisée. Le processus d'administration, quant à lui, adoptera surtout un style entrepreneurial afin de s'adapter aux nouveaux processus concurrentiels.

En ce qui a trait au style de « leadership » que peut adopter le dirigeant au sein du processus d'administration, il variera lui aussi selon l'évolution de l'entreprise. Dans une entreprise en phase de démarrage, le dirigeant adoptera un style axé plutôt sur la tâche en raison des décisions à prendre. Dans la phase de croissance, le dirigeant adoptera le même style, tout en accordant de plus en plus d'importance aux relations avec ses subordonnés. Puis quand l'entreprise atteint sa maturité, le gestionnaire possède un style qui combine les deux aspects du « leadership ». Lorsque l'entreprise pénètre en phase de saturation et de déclin, le style de « leadership » des dirigeants sera plus orienté vers la satisfaction de ses employés, afin de pouvoir puiser le meilleur de leur contribution, dans l'optique d'une efficacité renouvelée et du potentiel d'innovation et de réorientation stratégique qui s'offre à l'entreprise. Le tableau 7.5 résume ces observations.

4.3 UNE DESCRIPTION RÉALISTE DE LA RATIONALITÉ ADMINISTRATIVE

La rationalité administrative qui combine à la fois l'effort analytique, les processus sociaux et les jugements entrepreneuriaux, individuels, est la meilleure étiquette que l'on puisse utiliser pour décrire le processus d'administration limité par des contraintes et des incertitudes mais marqué par la volonté délibérée d'agir. Les travaux réalisés par James G. March, James D. Thompson et James B. Quinn font état de la rationalité limitée mais réelle du processus d'administration[52]. Voici quelques-unes des caractéristiques de la rationalité administrative.

— L'entreprise n'est pas uniquement un instrument opérationnel stable au service de tâches fixes ou un théâtre de négociations politiques, mais elle est aussi un ensemble dynamique et actif de décideurs agissant au sein d'un environnement changeant. L'entreprise est un système de prise de décision qui œuvre au sein d'un environnement, lequel exige des performances et des adaptations. L'entreprise interagit continuellement avec l'environnement et fait face à des incertitudes et des discontinuités.

— La réalité organisationnelle est caractérisée par des tensions et des dilemmes qui émanent non pas tellement du processus politique interne, mais surtout des décisions à prendre au sujet du système de production, de l'acquisition des ressources, de la concurrence et de l'évolution technologique. L'exigence de prendre ces décisions donne au processus d'administration une allure dynamique mais aussi politique. Les tensions et les désaccords au sujet des décisions proviennent des situations auxquelles l'entreprise est confrontée.

— En dépit des limites réelles de la rationalité, les dirigeants sont orientés vers la résolution des problèmes et l'atteinte d'objectifs. Les problèmes clés sur lesquels se porte l'attention sont : 1) l'adaptation stratégique à l'environnement, 2) la négociation d'accords avec les membres en vue d'obtenir leur collaboration, et 3) la mise en place de mécanismes et de structures qui contribuent à accroître la rationalité des décisions.

— Le succès des dirigeants découle non pas du fait qu'ils savent manipuler les jeux politiques mais parce qu'ils comprennent et savent structurer les problèmes économiques, techniques, organisationnels et sociopolitiques auxquels l'entreprise est confrontée. Les dirigeants tentent de contrôler les variables clés internes ou externes dans des situations caractérisées par des contraintes, des risques et des incertitudes, le besoin de ressources et les freins imputables aux processus sociaux.

— L'entrepreneur individuel ou le cadre occupant le poste le plus élevé d'une entreprise est rapidement incapable de prendre seul toutes les décisions. Le processus d'administration est donc constitué des décisions et des engagements des personnes qui mettent en commun leurs contributions en vue d'atteindre les buts qu'elles se sont fixés pour l'entreprise. Une coalition est ainsi formée par les dirigeants dont les actions et les buts sont interdépendants.

Tableau 7.5   Le processus d'administration et l'évolution de l'entreprise

Le cycle de vie de l'entreprise	Émergence	Croissance	Maturité	Saturation	Déclin
Les activités du processus d'administration	ACTIVITÉS D'INSTAURATION — ACTIVITÉS D'INNOVATION ET DE DÉCISION — ACTIVITÉS DE PROGRAMMATION — ACTIVITÉS D'INFLUENCE ET DE « LEADERSHIP » — ACTIVITÉS DE CONTRÔLE ET DE RÉVISION				
Les styles du processus d'administration (prédominant)	1) Entrepreneurial 2) Technocratique 3) Politique	1) Entrepreneurial 2) Technocratique 3) Politique	1) Technocratique 2) Entrepreneurial 3) Politique	1) Politique 2) Analytique 3) Entrepreneurial	1) Entrepreneurial 2) Technocratique 3) Politique
Les styles de « leadership » du manager (prédominant)	1) Axé sur la tâche 2) Axé sur les relations	1) Axé sur la tâche 2) Axé sur les relations	1) Axé sur la tâche 2) Axé sur les relations	1) Axé sur les relations 2) Axé sur la tâche	1) Axé sur la tâche 2) Axé sur les relations

— L'entreprise ne forme pas un ensemble monolithique, mais elle se compose en réalité
d'unités responsables d'aspects distincts et
différenciés de la mission globale. Les
cadres de ces unités formulent leurs propres
objectifs, mais ils sont coordonnés par des
mécanismes formels, informels et même politiques. Le processus d'administration se répartit donc au-delà de la hiérarchie et englobe les personnes qui disposent des informations en vue de résoudre les problèmes et
les incertitudes auxquels l'entreprise fait
face.

— Les buts de l'entreprise sont imprimés par
les cadres dirigeants qui participent à la coalition des décideurs en mesure de résoudre
les problèmes de l'entreprise. Ces buts découlent de la formation, de l'expérience et
des préférences des dirigeants mais aussi de
leurs perceptions des besoins de l'entreprise.

— Le processus d'administration, surtout au
niveau supérieur, est caractérisé par la nouveauté et la complexité, du fait que les dirigeants partent d'une faible compréhension
de la situation et cheminent vers la solution.
C'est seulement en tâtonnant à travers un
processus récursif, discontinu et impliquant
de nombreuses étapes, des inconnues et des
délais, qu'ils opèrent leur choix final. Certes,
les processus de décision comportent des
zones axiologiques incertaines, où le sens
des valeurs, le jugement et la réflexion intellectuelle jouent des rôles dominants. Mais
les processus décisionnels comportent aussi
des zones structurables, où la formalisation,
la rationalité et l'analyse trouvent leur place.

5. Conclusion

La logique fondamentale de l'entreprise est le
changement. La direction de l'entreprise ne se
contente pas de produire et de distribuer des
biens et des services, elle les renouvelle
constamment et les améliore. L'initiative et la
capacité créatrice sont au centre de l'acte d'entreprendre. Le rôle de la direction est d'assu-

mer les difficultés du développement économique, du changement et de l'innovation, en
prenant les décisions nécessaires pour les
provoquer. L'initiative est la source du progrès
économique.

L'ouverture au progrès, la recherche scientifique et le développement technologique poussent les dirigeants d'entreprise à s'adapter
constamment, à se renouveler, à innover. Ces
situations exigent une grande flexibilité de l'organisation et un processus d'administration vigoureux. L'ensemble de ces facteurs augmente
la qualité générale de l'entreprise, la capacité de
profit et le pouvoir d'action.

QUESTIONS
1. En vous servant de l'industrie québécoise
   de la bière, expliquez les points suivants.
   Assurez-vous d'appuyer vos commentaires
   sur cette industrie.
   a) discontinuités économiques ;
   b) stratégie délibérée ;
   c) avantages différentiels de concurrence ;
   d) contextuels ;
   e) planification stratégique ;
   f) produits substituts.
2. Expliquez en quoi les trois variables structure, culture et acteurs s'avèrent essentielles
   si une organisation désire atteindre un niveau optimal de fonctionnement concernant la mise en œuvre de sa ou ses stratégies.
3. Quelles sont les principales embûches qui se
   posent au stratège désireux de savoir à
   quelle industrie se rattache sa firme ? Énumérez et expliquez au moins quatre embûches possibles. Illustrez à l'aide d'un
   exemple.
4. Identifiez les cycles de vie du produit. Identifiez et expliquez brièvement les stratégies
   utilisées à chacune des phases. Situez sur
   cette courbe les industries suivantes :
   a) alimentation traditionnelle ;
   b) bureautique ;
   c) motoneige ;
   d) vêtement sport.
5. Expliquez les composantes de la stratégie à
   l'aide d'un exemple de votre choix.

6. En regard du concept de stratégie dans l'entreprise, définissez ce que l'on entend par :
   a) la stratégie formelle et la stratégie actualisée ;
   b) le paradigme de l'organisation industrielle ;
   c) les différentes phases d'une industrie ;
   d) les quatre options stratégiques génériques au sein des stratégies de marché.
7. Décrivez les trois niveaux de stratégie dans l'entreprise et identifiez le type de stratégie se rapportant à chacun des niveaux. Donnez un exemple pour chaque cas.
8. À partir d'un même exemple, expliquez brièvement les notions suivantes : unités stratégiques, secteurs reliés et non reliés, les trois dimensions de la stratégie.
9. Vous êtes responsable d'un important réseau de salles de cinéma. Vous entendez des « rumeurs » concernant deux innovations majeures : la télévision payante et l'appareil vidéo. Ces innovations auront certes un impact entre elles et sur des industries connexes comme celle à laquelle appartient votre firme.
   a) Dites comment vous entendez vous adapter à ces innovations. Comment vous entendez en profiter pour accroître votre part de marché et votre volume des ventes.
   b) Quels sont les principaux intervenants de l'environnement économique qu'il faut incidemment prendre en considération ? Énumérez et discutez.
10. Quelles sont les caractéristiques respectives de la « stratégie formelle » et de la « stratégie actualisée » ? Comment peut-on expliquer un écart entre ces deux éléments du processus stratégique ?
11. Quelles sont les composantes d'une stratégie bien pensée ?

NOTES BIBLIOGRAPHIQUES

1) P. DE BRUYNE. *Esquisse d'une théorie générale de l'administration*, Paris, Dunod, 1966.
2) J. FORRESTER. « Counter Intuitive Behavior of Social Systems », *Technology Review*, 1971.
3) P. LORANGE et R.F. VANCIL. « Strategic Planning in Diversified Companies », *Havard Business Review*, Janv.-Fév. 1975, p. 81-93.
4) H.A. SIMON. *The New Science of Management Decisions*, Englewood Cliffs, N.J., Prentice-Hall, 1977.
5) J.B. QUINN. *Strategies for Change*, Homewood, Ill., Richard D. Irwin, 1980.
6) R.L. ACKOFF. *A Concept of Corporate Planning*, New York, Wiley-Interscience, 1970.
7) G. ALLISON. *The Essence of Decision*, Boston, Little Brown, 1971.
8) Y. ALLAIRE et M. FIRSIROTU. « Theories of Organizational Culture », *Organization Studies*, Vol. 5, n° 3, 1984.
9) J. PFEFFER. *Organizations and Organization Theory*, Toronto, Pitman, 1982.
10) A. KAPLAN. *The Conduct of Inquiry*, New York, Harper and Row, 1964.
11) J.G. MARCH. « The Business Firm as a Political Coalition », *Journal of Politics*, Vol. 24, 19 & 2, p. 662-678.
12) R. MILLER. *Entreprise et Innovation*, Grenoble, Presses Universitaires de Grenoble, 1976.
13) R. ALBANESE. *Managing Toward Account Ability for Performance*, Homewood, Ill., Richard D. Irwin, 1978.
14) D. HAMPTON *et al. Experiences in Management and Organizationnal Behavior*, New York, John Wiley, 1982.
15) Y. ALLAIRE et M. FIRSIROTU. *Turn Around Strategies as Cultural Revolutions*, Montréal, Centre de Recherche en Gestion, UQAM, 1982.
16) H. MINTZBERG. « Policy as a Field of Management Theory », *Academy of Management Review*, 1977, p. 88-103.
17) R.F. THIERAUF. *Decision Support Systems for Effective Planning and Control*, Englewood Cliffs, N.J., Prentice-Hall, 1982.
18) H. WAGNER. *Principles of Operations Research*, Englewood Cliffs, N.J., Prentice-Hall, 1979.
19) G. URBAN. *Management Sciences*, Prentice-Hall.

20) S.J. POKEMPNER. *Management Science in Business*, New York, Conference Board, 1977.

21) J. STEINBRUNNER. *The Cybernetic Theory of Decision*, Princeton, N.J., Princeton University Press, 1974.

22) E.B. ROBERTS. *Managerial Applications of Systems Dynamics*, Cambridge, Mass., The MIT Press, 1979.

23) P. AZOULAY et P. DASSONVILLE. *Recherche opérationnelle de gestion*, Paris, Presses Universitaires de France, 1976.

24) PUGH et RICHARSON. Dynamo.

25) J. FORRESTER. *Collected Papers*, Cambridge, Wright-Allen Press, 1975.

26) M.K. STARR. *Management: a Modern Approach*, New York, Harcourt, Brace, Jovanovich, 1971.

27) H.J. LEAVITT *et al. The Organizational*, New York, Harcourt, Brace, Jovanovich, 1973.

28) P. SELZNICK. *Leadership in Administration*, New York, Harper and Row, 1957.

29) P. BLAU et H. SCOTT. *The Structure of Organizations*, New York, Basic Books, 1971.

30) M. OAKESCHOTT. *Rationalism in Politics*, Londres, Methuen, 1972.

31) J. BEISHON et G. PETERS. *Systems Behaviour*, Londres, Harper and Row, 1972.

32) R. LIKERT. *New Patterns of Management*, New York, McGraw-Hill, 1967.

33) D. SILVERMAN. *Organizational Work*, Londres, Collier MacMillan, 1976.

34) Y. ALLAIRE et R. MILLER. *La Francisation des entreprises*, Montréal, Institut de Recherche C.D. Howe, 1980.

35) M. CROZIER. *Le Phénomène bureaucratique*, Paris, Seuil, 1963.

36) C. PATEMAN. *Participation and Democratic Theory*, Londres, Cambridge University Press, 1970.

37) D.G. BOWERS. « Organization Development Promises, Performances, Possibilities », *Organizational Dynamics*, Vol. 4, n° 4, 1976, p. 50-67.

38) R.M. CYERT et J.C. MARCH. *A Behavioral Theory of the Firm*, Englewood Cliffs, N.J., Prentice-Hall, 1963.

39) Y.J. PETERS et R.H. WATERMAN. *In Search of Excellence*, New York, Harper and Row, 1982.

40) M. PEREL. *Corporate Venturing*, Palo Alto, SRI, 1981.

41) J. SCHUMPETER. *Capitalism, Socialism and Democracy*, New York, Harper and Row, 1950.

42) D. BIRCH. « Who Creates Jobs », *Public Interest*, n° 65, Printemps 1981.

43) M. CORE. *Le Développement économique*, Montréal, SECOR, 1985.

44) E.B. ROBERTS. « New Ventures for Corporate Growth », *Harvard Business Review*, Vol. 58, n° 4, Juillet-Août 1980.

45) J.B. QUINN. « Entrepreneurship in the Large Firm », *Sloan Management Review*, 1980.

46) R. KEEN et M. SCOTT MORTON. *Decision Support Systems*, Reading, Mass., Addison-Wesley, 1977.

47) K. LEWIN *et al.* « Patterns of Aggressive Behavior », *Journal of Social Psychology*, 1939, Vol. 10, pp. 271-299.

48) F.E.F. FIEDLER. *A Theory of Leadership Effectiveness*, New York, McGraw-Hill, 1967.

49) H. MINTZBERG. « Myths and Reality of Management », *Harvard Business Review*, 1973.

50) H. SIMON. *New Science of Management Decision*, Englewood Cliffs, N.J., Prentice-Hall, 1977.

51) J.D. THOMPSON. *Organizations in Action*, New York, McGraw-Hill, 1967.

52) J.B. QUINN. *Strategies for Change*, Homewood, Ill., Irwin, 1980.

CHAPITRE 8

LES ERREURS DE JUGEMENT EN ADMINISTRATION

par

Roger Miller

« Les préférences personnelles polluent souvent les faits dans le processus d'élaboration d'une stratégie. L'analyse des faits se transforme souvent en arguments pour défendre des préjugés. »

James R. Emshoff

L'administrateur, lorsqu'il est dans le feu de l'action, est souvent amené à prendre des décisions à partir d'informations incomplètes. Quels sont ses risques de commettre des erreurs de jugement ? La « sagesse de la rue », les médias d'information, la publicité et même la presse économique véhiculent des assertions plus ou moins vraies qui conduisent à des erreurs. Sans analyse judicieuse, l'esprit non averti, et même l'administrateur, peut tomber dans des pièges.

L'administrateur a besoin non seulement de connaissances techniques, d'habiletés interpersonnelles pour agir avec ses collègues ou subordonnés au sein d'une organisation, mais il a surtout besoin d'habiletés conceptuelles pour saisir et articuler les problèmes. À cette étape de l'évolution des sciences administratives, il apparaît que les sciences cognitives qui examinent la ra-

tionalité humaine et les limites cognitives prennent une importance de plus en plus grande. Il est donc temps de regarder de plus près le processus cognitif de décision.

Le but de ce chapitre est d'esquisser quelques éléments d'analyse de façon à aider l'administrateur à reconnaître les erreurs les plus évidentes que peuvent contenir les arguments et les informations qui servent à la prise de décision. Ce chapitre n'a toutefois pas pour objet de former des experts dans la réfutation des sophismes* et des erreurs de logique : c'est là l'objectif d'une culture générale de base. Il s'agit plutôt d'aider les futurs administrateurs à : i) reconnaître et exposer les arguments fallacieux, et ii) éviter d'énoncer eux-mêmes des propositions et des arguments fallacieux.

---

* Un sophisme est un faux raisonnement forgé avec l'intention de tromper. Le même raisonnement fait avec droiture d'intention s'appellera paralogisme.

1. Les grandeurs et les faiblesses humaines dans la prise de décision

Le poète et philosophe allemand Schiller disait qu'il n'y a rien de plus utile qu'une bonne théorie. On pourrait aussi procéder par la négative : il n'y a rien de plus inutile qu'une mauvaise théorie. En effet, toute décision et action, sauf évidemment les fonctions biologiques, se prend en fonction d'une théorie épousée et utilisée par le décideur lui-même. Ces théories peuvent être très explicites ou au contraire implicites et même ambiguës.

Rien n'a autant d'effets pervers qu'une vision idéaliste de l'homme, surtout de ses capacités intellectuelles. En effet, l'expérience montre que l'esprit humain est limité. L'acquisition des connaissances intellectuelles se réalise dans un processus discursif lent et plein d'embûches.

Deux conceptions opposées des capacités cognitives de prise de décision de l'homme se confrontent. William Shakespeare dans *Hamlet* s'émerveille de la noblesse de la raison et de l'infini des facultés humaines. Comme un ange, l'homme a des appréciations justes, dit-il. Beauté du monde, il est le sommet des animaux rationnels. À l'opposé, Herbert Simon, prix Nobel de l'économie, constate que l'esprit humain a des difficultés cognitives à formuler et à résoudre des problèmes. En conséquence, il ne peut se satisfaire que d'approximations raisonnables de la rationalité.

Pour bien saisir les limites cognitives du décideur, nous allons tenter d'examiner la prise de décision en trois étapes. D'abord, la structuration du problème à l'aide d'un schéma conceptuel ; ensuite, la cueillette d'information ; puis, la prise de décision et enfin l'apprentissage et le feed-back.

1.1 LA STRUCTURATION DES PROBLÈMES

Le décideur, quel qu'il soit, structure un problème et prend des décisions en fonction d'une théorie épousée. En général, les décisions sont si complexes qu'il est impossible d'en cerner tous les aspects. En conséquence, le décideur tentera d'imposer une structure à la décision en s'appuyant sur une théorie, un cadre d'analyse ou une métaphore. Ces théories sont loin d'être toujours explicites mais elles dépendent souvent d'articulations conceptuelles implicites et ambiguës chez le décideur. Examinons rapidement les principales contraintes de la structuration adéquate des problèmes.

— Le décideur a tendance à structurer les problèmes en fonction de ses connaissances aprioristes. Ainsi, les connaissances déjà acquises, les préjugés et les préférences servent souvent de base conceptuelle pour structurer les problèmes. Les théories qui servent de base conceptuelle pour structurer un problème sont souvent subjectives et pas nécessairement vérifiées empiriquement.

— Les problèmes sont souvent structurés à partir de métaphores qui tentent de saisir la réalité mais qui sont loin d'être des théories valides et correspondant à la réalité. La métaphore est un moyen de structurer une décision en attirant l'attention sur certains aspects du problème aux dépens d'éléments considérés comme peu importants. Par exemple, on décrit l'esprit humain comme un ordinateur, et une équipe de travail comme une équipe de hockey. Le véritable défi est de trouver une métaphore qui a un certain réalisme.

— Les prémisses qu'utilise le décideur pour structurer le problème découlent souvent de ses croyances, de ses hypothèses préférées et de son expérience personnelle. Or ces croyances peuvent être fausses. Dès lors, la qualité des décisions dépendra largement de la qualité des prémisses soutenues par le décideur.

— Les théories qui servent de base à la prise de décision peuvent être explicites et formelles en s'appuyant sur un long apprentissage universitaire. Hélas, les théories épousées par le décideur sont souvent ambiguës, incomplètes et implicites. Elles le mènent à une compréhension partielle du problème et à des décisions erronées.

Le but fondamental d'une formation universitaire est d'initier le futur dirigeant à un certain nombre de schémas théoriques qui lui permettront de structurer la réalité complexe à laquelle il devra faire face. Le travail en groupe aura aussi une influence sur la structuration des problèmes : le travail de groupe peut contribuer soit à élargir les horizons du preneur de décision ou au contraire à le polariser autour de solutions favorisées par le groupe. Enfin, le preneur de décision peut se servir de solutions utiles dans le passé pour structurer les problèmes, même s'ils sont de nature différente.

En bref, l'esprit humain, même formé, est enclin à des erreurs assez fréquentes. Ainsi, les décideurs pensent que leurs jugements sont justes, cohérents et complexes. Or, dans les faits, ces jugements sont entachés d'erreurs de présomption, de surconfiance, d'illusion et de causalité. Qui plus est, le refus de l'apprentissage freine même la capacité d'autocorrection ! Voici quelques-unes des limites cognitives, d'origine physique et psychologique, de l'esprit humain :

— *La perception sélective* : biais dans la perception d'information, préférence pour les informations *vives*, et refus de prendre en compte des informations pertinentes nouvelles.

— *Le traitement séquentiel* : décisions et jugements un à un, sans volonté de saisir le problème comme un système. Les explications simples de causalité sont préférées aux systèmes complexes d'influence.

— *La reconstruction* : formulation des problèmes en fonction des schémas appris ou des stéréotypes acceptés. L'attitude maïeutique est donc difficile à mettre en œuvre.

— *L'utilisation de méthodes heuristiques* : les procédés heuristiques simplifient la prise de décision mais donnent lieu souvent à des biais systématiques et à des erreurs. Le recours à ces méthodes de raccourci de décision plutôt qu'à des délibérations permet des décisions rapides mais quelquefois erronées.

— *La témérité (surconfiance) dans les jugements* : la facilité avec laquelle les décideurs portent des jugements avec certitude alors que leur connaissance effective est limitée et souvent erronée.

Dans l'obligation d'agir rapidement, les décideurs laissent souvent de côté les règles d'inférence pour se fier à leur capacité de jugement intuitif. De plus, bien que le niveau d'erreur soit très élevé, les experts et les décideurs apprennent peu de leurs erreurs.

1.2 L'INFORMATION

La société dans laquelle nous vivons véhicule de nombreuses informations qui exigent des jugements de la part de ceux qui les reçoivent. La multiplication des moyens d'information permet une transmission rapide des messages, de n'importe où dans le monde. Par exemple, presque tous les citoyens du monde ont accès à la télévision ou à la radio. Il est aussi facile de téléphoner à Tokyo qu'à Saint-Jean-d'Iberville. Cependant, il ne faut pas confondre information et connaissance.

Les émetteurs d'information essaient malheureusement d'influencer les décideurs en présentant des données partiales, partielles et tendancieuses. En voici quelques exemples :

— L'annonce publicitaire vante un aspect du produit ou du service mais ne donne pas toute l'information nécessaire pour prendre un décision éclairée. Le message publicitaire simple met l'accent sur une dimension importante mais ne peut montrer ni l'ensemble des avantages et des désavantages du produit, ni les substituts disponibles.

— Les messages politiques simplifient des réalités complexes. Le chef politique met lui aussi l'accent sur les aspects favorables et sélectifs d'un problème tout en évitant de mettre en lumière les informations réellement nécessaires pour résoudre le problème.

— Les informations vives captent plus l'attention que les analyses équilibrées. Les médias d'information mettent l'accent sur les événements vivants et percutants plutôt que sur les analyses complexes. Staline disait que la narration de la mort d'un soldat russe émeut mais que la mort d'un million de soldats n'est qu'une statistique. Le journal ou le poste de télévision qui voudrait présenter des analyses justes et complètes des problèmes aurait éventuellement des problèmes économiques.

— Les groupes de pression politiques dans la démocratie libérale tentent d'influencer les autorités en place en manipulant l'opinion publique en leur faveur. Dès lors, ils essaieront de présenter des informations partielles et vivantes mais difficilement réfutables. Quelquefois, on diffusera des informations fausses en espérant que les adversaires seront dans l'impossibilité de formuler des objections.

L'information se présente sous forme de propositions dont il importe de vérifier la véracité et la validité. Le décideur, privé ou public, qui se laisse influencer sans examiner la qualité des informations qui s'offrent à lui manque de prudence élémentaire et agit en téméraire.

L'information se présente sous la forme de propositions qui doivent être vérifiées, acceptées ou rejetées. Il est assez facile de vérifier la proposition annonçant que « la Suisse, après les émirats arabes, est le pays libre qui a le plus haut PNB *per capita* », mais une réflexion s'impose lorsqu'une annonce publicitaire vous déclare que « les femmes qui ont du succès utilisent le parfum XXX ».

Dans la proposition, des concepts sont interreliés par des liens d'attribution ou de causalité. Certaines propositions sont simples, telles que « la rentabilité des ventes est de 10 % cette année ». D'autres propositions utilisent des concepts abstraits tels que « cette organisation est innovatrice ».

Les propositions sont donc les instruments par lesquels s'expriment la qualité de l'information et le savoir. Trois sortes de propositions se présentent à l'esprit. La proposition *interrogative* suggère une question à laquelle il faut répondre par l'affirmative ou la négative. Le libre-échange est-il béné fique pour le Canada ? Le doute est l'élément moteur. La recherche d'information permettra d'y répondre. La proposition *conditionnelle* exprime une conclusion basée sur des prémisses : on dira « le libre-échange est bénéfique pour le Canada ». Cette conclusion par inférence est basée sur des données recueillies et sur des relations observées grâce à des enquêtes. La conclusion dégagée est conditionnelle car elle ne tient que si les prémisses sont vraies. La proposition conditionnelle est celle du langage scientifique. Elle indique très clairement que la vérité de ce savoir est conditionnelle, car les propositions peuvent être infirmées par des données nouvelles. La proposition *catégorique* est l'assertion sans réserve que « le libre-échange est bénéfique pour le Canada ». L'auteur, après examen, analyse et délibération, arrive à la certitude que le libre-échange est bénéfique. L'assertion catégorique est le langage de la pratique. Ainsi l'entrepreneur ou le dirigeant ont la certitude de la pertinence de leurs jugements dans leurs domaines d'action. Le tableau suivant résume à grands traits les principaux types de propositions.

Type	Définition	Mode cognitif	Nom courant
La proposition interrogative	Questions à examiner	— doute	— hypothèse de recherche
La proposition conditionnelle	Conclusion conditionnelle tirée de prémisses	— inférence, raisonnement et jugement	— hypothèse retenue et non infirmée actuellement
La proposition catégorique	Assertion excluant toute condition ou doute	— assentiment — adhésion	— croyance — certitude

1.3 L'APPRENTISSAGE

Le décideur peut modifier son schéma conceptuel de structuration de problèmes ou de prise de décision en fonction des résultats atteints ou de l'apprentissage relié à son expérience personnelle. Plusieurs obstacles majeurs freinent l'apprentissage.

En premier lieu, la préférence marquée des décideurs pour la recherche d'information qui confirme au lieu d'infirmer leur propre schéma conceptuel. En conséquence, le preneur de décision a tendance à valoriser l'information qui confirme ses opinions et à rejeter les informations qui pourraient contredire ses vues personnelles. Il valorisera l'information partielle qui met en évidence certains aspects du problème et cachera l'information sur les échecs.

L'apprentissage est difficile, en second lieu, car l'information comporte énormément de bruits qui empêchent de tirer des conclusions claires. Ainsi les résultats inférieurs aux attentes sont le résultat d'une mauvaise décision ou simplement l'effet de phénomènes extérieurs hors du contrôle de l'administrateur. Il est difficile de faire un apprentissage lorsqu'on sait que celui qui réussit a raison trois fois sur cinq, alors que celui qui ne réussit pas n'a raison que deux fois sur cinq.

Les recherches les plus récentes sur les modes cognitifs de décisions offrent un certain nombre de concepts qui peuvent aider les administrateurs à porter des jugements plus corrects et à construire des propositions conformes aux exigences de la logique. Dans les pages qui suivent, nous examinerons 15 types d'erreurs de logique à éviter.

2. Les types d'erreurs de jugement et de logique

Les sophismes que l'on trouve dans « la sagesse de la rue », les médias d'information et les arguments économiques peuvent provenir de trois sources : i) le sens des concepts ; ii) l'induction et iii) les raisonnements. L'examen de ces sources d'erreurs dans le discours aidera à développer un esprit critique pour dépister les arguments fallacieux les plus évidents.

2.1 LE SENS DES CONCEPTS

Les sophismes du langage proviennent d'erreurs dans les DÉFINITIONS DES CONCEPTS. Le discours logique exige en effet que les concepts soient bien définis. Nous apprenons ou saisissons le sens d'un mot dans un contexte précis qui n'est peut-être pas celui dans lequel il est utilisé maintenant.

2.1.1 L'imprécision des concepts dans une proposition : le concept non *ad rem*

Le sens et la portée des termes doivent être clairs sinon les propositions deviennent fallacieuses et les informations sans valeur véritable. Cette règle est violée très fréquemment dans les arguments politiques, la publicité et les écrits. Il s'agit là de sophismes construits dans l'intention d'induire en erreur. La signification du concept par rapport à la réalité qu'il veut décrire ne doit pas changer au fil du temps ou des circonstances.

Cela est d'autant plus important pour les concepts qui font référence à des réalités abstraites. Une bicyclette est un concept clair mais l'amour ou la responsabilité supposent des définitions précises qui vont bien au delà des émotions. De même, des termes abstraits comme la liberté, le courage, la vérité, la justice, l'honneur, la démocratie ou l'humanisme doivent être précisés sinon, ils peuvent signifier des choses variables.

Le concept doit être *ad rem*, c'est-à-dire éviter les ambiguïtés, le vague et les attaques émotives. *Ad rem* veut dire droit au but. À titre d'exemple, prenons l'argument énonçant que « la chirurgie moderne est un miracle de la science, en conséquence l'homme a progressé ». Le terme progrès est ambigu car il est impossible de savoir s'il fait référence à la réduction de la mortalité, à l'accroissement des connaissances ou à l'élévation de l'utilité sociale. L'information n'est pas claire car un des concepts est ambigu. Voici quelques illustrations de concepts non *ad rem* :

> « Nous sommes au service du client » est une autre proposition où le terme service est ambigu. « Les dirigeants des PME, titre un

journal, ont tendance à s'en remettre aux vertus de leur produit et négligent les besoins des consommateurs ». Les concepts ne sont pas clairs !

« Cette grève sauvage est la responsabilité de quelques agitateurs gauchistes ». Les concepts sont tellement chargés d'émotivité que le lecteur ne sait pas vraiment de qui il s'agit !

Les concepts doivent aussi être vrais, c'est-à-dire conformes à la réalité objective, même si cela est désagréable ou pénible. Il est donc important de ne jamais prendre nos désirs ou nos idées pour des réalités. Il est encore plus important de ne pas laisser nos intérêts, nos goûts, nos préférences, nos sympathies ou nos passions influencer nos décisions.

2.1.2 L'erreur de l'équivoque

L'équivoque est le résultat d'une modification volontaire du sens des concepts au cours d'un même raisonnement ou dans une proposition. Si à première vue l'argument semble valable, il est faux car l'auteur a opéré un déguisement des concepts. Voici deux exemples d'équivoque :

Les affaires sont les affaires. Le premier concept fait probablement référence à l'achat et la vente alors que le second, identique, indique peut-être la réalité de la concurrence !

Deux personnes discutent de l'entreprise privée mais donnent des sens différents au concept. Pour un, il s'agit de la liberté d'entreprise qui crée des emplois. Pour l'autre, il s'agit d'un système qui ne peut exister sans l'intervention de l'État par la mise en place de règles de concurrence.

2.1.3 L'analogie ou la métaphore boiteuse

Les illustrations, les analogies ou les métaphores rendent un texte intéressant et vivant. Néanmoins, il semble évident d'appliquer la règle affirmant que ce qui est vrai dans une situation n'est pas nécessairement vrai dans une autre.

En dépit de cela, par exemple, de nombreuses théories en administration traitent les entreprises comme si elles étaient des personnes et les personnes comme si elles étaient des machines. Ces analogies introduisent des hypothèses implicites qui sont difficiles à détecter et à critiquer. La métaphore qui compare l'entreprise à une personne suggère l'idée d'action rationnelle ; mais l'entreprise n'a ni volonté ni intelligence, seules les personnes en ont. Les analogies substituent l'image implicite et le symbole évocateur à l'analyse réelle. Voici quelques exemples :

« Un pays, tout comme un citoyen, ne peut vivre au-dessus de ses moyens » ;

Carlyle réfutait les arguments en faveur de la démocratie représentative en disant qu'un capitaine qui serait obligé de prendre des votes pour toutes les décisions ne se rendrait jamais au port. Cette analogie faisait fi des mécanismes réels de la démocratie parlementaire !

2.2 LES ERREURS D'INDUCTION

Le raisonnement peut prendre deux voies : l'*induction* ou la *déduction*. L'induction est le raisonnement par lequel on passe du particulier, des faits perçus, aux prémisses. La déduction, par opposition, est une inférence qui consiste à tirer des prémisses une conclusion qui en est la conséquence nécessaire. La déduction suppose donc des prémisses, c'est-à-dire des propositions basées sur l'induction.

Les sciences expérimentales, les sciences sociales et même les sciences administratives attachent une grande importance à l'induction. L'induction est une inférence, une conjecture qui conclut à partir des faits. L'*induction empirique* est la généralisation à la population d'une espèce entière d'observations faites sur plusieurs cas représentatifs et concordants. Elle s'appuie sur la rigueur des sciences expérimentales. La convention dans les sciences expérimentales contemporaines est de mesurer par les méthodes statistiques la confiance dans de telles inférences. *L'induction a en général comme résultat la détermination de prémisses qui servent de points d'appui pour des raisonnements déductifs ultérieurs.*

Les erreurs de raisonnement associées à l'induction sont nombreuses. L'intuition est souvent caractérisée par l'engagement hâtif, la conclusion abusive et l'absence de révision à la lumière d'informations nouvelles. Ainsi, les premières informations peuvent prendre un poids relativement supérieur par rapport aux données subséquentes.

Les erreurs d'inférence ont souvent comme cause la sur-valorisation de méthodes intuitives et la sous-utilisation des méthodes d'analyse de la logique et des statistiques. Voici quelques erreurs de raisonnement inductif qui pourront aider l'administrateur à rectifier son tir dans l'analyse de l'information.

2.2.1 Les a priori et les cadres préconçus

L'interprétation que font les décideurs des informations qui s'offrent à eux dépend hélas des croyances, des théories et des présupposés qui les animent déjà. Ainsi, les faits ne sont pas toujours de simples lectures objectives du réel, mais des interprétations des données perçues.

La présence d'a priori très forts peut amener le décideur à favoriser certaines perceptions de la réalité et à rejeter d'emblée des pans de données qui n'appuient pas ses opinions. Le décideur donne ainsi une structure au problème à résoudre en s'appuyant sur ses connaissances. Cette structure établit des limites, des visions du monde et met en évidence certaines valeurs. Les présupposés, les stéréotypes et les a priori simplifient l'induction mais altèrent notre compréhension des faits et des événements.

Les inductions que nous faisons sont souvent des interprétations non des faits mais des constructions à partir des théories épousées ou des opinions personnelles. John Maynard Keynes disait que les hommes sont souvent prisonniers des théories d'économistes décédés, théories qu'ils ne connaissent souvent qu'en partie. Francis Bacon écrivait en 1620 que l'esprit humain, lorsqu'il s'est formé une opinion, recherche les informations qui s'accordent avec cette opinion. Voici quelques exemples d'a priori qui révèlent une perception partielle de la réalité :

> Les problèmes d'une entreprise vus par un psychologue ont souvent trait aux groupes, aux relations interpersonnelles et aux styles non démocratiques des dirigeants. Les économistes voient les problèmes de concurrence et de fixation des prix.

> Un cadre qui a réussi à rétablir la rentabilité d'une firme dans une industrie utilisera ailleurs les solutions qui se sont avérées utiles. Il abordera ainsi son travail dans une autre industrie avec des a priori.

2.2.2 Les cas isolés et les informations vives mais peu représentatives

Les décideurs eux-mêmes peuvent mettre l'accent sur les cas isolés mais vifs aux dépens des données statistiques disponibles. Les anecdotes, les cas vivants et les cas particuliers ont tendance à conduire à des inductions erronées en raison de leur non-représentativité. Pourquoi alors se fier à des données éparses et isolées quand des données statistiques sont disponibles ?

La tentation de porter des jugements globaux à partir d'événements particuliers qui ne constituent pas un échantillon valable est très grande. Après une rencontre avec quatre ou cinq clients, on tirera des conclusions qui peuvent s'avérer fausses. L'ignorance de la loi des grands nombres peut ainsi mener à des erreurs graves. En effet, on ne peut tirer des inférences que d'un échantillon aléatoire et non biaisé qui est lui-même représentatif de l'univers du phénomène dont on se préoccupe.

Les annonces publicitaires et les articles de journaux font souvent état de conclusions qui s'appuient sur des faits non représentatifs illustrés par des anecdotes. En voici quelques exemples :

> En dépit des reportages journalistiques, tous les Canadiens ne jouaient pas à la bourse au cours des années 20 ou avant le krach de 1987.

Les réactions de cinq personnes interviewées sur la rue, après un reportage sur le dernier budget du ministre des Finances, apportent une information partielle et souvent partiale. Quelle conclusion valable peut-on tirer ?

La nouvelle d'un vol de banque dans le voisinage a plus d'impact sur les perceptions qu'une analyse comparative et objective des taux réels de criminalité.

La manifestation la plus courante est la crédulité aveugle à l'égard de certaines nouvelles diffusées par la presse écrite ou électronique, surtout lorsqu'on y perçoit une menace immédiate. On se souvient sans doute encore de l'espèce d'hystérie collective qui s'est emparée de la population, voici quelques années, à l'égard des prétendus effets toxiques de la mousse isolante d'urée-formol (MIUF). Des gens ont soudainement ressenti des troubles respiratoires ou cutanés qu'ils ont attribués, les médias aidant, aux inhalations provoquées par la MIUF. Certains ont réclamé des indemnités, d'autres ont cru nécessaire de déménager, plusieurs ont conclu que la vie de leurs enfants était en danger. Peu de gens ont réfléchi au fait que des générations entières d'étudiants en médecine, au cours de leur année de dissection, ont été soumises à des concentrations beaucoup plus fortes de formol sans qu'aucune conséquence notable n'ait été signalée. Après les phases successives d'alerte et de propagation, les craintes se sont amenuisées puis évanouies. Elles renaîtront à la prochaine alerte, au sujet des radiations du béton, ou des risques de cancer reliés aux douches ou au lavage de la vaisselle, si l'on en croit, dans ce dernier cas, la récente mise en garde de l'Agence américaine de protection de l'environnement où l'esprit critique vole bas !

Source : *Québec Science*, décembre 1987.

En conclusion, la taille d'un échantillon doit être adéquate si l'on veut induire des informations en fonction de certains critères de validité. Les cours élémentaires de statistiques ont justement pour objet d'initier les débutants à ces calculs.

2.2.3 L'échantillon biaisé

L'échantillon même grand qui comporte des biais peut mener à des inférences fautives. Les facteurs qui sont à l'origine des biais dans un échantillon sont nombreux : autosélection, choix non aléatoire, sur-représentation d'une strate, etc. Ainsi, au lieu de rechercher des informations statistiques à partir du Consumer Reports ou de Statistique Canada, on se fiera aux informations recueillies lors d'un cocktail ou au cours d'une ou de quelques conversations.

La généralisation des inductions à des phénomènes plus larges suppose que l'échantillon soit grand et représentatif. Or, il semble que les décideurs sautent rapidement à des conclusions et à des généralisations qui font fi des règles élémentaires de l'échantillon représentatif. L'expérience personnelle est souvent la source d'échantillons biaisés. Ainsi, nos connaissances, nos amis et les événements que nous vivons ne nous permettent pas toujours de tirer des inférences valables et justifiées au point de vue statistique.

Deux scandales politiques amèneront à la conclusion que le gouvernement au pouvoir est corrompu alors qu'il s'agit peut-être de deux cas isolés. Le commentaire d'un patron quant au volume de vente par vendeur prendra plus d'importance que les données statistiques recueillies par l'entreprise. Voici des exemples d'inductions empiriques basées sur des échantillons biaisés.

Les conclusions tirées par des groupes de pression quant aux problèmes qui les préoccupent s'appuient souvent sur des cas isolés, des échantillons biaisés et des données partielles. La confrontation d'arguments fallacieux contradictoires ne produit pas la vérité.

Une personne a décidé de s'acheter une Volvo. Elle va dans un cocktail où elle rencontre un professeur d'université qui lui raconte ses déboires avec sa Volvo. La transmission, l'injection électronique et la crémaillère auraient brisé en succession. Ces informations personnelles et vivantes n'ajoutent absolument rien aux données statistiques relatives à la fiabilité de la Volvo mais elles risquent d'influencer le décideur émotif.

2.2.4 La tendance au « confirmationnisme »

Les premières données recueillies peuvent amener le décideur à une induction qu'il considère valable. Les recherches cognitives ont montré qu'après s'être fait « une idée », les décideurs sont attentifs aux informations qui confirment leur induction première, mais qu'ils rejettent systématiquement les informations qui contredisent cette induction. Cette erreur est très grave lorsque l'induction première s'appuie sur des anecdotes, des faits réels mais peu représentatifs ou des informations biaisées.

En dépit des données statistiques, liant certaines formes de cancer à la cigarette, la population et même les médecins sont restés insensibles. Les pneumologues qui voient les effets sur les poumons ont au contraire modifié leurs attitudes.

Les informations qui ne cadrent pas avec l'interprétation acceptée et partagée par le groupe sont catégorisées comme des exceptions émanant de « trouble-fête ». Ainsi, un chef d'entreprise peut prendre une attitude émotive quand un subordonné lui présente une interprétation juste des faits mais qui contredit sa vision du phénomène.

Pour éviter cette tendance à rechercher des informations qui confirment notre point de vue, il faut s'ouvrir systématiquement aux informations qui pourraient infirmer nos jugements. Cette méthode nous permet de nous ranger du côté de la vérité car nous tentons activement de trouver des occasions de prouver que nos idées sont fausses. Dès lors, nous avons plus d'occasions de rajuster notre tir car si nos idées résistent aux tentatives d'infirmation, elles ont des chances d'être adéquates.

2.3 LES ERREURS DANS LES RAISONNEMENTS DÉDUCTIFS

L'induction permet de constituer les prémisses. Le raisonnement déductif procède des prémisses à la conclusion. Ainsi, un raisonnement déductif peut être correct même si les prémisses sont fausses : il ne sera cependant pas vrai. *Le raisonnement déductif* est une démarche progressive de découverte de la causalité grâce à laquelle le décideur passe, par inférence, des antécédents au conséquent parce que les antécédents lui en font voir le bien-fondé. Les sophismes de raisonnement déductifs sont dus à des erreurs d'imputation de liens de causalité.

L'objectif de ce document n'est pas de préparer des experts en raisonnements déductifs. Il est bon de remarquer qu'il n'est pas nécessaire de connaître les règles du syllogisme pour détecter les huit types d'erreurs qui sont présentés dans la section qui suit.

2.3.1 L'erreur du *post hoc ergo propter hoc*

Le raisonnement *post hoc ergo propter hoc* reflète une erreur dans l'affectation des causes. Ainsi, on impute une force causale à un facteur qui, en réalité, ne fait que précéder un événement dans le temps. Des erreurs graves résultent de l'imputation de causalité par le procédé du *post hoc ergo propter hoc* (cela est après ceci, donc ceci est la cause). Voici quelques exemples :

— La Rome antique est tombée après l'arrivée du christianisme. Donc, le christianisme est la cause de la chute de l'empire romain. Voilà une belle erreur de raisonnement.

— Les dépenses de publicité ont été augmentées et les ventes ont subséquemment augmenté. En conséquence, les ventes dépendent de la publicité. Voilà une conclusion peu sûre.

— Les pays en voie de développement, qui ouvrent leurs portes aux investissements étrangers, comme les États-Unis l'ont fait au XIXe siècle, connaîtront le progrès et n'auront pas à s'appuyer sur le socialisme. (L'erreur est de penser que les investissements étrangers ont été la cause du développement des États-Unis.)

— La rapidité avec laquelle les médias ont conclu que la mort de 10 000 caribous était imputable aux actions de l'Hydro-Québec est remarquable. Sans analyse du phénomène, on conclut rapidement que l'ouverture des vannes qui a précédé l'événement en est la cause.

2.3.2 Le raisonnement *non sequitur*

La tendance à croire qu'une cause majeure doit expliquer un phénomène est largement répandue. Cette cause est souvent recherchée à partir des a priori et des présupposés des décideurs : cette recherche incite les décideurs à sauter rapidement sur les facteurs de causalité les plus apparents et les plus vifs. La confiance d'avoir trouvé une cause valable met un terme à la recherche : dès lors, on se satisfait rapidement d'une explication facile. On tombe souvent dans l'erreur du *non sequitur*.

L'erreur du raisonnement *non sequitur* est donc de tirer une conclusion qui ne découle pas logiquement des prémisses et avec lesquelles elle a peu de lien de causalité. Ces erreurs conduisent à des conclusions qui révèlent souvent les préférences ou les idéologies des auteurs et font fi de la complexité des facteurs de causalité.

— La dépression économique a débuté lorsque les conservateurs étaient au pouvoir. En conséquence, ils l'ont causée. Est-ce vrai ?

— Le syndicat de Marine Industries est associé à la CSN. La CSN est donc à l'origine des déboires de Marine Industries. Tout est à prouver !

2.3.3 Le raisonnement *ad ignorantium*

L'erreur de l'argument *ad ignorantium* est d'imputer un niveau de vérité à une proposition en défiant l'interlocuteur de prouver qu'elle est fausse. Cette technique de débat s'appuie sur une erreur de raisonnement. En d'autres mots, la proposition est déclarée vraie mais on oblige les opposants à prouver qu'elle est fausse. On reconnaîtra qu'il s'agit d'un procédé utilisé largement dans les arguments politiques.

— Je défie quiconque de prouver que les sociétés privées d'électricité du Québec auraient pu construire des centrales telles que Manic ou la Baie James. L'Hydro-Québec en conséquence est une intervention publique nécessaire. Est-ce vrai ?

— La nationalisation du secteur hospitalier privé du Québec était nécessaire, car les hôpitaux privés n'auraient pas pu faire les investissements nécessaires pour améliorer la qualité des soins. Tout est à prouver !

2.3.4 Le raisonnement *ignoratio elenchi*

L'erreur de l'*ignoratio elenchi* est d'argumenter hors sujet et d'ignorer volontairement le sujet en question. Dans les conversations et les discussions, l'argument *ignoratio elenchi* détourne constamment l'interlocuteur du sujet. Des remarques intéressantes, vivantes et percutantes obligent l'interlocuteur à se défendre, mais elles sont hors sujet. Voici quelques exemples :

— En vue de démontrer que le socialisme planificateur est le meilleur système économique, on attirera l'attention sur la personnalité et les erreurs commises par des chefs d'entreprises privées.

— L'éducation libérale est inutile car elle ne permet pas de gagner sa vie avec une profession. En réalité, l'éducation libérale n'a pas pour objet de préparer à une profession mais de former l'esprit.

2.3.5 L'argument *ad populum*

Le mythe du *vox populi vox Dei* n'a certes pas été élaboré par Dieu. L'argument *ad populum* peut nous amener à supporter de graves erreurs de logique en nous appuyant sur l'opinion publique. Il s'agit donc de l'erreur consistant à attribuer une valeur de vérité à l'opinion majoritaire.

— La majorité est en faveur, « c'est donc vrai ». « Tout le monde le fait, fais-le donc. »

— Les bougies XX sont utilisées dans la grande majorité des voitures, voilà donc une autre preuve de leur supériorité.

2.3.6 L'argument *ad verecundiam*

Il s'agit de l'erreur consistant à faire appel à des autorités reconnues et à des coutumes établies plutôt qu'aux caractéristiques et aux propriétés du problème en question. En général, il s'agit de faire appel à l'autorité d'un expert dans un domaine pour appliquer son jugement dans un autre.

— Le Dr Tremblay, gynécologue, est d'avis que le divorce est sans conséquence pour les enfants.

— « Il est millionnaire, il s'y connaît. »

2.3.7 L'argument *ad hominem*

L'argument *ad hominem* est dirigé contre l'interlocuteur ou la personne cible en lui opposant ses actes, ses déclarations ou ses intérêts. L'intérêt affecte en effet notre vision des choses. Par exemple, les chefs d'entreprise de fabrication sont facilement en faveur des protections contre les importations des pays en développement. De même, les étudiants sont souvent en faveur de la réduction des frais de scolarité à l'université. Les arguments *ad hominem* sont conçus de façon à faire appel à l'émotivité, à l'orgueil, à l'envie et à l'intérêt.

— « Les personnes de bon goût demeurent au XXXX », dit la publicité pour un immeuble de luxe.

— Au chef d'une grande entreprise qui est d'avis que des mesures devraient être prises pour encourager la petite entreprise, on répond : « Que connaissez-vous de la petite entreprise ? ».

2.3.8 L'argument *petitio principii*

Il s'agit de l'erreur consistant à lancer des étiquettes, des appellations et des noms colorés tels que « payeurs de taxes », « socialiste » ou « bureaucrate » dans une argumentation. Ainsi, le politicien rejette ce qui lui déplaît en taxant de romantiques les auteurs des idées contraires aux siennes. De même, le libéral ou le socialiste qualifie de facistes les idées opposées aux siennes. En bref, les termes utilisés véhiculent des attitudes et des valeurs implicites.

Dans le discours politique, les enjeux sont tels que les parties utilisent des épithètes fortes pour décrire leurs adversaires. Ainsi, le libéral refute ce qui lui déplaît en taxant de conservatrices ou de dépassées les vues contraires aux siennes. De même, les conservateurs appelleront socialistes les arguments contraires à leurs visions du monde. Voici quelques utilisations de l'argument *petito principii*.

— Cette loi conservatrice est antisyndicale. Cette grève sauvage est la responsabilité de quelques agitateurs gauchistes.

— Voilà le nouveau président : son équipe hardie offre quelque chose à tous. Ses supporters comprennent l'économiste socialiste J.K. Galbraith, l'historien du New Deal A. Schlesinger, l'utopique Adlai Stevenson, le cœur vaillant Chester Bowles et le prosocialiste Walter Reuter. Ces hommes auront certes une influence.

3. Conclusion

Face aux limites cognitives, que peut faire l'administrateur ? Les limites de l'inférence et du jugement humain peuvent être contrebalancées par les deux grandes méthodes développées depuis les débuts de l'humanité :

— la démarche scientifique formelle : de la logique déductive d'Aristote aux modes inductifs scientifiques ;

— l'effort collectif par l'entreprise qui unit des personnes de calibre moyen pour accomplir des tâches complexes et difficiles. Les systèmes de gestion permettent de dépasser les limites individuelles.

Les erreurs d'inférence et de logique peuvent être évitées par le développement constant et méthodique d'un esprit critique par le décideur. L'esprit critique suppose que le décideur recueille l'information d'une manière systématique, qu'il analyse la covariance des variables en jeu, qu'il estime les causes probables et enfin qu'il confirme ou infirme ses hypothèses.

De même, les efforts collectifs par l'organisation permettent de profiter des connaissances accumulées, de prendre des décisions de manière plus analytique et même d'appliquer les principes normatifs d'inférence.

L'administrateur veut souvent prendre des décisions rapides sans trop se poser de questions quant à sa compréhension des phénomènes. Or, dans le but d'éviter des erreurs, il doit toujours avoir recours à deux règles correspondant aux deux questions suivantes qui portent sur sa façon d'aborder les problèmes : 1. « Ai-je pris une attitude critique et empirique ? », 2. « Les conclusions découlent-elles vraiment des prémisses, ou suis-je en train de me mentir ? »

QUESTIONS

1. Qu'entend-on par « erreur de confirmationnisme » ?
2. Quel est le sens du concept de processus discursif ?
3. Comment l'information qui arrive aux décideurs peut-elle être biaisée ?
4. Définissez les termes suivants :
   a) induction ;
   b) déduction ;
   c) équivoque.
5. L'information vive et colorée influence les jugements. Pourquoi ?
6. Pourquoi la décision rationnelle est-elle difficile ?
7. Comment peut-on s'assurer qu'un échantillon est représentatif ?
8. Décrivez l'erreur de l'argument *ad populum*.
9. Pourquoi l'erreur de l'argument *non sequitur* est-elle si courante ?
10. Qu'entend-on par « imputation d'un effet de causalité » ?

CHAPITRE 9

LE PROCESSUS DÉCISIONNEL

par

Jean-Claude Forcuit

> « *Il n'y a pas d'action sans cette faculté d'anticiper, sans une imagination vive de l'avenir, mais réglée sur le possible. Et il est clair que, selon le tempérament, ce mot de possible changera de contenu. Les timides voient surtout l'impossible. Ils exagèrent les obstacles. Les téméraires imaginent un possible impossible. Les hardis, qui sont bien rares, parce que la puissance créatrice et le sens du réel ne se retrouvent guère chez le même sujet, voient d'avance ce qui vraiment peut être, toutes les ressources étant coordonnées et concentrées vers la fin qu'on a voulue.* »

Jean Guiton

Dans un guêpier, il est difficile de garder l'esprit clair. Dans de pareilles circonstances, il est naturel de prendre des décisions intuitives ou impulsives, sans trop réfléchir. Cependant, dans l'entreprise, les conséquences de telles décisions peuvent être désastreuses. La démarche qui consiste à analyser un problème sous tous ses angles et à prendre la meilleure décision relève d'un processus cognitif qui exige des capacités de réflexion, de raisonnement, de planification et d'analyse ; il suppose une aptitude à envisager des solutions de rechange avant de réagir à un stimulus. Il arrive souvent que l'urgence des problèmes empêche le décideur d'analyser ceux-ci en profondeur et l'amène à une prise de décision hâtive.

Nous proposons dans ce chapitre une approche systématique d'analyse de problème et de prise de décision. Des étapes menant à la résolution d'un problème et des mécanismes sont prévus pour empêcher que soient négligés certains détails, écarter l'influence des partis pris persistants, minimiser les erreurs et éviter les réactions impulsives face aux problèmes urgents.

Chez le décideur qui suivra cette démarche, l'habitude de procéder à l'analyse rigoureuse et détaillée des problèmes s'affirmera. En d'autres termes, une méthode systématique l'aidera à développer son potentiel.

L'analyse de problème, telle que nous la définissons ici, est un processus qu'on utilise en vue de déterminer la cause d'un problème ou d'une situation problématique[1]. La prise de décision, par contre, consiste à poser un jugement sur les mesures à prendre pour résoudre un problème et pour atteindre un objectif.

Ce chapitre se divise en quatre parties. Les préalables à l'analyse de problème et à la prise de décision offrent une vue d'ensemble des étapes fondamentales. L'analyse de problème, dans la seconde section, donne un exposé détaillé de la façon d'identifier les problèmes et d'isoler leurs causes probables. La troisième partie, la conception des choix, traite de la façon d'élaborer des solutions innovatrices. Enfin, la section sur la prise de décision et le suivi aborde les méthodes quantitatives et qualitatives de prise de décision.

1. Considérations préalables

Dans cette première partie, nous examinerons les étapes de l'analyse de problème et de la prise

de décision, ainsi que les concepts qui soustendent l'analyse. En résumé :

— la structure systémique ;

— les décisions de résolution de problème et les décisions d'orientation ;

— les réseaux de causalité.

1.1 LES TYPES DE DÉCISIONS

Deux types de décisions méritent d'être examinés : les décisions d'orientation et les décisions de résolution de problème[2]. Ces deux catégories de décisions sont très étroitement reliées, et chacune joue un rôle important dans la prise de décision quotidienne. Voyons ce qui les différencie, à la figure 9.1.

La décision de résolution de problème, comme son nom l'indique, vise à corriger une erreur, un processus défectueux. Quant à la décision d'orientation, elle ne se rapporte pas à un problème, mais elle s'insère plutôt dans un

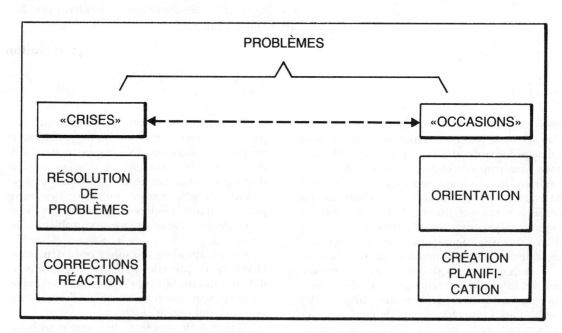

Figure 9.1 Les types de décisions

mouvement de planification, de conception et d'organisation. Il ne s'agit donc pas de corriger une situation mais plutôt de procéder à un changement, de créer quelque chose. C'est d'ailleurs pour cette raison qu'on parle plus souvent de décision stratégique que de décision d'orientation.

Prenons l'exemple d'un projet qui nécessite des changements sur le plan de la main-d'œuvre. On peut décider qu'on a besoin de plus de personnel ou encore qu'on a besoin d'employés différents. Il s'agit là de décisions d'orientation parce qu'on planifie et qu'on organise quelque chose de nouveau. C'est donc un processus stratégique ou créatif et non pas un correctif apporté à une situation qui existe déjà. Supposons maintenant qu'on engage plusieurs employés supplémentaires pour découvrir ultérieurement qu'on en a engagé beaucoup trop. Il faudrait alors prendre une décision concernant ce surplus de personnel. On peut soit congédier ces employés, soit les affecter à d'autres tâches. Il s'agit ici de décisions de résolution de problème. Une décision d'orientation appropriée réduit les situations nécessitant une décision de résolution de problème.

La mise en place d'une décision d'orientation exige une planification, alors qu'une décision de résolution de problème exige une correction sur-le-champ. Les dirigeants s'intéressent à tous les types de décisions. La personne responsable d'un processus de production, par exemple, doit elle aussi non seulement planifier, organiser, contrôler, mais encore corriger les problèmes qui surgissent.

Le réseau de distribution d'une entreprise de chaussures forme une structure systémique qui englobe les produits, les magasins de détail, la distribution des produits aux magasins, le personnel de direction des magasins de même que les clients. Les idées, les politiques et les procédures reliées aux efforts de distribution de l'entreprise font aussi partie de la structure du système de distribution.

Les problèmes eux-mêmes et leurs solutions se trouvent donc habituellement à l'intérieur des systèmes. La structure systémique est utile pour :

— définir et cerner le problème ;

— recueillir des données au sujet du problème ;

— déterminer et limiter les causes possibles ;

— découvrir et limiter les solutions acceptables ;

— planifier et mettre efficacement en place la meilleure décision.

Lorsqu'un problème surgit, une connaissance de la structure systémique aide à déterminer dans quelle partie précise du système le problème a pris naissance. Une fois que le décideur sait où le problème a surgi, il essaie de détecter les changements ou les effets dus au problème. Par exemple, il peut interroger le personnel affecté au système, vérifier l'équipement ou examiner les données et les dossiers concernant l'exploitation du système. La connaissance de la structure systémique dans laquelle le problème surgit aide aussi à restreindre le champ de recherche des causes possibles. Il peut en effet limiter ses recherches aux paramètres du système en cause.

La connaissance de la structure systémique aide à mieux mesurer l'ampleur de la planification et la mise en place des décisions. L'analyse de l'effet et la mise à jour de la décision seront d'autant plus efficaces que le décideur connaîtra les variables de la structure systémique. En bref, le but premier de l'emploi de la structure systémique est d'aider à isoler ou à limiter les variables sur lesquelles le décideur peut agir pour apporter une solution.

1.2 LES RÉSEAUX DE CAUSALITÉ

La structure systémique constitue un ensemble de relations de cause à effet entre des variables. Le fait d'illustrer un réseau de causalité sous forme de graphique permet de saisir du premier coup d'œil les principales relations d'influence du système. De cette façon, il est plus facile de remonter aux causes originales d'un problème et de prévoir les effets qu'une décision aura sur le réseau de causalité.

Distinguons deux modèles de causalité : le modèle convergent et le modèle divergent. De plus, divisons les causes en deux catégories, soit les causes naturelles et les causes sociales. Une cause naturelle obéit aux lois de la nature, alors qu'une cause sociale découle de l'influence de l'homme, de son action ou de sa créativité. Le fait de pouvoir distinguer les causes et les relations de cause à effet permet de limiter ou d'isoler plus facilement les causes probables et même de confirmer les causes réelles du problème.

Un modèle de causalité, représentation d'une structure systémique, peut servir à circonscrire un problème. Il peut contenir plusieurs variables. Chacune de ces variables en influence d'autres et est influencée par d'autres. Un modèle de causalité est la représentation graphique de l'intérêt que l'on porte à une variable donnée (ou facteur) et aux variables qui l'influencent ou qu'elle influence. La figure 9.2 donne une version simplifiée d'un modèle de causalité. Les flèches symbolisent les interrelations ou les relations de cause à effet. Le sens de la flèche indique la direction de la relation. En d'autres termes, la figure 9.2 indique que si le prix de vente change, le nombre d'articles vendus en sera modifié.

Il y a deux types de modèles de causalité : les modèles convergents et les modèles divergents. Le modèle convergent comporte plusieurs variables qui se rapportent à une variable donnée ou convergent vers elle (figure 9.2, partie gauche). Le modèle divergent (figure 9.2, à droite) est celui qui part d'une seule variable et qui montre comment une modification apportée à cette variable influence un certain nombre d'autres variables.

Un modèle de causalité n'est qu'une représentation de la réalité. Il comporte donc des aléas. L'incertitude se définit comme une faible compréhension des faits et des relations. Il faut donc tenir compte de l'incertitude quand on examine un modèle de causalité. En réalité, il y a deux formes de modèles de causalité. Le modèle de causalité idéal est une représentation de la situation telle qu'elle devrait exister. Un modèle de causalité peut également décrire ce qui s'est passé ou ce qui est en train de se produire. On parle alors d'un modèle de causalité descriptif.

Le modèle descriptif fait d'abord ressortir le problème, puis le modèle idéal indique comment le système devrait fonctionner si tout allait bien. L'analyse de problème consiste à dé-

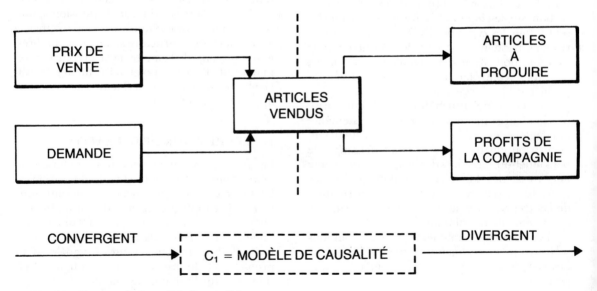

Figure 9.2   Un exemple de modèle de causalité

terminer la différence entre les deux modèles et la cause de l'effet non désiré.

1.3 LES ÉTAPES DE L'ANALYSE DE PROBLÈME ET DE LA PRISE DE DÉCISION

Les possibilités de maîtriser une situation ou de s'y adapter sont plus grandes si l'analyse de problème et la prise de décision respectent une démarche logique composée. Voici ces étapes :

- La définition du problème

Un problème se définit comme un effet non désiré, quelque chose qui ne fonctionne pas bien dans une organisation. La première étape consiste donc à décrire de façon précise cet effet non désiré, ce qu'il est et ce qu'il n'est pas, afin d'éliminer la confusion qui pourrait venir de facteurs non pertinents.

- La détermination des causes possibles

Il s'agit de découvrir les causes susceptibles d'être à l'origine du problème et de cerner ensuite celles qui semblent les plus probables. Après avoir sélectionné la ou les causes les plus vraisemblables, on formule une hypothèse en vue d'expliquer comment les causes retenues peuvent être vraiment celles qui provoquent l'effet non désiré.

- La confirmation des causes les plus probables

On procède ensuite à la vérification de l'hypothèse à l'aide d'une ou de plusieurs méthodes de validation fiables. Si l'hypothèse est fausse, le processus doit être répété tant que la cause probable de l'effet non désiré n'a pas été définie.

- La conception des choix possibles de résolution

À cette étape, le décideur est en quête de choix possibles qui permettraient d'arriver à résoudre efficacement le problème. Les possibilités sont imaginées à l'aide d'une matrice qui permettra de déterminer, de structurer et d'analyser de façon systématique un ensemble de solutions possibles.

- La détermination des solutions acceptables

Les solutions acceptables sont celles qui permettent d'atteindre l'objectif, c'est-à-dire de résoudre le problème. C'est seulement lorsqu'elles satisfont aux critères pertinents que les solutions possibles deviennent des solutions acceptables.

- La prise de la décision préliminaire

À l'aide de méthodes quantitatives, on mesure la pertinence ou les avantages des solutions envisagées. La solution offrant l'espérance ou la valeur quantitative la plus avantageuse tout en impliquant le moins de risques constitue la décision préliminaire.

- La prise de la décision finale

La décision préliminaire qui est conforme aux normes de qualité et qui présente un degré de risque acceptable est retenue comme décision finale.

- La mise en place de la décision finale

Le processus décisionnel n'est pas terminé tant que la décision n'a pas été mise en place. Après avoir dressé une liste des tâches à accomplir, il s'agit de les exécuter dans l'ordre fixé.

- L'analyse de l'effet de la décision

L'analyse de l'effet de la décision mise en œuvre permet d'évaluer dans quelle mesure et pourquoi la décision a dévié par rapport aux objectifs fixés. En d'autres termes, il s'agit de définir les effets négatifs survenus à la suite de la mise en place de la décision, ainsi que leurs causes.

- La mise à jour de la décision

Par suite de l'analyse de l'effet, des écarts sont découverts ; une révision peut alors s'imposer.

- La structure systémique des situations problématiques

Dans l'entreprise, les problèmes sont des symptômes du mauvais fonctionnement d'un ou de plusieurs éléments d'un système donné. Il est donc logique de supposer que lorsqu'on comprend la structure du problème, il est plus facile d'en situer l'origine et de limiter l'analyse et la prise de décision aux paramètres les plus pertinents.

Un système est un ensemble de composantes interdépendantes. Par exemple, chaque aspect de l'entreprise peut être considéré comme un système ou comme une partie d'un système : la structure, le personnel, les produits, les services, les idées, les politiques et les procédures. La structure systémique décrit ces composantes et ces rapports.

2. L'analyse de problème

Un industriel décide de construire un avion léger capable de voler à haute altitude. Cependant, l'avion ne peut atteindre l'altitude prévue au moment de sa conception. Le gouvernement décide d'aménager des quartiers insalubres en construisant des tours d'habitation à loyer modique. Quinze ans plus tard, ces mêmes immeubles se révèlent inutilisables et sont démolis. Un constructeur d'automobiles lance une importante campagne publicitaire pour un nouveau modèle de voiture, mais personne ne l'achète.

Vous connaissez sûrement des histoires semblables d'échecs cuisants. Un grand nombre de ces situations résultent d'un manque d'analyse avant la prise de décision. Les solutions développées sans analyse risquent d'être aussi désastreuses.

Une prise de décision éclairée exige une compréhension adéquate du problème. Afin de faciliter l'atteinte de cet objectif, nous examinerons une méthode rigoureuse d'analyse de problème divisée en quatre étapes. Ces étapes sont :

— la description des paramètres des problèmes auxquels le décideur fait face ;

— l'examen des rapports de cause à effet afin de déterminer les variables qui influencent un effet non désiré ;

— l'utilisation de l'induction et de la déduction pour analyser les problèmes ;

— l'analyse des problèmes d'un système complexe, réunissant des composantes à la fois naturelles et sociales.

Un problème est un effet non désiré. Ce qui est parfois compliqué, c'est de déterminer la cause de l'effet non désiré. C'est justement là le but d'une bonne analyse de problème. Le secret de l'identification des problèmes réside dans la compréhension de la structure systémique. La structure systémique est l'ensemble des variables qui composent une organisation et de leurs interrelations.

Le tableau 9.1 permet de mieux saisir la structure systémique. Le fait de pouvoir distinguer les divers types de systèmes peut être important dans la démarche d'analyse.

Un système est composé d'éléments fondamentaux humains et naturels. Les lois, les usines d'assemblage d'automobiles, les syndicats, les théories, voilà autant d'éléments humains. Toutefois, il faut veiller à ne pas confondre le naturel et le physique ou le matériel. Un barrage, par exemple, constitue sans aucun doute un objet physique, mais ce n'est pas un objet naturel parce que sa construction a nécessité un travail de conception de la part de l'homme. Ces deux types d'éléments forment trois types de systèmes : les systèmes sociaux, les systèmes naturels et les systèmes combinés. Dans les systèmes combinés, on trouve les deux types d'agencements entremêlés.

L'analyse d'une structure systémique quelconque, comme celle du constructeur de voitures de sport Sportbec, indique qu'elle se compose de systèmes naturels et humains. Le terrain sur lequel l'usine Sportbec est construite, le mazout qui sert à chauffer l'édifice et les caractéristiques de la mécanique qui rendent possible la construction d'une voiture sont tous des systèmes physiques et naturels. Chaque personne qui travaille à l'usine constitue un système biologique et naturel distinct. À l'intérieur de la structure systémique globale de la Société Sportbec, on trouve bon nombre de systèmes humains et combinés. L'usine même représente un système physique combiné. La Société Sportbec dans son ensemble constitue un système social combiné. Les instructions pour la

Tableau 9.1   Les types de systèmes

NATURELS		
PHYSIQUES	**BIOLOGIQUES**	**SOCIAUX**
rivière volcan ------------------- terrain où est située la Soc. SPORTBEC	forêts récifs de corail ------------------------- chaque employé	colonies d'abeilles ---------------------------- le bureau spacieux du président de SPORTBEC

HUMAINS			
CONCEPTION	**ORGANISATION**	**VALEURS**	**THÉORIES**
plans de travail stratégies ------------------- caractéris- tiques des composantes	organigramme de travail ------------------- description de poste de travail	religion ------------------- lois des entreprises commerciales	art musique ------------------- lois de la physique et de la mécanique

COMBINÉS (HUMAINS et NATURELS)	
PHYSIQUES	**SOCIAUX**
voiture barrage ------------------- les entrepôts de SPORTBEC	club social conseil de l'hôtel de ville ------------------- La Société

construction d'une voiture sont un exemple de conception humaine. Les descriptions de tâches à l'intérieur de la Société Sportbec, depuis celle du concierge jusqu'à celle du directeur général, constituent un système organisationnel humain. Les lois publiques qui régissent l'existence de l'entreprise sur le plan juridique représentent un système humain. Même les lois de physique et de mécanique utilisées pour concevoir des voitures de sport sont des systèmes théoriques humains.

La structure systémique d'une entreprise se compose de plusieurs systèmes ; chacun d'eux peut soulever un problème. Il ne faut évidemment pas s'attendre à connaître tous les systèmes à fond. Cependant, le décideur doit pouvoir connaître son système, détecter un problème quant il survient, le localiser, le décrire et comprendre la partie défectueuse.

2.1 LA DÉFINITION D'UN PROBLÈME

L'entreprise est un arrangement complexe qui comprend des chaînes d'autorité, des objets créés par l'homme, comme la machine à écrire ou le téléphone, et fort probablement des procédés de fabrication qui obéissent à des lois de physique, de chimie, de biologie, de même qu'aux directives de leur concepteur. Dans un environnement de cette complexité, les problèmes sont inévitables.

Lorsqu'on tente de résoudre ces problèmes, il faut pouvoir en démêler suffisamment les composantes pour décrire les relations qui existent entre les variables et les effets non désirés[3]. Un système combiné est susceptible d'affronter les mêmes types de problèmes que les systèmes naturels et humains. Un employé négligent peut laisser un produit chimique s'infiltrer prématurément dans une solution ; cette erreur humaine entraîne une réaction chimique non désirée. Pour l'entreprise, il s'agit là d'un problème dans le procédé de fabrication. Or la cause réelle du problème est l'incompétence du travailleur, élément humain.

Une fois les objectifs à atteindre établis, il est possible d'évaluer le rendement du système. Par exemple, le décideur peut se demander si la quantité d'articles produits est conforme aux prévisions ou si toutes les composantes du produit fonctionnent comme prévu.

Il se peut que le décideur ne possède pas la formation technique nécessaire pour évaluer le rendement du système. Il aurait besoin d'experts. La cause d'un problème peut souvent sembler évidente, mais il se peut aussi que cette cause soit seulement apparente. En effet, pour déterminer le problème réel, c'est-à-dire celui qu'il faut corriger pour remédier à la situation, on doit souvent éliminer plusieurs causes apparentes.

Si l'eau tirée d'un puits pour un processus de transformation chimique devenait tout à coup inutilisable, la première cause apparente serait sans doute la présence d'un élément chimique dans l'eau. Pourtant, une analyse chimique et géologique approfondie de la topographie et des niveaux hydrostatiques des environs de l'usine pourrait révéler que l'eau potable est contaminée par les eaux usées. Une inspection de l'usine pourrait indiquer qu'une vanne défectueuse permet aux eaux contaminées contenant l'élément chimique non désiré de pénétrer dans la zone d'évacuation.

Ce n'est qu'à ce moment que le décideur a trouvé la cause réelle du problème. Il définit un problème comme étant à la fois un effet non désiré et la ou les causes qui le produisent. L'analyse de problème devient donc la définition de l'effet non désiré et de sa cause réelle.

Définition d'un problème chez Sportbec

La Société Sportbec fut fondée par deux ingénieurs concepteurs d'automobiles qui voulaient mettre au point une voiture de sport. Comme le modèle se vendait bien, les fondateurs décidèrent d'agrandir leur territoire de vente par l'intermédiaire de concessionnaires répartis à travers le pays. En 1983, les ventes augmentèrent, mais en 1984 elles commencèrent à diminuer. En dépit de la stabilité du modèle qui était resté presque identique, et de la faiblesse de l'augmentation de prix, limitée à 10 %, les ventes diminuèrent de 14 %. Où se situe le problème ?

L'effet non désiré est apparent et facilement mesurable : les ventes diminuent. Dans un tel cas, une baisse peut s'expliquer par l'augmentation du prix des produits, ou il se peut que le modèle ait changé et que les clients s'y intéressent moins. Il se peut également que les habitudes de consommation et les désirs du public aient changé.

Le prix et le modèle n'ayant pas changé, il semblerait que ce soit la nature de la demande qui ait changé. Quelque chose serait donc venu modifier la réaction des acheteurs.

Le problème à analyser ici n'est pas la diminution des ventes mais plutôt la raison pour laquelle moins de gens veulent acheter le modèle Sportbec. Cette définition du problème est plus juste. La direction de la Société Sportbec a découvert que la récession avait modifié le désir du public d'acheter des voitures puissantes. Les clients ont donc délaissé les modèles de sport pour se tourner vers les voitures intermédiaires plus économiques. La Société Sportbec s'est appuyée sur des études de marché pour procéder à l'analyse du problème.

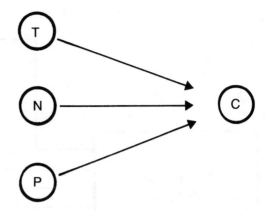

Figure 9.3 Commission du vendeur

Lorsque la nature d'un problème est très technique, il est tout à fait normal que le dirigeant ne soit pas en mesure d'en déterminer lui-même les paramètres exacts. Le fait de s'adresser aux experts pour obtenir des renseignements n'est pas un signe d'incompétence. Les experts offrent trois formes de contribution. En premier lieu, il est possible qu'ils en sachent plus que le dirigeant dans certains domaines. En effet, il est peu probable que le dirigeant soit ingénieur, économiste, comptable, avocat et vendeur en plus d'être gestionnaire. En second lieu, les experts sont plus familiarisés avec les problèmes. L'ouvrier qui travaille constamment selon le même procédé sera plus apte à y déceler un problème. En troisième lieu, il arrive parfois que l'expert-conseil pose un regard neuf sur la situation qui, pour lui, est encore nouvelle.

2.2 LES RÉSEAUX DE CAUSALITÉ ET LA DÉDUCTION

Une bonne compréhension des relations de cause à effet qui existent à l'intérieur du système qui décrit un problème permet de prévoir l'effet que produit le changement de valeur d'une variable indépendante sur une variable dépendante. Nous étudierons en détail, dans cette sous-section, les modèles de causalité convergents et divergents, de même que la nature de la relation de cause à effet.

Les modèles de causalité convergents et divergents offrent une méthode pour articuler

une vision plus nette. Par exemple, la commission (C) d'un vendeur est déterminée par trois variables (voir la figure 9.3) : le taux (%) retenu pour la commission (T), le nombre d'articles vendus par le représentant (N) et le prix de chaque article (P). Cette description est vraie mais volontairement simpliste. La plupart des modèles sont convergents, comme celui de la figure 9.3. Par contre, lorsqu'il s'agit de mettre une décision en place, le décideur s'intéresse aux effets possibles de sa décision. Le modèle de causalité devient alors divergent, puisque le décideur cherche à savoir de quelle façon un changement apporté à une variable influencera les autres variables jugées pertinentes (figure 9.4).

La meilleure façon de comprendre la structure systémique d'un problème est de déterminer les relations de cause à effet qu'elle comporte. Une relation de causalité explique pourquoi un type d'événements se transforme en un autre. Le décideur a des raisons de croire qu'un type d'événements sera suivi de l'apparition d'un autre type d'événements. Il s'appuie sur une loi naturelle, soit l'intervention humaine reliant les événements entre eux.

Ces relations peuvent avoir une interaction de causalité directe ou indirecte. Par exemple, la relation entre la demande et la commission est une relation indirecte, car la demande influence le nombre d'articles vendus, qui influence à son tour la commission.

Nul n'est infaillible ; c'est pourquoi il peut arriver que le modèle de causalité construit

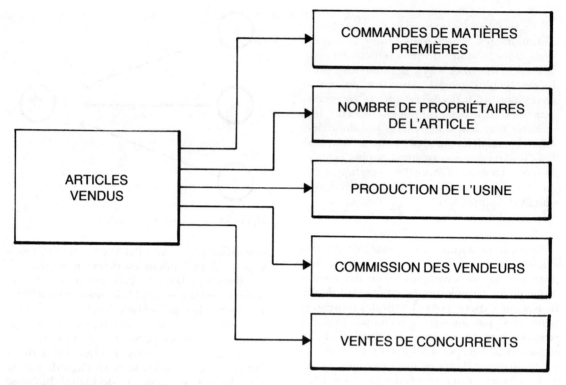

Figure 9.4   Modèle de causalité divergent

pour représenter la structure systémique d'un problème ne soit qu'une approximation. En essayant d'illustrer le problème, le décideur fait certaines suppositions. Il suppose qu'il existe un ordre dans le monde, un ordre qui peut paraître sensé à un esprit rationnel. Il suppose également que les lois naturelles existent.

2.3 UN MODÈLE DE LA COMMISSION DU VENDEUR

Comment un vendeur dont la commission diminue peut-il expliquer l'ensemble des variables qui modifient sa commission? Dans l'exemple précédent, nous avons indiqué que les commissions dépendaient de trois facteurs: le nombre d'articles vendus, le prix de chaque article et le pourcentage réservé à la commission. Le vendeur se rendrait vite compte qu'il y a plus que trois variables à prendre en considération. Ses efforts, par exemple, influencent le nombre

d'articles vendus. La demande influence également les ventes. En intégrant ces facteurs, nous obtenons le modèle présenté à la figure 9.5.

Ce modèle de causalité représente les variables d'un environnement complexe que le vendeur croit utiles pour bien comprendre ce qui influence sa commission. Les flèches indiquent une relation entre les variables, mais elles ne spécifient pas dans quelle mesure une variable en influence une autre. Ainsi, une augmentation de 100 % des efforts n'entraînerait pas forcément une augmentation de 100 % des ventes. Les flèches peuvent aussi indiquer des relations inverses aussi bien que des relations directes.

Il se peut que le modèle ne suffise pas à expliquer la baisse des commissions. Il faut alors inclure d'autres variables. La publicité, la qualité du territoire ou les efforts en sont des exemples. Le désir d'augmenter les ventes peut pousser la direction à accroître la publicité et à

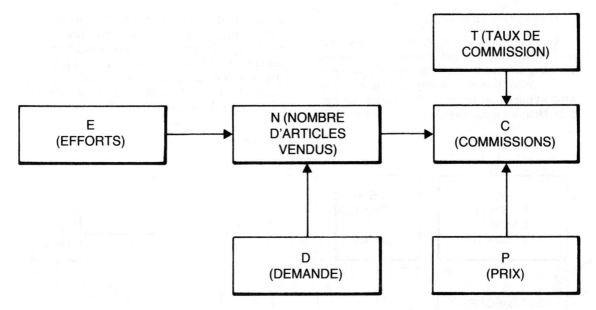

Figure 9.5   Commissions des vendeurs

multiplier les sessions de formation. Elle peut même songer à augmenter le taux des commissions. Les ventes prévues seront influencées par les ventes de l'année précédente mais surtout par les objectifs à long terme. Voyons maintenant à quoi ressemblerait le modèle de causalité une fois tous ces facteurs ajoutés (figure 9.6).

Le modèle permet de voir que la valeur d'une variable peut changer et modifier ainsi celle d'une autre variable, d'une manière positive ou négative. Autrement dit, les variables du modèle de causalité sont celles qui changent ou sont susceptibles de changer. Mais il reste une part d'incertitude ! Il se peut donc que des changements inhabituels surviennent dans un système et que le modèle de causalité n'en tienne pas compte. Prenons la situation d'un vendeur de fertilisants dans une riche vallée. Au cours d'un hiver, les chutes de neige sont anormalement abondantes, et le printemps amène des pluies torrentielles. La vallée s'en trouve inondée et ne peut être cultivée. Le territoire de vente ne vaut alors plus rien.

En général, les précipitations constituent une variable dont on ne se soucie pas. C'est seulement lorsque ses conséquences se sont révélées désastreuses qu'il faut ajouter cette variable au modèle. De même, la faillite d'un concurrent peut faire monter les ventes temporairement. Il s'agit encore d'un changement inhabituel. La démarcation entre les changements habituels et les changements inhabituels est assez mince. L'année où un concurrent fait faillite, la réduction de la concurrence constitue un changement inhabituel. Toutefois, durant les années subséquentes, cette absence de concurrence deviendra habituelle.

2.4 MÉTHODE ALPHA-OMÉGA D'ANALYSE DE PROBLÈME

Cette sous-section présente les concepts de base de la méthode Alpha-Oméga, qui se veut une méthode complète d'analyse de problème.

La méthode Alpha-Oméga comporte cinq étapes :

— la définition du problème ;

— la saisie des données concernant le système ;

— la définition des causes possibles ;

— la détermination des causes probables en vue de la formulation d'un modèle ;

— la validation du modèle.

Contrairement aux méthodes qui procèdent par tâtonnements et qui consistent à modifier des éléments de la structure systémique pour voir si l'effet non désiré disparaît, la méthode Alpha-Oméga se propose de vérifier un modèle. Dans les méthodes par tâtonnements, l'éli-mination d'une cause probable entraîne, es-père-t-on, la disparition de l'effet non désiré. Or ce type de méthode comporte des limites. Si un enfant souffre d'allergies graves, il peut être dangereux de tester ses réactions à divers aller-gènes. La méthode Alpha-Oméga se veut une explication théorique d'une relation de cause à effet.

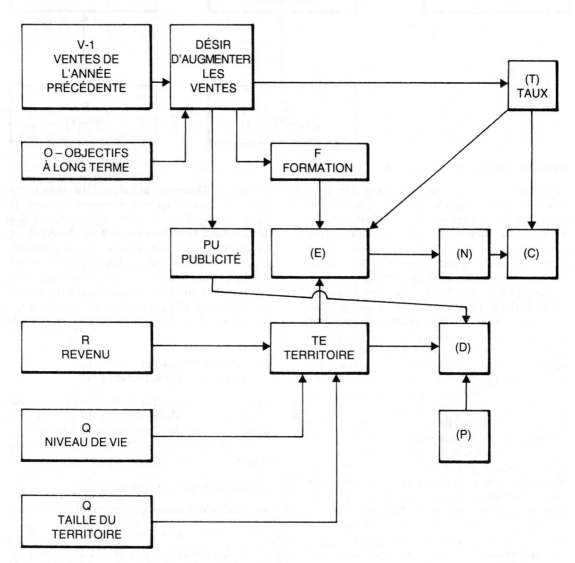

Figure 9.6 Développement du modèle: « Commission du vendeur »

Les deux premières étapes de la méthode Alpha-Oméga font appel aux connaissances acquises : définition des problèmes au sein d'une structure systémique et modèles de causalité. Elle propose de tracer un modèle de causalité pour illustrer les éléments invariables. De nombreuses sources d'informations peuvent aider à la construction du modèle ; mentionnons les dossiers de l'entreprise et les observations personnelles.

La méthode Alpha-Oméga s'appuie à la fois sur la déduction et sur l'induction pour déterminer ce qui pourrait être une cause probable et vérifier ensuite si cette cause est réelle. La déduction mène à des conclusions à partir de prémisses. Dans la démarche inductive, le décideur part d'un fait observé dans un cas particulier pour dégager une observation généralisable.

Une activité importante de la méthode Alpha-Oméga consiste à observer les causes probables et à les éliminer une à une pour arriver à la plus probable. On formule alors un modèle démontrant de quelle façon l'événement retenu peut causer l'effet non désiré. Dans les prochains paragraphes, nous étudierons plus en détail les cinq étapes de la méthode Alpha-Oméga décrite au tableau 9.2.

Quelles sont les variables susceptibles d'être la cause de l'effet non désiré ? Souvent, l'étape la plus complexe de l'analyse de problème consiste à définir les variables qui peuvent causer l'effet non désiré. Il existe cependant des

Tableau 9.2 La méthode Alpha-Oméga

DESCRIPTION DE L'EFFET NON DÉSIRÉ	SAISIE DES DONNÉES	IDENTIFICATION DES CAUSES POSSIBLES	LIMITATION DES CAUSES POSSIBLES	VALIDATION DU MODÈLE
1	2	3	4	5
Isoler l'effet des phénomènes qui y sont associés	Étudier le problème, les plans, les descriptions de fonctions, etc.	Rechercher les variables dans le système	Graphe de temps	Principe de corrélation
------------------		------------------	------------------	------------------
Identifier la période de temps en cause		Vérifier les hypothèses	Induction	Validation empirique
------------------			------------------	------------------
Identifier la période précédente afin de voir les variations des phénomènes associés			Formulation d'une théorie	Arguments inductifs
				------------------
				Formulation d'une nouvelle théorie et validation si nécessaire

façons logiques pour découvrir les causes probables d'un problème.

Supposons que les légumes mis en conserve dans une usine présentent un problème de contamination bactérienne. Le premier facteur explicatif à retenir serait la pollution de l'eau. Un facteur que l'on avait jugé sans importance ou toujours stable peut se révéler différent de ce qu'on avait prévu. Dans la mesure du possible, on doit vérifier si les hypothèses formulées au sujet du problème se confirment. Si elles se révèlent fausses et si les facteurs étudiés n'ont pas les caractéristiques prévues, il faut les classer dans les causes probables.

Que dire des facteurs inconnus ? Ils sont plus difficiles à découvrir, car ils sont nouveaux. Toutefois, l'étape de la saisie des données devrait aider à déterminer les nouvelles influences survenues dans le système. Dans d'autres cas, en définissant le problème de façon précise et en comprenant bien la structure systémique, le décideur se rend compte que le système doit forcé-

ment cacher une variable quelconque qui explique l'effet constaté. Les scientifiques procèdent souvent de cette façon. Certaines irrégularités dans les données scientifiques amenèrent ainsi les astronomes à conclure qu'il existait une neuvième planète qu'ils baptisèrent Pluton. C'est seulement plus tard qu'ils découvrirent que cette planète existait réellement et qu'elle expliquait les irrégularités en question.

Après avoir défini un certain nombre de causes probables du problème, le décideur doit maintenant déterminer celle qui est le plus suceptible d'être la cause réelle.

L'analyse de problème ressemble souvent à la démarche du détective tentant d'éclaircir une affaire mystérieuse. Tout comme Sherlock Holmes, le décideur peut utiliser deux principes d'induction. L'un d'eux se nomme l'évidence totale, et l'autre, la crédibilité rationnelle. L'induction s'appuie essentiellement sur le bon sens. Lorsque Sherlock Holmes décide qu'un suspect est le vrai meurtrier parce que cette per-

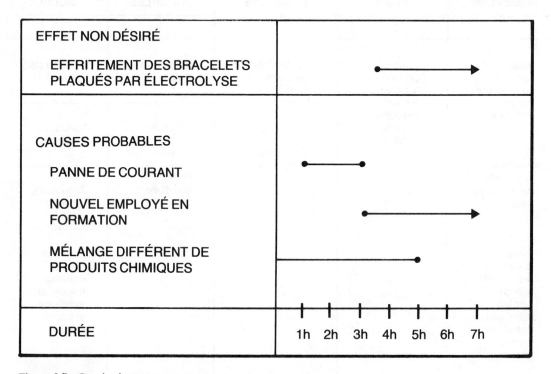

Figure 9.7 Graphe de temps

sonne se trouvait sur les lieux du crime, que ses empreintes ont été retrouvées sur l'arme utilisée et qu'elle s'est disputée avec la victime, il fonde son jugement sur l'évidence totale. Les indices recueillis démontrent que le suspect est le vrai meurtrier, même si aucun de ces indices ne constitue une preuve formelle de sa culpabilité. Toutefois, si le détective élimine une personne comme coupable possible parce qu'elle est clouée à un fauteuil roulant depuis quatre ans et que le meurtrier était debout lorsqu'il a tiré le coup de feu, sa décision repose sur le principe de la crédibilité rationnelle.

La crédibilité rationnelle signifie que l'événement suggéré comme cause possible de l'effet que l'on tente d'expliquer doit être cohérent avec le reste des connaissances que l'on possède sur le sujet.

À ce stade de l'analyse de problème, les causes probables qui ne semblaient pas rationnelles ont été écartées. Il s'agit maintenant de tracer un graphique des causes probables qui restent. Le graphe de temps est simplement un schéma représentant la durée de l'effet non désiré et des causes probables.

Ainsi, si un problème se produit, sa cause doit être survenue en même temps que lui ou avant. Plus un événement se rapproche de l'effet non désiré, plus cet événement est susceptible d'être la cause réelle du problème. Ce graphe de temps de la figure 9.7 montre un problème survenu dans le processus de placage par électrolyse utilisé dans une fabrique de bijoux ; la cause la plus probable semble être le nouvel employé. Cependant, si on ne connaît pas la durée des causes probables ou si toutes les causes probables ont une durée identique, le graphe de temps n'est d'aucune utilité. Dans des situations de ce genre, il faut se fier totalement à l'induction.

2.5 LA FORMULATION D'UN MODÈLE

Pour les scientifiques, le terme modèle (ou théorie) peut avoir une signification autre. En effet, dans la méthode Alpha-Oméga, une théorie est un modèle, une supposition ou une hypothèse qui tente d'expliquer de quelle manière un événement peut être la cause d'un autre. Le mo-

dèle n'est qu'une hypothèse ; il faut le tester avant de pouvoir affirmer que l'on a défini la cause réelle du problème.

Le modèle devrait satisfaire à trois critères :

— définition de l'effet non désiré ;

— détermination de la cause de l'effet non désiré ;

— explication de la manière dont un événement peut en provoquer un autre.

Les modèles et les théories ne serviront pas à grand-chose s'ils sont incorrects. Une décision prise à partir d'une analyse incorrecte du problème serait désastreuse. C'est pourquoi l'étape de la méthode Alpha-Oméga consacrée à la validation du modèle est importante.

Une des méthodes de vérification les plus simples est fondée sur la corrélation. Ce principe veut que l'effet non désiré disparaisse lorsque l'on élimine l'influence de la cause réelle à l'intérieur du système. Dans de nombreux cas, il s'agit d'une manière fort simple de tester la théorie. On retire le facteur que l'on croit être la cause du problème, et si l'effet non désiré disparaît, le problème a été découvert et corrigé d'un seul coup.

Cependant, il est souvent difficile sinon impossible d'éliminer l'influence exercée par une cause probable dans le système afin de vérifier un modèle. Dans certains cas, cela risque d'être trop long ou trop coûteux. Par exemple, on ne remplace pas une machine de 100 000 $ seulement parce qu'elle pourrait être à l'origine d'un problème. Avant d'agir, il faut d'abord des preuves. La validation empirique est constituée essentiellement de tests indirects. Plutôt que de remplacer la machine afin de vérifier ses relations avec l'effet non désiré, on teste la machine afin de voir si elle fonctionne adéquatement. Les tests de mise en marché, les simulations et les contrôles de qualité sont autant de formes de validation empirique.

Dans certains cas, même la validation empirique ne fournira pas la preuve formelle de la justesse du modèle. Enfin, tout comme Sherlock Holmes, il se peut que l'on soit obligé d'accepter (ou de rejeter) un modèle en se basant sur un argument inductif.

La méthode Alpha-Oméga peut sembler longue et fastidieuse. Certains auront envie de dire que «certains problèmes sont si simples que je n'ai pas besoin de franchir toutes ces étapes pour les analyser!» Le décideur qui prend l'habitude d'aborder les problèmes en suivant une méthode systématique d'analyse améliorera sa capacité d'analyse.

3. La conception des solutions

Toute personne appelée à prendre des décisions en raison de sa fonction se trouve devant un éventail de solutions et de moyens pour atteindre ses objectifs. Dans cette section, nous examinerons la conception des choix à l'aide d'une matrice. Nous apprendrons à ajouter systématiquement des facteurs quantitatifs et qualitatifs pour compléter la matrice. Puis nous analyserons les effets des partis pris systématiques, de l'erreur non systématique et de l'incertitude face à la décision. Nous obtiendrons ainsi une liste de solutions acceptables, parmi lesquelles nous pourrons en retenir une à titre de décision.

Pour concevoir des choix, il faut d'abord comprendre la propre structure systémique du problème[4]. Rappelons brièvement qu'une compréhension de la structure systémique permet de définir ses buts, de localiser un problème, de l'analyser et de se fixer des objectifs.

Après avoir déterminé l'objectif à atteindre et défini les problèmes qui peuvent empêcher d'atteindre cet objectif, il faut concevoir les choix qui permettront d'arriver au but en prenant la décision optimale.

Le schéma de conception des choix est une matrice qui comprend les catégories de choix (colonnes verticales) et les catégories de concepts (rangées horizontales) (voir la figure 9.8).

Ce schéma permet de concevoir, d'organiser et d'analyser systématiquement les choix possibles pour atteindre un objectif. Un schéma de conception est nécessaire pour imaginer des solutions de rechange et lutter contre les préjugés du genre de celui-ci: «De toute évidence, il n'existe qu'une solution rationnelle... ça saute aux yeux!»

Voici un exemple. Les pratiques de commercialisation de l'entreprise X se sont révélées efficaces au cours de ses 25 années d'existence. Or le succès provenait en grande partie du fait que l'entreprise détenait une supériorité en raison de la nature unique et des caractéristiques spéciales de son produit. Récemment, les ventes ont chuté à la suite des actions exercées par un nouveau concurrent. Le directeur des ventes propose d'apporter des changements fondamentaux à l'approche du marché, mais le président veut conserver les techniques qui ont prouvé leur efficacité dans le passé: «Nous nous y sommes pris de cette façon dans le passé,

CONCEPTS		
EXISTANT	INNOVATEUR	INNOVATEUR DANS UN CONTEXTE EXISTANT

CHOIX	ABSTRAIT			
	PHYSIQUE			
	HUMAIN			

Figure 9.8   Schéma de conception des choix

et ça nous a toujours bien réussi. Pourquoi devrions-nous envisager de nouvelles techniques de commercialisation ? »

Il y a trois catégories de concepts : les concepts existants, les concepts innovateurs et les concepts qui se révèlent innovateurs à l'intérieur d'un contexte déjà existant.

— Les concepts existants correspondent à des plans dont on connaît les limites et les conditions d'application dans un contexte donné.

— Les concepts innovateurs correspondent à des plans qui n'existaient pas auparavant dans un contexte donné. Il s'agit d'idées nouvelles et intégrées à la structure du système.

— Les concepts innovateurs dans un contexte existant correspondent à des plans conçus pour modifier ce qui existe déjà par l'application d'idées novatrices, empruntées d'ailleurs.

Par exemple, un fabricant de couvertures de livres désire augmenter sa production à l'aide des catégories de concepts. Il peut examiner et acheter une machine pour la fabrication de couvertures. C'est un choix qui fait appel à un concept existant, car il cherche à augmenter le nombre de machines et non pas à les modifier.

Un autre choix consisterait à modifier la machine actuelle pour augmenter sa production. Il s'agit d'un concept innovateur dans un contexte existant, car la machine est modifiée et non pas remplacée.

Il existe trois catégories de choix : les choix abstraits, les choix physiques et les choix humains.

— Un choix abstrait (idée) s'appuie sur des concepts, des méthodes ou des procédés qui peuvent exister sans avoir été appliqués concrètement, bien qu'ils le soient souvent par la suite. Les politiques de l'entreprise, les méthodes publicitaires, les plans de

Tableau 9.3 Schéma de conception des choix terminés

CONCEPTS / CHOIX	Existant	Innovateur	Innovateur dans un contexte existant
Abstrait	Abaisser les normes de contrôle de la qualité.	Essayer de fonctionner au moindre coût plutôt que de répondre à la demande. Réviser l'objectif.	Tenter de modifier les comportements pour respecter les délais.
Physique	Acheter une autre machine comme celle qui est utilisée.	Concevoir de nouvelles machines plus efficaces.	Modifier la machinerie actuelle pour produire davantage.
Humain	Augmenter le nombre d'opérateurs de machines pour avoir deux équipes.	Parfaire la formation des opérateurs pour maximiser la production.	Revoir les techniques de production utilisées par les opérateurs.

commercialisation sont des exemples de choix abstraits.

— Un choix physique s'applique à des objets concrets, à l'exception des éléments humains. À titre d'exemple de choix physique, mentionnons l'outillage d'une usine.

— Enfin, un choix humain concerne les êtres humains et l'organisation en tant qu'objet du processus de conception.

Par exemple, revenons au fabricant qui désire augmenter sa production de couvertures de livres. Un choix abstrait consisterait à modifier les normes de production, en diminuant les critères de qualité, par exemple, de façon que plus de couvertures soient jugées acceptables. Un choix physique porterait sur l'équipement servant à la production. Un choix humain porterait sur le personnel : par exemple, donner aux ouvriers une formation.

Les exemples que nous avons donnés représentent une catégorie de choix ou une catégorie de concepts mais non leur combinaison. Le schéma de conception du tableau 9.3 présente certains choix combinés.

Essayons d'esquisser de nouvelles possibilités en revoyant le cas des automobiles Sportbec. Les ventes baissent, et la marge de profit également. Que faire ? Les choix apparaissent au tableau 9.4.

La source idéale des choix quantitatifs et qualitatifs se situe au sein même de la structure systémique.

4. La prise de décision et le suivi

Une fois le problème analysé et les solutions possibles détermi nées, il faut dès lors prendre une décision finale, et procéder à sa mise en

Tableau 9.4   Schéma de conception des choix

CONCEPTS / CHOIX	Existant	Innovateur	Innovateur dans un contexte existant
Abstrait	Abaisser le budget du programme de publicité.	Créer un programme publicitaire si ce n'est déjà fait.	Changer le thème ou les médias actuellement utilisés pour la publicité.
Physique	Éliminer les trois plus petits concessionnaires en dehors de Montréal. Augmenter le prix de vente.	Concevoir un carburateur qui économise l'essence.	Utiliser une autre fibre de verre pour la construction.
Humain	Licencier temporairement des employés jusqu'à ce que la situation s'améliore.	Tenir des séminaires pour les vendeurs si ce n'est déjà fait.	Changer le taux de commission pour stimuler les vendeurs.

place et à l'analyse de son effet. On commence d'abord par évaluer chacune des solutions acceptables à l'aide de méthodes quantitatives. Cette évaluation révèle la pertinence ou l'utilité de la solution étudiée. Toutefois, l'utilité de cha-cune des solutions est modifiée par le degré de risque qui lui est inhérent. À l'aide des méthodes quantitatives, le décideur peut arriver à une décision préliminaire (voir le tableau 9.5).

Tableau 9.5 La prise de décision et le suivi

SOLUTIONS ACCEPTABLES	+	MÉTHODES QUANTITATIVES	+	RISQUE	⟶	DÉCISION PRÉLIMINAIRE
		1) Analyse individuelle 2) Équations différentielles 3) Théorie de décision statistique 4) Programmation linéaire 5) Régression multiple				

+	MÉTHODES QUALITATIVES	+	RISQUE PARTIALITÉ SYSTÉMATIQUE ERREUR NON SYSTÉMATIQUE	+	JUGEMENT PERSONNEL	⟶	DÉCISION FINALE	⟶
	1) Éthique professionnelle 2) Coefficient décroissant de valeur 3) Valeur sociale 4) Style de vie							

MISE EN PLACE	⟶	ANALYSE D'EFFET	⟶	MISE À JOUR

4.1 L'ÉVALUATION DES SOLUTIONS ACCEPTABLES

La première méthode quantitative est l'analyse individuelle et subjective. Il s'agit d'attribuer une valeur numérique de 1 à 10 à chaque avantage d'une solution afin d'illustrer sa valeur. On procède de la même façon pour chaque désavantage, en attribuant une valeur négative de -1 à -10. La somme des colonnes de valeurs attribuées aux avantages est divisée par le nombre d'avantages pris en considération. Le même procédé est utilisé pour les désavantages. La somme des deux résultats donne la valeur de chaque solution par rapport au but. La solution ayant la valeur la plus élevée devrait servir de décision préliminaire.

Nous allons maintenant appliquer la méthode subjective d'analyse afin de prendre une décision préliminaire pour le cas de la société d'automobiles Sportbec. Le tableau 9.6 résume comment un décideur de la Société Sport-bec aurait pu appliquer la méthode d'analyse pour comparer ces deux solutions acceptables. D'après cette analyse, la révision de la conception de la voiture semblerait la solution la moins acceptable.

Tableau 9.6   Solutions acceptables pour Sportbec

Conception avec une nouvelle fibre de verre		Congédier un certain nombre d'employés	
1. Avantages:			
Argent disponible pour le faire	5	Réalisation immédiatement	8
Avance face aux compétiteurs	2	Permettrait d'importantes économies	5
La fibre de verre coûte moins cher	4		
Sous-totaux:	11		13
Moyennes	3,6		6,5
2. Désavantages:			
6 semaines pour mettre en place	−3	On doit congédier 10 % des employés	−6
Ne couvrirait pas tout le déficit	−5		
Sous-totaux	−8		−6
Moyennes	−4		−6
Sommes des deux moyennes	−0,4		+0,5

Il existe des méthodes plus complexes pour manipuler des données en vue de déterminer la solution la plus appropriée. Ces méthodes sont enseignées dans les cours de méthodes quantitatives. Voici quelques-unes de ces méthodes :

— la théorie des jeux ;

— la théorie statistique de décision ;

— la programmation linéaire ;

— la régression multiple.

La méthode d'analyse subjective présente un net avantage sur les autres méthodes quantitatives, en ce sens qu'elle n'exige aucune formation spécialisée. Un manque de temps ou d'argent peut vous empêcher de recourir à des experts qui utiliseraient des méthodes quantitatives plus complexes et techniques. Il faut noter toutefois que dans la méthode d'analyse subjective, les données ne constituent qu'une estimation. La justesse d'une décision préliminaire est fonction de la précision des données qui la sous-tendent.

La solution acceptable qui semble la plus utile et la plus appropriée est retenue comme décision préliminaire (voir le tableau 9.5). Toutefois, cette étape n'est pas complète si on ne tient pas compte du risque. Certaines solutions acceptables sont plus risquées que d'autres.

Dans une situation de certitude absolue, l'atteinte de l'objectif selon les prévisions ne fait aucun doute. Les solutions acceptables qui comportent une certaine part de risque n'offrent pas la même assurance. Les prévisions peuvent indiquer que la solution n'a que 30 à 50 % de chances d'atteindre le but. En situation de totale incertitude, on ne dispose d'aucune donnée permettant de prévoir les chances de succès. Cela peut arriver, par exemple, si un décideur aborde un secteur de la vente ou du développement qui lui est totalement inconnu.

Le décideur peut tenter de déterminer le degré de risques associé aux solutions acceptables. Le degré de risques que le décideur est prêt à accepter dans une décision est un des facteurs à considérer lorsque vient le moment de déterminer si une solution acceptable doit servir de décision préliminaire. Si le décideur a tendance à fuir les risques, il choisira probablement la solution qui en comporte le moins. Si, au contraire, il a le goût du risque, il pourra agir autrement. Cet aspect de la décision est donc subjectif.

Avant de convertir sa décision préliminaire en décision finale, le décideur voudra la soumettre à des méthodes d'analyse qualitatives.

Les préférences d'un décideur sont un mélange de ses principes personnels et de son rôle au sein de l'entreprise. Par rôle, on entend le comportement attendu qui est déterminé par son statut dans l'entreprise. On s'attend à ce que le décideur respecte certaines lignes de conduite.

Pour être efficace dans la prise de décision, le décideur retient les solutions qui respectent les règles d'éthique et les comportements prévus par son rôle. Pour déterminer les exigences du rôle à l'intérieur de l'entreprise, il faut consulter diverses sources dont :

— la description officielle des fonctions telle que l'a rédigée l'entreprise ;

— les attentes des supérieurs au sein de l'entreprise ;

— les attentes des autres membres de l'entreprise ; les normes que le décideur doit respecter pour ce qui est de son rendement et de son comportement ;

— la position officielle de l'entreprise. Une entreprise a souvent une philosophie, implicite ou écrite, qui regroupe ses principes éthiques, comme l'honnêteté vis-à-vis des clients et la justice envers les employés ;

— les principes tacites des supérieurs. Les entreprises jugent parfois certaines actions comme étant acceptables, mais ne l'admettent pas ouvertement par crainte de réactions.

Dans l'évaluation d'une décision préliminaire, la prise en considération de critères qualitatifs oblige souvent à poser des questions comme celles-ci :

— La décision influencera-t-elle les relations extérieures de l'entreprise ?

— La décision va-t-elle à l'encontre de principes moraux personnels ou de ceux de l'entreprise ?

— La latitude du rôle de gestionnaire permet-elle de prendre cette décision ou celle-ci déborde-t-elle le champ d'autorité ?

Les critères qualitatifs ne jouent pas toujours un rôle de premier plan dans la conversion d'une décision préliminaire en une décision finale. Cependant, on peut mesurer le rôle important qu'elle joue dans les décisions suivantes. La sœur d'un dirigeant se révèle la candidate la plus qualifiée pour un poste. Cependant, l'entreprise vient d'émettre une directive prévenant le népotisme. Le directeur d'un magasin d'appareils ménagers d'une entreprise qui permet aux vendeurs d'utiliser le harcèlement juge que cette technique de vente est immorale. Il interdit donc au personnel de l'utiliser.

L'évaluation qualitative et ses méthodes s'appuient plutôt sur des valeurs, celles du décideur et celles de l'entreprise. Bien que qualitatives, ces méthodes n'en sont cependant pas moins indispensables pour déterminer si une décision préliminaire est acceptable ou non.

4.2 LA DÉCISION FINALE

Le décideur prend sa décision finale d'abord en appliquant des méthodes quantitatives aux solutions acceptables en vue d'arriver à une décision préliminaire. Puis, à l'aide de critères qualitatifs et à la lumière de son propre jugement, il détermine si la décision préliminaire peut être retenue comme décision finale. Si oui, il doit dès lors la mettre en place.

Tant que les décisions ne sont pas mises en place, elles n'ont aucune valeur. La Société Sportbec pourrait décider de réduire sa production afin de diminuer ses coûts ; mais tant qu'elle ne le fait pas effectivement, elle demeure tout aussi loin de son objectif. Une décision demeure théorique tant qu'on ne la met pas en place.

On ne met pas une décision en place sans en prévoir les conséquences, à la fois positives et négatives. La décision retenue est probablement celle qui offre le plus d'avantages et qui présente le moins de désavantages. Toutefois, l'incertitude peut venir balayer toutes les prévisions, d'où la nécessité d'effectuer une analyse d'effet. L'analyse d'effet est une forme d'analyse de problème. Une décision suppose une intention d'apporter des changements. Or le problème réside dans le fait que la décision n'atteint pas toujours les résultats escomptés. L'analyse d'effet consiste à déterminer la déviation probable de la décision par rapport aux prévisions. Autrement dit, il s'agit d'identifier les problèmes suscités par la mise en place de la décision et les causes de ces problèmes.

Quand faut-il procéder à l'analyse d'effet ? Cela dépend du type de décisions à prendre. Certaines décisions n'exigent pas d'analyse d'effet avant plusieurs mois, alors que d'autres demandent une analyse tout de suite après leur mise en place. Cependant, dans tous les cas, l'analyse d'effet est une étape essentielle de la prise de décision.

La mise à jour est l'étape où il faut décider s'il vaut la peine de corriger ou non l'écart constaté. Il s'agit de déterminer si les solutions envisagées peuvent ramener la situation dans le chemin voulu ou laquelle des solutions possibles pourrait le mieux corriger la situation. La mise à jour est donc une répétition de la conception des choix et de la prise de décision.

5. Conclusion

Il est rare qu'une décision produise exactement les effets prévus. Les étapes de l'analyse d'effet et de la mise à jour sont donc souvent continues. Le processus de prise de décision s'alimente donc à même les questions qu'il suscite, et la décision finale n'est jamais vraiment définitive.

QUESTIONS
1. Distinguez deux modèles de réseau de causalité dans le cadre de l'approche systémique de la décision et dites en quoi ils contribuent à une meilleure décision. Expliquez à l'aide d'un exemple concret.
2. En vous basant sur le texte de Jean-Claude Forcuit, intitulé « Le processus décisionnel » :
   a) Dites à quoi sert la construction d'un modèle causal.
   b) Quelle différence faites-vous entre un modèle causal convergent et un modèle causal divergent ?
   c) Construisez un modèle de relations causales en prenant soin de bien spécifier la variable dépendante et les variables indépendantes. Montrez les liens ou les relations causales qui existent entre vos variables.
3. « Le fait d'illustrer un réseau de causalité permet de saisir au premier coup d'œil les principales relations d'influence du système. » Qu'est-ce qu'un réseau de causalité ? Quelle différence y a-t-il entre un modèle de causalité convergent et un modèle de causalité divergent ? Quels sont les deux types de causes décrites par Forcuit ?
4. Le processus décisionnel permet, entre autres, de prendre une décision plus éclairée. Pour ce faire, quelques modèles sont suggérés à l'administrateur. À partir d'un exemple, expliquez les modèles de causalité convergent et divergent.

NOTES BIBLIOGRAPHIQUES

1) Claude RAMEAU. *La Prise de décision : acte de management*, Paris, Les Éditions d'organisation, 1976.
2) *Modern Decision Analysis*, Selected readings, Editors : Gordon M. Kaufman and Howard Thomas, Penguin Modern Management Readings, 1974.
3) Lucien SFEZ. *Critique de la décision*, Paris, Éd. Armand Colin, 1978.
4) C.H. KEPNER et B.B. TREGŒ. *The Rational Manager*, Éd. McGraw-Hill, 1975.

PARTIE IV

LES DOMAINES D'APPLICATION DU PROCESSUS D'ADMINISTRATION

Les décisions critiques s'appliquant au processus d'administration portent sur le choix de la stratégie, le design de l'organisation, le contrôle et le changement. Cette partie traite de chacun de ces domaines d'application du processus d'administration.

La *stratégie* d'une entreprise n'est pas modifiée tous les ans par des changements impulsifs de la direction. Au contraire, la stratégie impose, en raison des choix réalisés, un certain degré de stabilité aux actions de l'entreprise. Ces choix fondamentaux sont remis en question lorsque les performances sont insatisfaisantes ou à la lumière d'occasions nouvelles. Le problème de la formulation de la stratégie est abordé par Yvan Allaire et Michæla Firsirotu dans le chapitre 10 intitulé « Penser la stratégie... et la réaliser! ». La stratégie formelle consiste en l'identification d'objectifs et de plans adaptés aux caractéristiques de l'entreprise et au contexte dans lequel elle baigne. La prise de décision stratégique pourra être organisée d'une manière rationnelle grâce à des méthodes d'analyse complexes. Ces instruments analytiques ne limitent pas l'intervention directe des dirigeants supérieurs, mais structurent la contribution des cadres. La stratégie actualisée, quant à elle, a trait aux intentions effectivement poursuivies, c'est-à-dire aux actions menées à terme et aux résultats obtenus dans la réalité concrète.

Le « Design organisationnel » est abordé au chapitre 11. Le design porte sur le choix d'une structure et de systèmes de gestion propres à impartir l'entreprise d'une forme d'organisation, c'est-à-dire des qualités d'efficience, d'adaptabilité stratégique et de malléabilité structurelle. L'atteinte des buts exige d'abord la mobilisation de ressources humaines, financières et techniques. Une fois la stratégie choisie et les ressources disponibles, il importe de créer une organisation dont la forme permet la gestion rationnelle des ressources financières, humaines et techniques. Les efforts de structuration différencient l'entreprise en unités spécialisées. Des moyens de coordination et de stimulation sont alors mis en œuvre afin d'assurer l'intégration des actions.

Le *contrôle* est cette fonction d'administration qui a pour objet de faire en sorte que les résultats atteints soient conformes aux prévisions, et que les efforts des dirigeants et des membres convergent vers la réalisation des objectifs. En s'appuyant sur l'analogie cybernétique, Marcel Lizée, dans le chapitre 12 intitulé « Le contrôle des organisations », distingue trois formes de contrôle : i) le contrôle prévisionnel ; ii) le contrôle rétroactif et iii) le contrôle concurrent. Le contrôle des comportements, quant à lui, s'effectue de moins en moins par des méthodes directes mais de plus en plus par la participation aux objectifs et l'autocontrôle des dirigeants et des membres.

Le *changement organisationnel*, tel qu'abordé par Robert Poupart dans le chapitre 13, a pour objet de modifier les relations au sein d'une entreprise existante par suite des modifications de la stratégie et du design organisationnel. Changer une organisation, c'est régler certains de ses problèmes de fonctionnement. Trois grandes stratégies de changement de l'organisation s'offrent au décideur : i) l'appel à la rationalité et aux calculs des acteurs en place ; ii) la modification des attentes et des attitudes par la formation et l'endoctrinement et iii) l'exercice de la coercition et du pouvoir par les supérieurs.

CHAPITRE 10

PENSER LA STRATÉGIE... ET LA RÉALISER !

par

Yvan Allaire

et

Michæla Firsirotu

« *L'existence humaine est dialectique, c'est-à-dire dramatique, puisqu'elle agit dans un monde incohérent, s'engage en dépit de la durée, recherche une vérité qui fuit, sans autre assurance qu'une science fragmentaire et une réflexion formelle.* »

Raymond Aron
*Introduction à la philosophie
de l'histoire*

La stratégie hante les lieux où se prennent les décisions qui déterminent le cours des sociétés et des organisations. Elle est immanente à ces moments exaltés où l'Histoire vacille, se fait et se change.

Faite d'intuition et de calcul, née du hasard et de la volonté, la stratégie se manifeste dans la prestation du jugement affiné par l'expérience. Par sa nature même, souvent accidentelle, improvisée et ambiguë, la stratégie s'explique, s'ordonne et se précise habituellement dans les mémoires des participants ou dans les récits des chroniqueurs.

Ces circonstances ont conféré à la stratégie un caractère un peu mystique qui se prête mal à la codification, à sa transformation en une discipline dont on pourrait tirer des enseignements normatifs et des règles générales.

Pourtant, à travers les âges, des auteurs audacieux ont proposé des principes et des normes pour la stratégie politique et militaire dont l'influence fut considérable. Clausewitz a pressenti les problèmes et les solutions de Bismark et, ironiquement, dans le carosse qui avait emmené Napoléon vers l'exil, on trouva une copie éculée du *Prince* de Machiavel, oubliée là par l'empereur déchu.

L'étude de la stratégie dans les organisations, longtemps dissimulée sous les vocables de « politique d'entreprise » ou de « direction générale », prit d'abord l'allure de chroniques historiques d'entreprises et de biographies de dirigeants. Évitant toute inférence normative trop spécifique, ces «cas», relatant les expériences, les réussites et les échecs de multiples entreprises et dirigeants, devaient favoriser chez l'étudiant l'éclosion et le développement de cette faculté naturelle de créer et de gouverner des entreprises. Avec le temps, cependant, se constitua un mince et éclectique corpus de règles empiriques éprouvées.

À ces enseignements de l'expérience se sont ajoutées des bribes conceptuelles tirées de l'économique, des sciences politiques, de la psychologie organisationnelle, de la prospective technologique et socio-politique. Ce fragile ensemble est encore en croissance et en voie de structuration mais déjà il offre au néophyte un cadre utile pour l'apprentissage de la stratégie.

Ce qui ne veut pas dire, bien au contraire, que l'on a fait, ou que l'on ne pourra jamais faire, du processus stratégique, une pratique pleinement codifiée, un exercice comptable. Les entreprises naissent, croissent ou meurent au gré du génie inventif, de l'innovation iconoclaste, de la volonté bien ou mal inspirée de dirigeants et d'entrepreneurs. Comme autant de symphonies de Beethoven dont le passage à l'école fut trop court pour lui permettre de maîtriser la table des multiplications mais qui créa des œuvres d'une grande complexité et d'une beauté éternelle, nos grandes entreprises jaillirent de ces êtres de vision et de détermination qui sont le produit rare et précieux de notre système économique.

Par contre, dans de trop nombreux cas, la stratégie de l'organisation n'est que la traduction opérationnelle des préférences, des valeurs et des lubies d'un acteur dominant dont l'autorité imprègne et asservit toutes les articulations de l'organisation. Nous avons observé, étudié et participé au processus stratégique dans trop d'organismes, politiques, publiques, coopératifs ou privés, pour conserver quelque naïveté à ce sujet.

La tâche des sciences administratives, dans la mesure où elles méritent cette appellation, consiste à procurer les instruments d'analyse et de réflexion qui, sans souffler sur la flamme de l'inspiration, sans affadir le goût d'innover et de créer, disciplinent et guident ces impulsions et incitent à une démarche stratégique plus systématique et professionnelle.

Qu'elle soit privée, publique, gouvernementale ou coopérative, qu'elle soit une multinatio-nale ou une P.M.E., une organisation n'est finalement que l'aboutissement des choix stratégiques présents et passés de ses dirigeants. Ces choix ont été faits sur la base d'analyses et d'intuitions plus ou moins justes, plus ou moins heureuses ; et ces choix ont mené à des réalisations plus ou moins conformes aux intentions de départ.

Penser la stratégie, c'est comprendre, renforcer ou chercher à modifier les forces qui définissent la relation entre une organisation et ses contextes (marché, technologie, cadre socio-politique). C'est s'interroger sur le devenir d'une organisation, sur les choix qui s'offrent à elle, sur les incertitudes qui marquent son destin.

Réaliser une stratégie veut dire rendre concrets et implanter dans une organisation ces vœux que sont les intentions stratégiques des dirigeants ; c'est passer à l'action !

La pensée stratégique et son aboutissement, la stratégie d'une organisation, permettent de canaliser les efforts de tous les membres vers des objectifs communs, d'accroître la qualité de l'information, d'inciter à l'innovation, de faciliter les activités de coordination et d'implantation d'un plan d'action.

La suite de ce texte présente de façon schématique un certain nombre de concepts et de considérations à propos de la formulation et de l'implantation de stratégies dans une organisation. Le cadre de référence implicite à ce texte est celui de l'entreprise d'une certaine taille (privée, coopérative ou publique) qui offre des services ou des produits à une clientèle. Les organisations d'une autre nature (ministères, services publics essentiels, la très petite entreprise) se démarquent suffisamment pour que certains des concepts traités ici ne leur soient pas pertinents ; mais nous ne pourrons dans ce court document tenir compte des particularités propres à ces organisations.

Notre propos sur la stratégie est structuré autour des thèmes suivants :

Section 1 : Niveaux stratégiques et mission de l'entreprise ;

Section 2 : Stratégie formelle et stratégie actualisée : du rêve à la réalité ;

1. Niveaux stratégiques et mission de l'entreprise

Dans l'entreprise, particulièrement la grande, plusieurs niveaux hiérarchiques ou instances sont préoccupés de stratégie. Il est d'usage de distinguer le niveau corporatif du niveau des unités stratégiques (SBU[1]) et du niveau du produit. La stratégie de produit constitue la préoccupation centrale du marketing ; le lecteur trouvera, dans d'autres textes du présent ouvrage, des considérations pertinentes à la stratégie de produit. Nous nous limiterons ici aux stratégies corporatives et aux stratégies des unités stratégiques.

La distinction entre ces deux niveaux est rendue nécessaire par le caractère diversifié des activités d'une grande entreprise. Cette diversification mène, à la limite, à des entreprises comme IMASCO (auparavant Imperial Tobacco), qui œuvre dans des secteurs non reliés (tabac, pharmacie, restauration, services financiers) ; ou encore, elle conduit à une entreprise qui œuvre dans plusieurs segments de marché (GM dans l'automobile, de la sous-compacte à la Cadillac ; le Mouvement Desjardins, de l'assurance-vie et la fiducie à l'épargne et au prêt hypothécaire) ou dans plusieurs marchés géographiques distincts (IBM dans 95 pays, Bata dans toutes les régions du globe).

1.1 LA STRATÉGIE CORPORATIVE

La stratégie corporative comme notion distincte prend toute sa signification dans le cas de ces entreprises fortement diversifiées et des conglomérats qui regroupent un ensemble de divisions opérationnelles distinctes, ou même des entreprises, filiales indépendantes sur le plan de la gestion.

La formulation d'une stratégie au niveau corporatif vise d'abord, dans ces cas, à répondre à la question suivante : dans quels domaines ou secteurs d'activité devrait œuvrer l'entreprise ? Il s'agit donc de choix globaux de secteurs d'activité (produit/marchés) et d'allocation des ressources entre les différentes activités de la firme. De grandes entreprises diversifiées comme Imasco, Bell, Power Corp., Canadien Pacifique, Provigo et Bombardier ont, par essence, des portefeuilles d'activités distinctes.

Dans ce type de corporation (c'est-à-dire diversification non reliée), les dirigeants sont préoccupés par les orientations à long terme et les objectifs de rentabilité et de croissance de l'organisation, par le choix de structures et de systèmes de contrôles appropriés et par l'élaboration des politiques organisationnelles. Le niveau corporatif est habituellement responsable de la planification des ressources financières et de la stratégie socio-politique de l'entreprise (représentations auprès des agences gouvernementales, pression, etc.).

La mission de ces entreprises diversifiées dans des domaines non reliés ne peut être définie qu'en termes généraux et financiers, puisque les entreprises qui les composent varient au gré des acquisitions et des reventes, au fil des secteurs qui semblent prometteurs aux dirigeants. La définition d'une mission de l'entreprise en termes de marchés, de clients et de raison d'être commerciale n'a que peu de signification à ce niveau ; ce n'est qu'au niveau de chaque entreprise ou division qui compose le portefeuille de la corporation que ces considérations deviennent pertinentes.

Cependant, il est un deuxième type d'entreprises dont les activités sont toutes dans des secteurs reliés et connexes, mais dont l'envergure exige une structure corporative chapeautant des unités stratégiques relativement autonomes (IBM, Mouvement Desjardins, GM). Dans ce cas, la définition de la mission corporative est d'une importance considérable et s'appuie sur trois types de choix[2] quant à son rôle dans un marché ou une industrie donnée :

— choix de groupes d'acheteurs ;

— choix des fonctions (besoins) auxquelles l'entreprise tentera de répondre ;

— choix des technologies utilisées par l'entreprise pour produire les biens et les services.

Ces trois dimensions d'une mission de l'entreprise sont présentées à la figure 10.1.

Pour illustrer comment cette grille peut être utilisée, nous pouvons concevoir trois cas types selon que nous mettons l'accent sur l'une ou l'autre de ces trois dimensions.

Cas I : Une entreprise qui se concentre sur une fonction mais qui offre son produit à plusieurs groupes d'acheteurs ; par exemple Visbec, qui ne fabrique que des vis de tout type, mais qui vend aux grossistes, aux ferronneries, aux entreprises de construction, etc.

Cas II : Une entreprise qui se limite à un groupe d'acheteurs, mais qui tente de répondre à plusieurs fonctions (besoins) de l'acheteur ; par exemple, les caisses populaires dans leur phase initiale, lorsque leur mission était de servir en exclusivité le particulier en offrant une gamme étendue de services financiers (comptes d'épargne, prêts hypothécaires, prêts personnels, etc.).

Cas III : Une entreprise qui tente de répondre à une seule fonction de l'acheteur, choisit un seul groupe d'acheteurs, mais offre des produits basés sur plusieurs technologies différentes ; par exemple une entreprise offrant des isolants aux entrepreneurs de construction, isolants constitués soit de fibre de verre ou de polystyrène.

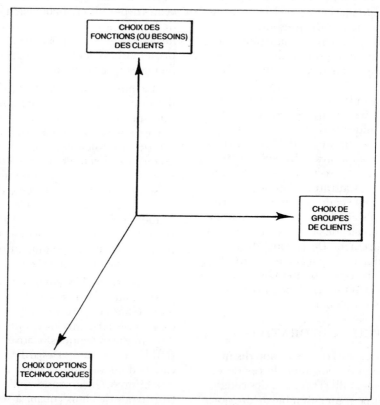

Figure 10.1   Les trois axes d'une mission d'entreprise

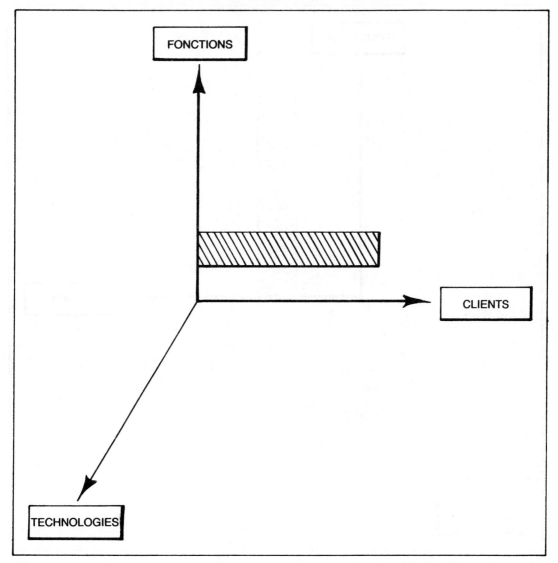

CAS I: CONCENTRATION SUR UNE SEULE FONCTION MAIS

POUR PLUSIEURS GROUPES D'ACHETEURS

FONCTIONS

CLIENTS

TECHNOLOGIES

Figure 10.2   Mission d'entreprise

Évidemment, la mission d'une entreprise peut s'étaler sur plusieurs de ces dimensions à la fois. Ainsi, une institution financière peut couvrir un espace plus ou moins large parmi la gamme des options que représente (de façon bien simplifiée) la figure 10.5.

Par exemple, les banques étrangères au Canada s'adressent surtout aux entreprises natio-

CAS II: CONCENTRATION SUR UN GROUPE D'ACHETEURS MAIS

POUR PLUSIEURS DE LEURS BESOINS (OU FONCTIONS)

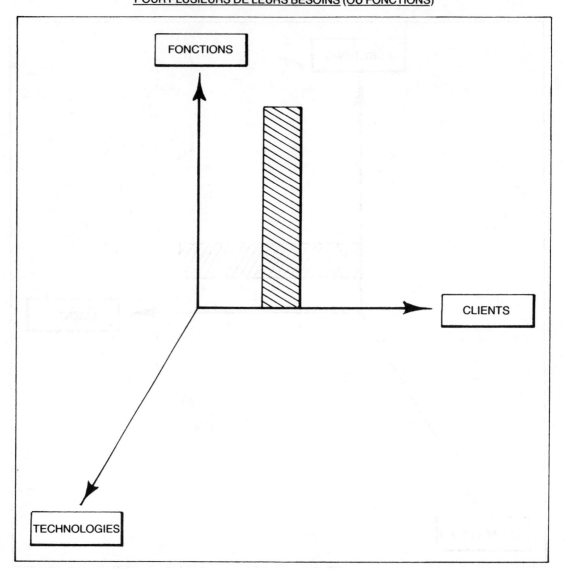

Figure 10.3   Mission d'entreprise

nales et multinationales, leur offrant une gamme étendue de services par le biais de technologies conventionnelles et nouvelles. La Banque Laurentienne se concentre (du moins jusqu'à récemment) sur les clients individuels, leur offrant des services de transactions courantes, de prêts et d'épargne par une technologie conventionnelle augmentée de guichets automatiques simples et sur place. Par contre, la Banque Laurentienne peut être considérée

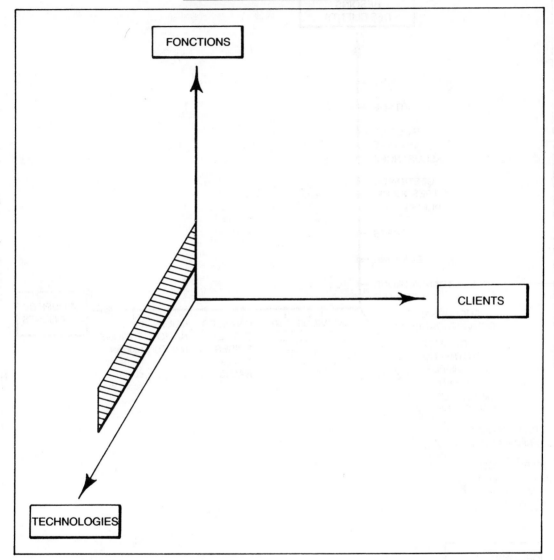

Figure 10.4 Mission d'entreprise

comme une unité stratégique à l'intérieur du groupe La Laurentienne, dont la mission d'ensemble couvre une gamme beaucoup plus large de fonctions (ou besoins) des clients.

La définition de la mission corporative est souvent accompagnée d'un ensemble de principes de gestion qui définissent la philosophie de l'entreprise et qui servent de guides dans l'action pour les membres de l'organisation.

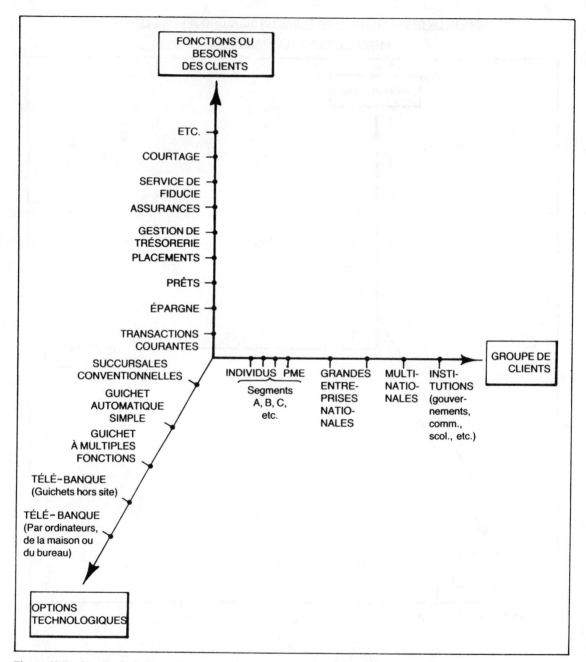

Figure 10.5   Gamme de choix possibles pour la définition de la mission d'une institution financière

Dans un tel contexte, la stratégie corporative porte surtout sur le devenir à long terme de l'entreprise :

— par la planification financière et des ressources humaines ;

— par une stratégie de marché à long terme, incluant la recherche et le développement de nouveaux produits ;

— par une stratégie socio-politique qui consiste à créer et à maintenir un climat favorable à la poursuite des activités de l'entreprise.

1.2 LA STRATÉGIE DE L'UNITÉ STRATÉGIQUE

Dans une entreprise diversifiée, chaque unité corporative fonctionne dans des contextes et selon des caractéristiques qui lui sont propres. Ainsi, la société Provigo Inc. est constituée de plusieurs entités opérationnelles distinctes : l'entreprise Provigo Distribution (alimentaire), Media (grossiste en produits pharmaceutiques), Sport-Expert, Distribution aux Consommateurs, Provi-Soir, etc. Chaque entité doit être sensible aux facteurs et aux conjonctures qui lui sont propres dans la formulation d'options stratégiques.

C'est ce que nous appelons la stratégie de l'unité stratégique, différente de la stratégie corporative en ce sens qu'elle met l'accent davantage sur les moyens concurrentiels à adopter dans une industrie spécifique ou dans un marché géographique particulier. La définition des stratégies de marché et le cadre d'analyse stratégique des industries que nous proposons plus loin dans ce texte prennent toute leur pertinence à ce niveau, soit celui d'une unité stratégique fonctionnant dans un environnement concurrentiel donné.

Évidemment, si une entreprise n'a qu'une activité distincte et ne fonctionne que dans un seul marché, l'entreprise La Presse, par exemple, la distinction entre les deux niveaux d'analyse disparaît de facto. La mission, la stratégie corporative ainsi que les stratégies de marché sont alors établies à un seul niveau.

2. Stratégie formelle et stratégie actualisée : du rêve à la réalité

La stratégie dans les organisations peut être étudiée selon deux pôles : en termes d'intentions stratégiques et en termes de réalisations stratégiques. Le premier pôle se situe à un niveau conceptuel, dans le champ des idées, des *a priori,* alors que le deuxième nous ramène sur le plan des réalisations concrètes, des *a posteriori.* La majorité des définitions proposées par une abondante documentation sur le sujet conçoivent la stratégie en termes d'intentions ou de plan stratégique. Par ailleurs, se limiter à cette notion serait incomplet et nous conduirait à étudier la stratégie dans ses aspects purement formels et intentionnels ; or il nous faut également comprendre les mécanismes et les nombreux facteurs qui peuvent influencer l'implantation et la réalisation de stratégies dans le tissu complexe de l'entreprise.

C'est pourquoi nous proposons les concepts de stratégie formelle et de stratégie actualisée, qui englobent l'ensemble du processus stratégique dans les organisations depuis sa formulation jusqu'à sa réalisation.

2.1 LA STRATÉGIE FORMELLE

La stratégie formelle, tant au point de vue corporatif qu'au point de vue de l'unité stratégique, concerne les intentions stratégiques, les objectifs que l'organisation souhaite atteindre et les moyens d'action qu'elle envisage pour les atteindre.

La formulation d'une stratégie formelle implique :

— l'évaluation et la reformulation, s'il y a lieu, de la mission de l'entreprise ainsi que des principes de gestion qui l'animent ;

— la définition des objectifs financiers, commerciaux et corporatifs de l'organisation ;

— l'identification des actions nécessaires pour atteindre ces objectifs ;

— leur insertion dans un plan d'action concret, flexible, synchronisé et adapté aux circonstances.

Donc, ce sont ces intentions stratégiques initiales qui constituent la stratégie formelle, dont l'élaboration doit tenir compte, dans un premier temps, d'un ensemble de facteurs externes à l'entreprise et qui définissent le contour de ses possibilités.

La stratégie formelle reflète donc d'abord l'évaluation que font les dirigeants de la firme des facteurs contextuels (économiques, sociaux, démographiques, technologiques, politico-juridiques) et structurels (intensité de la concurrence, barrières à l'entrée, produits substitutifs, puissance des fournisseurs et des acheteurs, fonctions de coûts), ainsi que de l'évolution de ces facteurs.

Il est important de souligner qu'une telle évaluation ne signifie pas que les dirigeants sont en mesure de tout connaître et de tout prévoir à propos des environnements de la firme ; au contraire, cette évaluation devrait indiquer les zones d'incertitude et le caractère imprévisible de certains événements. Le risque, l'incertitude et l'ambiguïté sont inévitables en ce domaine, mais font partie de la démarche même d'évaluation des facteurs contextuels et structurels.

Cette analyse permet de formuler, à ce stade-ci, un ensemble de stratégies souhaitables, c'est-à-dire des stratégies qui sont toutes compatibles avec l'environnement externe de l'organisation. La partie supérieure de la figure 10.6 résume les principaux éléments de cette opération ; dans une première étape serait défini un ensemble de stratégies souhaitables, qui découlent de l'évaluation des facteurs contextuels et structurels d'une organisation, et qui tiennent compte du degré d'incertitude et du caractère imprévisible inhérents à certains de ces facteurs. Cet ensemble de stratégies doit être exhaustif et couvrir la gamme des options possibles allant du statu quo jusqu'aux innovations stratégiques radicales, qui peuvent bouleverser la structure et le contexte même de l'industrie au sein de laquelle œuvre cette entreprise.

À titre d'exemple, le Canadien National pourrait définir un éventail de stratégies souhaitables comme suit :

— CN va demeurer une entreprise dominée par ses opérations de transport ferroviaire de marchandises, mais inclura quelques entreprises corollaires à sa mission fondamentale (camionnage, hôtels (?), etc.).

— CN devient une entreprise offrant des services intégrés de transport (par rail, par route, par bateau, par air). Elle propose aux clients un système (« package ») de transport de marchandises répondant à leurs besoins. Elle se départit alors de toutes les opérations qui ne sont pas directement reliées à cette mission (par exemple, les hotels que CN vient d'ailleurs de vendre au Canadien Pacifique).

— CN devient, comme le Canadien Pacifique, une entreprise diversifiée dans des activités non reliées (richesses naturelles, télécommunications, etc.) et dont le transport ferroviaire n'est qu'une composante parmi d'autres.

Puisque la formulation des stratégies souhaitables est fondée sur l'évaluation faite par les dirigeants des facteurs con textuels et structurels de l'organisation, il est essentiel qu'une entreprise se dote de systèmes et de moyens qui lui permettent d'accroître la quantité et la qualité des informations disponibles. La composante information prend donc ici toute sa signification et son importance. Également, à ce stade-ci, l'innovation stratégique, la capacité de concevoir des options nouvelles et inédites, de concocter des façons différentes d'aborder le marché et la concurrence, joue un rôle critique.

Cependant, comme le rappelle la partie inférieure de la figure 10.6, cet ensemble de stratégies souhaitables doit être soumis au rude test de la réalité de l'organisation. Il se peut bien que plusieurs de ces stratégies souhaitables ne soient pas réalisables à cause de l'insuffisance des ressources humaines, financières, techniques ou politiques de l'entreprise ; ou encore, certaines options stratégiques ne sont pas réalisables parce qu'elles exigeraient des changements trop radicaux et trop rapides des valeurs et des façons de faire de l'organisation.

Dans le choix d'une stratégie formelle, les dirigeants doivent donc être sensibles à l'en-

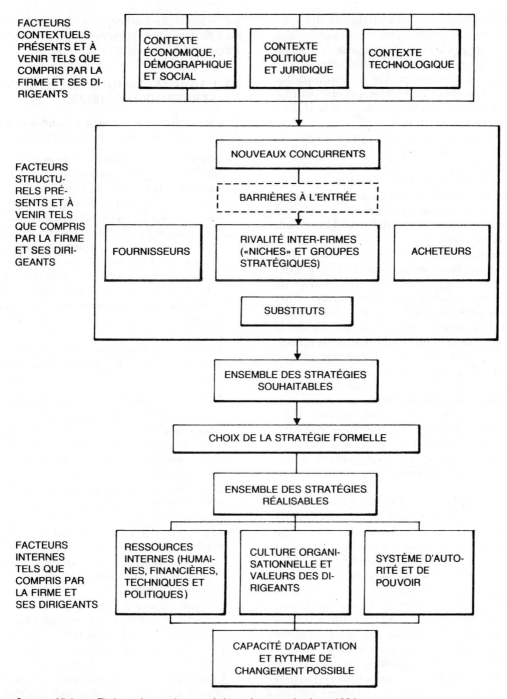

Source: Allaire et Firsirotu. *La gestion stratégique des organisations*, 1984.

Figure 10.6   Facteurs contextuels et structurels et la stratégie d'entreprise

semble des traditions, des mythes et des symboles de l'organisation, qui donnent un sens aux événements et à la vie de l'entreprise et que l'on appelle la « culture organisationnelle ». Cette culture peut être compatible ou incompatible avec certains choix stratégiques, et elle peut faciliter, ou nuire considérablement, à la réalisation de la stratégie choisie.

Ces facteurs internes déterminent l'à-propos pour une organisation de choisir certaines voies stratégiques, ainsi que le rythme auquel certains choix peuvent être réalisés. En effet, cette évaluation des facteurs internes de l'organisation porte non seulement sur leur état actuel mais aussi sur la capacité et le rythme de changement dont ils sont capables.

Ce dernier aspect est fondamental. Bien plus que son but, c'est souvent le rythme d'implantation d'une stratégie qui est la source de controverses entre dirigeants et cadres, et qui constitue une cause d'écarts entre les résultats atteints et les objectifs visés. Il est facile de surestimer la capacité d'une organisation de s'adapter à des changements et d'effectuer rapidement des virages prononcés. Combien d'organisations ont dû modifier leur stratégie formelle en cours de réalisation, parce que leurs dirigeants en avaient mal évalué les ressources et les compétences, mal apprécié la capacité d'adaptation au changement ou encore mal évalué la nature et l'étendue des changements nécessaires pour bien implanter une stratégie nouvelle ?

En conclusion, le cadre conceptuel proposé comme fondement analytique et comme base de réflexion pour la formulation de la stratégie formelle d'une organisation établit d'abord un ensemble de stratégies souhaitables. Ces stratégies se fondent sur l'évaluation la plus éclairée possible des facteurs contextuels et structurels dans lesquels baigne l'organisation et qui façonnent les relations entre l'organisation et ses environnements. Par ailleurs, ce n'est qu'après avoir bien analysé les facteurs internes de l'organisation que les dirigeants pourront définir les stratégies réalisables, c'est-à-dire en harmonie à la fois avec certaines stratégies souhaitables et les ressources et compétences de l'organisation. Le choix d'une stratégie formelle parmi les stratégies souhaitables et réalisables (s'il y en a plus qu'une) reflétera les valeurs et les préférences des preneurs de décision.

2.2 CARACTÉRISTIQUES D'UNE BONNE STRATÉGIE FORMELLE

Une stratégie formelle bien conçue doit tenter de satisfaire aux exigences suivantes :

— Elle doit réduire l'incertitude et la vulnérabilité de l'organisation. C'est sans doute le principe premier de la pensée stratégique. Une bonne démarche stratégique consiste à identifier les facteurs qui sont incertains ou qui menacent l'organisation (concurrents actuels et potentiels, produits substitutifs présents et à venir, comportements des acheteurs et des fournisseurs, état de la demande actuelle et future, législations diverses pouvant influencer ses divers marchés, valeurs en mutation de la société globale, etc.) et à concentrer les ressources de l'organisation sur leur réduction, leur contrôle ou, dans toute la mesure du possible, leur élimination.

Par exemple, une firme comme Domtar, qui est vulnérable à toute modification des politiques québécoises en matière de concessions et de droits de coupe en forêt, doit maintenir une représentation continue et insistante auprès des fonctionnaires responsables de ces programmes, pour influencer positivement les politiques gouvernementales. De même, ces entreprises de pâtes et papier qui doivent s'approvisionner de copeaux (matière première) auprès des scieries québécoises ont tiré avantage de la surabondance de copeaux (un produit dérivé pour les firmes de bois de sciage), de la fragmentation de l'industrie du bois de sciage et du manque de concertation entre ces firmes pour conclure, dans plusieurs cas, des contrats d'approvisionnement aux termes favorables. Ces contrats laissent une grande latitude aux entreprises de pâtes et papier quant au volume qu'elles doivent acheter et lient le prix payé pour les copeaux au prix de vente du papier journal.

Évidemment, une grande partie du risque économique et donc de la vulnérabilité de l'entreprise des pâtes et papier est ainsi transférée du fabricant de papier à ses fournisseurs de matière première.

— Elle doit tirer profit de toute compétence distinctive, de tout avantage particulier de l'organisation. Les entreprises, à cause de leur histoire particulière, de leur environnement, de leurs choix stratégiques passés, développent des capacités uniques et peuvent bénéficier d'avantages qui leur sont propres et qui ne sont pas disponibles à leurs concurrents. La stratégie formelle doit tenir compte de ces caractéristiques et en faire un usage maximal.

Ainsi, les caisses populaires exploitent au Québec le plus vaste réseau d'unités de services financiers ; cette forte pénétration géographique, unique et propre à cette institution, peut-elle constituer l'assise d'une stratégie qui lui conférerait un avantage sur les banques à charte ?

— Elle doit proposer une vision de l'avenir, contenir une stratégie de marché claire et une projection de ce que l'entreprise deviendra si les actions envisagées sont menées à terme. Cette vision de l'organisation en devenir a le double mérite d'être à la fois stimulante et engageante pour les membres de l'organisation. Elle fournit un encadrement et une justification pour les actions futures de l'organisation. La stratégie formelle doit servir de guide dans l'action et de mécanisme pour l'établissement des priorités. Largement diffusée dans l'entreprise, elle est le filon, le leitmotiv, l'orientation qui donnent une cohérence et une rationalité au flux rapide des décisions et des actions, qui autrement pourraient sembler arbitraires et incompréhensibles aux membres de l'organisation.

— Elle doit favoriser le développement des ressources et des compétences de l'organisation par un dosage judicieux de continuité et de changements. La stratégie formelle doit faire évoluer l'organisation, la préparer pour l'avenir mais aussi améliorer son fonctionnement actuel, raffermir et resserrer ses pratiques et ses modes de gestion. La stratégie doit établir une relation équilibrée entre, d'une part, le volume, l'intensité et la rapidité des changements commandés par les contextes actuels ou anticipés, et d'autre part, la capacité d'évolution de l'organisation dans un temps donné.

2.3 LA STRATÉGIE ACTUALISÉE

La gestion stratégique est un processus dynamique en relation continue et rétroactive avec la réalité. Dès que la stratégie formelle est définie, formulée plus ou moins explicitement, le difficile passage du domaine des intentions à celui des réalisations débute. Mais on ne peut franchir ce passage sans en corriger les présupposés qui s'avèrent erronés, sans l'ajuster au flux des événements imprévus qui influencent constamment l'organisation et son environnement. La stratégie formelle ne doit pas être statique et immuable, mais les dirigeants doivent la réévaluer continuellement pour en corriger les aspects devenus caducs, impertinents ou irréalistes.

La stratégie actualisée est donc définie par les actions prises et menées à terme et par les résultats obtenus. De nombreux facteurs peuvent faire dévier la stratégie formelle en cours de réalisation ; les actions prises et les résultats obtenus peuvent être différents des objectifs visés et des actions envisagées a priori, comme le montre le schéma suivant.

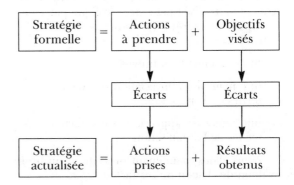

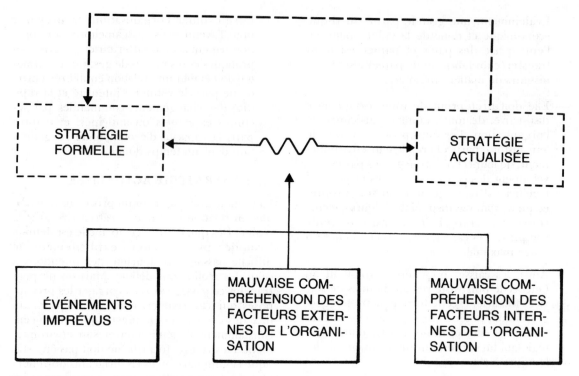

Figure 10.7 Passage de la stratégie formelle à la stratégie actualisée

Au fur et à mesure de son implantation, la stratégie formelle sera modifiée pour mieux refléter la réalité de l'organisation et s'ajuster aux événements imprévus. L'écart plus ou moins prononcé entre la stratégie formelle et la stratégie actualisée peut être expliqué par trois groupes de facteurs, comme le montre la figure 10.7 :

— des événements imprévus,

— une mauvaise appréciation des facteurs externes de l'organisation,

— une mauvaise appréciation des facteurs internes de l'organisation.

Nous allons maintenant procéder à un bref examen de chacun de ces facteurs.

2.3.1 Des événements imprévus

Les facteurs contextuels et structurels qui influent sur le devenir d'une organisation sont intrinsèquement dynamiques. Fort heureusement, certains de ces changements peuvent être prévus par une analyse adéquate des forces sous-jacentes, des tendances historiques, des précédents pertinents. Alors, des modifications graduelles du contexte et de la structure industrielle peuvent être prévues et intégrées au processus de formulation stratégique. Dans d'autres cas, le caractère imprévisible de certains événements et l'incertitude quant à l'évolution de certains facteurs contextuels ou structurels auront été intégrés au processus même de formulation stratégique.

Par contre, des changements soudains, imprévisibles même pour l'observateur le plus clairvoyant, peuvent modifier le cours des événements, constituer une brisure nette dans la continuité de l'environnement. Dans la mesure où de tels changements, ou leur éventualité, n'auront pas été prévus et intégrés aux informations et aux considérations stratégiques sur lesquelles s'est fondée la formulation de la stratégie formelle, ils viendront en bouleverser les prémisses, la rendre désuète, inappropriée aux nouvelles circonstances. Des événements imprévisibles dans les environnements concurrentiel, juridique, économique ou technologique imposent souvent aux dirigeants d'entreprise une nouvelle réalité, avec laquelle ils doivent composer.

Voici quelques exemples de discontinuités qui ont bouleversé le contexte stratégique, y créant de nouvelles circonstances et forçant des entreprises à modifier, parfois de façon brutale, leur stratégie formelle.

● Discontinuités technologiques :

— le pneu radial pour l'industrie des pneus et du caoutchouc ;

— les systèmes électroniques de traitement de texte pour remplacer la machine à écrire électrique ;

— les procédés biotechnologiques pour la fabrication de médicaments ;

— la robotique dans le domaine de la fabrication industrielle (automobile, etc.) ;

— les développements en télécommunication (Electronic Data Interchange, Machines Fax, etc.).

● Discontinuités concurrentielles :

— la volonté de certaines banques à charte d'envahir le marché du courtage en valeurs mobilières ;

— l'entrée d'IBM dans le marché des ordinateurs personnels ;

— l'entrée de Philip Morris, une firme pratiquant un marketing dynamique et novateur,

dans l'industrie de la bière aux États-Unis (par l'achat de la brasserie Miller) ;

— l'arrivée des Super-Carnaval dans le domaine de l'alimentation au Québec.

● Discontinuités politico-juridiques :

— la déréglementation aux États-Unis et au Canada des secteurs du transport aérien, du camionnage et de l'industrie des services financiers ;

— les lois de francisation au Québec, d'« action positive » aux États-Unis, de « solidarité sociale » en France ;

— la formation du cartel des pays producteurs de pétrole.

2.3.2 Une mauvaise appréciation des facteurs contextuels et structurels qui influencent la relation entre l'organisation et l'environnement

Il arrive parfois que des changements graduels dans l'environnement passent inaperçus aux yeux des dirigeants ou que des changements discontinus soient interprétés comme des phénomènes transitoires, qui n'auront pas d'effet fondamental sur le devenir de l'entreprise. Lorsque finalement une nouvelle réalité s'impose brutalement, les dirigeants n'ont d'autre choix que d'adopter une stratégie radicale de changement, qui tente d'adapter de toute urgence l'organisation à cette nouvelle réalité. C'est souvent une période extrêmement troublée, qui se termine souvent mal pour l'entreprise ainsi prise au dépourvu.

Massey-Ferguson

La société Massey-Ferguson, qui vacilla pendant un bon moment au bord de la faillite, offre un bon exemple de ce phénomène. De 1927 à 1978, elle ne fut dirigée que par deux hommes, James Duncan (1927-1956) et Albert Thornbrough (1956-1978), qui contribuèrent fortement d'abord à son succès puis à son déclin. Chacun à sa façon, ils en vinrent à asservir l'organisation, à lui imposer leur volonté, à s'isoler des réalités de l'organisation et à limiter la stratégie de l'entreprise à la répétition des actions qui lui avaient réussi naguère.

Ainsi, Peter Cook (1981) écrit dans son ouvrage sur Massey-Ferguson :

> « *Ever the optimist, he (Duncan) was convinced that markets would always bounce back and that troubled economic times could best be ridden out by companies committed to expansion... Personal vanity, fed by the approbation that he was accorded had become part of Duncan's make up and an integral part of the way Massey was run...* »

Cette situation amena de sérieux problèmes pour Massey-Ferguson au cours des années 50 et le remplacement de Duncan à la tête de l'entreprise par Thornbrough, qui rétablit la situation de façon admirable.

Vingt ans plus tard cependant, le même syndrome réapparaît, et Cook écrit :

> « *As far as they (Massey-Ferguson's executives) were concerned, he (Thornbrough) had become remote and unreachable. Having achieved a great deal, the president of Massey had become an unshakeable optimist. To inform Thornbrough of problems was to run the risk of being considered a defeatist and a negative thinker.* »

La Banque canadienne nationale

La Banque canadienne nationale semble avoir vécu ce phénomène au cours des années 70 lorsque, dans un environnement caractérisé par une concurrence accrue et des changements technologiques, l'organisation évita les perturbations internes qu'auraient suscitées les investissements nécessaires en systèmes informatiques, le recrutement accéléré de diplômés universitaires, le recrutement de cadres à l'extérieur de l'organisation et les programmes intensifs de formation. En conséquence, l'entreprise se trouva déphasée graduellement par rapport à ses concurrents, devint désuète dans ses systèmes d'exploitation et souffrit d'une gestion inadéquate. Alors vint la fusion avec la Banque provinciale et l'effort héroïque pour sauver la nouvelle institution, la Banque nationale. En cours de route, presque tous les cadres supérieurs de la Banque canadienne nationale furent écartés de la direction de la nouvelle institution.

2.3.3 Une évaluation inadéquate des facteurs internes de l'organisation

Présumer de ressources qui s'avèrent par la suite insuffisantes, méconnaître les jeux d'influence et les relations de pouvoir qui constituent un frein à l'implantation de la nouvelle stratégie formelle, mal comprendre une culture fortement ancrée au sein de l'organisation sont autant de situations qui peuvent obliger à modifier, en cours de réalisation, la stratégie formelle de l'organisation. Un exemple de ce type de situation est donné par AM International (autrefois appelé Addressograph-Multigraph Corp.) :

AM International

En 1977, M. Roy Ash fut nommé président de cette entreprise centenaire, fabriquant des produits de bureau à faible technologie. Le nouveau président résolut d'en faire une entreprise de haute technologie, capable d'offrir tous les produits pour le « bureau de l'avenir ». Même si cet objectif et cette stratégie avaient été souhaitables, il est évident qu'il n'aurait pu réaliser une telle transformation sans bouleverser toute l'entreprise, ce qui ne pouvait s'effectuer en un bref laps de temps.

S'égarant dans une série d'acquisitions rapides et mal intégrées aux opérations existantes, exigeant des cadres de l'entreprise des comportements, des attitudes et des habiletés qui leur étaient étrangers, M. Ash échoua lamentablement et fut limogé. Ses successeurs tentèrent désespérément de ramener l'entreprise dans des voies de fonctionnement et de développement compatibles avec son histoire et ses ressources.

Cette mauvaise compréhension des facteurs externes et internes résulte souvent de l'insuffisance ou de la mauvaise qualité de l'information disponible, d'une surestimation du rythme de changements possible, ou des fausses croyances et des jugements préconçus dont les dirigeants sont trop souvent affligés. C'est pourquoi la stratégie formelle doit être comprise d'abord comme une opération cognitive, tributaire du processus intellectuel de collecte, de tri et de traitement de l'information par les dirigeants, une opération qui est éminemment perfectible.

2.4 LES DEUX VOLETS DE LA STRATÉGIE FORMELLE

La stratégie formelle est donc faite de deux volets : un volet externe et un volet interne. Dans son volet externe, elle est constituée d'actions envisagées pour tirer un avantage maximal des facteurs contextuels et structurels qui conditionnent le devenir de l'industrie et de l'organisation, ou encore d'actions qui pourraient modifier la structure du marché, le contexte technologique ou le contexte politico-juridique, de façon favorable à l'organisation.

Dans son volet interne, la stratégie formelle est faite essentiellement d'intentions quant au développement et au déploiement des ressources et des compétences de l'organisation de façon synchronisée et compatible avec les exigences de son action externe.

People Express

Prenons l'exemple de l'entreprise People Express, une société américaine de transport aérien qui fut fondée sur des possibilités de marché créées par la déréglementation du transport aérien des passagers aux États-Unis.

Naguère, cette industrie était fort concentrée, chaque entreprise étant soumise à toute une kyrielle de règlements restreignant l'intensité de la concurrence. Ainsi, les entreprises devaient obtenir du « Civil Aeronautic Board » (CAB) l'approbation expresse de leurs tarifs et l'autorisation d'offrir leurs services entre des villes données. Ces autorisations n'étaient accordées qu'après de longues études et de multiples considérations (dont évidemment les objections inévitables des entreprises détenant déjà une telle autorisation).

La déréglementation mit fin à ces tracasseries. Toute entreprise peut maintenant offrir ses services pour n'importe quelle destination à n'importe quel prix. Ce changement soudain a bouleversé la nature et l'intensité de la concurrence et a provoqué des difficultés financières, voire la faillite d'entreprises traditionnelles.

Ces changements de contexte ont suscité une concurrence sans précédent sur les prix ; par voie de conséquence, une entreprise ne peut réussir que si elle se dote d'une stratégie fortement axée sur l'obtention des frais d'exploitation les plus bas possibles (stratégie d'avantages de coûts).

Le volet externe de la stratégie de People Express consiste justement à offrir un service à un prix inférieur à celui de la concurrence (par exemple, un aller de Newark, au N.J., à Londres, pour 149 $, ce qui était inférieur de 240 $ au prix demandé par des concurrents conventionnels à l'époque).

Le volet interne est fait d'un ensemble de mesures visant à augmenter la productivité et à diminuer les frais d'exploitation. Les employés, actionnaires de l'entreprise, travaillent pour des salaires de base inférieurs, qui sont agrémentés de bonis et de dividendes au gré de la réussite financière de l'entreprise.

Les employés remplissent plusieurs fonctions ; les préposés du service au client agissent aussi comme agents de réservations, vendeurs de billets et stewards ; les pilotes, en plus de faire 75 heures de vol par mois, s'occupent de la sélection du personnel et du budget.

En conséquence, les coûts de main-d'œuvre représentent seulement 20 % des coûts totaux, par comparaison aux 35 % qu'ils représentent dans la majorité des autres sociétés aériennes ; les frais d'exploitation de People Express par 1 000 sièges sont de 6 cents, alors qu'ils sont de 8,2 cents chez Eastern Airlines et de 7,5 cents chez Delta Airlines.

Les profits de People Express pour les 9 premiers mois de 1983 ont atteint 9,6 millions de dollars et la société prévoyait des revenus bruts de 500 millions de dollars pour 1984. Malheureusement, son président fondateur, enivré par les succès de départ de son entreprise, s'embarqua dans une série d'acquisitions qui mit en péril l'entreprise et aboutit à son absorption par le groupe Texas Air.

3. Les trois composantes (ou trois i) de la stratégie : information, innovation, implantation

En simplifiant un tantinet, nous pouvons dire que la réussite stratégique dépend à des degrés divers de trois activités distinctes, qui toutes doivent être effectuées avec compétence, mais qui font appel à des habiletés fort différentes.

Par information, il faut entendre bien sûr la mise en place de systèmes formels de collecte, de tri et d'analyse des données stratégiques ; mais cette activité comporte aussi l'établissement de réseaux informels de renseignements et d'antennes dans différents milieux ; elle suppose une action continue et dynamique de recherche d'informations quantitatives et qualitatives de la part des cadres et des dirigeants. Elle demande une grande capacité d'analyse et de synthèse, une démarche professionnelle impartiale, libre des préjugés, des conclusions préma-

turées et des a priori qui emprisonnent ou altèrent trop souvent le jugement des dirigeants d'entreprise.

Par innovation, nous voulons désigner cette dimension fondamentale du processus stratégique qui consiste à voir des options, des possibilités que d'autres n'ont pas vues, à imaginer une action stratégique qui surprenne et déroute la concurrence. L'innovation stratégique n'est pas qu'une intuition sans fondement analytique, qu'une heureuse lubie. Elle se fonde sur l'analyse, mais va souvent au-delà ; elle fait appel à l'utilisation imaginative de l'information disponible ; elle définit une nouvelle approche, une nouvelle configuration stratégique qui a échappé à d'autres observateurs ayant pourtant accès aux mêmes données et analyses.

Par implantation, nous désignons cet aspect complexe de la stratégie qui se préoccupe de la façon d'introduire et de réaliser, dans ce milieu social qu'est l'entreprise, une intention stratégique, un plan d'action concret. L'implantation stratégique exige une compréhension nuancée de l'organisation dans toutes ses manifestations (formelles et informelles). Elle mise sur une flexibilité d'exploitation qui permet d'adapter la stratégie aux humeurs et aux réalités propres à chaque organisation. Les dirigeants doivent sentir le rythme de changements dont est capable leur entreprise, la pousser à bout si nécessaire, augmenter sa plasticité, sa capacité d'adaptation ; mais ils doivent prendre garde de ne pas la surcharger de changements au point d'en paralyser le fonctionnement et de semer le désarroi chez ses membres.

Sauf dans des conditions de continuité et de *statu quo*, l'implantation stratégique exige un « leadership » dynamique, tenace, systématique, flexible quant aux moyens, mais implacable quant aux fins. Bien que ce ne soit pas absolument nécessaire, un dirigeant engageant, charismatique, excellent communicateur, est un atout précieux lorsqu'il faut implanter une stratégie qui est en rupture avec les actions passées et les façons de faire habituelles.

Nous allons, dans la suite du texte, faire un examen plus poussé de chacune de ces trois composantes.

4. Information : l'analyse stratégique de l'industrie

Même si cette composante de la stratégie couvre une large gamme d'actions et un vaste éventail d'instruments analytiques, nous allons nous limiter ici à un modèle d'une grande importance : l'analyse stratégique des marchés et des industries. Toute pensée stratégique sérieuse débute par la cueillette d'informations pertinentes sur les divers environnements de la firme et en particulier sur les caractéristiques structurelles de l'industrie et des marchés dont la firme fait partie.

Il fut un temps où l'étude des réalités du fonctionnement des industries s'inspirait de modèles économiques simplifiés voire carrément simplistes de l'offre et de la demande pour tenter d'expliquer le comportement des firmes sur le marché.

C'est ainsi que se développèrent les premiers modèles reliés à la concurrence monopolistique et oligopolistique, eux-mêmes des adaptations du modèle de la concurrence parfaite qui date du XIXᵉ siècle.

Les difficultés croissantes de ces modèles, leur manque de réalisme pour expliquer le comportement des firmes et l'évolution des industries ont mené au développement d'une approche mieux adaptée aux réalités complexes des industries modernes. Cette approche est maintenant connue en économique sous le thème de l'organisation industrielle.

La thèse sous-jacente à cette branche de l'économie veut que les caractéristiques structurelles d'une industrie influencent les comportements des principaux concurrents sur ces marchés. Le jeu des comportements concurrentiels se situe dans le cadre d'une structure en continuelle évolution et mène à une certaine performance de cette industrie. Ce modèle, dont les racines remontent aux travaux de Mason[3], dans les années 30, a été élaboré en 1959 par Jœ S. Bain[4], un économiste américain, et adapté par de nombreux auteurs durant les années 60 et 70[5]. Les ouvrages modernes[6] sur la stratégie d'entreprise font un usage abondant de ces concepts afin de formuler des diagnostics sur la situation et le devenir des industries. Dans ce contexte, le modèle porte l'étiquette d'analyse stratégique des industries.

Il est évidemment impossible d'expliquer dans ce texte toutes les articulations de ce modèle. Cependant, les schémas présentés aux figures 10.8 et 10.9 donnent un aperçu du modèle d'analyse qui sert de guide dans la cueillette des informations pertinentes à la formulation de stratégies.

Le premier schéma (figure 10.8) indique que des facteurs contextuels dynamiques influencent continuellement la structure de toute industrie. Ainsi, des changements graduels ou soudains du contexte économique, démographique ou social, du contexte juridique et réglementaire, ou du contexte technologique ont une influence plus ou moins marquante et rapide sur les facteurs structurels et, par là, sur le niveau de concentration de l'industrie et sur les comportements stratégiques des firmes.

Le schéma de la figure 10.8 indique également que la rivalité entre firmes se joue dans le cadre de pressions exercées sur l'industrie, pressions provenant de quatre sources d'une force différente selon les industries : 1) la menace de nouveaux entrants dans l'industrie, 2) le pouvoir de négociation des fournisseurs, 3) celui des acheteurs, et 4) la proximité des produits substitutifs pouvant remplacer les produits offerts par les firmes constituant une industrie. Chacun de ces facteurs peut réduire le niveau de rentabilité d'une industrie lorsque les firmes n'ont pu, ou n'ont pas su, se protéger de leur influence.

La figure 10.9 est en fait une explication du bloc des facteurs structurels de la figure 10.8. Elle nous permet d'identifier les variables qui sont mises en jeu dans toute industrie et fournit un guide d'analyse précieux pour comprendre les types d'industries, leurs perspectives de rentabilité, les conditions de succès et de survivance des organisations qui œuvrent dans ces industries.

Un des buts fondamentaux de l'analyse stratégique est justement d'expliquer le niveau de concentration d'une industrie (c'est-à-dire le nombre de firmes en concurrence et la distribution de leurs parts de marché), son niveau de

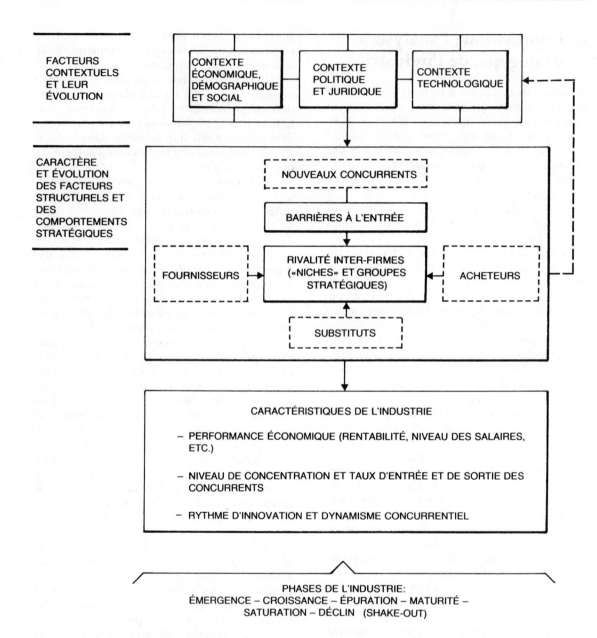

Figure 10.8 Facteurs contextuels et structurels et la stratégie d'entreprise (Allaire, 1984)

rentabilité et l'évolution probable de ces deux caractéristiques. Parmi les facteurs structurels qui expliquent bien ces phénomènes, il faut mettre en tête de liste les barrières à l'entrée, les phases du développement d'une industrie et la notion de groupes stratégiques. Nous allons examiner chacun de ces concepts tour à tour.

4.1 BARRIÈRES À L'ENTRÉE ET TYPES D'INDUSTRIES

Toute industrie fonctionne derrière des barrières à l'entrée, dont la hauteur est cependant fort variable. Dans certains cas, l'entrée est facile et rapide (établir un nouveau restaurant conventionnel, par exemple). Dans d'autres cas, l'entrée est complexe et exige d'immenses ressources (une nouvelle aluminerie, une nouvelle brasserie, par exemple).

Les barrières à l'entrée peuvent prendre plusieurs formes, comme l'indique la figure 10.9, ces formes allant des économies d'échelle et de la différenciation du produit aux politiques gouvernementales. Sans traiter à fond chaque type de barrières, nous pouvons facilement comprendre comment elles peuvent influencer l'avenir d'une industrie.

Ainsi, c'est la Commission de la radio-télévision canadienne (CRTC) qui a décidé par décret ce que serait la structure originale de l'industrie de la télévision payante ; bien sûr, dans ce cas, les forces du marché ont signifié leur désaccord en forçant la faillite ou la fusion des entreprises auxquelles la CRTC avait décerné un permis d'exploitation. De même, la structure de l'industrie bancaire canadienne serait différente si les activités des banques étrangères n'étaient pas strictement limitées et contrôlées par la législation canadienne.

Outre ces interventions politiques ou réglementaires qui définissent souvent le caractère d'une industrie, deux facteurs ont une influence structurelle considérable sur toute industrie : les économies d'échelle et la différenciation du produit ou de l'entreprise.

Les économies d'échelle, les courbes d'apprentissage[7] et autres effets du volume d'affaires sur les coûts totaux d'une entreprise expliquent, dans beaucoup de cas, le niveau de concentration observé dans une industrie. À partir du moment où 1) les coûts totaux unitaires d'une entreprise chutent rapidement en fonction du volume de fabrication, de distribution et de mise en marché de ses produits ou services, et que 2) le volume auquel les coûts les plus bas sont atteints représente une part substantielle du marché total, les conditions de concentration élevée se trouvent réunies.

En effet, pour être efficiente, toute firme doit alors détenir une part de marché élevée ; si elle ne réussit pas à obtenir une telle part, les désavantages de coûts dont elle souffrira la rendront vulnérable et en signeront l'arrêt de mort à plus ou moins long terme. Tout nouvel entrant dans une telle industrie, s'il ne veut pas subir de pertes considérables pendant une longue période, devra arracher rapidement cette part de marché aux firmes qui y sont déjà installées. Celles-ci, menacées dans leur existence même, réagiront avec énergie à ces velléités d'entrée (guerre de prix, etc.) ; donc, le nouvel entrant en puissance devra évaluer soigneusement les coûts réels et les bénéfices aléatoires découlant du fait de s'immiscer dans une industrie ayant de telles caractéristiques.

Évidemment, si la rentabilité des firmes en place est très forte, ou si le marché est en forte croissance, l'attrait de l'industrie sera d'autant plus irrésistible, quels qu'en soient les risques.

Cependant, des industries montrent parfois un haut niveau de concentration sans que l'on puisse attribuer cet état de fait aux économies d'échelle et autres effets de volume. Parmi les autres facteurs identifiés à la figure 10.9, il en est un qui joue un rôle critique : il s'agit de la différenciation du produit (ou de l'entreprise).

Nous entendons par ce terme une réalité évidente du fonctionnement des marchés : des entreprises réussissent à offrir des produits ou des services qui sont considérés comme différents par les acheteurs ; des produits, à cause de leurs caractéristiques soit techniques (qualité de la fabrication, ingrédients, technologie, service après-vente, etc.), soit symboliques (connotation de prestige, image attrayante, etc.), soit les deux à la fois, suscitent une adhésion durable des acheteurs à une marque plutôt qu'à une autre.

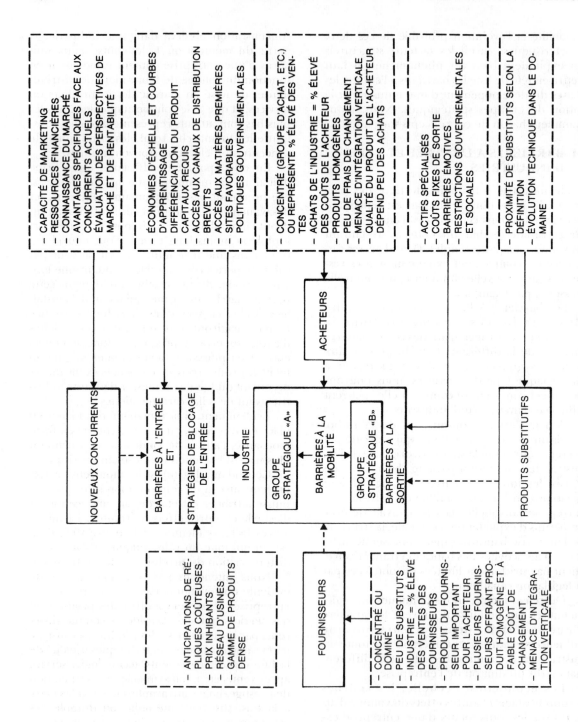

Figure 10.9   Tableau synthèse des principaux éléments d'analyse stratégique des industries selon Porter (1982) et Allaire et Firsirotu (1984)

Lorsqu'une entreprise en arrive à fortement différencier ses produits, elle bénéficie d'avantages stratégiques importants :

— ses acheteurs sont moins sensibles au prix ; c'est-à-dire que contrairement à ce qui se passe pour des produits homogènes, l'entreprise ne perd pas tout son marché parce que des concurrents offrent un produit similaire à moindre prix ;

— si le produit est vendu par le truchement de réseaux de distribution (grossistes, chaînes corporatives de magasins de détail, groupes d'achat, etc.), l'entreprise possède alors un puissant argument de négociation pour obtenir des conditions favorables pour ses produits ; en effet, puisque l'acheteur ultime connaît la marque et lui manifeste une certaine « loyauté », les réseaux de distribution pourraient perdre un certain volume d'affaires s'ils ne voulaient ou ne pouvaient offrir cette marque de produits ;

— tout nouvel entrant devra faire face à un obstacle de taille ; il devra convaincre les acheteurs fidèles à une marque de changer leur adhésion ; les coûts en promotion et en publicité et les risques attachés à une telle démarche rendent souvent l'entrée impraticable et donc protègent les firmes en place.

Le jeu de ces barrières à l'entrée, en particulier des économies d'échelle et de volume et de la différenciation de produits, détermine des types d'industrie. Trois types en particulier sont fortement répandus :

— Une industrie constituée d'un grand nombre de firmes, dont aucune ne détient une forte part de marché (industrie fragmentée), par exemple l'industrie du meuble au Québec, des vêtements, des chaussures, de la restauration conventionnelle. Il s'agit là d'industries dans lesquelles aucune barrière ne bloque fortement l'entrée, soit à cause de la nature intrinsèque de l'industrie, soit parce que les firmes qui la composent n'ont pas su faire jouer des facteurs stratégiques qui leur auraient procuré une certaine protection.

— Une industrie constituée surtout par quelques grandes firmes offrant des produits homogènes. On définit ce type d'industrie comme un oligopole homogène (acier, pétrole, aluminium, etc.).

— Une industrie constituée surtout par quelques grandes firmes offrant des produits fortement différenciés (un oligopole différencié), par exemple l'industrie des boissons gazeuses, des céréales, du hamburger, de la bière, des cigarettes, des ordinateurs, des chaînes stéréos, des téléviseurs, etc.

4.2 LES PHASES DE MARCHÉ ET DE L'INDUSTRIE

Tout marché est dynamique et tend à évoluer et à se transformer au gré des changements de forces et d'influences qui s'exercent sur lui. Les firmes qui se concurrencent dans un marché donné constituent une industrie spécifique. Sans que ce soit un déterminisme implacable ou un scénario invariable, les industries ont tendance à se développer selon des phases assez bien démarquées qui reflètent les changements dans le ou les marchés sous-jacents à l'industrie.

Plusieurs nomenclatures de ces phases sont proposées ici et là dans les ouvrages sur la stratégie et le marketing. La typologie proposée au bas de la figure 10.8 nous semble la plus utile : émergence, croissance, épuration, maturité, saturation, déclin.

Certaines industries peuvent parcourir tout ce cycle à un rythme rapide ; d'autres se maintiennent longtemps en phase de maturité ou de saturation, sans jamais passer à la phase de déclin.

Au lieu de faire un examen théorique de chacune de ces phases, nous en illustrerons plutôt le fonctionnement et les conséquences stratégiques par un exemple particulièrement révélateur, celui de l'industrie de la motoneige.

La phase d'émergence de l'industrie de la motoneige fut relativement longue, pendant tout ce temps où J.-Armand Bombardier s'amusait à bricoler des machines capables de se déplacer sur la neige. Après avoir développé des modèles industriels lourds et coûteux, il en vint à concevoir une petite machine qu'il destina d'abord aux missionnaires devant se déplacer dans le Grand Nord canadien. Cette machine, qu'il voulut appeler un « ski dog », devint, à cause d'une erreur typographique, le « skidoo ». L'objet trouva graduellement preneur chez les résidants de villages et de petites villes qui y virent un moyen amusant de parcourir les campagnes givrées du Québec.

La phase de croissance débute au milieu des années 60 lorsque la firme Bombardier se structure et se donne une stratégie pour développer ce marché du loisir d'hiver. La réaction est phénoménale ; les ventes croissent à un rythme exponentiel ; l'innovation qu'est la motoneige connaît un succès considérable.

Évidemment, une demande aussi forte produit un certain nombre de conséquences :

— l'accroissement du volume des ventes permet à la firme Bombardier de jouir d'économies d'échelle et autres réductions de coûts qu'amènent une fabrication et une distribution à grand volume, une plus grande expérience à fabriquer de telles machines et une capacité accrue d'extraire de meilleurs prix des fournisseurs ;

— la demande étant forte, les prix se maintiennent, ou du moins ne fléchissent pas aussi rapidement que les coûts de fabrication ; la rentabilité de Bombardier fut spectaculaire durant cette phase ;

— la forte croissance de la demande et la marge confortable entre le prix de vente et les coûts de fabrication du chef de file de l'industrie ouvrent toutes grandes les portes de l'industrie et y attirent de nombreux concurrents. Au début des années 70, on compte plus d'une centaine de fabricants de motoneiges.

C'est alors que la phase d'épuration survient, brutale et inévitable. En effet, tôt ou tard, le taux de nouveaux adhérents au sport de la motoneige devait chuter. La croissance des ventes et éventuellement le niveau des ventes de nouvelles machines diminueront, dès lors que les ventes de remplacement deviendront le support principal du marché. Les firmes en concurrence ont alors une capacité (et un besoin) de

production qui, collectivement, est bien supérieure à la demande. Dans le but d'obtenir une part de ce marché en plafonnement, les firmes diminuent leurs prix, surtout que celles qui détiennent une bonne part de marché fabriquent leur produit à des coûts inférieurs à ceux de beaucoup d'entreprises plus petites qui sont récemment arrivées sur le marché ou qui n'ont pas su obtenir une part de marché suffisante. Cette rapide réduction des prix se traduit par des coûts supérieurs aux prix de vente pour un bon nombre de concurrents, qui feront alors faillite, fusionneront, ou se laisseront acheter par des entreprises plus solides.

Dans le cas de la motoneige, ce phénomène d'épuration a vite ramené l'industrie à une dizaine d'entreprises concurrentes en 1975 mais avec une domination considérable de quatre firmes : Bombardier, Artic Cat, John Deere et Yamaha.

Dans la phase de maturité, c'est-à-dire lorsque les ventes se dirigent rapidement vers un plafond en termes de volume annuel moyen, les firmes survivantes se font concurrence par la différenciation des entreprises et la segmentation des marchés, en offrant une gamme plus étendue de produits conçus pour mieux répondre aux différents besoins des acheteurs.

Dans sa phase de saturation, l'industrie n'attire que bien peu de nouveaux adhérents ; le volume total des ventes est stagnant, mais oscille d'une année à "autre au gré des conditions économiques générales. Les firmes en place se font une concurrence acharnée pour maintenir ou augmenter leur part de marché. La rentabilité de l'industrie, qui varie selon les oscillations de la demande, se situe à un niveau moyen qui dépend de l'ensemble des forces qui font pression sur elle (produits substitutifs, fournisseurs, réseaux de distribution, etc.).

Dans le cas de la motoneige, les phases de maturité et de saturation furent courtes, puisque des changements de valeurs et de goûts (changements du contexte, donc) ont amené une perted'adhérents, un retrait graduel du sport de la motoneige.

Ces phénomènes firent que la motoneige entra à la fin des années 70 dans une phase de déclin ; le volume total des ventes chuta de façon chronique pour se stabiliser autour de 100 000 unités par année (alors que l'industrie vendit près de 500 000 motoneiges en 1971).

Cette dynamique des phases d'une industrie qui combine à la fois le rythme de croissance de la demande et l'évolution des prix et des coûts est bien exprimée par le diagramme de la figure 10.10. Cet ordre de choses fut observé dans un grand nombre d'industries et de marchés : jeux vidéo, tentes-roulottes, équipements pour le ski de fond, ordinateurs personnels, bateaux à voile, planches à voile et, si on retourne plus loin dans le temps, le transport ferroviaire, l'automobile, etc.

4.3 LA DÉFINITION D'UNE INDUSTRIE ET LES GROUPES STRATÉGIQUES

Nous avons jusqu'ici évité de définir ce qu'est une industrie et un marché parce qu'il s'agit là de concepts complexes dans le cadre d'une analyse stratégique. En effet, la définition suivante,

juste et utile, soulève des questions difficiles : une industrie est l'ensemble des firmes offrant des produits qui sont de très proches substituts pour l'acheteur.

Dans tout cas concret, la définition des frontières d'un marché et d'une industrie est un processus subtil qui tourne autour de la notion de « proches substituts ». Le contour d'une industrie ne doit être ni trop étroit ni trop large. Si la définition de l'industrie est trop étroite, on risque d'exclure un certain nombre de concurrents qui offrent de proches substituts, ce qui évidemment peut mener à des conclusions erronées.

Ainsi, si l'on définit comme un marché ou une industrie les « chaînes de restaurants spécialisés dans le poulet rôti à la broche », on obtient que le marché est un oligopole différencié que se partagent quelques grandes firmes : les Rôtisseries Saint-Hubert, Chalet Suisse, Au Coq Rôti.

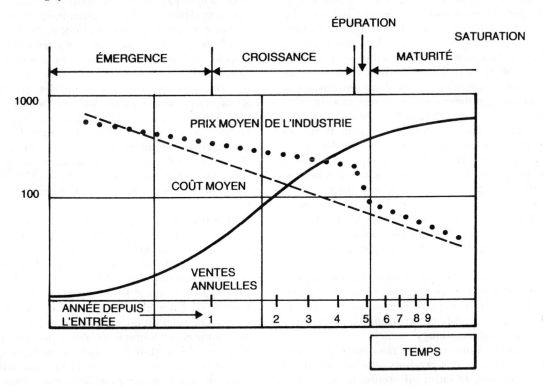

Figure 10.10 Dynamique de la demande des prix et des coûts associés aux différentes phases d'une industrie

Cette définition de l'industrie ne reflète pas parfaitement le véritable jeu concurrentiel qui anime ce secteur, puisque l'on omet a) tous les concurrents qui se spécialisent aussi dans le poulet rôti à la broche mais qui ne sont pas des chaînes de restaurants : Rôtisserie Laurier, Au poulet doré, etc. ; b) les supermarchés qui vendent du poulet rôti à la broche ; c) les restaurants non spécialisés qui offrent aussi du poulet rôti à la broche ; et d) les restaurants offrant d'autres mets, qui peuvent se substituer au poulet rôti à la broche (poulet Kentucky, etc.). Il est évident que le pouvoir de marché de l'« oligopole différencié » que formeraient Saint-Hubert, Chalet Suisse, etc., est limité par l'abondance de proches substituts.

Par ailleurs, une définition trop large fait perdre de vue la seule donnée qui compte véritablement, c'est-à-dire la gamme des options d'achat qui s'offrent au consommateur-acheteur d'un produit ou d'un service spécifique. Il y a peut-être au Canada au-delà de 10 000 entreprises de camionnage, donc une industrie apparemment « fragmentée ». Cependant, pour une firme située dans un village du bas du fleuve et qui doit expédier ses marchandises à Montréal, l'« industrie » peut n'être composée que d'une ou de deux entreprises de camionnage détenant les permis et offrant le service entre ce village et Montréal !

Enfin, une définition large et floue du marché et de l'industrie camoufle les différences entre firmes qui, quoique provenant d'une même industrie, s'adressent à des besoins différents des clients. Ainsi, une définition de l'industrie automobile qui mettrait dans le même sac les marques Honda Civic, Toyota Tercel, Mercedes-Benz et Rolls-Royce ne serait pas d'une grande utilité pour des fins stratégiques.

Pour pallier les problèmes reliés à une définition soit trop étroite, soit trop large d'une industrie, le concept de groupe stratégique offre une façon utile de réconcilier ces différents aspects problématiques.

Il faut comprendre par ce concept que si des firmes offrant des produits proches substituts s'y prennent de façon différente, se créent des « niches » particulières et s'adressent à des besoins différents des consommateurs, elles seront considérées comme faisant partie d'une même industrie, mais participant à des groupes stratégiques différents. Il est facile d'illustrer ce principe en l'appliquant à un cas concret.

Prenons comme exemple le marché de l'alimentation au Québec. Le commerce de l'alimentation au Québec est caractéristique des marchés en phase de saturation. Les tendances sur le plan économique (comme la croissance des revenus moyens des ménages et la diminution de la taille de la famille), démographique (le ralentissement de la croissance de la population, la modification sensible de la pyramide d'âges, l'entrée massive des femmes sur le marché du travail) et social (surtout les changements de styles de vie, l'alimentation aux restaurants, etc.) ont provoqué la stagnation du volume total des ventes en termes réels, donc ont amené l'industrie à sa phase de saturation, lorsqu'on la considère globalement. Si l'industrie était définie par les firmes de supermarchés qui œuvrent dans ce domaine (Steinberg, Provigo, Super-Carnaval, Métro-Richelieu, IGA), on conclurait un peu facilement qu'il s'agit d'un oligopole faiblement différencié dans sa phase de saturation.

Au contraire, l'approche par les groupes stratégiques permet de mieux saisir la situation et la dynamique de cette industrie dans toute sa richesse stratégique. En fait, on peut y déceler trois groupes stratégiques différents, composés de firmes différentes, offrant toutes des produits alimentaires mais selon des modes de distribution et des approches du marché qui sont fort distincts.

Un premier groupe est constitué des supermarchés qui visent la commande traditionnelle des ménages. Ce groupe comprend les supermarchés des chaînes et les supermarchés indépendants regroupés sous les grandes bannières. Ensemble, ils détiennent environ 64 % du marché de l'alimentation. Toutefois, leur part du marché total est en contraction depuis quelques années. En somme, on remarque une diminution de l'attrait des grandes surfaces qui misent sur la variété, les prix et la commodité pour obtenir la commande hebdomadaire des ménages. Pris comme une industrie, ce groupe stratégique aurait une structure d'oligopole différencié.

Un second groupe stratégique est constitué des spécialistes de la convenance, essentiellement les dépanneurs et les petites épiceries. Misant sur la proximité, les heures d'ouverture et un service personnalisé, ils détiennent actuellement près de 25 % du marché de l'alimentation au détail et connaissent une solide croissance de leur volume d'affaires. Pris comme une industrie, ce groupe aurait la structure d'une industrie fragmentée (quoique possiblement en mutation vers une autre structure, au fur et à mesure que les firmes du premier groupe s'y immiscent).

Un troisième groupe stratégique est celui des spécialistes du produit : poissonneries, fruiteries, pâtisseries, boucheries, alimentation fine, etc. Ce groupe prend environ 12 % du marché, mais connaît une très forte croissance réelle, de l'ordre de 7 % par année. Leur croissance se fait principalement aux dépens des supermarchés du premier groupe, parce qu'ils offrent un choix plus étendu pour un type de produits, ainsi qu'un contexte d'achat plus attrayant. Pris comme une industrie, les spécialistes du produit formeraient une industrie très fragmentée.

Par ailleurs, on pourrait qualifier de quatrième groupe en voie de formation ces regroupements de spécialistes (par exemple, le Faubourg Sainte-Catherine) et les marchés publics qui se donnent une stratégie spécifique et différente de celle des autres groupes (regroupement des spécialistes en un seul lieu, promotion intensive du regroupement, ouverture le dimanche, etc.).

La figure 10.11 présente, de façon schématique, la structure de cette industrie.

On assiste actuellement à une mutation lente, à des déplacements de parts de marché entre les différents groupes stratégiques. La concurrence directe entre les établissements de deux groupes différents est toutefois faible, dans la mesure où chaque groupe offre un « produit » différent, cherchant à satisfaire des besoins un peu différents des consommateurs. Cependant, si la croissance d'un nouveau groupe stratégique se fait aux dépens d'un autre groupe stratégique, les firmes de ce dernier vont afficher des résultats financiers défavorables. En réaction à l'érosion du volume, la concurrence pour les parts de marché devient alors plus vive entre les firmes de ce groupe stratégique et peut même aller jusqu'à la guerre de prix, ainsi qu'on l'a observé dans le groupe stratégique des supermarchés d'alimentation au Québec. Par ailleurs, les firmes d'un groupe stratégique en stagnation pourront tenter d'envahir un autre groupe stratégique qui est en croissance. Les firmes de supermarchés qui se lancent à tour de rôle dans le marché des dépanneurs, ou encore qui transforment certaines de leurs grandes surfaces en amalgame de « boutiques spécialisées » d'alimentation, démontrent bien ce phénomène.

5. Innovation : les options stratégiques

La composante « innovation » est partie intégrante du processus de formulation de la stratégie. Elle est une incitation à concevoir un éventail aussi large que possible d'options stratégiques.

Ainsi, ces options stratégiques pourraient contenir des actions :

— qui découlent de l'analyse des marchés, de la technologie ou du contexte politico-juridique et qui visent à tirer un avantage maximal d'une situation donnée : par exemple, la stratégie de différenciation de Coca-Cola ou de IBM ; la stratégie des supermarchés (Métro-Richelieu, Provigo, Steinberg) qui consiste à mettre sur pied un système de dépanneurs concessionnaires (Provisoir, la Maisonnée), en réponse à la demande croissante pour ce type de services ;

— qui pourraient avoir pour objet de modifier les structures mêmes de l'industrie, d'en changer les règles de fonctionnement. Nous utiliserons trois exemples pour illustrer ce deuxième type de stratégie, qui est plus difficile à concevoir.

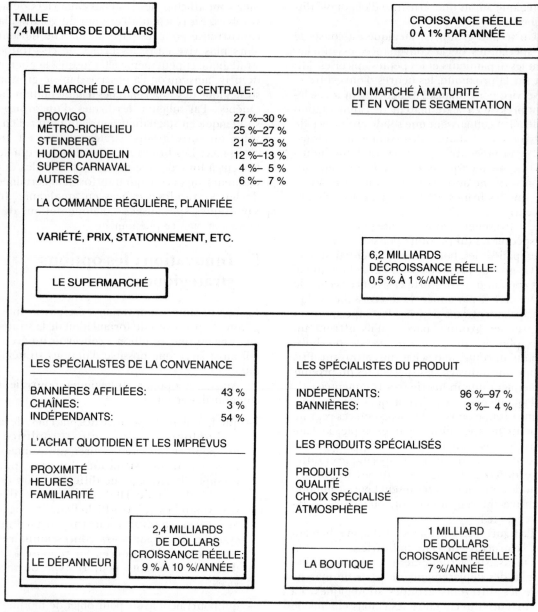

TAILLE
7,4 MILLIARDS DE DOLLARS

CROISSANCE RÉELLE
0 À 1% PAR ANNÉE

LE MARCHÉ DE LA COMMANDE CENTRALE:

PROVIGO	27 %–30 %
MÉTRO-RICHELIEU	25 %–27 %
STEINBERG	21 %–23 %
HUDON DAUDELIN	12 %–13 %
SUPER CARNAVAL	4 %– 5 %
AUTRES	6 %– 7 %

LA COMMANDE RÉGULIÈRE, PLANIFIÉE

VARIÉTÉ, PRIX, STATIONNEMENT, ETC.

LE SUPERMARCHÉ

UN MARCHÉ À MATURITÉ
ET EN VOIE DE SEGMENTATION

6,2 MILLIARDS
DÉCROISSANCE RÉELLE:
0,5 % À 1 %/ANNÉE

LES SPÉCIALISTES DE LA CONVENANCE

BANNIÈRES AFFILIÉES:	43 %
CHAÎNES:	3 %
INDÉPENDANTS:	54 %

L'ACHAT QUOTIDIEN ET LES IMPRÉVUS

PROXIMITÉ
HEURES
FAMILIARITÉ

LE DÉPANNEUR

2,4 MILLIARDS
DE DOLLARS
CROISSANCE RÉELLE:
9 % À 10 %/ANNÉE

LES SPÉCIALISTES DU PRODUIT

INDÉPENDANTS:	96 %–97 %
BANNIÈRES:	3 %– 4 %

LES PRODUITS SPÉCIALISÉS

PRODUITS
QUALITÉ
CHOIX SPÉCIALISÉ
ATMOSPHÈRE

LA BOUTIQUE

1 MILLIARD
DE DOLLARS
CROISSANCE RÉELLE:
7 %/ANNÉE

* TAUX DE CROISSANCE ANNUEL MOYEN, 1982-1986.
UNE INFLATION RÉELLE MOYENNE DES PRIX DE 3,9 % PAR ANNÉE FUT RETENUE.

Source: Statistique Canada, Secor.

Figure 10.11   La structure de la distribution au détail dans le domaine de l'alimentation

Steinberg

À la fin des années 50, il était évident que le Québec connaissait, après les États-Unis, le phénomène du déplacement de la population vers les banlieues, ce qui allait inévitablement susciter l'apparition de centres commerciaux pour desservir ces nouveaux marchés. Pour une entreprise de supermarchés, une stratégie du premier type aurait consisté à reconnaître ce phénomène et son effet sur la distribution alimentaire et à solliciter activement une place dans ces centres auprès de promoteurs qui, évidemment, auraient choisi leurs locataires en fonction des offres concurrentes reçues. Une stratégie du deuxième type aurait consisté à former sa propre entreprise pour le développement de centres commerciaux, afin d'assurer aux supermarchés de l'entreprise une place dans les centres commerciaux les plus souhaitables.

Cette stratégie, qu'adopta en fait Steinberg avec la formation d'Ivanhœ Corporation, modifie les règles du jeu, puisque dans un grand nombre de centres commerciaux les autres firmes de supermarchés sont automatiquement exclues, sans appel et sans même pouvoir soumettre une offre attrayante au promoteur. De cette façon, Steinberg acquit alors au Québec une part de marché bien supérieure à celle qu'il aurait obtenue s'il avait laissé jouer les conditions structurelles selon une stratégie du premier type. Ne voulant pas se limiter à des efforts toujours aléatoires pour obtenir une place dans des centres commerciaux conçus et construits par d'autres, Steinberg opta pour une stratégie innovatrice.

IKEA

Ce distributeur de meubles en modules standards offre un autre excellent exemple d'innovation stratégique. En effet, IKEA a réussi, de façon fort ingénieuse, à contourner les facteurs structurels qui ont toujours mené à la fragmentation de l'industrie du meuble.

L'industrie du meuble fut historiquement une industrie fragmentée (au Québec seulement, plus d'une centaine de manufacturiers se font concurrence). Les facteurs qui expliquent cet état de fait sont les suivants : a) un produit volumineux, qui occasionne des coûts de transport et d'inventaire très élevés et qui, par conséquent, mène à une fabrication presque limitée à la demande dans un marché restreint ; alors, le faible volume de ce marché immédiat empêche l'atteinte d'économies d'échelle et rend l'entreprise vulnérable à tous les frais d'exploitation dans son marché immédiat ; b) une faible différenciation du produit, parce que le volume de ventes dans un marché immédiat ne justifie que rarement les investissements nécessaires pour différencier une gamme de produits. Cette faible différenciation aboutit évidemment à un pouvoir de négociation très fort détenu par les réseaux de distribution [en particulier les grands magasins, les marchands de meubles regroupés (Prestige, etc.)].

Il est ironique, mais bien caractéristique, de constater que, quoique les fabricants doivent se limiter à un marché immédiat qui représente un volume de ventes restreint (le Québec, le Nord-Est des États-Unis lorsque les taux de change leur sont favorables, etc.), l'absence (ou le faible niveau) des barrières à l'entrée fait que plusieurs entreprises se concurrencent férocement pour un morceau de ce marché limité.

Voyons comment IKEA réussit à contourner ces facteurs structurels, qui autrement mènent à de petites ou moyennes entreprises d'une rentabilité toujours incertaine :

— une conception à la fois esthétique et fonctionnelle de meubles modulaires standards, dont la fabrication est confiée par sous-contrats à des manufacturiers situés n'importe où au monde mais qui leur garantissent les coûts totaux les plus bas (c'est-à-dire coûts de fabrication plus coûts de transport ; ceux-ci sont évidemment minimisés par le caractère modulaire de ces meubles) ;

— IKEA fait assumer par l'acheteur l'opération ultime et simple de l'assemblage ; cela lui permet d'entreposer les meubles sous forme de composantes et donc de bénéficier d'une réduction des coûts d'assemblage et, surtout, d'entreposage ;

— IKEA possède et contrôle son réseau de distribution de meubles ; aucun intermédiaire n'intervient entre IKEA et l'acheteur ultime ; un support promotionnel considérable met l'accent sur les prix imbattables et un concept fort attrayant. Donc, IKEA en arrive à différencier son « produit » sur la base de ces avantages uniques, dont ne peuvent se réclamer les concurrents traditionnels.

En utilisant cette même stratégie innovatrice, IKEA peut œuvrer dans plusieurs marchés géographiques et obtenir dans chacun une part de marché supérieure à celle qui aurait été possible avec une stratégie conventionnelle. Le grand volume cumulatif qu'obtient IKEA de sa présence dans plusieurs marchés géographiques augmente encore son pouvoir de négociation et sa capacité à rationaliser la logistique de fabrication et de transport.

McDonald

Ray Krock, ce vendeur d'appareils à « milk shake », a su reconnaître le potentiel de marché dans la façon dont les frères McDonald tenaient leur établissement, un potentiel, une innovation qui avaient échappé jusqu'alors aux exploitants de restaurants à hamburger.

L'analyse conventionnelle de cette industrie au début des années 60 aurait abouti aux conclusions suivantes : une industrie intrinsèquement fragmentée à cause de l'absence d'économies d'échelle et d'une faible différenciation possible de son produit ; donc, une industrie d'un faible intérêt pour tout entrepreneur cherchant des gains importants.

Mais l'innovation stratégique a consisté justement à concevoir un système qui contourne ces facteurs de fragmentation :

— la standardisation du produit et du service permit l'utilisation de méthodes industrielles de fabrication (division des tâches, apprentissage rapide et simple, technologie la plus performante, fabrication en prévision du volume de vente, etc.) ;

— en conséquence de cette industrialisation, les coûts unitaires de « fabrication » sont considérablement inférieurs à ceux qui sont obtenus par l'approche traditionnelle du hamburger « fait sur mesure » ; McDonald put donc offrir un produit et un service attrayants à des prix inférieurs ;

— on différencia le « système » par une publicité massive et on le diffusa rapidement par un système de concessionnaires.

La suite fait partie de la légende économique nord-américaine : la fortune de M. Krock à son décès fut estimée de façon conservatrice à plus de 500 millions de dollars.

L'innovation stratégique porte à la fois sur les dimensions de marché, de technologie et de contexte socio-politique, et vise à améliorer la position de l'organisation dans tous ces contextes. Puisque nous ne pourrions faire un examen satisfaisant de toutes ces dimensions stratégiques dans un texte aussi bref que celui-ci, nous nous limiterons à présenter les principales stratégies de marché que peuvent adopter les entreprises.

5.1 LES STRATÉGIES DE MARCHÉ

Toute organisation qui œuvre dans un marché, qui est relié à un marché d'acheteurs (au sens large ou étroit de ce terme), doit se doter d'une stratégie de marché bien conçue.

Plusieurs options stratégiques découlent d'un examen serré des facteurs présentés aux figures 10.8 et 10.9. Nous limiterons notre propos à quatre options stratégiques assez bien démarquées qui s'offrent à la réflexion du stratège : 1) la différenciation, 2) la segmentation, 3) la concentration ou la spécialisation et 4) la recherche d'avantages de coût.

5.1.1 La stratégie de différenciation

Cette stratégie consiste à tenter de doter son produit ou son service de caractéristiques durables et valorisées par le plus grand nombre d'acheteurs, caractéristiques qui sont propres à la marque du produit et qui la distinguent des marques concurrentes. Ce fut la stratégie utilisée par Coca-Cola ou Pepsi-Cola dans la période de croissance de l'industrie des boissons gazeuses, ou encore par McDonald et Burger King dans la restauration spécialisée. Cette différenciation peut être technique, symbolique, ou les deux à la fois : une conception technique originale (Jenn-Air pour les cuisinières électriques), un service impeccable et une image de marque rassurante (IBM pour les systèmes informatiques), une haute qualité technique (Hewlett-Packard pour les calculettes).

Le schéma de la figure 10.12 montre la dynamique et les hypothèses sous-jacentes à cette stratégie. La différenciation du produit ou du service d'une firme requiert des investissements appréciables en recherche et développement de produits, en publicité et promotion, et en efforts de vente. Lorsque cet effort de différenciation est judicieux, il mène à une perception favorable du produit par les acheteurs, qui seront prêts à payer plus cher pour une marque ayant des propriétés différentes et souhaitées par eux ; en d'autres mots, le ratio qualité/prix de la marque tel qu'estimé par l'acheteur, est supérieur à celui de beaucoup d'autres marques de prix inférieur ou égal. Dans la mesure où un bon nombre d'acheteurs font une telle appré-

ciation du ratio qualité/prix, la firme obtient une forte part de marché et donc un volume élevé de production.

Dans beaucoup de secteurs d'activité, plus le volume de ventes augmente, plus les coûts unitaires totaux tendent à diminuer. C'est ce que nous appelons les effets du volume sur les coûts. Ces effets sont multiples : des économies d'échelle dans l'approvisionnement, la fabrication, la distribution, le marketing ; des réductions des coûts unitaires lorsque certaines dépenses (direction générale, recherche et développement, financement, etc.) sont ventilées sur un plus grand volume d'affaires.

Ainsi, cet effet de baisse sur les coûts peut compenser en partie, totalement, ou même au-delà, les coûts élevés d'investissements en recherche et développement et en marketing, qui sont obligatoires pour assurer le succès d'une telle stratégie. Lorsqu'elle est bien exécutée, cette stratégie mène à un volume de ventes et à une marge bénéficiaire élevés, et par conséquent à un fort rendement de l'investissement.

De plus, la stratégie de différenciation protège la firme de la concurrence en raison de la fidélité des acheteurs au produit ou à la marque. Elle permet de contrer le pouvoir des fournisseurs et des distributeurs et la menace des produits substitutifs. Elle constitue une forte barrière à l'entrée, puisque les entrants potentiels dans une industrie doivent surmonter la fidélité de la clientèle et la difficulté que présente le caractère unique du produit.

5.1.2 La stratégie de segmentation

Cette stratégie découle de la reconnaissance par l'entreprise de l'existence de besoins différents chez les acheteurs, besoins qui ne peuvent être tous satisfaits par une même marque de produits. Cette stratégie est très commune lorsqu'une industrie en arrive à sa phase de maturité, moment où les acheteurs ont déjà fait l'expérience du produit et commencent à se démarquer les uns des autres par leurs préférences et critères de choix.

Pour répondre à ces critères d'achat, différents et parfois mutuellement exclusifs, la firme peut adopter une stratégie de segmentation qui met l'accent sur une gamme de produits, chacun s'adressant à un segment précis d'acheteurs. Ainsi, la société Coca-Cola, qui, jusqu'à récemment, offrait un exemple remarquable de stratégie de différenciation, adopte maintenant (du moins en Amérique du Nord) une stratégie de segmentation. Elle met en marché et annonce grâce à une publicité énergique toute une gamme de produits visant des segments d'acheteurs différents (deux colas réguliers, des colas diététiques, sans caféine, diététiques et sans caféine).

Dans une telle stratégie, les efforts du marketing pour concevoir de nouveaux produits et les mettre en marché sont considérables. Chaque produit de la gamme doit offrir un bon ratio qualité/prix pour un segment donné d'acheteurs. Les ventes cumulatives dans les différents segments du marché constituent un volume élevé et font bénéficier l'entreprise des effets du volume sur les coûts, s'il y a lieu. Ces effets du volume compensent ainsi les dépenses élevées en recherche et développement de nouveaux produits, en recherche commerciale et en publicité, qui sont nécessaires pour la réalisation de la stratégie de segmentation. Le schéma de la figure 10.13 rend compte de ces phénomènes.

5.1.3 La stratégie de concentration ou de spécialisation

Dans un marché à maturité ou à saturation mais aux dimensions considérables, il arrive souvent que des firmes nouvelles se taillent une place en se concentrant sur certains segments d'acheteurs. Elles leur proposent un produit ou un service comparable ou supérieur à ce qu'offrent les « généralistes », sans cependant être trop désavantagées au chapitre des coûts par comparaison aux entreprises concurrentes qui utilisent une stratégie de différenciation ou de segmentation.

La firme A.L. Van Houtte s'est donné une telle stratégie. Elle offre dans des magasins d'alimentation des cafés de haute qualité ayant pour cible le segment d'acheteurs sensibles à cette dimension du produit. La taille de ce segment de marché ainsi que l'aspect économi-

que de la fabrication et de la distribution de ce produit sont tels que la firme Van Houtte ne souffre pas de désavantages mortels, semble-t-il, dans la concurrence que lui oppose une firme comme General Foods, qui poursuit une stratégie de segmentation et couvre tout l'éventail des segments de marché par sa gamme de produits.

Le grossiste en alimentation Aligro, avant son acquisition par Steinberg Inc., offrait un bon exemple de stratégie de concentration, confinant ses activités à des territoires géographiques (Gaspésie, etc.) peu ou mal desservis par les grands distributeurs.

Par ailleurs, il arrive aussi que de nouvelles firmes puissent se structurer, s'organiser de façon à offrir à des segments de clients un produit (ou un service) de meilleure qualité (ou de même qualité) à moindre prix que les « généralistes » qui œuvrent dans le même marché. Il s'agit alors d'une stratégie de spécialiste par laquelle une firme attaque vigoureusement un segment de marché que ne peut bien défendre les firmes « généralistes » en place.

Ainsi, les caisses populaires au Québec, en se spécialisant dans les services aux particuliers, ont pu offrir à ceux-ci un service plus accessible, mieux adapté, et se sont ainsi gagné une part importante de ce segment de marché. Leur localisation près des lieux de résidence leur a longtemps donné un avantage décisif sur les banques à charte qui avaient tendance à se localiser de façon commode pour leur clientèle commerciale d'abord. Les spécialistes de l'expédition de petits colis (Purolator, BDC, Canpar, UPS) ont conçu leur entreprise de façon à offrir à des clients (choisis en fonction du volume et de la destination de leurs envois) un service et des prix que ne pouvaient égaler les « généralistes » comme les postes canadiennes, les messageries du CN, etc.

À l'intérieur même de ce marché du petit colis, d'autres entrepreneurs ont su reconnaître une possibilité pour des spécialistes de l'envoi par avion. Ainsi, Federal Express s'est taillé une « niche » importante en concevant un système d'opérations spécifiques pour ce marché, obtenant ainsi des avantages concurrentiels sur les « généralistes » que sont, par comparaison, les Purolator, BDC et autres firmes.

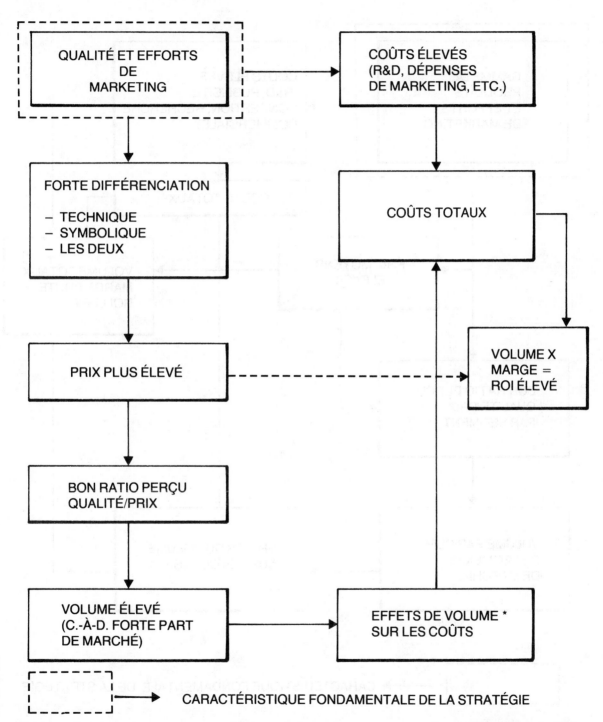

Figure 10.12 Dynamique de la stratégie de différenciation

Source: Allaire et Firsirotu, 1984.

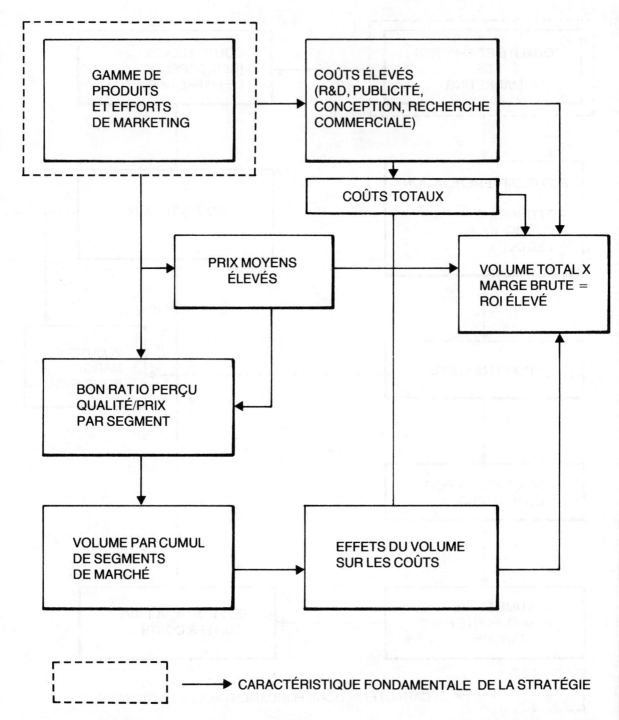

Figure 10.13   Dynamique de la stratégie de segmentation

Source: Allaire et Firsirotu, 1984.

La différence fondamentale entre la stratégie de concentration et la stratégie de spécialisation (quoique des zones grises entre les deux soient inévitables) tient au fait que dans le premier cas (concentration), l'entreprise ne prévoit pas d'avantages stratégiques sur les « généralistes » ; elle espère seulement ne pas susciter de réactions trop vives de la part des généralistes en s'implantant discrètement dans des segments de marché négligés ou sans intérêt pour les firmes en place.

Dans le cas de la spécialisation, la firme fait en sorte d'obtenir des avantages concrets sur les concurrents « généralistes » en place. Parfois, de tels spécialistes créent un nouveau marché, une nouvelle industrie, à partir de ce qui n'était au départ qu'une façon *inédite* de concurrencer les « généralistes » dans un segment de marché donné.

La figure 10.14 présente un schéma dans lequel on a tenté de saisir les interrogations sous-jacentes à ces deux stratégies.

5.1.4 La stratégie d'avantages de coûts

Pour l'enthousiaste du marketing, les produits vraiment homogènes, non différenciés, sont rarissimes ; le fait que beaucoup de produits aient des caractéristiques de produits homogènes n'est que trop souvent la conséquence du manque d'imagination et de sens du marketing chez les dirigeants des entreprises qui fabriquent ces produits.

Cela ne fait aucun doute ; mais il faut bien admettre que le rôle et l'intensité de la différenciation du produit varient grandement. Vendre par téléphone du bois de sciage de dimensions uniformes à des grossistes répartis à travers l'Amérique du Nord offre moins de possibilités de différenciation et de segmentation (bien que celles-ci ne soient pas inexistantes) que la mise en marché de bières, d'automobiles ou de produits alimentaires ou pharmaceutiques.

Les firmes offrant des produits faiblement différenciés sont de plus soumises à la tyrannie des prix. L'acheteur de ces produits est très sensible au prix et se déplacera rapidement d'un fournisseur à l'autre s'il lui est possible d'en obtenir ainsi un meilleur prix. Dans ce contexte, la firme n'a d'autre choix que d'adopter une stratégie d'avantages de coûts.

L'objectif premier de cette stratégie est d'atteindre un niveau de coûts inférieur ou, à tout le moins, égal à celui du plus efficace des concurrents. Cette volonté se manifeste par une recherche intensive de tous les effets de volume mais aussi et surtout par des efforts incessants pour réduire les coûts à tout niveau de volume. Cette stratégie permet un prix de vente plus bas que celui des firmes rivales, ou une rentabilité supérieure au même prix de vente. Même si la marge bénéficiaire est faible, le volume de ventes élevé contribue à donner un rendement acceptable sur l'investissement. Comme l'indique la figure 10.15, la stratégie d'avantages de coûts se caractérise fondamentalement par des efforts continuels pour abaisser les coûts.

Cette stratégie procure à la firme qui doit œuvrer dans une telle industrie une certaine protection contre les actions de ses concurrents. En effet, ses coûts relativement bas signifient qu'elle peut continuer à faire des profits (ou du moins des pertes moindres que ses concurrents) durant les périodes de contraction de la demande, qu'elle peut mieux faire face à la venue des produits substitutifs et qu'elle peut survivre à une guerre de prix, et même en provoquer une, si elle a la certitude que certains concurrents ont des frais d'exploitation supérieurs aux siens.

6. Implantation : la modification du cours de l'entreprise

L'implantation ou la « réalisation » de stratégies en milieux organisationnels est un processus complexe, particulièrement résistant aux prescriptions normatives et aux règles générales. Par sa nature même, la réalisation stratégique doit être contingente, adaptée aux humeurs de l'organisation et attentive à ses particularités.

La période de confrontation de l'innovation stratégique aux réalités de l'organisation constitue souvent une étape troublée et difficile pour les organisations en voie d'actualiser une straté-

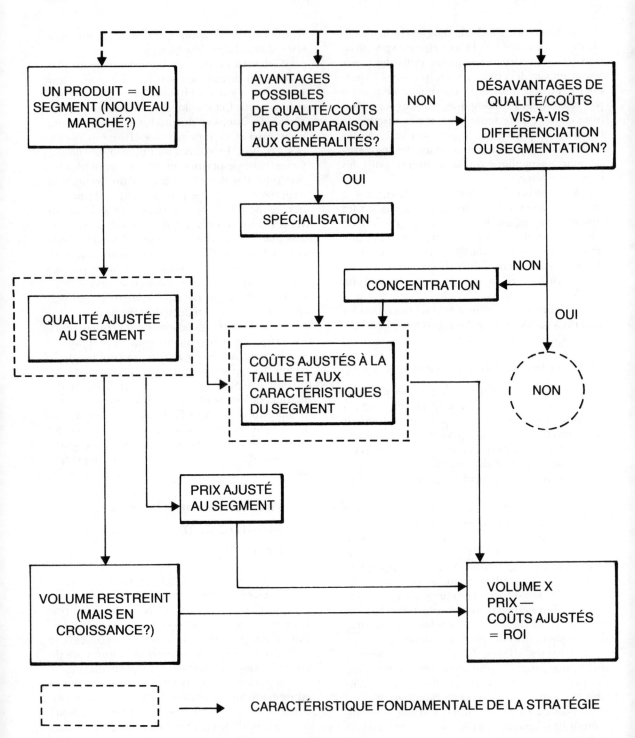

Figure 10.14 Dynamique de la stratégie de concentration/spécialisation

Source: Allaire et Firsirotu, 1984.

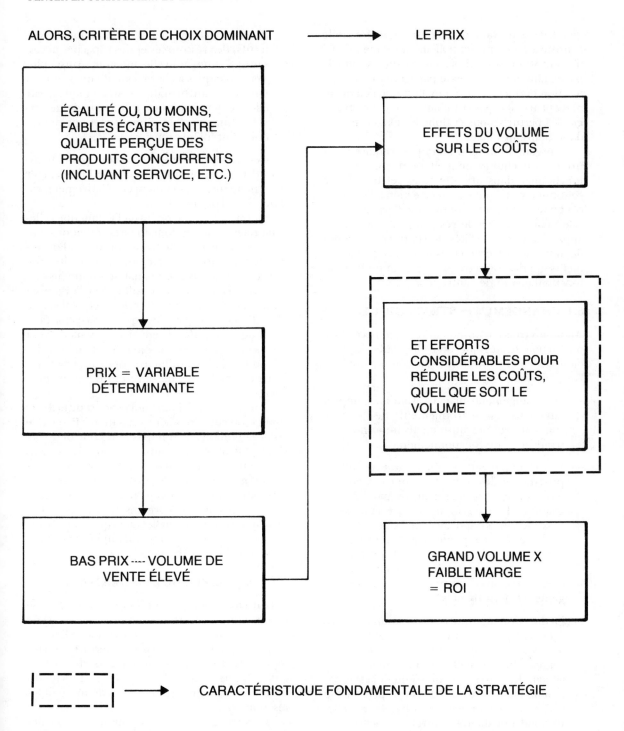

Figure 10.15 Dynamique de la stratégie

Source: Allaire et Firsirotu, 1984.

gie. Bien sûr, tant que la stratégie formelle consiste à répéter essentiellement les mêmes actions et stratégies qui ont eu du succès dans le passé, tant que le contexte particulier de l'organisation permet le statu quo, tant que l'environnement n'exige pas un changement de stratégie, les perturbations et donc les exigences d'adaptation sont faibles.

L'organisation n'est alors pas soumise à l'épreuve du changement et peut continuer à fonctionner dans une quiétude relative. Cette continuité stratégique peut être bien adaptée au contexte, calme et évolutif, de l'organisation. Elle peut aussi être le résultat d'une mauvaise appréciation des réalités de l'entreprise, ce qui ne fait que différer et exacerber les changements qui devront être apportés tôt ou tard au fonctionnement de l'entreprise.

6.1 CHANGEMENTS STRATÉGIQUES

Au moins trois circonstances rendent nécessaire une action stratégique nouvelle, radicale, fondamentalement différente du cours actuel de l'organisation.

— Des changements majeurs, soudains, imprévus, dans les environnements de la firme commandent des ajustements importants de stratégie et de fonctionnement.

— Des changements graduels, une évolution progressive des contextes n'ont pas été détectés ou ont été mal compris par les dirigeants de l'organisation. Lorsque la fausseté de cette conception de leur réalité devient évidente, souvent par le biais de résultats déplorables, les dirigeants (actuels ou nouvellement mis en selle) doivent effectuer un redressement, avec son train de mesures énergiques et perturbantes.

— La direction juge que l'organisation doit être préparée à fonctionner dans des environnements futurs qui seront très différents du contexte dans lequel la firme évolue actuellement. Les dirigeants pressentent la stagnation ou même le déclin de l'entreprise si elle ne fait que continuer sur sa lancée actuelle. Ils voudront donc instaurer des actions de réorientation ou de tranformation, afin de doter progressivement l'organisation des objectifs, des ressources et des capacités nécessaires à une nouvelle mission. Ainsi, plusieurs banques à charte canadiennes sont en voie de tranformations stratégiques, car elles veulent faire face à ce contexte de services financiers largement déréglementés qui point à l'horizon.

Ces trois situations, qui ne sont pas exhaustives d'ailleurs, ont en commun le fait d'exiger des changements majeurs et relativement rapides dans l'organisation.

Modifier la stratégie formelle, tant que celle-ci ne relève que du domaine des intentions, s'avère une tâche aisée bien que complexe. Formuler des intentions stratégiques nécessite une réflexion sérieuse et une analyse minutieuse de tous les facteurs pouvant influencer l'organisation. Concrétiser ces intentions et réaliser le plan d'action exigent des compétences particulières de la part des dirigeants ; ceux-ci doivent alors composer avec des jeux de pouvoir, des relations subtiles d'influence, des zones de résistance et des façons de faire et de penser bien ancrées.

Pourquoi cela ? Pourquoi est-ce si difficile de changer le cours d'une organisation ? Parce que les organisations ne sont pas faites que de structures plus ou moins souples et d'individus plus ou moins récalcitrants aux changements. Les succès mitigés dans l'implantation stratégique tiennent pour une bonne part à une connaissance déficiente de l'organisation dans toutes ses dimensions, formelle et informelle, fonctionnelle et affective, bureaucratique et symbolique, politique et sociale.

6.2 UN MODÈLE DE L'ORGANISATION

Il faut comprendre toute organisation comme un système social à trois composantes en voie de structuration continuelle. La coupe schématique de l'organisation présentée aux figures 10.16 et 10.17 montre la distinction entre la structure, la culture et l'individu comme composantes essentielles de toute organisation.

La structure de l'organisation est faite des éléments formels que sont les objectifs, les stra-

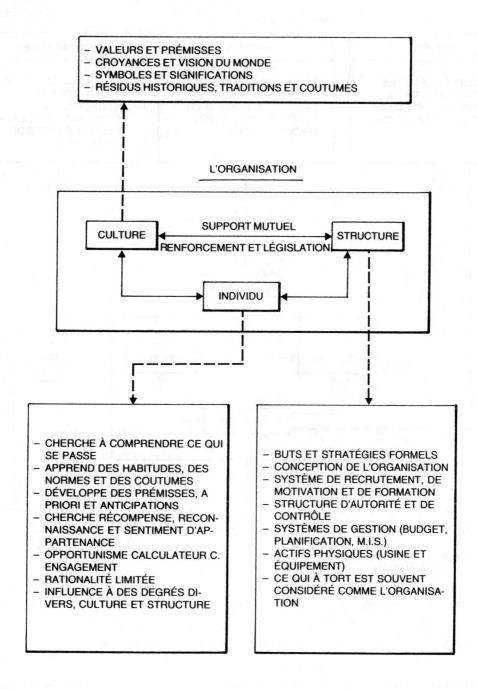

Figure 10.16 Un schéma de l'organisation

Source: Allaire et Firsirotu, 1984.

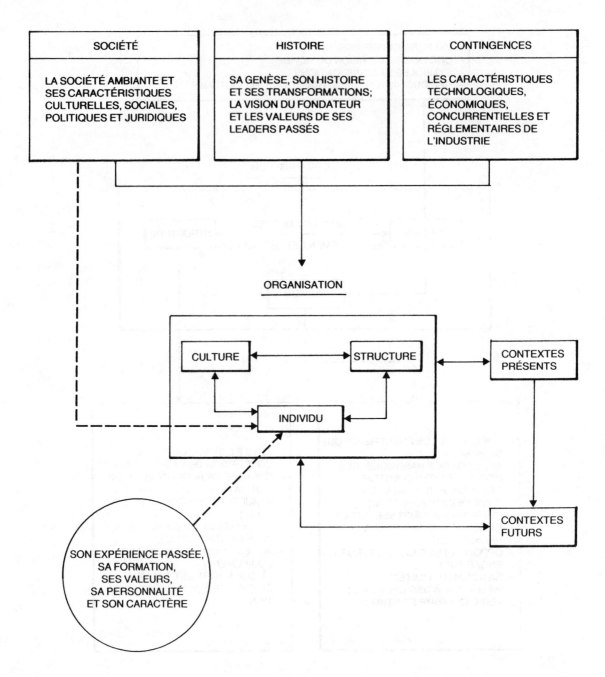

Figure 10.17 Influence sur le développement d'une entreprise   *Source:* Allaire et Firsirotu, 1984.

tégies, les organigrammes et les politiques de l'organisation, ainsi que des multiples relations entre ces éléments et les systèmes de gestion et de contrôle, les structures de pouvoir et d'autorité, les pratiques de gestion en matière de ressources humaines, etc. La structure se compose de la partie concrète et visible de l'organisation ; souvent, c'est cette composante qu'on estime à tort être toute l'organisation. C'est aussi au sein de la structure que s'effectuent le plus directement et aisément les changements de stratégie formelle, les réorganisations structurelles, les modifications d'objectifs, etc.

La culture est faite des sédiments historiques de l'organisation, des valeurs de ses dirigeants passés et actuels, des emprunts au milieu culturel dont elle émane, des spécificités caractéristiques de l'industrie dont elle est issue, et de la technologie dont elle est tributaire. Cet ensemble d'influences sécrète un système symbolique de significations, qui sert aux membres pour interpréter leur expérience et pour structurer la réalité particulière de leur organisation.

Ce système de significations façonne une vision du monde et un ensemble de postulats et d'attentes qui sont partagés à des degrés divers par tous les membres. Cette culture se manifeste par de nombreux artefacts comme les rites, légendes, sagas, les coutumes et traditions, les métaphores, slogans, glossaires, lexiques et acronymes évocateurs pour les seuls membres de l'organisation. En résumé, la culture organisationnelle est un système de significations largement partagé par les membres d'une même organisation.

L'individu se joint à l'organisation avec un bagage de connaissances, de valeurs, d'expériences, il est familier à des degrés divers aux valeurs dominantes, aux façons de faire, d'être et de penser de l'organisation. Le degré de son acculturation à l'organisation dépend évidemment de son âge à l'entrée, du nombre d'années passées dans l'entreprise[8], de sa formation professionnelle. Selon son niveau hiérarchique et son autorité (formelle ou informelle), il peut influencer la culture et la structure de l'organisation. Dans tous les cas, cependant, cet individu se construit un modèle mental de l'organisation qui est cohérent et intégré, « qui fait du

sens » ; son « modèle » lui sert à interpréter les événements quotidiens de façon « rationnelle », à donner un caractère logique et prévisible à la réalité organisationnelle, à légitimer les décisions et relations de pouvoir et d'autorité dans l'organisation.

Ces acteurs ont aussi avec l'organisation un contrat psychologique et économique dont les termes, variables et toujours en négociation, sont fortement influencés par la nature du système culturel de l'organisation. Une organisation dont la culture est pauvre en mythes, en idéologie et en valeurs a tendance à susciter une adhésion froidement calculatrice de ses membres, une recherche continuelle de leur intérêt personnel par le truchement de l'organisation. Par contre, l'organisation charismatique qui inculque fortement à ses membres des valeurs communes, qui les imprègne de son passé glorieux et qui leur propose avec insistance une conception missionnaire de l'organisation, en arrive parfois à transformer la participation à l'organisation en une adhésion idéologique à ses fins, en une dissolution de l'individu dans le collectif de l'organisation. Ces cas limites sont rares (sectes religieuses, mouvements révolutionnaires, etc.).

Cependant, dans de nombreuses organisations riches de dimensions affectives et symboliques, l'individu, sans abandonner la poursuite de ses intérêts personnels, établit une coïncidence entre ceux-ci, à long terme, et les intérêts de l'organisation[9]. Sa participation continue et entière résulte de la conviction que son bien-être passe par la réussite de l'organisation, que les objectifs de l'organisation et ses propres objectifs sont convergents. Ces individus sont donc substantiellement intégrés à l'organisation et socialisés à sa culture.

Poussé à l'extrême, ce phénomène peut donner pour résultat une relation malsaine entre l'individu et l'organisation. Maccoby (1976) décrit en des termes psychologiques un type de cadres, des *company men*, qui se sentent insignifiants, perdus dans un environnement inhospitalier, lorsqu'ils sont à l'extérieur de l'organisation. Ces cadres ont parfois développé un sentiment de dépendance envers l'organisation et font montre d'une soumission considérable à son autorité. Par contre, lorsqu'il est bien dirigé, ce sentiment d'appartenance à un organisme valorisant est un puissant facteur de cohésion sociale.

6.3 CONSÉQUENCES POUR LA STRATÉGIE

Dans le fonctionnement « optimal » de l'organisation, ces trois composantes, individus, structure et culture, sont fortement intégrées, indissociables, participant de façon harmonieuse et synchronisée à l'atteinte d'objectifs élevés de performance et d'excellence dans un secteur d'activité. Peters et Waterman (1982), dans leur chronique d'entreprises américaines « excellentes », affirment sans ambages :

> « We began to realize that these (excellent) companies had cultures as strong as any Japanese organization. And the trappings of cultural excellence seemed recognizable, no matter what the industry. Whatever the business, by and large their companies were doing the same, sometimes cornball, always intense, always repetitive things to make sure all employees were buying into their culture - or opting out. » (p. xxii)

Il s'agit donc dans ces cas, comme dans beaucoup d'autres, d'entreprises qui ont su créer le système de valeurs et les façons de penser et de gérer qui sont nécessaires à leur réussite dans leur environnement particulier.

Façonner de telles entreprises demande un esprit d'entreprise d'une grande qualité. « Implanter une stratégie » n'est qu'une façon différente, plus prosaïque, de décrire ce phénomène qui consiste à concevoir et à construire un système social valorisant, à proposer un projet collectif emballant, à créer une organisation !...

Toute entreprise, dans le cours normal de son fonctionnement, développera une culture et une structure, plus ou moins bien adaptées à ses besoins. Si l'entreprise survit, croît et réussit, il faut présumer que son arrangement culturel et structurel fut fonctionnel. Là réside tout le problème, lorsque des circonstances nouvelles forcent les dirigeants à changer de cap, de stratégie.

Le problème principal que posent de tels changements stratégiques provient justement du fait que des modifications de structure (objectifs, stratégie formelle, organigrammes, politiques, systèmes de gestion) sont relativement faciles à décréter et à effectuer. Cependant, dans la mesure où la nouvelle stratégie exige de nouvelles façons de penser, de faire et de gérer, la culture de l'entreprise devra aussi être modifiée, ce qui n'est pas aussi simple.

6.4 EST-CE À DIRE QU'ON NE PEUT EFFECTUER DE CHANGEMENTS STRATÉGIQUES MAJEURS ?

Certes, non ; mais lorsqu'une stratégie formelle doit mener à des actions externes radicalement différentes, à des changements d'objectifs, de structure et de modes de gestion, elle doit aussi comporter des actions visant à modifier, dans la même direction et à un rythme synchronisé, la culture de l'organisation.

La réalisation d'une telle stratégie exige, en plus d'une bonne gestion technique et politique, une gestion symbolique de première force.

La gestion technique comprend tout un ensemble de techniques et de modèles analytiques qui donnent une assise rationnelle à la direction des organisations. Une bonne gestion technique est essentielle en ce qu'elle dote l'entreprise d'analyses pertinentes, de plans d'action cohérents et de systèmes de gestion, de contrôle et d'évaluation appropriés à son fonctionnement.

La gestion politique est la gestion des coalitions, tant internes qu'externes de l'organisation, qui sont essentielles à son bon fonctionnement. Il s'agit d'évaluer et de changer, s'il y a lieu, les rapports de forces dans l'organisation, de comprendre et de composer avec les groupes de pression, les poches de résistance, les pouvoirs parallèles, de façon à faire progresser l'organisation.

La gestion symbolique, problématique, complexe et souvent incompétente porte sur la dimension intangible et affective de la vie des organisations. Elle a pour but de comprendre et d'orienter la création des significations. Puisque, de toute façon, les actions, les décisions ou les changements sont décodés et interprétés par les membres d'une organisation et qu'ils acquièrent inévitablement une portée symbolique, la gestion symbolique consiste à orienter ce processus, dans la mesure du possible, de façon à lui faire jouer un rôle positif et fonctionnel pour l'organisation ou, du moins, pour sa direction.

Nombreux sont les exemples de dirigeants ayant effectué avec succès des changements radicaux qu'ils ont gérés dans toutes leurs dimensions et ramifications, techniques, politiques et symboliques : Sloan chez GM, Wilson chez Xerox, Spoor chez Pillsbury, McFarland chez General Mills, Iaccoca chez Chrysler, Mulholland à la Banque de Montréal, Perron aux Messageries du CN, Bélanger à la Banque nationale, Lortie à la Bourse de Montréal, etc.

Mulholland

Par exemple, M. Mulholland devant, de façon urgente, implanter une stratégie de « réduction » de coûts à la Banque de Montréal, y introduisit la notion et le système de budgétisation à base zéro (BBZ). Cependant, cette modification technique de la structure aurait pu être sans effet réel (un peu comme l'introduction du marketing dix ans auparavant), si la BBZ n'avait pas été utilisée aussi comme le symbole d'une volonté implacable de la direction de diminuer les frais d'exploitation. Mulholland participa lui-même à quelques opérations de BBZ dans des succursales de la Banque et diminua pour un temps l'importance du marketing en faveur de l'examen approfondi de toutes les composantes des frais de l'entreprise.

Le concept de BBZ, comme cela se produit souvent, aurait pu n'être qu'une technique à la mode, plus ou moins bien intégrée aux systèmes de gestion existants ; dans ce cas-ci, en un temps relativement court, la BBZ devint un sigle chargé de connotations symboliques, le cri de ralliement d'une nouvelle façon de faire et de gérer, le signal codé d'une volonté stratégique nouvelle, le symbole d'une concentration de tous les efforts et de toutes les énergies sur un objectif commun.

Perron

Dans une situation beaucoup plus difficile, Claude Perron, le président des Messageries du CN (CNX), devait implanter une stratégie de concentration de marché nécessitant la transformation de son entreprise en une firme capable de rivaliser efficacement et profitablement dans l'industrie du camionnage. Pour ce faire, il s'attaqua aux systèmes à la fois structurels et culturels de son organisation. Il brisa certains liens organiques et symboliques entretenus avec le CN Rail ; pour éliminer la mentalité de transporteur ferroviaire qui prévalait dans l'entreprise, il dota les Messageries d'une structure différente, recruta quelques cadres à l'extérieur des effectifs du CN, déplaça vers les terminaux certaines responsabilités critiques. Il proposa un modèle d'organisation efficace, inspiré d'excellentes entreprises de camionnage dans lesquelles il fit faire des séjours d'observation à ses cadres (Ryder et Consolidated Freightways aux États-Unis). Il établit des mesures de qualité de service qui rendaient l'entreprise comparable à ses principaux concurrents. Dans toute la mesure du possible, il tenta d'implanter aux Messageries les caractéristiques opérationnelles, les valeurs et les styles de gestion qui sont typiques des entreprises efficaces dans l'industrie du camionnage.

Ainsi, une stratégie formelle qui est en discontinuité avec le passé doit, dans sa formulation même, refléter ces considérations sur la nature de l'organisation et sur le caractère multidimensionnel du changement au sein de systèmes sociaux complexes. La réalisation, l'implantation effective d'une telle stratégie formelle passe par un programme d'action dont les volets internes et externes sont cohérents et bien intégrés ; quant aux actions internes de l'organisation, elles doivent porter tout autant sur la culture que sur les aspects plus formels de l'organisation, en modifier les caractéristiques de façon harmonieuse et synchronisée, selon le rythme et le mode de changement propres à chacun de ces systèmes.

L'exécution d'une telle stratégie exige des dirigeants une grande habileté de gestion symbolique, en plus d'une maîtrise des aspects techniques et politiques de la direction d'organisations complexes. Si elle ne satisfait pas à ces conditions essentielles, la stratégie formelle ne pourra être réalisée et devra être profondément modifiée en cours d'actualisation, à tel point que le résultat n'aura aucune commune mesure avec l'intention stratégique de départ.

7. Conclusion

Penser la stratégie et la réaliser... voilà l'essence de la gestion d'une entreprise. Aucune organisation n'échappe à cette loi. L'entreprise n'est et ne sera que la somme des choix plus ou moins judicieux, plus ou moins heureux, qu'ont fait ses dirigeants ; elle n'est que l'aboutissement de l'actualisation plus ou moins compétente de ces choix. Choisir et agir : de la qualité de ces deux actions dépend le sort de l'entreprise.

Pour cette raison, nous avons proposé de concevoir la stratégie en termes de stratégie formelle et de stratégie actualisée. La stratégie formelle est l'aboutissement d'une opération cognitive qui consiste en l'identification d'objectifs, d'actions nécessaires et de plans de réalisation adaptés aux spécificités de l'organisation et à la réalité des différents contextes dans lesquels elle baigne. La stratégie actualisée est du domaine de l'action ; elle se définit en termes de réalisations concrètes et opérationnelles ; elle se mesure dans le vif et le vécu de l'entreprise.

Nous avons disséqué la démarche stratégique en trois composantes : l'information nécessaire à une compréhension structurée et subtile des réalités interne et externe de l'organisation ; l'innovation ou la recherche d'options stratégiques qui visent à concevoir des voies nouvelles pour l'entreprise ou à confirmer l'à-propos du cours stratégique actuel ; enfin l'implantation, qui ouvre, bien timidement dans ce texte, la boîte de Pandore que constitue la réalisation d'une stratégie dans une organisation vivante, concrète et toujours complexe.

- Penser stratégie !

La pensée stratégique se développe et se forme au fil des apprentissages et des expériences du cadre et du futur dirigeant. Cet apprentissage peut être stimulé par de bonnes habitudes de réflexion à propos des organisations, habitudes que devrait adopter le plus tôt possible tout individu aspirant à gouverner des entreprises. La pensée stratégique de qualité possède trois propriétés :

— elle est synthétique : axée sur l'essentiel et le fondamental, la pensée stratégique domine l'analyse, s'en sert, mais ne se laisse pas empêtrer dans les détails et enfouir sous une masse de données mal intégrées ;

— elle est systémique : elle cherche à établir les relations d'influence et de causalité existant entre les facteurs ; elle met l'accent sur les liens entre les phénomènes et recherche les configurations (ou « patterns ») de variables ;

— elle est diachronique : elle est sensible aux origines, aux antécédents, aux facteurs historiques qui ont créé et formé l'organisation ; elle est aussi tournée vers l'avenir, préoccupée par un horizon temporel qui se situe au-delà des événements immédiats de courte portée.

QUESTIONS
1. On peut définir la mission corporative selon trois types de choix. Quels sont-ils ? Expliquez.
2. Qu'est-ce qu'une stratégie formelle ? Quelles sont les caractéristiques d'une stratégie formelle efficace ?
3. Quelle différence y a-t-il entre une stratégie formelle et une stratégie actualisée ?
4. Qu'est-ce qu'un groupe stratégique et pourquoi ce concept est-il important dans la formulation d'une stratégie ?
5. Quelles sont les stratégies génériques de marché proposées dans ce chapitre ?
6. Quelle différence y a-t-il entre une stratégie de segmentation et une stratégie de spécialisation ?

7. Faites un parallèle entre le schéma conceptuel présenté au chapitre 2 et l'approche proposée par Allaire et Firsirotu.
8. Illustrez à l'aide d'exemples le concept de changements radicaux par des méthodes techniques, politiques et symboliques.
9. La pensée stratégique est caractérisée par des attributs et des qualités qui lui sont spécifiques. Quelles sont ces qualités ?

NOTES BIBLIOGRAPHIQUES

1) « Strategic Business Unit », c'est-à-dire une entité organisationnelle ayant un bon degré d'autonomie, et qui œuvre dans un marché ou une industrie possédant ses contextes et ses caractéristiques propres, par exemple l'entité « Miracle Mart » dans la firme « Steinberg ».
2) Cette approche est inspirée par Abell, F. Derek, *Defining the Business. The Starting Point of Strategic Planning*. Englewood Cliffs, N.J., Prentice-Hall, 1980.
3) E.F. MASON. « Price and Production Policies of Large Scale Enterprises », *American Economic Review*, 1939.
4) J.S. BAIN. *Industrial Organization*, New York, Wiley, 1959.
5) Voir en particulier F.M. SCHERER, *Industrial Market Structure and Economic Performance*, Chicago, Rand McNally, 2ᵉ édition, 1980.
6) Voir, entre autres, M.E. PORTER, *Choix stratégiques et concurrence*, Paris, Économica, 1982 et Y. ALLAIRE et M. FIRSIROTU, *La Gestion stratégique des organisations complexes*, Gaëtan Morin éd., paraîtra en 1988.
7) Par courbes d'apprentissage, on entend la diminution des coûts unitaires attribuables à l'expérience, au fait que l'entreprise apprend à fabriquer le même produit à des coûts moindres au fur et à mesure qu'elle acquiert plus d'expérience dans la fabrication du produit.
8) On estime que les cadres intermédiaires francophones des grandes entreprises canadiennes œuvrant au Québec ont en moyenne 40 ans et travaillent pour leur employeur actuel depuis 18 ans en moyenne !
9) Berger et Luckmann (1967) font référence à ce phénomène comme à une forme de « socialisation secondaire ».
10) L'a-t-il vraiment fait et dans combien de succursales ? Personne ne semble pouvoir répondre à ces questions, mais la croyance (ou le mythe) de son engagement personnel dans cette opération, symbole de sa détermination, fut déterminante pour le succès de cette stratégie.

CHAPITRE 11

LE DESIGN ORGANISATIONNEL

par

Roger Miller

et

Michel G. Bédard

> *« Le gâchis auquel une entreprise fait face est l'avenir qu'elle aura si ni elle, ni son environnement ne changent. De la poursuite d'idéaux découlent les objectifs et les moyens. »*
>
> **Russell L. Ackoff**

1. Introduction

Le design organisationnel est le second domaine d'application du processus d'administration. Il s'agit, en bref, de construire une organisation dont la forme, c'est-à-dire les structures et les processus, encadre les activités des dirigeants et des membres de façon que ces activités contribuent à la réalisation des objectifs d'efficience, d'efficacité et d'adaptabilité. Le design organisationnel agit sur les conditions de réalisation des activités humaines au sein de l'organisation en modifiant les structures, les systèmes de gestion, les tâches et les programmes.

À mesure que l'organisation prend de l'ampleur, les objectifs et les activités se complexifient. Les pressions s'accentuent en faveur d'une organisation formelle. Le défi auquel doit alors faire face la direction consiste à définir et à répartir le travail entre les membres et à s'assurer de la coordination des efforts en vue de la poursuite des objectifs communs. La direction fait alors appel à une structure et à des mécanismes, à partir desquels s'effectueront la division du travail et la coordination des activités.

L'activité de conception du système de l'organisation est précisément ce à quoi renvoie le design organisationnel. Cette activité de conception est un processus récurrent, étant donné le fait que l'organisation n'évolue pas dans un environnement statique. Le design organisationnel est à la fois un plan rationnel et une intervention, dont l'objet est d'améliorer la fonctionnalité de l'organisation en influençant les structures, les acteurs, les systèmes de gestion, les tâches et le climat organisationnel.

Le processus de design, commme nous le verrons dans la première section du chapitre, est effectué par le contrôle et le changement des arrangements formels en vue d'atteindre un *terminus ad quem*. Dans la seconde section de ce chapitre sont abordés les objectifs proprement dits du design organisationnel. Ces objectifs sont l'efficience homéostatique, la malléabilité opératoire, l'adaptabilité stratégique et la vitalité structurelle. Les instruments du design organisationnel permettant au concepteur d'adapter l'organisation aux exigences de la stratégie et des tâches clés font l'objet de la troisième section du chapitre. Enfin, la dernière section est consacrée aux différentes formes de design, c'est-à-dire les configurations entrepreneuriale, fonctionnelle, divisionnaire, innovatrice et globale. L'analyse de ces différentes formes permet de procéder à une certaine classification, voire à une intégration des concepts étudiés dans les sections précédentes.

2. Le processus de design organisationnel

Pour bien saisir la notion de design organisationnel, il est utile de l'envisager comme un processus continu d'analyse et d'action en vue d'ajuster la forme d'organisation à la stratégie et à son contexte[1]. Le processus de design organisationnel est la mise au point d'une forme d'organisation, c'est-à-dire d'une structure et de mécanismes de fonctionnement qui donnent un encadrement aux actions individuelles de façon que celles-ci contribuent à la réalisation de la stratégie. Le processus continu de design est décrit à la figure 11.1.

Le design organisationnel, comme la stratégie, n'est pas un choix permanent, arrêté à un moment donné, mais il fait au contraire l'objet de révisions continues par la direction supérieure de l'entreprise. La démarche du design se compose d'opérations successives, mais interreliées, qui forment un mouvement continu :

— analyse et choix d'un terminus *ad quem* ;

— diagnostic de la situation présente (le *terminus a quo*) ;

— identification des instruments de changement ;

— mise en œuvre du changement et réévaluation.

2.1 ANALYSE ET CHOIX D'UN *TERMINUS AD QUEM*

La première étape de la démarche comprend d'abord une phase d'analyse durant laquelle les dirigeants de l'entreprise établissent leur vision de la forme d'organisation désirée dans l'avenir, c'est-à-dire le *terminus ad quem*[2]. Cette intention est l'ensemble des qualités que la direction voudrait impartir à l'entreprise grâce à son organisation. Ces qualités, dans l'esprit des dirigeants, sont celles qui permettront à l'entreprise non seulement de réaliser avec efficience la stratégie présente, mais aussi de modifier cette stratégie de façon à s'adapter aux conditions futures. Le design organisationnel vise à la fois l'efficience à court terme et l'adaptation à moyen ou à long terme. Cet objectif général se décompose en sous-objectifs souvent difficiles à harmoniser :

— l'efficience des opérations de fabrication, de marketing et d'acquisition des ressources ;

— l'adaptation aux variations de la demande et de la disponibilité des ressources ;

— la modification de la stratégie à moyen et à long terme grâce au développement de nouveaux produits ou à la diversification ;

— la flexibilité de la structure de façon que l'organisation puisse s'adapter aux stratégies futures.

Le choix du *terminus ad quem* s'inspirera d'abord des intentions des dirigeants supérieurs mais aussi des valeurs et des théories que ces dirigeants connaissent et acceptent comme valables. La forme d'organisation désirée émergera ainsi, par la déduction, de la stratégie et des tâches clés que l'entreprise devrait être en mesure de réaliser avec excellence. Ces tâches pourraient être soit de contrôler les coûts avec

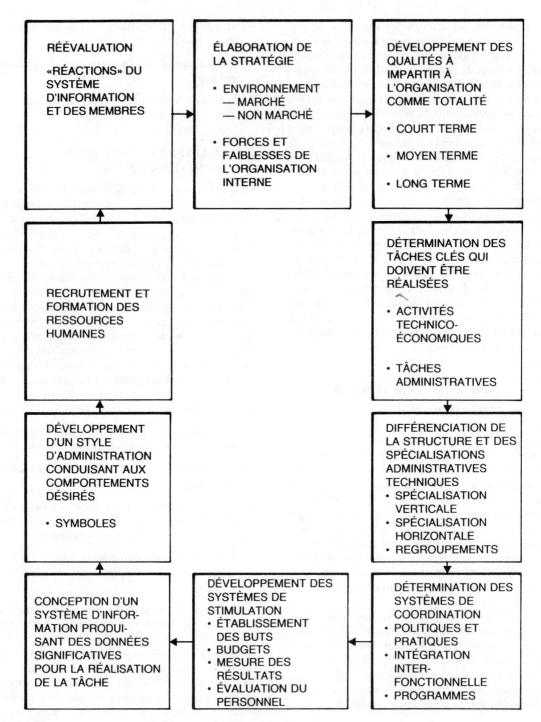

Figure 11.1   Le design organisationnel et les instruments à la disposition des dirigeants

minutie de façon à réaliser sans cesse des réductions de frais, soit de s'organiser de façon à lancer à intervalles fréquents de nouveaux produits. Le *terminus ad quem*, comme l'indique la figure 11.2, est une vision idéale de la forme d'entreprise.

Certains auteurs attribuent au design organisationnel l'objectif de créer des conditions qui contribuent à accroître la qualité de vie et la satisfaction au travail. Pour les fins de ce chapitre, nous traiterons du design organisationnel à partir de la problématique de la direction générale de l'entreprise, c'est-à-dire la recherche de l'efficience et de l'efficacité.

2.2 LE *TERMINUS A QUO*

Le design organisationnel ne s'effectue pas dans l'abstrait mais souvent à partir d'une organisation existante et d'une situation qui offrent des résistances et des contraintes à la mise en œuvre d'une stratégie. Le *terminus a quo* est le point de départ, l'organisation présente et l'état de ses ressources.

Le choix de la forme d'organisation à construire s'appuie sur un diagnostic de la situation présente et une prévision des contextes économique, technologique et socio-politique dans lesquels œuvrera l'entreprise. Ces contextes, comme nous l'avons vu aux

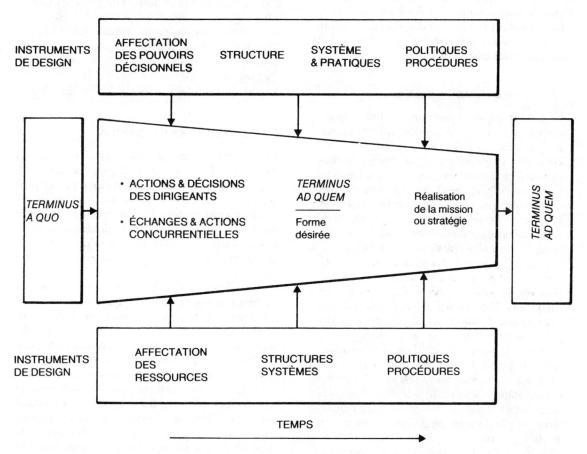

Figure 11.2 Le processus de design organisationnel

chapitres 2 et 3, imposent et imposeront des contraintes auxquelles la forme d'organisation devra permettre de faire face. L'examen de ces contextes permettra d'identifier et de prévoir les exigences découlant de la technologie utilisée et de la dynamique de la concurrence. Par ailleurs, le diagnostic des ressources de l'entreprise comprend non seulement une analyse des structures des mécanismes mais aussi un examen réaliste des possibilités de changement.

Le processus de « design » concerne donc le choix de la forme d'organisation qui convient le mieux à la stratégie. En prenant ses décisions, la direction doit tenir compte à la fois de facteurs externes, tels le marché ou l'évolution technologique, et de facteurs internes, tels que les attentes et les aspirations des membres. Le « design » de l'organisation est donc intimement lié à la façon dont la prise de décision est centralisée, partagée ou déléguée, ou à la façon dont l'entreprise est dirigée.

Les modèles terminaux

L'adaptation au phénomène linguistique est un problème de gestion qui n'est pas laissé aux aléas des événements. Au contraire, ce problème a fait l'objet de diagnostics et d'analyses aux niveaux les plus élevés de l'entreprise. L'analyse a révélé très claire ment que chaque entreprise organisait l'ensemble de ses politiques et pratiques de francisation en fonction de modèles ou d'images terminales que s'étaient formés ses dirigeants. Les images terminales sont des objectifs à atteindre et des modèles organisationnels de solution. Ainsi, dans l'esprit des dirigeants, l'organisation ne forme pas un tout monolithique, mais au contraire se décompose aisément en groupes différenciés. Dès lors, la démarche d'adaptation comportait d'abord le découpage de l'entreprise en groupes organisationnels tels que les unités d'exploitation, les organes de direction ou le siège social. Ensuite, l'adaptation de l'entreprise au phénomène linguistique comportait le choix, au niveau supérieur, du modèle de solution pour chacun des groupes organisa-

tionnels, de façon à guider l'élaboration des structures, des politiques et des pratiques. Ainsi, aucun modèle universel ne s'impose. On trouve dans chaque entreprise deux ou trois modèles différents, un pour les activités québécoises, un pour le siège social et un, dans certains cas, pour la division administrative du Québec.

Nous avons identifié cinq modèles organisationnels de solutions : les opérations québécoises en français, la division administrative québécoise, le bilinguisme institutionnel au siège social, le bilinguisme de passerelles au siège social et le siège social unilingue anglophone. Toutes les entreprises ont choisi le même modèle d'adaptation en ce qui a trait aux unités d'exploitation et de vente au Québec. Quant au siège social ou à la direction administrative située au Québec, les modèles choisis dépendaient des conceptions des cadres supérieurs et des facteurs contextuels géographiques, administratifs et économiques[3].

2.3 LES LEVIERS DU DESIGN

Les leviers du design sont les instruments, les manettes d'action dont dispose la direction supérieure pour aider l'entreprise à passer progressivement du *terminus a quo* au *terminus ad quem* et ainsi réaliser la stratégie. La direction modifiera les structures, les règles financières, le recrutement, les systèmes de gestion ou les mécanismes d'intégration pour atteindre la forme de design visée.

L'établissement d'une structure de base et de mécanismes opératoires qui assurent la mise en œuvre de la stratégie constitue donc le domaine du « design » de l'organisation[4]. Le « design » de la structure de base a trait à la division du travail et aux regroupements au sein d'équipes, de divisions ou de services. Cette structure de base est renforcée par des mécanismes opératoires tels que les règles de fonctionnement, les systèmes d'évaluation et de récompense (ou de punition), les procédures de contrôle, les systèmes d'information, etc. Ces mécanismes visent à coordonner les activités se-

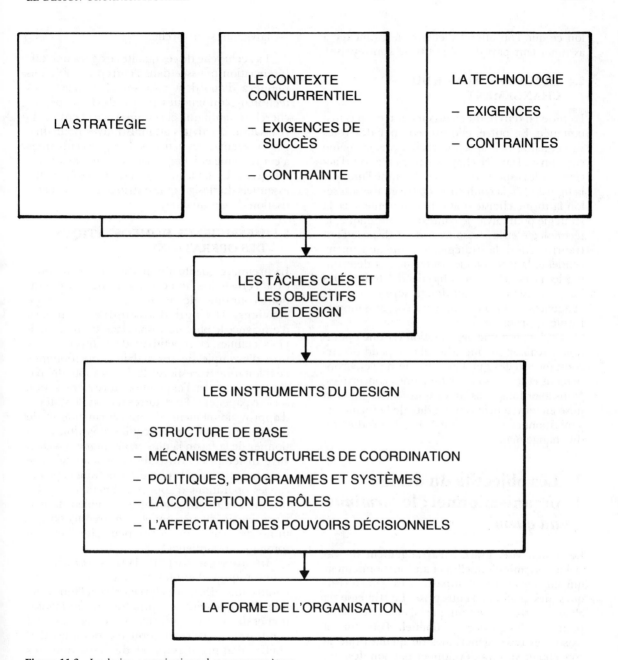

Figure 11.3 Le design organisationnel et ses paramètres

lon ce que l'on attend d'elles et à les inciter à assumer leur part des objectifs de l'entreprise.

2.4 LA MISE EN ŒUVRE DU CHANGEMENT

La mise en œuvre du changement n'est pas instantanée. En outre, elle procède par des voies rationnelles, politiques, participatives et même coercitives. Dans ce chapitre, nous mettons l'accent sur les aspects rationnels. Comme l'indique la figure 11.3, la confection de l'organisation selon la forme choisie doit être cohérente avec la stratégie poursuivie, le contexte économique, la technologie et les ressources dont dispose l'entreprise. Ainsi, la stratégie, le contexte concurrentiel et la technologie contribuent à déterminer les tâches clés et les objectifs du design. Dès lors, les instruments du design seront articulés et agencés de façon à donner à l'organisation la forme appropriée.

Le design d'une organisation est une opération à réaliser sur mesure ; elle dépend de circonstances telles que l'incertitude de l'environnement et les ressources humaines concernées. Nous abordons dans un chapitre subséquent la mise en œuvre proprement dite de la forme organisationnelle visée, c'est-à-dire l'introduction du changement.

3. Les objectifs du design organisationnel : le *terminus ad quem*

Le design vise, grâce à l'arrangement de variables organisationnelles et au fonctionnement qui en découlera, à impartir des caractéristiques, des qualités à l'entreprise. La stratégie de chaque entreprise est unique : il en va de même pour son design organisationnel. Toutefois, il existe des types génériques de qualités que le concepteur voudra développer par son design[5]. Ces qualités sont :

— l'efficience homéostatique ;

— la malléabilité opératoire ;

— l'adaptabilité stratégique ;

— la vitalité structurelle.

La recherche de ces qualités exigera une différenciation poussée dans l'entreprise. Elle impliquera d'abord la mise en place d'activités technico-économiques de production, de recherche scientifique et commerciale et ensuite la réalisation d'activités administratives pour diriger et orienter ces activités. Les préoccupations à court terme et à long terme devront aussi être intégrées. Le tableau 11.1 résume les éléments essentiels du design qui contribuent à la concrétisation de ces qualités.

3.1 L'EFFICIENCE HOMÉOSTATIQUE DES OPÉRATIONS

La première qualité à impartir à l'organisation, c'est l'efficience homéostatique de ses opérations courantes de production de biens et de services. Il s'agit d'atteindre le niveau d'efficience le plus élevé dans la gestion des activités établies et répétitives de l'entreprise. À titre d'exemple de ces activités, mentionnons l'exploitation forestière, la fabrication du papier, la vente et l'expédition forestière à une société papetière. En d'autres termes, le système d'approvisionnement, de transformation et de distribution doit être en équilibre et doit fonctionner de la façon la plus économique possible. Investir temps et efforts de façon à atteindre le niveau d'efficience le plus élevé en vaut la peine, car les opérations d'approvisionnement, de fabrication et de distribution rassemblent la majeure partie du personnel. Une réduction minime des coûts unitaires peut signifier des sommes substantielles.

Le design des activités technico-économiques d'exploitation permettra d'atteindre une efficience élevée grâce à l'introduction d'équipement, de procédés d'automatisation et de systèmes informatisés de gestion, qui conduisent à la réalisation d'économies d'échelle, d'apprentissage et de réduction des coûts. Les fournisseurs de technologies d'information, d'appareils de mesure et de contrôle, et de logiciels de fabrication assistée par ordinateur offrent des procédés nouveaux dont l'application permet d'élever sans cesse la productivité des installations.

Tableau 11.1 Les objectifs du design organisationnel et les activités

	Efficience homéostatique	Malléabilité opératoire	Adaptabilité stratégique	Vitalité structurelle
Activités technico-économiques	• Capacités adaptées à la demande • Activités logistiques concentrées sur coûts de production faibles • Activités logistiques concentrées là où il y a disponibilité des ressources • Installations en vue d'économies d'échelle	• Transferts rapides des activités logistiques • Disponibilité des produits sur les marchés • Inventaire et stock en réserve • Systèmes d'information • Décisions décentralisées au niveau de l'action	• Perception des menaces et des possibilités concernant les produits et les marchés • Transfert de nouveaux produits d'une fonction à l'autre • Investissement et transfert rapide des compétences vers les nouveaux produits et marchés	• Surveillance de la technologie • Investissement dans de nouvelles structures • Système de promotion stimulant l'esprit d'entreprise • Formation et développement du personnel
Activités administratives	• Décisions concentrées aux niveaux où les choix sont clairs • Décisions centralisées aux niveaux permettant la coordination des activités • Décisions décentralisées pour l'optimisation locale • Objectifs de performance explicites • Gestion par exception • Recherche de l'efficience	• Décisions centralisées au niveau requis pour introduire le changement dans les activités logistiques • Priorités claires • Temps de réponse court • Plans contingents en vue du changement au niveau opérationnel	• Planification stratégique • Communication de la stratégie aux activités logistiques • Système de transfert de l'innovation d'une fonction à l'autre • Assignation claire des décisions stratégiques claires • Système de compensation encourageant l'innovation stratégique	• Prévisions du changement • Évaluations des initiatives proposées • Participation du personnel • Décisions décentralisées • Système de compensation encourageant l'innovation structurelle • Système de promotion flexible

L'atteinte de l'équilibre homéostatique exige que la direction établisse un design organisationnel qui s'appuie sur des structures formelles, des programmes et des systèmes répétitifs de gestion. Le maintien de l'équilibre homéostatique est étroitement lié à l'analyse et à l'optimisation des composantes technico-économiques. À cause de la nécessité de réduire les coûts lorsque la concurrence joue sur les prix, les décisions quant à la gestion des opérations seront souvent centralisées. En effet, l'objectif est de confier la responsabilité décisionnelle au niveau où les variables pertinentes sont clairement visibles et susceptibles d'être équilibrées. Ainsi, les décisions en matière de prix seront prises à un niveau d'intégration plus élevé que les directions de la production, du marketing et de la recherche, en raison du fait que chacun peut apporter une contribution importante à la décision globale. Appliquée à l'extrême, la centralisation des décisions en vue d'optimiser les activités technico-économiques laisse présager un encombrement, une surcharge au niveau de la direction supérieure. C'est pourquoi la nécessité de décentraliser le processus de décision se fait tôt ou tard sentir. Plusieurs décisions seront décentralisées au niveau des opérations, même si cela a pour effet de réduire l'optimalité théorique. On établira des programmes formels de façon à automatiser et à « routiniser » les décisions décentralisées et à rendre réelle la gestion par exception. Enfin, on utilisera des objectifs quantitatifs résumés dans des budgets pour stimuler les performances et mesurer les résultats.

Plusieurs auteurs, inspirés par l'option de la démocratie industrielle, mettent en doute la pertinence de cette structure formelle qui vise l'efficience à court terme, mais peut conduire à des taux élevés d'absentéisme et à une faible productivité[6]. Ils proposent en conséquence la constitution de groupes autonomes et une plus grande participation des ouvriers aux décisions. Les nouvelles formes d'organisation du travail s'inspirent de l'hypothèse selon laquelle les gains imputables à l'autonomie décisionnelle des groupes de travailleurs compensent largement les pertes de production. Le lecteur voudra sûrement consulter des publications sur ce sujet[7].

3.2 LA MALLÉABILITÉ OPÉRATOIRE

La seconde qualité visée est la malléabilité opératoire, qui consiste en la capacité de l'organisation d'opérer des changements, à la fois rapides et efficients, dans les procédés d'approvisionnement, de production et de distribution. Ces changements sont nécessaires en raison des variations de la demande ou des actions des concurrents (réduction de prix, chute des parts de marché, succès non prévu d'un nouveau produit, etc.) ou des fournisseurs. Le design organisationnel des activités technico-économiques et administratives aura donc aussi pour objet d'impartir à l'organisation des qualités qui permettront son adaptation aux variations externes.

Les caractéristiques du design qui aident à la malléabilité opératoire vont souvent à l'encontre des conditions visant la recherche de l'équilibre. Il s'agit en effet d'ajouter des éléments de souplesse aux systèmes établis sans trop nuire à l'efficience des opérations. La mise en place de systèmes informatisés d'aide à la décision, permettant de recalculer les programmes de production et d'en refaire les échéanciers, d'évaluer les stocks de matières premières, de produits en cours de fabrication et de produits finis et les installations excédentaires, permettra de répondre rapidement aux variations de la demande. Ces actions réduiront inévitablement la productivité et le rendement du capital investi.

Le design des activités administratives en vue d'assurer la malléabilité opératoire exige la mise en place d'un système d'information concernant les stocks et la concurrence. Contrairement à la recherche de l'efficience, la malléabilité suppose une nette préférence à décentraliser la décision là où l'action se passe de façon à assurer une réponse rapide. En même temps, la recherche de la cohérence suggérera la centralisation des décisions majeures en vue de la confection d'un système d'information global et de la préparation de plans d'action contingents.

3.3 L'ADAPTABILITÉ STRATÉGIQUE

La troisième qualité à impartir à l'organisation est la capacité de réponse stratégique. Cette qualité a trait plus à l'aptitude de la firme à répondre aux changements concernant son trio technologie-produit-marché qu'aux variations du volume de production, comme c'était le cas pour les deux qualités précédentes. L'obsolescence, les progrès technologiques et les possibilités de lancement de produits ou de services nouveaux posent à l'entreprise des défis stratégiques. Les firmes répondent à ces situations en opérant des changements dans leurs stratégies. Pour ce faire, elles doivent être capables de surveiller la concurrence, lancer de nouveaux produits et modifier la technologie établie.

La planification en vue de l'adaptation stratégique suppose que la direction perçoive les menaces et les possibilités et soit en mesure d'entreprendre des actions concrètes de recherche scientifique, de développement de nouveaux produits et d'examen des occasions de diversification. Ainsi, dans le but de réaliser ces adaptations, l'entreprise doit disposer des capacités d'analyse suivantes :

— système de surveillance et d'analyse de la concurrence et des marchés ;

— système de développement de nouveaux produits ;

— système de planification stratégique pour élaborer des options ;

— système de planification et de budgétisation pour affecter les ressources aux nouvelles occasions.

La direction doit pouvoir compter sur des mécanismes efficaces en vue de la surveillance de l'environnement externe, car les changements sont souvent difficiles à prévoir. Le fait de disposer d'une information à jour ne constitue pas une garantie de réponse à toute épreuve. Plusieurs entreprises ne réussissent pas à répondre à temps aux signaux avertisseurs en provenance des environnements. En plus de pouvoir se fier aux mécanismes de surveillance, la firme doit donc pouvoir compter en second lieu sur des centres de décision capables d'élaborer des stratégies d'adaptation.

La capacité de développement de nouveaux produits suppose l'intégration et la coordination des fonctions de fabrication, de marketing et de recherche et développement. Les nouveaux produits remplacent rarement sur-le-champ les produits existants. Ces activités de développement et de lancement de nouveaux produits s'ajoutent souvent aux activités courantes d'exploitation. Le design doit donc s'y accommoder.

Le design des activités administratives en vue de l'adaptabilité stratégique a trait surtout à la mise en place des systèmes de planification et de rémunération qui stimulent à s'orienter vers l'avenir. La reconnaissance des menaces et des occasions ne se traduit pas nécessairement par des réponses concrètes. Des actions stratégiques articulées doivent être élaborées ; cet exercice fait appel à la créativité et exige des efforts de mise en œuvre. Les actions stratégiques se réalisent à tous les niveaux de l'entreprise par l'intermédiaire des cadres en contact direct avec l'environnement de la firme. Par conséquent, le design organisationnel doit permettre l'acheminement des stimuli nécessaires au jaillissement d'idées, la communication entre les fonctions et l'évaluation impartiale des options suggérées.

Les dirigeants supérieurs doivent être aussi en mesure d'établir des objectifs et des priorités. Les ressources humaines et financières affectées aux produits à maturité doivent être réorientées vers les produits nouveaux. Les systèmes de rémunération et d'incitation des cadres supérieurs doivent les encourager à se préoccuper du développement à long terme et non uniquement des profits à court terme. Si leur rémunération comprend une participation aux bénéfices futurs et à l'achat de titres de l'entreprise, ils seront plus motivés à se préoccuper de l'adaptation stratégique.

3.4 LA VITALITÉ STRUCTURELLE

La quatrième qualité à impartir à l'organisation est la flexibilité structurelle, c'est-à-dire l'aptitude de l'entreprise à se transformer elle-même et à ajuster sa propre structure[8]. Si la structure est flexible, des ajustements pourront être opérés promptement; dans le cas d'une structure rigide, les transitions seront lentes et coûteuses.

Le design des activités technico-économiques susceptibles de rendre possible la flexibilité structurelle portera surtout sur la qualité des ressources humaines, les technologies de gestion et la recherche scientifique. L'entreprise doit disposer d'un mécanisme d'évaluation et de formation des cadres en vue d'assurer la succession. Sans une réserve de main-d'œuvre hautement qualifiée et expérimentée, l'entreprise sera incapable d'opérer des changements de structure liés aux modifications de stratégie[9]. De plus, la direction générale doit pouvoir examiner les technologies et les nouveaux systèmes de gestion (tels que la conception et la planification assistées par ordinateur ou le budget à base zéro) de façon à les adopter. Enfin, l'entreprise doit disposer d'une capacité technique de recherche et de développement non seulement en vue de développer de nouveaux produits, mais surtout en vue de mettre au point de nouveaux procédés et de maîtriser les technologies scientifiques qui seront pertinentes dans l'avenir.

Le design des activités administratives en vue d'impartir la flexibilité structurelle à l'organisation a trait d'abord à la mise en place de systèmes d'affectation des ressources aux secteurs en croissance et de désinvestissement des secteurs dont l'avenir est peu prometteur. Ensuite, il a trait à la connaissance des systèmes administratifs qui permettent de gérer une entreprise diversifiée et d'entreprendre des activités de prospective à long terme. Par exemple, l'introduction de l'analyse décisionnelle à l'aide d'ordinateurs rend possible la restructuration des systèmes de gestion selon des formules plus efficientes. Comme l'automatisation des procédés, la capacité de réponse structurelle s'articule surtout autour de la présence de dirigeants qui voient la nécessité de l'innovation et le rôle primordial du renouvellement des ressources humaines.

4. Les instruments du design organisationnel

Une fois reconnue l'importance d'un design cohérent en vue d'impartir des qualités à l'entreprise et de réaliser des tâches clés, une question se pose. Quels sont les éléments à la disposition des dirigeants qui désirent adapter l'organisation à de nouvelles exigences? La prémisse fondamentale du design organisationnel est que la stratégie et les tâches qu'elle implique devraient influencer le design de l'organisation. Nous examinerons successivement les instruments à la disposition des dirigeants qui désirent harmoniser le design organisationnel à la stratégie. Ce sont:

— la création des structures par la différenciation et les regroupements;

— les mécanismes structurels de coordination;

— les politiques, les programmes et les systèmes;

— le design des rôles;

— l'affectation des pouvoirs décisionnels.

4.1 LA CRÉATION DES STRUCTURES PAR LA DIFFÉRENCIATION ET LES REGROUPEMENTS

La création des structures en vue de réaliser la stratégie est le point de départ du design organisationnel. Comme l'indique la figure 11.4, la structure à élaborer par la différenciation et les regroupements dépend des qualités à impartir et des tâches clés à réaliser. La différenciation structurelle entraîne des exigences de coordination: il en sera question dans la section suivante. La structure permet de différencier l'organisation en secteurs spécialisés qui devront être par la suite coordonnés et intégrés. Cette responsabilité est continue, car l'évolution de l'entreprise appelle sans cesse une différenciation de la structure, qui, à son tour, exige un haut niveau de coordination.

La différenciation structurelle procède de la subdivision progressive d'une stratégie

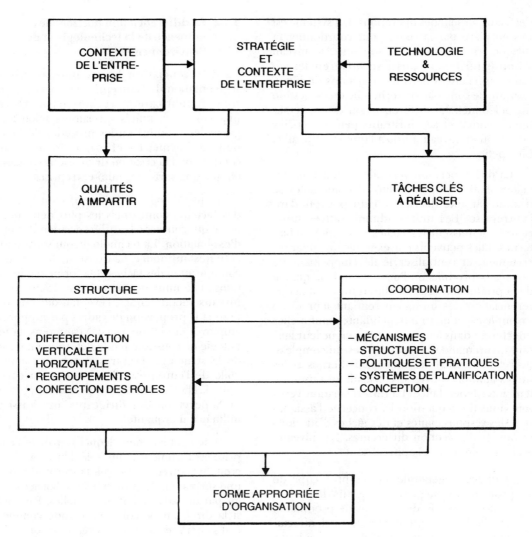

Figure 11.4 Création des structures

complexe en tâches clés, qui sont assignées à des unités spécialisées. Chaque unité est ainsi chargée d'un mandat qui la différencie et la rend, du même coup, dépendante des autres. Nous examinerons successivement la différenciation verticale et la différenciation horizontale. Ensuite, nous ferons état des regroupements structurels opérés pour réduire les difficultés de coordination.

4.1.1 La différenciation verticale en unités d'administration et d'exécution

Les tâches administratives et technico-économiques dont l'exécution est nécessaire pour la réalisation de la stratégie est l'élément de base de la différenciation. Ainsi, au fur et à mesure que l'entreprise croît et que les tâches deviennent plus complexes, une différenciation s'effectue au sein des opérations. Un système est mis en place par la suite, pour coordonner et diriger ces opérations. À son tour, le niveau administratif peut aussi se différencier en unités spécialisées dans des fonctions de planification, de contrôle, de recherche ou de gestion du personnel. La différenciation des systèmes opérationnels et administratifs peut se répéter de niveau en niveau, jusqu'à l'unité de travail la plus petite.

La différenciation verticale en fonction des tâches et des responsabilités décisionnelles se traduit par une distribution du pouvoir dans l'entreprise. Les unités administratives supérieures définissent les tâches des unités subalternes. Elles peuvent, par exemple, assumer directement et centraliser le développement de nouveaux produits ou l'inspection de la qualité de la production. Tantôt elles renforcent la différenciation des unités en rendant leur tâche « complète » et quasi indépendante ; tantôt elles interfèrent dans leurs opérations en ne leur laissant qu'un mandat partiel. Un réseau complexe de relations entre les unités subalternes et les unités administratives se construit en raison de leur interdépendance. La différenciation verticale dont il est question ici concerne l'assignation des responsabilités et des tâches d'administration et d'exécution différentes. Les niveaux majeurs définis au chapitre 2 sont :

— la direction générale, qui se préoccupe de problèmes stratégiques : objectifs de performance, sélection des options de produits et de marchés, design organisationnel, affectation des ressources et contrôle des résultats ;

— le niveau administratif, qui se préoccupe, d'une part, de formuler les objectifs opératoires et les plans d'action en vue de réaliser les objectifs et, d'autre part, de coordonner les activités technico-économiques des unités subalternes ;

— les unités technico-économiques subalternes, qui exécutent les tâches assignées, mettent en œuvre les décisions arrêtées aux niveaux supérieurs et prennent les décisions dont elles ont la responsabilité.

4.1.2 La différenciation horizontale : influence de la technologie et de l'environnement

La différenciation horizontale a trait à la segmentation de l'entreprise en fonctions (personnel, fabrication, recherche, marketing, finance) ou en unités spécialisées selon les régions, les produits ou les procédés de fabrication. De même, les efforts de diversification conduisent à la création de divisions constituant en quelque sorte des mini-entreprises.

La technologie de l'entreprise est certes l'un des facteurs contextuels les plus déterminants en ce qui concerne la différenciation des unités d'exploitation. La technologie qui sous-tend les activités influence la division du travail, la configuration des tâches et la forme des interactions ; elle influence notamment le nombre de niveaux hiérarchiques, l'éventail de subordinations et la proportion de cadres par rapport aux employés et aux ouvriers. Néanmoins, la technologie ne constitue pas le déterminant exclusif de la structure. D'autres variables, comme la taille de l'entreprise, l'environnement concurrentiel, l'hétérogénéité du personnel et le style de supervision des dirigeants, ont aussi une influence marquante.

Si le contexte dans lequel se trouve l'entreprise est turbulent et instable, l'incertitude s'accroît. Si la direction perçoit l'incertitude comme une succession de stimuli, elle se bornera à réagir par des adaptations ponctuelles. Par contre, si la direction perçoit l'incertitude comme un état général et continu, sa réponse consistera à prévoir et même à rechercher le changement et les occasions. Ces réponses donneront lieu à la constitution d'unités frontières orientées vers l'environnement. Parmi ces unités, mentionnons la recherche, la planification, la gestion du personnel, les relations publiques[10]. Voici, à cet égard, quelques observations sur la nature de l'environnement et la différenciation :

— Lorsque l'environnement est hétérogène et stable, on multipliera les unités frontières de façon que chacune corresponde à un segment homogène de l'environnement.

— L'entreprise confrontée à un environnement dynamique adoptera une structure flexible pour s'assurer d'une information adéquate. Ces unités seront décentralisées pour réagir aux conditions et aux variations de l'environnement.

— Si l'environnement est à la fois hétérogène et dynamique, le nombre des unités orientées vers des secteurs distincts de l'environnement s'accroîtra. Elles fonctionneront sur une base décentralisée pour faire face aux fluctuations dans leur secteur de l'environnement.

— Les entreprises exposées à un rythme rapide de changements discontinus doivent non seulement s'adapter mais encore innover. Leur structure comportera des unités spécialisées en vue d'opérer les ajustements et les innovations nécessaires.

L'effet combiné de la technologie et de l'environnement se traduit souvent par une différenciation poussée dans l'entreprise. La différenciation structurelle en fonction de la technologie et de l'environnement peut s'articuler autour de plusieurs bases, comme l'indique la figure 11.5.

– SELON LES FONCTIONS

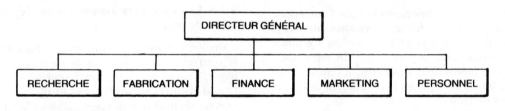

– SELON LES PROCÉDÉS

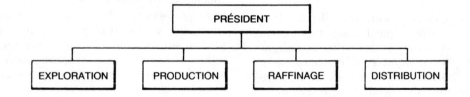

– SELON LES PRODUITS

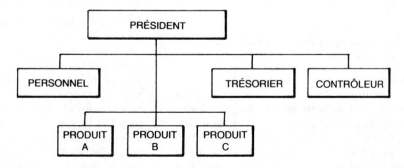

Figure 11.5 La différenciation structurelle

4.1.3 La différenciation sur la base des procédés

En raison de l'importance des installations physiques et des problèmes de gestion, l'entreprise peut être divisée selon les procédés. Ainsi, Alcan se divise en unités vouées à l'extraction minière, au transport, à l'affinage électrolytique, au laminage et à la fabrication métallique. De même, une entreprise de produits pétroliers se décompose en unités d'exploration, d'extraction, de transport, de raffinage et de distribution. Il s'agit la plupart du temps de centres de coûts.

4.1.4 La différenciation basée sur les fonctions

Les fonctions traditionnelles dans l'entreprise sont la recherche, les approvisionnements, la production, la finance et le marketing. Ce mode de différenciation a pour objet de regrouper, dans des hiérarchies distinctes, les spécialistes de ces fonctions. Il s'agit la plupart du temps de centres de coûts.

4.1.5 La différenciation sur la base des produits : centres de profit

La dynamique de la concurrence est telle, dans certaines industries, que les activités de recherche, de fabrication et de marketing doivent être regroupées de façon à être en contact avec les clients. Dès lors, la structure de l'entreprise s'articule autour des produits. Par exemple, Hewlett Packard se divise en 16 unités consacrées à des produits divers de contrôle et d'informatique. Il s'agit souvent de centres de profit.

4.1.6 La différenciation sur la base géographique

En raison des coûts de transport et des exigences spécifiques des clients, l'entreprise peut être divisée par régions géographiques. Ainsi, chaque pays, chaque province ou chaque ville peut devenir une division distincte de l'entreprise. Les firmes de distribution alimentaire se divisent en zones régionales. Les entreprises multinationales arrivent souvent à distinguer des zones géographiques qui ne correspondent pas toujours aux États politiques. Il s'agit souvent de centres de profit.

4.1.7 La différenciation matricielle sur la base de projets

Les projets exigent des efforts cohérents de planification, d'exécution et de contrôle en vue d'atteindre les objectifs de qualité et de coûts et les délais visés. Les entreprises de génie-conseil, de construction ou de recherche combinent l'organisation fonctionnelle et l'organisation par projet pour obtenir une organisation matricielle. Nous analyserons en profondeur la structure matricielle dans le chapitre suivant.

4.1.8 La différenciation sur la base de centres de profits

La volonté d'inciter à l'innovation et d'accroître le contrôle amène souvent la direction supérieure à procéder à une différenciation sur la base de centres de profits. Les dirigeants de ces centres de profits sont responsables à la fois des revenus et des dépenses. Les centres de profits peuvent par la suite s'organiser sur la base des fonctions, des produits ou des projets selon les besoins. General Electric était composée au cours des années 60 d'environ 180 centres de profits, qui ont été ensuite regroupés en 47 unités stratégiques. La direction ajoute et élimine des centres de profits à mesure qu'elle s'adresse à de nouveaux marchés et se retire de secteurs moins viables.

4.1.9 Les regroupements organisationnels

Les regroupements d'unités en des ensembles plus larges ou les rattachements d'unités adjacentes ont pour objet de faciliter la coordination et les relations verticales ou latérales[11]. Les regroupements permettent de garder les avantages de la spécialisation et en même temps de créer des unités faciles à contrôler et à coordonner. Les unités regroupées sont indépendantes lorsque leurs activités ne sont pas touchées par celles des autres. Elles sont codépendantes lorsqu'elles partagent des ressources, des services ou des marchés. Enfin, elles sont interdépendantes lorsque la performance de l'une est tributaire de celle d'une autre.

La notion de groupe organisationnel a été proposée de façon à rendre opératoire l'hétérogénéité interne et les regroupements[12]. Un groupe organisationnel est un sous-ensemble de l'entreprise, qui se distingue des autres en raison de ses relations à la fois internes ou externes, de nature administrative, commerciale et technique. Voici des exemples de regroupements :

- Les sièges sociaux et administratifs

Le siège social est, d'une part, le lieu des activités de direction générale de l'entreprise. D'autre part, il regroupe les services spécialisés nécessaires aux unités qui en dépendent. Les activités de direction et de coordination du siège social exigent des services de communication d'une grande qualité. Les relations avec les établissements, dispersés sur un territoire, sont fréquentes. Les activités d'un siège social dépendent aussi du nombre de fonctions spécialisées qu'il abrite. Ces fonctions de service peuvent être centralisées au siège social ou décentralisées à des unités d'exploitation. Les activités administratives suivantes peuvent avoir lieu au siège social : planification, marketing, finance, trésorerie, comptabilité, direction scientifique, direction de produit et directions régionales.

- Les unités stratégiques ou divisions

L'unité stratégique est un regroupement de fonctions en vue de réaliser une action cohérente dans une industrie. L'unité stratégique accomplit des activités de planification et aussi d'exécution. Elle se décompose elle-même en établissements et en fonctions.

- Les centres de recherche et les services spécialisés

Il s'agit d'unités dont les activités se situent principalement au niveau de services spécialisés offerts à d'autres groupes ou établissements de l'entreprise (par exemple, un laboratoire de recherche, un centre informatique). Les activités d'un groupe organisationnel de ce type sont principalement financées par des crédits budgétaires et non par la vente de services spécifiques à des entreprises ou à des clients.

- Les établissements d'exploitation : production ou vente de biens ou de services

Appartiennent à ce type les établissements d'exploitation basés sur divers critères de différenciation. Ces établissements sont responsables des revenus, des dépenses ou des profits. Il s'agit des unités d'exploitation dans lesquelles les services rendus ou les produits fabriqués exigent une interaction soutenue avec les clients et les fournisseurs.

4.2 LES MÉCANISMES STRUCTURELS DE COORDINATION

La supervision directe par les responsables hiérarchiques ne permet pas toujours d'exercer une coordination efficace de l'organisation. Des mécanismes structurels de coordination, qui ont pour but de faciliter les échanges entre les unités différenciées et les membres de l'organisation, sont alors utilisés. Nous en étudierons sept : les contacts directs, les rôles de liaison, les groupes de travail, les équipes de travail, les rôles intégrateurs, les rôles de relations et l'organisation matricielle. Dans cette section, nous examinerons chacun de ces mécanismes d'intégration des activités, du moins complexe au plus complexe[13].

4.2.1 Les contacts directs entre cadres

Le mécanisme le moins compliqué, et certainement le moins coûteux, est celui qui favorise les contacts directs et informels entre responsables de divisions ou de services préoccupés par des problèmes communs. Cette pratique permet d'assouplir les flux des relations du bas vers le haut et du haut vers le bas de la hiérarchie. Il y a des chances pour que la qualité de la décision soit rehaussée étant donné que les cadres concernés possèdent certainement plus d'informations pertinentes au sujet du litige en cause. Pour inciter à la coopération, la direction doit pouvoir compter sur un système de récompense stimulant l'initiative. Dans le but de promouvoir cet esprit d'ouverture, la direction entreprendra la rotation du personnel d'un service à l'autre afin de le rendre plus compétent et plus réceptif. Cette pratique assouplit les attitudes et renforce les sentiments de réciprocité. L'impersonnalité de la structure est amoindrie et l'engagement des membres devient plus collectif qu'individuel. La rotation du personnel doit donc être une pratique courante de l'entreprise.

4.2.2 Les rôles de liaison

Lorsque les liens entre les services s'accroissent, il devient alors utile d'instituer des rôles qui puissent supporter ce surcroît de communication. Un exemple de rôle de liaison pourrait être celui du cadre en liaison avec la division d'ingénierie dans une usine de fabrication. Quoique étant une entité de la division de l'ingénierie, cette liaison est établie à l'usine même afin de répondre à la demande de la division de la fabrication. Les rôles de liaison font office en quelque sorte de jonction entre deux fonctions aux niveaux inférieurs d'une organisation.

4.2.3 Les groupes de travail

Les contacts directs entre les cadres et les rôles de liaison peuvent, néanmoins, s'avérer inefficaces. La plupart du temps, ces mécanismes structurels de coordination fonctionnent relativement. Cependant, lorsqu'un problème concerne plusieurs services ou divisions à la fois, les décisions doivent être alors confiées à la haute direction. Les groupes de travail constituent une forme de liens horizontaux permettant de résoudre des problèmes touchant plusieurs services.

Les groupes de travail se composent des représentants de chacun des services concernés. La tâche est établie sur une base temporaire, c'est-à-dire le temps nécessaire pour régler le litige en cause. Le groupe de travail peut naître de façon formelle ou encore sur une base informelle. Par exemple, lorsqu'un problème subsiste dans une division d'assemblage, le contremaître peut convoquer l'ingénieur responsable des opérations, un membre du laboratoire, le responsable de la qualité et du contrôle et le responsable des achats si les fournisseurs sont

concernés. Le groupe se penche alors sur le problème et le résoud. Dans certains cas, la mise sur pied d'un groupe de travail est plus formelle. Une entreprise aérospatiale tiendra des réunions hebdomadaires au sujet de la conception des composantes des produits. Lorsqu'un problème survient, un groupe d'experts est prêt à intervenir, et un échéancier est établi. On établit fréquemment des groupes de travail afin d'introduire de nouveaux produits ou de nouveaux procédés. Ce palliatif, temporaire au niveau de la structure, accroît les flux de communications en période de grande incertitude.

4.2.4 Les équipes de travail

Les équipes de travail sont formées pour répondre aux problèmes survenant avec une certaine fréquence. Ces équipes peuvent se rencontrer sur une base régulière. Une hiérarchie d'équipes de travail peut même être instituée dans une organisation. Les équipes de travail peuvent s'appuyer sur des préoccupations telles que les clients, les régions géographiques, les fonctions, les procédés, les produits, les projets, etc.

4.2.5 Les rôles intégrateurs

Les cadres qui occupent des rôles intégrateurs ont pour fonction d'assister ceux qui exécutent les tâches interdépendantes de façon qu'elles soient coordonnées dans le meilleur intérêt de l'entreprise. Dans nombre de firmes, c'est au directeur général que revient ce rôle, mais le plus souvent le temps lui manque pour s'en acquitter. Le cadre qui est investi d'un rôle intégrateur devient en quelque sorte un « directeur général » au niveau intermédiaire de l'organisation. Le rôle intégrateur peut prendre différentes formes. Dans une firme de fabrication appelée à faire face à des problèmes significatifs d'ordre logistique, le rôle intégrateur sera dévolu au responsable des approvisionnements. La tâche du cadre responsable du matériel sera alors de coordonner les décisions d'achat, de stockage et de distribution, en rapport avec les échéanciers. Dans une aile d'hôpital, le responsable d'une unité coordonne et intègre les décisions des médecins, des infirmiers et des diététiciens. Dans chacun des cas, on se rend bien à l'évidence que le rôle de l'intégrateur n'est pas d'effectuer le travail mais bien plutôt de coordonner le processus décisionnel. Dans chacun des cas, il s'agit d'une décision qui a des répercussions sur l'organisation ; les facteurs sont suffisamment divers et incertains pour surcharger le directeur général. Plutôt que de changer la structure d'autorité dans le but d'intégrer le processus décisionnel, on crée alors un rôle afin de coordonner les activités d'un service à l'autre. Une des questions qui se posent alors consiste à déterminer les types de pouvoir et d'autorité dont sera investie la personne détenant le rôle d'intégrateur.

4.2.6 Les rôles de relation

Les rôles intégrateurs ont des limites. Lorsqu'une organisation accomplit des tâches dont le niveau d'incertitude est élevé, il n'y a alors jamais assez d'informations pour prendre une décision satisfaisante. Le bagage de connaissances ou les théories sont insuffisants pour expliquer certains phénomènes. Le caractère limitatif du rôle intégrateur devient aussi évident lorsque l'entreprise est confrontée à des phénomènes à propos desquels il y a désaccord sur les buts ou les moyens. On augmente alors le pouvoir du rôle intégrateur par le biais d'accommodements. Le rôle intégrateur, devenu rôle de relation, est alors intimement lié au processus décisionnel.

Le rôle de relation sert souvent à gérer un groupe organisationnel conçu comme un centre de profits. Le cadre peut dès lors s'engager dans le processus de planification. Les ressources financières passent d'abord par lui pour être ensuite acheminées vers les services.

4.2.7 Les matrices

Une organisation peut être confrontée à des tâches qui requièrent des ressources très spécialisées et un environnement imposant des activités programmées. Pour faire face à ces contraintes, il peut alors s'avérer utile d'accroître le pouvoir du rôle d'intégration et d'établir un double niveau de relations. Par exemple,

à un même niveau, les cadres investis de rôles de relations peuvent être liés à la fois à un service responsable des ressources et à un autre chargé de la mise sur pied des programmes. En mettant de l'avant une telle structure, l'organisation évite de choisir une base de regroupement de préférence à une autre ; elle choisit les deux. Mais, ce faisant, elle crée une double structure d'autorité. Le principe d'unité de commandement est alors sacrifié au profit de la volonté d'intégration. La structure matricielle est établie soit sur une base permanente (c'est le cas des services policiers d'une ville, qui doivent coordonner leurs actions avec celles des villes environnantes), soit sur une base temporaire (pour la gestion de projets dans les firmes-conseils).

4.3 LES POLITIQUES, LES PRATIQUES ET LES SYSTÈMES DE COORDINATION

Les articulations et les rattachements entre les unités sont fonction du type d'interdépendance liant ces unités. Nous examinerons les interdépendances minimale, séquentielle et réciproque[14]. L'interdépendance minimale suppose simplement que chaque unité contribue à l'ensemble et qu'elle est supportée par l'ensemble. Dans le cas de l'interdépendance minimale, les unités partagent les ressources de l'entreprise, et leurs contributions influencent le résultat de l'ensemble. L'interdépendance séquentielle signifie que l'extrant d'une unité devient l'intrant d'une autre. Des produits fabriqués sont un intrant pour la distribution. L'interdépendance est réciproque lorsque des unités effectuent des opérations qui se combinent et dont les extrants et les intrants s'entrecroisent ; par exemple, le développement d'un nouveau produit.

Trois modes de coordination correspondent à ces trois formes d'interdépendance. La coordination par l'*élaboration de règles* et de politiques, ayant pour but de contraindre l'action des unités dans des voies cohérentes et compatibles, est le premier mode. La coordination par des *programmes*, des plans ou des budgets permet d'articuler les objectifs et les contributions des unités interdépendantes d'une manière séquentielle. Par exemple, le budget annuel permet d'intégrer le marketing à la fabrication et à l'approvisionnement. Les systèmes d'*ajustement mutuel* ont pour but de faire face à l'interdépendance réciproque. Ils assurent la transmission des informations nouvelles et pertinentes pendant l'action. À titre d'exemple d'un système d'ajustement mutuel, mentionnons les processus de planification des nouveaux produits qui supposent une interaction continue entre la recherche et le développement, les études de marché, la fabrication et la finance.

4.3.1 Les règles et les politiques

Les politiques, les procédures et les règles prescrivent des comportements uniformes. Elles permettent de traiter de façon routinière les situations répétitives et uniformes. La direction décide des exceptions à la règle, et les problèmes inusités sont transmis au niveau supérieur.

L'élaboration de politiques d'application générale à l'entreprise a été un élément essentiel de l'approche des auteurs classiques. Les politiques majeures de l'entreprise ont trait aux objectifs à long terme et aux règles de conduite conçues pour les atteindre. Une politique a donc un caractère impératif et restrictif. En effet, au fur et à mesure que l'organisation s'agrandit, les divisions et les services ont tendance à se refermer sur eux et à se développer isolément. Un réseau adéquat de politiques sert alors de lien entre le siège social, les divisions et les fonctions de l'entreprise. Des conflits et des malentendus peuvent ainsi être évités, car les parties concernées ont un point en commun, soit des politiques auxquelles elles doivent se conformer. En fournissant une base de référence, les politiques canalisent les ressources et les initiatives de l'entreprise.

Le tableau 11.2 donne un exemple d'une politique émise par le Conseil du trésor du Gouvernement fédéral canadien et qui s'applique à tous les ministères. Souvent, les politiques officielles émanent de pratiques efficaces qui sont officialisées par la haute direction et appliquées à l'ensemble de l'entreprise.

La politique de rationalisation des installations d'IBM est un autre exemple d'un mécanisme de coordination qui a pour objet d'intégrer et d'accroître les interdépendances des unités de façon à réaliser des économies d'échelle. Cette politique fut adoptée au milieu des années 60. Le siège social conserve l'autorité en matière de planification à l'échelle mondiale, mais les filiales se voient confier des responsabilités accrues. IBM possède des usines de fabrication dans 16 pays. Plutôt que de laisser chaque usine ou filiale fabriquer la gamme complète des produits ou mettre au point ses produits, la politique de rationalisation prévoit que chaque usine se spécialise dans un produit en particulier ou un groupe de produits, qu'elle fabrique pour ses clientèles locale ou internationale. À son tour, chaque filiale importe les produits qu'elle ne fabrique pas. La politique de rationalisation permet une meilleure gestion des balances commerciales ainsi que la réalisation d'économies d'échelle. En conséquence de cette politique qui établit des relations précises entre les laboratoires de mise au point, les usines de fabrication et les sources d'approvisionnement, il se forme un réseau complexe d'interdépendances et une répartition géographique particulière des usines (voir la figure 11.6).

Alcan Aluminium Ltée : objectifs et principes directeurs

Objectifs

Les objectifs d'Alcan, mutuellement complémentaires, sont les suivants :

— Maintenir une rentabilité suffisante afin d'assurer la viabilité économique à long terme de la société, en procurant à ses actionnaires un rendement avantageux de leur capital par rapport à celui qu'offrent d'autres entreprises comparables au double point de vue des capitaux dont elles ont besoin et des risques qu'elles courent. C'est à cette condition, en effet, que la société pourra trouver les capitaux nécessaires à sa croissance.

— Se doter d'un personnel compétent et consciencieux dans chaque pays où la société est présente, et lui offrir des possibilités de progrès et de promotion aux échelons nationaux et internationaux.

— Viser l'excellence dans l'exploitation, les techniques et la commercialisation, afin d'assurer à la société une position forte et concurrentielle sur les marchés où elle exerce ses activités.

— Identifier et concilier les intérêts de ses actionnaires, de ses employés, de ses clients et de ses fournisseurs, des gouvernements et du public en général, tout en atteignant les objectifs commerciaux d'Alcan et en tenant compte des orientations sociales, économiques et écologiques des pays et des collectivités dans lesquels la société est établie.

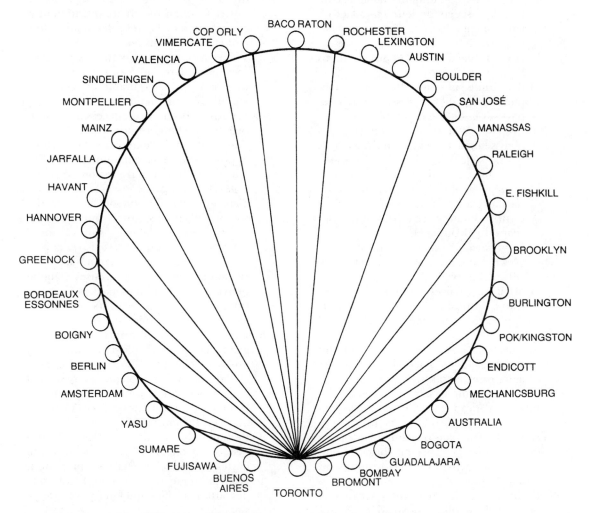

Figure 11.6   Corporation IBM: réseau interdépendant et répartition géographique des usines

— Respecter des normes élevées de probité dans la conduite de toutes les activités de la société.

Principes directeurs

Étant donné que, dans la poursuite de ses objectifs, le Groupe Alcan entend respecter les lois, us et coutumes de chaque pays où il est établi, la société a adopté les principes directeurs suivants :

1. a) favoriser chez les employés une compréhension toujours meilleure de tous les aspects de leur travail et de leur contribution à la réussite de l'entreprise ;

   b) être sensible aux vues et aux opinions de tous les employés ;

   c) dans toute la mesure du possible, employer et former les ressortissants des pays où la société est établie ;

   d) favoriser le développement et l'épanouissement individuel de tous ceux qui possèdent les qualités nécessaires de compétence, de désir de réussir et d'intégrité, afin de leur permettre de satisfaire à la fois les besoins de l'entreprise locale et ceux des autres sociétés du Groupe Alcan ;

   e) favoriser l'application de normes élevées de conditions d'hygiène et de sécurité au travail ;

   f) offrir des salaires et des avantages sociaux équitables et concurrentiels dans l'environnement local ou national ;

   g) entretenir des relations de bonne foi avec tous les employés, les ouvriers et leurs représentants.

2. Diffuser régulièrement des renseignements sur Alcan et ses filiales afin de présenter, au moyen d'états financiers consolidés complets ou d'autres informations, une image claire de l'organisation globale, des activités et des résultats du Groupe Alcan.

3. Établir pour les produits Alcan des normes de qualité appropriées et appuyer dans ce sens les efforts des associations professionnelles et des pouvoirs publics.

4. Améliorer la position concurrentielle d'Alcan par un effort continu de recherche et de développement.
   Encourager et appuyer l'innovation dans les domaines intéressant le Groupe dans les pays où il est établi.
   Diffuser les techniques et les connaissances pertinentes dans toutes les sociétés du Groupe, tout en protégeant les droits de propriété intellectuelle et industrielle et en reconnaissant dûment la contribution de l'auteur de tout développement à sa diffusion.

5. Veiller à ce que les opérations entre les sociétés du Groupe Alcan se fassent sur une base juste, équitable et conforme aux usages commerciaux.

6. Prendre les mesures nécessaires pour prévenir ou limiter toute forme de pollution résultant de l'exploitation des usines et pour réduire au minimum la consommation d'énergie et de ressources naturelles dans les procédés.

7. S'abstenir d'offrir ou de recevoir des sommes illicites ; s'assurer que toutes les opérations financières sont dûment comptabilisées et que les registres et procédures comptables sont soumis à des vérifications internes rigoureuses et qu'ils peuvent être examinés par les administrateurs et les vérificateurs ou contrôleurs de chaque unité.

8. Exiger que les administrateurs, dirigeants et autres employés occupant des postes de confiance dans la société mère et dans ses filiales soient libres de tout engagement ou de tout lien qui pourrait créer un conflit d'intérêt avec Alcan, ou qu'ils en fassent état.

9. Pratiquer la non-discrimination, le respect des droits de la personne et des libertés individuelles et s'abstenir de tout geste politique incorrect dans la conduite des affaires, dans quelque pays que ce soit.

10. Ne se livrer à des opérations de change que dans la mesure où l'exigent la conduite des affaires et la sauvegarde des intérêts d'Alcan et ce, prudemment et selon les pratiques en usage. S'abstenir de toute opération de change à caractère exclusivement spéculatif.

11. Agir de façon autonome et dans l'intérêt d'Alcan dans toute situation commerciale de concurrence sur les marchés et s'abstenir en cette matière de pratiques restrictives.

Source : Alcan Aluminium Ltée.

4.3.2 Les programmes, les plans et les systèmes de planification

Les programmes et les plans sont des mécanismes de coordination qui ont pour objet d'intégrer les actions et les décisions qui doivent être prises en séquence par plusieurs personnes, souvent au sein d'unités différentes et à des moments distincts. La mise en place de programmes de décision et de communication qui recoupent les structures d'autorité dans le sens latéral, et même vertical, est devenue le moyen le plus efficace d'intégrer les fonctions et les tâches.

Ces programmes sont des procédures complexes qui spécifient les moments où se prennent les décisions, les ressources impliquées et les actions à prendre. Les programmes sont consignés dans des manuels et enseignés aux membres qui les exécutent. Une grande partie du travail dans une entreprise consiste à exécuter des programmes routiniers[15]. Afin de réaliser un programme, on doit exécuter une série d'actions individuelles ou collectives selon des procédures établies à l'avance et à des moments précis. En effet, sans coordination volontaire et consciente par les programmes, les activités des membres ne seront pas canalisées d'une manière efficace vers l'atteinte de buts[16].

Plusieurs activités dans l'entreprise sont caractérisées par un haut niveau d'interdépendance séquentielle : développement de nouveaux produits, préparation de budgets, etc. La figure 11.7 donne un exemple de besoins différents d'intégration. L'entreprise A a peu besoin d'intégration, alors que l'entreprise B exige de nombreuses interactions entre le marketing et la fabrication.

● Les programmes : une arme stratégique

Une fois élaborés, les programmes sont codifiés dans des manuels et transmis au personnel. On raconte qu'un des éléments qui a permis de découvrir la présence de fusées russes sur le sol cubain, au début des années 60, a justement été la propension des organisations à exécuter des programmes. En effet, les services secrets américains soupçonnaient la présence de fusées, sans pouvoir la confirmer. Ils ont alors procédé par déduction. Si les fusées sont russes, disaient-ils, elles devraient être placées par le même organisme qui exécute ce travail en Russie. Or, d'après les photographies accumulées, cet organisme place toujours les fusées à un endroit déterminé, car il exécute un programme formel. Il a donc suffi d'envoyer un avion de reconnaissance pour trouver les fusées. L'exécution routinière d'un programme organisationnel avait trahi les Russes.

Le programme de développement des nouveaux produits d'IBM

Afin d'illustrer la notion de programmes dont l'objet est de coordonner des activités qui se réalisent en séquence, décrivons succinctement le processus de développement de nouveaux produits chez IBM[17]. Ce programme englobe plusieurs centaines de décisions réparties en six étapes. Pour chacune des étapes, les informations à recueillir, les recherches à entreprendre, les décisions à prendre et les approbations à obtenir sont spécifiées à l'avance dans un document. Ce processus hautement programmé formalise certes le processus de décision, mais la célérité dans l'exécution des étapes permet toujours à IBM de concevoir un flux continuel de nouveaux produits.

Voici, esquissées à grands traits, les caractéristiques séquentielles de ce programme de

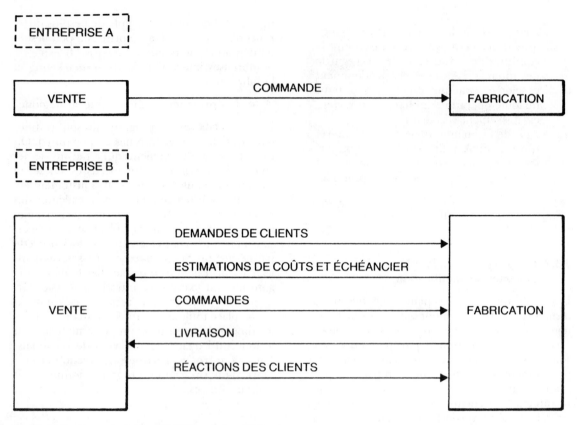

Figure 11.7   Exemple de besoins différents de coordination

développement de nouveaux produits. Afin d'assurer la préséance de l'optique du marketing, le programme commence par une identification des besoins du marché. Les sources d'information dans ce processus d'identification des besoins sont les renseignements obtenus à la suite de visites chez les clients, l'analyse des concurrents et les projets d'étude conjoints avec des clients. Les tendances perçues, les progrès technologiques et les innovations nés de la recherche sont ensuite examinés. Le programme est complexe et comporte des interactions de plusieurs éléments de l'organisation. Les divisions de mise au point du groupe des produits informatiques et les groupes de soutien de la commercialisation et de la fabrication apportent des contributions importantes. En vertu de ce programme, de nombreux projets interdépendants seront en cours en même temps dans des laboratoires différents. On fait de nombreuses analyses avant de décider s'il existe effectivement un concept de produit qui réponde aux objectifs de commercialisation.

Après les analyses des besoins du marché, le processus s'engage plus loin dans la séquence (voir la figure 11.8). Les trois premières phases comprennent des études de faisabilité et des analyses des objectifs relatifs aux produits et aux caractéristiques du produit final. La figure 11.9 montre quelques-unes des décisions à prendre en ce qui a trait à l'étude de faisabilité. À la fin de la troisième phase, le produit est mis à la disposition des services de marketing qui l'annonceront. La phase IV se compose d'une préproduction et d'essais rigoureux. Durant cette phase, le ser-

vice de la fabrication assume la responsabilité du produit, et la première livraison aux clients a lieu à la fin de la phase V. La phase VI porte sur la gestion de la vie économique du produit.

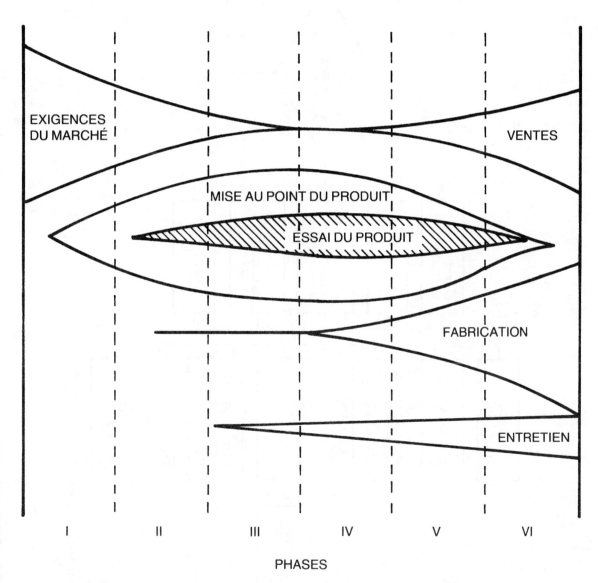

Figure 11.8 Exemple : processus de mise au point des nouveaux produits (matériel et logiciel)

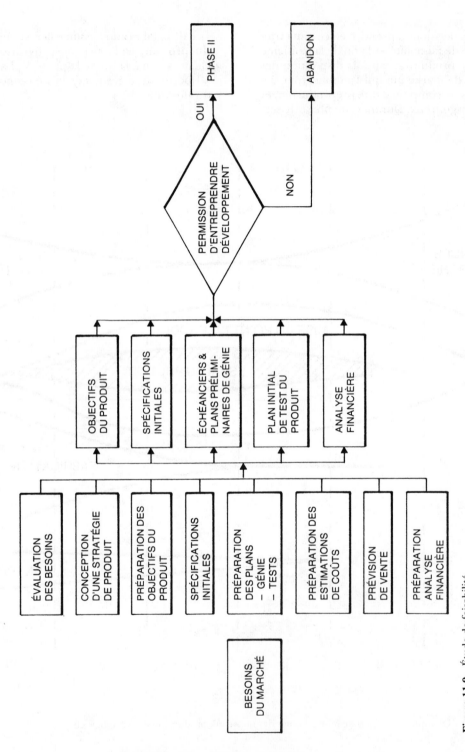

Figure 11.9 Étude de faisabilité

● Les systèmes de planification

La mise en place de systèmes de planification stratégique ou opérationnelle a pour objet d'impulser le processus d'administration mais aussi de réaliser la coordination des interdépendances séquentielles. En l'absence d'un système de planification, les actions sont prises isolément et au hasard, ce qui présente des risques évidents pour l'entreprise. Les activités d'analyse, d'évaluation et de sélection du système de planification permettent de choisir des programmes d'action parmi plusieurs, pour atteindre les objectifs d'ensemble de l'entreprise.

La planification est un processus dont les intrants sont des informations et les résultats des plans : le système mis en place structure les activités et les décisions. Le tableau 11.3 donne une esquisse des intrants, de la structure formelle et informelle du système et des types de plans qui

en résultent. La conception formelle du processus de planification est le résultat de décisions de la direction à propos 1) de l'affectation des responsabilités de planification, 2) des outils d'analyse suggérés ou imposés et 3) des styles utilisés.

La structure formelle du processus de planification découle de décisions de la direction générale. Ces décisions indiquent qui participe, quels sont les comités, quelles interrelations sont prévues et quelles analyses doivent être exécutées. La conception formelle prescrit :

— les responsables qui doivent participer au processus ;

— les informations à utiliser ;

— les décisions à prendre ;

— les documents d'analyse à préparer ;

Tableau 11.3   La planification : processus organisationnel

Intrants	Processus de planification	Extrants

• Informations utilisées par les participants:
 	
   – hypothèses a priori
   – analyses industrielles
   – analyses des concurrents
   – stratégie existante
 	
 • Valeurs et préférences des dirigeants:
 	
   – professionnalisme
   – style intuitif
 	
 • Habiletés et formation des participants:
 	
   – perceptions et conception
   – capacités analytiques
   – créativité
 	
 • Culture organisationnelle
 	
   – méthodes de prise de décision
   – préférences
   – normes et valeurs
	• Conception formelle du processus:
	
	   – qui participe?
	   – quand?
	   – quels rapports, documents?
	   – hypothèses?
	
	 • Style de la direction:
	
	   – planification unilatérale
	   – participation des cadres
	
	 • Réalités organisationnelles:
	
	   – nature politique du processus de planification
	   – conflits
		• Hiérarchie de plans stratégiques:
		
		   – corporatif d'ensemble
		   – plans tactiques
		   – projets
		
		 • Programmation des actions:
		
		   – plan annuel
		   – plan de marketing
		   – plan de recherche
		   – plan de production
		   – plan de ressources humaines
		   – plan de financement
		
		 • Budgets:
		
		   – annuels
		   – trimestriels

— les approbations à obtenir ;

— les présentations et les rapports à fournir.

Le style que la direction entend adopter se reflète aussi dans la conception du système et le choix des instruments d'analyse. Le tableau 11.4 présente quatre styles. Le style vertical descendant place le contrôle de la planification dans les mains de la direction générale, alors que le style professionnel met la planification dans les mains des experts. Dans ces deux cas, l'environnement est tel que la direction croit pouvoir se passer des avis des subordonnés. Le style vertical ascendant place l'initiative de la planification dans les mains des subordonnés, en raison de l'incertitude et de la nécessité de la créativité, comme dans un laboratoire de recherche. Le style itératif et politique combine la planification descendante et l'initiative ascendante.

Tableau 11.4 Quatre approches distinctes du processus de planification

---

1. Du haut vers le bas: style vertical descendant
- Prémisses centrales fournies par la direction
- Planification centrale

2. Équipe de planification: style professionnel
- Groupe administre le processus
- Planification faite par les experts
- Critiques par la direction

3. Du bas vers le haut: style vertical ascendant
- Pas de lignes directrices ou de prémisses
- Divisions préparent leurs plans
- Révision par la direction générale

4. Débat structure et itératif: style politique
- D.G. établit les prémisses et objectifs
- Divisions préparent les plans
- Marchandage et
- Modification des plans

Les outils ou les technologies analytiques suggérés pour la planification constituent un dernier élément de structuration formelle du processus. Le tableau 11.5 donne une liste limitée des outils qui peuvent être utilisés. L'inté-

gration des décisions en vue d'assurer une cohérence des choix se réalise par l'imposition d'une logique d'analyse.

Les objectifs visés par les systèmes de planification mis en place sont surtout de stimuler et de coordonner. Voici un résumé des objectifs normalement poursuivis :

— Améliorer la communication et la coordination. Il s'agit en effet d'éviter les décisions prises d'un point de vue partiel. Par exemple, le service X entreprend une action qui touche le service Y, mais le service X néglige, pour une raison ou une autre, de consulter le service Y. De même, une étude est menée par la fonction informatique en vue de l'acquisition d'un ordinateur. Or la direction supérieure communique une information selon laquelle la taille de l'entreprise est sur le point de doubler en raison d'une acquisition prévue. L'ordinateur commandé s'avérerait désuet le jour même de son installation.

— Fournir un cadre de référence permettant d'évaluer les choix conflictuels. Cet aspect du système de planification est primordial. Une carence dans les plans peut donner comme résultat un manque de cohésion dans l'action. Habituellement, les cadres ont des valeurs, des objectifs, des ambitions, voire des façons d'appréhender l'entreprise, qui leur sont propres. Par ailleurs, les unités dans lesquelles œuvrent ces cadres ont des stratégies fonctionnelles spécifiques. Par exemple, le service de la fabrication peut vouloir canaliser les énergies et les ressources vers un nombre restreint de produits dans le but de minimiser les coûts de production et de réduire les coûts d'inventaire. Le service du marketing, de son côté, peut opter pour un large éventail de produits ou de services, en vue d'augmenter les ventes. S'il n'existe pas un système de planification obligeant les unités à discuter du plan général, la firme risque d'être le lieu de décisions contradictoires. Le système de planification ne considère pas chaque élément ou chaque unité de l'entreprise comme une entité indépendante ayant ses intérêts

Tableau 11.5

LISTE DES «OUTILS D'AIDE À LA PLANIFICATION»

- **MÉTHODES D'EXTRAPOLATION ET DE PRÉVISION**
  - Projection de tendances (graphiquement)
  - Projection de tendances et calcul de moyennes mobiles
  - Lissage exponentiel
  - Prévision technologique

- **MÉTHODES QUALITATIVES**
  - Consultation d'experts
  - Delphi
  - «Brainstorming»
  - Synectique
  - Scénarios

- **TECHNIQUES ÉCONOMÉTRIQUES**
  - Méthodes d'optimisation
  - Simulation
  - Dynamique industrielle
  - Analyse de corrélation PIMS (Profit impact of marketing strategies)
  - Analyse de régression et autres méthodes économétriques

- **MODÈLES DE DÉCISION STATISTIQUES**
  - Théorie de la décision
  - Arbres de décision
  - Analyse de risque

- **MODÈLES FINANCIERS**
  - Modèles de prévision des «cashflows»
  - Modèles de décision financières ou d'investissement
  - Techniques de sélection de portefeuille

- **MODÈLE ÉCONOMIQUE**
  - Cycle de vie des produits
  - Portefeuille de produits
  - Matrices d'industries

---

propres ; il se préoccupe plutôt de la réalisation des objectifs d'ensemble.

— Simuler l'effet futur des décisions. Un des grands avantages de la planification est la possibilité de simuler l'avenir de l'entreprise. Si la simulation ne donne pas pour résultat un scénario acceptable pour la direction, l'exercice peut être répété ; la direction évite ainsi les décisions à l'emporte-pièce. La planification prévient ce genre de

décisions, car elle fournit un cadre d'analyse global auquel les décisions peuvent être confrontées. La possibilité de la simulation de l'avenir encourage les responsables et leur permet de prévoir, d'évaluer, d'accepter ou de rejeter un plus grand nombre d'options. Elle permet en outre d'estimer les besoins financiers.

— Faciliter le contrôle. Un autre attribut important du système de planification est de servir de guide aux responsables chargés de prendre des décisions opérationnelles en conformité avec les objectifs et les stratégies établis. La décentralisation est indispensable dans plusieurs fonctions de l'entreprise pour motiver le personnel et faciliter l'adaptation rapide de l'entreprise aux circonstances spéciales et inattendues. Ces décisions doivent s'inscrire dans le plan global de façon à contribuer à la promotion des intérêts de l'entreprise. Le système de planification permet donc une délégation efficace du pouvoir et des responsabilités tout en assurant le contrôle.

Le système de planification stratégique est moins formalisable que la préparation des plans opérationnels et des budgets (voir les tableaux 11.6 et 11.7). La planification opérationnelle à moyen terme est un processus par lequel des plans détaillés, structurés et séquentiels d'affectation des ressources sont établis à partir des stratégies et des politiques déjà envisagées pour chacune des fonctions de l'entreprise. Ce qui caractérise essentiellement la programmation opérationnelle est la formulation en termes précis de moyens et d'objectifs. Il s'agit ici de coordonner les efforts de recherche et de développement, les plans de publicité et les calendriers de production en vue de la commercialisation des nouveaux produits. Le système de planification opérationnelle intègre les activités séquentielles et courantes des fonctions de fabrication, de marketing et de finance ; il établit aussi les budgets de dépenses, d'investissements et de revenus. Par exemple, les étapes à suivre dans la préparation de plans opérationnels et de budgets comprendront les activités suivantes :

— prévisions des conditions économiques : croissance du PNB, investissements, indices des prix, volume de construction, etc. ;

— indications de la direction quant aux objectifs visés : rendement des actifs, profits sur les ventes, rendement de l'avoir des actionnaires, parts de marché, etc. ;

— préparation des plans par les cadres responsables des divisions et des fonctions ;

— préparation d'états financiers prévisionnels et prévisions détaillées des parts de marché par produit, des besoins d'investissement et des besoins de main-d'œuvre ;

— préparation, pour l'année à venir, d'un plan détaillé sous forme de budget pour les divisions, les fonctions et les unités ;

— présentation en vue d'une approbation par la direction et révision si nécessaire.

4.3.3 Les systèmes politiques d'ajustement mutuel

Les systèmes politiques ont pour objet non seulement d'assurer l'intégration horizontale et verticale mais surtout de garantir l'ajustement mutuel dans les prises de décision grâce à des débats itératifs et structurés. Au lieu de laisser la planification s'effectuer au sein de structures rigides et selon des modes formels, plusieurs entreprises ont mis au point des systèmes d'ajustement itératifs et politiques. Ces mécanismes visent à créer une organisation dynamique, qui peut réagir rapidement aux changements et aux occasions survenant dans son milieu.

Le système de débats et de contrepoids mis en place par IBM pour assurer la qualité des décisions servira d'exemple. Le but de ce processus est d'assurer la confrontation des points de vue des cadres et des subalternes de façon à éviter la domination hiérarchique. La confrontation se définit comme un mode ouvert et socratique de planification. Le système de contrepoids et de débats est structuré de façon à rendre plus aisés les ajustements mutuels dans la prise de décision ; en voici les éléments distinctifs :

— Les centres de responsabilités qui désirent introduire un changement, à quelque niveau qu'ils soient, préparent une proposition, qui est présentée au palier compétent de la direction supérieure, responsable de ce sujet particulier.

— Cette proposition est d'ordinaire une justification bien étudiée et bien documentée qui indique les avantages et les coûts prévus pour les parties intéressées, de même que les

Tableau 11.6 «Système de planification»

STRUCTURATION

	ÉTUDE DES CHOIX STRATÉGIQUES	FIXATION DE CES CHOIX	OPTIMISATION DES RESSOURCES	DONNÉES
Buts	à 15 ans / plan «stratégique»	à 5 ans / plan quinquennal	de 1 à 2 ans / planification opérationnelle	à 1 an / budgétisation
Contenu	Essentiellement qualitatif	quantitatif	quantitatif	quantitatif
Analyse de l'environnement (procédures)	Étude des tendances dans l'environnement – changements possibles	Extrapolation de tendances avec analyse de sensibilité de certaines variables	Comprend aussi une procédure de **diagnostic** précédant l'optimisation	Sauf en cas de réadaptation du budget, pas d'analyse de l'environnement. Contrôle de l'évolution des performances (planing gap)
Type d'environnement analysé	Environnement – économique – social – politique – culturel	Environnement économique. L'accent est mis sur les variables de performance (poids important à la «Finance»)	Environnement concurrentiel (d'où poids important au Marketing)	Données quantitatives sur situation actuelle
Sources d'informations	**Principalement externes** fournisseurs fabricants conférences (IATA) congrès, séminaires contacts extérieurs avec des politiques consultants	**Externes et internes** journaux financiers banques, indicateurs économiques publiés, etc. les données fournies par les exécutifs	**Principalement par des canaux internes** réseaux de vente, service du marketing, offices régionaux, etc. le système d'information est largement automatisé	**Internes** multiples informations circulant d'un service à l'autre
Mode de rassemblement	données rassemblées et organisées par le responsable du "strategic planning" avec l'aide des différents services auxquels il envoie un questionnaire	données rassemblées par les différents services et consolidées dans le plan de 5 ans, sous la responsabilité du planificateur	données (revenus & coûts) provenant des bureaux de ventes utilisation de l'EDP (electronic data processing)	un exemple: management information distribué par le service financier

Tableau 11.7 Articulations de stratégies

	OBJECTIFS	CONTRAINTES & POLITIQUES	PLAN ET BUTS
Direction générale	Établis en fonction – des actionnaires – des commettants externes – du public Exemples – objectifs financiers – objectifs de stimulation – responsabilité sociale	Politiques financières – structure du capital – dividendes – risques Tandem produits-marché Industries choisies Critères d'acceptation – des propositions – des affectations de ressources	Projection des ressources discrétionnaires disponibles Projection des affectations des ressources dans l'avenir Attentes de performances (5-10 ans) – entreprise totale – chacune des divisions
Divisions	Établis en terme de la D.G. Exemples – objectifs financiers – position de la division dans l'industrie	Définition de la mission Importance et relations entre les activités Priorités et contributions de chacune des activités	Projection de l'affectation des ressources qui déterminera la contribution de chacune des activités Attentes de performance (3-7 ans) – division – chacune des activités
Administrateurs d'activités et de programmes – produits – fonctions – usines – région	Établis en termes de la division Exemples – contribution de l'activité à la division – position de l'activité dans l'industrie	Détermination des limites du domaine de l'activité Critère d'optimisation des ressources disponibles	Séquence projetée de l'utilisation des ressources en vue de la contribution de l'activité Attentes de performance (3 ans) – de l'activité – des sous-activités

implications pour IBM. Il est intéressant de noter qu'IBM procède habituellement de la même manière avec ses clients ; une proposition commerciale est présentée aux usagers éventuels ou établis.

— Avant de procéder à une présentation finale à la direction supérieure, le personnel pertinent étudie la proposition et fait une recommandation formelle. Des études approfondies et d'importantes analyses étayent ses recommandations.

— La direction supérieure fait son choix ultime en se fondant sur deux genres de renseignements : a) un énoncé concis de la proposition et de ses implications ; b) une évaluation concise et des recommandations signées par les cadres compétents. La haute direction ne s'attarde pas indûment à la masse des détails, mais s'en remet, dans une large mesure, à l'évaluation et aux recommandations effectuées par le personnel cadre.

— La direction supérieure présume que le processus de discussion, d'analyse et d'ajustement a mené à des modifications des propositions qui satisfont aux exigences de l'intégration et de la coordination. Un cadre désirant s'opposer à une recommandation sera entendu par un comité. En l'absence d'une telle opposition, la direction supérieure suppose que ceux qui font une recommandation se sont sérieusement acquittés de leurs fonctions et ont fait les analyses appropriées, ce qui évite la nécessité de revoir tous les détails de chaque proposition.

La principale caractéristique de ce mode de prise de décision réside dans l'ajustement réciproque et la circulation à double sens du processus d'influence. La direction supérieure a toujours l'autorité finale, mais elle s'appuie sur une participation élevée des cadres. Les éléments de l'organisation qui désirent entamer des changements de politique, modifier les rendements cibles ou acquérir de nouvelles missions, peuvent cependant présenter des propositions au sein d'un système formel. En d'autres termes, le résultat ultime, c'est que personne chez IBM ne détient toute l'autorité sur quoi que ce soit et que chacun est responsable de tous ceux qui travaillent sous sa surveillance. Les débats quant aux objectifs coexistent avec des processus qui tendent à favoriser la collaboration. Ce mode de prise de décision assure la coordination par les autorités hiérarchiques supérieures sans surcharger les voies de communication ni la direction. Ce processus de prise de décision diffère d'une manière frappante du modèle mécaniste et centralisé de la bureaucratie, dans lequel on achemine les renseignements vers le sommet, en supposant que seule la haute direction possède la compétence voulue.

4.4 LA CONCEPTION DES RÔLES

Les rôles sont le quatrième type d'instruments majeurs du design organisationnel après les structures, les mécanismes de coordination et les systèmes de planification. Les membres d'une organisation sont en effet reliés entre eux par l'intermédiaire d'un réseau de rôles. Ces rôles visent à assurer la coordination des activités des membres et la régularité des comportements désirés. C'est par l'intermédiaire de ces rôles que la « variable humaine » est introduite dans le design de l'organisation[18]. Les rôles, en effet, ont trait à la fois aux attentes de la direction et aux intentions personnelles des titulaires.

Les comportements individuels résultent de décisions qui sont influencées à la fois par des facteurs organisationnels (mécanismes, structure et système), des facteurs interactionnels (relations informelles et directes entre individus ou au sein d'un groupe), des facteurs situationnels (activités familiales ou extérieures) et enfin d'intentions personnelles. La figure 11.10 résume ces facteurs. Or les facteurs organisationnels sont les seuls que la direction peut influencer par le design organisationnel. Les attentes organisationnelles sont transmises par la direction sous forme de règles, de résultats espérés et de politiques ou de pratiques sanctionnées.

Les tâches que les titulaires doivent accomplir sont décrites par des normes qui établissent les objectifs, les activités, les ressources disponibles et les critères de performance. D'autres normes déterminent, pour chaque rôle, la zone de responsabilité et les relations d'autorité vis-à-vis d'autres rôles. L'autonomie du titulaire, sa liberté d'action de même que la manière d'aborder ou de traiter les problèmes sont définies avec plus ou moins de précision. Enfin, les normes établissent des sanctions positives ou négatives selon qu'il y a conformité, défaut, déviation ou échec. Elles confèrent une légitimité à certains modes d'action et en condamnent d'autres.

Le titulaire qui joue un rôle prescrit ne se comporte pas uniquement en fonction des normes officielles régissant sa tâche, ses droits et ses obligations, mais aussi d'après ses attentes personnelles. Son comportement réel est dès lors le produit à la fois des influences organisationnelles et de ses intentions personnelles. Chaque personne définit à sa façon sa situation, l'interprète d'après ses attentes et la confronte à son projet individuel, qui ne correspond pas nécessairement aux attentes des supérieurs. Les interactions avec d'autres rôles impliquent aussi

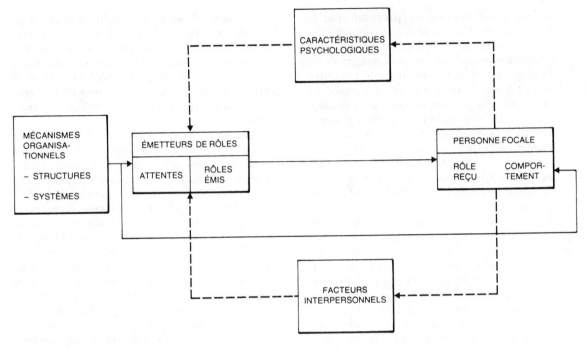

Figure 11.10   L'épisode de rôle

la nécessité de collaboration et de coordination. Dans ses relations avec les personnes occupant des rôles connexes au sien, le titulaire d'un rôle subit leurs pressions et s'expose à des tensions ou à des conflits.

La direction influence les rôles en établissant des éléments précis qui donnent aux titulaires des messages et des normes clairs. En voici quelques exemples :

- **Les responsabilités et les mandats**
- atteindre une croissance des ventes de x % par année ;
- réduire les coûts de T % par année ;
- accroître la productivité de Y % par année ;
- réduire les accidents de Z % par année ;
- négocier la convention collective avant telle année ;
- mettre la nouvelle usine en route avant telle année ; etc.

- **Les priorités dans l'exécution**
- les priorités imposées à un titulaire quant à la réalisation de ses responsabilités différeront selon que l'évaluateur est un supérieur, un subordonné ou un collègue.

- **Les obligations d'interaction**
- le rôle établit les tâches qui ne relèvent pas directement du titulaire, mais pour lesquelles il doit néanmoins assumer une responsabilité personnelle, devant ainsi agir avec d'autres titulaires.

- **L'évaluation des résultats**
- les indicateurs de performance ;
- la qualité du « leadership ».

Après cette discussion introductive sur la nature des rôles, nous aborderons deux thèmes pertinents au design organisationnel. Nous examinerons, en premier lieu, le degré de spécificité des rôles et, en second lieu, l'influence du travail à exécuter sur la conception des rôles.

- La spécificité des rôles

Une dimension critique du design organisationnel est la spécificité des rôles : leur contenu, leurs relations et le degré de légitime discrétion laissé au titulaire. Moins les normes sont spécifiques et plus la zone de choix individuels est étendue. Le fait de rendre un rôle routinier diminue le pouvoir de son occupant en établissant des prescriptions.

Le tableau 11.8 indique que plus l'ensemble des rôles est spécifique et précis, plus le design est formel ou bureaucratique. Au contraire, moins les rôles sont spécifiques, plus la direction entend créer un milieu organique où les titulaires devront assumer des responsabilités et s'engager[19]. Le degré de discrétion est d'autant plus élevé que les exigences de la tâche sont imprévisibles et que la compétence des titulaires est grande.

- L'influence du travail à exécuter

La technologie qui sous-tend le travail des unités influence la décomposition du travail en rôles distincts. Pour certaines tâches à exécuter, les rôles seront prescrits avec précision, alors que pour d'autres, les rôles permettront l'exercice de la discrétion. Charles Perrow a établi une typologie des modes de gestion en fonction des caractéristiques du travail[20].

— Les unités dont le travail est routinier exécutent des tâches qui requièrent des actions répétitives. Le travail des membres y est stable : il ne présente pas d'aspects nouveaux de jour en jour. La difficulté et la variabilité des tâches sont faibles. Ce type routinier s'apparente étroitement au modèle de l'organisation bureaucratique ou mécaniste, dans lequel les rôles sont spécifiques.

— Les unités dont le travail est du type technique exécutent des tâches analysables et programmables mais qui, par ailleurs, ne sont pas répétitives ; elles présentent un grand nombre de cas exceptionnels. Les rôles sont spécialisés, mais prévoient une grande variété de situations.

Tableau 11.8 Spécificité des rôles et types d'organisation

Auteurs	Type d'organisation associée à la spécificité des rôles	
	Spécificité élevée	Spécificité faible
Weber	Traditionnelle Bureaucratique	Charismatique
Burns et Stalker	Mécaniste	Organique
Crozier	Routinière	Incertaine
Thompson	Surspécification	Spécification vague
Simon	Programmée	Non programmée
Presthus	Champ perceptuel structuré	Champ perceptuel non structuré
Bennis	Coutumière	Résolution de problèmes
Taylor	Détermination scientifique des tâches et des responsabilités	Autonomie et prédominance des personnalités
Fayol et Urwick	Autorité clairement définie et imputabilité	Rôles et relations non définis
Likert	Autoritarisme	Participation
McGregor	Théorie X	Théorie Y
Argyris	Organisation rationnelle	Auto- actualisation

— Les unités dont le travail est du type « professionnel » traitent de problèmes stables mais qui exigent des compétences techniques et du savoir-faire. Le travail est donc plus artisanal et plus discrétionnaire que programmable et réglable. L'autorité est confiée à des professionnels semi-autonomes et suppose qu'ils assument des responsabilités individuelles.

— Les unités dont le travail est heuristique accomplissent des tâches constamment nouvelles et variables, et dans lesquelles les méthodes d'action ne sont ni programmables ni analysables a priori. Les rôles y sont peu spécifiques. Ces tâches exigent des efforts de créativité, de jugement et d'analyse de la part d'un personnel hautement qualifié. L'unité de ce type se rapproche du modèle « organique » ou « collégial ». Dans l'entreprise, on trouve ce travail dans les services d'études, de recherche et de développement ou de planification stratégique, ainsi que dans les cellules formées autour d'un projet.

En bref, la conception des rôles détermine le degré d'autonomie et de discrétion qui sera laissé aux titulaires. Il ne s'agit pas ici de laisser des marges discrétionnaires pour l'unique motif idéologique de diffuser le pouvoir. Au contraire, la discrétion est consentie pour que les titulaires puissent exécuter le travail qui exige des décisions nombreuses de leur part. Par ailleurs, les rôles sont prescriptifs lorsque le travail à exécuter est facilement programmable.

4.5 LA CENTRALISATION ET LA DÉCENTRALISATION DES DÉCISIONS

Associée de très près à la conception des rôles, se trouve la spécification des pouvoirs décisionnels du sommet de la hiérarchie vers les exécutants. La centralisation des décisions au sommet crée une organisation très bureaucratique, alors que la décentralisation introduit la participation. Or, dans les organisations, les décisions ne peuvent être toutes centralisées ou toutes décentralisées. Au lieu d'aborder ce problème d'une manière globale, il est plus utile d'analyser la spécification des pouvoirs décisionnels, matière par matière.

La centralisation des pouvoirs décisionnels au sommet de la hiérarchie n'est possible que dans les cas où les exigences d'action, de réaction et d'innovation sont faibles. Dès lors, il est possible de centraliser le maximum de décisions au siège social, quitte à surcharger les diri-

geants. Par opposition, la décentralisation poussée des pouvoirs décisionnels peut conduire à une organisation anarchique mais adaptée aux multiples décisions à prendre. Dans les faits, certaines décisions sont centralisées, alors que d'autres sont décentralisées.

La décentralisation et la centralisation de l'autorité décisionnelle, matière par matière, sont, en règle générale, le reflet d'une stratégie. Par exemple, une firme qui poursuit une stratégie orientée vers la supériorité technique centralise au sommet les décisions liées à la recherche ; cette centralisation permet d'identifier les domaines techniques pertinents et de réaliser des innovations majeures. Par contre, une stratégie orientée vers l'adaptation aux marchés locaux militera en faveur de la décentralisation des activités de recherche et de développement. Comme l'indique le tableau 11.9, les pouvoirs de décisions quant à certaines matières peuvent être centralisés, alors qu'ils sont décentralisés pour d'autres.

5. Les formes de design organisationnel

Les articulations et les agencements des instruments de design organisationnel que nous venons d'examiner peuvent donner naissance à des formes d'organisation variées et contingentes. Ainsi, une entreprise de haute technologie qui œuvre dans un marché à croissance rapide voudra se doter d'une forme d'organisation flexible. Par contre, une firme concurrencée évoluant dans un marché où les prix sont les facteurs critiques de succès se donnera une structure formelle et centralisée, de façon à contrôler et à réduire les frais d'exploitation.

Le design organisationnel est un processus de décision destiné à assurer la cohérence entre la stratégie, d'une part, et la forme globale de l'organisation, d'autre part. La forme de l'organisation sera donc dépendante de la stratégie, de la technologie et des conditions de la concurrence (figure 11.11). Sans prétendre qu'il s'agit là d'un déterminisme total, nous supposons que l'évolution de l'industrie dans laquelle œuvre

Tableau 11.9 La centralisation et la décentralisation des décisions

MATIÈRE	PRÉSIDENT	DIRECTEUR DE L'INGÉNIERIE	DIRECTEUR DU MARKETING	DIRECTEUR DE LA FABRICATION
• Identification d'une modification au produit	• Projette en fonction de la stratégie • Décide de procéder	• Suggère innovation technique	• Suggère à partir du marketing	• Suggérer des solutions pour réduire les coûts
• Conception du produit	• Décision finale	• Gestion du projet	• Avis sur la conception de produits	• Avis sur la faisabilité
• Planification	• Décision finale			
• Lancement	• Décision finale	• Décision sur modification de diverses instances	• Décision 　– publicité 　– vendeuse	
• Évaluation			• Avis sur les pour et les contre de nouvelles caractéristiques à divers intervalles de temps	

l'entreprise influence largement sa forme d'organisation.

Au moment de l'émergence d'une industrie, les firmes qui y participent épousent la forme entrepreneuriale. Si l'industrie croît et devient oligopolistique en raison des économies d'échelle, on verra apparaître la forme fonctionnelle. À mesure que la firme se diversifie de façon à œuvrer dans des industries différentes et afin de remédier au déclin des activités en décroissance, on constate l'apparition des formes divisionnaire et innovatrice.

Au lieu de chercher de simples liens de causalité, il semble plus efficace de distinguer des configurations, des formes d'organisation associées à des stratégies distinctes. Pour les fins de ce texte, nous examinerons les cinq formes suivantes : 1) entrepreneuriale, 2) fonctionnelle, 3) divisionnaire, décentralisée 4) innovatrice et 5) globale.

5.1 LA FORME ENTREPRENEURIALE

La forme artisanale ou entrepreneuriale d'organisation est utilisée par les petites firmes qui fabriquent une gamme limitée de produits visant un segment de marché — ou des marchés régionaux — grâce à une distribution simple. En général, la forme artisanale s'appuie sur des modes de production dans lesquels l'absence d'économie d'échelle contribue à former une industrie fragmentée.

L'entrepreneur ou le groupe entrepreneurial préfère adopter une structure simple et peu formalisée de façon à accroître l'adaptabilité au prix même de l'efficience. En effet, le groupe entrepreneurial assume des risques, mais il entend garder la possibilité de faire des adaptations rapides aux innovations et aux exigences du marché grâce à une structure flexible. De plus, l'entrepreneur centralise les décisions stratégiques qui sont prises d'une manière délibérée mais sans le recours à des analyses formelles. Nourrie par l'incertitude et orientée vers l'exploitation dynamique des possibilités, la stratégie est rarement exprimée de façon explicite. Elle reflète la vision du dirigeant-entrepreneur ou du groupe entrepreneurial. Le développement devient une extrapolation de leurs convictions personnelles.

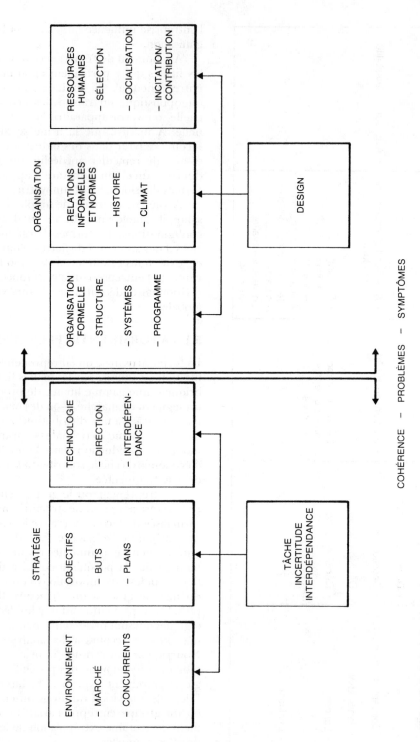

Figure 11.11 Relations stratégie – organisation

La structure formelle est peu élaborée. La division du travail est peu poussée, et la différenciation des unités est minimale. La coordination dans la forme entrepreneuriale est surtout réalisée par la supervision directe des cadres. Les décisions importantes sont généralement prises au sommet par quelques dirigeants. Le regroupement en unités, s'il existe, est le plus souvent réalisé par fonctions et de façon approximative. De la même façon, la communication circule entre la direction et les membres de l'organisation de façon informelle et personnelle. Les employés exécutent des tâches variées et diverses. Leur encadrement est personnalisé, notamment en ce qui a trait à l'évaluation des performances et à la distribution des récompenses. L'évaluation des performances ne se fonde pas sur des méthodes systématiques.

La forme entrepreneuriale se trouve dans les petites entreprises, les entreprises de haute technologie et les grandes entreprises qui comprennent des unités innovatrices. La forme artisanale et entrepreneuriale a des désavantages réels. En premier lieu, elle est inapplicable dans les industries en croissance où la technologie crée des économies d'échelle dans la fabrication et la distribution. En second lieu, elle est quelquefois marquée par un style de gestion individualiste et autocratique. Lorsque le dirigeant-entrepreneur accumule le pouvoir et considère que la définition des tâches des subordonnés limite son droit de décider, il conçoit une structure simple où il peut intervenir directement. Le tableau 11.10 donne un résumé des principales caractéristiques de la forme entrepreneuriale.

La transition de la forme entrepreneuriale à la forme fonctionnelle s'effectue par la structuration des tâches selon les fonctions (marketing, finance, fabrication, ingénierie, etc.), par la délégation de pouvoirs discrétionnaires aux dirigeants de ces fonctions et par la mise en place de systèmes formels de gestion.

Les caractéristiques économiques et technologiques de l'industrie de la construction de même que les exigences de la concurrence nous incitent à conclure que les entreprises doivent avoir certaines propriétés clés importantes.

Tableau 11.10 La forme entrepreneuriale

LES PRINCIPALES CARACTÉRISTIQUES

Stratégie	– Mono-produit – Mono-marché – Distribution simple
Organisation	– Patron responsable des décisions stratégiques et opérationnelles, secondé par des employés
Mesure des performances et imputabilté	– Personnalisées et subjectives
Récompenses	– Paternalistes et non systématiques
Options stratégiques	– Choix et préférence du propriétaire-entrepreneur
Recherche et développement	– Non systématique
Systèmes de gestion	– Peu développés – Pas de plans formels mais des budgets
Limites	– Croissance limitée – Surcharge du patron

Seule la possession de ces propriétés clés en permet le succès et la survie. Ce sont les suivantes :

— la capacité de supporter des frais généraux en période creuse, de façon à garder un personnel réduit dans le but de se tenir au courant des décisions des investisseurs et de présenter des offres de services aux divers maîtres d'œuvre ;

— la capacité de supporter les charges de capital qu'impliquent les investissements excédentaires d'outillage en vue de faire face aux périodes de pointe ;

— la capacité de prévoir l'évolution des cycles économiques et les variations de la demande effective ;

— la capacité de se tenir au courant des innovations d'équipement, de matériaux et de procédés de construction de façon à diminuer les coûts ;

— la capacité de reconstitution constante des équipes de travail, de réorganisation continuelle et d'activation rapide des systèmes de gestion en période d'expansion ;

— la capacité de gérer des projets de façon à satisfaire aux exigences de délais, de qualité et de coût.

La concentration des activités de construction, en raison de l'instabilité saisonnière et cyclique, exige des entreprises qu'elles soient capables de fonctionner avec un très haut niveau de production au cours de périodes intensives. Du point de vue financier, les entreprises doivent utiliser plus d'outillage et de personnel administratif que si les travaux étaient étalés sur toute l'année. Les entreprises doivent donc être en mesure de supporter des frais généraux élevés de façon à préparer des offres de service. De plus, les entreprises de construction doivent être capables de se déplacer d'un chantier à l'autre, d'un contrat à l'autre et de s'adapter à la variabilité des situations et des besoins des maîtres d'œuvre. Il est nécessaire d'organiser des relations d'affaires temporaires, contractuelles et techniques pour chaque projet. Les entreprises sont donc engagées dans un processus continuel de réorganisation ; les relations entre le gestionnaire de projet et les sous-traitants sont formelles et transitoires. Enfin, les entreprises doivent être en mesure de diminuer leur personnel en période creuse pour pouvoir continuer à chercher des contrats et à répondre aux appels d'offre. En vue d'assurer la survie de l'organisation, les dirigeants d'entreprises de construction doivent accorder une attention particulière aux mouvements de trésorerie laissant la rentabilité fluctuer d'une manière radicale d'année en année.

La forme d'organisation développée par les entreprises de construction pourrait porter le nom d'organisation périodique. L'entreprise de construction se dote de trois capacités qu'elle utilise à des moments distincts : le retranchement, l'expansion et la gestion de projet. Au cours de la période de retranchement, l'entre-

prise est en mesure de se tenir au courant des innovations technologiques et des décisions d'investissements des maîtres d'œuvre de façon à répondre avec exactitude aux appels d'offre. Au moment de l'exécution des contrats qu'elle a obtenus, l'entreprise est capable d'activer ses systèmes de gestion, de recruter rapidement des ouvriers et de les insérer dans des programmes d'action. Au cours de la phase de réalisation, elle met en œuvre ses systèmes formels de gestion de projet et devient une bureaucratie où règnent la planification, le contrôle serré et la vérification. Lors des périodes creuses, l'entreprise adopte une position de retranchement.

5.2 LA FORME FONCTIONNELLE

La forme fonctionnelle s'est développée depuis le début du siècle dans des industries en croissance où les économies d'échelle favorisaient une taille plus grande. Dès le début des années 20, elle était devenue la forme la plus répandue dans les grandes entreprises. Cette forme d'organisation est applicable aux entreprises qui offrent des gammes limitées de produits à des marchés nationaux ou internationaux de grande taille.

Le principe de base qui soutient la forme fonctionnelle consiste à regrouper les activités logistiques semblables sous la juridiction des dirigeants fonctionnels, qui, à leur tour, se rapportent à une administration centrale. Les spécialistes de la fabrication, du marketing, de la recherche et de la finance sont regroupés et développent des procédures propres à leur fonction. La direction supérieure est composée du président, seul cadre « généraliste », et des cadres supérieurs fonctionnels.

La formulation de la stratégie de l'entreprise se fait à un niveau élevé par quelques cadres supérieurs, alors que la grande majorité du personnel œuvre dans des fonctions spécialisées d'exécution. L'expansion géographique et l'intégration verticale sont les voies normales d'expansion des entreprises dont la forme d'organisation est fonctionnelle.

La division et la délégation des tâches par fonction conduit à la constitution d'une pyramide hiérarchique gérée par des règles et des

Tableau 11.11   La forme fonctionnelle

LES PRINCIPALES CARACTÉRISTIQUES

Stratégie	– Mono-industrie – Croissance – Expansion géographique et – Intégration verticale
Organisation	– Organisation fonctionnelle
Mesures des performances et imputabilité	– Début d'impersonnalisation – Variables: coûts, productivité et technologie
Récompenses	– Systématiques – Fonctionnelles – Peu de «généralistes»
Options stratégiques	– Intégration verticale – Part de marché – Gamme de produits
Recherche et développement	– Institutionnalisée – Améliorations des produits et procédés

Système de gestion	– Contrôle de la direction générale
	  • Stratégie
	  • Délégation des opérations grâce à des règles

Limites	– Surcharge de la direction – Capacité de réponse stratégique et structurelle faible – Surcharge des réseaux de communications – Orientation technique de la direction générale – Peu d'administrateurs «généralistes»

---

procédures formelles. Les tâches individuelles sont définies d'une manière précise, et de nombreux systèmes formels de gestion sont mis en place. Les systèmes de gestion et d'évaluation du personnel sont impersonnels, c'est-à-dire qu'ils se fondent sur des examens méthodiques des coûts, des résultats et de l'efficience technique. Les jugements personnels des supérieurs

jouent moins que la qualité de l'exécution des tâches fonctionnelles.

La forme fonctionnelle est propice à la recherche de l'efficience et à la malléabilité opératoire, car elle se fonde sur un réseau de communication et un processus décisionnel simples. Cependant, l'adaptabilité stratégique de cette forme d'organisation tend à décliner à mesure que la taille de l'entreprise et la gamme des produits s'accroissent. La direction supérieure est vite surchargée si les marchés ou les produits exigent des décisions rapides et nombreuses. Le président est le seul cadre «généraliste» capable d'intégrer l'ensemble des fonctions de l'entreprise. Les activités fonctionnelles engendrent des conflits de priorités, et le temps de réponse aux facteurs externes se dégrade. Enfin, dans la forme fonctionnelle, les décisions d'ordre opérationnel tendent à déloger les préoccupations stratégiques. Malgré ces failles, la forme fonctionnelle est viable et pertinente pour la majorité des firmes qui fabriquent une gamme limitée de produits. Le tableau 11.11 présente les principales caractéristiques de la forme dite fonctionnelle, tandis que la figure 11.12 donne un exemple d'organigramme de la même forme.

Le passage de l'organisation fonctionnelle à la forme divisionnaire s'effectue en raison des difficultés de gestion et de communication. L'entreprise qui s'est engagée dans la diversification peut difficilement gérer plusieurs produits visant plusieurs marchés à l'aide d'une structure fonctionnelle. La direction crée alors plusieurs centres de profits spécialisés, coiffés par un siège social.

5.3 LA FORME DIVISIONNAIRE

Le modèle divisionnaire fut instauré par Du Pont et General Motors Corporation au cours des années 20. Sa diffusion fut lente jusqu'à la Seconde Guerre mondiale. Depuis lors, la diversification pratiquée par la plupart des grandes firmes a eu pour effet de diffuser ce modèle d'organisation. La forme divisionnaire est surtout pertinente pour les firmes qui œuvrent dans plusieurs industries et qui doivent coor-

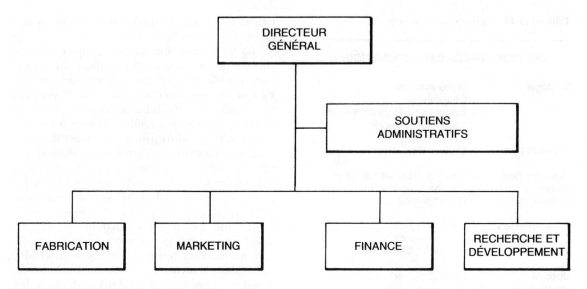

Figure 11.12   L'organisation fonctionnelle

donner leurs actions d'ensemble à partir de la direction générale.

Le principe de base qui guide la forme divisionnaire consiste à regrouper les activités des unités productrices qui visent les mêmes industries en des entités comptables distinctes. Il ne s'agit donc plus de regrouper des activités logistiques similaires, comme c'est le cas dans le modèle fonctionnel. Chaque unité productrice caractérisée par un trio produit-technologie-marché est assignée à un dirigeant supérieur responsable des décisions d'ordre stratégique, administratif et opérationnel dans le secteur qui lui est dévolu. Le dirigeant est responsable de la rentabilité à court terme et du développement à long terme de son unité stratégique. L'entreprise est composée de divisions, qui forment des centres de profits jouissant d'une certaine autonomie. Le siège social est composé de cadres « généralistes » orientés vers la planification à long terme de l'ensemble ; sa fonction est surtout le partage des ressources financières entre les divisions.

La responsabilité de diversification et de pénétration de nouveaux secteurs est réservée au siège social. Dans la majorité des entreprises qui

ont adopté la forme divisionnaire, cette activité se résume à l'acquisition d'autres firmes. Il est aussi fréquent de rattacher au siège social des fonctions de soutien telles que les achats, les services juridiques, la gestion financière et la recherche fondamentale. Mais pour cela, ces fonctions doivent être communes à plusieurs divisions et offrir des économies d'échelle.

La capacité de réponse stratégique et structurelle de la forme divisionnaire est bonne. En effet, le siège social surveille l'évolution des secteurs industriels et peut, en même temps, décider d'entrer dans des marchés nouveaux. L'objectif principal de la forme divisionnaire est cependant de sauvegarder la capacité de réponse opérationnelle et l'efficience des divisions qui croissent en taille et en complexité. La supériorité de la forme divisionnaire sur le modèle fonctionnel vient principalement de ce qu'elle combine les préoccupations de gestion opérationnelle à un siège social orienté vers la gestion stratégique, l'expansion et la stimulation des performances (voir les principales caractéristiques de la forme divisionnaire au tableau 11.12).

Figure 11.12 La forme divisionnaire

LES PRINCIPALES CARACTÉRISTIQUES

Stratégie	– Multi-produits – Multi-industries – Diversification et acquisitions reliées
Organisation	– Siège social actif – Décentralisée – Divisionnaire
Mesures des performances et imputabilité	– Impersonnelles • Retour sur les investissements • Profit • Contribution globale
Récompenses	– Systématiques, liées à la performance – Cheminements multiples
Options stratégiques	– Entrées et sorties secteurs industriels – Affectation des ressources – Croissance – Liens dans la diversité
Recherche et développement	– Institutionnalisée – Centralisée – Améliorations des produits et procédés
Système de gestion	– Contrôle central et liberté stratégique des divisions – Délégation des décisions aux divisions – Évaluation indirecte par les performances

Canam Manac

L'expansion de Canam Manac a été réalisée avant tout grâce à la croissance interne du secteur dominant, c'est-à-dire les poutrelles et les pontages. De plus, des entrées innovatrices au sein d'industries en croissance et des acquisitions à des fins d'intégration ou de diversification ont contribué à accroître le volume des activités.

Le groupe Canam Manac est composé de cinq divisions, chacune œuvrant dans une industrie différente avec une stratégie distincte. Les divisions peuvent être regroupées en trois secteurs : 1) la construction (acier et produits de construction), 2) les remorques et 3) les meubles de bureau. Les unités stratégiques sont souvent composées elles-mêmes de plusieurs firmes.

Cheville ouvrière de l'entreprise depuis sa fondation, les aciers de construction demeurent le secteur dominant du groupe, avec 40 % des ventes. Cette division a financé en bonne partie l'expansion du groupe.

Deux initiatives dans le domaine de la construction se sont ajoutées aux poutrelles, pontages et revêtements. Il s'agit d'Hambro et de Murox, qui offrent des produits fabriqués en série pour l'industrie de la construction industrielle et commerciale.

Les fonds découlant du marché des poutrelles et des pontages, de même que la possibilité du transfert des connaissances acquises dans les structures métalliques ont incité l'entreprise à entrer, en 1967, dans l'industrie des remorques.

Les achats de Biltrite, en 1979, et d'Élite, en 1980, sont une diversification dans un domaine non relié, celui des meubles de bureau. Ces investissements s'inscrivent dans une volonté délibérée non pas de créer un conglomérat mais, au contraire, de profiter d'occasions de se doter d'unités suscitant une trésorerie intéressante.

La complexité de Canam Manac, entreprise qui œuvre dans plusieurs industries avec des stratégies différentes, est évidente. La multiplicité des options d'investissement de même que la présence de cas difficiles suggèrent un rôle actif et énergique du siège social. Les problèmes stratégiques de Canam Manac sont ceux de l'entreprise divisionnaire.

● Le cas spécial du *holding*

Plusieurs entreprises ont déployé des efforts de diversification conglomérée dans laquelle les liens entre les divisions sont minimes. Une entreprise peut ainsi œuvrer dans des secteurs aussi divers que les télécommunications, l'alimentation ou la chimie. La conglomération réduit l'intervention stratégique du siège social, et l'entreprise divisionnaire peut se transformer en *holding* financier. Le tableau 11.13 donne une idée du processus de diversification qui s'est opéré dans les 200 entreprises les plus importantes au Canada, et le tableau 11.14 résume les principales caractéristiques du *holding*.

Un cas spécial de la forme divisionnaire est le *holding* ou la société de portefeuille.

La corporation financière Power

La corporation financière Power (voir l'organigramme à la figure 11.13) est un exemple de *holding* diversifié qui n'a pas une structure divisionnaire. Le siège social conçoit son rôle surtout en termes financiers, sans s'engager profondément dans une planification stratégique pour chacune des filiales. Les dirigeants des sociétés constituantes du groupe Power jouissent d'une grande marge de manœuvre.

Le passage à la forme innovatrice se réalise lorsque l'entreprise doit commencer à développer des marchés nouveaux plutôt que de procéder à des acquisitions de firmes. La direction constate que son travail n'est plus de gérer des activités établies mais de trouver des occasions nouvelles de croissance. L'entreprise doit devenir innovatrice et créatrice.

5.4 LA FORME INNOVATRICE

La forme innovatrice a été conçue par les dirigeants des firmes diversifiées qui entendaient créer, de l'intérieur, de nouvelles activités au lieu de procéder à l'acquisition de firmes existantes. La forme innovatrice combine la forme entrepreneuriale et le modèle divisionnaire et accroît ainsi la flexibilité structurelle. La forme innovatrice se caractérise par la présence au siège social d'un groupe d'innovation qui pré-

Tableau 11.13 Stratégie des 200 compagnies publiques les plus importantes (1975) au Canada de 1960 à 1975 (en pourcentage estimatif)

GENRE DE STRATÉGIE	1960	1965	1970	1975
Entreprises spécialisées	31	18	14	13
Entreprises diversifiées à activité dominante	51	52	47	41
• Verticale à dominante	24	23	20	13
• Activités liées et à dominante	17	17	12	8
• Activités connexes et à dominante	10	11	8	10
• Hétérogène et à dominante	0	1	7	10
Entreprises diversifiées à activités liées	13	22	25	28
• Activités liées et connexes	8	12	9	8
• Activités liées et hétérogènes	5	10	12	10
Entreprises diversifiées à activités hétérogènes (*holding*)	5	8	14	17

Source: Rapport de la Commission royale d'enquête sur les groupements d'entreprises, Ottawa, 1978.

Tableau 11.14 Le *holding*

LES PRINCIPALES CARACTÉRISTIQUES

Stratégie — Croissance par acquisition non reliée

Organisation — Centre des profits décentralisés
— Siège social petit

Mesure des performances et imputabilité — Retour sur les investissements
— Impersonnelles

Récompenses — Extra-divisionnelles mais inter-fonctionnelles

Options stratégiques — Achats et acquisitions
— Sorties

Recherche et déceloppement — Décentralisée

Systèmes de gestion — Contrôle central limité
— Liberté stratégique des divisions
— Évaluation de la rentabilité

---

pare des démarrages d'entreprises et des entrées au sein d'industries nouvelles.

En plus d'assurer les fonctions propres à la forme divisionnaire, le siège social devient un foyer de stimulation et d'hébergement de l'innovation. Ainsi, à partir des propositions des cadres, des projets expérimentaux de lancement d'entreprises sont mis sur pied avec l'aide du siège social. De nouvelles possibilités techniques et économiques sont exploitées par un groupe venture d'innovation, qui demeure responsable du projet jusqu'à ce que sa faisabilité commerciale soit définitivement établie. L'entreprise ainsi lancée est alors confiée à une division établie ou à une division nouvelle, dont elle constitue les assises premières.

● Le groupe permanent de *venturing*

Le siège social dans la forme innovatrice stimule sans cesse l'innovation par un groupe de *ventu-ring* qui finance des projets internes mais aussi des propositions émanant d'entrepreneurs externes. Ainsi, une entreprise comme 3M renouvelle sans cesse son portefeuille d'unités stratégiques par l'innovation. Au Canada, INCO et Alcan ont mis sur pied des groupes de *venturing*. Le modèle innovateur est certes très efficace pour ce qui est des quatre qualités organisationnelles mentionnées dans la section 2 de ce chapitre. Cependant, plusieurs économies d'échelle sont sacrifiées à cause de la duplication des ressources dans les groupes *ad hoc* et permanents de *venturing*. La séparation de l'innovation et du *venturing* des opérations courantes pose des problèmes de communication en ce qui a trait aux nouveaux besoins et aux possibilités. À moins que cette communication soit soigneusement rodée, il y a danger que les innovateurs tendent à négliger les occasions d'expansion en faveur de la diversification dans les secteurs de haute technologie.

La mutation de l'unité mise sur pied au siège social vers une division peut inclure tout le personnel ou seulement le produit et la technologie. La mutation du personnel a le mérite de donner à la division des dirigeants qui ont une connaissance intime du nouveau marché ou de la technologie. Dans plusieurs firmes, de telles mutations ne sont que temporaires, et les ressources affectées au projet d'innovation retournent au groupe de *venturing* et d'innovation permanent lorsque le mandat est rempli. Quand le siège social décide de fermetures et de désinvestissements, le personnel des secteurs affectés est rapidement muté vers les secteurs en expansion.

5.5 LA FORME GLOBALE

La forme globale d'organisation est surtout utilisée par les entreprises multinationales qui doivent intégrer des marchés et des produits divers. L'expansion de l'entreprise à l'étranger, surtout si elle s'appuie sur une large gamme de produits, pose des difficultés de coordination. La direction décide alors d'adopter une forme globale dans laquelle on distingue les responsabilités mondiales pour les produits et leur déve-

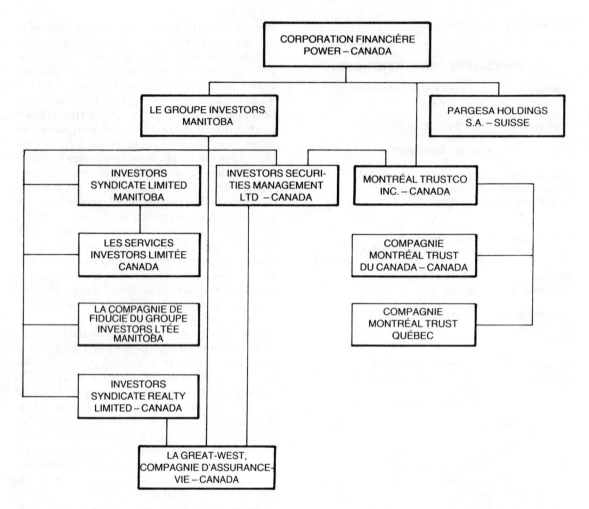

Figure 11.13 La Corporation financière Power

loppement des responsabilités locales pour chacun des pays ou chacune des régions du monde.

La caractéristique fondamentale de la forme globale est d'abord la conduite d'une planification stratégique cohérente à l'échelle mondiale et ensuite la recherche continue d'un équilibre entre la centralisation et la décentralisation de diverses catégories de décisions. Les plans sont ensuite exécutés par les unités d'exploitation (pays ou régions du monde), dont les structures doivent être harmonisées pour permettre l'emploi de politiques et de systèmes communs. La coordination mondiale implique souvent la participation des cadres de divers pays au processus de planification. L'affectation des mandats d'exécution s'effectue par des missions mondiales de recherche, de développement ou de fabrication.

L'entreprise établit des centres de profits articulés soit autour des gammes de produits, ou des régions du monde. L'affectation des ressources financières est coordonnée par le siège social. Les fonds sont transférés vers les régions et les marchés dont les potentiels sont élevés. La recherche scientifique et le développement de nouveaux produits sont coordonnés par le centre de l'organisation, mais sont exécutés dans divers pays par l'attribution de mandats. Les carrières des cadres dans ces entreprises supposent de nombreuses mutations d'un pays à l'autre ou d'un secteur à l'autre.

La transition vers la forme globale peut s'effectuer autant à partir de la forme fonctionnelle qu'à partir de la forme divisionnaire. En effet, l'expansion internationale est entreprise autant par des firmes peu diversifiées qui ont une forme fonctionnelle que par des firmes diversifiées qui ont une forme divisionnaire.

Plusieurs sociétés européennes qui sont devenues multinationales sont parties d'une forme fonctionnelle pour arriver à la forme globale. Ces sociétés multinationales européennes ont commencé par créer dans d'autres pays des filiales qui dépendaient largement de la maison mère. Par la suite, elles ont adopté la forme globale.

Les sociétés multinationales américaines qui ont atteint la forme globale sont parties autant de la forme fonctionnelle que de la forme divisionnaire. Elles sont passées par les étapes suivantes. D'abord, elles ont donné un haut niveau d'autonomie à leurs filiales étrangères, puis elles ont créé une division internationale et elles ont opté enfin pour une forme globale.

IBM, dont il a été question dans ce texte, est une firme qui a adopté la forme globale. Les principales caractéristiques de la forme globale sont esquissées au tableau 11.15.

Tableau 11.15 La forme globale

LES PRINCIPALES CARACTÉRISTIQUES

Stratégie	– Produits multiples – Pays multiples
Organisation	– Centre de profits, zones, produits
Mesure des performances et imputabilité	– Impersonnelles – Critères multiples – Contingentes aux pays
Récompenses	– Bonis à la performance – Carrières multiples
Options stratégiques	– Affectations inter-pays, inter-industries – Entrées et sorties – Propriété entière ou associations
Recherche et développement	– Conception centralisée mais centres d'expertise décentralisés
Système de gestion	– Délégation des opérations – Mesures a posteriori par rapport aux plans – Délégation de certaines décisions stratégiques et politiques – Processus d'acquisition d'unités autonomes

IBM a opté pour une stratégie intégrée, coordonnée par le siège social, tout en mettant en place des mécanismes d'affectation des ressources et de décision qui permettent l'autonomie des filiales. Les prémisses sur lesquelles repose la vision globale et intégrée de la stratégie d'IBM sont en constante évolution. Elles peuvent cependant être décrites selon six plans :

● Un marché universel

Le marché des produits informatiques est international. Les utilisateurs, à travers le monde, demandent des procédés technologiques et des produits perfectionnés, bien que le cycle de vie de certains produits diffère selon les régions géographiques. Les problèmes que les produits IBM sont destinés à résoudre, et les solutions elles-mêmes, ne sont pas particuliers à un pays donné ni à un sous-ensemble de pays ; ils sont universels. Les produits IBM doivent néanmoins être assez souples pour s'adapter aux besoins particuliers d'un pays sans nécessiter de changements de conception fondamentaux.

● L'innovation, élément fondamental de la concurrence

Le progrès technologique constitue une arme concurrentielle majeure. La corporation IBM dépense environ 6 % de ses revenus en recherche et développement. Le développement vise à répondre aux besoins des usagers et à accroître la productivité des processus de traitement des données en mettant l'accent sur les systèmes en direct, le logiciel, les mémoires et les produits de transmission de données.

- ● Des marchés différenciés

Les marchés d'IBM ne sont pas homogènes, mais ils sont au contraire composés de multiples segments, chacun ayant sa propre dynamique : les systèmes informatiques de grande taille ; les produits neufs ou usagés d'unités de traitement, de petits ordinateurs et du matériel périphérique ; les services de traitement des données et le matériel de bureau.

- ● Des segments de marché dynamiques et en mutation

Les segments de marché croissent à des rythmes différents. Ainsi, le segment des unités de traitement de taille intermédiaire croît moins vite que ceux des grandes unités de traitement, des mini-ordinateurs et des appareils périphériques. Quatre types de facteurs contribuent à rendre dynamiques et concurrentiels les segments de marché que vise IBM :

- — Les clients ont acquis des connaissances analytiques qui diminuent l'importance de la marque IBM comme réducteur de risque et accroissent les possibilités de substitution par des produits concurrents.

- — La plupart des utilisateurs possibles, du moins dans les pays hautement industrialisés, sont déjà munis d'ordinateurs. Les achats portent maintenant sur des changements à la marge ayant trait à des additions aux unités centrales de traitement en place.

- — La tendance du marché vers les réseaux à fonctions distribuées suscite des progrès

majeurs dans les domaines des terminaux intelligents, des mini et des micro-ordinateurs. En même temps, les progrès dans les télécommunications permettent la fabrication de systèmes unifiés de traitement des données reliés à de grands ordinateurs.

- — Les systèmes de traitement de l'information s'adressent de plus en plus aux utilisateurs individuels. Il est donc nécessaire de mettre l'accent sur les terminaux, la programmation et le logiciel.

- ● Une concurrence internationale

Dans le domaine de l'informatique, la concurrence est internationale et impose une stratégie mondiale. Presque tous les grands fabricants d'ordinateurs du monde (CDC, Sperry Rand, Honeywell, NCR, Burroughs, Digital Equipment, Siemens Hitachi, ICL) sont des sociétés internationales. La concurrence provenant des petits fabricants de mini-ordinateurs, des fournisseurs de matériel périphérique et des entreprises de services informatiques est vive, car les barrières stratégiques d'entrée dans ces marchés sont moins élevées que dans les systèmes de taille intermédiaire.

- ● Des adaptations nécessaires en raison de contextes nationaux différents

Pour faciliter la coordination et l'intégration mondiales de ses activités, IBM conserve l'entière propriété de ses filiales. Les investisseurs extérieurs doivent participer à l'entreprise mondiale et non à ses filiales nationales. Or la stabilité de la participation d'IBM à la vie économique de divers pays exige de celle-ci qu'elle fasse preuve d'un comportement de bon citoyen et qu'elle assure la représentation des aspirations et des intérêts nationaux. C'est pourquoi tous les employés et administrateurs des filiales d'IBM doivent être des ressortissants des pays où elles fonctionnent. Des efforts sont tentés pour équilibrer, sur le plan financier, les activités de fabrication et de vente dans chacun des pays.

6. Conclusion

Depuis les travaux de A.D. Chandler, on retient souvent l'hypothèse selon laquelle la forme d'organisation suit la stratégie. Les structures d'autorité, les rôles et les mécanismes de coordination sont des outils rationnels pour appuyer la stratégie. Par contre, l'analyse socio-politique et culturelle des organisations indique qu'une fois que la structure est mise en place, les coalitions et les pratiques imposent souvent des contraintes à la stratégie. La structure n'est pas uniquement un réseau ordonné de rôles, de fonctions et d'activités, elle est aussi faite de croyances et d'idées qui influent sur la formulation des stratégies. Les systèmes de planification, de rémunération, de promotion et de contrôle sont aussi l'expression de la structure sociale et du système de pouvoir. Ainsi, la structure influe sur la stratégie, car les mécanismes et les personnes en place permettent à certaines idées d'aboutir et en empêchent d'autres de se concrétiser.

QUESTIONS

1. Quelles sont les différentes qualités que l'entreprise est susceptible d'atteindre en favorisant l'implantation d'un processus de design organisationnel?

2. Il existe au moins quatre principales formes de design : entrepreneuriale, fonctionnelle, divisionnaire et globale. Dans chacun des cas, discutez des points suivants :
   a) les principales caractéristiques ;
   b) les systèmes de gestion ;
   c) les limites.

3. Le design organisationnel est une composante qui permet la poursuite des objectifs et de la mission de l'entreprise. Quels sont les objectifs principaux auxquels fait référence le design organisationnel?

4. Le concept de « design organisationnel » s'inscrit dans le cadre d'un *processus* ; il répond à cet effet à des *finalités* et propose au gestionnaire un *ensemble de moyens* lui permettant d'y répondre. Développez.

5. « Le design organisationnel est conçu comme un processus de décision assurant la cohérence entre les buts et les objectifs que poursuit l'organisation, les modèles de division du travail et de coordination entre les unités et les personnes qui accomplissent le travail. » Commentez.
(Jay R. Galbraith, *Organization Design*, 1971)

6. Qu'entend-on par « *terminus ad quem* » ?

7. Décrivez les leviers maniables par la direction pour confectionner un design organisationnel.

8. Le design organisationnel est au service de la stratégie. Commentez.

9. Qu'entend-on par « forme d'organisation » ? Énumérez les cinq formes d'organisation d'entreprise au point de vue du design organisationnel.

NOTES BIBLIOGRAPHIQUES

1) W.H. NEWMAN. « Strategy and Management Structure », *Journal of Business Policy*, Hiver 1971, Vol. 1, p. 56-66.

2) R. MILLER. « Les Stratégies d'adaptation de l'entreprise », *Gestion*, Avril 1981, Vol. 6, n° 2.

3) O.E. WILLIAMSON. *Market and Hierarchies*, New York, The Free Press, 1975.

4) J. LORSCH et J. MORSE. *Organizations and their Members*, New York, Harper and Row, 1974.

5) I. ANSOFF. « A Language for Organization Design », *Management Science*, Vol. 17, 1971, p. 705-731.

6) C. ARGYRIS. *Increasing Leadership Effectiveness*, New York, John Wiley, 1976.

7) R. LIKERT. *The Human Organization*, New York, McGraw-Hill, 1967.

8) Les simulations d'entreprise font rapidement comprendre l'effet des variations sur l'efficience d'un système (voir R. MILLER, *Manasim : simulation de gestion*, Montréal, CIREM, 1984).

9) J.R. KIMBERLY. « Managerial Innovation » in P. NYSTRON et W.H. STARBUCK, *Handbook of Organization Design*, Oxford, Oxford University Press, 1981.

10) R. MILLER. « La Stratégie et les ressources humaines », *Relations Industrielles*, Janvier 1985, p. 17-45.

11) D. KATZ et R. KAHN. *Social Psychology of Organizations*, New York, John Wiley, 1967.

12) J. GALBRAITH. *Organization Design*, Reading, Mass., Addison-Wesley, 1977.

13) Y. ALLAIRE et R. MILLER. *L'Entreprise canadienne et la francisation*, Montréal, Institut de recherche C.D. Howe, 1980.

14) J. GALBRAITH et D. NATHANSON. *Strategy Implementation : the Role of Structure and Process*, St-Paul, West Publishing, 1978.

15) J.D. THOMPSON. *Organization in Action*, New York, McGraw-Hill, 1967.

16) H.A. SIMON. *Administrative Behavior*, New York, Free Press, 1947.

17) Y. ALLAIRE et R. MILLER. *Le Pouvoir d'une multinationale : le cas d'IBM Canada*, Ottawa, Approvisionnement et Services, 1978.

18) D. CHILD. *Organization*, New York, Harper and Row, 1977.

19) T. BURNS et J. STALKER. *The Management of Innovation*, Londres, Tavistock, 1961.

20) C. PERROW. *Complex Organizations*, Glenview, Ill., Scott, Foresman, 1972.

CHAPITRE 12

LE CONTRÔLE DES ORGANISATIONS

par

Marcel Lizée

« Les compagnies qui sont établies pour le repos ne peuvent jamais être propres au mouvement. »

Retz

1. Introduction

Le mot « contrôle » est un des termes les plus utilisés en administration mais qui ne revêt pas le même sens pour tous. Il suffit d'interroger les cadres ou les dirigeants pour constater à quel point chacun a une conception personnelle et différente de la nature du contrôle.

Pour certains, le contrôle implique « une maîtrise de soi ou des autres ». Pour d'autres, le contrôle consiste en une opération de vérification, de surveillance ou d'inspection. Quelques-uns ramènent le contrôle à une opération de comparaison à des normes. Enfin, le mot contrôle peut aussi être entendu dans le sens de propriété et de pouvoir de décision ; on dira d'une personne qui détient 51 % des actions d'une compagnie qu'elle en détient le contrôle. Il ne faut pas se surprendre de l'existence d'une telle variété de notions, car même les sciences administratives sont loin d'en être arrivées à un consensus sur le sujet ![1]

Administrer est une activité qui forme un tout et qui ne peut être aisément séparée en fonctions. Il serait plus précis de dire que les fonctions de planification et de contrôle sont des perspectives sous lesquelles l'administration peut être envisagée et étudiée. Même si toutes ces fonctions administratives sont d'égale importance, le contrôle s'avère celle qui est le plus souvent mal comprise. Certains lui assignent même une connotation péjorative, la considérant un peu comme l'art d'imposer la discipline dans l'entreprise.

Or la réalité est tout autre. Le contrôle joue un rôle d'une importance capitale pour la réalisation des objectifs organisationnels. Il est important, en ces circonstances, que tous ceux qui ont assumé des responsabilités de direction ou qui sont appelés à le faire aient une notion claire et précise de la nature et du fonctionnement du contrôle. Ce chapitre vise donc à faire l'analyse de la nature du contrôle et des moyens à prendre pour le réaliser.

2. La nature du contrôle

Henri Fayol a été le premier à définir la notion de contrôle, dans son ouvrage paru en 1916[2]. Il considère que le contrôle est une fonction administrative qui « consiste à vérifier si tout se passe conformément au programme adopté, aux ordres donnés et aux principes admis ». Pour lui, le contrôle a pour but de signaler les erreurs afin qu'on puisse les corriger et en éviter la répétition.

En 1924, Hugo Diemer définissait le contrôle comme le principe voulant que l'administrateur connaisse ce qui doit être fait et ce qui est effectivement fait dans tous les secteurs de l'entreprise de façon à détecter les divergences et à y remédier[3]. Plus récemment, William H. Newman considérait que le contrôle consiste à s'assurer que les résultats concordent le plus possible avec les objectifs[4]. Cette conception implique donc l'établissement d'objectifs, la motivation des employés à les atteindre, la comparaison des résultats aux objectifs visés et l'application de correctifs lorsque les résultats s'écartent des objectifs.

Ces définitions se ressemblent, mais celle de Newman soulève l'aspect de la motivation du personnel. Cela nous amène donc à considérer une autre dimension du contrôle, soit celle qui a trait au comportement du personnel.

2.1 LE CONTRÔLE ET LE COMPORTEMENT

Les études sur le comportement organisationnel décrivent à grands traits cette seconde dimension du contrôle. Pour Arnold S. Tannenbaum, l'organisation sociale consiste en un arrangement ordonné des interactions individuelles[5]. Le succès organisationnel exige l'intégration et la cohérence des activités ainsi qu'une certaine conformité des comportements au modèle établi. Les efforts doivent converger vers l'atteinte des objectifs. La direction doit donc chercher à maîtriser les comportements organisationnels et individuels, et à les rendre conformes sur le plan rationnel. Cette maîtrise des comportements implique l'exercice d'une certaine autorité ; elle suscite parfois des réactions émotives.

Par ailleurs, c'est dans ce sens que Douglas McGregor emploie le mot contrôle dans son volume sur la dimension humaine de l'entreprise[6]. Le dirigeant autocratique considère que l'être humain a une aversion pour le travail et doit être en conséquence contrôlé et contraint pour fournir l'effort nécessaire à l'atteinte des objectifs organisationnels. Le dirigeant partisan de la « théorie Y » suppose que le travail est une activité naturelle pour l'homme et que ce dernier peut se diriger et se contrôler lui-même ; lorsqu'il travaille en vue d'atteindre des objectifs, il se sent responsable.

Certains auteurs considèrent que cette seconde dimension du contrôle ne devrait pas, à proprement parler, faire partie de la fonction contrôle, mais devrait plutôt être rattachée au processus d'administration. Les fonctions de contrôle et de maturation constituent, en définitive, deux perpectives de la même activité d'administration.

2.2 LES ORGANISATIONS

La nature et la portée de la fonction contrôle peuvent être plus facilement comprises si nous les insérons dans leur dimension organisationnelle. L'entreprise est un instrument utilisé pour atteindre des objectifs. Au cours des siècles, les sociétés ont constaté qu'elles pouvaient multiplier leurs forces en agissant ensemble, de façon concertée. Le rôle de la direction consiste précisément à produire cette action concertée en vue d'atteindre les objectifs visés. Voilà pourquoi on compare souvent le dirigeant à un chef d'orchestre[7]. Sa mission consiste à unifier la diversité, à polariser les énergies, à faire converger les efforts vers la réalisation des objectifs organisationnels.

La force de l'entreprise provient du fait qu'elle peut, grâce à cette polarisation des énergies, créer un effet synergique, c'est-à-dire produire un effet d'ensemble, un résultat global supérieur à la somme des énergies déployées.

La fonction contrôle dans l'entreprise a pour but de faire en sorte que les activités et les énergies déployées convergent harmonieusement vers l'atteinte des objectifs et que les résultats correspondent le plus possible à ces objectifs.

2.3 EFFICACITÉ ET EFFICIENCE

Chester Barnard définit l'efficacité comme « la qualité de ce qui produit l'effet qu'on en attend »[8]. L'entreprise efficace, c'est celle qui réalise ses objectifs. Le critère d'efficacité est la mesure des résultats par rapport aux objectifs visés. Or c'est là exactement la mission du contrôle : faire en sorte que les résultats correspondent aux objectifs visés.

Cependant, de deux entreprises poursuivant le même objectif, l'une pourra réussir à l'atteindre en consommant moins d'énergie que l'autre. On dira qu'elle a réalisé un effet synergique supérieur à celui de sa concurrente : elle a été plus « efficiente » que l'autre[9].

L'efficacité consiste donc à atteindre les objectifs organisationnels, alors que l'efficience consiste à les atteindre au moindre coût possible[10]. L'efficience implique un rapport entre l'intrant et l'extrant, entre le coût et les résultats. Elle impose à l'administration le choix des moyens les moins coûteux pour réaliser les objectifs recherchés (Anthony, 1978). Peter Drucker dit que l'efficacité consiste à faire les bonnes choses (soit à choisir les bons objectifs et à les atteindre), et l'efficience à bien faire les choses[11].

2.4 DÉFINITION DU CONTRÔLE

L'argumentation précédente nous permet, croyons-nous, d'en arriver à une notion précise de la fonction contrôle. Nous définirons le contrôle comme la fonction d'administration qui a pour objet de faire en sorte que les résultats soient conformes aux objectifs, et que les énergies et les efforts convergent harmonieusement vers leur réalisation.

Cette définition fait ressortir les dimensions organisationnelles de même que les objectifs d'efficacité et d'efficience. Le contrôle vise d'abord à atteindre les objectifs organisationnels, ce qui fait ressortir la recherche de l'efficacité. Mais il vise également à réaliser la convergence harmonieuse et économique des activités, ce qui rejoint la coordination, la maîtrise des comportements et la recherche d'efficience. En bref, la fonction contrôle consiste à faire en sorte de réaliser les objectifs (efficacité) et ce, en consommant le moins d'énergie possible (efficience).

Nous étudierons dans les prochaines sections les moyens à prendre pour réaliser la dimension du « résultat » et la dimension du « comportement » de la fonction contrôle.

3. La nature et le contrôle

3.1 LA THÉORIE DES SYSTÈMES

Après cet examen de la nature du contrôle, il y a lieu de s'interroger sur le processus à suivre et sur les moyens à prendre pour le réaliser, c'est-à-dire pour atteindre les objectifs d'efficacité et d'efficience dont nous avons traité plus haut. Or c'est du côté de la nature qu'il nous faut d'abord nous tourner pour répondre à cette question. Le contrôle s'y exerce à un degré de perfection qui fait l'envie des dirigeants. L'univers est organisation. Comme le dit Edgar Morin, « Nous savons aujourd'hui que tout ce que l'ancienne physique concevait comme élément simple est organisation. L'atome est organisation ; la molécule est organisation ; l'astre est organisation ; la vie est organisation ; la société est organisation... »[12]. Nous ajouterions évidemment que l'entreprise est organisation.

Or qui dit organisation dit système. La théorie générale des systèmes proposée par Bertalanffy, au cours des années 30, présente une façon de comprendre notre univers ; ce dernier serait constitué de la superposition d'une multitude de systèmes, imbriqués les uns dans les autres[13]. Une fois organisé et formé, chaque système sert de base à la constitution du système suivant.

Nous sommes, au dire de Teilhard de Chardin (hypothèse également soulevée par Boulding), en plein processus d'élaboration de systèmes organico-sociaux de plus en plus complexes[14]. C'est ici qu'entre en jeu l'objet de notre étude : les entreprises.

3.2 L'HOMÉOSTASIE

Dans la nature, le principe d'autocontrôle permet d'assurer le maintien et la convergence des systèmes. Ce principe d'autocon- trôle repose sur un mécanisme d'information et de réaction. Prenons, à titre d'exemple, le cerveau humain ou animal ; nous constatons qu'il est constamment informé de l'état de chacune des parties du corps. Le transfert d'information se fait avec une grande rapidité.

L'adaptation s'opère spontanément. C'est le cas lorsque nous courons ; le rythme cardiaque et le rythme respiratoire augmentent afin d'acheminer plus d'oxygène, par l'intermédiaire du système sanguin, aux muscles du corps en mouvement.

Ce phénomène de contrôle présent dans la nature afin d'assurer la stabilité de l'organisme a été appelé « homéostasie », terme formé de deux mots grecs signifiant « demeurer constant ». L'organisme cherche à assurer sa stabilité en résistant aux éléments externes qui viennent perturber son équilibre. Par ailleurs, si ces influences externes sont trop fortes pour qu'il puisse leur opposer une résistance efficace, l'organisme tente alors d'assurer sa survie en s'adaptant à ces nouvelles conditions. Nous en voyons un exemple concret dans les virus, qui ont su graduellement s'adapter aux antibiotiques et devenir ainsi de plus en plus résistants. Par contre, si l'organisme n'est plus en mesure d'exercer un contrôle efficace, il en résulte une désorganisation du système, qui rétrograde et se décompose en particules du système du niveau précédent. C'est un peu ce qui se produit dans une cellule cancéreuse.

Le contrôle de l'organisme semble donc reposer d'abord sur un processus d'information puis sur un mécanisme de résistance aux déviations, afin de maintenir l'équilibre et d'assurer la stabilité de l'organisation. Il repose également sur un mécanisme d'adaptation au changement lorsque l'ancien équilibre ne peut être rétabli et que l'organisation peut survivre en s'ajustant aux nouvelles conditions.

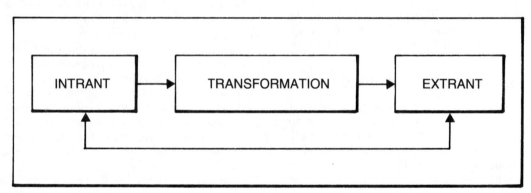

Figure 12.1   Système de transformation

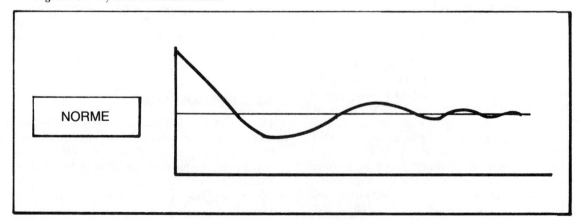

Figure 12.2   Rétroaction négative

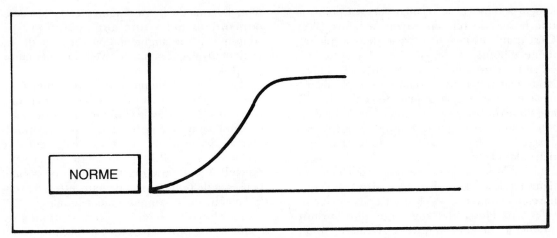

Figure 12.3 Rétroaction positive

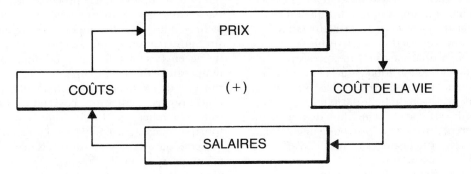

Figure 12.4 Rétroaction prix et salaires

3.3 LA CYBERNÉTIQUE

C'est en s'inspirant de ce mécanisme de contrôle, évident dans la nature, que Norbert Wiener développa la théorie de la cybernétique[15]. Ce mot vient du grec et signifie « pilote ». Dans la Grèce antique, le pilote était chargé de gouverner le navire, c'est-à-dire d'indiquer la direction à suivre pour parvenir à destination. Wiener a donné au terme le sens de communication et de contrôle.

Après avoir étudié le phénomène d'homéostasie chez l'être vivant, Wiener en déduit que pour contrôler une action orientée vers un but, il faut une cueillette et une circulation d'informations sur les résultats, de façon à vérifier s'ils concordent avec l'équilibre ou les objectifs désirés, et de façon également à corriger les écarts, le cas échéant.

Dans tout système de transformation (voir la figure 12.1), il suffit que la sortie ou les résultats puissent agir sur l'entrée ou les causes pour qu'il en résulte une boucle de rétroaction (feedback). Cette rétroaction peut agir de façon à contrecarrer la cause ; elle agit alors en sens opposé des résultats antérieurs (effet restreignant). Il y a alors une rétroaction négative. Elle peut agir, par contre, de façon à accentuer la cause par effet de renforcement. Il y a alors une rétroaction positive[16].

Dans le cas de la rétroaction négative, le système tend à se stabiliser en cherchant continuellement à ramener le résultat vers un point ou une norme de référence (voir la figure 12.2). C'est le processus qui se passe dans le phénomène d'homéostasie, où l'organisme tend à écarter les déviations et à rétablir l'équilibre. Nous pourrions citer, comme exemple de rétroaction négative, la pupille de l'œil qui se dilate ou se contracte en réaction à l'intensité de la source lumineuse qui la frappe, et qui réussit ainsi à contrôler la quantité de lumière qui pénètre dans l'œil.

Dans le cas de la rétroaction positive, le système tend, au contraire, à s'écarter de l'équilibre en le poussant à s'éloigner de la norme de référence. Plus l'effet augmente, plus la cause augmente, de sorte que cette dernière, si elle n'est pas freinée, conduira vers l'explosion et l'autodestruction complète du système. Les délais sont plus ou moins longs en fonction de la rapidité et de l'ampleur de la rétroaction. Le processus de rétroaction positive ne se répercute pas à l'infini, mais s'éteint après avoir atteint un point de saturation (voir la figure 12.3).

Lorsqu'un microphone est placé près d'un haut-parleur, le son du haut-parleur est réintroduit dans le système et est amplifié de nouveau, de façon répétitive, ce qui provoque une oscillation sonore qui peut persister jusqu'à l'atteinte d'un point de saturation.

Un autre exemple de boucle de rétroaction positive est la spirale des prix et des salaires (voir la figure 12.4). Lorsque les prix augmen-

tent, le coût de la vie augmente. Les salariés demandent alors une augmentation, qui conduira à une augmentation du coût de revient et provoquera une nouvelle augmentation des prix.

C'est à ce phénomène de rétroaction positive que John Maynard Keynes (1936) fait référence lorsqu'il parle de l'effet multiplicateur sur l'économie nationale de l'injection de fonds dans le circuit financier[17]. C'est également à ce phénomène que B.F. Skinner (1938) fait référence lorsqu'il parle des techniques de récompenses et de punitions, et de leurs effets de renforcement sur le comportement humain[18].

Le thermostat est un des systèmes de contrôle les plus efficaces. Le mécanisme du thermostat permet de voir les diverses fonctions qui interviennent dans le processus du contrôle par rétroaction : 1) une *norme de référence* ou objectif, soit le degré de température ambiante désiré, information qu'on communique au mécanisme en faisant tourner le bouton jusqu'à la température désirée ; 2) un *détecteur*, qui a pour fonction de mesurer continuellement l'état de la température ambiante ; ces renseignements sont acheminés vers un 3) *comparateur*, dont la fonction consiste à comparer les résultats aux objectifs ou à la norme de référence fixés. S'il y a un écart à combler, un signal est transmis à 4) la *commande*, qui déclenche l'allumage du système de chauffage et le maintient en fonction jusqu'à ce que la température ambiante atteigne le niveau désiré (voir la figure 12.5).

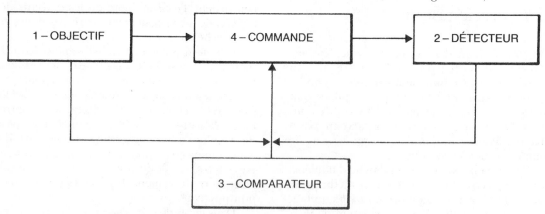

Figure 12.5   Processus de contrôle

La faiblesse du contrôle par rétroaction est qu'il n'intervient qu'après coup pour corriger une situation. Il est évident que le système idéal est plutôt celui qui prévoit et prévient l'erreur ou l'écueil.

Le contrôle prévisionnel, même s'il demeure la formule idéale, s'avère tout de même une forme de contrôle difficile à réaliser. Il est presque impossible de prévoir tous les changements que l'entreprise aura à subir.

Le contrôle par rétroaction est fait pour affronter des forces perturbatrices imprévues. On n'a pas besoin de savoir d'avance, sauf évidemment l'objectif poursuivi, car ce type de contrôle est basé sur le principe de la « réaction » à l'élément perturbateur. Voilà pourquoi le contrôle par rétroaction demeure toujours la forme de contrôle la plus utilisée dans la nature et l'entreprise.

4. L'administration et le contrôle

Le contrôle par la direction doit d'abord viser à assurer la survie de l'entreprise, c'est-à-dire le maintien de son équilibre et son adaptation aux conditions environnantes. Cependant, la survie de l'entreprise n'est pas une fin en soi mais un moyen, car l'entreprise a été constituée non pas uniquement pour survivre mais pour atteindre des objectifs, un but et une mission.

L'essence de l'administration est la recherche des moyens à prendre pour atteindre des objectifs. Or deux conditions sont requises pour produire des résultats conformes aux objectifs. Il faut d'abord une connaissance des causes et ensuite une maîtrise de leur exploitation. L'habileté à contrôler dépend donc de la maîtrise des causes et de la connaissance des effets qu'elles produisent.

Si nous pouvions, dans nos entreprises, atteindre une connaissance et une maîtrise complète des causes, nous aurions alors l'assurance de produire à volonté et infailliblement les résultats désirés. Tout pourrait être planifié et programmé d'avance, et nous n'aurions plus besoin du contrôle par rétroaction pour nous

assurer que les résultats correspondent aux objectifs. Tout comportement non planifié et prescrit deviendrait alors proscrit. Dans un tel système, une fois la programmation établie, il n'y aurait nulle place pour l'initiative et le discernement, car il n'existerait pas d'événements imprévus.

Il est utopique de penser acquérir une connaissance complète des causes et de leurs effets. Même si nous y parvenions, ce ne serait que pour un moment, car nous vivons dans un monde en continuelle évolution. Au surplus, il est encore plus difficile d'obtenir une maîtrise absolue des causes, du fait que l'entreprise est composée d'êtres humains ; il est douteux que le comportement humain soit à ce point programmable.

La direction est donc appelée à prendre ses décisions dans une situation d'incertitude plus ou moins grande quant à sa connaissance et à sa maîtrise des causes. Elle cherche continuellement à réduire le plus possible ce degré d'incertitude. L'administration devient en quelque sorte un processus expérimental, tendant à la découverte et à la maîtrise des causes. Le dirigeant planifie et programme du mieux qu'il peut, sachant qu'il s'expose inévitablement à des imprévus qui l'obligeront à réajuster ses plans et ses programmes d'action.

En outre, il arrive souvent que le dirigeant soit obligé de prendre des décisions et de dresser des plans d'action à la lumière d'informations incomplètes. Il ne peut suspendre le fonctionnement de l'entreprise de façon à pouvoir recueillir toute l'information et faire toutes les expériences requises pour s'assurer d'une décision parfaite. La direction est souvent obligée de prendre des décisions dans un état d'incertitude, c'est-à-dire d'opter pour des plans d'action sans avoir la certitude qu'ils conduiront exactement aux résultats désirés.

Voilà pourquoi le dirigeant a généralement recours au contrôle prévisionnel et au contrôle rétroactif. Il planifie le mieux possible (contrôle prévisionnel), mais doit constamment vérifier les résultats et les activités afin de s'assurer que tout se passe comme prévu et afin également d'effectuer, le cas échéant, les corrections requises (contrôle rétroactif). Cette vérification doit même s'effectuer au fur et à mesure que les activités se déroulent (contrôle concurrent), et non une fois qu'elles sont effectivement terminées.

On peut donc, en définitive, parler de trois formes de contrôle administratif, que nous allons analyser tour à tour plus à fond, soit :

— le contrôle prévisionnel ;

— le contrôle rétroactif ;

— le contrôle concurrent.

4.1 LE CONTRÔLE PRÉVISIONNEL

Le contrôle prévisionnel porte non pas sur les résultats mais sur la planification et l'élaboration du programme d'action. Il précède l'action, d'où le nom qui lui est parfois donné de « contrôle proactif ». Il doit tenter de prévoir les problèmes afin d'y obvier. C'est là le but du contrôle prévisionnel.

Son succès dépend de la qualité de l'information sur laquelle repose la planification. Les oublis ou les informations erronées peuvent compromettre la qualité du programme d'action et les résultats qui en découleront. Les techniques de planification par réseaux sont d'une grande utilité dans ce mode de contrôle, car elles permettent de prévoir les problèmes que la direction aura éventuellement à résoudre si elle ne prend pas immédiatement les mesures qui s'imposent. Plus la prévision, la planification et le programme d'action sont bien faits, plus les risques d'écarts dans les résultats sont réduits.

Un système de contrôle proactif ne peut cependant être assez perfectionné pour que l'on puisse se permettre d'éliminer le contrôle par rétroaction. On ne peut jamais être assuré d'avance que le résultat final sera exactement celui qu'on a prévu. Tout système de contrôle prévisionnel doit donc être complété par un système de contrôle rétroactif.

4.2 LE CONTRÔLE RÉTROACTIF

Le contrôle rétroactif correspond au modèle cybernétique. Il consiste à vérifier les résultats en vue de déceler les erreurs ou écarts et d'appliquer les correctifs appropriés. Ce mode de contrôle comporte l'avantage, qui est en même temps un inconvénient, d'être basé sur un processus de réaction. Il n'entre en action et ne corrige qu'une fois l'erreur produite.

Des délais s'écoulent entre le moment où l'erreur survient, celui où elle est décelée et celui enfin où le correctif est appliqué. Ainsi les états financiers - qui sont des informations sur les résultats - représentent une situation déjà passée lorsqu'ils sont soumis à la direction. Si on y constate un écart par rapport aux objectifs, on peut, à l'analyse, se rendre compte que la cause date déjà d'un certain temps. Il peut s'écouler, par surcroît, un autre délai avant que le correctif ne soit appliqué. Enfin ce correctif peut prendre un certain temps avant de produire son effet ; un retard préjudiciable peut donc survenir.

4.3 LE CONTRÔLE CONCURRENT

Pour atteindre sa pleine efficacité, le contrôle rétroactif devrait permettre de déceler l'erreur à l'instant même où elle survient. Grâce à l'informatique, nous parvenons de plus en plus à réduire le laps de temps entre le moment où la déviation surgit et celui où elle est détectée et corrigée. C'est la rapidité de la transmission de l'information qui permet à la direction de savoir sur-le-champ ce qui se passe dans l'entreprise. L'information en temps réel permet d'exercer un contrôle immédiat ou concurrent sur la déviation qui survient. Toutefois, malgré la rapidité de la détection de l'erreur, l'application du correctif peut parfois entraîner des délais de mise en œuvre.

Un des dangers du contrôle concurrent est d'entraîner des dépenses inutiles ; ce qu'il coûte peut excéder l'utilité retirée. Le contrôle en temps réel s'avère un processus coûteux. Il faut s'assurer, dans chaque cas, que les résultats et les avantages espérés compensent adéquatement les frais engagés. La figure 12.6 résume les trois formes de contrôle.

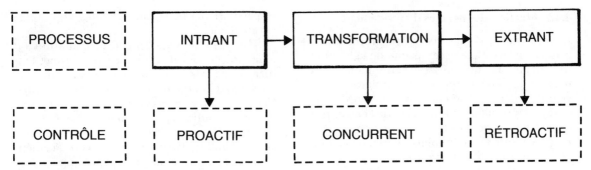

Figure 12.6 Les trois formes de contrôle

Le contrôle et la NASA

Il aurait été impensable de se fier uniquement au contrôle rétroactif pour le lancement des vaisseaux de la NASA, et encore plus d'attendre au dernier moment pour vérifier la trajectoire des vaisseaux lancés et tenter d'y appliquer les correctifs appropriés. Au contraire, chaque voyage est d'abord minutieusement préparé, pendant de longs mois. Tout est prévu dans les moindres détails. On tente même de prévoir tous les écueils imaginables qui pourraient survenir et les solutions à y apporter. On prépare un plan d'action pour chaque éventualité, afin d'être en mesure de réagir rapidement et de ne pas être pris au dépourvu.

Le contrôle prévisionnel et la planification sont supportés par un contrôle rétroactif concurrent. Une fois le véhicule lancé, on vérifie continuellement sa trajectoire et le fonctionnement du vaisseau en vue de détecter tout écart par rapport au plan tracé. On analyse les écarts afin d'en découvrir la cause, d'en évaluer les effets et les dangers et d'y appliquer, le cas échéant, au moment propice, les correctifs appropriés. L'ampleur des moyens utilisés par la NASA se justifie par les sommes engagées et tout particulièrement les vies humaines en jeu.

4.4 LE CONTRÔLE DES RÉSULTATS

L'étude du modèle cybernétique nous a permis de dégager quatre étapes dans le processus du contrôle par rétroaction. Ces étapes forment une boucle complète et se présentent dans l'ordre suivant :

— établissement des objectifs et fixation des normes de rendement ;

— cueillette de l'information et mesure des résultats ;

— évaluation des résultats par comparaison aux objectifs et aux normes de rendement ;

— mise en application des correctifs appropriés.

4.4.1 Établissement des objectifs

On ne peut concevoir le contrôle sans l'existence d'objectifs, car le contrôle consiste essentiellement à s'assurer que les résultats soient conformes aux objectifs visés. Le contrôle présuppose donc l'existence d'objectifs. Le contrôle par rétroaction présuppose également qu'un plan ou programme d'action est adopté pour l'atteinte des objectifs. Certains sont d'avis que l'établissement des objectifs et la préparation des plans d'action font partie de la fonction « planification » et non de la fonction « contrôle ». Le contrôle prévisionnel peut, en effet, être considéré comme de la planification.

Nous voulons insister sur l'importance d'établir des objectifs clairs et précis. L'efficacité se mesure en fonction de l'atteinte des objectifs. Il faut donc, au départ, que ces objectifs aient été déterminés et qu'ils soient clairement nartagés par tous ceux qui ont à œuvrer à leur réalisation ; c'est la condition essentielle pour que toutes les énergies convergent.

4.4.2 Fixation des normes de rendement

L'établissement d'objectifs est un processus incomplet s'il n'est pas accompagné de la fixation de normes mesurables de rendement. Ces normes, également appelées « standards », servent de critères ou de points de référence pour évaluer les résultats et le progrès de l'entreprise dans l'atteinte de ses objectifs. C'est en comparant les résultats à ces points de référence que l'on pourra mesurer l'efficacité.

Ces critères devront être exprimés en chiffres, autant que possible, sinon ils s'avéreront imprécis et sujets à interprétation. Par exemple, augmenter le volume d'affaires est un objectif imprécis. Sur quelle norme s'appuiera-t-on pour juger de la suffisance des résultats à la fin de la période prévue ? Par contre, augmenter le chiffre d'affaires de 10 % par année constitue un objectif mesurable ; il deviendra alors le point de référence, le critère, pour évaluer les résultats.

Les normes utilisées dans l'entreprise peuvent consister en des critères de temps, de quantité, de qualité ou de coût. Ainsi, dans un atelier, on peut se fixer comme norme de rendement une production de x unités par jour. Nous avons ici la combinaison de critères de quantité et de temps. Des critères de quantité trop élevés peuvent parfois être atteints au détriment des critères de qualité.

Une certaine variation peut survenir par le simple effet du hasard. Il y a lieu, en conséquence, lorsque l'on fixe les normes de rendement, d'établir également le degré de tolérance ou les déviations de la norme jugées acceptables. Ce n'est que si les résultats excèdent ce minimum ou ce maximum, selon le cas, que l'on interviendra pour appliquer des correctifs.

4.4.3 Cueillette de l'information

Le contrôle comprend non seulement la fixation d'objectifs, mais aussi la mise sur pied d'un système d'information permettant à la fois de connaître et de mesurer les résultats, et d'aider à la prise de décision.

Pour être utile, l'information doit être à jour. Que sert à la direction de savoir tout ce qui se passe, si elle ne le sait que longtemps après l'événement ?

On appelle « système d'information en temps réel » tout mécanisme qui transmet l'information assez rapidement pour permettre à la direction d'intervenir sur l'événement en cours. Certaines entreprises consacrent beaucoup d'énergies à tendre vers ce système idéal. On en a un exemple avec les magasins de distribution où la marchandise est étiquetée à l'encre magnétique, de sorte que le caissier n'a qu'à appliquer la marchandise sur un lecteur électronique lors de la vente pour que le système informatique en soit immédiatement informé et que la direction puisse, à volonté, vérifier l'évolution des affaires. Il faut cependant, dans chaque cas, s'assurer que les avantages que l'on peut retirer d'un tel système compensent adéquatement les frais engagés.

L'information transmise par le système doit également être exacte et précise, car la valeur d'une décision dépend en partie de la qualité de l'information sur laquelle elle est basée. Elle doit couvrir non seulement les résultats, mais aussi le déroulement des opérations. Des efforts sont consacrés dans certaines entreprises pour savoir vraiment tout ce qui s'y passe. Là encore, il faut faire en sorte que les frais engagés n'excèdent pas les avantages à retirer. Il y a lieu de s'assurer que chaque dollar investi dans ce domaine donne son rendement maximal.

Il arrive malheureusement souvent que l'information, une fois recueillie, demeure inutilisée. À vouloir tout savoir, la direction risque de s'enterrer sous une masse d'informations et de documents qu'elle aura de la difficulté à gérer ou qui ne lui sera d'aucune utilité. En bref, la cueillette d'information dans l'entreprise n'est pas une fin en soi mais un moyen pour aider à atteindre certaines fins.

4.4.4 Évaluation des résultats

Dans le processus de contrôle, on effectue la cueillette d'informations en vue de vérifier si les activités se déroulent comme prévu. Dans cette phase d'évaluation des résultats, on doit analyser toute divergence afin d'en connaître les causes et les effets et de déterminer s'il y a lieu d'intervenir pour appliquer des correctifs.

4.4.5 Application des correctifs

La dernière étape du processus de contrôle est celle de l'application des correctifs, s'ils sont nécessaires. Le plus souvent, cette correction consiste à prendre les moyens pour rendre les résultats conformes aux objectifs ; quelquefois, cette correction consistera à modifier les objectifs pour les rendre conformes aux résultats. Il faut évidemment, dans ce cas, qu'il soit clairement établi que ce sont les objectifs qui sont erronés.

Pour appliquer un correctif, il faut savoir au départ quelle est la cause de la déviation ; dans chaque cas, le diagnostic doit être exact. Le correctif doit non seulement supprimer l'erreur mais aussi en prévenir la répétition. Le but du contrôle est non seulement de corriger mais aussi de prévenir.

4.4.6 Points de contrôle

Les entreprises deviennent de plus en plus complexes, de sorte qu'il est pratiquement impossible aux dirigeants d'observer et de superviser personnellement l'ensemble des activités. Le dirigeant doit pourtant demeurer bien informé sur les activités de l'entreprise, s'il veut exercer adéquatement sa fonction contrôle. Il n'a pas d'autre choix, en ces circonstances, que de limiter et de concentrer son attention sur un ensemble de repères ou de points de contrôle qui lui permettront d'avoir une vue globale, au lieu d'une connaissance détaillée, et qui l'assureront qu'aucun incident d'importance n'échappera à son attention.

La qualité du contrôle dépendra alors du choix judicieux de ces repères critiques. Parmi les multiples points stratégiques possibles, le dirigeant doit choisir ceux qui lui paraissent les plus aptes à l'informer adéquatement sur le fonctionnement de l'entreprise. Il doit donc déterminer les facteurs critiques de succès de l'entreprise.

Ces facteurs concerneront un certain nombre de secteurs qui seront révélateurs, si les résultats y sont satisfaisants, du succès que l'entreprise dans son ensemble connaîtra. Il y a dans l'entreprise, dit Rockart, « certains secteurs clés où les choses doivent bien aller, si elle veut continuer à prospérer. Si les résultats dans ces secteurs sont inadéquats, le succès de l'entreprise laissera à désirer. »[19].

4.4.7 Gestion par exception

Le tableau de bord d'une automobile renseigne le conducteur non pas sur tout le fonctionnement du véhicule mais sur certains points critiques. Pour certains aspects, l'information n'est donnée qu'en cas d'anomalie. Par exemple, si pour une raison quelconque le moteur « surchauffe », un voyant indicateur s'allumera : il s'agit là d'un contrôle par exception.

Plusieurs entreprises fonctionnent suivant un système de contrôle par exception. Il s'agit alors, pour le dirigeant, non pas de savoir tout ce qui se passe dans l'entreprise mais de connaître rapidement tout ce qui dévie ou s'écarte des normes de rendement ou du plan d'opération adoptés. Ce système vise à attirer l'attention du dirigeant lorsqu'il y a un problème et à ne pas le déranger lorsque le fonctionnement est conforme au plan établi. Ce système permet d'économiser l'énergie qui autrement serait consacrée à surveiller ce qui va bien.

Ce système permet également aux dirigeants de concentrer leurs efforts et leur attention sur les secteurs où il y a des déviations à corriger. L'efficacité de ce système dépend de la qualité des points de contrôle choisis. Si ces points de repère ne couvrent pas adéquatement les secteurs névralgiques, il peut en résulter chez les dirigeants une fausse et dangereuse impression de sécurité.

Peter Drucker fait remarquer que les événements qui se produisent dans l'entreprise ne sont pas nécessairement distribués selon la courbe de Gauss. Il arrive souvent que quelques événements soient la cause de la plupart des effets et des résultats. Ainsi, 20 % de l'inventaire en unités peut représenter 80 % du coût total. Un petit nombre de clients peut contribuer à la plus grande part du chiffre d'affaires. Drucker signale que les efforts du dirigeant peuvent être canalisés vers les cas les plus nombreux, soit ceux qui sont les moins significatifs. Il ajoute : « Si la direction ne s'emploie pas de façon constante à orienter les efforts sur des activités productrices de résultats, les dépenses vont dévier d'elles-mêmes vers des activités qui ne produisent rien et dégénérer en inutilité. »[20]

Il est important de se rappeler ce phénomène lorsqu'on instaure un système d'information ou de contrôle. Tous les secteurs d'activité ne requièrent pas la même quantité d'information, et les plus forts investissements en système d'information et de contrôle devraient se situer dans les secteurs les plus vitaux pour l'entreprise, c'est-à-dire les facteurs critiques de succès.

4.5 LE CONTRÔLE BUDGÉTAIRE

Le contrôle budgétaire est la forme de contrôle des résultats la plus utilisée dans l'entreprise. Le contrôle budgétaire comprend non seulement la préparation du budget, mais également la cueillette d'informations sur les résultats financiers. Le contrôle budgétaire englobe un ensemble d'opérations débutant par l'établissement du budget, comprenant ensuite la comptabilisation des résultats financiers en vue de les évaluer et de relever les écarts, et se terminant par l'application des mesures correctives appropriées.

Le budget, première étape du contrôle budgétaire, consiste essentiellement en l'expression, en termes financiers à courte échéance, des prévisions et des objectifs de l'entreprise. Il résulte d'un plan d'action dans lequel se trouvent précisés les objectifs à atteindre et les moyens à prendre pour les réaliser. Il correspond à la première étape du processus de contrôle. Opération de prévision et de planification, le budget pourrait être considéré comme un mode de contrôle prévisionnel.

Le budget couvre généralement une période d'une année. On peut l'étendre sur une plus longue période, mais il devient alors beaucoup plus une projection ou un plan à long terme. Il est difficile de faire une planification précise pour une période longue, car l'entreprise œuvre dans un environnement en continuel changement. La planification à moyen et à long terme demeure un exercice fort utile, même si on ne peut pas strictement le considérer comme un budget.

4.5.1 Rôles du budget

Le budget est un outil qui contribue de façon marquée à améliorer l'efficience de l'entreprise par une meilleure gestion des ressources financières et une meilleure coordination des activités. Les quatre rôles que joue le budget sont :

— la prévision et l'estimation ;

— la planification ;

— l'autorisation ;

— la mesure et la comparaison.

Le budget est d'abord un instrument de prévision et d'estimation des influences externes qui peuvent modifier les résultats. Certains éléments du budget ne sont que de simples prévisions, par exemple l'effet de l'inflation sur les résultats financiers. Le budget est aussi et surtout un plan d'action, une planification. Il représente, en quelque sorte, l'avenir désiré pour l'entreprise, l'avenir à réaliser, à l'aide du plan d'action qu'il a tracé.

Un plan d'action implique que des choix ont été faits. On a évalué des possibilités pour ne retenir que les plus avantageuses. Certaines dépenses ont été approuvées de préférence à d'autres, qui ont été écartées. Il s'agit du rôle traditionnel « d'autorisation », qui détermine à l'avance l'appropriation des dépenses que les services sont autorisés à effectuer. Enfin, le budget, une fois établi, constituera, au cours de l'année, une norme de rendement, un point de référence, pour évaluer les résultats. Il devient ainsi un instrument de mesure et de comparaison. Les états financiers trimestriels présenteront d'ailleurs en parallèle les résultats réels et les prévisions budgétaires.

Or le budget est avant tout un instrument de contrôle prévisionnel. Trop de dirigeants consacrent plus d'énergie à surveiller les écarts qu'à faire des choix judicieux d'objectifs, à faire du contrôle rétroactif plutôt que du contrôle prévisionnel. Que sert à l'entreprise de bien faire les choses, si la direction constate par la suite qu'elle ne visait pas les bonnes fins ? D'où l'importance de faire, au départ, les bons choix et les bonnes affectations de dépenses.

4.5.2 Élaboration du budget

L'élaboration du budget est une opération d'envergure dans l'entreprise. Elle débute généralement plusieurs mois avant la fin de l'année financière et requiert beaucoup de temps et d'énergie. Le budget, une fois terminé, est soumis au conseil d'administration pour approbation. Il est indispensable que le budget soit élaboré d'abord par ceux-là mêmes qui seront appelés à le réaliser. Chaque unité peut donc être invitée à préparer et à soumettre son projet de budget. Cette participation a pour effet d'engager les cadres et de les rendre responsables de la réalisation du budget qui les concerne.

Il arrive parfois que des cadres se prêtent à des jeux de stratégie lors de la préparation de leurs budgets. Certains cadres tentent en effet de se conserver une marge confortable de sécurité en sous-estimant volontairement les revenus et en exagérant par ailleurs les dépenses. Les cadres ont souvent tendance à se protéger en proposant un budget conservateur et en se mettant par la suite en évidence par des écarts positifs, en réalité faciles à atteindre.

Si la préparation du budget ne doit pas être du ressort exclusif de la haute direction, cette dernière conserve par contre la responsabilité de vérifier chaque budget soumis par les unités administratives et surtout de les ajuster et de les harmoniser. Il s'agit là d'une fonction délicate, qui demande beaucoup de clairvoyance et d'habileté, car elle comporte des choix stratégiques.

4.5.3 Évaluation

Une fois établi, le budget devient un point de référence servant à évaluer les résultats financiers de l'entreprise. La comparaison entre les résultats réels et le budget doit se faire sur une base mensuelle ou trimestrielle. On ne peut cependant prendre le budget annuel et le diviser tout simplement pour obtenir ainsi des budgets mensuels ou trimestriels. Il est rare que les revenus et les déboursés soient répartis d'une manière uniforme au cours de l'année. Cette situation exige donc l'établissement de prévisions budgétaires sur une base mensuelle ou trimestrielle. Le contrôle budgétaire n'a d'intérêt que dans la mesure où il permet de corriger les écarts les plus significatifs et d'améliorer la performance globale.

Que faire si des écarts persistent ? Il y a lieu de déterminer alors si c'est la prévision qu'il faut corriger ou si c'est le résultat. Certaines entreprises préfèrent ne pas modifier le budget, même s'il semble erroné. Le budget devient ainsi un point de référence qui a perdu sa signification. Le budget ne doit pas être considéré comme une base inflexible et intouchable ; il est un instrument et non une fin. Il doit en conséquence être révisé périodiquement.

4.5.4 La vérification comptable

La vérification comptable consiste en un examen méthodique des documents de l'entreprise en vue de s'assurer que les chiffres enregistrés reflètent fidèlement sa situation financière. Ce contrôle comptable cherche à découvrir les erreurs et les fraudes, et à vérifier si toutes les écritures correspondent à la matérialité des faits et sont conformes aux règles comptables établies.

Les états financiers annuels des entreprises incorporées doivent être examinés par des vérificateurs comptables, à moins d'un accord unanime des actionnaires pour qu'il n'en soit pas ainsi. Il s'agit de protéger les actionnaires et le public en exigeant que des vérificateurs certifient que les états financiers présentés reflètent fidèlement l'état véritable et exact des affaires, et qu'ils ont été préparés suivant les principes comptables reconnus.

4.5.5 La rationalisation des choix budgétaires (RCB) et le Budget à base zéro

Deux techniques de planification et de contrôle budgétaire ont été mises à l'essai. La rationalisation des choix budgétaires a été introduite au département de la Défense américaine. Ce système vise à faire précéder le budget de l'établissement des objectifs fondamentaux et de l'étude des voies possibles pour les atteindre. On effectue alors le calcul du coût de chacune de ces voies, pour plusieurs années à venir, afin de déterminer la meilleure voie à suivre.

Ce système fut remplacé, quelques années plus tard, par la technique du Budget à base zéro. Elle part de l'idée que chaque unité doit élaborer son budget en remettant ses activités en question, en vue de vérifier s'il existe des voies alternatives plus efficaces et plus efficientes pour atteindre les objectifs visés. Cette technique ne fait pas l'unanimité, il va sans dire. On lui reproche le volume de travail qu'elle requiert. Elle exige en plus qu'on remette en question les activités existantes, le plus souvent en faveur de solutions théoriques qui n'ont pas encore fait leurs preuves[21].

5. Le contrôle des comportements

Les exigences d'efficacité requièrent que les efforts aboutissent à la réalisation des objectifs, alors que les exigences d'efficience requièrent qu'ils y aboutissent de la façon la plus économique possible. La direction de l'entreprise doit donc réussir à créer une équipe et à fondre les efforts individuels en un effort commun.

L'importance de la coordination des activités et du contrôle des comportements est donc évidente. Certains ont même prétendu que la surveillance des comportements constituait une forme de contrôle qui pouvait remplacer le contrôle des résultats. D'autres ont soutenu, au contraire, qu'un bon contrôle des résultats devrait permettre à la direction de réduire la surveillance du comportement du personnel (Ouchi & Maguire, 1975). Ces deux formes de contrôle se complètent et ne sont pas nécessairement interchangeables.

5.1 PROGRAMMATION DES COMPORTEMENTS

Comment atteindre l'efficacité et l'efficience des comportements ? La méthode traditionnelle a consisté à établir un comportement type pour chaque tâche et à inviter chaque employé à s'y conformer le plus rigoureusement possible.

Les adeptes de l'organisation scientifique du travail considéraient que de toutes les manières possibles d'accomplir une tâche, il y en avait certainement une qui était la meilleure. L'entreprise devait la trouver et demander ensuite à chaque employé de s'y conformer. Il fallait, en

quelque sorte, programmer les comportements jusque dans les moindres détails. Pour plus de sûreté, la direction devait exercer une surveillance étroite des activités afin de prévenir et de supprimer les comportements s'écartant du modèle proposé. De plus, le système de rémunération devait être agencé de façon à récompenser les comportements conformistes. Cette approche pose également comme règle que l'employé ne doit prendre aucune initiative, celle-ci étant réservée à la direction, qui a pour mission de penser et de programmer.

Les implications de cette approche sont profondes. L'exercice du jugement et de l'initiative personnelle est diminué. Adam Smith avait déjà fait remarquer, dès 1776, que cet accroissement d'efficience se faisait au prix de l'abrutissement de l'être humain[22]. D'autres, par ailleurs, et c'est la « théorie Y » de Douglas McGregor, considèrent que cette centralisation du contrôle et cette élimination de l'initiative ne sont pas nécessaires, car l'être humain peut se diriger et se contrôler lui-même lorsqu'il travaille pour atteindre des objectifs qu'il connaît et envers lesquels il se sent responsable.

5.2 L'AUTOCONTRÔLE

L'employé est-il vraiment capable d'exercer un autocontrôle ? Cette forme de contrôle donne-t-elle des résultats supérieurs ? Ce sont là des questions qui ont fait l'objet de recherches nombreuses. Les travaux de James L. Price semblent indiquer que l'autocontrôle est de nature à accroître la productivité et la motivation des cadres et des professionnels de l'entreprise, mais qu'il peut réduire la productivité des employés, même s'il augmente en contrepartie leur motivation[23]. D'autres recherches récentes de Mills semblent suggérer que l'autocontrôle peut augmenter à la fois la motivation et la productivité du personnel d'exécution[24].

L'autocontrôle n'est cependant pas réalisable à n'importe quelles conditions. Douglas McGregor affirme que l'être humain n'oriente son effort et n'exerce son autocontrôle qu'à l'égard d'objectifs envers lesquels il se sent engagé[25]. Il est peu probable, en effet, que le cadre ou l'employé se sente engagé envers des objectifs et un plan d'action qui ont été élaborés sans sa participation et qui lui sont imposés sans consultation. L'employé a alors tendance à adopter une attitude passive, se limitant à exécuter rigoureusement les consignes sans se soucier des objectifs visés. Le contrôle des comportements incite à mettre l'accent sur la fidélité des comportements au modèle établi, plutôt que sur l'obtention des résultats visés. Ce contrôle peut pousser le personnel vers un comportement bureaucratique, qui fait que la tâche est exécutée sans référence aux objectifs.

Dès que le personnel perd de vue les objectifs de la tâche, l'autocontrôle devient impossible. Le seul système de contrôle qui peut alors être utilisé repose sur la surveillance étroite des activités, les mesures disciplinaires et la récompense des comportements conformistes. Ce contrôle a cependant des effets négatifs sur la motivation.

5.3 CONTRÔLE ET MOTIVATION

Qu'est-ce qui motive véritablement l'employé? Pourquoi travaille-t-il dans une entreprise? Pour gagner sa vie, c'est évident, mais également pour s'épanouir. Dans ses rapports avec autrui, la personne cherche à se montrer compétente, c'est-à-dire à mettre en évidence ses aptitudes à résoudre des problèmes. La personne a donc besoin de sentir qu'elle participe à la résolution des problèmes et que les autres sont conscients de l'importance et de la valeur de son apport[26].

Les entreprises constituent donc un excellent milieu pour permettre aux personnes de se réaliser, car elles offrent des défis à relever. L'employé ne peut qu'être frustré dans ses aspirations si, par ailleurs, tout ce que l'entreprise lui demande, c'est un comportement programmé, sa participation ayant été pensée d'avance pour lui.

Ce que certains employés désirent, c'est un champ d'action dans lequel ils puissent disposer d'une marge de manœuvre pour prendre des décisions en vue d'atteindre des objectifs envers lesquels ils se sentent engagés.

5.4 DÉLÉGATION D'AUTORITÉ

La délégation d'autorité est la marge discrétionnaire accordée à une personne, et qui lui permet d'exercer son jugement et de prendre des décisions à l'intérieur d'un champ de compétence délimité. L'autorité dans l'entreprise ne peut être concentrée et centralisée entre les mains d'une seule personne. Il faut absolument qu'il y ait une délégation d'autorité et un partage des champs d'action.

Les cadres et plusieurs employés aspirent à avoir des champs d'activité dans lesquels ils pourront exercer leurs compétences. On pourrait dès lors concevoir le contrôle des comportements comme le partage de l'autorité le plus près possible de l'information et de l'action.

Les recherches de Tannenbaum semblent suggérer que l'efficacité et l'efficience sont favorisées lorsque la responsabilité est partagée par un large éventail d'employés dans l'entreprise[27]. Tannenbaum est d'avis que l'efficacité du contrôle dépend de deux variables, soit la quantité totale de contrôle exercé dans l'entreprise et le partage de cette fonction entre les niveaux hiérarchiques. Plus le personnel est appelé à partager l'autorité, plus la quantité totale de contrôle exercé dans l'entreprise est susceptible d'être élevée. Il illustre cette idée par un graphique qui comporte deux axes correspondant à ces variables, soit, en ordonnée, la quantité totale de contrôle exercé et, en abscisse, le partage de cette tâche entre le personnel et les divers échelons hiérarchiques.

Ainsi, la courbe A de la figure 12.7 représente une direction qui ne veut pas déléguer son autorité et qui se réserve le plus de contrôle possible. Son contrôle total est cependant peu élevé, car elle ne peut réussir à tout contrôler seule. La courbe B, par contre, laisse voir un plus grand partage de l'autorité, qui, selon l'hypothèse de Tannenbaum, est de nature à produire une plus grande quantité totale de contrôle. La courbe C indique le rôle prédominant joué par les cadres intermédiaires dans le contrôle.

Plusieurs recherches semblent appuyer les conclusions de Tannenbaum selon lesquelles la participation est source de motivation et d'efficience. Plus la courbe de contrôle est positive, plus l'efficacité organisationnelle est élevée. La direction a donc avantage à instaurer un type de gestion permettant aux cadres et au personnel de participer au partage de l'autorité.

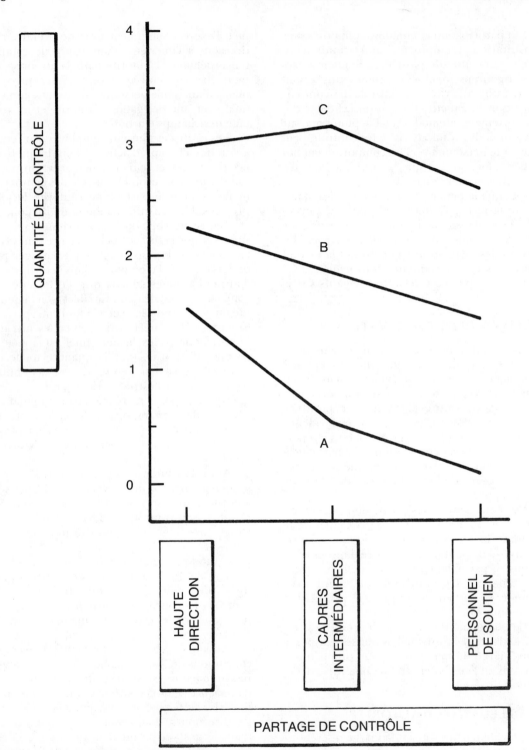

Figure 12.7   Graphique de contrôle

5.5 GESTION PARTICIPATIVE PAR OBJECTIFS (GPO)

C'est en vue d'assurer cette participation que Peter Drucker proposa le principe de la direction participative par objectifs et par autocontrôle. La gestion participative par objectifs vise : 1) l'établissement d'objectifs articulés et intégrés ; 2) la participation des cadres et du personnel à ce choix d'objectifs ; et enfin 3) l'engagement profond des cadres et du personnel dans la réalisation de ces objectifs, de façon que les efforts individuels se soudent en un effort commun.

La gestion par objectifs exige d'abord que la direction détermine, d'une façon claire et précise, les objectifs organisationnels, et que ces derniers soient communiqués de façon que chaque employé en soit bien informé (voir la figure 12.8). Cette opération est suivie d'un dialogue entre supérieur et subordonnés afin que soient établis les objectifs de chaque unité administrative, de chaque tâche ou de chaque employé, compte tenu des objectifs organisationnels. Les objectifs des unités doivent contribuer à la réalisation des objectifs de l'entreprise. Les objectifs se rattachant à chaque tâche doivent à leur tour tendre vers l'atteinte des objectifs de l'entreprise et de ceux de l'unité administrative dont le titulaire fait partie.

Cette opération doit se faire de façon que chaque employé se sente personnellement engagé dans la réalisation des objectifs qui le concernent. C'est là son champ d'activité, sa marge discrétionnaire, qui lui permet d'exercer son jugement, de prendre des décisions et de mettre en application sa compétence. Son rendement sera par la suite évalué en fonction de ses efforts et de ses succès dans la réalisation des objectifs se rapportant à son champ d'activité. Ce type de gestion a été d'un apport considérable dans l'essor de plusieurs entreprises. On en trouve des exemples dans *Le Prix de l'excellence* [28].

La gestion participative par groupe implique que le supérieur, au lieu de prendre des décisions après avoir communiqué avec chacun de ses subalternes individuellement et séparément, réunit ces derniers pour discuter avec eux des décisions à prendre. Ce style est possible dans la mesure où l'éventail de subordination (nombre d'employés relevant directement d'un supérieur) est assez restreint. Ce style a aussi pour effet de substituer l'autocontrôle du

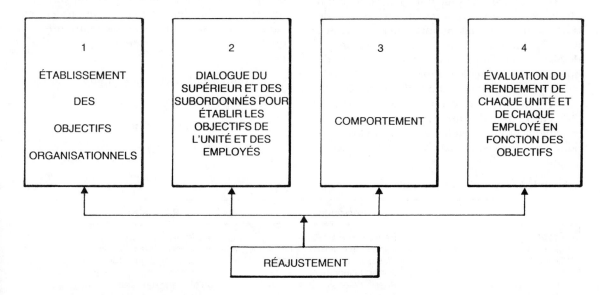

Figure 12.8 La gestion participative par objectifs

groupe au contrôle individuel du supérieur, sans que ce dernier renonce cependant à son droit de décider en dernier ressort, lorsque les circonstances l'exigent.

5.6 ÉVALUATION DE RENDEMENT

Le contrôle demande une évaluation des résultats; c'est également vrai pour le contrôle des comportements. Chaque dirigeant est appelé à superviser le travail des membres de son équipe et est ainsi en mesure d'évaluer leur rendement. Dès que le dirigeant constate un écart, il intervient généralement auprès de son subalterne pour l'inciter ou l'aider à améliorer son rendement, à moins que ce dernier n'ait déjà exercé une forme d'autocontrôle.

Cette forme d'évaluation semble insuffisante; la plupart des entreprises ont ainsi instauré un processus plus formel et plus structuré d'évaluation du rendement. Une fois par année, une entrevue entre le subordonné et son supérieur permet de revoir le rendement et les forces et les faiblesses de l'employé. Cette évaluation est habituellement consignée dans le dossier de l'employé. Le plus souvent, elle sert de barème pour déterminer l'augmentation de salaire que l'employé a méritée.

Deux approches sont utilisées: l'évaluation de la personne ou l'évaluation du résultat de son travail. La première approche est orientée vers l'individu, ses attitudes, sa personnalité, ses habiletés, son comportement. Son objectif est de mesurer la réussite de l'employé en fonction de critères se rapportant à son habileté, sa personnalité, son caractère, sa ponctualité, son affabilité, etc. Le rôle du supérieur consiste à porter un jugement sur le rendement de l'employé, qui joue un rôle passif, et parfois même défensif.

L'évaluation des résultats vise plutôt à aider l'employé à s'évaluer lui-même en vue d'exercer un meilleur autocontrôle; son intérêt porte sur le rendement futur. L'employé est invité à évaluer lui-même ses résultats par rapport aux objectifs qu'il s'était lui-même fixés en accord avec son supérieur. Par des remarques et des questions, le supérieur amène graduellement l'employé à diagnostiquer lui-même les écueils rencontrés et à déterminer les moyens à prendre pour les pallier.

Le tableau 12.1 met en parallèle les principales caractéristiques de ces deux approches[29].

6. Les dysfonctions du contrôle

L'application des mesures de contrôle peut parfois provoquer des effets secondaires, imprévus et non désirés, dans le comportement du personnel de l'entreprise. Ces mesures peuvent, en effet, susciter parfois un comportement différent et même contrecarrer ainsi la réalisation des objectifs visés. Plusieurs chercheurs ont examiné ce problème, ses manifestations et ses causes. Ils ont relevé tout particulièrement quatre types de comportements dysfonctionnels:

— le comportement bureaucratique;

— le comportement stratégique;

— la falsification des données;

— le comportement de résistance.

Tableau 12.1   Les modes d'évaluation

	Personne	Résultats
Foyer	Performance passée	Performance future
Méthode	Variété de critères	En fonction des objectifs
Objectifs	Mesurer pour récompenser	Mesurer pour améliorer
Rôle du supérieur	Porter un jugement	Conseiller, guider, orienter
Rôle de l'employé	Passif, défensif	Actif, s'engage, s'autoévalue
Moment	Annuel	Périodique, progressif

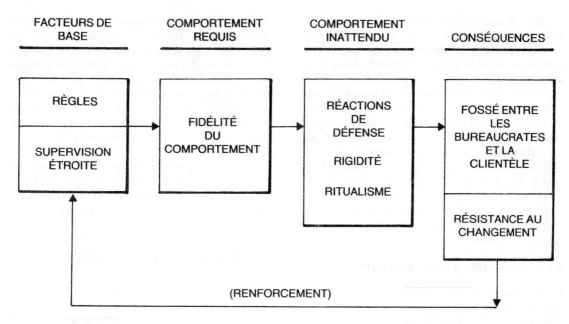

Figure 12.9 Dysfonctions bureaucratiques

6.1 LE COMPORTEMENT BUREAUCRATIQUE

Si la direction insiste pour que les consignes données soient observées fidèlement et rigoureusement, le personnel peut se retrancher derrière ces règles et se limiter à les suivre aveuglément et strictement. Parfois, ces comportements mènent à l'absurde et jouent au détriment des objectifs visés. Ce sont les clients qui souffrent le plus de ce genre de comportement, que l'on qualifie de « bureaucratique ». La direction cherche alors à enrayer le malaise en resserrant davantage sa surveillance et ses mesures de contrôle ; cette action ne fait qu'amplifier le phénomène, créant ainsi un effet de renforcement, une boucle de rétroaction positive (voir la figure 12.9).

À titre d'exemple, mentionnons le cas de la personne s'adressant à une agence de location pour avoir une voiture rapidement. On lui fait savoir qu'elle devra attendre environ une heure. Plusieurs voitures sont disponibles sur le terrain, mais la consigne dit qu'aucune auto ne doit être louée à un client avant d'être lavée. Or le laveur d'autos est absent.

Ce désagrément provient de la rigidité des consignes, qui étouffe l'initiative et met l'accent sur la conformité au règlement. L'observation stricte de la règle prime sur les buts pour lesquels elle a été adoptée. Elle a pour effet de déplacer les buts vers les moyens, au point que les règles de conduite deviennent des fins. Or le but du contrôle n'est pas de s'assurer que les activités correspondent exactement au modèle établi, mais d'assurer plutôt qu'elles contribuent à l'atteinte des objectifs de l'entreprise.

6.2 LE COMPORTEMENT STRATÉGIQUE

Les employés ont tendance à adopter, comme comportement stratégique, la conduite qui semble, dans l'immédiat, la plus appréciée par la direction ou celle qui fait le mieux leur affaire compte tenu des circonstances. On voit souvent de tels comportements stratégiques dans la préparation des budgets ; il en est ainsi, par exemple, lorsqu'on fixe un objectif conservateur, pour ensuite le dépasser.

Joseph Berliner raconte le cas, survenu en Russie, où un fonctionnaire avait décidé que l'inventaire du bétail détenu par les fermes collectives se ferait le premier janvier[30]. Cette date fut choisie parce qu'elle correspondait à l'époque de l'année où les fermiers étaient le moins occupés. Cela eut pour effet cependant d'inciter les fermiers à attendre après le premier janvier pour livrer leur bétail à l'abattoir, afin d'obtenir le crédit d'un inventaire élevé. Normalement, la livraison aurait été faite plutôt à l'automne, lorsque le bétail était à son poids maximal. Or la mesure de contrôle imposée a eu pour effet secondaire d'inciter les fermiers à retarder la livraison du bétail, au prix d'une perte considérable de pesanteur.

6.3 LA FALSIFICATION D[...]

Falsifier des données consist[...]
mation qui a trait à la pl[...]
contrôle des résultats. L'exe[...]
celui du général d'aviation La[...]
l'initiative de bombarder le V[...]
contrairement aux instructio[...]
ques non autorisées eurent [...]
la Maison-Blanche avait ent[...]
tions avec le Viêt-nam du [...]
étaient falsifiés afin que l'é[...]
rien. Ces pratiques furent [...]
une lettre qu'un sergent a[...]
sénateur[31].

Diverses techniques son[...]
treprise pour fausser les d[...]
été bonne, la direction [...]
comptabilisation de certain[...]
l'année afin de les reporter à l'annee suivante.

Une entreprise minière avait pour politique de fermer les mines où la qualité du minerai baissait en deçà d'un certain niveau de rendement. Or une mine marginale se maintenait depuis des années juste au-dessus de la norme fixée. C'est que les mineurs avaient découvert un filon de haute qualité, qu'ils utilisaient, à l'occasion, pour maintenir une teneur moyenne juste au-dessus de cette norme.

6.4 COMPORTEMENT DE RÉSISTANCE

La résistance aux mesures de contrôle imposées se manifestera par des comportements de dé-

fense, de repli, d'agressivité. McGregor (1974) identifie trois formes de comportements de résistance[32]. La première forme consiste à refuser de se conformer aux exigences de changement. La seconde se manifeste lorsque l'employé utilise son ingéniosité pour faire échec aux objectifs de contrôle qui lui paraissent menaçants. Enfin, cette résistance peut, dans certains cas, aller jusqu'à des comportements malhonnêtes.

Le contrôle efficace est celui qui empêche ou réduit le plus possible les écarts entre les résultats et les objectifs, sans susciter d'effets secondaires et sans soulever plus de problèmes qu'il ne tente d'en résoudre.

7. [Re]gard vers l'avenir

[...]mencé à transformer [...]odes de contrôle. Sa [...]arriver au contrôle [...]ible une information [...]visionnel. Certains di[...]nformatique pour re[...]du contrôle, considé[...]désormais prendre les [...]les directives aux ni[...]considèrent que la dé[...]voie qui conduit à [...]té, et que c'est vers la [...]cherches doivent être [...]agnie Volvo, en Suède, [...]lle chaîne de montage [...]équipes de travailleurs [...]leur travail et d'exercer leur propre autocontrole dans la réalisation des objectifs de production. D'autres entreprises tentent des expériences similaires de participation par équipes de travail (Burck, 1981).

General Foods a fait la manchette au début des années 70 en raison d'une expérience de participation tentée à son usine de Topeka, au Kansas ; la production y était effectuée par des équipes de travail jouissant d'une grande autonomie dans l'organisation, la planification et le contrôle de leurs activités. Les équipes devaient assurer leur propre coordination et prendre leurs décisions en groupe. Elles devaient se partager des tâches qui étaient traditionnellement exécutées par les services de soutien. Chaque équipe était coordonnée par un chef d'équipe, dont la fonction principale était d'assurer le bon fonctionnement du groupe[33].

Ce nouveau système eut pour effet d'augmenter la productivité, le niveau de motivation et même l'engagement du personnel de l'usine. Le système commença cependant à montrer des faiblesses par la suite. La productivité se maintenait, mais le système semblait en perte de dynamisme, la direction n'étant pas intéressée à rencontrer les journalistes pour faire part de cette expérience.

L'écueil des expériences de cette nature vient souvent des cadres intermédiaires, qui ne sont pas préparés à ce style de gestion. Les équipes se heurtent souvent à des dirigeants qui ne sont pas prêts à renoncer à leur prérogative de contrôle. La gestion participative effectue un renversement des rôles traditionnels, en ce que le personnel exerce une plus large part de contrôle que les cadres et la direction. Pour certains, une telle situation dénote une entreprise anarchique. Le temps nous dira, à la lumière des expériences en cours, si une telle hypothèse est valable.

QUESTIONS

1. « L'application des mesures de contrôle peut parfois provoquer des effets secondaires imprévus et non désirés, dans le comportement du personnel de l'entreprise. Ces mesures peuvent susciter parfois un comportement différent, et même contrecarrer ainsi la réalisation des objectifs visés. » Dans son chapitre intitulé « Le contrôle des organisations », à quoi Marcel Lizée réfère-t-il lorsqu'il parle de quatre types de comportement dysfonctionnel? Élaborez brièvement sur chacun d'eux.

2. Toutes les étapes du processus d'administration requièrent la fonction contrôle. Expliquez pourquoi et comment.

3. À quel genre de contrôle un gestionnaire pourrait-il avoir recours pour mieux adapter son style de « leadership » aux besoins du personnel de son service? Décrivez ce genre de contrôle.

4. Pourquoi dit-on que les contrôles des résultats et des comportements se complètent?

5. De quelle façon s'associent le modèle cybernétique (intrant - transformation - extrant) et les différentes formes de contrôle applicables dans l'organisation (proactif, concurrent, rétroactif)?

6. La direction est souvent obligée de prendre des décisions dans un état d'incertitude, d'opter pour des plans d'action sans être certaine qu'ils conduiront aux résultats escomptés. Nommez les trois formes de contrôle applicables et commentez-les.

7. Quelle différence y a-t-il entre le rôle du contrôle prévisionnel et celui du contrôle rétroactif?

8. Définissez les types de contrôle et les styles de « leadership » qui interviennent dans l'exercice du contrôle.

NOTES BIBLIOGRAPHIQUES

1) G.B. GIGLIONI et A.B. BEDEIAN. « A Conspectus of Management Control Theory », *Academy of Management Journal*, Vol. 17, 1974, p. 293-305.

2) H. FAYOL. *Administration générale et industrielle*, Paris, Dunod, 1962.

3) H. DIEMER. « The Principles Underlying Good Management », *Industrial Management*, Vol. 67, 1924, p. 280-283.

4) W.H. NEWMAN. *Administrative Action*, Englewood Cliffs, N.J., Prentice-Hall, 1951.

5) A. TANNENBAUM. *Control in Organizations*, New York, McGraw-Hill, 1968.

6) D. McGREGOR. *La Profession de manager*, Paris, Hommes et Organisation, 1974.

7) D. DRUCKER. *La Pratique de la direction des entreprises*, Paris, Éditions d'Organisation, 1954.

8) C. BARNARD. *The Functions of the Executive*, Cambridge, Mass., Harvard University Press, 1938.

9) H.A. SIMON. *Administrative Behavior*, New York, The Free Press, 1957.

10) A. ETZIONI. *Les Organisations modernes*, Namur, Duculot, 1971.

11) P. DRUCKER. *The Effective Executive*, New York, Harper and Row, 1966.

12) E. MORIN. *La Nature de la nature*, Paris, Seuil, 1977.

13) L. VON BERTALANFFY. *Théorie générale des systèmes*, Paris, Dunod, 1973.

14) P.T. DE CHARDIN. *L'Avenir de l'homme*, Paris, Seuil, 1959.

15) N. WIENER. *Cybernetics*, New York, Wiley, 1948.

16) L. COUFFIGNAL. *La Cybernétique*, Paris, Presses Universitaires de France, 1978.

17) J.M. KEYNES. *General Theory of Employment, Interest and Money*, Londres, Macmillan, 1936.

18) B.F. SKINNER. *Behavior of Organisms : an Experimental Analysis*, New York, Appleton-Century-Crofts, 1938.

19) J.E. ROCKART. « Chief Executives Define Their Own Data Needs », *Harvard Business Review*, Mars-Avril 1979.

20) P. DRUCKER. *Bien connaître votre affaire et réussir*, Paris, Éditions d'Organisation, 1970.

21) R.N. ANTHONY et J. DEARDEN. *Management Control Systems*, Homewood, Ill., Richard D. Irwin, 1980.

22) A. SMITH. *La Richesse des nations*, Paris, Dalloz, 1950.

23) J.L. PRICE. *Organizational Effectiveness*, Homewood, Ill., Irwin-Dorsey, 1968.

24) R.A. MILES. *Macro-Organizational Behavior*, St-Louis, Goodyear Publishing, 1980.

25) D. McGREGOR. « An Uneasy Look at Performance Appraisal », *Harvard Business Review*, Mai-Juin 1957.

26) C. ARGYRIS. *Participation et organisation*, Paris, Dunod, 1970.

27) J.M. McMAHON et G.W. PERRIT. « Toward a Contingency Theory of Organization Control », *Academy of Management Journal*, Vol. 16, n° 4, p. 624-635.

28) T.J. PETERS et R.H. WATERMAN. *Le Prix de l'excellence*, Paris, Inter Éditions, 1983.

29) L.L. CUMMINGS et D.P. SCHWAB. *Performance in Organization*, Boston, Scott, Foreman & Co., 1973.

30) J.S. BERLINER. « A Problem in Soviet Union Administration », *Administrative Science Quarterly*, Vol. 1, n° 1, p. 86-101.

31) E.F. HUSE. *The Modern Manager*, St-Paul, West Publishing, 1980.

32) D. McGREGOR. *La Dimension humaine de l'entreprise*, Paris, Gauthier-Villar, 1970.

33) R.A. MILES. *Macro-Organizational Behavior*, St-Louis, Goodyear Publishing, 1980.

CHAPITRE 13

LE CHANGEMENT ORGANISATIONNEL

par

Robert Poupart

> « *Il distinguait plus judicieusement qu'homme du monde entre le mal et le pis, entre le bien et le mieux.* »
>
> **Retz**

1. Introduction

La problématique du changement organisationnel pose en fait trois questions : quoi changer, pourquoi changer et comment changer. La question du quoi renvoie aux différentes composantes du système organisationnel sur lesquelles l'agent de changement peut agir. La question du pourquoi renvoie au diagnostic à poser avant d'entreprendre un changement. La question du comment attire l'attention sur les stratégies organisationnelles.

Les questions des composantes de l'organisation et du processus de résolution d'un problème (quoi et pourquoi) ont été vues par d'autres auteurs dans ce volume et seront dès lors traitées de façon succincte. C'est surtout la question des stratégies de changement (comment) qui retiendra notre attention.

2. Quoi changer : les composantes de l'organisation

Il faut voir l'organisation comme un système de composantes en interaction. Il est possible de distinguer cinq composantes principales : les membres de l'organisation, ses structures, ses processus, ses produits et son environnement (voir le chapitre 2).

Les membres de l'organisation sont tous ceux qui y sont reliés pour accomplir le travail et mener le processus de production à terme : les produits. Opérationnellement, ce sont tous ceux qui sont rétribués pour leur travail. Les membres de l'organisation ont tous des besoins, des habiletés, des attentes et des valeurs.

Les structures de l'organisation comprennent les représentations formelles de ses unités et leurs rapports fonctionnels et hiérarchiques en relation avec le processus de production. Il faut inclure ici les organigrammes, les structures de travail et de postes, les politiques et systèmes de gestion du personnel, les systèmes de contrôle des aspects financiers et du travail, et enfin l'organisation physique et géographique.

Les processus organisationnels incluent : les modes d'exercice du « leadership » et de la supervision, les styles et les pratiques de communication et d'intégration, la gestion des conflits, les processus de prise de décision, de planification, d'établissement d'objectifs, de tra-

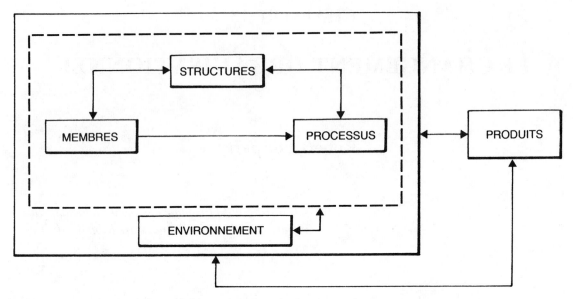

Figure 13.1   Les composantes du système organisationnel et leur interaction

vail en groupe, les relations interpersonnelles de même que tous les modes informels d'évaluation, de critique, de contrôle et d'orientation. Il s'agit en bref des composantes du processus d'administration.

Les membres de l'organisation, les structures et les processus interagissent en tant que composantes et entraînent ainsi l'atteinte des objectifs. Ces produits sont de nature à la fois économique et sociale. Les produits de nature économique incluent le profit, le retour d'investissement, la croissance et l'emploi. Les produits sociaux sont très divers : clarté des buts, clarté des rôles, attitudes vis-à-vis de l'organisation, loyauté, appartenance, motivation, compétence vécue et réelle, satisfaction, collaboration, confiance, taux de roulement, absentéisme, etc.

Membres, structures, processus et produits se situent dans les cadres d'un environnement concurrentiel, technologique et culturel (à cet effet, voir les chapitres 2 et 5).

Ces composantes de l'organisation et leurs différents éléments constituent donc une liste de ce qu'il est possible de modifier dans l'organisation, une liste de ce sur quoi l'agent de changement peut avoir prise.

Mais pourquoi changer ?

3. Pourquoi changer : processus de résolution d'un problème et diagnostic

3.1 LE PROCESSUS DE RÉSOLUTION D'UN PROBLÈME[1]

Vouloir changer une organisation, c'est vouloir régler certains de ses problèmes de fonctionnement. Le processus de changement peut donc être abordé comme le processus de résolution d'un problème. Le processus de résolution d'un problème peut être conçu comme un processus rationnel, dont il est possible d'identifier les différentes phases, leur articulation logique et les mécanismes en jeu pour chacune d'elles. Voici les quatre phases d'un processus rationnel de résolution d'un problème :

— Phase 1 : définition du problème ;

— Phase 2 : inventaire des solutions ;

— Phase 3 : choix de la solution ou d'un arrangement de solutions ;

— Phase 4 : implantation.

3.1.1 La définition du problème

Un fait n'est jamais en soi un problème. Un fait ne devient un problème que lorsqu'il ne correspond pas à la représentation cognitive ou au modèle des personnes qui l'observent. Un problème est une interprétation des faits, qui a son origine dans une représentation des faits tels qu'ils devraient être et qui s'élabore dans la perception d'un écart, ou d'un chevauchement imparfait, entre les faits tels qu'ils sont et tels qu'ils devraient être. La définition d'un problème suppose donc la confrontation d'un modèle idéal à un modèle descriptif. Le modèle idéal permet de comprendre les faits sous l'angle du « devant être », alors que le modèle descriptif aborde la réalité sous l'angle du « étant ». Pour définir un problème, il faut donc recueillir les faits, les intégrer à un modèle descriptif et comparer ce modèle descriptif à un modèle idéal.

Les sciences administratives permettent d'intervenir de deux façons dans la définition d'un problème appliquée à une organisation. D'abord, les sciences administratives proposent, en tant que sciences dites « sociales », un ensemble de méthodes objectives de cueillette des données pour la confection d'un modèle descriptif.

Les sciences administratives peuvent aider d'une deuxième façon à cette étape du processus de résolution d'un problème, en offrant à l'agent de changement des modèles idéaux de fonctionnement des organisations. Ces modèles idéaux ont évolué avec l'histoire de nos sociétés. Leur évolution, leur nature, leur complexité et les rapports qu'ils entretiennent entre eux constituent l'objet d'étude privilégié des spécialistes en théorie des organisations. Nous préférons donc renvoyer ici le lecteur aux autres chapitres pertinents de cet ouvrage et plus particulièrement à celui qui traite de l'évolution de la pensée administrative.

La figure 13.2 présente d'une manière schématique l'enchaînement logique des opérations regroupées en phases et en sous-phases. La figure 13.3 montre en plus la contribution des sciences administratives à chacune des phases du processus de résolution d'un problème.

3.1.2 L'inventaire des solutions

Définir un problème et y ordonner des mesures correctives sont deux opérations différentes qu'il convient de bien distinguer pour mieux comprendre leurs articulations. Apporter une solution à un problème, c'est tenter d'augmenter le recouvrement d'un modèle descriptif et d'un modèle idéal. Il est impossible d'agir directement sur l'écart entre deux modèles, l'action ne rejoint qu'indirectement cet écart en ayant pour objet ses causes. Les différences entre un modèle descriptif et un modèle idéal sont des effets dont il faut connaître les causes, si celles-là doivent être réduites. Le problème est donc un effet dont il faut connaître les causes.

Inventorier les solutions possibles à un problème, c'est rechercher les moyens qui permettront d'agir sur les causes pour faire disparaître ou minimiser les effets.

Ainsi, le passage de la phase I à la phase II du processus suppose qu'une analyse du problème a permis d'en découvrir les causes. Celles-ci serviront de points d'appui, sur lesquels les solutions agiront comme des leviers.

Avant d'inventorier les solutions à un problème, il faut pousser un peu plus loin l'analyse des faits et y appliquer un modèle d'interprétation causal. Comme le modèle idéal, le modèle causal peut épouser une multitude de formes. Il peut être personnel ou imposé, circonstanciel ou non, implicite ou explicite, etc. Quelles que soient ses qualités, il permet toujours, subjectivement, de dépasser la simple constatation des faits pour remonter à leur origine. Les faits étant intégrés, il permet de passer inductivement de l'effet à la cause. Les sciences administratives interviennent de nouveau à cette étape du processus de résolution d'un problème, en proposant à l'agent de changement des modèles d'analyse de la réalité organisationnelle. Ces modèles d'analyse sont aussi empruntés au domaine de la théorie des organisations. En effet, une théorie des organisations ne présente pas seulement un modèle idéal du fonctionnement des organisations. Elle présente aussi une nomenclature, une hiérarchisation et une combinaison des principales dimensions ou variables organisationnelles qui permettent d'expliquer

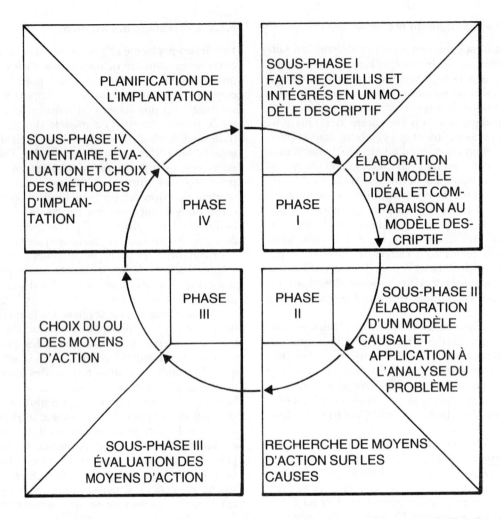

Figure 13.2   Enchaînement logique-schématisé du contenu des phases et sous-phases du processus de résolution d'un problème

son degré d'efficacité. Modèle idéal et modèle causal constituent donc l'essentiel de la contribution des théories des organisations pour l'agent de changement, qui les met à profit dans le cadre d'un processus rationnel de résolution d'un problème.

L'inventaire des solutions à un problème est essentiellement une activité de recherche de moyens. Il s'agit de découvrir les moyens qu'il serait possible d'ordonner pour réduire l'écart entre un modèle descriptif et un modèle idéal.

Ces moyens agiront sur les causes de cet écart. Les opérations caractéristiques de la phase II relèvent donc de l'imagination créatrice. Il s'agit de recenser le plus grand nombre possible de moyens.

Encore une fois, les sciences de la gestion viennent au secours de l'agent de changement, en proposant un ensemble d'outils et de techniques de management qui ont fait leurs preuves en milieu organisationnel. Ces moyens ou solutions à différents problèmes organisationnels

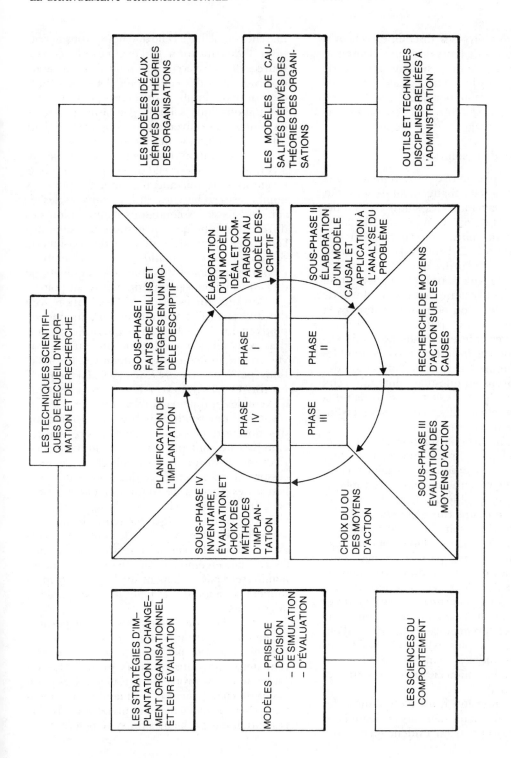

Figure 13.3 La contribution des sciences administratives aux différentes phases du P.S.P.

proviennent des diverses disciplines reliées à l'administration et de leurs domaines d'application : finance, marketing, système intégré de gestion, ressources humaines, gestion des opérations pour n'en nommer que quelques-unes. Le lecteur peut ici se référer aux chapitres pertinents de cet ouvrage.

3.1.3 Le choix de la solution

Le passage de l'inventaire des solutions au choix d'unesolution ou d'un changement de solutions suppose une évaluation des solutions énumérées à la phase II du processus. Cette évaluation peut se baser sur plusieurs critères. Certains sont d'ordre rationnel, d'autres d'ordre émotif, d'autres, encore, de l'ordre des valeurs.

Au point de vue rationnel, l'adéquation entre le moyen et la cause doit être évaluée, de même que l'adéquation entre les ressources et les contraintes, d'une part, et les moyens, d'autre part. Les critères d'évaluation qui existent au point de vue socio-émotif concernent les réactions attendues à la suite de l'utilisation des différents moyens en question, alors que ceux qui sont de l'ordre des valeurs sont issus de la dualité rationnel-émotif et concernent l'équilibre entre ces deux termes.

L'adéquation entre la solution envisagée et le problème tel que défini est un premier critère d'évaluation d'ordre rationnel. Il s'agit ici d'évaluer dans quelle mesure une solution s'applique logiquement au problème. C'est la relation entre un moyen et une cause qui est en jeu.

Le réalisme de la solution est le second critère rationnel d'évaluation d'une solution. Celui-ci est double. D'une part, il est nécessaire d'inventorier les ressources disponibles pour la mise en œuvre de telle ou telle solution ; d'autre part, il faut évaluer la pertinence des ressources par rapport à l'utilisation d'un moyen ou d'une solution. Dans le premier cas, l'objectif est d'obtenir l'inventaire le plus exhaustif possible des ressources disponibles. Dans le second cas, il faut qu'il y ait adéquation entre une ressource et un moyen.

Jusqu'à maintenant, il n'a été question des ressources qu'en tant qu'éléments facilitant l'utilisation des moyens. Il est évident qu'une dé-

marche semblable à celle que nous avons décrite pour l'identification et l'évaluation des ressources doit être accomplie pour l'identification et l'évaluation des contraintes. Une contrainte est tout ce qui inhibe, à différents points de vue, l'utilisation d'une solution. De la même façon, les contraintes doivent être dénombrées et leur effet sur l'utilisation des moyens évalué.

La contribution des sciences administratives à l'évaluation rationnelle de l'effet des moyens inventoriés ne fait aucun doute. En plus des nombreuses recherches sur les avantages, les inconvénients et les conditions d'application des différentes techniques de gestion, mentionnons l'ensemble des modèles de prise de décision, de simulation et d'évaluation que le développement des méthodes de traitement automatique de l'information a permis de mettre au point.

Certains autres critères d'évaluation sont d'ordre émotif. Rationnellement, un moyen pourrait être le meilleur ou le plus efficace ou le plus expéditif, tout en déclenchant, au point de vue émotif, des réactions prohibitives. Ces réactions peuvent être très diverses. La peur, la méfiance, l'insécurité en sont autant d'exemples, qui peuvent se manifester par une résistance qui rendrait inopérante l'utilisation des moyens qui les déclenchent. Ces résistances émotives ne sont pas seulement individuelles. Elles ont aussi une origine collective. Les processus interpersonnels et de groupe donnent lieu à des normes de comportement qui peuvent inhiber ou faciliter le changement. Les critères dont il s'agit ici sont donc bien socio-émotifs et non pas seulement émotifs. Il est important de bien faire ressortir le fait que les résistances émotives au changement ne se manifestent pas seulement sur le plan intrapersonnel mais aussi sur les plans interpersonnel et de groupe.

Les critères de valeurs deviennent particulièrement importants dans les cas où la démarche impliquée par le processus met en relation deux individus ou deux groupes faisant face à un même problème. C'est le cas lorsqu'un agent de changement et les membres d'un système-client sont également préoccupés par la résolution des problèmes du système-client.

Les solutions étant évaluées, une solution particulière ou un arrangement de celles-ci doit être choisi. Le choix est l'opération caractéristique de la phase III du processus de résolution d'un problème. Ce choix est très important, car il reflète la valeur relative accordée à chacun des critères caractéristiques de la phase III du processus.

Comme plusieurs solutions peuvent être appliquées à un même problème et comme le choix parmi celles-ci suppose leur évaluation, de même plusieurs méthodes peuvent être utilisées pour l'implantation d'une même solution et le choix parmi celles-ci suppose qu'elles soient également évaluées.

3.1.4 L'implantation

La phase IV comprend donc l'inventaire des méthodes d'implantation possibles. Comme l'inventaire des solutions possibles, cette activité relève de l'imagination créatrice.

La phase IV comprend, de plus, l'évaluation des méthodes d'implantation inventoriées. Cette évaluation est semblable à celle que nous avons décrite à la phase III. Elle se base sur les mêmes critères rationnels, socio-émotifs et de valeurs. Au point de vue rationnel, l'adéquation de la méthode à la solution choisie doit être évaluée, de même que son réalisme. Comme c'était le cas à la phase III, le réalisme de la méthode par rapport à la solution comprend deux dimensions. D'abord, quelles sont les ressources et les contraintes identifiées comme pouvant faciliter ou inhiber le recours à telle méthode ou à l'une de ses composantes ? Ensuite, l'adéquation des ressources et contraintes à la méthode envisagée est en cause et doit être évaluée[1].

Comme certains critères d'ordre socio-émotif influencent l'évaluation des solutions, de la même façon des critères semblables sont susceptibles d'influencer l'évaluation des méthodes identifiées. Les réactions émotives intrapersonnelles, interpersonnelles ou de groupe ne dépendent pas seulement de la solution choisie. Les réactions émotives sont commandées aussi, et dans une grande proportion, par la méthode d'implantation de cette solution. Si des méthodes différentes commandent des réactions différentes, alors les critères d'ordre socio-

émotif ont leur place dans l'évaluation des méthodes d'implantation possibles.

Les critères de valeurs sont, par nature, semblables à ceux de la phase III. Ces critères proviennent de la double série des critères rationnels et socio-émotifs et tentent de résoudre le problème de leurs rapports en privilégiant l'un d'eux ou en tentant de ménager un équilibre entre les deux.

3.2 UN CADRE CONCEPTUEL POUR LE DIAGNOSTIC

Dans la réalité quotidienne du gestionnaire ou de l'agent de changement, les étapes de la modification ne se passent pas forcément comme nous venons de les décrire. Certaines phases peuvent être plus ou moins escamotées, d'autres télescopées, d'autres encore standardisées et, enfin, certaines peuvent se dérouler de façon plus ou moins consciente. La phase de définition du problème se déroule souvent à la suite de la cueillette d'un minimum d'informations : quelques indices suffisent à convaincre le gestionnaire qu'il connaît le problème. Les phases d'inventaire et de choix des solutions peuvent être télescopées pour des raisons pratiques : le gestionnaire sait ce qu'il veut faire, l'agent de changement est un spécialiste d'une certaine technique qu'il privilégie, etc. La phase de planification et de mise en œuvre est souvent plus formelle, en raison du fait que certaines stratégies sont très à la mode à certains moments. Il ne s'agit pas là d'exemples à suivre mais de cas vécus. Souvent, les membres d'une organisation éprouvent des difficultés à acquérir une vision d'ensemble et une vision rationnelle qui feraient ressortir leurs problèmes. Alors les choses sont prises comme évidentes, le particulier obscurcit le général, l'individuel masque l'organisationnel, l'arbre cache la forêt. D'où l'importance d'un cadre théorique de cueillette et d'analyse de l'information qui permette de considérer l'organisation dans son ensemble.

Examinons maintenant d'une manière synthétique les différentes étapes d'un diagnostic organisationnel :

— cueillette d'informations sur l'organisation ;

— description de l'organisation à l'aide des données recueillies en fonction du cadre théorique et de ses composantes ;

— interprétation des données, qui permet de comprendre le fonctionnement de l'organisation ;

— analyse et conclusions : recommandations de changement.

Un cadre théorique global est plus utile au début du processus de diagnostic car il permet de faire un tour d'horizon de l'ensemble de l'organisation. Une fois que certains de ses éléments ont été identifiés comme étant plus problématiques, l'agent de changement peut utiliser une théorie d'envergure plus restreinte pour guider son investigation. Et enfin, lorsque le problème est clairement circonscrit, l'intervenant peut utiliser les concepts développés à partir des disciplines de base du management pour l'aider dans la formulation de ses recommandations. Par exemple, un modèle systémique global de l'organisation pourrait être utilisé au début du processus de diagnostic. Si le sous-système psychosocial de l'organisation semble être celui où les problèmes se cristallisent, l'intervenant peut alors passer à l'utilisation de modèles issus des sciences du comportement pour enfin, dans ses recommandations, s'inspirer plus spécifiquement des techniques caractéristiques du développement organisationnel ou de la qualité de vie au travail. Il y a donc des niveaux d'analyse qui se succèdent dans un processus en entonnoir : les concepts utilisés sont de plus en plus spécifiques à des dimensions de plus en plus circonscrites et, au bout de l'entonnoir, donnent lieu à des recommandations précises de changement.

Dès que les recommandations de changement sont formulées et acceptées, le diagnostic est complet, le versant du changement organisationnel qui emprunte à la science est conquis. Il faut maintenant implanter ce changement dans l'organisation. La problématique est alors complètement différente. Il ne faut plus seulement comprendre les choses. Il faut aussi les changer. Cette fois, la dose d'art nécessaire est beaucoup plus importante : le savoir-faire, le tour de main, le doigté entrent en jeu. Il faut parler de modes et de stratégies d'intervention.

4. Comment changer : un art

Le changement organisationnel est un art parce qu'il s'agit de changer non pas des systèmes mécaniques mais bien des systèmes humains. Les personnes sont directement touchées. Les rapports qu'elles ont l'habitude d'entretenir, les façons de faire acquises au cours des années, les intérêts perçus ou défendus, tout cela risque d'être remis en question par un changement organisationnel. Un processus social concerne non seulement des caractéristiques objectives de l'organisation mais aussi des hommes et des femmes en chair et en os, des rapports individuels et de groupe, des mœurs, des habitudes, des façons de faire.

4.1 LES AGENTS SOCIAUX DU CHANGEMENT

Le changement organisationnel peut être considéré comme l'adoption d'une innovation[2]. Les recherches sur le processus d'adoption des innovations peuvent probablement nous apprendre quelque chose sur la nature du changement organisationnel.

C'est avec les travaux de Ryan et Gross sur « l'acceptation et la diffusion du maïs hybride dans deux comtés de l'État d'Iowa » que les recherches en ce sens ont vraiment pris leur essor et ce, plus spécialement dans le domaine des recherches en sociologie agricole ! L'étude de ces deux auteurs portait sur la séquence de diffusion du maïs hybride, le modèle d'acceptation par les individus, la fonction et l'importance relative des sources et des médias d'information dans l'implantation et, enfin, les relations entre l'adoption et les caractéristiques personnelles, économiques et sociales des fermiers. Déjà, à cette époque, les auteurs notent que les fermiers adoptent l'innovation d'autant plus rapidement qu'ils sont intégrés à des groupes et soumis à des influences diverses. Des recherches subséquentes synthétisées par Rogers (1962) permirent d'identifier ce qui s'appellera dorénavant « la courbe d'adoption en S »[3] (figure 13.4).

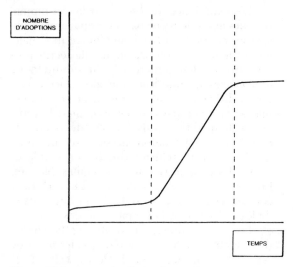

Figure 13.4 La courbe d'adoption en S

Au début d'un processus d'adoption de l'innovation, seulement quelques individus se laissent effectivement convaincre. Il y a donc peu d'adoptions pendant un certain temps. Lorsque les premiers (*early adopters*) ont accepté l'innovation, plusieurs autres se laissent convaincre plus rapidement : le rythme d'adoption est donc accéléré. Enfin, les irréductibles (late adopters) arrivent en bout de piste et sont les derniers à se laisser gagner : le rythme d'adoption ralentit donc de nouveau.

Des recherches subséquentes permirent de confirmer l'interprétation de cette courbe. Les médecins regroupés dans un milieu urbain adoptent une nouvelle médication suivant la courbe en S, alors que leurs collègues des milieux ruraux, dispersés sur un territoire beaucoup plus vaste et communiquant peu entre eux, n'obéissent pas à cette nouvelle loi (figure 13.5).

La courbe d'adoption en S montre donc que le processus d'adoption d'une innovation est un processus social : après les premières adoptions se déclenche un processus interactif qui accélère le rythme d'adoption. Ce sont surtout les *early adopters* qui convainquent les autres. Lorsque ce processus interactif ne peut avoir cours, comme chez les médecins ruraux qui n'ont que peu ou pas de communication entre eux, seul le temps fait son œuvre : le processus est ralenti, la courbe n'indique aucune accélération après la période initiale et il faut une plus longue période de temps pour arriver au même nombre de nouveaux usagers.

La courbe d'adoption en S correspond à un phénomène de diffusion à l'intérieur duquel jouent les processus interpersonnels. Ce phénomène est encore aujourd'hui clairement mis à profit grâce à la « vente d'introduction » et à la « période d'essai gratuit » qui visent les *early adopters*, pendant que les parties *Tupperware* cherchent à faciliter les processus interactifs qui favorisent l'adoption.

4.2 DIFFUSION, PETITS GROUPES ET ORGANISATION

Les recherches sur les petits groupes ont permis non seulement de confirmer l'importance des

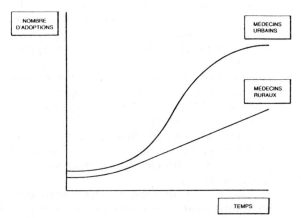

Figure 13.5 Courbe d'adoption de médecins urbains et de médecins ruraux

processus sociaux interactifs sur l'adoption de l'innovation mais aussi d'y appliquer des techniques de facilitation.

Les recherches de Mayo aux usines Hawthorne de la General Electric sont un classique des écrits sur le changement organisationnel. Mayo et ses collaborateurs avaient entrepris cette recherche pour étudier les effets de certaines variables physiques (luminosité, temps de repos, etc.) sur la production des employés[4]. Ainsi entreprise dans la plus pure tradition tayloriste, cette recherche allait mener ses auteurs à des conclusions diamétralement opposées aux postulats rationalistes de cette école. En effet, les variations dans la productivité n'étaient pas imputables aux variables indépendantes initiales (repos, luminosité, etc.) mais aux changements que l'expérience provoquait dans les perceptions sociales des employés. L'attention spéciale accordée aux ouvriers et les rapports plus satisfaisants dont ils bénéficiaient alors avec leurs supérieurs immédiats rendaient compte des variations dans la production. En poursuivant les recherches, il devient de plus en plus évident que la production est contrôlée, en partie sinon totalement, par certaines normes sociales informelles que les systèmes de rémunération développés par les employeurs ne réussissent pas à contourner. L'argent n'est pas le seul facteur de motivation des ouvriers, qui, liés par les normes informelles de leurs confrères, réinterpréteraient certaines règles officielles en les remplaçant par des normes informelles plus conformes à leurs besoins. Les chefs des groupes de travailleurs jouent un rôle très important dans l'établissement de ces règles et jouissent ainsi d'une influence prépondérante sur les niveaux de productivité des groupes de travail.

Les normes de groupes informelles portées par les processus interactifs, dont l'importance était reconnue par les spécialistes de la diffusion de l'innovation, ont maintenant leur place dans les écrits sur les organisations. Lewin de même que Coch et French indiquent comment il est possible de faire jouer ces normes informelles en faveur du changement en milieu organisationnel.

Les expériences de Lewin sur la consommation des abats de bœuf par les ménagères, réalisées au cours de la Seconde Guerre mondiale, constituent un autre « classique » des écrits portant sur le changement organisationnel[5]. Le gouvernement américain fait alors face à certaines difficultés. L'alimentation de ses armées manœuvrant en pays étranger requiert l'exportation de quantités considérables de viande de bœuf. Cette exportation massive crée un déséquilibre sur le marché interne. Il faut remplacer le bœuf par d'autres denrées comestibles, en l'occurrence, les abats de bœuf. Il faut convaincre les ménagères d'acheter des abats et de les utiliser dans la préparation des repas.

Lewin en profite pour vérifier l'efficacité de deux méthodes de diffusion de l'« idée abats de bœuf ». La première méthode est celle de la conférence. Un auditoire de ménagères reçoit des informations objectives sur les mérites multiples des denrées en question. En vertu de la deuxième méthode, des petits groupes de ménagères discutent, sous la direction d'un animateur compétent, de la possibilité pour des ménagères comme elles de consommer ces aliments et sont invitées, à la fin de la discussion, à prendre une décision publique quant à l'utilisation ou à la non-utilisation future des aliments qui ont fait l'objet de la discussion. Une enquête a par la suite démontré que les ménagères qui avaient discuté et pris une décision en petits groupes avaient effectivement utilisé les viandes proposées, beaucoup plus que les ménagères qui avaient assisté à une conférence. Lewin fait intervenir plusieurs facteurs dans l'interprétation de ces résultats. La discussion de groupe engage les participants à un plus haut degré que la conférence. Le fait que les participants discutent du problème de l'alimentation « pour des ménagères comme elles » abaisse le niveau de résistance à considérer objectivement ce problème de la même façon que les techniques projectives ou les méthodes de jeu qui utilisent une situation simulée.

Un exposé peut susciter un haut degré d'intérêt, mais conduit rarement à la décision. Il en est de même de la discussion. Elle engage généralement davantage les participants, mais ne conduit pas plus sûrement à la décision bien qu'elle prépare mieux les participants à se décider. L'acte de décision a pour effet de cristalliser les motivations exprimées au cours de la discussion. Contrairement à l'exposé, qui place l'individu dans une situation de solitude psychologique, la discussion et la décision de groupe mettent l'individu en relation avec les autres participants et le disposent à changer dans le sens des normes du groupe.

D'autres auteurs avaient mis en lumière l'influence des processus de groupe sur les phénomènes de diffusion et d'adoption. Lewin, pour sa part, a eu le mérite de découvrir une méthode qui agissait directement sur les phénomènes de groupe que d'autres s'étaient contentés d'observer. Cette méthode nouvelle (la discussion et la décision en groupe) allait constituer une arme plus efficace pour les agents de changement, qui bénéficiaient dorénavant d'une méthode augmentant considérablement le taux d'adoption des « idées » qu'ils préconisaient.

Coch et French font un pas de plus dans l'expérimentation de méthodes de changement applicables en milieu organisationnel[6]. Ils sont appelés par une entreprise qui fait face à de la résistance, de la part de ses employés, à l'introduction de changements technologiques inévitables. Les auteurs décident d'expérimenter, selon trois méthodes différentes d'implantation, lesdits changements technologiques. La première et la deuxième méthode permettent aux ouvriers, l'une directement, l'autre indirectement par l'intermédiaire de représentants, de participer à la planification de l'implantation du changement. Suivant la troisième méthode, il y implantation directe des changements technologiques, et les ouvriers n'en sont qu'informés. La remontée trop lente des niveaux de production qui avait été observée par les dirigeants de la compagnie avant la demande d'aide à Coch et French n'a pas été modifiée par la troisième méthode, qui a entraîné de plus une accumulation des symptômes de tension (taux de roulement élevé, manque de coopération, agressivité, etc.). La première et la deuxième méthode ont favorisé une accélération de la remontée des niveaux de production et une baisse de tension, la participation directe étant toutefois sensible-

ment plus efficace que la participation indirecte. La participation, directe ou représentative, à la planification de l'implantation du changement crée de nouvelles normes de groupe qui, au lieu d'entraîner une résistance au changement, mobilisent des forces qui supportent le changement projeté.

Les recherches sur la diffusion de l'innovation et sur les petits groupes ont profondément influencé le domaine du changement organisationnel et la pratique des agents de changement. Jusque-là, dans la plus pure tradition tayloriste, le changement n'était considéré que comme un processus rationnel qui ne faisait appel qu'à des techniques prescriptives et à la persuasion. Les recherches mentionnées ont complètement modifié cette conception et ont porté l'intérêt plutôt sur les aspects sociaux, interactifs et émotifs du changement. Un juste retour de balancier permet aujourd'hui d'adopter une position plus nuancée et circonstanciée : le changement est un processus à la fois rationnel et émotif, individuel et collectif. Les circonstances font que l'accent est mis tantôt sur l'un et tantôt sur l'autre plateau. En tenant compte de la situation et d'expertises personnelles, les agents de changement ont donc le choix parmi un éventail de stratégies de changement, qu'ils peuvent déployer selon certains modes et en utilisant une panoplie de tactiques. Après avoir inventorié et brièvement présenté ces stratégies, modes et tactiques, nous examinerons leur efficacité.

4.3 STRATÉGIES, MODES ET TACTIQUES DE CHANGEMENT

Nous présenterons trois stratégies de changement qui, couplées à trois modes d'intervention, permettront de déterminer un ensemble de tactiques. Les trois stratégies fondamentales diffèrent d'abord par leurs postulats de base.

Les adeptes des stratégies rationnelles-empiriques considèrent l'homme comme étant un être essentiellement rationnel. Ils jugent aussi que les hommes poursuivent leurs propres intérêts d'ordre rationnel lorsqu'ils les connaissent ou que ceux-ci leur sont indiqués. Ainsi donc, si un changement désirable, efficace et cohérent avec les intérêts personnels des individus en cause est proposé, il sera nécessairement adopté si les agents de changement peuvent le justifier rationnellement et en démontrer les avantages, puisque les récipiendaires sont d'abord rationnels et motivés par leurs intérêts personnels. L'adoption de l'innovation se baserait sur un calcul rationnel du rapport débit-crédit.

Selon cette perspective, l'ignorance et la superstition sont les seuls vrais obstacles au changement, alors que la rationalité est son principal moteur. La recherche scientifique étant la seule avenue de promotion de la rationalité, il s'ensuit que l'éducation généralisée est la meilleure façon de faire reculer l'ignorance et de briser les chaînes de la superstition. Cette façon de voir est caractéristique du libéralisme classique et trouve une expression particulièrement évidente dans un Québec qui, au lendemain du dépôt du rapport Parent, s'enthousiasmait pour une réforme scolaire à l'échelle de la province et croyait fermement au fameux slogan : « Qui s'instruit s'enrichit ! » L'accès généralisé à l'éducation scolaire, pour toutes les femmes et tous les hommes, allait être le principal instrument pour triompher de la « noirceur », pour diffuser le savoir et la rationalité, pour favoriser les progrès humain et technique d'une société qui, d'un seul bond, allait se retrouver dans un XXe siècle énergique, maîtrisé, industrialisé, si ce n'est postindustrialisé. Il ne s'agissait pas seulement de changement. Ce n'était rien de moins qu'une véritable « révolution », même si elle n'était que « tranquille ». Une « révolution » puisque la science et la rationalité favorisaient tellement le progrès qu'il n'allait pas s'agir d'une transition mais plutôt du passage d'un état, caractérisé par le conservatisme et l'ignorance, à un autre état, caractérisé par l'avant-gardisme et la connaissance. Cette révolution allait être « tranquille » puisque, du fait qu'elle était rationnelle, tout le monde serait forcément d'accord. La rationalité va de pair avec le bonheur et la bonne entente, alors que l'émotivité et les passions poussent du côté de la violence et des déchirements.

Les adeptes des stratégies normatives-rééducatives, pour leur part, sans nier l'intelligence et la rationalité humaines, croient plutôt que le comportement humain est régi par des normes sociales qui engagent l'individu. Cet engagement individuel vis-à-vis des normes collectives est médiatisé par les attitudes et les valeurs personnelles. Le changement n'est donc pas surtout une affaire de tête mais une affaire de cœur ; pour modifier des modèles de comportement, il faut atteindre l'engagement personnel dont ils sont l'objet et développer un engagement émotif envers de nouveaux modèles comportementaux. Cet engagement personnel implique des changements dans les attitudes, les valeurs, les habiletés individuelles et les relations sociales, qui vont bien au-delà et qui sont bien plus profonds que les échanges de savoir et les partages d'information tout en les incluant. Comme nous l'avons vu, la pensée de Lewin et les recherches sur les petits groupes ont joué un rôle important dans le développement des stratégies normatives-rééducatives. Un des postulats fondamentaux de ces stratégies dit qu'il n'y a pas de rééducation ou de changement sans participation des hommes à leur propre rééducation et à leur propre changement, conçu comme incluant les aspects normatif, perceptuel et cognitif.

Au-delà des postulats fondamentaux, les stratégies normatives-rééducatives ont plusieurs traits communs. Premièrement, elles insistent toutes sur l'engagement de l'individu ou de l'organisation dans son propre changement. L'agent de changement n'est pas d'abord celui qui importe le changement de l'extérieur mais surtout celui qui entre en relation de dialogue avec son client. Deuxièmement, le problème auquel le client est confronté n'est pas nécessairement dû à un manque d'informations techniques. Il peut être dû à un ensemble de facteurs qui, comme nous l'avons vu, peuvent être de l'ordre du cognitif, bien sûr, mais aussi de l'ordre du normatif ou du perceptuel, ou de l'ordre des valeurs ou des attitudes. Troisièmement, le processus de résolution du problème du client doit impliquer une relation de collaboration entre le client et l'intervenant. Quatrièmement, le processus de résolution d'un problème doit inclure et porter autant sur ses aspects conscients que sur ses aspects inconscients. Cinquièmement, le processus de résolution d'un problème ne doit pas emprunter seulement aux méthodes et aux techniques issues des sciences exactes. Il faut bien plus avoir recours aux méthodes et aux techniques propres aux sciences du comportement. En bref, les stratégies normatives-rééducatives privilégient la participation, la prise de décision conjointe et la discussion ouverte des différentes façons de voir la réalité. Elles partagent aussi une horreur de la manipulation et de l'endoctrinement.

Les stratégies de changement organisationnel du troisième groupe, les stratégies coercitives, se fondent sur l'exercice du pouvoir politique et économique. Le pouvoir est un ingrédient essentiel à toute stratégie de changement. Les stratégies rationnelles-empiriques se basent sur le pouvoir du savoir et sur l'expertise pour faciliter le changement. Les stratégies normatives-rééducatives se fondent sur des déterminants non cognitifs du comportement et favorisent le partage du pouvoir dans des relations de collaboration appliquées à des processus de changement mutuels et réciproques.

Il n'y a pas lieu de mésestimer les stratégies de changement basées sur le pouvoir politique et les sanctions économiques. Le pouvoir politique est aussi un pouvoir légitime, et son utilisation est souvent perçue comme allant de soi. Les lois contre la ségrégation raciale, par exemple, ont permis à une plus grande partie de la population d'avoir accès aux services (de santé, d'éducation, etc.) que nos sociétés offrent. Les lois et règlements relatifs au bilinguisme et au biculturalisme du gouvernement fédéral canadien, la loi 101 sur la promotion du français comme langue de travail au Québec, les crédits spéciaux accordés par les ministères aux institutions locales (ex. : les soins dentaires dans les C.L.S.C.) constituent tous des modes d'exercice d'un pouvoir coercitif pour la promotion d'objectifs de changement jugés désirables par leurs concepteurs. L'utilisation de ces stratégies par ceux qui sont légitimement en poste est très répandue. Peut-être plus qu'on ne le croit ou qu'on ne voudrait le croire. Leurs résultats sont souvent impressionnants : la limitation de la vitesse sur les routes et le port obligatoire de la ceinture de sécurité sauvent un nombre incroyable de vies humaines.

Évidemment, les stratégies basées sur le pouvoir coercitif, même lorsqu'elles sont utilisées par les autorités légitimes, peuvent entraîner des réactions de résistance active ou passive et favoriser une polarisation. Les baisses de productivité, l'absentéisme et, la grève du zèle constituent souvent des formes de résistance passive. Les arrêts de travail et les grèves constituent des formes de résistance plus actives à un pouvoir coercitif. Elles indiquent parfois que la légitimité des autorités en place est moins bien perçue et correspondent presque toujours à un phénomène de polarisation dans lequel un pouvoir coercitif cherche à émerger pour contrebalancer un autre pouvoir coercitif.

Il est donc possible de distinguer trois stratégies fondamentales de changement organisationnel : les stratégies rationnelles-empiriques, les stratégies normatives-rééducatives et les stratégies coercitives. Ces trois types de stratégies peuvent se déployer selon trois modes différents d'introduction du changement.

4.4 LES MODES D'INTRODUCTION DU CHANGEMENT

Les trois principaux modes d'introduction du changement sont les suivants : par le sommet hiérarchique (*top-down*), par la base (*bottom-up*) ou, enfin, par responsabilité partagée.

Les changements introduits par le sommet hiérarchique sont implantés grâce à l'autorité de la haute direction de l'entreprise.

En termes de processus de résolution d'un problème, tel que présenté au début, la haute direction peut définir le problème elle-même, grâce souvent à des informations colligées par d'autres. Elle peut aussi inventorier et choisir ses solutions à partir des travaux de subordonnés, de groupes-conseils ou de consultants. Dans tous les cas cependant, les gestionnaires décident ou s'approprient la décision. Une fois la décision prise, elle est communiquée et le changement est enclenché grâce à plusieurs tactiques auxquelles la prochaine section est consacrée. Ce mode d'introduction du changement est habituellement unilatéral et très rapide. Le ministre de l'Éducation de l'époque a annoncé la création du réseau de l'Université du Québec au cours d'une entrevue télédiffusée en direct. Le lendemain matin les fonctionnaires se mettaient au travail et au mois de septembre suivant, l'université ouvrait ses portes !

Dans les changements introduits par la base, ce sont les membres des plus bas niveaux de la hiérarchie qui prennent ou qui se voient déléguer la responsabilité du processus. Ils peuvent ainsi définir le problème selon leur perspective, inventorier, choisir et mettre en œuvre les solutions de leur choix. La haute direction est alors plus ou moins étrangère au processus de changement. L'intégration des changements introduits par la base aux politiques et aux orientations de la haute direction peut donc être plus ou moins réussie. Cette intégration peut parfois créer des frictions et des tensions dans l'organisation. Ces difficultés d'intégration peuvent aussi mener à un affrontement. Si les pratiques managériales mènent parfois à la grève, les demandes et les pressions syndicales peuvent aussi conduire au lock-out.

L'introduction du changement par le sommet et l'introduction par la base constituent deux extrêmes sur un continuum de distribution du pouvoir et d'engagement. Au centre de ce continuum se trouve le mode d'introduction du changement par responsabilité partagée. La haute direction et les plus bas niveaux de la hiérarchie sont conjointement engagés dans l'identification des problèmes, le choix des solutions et leur mise en œuvre. Il s'agit donc d'un processus de partage de l'autorité et de la responsabilité entre les différents niveaux hiérarchiques ; l'interaction est plus ou moins continue, et une influence mutuelle se développe. Ce processus d'introduction du changement est évidemment beaucoup plus coûteux en temps, surtout dans les phases initiales de consultation, alors que dans les phases subséquentes l'engagement accru de toutes les parties en cause semble accélérer la mise en œuvre du processus.

Les croisements des trois stratégies fondamentales d'intervention avec les trois modes d'introduction du changement forment un tableau à double entrée qui permet de répertorier les différentes tactiques de changement organisationnel.

4.5 LES TACTIQUES DE CHANGEMENT ORGANISATIONNEL

Quelques mots d'avertissement s'imposent afin qu'on n'ait pas une vision trop mécaniste et compartimentée de cet inventaire des tactiques de changement.

D'abord, on pourrait penser que la frontière entre les stratégies rationnelles, d'une part, et normatives, d'autre part, est tout à fait étanche et que celles-ci peuvent s'accommoder également des trois modes d'intervention. Ce n'est pas tout à fait le cas. Les stratégies rationnelles-empiriques empruntent plus souvent aux deux premiers modes d'introduction du changement et moins souvent au troisième, alors qu'il en va inversement des stratégies normatives-rééducatives, qui se basent plus souvent sur des modes d'introduction par la base ou par responsabilité partagée. Ensuite, il n'y a pas forcément opposition entre les stratégies rationnelles et les stratégies normatives. Elles seraient plutôt complémentaires.

De même, les praticiens des stratégies rationnelles n'ont jamais dit qu'il fallait exclure les composantes émotives ainsi que les attitudes et les valeurs de tout effort de changement. Les partisans des stratégies normatives ont soutenu depuis l'origine qu'ils voulaient concilier ces composantes avec les aspects plus rationnels du changement organisationnel[7]. Il s'agit donc plus d'une question d'emphase et de perspective que d'une question d'incompatibilité irrémédiable. Ajoutons aussi que, de par leur nature même, les stratégies dites correctives ne peuvent pas faire appel à un mode d'introduction du changement à influence partagée (figure 13.6).

Les points communs aux différentes stratégies ne s'arrêtent pas là. À certains égards, leurs conditions de réussite se ressemblent. Premièrement, il est important, quelle que soit la stratégie utilisée, que les premières étapes du changement soient perçues positivement. Il n'est pas forcément nécessaire que leur succès soit prouvé, mais il semble que les étapes suivantes soient grandement facilitées si les premières

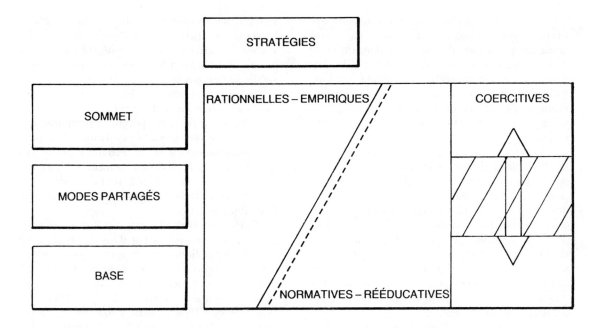

Figure 13.6   Les rapports entre stratégies d'intervention et modes d'introduction du changement

sont vécues comme des réussites[8]. Il est donc important que les premières cibles soient choisies avec soin, et il faut s'assurer que leur changement soit du domaine de la compétence reconnue du gestionnaire ou de l'agent de changement. Par exemple, dans la rénovation, pour que tout se tienne, il faut que le premier bloc bougé soit le bon, et il faut être sûr que l'ouvrier qui le pose ait la compétence requise.

Le sentiment de réussite ne suffit cependant pas à lastabilisation des changements et à la cristallisation des nouveaux modes de comportement. Les recherches sur la formation, en relations humaines, d'un îlot culturel ont en effet souligné la difficulté de transfert des apprentissages de l'îlot culturel à la situation de travail. Les nouveaux comportements appris en laboratoire et vécus comme des réussites, si ce n'est parfois comme de véritables triomphes, ont tendance à s'évanouir en situation réelle lorsqu'ils ne sont renforcés ni par les normes informelles du groupe ni par les politiques formelles de l'organisation. Le soutien organisationnel est donc nécessaire.

Le soutien organisationnel peut prendre plusieurs formes. D'abord, il peut passer par les politiques formelles de l'organisation touchant, par exemple, les modes de sélection, de promotion, d'évaluation et de budgétisation, qui doivent être cohérents avec les changements désirés.

Le soutien organisationnel formel doit aussi se manifester dans le comportement des supérieurs. La maxime populaire « faites ce que je dis et non ce que je fais » ne passe pas facilement la rampe en milieu organisationnel. Les subordonnés ont tendance à modeler leur action davantage sur les comportements de leur supérieur que sur ses discours.

Le soutien organisationnel passe aussi par les groupes pairs. L'influence des normes de groupe sur le comportement des individus qui en font partie a déjà été abondamment discutée. Un changement organisationnel ou individuel qui n'est pas soutenu par les normes de groupe risque une émergence temporaire. Il faut donc favoriser auprès des groupes touchés des normes qui facilitent le changement envisagé et y intégrer les individus dont les nouveaux apprentissages doivent être cristallisés. Ces changements de normes, de valeurs et d'attitudes de groupes influencent «la personnalité» de l'organisation. Cette nouvelle personnalité de l'organisaion doit être vécue comme un changement de l'ensemble de la culture organisationnelle pour que le changement prenne vraiment racine.

De plus, quels que soient la stratégie et les modes utilisés, il faut reconnaître que le processus de changement organisationnel efficace ne peut être laissé au hasard et son évolution abandonnée aux aléas du quotidien. Le changement organisationnel nécessite l'exercice d'un «leadership» certain. Ce «leadership» passe souvent par un contrôle des symboles organisationnels et une bonne gestion de la culture organisationnelle, qui devient un des plus puissants instruments de renforcement des politiques et des comportements désirés.

Il faut enfin souligner une évidence trop souvent oubliée. Le changement organisationnel n'est pas un processus instantané, et aucune stratégie n'agit comme une baguette magique. Le processus de changement organisationnel est un processus qui se déroule dans le temps. Plusieurs recherches ont fourni une abondante documentation sur le tempo du changement et la diffusion de l'innovation en milieu scolaire[9]. Il ne faut pas oublier non plus que l'invention de l'imprimerie n'empêche pas qu'il existe encore une bonne proportion d'analphabètes, même dans les sociétés industrialisées, et que les micro-ordinateurs risquent eux aussi de créer une nouvelle génération d'analphabètes Hitech! Le changement organisationnel est un processus qui se déroule dans le temps, qui est long et qui demande beaucoup de temps de la part de ceux qui ont la responsabilité de sa mise en œuvre. Ces mises en garde étant faites, passons en revue les différentes tactiques de changement organisationnel.

4.5.1 Les tactiques associées aux stratégies rationnelles-empiriques

Les tactiques de changement les plus fréquemment associées aux stratégies rationnelles-empiriques sont habituellement liées aux entreprises de création et de diffusion du savoir. La recherche scientifique se manifeste autant par les crédits affectés à la recherche aérospatiale et médicale que par les efforts que les grandes entreprises consacrent de plus en plus aux activités de recherche et de développement. La recherche scientifique est perçue comme une des principales avenues de résolution des problèmes contemporains ; la recherche permettra de trouver un remède au cancer, de régler le problème de la faim dans le monde et de dissocier la productivité de l'effort manuel grâce à l'intelligence artificielle.

Cette croyance dans la recherche scientifique se concrétise souvent dans des centres de recherche appliquée et des centres de démonstration. Les centres de recherche appliquée sont nombreux au Québec comme dans toutes les sociétés industrialisées. Les différentes branches de l'INRS (Institut national de la recherche scientifique), le CRIQ (Centre de recherche industrielle du Québec), les centres de recherche universitaires (le Centre de recherche en gestion de l'Université du Québec à Montréal, par exemple), pour n'en nommer que quelques-uns, tentent tous de répondre au désir de promouvoir la recherche scientifique.

La nécessité de rapprocher la recherche fondamentale de la recherche appliquée et celle-ci de ses usagers potentiels a donné naissance à ce que nous appellerons ici des centres de démonstration. L'objectif de ces centres de démonstration est de mettre à l'épreuve, dans des conditions semblables à celles que vivront les futurs usagers, les innovations dont la diffusion est envisagée. Ces centres de démonstration sont particulièrement utilisés dans les domaines de l'agriculture (les fermes expérimentales publiques et privées) et de l'éducation (les écoles expérimentales). Cette tactique est aussi souvent utilisée par des groupes minoritaires qui veulent démontrer que leurs propositions sont viables (ex. : les communes contre-culturelles). Souvent, aussi, dans un domaine qui se rapproche davantage des préoccupations des auteurs du présent volume, une organisation novatrice fera figure de proue et sera utilisée pour illustrer et prouver les possibilités d'une nouvelle technoloqie, par exemple.

Il faut inclure dans les stratégies rationnelles-empiriques la tactique du groupe expérimental. Il s'agit dans ce cas de faire l'essai d'une innovation, à une échelle limitée, sur une partie circonscrite d'une organisation. Cet essai permet de suivre la mise en œuvre de l'innovation, de mesurer ses résultats et d'en connaître les implications avant de la généraliser à toute l'organisation. Ainsi, si les résultats sont négatifs, les réajustements sont possibles et les dégâts sont limités. Si les résultats sont positifs, il est toujours temps de généraliser.

La recherche, la recherche appliquée, les centres de démonstration et les groupes expérimentaux ont, comme corollaire, la croyance en l'éducation comme tactique de changement social et organisationnel. L'éducation devient alors le moyen privilégié de diffuser les résultats de la recherche. Souvent, la recherche est conduite dans le cadre d'institutions d'enseignement (universités ou centres de recherche) ou encore les chercheurs sont engagés dans des activités d'enseignement et de formation. Il faut également avoir à l'esprit le nombre de stages pratiques et de sessions de formation auxquels participent les cadres et employés. Enfin, les centres de démonstration et les groupes expérimentaux contribuent aussi à la formation d'un personnel spécialisé qui peut jouer le rôle de démultiplicateur dans d'autres organisations ou dans d'autres parties d'une même organisation.

La recherche ou, plus généralement, la création du savoir se manifeste souvent, dans les organisations, par la disponibilité de nouvelles structures organisationnelles plus adaptées et de nouvelles technologies plus sophistiquées et productives. Les changements de structures et de technologie constituent ainsi des tactiques privilégiées de changement organisationnel. Il serait inutile de rappeler ici tout ce qui a été dit à ce sujet dans d'autres chapitres du présent ouvrage. Le lecteur se référera donc aux sections de ce volume traitant des aspects sociotechniques de l'entreprise et de ses dimensions technologiques, d'une part, et, d'autre part, aux sections portant sur le design organisationnel et la stimulation des performances.

Les tactiques précédentes reposent à peu près toutes à des degrés divers sur la confiance qui devrait être accordée au personnel en place et à sa compétence, actuelle ou potentielle, pour la mise en œuvre des changements organisationnels. Cette confiance, méritée ou non, n'est pas toujours là. Parfois, la difficulté d'incarner de nouveaux savoirs dans une pratique efficace est perçue comme une incapacité des personnes en place d'accomplir les tâches nécessaires. Les gestionnaires ont alors recours aux tactiques d'évaluation, de sélection et de changement de personnel. Après avoir été congédié chez Ford, Lee Iacoca a amené avec lui à la compagnie Chrysler, pour la remettre sur pied, toute une équipe nouvelle dont plusieurs venaient de Ford même. Dans ce cas, l'évaluation et la sélection étaient basées sur une expérience plus ou moins longue de travail en commun et de respect mutuel. Ces tactiques, qui cherchent à mettre la bonne personne dans la bonne fonction et au bon moment, empruntent le plus souvent aux techniques psychométriques et sociométriques héritées de la psychologie industrielle et sociale. Les tests, les entrevues de sélection et les simulations (*assessment centres*) deviennent alors les instruments privilégiés de mise en œuvre de ces tactiques de changement organisationnel. Malheureusement ces tactiques, bien que nécessaires dans plusieurs cas, sont souvent appliquées hâtivement, et obscurcissent alors les autres dimensions sociales, culturelles et technologiques du changement organisationnel. Autant il faut mettre la bonne personne à la bonne place, autant il faut éviter de déplacer inutilement des boucs émissaires.

Comme leur nom l'indique, les stratégies rationnelles-empiriques font appel à la raison, et c'est en tentant de convaincre qu'elles essaient de favoriser le changement. Les utopies sont souvent plus convaincantes que les « bonnes raisons ». C'est pourquoi nous inclurons ici la futurologie et les utopies comme tactiques de changement. La vision d'un monde futur extra polée à partir du présent ou à partir d'une vision idéalisée peut devenir une puissante tactique de conviction. Les films de science-fiction projetant l'image d'un monde futur robotisé et les fantaisies de lendemains aux possibilités infinies dans le confort d'un chez-soi électronique ont probablement fait beaucoup pour légitimer l'introduction de la robotique et de la micro-informatique en milieu de travail. De la même façon, lorsque des représentations de l'état futur d'une organisation sont partagées par les membres d'une organisation, elles s'intègrent dans la dynamique organisationnelle. Elles mobilisent les énergies, les cristallisent et leur donnent une direction. Les images et les utopies deviennent donc des tactiques de changement organisationnel. Leur puissance est un fait d'observation quotidienne. Elles constituent cependant des armes à double tranchant, et leurs effets négatifs sont aussi connus que leurs effets positifs. Lorsque les images partagées sont négatives, elles contribuent autant à un processus entropique que des fantaisies positives peuvent contribuer à un processus stimulant. Quand tous pensent qu'une organisation va à la dérive, elle y va effectivement. Les images et les utopies sont très convaincantes. Elles peuvent donc être des tactiques au service de stratégies rationnelles-empiriques.

4.5.2 Les tactiques associées aux stratégies normatives-rééducatives

Les stratégies normatives-rééducatives font surtout appel, au point de vue tactique, à diverses activités de formation. Cette formation peut viser l'amélioration des compétences personnelles et interpersonnelles des membres de l'organisation ou bien viser l'amélioration de la compétence à résoudre des problèmes intra et intergroupes. Ces deux catégories de formation utilisent une variété de tactiques.

Les tactiques de facilitation de la croissance personnelle et de promotion de la compétence interpersonnelle sont le plus souvent associées aux noms de Argyris et McGregor. Ce sont eux, en effet, qui se sont faits les plus ardents défenseurs du point de vue selon lequel la personne constitue l'élément de base le plus fondamental de tout système social. Tout effort de changement organisationnel devrait donc être avant tout un effort de changement des personnes qui constituent ce système.

À la suite de leurs expériences aux usines Hawthorne de la General Electric, Rœthlisber-

ger et Dickson ont mis en œuvre un des premiers programmes officiels de conseil personnel à l'intérieur d'une organisation. Ils ont ainsi fait œuvre de pionniers, bien que les tactiques les plus connues en ce domaine découlent des travaux conduits dans le cadre des National Training Laboratories de Washington.

Parmi celles-ci figure en tête de liste le *T-group* (ou *training-group* ou groupe de formation ou, plus couramment, dynamique de groupe). Cette tactique de thérapie pour gens normaux vise à favoriser la croissance personnelle par l'apprentissage de rapports interpersonnels satisfaisants dans une atmosphère d'ouverture et de confiance centrée sur les phénomènes de l'« ici » et du « maintenant ». La dynamique de groupe a été abondamment utilisée en milieu organisationnel, et ses résultats de même que les conditions de son succès en regard d'autres dimensions organisationnelles ont été discutés à plusieurs reprises dans les écrits scientifiques[10].

Blake et Mouton ont produit deux des grilles d'analyse des rôles de gestion les plus populaires[11]. Ces grilles d'analyse et d'autres semblables ont été utilisées dans un nombre incalculable de sessions de formation. L'objectif est toujours le même : permettre aux participants une introspection sur leur propre comportement afin qu'il leur soit possible, dans un second temps, de l'adapter davantage à leurs besoins et à ceux de l'organisation. Ces sessions de formation permettent généralement aux participants de faire l'essai de nouveaux comportements grâce à des situation simulées.

Parmi toutes les grilles d'analyse des rôles de gestion, il faut aussi donner une place spéciale à la formation au rôle de « leader ». Fiedler aura été le premier à adopter une approche contingente du « leadership »[12]. Jusque-là les auteurs préconisaient, en général, un style de « leadership » participatif. Leur approche était très normative, toute forme de « leadership » autoritaire et centré sur la tâche étant considérée comme un héritage d'une époque révolue. Après les travaux de Fiedler, les facteurs inhérents à différentes situations prennent de l'importance et le *one best way* bat en retraite. Les différentes théories du « leadership » ont aussi donné lieu à un grand nombre de sessions de formation conçues comme des stratégies de changement organisationnel : si les « leaders » adoptent des comportements plus appropriés (ceux-ci variant selon les théories), alors le fonctionnement organisationnel sera plus efficace, les changements nécessaires en découlant à titre de corollaires.

Enfin, la formation à la résolution des conflits a aussi tenu une place importance comme tactique de changement organisationnel, et ce, toujours dans le cadre de sessions de formation destinées à promouvoir les compétences personnelles et interpersonnelles des participants.

D'autres auteurs voient plutôt l'organisation comme étant composée de groupes. La compétence des groupes est donc l'élément le plus déterminant pour l'efficacité et l'adaptation constante de l'organisation. Cette compétence de groupe pour la planification d'objectifs, la communication, la prise de décision ou, plus généralement, pour la résolution de problèmes a engendré un grand nombre de tactiques de changement, mais certaines ont davantage marqué les écrits et la pratique du changement organisationnel centré sur le développement des groupes (Dyer, 1977).

Le groupe de diagnostic est une technique visant l'identification des problèmes courants de l'organisation et la mobilisation des ressources en vue de leur résolution. La tactique du groupe de diagnostic a eu plusieurs variantes. La plus connue est probablement celle qu'on appelle la réunion de confrontation[13]. Un bon nombre de gestionnaires de différents niveaux de l'organisation se réunissent pour une période d'une journée ou deux. Ils sont divisés en petits groupes de pairs (patrons et subordonnés ne font pas partie des mêmes sous-groupes) et travaillent à l'identification des problèmes qui empêchent leur fonctionnement optimal en tant que personnes. La mise en commun de ces problèmes permet de les regrouper en catégories, qui servent ensuite de base à la constitution de nouveaux petits groupes. Ces petits groupes choisissent dans la liste des problèmes qui leur est confiée, discutent de ces problèmes prioritaires, élaborent des solutions, des plans d'action et des échéanciers.

D'autres variantes du groupe de diagnostic incluent la réunion d'exploration, utilisée par le gestionnaire d'un groupe pour avoir plus d'informations sur ce qui se passe aux plus bas niveaux de l'organisation. Cette tactique non structurée facilite l'obtention d'informations qui ne circulent pas facilement dans les canaux de communication habituels de l'organisation. Ces informations peuvent toucher aux sentiments ou aux attitudes des personnes concernées ou à un certain nombre de problèmes quotidiens.

Le groupe de famille réunit un groupe de collègues qui assument la responsabilité de la cueillette de données diagnostiques sur leur propre fonctionnement, la responsabilité de leur interprétation et la responsabilité de la mise en œuvre des solutions choisies. Le gestionnaire de groupe peut indiquer, avant la réunion, les domaines que les informations recueillies devraient couvrir, mais les membres du groupe peuvent réorganiser ces catégories. Cette technique exige qu'une certaine compétence dans la résolution de problèmes existe déjà dans le groupe et qu'un climat de confiance puisse soutenir cette démarche. Lorsque cette technique est utilisée non pas avec un groupe de collègues mais avec un groupe réunissant plusieurs unités et plusieurs niveaux hiérarchiques, on l'appelle généralement la technique du groupe de diagnostic.

Ces techniques de diagnostic ont toutes en commun une utilisation des ressources internes du groupe et de l'organisation pour l'accumulation et l'interprétation de données. Ces techniques visent à favoriser l'engagement des membres dans la résolution de leurs problèmes pour faciliter un plus grand investissement personnel dans la mise en œuvre des solutions, et promouvoir du même coup l'acquisition d'une plus grande compétence de groupe dans la résolution de problèmes.

Lorsqu'au contraire la technique du Survey-Feedback est utilisée, un consultant ou un intervenant externes se chargent de la cueillette des données sur le fonctionnement de l'organisation et sur ses problèmes. Cette technique a été développée à l'Université du Michigan, et de nombreuses recherches ont permis depuis de clarifier les conditions de son efficacité et d'élaborer des instruments de cueillette de données plus sophistiqués[14]. Le modèle original prévoyait, après la cueillette des données, une série de rencontres de rétroaction (feedback) avec des groupes de famille de tous les niveaux hiérarchiques de l'organisation. Ces rencontres devaient être dirigées par leurs gestionnaires-responsables préalablement informés des résultats par le consultant et formés à la conduite de réunions démocratiques pour favoriser l'engagement et la stimulation. Le consultant peut être présent à ces réunions et agir à plusieurs titres : à titre de ressource il peut aider à l'interprétation des données, à titre d'expert il peut apporter un nouvel éclairage aux problèmes organisationnels et à leurs solutions, à titre d'intervenant il peut aider le groupe à apprendre à partir de son propre fonctionnement.

Toutes les techniques précédentes, bien qu'appuyées sur la collecte de données diagnostiques sur l'organisation, partagent aussi la préoccupation et l'objectif de formation des membres de l'organisation à la résolution des problèmes organisationnels. Parfois les intervenants agiront plus exclusivement en fonction de ce dernier objectif. On parlera alors de sessions de perfectionnement. Ce type de techniques a été utilisé abondamment au Québec, dans le secteur de l'éducation surtout. Ces sessions de perfectionnement peuvent s'inspirer de cadres théoriques semblables à ceux que nous avons présentés au début de cette section, ou elles s'inspirent de méthodes pédagogiques favorisant la participation et l'émergence d'un climat de confiance.

Certaines techniques vont privilégier l'apprentissage de la compétence à résoudre des problèmes grâce à des techniques favorisant l'examen des problèmes organisationnels à l'aide d'instruments diagnostiques divers. D'autres techniques vont, par contre, privilégier l'apprentissage direct de processus rationnels de résolution de problèmes. Il faut maintenant mentionner une autre technique, qui est plus orientée vers le développement du groupe en tant qu'unité autonome (*team building*). Pédagogiquement, cette technique de développement d'équipes de travail s'inspire davantage des méthodes de laboratoire plus familières aux intervenants spécialisés dans l'amélioration de la compétence personnelle et interpersonnelle.

En substance, elle emprunte aux techniques de diagnostic précédentes. L'éventail des problèmes qui peuvent ainsi être examinés est plus grand, et les problématiques des rapports entre différentes dimensions organisationnelles peuvent donc être comparées.

Les dernières techniques de promotion de la compétence à la résolution de problèmes étudiées dans cette section sont celles qui sont appliquées à la résolution des problèmes intergroupes. La dynamique des rapports intergroupes a souvent pour effet de favoriser la cohésion à l'intérieur du groupe mais aussi la compétition entre les groupes[15]. Ces phénomènes risquent de créer un cercle vicieux, les perceptions négatives. Les interventions intergroupes visent justement à briser ce processus qui entraîne la dégradation des rapports et à rétablir des relations de travail plus efficaces[16].

Une des techniques de résolution de problèmes intergroupes les plus connues est celle qu'ont développée Blake, Shepard et Mouton[17]. Cette technique entraîne un échange des perceptions de soi et des perceptions mutuelles qu'entretiennent les groupes, une identification des problèmes qui en découlent, leur classification en ordre d'importance, le choix des solutions et l'établissement des échéanciers de mise en œuvre. De nombreuses expérimentations montrent que ces techniques sont efficaces dans une grande variété de situations, mais qu'il est nécessaire que les groupes aient, au-delà des objectifs conflictuels, des objectifs communs et ce, particulièrement, dans le cas des relations patronales-syndicales[18].

4.5.3 Les tactiques associées aux stratégies coercitives

Par leur nature même, les stratégies coercitives ne peuvent faire appel à des modes partagés d'introduction du changement. Une stratégie coercitive est toujours mise en œuvre par la base ou par le sommet, les tactiques utilisées variant dans les deux cas mais se basant toujours sur l'exercice d'un pouvoir politique et sur l'utilisation de sanctions ou de récompenses possibles[19].

Dans les cas où le changement est introduit par le sommet, la première tactique qui vient à l'esprit est évidemment celle du décret. Le changement est annoncé et mis en œuvre ; avant les choses étaient ainsi, dorénavant elles seront comme cela. C'est très souvent la tactique utilisée dans les cas de changements technologiques ou structuraux. L'autorité formelle décide, annonce, et la mise en œuvre a lieu. La majorité emboîte le pas. Il n'y a pas le choix. Les récalcitrants auront à supporter les sanctions jusqu'à ce qu'ils rentrent dans le rang ou quittent l'entreprise.

Souvent aussi, le sommet hiérarchique décide d'opérer un changement en mettant en place des gens qui sont déjà compétents en la matière et convaincus de la nécessité du changement. Les manœuvres ne se feront donc pas avec les troupes déjà en place. Il y aura importation de troupes fraîches. La sélection, l'évaluation et le remplacement sont alors les tactiques utilisées.

Puisque les stratégies coercitives se basent sur l'exercice du pouvoir, les institutions politiques y jouent un rôle important. La gamme est ici très vaste. Qu'il suffise de mentionner le système électoral (élections et référendum), le système judiciaire (lois et tribunaux), le système policier et, enfin, les systèmes administratifs (loi du travail et système d'arbitrage).

Les institutions politiques peuvent aussi être utilisées par la base dans le cadre de stratégies coercitives. Le plus souvent, les tactiques associées aux stratégies coercitives mises en œuvre par la base évoquent la négociation et les revendications, assorties de sanctions liées à des formes de résistance plus ou moins passive (grèves, *sit-in*, grèves du zèle, journées d'études, absentéisme, légalisme, désobéissance civile, etc.). Bien sûr, les sanctions utilisées peuvent aussi aller jusqu'au terrorisme, à un extrême, ou jusqu'à la non-violence, à l'autre extrême.

5. Conclusion : le changement organisationnel est un art et une science

Pour bien comprendre la problématique du changement organisationnel, il faut bien voir la nécessité de l'intégration de ses aspects artistiques et scientifiques.

Disons d'abord qu'il faut éviter tout dogmatisme à l'égard des mérites respectifs des différents modes d'introduction du changement. L'introduction du changement par le sommet hiérarchique, par la base ou de façon partagée produisent des effets différents, qu'il faut évaluer en fonction des situations. Le pragmatisme demeure ici la meilleure règle. Voici différents critères d'évaluation :

— Le changement est intégrateur : il satisfait davantage les besoins des différents groupes en présence.

— Le changement est rapide.

— Le changement apporte les modifications de performance prévues à court terme et à long terme.

— Le changement se fait avec le moins de tensions et d'anxiété possible.

— Le changement se stabilise dans l'organisation, et les modifications apportées sont intégrées par les membres.

— Le changement entraîne le moins d'effets dysfonctionnels possible.

— Les membres de l'organisation se sentent plus responsables avant qu'après le changement.

Le tableau 13.1 présente une synthèse de la performance (forte, moyenne, faible) des modes d'introduction du changement en regard de ces critères d'évaluation.

Les différents modes d'introduction du changement doivent donc être évalués en fonction des effets désirés dans des situations concrètes, à la lumière des caractéristiques propres à ces situations.

Il faut aussi éviter tout dogmatisme en ce qui a trait aux différentes stratégies d'intervention. Il ne s'agit pas de choisir l'une ou l'autre de ces stratégies. La règle générale commanderait plutôt de les utiliser toutes mais à des degrés divers, en fonction des situations et surtout dans le bon ordre. Il s'agit donc plus d'une question de séquence que d'une question de choix. Par exemple, l'introduction de changements struc-

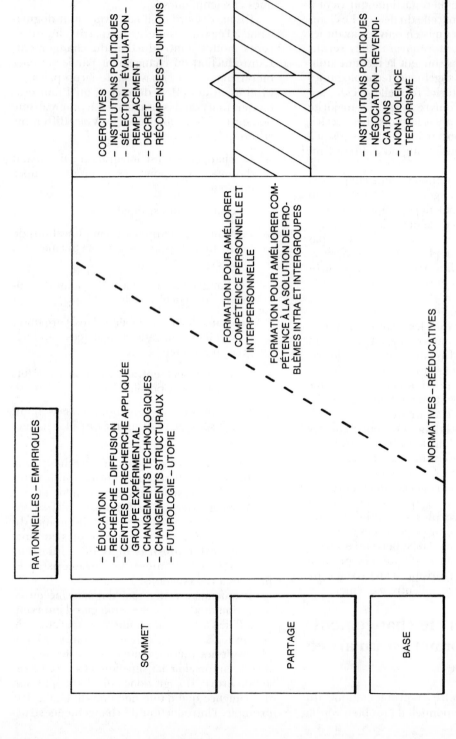

Figure 13.7 Stratégie, modes et tactiques

Tableau 13.1 Critères d'évaluation et performance des différents modes d'introduction du changement

	Intégrateur	Rapide	Résultats court terme	Résultats long terme	Tensions anxiété	Stabili-sation intégration	Effets dysfonc-tionnels	Stabili-sation
Par le sommet	moyenne-faible	forte	possible	moyenne-faible	forte	moyenne	moyenne-forte	faible
Partagé	moyenne-faible	faible-moyenne	forte	faible	moyenne-forte	faible-moyenne	forte	faible-moyenne
Par la base	forte	faible	moyenne	forte	faible-moyenne	forte	faible	forte

turaux par le sommet hiérarchique (stratégie rationnelle-empirique) peut être suivie d'activités de formation (stratégie normative-rééducative) pour faciliter l'intégration des nouveaux comportements et l'adaptation individuelle (conseil et planification de carrière). Les négociations et revendications (stratégie coercitive) préalables à la signature d'un contrat de travail peuvent mener à des activités de résolution du conflit (stratégie normative-rééducative) pour l'amélioration de l'atmosphère de travail. Des changements technologiques peuvent aussi impliquer des modifications du système de récompense et de compensation organisationnel (stratégie coercitive).

Enfin, dernière note, les activités de diagnostic devraient toujours venir en premier. C'est là une évidence trop souvent oubliée. Il faut d'abord définir le problème et savoir exactement où l'intervention de changement doit être faite. Donc, dans les rapports entre art et science, il revient aux scientifiques d'ouvrir le bal, étant bien entendu que ce sont, en général, les artistes qui ferment la danse.

NOTES BIBLIOGRAPHIQUES

1) Pour une discussion plus approfondie du processus de résolution d'un problème, le lecteur se référera à R. POUPART, « La participation et le changement planifié » in Y. TELLIER, R. TESSIER, *Changement planifié et développement organisationnel*, Montréal, Paris, IFG-EPI, 1973.

2) Innovation entendue au sens large d'une idée perçue comme étant neuve par un individu. En ce sens, une nouvelle structure organisationnelle, une nouvelle substance chimique et une nouvelle pratique éducative peuvent toutes être des innovations.

3) E.M. ROGERS. *Communications of Innovations*, New York, Free Press, 1971.

4) F.J. RŒTHLISBERGER, W.J. DICKSON. *Management and the Worker*, Cambridge, Mass., Harvard University Press, 1939.

5) K. LEWIN. *Resolving Social Conflicts*, New York, Harper and Row, 1948.

6) L. COCH, J.R.P. FRENCH Jr. « Overcoming Resistance to Change », in E. MAC-COBY, T.M. NEW-COMB, E. HARTLEY

(Éd.). *Readings in Social Psychology*, 3ᵉ éd. rev., New York, Holt, Rinehart and Winston, 1958, p. 233-251.

7) W.G. BENNIS, K.D. BENNE, R. CHIN. *The Planning of Change*, New York, Holt, Rinehart and Winston, 1969.

8) L.E. GREINER. « Patterns of Organization Change », *Harvard Business Review*, Mai-Juin 1967, p. 119-128.

9) P.R. MORT, D.R. ROSS. *Principles of School Administration*, New York, McGraw-Hill, 1957.

10) C. ARGYRIS. *Reasoning, Learning and Action*, San Francisco, Jossey Bass, 1982.

11) R.R. BLAKE, J.S. MOUTON. *The Managerial Grid*, Houston, The Gulf Publishing Company, 1961.

12) F.E. FIEDLER. *A Theory of Leadership Effectiveness*, New York, McGraw-Hill, 1967.

13) R. BECKHARD. « The Confrontation Meeting », *Harvard Business Review*, 45, 2, 1967, p. 144-155.

14) D.G. BOWERS. « O.D. Techniques and their Results in 23 Organizations : The Michigan ICC Study », *Journal of Applied Behavioral Science*, 9, 1970, p. 50-62.

15) R. TESSIER. « L'apprentissage du processus rationnel de résolution de problèmes et de planification du changement social », in R. TESSIER, Y. TELLIER (Éd.), *Changement planifié et développement des organisations : théorie et pratique*, Montréal-Paris, IFG-EPI, 1973.

16) R. TESSIER. « Pour une stratégie de changement vraiment démocratique », in R. TESSIER, Y. TELLIER, *Changement planifié et développement des organisations : théorie et pratique*, Montréal, Paris, IFG-EPI, 1973.

17) C.P. ALDERFER. « Boundary Relations and Organizational Diagnosis », in L. MELTZER, F. WICKERT (Éd.), *Humanizing Organizational Behavior*, Springfield, Ill., Charles C., 1976.

18) M. BEER. « A system approach to organization », *Journal of applied behavioral science*, Vol. 8, 1972, p. 79-101.

19) E.E. LAWLER. « Reward Systems » in J.R. HACKMAN, L.J. SUTTLE (Éd.), *Improving Life at Work : Behavioral Science Approaches to Organizational Change*, Santa Monica, Cal., Goodyear, 1977.

PARTIE V

Les fonctions

La constitution du savoir dans les sciences administratives s'est articulée surtout autour des fonctions de l'entreprise, aux dépens souvent d'une perspective plus globale. Les fonctions sont des domaines plus étroits, mais importants, dans l'application du processus d'administration. Si, au début du siècle, la fonction fabrication jouissait d'une prééminence remarquable, les difficultés des relations industrielles ont donné naissance aux fonctions de gestion du personnel et de relations de travail. De même, la volonté d'accentuer la pénétration des marchés et de toucher des marchés nouveaux afin d'assurer la croissance des ventes a suscité le développement du marketing.

La discipline de l'administration s'est surtout formée autour de la spécialisation et du perfectionnement des moyens d'analyse et de décision des activités fonctionnelles. Un corpus de connaissances s'est créé autour de chacune des fonctions permettant aux chercheurs et aux praticiens de mener à bien leurs tâches. Peu à peu, les fonctions dans l'entreprise se sont dotées d'instruments d'analyse et de technologies. Il en résulta une différenciation de chacune d'elles ; les objectifs immédiats, les processus de résolution des problèmes et même l'horizon temporel au sein duquel elles fonctionnent accusent une plus grande spécificité. Ces visions différentes des façons de contribuer à l'entreprise sont la source de conflit entre la fabrication, le marketing ou la finance. Les fonctions et leurs activités doivent donc être intégrées pour assurer à la firme une performance élevée. L'intégration des fonctions pose alors un nouveau défi à la direction.

Le premier domaine fonctionnel examiné est celui du marketing. L'application de l'administration au *marketing* est décrite au chapitre 14. Ce texte des professeurs Tamilia, Filiatrault et Chébat décrit le marketing comme une discipline qui vise à comprendre les relations entre les producteurs et les consommateurs. L'optique du marketing postule que la raison d'être de l'entreprise est la satisfaction d'une clientèle grâce à des produits et des services. Le développement d'une stratégie efficace de marketing débute par la compréhension du comportement d'achat des consommateurs ou des entreprises. À l'aide des variables du *marketing mix*, soit le produit, le prix, les circuits de distribution et la communication, le responsable de la fonction marketing tente d'élaborer une formule qui aura le maximum d'effet chez les clients des segments de marché visés. La recherche et le contrôle permettent non seulement de prendre des décisions éclairées mais aussi de reformuler sans cesse les choix de marketing.

La *gestion financière de l'entreprise* est abordée au chapitre 15. Le texte de Léon Serruya s'articule autour des grandes décisions d'investissement, de financement et de planification. Ces choix financiers ont pour objet de contribuer à l'accroissement de la valeur du patrimoine des actionnaires. Au lieu de rechercher une structure de capital optimale, la discipline de la finance s'est intéressée plus aux domaines du placement, des marchés des capitaux et de la planification financière. Le progrès de la théorie financière s'est surtout effectué par la formalisation de modèles et la bifurcation vers la micro-économie. Ces progrès ont contribué à mieux expliquer les phénomènes financiers. Toutefois, la distance à parcourir pour amener ces schémas théoriques vers les practiciens de la finance est grande.

L'influence du processus d'administration sur la *gestion des opérations* est abordée au chapitre 16. La gestion des opérations est le domaine des réalisations concrètes de l'entreprise. La majorité du personnel de l'entreprise se trouve au sein des activités d'opération. La gestion du processus de transformation, selon Pierre D'Aragon, a trait à la conception des produits et à la mise en place des procédés et des flux de matières. Le choix des configurations physiques de production est une décision d'importance, qui fixe les ressources financières de l'entreprise dans des technologies, des usines et des outillages, limite la flexibilité des choix futurs, mais accroît l'efficience. Le modèle formel et bureaucratique associé à la gestion de la production est continuellement remis en cause par le désir d'une participation du personnel aux décisions.

La fonction informatique dans l'entreprise a pris forme grâce aux ordinateurs centraux, mais elle a subi des transformations radicales en raison de la percée des mini et des micro-ordinateurs. Le chapitre 17, intitulé « La fonction informatique », traite de l'évolution de la fonction informatique et présente un schéma conceptuel intégrateur. Son objet est d'esquisser des liens entre des notions importantes telles que les portefeuilles de logiciels d'application, le processus de décision et la prise de conscience des utilisateurs dans le développement de la fonction informatique. On utilise ensuite ces concepts pour décrire les phases d'évolution de la fonction informatique dans l'entreprise : instauration, contagion, contrôle, intégration, gestion des données et maturité.

Les *relations de travail*, fonction importante dans l'entreprise, sont discutées au chapitre 18. L'administration des relations industrielles a pris de l'importance à mesure que s'accroissaient les pouvoirs des syndicats. Le système juridique défini par le législateur donne un cadre qui gouverne le déroulement des conflits d'intérêt. Les stratégies et les tactiques des parties ont trait non seulement aux conflits ouverts tels que les grèves mais surtout à la préparation et à l'administration des conventions collectives. Le texte des professeurs Grant et Mallette donne aussi une perspective des organisations syndicales et patronales engagées dans les conflits d'intérêt propres au monde du travail.

La gestion du personnel, fonction distincte mais voisine des relations industrielles, est importante, car la grande majorité des employés n'est pas syndiquée. Le chapitre 19, intitulé « La gestion des ressources humaines », traite de l'intégration du personnel dans l'entreprise. Le recrutement, la formation et les mutations du personnel en plus des politiques de rémunération sont du ressort de la fonction personnel. Les programmes sociaux et les politiques de personnel permettent aux dirigeants d'espérer que les employés transformeront leur calcul rationnel en un attachement réel et sincère à l'entreprise.

La technologie est souvent la ressource la plus critique de l'entreprise, mais elle ne tient pas toujours la place qui devrait lui revenir. Le chapitre 20 intitulé « La recherche, le développement et l'innovation », de Roger Blais, débute par la définition des discontinuités technologiques qui remettent en cause les stratégies en vigueur. Il se poursuit par une analyse du processus et des types d'innovation et se termine par un examen de la gestion de la recherche et des activités entrepreneuriales internes. On y a fait un important résumé des études pertinentes quant au lancement des nouveaux produits.

CHAPITRE 14

LA GESTION DU MARKETING

par

Robert Tamilia

Pierre Filiatrault

Jean-Charles Chébat

« En tous les domaines, le progrès exige un surcroît d'effort. »

Teilhard de Chardin

1. Introduction

Selon le point de vue adopté, le marketing est soit une cause importante des bienfaits de la vie moderne ou la source des problèmes de la société de consommation. Mais bien que le marketing influence la vie quotidienne, la nature de cette discipline est méconnue.

Pour certains, le marketing c'est la vente ou la publicité. Pour d'autres, le marketing se limite aux entreprises privées, en particulier celles qui produisent des biens ou des services. Or le marketing est aussi une des fonctions d'organisations à but non lucratif telles que les organisations de bienfaisance, les ordres professionnels, les partis politiques et les administrations publiques.

Nous tentons dans ce document d'esquisser une vue d'ensemble du marketing, tout en reconnaissant que les exigences de l'étude du domaine particulier ne pourront pas être satisfaites par une telle approche. L'éventail des sujets susceptibles de faire l'objet de cours particuliers en marketing est vaste.

Le nombre impressionnant de sujets en marketing nous porte à réfléchir sur le champ d'étude de cette discipline. Hunt (1983) a essayé de répondre à cette question en proposant une typologie qui classifie le phénomène du marketing selon trois dichotomies[1] (voir le tableau 14.1). Les trois paliers dichotomiques sont : micro/macro, positif/normatif, à but lucratif/à but non lucratif. La dichotomie positif/normatif fait référence aux théories du marketing. Le marketing positif a trait à l'observation, à la description, à la formulation et à l'explication des phénomènes de marketing. Par contre, le côté normatif du marketing a trait aux théories prescriptives, qui se préoccupent davantage de la résolution des problèmes de marketing. La dichotomie micro/macro renvoie soit à l'individu ou à une entreprise, ou à des regroupements d'individus ou d'entreprises. Enfin, le marketing est une préoccupation d'organismes non

Tableau 14.1   La classification des phénomènes de marketing

APPROCHE THÉORIQUE

		POSITIF	NORMATIF
À but lucratif	**Micro**	• Description des phénomènes de marketing • Comprendre comment les décisions de marketing sont prises • Comprendre le consommateur 1	• Prescription des phénomènes de marketing • Comment les décisions de marketing devraient-elles être prises? 2
	Macro	• Regroupement des consommateurs, des entreprises • L'approche institutionnelle 3	• Amélioration de la productivité de marketing • Réflexion sur les coûts de distribution 4
À but non lucratif	**Micro**	• Comprendre comment les décisions de marketing sont prises à l'intérieur d'organismes à but non lucratif 5	• Réflexion sur la façon dont les décisions de marketing devraient être prises 6
	Macro	• Comprendre l'effet du marketing sur la culture, les valeurs, la politique 7	• Réflexion sur la façon dont le marketing devrait influencer la culture, les valeurs, la politique 8

[Adapté de Shelby Hunt (1983), p. 10-11.]

seulement à but lucratif mais également à but non lucratif.

La majorité des étudiants tend à restreindre les phénomènes de marketing à la deuxième dimension, soit les aspects micro/normatif/à but lucratif du marketing. Certes, ce domaine particulier de la gestion du marketing est important. Cependant, il ne faut pas penser que la science du marketing existe exclusivement pour satisfaire les besoins du responsable du marketing. Si cela était le cas, il serait quasi impossible de considérer le marketing comme une science.

Les questions micro et macro du marketing ainsi que les phénomènes de marketing appliqués au secteur sans but lucratif élargissent considérablement la science du marketing.

2. Historique du marketing

Le terme « marketing » est apparu pour la première fois à la fin du XIXᵉ siècle. Depuis le début de l'humanité, le marketing se pratique, mais ce n'est que depuis 1900 qu'on utilise la notion de marketing pour faire référence aux activités d'échange. L'utilisation d'un terme spécifique a élevé la discipline du marketing à un niveau conceptuel permettant une compréhension et une appréciation plus éclairées. Le regroupement des activités commerciales ayant trait non seulement à la distribution mais aussi à la publicité, à la vente et même aux études de marché définit le domaine du marketing. D'ailleurs, on peut trouver des allusions qui semblent concerner la distribution dans les écrits de Platon et même dans le Nouveau Testament[2].

Le marketing fut d'abord perçu comme étant essentiellement une question de distribution. Les premiers cours dispensés en marketing en 1902 à l'Université du Michigan et à l'Université de Pennsylvanie en 1903 abordaient surtout des sujets qui avaient trait à la distribution. Dans la littérature, chaque fois qu'on parle de revendeurs, d'agents commerciaux ou de détaillants, on parle en fait de marketing.

2.1 QU'EST-CE QUE LE MARKETING ?

Donner une définition du marketing qui reflète à la fois tous les points de vue, toutes les dimensions et toute la complexité de cette discipline est une tâche difficile. Pour bien comprendre le marketing, il est peut-être plus avantageux dans un premier temps de situer le marketing au sein d'un système socio-économique à l'échelle d'un pays ou d'une société. Cette approche du marketing, que l'on nomme le macromarketing,

diffère du micromarketing qui étudie le marketing à l'échelle d'un organisme ou d'une entreprise utilisant les techniques du marketing dans le but de commercialiser des biens ou des services pour des clients potentiels. Le lien qui existe entre le micro et le macromarketing est un sujet d'étude important pour les étudiants en administration. Il démontre que les efforts de marketing de chaque organisme contribuent à former un système de marketing qui reflète le système de valeurs d'une société. De plus, ce lien souligne la contribution du marketing à l'activité voire au niveau de vie d'une société[3].

Comme le montre la figure 14.1, le marketing comble les écarts entre producteurs et consommateurs. Les activités de production vues sous cet angle sont considérées comme des activités purement économiques. Les économistes ont été plus intéressés aux facteurs touchant la production qu'aux facteurs touchant la consommation (c'est-à-dire le marketing). Donc le marketing diffère des sciences économiques en raison de cette orientation.

Les activités hétérogènes de production et de consommation se produisent dans la société à des moments, à des endroits et à des rythmes différents. Le rôle du marketing est d'harmoniser les fluctuations qui séparent l'offre et la demande, et de satisfaire les acheteurs par des produits ou des services de qualité, de rendre ceux-ci disponibles et à des prix acceptables. Telle est la responsabilité non seulement du macromarketing mais aussi du micromarketing.

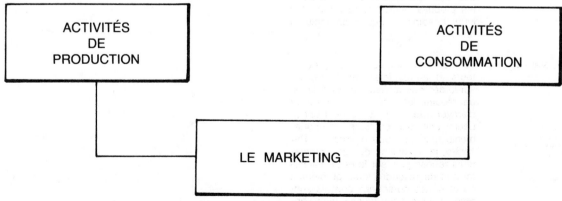

Figure 14.1 Une vue d'ensemble du marketing

Tableau 14.2   Le marketing et les écarts

Écart	Explication
1. Lieu	Les producteurs sont séparés géographiquement des consommateurs. Les consommateurs sont répartis à travers le pays, tandis que les producteurs sont concentrés dans des endroits précis, selon le secteur industriel. (Par exemple, l'industrie du vêtement se trouve à Montréal, l'acier à Hamilton et le pétrole à Calgary.) Donc, le marketing résoud cet écart par le transport des biens des points de production aux points de consommation.
2. Temps	Les consommateurs ne consomment pas les produits au moment où ils sont fabriqués. Il faut aussi du temps avant que les produits soient acheminés des points de production aux points de consommation. Donc, le marketing résoud cet écart par l'entreposage et le stockage des biens.
3. Information	D'une part, les producteurs doivent se renseigner sur les besoins et désirs des clients, le prix qu'ils veulent payer pour ces biens, le montant et le lieu où ils veulent les acheter. D'autre part, les consommateurs doivent aussi se renseigner afin de connaître ce qui est disponible, à quel prix, où, quand et de savoir si les produits offerts correspondent à leurs besoins et désirs présents et futurs.
4. Valeur	La motivation de vente des producteurs et autres intervenants repose sur le désir de réaliser des bénéfices, de réduire les coûts, de croître et d'arriver à un avantage concurrentiel. Leurs attitudes et leurs comportements reflètent cette orientation. Par contre, la motivation des consommateurs repose plus sur le désir d'acheter afin de résoudre leurs problèmes ou ceux des personnes dont ils sont responsables d'une façon satisfaisante et selon leur pouvoir d'achat.
5. Possession	Les producteurs et autres intervenants ont le titre de propriété des produits qu'ils ne veulent pas consommer eux-mêmes. Par contre, les consommateurs désirent consommer des produits qu'ils ne possèdent pas.
6. Désaccord de quantité	Les producteurs préfèrent fabriquer et vendre des produits en grande quantité, tandis que les consommateurs désirent acheter et consommer des produits en petite quantité. Le rôle des intermédiaires est de résoudre cet écart qui existe entre les producteurs et les consommateurs.
7. Désaccord du choix d'assortiment	Les producteurs se spécialisent dans la fabrication d'un assortiment limité de biens, tandis que les consommateurs ont besoin d'un vaste assortiment de biens. Par exemple, une personne qui désire jouer au tennis a besoin d'un vaste assortiment de produits, qu'elle achète habituellement à l'unité. Le rôle des intermédiaires est de résoudre cet écart qui existe entre les producteurs et les consommateurs.

Le tableau 14.2 présente un aperçu des différents écarts comblés par les activités de marketing. Par exemple, le désaccord de quantité provient du fait que les consommateurs veulent acheter une quantité minime d'un certain produit, tandis que l'entreprise fabrique en quantité plus grande afin de réaliser des économies d'échelle. De même, chaque producteur se spécialise dans la fabrication d'un nombre limité de produits tandis que les consommateurs désirent une vaste gamme de produits dans un même point de vente. Voilà pourquoi le marketing crée des assortiments de produits ou de services qui ont une signification particulière pour les acheteurs[4].

Les intermédiaires, appelés aussi revendeurs ou agents commerciaux, jouent un rôle fondamental dans le marketing en raison de leurs activités de distribution. Leurs tâches consistent à regrouper des ensembles de biens homogènes ou hétérogènes, à fractionner et à faire le tri de ces ensembles et, enfin, à les répartir au sein de marchés composés d'individus ou de sociétés hétérogènes.

2.2 L'APPROCHE FONCTIONNELLE DU MARKETING

Les activités de distribution mettent en évidence le processus du marketing. L'étude du marketing dans une telle optique repose avant tout sur la connaissance des fonctions marketing. D'ailleurs, l'étude du marketing depuis ses débuts jusqu'aux années 60 a préconisé l'approche fonctionnelle, qui conçoit le marketing comme un processus dont l'ensemble des tâches vise à rapprocher producteurs et consommateurs.

Au cours des années 20, on est arrivé à un consensus quant aux fonctions marketing[5]. Ces fonctions sont regroupées en trois grandes catégories, soit les fonctions d'échange, de logistique et de soutien, comme le démontre le tableau 14.3. Les fonctions d'échange sont les plus importantes. L'échange est le concept fondamental du marketing[6]. Il porte non seulement sur des valeurs économiques mais aussi sur des valeurs psychologiques et sociales. Voilà pourquoi, d'après Bartels, le marketing est non

Tableau 14.3 Les fonctions du marketing

A. LES FONCTIONS D'ÉCHANGE

1. Achat (choix des sources d'approvisionnement, négociations, etc.)
2. Vente (stimuler la demande par la publicité, les vendeurs, la promotion des ventes, selon les préoccupations de la clientèle visée)

B. LES FONCTIONS DE LOGISTIQUE

3. Transport (livraison, expédition, mode de transport)
4. Entreposage (manutention, nombre d'entrepôts)

C. LES FONCTIONS DE SOUTIEN

5. Financement (crédit, coûts des stocks, etc.)
6. Participation au risque (fluctuations des prix, désuétude, etc.)
7. Information sur les marchés (connaissances des marchés, recherche)
8. Planification du produit (nouveaux besoins, nouvelles possibilités)
9. Standardisation et classement (formats, poids, catégories de qualité, chargements uniformes)

---

seulement un processus économique mais aussi un processus social et commercial[7].

Le marketing en tant que processus économique procure aux consommateurs trois types d'utilités. L'entreprise crée l'utilité de forme en transformant des matières premières, comme le minerai de fer, en produits semi-finis, tels que l'acier ou des clous. Ce type d'utilité ne relève pas directement du marketing mais plutôt de la fonction de production de l'entreprise. L'utilité de temps est créée lorsqu'un produit est mis à la disposition des clients au moment où ceux-ci désirent l'acquérir. Une utilité de lieu est aussi réalisée lorsqu'une entreprise distribue ses produits dans les points de vente où les clients souhaitent les acheter. Enfin, le transfert du titre de propriété du produit de l'entreprise à l'acheteur crée une utilité de possession.

2.3 L'ÉVOLUTION DU MARKETING

On distingue trois grandes étapes dans l'évolution des attitudes vis-à-vis du marketing au sein de l'entreprise ou d'un organisme. La première étape, celle de l'optique produit, reflète une conception de la gestion orientée vers la production d'un produit. Les besoins de la clientèle ou les efforts nécessaires pour la rejoindre sont considérés comme secondaires par rapport à l'orientation principale de l'entreprise qui est de gérer les activités se rapportant à la production. Bien que cette orientation ait été attribuée à la gestion au début de notre siècle, plusieurs entreprises et organismes actuels reflètent encore cette conception. La focalisation sur le produit est l'effet d'une vision de myope qui ne reconnaît pas le lien entre la production et le marché.

Or le marketing a justement pour mission d'unir la production et le marché.

Dans l'optique vente, la deuxième étape de l'évolution, le rôle du marketing est de simuler la vente du produit une fois celui-ci fabriqué. Bien que cette approche constitue une nette amélioration, elle n'en est pas moins étroite. En effet, la vente n'est que la dernière étape du marketing, étape qui est le fruit des efforts de marketing préalables[8].

2.4 L'OPTIQUE MARKETING

Comme dans les étapes précédentes, l'optique marketing est une conception de la gestion. Mais, contrairement aux autres, l'optique marketing tente d'harmoniser les décisions prises à l'intérieur d'un organisme avec les exi-

Tableau 14.4 Comparaison de l'optique marketing et de l'optique produit

	OPTIQUE MARKETING	OPTIQUE PRODUIT
1. Cadres supérieurs	Experts en marketing	Techniciens et ingénieurs
2. Gamme de produits	Vaste; fabriquer et vendre ce qui peut se vendre	Restreinte; vendre ce qu'on fabrique
3. Objectifs	Long terme; accent sur la stratégie et la planification	Court terme; accent sur l'efficience et les méthodes
4. Recherches	Recherche du marché	Recherches techniques
5. Développement du produit	Suggestions provenant des besoins de la clientèle	Suggestions motivées par la réduction des coûts et le fonctionnement du produit
6. Design du produit	Apparence et style importants	Performance des produits plus importante
7. Emballage	Moyen de vente	Vu comme moyen de protection dans la manutention et l'acheminement du produit
8. Image de la firme	Leader dans le marché	Leader technique
9. Demande du produit	Cherche à satisfaire de nouveaux besoins et à prévoir de nouveaux marchés	Cherche à satisfaire les besoins actuels et à augmenter la part dans les marchés actuels

gences du marché. Plus précisément, l'optique marketing est une gestion qui a pour but de satisfaire la clientèle d'une façon rentable par l'entremise d'un effort intégré de l'entreprise.

Selon cette conception, la raison d'être d'une entreprise est la satisfaction de la clientèle. Bien que cette façon de voir le rôle du marketing puisse sembler simpliste, voire utopique, son application donne des résultats impressionnants. L'adoption du concept moderne du marketing n'est pas réservée aux entreprises à but lucratif. Les mêmes principes peuvent s'appliquer aux organismes sans but lucratif, sauf pour la rentabilité économique. Les musées, les agences gouvernementales et les organismes qui essaient de satisfaire une clientèle peuvent tirer profit de l'optique marketing.

Toutefois, la mise en œuvre de l'optique marketing n'est pas facile. Elle exige des modifications qui peuvent être considérées comme majeures et même draconiennes dans certains cas. Comme l'indique le tableau 14.4, non seulement des changements d'ordre organisationnel sont nécessaires, mais l'optique marketing peut aussi entraîner un changement dans la mission de l'organisation et même dans sa culture. Souvent, l'optique marketing nécessite des rapports étroits avec l'environnement. Ces changements peuvent exiger des techniques de planification. Ce qui est plus important encore, l'optique marketing engage à innover non seulement dans le domaine de la recherche et du développement, mais aussi dans la modification continuelle de produits existants et dans l'introduction périodique de nouveaux produits.

2.5 L'APPROCHE MANAGÉRIALE DU MARKETING

Au cours des années 60, l'étude du marketing a connu une transformation majeure de l'approche fonctionnelle à l'approche managériale. La discipline du marketing est devenue une science de la gestion. Le micromarketing est en fait un volet du marketing qui s'intéresse aux problèmes de gestion ayant trait au développement efficace et efficient de programmes de marketing capables d'atteindre les buts fixés.

Quelles sont les décisions propres au marketing? Le tableau 14.5 donne un aperçu de l'éventail des décisions à prendre dans le marketing d'un produit peu complexe comme une raquette de tennis. Le responsable du marketing doit se poser des questions avant même la fabri-

Tableau 14.5   Un exemple de l'éventail des décisions de marketing

1. Qui sont les personnes qui jouent au tennis et pourquoi jouent-elles? Où sont-elles situées dans le pays? La signification du tennis a-t-elle évolué dans le temps? Est-ce que cette signification restera la même plus tard?

2. Quels sont les besoins de ce consommateur? Est-ce que le joueur de tennis préfère une raquette en bois, en fibre de verre, en graphite? Quelles seront ses préférences dans six mois ou dans deux ans?

3. Les joueurs préfèrent-ils des raquettes de taille normale ou bien est-ce que la tendance va vers des raquettes de taille plus grande? En d'autres mots, quel genre de raquettes devrait-on fabriquer et en quelle quantité?

4. Où les joueurs achètent-ils leurs raquettes et pourquoi?

5. Quel prix veulent-ils payer et quel est le niveau de classification des personnes au sujet du prix?

6. Quand exactement les personnes achètent-elles leur raquette et pourquoi?

7. Comment choisir et susciter l'intérêt des revendeurs de raquettes?

8. Où et comment renseigner les joueurs sur la disponibilité des raquettes de l'entreprise?

9. Qui sont les concurrents de ce marché? Quels sont leurs prix de vente? Qui sont leurs revendeurs? Quelle est l'envergure de leur publicité?

10. L'avenir est-il prometteur pour la vente de raquettes et pourquoi?

cation et met ainsi en évidence que le marketing joue un rôle stratégique. De toutes les fonctions de l'entreprise, c'est celle qui est la plus orientée vers le marché[9]. En d'autres mots, le marketing est près du macrœnvironnement et par conséquent il subit directement et rapidement les conséquences de son évolution.

La nature du lien qu'une entreprise maintient avec son environnement dépend en grande partie de ses activités de marketing. Ce lien stratégique détermine jusqu'à quel point l'effort de marketing est en synchronisme avec l'évolution de l'environnement[10]. Bien que la mission et les stratégies de l'entreprise façonnent le lien, la dimension stratégique du marketing n'est mise en valeur que depuis quelques années.

Le responsable du marketing doit s'assurer que la stratégie est à la fois efficiente et efficace. L'efficacité d'une stratégie repose sur les effets, c'est-à-dire la réaction des acheteurs potentiels à l'effort de marketing. L'efficience concerne plutôt les procédures, les politiques et les tâches administratives nécessaires à la gestion de la stratégie de marketing. Il y a toujours un équilibre délicat à maintenir entre l'efficience et l'efficacité d'une stratégie. Une stratégie peut être efficiente mais non efficace : par exemple, fixer le prix d'un produit d'après des analyses financières très poussées qui assureraient un rendement supérieur à l'entreprise peut constituer une stratégie efficiente, mais il se peut que ce prix soit inefficace s'il est rejeté par les acheteurs. Bref, bien qu'il soit souhaitable d'atteindre un équilibre entre l'efficience et l'efficacité, le responsable du marketing doit accorder une attention particulière à l'efficacité de la stratégie en scrutant régulièrement l'environnement s'il veut atteindre ses objectifs.

Par ailleurs, la responsabilité du marketing est lourde, car les activités de marketing influencent non seulement les stratégies mais aussi la mission même de l'entreprise. Par exemple, le lancement de nouveaux produits peut mener l'entreprise vers des marchés, des clients, des technologies et même des concurrents nouveaux. Ainsi, la société Singer, connue pour ses machines à coudre, pour la première fois dans son histoire n'a plus une préoccupa-

tion dominante dans ce marché, mais concentre ses énergies sur l'aérospatiale (*Business Week*, 1983). Des entreprises qui auparavant avaient négligé ou sous-estimé l'importance de certains marchés ont été forcées de s'y intéresser afin de sauvegarder leur réputation et de protéger leur clientèle contre l'assaut des concurrents. Par exemple, IBM n'avait pas prévu l'exploitation du marché des micro-ordinateurs, car ce marché lui semblait trop petit et donc peu important dans l'ensemble du marché des ordinateurs. Le même raisonnement fut utilisé par la société Xerox au sujet des clients susceptibles d'acheter des petits photocopieurs. L'importance de ces marchés a démontré jusqu'à quel point ces deux entreprises avaient sous-estimé l'occasion qui se présentait.

2.6 LA NATURE DES DÉCISIONS DE MARKETING

Les décisions de marketing sont des décisions à la fois stratégiques, administratives et opérationnelles[12]. Le tableau 14.6 présente quelques exemples qui montrent l'envergure des décisions de marketing. Selon Ansoff, les décisions opérationnelles absorbent la plus grande partie du temps des gestionnaires[13].

Les décisions opérationnelles de marketing ne font pas exception à cette règle. Cependant, en raison des changements brusques dans le macrœnvironnement, surtout depuis le début des années 70, les décisions stratégiques de marketing ont pris un caractère impératif. L'effervescence du macrœnvironnement depuis les dix dernières années démontre l'importance accrue des décisions stratégiques en marketing ; la gestion de la demande est devenue la décision de marketing par excellence[14].

2.7 LA STRATÉGIE DE MARKETING

L'élaboration d'une stratégie de marketing nous permet de regrouper l'ensemble des décisions touchant la gestion du marketing. La stratégie de marketing consiste, premièrement, à découvrir et à choisir des marchés susceptibles d'acheter le produit ou le service de l'entreprise, et à connaître les besoins des consommateurs de ces marchés.

Tableau 14.6 La nature des décisions de marketing

Les décisions stratégiques	• choix des marchés • choix des clients • choix des produits • lien de l'entreprise avec ces marchés • avantage concurrentiel
Les décisions administratives	• gestion du marketing • développement du personnel de marketing • établissement des procédures et politiques de marketing • définition des tâches et responsabilités de chacun
Les décisions opérationnelles	• modifications routinières à apporter aux dépenses publicitaires, aux prix et marges des produits, aux ventes et à la satisfaction de la clientèle

Deuxièmement, le responsable du marketing doit développer et mettre en œuvre un programme de marketing (c'est-à-dire un *marketing mix*) dans le but d'obtenir la réaction désirée des clients visés. Troisièmement, il doit veiller à ce que le choix des marchés cibles et du programme de marketing soit en harmonie avec les ressources organisationnelles et l'évolution du macrœnvironnement dans lequel l'entreprise se situe. Du fait que les ressources organisationnelles et le macrœnvironnement ne sont pas des éléments statiques, il importe de mettre en œuvre des moyens de contrôle afin d'assurer que les résultats désirés de la stratégie se réalisent.

Le développement d'une stratégie de marketing ne peut se faire qu'avec des connaissances approfondies du comportement d'achat. La section suivante aborde justement les notions fondamentales de ce comportement.

3. Comportement d'achat

Les décisions de marketing doivent être prises en fonction du comportement d'achat des clients actuels et potentiels. C'est pourquoi Drucker affirme que le but du marketing est de connaître et de comprendre le client[15]. Cette connaissance influencera la production des biens et des services, la recherche sur les produits actuels ou potentiels et le développement de nouveaux produits. Il est donc essentiel de connaître et de prévoir les désirs des clients. Deux types de comportements d'achat font l'objet d'un intérêt particulier : le comportement d'achat des consommateurs et le comportement d'achat des organisations. Le marketing a été abordé jusqu'ici du point de vue de l'entreprise. Nous allons maintenant nous tourner vers le deuxième partenaire de l'échange, soit l'acheteur.

3.1 LE COMPORTEMENT D'ACHAT DES CONSOMMATEURS

La consommation est une activité à laquelle l'individu consacre une grande partie de ses revenus en prenant des risques physiques, psychologiques, financiers et sociaux. Faire un achat, c'est faire un choix ; l'étude du comportement du consommateur est donc orientée vers une meilleure connaissance de ce processus de choix.

L'étude du comportement du consommateur permet de comprendre les processus décisionnels qui précèdent et déterminent les actes d'achat et d'utilisation des biens et des services. Elle permet aussi de comprendre les attitudes, les opinions et les comportements lors de l'achat, et après l'achat lors de l'utilisation de ces biens et services. L'étude du comportement d'a-

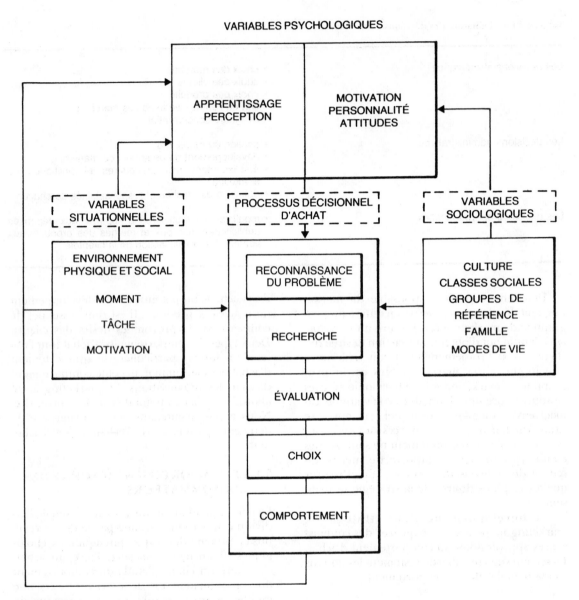

Figure 14.2   Modèle de comportement d'achat du consommateur

chat puise ses connaissances en sciences sociales et en sciences de la gestion et elle intègre ces connaissances.

Les éléments d'analyse du comportement sont les variables psychologiques, sociologiques, situationnelles et le processus décisionnel d'achat. Ces éléments ont été regroupés (figure 14.2) en un modèle[16]. Ce modèle est une représentation simplifiée du processus décisionnel d'achat et des interactions dynamiques des diverses variables du système de comportement d'achat du consommateur[17]. Examinons donc en détail les éléments du comportement du consommateur esquissés à la figure 14.2.

3.2 LES VARIABLES PSYCHOLOGIQUES

Les spécialistes du comportement du consommateur ont utilisé plusieurs théories de la psychologie. On peut regrouper ces théories (figure 14.2) selon qu'elles traitent des prédispositions à l'action ou des modes d'interaction avec l'environnement[18]. Deux théories d'interaction avec l'environnement particulièrement pertinentes sont celles de l'apprentissage et de la perception. Les théories de la personnalité, de la motivation et des attitudes sont orientées vers la compréhension des prédispositions de l'action chez les individus.

3.2.1 La personnalité

La personnalité est la configuration des caractéristiques uniques d'un individu. L'individu est donc définissable par des tendances fondamentales ou traits de personnalité qui sont des éléments de continuité dans le temps et qui sont reliées à des comportements stables (par exemple, les acheteurs de Chevrolet seraient conservateurs, ceux de Ford plus virils). En marketing, les travaux d'Evans sont particulièrement bien connus[19]. Les résultats pratiques de recherches sur la personnalité ont cependant été peu importants ; les travaux sur ce sujet sont presque abandonnés[20]. Par contre, des travaux plus récents sur les liens entre la personnalité et la consommation mettent en évidence l'intérêt et les difficultés de comprendre le comportement à partir de ce cadre théorique[21].

3.2.2 La motivation

La compréhension de la motivation est aussi utile pour connaître le comportement du consommateur. Les consommateurs sont motivés par des besoins et des désirs. L'hypothèse est qu'un besoin (la faim, la liberté) non satisfait crée une impulsion, un stimulus interne puissant causant une tension que l'individu essaie d'éliminer par diverses réactions dont le comportement d'achat (achat d'une tablette de chocolat, d'une planche à voile, etc.).

Il existe plusieurs théories de la motivation, dont celle de la hiérarchie des besoins. La hiérarchie des besoins serait composée de quatre niveaux, soit les besoins physiologiques, les besoins de sécurité, les besoins sociaux et les besoins personnels[22]. Ces besoins ne seraient jamais complètement satisfaits ; les besoins des niveaux inférieurs seraient comblés avant les besoins des autres niveaux.

3.2.3 Les attitudes

Les attitudes jouent un rôle central dans tous les modèles de comportement du consommateur. Les attitudes sont des prédispositions apprises par l'individu et qui lui permettent de réagir devant un objet ou une classe d'objets, de façon cohérente, que cette réaction soit favorable ou défavorable[23]. L'attitude est préalable au comportement, et c'est pourquoi les chercheurs en marketing y ont accordé tant d'importance au cours des dernières années.

L'attitude est un ensemble organisé de croyances, d'opinions et de jugements d'un individu vis-à-vis d'un objet, d'une cause, d'un autre individu, etc. Les composantes de l'attitude sont les dimensions cognitives (ce que l'on sait : croyances), affectives (ou ce que l'on ressent : sentiments) et conatives (ce qu'on fait ou ce qu'on a l'intention de faire : actions). La connaissance de l'attitude du consommateur est essentielle tant pour la production d'un bien ou d'un service que pour la préparation de la communication de marketing ainsi que pour la mesure de la satisfaction des consommateurs.

3.2.4 L'apprentissage

Les théories psychologiques d'interprétation de l'interaction avec l'environnement sont celles de l'apprentissage et de la perception. L'apprentissage est un processus d'expérience de l'individu qui influence son comportement. Cette théorie permet de comprendre et de déterminer le comportement à l'aide de cinq concepts fondamentaux : le besoin, le stimulus, l'indicateur, la réponse et le renforcement. Un besoin est une stimulation interne incitant à l'action. Cette stimulation se transforme en motivation. La réaction d'un individu à un stimulus s'explique par des stimuli mineurs. La réaction, si elle est satisfaisante, provoque un renforcement et l'accroissement de la probabilité de la réapparition de cette réponse au même stimulus ; c'est le processus d'apprentissage. Ce processus est relié à la publicité et à la promotion des ventes. Ainsi, faire l'essai d'un nouveau fromage offert lors d'une démonstration dans un supermarché, en trouver le goût plaisant (renforcement) et en faire l'achat est un processus d'apprentissage.

3.2.5 La perception

La perception est le processus par lequel un consommateur prend conscience de son environnement et l'interprète. C'est l'outil d'adaptation de l'individu au monde qui l'entoure. L'individu interprète l'environnement en fonction de son schéma personnel. La perception est influencée par la motivation, la personnalité, les attitudes et les apprentissages de l'individu. Cette théorie est importante en marketing, puisque plusieurs concepts de marketing comme l'image de marque, la qualité, le prix, la relation prix/qualité, la relation image de marque/qualité, la sélection des stimuli, etc., s'y rattachent. Par exemple, les spécialistes du marketing doivent connaître les perceptions que les consommateurs ont de divers produits par rapport à d'autres produits pour définir l'espace de positionnement des marques et les stratégies de marketing.

La motivation, la personnalité, l'attitude, l'apprentissage et la perception sont donc des théories psychologiques sur lesquelles s'articulent notre modèle de comportement d'achat du consommateur (figure 14.2).

3.3 LES VARIABLES SOCIOLOGIQUES

La connaissance des variables sociologiques est aussi nécessaire à la compréhension du comportement du consommateur, car l'acte d'achat n'est pas seulement déterminé par les caractéristiques personnelles d'un individu mais aussi par les attitudes et les comportements de ses semblables. L'influence sociologique s'exerce surtout par deux macrostructures sociologiques : la culture et les classes sociales ; et par trois microstructures sociologiques : les groupes de référence, la famille et les modes de vie.

3.3.1 Les macrostructures

La culture est un phénomène intégrateur des valeurs, des attitudes et des symboles créés par l'homme pour structurer son comportement à l'intérieur d'un système social ; la culture se transmet de génération en génération.

Ainsi, Chébat et Hénault ont défini certaines caractéristiques culturelles de Canadiens anglais et français[24]. Tamilia a étudié comment les consommateurs francophones et anglophones canadiens évaluent les produits et les messages[25].

La classe sociale est un phénomène sociologique moins englobant que la culture mais d'un grand intérêt pour l'étude du comportement d'achat. Une classe sociale est une division homogène et permanente de la société dans laquelle il est possible de classer des individus ou des familles ayant des caractéristiques similaires. Plusieurs facteurs peuvent définir une classe sociale, soit l'éducation, la profession et le revenu, auxquels peuvent s'ajouter la performance personnelle, les possessions, les relations et les valeurs sociales, etc. De nombreuses études empiriques démontrent l'influence de la classe sociale sur le comportement de consommation[26].

3.3.2 Les microstructures

L'étude des microstructures sociologiques permet une meilleure compréhension de l'influence des groupes sur le comportement d'achat. Les groupes auxquels un individu appartient n'exercent pas tous la même influence sur celui-ci et n'ont pas tous pour lui la même importance. Les groupes qui influencent le comportement d'un individu sont appelés « groupes de référence ». Les groupes de référence peuvent être formels, comme un conseil d'administration, ou informels, comme des amis. Les groupes peuvent aussi être primaires, comme la famille, ou secondaires, comme les clubs sociaux. Les groupes de référence fixent les normes et les rôles. Ils présentent à l'individu des modèles de comportement et servent de point de comparaison. Ils influencent les valeurs et les attitudes, et obligent à une certaine conformité de comportement. La connaissance des groupes de référence des clients potentiels peut être utile à la préparation du *marketing mix*. Par exemple, la publicité d'un cégep pour attirer les étudiants d'une école secondaire pourrait mettre en évidence des diplômés de cette école qui sont maintenant inscrits à ce cégep et qui forment un groupe de référence.

Deux autres types spécifiques de groupes ont aussi été l'objet de beaucoup de recherches en marketing; ce sont la famille et les modes de vie. Un grand nombre de décisions de consommation sont prises à l'intérieur du cadre d'une cellule fondamentale de la société, la famille. La famille forme les attitudes et modèle les comportements des individus; c'est une unité sociale de consommation fondamentale dans le système économique. Il est important de connaître les rôles des conjoints dans les couples, les rôles des conjoints et des enfants dans les familles, et la perception et la répartition de ces rôles par type d'achat et selon les étapes du processus décisionnel d'achat[27].

3.4 LES VARIABLES SITUATIONNELLES

Même une connaissance approfondie de la réalité psychologique et sociologique d'un individu ne permet pas de prédire son comportement en tant que consommateur. Face à des facteurs situationnels différents, le comportement d'achat d'un consommateur variera. La situation peut être définie en fonction de variables objectives comme l'environnement physique, l'environnement social, la tâche, le moment, ou encore des variables psychologiques comme l'engagement du moi. L'intégration de ce type de variables aux modèles de comportements du consommateur est nouvelle mais prometteuse. L'analyse des variables situationnelles complète l'analyse des variables sociologiques et psychologiques. Une meilleure connaissance des facteurs situationnels améliore la capacité de prédiction du comportement. De plus, la connaissance de la situation permet une analyse stratégique de segmentation et de positionnement sous un angle nouveau[28].

3.5 LE PROCESSUS DÉCISIONNEL D'ACHAT

Le comportement d'achat est l'ensemble des actes reliés à l'achat, y compris le processus de décision qui précède et détermine l'acte d'achat. Les variables psychologiques, sociologiques et situationnelles influencent le processus décisionnel d'achat (figure 14.2) de même que chacune des étapes. Le processus de décision d'achat est composé de cinq étapes : la reconnaissance du problème, la recherche d'information, l'évaluation, le choix et le comportement après l'achat. Ce modèle simple offre l'avantage d'être facile à comprendre et à utiliser pour développer un cadre de recherche en marketing.

Le processus d'achat débute lorsque le consommateur identifie un problème ou un besoin; il constate alors un écart entre un état souhaité et un état existant. Le problème ainsi soulevé peut être résolu de trois façons : un comportement réactionnel de routine, la reconnaissance d'un problème limité ou la reconnaissance d'un problème étendu[29]. L'achat du journal du matin est un achat de routine, celui d'un vêtement un problème limité, et l'achat d'une automobile un problème étendu. L'intensité de la recherche d'information est fonction de la perception du risque.

Un achat comporte en effet un risque, dans le sens où le consommateur ne peut prévoir avec certitude toutes les conséquences de son acte. Les risques les plus souvent cités sont le risque de performance, le risque social, le risque financier et le risque physique.

La nature, l'importance et la probabilité du risque perçu influenceront les besoins d'information. La recherche d'information implique cependant des coûts en temps, en argent, en surcharge d'informations et en réactions psychologiques négatives.

L'information, obtenue par le consommateur lui-même, ou par d'autres sources personnelles, commerciales ou publiques, est ensuite traitée par le consommateur. Autrement dit, cette information servira au consommateur à évaluer les produits possibles ; il les ordonnera par préférence. Il fera un choix ; normalement, le consommateur achètera ou exprimera l'intention d'acheter le produit qu'il préférera le plus. Le processus se terminera par le comportement postérieur d'achat. Les spécialistes en marketing accordent beaucoup d'importance à la mesure de la satisfaction postérieure à l'achat de même qu'à la concurrence des actions postérieures à l'achat.

Le marché des consommateurs est important. Cependant, le marché des entreprises et des organismes présente un potentiel plus important encore que le marché de la consommation ; c'est pourquoi nous nous tournons maintenant vers le comportement d'achat des organisations.

3.6 LE COMPORTEMENT D'ACHAT DES ORGANISATIONS

Malgré l'importance du marché des organisations (souvent limité à l'industrie sous le vocable de marketing industriel), l'étude du comportement d'achat au sein des organisations a suscité moins d'intérêt. Le comportement d'achat des organisations diffère du comportement d'achat des consommateurs par ses caractéristiques et ses modes de fonctionnement. L'acheteur professionnel (industries, commerces, services publics, etc.) acquiert les produits et les services nécessaires à l'organisation en tenant compte des contraintes budgétaires. Il met les fournisseurs en concurrence et accorde de l'importance au processus de négociation, à la qualité du produit, au service après-vente et au support technologique. La responsabilité d'achat lui est déléguée ; il est rarement l'utilisateur du produit[30]. Plusieurs intervenants (utilisateurs, agents d'influence, acheteurs, décideurs et filtres) influencent le processus[31]. Ainsi, pour l'achat d'un charriot élévateur dans une usine, le préposé à l'entrepôt pourrait être l'utilisateur, l'ingénieur d'usine pourrait être un agent d'influence, le directeur des achats ou le président pourrait être l'acheteur. Les décideurs pourraient être les membres du comité d'immobilisation, alors que le directeur des achats pourrait être le filtre, c'est-à-dire celui qui

contrôle l'information. Le même concept pourrait évidemment s'appliquer aux achats faits dans une banque, un hôpital ou un collège.

La demande est dérivée, c'est-à-dire que la demande des clients qui achètent les produits fabriqués par la machine-outil influence la demande des entreprises qui vendent les machines-outils. L'interdépendance de l'acheteur et du vendeur est grande puisque le produit ou le service acheté fera partie intégrante de l'offre de l'organisation.

Les modèles de comportements d'achat des organisations permettent de mieux comprendre la décision d'achat. On trouvera à la figure 14.3 un modèle de comportement d'achat qui comprend trois éléments : les variables environnementales, les variables organisationnelles et le processus décisionnel d'achat. Le modèle met en évidence le fait que le processus décisionnel est l'œuvre d'un individu en interaction avec d'autres personnes dans le contexte d'une organisation formelle[32]. Les variables environnementales établissent le contexte de fonctionnement de l'organisation, en fixant les contraintes, les possibilités et l'information. Des influences physiques, technologiques, économiques, politiques et culturelles sont exercées par les fournisseurs, les clients, les concurrents, les gouvernements, les syndicats, les associations patronales et les groupes professionnels. Les variables environnementales ont un effet sur la disponibilité des biens et des services, le climat économique, les valeurs et les normes, et l'information.

Les variables organisationnelles qui influencent le processus décisionnel sont le type d'organisation (fabrication/service, privé/public, etc.), la technologie, la structure, la nature des tâches d'achat et les caractéristiques psychosociologiques des individus membres du groupe de décision.Ces variables organisationnelles ont un effet sur le niveau et le type de recherche, les objectifs et les budgets de fonctionnement et d'investissement, et les politiques et procédures administratives. De plus, les variables organisationnelles sont en interaction avec les variables environnementales, et les deux types de variables influencent le processus décisionnel d'achat.

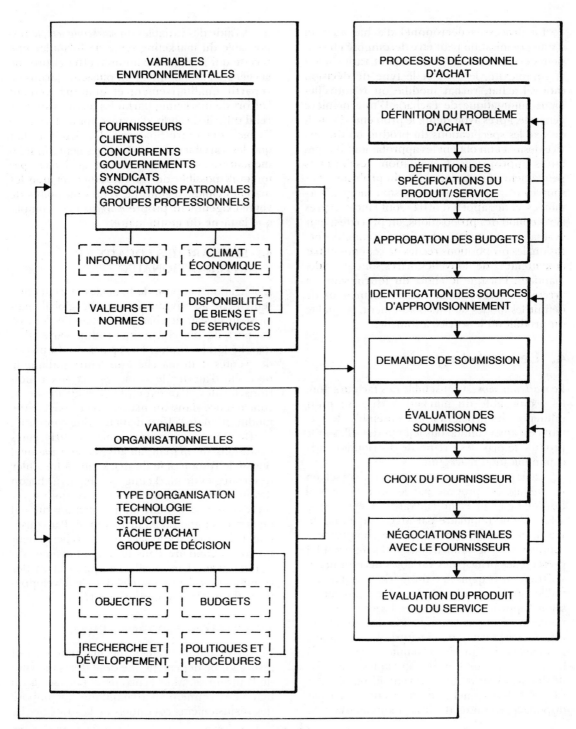

Figure 14.3 Modèle de comportement d'achat des organisations

Le processus décisionnel d'achat au sein d'une organisation peut être décomposé en plusieurs étapes, dont le nombre peut varier selon la complexité, le coût et le type de décision (nouvel achat, rachat modifié ou renouvellement automatique de l'achat). D'une manière générale, après avoir défini le problème d'achat, on fixe les spécifications du produit ou du service désiré et on obtient les approbations budgétaires appropriées. L'évaluation des budgets peut amener une redéfinition du problème. Les sources d'approvisionnement sont alors déterminées, et des appels d'offres sont lancés. Après la réception des propositions, on procède à leur évaluation et au choix des fournisseurs. À l'occasion, les propositions reçues ne répondent pas aux attentes ; de nouvelles offres sont alors demandées. Lorsque le choix du fournisseur est arrêté, les négociations finales permettent de définir les modes de fonctionnement, la qualité du produit ou le service à fournir.

4. Le *marketing mix*

Le *marketing mix* est l'ensemble des facteurs dont le responsable du marketing dispose pour influencer les acheteurs. Cet ensemble de facteurs est aussi connu sous le nom des 4P, soit le produit, le prix, les circuits de distribution et la communication marketing.

Le *marketing mix*, un terme universel en marketing, fut proposé par le professeur Neil Borden de l'Université Harvard[33]. L'expression a été rendue populaire par McCarthy qui a divisé le marketing mix en quatre composantes connues sous le nom des 4P[34]. La figure 14.4 présente les principales variables décisionnelles s'offrant au responsable du marketing. Les variables sont regroupées en quatre « sous-mix » selon l'approche de Kelley et Lazer[35]. Ces variables ne sont pas toujours à la disposition du responsable à cause de la nature du macrœnvironnement. Des produits comme la cigarette, la bière ou le vin ne sont que quelques exemples de domaines de vente où l'éventail complet des variables décisionnelles en marketing n'est pas disponible, en raison de dispositions législatives.

À l'aide des variables du *marketing mix*, le responsable du marketing tente de formuler une recette qui aura le maximum d'effet auprès de la clientèle. Le fait qu'il y ait plusieurs façons de répartir qualitativement et quantitativement l'effort de marketing parmi les quatre variables rend difficile le choix d'un mix optimal, comme l'a bien démontré Shapiro[36]. D'ailleurs, le fait que les variables de marketing soient complémentaires, interdépendantes et qu'il n'est pas toujours possible de les substituer, et que les marchés cibles, régions de ventes ou points de vente exigent leur propre *marketing mix* complique la tâche du gestionnaire.

4.1 LES MARCHÉS LOCAUX ET INTERNATIONAUX

L'obligation s'impose de fixer des objectifs non seulement au niveau du marché global mais aussi au niveau de chacun des marchés locaux. La part de marché d'un produit varie d'un marché local à l'autre. La répartition du niveau des ventes d'un marché à un autre indique la nécessité d'ajuster le *marketing mix* aux conditions locales. Par exemple, l'intensité de la concurrence dans un marché peut exiger une modification de l'effort de marketing consenti[37].

De même, la reconnaissance de différentes conditions de marché au niveau international pousse le responsable du marketing à formuler des stratégies de marketing spécifiques à chacun des marchés. Malheureusement, ce qui est accepté comme nécessaire au niveau international ne l'est pas toujours au niveau local. Par conséquent, les analyses locales des marchés jouent un rôle secondaire dans le développement du *marketing mix*. Une meilleure appréciation des conditions locales de marché dans le développement du marketing mix serait préférable.

4.2 LE MACROENVIRONNEMENT

Le succès d'une stratégie de marketing serait assuré s'il ne dépendait que des efforts internes de l'entreprise. Mais l'entreprise fait face à un macroenvironnement dynamique qui impose des réajustements continuels de la stratégie. Le

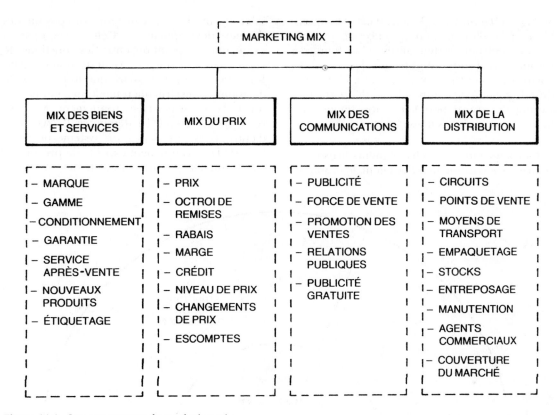

Figure 14.4 Les composantes du marketing mix

responsable du marketing doit mettre en œuvre un *marketing mix* qui respecte les composantes du macroenvironnement, comme le décrit la figure 14.5. Par exemple, le programme de publicité ou d'information doit respecter les législations fédérales, comme la Loi relative aux enquêtes sur les coalitions, la Loi sur les aliments et les drogues, et la Loi sur l'emballage et l'étiquetage. Il est aussi nécessaire de se conformer aux législations provinciales, telles que la Loi sur la protection du consommateur ou la Loi sur la régie des loteries et courses du Québec.

De plus, il est important pour le responsable de suivre l'évolution de chacune des composantes et de déceler les tendances qui émergent afin de reconnaître les menaces qui pourraient nuire à l'effort de marketing de l'entreprise. Une organisation doit instaurer un système d'information concernant le macroenvi-

ronnement[38]. Cette analyse permanente du macroenvironnement permet d'exploiter les occasions qui y émergent.

Pour démontrer l'effet des changements dans le macroenvironnement, prenons l'exemple de l'intérêt pour les activités sportives. Cette présente occupation n'est pas un phénomène accidentel. Le vieillissement du *baby boom* des années 50 a eu pour effet d'accroître la catégorie des jeunes adultes au cours des années 70 et même 80. D'après Statistique Canada, le taux de croissance du groupe des 35 à 44 ans a connu la plus forte augmentation de tous les groupes d'âge entre 1976 et 1981. Étant plus scolarisés que leurs parents et plus préoccupés de leur état de santé, les jeunes adultes se sont tournés avec enthousiasme vers l'exercice physique. Cet engouement s'appuie aussi sur la préoccupation des jeunes adultes pour l'apparence physique et la valorisation du moi. Les sondages effectués par Yankelovich, Skelly et White sur l'évolution des préférences des jeunes adultes montrent ces tendances[39]. Les femmes se sont aussi rendu compte que les activités sportives n'étaient pas exclusives aux hommes. Ainsi, le jogging, le tennis et le ski de fond sont devenus des sports populaires non seulement chez les jeunes adultes mais dans toute la population.

La complexité et les changements brusques du macro- environnement obligent le respon-

sable de marketing à se tenir au courant des derniers développements. Cette préoccupation exige une coopération entre les fonctions de l'entreprise, surtout au niveau du système d'information. Il est nécessaire que le preneur de décisions reçoive régulièrement un compte rendu de l'état du macrœnvironnement. Malheureusement, comme l'a démontré Brown, peu d'entreprises disposent d'un système de tamisage de l'environnement capable de prévoir les changements qui nécessiteront des modifica-

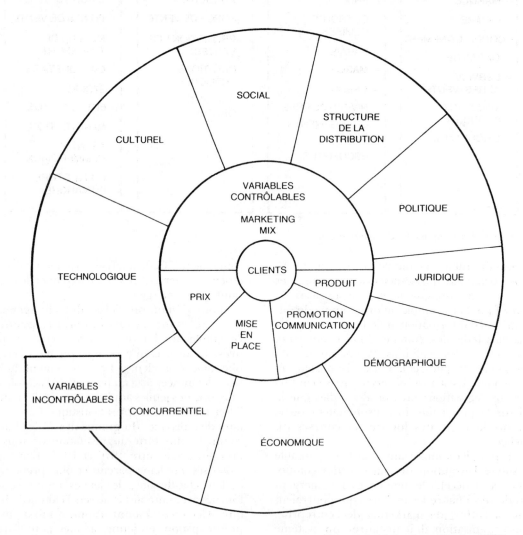

Figure 14.5 Le marketing et ses environnements   (Adapté de McCarthy et Shapiro (1983), p. 51.)

tions à la stratégie[40]. L'analyse du macrœnvironnement suppose des études économiques, démographiques et sociales. Les événements des dernières années nous montrent la futilité de vouloir prédire l'avenir en se basant sur le passé. Quelques auteurs recommandent donc l'étude de la futurologie. Or un récent rapport du Conference Board a montré que l'analyse de l'environnement concurrentiel ne préoccupait guère les responsables de marketing[41].

4.3 LA SEGMENTATION

La segmentation n'est rien d'autre que la prise de conscience du fait qu'un produit ou un service ne peut être acceptable pour tous. Étant donné la diversité des besoins et des comportements des consommateurs, la segmentation est non seulement nécessaire mais aussi pratique. Selon Smith, il y a hétérogénéité de la demande à l'intérieur de tout marché global[42]. Donc, en ajustant l'offre pour mieux répondre aux besoins du marché, une entreprise peut non seulement réaliser des bénéfices additionnels mais aussi augmenter la satisfaction de la clientèle. Le développement du programme de marketing et le choix des segments sont des activités

interdépendantes et interreliées. Donc, le développement du programme doit être fait en fonction des besoins et des attentes des clients choisis. Cette démarche assurera une plus grande efficacité de la stratégie de marketing, car la segmentation en est une partie intégrante. Le tableau 14.7 présente quelques raisons qui justifient l'utilisation d'une stratégie de segmentation. Le nombre de segments qu'une entreprise désire cultiver dépend non seulement de ses ressources internes mais aussi de la nature du marché et du produit ainsi que des actions des concurrents. Donc, une entreprise pourrait choisir un segment en particulier, quelques-uns, plusieurs ou même aucun dans le cas où une stratégie d'agrégation est poursuivie, c'est-à-dire qu'aucun segment n'est isolé du marché global. Autrefois, la compagnie Coke adhérait à ce type de stratégie. Mais aujourd'hui, avec la multiplicité des produits de Coke (Coke Diète, Coke sans caféine, Tab, Sprite), des sous-segments existent dans le marché global des boissons gazeuses, qui ne font que démontrer le principe fondamental de la segmentation de l'hétérogénéité de la demande à l'intérieur d'un marché.

Tableau 14.7   Les avantages de la segmentation de marché

1. La segmentation aide au développement d'une stratégie de marketing ainsi qu'à la répartition de l'effort de marketing parmi les différents marchés et produits d'une entreprise.

2. La segmentation oblige le responsable du marketing à avoir une plus grande connaissance de l'effet du «marketing mix» sur le marché.

3. La segmentation permet au responsable du marketing d'espérer une augmentation de la rentabilité.

4. La segmentation favorise un accroissement de fidélité chez la clientèle.

5. La segmentation augmente le degré de satisfaction de la clientèle.

6. La segmentation donne lieu à une étude plus approfondie des besoins d'une clientèle, de ses attentes et préférences, ainsi que de ses problèmes de consommation. C'est l'optique du marketing en action.

7. La segmentation donne lieu à un effort de marketing mieux planifié, visant plus directement le marché défini et par le fait même réalisant des économies tout en diminuant le gaspillage.

8. La segmentation force le responsable à mieux connaître la concurrence.

9. La segmentation rend possible le développement de produits propres au marché visé ainsi que la réalisation de campagnes publicitaires, de choix de circuits, de service après-vente appropriés au segment visé.

4.4 CONDITIONS DE SEGMENTATION

Il y a plusieurs façons de segmenter le marché. Mais avant de fractionner le marché selon certains critères, il est essentiel de satisfaire certains préalables à la mise en œuvre d'une stratégie de segmentation. D'abord, le responsable du marketing doit se demander si la taille du ou des segments considérés est suffisante pour justifier le développement d'un programme de marketing pour chacun des segments, et dans certains cas, d'un produit conçu uniquement pour les segments. Le responsable doit ensuite se demander si l'entreprise est capable de développer et d'orienter le ou les programmes de marketing vers les segments considérés. Cette condition nécessite que le responsable détermine des facteurs autour desquels un regroupement homogène des clients est possible. Ces facteurs sont à la base de toute segmentation. Par exemple, le regroupement de la clientèle pourrait se faire selon le revenu, l'occupation ou le niveau de scolarité. Cependant, la sélection des facteurs doit être faite en fonction de la relation des facteurs avec la demande du produit. En somme, cette condition préalable au choix des segments nécessite une évaluation des réactions des clients à l'effort de marketing. Plus le responsable du marketing est sensibilisé aux réponses des segments à différents efforts de marketing, plus il sera facile de choisir le ou les meilleurs segments pour l'entreprise, avec le ou les programmes de marketing correspondants. La difficulté de toute segmentation réside justement dans le choix des facteurs de regroupement. Finalement, le responsable du marketing doit se demander si les médias existants ou même les points de vente de l'entreprise vont pouvoir atteindre les clients considérés.

Même si les conditions préalables à la segmentation sont respectées, le responsable du marketing doit analyser le taux de croissance des différents segments considérés. D'ailleurs, c'est pour cette raison qu'un bon nombre d'entreprises évaluent les segments de marché sur une base financière afin de choisir les segments les plus rentables.

4.5 CRITÈRES DE SEGMENTATION

La segmentation peut s'articuler sur la géographie (ville, comté, province), sur la base socio-économique (âge, revenu, occupation ou niveau de scolarité) ou sur le point de vue psychologique. Il est possible de segmenter un marché sur la base des valeurs de la fréquence d'utilisation d'un produit ou d'un service ou selon d'autres aspects psychologiques de la clientèle[43].

4.6 LA PSYCHOGRAPHIE

La psychographie jouit d'une très grande popularité comme moyen de segmentation de marché. Si la psychographie tente surtout d'établir des profils psychologiques de consommateurs, son utilité ne se limite pas à la segmentation. La psychographie est un outil à la disposition du preneur de décisions dans le développement de la stratégie de marketing. Elle peut aider non seulement à la conception et à la formulation de nouveaux produits, mais aussi à la préparation d'une campagne publicitaire, au choix d'une stratégie de médias, et même au choix d'intermédiaires.

La psychographie tire son origine des recherches sur la motivation[44]. Cette approche de la recherche a connu son apogée durant les années 50. Elle essaie de dévoiler le mode de vie des consommateurs en se servant d'un questionnaire approprié. À l'aide de méthodes statistiques très variées, il est possible d'obtenir un profil psychographique des grands ou des petits utilisateurs d'une marque ou d'une catégorie de produits quelconque.

Le profil peut représenter un segment de marché que l'entreprise aimerait viser. Par contre, Wells nous suggère de ne pas considérer la psychographie comme une panacée à l'étude de la segmentation[45]. Le regroupement de consommateurs dont les profils psychographiques sont similaires permet à l'analyste de définir le regroupement selon des styles de vie ; par exemple, on trouve les « naturistes », les « conservateurs », les « simplistes » et les « sportifs », groupes qui semblent refléter une homogénéité non seulement dans les valeurs mais aussi dans les activités, les intérêts ou les opinions.

Le profil psychographique suggère que la consommation fréquente d'un produit n'est pas aléatoire. Ce comportement reflète le mode de vie du consommateur. Des marques, comme la Ford Pinto, le savon Irish Spring, le magazine Playboy, la raquette de tennis Wilson T2000, ont bénéficié d'une analyse psychographique visant à déterminer le marché cible[46]. Une connaissance plus approfondie de la clientèle a permis aux gestionnaires de formuler un marketing mix qui répondait mieux aux attentes.

Nous aborderons maintenant chacun des éléments du marketing mix qui sont les fondements du programme de marketing, soit le produit, le prix, les circuits de distribution et la communication marketing.

Tableau 14.8 Relation entre le classement d'un produit et la stratégie de marketing

Décisions de marketing \ Changement du produit	Commodité	Comparaison	Conviction
Prix de vente	Relativement peu élevé	Varié: prix économique au prix haut de gamme	Prix moyen au prix haut de gamme
Couverture du marché	Plusieurs points de vente	Points de vente adéquats	Peu de points de vente
Publicité	Dépenses fortes	Dépenses moyennes	Dépenses moyennes ou faibles
Marges bénéficiaires	Faibles	Bonnes	Fortes
Marque	Très importante	Moins importante	Importante ou non
Emballage	Très important	Important	Moins important
Vendeurs	Pas importants	Importance moyenne	Très importants
Processus d'achat	Routinier	Magasinage	Réflexion longue
Service après-vente	Peu important	Importance moyenne	Très important
Concurrence	Très forte	Forte	Moins forte
Information sur le produit	Faible	Adéquate	Supérieure
Produit de substitution	Nombre très élevé	Nombre élevé	Nombre moins élevé

5. Le produit

La première composante du *marketing mix* est le produit. Une discussion détaillée de cette composante décisionnelle s'impose. En conséquence, plusieurs notions de base de la gestion d'un produit seront présentées, notamment le classement des produits, le portefeuille de produits.

Le produit ou le service d'une entreprise constitue la raison d'être d'une stratégie de marketing. Le produit occupe une position prioritaire par rapport aux autres variables décisionnelles du *marketing mix*. Si l'on peut dire que le marketing représente la relation qu'une entreprise a avec son environnement, le produit est l'articulation de cette relation. Il lie les acheteurs ou les utilisateurs à l'entreprise. La capacité d'un produit à satisfaire les besoins recherchés par les acheteurs déterminera la qualité de cette relation. Le responsable du marketing doit s'assurer que son produit répond aux attentes toujours changeantes du marché.

Ces attentes sont dictées non seulement par les acheteurs mais aussi par la concurrence et le progrès technologique. Les forces du marché imposent au preneur de décision de marketing une double responsabilité : l'amélioration des produits existants et le développement de nouveaux produits. Les produits rentables aujourd'hui ne le seront plus nécessairement demain. Une partie importante du chiffre d'affaires de plusieurs entreprises provient de produits qui n'existaient pas cinq ou dix ans auparavant. L'application de nouvelles technologies rend désuets certains produits ou impose des changements radicaux de fabrication. Ces changements requièrent une coordination étroite des activités de production et de marketing.

Le produit n'est pas une variable dont la responsabilité revient à la seule fonction marketing. Les tâches administratives touchant la gestion des produits sont réparties dans toutes les activités d'une entreprise mais surtout entre les cadres supérieurs. La culture organisationnelle, les objectifs et la stratégie déterminent jusqu'à quel point une entreprise s'aventure dans le développement de nouveaux produits ou dans la modification de produits existants. Le degré de risque accepté ou toléré par les cadres supérieurs indique au responsable du marketing jusqu'à quel point son plan de marketing quant aux produits peut dévier des pratiques courantes. Bref, les décisions de marketing se rapportant au produit son liées intimement aux décisions stratégiques de l'entreprise.

5.1 LE CLASSEMENT DES PRODUITS

Copeland proposa, en 1924, de classer les produits de consommation en trois grandes catégories : les produits de commodité, les produits de comparaison et les produits de conviction[47].

Les habitudes d'achat, selon Copeland, seraient utiles pour déterminer le classement d'un produit. Comme l'indique le tableau 14.8, une connaissance du classement du produit aide le responsable à développer une stratégie de marketing appropriée[48]. Un produit de commodité est facilement disponible, coûte relativement peu cher, est bien annoncé et jouit d'une image qui facilite la vente. L'acheteur accepte un produit de commodité substitutif si sa marque habituelle n'est pas disponible. Bref, l'achat d'un produit de commodité exige des efforts minimes de la part du consommateur. Tel n'est pas le cas pour les produits de comparaison où l'acheteur prend le temps de faire son choix. L'acheteur d'un produit de conviction insiste sur sa marque préférée, n'accepte pas une imitation et est prêt à fournir l'effort nécessaire afin d'obtenir sa marque.

Les conditions qui déterminent le classement d'un produit sont instables et évoluent avec le temps[49]. Au début de son entrée sur le marché, un produit peut être considéré comme un produit de conviction. Mais avec le temps, le produit peut devenir un produit de commodité. Le responsable du marketing peut développer une stratégie qui tente de positionner le produit au sein d'un segment nouveau et obtenir ainsi un avantage concurrentiel.

5.2 LA MARQUE

Donner un nom à un produit facilite le processus d'achat des consommateurs. Le nom permet aux clients de trouver rapidement le produit dans un point de vente quelconque. La marque d'un produit résume ce qui est offert aux clients. Elle projette une garantie de qualité. Les clients s'attendent à un niveau de qualité ; une variation de celle-ci est très dommageable, car la force d'une marque repose sur l'uniformité de la qualité. Une marque bien choisie peut inspirer confiance, et les consommateurs sont alors plus disposés à l'accepter, ou du moins à la considérer.

Une marque n'a pas seulement des propriétés fonctionnelles utiles aux consommateurs mais aussi des propriétés symboliques. La gestion d'une marque n'est pas une tâche facile ; en effet, les associations ou les expériences vécues ou imaginées par les clients et les non-clients varient dans le temps et d'un marché à un autre.

On n'a qu'à penser aux marques telles que Heinz, Ivory, Tide ou Crest pour apprécier l'importance de la gestion d'une marque par le responsable du marketing. Plusieurs entreprises délèguent cette responsabilité à un gestionnaire particulier appelé chef de marque ou chef de produit. Par exemple, la compagnie Procter et Gamble a un chef de produit pour chacune de ses marques de détersif (Cheers, Tide, Oxydol, etc.). Chacun des chefs de produit est en concurrence avec les autres pour les ressources de l'entreprise. Son succès dépend de l'autorité qui lui est accordée et des responsabilités qui lui sont confiées[50].

Il existe plusieurs types de marques. Une marque générique est celle d'un ensemble de produits regroupés sous le même nom (par exemple, Heinz). Par contre, une marque individuelle est celle d'un seul produit. Les marques sans nom ont connu un certain succès depuis les années 70. Les marques de distributeur sont vendues par les revendeurs (grossistes ou détaillants). Les marques Kenmore, Viking, Provigo et Métro sont des marques de distributeur. Il y a toujours eu une concurrence vive entre les marques de distributeur et les marques de fabricants dans les points de vente. En général, les marques des fabricants exigent des dépenses de marketing supérieures à celles des autres types de marques. Les marques de distributeurs sont moins dispendieuses et elles reçoivent moins d'efforts de marketing des revendeurs.

5.3 LE CONDITIONNEMENT

La présentation d'un produit, sa protection et même sa facilité d'emploi relèvent de décisions de conditionnement. Un nouveau conditionnement peut créer un nouveau produit. Par exemple, la vente du lait dans un contenant qui ne requiert pas de réfrigération est en réalité un nouveau produit. Le conditionnement donne au produit un aspect tellement différent qu'il entraîne des changements dans les habitudes des consommateurs.

De même, un conditionnement peut créer de nouveaux marchés ou donner au produit un avantage concurrentiel. Le conditionnement protège le produit lors de son acheminement vers les points de vente et donne au produit une valeur économique. Il facilite la distribution de produits dans des points de vente non traditionnels. Par exemple, les supermarchés n'auraient jamais pu vendre des vis ou des clous sans l'emballage permettant la manutention et l'exposition efficace de ces produits.

La forme, les couleurs, l'étiquetage sont tous des facteurs qui communiquent une valeur à l'acheteur. Le conditionnement pour certains produits véhicule des symboles. Les savons, les parfums et les produits de beauté en général dépendent beaucoup des symboles créés par le conditionnement en vue d'influencer le consommateur. Donc, le conditionnement pour un produit est intimement lié aux motivations d'achat des clients. Il doit être considéré comme le vendeur silencieux du produit sur les tablettes.

Enfin, le conditionnement peut décourager et empêcher le vol, surtout pour les produits de petite taille. On accuse facilement les entreprises de ne pas tenir compte des conséquences écologiques dans le conditionnement pour leurs produits. Réduire le conditionnement ne réduira pas nécessairement la quantité de déchets dans la société.

La gestion du conditionnement pour un produit va de pair avec la gestion du produit[51].

On n'a qu'à penser aux produits L'Eggs ou Pringle pour se rendre compte que le conditionnement est une partie intégrante du produit. On doit développer le conditionnement en fonction du produit afin de mettre en évidence les attributs particuliers de celui-ci et obtenir l'avantage concurrentiel recherché.

5.4 LES NOUVEAUX PRODUITS

Le cycle de vie concerne les événements postérieurs au lancement du produit sur le marché. Plusieurs étapes précèdent la phase du lancement : le responsable du marketing doit les connaître. Bien que certaines de ces étapes soient techniques, le rôle du marketing n'en est pas moins important. La figure 14.6 présente sous la forme d'un graphique les étapes reconnues du processus décisionnel concernant les nouveaux produits.

La recherche des idées est la première étape. Les sources d'idées nouvelles sont les clients, les représentants, les chercheurs, les revendeurs et même les concurrents. L'application de nouvelles technologies à des fins commerciales en est aussi une. À ce stade de développement, il faut créer une atmosphère qui favorise l'émergence d'idées. Le succès dans la recherche de nouvelles idées repose sur l'utilisation structurée des sources d'informations existantes[52].

Il faut ensuite évaluer les idées pour voir si elles correspondent à la mission de l'entreprise, à ses ressources et à ses objectifs. Chaque idée, réaliste ou non, doit être soumise à une évaluation. Le test du concept de produit forme la troisième étape. Les clients potentiels comprennent-ils le concept du produit et y voient-ils des avantages particuliers par rapport aux produits existants ? En d'autres mots, y a-t-il un besoin réel du produit chez la clientèle actuelle, et est-ce que ce concept du produit est capable de satisfaire ce besoin ? Cette étape permet de découvrir si l'idée du nouveau produit est perçue comme nouvelle ou comme une amélioration du produit. Les marchés cibles peuvent être définis ainsi que la concurrence possible. Ces données permettent au responsable du marketing de tenter d'élaborer le positionnement du nouveau produit.

L'analyse économique sert à évaluer le potentiel de marché, les ventes, les bénéfices et les coûts afin de déterminer si le nouveau produit peut être rentable. Malgré les difficultés de recherche, il est très important pour le responsable du marketing d'estimer le taux de rachat possible du produit. De plus, le responsable se doit d'étudier à fond la « cannibalisation » des ventes du nouveau produit par les produits existants. En d'autres mots, le succès ultime d'un nouveau produit dépend de son pouvoir d'accaparer de nouvelles ventes provenant des concurrents ou de marchés nouveaux.

Si les études de marché s'avèrent intéressantes, les spécialistes de la recherche et du développement et de la fabrication peuvent alors concrétiser le produit. Un prototype du produit est maintenant nécessaire. La difficulté majeure à cette étape est de fabriquer le produit selon le cahier des charges. Les aspects techniques du nouveau produit doivent aussi satisfaire les besoins psychologiques exprimés par la clientèle. Traduire les besoins d'une clientèle en un produit qui est censé satisfaire ces besoins n'est pas une tâche facile. Souvent, l'interprétation des données mène à un produit qui ne correspond pas aux désirs des acheteurs. Le fiasco Edsel de la société Ford est un exemple d'une mauvaise interprétation des données[53]. Selon Reynolds, c'était la première fois dans l'histoire de l'industrie de l'automobile qu'une entreprise dépensait autant d'argent pour connaître les désirs et les motivations des acheteurs[54].

Plusieurs entreprises préfèrent lancer le produit directement au lieu de faire un test de marché. En fait, un test de marché n'est rien d'autre que le déploiement de la stratégie de marketing dans un ou plusieurs marchés considérés comme typiques. La connaissance des réactions initiales des clients permet au responsable de découvrir les problèmes et d'apporter des solutions rapides. Un test de marché permet d'avoir une meilleure idée des ventes potentielles du produit et d'estimer le taux de rachat. Souvent, un test de marché permet de découvrir des erreurs de marketing.

La dernière étape consiste dans le lancement du produit. La tendance des entreprises aujourd'hui est de lancer le produit régionale-

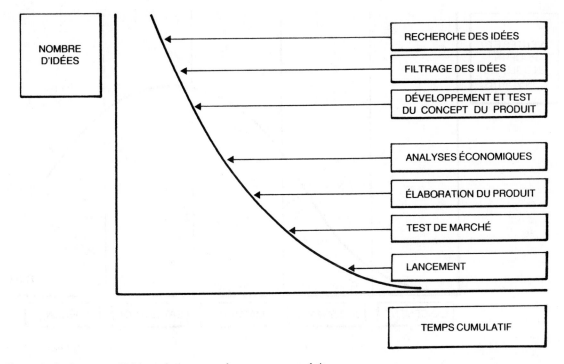

NOMBRE D'IDÉES

RECHERCHE DES IDÉES

FILTRAGE DES IDÉES

DÉVELOPPEMENT ET TEST DU CONCEPT DU PRODUIT

ANALYSES ÉCONOMIQUES

ÉLABORATION DU PRODUIT

TEST DE MARCHÉ

LANCEMENT

TEMPS CUMULATIF

Figure 14.6 Processus décisionnel concernant les nouveaux produits

ment, car les coûts provoqués par un échec à l'échelle nationale peuvent avoir des conséquences désastreuses. Souvent, le produit est lancé de façon graduelle dans les marchés. Des ajustements à la stratégie sont apportés chaque fois que le produit est introduit dans un nouveau marché. L'expérience acquise augmente les chances de succès.

À l'étape du lancement, l'harmonisation des efforts de production et des efforts de vente est cruciale. Dans certaines situations, le revendeur est bien informé du produit tandis que le représentant ne l'est pas. De même, les efforts de publicité et de promotion peuvent ne pas être coordonnés avec ceux du responsable de production, des vendeurs et des revendeurs. De telles situations provoquent de l'insatisfaction chez la clientèle et risquent de nuire à la réussite du produit.

5.5 LE CYCLE DE VIE DU PRODUIT

La dynamique du marché, les changements technologiques et l'évolution des besoins des consommateurs donnent par analogie une vie au produit. La vie d'un produit est divisée en cinq phases distinctes : le lancement, la croissance, la maturité, la saturation et le déclin. La nécessité d'ajuster, à des moments propices, la stratégie de marketing correspondant aux phases du produit s'impose[55]. Le directeur du marketing doit prévoir le moment où le produit atteindra une phase et il élaborera à l'avance un plan de marketing approprié. Vu sous cet angle, le cycle de vie d'un produit est à la fois un concept et un processus de planification.

La figure 14.7 présente sous sa forme classique la courbe du cycle de vie d'un produit. Certains auteurs mettent en doute l'existence d'une telle courbe dans la pratique[56]. En fait, il n'y a pas qu'une seule courbe mais une famille de courbes selon le produit, son acceptation, sa distribution et le nombre de concurrents.

La courbe présente les ventes d'un nouveau produit. Elle augmente d'abord lentement à son lancement, puis plus rapidement à la phase de croissance. Les ventes continuent de s'accroître

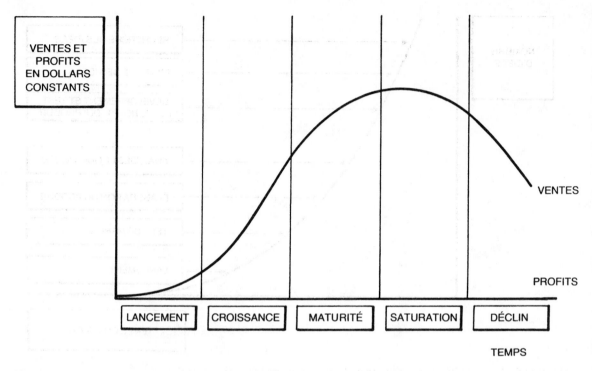

Figure 14.7 La courbe classique du cycle de vie d'un produit

mais à un rythme plus lent à la phase de maturité, pour enfin se stabiliser à la phase de saturation. Finalement, les ventes commencent à diminuer d'une façon permanente à la phase de déclin.

Le tableau 14.9 résume les modifications à apporter à la stratégie de marketing au fil de l'évolution du cycle de vie[57]. Il faut que le directeur du marketing examine chacune des composantes du marketing mix et qu'il planifie à l'avance les modifications qu'il va leur apporter à chaque phase. Par exemple, l'effort de promotion à la phase de lancement a pour but de sensibiliser les acheteurs potentiels à l'existence du nouveau produit. L'objectif est de stimuler la demande primaire, c'est-à-dire de vendre l'idée d'un nouveau produit capable de mieux résoudre les problèmes de consommation des acheteurs. Cet effort de promotion change de caractère à mesure que les acheteurs sont plus au courant du nouveau produit. L'effort doit porter sur la demande sélective non

seulement chez les acheteurs potentiels mais aussi chez les revendeurs qui distribuent le produit. Quand le nombre de nouveaux consommateurs intéressés à acheter le produit diminue, l'effort de promotion baisse et il cessera éventuellement à la phase de déclin. L'analyse du tableau 14.9 permet de voir les modifications par phase des autres variables du *marketing mix*.

5.6 LES PROCESSUS D'ADOPTION ET DE DIFFUSION

Le processus d'adoption débute lorsque le produit est lancé sur le marché. Ce processus est une séquence d'étapes qui amènent l'individu à prendre connaissance d'un produit, d'un service ou d'une cause jusqu'à son adoption. Rogers a proposé un modèle bien connu du processus d'adoption (figure 14.8), composé de cinq étapes : la prise de conscience, l'intérêt, l'évaluation, l'essai et l'adoption[58]. La première étape est la prise de conscience. Le client poten-

Tableau 14.9 La gestion d'un produit d'après son cycle de vie : ajustements de la stratégie en fonction des phases

Phase de lancement	Phase de saturation
• Publicité primaire et communication rédactionnelle • Prix d'écrémage • Marges élevées • Contrôle de la qualité du produit • Nombre limité de modèles offerts • Peu de concurrence • Atteindre les innovateurs et acheteurs précoces • Distribution exclusive ou sélective • Encourager l'essai du produit par les coupons, échantillons, etc. • Peu ou pas de bénéfices	• Stabilisation des ventes • Stabilisation des bénéfices • Déclin du nombre de concurrents • Stabilisation des prix • Ventes de remplacement surpassent les nouvelles ventes • Réduction du prix de revient • Préservation des clients fidèles • Introduction de modèles pour combattre la concurrence • Campagne de promotion chez les revendeurs • Prix défensif
Phase de croissance	**Phase de déclin**
• Offrir plus de modèles • Augmentation des ventes à un rythme croissant • Segmentation du marché • Différenciation du produit • Publicité sélective • Augmentation du nombre de concurrents • Marges traditionnelles • Stock élevé • Distribution intensive • Bénéfices élevés	• Baisse permanente des ventes • Décision d'abandon du produit • Stratégie de récolte • Stimulation de la demande primaire • Diminution du nombre de concurrents • Émondement des modèles superflus • Maintien des bénéfices • Dépenses promotionnelles suffisantes pour maintenir la distribution
Phase de maturité	
• Augmentation des ventes à un rythme décroissant • Nombre maximal de concurrents • Tendance des prix à baisser • Stratégie de développement ou de pénétration de marché • Amélioration du produit • Activités promotionnelles très fortes • Repositionnement du produit • Rapprochements intenses vers les revendeurs • Nouvelles approches promotionnelles • Stabilisation des bénéfices	

tiel entend parler de l'existence du produit. Il ne connaît peut-être que le nom, ne sait peut-être rien du fonctionnement ou de la nature du produit. Le client potentiel devient ensuite intéressé ; il recherche alors de l'information. Il étudie diverses possibilités ; c'est l'évaluation. Puis il en fait l'essai. Il peut même acheter un produit dont le prix n'est pas trop élevé pour qu'il puisse l'essayer ou encore, si le prix est élevé, comme pour une auto, il peut faire un essai de

route chez un concessionnaire ou même louer une auto. Enfin, il prend une décision ; c'est le rejet ou l'adoption. Ce modèle de comportement du consommateur est présenté ici à cause de son importance dans les définitions d'un produit.

Mais le processus d'adoption ne décrit que les étapes qui peuvent être suivies par un seul individu. Or les spécialistes en marketing s'adressent souvent à un grand nombre d'individus. Leurs actions seront alors guidées aussi par le modèle de diffusion. La courbe de diffusion (figure 14.8) indique à quels moments différents groupes d'individus acceptent de nouveaux produits ou de nouvelles idées. Le *marketing mix* devrait être ajusté aux différentes étapes de la courbe de diffusion.

5.7 LE POSITIONNEMENT

L'image que le consommateur se fait d'un produit détermine son acceptation ou son refus. Si l'idée n'est pas claire dans son esprit, l'achat est retardé ou refusé. Donc, il est très important que le produit soit présenté d'une façon claire et non ambiguë aux clients potentiels.

Avec une stratégie de positionnement, on vise à ce que le produit occupe une « niche » appropriée dans le marché. Trouver la « niche » qui convient au produit ou à la marque n'est pas une tâche facile, comme le démontrent Aaker et Shansby[59]. La mise en œuvre d'une stratégie de positionnement exige une analyse des forces et des faiblesses du produit, des produits concurrentiels et une connaissance de la clientèle visée[60]. Une fois incorporées dans la stratégie de positionnement, les informations aideront le responsable à choisir la position la plus appropriée au produit. Une stratégie de positionnement bien exécutée conduit les acheteurs à associer la marque à la satisfaction de leurs besoins. Le produit accapare dès lors cette « niche » du marché aux dépens des marques concurrentielles.

5.8 L'ESPACE DE POSITIONNEMENT

Un produit est acheté en raison de ses capacités à résoudre les problèmes de consommation. Il y a insatisfaction ou satisfaction incomplète si le produit ne peut pas répondre aux attentes des acheteurs. Comment les acheteurs évaluent-ils les produits ? Une connaissance de ce processus aidera le responsable à positionner le produit ou la marque.

Des recherches portant sur le comportement du consommateur indiquent que les acheteurs évaluent un produit en se basant sur ses caractéristiques ou attributs particuliers. Ces attributs peuvent être aussi bien des propriétés physiques du produit (par exemple, le goût, le prix, l'emballage) que des imputations ou propriétés sociales et psychologiques (par exemple, l'ambiance, l'image, l'attrait sexuel, la confiance). Donc, on peut résumer ou représenter une marque de produits par les attributs qu'on en a perçus. Ainsi, l'évaluation de plusieurs marques d'une catégorie de produits, sur la base des attributs communs aux marques, peut être représentée sur des graphiques. On a représenté la marque A sur la figure 14.9 à l'aide des coordonnées cartésiennes, en utilisant les évaluations de deux attributs.

À l'aide de la figure 14.9, nous pouvons étudier la structure du marché des quatre marques au point de vue psychologique. Les marques qui sont près l'une de l'autre sont perçues comme étant plus similaires que celles qui sont éloignées. Par conséquent, les acheteurs ont un comportement généralisé à l'égard de ces marques qui deviennent des substituts. Enfin, cette façon de concrétiser le positionnement d'une marque indique si les dirigeants ont la même perception que les clients.

Si le preneur de décisions sait où se situe sa marque par rapport aux autres, il peut modifier sa stratégie de marketing. Par exemple, si le positionnement occupé par une marque ne correspond pas au positionnement désiré, il peut faire des ajustements physiques qui en modifient la perception. Certaines modifications de la marque peuvent se faire strictement au point de vue de la communication, grâce à des thèmes de publicité, des horaires, des médias et des symboles.

Une étude de positionnement révèle souvent que la « niche » occupée est très différente de celle que le responsable imagine. La structure psychologique du marché permet de définir plus clairement les marques concurrentielles. Les marques situées près l'une de l'autre sont en concurrence directe. Enfin, une telle étude aide le responsable du marketing à découvrir de nouveaux segments de marché. Une combinaison unique de certains attributs pourrait combler un vide dans le marché non desservi par l'éventail des marques.

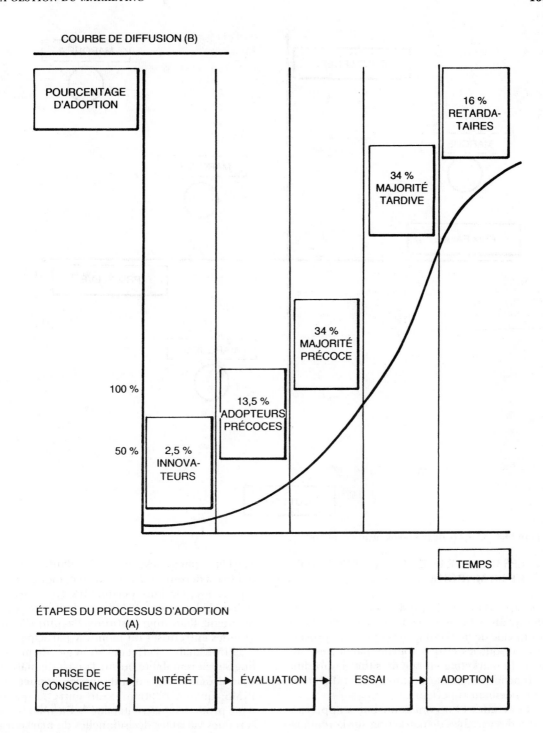

Figure 14.8 Processus d'adoption et de diffusion

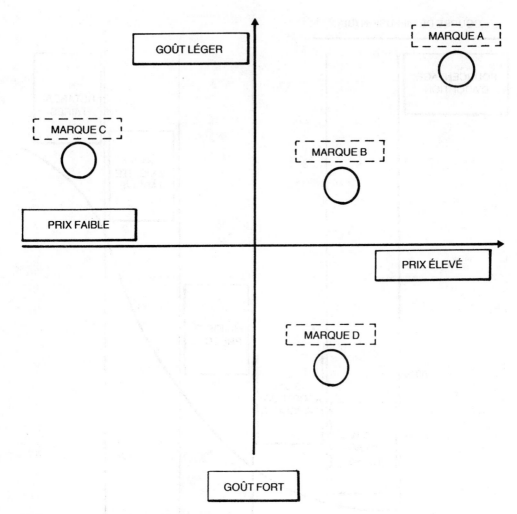

Figure 14.9   L'espace de positionnement des marques

5.9 LES RAPPORTS ENTRE LE PRODUIT ET LE MARCHÉ

Les rapports entre le produit et le marché ne sont qu'une des interprétations particulières de la stratégie de marketing vue comme un processus. Ce sont les efforts fournis par le responsable du marketing en vue de situer le produit en fonction des réalités du marché et d'obtenir un rendement supérieur.

Les études PIMS ont contribué à apprécier l'effet des variables de marketing sur la rentabilité de l'entreprise[61]. PIMS (Profit Impact of Market Strategy) est un service d'informations qui vise à découvrir, à l'aide de techniques statistiques, les relations pertinentes entre les variables de la gestion. PIMS est administré par le Strategic Planning Institute ; la plupart des grandes entreprises du monde y participent.

PIMS analyse l'effet des stratégies de marketing sur la rentabilité ou sur la part de marché. Gale a démontré, en utilisant les données de PIMS, qu'une relation existe entre la qualité d'un produit et sa rentabilité[62]. En quantifiant certaines variables décisionnelles de marketing, PIMS a pu démontrer les relations que les pre-

neurs de décisions en marketing soupçonnaient, à savoir que les variables de marketing,
telles que la qualité du produit, l'effort publicitaire, l'effort des vendeurs, le cycle de vie d'un
produit, ont un effet sur la part de marché ou la
rentabilité.

Le tableau 14.10 donne des exemples de
stratégies de marketing qui peuvent découler
des relations entre les produits et les marchés.
La stratégie de pénétration d'un marché indique qu'une entreprise veut s'accaparer une plus
grande part du marché existant. Cette stratégie
peut réussir si le programme de marketing est
efficace ; les possibilités suivantes sont à examiner :

— accroître la consommation des clients actuels
  par l'augmentation de la fréquence d'achat,
  les quantités unitaires ou les possibilités d'u-
  tilisation ;

— attirer les clients des concurrents par des dépenses de promotion judicieuses, par le renforcement des attributs de différenciation
  du produit, ou par l'élargissement de la distribution ;

— convaincre les non-utilisateurs par la distribution de coupons et d'échantillons, par des
  diminutions de prix ou l'octroi d'escomptes.

Une stratégie de développement de marché
suppose le lancement de produits dans des
marchés nouveaux. Elle est plus risquée que la
précédente, car elle exige des ressources de
marketing additionnelles. Il se peut que le produit actuel nécessite des modifications afin de
mieux satisfaire les besoins des nouveaux
clients. Un bon exemple d'une stratégie de développement de marché est celui du sham-
pooing pour bébé Johnson & Johnson, produit
originalement conçu pour le marché des enfants qui fut élargi à celui de la famille entière.

Une stratégie de développement de produit
consiste à offrir au marché actuel un nouveau
produit. Il y a plusieurs façons de mettre à exécution une telle stratégie. Par exemple, le produit existant est remplacé par un autre jugé
supérieur. La compagnie Gillette excelle dans
de telles stratégies grâce aux lancements de
lames de rasoir et de rasoirs supérieurs aux pro-

	Marchés ou clients	
	Actuels	**Nouveaux**
Actuels	Pénétration de marché	Développement de marché
Nouveaux	Développement de produit	Diversification

Tableau 14.10 Un tableau croisé produit-marché

duits existants. On peut aussi faire une combinaison unique des caractéristiques pour créer
un produit nouveau. Par exemple, l'introduction de pudding ou de yogourt dans un mélange à gâteau donne naissance non seulement
à de nouvelles saveurs mais aussi à une ligne
complète de produits.

La diversification est la stratégie de marketing la plus risquée, car elle vise de nouveaux
marchés avec de nouveauxproduits. Cette stratégie est très populaire de nos jours surtout en
raison des progrès technologiques dans le domaine électronique. Par exemple, Mattel, une
firme bien connue dans le marché des jouets
pour enfants, offre maintenant des jouets électroniques. Il est certain que la mise en œuvre
d'une telle stratégie a dirigé Mattel vers une
branche industrielle qui lui était inconnue, du
moins au début.

En bref, malgré la simplicité du schéma
esquissé au tableau 14.10, son importance est
capitale pour le responsable du marketing. Son
analyse peut l'aider à situer plus clairement son
produit par rapport au marché et à choisir la
stratégie la plus appropriée.

5.10 LE PORTEFEUILLE DE PRODUITS

L'étude des relations entre les produits et les
marchés a fait l'objet en marketing d'une atten-

tion toute particulière depuis les dix dernières années. Une famille de modèles d'analyse de portefeuille, dont PIMS, a été présentée et a fait l'objet d'un grand nombre d'études empiriques et théoriques. Les modèles d'analyse d'un portefeuille de produits sont à la base de l'étude de la planification stratégique du marketing.

Un des modèles d'analyse d'un portefeuille de produits les plus connus est celui du Boston Consulting Group (BCG). Connu sous le nom de matrice croissance/part de marché, ce modèle repose sur deux facteurs : le taux de croissance du marché et la part de marché du produit. La figure 14.10 présente ce modèle.

Ce modèle permet de classifier les produits selon quatre catégories distinctes. Les produits vedettes sont les produits d'avenir mais qui demandent des investissements afin de devenir rentables. Les vaches à lait sont les produits qui constituent les principales sources de revenu de l'entreprise. Les profits découlant de ces produits soutiennent les produits vedettes et les

produits dilemmes. Les produits dilemmes se trouvent dans des marchés en pleine croissance mais où la part de marché est faible ; ils méritent des investissements additionnels faute de solutions de rechange plus intéressantes. Enfin, les poids morts sont des produits rentables mais qui occupent une position faible dans un marché à faible croissance. Il arrive souvent que ces produits, même s'ils sont rentables, doivent être éliminés du portefeuille pour faire place à d'autres produits plus prometteurs.

Ce modèle d'analyse du portefeuille de produits permet au preneur de décisions de réfléchir sur le rôle de chacun des produits dans l'avenir. Certaines stratégies de marketing peuvent être considérées :

— augmenter la part de marché d'un produit dilemme pour qu'il devienne un produit vedette ;

— maintenir le niveau d'investissement d'un produit vache à lait afin qu'il continue à engendrer des fonds ;

— récolter le plus de fonds possible à court terme afin d'utiliser cet argent à d'autres fins ;

— se départir d'un produit en le liquidant ou en le vendant à des entreprises intéressées.

Les modèles d'analyse d'un portefeuille de produits reposent sur les concepts du produit et de la courbe d'expérience[63]. Selon le concept de la courbe d'expérience, le prix de revient d'un produit baisse à mesure qu'une entreprise acquiert de l'expérience à le produire. Augmenter la part de marché permet à l'entreprise d'être un concurrent plus féroce, surtout au point de vue du prix. Bien que la courbe d'expérience ait été utilisée par bon nombre d'entreprises, notamment par Texas Instruments, Abernathy et Wayne nous mettent en garde contre l'application inappropriée de cet outil stratégique, surtout pour le long terme[64].

6. Le prix

Le prix est la composante du *marketing mix* qui touche directement le portefeuille des consom-

SITUATION DE L'ENTREPRISE

	ÉLEVÉ	FAIBLE
FORTE CROISSANCE	PRODUITS VEDETTES	PRODUITS DILEMMES
FAIBLE CROISSANCE	PRODUITS VACHES À LAIT	PRODUITS POIDS MORTS

PART RELATIVE DU MARCHÉ

Figure 14.10 La matrice croissance — part de marché

mateurs. Donc, il faut que les acheteurs puissent faire un lien entre le prix et l'utilité du produit ou du service. Même si le produit est de qualité supérieure, et qu'il est bien conçu, le consommateur peut refuser de l'acheter si le prix est trop élevé. Il faut que le prix soit fixé en fonction de la capacité du produit à combler des besoins ou à mieux combler des besoins déjà satisfaits par d'autres produits.

Le prix ne concerne pas uniquement la valeur monétaire du bien ou du service désiré par l'acheteur. Après tout, lorsqu'un consommateur visite un site historique, il paie un prix d'entrée même s'il n'y a pas une valeur monétaire à remettre. Voilà pourquoi il vaut mieux concevoir le prix comme un ensemble d'insatisfactions qu'un acheteur potentiel est prêt à subir afin d'obtenir un ensemble de bénéfices.

Le rôle du prix dans le *marketing mix* est important surtout au stade de la mise en marché d'un nouveau produit. Le prix doit se comparer aux prix des produits concurrentiels[65]. Quand le produit existe sur le marché depuis un certain temps, le prix joue un rôle secondaire, à moins que la concurrence ne décide d'attaquer sur la base du prix.

6.1 STRATÉGIE DE MARKETING BASÉE SUR LE PRIX

Une stratégie de marketing haut de gamme implique un prix au-dessus de la moyenne. Il y aurait une incohérence avec l'image et la notoriété du produit si le prix ne correspondait pas à cette orientation. Un prix initial élevé peut aussi indiquer le désir des gestionnaires de récupérer les fonds investis dans le développement et la mise en marché du produit. En fait, on tente d'écrémer le marché avant que ce dernier ne devienne plus concurrentiel.

Le rôle du prix dans la réussite d'une stratégie de bas de gamme est important, car on espère s'accaparer une part considérable du marché sur la base du prix. De plus, le prix initial du produit tend à décourager l'entrée de concurrents. Cette situation est plus caractéristique du marché industriel que du marché de la consommation. En général, il est beaucoup plus facile de réduire le prix initial élevé d'un pro-

duit de consommation que de hausser le prix d'un produit lancé à bas prix.

Le prix d'un nouveau produit a tendance à baisser avec le temps à cause de l'entrée de nouveaux concurrents, de la réalisation d'économies d'échelle grâce aux progrès technologiques ainsi que de l'entrée de produits substitutifs.

6.2 LE PROCESSUS DÉCISIONNEL SE RAPPORTANT AU PRIX

La décision quant à l'établissement du prix débute par la détermination des objectifs à atteindre. Les politiques de prix touchent aussi bien les escomptes, les rabais, les frais de transport, la vente à consignation et même les prix discriminatoires. Une fois les objectifs et les politiques établis, il ne reste plus qu'à fixer le prix selon une procédure comme l'analyse du point mort ou l'approche des marges. L'approche des marges calcule le prix de vente en fonction de la marge désirée. Si la marge désirée est de 20 % et le prix de revient est de 5 $, le prix de vente sera alors de 6 $. Par contre, on peut également calculer la marge basée sur le prix de vente. Dans ce cas, le prix de vente sera de 6,25 $, car la marge de 1,25 $ représente bien 20 % du prix de vente.

6.3 LA FIXATION DU PRIX

La fixation du prix d'un produit exige souvent une analyse des coûts, qui permettra au gestionnaire de calculer le point mort. Une analyse des coûts est essentielle pour fixer le prix d'un produit de façon à atteindre un niveau de rentabilité. Les appels d'offres dans le marché industriel se font presque exclusivement par cette approche.

Bien que la fixation du prix s'établisse surtout selon l'offre, la demande influence aussi le prix choisi. Il est important pour un gestionnaire de connaître quelle est l'élasticité de prix du produit ou du service. Les efforts de marketing, comme la publicité ou le choix de points de vente exclusifs, peuvent influencer l'élasticité de la demande du produit. D'ailleurs, on commercialise plusieurs catégories de produits de façon à rendre la demande inélastique. Les produits de commodité ou les produits de conviction sont souvent vendus non pas sur la base du prix mais bien sur l'image projetée.

6.4 LE PRIX ET LES ESCOMPTES

Au prix d'un produit ou d'un service s'ajoutent également les escomptes. Les escomptes offerts aux consommateurs ultimes font souvent partie d'une promotion. Par contre, les escomptes offerts aux revendeurs peuvent être aussi importants que le prix final ; ils représentent leur marge brute. Il y a souvent des conflits entre les revendeurs et les fabricants au sujet de l'escompte accordé. Les escomptes donnent lieu à des prix discriminatoires entre revendeurs. Ces prix discriminatoires font souvent l'objet de poursuites invoquant la Loi relative aux enquêtes sur les coalitions.

De plus, les escomptes peuvent créer des dissensions parmi les membres d'un circuit de distribution, soit les grossistes et les détaillants. Dans le marché de consommation, les frais de transport font rarement l'objet de litiges. Par contre, dans le marché industriel ou le marché de gros, ces frais exigent des politiques précises de la part du vendeur, car ils représentent un pourcentage important de la valeur : par exemple le sable, le charbon de bois, le minerai de fer ou le ciment[66].

Les remises promotionnelles sont des escomptes donnés aux intermédiaires afin de les encourager à accorder une attention particulière aux produits. Les remises promotionnelles font partie d'une stratégie de pression (c'est-à-dire *push*).

6.5 LA RESPONSABILITÉ DU PRIX

Le prix ne peut relever exclusivement de la décision du dirigeant du marketing. En effet, le prix détermine le revenu et les dépenses accordés aux autres fonctions de l'entreprise. Vu sous cet angle, il relève plus d'une décision de l'entreprise que d'une décision du marketing (Kollat, Blackwell et Robeson, 1972). D'ailleurs, les décisions quant aux marges octroyées aux revendeurs, aux remises promotionnelles, à l'augmentation ou à la baisse des prix sont

prises avec les cadres supérieurs de l'entreprise. Selon Nagle, il est temps que le prix préoccupe davantage les gestionnaires du marketing et non uniquement ceux qui l'utilisent comme un outil technique ou financier[67]. La troisième composante du *marketing mix* est la mise en place, c'est-à-dire l'étude des circuits de distribution.

7. Les circuits de distribution

Les décisions quant aux circuits engagent l'entreprise pour de longues périodes. En fait, elles ne sont pas aussi dynamiques que celles qui touchent le prix, la publicité et même le produit. Le choix des intermédiaires et leur nombre sont des facteurs longs à changer. De plus, la distribution n'est pas aussi contrôlable que les autres variables. Les revendeurs (grossistes et détaillants) sont situés à l'extérieur du champ de contrôle de l'entreprise. L'ensemble des relations entre les intervenants d'un circuit se nomme le mix des relations commerciales : il décrit le rôle, les attentes et les responsabilités de chacun dans le circuit. Le circuit est une alliance provisoire ou permanente entre différents intervenants qui s'engagent à exploiter ensemble des occasions de marché[68].

7.1 LE POUVOIR ET LE CONFLIT DANS UN CIRCUIT

Le pouvoir des membres détermine le mix des relations commerciales et parfois même l'efficacité du circuit. Il peut découler du chiffre d'affaires, de la part de marché ou de la notoriété et de la réputation des membres. Ce pouvoir économique détermine les termes de négociation vis-à-vis des autres membres.

Il est souvent difficile d'effectuer une répartition équitable du pouvoir parmi les membres du circuit. Un membre peut imposer des responsabilités à d'autres membres, et cette situation entraîne des conflits parmi ceux-ci. De même, les responsabilités confiées ou assumées par le vendeur ne peuvent pas toujours être respectées. La présence de conflits dysfonctionnels agit au détriment du consommateur, qui éprouve alors des difficultés d'approvisionnement ou de service après-vente. Les conflits peuvent même mener à des augmentations de prix.

Une organisation a besoin de revendeurs pour atteindre son marché cible. La majorité des produits de consommation est distribuée par l'entremise de revendeurs. Le tableau 14.11 présente quelques exemples des sources de conflits pouvant influencer les relations entre le vendeur et ses revendeurs.

Le responsable du marketing doit gérer ces conflits en concevant sa stratégie de marketing en fonction des intermédiaires. En assumant cette responsabilité, il pourra compter sur l'appui de ses revendeurs. En adoptant l'optique marketing pour ses revendeurs, le responsable pourra mieux connaître leurs besoins et ajuster son programme de marketing. Le responsable du marketing doit savoir à l'avance jusqu'à quel point ses revendeurs sont prêts à offrir du service après-vente, ou garder une quantité suffisante de stock. Le refus des revendeurs d'accepter ces responsabilités implique que l'entreprise assume ces tâches.

7.2 L'IMPORTANCE DES INTERMÉDIAIRES

Selon l'opinion reçue, les coûts de marketing pourraient être réduits si l'acheteur pouvait contourner les intermédiaires et acheter directement du fabricant. Le prix de vente serait réduit, car le consommateur économiserait les marges normalement attribuées aux intermédiaires. Il est faux de penser que l'élimination des revendeurs suffirait à réduire les prix, car le fabricant devra accomplir les mêmes tâches que les revendeurs. Les fonctions de marketing ne peuvent jamais être éliminées par la suppression des intermédiaires. Elles peuvent être déplacées, partagées ou modifiées aux niveaux inférieurs ou supérieurs du circuit mais jamais éliminées. Les intermédiaires sont capables, en raison de leur spécialisation, d'exécuter les fonctions de marketing d'une façon plus rentable que les fabricants.

La figure 14.11 montre quels échanges sont nécessaires entre les fabricants et les consommateurs en l'absence d'intermédiaires. La présence

Tableau 14.11 Le mix des relations commerciales : sources de conflit

1. Divergence d'intérêt entre les différents intervenants
2. Droits territoriaux
3. Prestation de service
4. Politique de prix et d'escomptes
5. Responsabilité des stocks
6. Volonté mitigée de coopératives
7. Publicité
8. Présentation des produits
9. Information

d'intermédiaires diminue le nombre d'échanges. Leur utilité ne se limite pas seulement à la réduction du nombre d'échanges mais aussi à la réduction des coûts de facturation, d'entreposage et de transport. De même, le risque de mise en vente des produits est partagé par les intervenants du circuit.

Les intermédiaires sont près des consommateurs et connaissent leurs besoins. Voilà pourquoi ils ont la réputation d'être garants des achats des consommateurs. Il serait impossible de concevoir un système de marketing sans la présence d'intermédiaires. Leur dynamisme permet la distribution rapide de nouveaux produits ou services.

7.3 LE CHOIX D'UN CIRCUIT

Le nombre et les types de circuits susceptibles d'améliorer la distribution d'un produit ou d'un service dépendent de plusieurs facteurs. Par exemple, si le produit a une durée de conservation courte, ou si sa valeur unitaire est élevée, un circuit direct et court est préférable. La figure 14.12 présente les différents types de circuits entre le producteur et le consommateur. Les circuits longs sont à plusieurs niveaux successifs utilisés pour les produits de commodité. Ces produits requièrent en effet une couverture vaste et intensive du marché.

Par contre, si le responsable désire plus de contrôle et s'il désire limiter ses points de vente, une distribution sélective s'impose. À l'extrême, la distribution exclusive permet un grand contrôle sur la mise en vente du produit et sur les revendeurs.

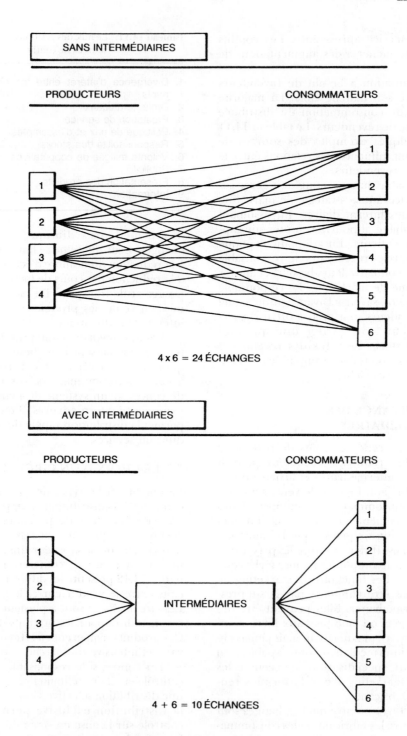

Figure 14.11   Le nombre d'échanges avec et sans intermédiaires

LÉGENDE:

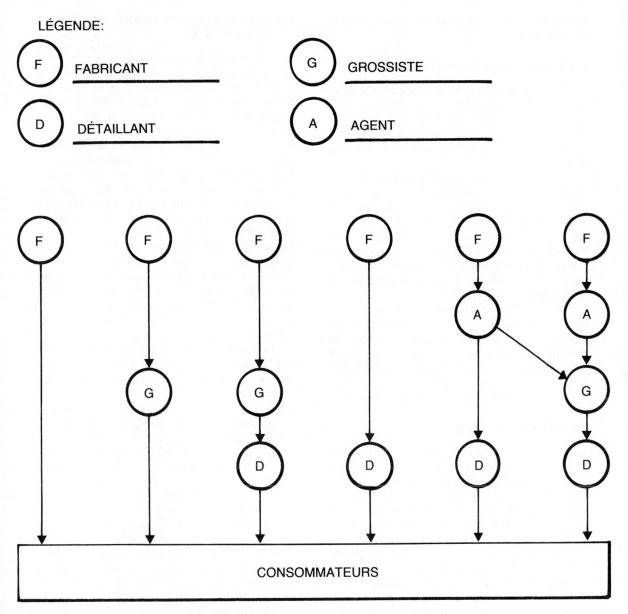

Figure 14.12 Quelques exemples de circuits de distribution

Le degré de contrôle le plus élevé est atteint lorsque l'entreprise distribue elle-même ses produits soit par ses vendeurs ou par des intermédiaires dont elle a un contrôle financier majoritaire. Mais de tels circuits sont souvent dispendieux et peu rentables.

La rentabilité d'un circuit peut être inversement proportionnelle à son contrôle. Il importe au responsable du marketing d'étudier périodiquement les circuits de distribution utilisés et de voir si le chiffre d'affaires, la concurrence, les changements dans la préférence des consommateurs, et le choix de points de vente justifient une révision.

7.4 LA DISTRIBUTION PHYSIQUE

La distribution physique, aussi appelée la logistique, touche non seulement les transports mais aussi la manutention, la gestion des stocks, la livraison, le traitement des commandes et le choix des emplacements de points de vente ou d'entrepôts[69].

La distribution physique contribue directement à la création de deux des quatre utilités économiques, à savoir les utilités de lieu et de temps. La gestion de la distribution physique repose sur le flux des stocks dans les circuits. Cela est important pour les produits de commodité, car le niveau des stocks dans le circuit doit permettre d'éviter les ruptures de stock et par conséquent des pertes de ventes.

Selon Lalonde, Grabner et Robeson, les coûts reliés à la distribution physique représentent, en importance, la troisième catégorie de coûts pour l'entreprise[70]. Ces coûts doivent être contrôlés par un cadre supérieur situé au même niveau de responsabilité que les autres cadres responsables de fonctions administratives.

7.5 LE COÛT GLOBAL

La notion du coût global relié à la distribution physique est un des plus importants concepts du marketing. Pour illustrer ce concept, faisons l'hypothèse que la gestion de la distribution physique se limite aux tâches suivantes : transport, manutention et entreposage. Si la gestion de ces tâches n'est pas intégrée, il est certain que le gestionnaire choisira le moyen de transport le moins cher. Par contre, si la gestion des tâches est intégrée, la décision sera différente. Le transport aérien, même s'il est plus coûteux, peut conduire à une diminution du coût global à cause de diminutions des frais de manutention et d'entreposage. Ce moyen permet de réduire les stocks finis et même d'éliminer l'entreposage et les entrepôts. Ces décisions dépendent évidemment de la nature du produit, de la concurrence et du niveau de service à la clientèle.

7.6 LES SYSTÈMES MARKETING VERTICAUX

Le système marketing vertical est le résultat de l'intégration des tâches dans le circuit pour diminuer les frais d'exploitation grâce à une répartition plus rationnelle de ces tâches. En fait, l'intégration des tâches est l'application dans un circuit du concept du coût global. Les chevauchements de tâches à chaque niveau du circuit sont éliminés. Les responsabilités de certaines tâches sont situées aux niveaux les plus avantageux pour l'ensemble du circuit. La gestion des fonctions de marketing à un niveau centralisé du circuit permet de réaliser des économies d'échelle. Par exemple, la responsabilité de la publicité dans les rôtisseries Saint-Hubert est centralisée pour tous les membres du circuit. Le volume de publicité permet des services publicitaires professionnels et des économies d'échelle à la publicité. Bref, l'intégration des tâches dans un circuit réduit le conflit et contribue au rapprochement des membres.

Les systèmes marketing verticaux ne sont pas limités au franchisage. Un regroupement des intervenants d'un circuit sur une base contractuelle ou à l'amiable donne lieu à un système marketing vertical. Lorsqu'un fabricant et ses grossistes s'entendent d'une façon formelle sur la réalisation de certaines fonctions de marketing, le circuit devient par le fait même un système marketing vertical. Les regroupements de fabricants et de grossistes, de grossistes et de détaillants, et même de détaillants deviennent la règle depuis le début des années 70. La systématisation des circuits de distribution domine la distribution des produits ou services au Canada. Rares sont les détaillants ou les grossistes qui désirent œuvrer seuls aujourd'hui. En se regroupant, les membres d'un circuit peuvent augmenter leur efficacité et leur effet sur le marché.

Le développement de nouveaux circuits a donné naissance à de nouvelles institutions de marketing. Par exemple, les hypermarchés Carrefour en France, ou les salles d'exposition de Pascal ou de Distribution aux Consommateurs démontrent le dynamisme régnant dans la distribution. Ces nouvelles institutions de marketing changent la structure des systèmes de distribution, et le consommateur bénéficie de ces innovations.

8. La communication marketing

Dernière composante du marketing, la communication marketing a pour raison d'être d'informer, de persuader et de rappeler. La communication est la variable du marketing la plus évidente et la plus sujette à controverse. Elle est un système composé de quatre éléments : la publicité, les relations publiques, la promotion des ventes et la vente personnelle. Ces éléments forment le mix de la communication marketing. On reconnaît deux grandes catégories de canaux de communication : les canaux impersonnels et les canaux personnels. Les canaux de communication impersonnelle (la publicité, les relations publiques et certaines activités promotionnelles) sont plus appropriés dans les premières étapes du processus d'adoption (la prise de conscience et l'intérêt). Quant aux canaux de communication personnelle (la vente personnelle et certaines activités promotionnelles), ils sont plus indiqués aux étapes de l'évaluation, de l'essai et de l'adoption.

La publicité est une communication achetée auprès des médias tels la télévision, la radio, les journaux, les magazines, etc. Les relations publiques sont des messages favorables émis grâce à des articles de journaux et des reportages de radio ou de télévision. Les relations publiques visent avant tout l'image et l'attitude des publics envers l'organisme. La vente personnelle est la communication persuasive et personnelle d'un vendeur à des clients potentiels. Enfin, la promotion des ventes est un ensemble irrégulier d'incitations complémentaires.

Avant d'aborder les composantes du mix de la communication marketing, il est important d'en connaître les éléments fondamentaux, à savoir les processus de communication, d'adoption, de diffusion et de planification.

8.1 LE PROCESSUS DE COMMUNICATION

Le processus de la communication comporte huit éléments : l'émetteur, le codage, les médias, le décodage, le récepteur, la réponse et la rétroaction (figure 14.13)[71].

L'émetteur est l'organisme qui lance le message ou en est la source. Le codage est la transformation du message en symboles transmissibles par les médias. Les messages sont l'ensemble des symboles transmis par l'émetteur. Le processus par lequel le récepteur donne une signification aux symboles est appelé décodage ; c'est la traduction du message par le

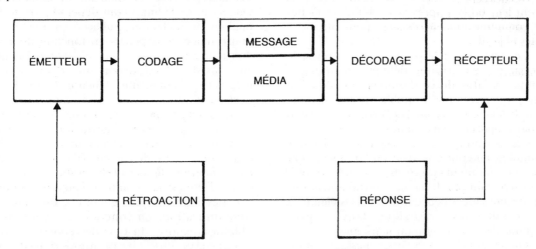

Figure 14.13 Éléments du processus de communication

récepteur. La réponse est la réaction de la clientèle cible au message, et la rétroaction est l'information que la clientèle cible renvoie à l'émetteur.

Ce modèle met en évidence les éléments importants d'une démarche de communication, à savoir l'identification de la clientèle cible, la préparation d'un message compréhensible ou décodable et la rétroaction.

8.2 LE PROCESSUS DE PLANIFICATION DU *MIX* DE LA COMMUNICATION MARKETING

À partir des processus de communication et d'adoption cités dans la section traitant du produit, le responsable du marketing peut définir les composantes du *mix* de la communication marketing. Les objectifs de communication devront s'intégrer aux objectifs poursuivis par les autres éléments du *marketing mix* (le produit ou le service, le prix et la distribution). Il faudra aussi étudier le budget total de la communication marketing. Quelques règles, telles que le pourcentage des ventes affecté à la communication et calculé à partir des données historiques de l'organisation ou par comparaison avec le pourcentage des ventes que la concurrence alloue à ce poste, permettent de déterminer un ordre de grandeur. On peut aussi définir le budget de communication par rapport aux dépenses des concurrents. Certaines organisations fixent leur budget après avoir défini les tâches de communication nécessaires pour atteindre leurs objectifs.

Les objectifs et le budget étant arrêtés, le spécialiste en marketing définira les stratégies fondamentales de communication. Pour ce faire, il déterminera les publics cibles en fonction de leur position sur la courbe de diffusion et par rapport à l'étape où ils se trouvent dans le processus d'adoption. On sait que les leaders d'opinion potentiels se trouvent fréquemment parmi les adopteurs précoces. Les leaders d'opinion acceptant plus facilement certains produits ou certaines idées peuvent devenir les éléments d'une influence stratégique dans un programme de communication marketing.

On tentera de concevoir un message qui informe, persuade ou rappelle. Le message est un élément primordial de la communication. Il s'inspire des informations obtenues par la recherche en marketing. Il doit aussi être choisi en fonction des canaux de communication : il doit attirer l'attention, être compris et retenu du public cible.

Enfin le spécialiste du marketing devra définir comment il entend mesurer les résultats de l'effort de communication. Ce contrôle peut s'effectuer au cours du déroulement du plan pour assurer le maintien de l'échéancier et mesurer les résultats des tests d'un nouveau produit, ou encore périodiquement pour mesurer l'atteinte des objectifs. Il sera bon à l'occasion de remettre en question l'effort de communication marketing, de modifier la stratégie de ventes ou encore de changer d'agence de publicité.

8.3 LA COMMUNICATION MARKETING

Le spécialiste du marketing doit ensuite décider de l'importance relative à accorder à la publicité, aux relations publiques, à la promotion des ventes et à la vente personnelle (figure 14.14).

Examinons plus en détail chacune des composantes du mix de la communication.

8.4 LA PUBLICITÉ

Les budgets affectés à la publicité n'ont cessé de croître dans les secteurs tant privé que public. Par exemple, les gouvernements du Canada, du Québec et de l'Ontario ont dépensé plus de 85 millions de dollars en publicité en 1981[72]. Le pourcentage de dépenses en fonction du produit national brut s'est cependant stabilisé aux environs de 1,30 % depuis près d'une décennie ; il représentait une dépense de 161 $ *per capita* en 1980.

La publicité peut être utilisée à toutes les étapes du processus d'adoption, mais son influence est particulièrement efficace aux étapes de la prise de conscience et de l'intérêt. La première tâche dans l'élaboration d'un plan de publicité est la définition d'objectifs découlant des objectifs plus généraux du plan de communication, en fonction des auditoires cibles à atteindre, du type de réponse désirée (comportement, changement d'attitude, compréhension du message, connaissance du

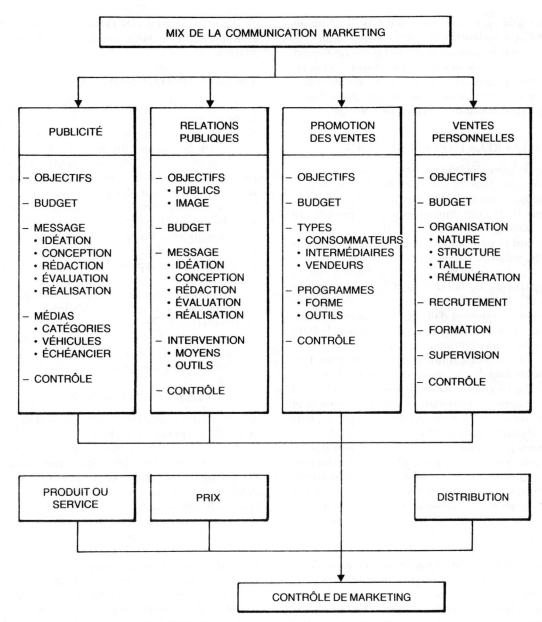

Figure 14.14   Décisions opérationnelles du mix de la communication marketing

produit, voire exposition au message). La deuxième tâche est la fixation du budget en fonction du budget total retenu pour la communication marketing mais aussi par rapport au budget des autres composantes du *mix* de la communication marketing.

À partir des stratégies de marketing, l'organisation ou son agence de publicité prépare le message. La nature du message sera influencée par le ou les médias retenus. La première décision porte donc sur le choix du type de médias : télévision, radio, journaux, quotidiens ou hebdomadaires, revues, etc. Une fois ce choix arrêté, on retiendra un moyen spécifique (*La Presse* ou *Le Journal de Montréal* ou *Le Devoir*). L'échéancier de la campagne, sa durée et la répartition (concentrée, continue ou intermittente) des messages seront ensuite fixés. Enfin, on déterminera des moyens de contrôle.

8.5 LES RELATIONS PUBLIQUES

Les relations publiques tiennent une place importante dans la fonction marketing depuis quelques années[73]. Cet engouement s'explique sans doute par l'utilisation plus grande du marketing dans les secteurs publics ou sans but lucratif et par l'importance des regroupements d'organismes.

La démarche des relations publiques suit au départ celle de la publicité. Cependant, les objectifs des relations publiques sont déterminés plutôt en fonction d'images idéales et de changements d'attitudes des clientèles cibles ; le budget est alors déterminé en conséquence.

Les moyens d'intervention les plus fréquents sont les relations de presse, les événements, les communications institutionnelles, les campagnes de sollicitation ou de recrutement et les contacts. Grâce aux relations de presse, l'organisation espère obtenir la couverture d'événements par les médias par une diffusion des informations susceptibles d'attirer l'attention. L'organisation d'événements (expositions, foires, ventes, célébrations, etc.) a pour objectif d'augmenter la notoriété de l'organisation en faisant connaître son personnel, ses produits, ses programmes, etc. Les communications institutionnelles prennent normalement la forme d'un journal, d'un bulletin, d'une lettre, etc., adressés aux employés, aux fournisseurs, aux clients ou aux donateurs, et ont pour but de mieux faire connaître les activités de l'organisation. L'organisation des campagnes de recrutement ou de sollicitation est souvent attribuée au responsable des relations publiques, en raison de la connaissance de ce dernier de sa propre organisation et des divers publics, et à cause de ses relations avec la presse. Enfin, même si la responsabilité des contacts avec les milieux revient à tous les membres de la direction, il est fréquent d'assigner des tâches de représentation spécifiques au responsable des relations publiques.

8.6 LA PROMOTION DES VENTES

La promotion des ventes est un ensemble d'activités de soutien aux autres éléments de la communication, dont le but est de stimuler et d'accroître la réponse du marché cible. L'activité de promotion est ponctuelle et orientée vers des modifications de comportement à court terme. La promotion des ventes inclut les activités de communication autres que la publicité, les relations publiques ou la vente personnelle. Les objectifs et le budget de la promotion sont donc souvent influencés par les objectifs et le budget des autres types de communication. On peut regrouper les promotions en trois types : les promotions orientées vers le consommateur (coupons, etc.), vers les intermédiaires (produits gratuits, etc.) et vers les vendeurs (bonis, etc.). Après avoir décidé d'entreprendre une promotion auprès du public cible, on doit choisir la forme et les outils de promotion.

8.7 LA VENTE PERSONNELLE

La vente est une activité de communication personnelle et persuasive. Elle est un outil de communication efficace mais coûteux.

La force de vente peut être utile, comme complément aux autres composantes non seulement du *mix* de la communication marketing mais aussi du *marketing mix*. En effet, les vendeurs peuvent agir comme conseillers techniques, faire le service et recueillir des informations. En conséquence, le budget de la force de vente dépendra non seulement du budget des autres composantes du *mix* de la communication mais aussi, plus généralement, des stratégies et des objectifs de marketing.

La première décision à prendre au sujet de l'organisation de la force de vente est d'en déterminer la nature. Doit-on utiliser des agents externes (agents manufacturiers, courtiers, etc.) ou avoir sa propre force de vente ? La deuxième décision concerne la structure (territoire, marché, produit, etc.) et ses composantes (par exemple, des vendeurs au Québec et en Ontario mais des agents manufacturiers pour le reste du Canada et des distributeurs pour les exportations). Ensuite on doit fixer le nombre de vendeurs ou de représentants et définir la forme de rémunération (salaire et commission pour les vendeurs, commission pour les agents manufacturiers, etc.).

9. Conclusions et recommandations

La recherche implique des frais, mais elle évite les mauvaises décisions, qui coûtent très cher. Le processus de recherche et en particulier l'analyse des données et leur interprétation doivent aider à tirer les conclusions qui permettent d'éviter les erreurs et qui éclairent les décisions.

Les résultats majeurs doivent être identifiés avec objectivité. Il ne faut pas, par exemple, chercher à valoriser l'information qui favorise les a priori du chercheur ou les solutions privilégiées par des groupes influents. Le rapport de recherche doit contenir les objectifs, la méthodologie de recherche, les tableaux des principaux résultats, les analyses, les conclusions et les recommandations. Il doit aussi fournir l'information nécessaire au responsable du marketing pour qu'il puisse prendre des décisions éclairées. Enfin, il est évident que la réalisation d'une recherche n'est pas une garantie de succès en soi. Cependant, la recherche qui fournit de l'information pertinente augmente les probabilités d'une prise de décision adéquate.

NOTES BIBLIOGRAPHIQUES

1) S. HUNT. *Marketing Theory, the Philosophy of Marketing Science* , Homewood, Ill., Irwin, 1983.
2) D. MULVIHILL. « Marketers in the New Testament », dans *First North American Workshop on Historical Research in Marketing*, éd. S.C. Hollander et R. Savitt, East Lansing, Michigan, Graduate School of Business, Michigan State University, 1983, p. 144-145.
3) P. DRUCKER. « Marketing and Economic Development », *Journal of Marketing*, 22 (Janvier 1958), p. 252-259.
4) W. ALDERSON. *Market Behavior and Executive Action*, Homewood, Ill., Richard D. Irwin, 1957.
5) A.J. FARIA. « The Development of the Functional Approach to the Study of Marketing to 1940 » dans *First North American Workshop on Historical Research in Marketing*, éd. S.C. Hollander et R. Savitt, East Lansing, Michigan, Graduate School of Business, Michigan State University, 1983, p. 160-169.
6) P. KOTLER. « The Major Tasks of Marketing Management », *Journal of Marketing*, 37 (Octobre 1973), p. 42-49.
7) R. BARTELS. *The History of Marketing Thought*, 2ᵉ édition, Columbus, Ohio, Grid Publishing, 1976.
   R. BARTELS. « Development of Marketing Thought : A Brief History » dans *Science in Marketing*, éd. G. Schwartz, New York, John Wiley, 1965, p. 47-69.
   R. BARTELS. *Marketing Theory and Metatheory*, Homewood, Ill., Richard D. Irwin, 1970.
8) P. KOTLER. « From Sales Obsession to Marketing Effectiveness », *Harvard Business Review*, 55 (Novembre-Décembre 1977), p. 67-75.
9) D. ABELL. *Defining the Business : The Starting Point of Strategic Planning*, Englewood Cliffs, N.J., Prentice-Hall, 1980.
10) B. McCAMMOND Jr. et A.D. BATES. « The Emergence and Growth of Contractually Integrated Channels in the American Economy » dans *Economy Growth Competition, and World Markets*, éd. P. Bennett, Chicago, American Marketing Association, 1965, p. 496-515.
    B. McCAMMOND. « Future Shock and the Practice of Management » dans *Attitude Research Bridges the Atlantic*, éd. Philip Levine, Chicago, American Marketing Association, 1975, p. 71-89.

11) D. ABELL et J. HAMMOND. *Strategic Market Planning*, Englewood Cliffs, N.J., Prentice-Hall, 1979.
    D. ABELL. «Strategic Windows», *Journal of Marketing*, 42 (Juillet 1978), p. 21-26.

12) D. CRAVENS. «Strategic Marketing's New Challenge», *Business Horizons*, 26 (Mars-Avril 1983), p. 18-24.
    D. CRAVENS. *Strategic Marketing*, Homewood, Ill., Richard D. Irwin, 1982.

13) I. ANSOFF. *Corporate Strategy*, New York, McGraw-Hill, 1965.

14) P. KOTLER, G.H.G. McDOUGALL et J.L. PICARD. *Principes de marketing*, Saint-Jean, Éditions Préfontaine, 1983.

15) P.F. DRUCKER. *Management Tasks, Responsibilities, Practices*, New York, Harper & Row, 1973.

16) J.-C. CHÉBAT et P. FILIATRAULT. «Comportement du consommateur : de la théorie des attitudes à la communication marketing». Livre en rédaction, UQAM, Montréal, Centre de recherche en gestion.

17) J.F. ENGEL et R.D. BLACKWELL. *Consumer Behavior*, 4e édition, Hinsdale, Ill., The Dryden Press, 1982.

18) J.-P. FLIPPO *et al. Pratique de direction commerciale marketing*, Paris, Les éditions d'Organisation, 1980.

19) F.B. EVANS. «Psychological and Objective Factors in the Prediction of Brand Choice : Ford versus Chevrolet », *Journal of Business*, 32 (Octobre 1959), p. 340-369.

20) H.H. KASSARJIAN. «Personality and Consumer Behavior : A Review », *Journal of Marketing*, 7 (Novembre 1971), p. 409-418.

21) C.M. SCHANINGER et D. SCIGLIMPAGLIA. «The Influence of Cognitive Personality Traits and Demographics on Consumer Information Acquisition », *Journal of Consumer Research*, 8 (Septembre 1981), p. 208-216.

22) K.H. CHUNG. *Motivational Theories and Practices*, Columbus, Ohio, Grid, 1977.

23) G.W. ALLPORT. «Attitudes » dans *A Handbook of Social Psychology* , éd. C. Murchinson, Worcester, Mass., Clark University Press, 1935, p. 798-884.

24) J.-C. CHÉBAT et G. HÉNAULT. «Le comportement culturel des consommateurs canadiens » dans *Le Marketing au Canada : Textes et Cas*, V.H. Kirpalani et R.H. Rotenberg, Montréal, Holt Rinehart et Winston, 1974.

25) R. TAMILIA. «Cross-Cultural Advertising Research : A Review and Suggested Framework » dans *1974 Combined Proceedings*, éd. R.C. Curham, Chicago, American Marketing Association, 1975, p. 131-134.

26) C. DUSSART. *Comportement du consommateur et stratégie de marketing*, Montréal, McGraw-Hill, 1983.

27) P. FILIATRAULT et J.R.B. RITCHIE. «Situational and Non-situational Influence on Attribute Level Evaluation - A Multi-Model Analysis », Document de travail, UQAM, Centre de recherche en gestion, 1984.

28) P.R. DICKSON. «Person-Situation : Segmentation's Missing Link », *Journal of Marketing*, 46 (Automne 1982), p. 56-64.

29) J.N. SHETH. «A Model of Industrial Buying Behavior », *Journal of Marketing*, 9 (Février 1972), p. 6-9.

30) T.V. BONOMA. « Major Sales : Who Really Dœs the Buying », *Harvard Business Review*, 60 (Mai-Juin 1982), p. 111-119.

31) F.E. WEBSTER Jr. et Y. WIND. «A General Model for Understanding Organizational Buying Behavior », *Journal of Marketing*, 36 (Avril 1972), p. 12-14.

32) F.E. WEBSTER. «Top Management's Concerns About Marketing : Issues for the 1980's », *Journal of Marketing*, 45 (Été 1981), p. 9-16.
    F.E. WEBSTER Jr. et Y. WIND. *Organizational Buying Behavior*, Englewood Cliffs, N.J., Prentice-Hall, 1972.

33) N. BORDEN. «The Concept of the Marketing Mix », *Journal of Advertising Research*, 4 (Juin 1964), p. 1-7.

34) J. McCARTHY. *Basic Marketing A Managerial Approach*, Homewood, Ill., Richard D. Irwin, 1960.

35) W. LAZER et E. KELLEY. *Managerial Marketing: Perspectives and Viewpoints*, nouvelle édition, Homewood, Ill., Richard D. Irwin, 1962.

36) S. SHAPIRO. « Stirring the Marketing Mix », *Canadian Business*, 43 (Novembre 1970), p. 48-51.

37) A. OXENFELDT et W. MOORE. « Customer or Competitor : Which Guideline for Marketing ? », *Management Review*, 67 (Août 1978), p. 43-48.
A. OXENFELDT et W. MOORE. « Competitor Analysis, A Prize-Centered Approach », *Management Review*, 70 (Mai 1981), p. 23-28, 37.

38) D. MONTGOMERY et C. WEINBERG. « Toward Strategic Intelligence Systems », *Journal of Marketing*, 43 (Automne 1979), p. 41-52.

39) S. YANKELOVICH. *The Yankelovich Monitor*, New York, Yankelovich, Skelly et White, Inc., 1981.

40) J. BROWN. *The Business of Issues: Coping With the Company's Environments*, New York, The Conference Board, 1979.

41) D. HOPKINS. *The Marketing Plan*, New York, The Conference Board, 1981.

42) W. SMITH. « Product-Life Cycle Strategy : How to Stay on the Growth Curve », *Management Review*, 69 (Janvier 1980), p. 8-13.

43) D.W. TWED. « How Important to Marketing Strategy is the 'Heavy User' ? », *Journal of Marketing*, 28 (Janvier 1964), p. 71-72.
D. VINSON, J. SCOTT et L. LAMONT. « The Role of Personal Values in Marketing and Consumer Behavior », *Journal of Marketing*, 41 (Avril 1977), p. 44-50.

44) D. TIGERT. « A Research Project in Creative Advertising Through Life Style Analysis » dans *Attitude Research Reaches New Height*, éd. C. King et D. Tigert, Chicago, American Marketing Association, 1970, p. 223-227.

45) W. WELLS. « Psychographics : A Critical Review », *Journal of Marketing Research*, 12 (Mai 1975), p. 196-213.

46) P. BERNSTEIN. « Psychographics is Still an Issue on Madison Avenue », *Fortune*, 16 Janvier 1978, p. 78-80, 84.
Y. WIND, V. MAHAJAN et D. SWIRE. « An Empirical Comparison of Standardized Portfolio Models », *Journal of Marketing*, 47 (Printemps 1983), p. 89-99.
W. WELLS et D. TIGERT. « Activities, Interests and Opinions », *Journal of Advertising Research*, 11 (Août 1971), p. 27-34.

47) R. HOLTON. « The Distinction Between Convenience Goods, Shopping Goods and Specialty Goods », *Journal of Marketing*, 22 (Juillet 1958), p. 53-56.

48) G. MIRACLE. « Product Characteristics and Marketing Strategy », *Journal of Marketing*, 29 (Janvier 1965), p. 18-24.

49) R. DARMON, M. LAROCHE et J.V. PETROF. *Le Marketing : fondements et applications*, 2e édition, Montréal, McGraw-Hill, 1982.

50) D. LUCK. « Interfaces of a Product Manager », *Journal of Marketing*, 33 (Octobre 1969), p. 32-36.
R. HISE et J.P. KELLY. « Product Management on Trial », *Journal of Marketing*, 42 (Octobre 1978), p. 28-33.

51) É. CRACCO et J. ROSTENNE. « The Socio-Ecological Product », *MSU Business Topics*, 19 (Été 1971), p. 27-34.

52) N. HOWARD. « Business Probes the Creative Spark », *The Best of Business*, 2 (Automne 1980), p. 16-22.

53) R. HARTLEY. *Marketing Mistakes*, 2e édition, Columbus, Ohio, Grid Publishing, 1980.

54) W.H. REYNOLDS. *Products and Markets*, New York, Appleton Century Crofts, 1969.

55) T. LEVITT. « Exploit the Product Life Cycle », *Harvard Business Review*, 43 (Novembre-Décembre 1965), p. 81-94.

56) J. SWAN et D. RINK. « Fitting Market Strategy to Varying Product Life Cycles », *Business Horizons*, 25 (Janvier-Février 1982), p. 72-76.

57) W. SMITH. « Product Differentiation and Market Segmentation as Alternative Marketing Strategies », *Journal of Marketing*, 21 (Juillet 1956), p. 3-8.

58) E.M. ROGERS. *The Diffusion of Innovations*, New York, Free Press, 1962.

59) D. AAKER et J.G. SHANSBY. « Positionning Your Product », *Business Horizons*, 25 (Mai-Juin 1982), p. 56-62.
D.A. AAKER et G.S. DAY. *Marketing Research*, New York, Aaker, Wiley & Son, 1983.

60) M. PEARCE. « Positioning », dans *Canadian Marketing Cases and Concepts*, K.G. Hardy *et al.*, Toronto, Allyn and Bacon Canada, 1978, p. 99-105.

61) T. NAYLOR. « PIMS : Through a Different Looking Glass », *Planning Review*, 6 (Mars 1978), p. 15, 16, 32.

62) B. GALE. « Study Product Quality/Profit Relationship so Firms can Leapfrog Over Foreign Competitors », *Marketing News*, 16 (21 Janvier 1983), p. 4-5.

63) G. DAY et D. MONTGOMERY. « Diagnosing the Experience Curve », *Journal of Marketing*, 47 (Printemps 1983), p. 44-58.

64) W. ABERNATHY et K. WAYNE. « Limits of the Learning Curve », *Harvard Business Review*, 52 (Septembre-Octobre 1974), p. 109-119.

65) D. KOLLAT *et al. Strategic Marketing*, New York, Holt Rinehart and Winston, 1972.

66) J. McCARTHY et S.J. SHAPIRO. *Basic Marketing*, 3ᵉ édition canadienne, Homewood, Ill., Richard D. Irwin, 1983.

67) T. NAGLE. « Pricing as Creative Marketing », *Business Horizons*, 26 (Juillet-Août 1983), p. 14-19.

68) L. STERN et A. EL-ANSERY. *Marketing Channels*, 2ᵉ édition, Englewood Cliffs, N.J., Prentice-Hall, 1982.

69) J. HESKETT. « Logistics - Essential to Strategy », *Harvard Business Review*, 55 (Novembre-Décembre 1977), p. 85-96.

70) B. LALONDE, J. GRABNER et J. ROBESON. « Integrated Distribution Systems : A Management Perspective », *The International Journal of Physical Distribution*, 1 (Octobre 1970), p. 1-7.

71) P. KOTLER. « A Generic Concept of Marketing », *Journal of Marketing*, 36 (Avril 1972), p. 46-54.

72) Maclean Hunter Research Bureau. *A Report on Advertising Revenues in Canada*, Toronto, Maclean Hunter, 1983.
P. KOTLER et W. MINDAK. « Marketing and Public Relations », *Journal of Marketing*, 42 (Octobre 1978), p. 13-20.

CHAPITRE 15

LA GESTION FINANCIÈRE DES ENTREPRISES

par

Léon Michel Serruya

« La culture est une activité de la pensée. Les bribes d'information n'ont aucune relation avec la culture. Une personne bien informée est la plus inutile des créatures sur la terre de Dieu. Le but de l'éducation est de former des personnes qui possèdent à la fois la culture et l'information. L'information leur donne un point de départ mais la culture les amène aussi loin que les arts ou la philosophie. »

Alfred North Whitehead

1. Introduction

Le présent chapitre est un survol de la problématique de la gestion financière des entreprises. La gestion financière des entreprises comprend, en règle générale, trois types d'activités :

— la gestion financière des investissements, c'est-à-dire le choix des investissements et le montant à investir ;

— la gestion du financement, c'est-à-dire l'analyse des possibilités, le choix et l'obtention du financement ;

— la gestion du fonds de roulement, dont l'activité comprend d'une part l'investissement dans les actifs à court terme et d'autre part le financement de l'investissement.

Nous pourrions, par conséquent, voir la gestion financière des entreprises comme comprenant deux facettes principales et distinctes : 1) les problèmes de l'investissement (à court et à long terme) ; et 2) les problèmes du financement (à court et à long terme). Dans ce texte, nous préférons séparer la gestion des investissements du financement à court terme et de ce fait, garder les trois volets mentionnés plus haut.

2. Disciplines connexes

La fonction financière est complexe et fait appel à plusieurs disciplines et plus particulièrement aux disciplines suivantes :

— *L'analyse micro-économique ou théorie des prix* qui se consacre à l'analyse des décisions rationnelles de l'entreprise en développant des modèles normatifs (qui montrent les décisions qui devraient être prises) généralement présentés sous forme quantitative et traitant des décisions de production, de prix, etc. La finance a emprunté de la théorie des prix certaines notions telles que le marginalisme, l'équilibre de marché, les fonctions de préférence et d'utilité, etc.

— *La comptabilité* apporte une contribution fondamentale à la fonction finance en lui fournissant une grande partie de l'information nécessaire à l'analyse financière. Il serait inconcevable de procéder à des analyses ou à des décisions financières sans avoir une connaissance approfondie des « principes comptables » permettant une interprétation correcte de l'information reçue.

— *Les méthodes quantitatives* : les différentes études financières font appel à certaines méthodes quantitatives telles que les statistiques, la théorie des probabilités et les techniques d'optimisation.

— *Le droit corporatif et la fiscalité* : les décisions financières d'investissement et de financement sont très souvent décrites et formalisées par des contrats. Les incidences fiscales font partie intégrante de toute décision financière. Souvent, l'impact fiscal peut constituer la principale variable dans la prise de décision d'investissement ou de financement.

3. L'individu et la finance

En ce qui concerne la finance, l'agent économique de base est la personne ou la famille communément appelées « ménages ». En effet, ceux-ci représentent la raison d'être des autres agents économiques : les entreprises, qu'elles soient privées ou publiques, commerciales, industrielles ou financières. Notre point de départ est donc l'être humain, et il est par conséquent fondamental de comprendre son comportement économique.

La production efficiente des biens de consommation suppose que l'individu mette de côté une partie de ce qu'il produit pour constituer le capital physique nécessaire à l'amélioration de la productivité et à la croissance de la production. Par conséquent, la création du capital suppose de la part des individus :

— la *décision d'épargner*, c'est-à-dire la réduction volontaire de la consommation actuelle dans le but de jouir d'une consommation accrue dans le futur ;

— la *décision d'investir*, c'est-à-dire le choix d'un bien productif. En général, cette décision se fait par l'intermédiaire d'entreprises commerciales et industrielles, créées par les individus dans ce but.

Il est donc essentiel de comprendre certains aspects pertinents du comportement des individus. La théorie financière se base sur deux observations principales du comportement des êtres humains. Ce sont :

— leur attitude vis-à-vis du temps ;

— leur attitude vis-à-vis du risque.

3.1 ATTITUDE VIS-À-VIS DU TEMPS

Si nous demandons à un enfant s'il veut un bonbon immédiatement ou dans un mois, la réponse ne va pas se faire attendre... Nous pouvons très facilement comprendre que de façon innée l'être humain n'est pas indifférent à la variable Temps. Tout étant égal, par ailleurs, il préférera l'option la plus immédiate. Il n'acceptera volontairement d'attendre que si l'option la plus éloignée dans le temps comporte des avantages suffisants par rapport à la première option pour le récompenser adéquatement pour son « sacrifice d'attendre ».

Cette observation a des conséquences fondamentales car elle explique le phénomène de l'intérêt. Celui-ci peut par conséquent être défini comme étant la compensation nécessaire pour nous convaincre d'attendre une période plus lointaine. Si le choix porte sur des biens réels, l'intérêt qui en découle est appelé intérêt réel. En bref, il est nécessaire de traiter de manière distincte les sommes reçues à des moments différents dans le temps.

3.2 ATTITUDE VIS-À-VIS DU RISQUE

Le risque se définit comme les possibilités de ne pas obtenir ce que nous nous attendons d'obtenir. Une analyse du comportement de l'être humain nous amène à remarquer :

— que celui-ci n'est pas indifférent à l'existence du risque dans une situation donnée. Il préfère, toutes autres choses étant égales, une situation sans risque ou à faibles risques à une situation très risquée ;

— qu'il ne choisira librement l'option la plus risquée que si celle-ci lui promet qu'il recevra un supplément de récompense justifiant un niveau de risque plus grand. Par conséquent, dans le marché financier un risque élevé sera accompagné d'un rendement élevé et un risque faible aura un rendement faible (sur une base *ex ante* bien sûr).

4. Notion de taux d'intérêt

De ces deux observations fondamentales découle la notion plus générale d'intérêt. Certaines personnes ayant des disponibilités seront prêtes à s'en séparer pour un certain temps en retour d'une compensation. Cette compensation sera d'autre part d'autant plus élevée que ces personnes percevront dans l'utilisation de ces ressources un risque plus élevé (la possibilité de ne pas obtenir ce qu'elles espèrent). L'existence de l'intérêt n'est pas par conséquent due, comme certaines personnes ont pu l'affirmer, à la volonté immorale d'exploiteurs, mais plutôt à une préférence naturelle et innée chez l'être humain, quelles que soient ses origines ou ses convictions socio-politiques.

Le taux d'intérêt sera donc composé de trois éléments :

— le taux réel qui compense pour le sacrifice de se priver pour un temps défini de consommation ;

— la prime ou le surplus de compensation pour le risque perçu[1] ;

— lorsque le prêt est monétaire une troisième composante s'ajoute, soit les changements prévus dans le pouvoir d'achat de la monnaie. Le prêteur doit essayer de se protéger contre une possibilité de perte de ce pouvoir d'achat en raison de l'inflation en ajoutant à la compensation demandée un pourcentage qui représente son estimation de ce que pourrait être l'inflation au cours de la période correspondante.

Le taux d'intérêt du marché est un prix déterminé par les forces de l'offre et de la demande de fonds au sein du marché financier.

Du côté de l'offre, les facteurs déterminants sont : le taux d'intérêt réel exigé par les prêteurs, la prime pour le risque perçu par ceux-ci et le taux d'inflation prévu. Du côté de la demande, le prix que le demandeur, c'est-à-dire l'emprunteur, est prêt à payer dépend de la « productivité marginale du capital » résultant de l'utilisation qu'il veut faire de ces fonds. La productivité marginale du capital désigne le rendement du « dernier » bien de production affecté à la production envisagée.

5. Mathématiques financières[2]

L'existence du taux d'intérêt a pour conséquence que l'on ne peut plus directement comparer deux sommes à des dates différentes sans les ajuster pour les ramener à des valeurs comparables à la même date. Ainsi, 100 $ obtenus aujourd'hui et 200 $ à obtenir dans un an *ne font pas* 300 $ dans un an. Pour pouvoir connaître leur valeur, il nous faudra choisir la date à laquelle nous voulons additionner. Si l'on choisit de calculer le montant total dans un an, il nous faudra ajuster les premiers 100 $ pour trouver leur valeur équivalente dans un an (valeur future) et c'est cette valeur qui sera additionnée aux 200 $. Si on choisit de connaître le montant total aujourd'hui, il faudra ajuster les 200 $ que l'on recevra dans un an pour connaître la valeur équivalente aujourd'hui (valeur actuelle) et c'est cette valeur actualisée qui sera ajoutée aux premiers 100 $.

Dans ce court exposé, nous nous contenterons de mentionner les deux opérations fondamentales sur lesquelles les mathématiques financières reposent.

5.1 VALEUR TERMINALE D'UN MONTANT

Il s'agit ici de reporter une somme disponible au temps 0 (actuel) à un date future située à n périodes d'aujourd'hui.

Si nous posons C_0 = capital disponible actuellement
i = taux d'intérêt (par période),

le capital au bout d'une période sera :
$C_1 = C_0 + C_0 i = C_0 (1 + i)$.

Le capital au bout de deux périodes sera :
$C_2 = C_1 + C_1 i = C_1 (1 + i)$
ou
$C_2 = C_0 (1 + i)^2$

et ainsi de suite, le capital au bout de n périodes sera :

(1)
$$C_n = C_0 (1 + i)^2$$

$$C_0 \longrightarrow\qquad C_n \longrightarrow {>}^t$$
$$\longrightarrow > C_n = C_0 (1 + i)^n$$

5.2 VALEUR ACTUELLE (OU ACTUALISÉE) D'UNE SOMME FUTURE

Il s'agit ici de trouver l'équivalent aujourd'hui d'une somme disponible à une date ultérieure (située à n périodes d'aujourd'hui).

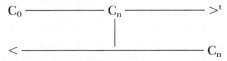

$$C_0 \longrightarrow C_n \longrightarrow {>}^t$$
$$< \longrightarrow\qquad\qquad C_n$$

Ce problème est l'inverse de celui posé ci-dessus de l'équation (1); nous pouvons résoudre par rapport à C_0

(2)
$$C_0 = \frac{C_n}{(1 + i)^n}$$

6. La notion de valeur

La valeur d'une décision pour une personne est la mesure de rapprochement vis-à-vis de son objectif, que cette décision lui offre.

Pour qu'un actif ait une valeur, il doit pouvoir donner un « bénéfice » à un certain moment dans le temps. Le terme « bénéfice » ne veut pas nécessairement dire profits ou gains de types directement monétaires; il peut aussi référer à l'utilité d'un bien. Par exemple, une voiture est un actif que nous devons valoriser en fonction du service qu'elle nous donne. La valeur de ce service peut être mesurée uniquement en fonction du transport permis ou peut aussi prendre en considération les aspects esthétiques ou symboliques.

Une automobile représente pour nous un actif qui donne accès au service de transport (bénéfices), bien que chacun d'entre nous puisse valoriser de façon différente ce service (bénéfices). La différence de prix entre les différents modèles de voiture nous oblige à réaliser que d'autres considérations soit de style, d'esthétique, de qualité ou de statut sont valorisées. Chacune de ces considérations s'ajoutera subjectivement à la valorisation des services offerts (bénéfices) par l'automobile. Voilà pourquoi des personnes sont prêtes à payer des sommes élevées pour certaines marques d'automobile alors que d'autres ne le sont pas, même si elles disposent des moyens financiers.

Nous valorisons par conséquent un actif (meuble, maison, entreprise privée, organisme d'État, machine, titre financier, etc.) par rapport aux bénéfices (revenus ou services) que nous espérons en retirer à différentes dates ultérieures. La valorisation de ces bénéfices dépend de nos objectifs spécifiques. La valeur totale d'un actif sera donc à nos yeux la somme des valeurs actualisées des bénéfices futurs prévus. Cette actualisation se fera à un taux d'intérêt qui tient compte de :

— notre attente (préférence dans le temps);

— notre perception du risque, c'est-à-dire les possibilités que cet actif ne nous procure pas les bénéfices prévus. Dans le cas d'une auto-

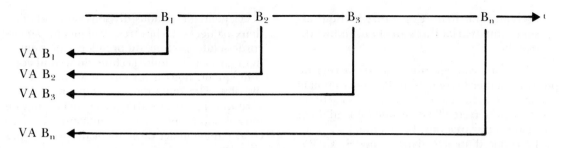

Valeur totale = VT = VA B_1 + VA B_2 + ... + VA B_n

mobile, par exemple, les problèmes mécaniques peuvent s'avérer plus importants que ceux que nous prévoyons[3] ;

— la perte estimée du pouvoir d'achat de la monnaie pendant la période considérée.

La valeur totale subjective pour nous est la somme des valeurs actuelles de B_1 (bénéfice à la période 1), B_2 (bénéfice à la période 2), jusqu'à n.

L'actif considéré peut avoir un prix dans le marché. Nous serons intéressés à l'acquérir uniquement si ce prix P est inférieur à notre valeur subjective VT. L'achat aura lieu si P < VT. Par contre, l'achat n'aura pas lieu, sauf dans l'hypothèse de coercition, si VT < P, c'est-à-dire si le prix est supérieur à la valeur subjective que nous imputons à l'actif.

7. Relation rendement-risque

Les individus ne sont pas indifférents au risque et ils préfèrent, toutes choses étant égales, une situation à faible risque à une situation où le risque est grand. Pour qu'ils choisissent volontairement une situation plus risquée, il faut qu'ils puissent s'attendre à un rendement supplémentaire qui compense à leurs yeux pour la différence de risque qu'ils *perçoivent* entre les deux options.

L'intervention de ces individus ou agents économiques dans l'offre et la demande de fonds a pour effet de créer ce que nous pouvons appeler la courbe du marché reliant le rendement exigé au risque perçu. Cette courbe,

compte tenu de ce que nous avons dit précédemment, doit avoir une pente ascendante.

Il est difficile d'être plus précis quant à la forme de cette courbe sans faire des hypothèses spécifiques supplémentaires. Les hypothèses qui doivent produire les analyses les plus intéressantes sont :

— les rendements suivent une courbe normale; ou

— la fonction d'utilité des individus est un polynôme de second degré.

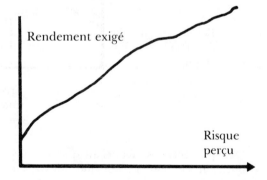

Dans chacun de ces cas, nous aboutissons au modèle CAPM (Capital Asset Pricing Model) ou modèle de fixation des prix des biens et capitaux[1]. Dans ce modèle, la courbe du marché est une droite. Le risque d'un actif peut être décomposé en deux parties, soit :

— le risque spécifique de cet actif ;

— le risque du marché, c'est-à-dire le risque associé aux variabilités de l'ensemble du marché.

Ainsi, un portefeuille d'actifs diversifié pourra éliminer le risque spécifique mais non le risque du marché. La contribution d'un actif au risque d'un portefeuille diversifié dépend de sa sensibilité aux variations du marché.

Le risque d'un actif dans le modèle CAPM est mesuré par le paramètre β (bêta). Ce paramètre est égal à la covariance du rendement de l'actif spécifique avec le rendement du marché divisé par la variance du rendement du marché. Dans le cas du modèle CAPM où le risque de l'actif est défini par son bêta, la courbe du marché est :

Cependant, si nous divisons nos œufs dans deux paniers attachés très étroitement par une corde solide, la chute du premier panier entraînera sans aucun doute la chute du second et par conséquent, nous n'aurions eu aucun intérêt à distribuer les œufs dans deux paniers. À mesure que la corde s'affaiblit et qu'elle devient plus élastique, nos chances de conserver le second panier intact deviennent de plus en plus grandes.

Dans le rendement des actifs, le degré de corrélation de deux actifs est symbolisé par la corde reliant les deux paniers. Cette corrélation peut prendre toutes les valeurs entre la valeur maximale de + 1 (qui voudrait dire que les rendements des deux actifs bougent exactement de

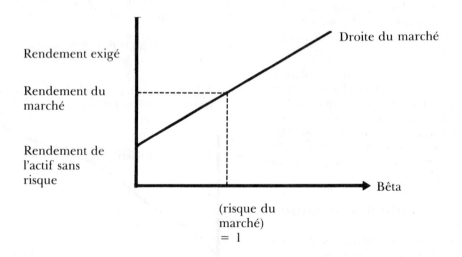

Quelques éclaircissements au sujet de la diversification s'imposent[5]. Lorsque nous disons « il ne faut pas mettre tous ses œufs dans le même panier », nous montrons notre préoccupation de diversifier les risques. Cela suppose que nous croyons que si nous mettons nos œufs dans deux paniers différents, notre risque est moindre : si un panier tombe, il y a de bonnes chances que le second ne tombe pas, laissant ainsi intacts la moitié des œufs.

la même façon étant donné les variations des mêmes variables) et la valeur minimale de − 1 (cette dernière indique que les rendements varient exactement en sens inverse), en passant par la valeur 0 (quand les deux actifs varient de façon totalement indépendante). Ainsi, nous commençons à obtenir la « diversification » du risque quand nous mettons ensemble deux actifs dont les rendements ont une corrélation inférieure à + 1 ; l'effet de diversification du risque est d'autant plus important que le coefficient de correction est plus petit.

8. Le choix des investissements

Le choix des investissements est un aspect fondamental de la gestion financière des entreprises. Ce domaine de la finance touche à la problématique des objectifs et des critères pour les investissements à long terme[6]. Les investissements à long terme englobent des décisions très disparates : le dépanneur qui pense à acheter une caisse enregistreuse, le voisin qui étudie la possibilité d'acheter une maison ou la petite entreprise qui songe à automatiser sa production.

Ces décisions ont en commun de demander des sacrifices (des coûts) en vue d'obtenir des bénéfices futurs. Évidemment, dans certains cas, les sacrifices et les bénéfices sont plus faciles à mesurer que dans d'autres cas. La problématique du choix des investissements est non seulement intéressante du point de vue conceptuel[7] mais aussi très importante du point de vue pratique. Voilà pourquoi :

— La décision d'investir engage des sommes relativement importantes pour l'administrateur. Pour certains, cela peut vouloir dire quelques centaines de dollars (l'étudiant qui s'achète des livres), pour d'autres, quelques milliards de dollars (un groupe immobilier de Toronto intéressé à acheter une entreprise aux États-Unis pour la somme de 9 milliards de dollars).

— En règle générale, les conséquences de la décision vont se faire sentir pendant longtemps. Souvent, ces décisions sont difficilement réversibles, sauf à un coût relativement élevé. L'investissement lie souvent l'entreprise à une technologie spécifique et détermine pendant longtemps les coûts d'exploitation futurs. Ainsi, il y a quelques années, à propos du projet hydroélectrique de la Baie-James, plusieurs opposants prétendaient que c'était une erreur d'investir dans une technologie désuète au lieu de la technologie atomique de l'avenir. À l'époque, cet argument était très attrayant ; aujourd'hui, cette supposée « erreur » permet l'exportation d'électricité.

La problématique de l'investissement, comme pour toute décision, est non seulement intéressante et importante mais elle concerne l'avenir. L'avenir n'est jamais connu avec certitude. Les bénéfices futurs peuvent avoir lieu tel que prévu ou non. Plus le projet est complexe dans un champ peu connu, plus l'incertitude est grande ; de même, plus les bénéfices sont éloignés et plus l'incertitude est grande.

En plus de l'incertitude liée à l'avenir, les bénéfices et les coûts peuvent être intrinsèquement difficiles à mesurer. Par exemple, les bénéfices d'un hôpital ou d'une école, ou même d'une route ou d'un pont sont plus difficiles à estimer que ceux d'un projet commercial dans une industrie à maturité. L'incertitude et les bénéfices dans une industrie émergente peuvent être très difficiles à mesurer.

8.1 LES BÉNÉFICES ET LES COÛTS

L'évaluation d'un projet d'investissement peut se définir comme une comparaison des bénéfices et des coûts s'y rattachant. Par conséquent, la principale tâche de l'évaluateur est celle de recueillir et d'organiser les données nécessaires à la détermination de ces bénéfices et de ces coûts. Chaque projet étant distinct, tout guide pour la cueillette de l'information nécessaire ne peut être que général.

La *mesure des bénéfices* : Le point de départ est évidemment la demande des biens ou services découlant du projet analysé. Cette demande peut être plus ou moins simple à déterminer. Si par exemple il est question d'une expansion dans la production d'un produit dont on connaît le marché, la demande, le prix, etc., alors, la mesure des bénéfices sera relativement plus simple que s'il s'agit d'un projet consistant à lancer un nouveau produit dans un nouveau marché.

Parfois, le bénéfice ne découle pas de la demande des biens et des services mais plutôt des économies de coûts qu'un investissement permettrait (par exemple, l'automatisation d'une ligne de production sans augmenter la production).

La *mesure des coûts* : La mesure des coûts d'un projet peut en fait être très complexe et peut nécessiter de l'aide spécialisée extérieure. Si l'équipement requis pour un projet est disponible en unités standards de plusieurs fournisseurs, le problème devient celui d'un achat concurrentiel (appel d'offres, concours de prix, etc.). Si l'équipement n'est pas standard, l'acheteur a besoin de plus d'informations pour analyser les mérites des différentes possibilités en fonction de ses besoins. Les vendeurs d'équipement peuvent constituer une source d'information, mais cette information peut difficilement être objective. Souvent, l'investisseur aura besoin d'engager un consultant externe.

8.2 LES MESURES PERTINENTES

Ce ne sont pas toutes les données relatives aux bénéfices et aux coûts qui sont pertinentes à l'analyse. Deux règles fondamentales doivent être respectées.

8.2.1 Le flux monétaire

L'information pertinente est le flux monétaire, c'est-à-dire la différence entre encaissement et décaissement, y compris évidemment les calculs d'impôt. En d'autres mots, tout coût qui ne se traduit pas par un décaissement est non pertinent. Cette règle a comme conséquence inévitable que l'information comptable ne pourra pas être utilisée sans réajustement. Le comptable essaie de déterminer les résultats d'une entreprise (ou d'un projet) au cours d'une période déterminée à l'avance, c'est-à-dire l'exercice comptable, sans tenir compte de la vie « naturelle » du projet en question.

Cette obligation force le comptable à s'imposer une série de règles qui peuvent déformer la réalité. Ainsi, l'amortissement est une affectation arbitraire des coûts de l'utilisation d'un bien de capital à un exercice comptable. En ce qui concerne l'analyse du choix des investissements, l'amortissement n'est pas pertinent puisqu'il ne représente pas un décaissement. En ce qui nous concerne, le coût des dépenses en capital est encouru au moment où le décaissement a effectivement lieu. Cependant, d'un autre côté, les autorités fiscales considèrent l'amortissement comme un coût déductible des revenus. Cette disposition a pour effet que l'amortisse-

ment suscite une économie d'impôt qui, elle, est pertinente puisqu'il s'agit d'une diminution du décaissement réel.

8.2.2 L'analyse marginale ou différentielle[8]

L'évaluation d'une décision d'investissement suppose l'identification des conséquences de cette décision. Les effets qui se produisent indépendamment de la décision sont non pertinents : il faut par conséquent ne pas tenir compte des coûts irrécupérables, ni confondre revenu moyen et revenu additionnel. Il faut aussi tenir compte des effets secondaires de la décision étudiée. Par exemple, supposons que l'introduction d'un nouveau produit aura pour effet de réduire la part de marché d'un autre produit de l'entreprise, nous devons dans ce cas tenir compte de cet effet indirect négatif. Enfin, il faut tenir compte des coûts d'option. Par exemple, dans le cas de la construction d'une usine sur un terrain qui nous appartient déjà, il n'y aura pas de décaissement pour l'acquisition du terrain, mais la valeur marchande du terrain devient un coût pertinent dans le calcul de l'investissement total.

8.3 L'ÉVALUATION DE L'INVESTISSEMENT

Une fois complétés les calculs des bénéfices et des coûts pertinents du projet d'investissement pour chacune des périodes de la vie du projet, l'administration se doit de l'évaluer en fonction des critères établis. Trois principales méthodes d'évaluation méritent notre attention : la période de récupération, la valeur actuelle nette et le taux de rendement interne.

8.3.1 La période de récupération (payback)

Il s'agit de déterminer le nombre d'années nécessaires pour récupérer le coût du projet : cette période est alors comparée avec la période de récupération acceptable par la direction. Cette méthode est une mesure de la liquidité du projet plutôt que de sa profitabilité[9]. Si cette méthode est utilisée, les projets peuvent être acceptés ou rejetés en fonction du nombre d'années nécessaires pour récupérer leur coût. Les projets peuvent aussi être classifiés en fonction de ce nombre d'années.

Cette méthode a de grands désavantages. Elle ne tient compte ni de l'inflation ni du coût des fonds. Elle ne fait pas de différence entre les projets ayant des vies différentes ou des investissements différents. Elle ne considère pas les flux à recevoir après la récupération. Enfin, elle favorise les projets qui débutent très bien par rapport à ceux qui débutent lentement et qui pourraient être profitables plus tard.

Bien que la méthode de période de récupération soit très déficiente, elle est utilisée fréquemment dans la pratique pour plusieurs raisons. D'abord, elle est simple. Ensuite, elle tient compte du risque : l'investisseur peut désirer récupérer ses fonds dans une période déterminée car il peut considérer qu'au delà de cette période les aléas sont trop importants.

8.3.2 La valeur actuelle nette

Cette méthode consiste à faire la somme algébrique des valeurs actuelles des flux nets (positifs et négatifs). Ces flux nets sont actualisés à un taux égal au coût de capital de l'entreprise. La valeur actuelle nette est la différence entre la valeur actuelle des bénéfices futurs (actualisés au coût d'option des fonds) et le coût de l'investissement. En d'autres mots, cette différence représente l'enrichissement net de celui qui fait cet investissement. Dans le cas d'une entreprise, cette valeur actuelle nette de l'investissement représente l'augmentation de la valeur de l'entreprise. En bref, un investissement est désirable s'il augmente la valeur de l'entreprise, c'est-à-dire s'il a une valeur actuelle nette positive.

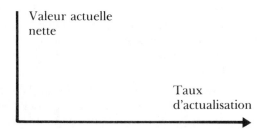

Le graphique ci-dessus représente un profil classique de la valeur actuelle nette d'un projet en fonction du taux d'actualisation. Nous pouvons voir que la VAN (valeur actuelle nette) diminue à mesure que le taux d'actualisation augmente. Un projet pourrait par conséquent être rentable (VAN 〉 0) à un certain taux du coût du capital et ne le serait plus à un taux plus élevé.

8.3.3 Le taux de rendement interne (TRI)

Le taux de rendement interne est le taux d'actualisation qui annule la valeur actuelle nette. Ce taux, lorsque la vie du projet est de plus de deux ou trois ans, se calcule par tâtonnement. Un projet rentable selon le critère de la VAN (VAN 〉 0) est obligatoirement rentable selon le critère du TRI (TRI 〉 au coût du capital). Cependant, au moment de la classification des projets, les deux critères peuvent donner des résultats contradictoires. La discussion de cette problématique, comme celle du calcul explicite du risque sera laissée pour d'autres textes plus complexes[10-11].

9. La décision de financement

Pour se financer, l'entreprise vend aux épargnants des titres financiers. Ces titres sont des contrats qui promettent aux acheteurs des compensations à des conditions définies d'avance.

— *Dettes* : Dans certains cas, l'entreprise s'engage à verser à l'épargnant un revenu fixe (intérêts) et à lui rembourser le capital à une date précisée à l'avance. Il s'agit alors d'une dette : un prêt consenti à l'entreprise par l'épargnant (le créancier). Les intérêts devront être payés aux dates prévues, faute de quoi le débiteur pourra être mis en défaut et pourra même être mis en faillite. Dans le cas de faillite, la vente des biens servira à payer le créancier avant d'effectuer des paiements aux actionnaires. D'un autre côté, les engagements de l'entreprise sont limités à ce qui a été promis ; une fois les intérêts payés et le capital remboursé à l'échéance, les créanciers n'ont plus droit à d'autres récompenses.

— *Actions* : Les épargnants peuvent aussi acheter des actions ordinaires et devenir alors copropriétaires. Dans ce cas, l'entreprise ne prend aucun engagement si ce n'est que de partager les résultats, bons ou mauvais, de l'entreprise. Le rendement des actionnaires ordinaires est composé des dividendes, mais aussi des augmentations dans le prix des actions (c'est-à-dire les gains de capital).

L'entreprise peut choisir entre ces deux sources (dettes et actions) considérées comme des solutions extrêmes. Il existe des titres intermédiaires comme les obligations convertibles, les actions privilégiées, etc. Pour avoir accès à ces fonds externes, l'entreprise fait appel au marché financier.

9.1 LES MARCHÉS FINANCIERS

Les marchés financiers englobent des fournisseurs très structurés et formels comme les bourses de valeurs mobilières ou des marchés informels, composés de quelques négociants qui transigent sur des titres spécifiques, au téléphone ou par d'autres moyens de communication à longue distance. Nous devons faire la distinction entre :

— *le marché monétaire* où on échange des titres ayant une échéance à court terme (généralement inférieure à un an) ; et

— *le marché des capitaux* ayant une échéance à plus long terme.

9.1.1 Le marché monétaire

Les principaux participants à ce marché sont au Canada : 1) le Gouvernement fédéral ; 2) la Banque du Canada ; 3) les gouvernements provinciaux et municipaux ; 4) les banques ; 5) certains courtiers en valeurs mobilières ; et 6) des sociétés commerciales, industrielles et financières. Les principaux titres qui se transigent au sein de ce marché sont les suivants :

— *Bons du Trésor* : en tant qu'agent du gouvernement fédéral, la Banque du Canada lance un appel d'offres tous les jeudis midi, pour une émission de Bons du Trésor, dont l'échéance habituelle est de 91 ou 182 jours.

Ces titres sont libellés au porteur en coupures de 1 000 $ ou de 1 000 000 $, et sont vendus à escompte.

— *Obligations des gouvernements fédéral, provinciaux et municipaux* : arrivant à échéance dans les 12 mois.

— *Billets de dépôt au porteur* : ces titres sont garantis par la banque émettrice et se vendent à escompte. Les coupures sont de 100 000 $ ou plus, et l'échéance varie d'une semaine à un an.

— *Certificats de dépôt* : ce sont des obligations de un jour à six mois, émises par les banques.

— *Swap deposit* : le client achète un dépôt en monnaie étrangère dans une banque et le revend immédiatement à terme, fixant ainsi le coût des devises.

— *Acceptations bancaires* : ce sont des effets négociables endossés par une banque. Leurs échéances sont généralement de 90 ou 180 jours et leur valeur nominale est supérieure à 100 000 $.

— *Autres titres* : sur le marché monétaire se transigent une grande variété de titres émis par différentes sociétés de fiducie, sociétés de financement et de prêts hypothécaires.

9.1.2 Le marché des capitaux

Le marché des capitaux est celui où se transigent les titres à long terme. On y distingue :

— *Le marché primaire* : lorsqu'une entreprise veut vendre ses propres titres et ainsi financer ses investissements et ses opérations, elle le fait sur le marché primaire. L'émission de titres peut être vendue « au public » ou de manière « privée » si elle est vendue en bloc à un établissement ou à un groupe d'établissements.

— *Le marché secondaire* est celui où ont lieu les transactions lorsqu'aucune des parties n'est émettrice des titres faisant l'objet des transactions. Dans ce marché, on distingue la Bourse où les opérations sont très clairement structurées et le « marché au

comptoir » qui l'est moins. Au sein du marché au comptoir se réalisent les transactions sur des actions non cotées en Bourse. Les principaux titres qui se transigent et que nous analyserons sont :
• les actions ordinaires ;
• les obligations ;
• les actions privilégiées ; et
• les *warrants*.

9.2 LES PRINCIPAUX TITRES DE FINANCEMENT À LONG TERME

9.2.1 Les actions ordinaires

Ces titres confèrent des droits aux biens qui demeurent après que la société s'est acquittée de tous ses autres engagements. En ce sens, ce sont les titres les plus risqués de l'entreprise.

Les détenteurs des actions ordinaires sont les copropriétaires de l'entreprise : leur risque et leur responsabilité se limitent à la mise de fonds. Ces titres, contrairement aux obligations, n'ont pas de date d'échéance. Les actionnaires ont droit aux dividendes fixés par les directeurs.

En tant que propriétaires, les actionnaires ordinaires ont droit de vote et élisent directement ou par procuration les membres du conseil d'administration suivant un des deux modes suivants :

— *vote majoritaire* : pour chaque membre du conseil à élire, chaque actionnaire a droit à autant de votes qu'il a d'actions. Un actionnaire qui détient la majorité des actions pourra, suivant ce système, choisir tous les directeurs ;

— *vote cumulatif* : un actionnaire dispose d'un nombre de votes égal au nombre d'actions qu'il a multiplié par le nombre de postes à remplir. L'actionnaire peut utiliser tous ses votes pour un poste. Suivant ce système, le nombre d'actions N nécessaires à l'élection d'un directeur est :

$$N = \frac{\text{Nombre d'actions en circulation}}{\text{Nombre de postes vacants} + 1} + 1$$

9.2.2 Le financement par la dette

Lorsqu'elles empruntent de l'argent, les entreprises s'engagent d'une part à rembourser le principal à une date prédéterminée et suivant des modalités spécifiques et d'autre part à payer périodiquement des montants d'intérêt qui sont des compensations pour les prêteurs.

La dette à long terme est celle qui représente toute dette ayant une échéance s'échelonnant d'un an à l'infini, comme c'est le cas des « perpétuités ». Les taux d'intérêt peuvent être fixes ou flottants. Les taux flottants sont rattachés généralement à des taux de référence au sein des marchés financiers. Par exemple, le taux peut être exprimé par une prime justifiant le risque perçu et par le *taux préférentiel* qui correspond au taux accordé par les banques à leurs meilleurs clients. Dans le contexte international, le taux flottant est rattaché au taux préférentiel des banques US ou au LIBOR (London Interbank Borrowing Rate : le taux d'emprunt interbancaire de Londres). Il existe une grande variété de titres reliés à des emprunts d'entreprises privées et publiques et de différents gouvernements. Nous allons, cependant, nous limiter à discuter des obligations.

— *Les obligations* : une obligation est un contrat où l'emprunteur (émetteur-vendeur de titres) s'engage à payer au prêteur (acheteur) un flux monétaire (taux d'intérêt promis multiplié par la valeur nominale) à des périodes égales et à rembourser le principal (valeur nominale) à la date d'échéance.

Les obligations peuvent comporter l'exigence d'un fonds d'amortissement. Dans ce cas, l'entreprise émettrice rachète une partie chaque année, en remettant un montant défini à l'avance au fiduciaire. Le fiduciaire est une personne qui représente les créanciers, qui administre le contrat et qui s'assure que toutes les clauses sont respectées.

— *Les obligations convertibles* : des obligations donnent le droit au propriétaire (prêteur) de les échanger contre un certain nombre d'actions ordinaires à des conditions précisées à l'avance. Ce droit de conversion est défini principalement par le « ratio de conversion », c'est-à-dire le nombre d'actions ordinaires qui peuvent être obtenues en échange d'une obligation.

Les garanties données aux détenteurs des obligations sont soit un lien général sur les biens de l'entreprise (les obligations s'appellent alors débentures et ont peu de force en cas de faillite), soit un lien sur des actifs spécifiques (obligation hypothécaire, garantie par des immeubles ou certificat de nantissement garanti par des équipements spécifiques).

9.2.3 Les actions privilégiées

Les actions privilégiées sont des titres hybrides se situant à mi-chemin entre les actions ordinaires et les obligations. Juridiquement, l'action privilégiée est un titre faisant partie des capitaux propres. Le dividende privilégié fixe n'est payé que si les administrateurs considèrent que l'entreprise est en mesure de le faire. La loi interdit cependant le paiement de dividendes aux actionnaires ordinaires si les dividendes privilégiés ne sont pas payés. Les dividendes privilégiés peuvent être « cumulatifs » : Si la direction décide de ne pas payer de dividendes lors d'un exercice financier, ceux-ci sont reportés aux exercices suivants.

Comme les actions ordinaires, les actions privilégiées n'ont pas de date d'échéance. Dans certains cas, on prévoit des possibilités de rachat à des conditions fixées à l'avance. Pour l'actionnaire ordinaire, les actions privilégiées se rapprochent des obligations en raison du fait que le rendement fixe a priorité. Les dividendes n'étant pas déductibles du point de vue de l'impôt, comme c'est le cas des intérêts des obligations, les actions privilégiées sont une source de financement plus chère que les obligations. Cependant, les actionnaires ordinaires voient dans les actions privilégiées un moyen d'accroître la capacité d'emprunt de l'entreprise (en augmentant du point de vue du créancier la partie capitaux propres dans la structure financière) sans la dilution de leur droit de vote ou de leur parti-

cipation à la croissance de l'entreprise (sauf dans le cas des actions privilégiées participantes).

10. La notion de coût de capital

L'entreprise se doit de connaître le coût d'option de ses fonds dans le but de connaître le rendement minimal qu'elle doit gagner sur ses investissements. De même qu'il est fondamental pour un épicier de connaître le coût d'une boîte de conserve de thon pour la vendre à profit, il est aussi important pour une entreprise de savoir quel est le coût des fonds mis à sa disposition en vue de procéder à des investissements. Sans une connaissance des coûts d'option (attentes des différents bailleurs de fonds), l'entreprise ne saura pas si l'utilisation de ces ressources dans tel ou tel projet est désirable ou non.

Les entreprises se financent par des dettes (obligations, débentures, etc.) ou par des capitaux propres (émission d'actions ordinaires, émission d'actions privilégiées et profits non distribués c'est-à-dire autofinancement). Chacune de ces sources a un coût. Le coût du capital pour l'entreprise est alors le coût moyen pondéré par l'importance de chaque source dans la structure du capital de l'entreprise.

La raison d'être de la notion de coût de capital est de permettre l'évaluation des projets d'investissements. Une entreprise ne remplirait pas son rôle si elle investissait ses fonds dans des projets moins rentables que les projets que ses propres bailleurs de fonds pourraient obtenir ailleurs avec le même risque. Si cela était vrai, la valeur de l'entreprise diminuerait, ce qui est contraire à l'objectif de maximiser la valeur de l'entreprise.

Il s'agit par conséquent d'estimer la rentabilité exigée par chaque catégorie de bailleurs de fonds et de faire la moyenne pondérée. En théorie, les rentabilités exigées sont données par le marché des capitaux pour différentes catégories de risque. Si les titres de l'entreprise sont transigés en Bourse, il existe un prix de marché qui détermine le rendement exigé par les créanciers, les actionnaires ordinaires ou privilégiés. Si ces titres ne sont pas transigés en Bourse, la question est plus complexe. Les actionnaires devraient être en mesure de fournir une fourchette de taux de rendement attendu.

Nous n'allons pas ici présenter les détails du calcul du coût de capital de chacune des sources. Nous devons simplement insister sur le fait que le « coût » de la dette doit être réajusté vers la baisse à cause de l'effet fiscal. En effet, contrairement aux dividendes, les intérêts ou compensations payés aux dettes sont déductibles d'impôt. Cela a pour effet de les rendre moins onéreux. En d'autres mots, la Loi fiscale, telle qu'elle existe actuellement au Canada, favorise le financement par dette en permettant que la compensation de cette source (l'intérêt) soit déductible d'impôt, alors qu'elle ne le permet pas pour les dividendes. En bref :

Taux de rendement requis pour les investissements de l'entreprise	≥ Taux de rendement requis par les bailleurs de fonds de l'entreprise	= Coût d'option de l'épargne chez les bailleurs de fonds

Ce raisonnement s'applique lorsque les projets considérés par l'entreprise ont un risque similaire à celui de l'entreprise dans son ensemble. Si une entreprise doit étudier un projet totalement différent du point de vue du risque, elle devra réajuster le taux de rendement exigé à la hausse ou à la baisse pour tenir compte de cette différence.

11. La structure du capital

La structure du capital décrit les proportions des capitaux à long terme obtenues de chacune des sources de fonds. Par exemple, une entreprise qui aurait 15 millions de dollars de dettes, 10 millions de dollars d'actions privilégiées et 25 millions de dollars d'actions ordinaires aurait une structure de capital de 30 % de dettes, 20 % d'actions privilégiées et 50 % d'actions ordinaires.

Le problème est de savoir si une entreprise peut influencer sa valeur en modifiant sa structure financière. Dans un tel cas, il suffirait à l'entreprise d'atteindre sa structure optimale pour maximiser sa valeur. L'existence de cette structure optimale a donné naissance à la plus grande controverse dans les écrits portant sur la théorie financière[12-13]. Il n'est malheureusement pas possible dans ce court exposé de faire une analyse de cette controverse. Nous allons nous limiter à exposer deux observations :

— Les sources de financement engageant l'entreprise à des déboursés fixes causent ce que l'on appelle le *levier financier*, c'est-à-dire un effet multiplicateur dans les variations de profits nets pour une variation donnée des profits avant intérêt et impôt. L'existence de ces frais fixes introduit le *risque financier* de l'entreprise. Celui-ci vient s'ajouter aux risques d'affaires émanant des variabilités dans les ventes, les coûts d'exploitation et l'importance des coûts fixes d'exploitation qui sont la cause du levier d'exploitation. Le risque plus élevé a pour conséquence de diminuer la valeur de l'entreprise.

— La dette comporte un grand avantage fiscal[14-15-16] : la compensation versée aux détenteurs des titres est déductible d'impôt. Cela a comme conséquence de diminuer substantiellement le coût de cette source de financement pour l'entre prise. Ainsi, une entreprise qui doit payer 1 million de dollars en intérêts et dont le taux d'imposition est de 48 %, ne paiera en réalité après impôt que 520 000 $ d'intérêt. La différence de 480 000 $ est en fait payée (manque à percevoir) par le gouvernement. Par cette réglementation fiscale, le gouvernement favorise l'utilisation de la dette en la rendant moins chère.

Remarquons, d'autre part, que la dette ayant des privilèges qui la rendent moins risquée offre des rendements inférieurs aux autres sources. En somme, la dette est moins chère à cause du risque plus faible pour l'épargnant et en raison de son statut vis-à-vis des lois fiscales.

Tous les auteurs sont unanimes à souligner ces avantages de la dette et par conséquent, tous préconisent le besoin d'inclure la dette dans la structure financière. En d'autres mots, le coût du capital diminuera à mesure que l'on introduit de la dette et qu'on augmente son importance dans la structure du capital. Reste à savoir à quel moment ce coût de capital commence à augmenter[17].

12. La politique des dividendes

Les profits de l'entreprise sont distribués aux actionnaires sous forme de dividendes ou réinvestis dans l'entreprise (autofinancement). Par conséquent, la décision de distribuer des dividendes ou de se financer par « autofinancement » est la même. Elle ne constitue que les deux faces d'une même médaille.

Les dividendes peuvent être en espèces, en actions ou en nature (voyages, repas, etc.). Quand il s'agit de dividendes en espèces, les actions transigées plus de quatre jours ouvrables avant la date de déclaration, le seront cum dividendes (dividendes inclus), après elles le seront ex dividendes (dividendes exclus).

Il existe depuis un certain nombre d'années une importante controverse parmi les chercheurs sur l'effet de la politique de dividende sur le prix de l'action. Pour les uns, il n'existe aucune relation causale entre les dividendes d'une entreprise et sa valeur (principe de la neutralité des dividendes) : les dollars versés aux actionnaires peuvent être remplacés par du financement externe et par conséquent, on ne devrait pas se préoccuper du montant des dividendes. Pour les autres, les dividendes ont une influence certaine sur la valeur marchande de l'entreprise[18-19-20-21-22-23].

Il n'est évidemment pas question dans cet exposé de trancher ce débat. Nous nous contenterons simplement de sensibiliser le lecteur à certaines variables importantes de cette problématique.

L'actionnaire, comme tout investisseur, a comme objectif d'augmenter ses possibilités de consommation future en retour du sacrifice de la consommation actuelle. L'actionnaire, à chaque période, peut toucher sa compensation soit en recevant un dividende, soit sous forme de gain de capital résultant de l'augmentation du prix de l'action due au réinvestissement des profits réalisés par l'entreprise. Selon la théorie des anticipations rationnelles dans des situations normales, les actions et politiques de l'entreprise sont anticipées par le marché. Ces anticipations se basent sur les informations disponibles à un certain moment dans le marché. Cet équilibre ne sera rompu que par de nouvelles informations imprévues ou non anticipées. C'est-à-dire que les variations dans la valeur de l'entreprise seront causées, suivant cette théorie, uniquement par des changements non anticipés. Les auteurs sont d'autre part d'accord sur le contenu informationnel des dividendes, à savoir que le marché essaie d'interpréter les causes d'une politique de dividende.

Nous devons d'autre part tenir compte de l'effet de clientèle, c'est-à-dire la préférence des acheteurs spécifiques d'actions. Certains peuvent préférer un rendement établi annuel ou un ratio de distribution de dividende élevé. D'autres, par contre, n'ont pas besoin d'un revenu régulier et en fait préfèrent accumuler leur capital. Le gain de capital étant moins taxé que le dividende, certains auteurs pensent ainsi que la politique de dividende affecte la valeur marchande de l'entreprise.

Du point de vue pratique, les dirigeants des entreprises ont compris l'importance de maintenir une politique de dividende stable et prévisible. Un changement inattendu est à éviter. Le marché réagit très négativement à une baisse de dividende, à moins qu'elle soit très clairement reliée à des occasions d'investissement très intéressantes (n'oublions pas « le contenu informationnel des dividendes »). Par conséquent, une entreprise doit s'assurer qu'elle pourra maintenir son nouveau niveau de dividende si elle songe à l'accroître. La politique souvent utilisée est de maintenir un dividende stable payé chaque trimestre, et à la fin de l'année, de déclarer un dividende extraordinaire si les résultats de l'exercice le justifient.

13. La gestion du fonds de roulement[24]

Les décisions financières à court terme se rapportent à l'actif et au passif à court terme. En théorie, la gestion de l'actif circulant et celle des immobilisations sont similaires. Dans chacun des cas, l'entreprise doit faire l'évaluation de la rentabilité et du risque. Cependant, les décisions à court terme sont généralement plus flexibles, plus modifiables et plus réversibles que les décisions à long terme.

Le gestionnaire du fonds de roulement doit faire face à des questions plus simples que le gestionnaire en charge des décisions d'investissement et de financement à long terme. Cependant, le fait que cette fonction soit plus simple ne devrait pas nous amener à conclure qu'elle est moins importante. La gestion du fonds de roulement est fondamentale. Il serait possible de concevoir une entreprise très rentable à cause d'un choix judicieux des investissements dont la structure financière à long terme est adéquate mais qui affronte des difficultés majeures ou même le risque de faillite à cause d'une mauvaise gestion de l'encaisse, des comptes à recevoir ou des inventaires.

L'actif à court terme et le passif à court terme constituent le fonds de roulement. Le fonds de roulement net est la différence entre l'actif à court terme et le passif à court terme. L'actif à court terme est constitué de l'encaisse, des comptes à recevoir et des stock (ou inventaire). Le passif à court terme (financement) comprend les comptes à payer, les dettes de banques et les autres dettes à court terme.

S'il existait une parfaite synchronisation entre l'actif à court terme et le passif à court terme, nous n'aurions pas besoin de fonds de roulement net. En effet, si on pouvait imaginer une entreprise ayant la possibilité de vendre immédiatement ses produits (ce qui éliminerait le besoin d'investissement en inventaire) et qui aurait un accord avec ses fournisseurs qui lui permettrait de les payer exactement au moment où elle est payée par ses clients, nous serions en train d'imaginer une entreprise n'ayant pas besoin de fonds de roulement.

Malheureusement, ce n'est pas le cas pour la plupart des entreprises. En général, celles-ci doivent attendre avant de pouvoir vendre (besoin d'avoir un inventaire) et les paiements qu'elles doivent faire ne correspondent pas exactement à leurs recettes. Ce déphasage (ou manque de synchronisation) difficile à éliminer rend nécessaire le besoin de maintenir un fonds de roulement net. L'importance de ce fonds de roulement dépendra de l'importance du manque de synchronisation ainsi que de la qualité de l'actif à court terme. Nous utilisons le terme qualité pour signifier le contraire de risqué. Ainsi, des comptes à recevoir seront de haute qualité quand il y aura peu de possibilité qu'ils ne soient pas payés ou des stock seront de haute qualité quand ils peuvent se vendre sans problème au prix prévu.

Plus le fonds de roulement net sera grand, plus le risque de défaut à court terme sera faible. En effet, l'entreprise a des engagements à court terme : pour répondre à ses engagements, elle a ses actifs à court terme. Tant que les recettes permettent à l'entreprise d'honorer ses engagements, elle est techniquement solvable. Plus l'actif à court terme sera important par rapport au passif à court terme, plus le coussin de sécurité sera grand et plus les chances de faire face à ses engagements seront grandes. Nous ne pouvons cependant pas conclure que l'entreprise devrait augmenter son fonds de roulement, car un fonds de roulement important immobiliserait des ressources, diminuant ainsi la rentabilité de l'entreprise.

Une fois de plus, nous retrouvons la relation rendement-risque. Si nous voulons diminuer le risque, nous devons faire des sacrifices du point de vue du rendement. Si nous voulons accroître le rendement, nous devons assumer plus de risques. La gestion du fonds de roulement comprend la gestion des composantes de l'actif à court terme et du passif à court terme. Nous nous contenterons de faire quelques remarques sur les gestions de l'encaisse, des comptes à recevoir et de l'inventaire.

13.1 LA GESTION DE L'ENCAISSE[25-26]

L'encaisse comprend l'argent en main et en banque ainsi que les titres et les effets quasi liquides. Lorsqu'il est question de la gestion de l'encaisse, on pense souvent aux problèmes dus à un manque de liquidité. Souvent la gestion de l'encaisse porte sur un surplus de liquidité que l'on doit rendre productif. Typiquement, la situation de l'encaisse à l'intérieur d'une même année peut comprendre des mois de déficit important et d'autres mois de surplus de liquidité où il est nécessaire de faire des investissements à court terme.

L'encaisse est une sorte de réservoir où arrivent les recettes et d'où sortent les revenus. Étant donné que les recettes et les déboursés ne coïncident pas nécessairement dans le temps, il sera nécessaire de constituer une réserve. Cette réserve devra être d'autant plus importante que l'incertitude sera grande. Cependant, n'oublions pas que le fait de garder une grande encaisse aura comme conséquence de diminuer la rentabilité. Le gestionnaire devra donc essayer d'accélérer la vitesse de perception de ses comptes et de diminuer celle de ses déboursés.

13.2 LA GESTION DES COMPTES À RECEVOIR[27]

La concurrence oblige souvent une entreprise à vendre à crédit. Les conditions de paiement sont un des facteurs importants qui affectent le choix des acheteurs. La politique de crédit d'une entreprise doit répondre à quatre questions :

— *Période de crédit* : Quel temps sera alloué au client pour payer sa facture ?

— *Escompte* : Devrait-on accorder un escompte pour paiement rapide ? Il faut se méfier de cet encouragement car il peut s'avérer fort coûteux. Ainsi, des conditions 2/10 n 30 (voulant dire 2 % d'escompte sera accordé sur le montant de la facture si celle-ci est payée dans les 10 jours de sa date après quoi il faudra payer le total (net : n) avant le 30e jour) représentent pour le vendeur, dans le cas où le client se prévaut de l'option d'escompte, un taux d'intérêt annuel de 36 %.

— *Recouvrement* : Comment l'entreprise pense-t-elle recouvrer les créances ?

— *Risque admissible* : Normalement, une entreprise n'acceptera pas de vendre à crédit à tous les clients. Elle évaluera le client et déterminera le risque, c'est-à-dire les chances que le crédit devienne une mauvaise créance.

13.3 LA GESTION DES STOCKS

Les coûts reliés au stock sont les suivants : la manutention, l'assurance, la désuétude, les coûts d'option de l'espace occupé et des fonds immobilisés, les coûts reliés aux commandes et le coût d'option causé par une rupture de stock et les pertes de ventes qui peuvent en découler. Plusieurs modèles quantitatifs ont été développés sur plusieurs aspects de la gestion des stocks, particulièrement en ce qui concerne la taille optimale d'une commande[28].

14. La planification financière

La planification financière est un processus rationnel d'étude des effets combinés des décisions d'investissement et de financement de l'entreprise dans un cadre cohérent et interactif. En l'absence d'une planification, les décisions risquent de devenir incohérentes et même contradictoires. La planification favorise en principe la coordination des efforts.

L'écart entre les modèles normatifs de planification et la pratique des entreprises est grand, comme on pourrait s'y attendre étant donné la complexité des sujets. La plupart des entreprises se basent sur les conventions comptables et, par conséquent, ne mettent pas l'accent sur les outils d'analyse financière : flux monétaire, différentiel, valeur actualisée, risque et approche probaliste. De plus, les dirigeants n'essaient pas toujours d'optimiser les décisions financières.

Le budget est un instrument de planification financière[28]. Il devrait être vu comme un instrument d'orientation suffisamment flexible pour ne pas faire perdre à la direction sa capacité d'adaptation. Il faut essayer d'éviter que les budgets deviennent une cause de gaspillage. Souvent, des services gonfleront leurs prévisions sachant qu'une partie leur sera refusée une fois les budgets approuvés ; ils s'efforceront de tout dépenser pour justifier un budget plus élevé l'année suivante.

Nous pouvons distinguer les budgets à long terme d'orientation générale, les budgets spécifiques à court terme ayant trait aux différentes activités et opérations des entreprises et les états financiers prévisionnels[29].

NOTES BIBLIOGRAPHIQUES

1) W.F. SHARPE. « A Simplified Model for Portfolio Analysis », *Management Science*, janvier 1983.
2) A. BROWN. *Mathématiques financières*, Montréal, McGraw-Hill, 1974.
3) J. HIRSHLEIFER. « Risk, the Discount Rate and Investment Decision », dans *American Economic Review*, mai 1961.
4) W.F. SHARPE. « Capital Asset Prices : A Theory of Market Equilibrium under Conditions of Risk », *The Journal of Finance*, septembre 1964.
5) H.M. MARKOWITZ. *Portfolio Selection : Efficient Diversification of Investments*, New York, John Weley and Sons Inc., 1979.
6) H. BIERMAN et S. SMIDT. *The Capital Budgeting Decision*, 6e édition, MacMillan Publishing, 1984.
7) J. HIRSHLEIFER. « On the Theory of Optimal Investment Decisions », *Journal of Political Economy*, août 1958.
8) E. SOLOMON. « The Arithmetic of Capital Budgeting Decisions », *Journal of Business*, avril 1956.
9) WEINGARTNER. « Some New Views on the Payback Period and Capital Budgeting Decisions », *Management Science*, août 1969.
10) J.H. LORIE et L.J. SAVAGE. « Three Problems in Rationing Capital », *Journal of Business*, octobre 1955.
11) A.A. ALCHIAN. « The Rate of Interest, Fisher's Rate of Return over Cost and Keynes Internal Rate of Return », *American Economic Review*, décembre 1955.
12) F. MODIGLIANI et M. MILLER. « The Cost of Capital, Corporation Finance and the Theory of Investment », *American Economic Review*, juin 1958.
13) S. MYERS. « The Capital Structure Puzzle », *The Journal of Finance*, juillet 1984.
14) J.D. MARTIN et D.F. SCOTT. « Debt Capacity and Capital Budgeting Decision », *Financial Management*, été 1976.
15) M. MILLER. « Debt and Taxes », *The Journal of Finance*, mai 1977.
16) F. MODIGLIANI et M. MILLER. « Corporate Income Taxes and the Cost of Capital a Correction », *American Economic Review*, juin 1963.
17) M. BRENNAN et E. SCHWARTZ. « Corporate Income Taxes, Valuation and the Problem of Optimal Capital Structure », *The Journal of Business*, janvier 1978.
18) M. MILLER et F. MODIGLIANI. « Dividend Policy Growth and the Valuation of Shares », *Journal of Business*, octobre 1961.
19) M. RUBINSTEIN. « The Irrelevancy of Dividend Policy in an Arrow-Debeu Economy », *Journal of Finance*, septembre 1976.
20) M. MILLER et M. SCHOLES. « Dividends and Taxes », *Journal of Financial Economics*, décembre 1978.
21) M. MILLER. « Can Management Use Dividends to Influence the Value of the Firm », *Chase Financial Quarterly*, hiver 1982.
22) LINTNER. « Distribution of Incomes of Corporations among Dividends, Retained Earnings and Taxes », *American Economic Review*, mai 1986.
23) E. FAMA et H. BALRAK. « Dividend Policy : An Empirical Analysis », *The Journal of the American Statistical Association*, décembre 1968.
24) K. SMITH. « Guide to Working Capital Management », New York, McGraw-Hill, 1979.
25) W.J. BAUMOL. « The Transaction Demand for Cash : An Inventory Theory Approach », *Quaterly Journal of Economics*, novembre 1952.
26) M. MILLER et D. ORR. « A Model of the Demand for Money by Firms », *Quarterly Journal of Economics*.

27) W. LEWELLEN et R. EDMINSTER. « A General Model for Accounts Receivable Analysis and Control », *Journal of Financial and Quantitative Analysis*, mars 1979.

28) F.S. HILLIER et G.J. LIEBERMANN. *Introduction to Operations Research*, Holden Day Inc., 1980.

G. HALL. « Budgets for Canadian Business », *The Canadian Chartered Accountant*, juin 1954.

29) C.R. DIRO. « Cash Forecasting - A Tool for Management », *The Canadian Chartered Accountant*, février 1964.

CHAPITRE 16

LA GESTION DES OPÉRATIONS

par

Pierre D'Aragon

« Il n'y a point de bornes dans les choses. »

Pascal

La fabrication est le domaine des réalisations concrètes d'une entreprise. Au sein des installations, le personnel transforme les intrants (matières premières) en extrants (produits finis). Ces intrants et extrants peuvent prendre différentes formes, comme en font foi les entreprises de biens et de services. Dans une usine de maisons préfabriquées, les intrants comprennent entre autres le bois de charpente, les fenêtres, le matériel de finition extérieure et intérieure, la quincaillerie de plomberie et d'électricité, des clous, des vis, etc. ; l'extrant est une maison ou une partie de maison installée sur une plate-forme de transport. La transformation des matières premières est effectuée par une main-d'œuvre qualifiée, qui utilise une gamme d'outils appropriés à son travail.

Les concepts de gestion des opérations sont aussi valables pour les entreprises de services. Il s'agit de reconnaître les intrants, les extrants et les besoins de transformation. Dans le service de comptes payables d'une entreprise de distribution, l'intrant est la facture du fournisseur, tandis que l'extrant est l'émission de chèques pour régler les notes des biens reçus. Le processus de transformation a pour objet de s'assurer, d'une part, que l'entreprise paiera les biens demandés et, d'autre part, que ces biens ont été reçus dans la quantité demandée et selon la qualité spécifiée. Par ailleurs, ces opérations comprendront aussi l'affectation du coût des achats directement aux unités de vente du réseau de distribution.

Ces exemples expliquent bien l'application universelle du modèle intrant-transformation-extrant dans des contextes différents. C'est ce modèle que nous retenons comme base de schématisation de la gestion des opérations. Nous verrons dans ce chapitre les préalables à son optimisation, à sa régulation et à son adaptation à un environnement en constante évolution. Ce chapitre comprend cinq sections :

— Les bases : Nous traiterons dans cette section des flux physiques et de l'entropie, ainsi que d'une typologie qui nous permettra de mieux percevoir les différents types de systèmes de production.

— Contrôle et modélisation : Nous comparerons le contrôle statique au contrôle dynamique et nous verrons l'importance de chacun en termes de besoins de gestion. Nous traiterons ensuite de la régulation du modèle intrant-transformation-extrant. Nous présenterons enfin un modèle plus global.

— La configuration physique : Nous traiterons ici des aménagements en termes de fonctions, de produits et de technologies. Nous aborderons de plus le lien entre les aménagements, la structure et la productivité.

— Les supports de production : Quel que soit le système de production retenu pour une entreprise, la direction doit généralement prévoir des stocks, un contrôle de la qualité du produit, un système d'entretien, des achats, de l'ingénierie et enfin une forme de planification. Nous traiterons chacun de ces thèmes brièvement.

— Tendances contemporaines : Nous aborderons dans cette section les modèles sociotechniques et japonais (KANBAN) d'organisation du travail et nous dégagerons certaines tendances.

1. Les bases

Dans cette section, nous définirons le rôle de la gestion en termes de flux physiques et de contrôle de l'entropie. Nous proposerons par la suite une typologie du système de production.

1.1 LES FLUX PHYSIQUES

Les exemples d'une usine de maisons préfabriquées et d'un service de comptes payables nous permettent de mieux comprendre l'affirmation de Peter F. Drucker[1] selon laquelle « La production, ce n'est pas l'application d'outils à des matériaux, c'est l'application de la logique au travail ». Nous pourrions aussi ajouter que le rôle de la direction n'est pas d'implanter des techniques de gestion mais de s'en servir comme outils en vue de prendre des décisions éclairées. Ce rôle n'implique-t-il pas une connaissance approfondie des techniques, de leur champ d'application ainsi que de leurs limites ?

À partir de ces exemples, supposons que la conception d'un processus de transformation comprend au moins trois phases :

— la conception du produit,

— la conception du procédé,

— la conception du système de flux des matières.

Selon les termes de Philip E. Thurston[2], toute opération de production est fondamentalement un processus de transformation de matières premières. On peut concevoir le mécanisme comme un passage des matières premières à travers une ou plusieurs étapes du processus. Que les matières coulent de manière continue comme le pétrole dans une raffinerie ou qu'elles se déplacent par intermittence comme les pièces dans un atelier de mécanique, la question est plus ou moins importante. Le rôle de la direction consiste à assurer le mouvement le plus efficace possible des matières premières à travers les différentes étapes du processus. En d'autres termes, la direction doit viser l'atteinte de l'efficacité optimale du système de transformation, grâce à une réduction au minimum des opérations non productives (telles que la manutention ou le transport) et une maximalisation de l'efficience de chacune des opérations productives.

La gestion de la production est donc assimilée à une gestion de flux physiques entre des postes de transformation pour l'atteinte d'objectifs mesurables en termes de qualité, de quantité, de temps et de coûts. Néanmoins, les attributions de la gestion de la production doivent aussi comprendre l'amélioration constante du processus de transformation, et ce, d'une part, afin de maintenir la position concurrentielle de l'entreprise et, d'autre part, de permettre à l'entreprise de faire face aux lois de la nature. L'entropie est l'une de ces lois.

1.2 L'ENTROPIE

Il est aussi possible de considérer la gestion des opérations comme un processus de gestion de l'entropie. Peut-on effectivement gérer la deuxième loi de la thermodynamique de Kelvin et Plank[3], qui s'énonce comme suit : « Il est impossible de concevoir une machine qui en opération ne produit d'autre effet que du travail et n'échange de la chaleur qu'avec un seul réservoir pour ce faire. » Ce principe de physique appliquée est bien loin de nos préoccupations de gestionnaires. Néanmoins l'expression de ce phénomène naturel revient constamment ; on ne peut y échapper. Pour le gestionnaire, ce principe implique que dans toute action, processus ou système, il y a des pertes d'énergie. Aussi efficace que soit un système au moment de sa conception, il tendra nécessairement avec le temps à la dégénérescence ou à la désuétude.

Les gestionnaires des opérations, conscients ou non de cette loi, ont axé en grande partie leurs efforts sur la réduction au minimum des pertes d'énergie par une meilleure utilisation du personnel, de la machinerie, des matériaux, de l'espace, du temps, du capital, etc. Nous en voyons les résultats tous les jours, et ils sont exceptionnels. Il suffit de penser qu'en Amérique du Nord la productivité s'est accrue de façon extraordinaire au cours du siècle dernier, et ce, dans toutes les sphères d'activité.

Au début du siècle, une personne sur quatre travaillait pour alimenter les trois autres ; aujourd'hui, on compte moins de 4 % de la population active dans l'agriculture. Dans le domaine du traitement de l'information, au début des années 80, une petite tranche d'un cristal de silice d'un quart de pouce carré contenait 10 fois plus de composantes électroniques que le premier ordinateur ENIAC, conçu en 1946 et qui pesait environ 30 tonnes. Ce petit cristal de silice coûte 30 000 fois moins cher que n'a coûté ENIAC et il utilise moins d'énergie qu'une chandelle. ENIAC utilisait autant d'énergie que 10 phares. Cette pièce de cristal peut aussi effectuer un million d'opérations par seconde, soit au moins 200 fois plus qu'ENIAC. On nous promet déjà que cette puissance sera augmentée encore d'une façon tout aussi spectaculaire dans un avenir très rapproché. Cela découle du génie inventif de l'homme, de l'amélioration de ses moyens de transformation ainsi que de son application à perfectionner les produits et les services. La gestion doit être suffisamment souple pour permettre le déploiement de l'innovation, dont les résultats se font sentir le plus souvent à long terme.

1.3 TYPOLOGIE DES SYSTÈMES PRODUCTIFS

Une mine de métaux de base est une entreprise où l'on part d'un intrant. Le minerai est concentré, et grâce à des procédés chimiques et physiques, on en extrait, par exemple, le cuivre et des sous-produits tels l'or et l'argent. Une entreprise pétrochimique est un autre exemple. On y part du pétrole brut qu'on transforme pour en extraire des huiles, des cires, de l'essence et d'autres produits. Les procédés employés dans bien des usines de produits chimiques se rangent aussi dans cette catégorie. Ces procédés sont généralement continus.

Un système de synthèse fonctionne complètement à l'opposé. On part d'une multitude de matières premières ou composantes différentes pour fabriquer un produit. Tel est le cas de la maison préfabriquée. De même, un téléviseur est un assemblage de composantes. La majeure partie des biens de consommation appartiennent à cette catégorie. Les alliages spéciaux sont aussi des cas où l'on combine différents éléments afin d'en obtenir un produit qui satisfait à des exigences spécifiques en termes de durabilité, de malléabilité, de poids, etc. Ces procédés peuvent être continus ou intermittents. L'industrie de l'automobile serait un exemple d'un système de synthèse généralement employé en continu. L'usine fonctionne vingt-quatre heures par jour, sept jours par semaine, jusqu'à l'arrêt des opérations lorsqu'on modifie des modèles ou par suite d'une baisse substantielle de la demande.

Le flux des matières au sein du système de transformation prend soit la forme d'une segmentation de la matière première ou d'une décomposition, soit la forme de regroupements de composantes en produits finis (tel est généralement le cas des entreprises manufacturières ou des entreprises de synthèse). On peut facilement schématiser ces processus, comme le démontre la figure 16.1.

Cette figure donne des exemples d'entreprises ayant des processus de transformation basés sur l'analyse et sur la synthèse. Elle indique de plus que les processus peuvent être effectués de façon continue ou intermittente. L'exploitation d'un système continu est absolument nécessaire dans les cas où un arrêt occasionnerait des dommages irréparables aux équipements et aux installations physiques de l'entreprise ; par exemple, une usine de réduction

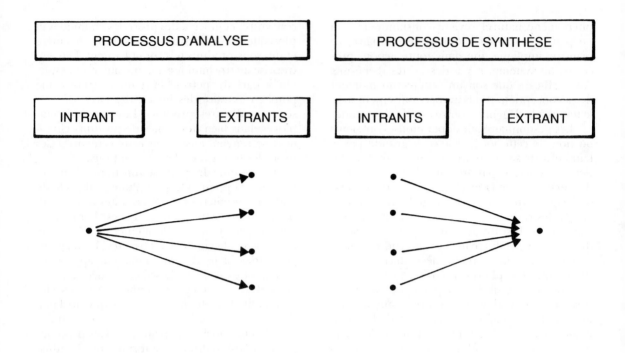

Figure 16.1

d'aluminium, où un arrêt prolongé provoquerait le gel de l'aluminium dans les cuves de réduction et nécessiterait un redémarrage lent. Pour d'autres entreprises, la rentabilisation du capital en immobilisation exige l'exploitation en continu, par exemple dans l'industrie de l'automobile, où on trouve de lourdes immobilisations en équipements de toutes sortes.

En ce qui a trait à la production intermittente ou production par flux discontinus, on reconnaît généralement deux types : des produits standards, que l'on fabrique par lots dans le but de répondre à la demande à partir d'un stock de produits finis, comme des ameublements de bureaux, ou des produits qui ne sont fabriqués qu'en fonction d'une demande spécifique de la clientèle, comme la fabrication d'un train d'at-

terrissage pour un modèle d'avion. À l'autre extrémité, on trouve des flux déconnectés, c'est-à-dire du travail à la façon, par exemple la production unitaire d'un navire. Le tableau 16.1 montre un schéma de ces différents types de production en fonction de la quantité produite. On remarque que dans cet espace, l'augmentation de la variété va dans le sens inverse de l'augmentation de la quantité synthèse. Si l'on produit toujours la même chose, il en résulte peu de variété. Il y a aussi un corollaire auquel le système doit faire face : il s'agit de la complexité du contrôle.

Quelles conclusions générales peut-on tirer des caractéristiques des entreprises en fonction de leur position au sein de cet espace qui va de la production unitaire à la production continue

Tableau 16.1   Typologie des organisations

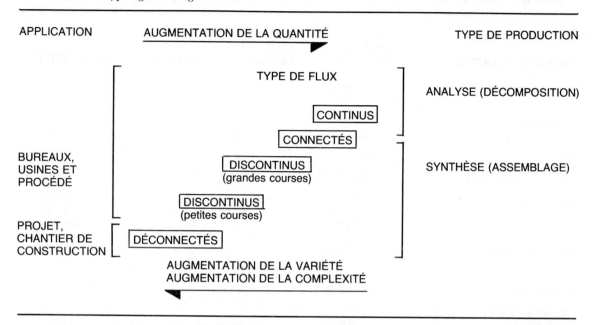

ou en très grande série ? Plus un système est complexe, plus son contrôle est également complexe. Suivant cette loi cybernétique, on peut s'attendre à plus de complexité dans les cas de production où l'on ne fait jamais la même chose. À la lumière de cette loi ainsi qu'à celle de l'entropie, le tableau 16.2 offre une généralisation des caractéristiques des systèmes de production auxquels on devrait normalement s'attendre dans l'espace de la production unitaire à la production de masse.

2. Contrôle et modélisation

La modélisation présuppose que l'on sait ce que l'on veut contrôler. Nous avons vu dans la section précédente que les systèmes productifs peuvent prendre plusieurs formes, c'est-à-dire qu'ils peuvent être assimilés à des processus de décomposition ou de synthèse, et que, de plus, ils peuvent être exploités comme flux continus, discontinus ou déconnectés. À la limite, chaque entreprise pourrait avoir un modèle qui lui serait propre, en fonction de ses produits et de ses

ressources de production. Bien qu'il soit vrai que l'on doive généralement modéliser chaque entreprise, de tels modèles ne nous permettent pas de dégager des principes d'application universelle. Nous devons nous limiter dans ce texte à un modèle théorique d'application générale. Mais avant de ce faire, voyons ce qu'est le contrôle.

2.1 LE CONTRÔLE STATIQUE

Le contrôle statique des opérations s'effectue à partir de données et de rapports d'opérations déjà accomplies ; c'est un contrôle ex post des opérations. Il prend généralement la forme de vérifications de nature comptable. On vérifie par le contrôle l'atteinte des objectifs après réalisation ou encore après un certain temps d'exploitation (semaines, mois, années, etc.). Ces méthodes de contrôle sont utiles surtout parce qu'elles fournissent une vision globale de ce qui s'est passé durant la période d'analyse en termes de productivité, d'absentéisme, de rotation de main-d'œuvre, de quantités produites, de délais de livraison, de rejets d'opérations, d'utilisation

Tableau 16.2   Généralisation* sur l'ampleur relative de quelques caractéristiques de production ou continuum

CARACTÉRISTIQUE (AMPLEUR RELATIVE)	UN SEUL PRODUIT	TYPE DE PRODUCTION COURSES PETITES	GRANDES	EN CONTINU
Investissement original ($)	Bas	--		Élevé
Produit fabriqué (standard)	Peu ou pas	--		Très
Équipement (spécialisation)	Peu ou pas	--		Très
Agencement d'équipement	Par utilité ou par fonction	--		Par procédé ou par produit
Matériel en stock	Élevé	--		Bas
Habileté de la main-d'oeuvre	Élevé	--		Peu
Surveillance de la main-d'oeuvre	Difficile	--		Facile
Instructions à donner à la main-d'oeuvre	Nombreuses	--		Simples
Contrôle de la production	Complexe	--		Simple
Flexibilité du procédé	Très	--		Peu ou pas
Temps de fabrication (unitaire)	Très long	--		Très court

* Comme dans toute généralisation il y a des exceptions, et ce tableau n'échappe pas à cette règle. D'autant que les valeurs véhiculées dans l'organisation peuvent avoir un effet marqué sur ces caractéristiques. N'en est-il pas de même des nouvelles possibilités de traitement des données qui permettent une plus grande dissémination de l'information pour une prise de décision décentralisée ou prenant son origine dans la base de l'entreprise?

de la main-d'œuvre, de niveau de stockage, de mouvement de trésorerie, d'utilisation des matières premières, de fiabilité de l'équipement, etc. Cependant, ces méthodes ne permettent pas de se pencher directement sur les causes des écarts ou des variations entre ce qui a été prévu et le rendement effectif. Tout au plus permettent-elles de dégager des perceptions qui peuvent indiquer l'orientation d'analyses ulté-rieures ou la direction des corrections à apporter.

Les variations d'opérations peuvent être occasionnées par une multitude de facteurs ; il est difficile sinon impossible d'en déterminer les sources exactes. Cet exercice de contrôle est effectué sur une base *post mortem*, et l'information nécessaire n'est vraisemblablement pas disponible ou ne l'est plus. Il est par conséquent difficile de fonctionner efficacement à l'aide de cette seule méthode de contrôle et d'éliminer toutes les variations dans les périodes subséquentes de l'opération.

La correction est donc un processus à long terme ; tranquillement, période après période, on tend à corriger certaines des déficiences du système. Il n'en demeure pas moins que certaines déficiences persistent durant des années. On remarque que dans les entreprises qui utilisent seulement ces techniques de contrôle, la tendance est de fonctionner par programmes d'amélioration. Pour une année ou pour une période de temps déterminée, on se concentre, par exemple, sur la réduction des rejets, l'augmentation de la productivité, l'amélioration de la qualité, la diminution de l'absentéisme, la réduction des temps de fabrication, le respect des délais de livraison, la diminution des coûts de stockage, etc. Ces méthodes de contrôle, quoique parcellaires, ont porté fruits et ont permis à nombre d'entreprises d'obtenir une relative ou une assez bonne productivité ; mais à quel coût ?

2.2 LE CONTRÔLE DYNAMIQUE

La notion de contrôle dynamique vient de l'approche systémique. Le contrôle n'a plus ici le même sens. Il devient un état et non plus un moyen. On indiquera alors ce qu'il faut faire pour que le système soit en état de contrôle, ce qu'il doit accomplir en termes de qualité et de quantité. Que faire pour que le système soit en état de contrôle ? On remettra le système en état de contrôle en agissant par la régulation des variations ou des écarts à leur point d'origine. La régulation doit agir sur l'événement qui occasionne la variation. Une situation non conforme aux objectifs doit être corrigée dans les plus brefs délais. Le système de repère des variations doit donc se situer à l'endroit où celles-ci peuvent se produire ou, du moins, le plus près possible, afin de réduire les délais de régulation et les répercussions néfastes de ces variations sur les autres composantes du système.

Revenons à ces deux notions de contrôle, qui sont toutes deux nécessaires à la production.

Le contrôle comptable permet de fixer des attentes à moyen et à long terme (les plans) et de vérifier le degré de réalisation après coup. Il permet aussi d'améliorer les grandes déficiences du système grâce à des programmes concrets d'action et de mieux prévoir son comportement dans le temps. Par ailleurs, le contrôle dynamique est centré sur le quotidien et permet d'ajuster par régulation le système aux besoins. Sur un autre plan, on peut dire que le contrôle comptable est axé sur la centralisation de la prise de décision par la direction, et le contrôle des variations opérationnelles est pour sa part orienté vers la prise de décision décentralisée, soit la main-d'œuvre et la maîtrise des opérations. Les deux contrôles sont essentiels. Le contrôle de type comptable permet de se concentrer sur le long terme et les grandes orientations de l'entreprise, ainsi que d'effectuer une gestion par exception. Le contrôle systémique permet de considérer l'immédiat et de régulariser le système au besoin.

2.3 RÉGULATION DES VARIATIONS

Nous retenons deux modèles complémentaires en fonction de leur utilité respective dans la prise de décisions rationnelles et éclairées en matière de production. Le premier a déjà été abordé. Il s'agit du modèle intrant-transformation-extrant présenté à la figure 16.2. En soi, ce modèle exprime peu de choses. Mais si on y annexe les types de régulation possibles, il devient plus explicite et permet une prise de décision plus éclairée. Il est non seulement applicable à l'ensemble du système mais aussi à chacune de ses composantes ou sous-systèmes. Des sept types de régulation présentés à la figure 16.2, deux sont reliés à la conception et aux objectifs, deux font office de filtres pour éliminer ce qui n'est pas conforme à l'entrée ou à la sortie, tandis que les trois autres types adaptent la transformation, les intrants ou les extrants aux besoins. Cette figure permet de mieux saisir le système de transformation, ses composantes et les types de variations possibles. La variation se définit comme un écart des intrants de transformation ou des extrants, écart non conforme aux attentes. Elle peut être criti-

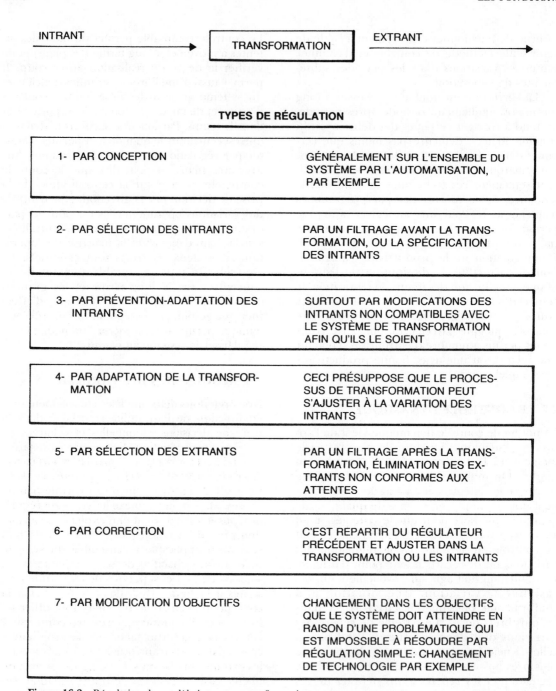

Figure 16.2 Régulation du modèle intrant – transformation – extrant sous-système

que ou non. Elle est critique si elle influence d'autres sous-systèmes et si elle a un effet marqué sur la productivité, les coûts, la qualité, etc. Elle peut être mesurée en différentes unités (température, pression, dureté, humidité, quantité, dimensions, couleur, odeur, etc.), soit en termes de caractéristiques du produit ou du matériel en cours de réalisation. Ces variations observables et mesurables sont à la source de diverses variations de productivité et de coût.

2.3.1 La technologie

Les variations de production peuvent provenir de déficiences du système technologique de l'entreprise. Elles se mesurent en termes d'adéquation en rapport avec les caractéristiques physiques ou chimiques mesurables du produit (telles les dimensions, la température, la pression, la dureté, etc.) ou encore avec les besoins des caractéristiques quantitatives d'opération (telles la fiabilité d'opération, la facilité de réglage et d'entretien, la rapidité d'opération, etc.). Ces variations sont fonction de la technologie de l'entreprise en regard de la production. Il est donc nécessaire d'effectuer continuellement une analyse des technologies de remplacement qui pourraient permettre d'améliorer le rendement. En d'autres mots, la solution aux variations technologiques peut se trouver à l'intérieur, si la technologie utilisée est appropriée, comme elle peut se trouver à l'extérieur. À titre d'exemple, certaines entreprises se spécialisent dans l'étude de l'efficacité des nouveaux équipements sur le marché en fonction de leurs caractéristiques d'opération. Notons à cet égard que les machines-outils ont plus que quadruplé leur indice d'efficacité durant la période de 1945 à 1975. Bien situer l'entreprise en ces termes ne peut que conduire à une meilleure connaissance de sa position compétitive et permettre une prise de décision technologique rationnelle.

2.3.2 La structure

Les variations de production peuvent provenir d'un manque d'adéquation entre les besoins de la production et les règles, les procédures, les normes ou la gestion guidant son orientation. Les règles en place favorisent-elles l'atteinte des objectifs ou sont-elles contradictoires? Par exemple, dans une entreprise, par souci de rationalisation, on met sous la responsabilité de l'entretien le démarrage et la mise au point de l'équipement, responsabilités qui peuvent être assumées par le personnel de production, car elles ne nécessitent pas de connaissances particulières. Cette procédure occasionne des pertes de temps et de production du fait qu'il faut attendre le personnel d'entretien pour effectuer ces tâches. Voici un autre exemple. Afin de permettre à certains professeurs de mieux préparer leurs cours et de faire la correction des travaux d'étudiants, une commission scolaire permit l'utilisation des heures supplémentaires. Cette mesure qui devait favoriser la qualité a eu pour résultat une augmentation des coûts. Elle favorisait en fait ceux qui n'étaient pas suffisamment productifs en les payant plus que ceux qui s'acquittaient de leurs tâches dans les temps et délais prescrits. Des anachronismes de ce genre ne sont pas rares. Ils existent malheureusement dans la vaste majorité de nos organisations contemporaines sous une forme plus ou moins accentuée. Des règles qui favorisent la productivité et l'atteinte des objectifs sont mises en place à un moment donné, mais l'entreprise évolue et les règles demeurent. Il s'ensuit que ce qui, hier, favorisait bien la productivité des tâches ne la favorise plus nécessairement aujourd'hui. Plus une entreprise doit s'adapter rapidement à l'environnement, plus les règles, les procédures et les normes de gestion qu'elle utilise doivent être assouplies afin de lui permettre d'atteindre les objectifs ou au moins de ne pas constituer un frein.

2.3.3 Le personnel

Les variations d'opération attribuables au personnel sont mesurées généralement en termes d'absentéisme, de rotation, de quantités produites, de reprise de travail, de déficiences au point de vue de la qualité, etc. Elles ont pour résultat une productivité moindre que celle qui était souhaitée et reflètent un manque d'efficacité du personnel. L'efficacité d'un employé est fonction de sa motivation et de son habileté à exécuter les tâches qui lui incombent. Y a-t-il adéquation entre les besoins de la tâche et les habiletés de ceux à qui en incombe la responsabilité ? On a souvent tendance à oublier la dimension « habileté ». On tente trop souvent de compenser les déficiences d'habileté par des procédures qui privilégient à outrance les méthodes et négligent les objectifs. Cette attitude ne comble nullement les lacunes et crée par ailleurs des frustrations qui affectent la motivation. Quels sont incidemment les aspects du travail qui favorisent la motivation ? Quels sont ceux qui suscitent des frustrations et de l'aliénation ? Les nombreuses études effectuées dans ce domaine nous permettent de conclure que dans les entreprises où les styles de gestion sont démocratiques (participatives), on trouve des valeurs plus positives, plus de satisfaction au travail et moins d'aliénation. On prend plus à cœur le destin de l'entreprise.

2.4 MODÈLE INTÉGRATEUR

Notre deuxième modèle effectue l'intégration des champs de variations que sont la technologie, les structures, le personnel et la raison d'être de l'entreprise, variations que l'on peut trouver dans une opération ou une série d'opérations, dans la production globale, ou encore dans l'entreprise même. Une analogie pourrait être faite entre ce schéma et un moteur électrique. Chaque composante (bobine) d'un moteur électrique produit un champ électromagnétique de même sens, qui fait tourner l'arbre selon les spécifications de la conception. Il en va de même dans l'entreprise. Ces quatre facteurs doivent être orientés dans le même sens. Il ne doit pas y avoir de contradictions, sinon la production ne pourra faire face aux attentes. Dans un moteur, une variation pourrait provenir d'un embobinage défectueux ou encore de l'usure d'un fil créant le champ magnétique quant à la production. La variation peut provenir d'une mauvaise utilisation des ressources, de l'usure de la technologie ou encore de structures inadéquates. La puissance d'un moteur électrique est aussi fonction du courant qui l'alimente. Dans le cas d'un système de production, il s'agit de l'environnement externe de l'entreprise et des aléas que cette dernière doit surmonter.

2.5 IMPLICATIONS ADMINISTRATIVES

Vu sous cet angle, le rôle du gestionnaire de la production est de réduire au minimum les contradictions inhérentes au système et de les contrôler. Il doit également concentrer ses efforts pour réduire les sources de variations et, bien entendu, donner toute l'attention nécessaire à l'atteinte des objectifs de production découlant de la planification des opérations.

Nous avons volontairement placé la planification après le contrôle étant donné que la planification, comme l'opération, implique le contrôle. Ainsi, il faut savoir ce que l'on peut contrôler avant de planifier les objectifs, tout comme il faut savoir ce que l'on peut produire et comment on peut le produire avant de le planifier.

3. La configuration physique

Comment passer du modèle proposé à l'aménagement physique de l'entreprise ? Voilà la question à laquelle nous tenterons de répondre dans cette section. Dans le passé, les publications sur la gestion des opérations ne faisaient état que de deux types ou modèles d'aménagement :

— l'aménagement par produit, c'est-à-dire l'organisation d'une usine en vue de la fabrication d'un seul produit (l'exemple type étant la chaîne de montage) ;

— l'aménagement par fonction : dans ce cas, l'organisation de l'usine consiste en des regroupements de fonctions ou d'équipements similaires dans un même service. L'exemple type de l'aménagement par fonction est l'atelier de mécanique, où on trouve un service de soudure, un service d'usinage, un service de perçage, un service de sectionnage du métal en feuille, un service de pliage, un service de peinture, etc.

Ces aménagements par fonction ou par produit sont largement diffusés. L'aménagement physique d'une usine, d'un bureau n'est pas souvent changé. Une fois un milieu aménagé, on n'y touche plus pour une longue période de temps. Si, dans nos résidences, l'équipement et le mobilier peuvent être déplacés par une ou deux personnes, ce n'est généralement pas le cas dans les usines. Quelle est l'importance de l'aménagement physique ? Dans nos résidences, l'aménagement et la décoration sont généralement un reflet de notre façon de vivre. Dans les usines ou dans les bureaux, on recherche généralement des aménagements fonctionnels. L'aménagement devra favoriser l'efficience et réduire au minimum les pertes de temps en manutention, transport ou recherche d'outils. L'aménagement n'étant révisé qu'occasionnellement, il est donc important qu'il réponde aux attentes. Devrait-on croire que ces deux types d'aménagement répondent à tous les besoins ? Sûrement pas.

Thurston[2] associait la production à un mécanisme de passage des matières premières à travers une ou plusieurs étapes du processus de transformation. S'il était possible d'éliminer toute manutention et de ne faire que des opérations de transformation, on obtiendrait alors un système idéal. Mais ce vœu est utopique, car, en général, le personnel, les matières et les produits ont à effectuer des déplacements. Une exception serait le traitement de données par l'informatique. L'énergie humaine et mécanique affectée au mouvement des biens contre la transformation a été peu étudiée. Dans plusieurs usines, il est courant de trouver de 25 à 50 % des ressources de production utilisées pour la manutention. Ce phénomène est occasionné par la nature de la transformation, du produit, de la technologie mais aussi et surtout par l'aménagement retenu. Qu'un tel pourcentage des énergies de l'entreprise soit dépensé de façon non productive mérite étude.

Les figures 16.4 à 16.9 résument de manière schématique six aménagements physiques. Il s'agit d'exemples qui ne représentent pas nécessairement la situation idéale. Les trois premiers schémas d'aménagement résultent d'études d'analyse combinatoire ; ils regroupent les aménagements par produit, par fonction et par groupe de technologie. À partir de l'analyse combinatoire, on tend vers l'optimisation des ressources productives ou la réduction des aspects improductifs tels que le transport ou la manutention. Ces trois types d'aménagement s'inscrivent dans la même école de pensée, soit l'administration scientifique. Les trois autres schémas d'implantation représentent plutôt des applications particulières en fonction de besoins spécifiques à certaines entreprises. Examinons ces types d'aménagement.

3.1 L'AMÉNAGEMENT PAR PRODUIT

L'aménagement par produit est un regroupement d'équipement et de personnel en fonction d'un seul produit fabriqué ou assemblé en grande quantité. Ce type d'aménagement est peu flexible en ce sens qu'on ne peut pas y fabriquer un autre produit que celui pour lequel il a été conçu. Par exemple, dans l'industrie de l'automobile, des changements mineurs au sujet du produit peuvent entraîner plusieurs semaines d'arrêt afin que soit réaménagée la chaîne d'assemblage. Un changement majeur dans la taille des véhicules pourrait exiger un réaménagement conduisant à plusieurs mois de non-production, sans compter l'effort sous-jacent de planification et d'ingénierie. La gestion de ces systèmes est hautement centralisée. On remarque à la figure 16.3 que la matière première peut entrer à plusieurs endroits le long de la chaîne selon les besoins. Comme il est possible que plusieurs sous-assemblages soient réalisés sur des chaînes secondaires, chacun de ceux-ci rejoint la chaîne principale au point désiré pour être intégré à l'assemblage principal.

Henry Ford fut le précurseur de l'utilisation des chaînes d'assemblage avec son modèle T. Sur le plan global, ce type d'aménagement a démontré son efficacité dans le passé, mais il est de plus en plus remis en question par une main-d'œuvre qui doit subir cette aliénation reliée à des tâches généralement très répétitives.

3.2 L'AMÉNAGEMENT PAR FONCTION

L'aménagement par fonction ou par service consiste en des regroupements de machines ou de tâches similaires au sein de services ou de sections spécialisés. Ce type d'aménagement est donc axé sur la spécialisation du travail. Un bureau des ventes, un bureau des achats ou un bureau des comptes à payer, voilà autant d'exemples de ce type d'aménagement. Le prin-

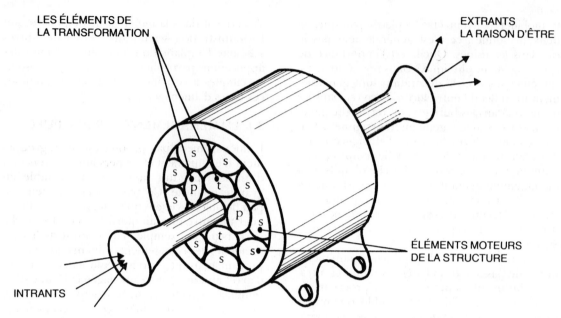

LES ÉLÉMENTS DE
LA TRANSFORMATION

EXTRANTS
LA RAISON D'ÊTRE

ÉLÉMENTS MOTEURS
DE LA STRUCTURE

INTRANTS

Figure 16.3 Le système de transformation

cipe de l'agencement global des services ou des sections est le besoin de proximité. Plus ces besoins sont élevés, plus les services ou les sections doivent être près les uns des autres. Dans une usine, on quantifie ce besoin de proximité en termes de pondération de volume, de poids et de distance de manutention entre les unités de transformation. Dans les bureaux, c'est surtout en termes de nécessité d'échanges d'information ainsi que de logique du système que l'on justifie les besoins de proximité. Ce type d'aménagement est surtout utilisé dans des entreprises fabriquant des petits lots d'une multitude d'objets. Comme les produits de l'entreprise changent avec le temps, il arrive souvent que la configuration spatiale retenue dans le passé ne convienne plus aux besoins actuels de production, ce qui oblige à revoir l'aménagement. Par ailleurs, les besoins du système d'acheminement, de suivi du matériel et d'affectation des tâches ont tendance à croître avec le temps, plus rapidement que celui de la production. En d'autres termes, les besoins de contrôle augmentent plus vite que la production. Telle est la loi de la variété nécessaire : « Plus un système est complexe, plus le contrôle est égale-

ment complexe. » Cet effet limite l'efficacité d'utilisation du modèle d'aménagement, à moins que l'on ne puisse contrecarrer les besoins accrus de contrôle. La figure 16.4 montre le cheminement de deux produits à travers des services.

3.3 LES GROUPES DE TECHNOLOGIE

La gestion scientifique des organisations (qui, dans l'esprit de plusieurs, s'arrête au taylorisme) nous offre une multitude d'outils et de techniques de gestion qui ne s'appuient pas tous sur les mêmes bases de rationalisation. L'outil de gestion que sont les groupes de technologie n'a pris son essor que récemment. De nos jours encore, on trouve peu de groupes de technologie. Cela s'explique par le fait que cette technique, qui a pour but de définir un aménagement d'usine qui réponde aux besoins des produits, est beaucoup plus complexe que les précédentes. Les services sont spécialisés dans des produits qui exigent des technologies identiques. Chaque service ainsi créé doit donc regrouper les technologies nécessaires à la fabrication des produits. Le niveau de complexité réside dans

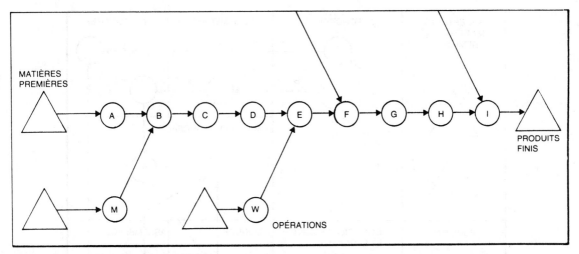

Figure 16.4 Aménagement par produit

l'analyse de chacun des produits en termes de besoins respectifs de techniques de transformation et d'analyse combinatoire. Le but est de définir des services spécialisés en fonction des produits, qui soient relativement petits (de 5 à 20 employés et de 10 à 30 machines).

Quelles sont les raisons qui peuvent motiver une telle approche? Elles résident dans la réduction au minimum des facteurs non productifs de manutention et de suivi des opérations, ainsi que dans l'effort de la planification. Cette technique n'est pas axée, comme les deux précédents modèles, sur la maximalisation de la production par le biais de la spécialisation des tâches mais plutôt sur la polyvalence du personnel. De ce concept de petites unités de production au sein d'une grande entreprise découle une gamme d'avantages. La planification des opérations est simplifiée au maximum; elle peut même être effectuée par le groupe de technologie. Le suivi et le contrôle des opérations peuvent être effectués de façon quasi visuelle; la taille du groupe de technologie le permet. Dans un tel environnement, la polyvalence favorise le travail d'équipe et amoindrit l'effet de l'absentéisme au travail. Néanmoins, effectuer une telle analyse pour une entreprise qui fabrique plus de 1 000 produits différents comportant une dizaine d'opérations est une tâche difficile. Voilà ce qui explique qu'on a peu utilisé cette technique dans le passé. Mais en est-il ainsi de nos jours avec la puissance de traitement des ordinateurs? Ce modèle s'imposera sans doute davantage dans les années à venir. L'effet de l'utilisation de ce modèle a été signalé par Burbidge[4]. Il rapporte des faits tels que des réductions de temps de fabrication de 12 semaines à moins de 4 semaines, une diminution importante du personnel et du temps consacré à la planification, ainsi que des gains de productivité de plus de 25 %.

Lorsqu'on parle de l'usine automatisée de production, on se réfère essentiellement à un agencement conçu selon le concept des groupes de technologie, auquel on ajoute des mécanismes automatiques de transfert et le contrôle automatique des machines. La conduite automatique des machines et le contrôle global à distance ont été rendus possibles par la miniaturisation et la baisse des coûts du traitement informatique. La transformation des intrants et des extrants selon un schéma d'usine organisée en groupes de technologie fait l'objet de la figure 16.5.

3.4 LES AUTRES AMÉNAGEMENTS

Les trois autres aménagements présentés par les figures 16.7, 16.8 et 16.9 sont des cas particuliers. L'aménagement fixe est utilisé pour des

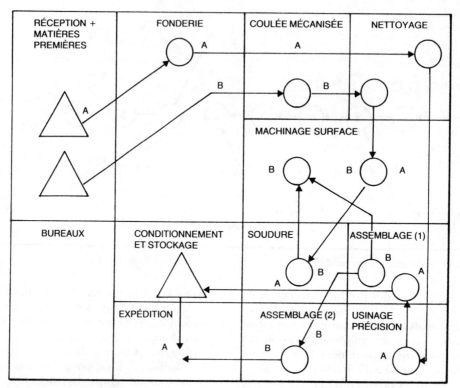

Figure 16.5 Aménagement par fonction

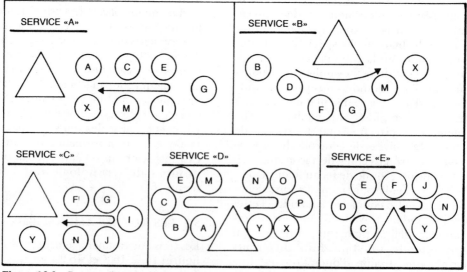

Figure 16.6 Groupes de technologie

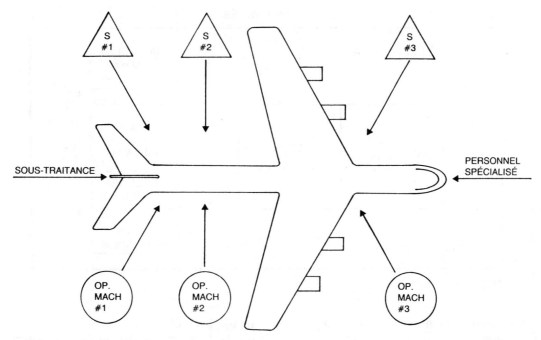

Figure 16.7 Aménagement fixe

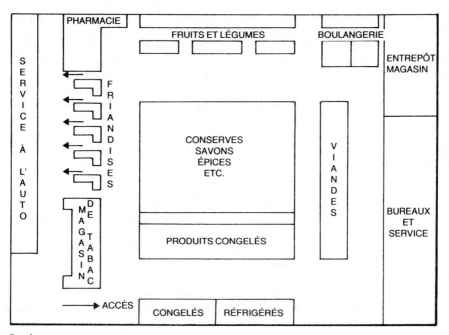

Figure 16.8 Service

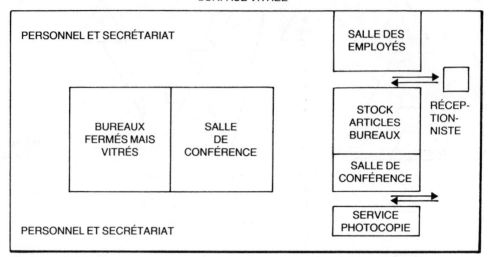

Figure 16.9 Bureaux

produits trop volumineux pour être déplacés d'une étape à une autre (bateaux, avions, etc.). Les composantes sont acheminées au lieu d'assemblage. L'épicerie à grande surface est un type d'aménagement dont le concept consiste à favoriser l'achat tout en réduisant les coûts de service. Dans l'aménagement de bureau présenté, l'espace vitré est réservé à ceux qui doivent demeurer le plus longtemps à leur poste de travail, c'est-à-dire le personnel de bureau et le secrétariat. L'attribution des fenêtres extérieures valorise la présence au travail et non la position dans l'échelle hiérarchique.

3.5 L'AMÉNAGEMENT ET LES STRUCTURES

La configuration physique du système de production et son aménagement spatial sont définis à l'aide de la technique ou du modèle d'aménagement retenu. L'aménagement choisi laisse souvent peu de marge de manœuvre quant au style de gestion et aux structures administratives dont l'entreprise voudrait se doter. Le concept à la base des aménagements par produit et par fonction, on s'en souviendra, découle de la spécialisation de la main-d'œuvre en vue d'un accroissement de la productivité. À

moins de réviser l'aménagement dans ces deux cas, la direction fait alors face à une contrainte sérieuse quant à l'introduction d'autres modes de gestion qui trouvent leur raison d'être ailleurs que dans la spécialisation de la main-d'œuvre. À cet égard, l'aménagement selon les groupes de technologie offre plus de flexibilité quant au choix des styles de gestion et des structures administratives. Le modèle plus ouvert ne s'appuie que sur la réduction au minimum des éléments non productifs et contreproductifs. Ces trois types d'aménagement ont pour résultat des configurations physiques facilement identifiables.

Les autres modèles de gestion des opérations comportent un contrôle ou une diminution des variations d'opération, mais ils ne donnent pas nécessairement comme résultat des aménagements prédéfinis. Ils peuvent jusqu'à un certain point s'associer aux aménagements précédents, pourvu qu'ils en respectent les contraintes. Parmi ces modèles d'organisation du travail, mentionnons le modèle sociotechnique (les cercles de qualité, la théorie Z, le modèle participatif, etc.). L'aménagement physique qui résulte de l'utilisation des groupes de technologie se marie bien à ces modèles de gestion.

4. Les supports de production

Rappelons que jusqu'à maintenant nous avons traité de la mobilisation et du contrôle de l'environnement de transformation, et de l'effet de la configuration physique sur le système global. L'aménagement est, dans certains cas, une source de contraintes. Dans la présente section, nous étudierons des éléments disparates qui doivent être intégrés au système global de transformation. On doit élaborer ces éléments ou supports de production de façon à réduire les contradictions et à permettre au système global d'œuvrer le plus efficacement possible. Certains de ces éléments, comme les stocks, sont physiques, d'autres, comme la qualité, sont de nature plus quantitative. Les achats, l'entretien, l'ingénierie et la planification sont des services à la production.

4.1 LES STOCKS

Quelle que soit l'entreprise, son système de production ou son style de gestion, on y trouve toujours des stocks de matières premières, de produits en cours de fabrication ou de produits finis. Plus les produits stockés sont avancés dans le processus de transformation de l'entreprise, plus ils prennent de la valeur. Car celle-ci est fonction de la main-d'œuvre additionnelle et de la consommation d'énergie nécessaires à la transformation. La gestion des stocks revêt plus d'importance dans les entreprises qui ont une grande variété de produits stockés. Les stocks représentent, en somme, un gel de capital qui ne peut être utilisé à d'autres fins, sans compter qu'ils occasionnent des frais de gestion et qu'ils occupent de l'espace. Quel est le niveau de stocks optimal qui assurera une continuité des opérations sans pour autant occasionner des coûts prohibitifs de stockage ? Il n'est pas facile de répondre à cette question, et il n'existe probablement pas de réponse exacte. Comme nous l'avons vu précédemment, l'aménagement physique et les modèles de structures de gestion ont un effet important sur les stocks comme sur les autres facteurs de production. Cependant, ce ne sont pas les seuls facteurs à considérer. Des achats en grande quantité permettent d'obtenir des remises et de réduire les frais de transport et de manutention. Par ailleurs, l'incertitude de ne pouvoir acquérir des matières premières en raison de pénuries momentanées peut à l'occasion favoriser le surstockage de matières premières ; une grève appréhendée chez un fournisseur en est un exemple. Il en est de même pour les produits finis, que l'on pourrait à l'occasion surstocker afin de garder occupées les ressources techniques et humaines de l'entreprise.

On reconnaît en général trois types de stocks. Ce sont :

— les stocks en oléoduc ou les stocks en circulation entre les différentes phases du système de production. Il faut aussi ajouter les stocks chez les fournisseurs de matières premières, les distributeurs et les détaillants. Ce sont des stocks inutilisables pendant qu'ils sont en transit, mais qui s'avèrent nécessaires au fonctionnement du système.

— les stocks de commande, ou stocks actifs, c'est-à-dire les stocks qui servent à satisfaire la demande courante des différents sous-systèmes de l'entreprise. Ces stocks satisfont les besoins d'exploitation. Par exemple, on trouve sur les tablettes d'une épicerie suffisamment de légumes pour faire face à la demande entre deux périodes de commande, soit un, deux ou trois jours. Ces stocks sont, en somme, liés aux politiques utilisées pour passer les commandes. Ils permettent de répondre à une demande moyenne entre deux points de réapprovisionnement.

— les stocks de sécurité permettent de répondre à des hausses non prévues de la demande entre deux points de réapprovisionnement. Plus on désire se mettre à l'abri d'une rupture de stock, plus on augmente le niveau des stocks de sécurité. Le réalisme s'impose ici.

4.2 LA QUALITÉ

La qualité est définie dans une multitude de termes plus ou moins valables, ce qui tend à rendre cette notion plutôt vague. Dans certains milieux, l'assurance d'une bonne qualité des produits ou des services serait fonction du prix payé. Il est bien connu que des boutiques vendent plus cher simplement pour attirer une clientèle qui croit en cette relation du prix et de la qualité. Dans d'autres cercles, où l'on valorise la qualité de l'automobile et où l'on discute ardemment des mérites d'une marque, la qualité se définit en termes de coûts, de confort, de désuétude, de luxe, ou d'entretien. Il est bien difficile de cerner la qualité d'un produit. Voilà pourquoi on doit rechercher une mesure plus objective. À cet égard, quatre facteurs nous aideront. Ce sont le grade, la fiabilité, la consistance et la conformité aux spécifications.

La plupart des gens ont tendance à donner aux différents produits des attributs en termes de goût, d'odeur, de texture, de couleur ou encore en termes de possibilité d'exploitation, etc. La qualité vue dans cette perspective suggère des gradations. Un produit est meilleur qu'un autre. C'est ainsi que l'on reconnaît que le crédit d'une corporation ou d'un État est meilleur qu'un autre, selon des maisons spécialisées dans ce genre d'analyses. Les légumes et les viandes sont aussi commercialisés avec mention d'un grade. Le prix de vente varie d'un grade à l'autre. Ce système de gradation des produits et aliments permet au consommateur de faire des distinctions. Néanmoins, ces systèmes de gradation ne sont pas universels ou standardisés : ils doivent donc être utilisés avec prudence.

Tout produit doit répondre aux exigences du consommateur. Celles-ci peuvent être une question de grade et de consistance mais aussi de fiabilité d'utilisation. Peut-on entretenir le produit ?

Les produits ou services d'une entreprise sont-ils toujours de même niveau ? Un garagiste, par exemple, fournit-il toujours le même degré de service ou trouve-t-on des fluctuations reliées à l'humeur du personnel ? On aurait tendance à choisir un garagiste qui donne un haut niveau de service mais qui commet quelques bévues plutôt qu'un autre qui ne fournit qu'un service moyen ; cela suppose que les bévues ont moins d'importance qu'un service moyen.

Enfin, le degré selon lequel les produits ou les services respectent les spécifications de conception pour chacune des composantes du produit est la conformité. Cette mesure prend toute son importance dans les entreprises de fabrication. Le diamètre d'un arbre de transmission doit être de 5 cm $\pm$ 0,005. Afin de le fabriquer selon ces spécifications, on devra faire un choix d'équipement. Une machine-outil pourrait les fabriquer à $\pm$ 0,001 cm de façon constante. La conformité aux spécifications serait alors supérieure aux besoins. Cette machine serait peut-être plus coûteuse qu'une autre qui ne ferait que se conformer à la spécification originale de $\pm$ 0,005.

En plus de ces mesures concrètes, la qualité consiste aussi en une philosophie d'exploitation qu'il est souhaitable de véhiculer. Ainsi, l'usine Ford de Louisville aux États-Unis, qui avait une mauvaise réputation en 1979, obtient maintenant une qualité de production comparable, si ce n'est supérieure, aux produits japonais. Le message du directeur en 1979 a été clair : « Maudire la compagnie est l'équivalent de vous maudire vous-mêmes. Que voulez-vous ? Voulez-vous un bon produit ou fermer les portes ? Il ne nous reste que six mois. » Cet appel a été le point de départ d'un changement d'attitudes qui a permis de faire prendre conscience aux employés de l'importance de la qualité.

4.3 L'ENTRETIEN

Toute entreprise exige que ses machines soient maintenues en état d'utilisation. Qui « brillera » le plus au cours d'une absence de deux semaines : le président ou le concierge ? Le président délègue ses pouvoirs ou au moins une partie à ses adjoints. Si par ailleurs le concierge est absent, on doit le remplacer. Cette tâche anodine est essentielle dans l'entreprise. Dans les entreprises de production, on doit aussi veiller à l'entretien des équipements. Un propriétaire d'automobile n'attend pas que son véhicule soit en panne pour l'entretenir. S'il est conscient de sa valeur, il effectuera un entretien préventif minimal. À l'occasion, il changera des pièces avant qu'elles n'occasionnent des problèmes plus sérieux. « Mieux vaut prévenir que guérir » ; ce dicton est aussi vrai dans les entreprises où l'entretien préventif augmente l'assurance de la continuité d'exploitation et diminue les coûts de réparation. La gestion de l'entretien prend donc de l'ampleur dans les entreprises nécessitant une assurance élevée de continuité et un contrôle étroit des coûts.

4.4 ACHATS ET APPROVISIONNEMENT

La qualité et le prix des produits et des denrées que nous achetons varient. Cette variation dépend du fournisseur et de la provenance ultime de ces biens mais aussi des conditions particulières du marché telles que la pénurie, la surabondance, etc. Une entreprise peut négocier des conditions particulières tels des remises de quantité et des escomptes en raison de paiements rapides. Ces politiques varient d'un fournisseur à l'autre, tout comme le service. Pour une entreprise, gérer les achats et les approvisionnements consiste donc à intégrer les facteurs de prix, de services et de qualité afin de recevoir les quantités requises de ses fournisseurs au moment opportun et, du même coup, de satisfaire aux exigences d'exploitation.

La fonction approvisionnements-achats peut relever d'un autre secteur d'activité que la production. Quoi qu'il en soit, il doit y avoir de bons canaux de communication avec l'utilisateur premier des achats. Ces canaux doivent souvent être étendus directement aux fournisseurs, afin qu'il y ait vraiment adéquation des fournitures aux besoins, et modification si nécessaire. L'effet économique d'une bonne gestion des approvisionnements n'est pas à négliger. Pour l'entreprise dont les achats représentent 40 % des ventes et dont les bénéfices bruts constituent 5 % des ventes, une réduction de 2 % du coût des achats permettrait d'augmenter les bénéfices de l'entreprise de 16 %.

4.5 INGÉNIERIE DE PRODUCTION

L'ingénierie de production est l'ensemble des supports techniques de production s'occupant, d'une part, de la conception des produits et des procédés et, d'autre part, des méthodes de travail, de la normalisation et de l'intégration de l'interaction de l'homme et de la machine. Dans une entreprise de produits mécaniques, les plans nécessitent souvent d'être refaits au complet par suite de modifications. Le bureau d'ingénierie peut être équipé d'appareils de conception par informatique et de programmes CFAO (conception et fabrication assistées par ordinateur) permettant de produire des dessins exacts à partir de spécifications minimales et des esquisses. Ces systèmes CFAO permettent de gagner du temps à la conception et ainsi de développer de meilleurs produits. Les concepteurs peuvent inclure à la fois les besoins des consommateurs et les contraintes du producteur et faire des essais.

L'autre secteur de l'ingénierie de production, qui comprend la normalisation, les méthodes de travail et l'intégration de l'interaction de l'homme et de la machine, relève généralement du domaine du génie industriel. Pourquoi doit-on normaliser des opérations ? On les normalise afin d'en établir les coûts. Le temps et le coût du personnel d'exploitation doivent être pris en considération, tout comme les matériaux et l'utilisation des autres ressources de l'entreprise. Cette normalisation des tâches peut être effectuée de façon formelle, grâce à des études de temps et de mesure du travail, ou encore de façon moins formelle, grâce à des estimations du temps de production consacré par le personnel de la production (maîtrise, employés et cadres). En plus de servir à l'élaboration des prix, la normalisation est un des éléments permettant la planification détaillée des opérations telles que les horaires de travail et l'affectation des tâches.

L'étude des méthodes de production consiste en la recherche d'un moyen optimal de faire les choses. Elle vise à accroître la productivité tout en réduisant les activités improductives telles que la manutention, le stockage, le transport ainsi que le suivi des opérations. Elle donne généralement de meilleurs résultats en ce qui a trait à l'acceptation, à l'adaptation et à la flexibilité, si elle est effectuée avec la collaboration des employés concernés.

L'interaction de l'homme et de la machine relève plus particulièrement des considérations ergonomiques du travail. On cherche essentiellement à fournir un milieu de travail qui ne sera pas nuisible au personnel. Il s'agit en quelque sorte de considérer les facteurs physiques de l'environnement du travail et leurs effets physiologiques.

4.6 LA PLANIFICATION

La planification consiste en l'organisation d'un avenir souhaitable pour l'entreprise en fonction de sa situation actuelle. C'est l'étude des besoins de l'entreprise et de son environnement compte tenu des ressources, des possibilités et des contraintes. La planification doit prévoir non seulement l'adaptation aux besoins de l'environnement mais aussi l'influence sur ce dernier.

La planification a trait à l'établissement des grands projets de l'entreprise, des plans et des besoins en ressources pour réaliser ces plans. La planification à moyen terme essaie de créer un environnement stable et de figer les besoins en ressources de l'entreprise pour une période de trois mois à un an. Elle déterminera la capacité d'exploitation en termes de nombre de « quarts » de travail, de personnel et de ressources matérielles et financières nécessaires. C'est en quelque sorte l'établissement d'un plan d'effectifs. On profitera de l'occasion pour considérer l'opportunité d'accélérer ou de retarder certains grands projets.

À court terme, la planification vise principalement l'aspect opérationnel. Il s'agit de l'établissement des horaires de travail et de l'affectation des tâches qui permettront à l'entreprise de satisfaire les besoins des responsables du marketing. On devra évaluer les modifications de la demande et les tendances à court terme afin de déterminer si des changements s'imposent dans les effectifs existants.

5. Tendances contemporaines

De pair avec la scolarisation, le désir d'autonomie personnelle augmente. Ce phénomène remet en cause la majeure partie des modèles de gestion des opérations conçus à partir de la spécialisation de la main-d'œuvre. Les modèles socio-technique et Kanban apparaissent comme des solutions de remplacement valables.

5.1 LE MODÈLE SOCIO-TECHNIQUE

Le modèle socio-technique a été développé à l'Institut Tavistock en Angleterre, après la Seconde Guerre mondiale. Il vise l'optimisation conjointe de la technologie et du facteur humain au travail, grâce à l'intégration de connaissances de la sociologie, de la psychologie industrielle et du génie industriel. Ce modèle comprend des analyses à la fois du système technique et du système social de l'entreprise.

Le modèle socio-technique a pour prémisse que l'homme est capable non seulement d'accomplir une tâche mais qu'il peut aussi participer à l'organisation des tâches. Vu sous cet angle, l'homme peut être autonome et responsable.

Selon le modèle socio-technique, l'employé peut participer à la réorganisation de son milieu de travail. Dans les organisations déjà établies, ce modèle est souvent mis en place avec la collaboration des exécutants. Ils sont formés à l'utilisation des techniques et ont recours à des experts pour l'élaboration de leur propre système de travail à l'intérieur de limites définies. Participer à l'amélioration de l'organisation des tâches suscite chez les exécutants un sentiment d'appartenance à l'organisation et contribue du même coup à l'amélioration du climat de travail et de la productivité.

5.2 LES SYSTÈMES KANBAN

Les systèmes Kanban furent développés au Japon, par la société Toyota. En raison du coût de revient élevé des ressources naturelles importées, il est primordial de réduire les pertes. Les systèmes Kanban réduisent les stocks en forçant le responsable de la dernière étape de la production à définir ses besoins en pièces et en composantes à l'étape précédente, et ainsi de suite jusqu'à la première étape. Une synchronisation des mouvements et des besoins entre les étapes de transformation s'avère essentielle afin qu'on évite une pénurie ou un sur-stockage. Cette synchronisation est assurée par les employés qui effectuent le travail. Toutes les communications quant aux variations de qualité, de quantité, de temps, etc., sont effectuées directement par les travailleurs d'une étape de transformation à l'autre. Cela a pour effet de simplifier le réseau de communication et de favoriser une prise de décision rapide, en plus de favoriser le contrôle des variations à la base.

Le Kanban (pour certains, la théorie « Z ») a intégré d'autres approches plus connues comme les cercles de qualité. L'amélioration de la qualité des produits a permis au Japon d'améliorer sa position concurrentielle. En 1981, Toyota utilisait au Japon deux fois moins de personnel par unité produite que Ford dans son usine la plus productive d'Allemagne. De tels résultats nous laissent songeurs quant à nos structures de production.

Les modèles participatifs tels le Kanban et le modèle socio-technique ne prônent pas nécessairement l'autogestion, mais on remarque que dans ces organisations un pouvoir est consenti par les gestionnaires. C'est plutôt par une délimitation bien définie et rigidement suivie des champs respectifs d'autorité et de responsabilité des exécutants et des gestionnaires qu'on harmonise le système. À chacune des parties correspondent des rôles et des tâches bien spécifiques. À cet égard, McMillan[5] rapporte que chez Toyota tout n'est pas rose malgré la participation. Les heures de travail sont longues, et la rémunération horaire est faible. Quant à la gestion de la réglementation interne, elle est autoritaire et rigide.

6. Conclusion

La révolution industrielle s'est manifestée par la mécanisation des opérations, la spécialisation du travail et la différenciation des tâches. Elle a été marquée par le passage du travail artisanal à des milieux plus spécialisés, centralisés, contrôlés et impersonnels. La révolution informatique que nous vivons actuellement suscite la possibilité d'une grande dissémination de l'information. Cela aura pour effet, entre autres, de permettre une plus grande décentralisation et de favoriser le contrôle à la base. Elle pourra ainsi s'associer aux techniques d'élargissement et d'enrichissement des tâches pour que le milieu de travail soit à la fois plus humain et plus productif.

NOTES BIBLIOGRAPHIQUES
1) P.F. DRUCKER. *The Practice of Management*, New York, Harper & Row, 1954.
2) P.E. THURSTON. « Le concept de système de production », *H.B.R.*, nov.-déc. 1963.
3) KELVIN et PLANK. Cité dans tous les livres de thermodynamique, la deuxième loi de la thermodynamique.
4) J.L. BURBIDGE. *Introduction to Group Technology*, London, Willder Heincmann Ltd., 1975.
5) C.J. McMILLAN. « Production Planning and Organization Design at Toyota », *Business Quarterly*, Vol. 46, n° 4, Hiver 1981.

CHAPITRE 17

LA FONCTION INFORMATIQUE : DYNAMIQUE ET ÉVOLUTION

par

Gilles St-Amant

« L'esprit de recherche... est l'âme permanente de l'évolution. »

Teilhard de Chardin

1. Introduction

Les entreprises privées et publiques utilisent et exploitent de plus en plus les technologies de l'information telles que l'informatique, la bureautique et les réseaux de communication. Ces technologies de l'information modifient les mécanismes de gestion ainsi que les tâches administratives. Par exemple, les comptables laissent aux ordinateurs les calculs fastidieux et insistent plutôt sur le contrôle et la qualité des informations de gestion. Les technologies de l'information ont également envahi le domaine des tâches administratives où le traitement de données est abondant.

Le but de ce texte est d'offrir un schéma conceptuel qui permette de comprendre de façon plus systématique les relations de la technologie de l'information avec le processus d'administration, notamment en ce qui a trait à l'émergence et à l'implantation de ces nouvelles technologies à l'intérieur de la firme. Ce schéma conceptuel propose un dépassement de la technique en faveur de l'étude des systèmes administratifs et des utilisateurs qui sont les vrais bénéficiaires de cette technologie.

2. Modèle d'évolution de la fonction informatique

2.1 LE CADRE CONCEPTUEL GLOBAL

Comprendre la dynamique de la fonction informatique constitue toujours un problème pour la plupart des dirigeants d'entreprise. Malgré des augmentations soutenues de budget, le temps de mise en place de nouveaux systèmes d'information de gestion semble long, et leur efficacité est souvent mise en doute. En collaboration avec ses collègues universitaires de la Harvard Business School, Richard Nolan a étudié l'évolution de la fonction informatique de plusieurs entreprises américaines à l'aide d'analyses de cas effectuées au cours des années 70. Nolan distingue six étapes de croissance qui expliquent l'évolution de la fonction informatique dans l'entreprise[1]. En effet, le budget informatique d'un grand nombre de sociétés, présenté ici sous forme de graphique, révèle une courbe formant deux « S » successifs (figure 17.1).

Les points d'inflexion de cette courbe s'expliquent par des événements majeurs (souvent des crises) de la vie de la fonction informatique. Ils indiquent des changements dans la manière dont les ressources informatiques sont utilisées et contrôlées. Nous pouvons distinguer cinq points d'inflexion, donc six phases de développement : lancement, contagion, contrôle, intégration, gestion de données, maturité.

Notons ici que la fonction informatique étant en constante évolution, le schéma conceptuel que nous présentons est appelé à se modifier dans l'avenir. Le développement rapide des technologies de traitement de l'information de même que l'implantation massive de la bureautique, de la télématique et de la micro-informatique auront un effet réel. D'ailleurs, en 1974, Nolan et Gibson avaient proposé un mo-

dèle semblable mais constitué de quatre étapes et dans lequel la phase de maturité était atteinte immédiatement après celle du contrôle[2]. La micro-informatique, l'affaissement des coûts du matériel informatique, les réseaux de télécommunications et les banques de données ont brisé cette pseudo-maturité, si bien qu'en 1979, Nolan ajoutait deux nouvelles phases préalables à l'étape de la maturité, soit « l'intégration » et la « gestion des données »[3].

Avant d'expliquer ces six phases de l'évolution de la fonction informatique, il est nécessaire de définir les facteurs utilisés pour décrire cette évolution : le portefeuille d'applications de systèmes d'informatique de gestion, l'organisation informatique, la planification et le contrôle de la fonction informatique, ainsi que la prise de conscience des usagers (ou l'apprentissage de la technologie par les usagers), comme le montre la figure 17.2.

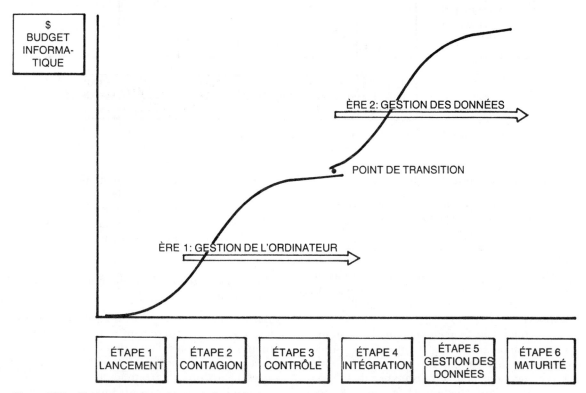

Figure 17.1   Six étapes de la croissance informatique

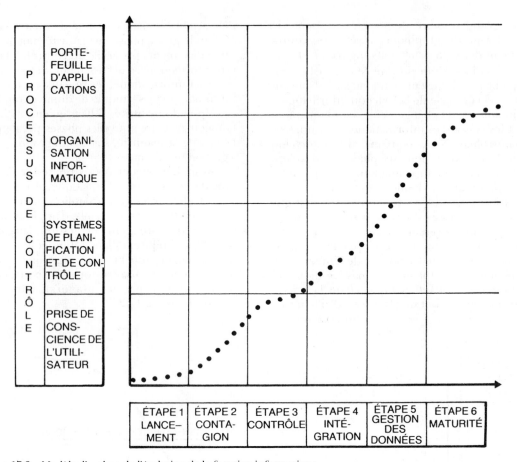

Figure 17.2   Modèle d'analyse de l'évolution de la fonction informatique

2.1.1 Le portefeuille d'applications

Le portefeuille d'applications est constitué des applications de l'informatique dans une entreprise. Ce portefeuille contient donc tous les systèmes d'information automatisés. Les systèmes d'information d'une entreprise sont très variés et souvent complexes ; ils ne se prêtent pas nécessairement tous à l'automatisation. La figure 17.3 présente un portefeuille d'applications type.

Le rôle et le fonctionnement des systèmes d'information d'une organisation sont intimement reliés à la structure. À chaque niveau hiérarchique, nous pouvons distinguer deux types de systèmes d'information : les systèmes d'infor-

mation aux fins de gestion (communément appelés « SIG » ou « MIS ») et les systèmes d'information de traitement des transactions, ce dernier type correspondant surtout à l'automatisation du processus de transformation au niveau des opérations.

● Les systèmes de traitement de transactions

Dans certaines entreprises du secteur tertiaire, les systèmes de traitement automatisés constituent des systèmes d'information extrêmement précieux, car ils sont directement reliés aux services ou aux produits commercialisés par ces entreprises. Bien que l'objectif fondamental de ces

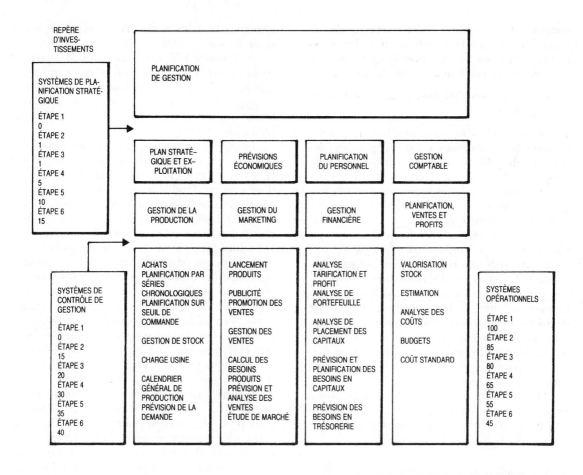

Figure 17.3 Portefeuille d'application type

systèmes soit d'améliorer, d'accélérer et de réduire les coûts de la transformation, leurs extrants servent souvent de données de base aux systèmes d'information aux fins de gestion.

- Les systèmes d'information aux fins de gestion

Les systèmes d'information aux fins de gestion peuvent être subdivisés en deux groupes : les systèmes de prise de décision et les systèmes de support à la prise de décision. Le degré de structuration de la décision permet d'établir jusqu'à quel point un ordinateur peut intervenir dans la prise de décision.

La décision structurée, celle qui aura été établie selon une démarche algorithmique, correspond aux systèmes d'information de prise de décision. Les systèmes d'information de support à la prise de décision, quant à eux, soutiennent les processus heuristique et humain de prises de décisions non structurées et semi-structurées. La possibilité de comprendre et de développer un système d'information aux fins de gestion s'accroît par conséquent selon le degré de structuration de la prise de décision.

Très souvent, le portefeuille d'applications se développe de bas en haut, comme le confirment les recherches de Nolan (figure 17.4).

2.1.2 L'organisation informatique

L'organisation informatique d'une entreprise a habituellement pour mission de :

— fournir à l'utilisateur de l'informatique des services tels que la collecte, la sauvegarde, le traitement et la distribution des données ;

— développer de nouveaux services et de nouvelles applications pour les autres fonctions de l'entreprise ;

— conseiller l'entreprise sur ses besoins et usages de l'information.

Afin de remplir sa mission, l'organisation informatique doit se pourvoir des ressources nécessaires (budget, personnel, technologie, etc.). Elle doit également traduire ses objectifs en un ensemble d'activités ou tâches et se donner une structure lui permettant d'exercer une gestion saine de ses activités.

À la figure 17.5 on a regroupé les activités particulières à l'organisation informatique. La nature des tâches exécutées dans le volet du développement est très différente de celle des tâches qui sont effectuées par le secteur de l'exploitation.

Le développement de systèmes regroupe des tâches impliquant un haut degré de réflexion et une créativité soutenue de la part d'un groupe d'individus participant à des projets de longue haleine (souvent plusieurs mois). L'exploitation, pour sa part, est basée sur des tâches exécutées normalement par un seul individu dans un très court laps de temps et de façon routinière. Malgré leurs différences fondamentales, ces deux groupes d'activités sont interdépendants et ils produisent la majorité des services fournis aux autres fonctions de l'entreprise. Les tâches de gestion, dont l'objectif consiste à fournir les mécanismes de planification et de contrôle que nécessitent les tâches de développement et d'exploitation, constituent le troisième groupe.

L'organisation informatique, comme toute organisation, peut se structurer de multiples façons pour atteindre ses objectifs. L'activité de conception exige une analyse des tâches, le regroupement de ces tâches en unités administratives et l'établissement de mécanismes de coordination permettant de lier ces différentes unités de travail.

Les formes de regroupement de tâches qui se présentent le plus souvent sont : la structure par application, la structure par fonction et la structure par projet.

- La structure par application

Gilderslieve a dressé un tableau de l'évolution de la structure organisationnelle de la fonction informatique. Les premières applications informatiques d'une entreprise sont essentiellement des systèmes de traitement de transactions plutôt indépendants les uns des autres[4]. Cela conduit naturellement à structurer la fonction informatique en correspondance avec ces différentes applications : nous trouverons donc des structures par programmes ou par applications.

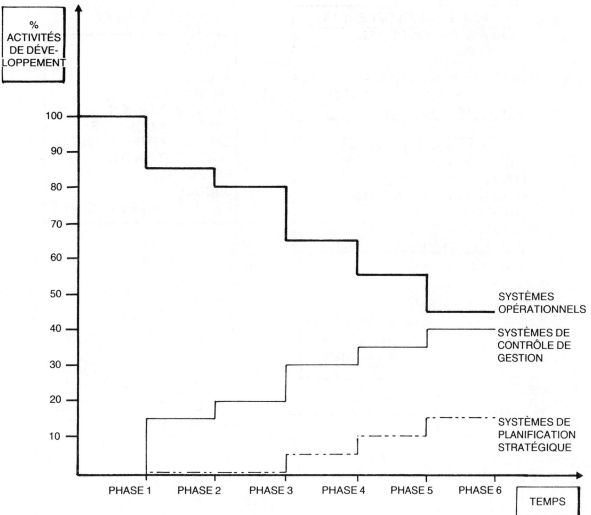

Figure 17.4 Stratégie de développement du portefeuille

Certains groupes hautement spécialisés (administration, programmation de systèmes d'exploitation, etc.) demeurent des fonctions de support pour les groupes d'applications.

Les principaux avantages de cette structure résident principalement dans la spécialisation d'un secteur d'activité des usagers. Chaque groupe prend normalement moins de temps à développer de nouveaux systèmes à cause de sa familiarité avec le milieu de l'usager. Souvent cette organisation suscite de bonnes relations entre les utilisateurs et les informaticiens. Le principal désavantage surgit lorsque les données des différents systèmes doivent être intégrées pour fournir de l'information aux niveaux tactique et stratégique de l'entreprise.

Étant donné que chaque groupe aura souvent adopté ses propres méthodes, standardisations et techniques, l'intégration peut s'avérer ardue. De plus, les situations où un groupe est submergé de travail pendant que les autres groupes ne reçoivent qu'une faible demande ne sont pas rares (voir la figure 17.6).

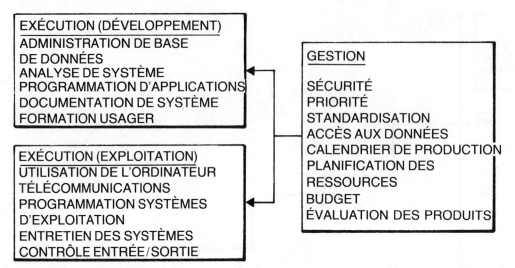

Figure 17.5 Secteurs d'activités de la fonction informatique

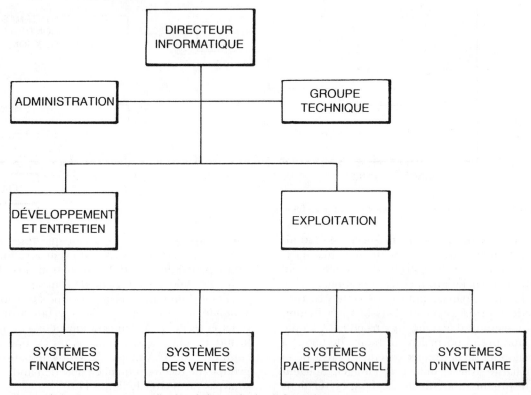

Figure 17.6 Structure par application de l'organisation informatique

● La structure par fonction

L'étape suivante dans l'évolution de la fonction informatique est celle où on la constitue en structure par fonction (figure 17.7). Chaque unité fonctionnelle se spécialise dans un seul secteur d'activité relié au cycle de vie d'un système (analyse, conception, programmation, etc.).

L'avantage d'une telle organisation est la concentration de spécialistes dans chacun des groupes, ce qui permet l'uniformisation des méthodes et des techniques utilisées. Le principal désavantage réside dans la multiplicité des responsabilités inhérentes à un projet de développement. La transmission de responsabilités d'un secteur d'activité à un autre, en cours de projet, occasionne des délais de réalisation que les usagers acceptent très mal.

● La structure par projet

Le mécontentement des usagers augmente, mais l'organisation informatique ne peut plus revenir à la structure par application à cause de sa taille. Alors, une structure par projet est créée. Cette structure conserve les fondements de la structure fonctionnelle, mais des rôles de

chefs de projet ou d'agents de liaison lui sont superposés (figure 17.8). Cette structure permet d'améliorer les contacts avec les usagers, tout en conservant les possibilités d'uniformisation des méthodes et d'intégration des systèmes. Les problèmes de gestion constituent la grande préoccupation de cette structure. Certains conflits d'intérêts entre efficacité et efficience peuvent devenir monnaie courante.

● La structure fonctionnelle d'exploitation

Jusqu'ici, nous nous sommes principalement préoccupés du secteur du développement de la fonction informatique. Ahituv et Neumann ont constaté que la structure du secteur de l'exploitation, par ailleurs, s'apparente le plus souvent à une structure fonctionnelle (figure 17.9)[5]. Dans certaines organisations, le groupe de programmation des logiciels de l'exploitation fait partie du secteur d'exploitation. Cela peut sembler logique, mais certains problèmes de relations humaines peuvent surgir à cause des différences d'habiletés nécessitées par le groupe du logiciel qui s'apparente plus à un environnement spécialisé en programmation. C'est pourquoi Ahituv et Neumann observent que ce groupe est

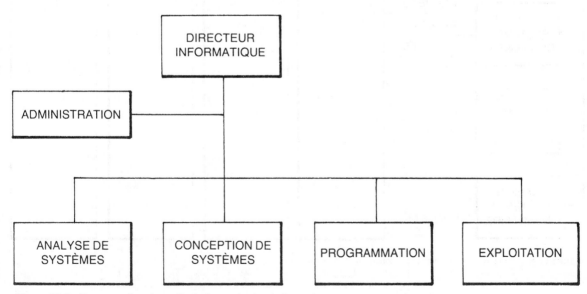

Figure 17.7 Structure fonctionnelle de l'organisation informatique

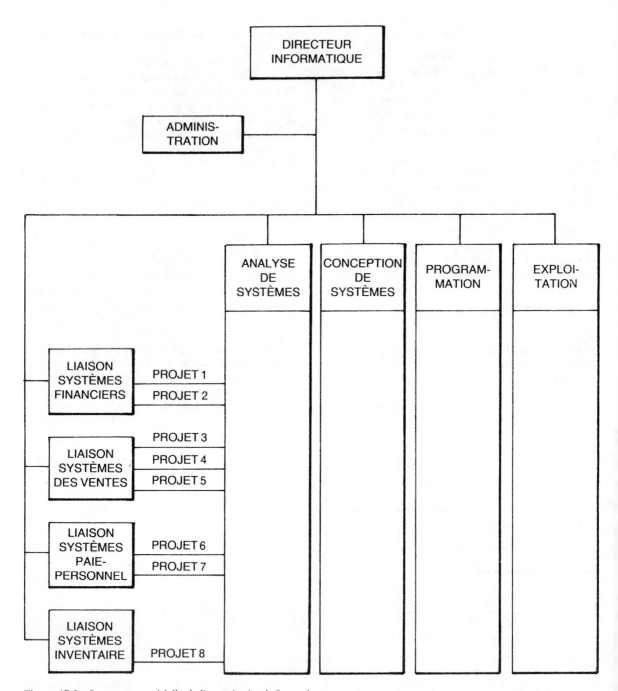

Figure 17.8   Structure matricielle de l'organisation informatique

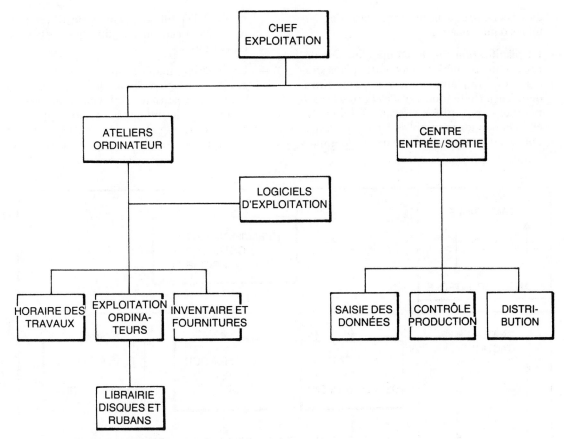

Figure 17.9 Structure classique de l'exploitation informatique

aussi situé dans le secteur du développement de la fonction informatique.

Les différentes structures exposées plus haut nous démontrent la diversité des solutions qui s'offrent à l'entreprise pour organiser la fonction informatique.

2.1.3 Les mécanismes de planification et de contrôle

La fonction informatique poursuit essentiellement les mêmes buts que d'autres fonctions de l'entreprise : fournir des services adéquats aux clients utilisateurs avec un rapport coût-bénéfice optimal. En d'autres termes, elle cherche à maximiser la différence entre les bénéfices retirés par un service offert à l'entre-

prise et son coût de production. C'est donc dans un contexte d'efficacité et d'efficience que le gestionnaire de l'informatique met en place des systèmes de planification et de contrôle.

IBM établit huit groupes d'activités de planification et de contrôle qu'une fonction informatique développée devrait effectuer aux différents paliers de son organisation (figure 17.10)[6].

Examinons de plus près les activités de planification et de contrôle d'une fonction informatique ayant atteint sa maturité.

- Les activités de planification

— La planification, ou le contrôle stratégique, est définie à partir des plans stratégiques de l'entreprise, des architectures globales des applications, des données et des technologies nécessaires à la mise en place des systèmes d'information.

— La planification du développement est défini comme un sous-ensemble des plans stratégiques à implanter à moyen terme (un à deux ans). Cette fonction sélectionne les applications appropriées et évalue les données et technologies nécessaires à leur implantation. L'intégration de ces deux composantes

permet d'établir les projets de développement, leurs échéanciers ainsi que les besoins en ressources.

— La fonction planification des systèmes de gestion consiste à définir les procédés avec lesquels l'organisation informatique va fonctionner et à les intégrer à d'autres procédés administratifs globaux de l'entreprise (par exemple, les services du personnel et des

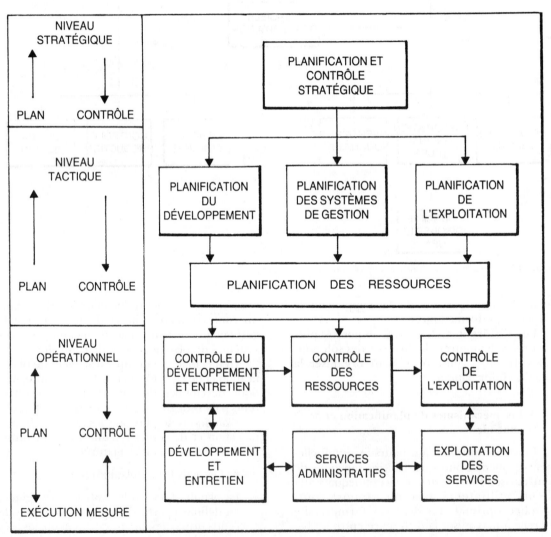

Figure 17.10 Groupes d'activités de la fonction informatique

finances). C'est cette fonction qui établira le mode d'imputation des dépenses informatiques dans le budget de l'entreprise.

— La planification de l'exploitation, quant à elle, a pour objectif de définir les exigences en vue de fournir les services informatiques existants et ceux qui résultent des projets définis par la planification du développement.

— Pour sa part, la fonction planification des ressources recueille les besoins des fonctions de planification du développement et de l'exploitation, et les traduit sous la forme d'un plan complet pour toute l'organisation informatique. Ce plan directeur précise, à l'intérieur des budgets établis, la capacité de traitement requise, ainsi que les degrés de compétence et la formation nécessaires à sa réalisation.

• Les activités de contrôle

— Le but du contrôle du développement et de l'entretien consiste à assurer un développement adéquat des projets. Cette fonction définit les biens livrables des projets, spécifie les activités de chacune des phases, assigne les ressources, suit l'évolution du projet, résout les problèmes au cours du développement et informe toute l'organisation de l'état des projets.

— Pendant la durée du plan directeur, la fonction contrôle des ressources veille à ce que les biens livrables produits par les projets soient transférés à l'exploitation avec le maximum de douceur.

Cette fonction constitue l'équivalent d'un « sas » à travers lequel tout nouveau service doit passer et être « purifié » avant de s'inscrire dans l'inventaire de systèmes devant être exploités.

— De la même façon, l'objet de la fonction contrôle de l'exploitation est d'assurer la production et la distribution adéquate des services offerts à l'entreprise. Elle traduit donc le plan d'action tactique en établissant une marche des opérations et en instaurant des mécanismes pour évaluer cette marche, et identifier, communiquer et corriger les problèmes résultant des écarts par rapport à la marche établie.

Parmi ces différents mécanismes de planification et de contrôle de la fonction informatique, la sélection des projets et la gestion de ces projets revêtent une importance capitale, car elles contribuent directement à modifier l'effet des services informatiques chez tous leurs utilisateurs. Étant donné leur importance, la fonction informatique doit agir avec circonspection pour implanter ces mécanismes.

2.1.4 La prise de conscience des utilisateurs

On estime qu'en l'an 2000, environ la moitié des emplois seront touchés par l'informatique[7]. Cette prédiction semble conférer à la fonction informatique un avenir très prometteur. Diffuser la technologie informatique dans une entreprise n'est cependant pas toujours une garantie de succès. Les performances d'un nouveau service informatique doivent être évaluées en termes de résultats escomptés. À la fin, les clients ou les utilisateurs décideront du sort réservé au nouveau service informatique.

Ce n'est que dans les années 70 que les chercheurs ont commencé à étudier les effets de l'informatique sur l'organisation. L'avènement d'une technologie nouvelle dans une organisation se répercute chez les individus de cette organisation. De nombreux facteurs humains entrent en considération.

Au point de vue politique, la fonction informatique peut être perçue comme une intruse, en concurrence avec les autres fonctions pour l'obtention des ressources et du pouvoir. Les systèmes d'information qu'elle implante sont souvent des mécanismes d'intégration ayant pour effet de réduire les différences entre les divisions de l'organisation, donc possiblement de modifier les frontières établies. Les interactions directes des individus sont d'ordre sociologique. Elles peuvent prendre plusieurs formes mais la plus fréquente se produit entre un employé de la fonction informatique et un utilisateur. Le langage utilisé par les deux interlocuteurs est souvent différent, ce qui peut engendrer des mésententes graves. Au point de vue psychologique, l'informatique touche l'individu en ce qui concerne son travail, ses habiletés, ses besoins de sécurité et sa motivation. La relation entre l'homme et la machine, quant à elle, est considérée comme étant d'ordre biologique, ou ergonomique.

La fonction informatique constitue un puissant agent de changement dans une entreprise. Si le changement semble bénéfique pour celle-ci, certains individus ou groupes d'individus peuvent s'y opposer. Dans toute organisation, on constate une concurrence entre des individus et des groupes pour acquérir du pouvoir. L'informatique modifie grandement la distribution du pouvoir à l'intérieur d'une organisation. En effet, Lucas constate que la fonction informatique peut influencer en sa faveur le sentiment d'incertitude, la substitution d'un service offert, le débit du travail et la contingence. Ces quatre éléments constituent les variables clés déterminant le pouvoir d'une unité organisationnelle. Souvent, à cause de son positionnement technologique, la fonction informatique acquerra une part du pouvoir des autres fonctions de l'entreprise. Toute nouvelle intervention de sa part pourra être perçue comme une tentative pour en acquérir davantage.

La fonction informatique est aussi une source de conflits au sein de l'organisation. Lucas, Cooke et Drury constatent en effet que l'organisation informatique réunit la majorité des conditions susceptibles de créer des conflits[8]. Ces conditions sont :

— la dépendance mutuelle des tâches,

— l'asymétrie des relations de travail,

— les différences dans les tâches,

— l'ambiguïté dans les responsabilités,

— la dépendance de ressources communes.

- **La gestion des conflits**

Lorsque les dirigeants sont conscients de l'effet de la fonction informatique chez les clients utilisateurs, ils tentent d'aplanir ces difficultés. Ils peuvent envisager différents moyens pour que l'implantation des innovations soit un succès.

Gibson et Schnidman proposent une solution en quatre étapes, qui peut être utilisée au cours du cycle de vie d'un système d'information (figure 17.11)[9].

1re ÉTAPE :

Faire l'étude de l'effet organisationnel, en découvrant la perception qu'a la haute direction du climat et du contexte organisationnel dans lesquels le changement désiré sera implanté, et en évaluant les comportements actuels et futurs de l'utilisateur face à son travail.

2e ÉTAPE :

Déterminer une stratégie pour l'implantation du changement en précisant le rôle de la haute direction. Les quatre stratégies recommandées sont :

— la stratégie traditionnelle, implicite à la méthodologie de gestion de projet en usage. La direction suit périodiquement l'évolution du projet ;

— la stratégie participative, qui consiste à laisser l'autorité de la décision à l'utilisateur ;

— la stratégie autoritaire, qui engage la haute direction à suivre de près l'évolution du projet ;

— la stratégie du retrait, lorsque l'effet du changement est grand et que la haute direction ne le supportera pas adéquatement.

3e ÉTAPE :

Établir le plan d'implantation organisationnel pour décrire à la haute direction les changements organisationnels nécessaires ainsi que les actions envisageables pour modifier les comportements de l'utilisateur face à son travail.

4e ÉTAPE :

Réviser périodiquement la stratégie et modifier le plan en conséquence, s'il advient des changements dans les spécifications du système, dans le contexte de travail ou dans les comportements des utilisateurs.

La constante dans cette approche est l'engagement de la haute direction. La majorité des

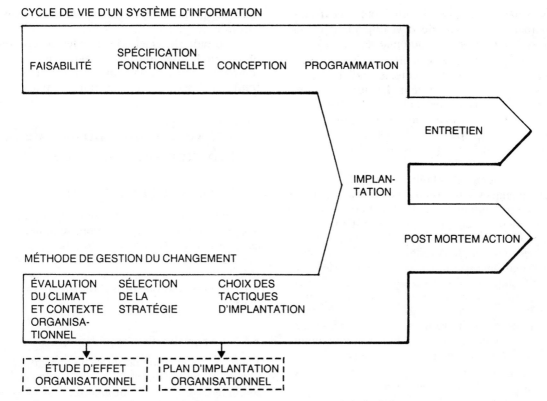

CYCLE DE VIE D'UN SYSTÈME D'INFORMATION

FAISABILITÉ · SPÉCIFICATION FONCTIONNELLE · CONCEPTION · PROGRAMMATION · IMPLANTATION · ENTRETIEN · POST MORTEM ACTION

MÉTHODE DE GESTION DU CHANGEMENT

ÉVALUATION DU CLIMAT ET CONTEXTE ORGANISATIONNEL · SÉLECTION DE LA STRATÉGIE · CHOIX DES TACTIQUES D'IMPLANTATION

ÉTUDE D'EFFET ORGANISATIONNEL · PLAN D'IMPLANTATION ORGANISATIONNEL

Figure 17.11   Le processus de gestion du changement

chercheurs qui s'intéressent à l'implantation des changements technologiques insiste sur cette condition préalable. Keen souligne le besoin d'un « défenseur », qu'il décrit comme une personne ou un groupe, dans l'organisation informatique, dont le prestige, l'accessibilité et l'autorité facilitent les échanges et les négociations avec les utilisateurs concernés[10]. Il insiste également sur la formation d'un comité de direction incluant des gestionnaires des fonctions autres que l'informatique, et qui se préoccupera activement des projets dont les implications politiques sont majeures.

Le développement des compétences hybrides, c'est-à-dire techniques et humaines (relation interpersonnelle, négociation, etc.), est nécessaire aux analystes de l'organisation informatique qui veulent être en mesure de travailler dans le monde du gestionnaire et de s'y bâtir une crédibilité. La collaboration entre l'infor-

maticien et l'utilisateur n'est pas évidente et demeure un long processus d'apprentissage mutuel. L'évolution de cette cohabitation est un facteur clé de la croissance de l'informatique.

2.1.5 Conclusion

Le portefeuille d'applications normatif comprend habituellement des systèmes de traitement de transactions automatisant certaines tâches d'exécution et des systèmes d'information aux fins de gestion stratégique, tactique et opérationnelle. Les systèmes d'information aux fins de gestion sont utilisés pour soutenir la prise de décision ou pour l'automatiser. Il n'est plus nécessairement avantageux d'automatiser tous les systèmes d'information. Une analyse approfondie des intrants (données, informations) et des extrants (informations, décisions) du système est nécessaire afin d'en déterminer les bénéfices tangibles et intangibles et de les comparer aux coûts de développement et de production du système automatisé.

L'organisation informatique doit composer avec la technologie, les tâches, les individus et la structure qui la constituent. La nature hautement spécialisée des tâches et le degré de compétence nécessaire de ses individus imposent à l'organisation informatique des contraintes quelque peu uniques dans une entreprise.

Les systèmes de planification et de contrôle informatiques sont nombreux. Ils visent principalement à mieux gérer les fonctions de développement et d'exploitation des systèmes d'information. Ils s'appliquent surtout au fonctionnement interne de l'organisation informatique, mais peuvent avoir des effets sérieux sur le reste de l'entreprise. Les mécanismes de sélection et de gestion des projets sont des cas particulièrement critiques. Les mécanismes de planification et de contrôle doivent être choisis dans une perspective globale et être appliqués seulement quand ils sont devenus vraiment nécessaires.

La fonction informatique est un agent de changement dans une entreprise. Elle a des effets importants sur les utilisateurs. L'organisation informatique redistribue le pouvoir dans l'entreprise ; elle en accapare elle-même aux dépens des autres fonctions, ce qui peut engendrer une suspicion très forte. Elle constitue une source importante de conflits. La prise de conscience des utilisateurs devant le bouleversement créé par l'informatique influence la réussite des projets de développement informatique.

La haute direction doit s'engager et adopter en outre d'autres stratégies afin de ramener à des dimensions normales les crises provoquées par la diffusion de l'informatique, sinon toute l'organisation informatique sera ralentie dans son évolution.

Ce cadre conceptuel global maintenant expliqué, nous analyserons une à une les six étapes du modèle de Nolan qui décrivent l'évolution de l'informatique dans une entreprise en précisant, pour chaque facteur de croissance, les événements importants ainsi que les solutions qui permettent de progresser vers l'étape suivante.

Pour aider le lecteur à suivre les différentes phases de la fonction informatique, nous présentons la figure 17.12, qui servira de toile de fond à la description de chacune des phases.

3. Les différentes phases de la fonction informatique

3.1 LA PHASE DE LANCEMENT

Lorsqu'un ordinateur est introduit pour la première fois dans une organisation, cette décision est justifiée en termes de réduction des dépenses. Toutefois, la direction générale analyse rarement l'effet à long terme sur le personnel, sur l'organisation ou sur la stratégie de l'entreprise.

3.1.1 Le portefeuille d'applications

Fondées sur le principe de réduction des frais généraux, les premières applications de l'informatique sont celles qui automatisent les activités opérationnelles simples d'une unité fonctionnelle. Les activités comptables telles que le traitement des comptes-clients, des comptes-fournisseurs et de la paie sont les premières applications automatisées. Ces systèmes de traitement de transactions n'ont normalement pas d'autres ambitions que de remplacer le traitement manuel d'activités classiques. Souvent, l'entreprise adoptera la formule « système clé en main » d'un fournisseur informatique. Ce système inclut à la fois les équipements et les logiciels nécessaires à une application spécifique. Ce type de systèmes permet d'introduire l'informatique rapidement dans l'entreprise. Ces applications, la plupart du temps traitées en lots, et de façon répétitive, sont des systèmes d'information aux fins de gestion. Bien qu'ils produisent des rapports utilisés par les gestionnaires, ces systèmes ont été conçus pour traiter une masse de transactions opérationnelles, ce qui a pour effet de fournir des rapports contenant une masse de données relativement brutes.

PROCESSUS DE CROISSANCE	ÉTAPE 1 LANCEMENT	ÉTAPE 2 CONTAGION	ÉTAPE 3 CONTRÔLE	ÉTAPE 4 INTÉGRATION	ÉTAPE 5 GESTION DES DONNÉES	ÉTAPE 6 MATURITÉ
PORTEFEUILLE D'APPLICATIONS DE L'OUTIL INFORMATIQUE	APPLICATIONS FONCTIONNELLES DE RÉDUCTION DES COÛTS	PROLIFÉRATION DES APPLICATIONS	AMÉLIORATION DE LA DOCUMENTATION ET RESTRUCTURATION DES APPLICATIONS EXISTANTES	UTILISATION RÉTROACTION DE LA TECHNOLOGIE DE LA BASE DE DONNÉES POUR LES APPLICATIONS EXISTANTES	ORGANISATION INTÉGRATION DES APPLICATIONS	INTÉGRATION DES APPLICATIONS REFLÉTANT LES FLUX D'INFORMATIONS
ORGANISATION INFORMATIQUE	SPÉCIALISATION POUR ASSIMILATION TECHNOLOGIQUE	PROGRAMMATEURS ORIENTÉS VERS LES UTILISATEURS	CADRES INTERMÉDIAIRES SPÉCIALISATION PERMETTANT LE CONTRÔLE ET L'EFFICIENCE	CRÉATION D'ÉQUIPES CONSACRÉES À L'INFORMATIQUE ET AU SERVICE DES UTILISATEURS	ADMINISTRATION DES DONNÉES CENTRE DE CONTRÔLE DU RÉSEAU	GESTION DES DONNÉES ÉQUILIBRE CENTRALISATION DÉCENTRALISATION
PLANIFICATION ET CONTRÔLE INFORMATIQUE	RELÂCHÉ	PLUS RELÂCHÉ	PLANIFICATION ET CONTRÔLE FORMALISÉS	SYSTÈMES DE PLANIFICATION ET DE CONTRÔLE PERSONNALISÉS	SYSTÈMES COMMUNS ET DONNÉES PARTAGÉES	PLANIFICATION STRATÉGIQUE DES RESSOURCES DONNÉES
PRISE DE CONSCIENCE DE L'UTILISATEUR	LIBERTÉ TOTALE	ENTHOUSIASME SUPERFICIEL	RESPONSABILITÉ SUPPORTÉE ARBITRAIREMENT	APPRENTISSAGE DE LA RESPONSABILITÉ	RESPONSABILITÉ EFFECTIVE	ACCEPTATION RESPONSABILITÉ CONJOINTE DES UTILISATEURS ET DU SERVICE INFORMATIQUE

Figure 17.12 Étapes de la croissance informatique

3.1.2 L'organisation informatique

La première unité fonctionnelle utilisant l'ordinateur accapare la responsabilité de la fonction informatique. On trouvera donc souvent la fonction informatique au sein du service de la comptabilité. Le personnel affecté à cette fonction assimile la technologie dans l'optique d'accroître l'efficacité de l'ordinateur. Les tâches sont peu diversifiées. Quelques opérateurs, programmeurs et analystes participent au développement et à l'exploitation des nouveaux systèmes, de façon collégiale. Le degré de collaboration avec les utilisateurs est élevé ; en effet, l'organisation informatique est consciente de sa situation précaire car ses preuves ne sont pas encore faites.

Lorsque les applications deviennent plus complexes et diversifiées, l'organisation informatique devient généralement un service autonome au sein de l'entreprise. Au sein de ce nouveau service, le regroupement du personnel par application s'effectue au fur et à mesure des développements des applications différentes.

3.1.3 Les mécanismes de planification et de contrôle

Les mécanismes de planification et de contrôle de la fonction informatique sont à peu près inexistants dans la phase 1. De même que le personnel apprend la nouvelle technologie, les gestionnaires apprennent à gérer la fonction informatique. C'est donc dans un contexte ambigu que s'exerce le contrôle des ressources. Le service fonctionnel où a été logée de manière initiale la fonction informatique assure un contrôle réservé. En raison de son faible degré de connaissance ou d'expérience dans le domaine de l'informatique, il lui est difficile de discerner ce qui est rentable ou non. Le même contexte flou se perpétue après la création d'un service autonome. Les budgets demeurent élastiques et flexibles. La fonction informatique assume tous les coûts de ses services. Il existe peu de planification et de contrôle des projets de développement. Les demandes sont traitées selon la méthode des « premiers arrivés, premiers servis ».

3.1.4 La prise de conscience des utilisateurs

Les premières applications étant de nature à réduire les coûts de traitement des transactions, elles entraînent quelquefois des réductions de personnel. Des craintes au point de vue psychologique apparaissent chez les individus. Certaines personnes s'inquiètent de devoir changer leur mode de travail. Ces craintes peuvent conduire à une résistance ouverte de la part des employés et provoquer des attitudes négatives envers la direction ou la fonction informatique. Des réactions de ce type peuvent se manifester à n'importe quel stade d'évolution, mais elles sont spécialement destructrices au moment de la phase de lancement, lorsque la survie de la fonction informatique est en jeu.

Les gestionnaires, quant à eux, sont peu sensibilisés à l'avènement de l'informatique. Sans être indifférents, ils laissent une liberté quasi totale à la fonction informatique, car ils font l'hypothèse qu'elle mettra en œuvre des systèmes qui amélioreront l'efficience du travail accompli dans leurs unités.

3.1.5 La transition à la phase de contagion

Lorsque la fonction informatique a mis en place plusieurs applications de traitement des transactions et qu'elle a démontré sa valeur, une explosion de besoins nouveaux surgit. La fonction informatique est en mesure de passer au deuxième stade de son évolution. Consciente de cette évolution, la direction a intérêt à appliquer certaines mesures dès la phase 1.

La localisation de la fonction informatique dans l'organisation risque de devenir un problème. Évidemment, situer cette fonction au sein de l'organisation qui utilise la première application semble logique. Toutefois, lorsque la direction décide de créer un service informatique autonome, elle s'expose à certains conflits. En effet, le service qui contrôle depuis le début la fonction informatique peut devenir très possessif, souvent parce qu'un directeur ou un groupe de personnes de ce service veut accentuer son influence. Quand ce service « perd » la fonction informatique et la voit assumer un rôle plus large, un conflit réel survient ; des pertes de personnel et des hostilités prolongées affectent le développement d'applications utiles. Il est donc suggéré de créer dès le départ un service informatique autonome, qui jouera le rôle de fournisseur de services pour les autres fonctions de l'entreprise.

La réduction de la crainte de l'informatique chez les employés de l'entreprise doit constituer une autre priorité pour la direction. Dans le but de combattre ces inquiétudes, la direction de l'entreprise devra mettre en place un système d'information bien conçu. Une telle franchise permettra de cerner les craintes et les résistances qui apparaîtront tôt ou tard.

3.2 LA PHASE DE CONTAGION

La volonté d'accroître le nombre d'applications de l'informatique et de passer à des utilisations plus avancées et plus complexes de l'ordinateur a pour effet de faire entrer la fonction informatique dans une phase de croissance rapide. Cette contagion généralisée du désir d'obtenir plus de systèmes d'information entraîne une forte augmentation des budgets informatiques en vue de l'acquisition des machines, des logiciels et du personnel nécessaires pour répondre à la demande.

3.2.1 Le portefeuille d'applications

Les premières applications de base installées pendant la phase de lancement ont démontré qu'elles sont utiles à l'entreprise. La direction tend à généraliser ce principe et à traiter l'informatique comme un remède universel. L'automatisation de systèmes d'information d'ordre opérationnel s'étend à tous les domaines. En plus du secteur de la comptabilité, les fonctions de commercialisation, de personnel, de distribution et de fabrication automatisent de manière autonome le traitement de leurs transactions les plus courantes.

Plus le nombre d'applications s'accroît, plus le besoin d'intégration de deux ou plusieurs systèmes se fait sentir. En effet, plusieurs données de base étant déjà traitées par les applications informatiques existantes, il devient rentable d'extraire les éléments nécessaires à une autre application. L'intégration est toujours incom-

plète. Le développement de plusieurs applications parallèles amène souvent la duplication des programmes de saisie et de mise à jour des mêmes données.

Certains systèmes d'information aux fins de gestion tactique naissent normalement vers la fin de cette deuxième phase. Ces applications de support à la prise de décision concernent la plupart du temps les secteurs les plus automatisés de l'entreprise. Le portefeuille d'applications à la fin de la phase de contagion est souvent composé de nombreux systèmes d'information d'ordre opérationnel, en plus des quelques systèmes d'information de contrôle de gestion.

En effet, l'engouement pour les nouvelles applications informatiques entraîne souvent un développement injustifié et désordonné. La règle du « premier arrivé, premier servi » se perpétue, jusqu'à ce qu'on soit obligé de développer des systèmes d'information en vitesse. Le manque de cohérence entre ces applications se solde par des difficultés croissantes au moment du développement des nouvelles applications, et plusieurs systèmes d'information déjà développés doivent être modifiés. L'entretien des systèmes existants commence à représenter plus de la moitié (jusqu'à 70 ou 80 % dans certaines entreprises) du temps productif du personnel et du développement de la fonction informatique. Le développement de systèmes d'information importants est quelquefois mis en veilleuse au profit de systèmes d'information peu rentables.

En bref, le portefeuille d'applications à la fin de la phase de contagion indique une diffusion générale de la technologie au niveau des activités opérationnelles.

3.2.2 L'organisation informatique

Nantie d'un carnet de commandes chargé, l'organisation informatique acquiert la technologie et le personnel nécessaires pour mettre en place ces nouvelles applications. En raison d'un recrutement rapide et massif de personnel, la fonction informatique prend de l'ampleur. De plus, l'arrivée de nouvelles technologies crée un besoin continu de nouveaux spécialistes.

L'enthousiasme manifesté par les utilisateurs influence les informaticiens. À cause des succès obtenus dans certaines applications informatiques de base, les informaticiens tendent à croire en la toute-puissance et en l'efficacité absolue de l'informatique. Ils ont souvent le sentiment de pouvoir réussir et de maîtriser le problème de la communication avec les utilisateurs.

La plupart de ces professionnels de l'informatique sont plus préoccupés par les problèmes techniques de leur profession que par les besoins à long terme de l'entreprise, et particulièrement les retombées économiques de l'ordinateur en termes de rentabilité. S'ils sont autorisés à privilégier leurs intérêts propres, les projets potentiellement les plus rentables pour l'entreprise risquent d'être délaissés au profit de projets techniquement séduisants et sophistiqués mais d'une utilité marginale.

La multiplication des postes techniques, pour réaliser les projets et pour maîtriser la technologie nouvelle, bouleverse la fonction informatique. Cette structure croît à la fois horizontalement et verticalement. Parti d'une structure par application, le nombre des groupes de développement orientés vers des secteurs spécifiques d'utilisateurs s'étend au rythme des besoins nouveaux. Cette expansion horizontale est souvent accompagnée de la formation de groupes de support spécialisés selon la technologie utilisée dans l'entreprise. La structure par application s'amplifie.

Le directeur de l'informatique occupe une position de responsabilité croissante. Il s'entoure d'une équipe de gestionnaires pour prendre la responsabilité des différents secteurs en développement. Plusieurs entreprises ont tendance à chercher ces cadres à l'extérieur. En effet, la plupart de ceux qui pourraient être promus à l'intérieur sont absorbés par la croissance anarchique des tâches. L'éclosion rapide des possibilités de promotion à des tâches administratives, en parallèle avec les possibilités d'affectation à des projets comportant de grands défis techniques, laisse peu de choix aux professionnels. Ils préféreront souvent approfondir leurs expériences informatiques plutôt que de se lancer dans des expériences de gestion.

3.2.3 Les mécanismes de planification et de contrôle

Faciliter la croissance constitue l'objectif principal des gestionnaires de la fonction informatique pendant la phase de contagion. La mise en œuvre de mécanismes de planification et de contrôle s'effectue donc dans un contexte où l'on cherche à encourager l'utilisation de l'informatique de façon expérimentale. Ainsi, des analystes seront affectés au service des utilisateurs sans aucune imputation sur leurs budgets.

Au cours de la phase de contagion, la direction consacre des ressources supérieures à ce qui est strictement nécessaire pour l'exécution du travail. Ce climat de liberté se traduit souvent par une faible planification et par une certaine insouciance dans la détermination des priorités en ce qui concerne les projets. Ce manque de directives de la part des dirigeants conduit souvent à des accords implicites entre les informaticiens et les groupes d'utilisateurs pour donner la préférence aux projets répondant au besoin d'assimilation de la technologie informatique plutôt qu'aux besoins de l'entreprise.

Les mécanismes de contrôle souffrent également de déficience. Une volonté d'efficacité prévaut au sein de la fonction informatique, qui veut livrer des applications rapidement. La qualité des services offerts dépend de la qualité des jugements du personnel concerné par le processus. Trop préoccupé à servir un secteur particulier, chaque groupe fonctionne en vase clos. On néglige l'uniformisation des méthodes afin d'imposer le moins de contraintes possible aux groupes de développement engagés à livrer des applications dans des délais courts.

La division de l'exploitation, de son côté, fait face à une prolifération de logiciels d'application sur des équipements nouveaux qu'elle connaît à peine. Le manque de coordination dans la mise en œuvre des systèmes laisse peu de place à des normes de qualité et de documentation. Malgré l'accroissement des capacités du matériel, les programmes de production deviennent de plus en plus complexes : des problèmes d'opérations majeurs et des temps d'exécution plus longs en résultent.

3.2.4 La prise de conscience des utilisateurs

La phase de contagion est aussi caractérisée par un changement d'attitude de la part des utilisateurs. Ils reconnaissent maintenant que l'ordinateur peut fournir des informations plus nombreuses, meilleures et plus rapidement que les techniques manuelles. Les clients de la fonction informatique croissent en nombre et commencent à communiquer avec le personnel technique de l'organisation informatique. Bien que certains utilisateurs s'en tiennent à des critères économiques pour évaluer l'utilité des applications informatiques à leurs problèmes particuliers, d'autres éprouvent une sorte de fascination envers l'ordinateur et ses applications. L'informatique devient alors un symbole de gestion rationnelle ou de statut social. Cette fascination suscite un enthousiasme excessif mais souvent superficiel.

La manipulation de l'organisation informatique par les utilisateurs qui veulent accaparer plus de pouvoir se fait aux dépens de l'organisation informatique. Un revirement dans l'attitude des utilisateurs se produit vers la fin de la phase de contagion. La fonction informatique n'est plus capable de les servir à leur satisfaction. Le développement de nouvelles applications prend plus de temps que prévu en raison des nombreuses modifications apportées aux applications existantes. Le traitement des systèmes en production est souvent compromis par des problèmes d'opérations. Les utilisateurs ont le sentiment d'être manipulés à leur tour.

Les facteurs humains sont aussi touchés. Les individus réagissent plus négativement lors de la mise en œuvre des premiers systèmes, et petit à petit les craintes s'atténuent. Le fait que l'organisation informatique soit structurée par application rassure les utilisateurs. Ils prennent conscience qu'ils ont un groupe spécifique d'informaticiens à leur disposition ; ces informaticiens, en revanche, ne se préoccupent pas toujours de bien connaître l'environnement des utilisateurs. Ceux-ci, étant donné leur faible degré d'exposition à l'informatique, se laissent souvent influencer par des propositions enthousiasmantes, qui ne répondent pas nécessairement à leurs besoins.

3.2.5 La transition à la phase de contrôle

La phase de contagion se termine par une crise. Lorsque la direction devient consciente de la croissance explosive des ressources affectées et du mécontentement des utilisateurs, elle décide de rationaliser et de coordonner avec vigueur l'activité de la fonction informatique. La période de contrôle est pénible pour les services informatiques qui n'ont rien fait pour gérer les demandes croissantes.

Nolan recommande d'introduire des contrôles et des restrictions budgétaires en vue de gérer la crise qui s'amorce, sans pour autant étouffer l'esprit d'initiative et de recherche des spécialistes ni leur enlever leur motivation. La plupart des problèmes qui apparaissent à la fin de la phase de contagion peuvent être largement atténués par l'introduction de mécanismes que les entreprises n'implantent en général qu'à la phase de contrôle.

La clé pour gérer avec succès cette phase de contagion réside dans l'embauche ou le développement de cadres intermédiaires de la fonction informatique orientés vers l'administration et qui reconnaissent la nécessité d'établir des priorités dans la sélection des projets. Ces cadres doivent avoir la capacité de préparer des plans et de respecter les budgets, et de reconnaître et de gérer les projets importants même si les utilisateurs n'en ont pas fait la demande. Pour trouver de tels gestionnaires, l'entreprise est souvent contrainte de chercher à l'extérieur. Cependant, la promotion de candidats internes à ces postes sert la cause de l'entreprise en indiquant aux informaticiens que la promotion à des postes supérieurs de gestion est possible pour ceux qui savent allier les besoins de l'entreprise à leurs intérêts professionnels.

Autant la direction de l'entreprise doit accorder une attention particulière à la sélection des cadres intermédiaires de la fonction informatique, autant ces gestionnaires doivent par la suite exercer un contrôle judicieux des ressources humaines. Ils doivent résister à la tentation de laisser croître leurs ressources. Les gestionnaires ont aussi la délicate tâche de convaincre les directeurs des services utilisateurs du bien-fondé de ces contraintes.

La direction de l'entreprise doit aussi reconnaître les effets de la présence de nombreux spécialistes dans la fonction informatique. Les cas les plus notoires sont :

— les programmeurs de systèmes, motivés et intéressés par la technologie, qui pourraient être jusqu'à un certain point isolés sans que cela influence leur satisfaction ou leur productivité ;

— les analystes de systèmes, qui doivent travailler en étroite collaboration avec les utilisateurs et les programmeurs d'applications et dont les intérêts sont normalement orientés vers une carrière en gestion ;

— les opérateurs, qui ont un travail important, mais dont la formation et les qualifications sont peu élevées et qui interagissent peu avec les autres.

La façon d'organiser et de contrôler ces différents spécialistes doit être basée sur l'équilibre entre l'avancement professionnel des spécialistes et l'efficacité de l'entreprise. L'évolution de la structure par application vers une structure par fonction doit donc être mise en branle. Lorsque la gestion des ressources humaines est assurée, les gestionnaires de la fonction informatique doivent mettre en œuvre des mécanismes de planification et de contrôle internes.

Un processus de sélection de projets doit être instauré. L'évaluation du rendement de l'investissement et l'étude de la faisabilité technique des applications proposées doivent être faites. Une méthodologie de gestion de projet accompagnée de normes de programmation et de documentation doit être élaborée avec la participation de tous les groupes de la fonction informatique.

La fonction informatique doit également mettre en place des mécanismes de collecte de données nécessaires pour évaluer les coûts globaux associés à ces activités. Quant au secteur de l'exploitation, il doit entreprendre la cueillette des données comptables inhérentes au traitement des applications. Il doit veiller aussi à la mise en place de mécanismes pour gérer les programmes de production et pour assurer un meilleur contrôle des opérations.

La fonction informatique doit aussi commencer à promouvoir le sens des responsabilités chez les utilisateurs. Elle doit leur montrer les coûts des services offerts. Elle doit aussi les sensibiliser à s'engager davantage dans le processus de développement des applications et dans leur exploitation. La participation à l'élaboration des spécifications fonctionnelles des nouvelles applications et la préparation des données sont deux activités qui aident l'utilisateur à mieux comprendre la fonction informatique. L'application de ces mécanismes doit être réalisée avec tact. Déjà le fait de communiquer les intentions de contrôle dès le début de la phase de contagion permet une sensibilisation du personnel de la fonction informatique.

3.3 LA PHASE DE CONTRÔLE

Si, au cours des phases de lancement et de contagion, la direction générale de l'entreprise s'est peu souciée de l'informatique, il est plus que probable qu'elle se rendra compte brusquement que le budget informatique « s'emballe ». La direction générale entreprendra alors une campagne intensive pour découvrir ce qui se passe. En fait, la direction générale se demande souvent si l'entreprise peut se permettre ce vaste effort informatique.

Elle en conclut souvent que la seule façon de contrôler cette fonction est de prendre des mesures draconiennes, même si cela signifie le départ de spécialistes qualifiés. Le licenciement du directeur de l'informatique n'est pas inhabituel à ce stade.

La phase de contrôle se caractérise aussi par la professionnalisation de la fonction informatique. Cette consolidation lui permet non seulement de ne plus se limiter à la gestion des ordinateurs mais aussi de commencer à gérer les données de l'entreprise. Cette transition survient après que les mécanismes de planification et de contrôle internes ont été mis en place.

3.3.1 Le portefeuille d'applications

Au cours des deux premières phases de son existence, la fonction informatique a surtout développé des applications en vue de réduire les frais généraux d'exploitation (ex. : systèmes comptables) et les coûts de production (ex.: contrôle des stocks). La crise de la phase de contrôle coïncide généralement avec la fin de l'implantation de ces systèmes de base. À ce moment critique, les applications novatrices de l'informatique qui ont réellement la capacité d'accroître les revenus et les profits de l'entreprise, tout en facilitant la prise de décision des gestionnaires, n'ont pas été explorées.

La direction a tendance à traiter ces applications novatrices de la même manière que les applications des deux premières phases. Les systèmes de réduction de coûts sont faciles à comprendre et peuvent se justifier d'un point de vue économique. Les nouvelles applications orientées vers l'accroissement des revenus et le support à la prise de décision sont plus difficiles à définir. C'est pourquoi la direction a tendance à prétendre que ces nouvelles applications ne feront qu'empirer la hausse des coûts de la fonction informatique. L'imposition de contrôles sévères aura donc pour effet la croissance du portefeuille d'applications.

Les efforts de développement seront dirigés vers la restructuration des applications existantes et vers l'amélioration de leur documentation. À la fin de l'étape de contrôle, la reconstitution s'achève, et de nouvelles technologies sont appliquées (base de données, réseau de télécommunications) à plusieurs secteurs. À ce moment, toute l'infrastructure nécessaire pour entreprendre le développement de nouvelles applications est en place.

3.3.2 L'organisation informatique

La fonction informatique est forcée de réagir devant l'affluence des directives qui lui sont adressées. Elle doit maintenant être en mesure de rendre des comptes précis à la haute direction. Cette réaction se répercute inévitablement sur son organisation.

Les mesures draconiennes prises par la direction équivalent souvent, aux yeux du personnel informatique, à un bris de contrat psychologique. Certains employés choisiront de partir plutôt que d'accepter de travailler dans ces conditions. Pis encore, d'autres se retireront des applications innovatrices pour se cantonner

dans les projets à court terme et suivre les nouveaux systèmes de planification et de contrôle à la lettre. Les gestionnaires de la fonction informatique ne sont pas épargnés non plus par cette vague de contrôles. Souvent, ils seront traités comme les boucs émissaires de la crise. Plusieurs en perdront leur emploi.

En raison de la volonté de contrôle, ce qui était une organisation décentralisée devient brusquement centralisée. La structure par fonctions regroupées selon le cycle de vie des applications (analyse, programmation, exploitation, entretien) prend forme. La fonction informatique s'éloigne des utilisateurs pour mieux se reconstituer. Les tâches sont redéfinies en vue de l'utilisation efficiente de la technologie.

3.3.3 Les mécanismes de planification et de contrôle

Les dirigeants de la fonction informatique font face à un paradoxe. Ils doivent réduire les coûts tout en améliorant les services aux utilisateurs. Ces objectifs conflictuels sont difficiles à résoudre. Les applications existantes, ayant modifié sensiblement le travail des utilisateurs pour les rendre dépendants de l'informatique, doivent absolument être stabilisées.

La phase de contrôle est donc caractérisée par la prolifération de mécanismes orientés vers la gestion interne de l'ordinateur. Tous les secteurs de la fonction informatique sont touchés. Cette étape de contrôle comporte fréquemment la création d'un système d'imputabilité formel d'un nouveau mécanisme de mesure et d'affectation des coûts informatiques, et l'établissement de normes de contrôle de la qualité.

On assiste généralement à une fixation formelle des priorités. Chaque proposition de projet doit être accompagnée d'une justification économique et budgétaire. Une méthodologie de gestion de projets est mise en place; on y trouve des mécanismes formels de planification tels que le PERT ou CPM et la fixation de jalons d'évaluation. La standardisation des techniques d'analyse et de programmation est également formalisée. Tout écart par rapport au plan doit être signalé. Un contrôle strictdes modifications est mis en place.

Le secteur de l'exploitation doit, de son côté, établir des mesures rigoureuses pour gérer à un coût minimal les ressources humaines et le matériel. Il doit souvent mettre en place un système de facturation des services aux utilisateurs. En parallèle, il doit mesurer les performances de l'ordinateur et faire des études de capacité. La gestion de la sécurité informatique devient souvent une exigence.

En bref, la liberté est chose du passé. L'instauration de ces mécanismes est un changement radical pour la fonction informatique. Cependant, cette période lui permettra d'accroître son professionnalisme et de prouver son apport à l'entreprise.

3.3.4 La prise de conscience des utilisateurs

Au cours de l'étape de contagion, un nombre croissant de cadres intermédiaires et supérieurs de l'entreprise tentent d'utiliser les systèmes informatiques de l'entreprise en vue de faciliter leurs prises de décision. Malgré leur insistance, la restructuration des applications existantes draine la majorité des efforts de la fonction pendant l'étape de contrôle.

Cette phase se caractérise aussi par les premières tentatives de rendre les utilisateurs plus conscients des coûts de l'informatique. Ces tentatives se traduisent de manière habituelle par la facturation des services informatiques aux services utilisateurs. Le sens des responsabilités des utilisateurs fait cependant peu de progrès. Toutefois, l'imputation des frais informatiques aux budgets des utilisateurs est rarement remise en cause.

La perspective de nouvelles applications susceptibles de provoquer des changements à long terme dans les structures de l'entreprise et de modifier le rôle de certains de ses services soulève l'anxiété. Le changement de structure de la fonction informatique inquiète également les utilisateurs. Ces derniers ont souvent l'impression de perdre du pouvoir dans l'obtention de services informatiques. La centralisation de la fonction informatique et les instructions strictes de la haute direction creusent parfois un fossé entre les informaticiens et les utilisateurs.

En conséquence, au cours de l'étape de contrôle, les utilisateurs constatent peu de progrès dans le développement des nouveaux systèmes de contrôle de gestion, alors qu'ils sont tenus responsables des coûts informatiques sur lesquels ils ont peu d'influence. Les utilisateurs les plus résolus finissent par être découragés et se détournent de l'informatique.

3.3.5 La transition à la phase d'intégration

La phase de contrôle est une dure période, autant pour les utilisateurs que pour la fonction informatique. Les efforts de rationalisation influencent les relations informelles. Même s'il apparaît que l'imposition de mécanismes formels ne fait que combler des vides, la réalité est souvent différente.

Sans directives de gestion des projets, les analystes et les utilisateurs ont développé des règles et des procédures pour faire affaire les uns avec les autres.

D'une manière générale, plus ces structures informelles sont bien établies, plus la résistance aux changements formels chez le personnel informatique est forte. En introduisant des changements radicaux au cours de la phase de contrôle, la direction doit faire face à des résistances. Ne rien faire serait désastreux, mais une action précipitée de la part de la direction, sans attention particulière aux conséquences, risque d'aggraver la crise.

Ainsi, l'action de la direction ne peut être négligée ou précipitée en ce qui a trait aux changements de personnel. Tenter d'introduire des changements formels et rigoureux en maintenant le même personnel et la même organisation encourage les conflits et accroît la résistance sans résorber la crise. En refusant les licenciements, la direction peut simplement prolonger la crise, créer des dissensions additionnelles et démoraliser encore plus le personnel. Pour résoudre un tel dilemme, la direction doit s'assurer qu'elle conserve un personnel expérimenté et capable d'évoluer dans les prochaines phases.

Si la crise de la phase de contrôle exige une action, elle exige surtout une analyse et un plan établissant de façon claire et explicite les objectifs de l'informatique en ce qui a trait aux services à offrir aux utilisateurs. Un tel plan, développé et compris, peut rétablir l'ordre et éviter le sur-contrôle, qui a pour effet la sous-utilisation du potentiel des ressources de la fonction informatique. Nolan suggère d'inscrire les points suivants dans ce plan de redressement :

- Redéfinir la position et le rôle de la fonction informatique

Peu importe comment la fonction informatique a été gérée auparavant, la plupart des entreprises centralisent certaines parties des ressources et décentralisent le reste. Cette restructuration survient parce que l'entreprise atteint un point de transition dans la manière d'utiliser les ressources. L'influence de l'informatique, avec l'implantation de nouvelles technologies et de nouvelles applications de support à la prise de décision, va se faire sentir vers le haut et s'étendre à toute l'organisation. La fonction informatique va pouvoir réellement s'appeler « système d'information » et non plus seulement « informatique ». À ce stade, il importe de réexaminer les justifications des applications existantes et d'incorporer les applications bénéfiques dans une sorte de routine administrative. Cette mesure permet de libérer le talent de spécialistes coûteux de façon qu'ils se concentrent sur de nouvelles applications.

Ces mesures rendent indispensable la centralisation du noyau fondamental des ressources orientées vers l'ordinateur. Cette centralisation facilite les tâches d'entretien des applications et le développement de banques de données et de certaines applications qui viendront à la phase suivante.

- Intégrer l'informatique à la stratégie d'entreprise

Si la centralisation implique de plus longs délais, une plus grande complexité et des coûts de développement plus élevés, elle ne garantit pas automatiquement à la haute direction un contrôle plus effectif de l'orientation prise par la fonction informatique. La direction générale doit se doter d'un instrument lui permettant de suivre et d'évaluer les progrès de cette fonction. Cet instrument de communication devient vital à l'étape 3, car les ressources informatiques se sont accrues en termes de quantité et de pouvoir à un point tel que leurs applications influencent toute la stratégie et la structure de l'entreprise.

La nomination d'un vice-président à la tête de la fonction informatique et la constitution d'un comité de direction actif et de haut niveau permettent normalement de répondre à ce besoin d'engagement de la haute direction. Ce comité de direction serait l'instrument de fixation des priorités en ce qui concerne les projets. Non seulement il rassemblerait tous ceux qui sont concernés par la planification et l'orientation de l'entreprise, mais aussi il fournirait le véhicule permettant d'examiner et de résoudre les problèmes politiques que posent les nouvelles applications informatiques sur les rôles des gestionnaires, la structure organisationnelle et l'allocation des ressources.

- Réorganiser la fonction analyse de systèmes

À mesure que le stade 3 tire à sa fin, la société doit planifier ses plus importantes et ses plus ambitieuses applications en matière de système d'information aux fins de gestion. Ce n'est pas le temps de s'éloigner des utilisateurs en érigeant une barrière de division infranchissable. La centralisation complète de la fonction analyse de systèmes constituerait une telle barrière.

En fait, la transition vers cette nouvelle ère de l'informatique nécessite une révision du concept et de l'organisation de la fonction analyse de systèmes.

Le concept d'analyse de systèmes devrait passer de l'aspect du « développement de produits pour les utilisateurs » à celui du « développement de méthodes touchant les utilisateurs ». Cette distinction entre produits et méthodes signifie, entre autres, que les nouvelles applications ne devraient qu'exceptionnellement être considérées comme des projets limités ; elles requerront des modifications continuelles à mesure qu'elles s'intégreront dans le processus de prise de décision.

Par conséquent, les analystes de systèmes eux-mêmes vont de plus en plus devenir un élément permanent dans le fonctionnement des activités des utilisateurs. En corollaire, ils vont servir de canaux de communication entre les utilisateurs, d'une part, et la fonction informatique, d'autre part.

Sur le plan organisationnel, certains analystes devraient être répartis dans les services utilisateurs, tandis que d'autres devraient être maintenus au service informatique pour développer des facilités de recherches et de tests pour l'entreprise et ses planificateurs.

- Admettre le changement fondamental que constitue le passage de la gestion de l'ordinateur à la gestion des informations de gestion

Ce changement se produit avec la mise en application de la technologie des bases de données, pour relier efficacement les applications développées au cours des premières phases. Ces suggestions de Nolan visent à réduire les tensions de la phase de contrôle et à préparer la voie pour la phase suivante. La stratégie d'implantation de certains mécanismes de planification et de contrôle, pendant cette phase, mérite d'être étudiée plus en profondeur.

IBM propose une stratégie visant l'implantation de quatre groupes d'activités de contrôle opérationnel qui ont pour but de stabiliser les services informatiques[11]. Cette stratégie consiste d'abord à formaliser le contrôle des projets afin de maîtriser les changements, et à contrôler les nouveaux services transférés à l'exploitation ; ensuite, à contrôler la livraison continue des services et à appliquer les correctifs nécessaires pour en renouveler la disponibilité ; et finalement, à accroître le sens des responsabilités en améliorant les fonctions administratives.

L'imputation des dépenses informatiques aux budgets des utilisateurs est malgré tout une bonne manière d'accroître le sens des responsabilités. Nolan, Drury et Bates ont étudié les effets d'un tel mécanisme[12]. Exposons les grandes conclusions de ces études.

— Les systèmes de facturation semblent bénéfiques lorsque la majorité des conditions suivantes sont remplies :

- l'entreprise a une vaste expérience de l'informatique ;
- l'exploitation informatique se fait à grande échelle ;
- les besoins des utilisateurs sont variés et non standards ;
- la philosophie de l'entreprise vise la décentralisation des décisions ;
- l'entreprise a une volonté de contrôler les coûts de l'informatique.

— Les méthodes d'imputation dont on se sert doivent être compréhensibles pour l'utilisateur ; ou bien on utilise une méthode simple, ou bien les utilisateurs reçoivent une formation pour comprendre les fondements de l'implantation.

— Les utilisateurs doivent être en mesure de contrôler les coûts en acceptant, rejetant ou substituant un service particulier. Afin d'en arriver à ce point, l'utilisateur doit recevoir directement la facture.

— La meilleure méthode de facturation semble l'utilisation de prix standards basés sur les mesures des services fournis plutôt que sur les ressources utilisées ; ces prix devraient demeurer stables dans le temps. Les coûts des investissements majeurs doivent être amortis sur leur période d'utilisation.

Ces quelques éléments confirment qu'il est profitable de mettre en place un tel mécanisme pendant la phase de contrôle. Cependant, il faut s'attendre à ce que l'acceptation de la facturation des coûts informatiques par les utilisateurs déborde la phase 3.

Nous pourrions élaborer longuement sur les caractéristiques des divers mécanismes de contrôle appliqués pendant la phase 3. Le principe de base demeure cependant celui de poser des actions rationnelles, en gardant à l'esprit les objectifs globaux de l'entreprise.

Une fois cette consolidation de la fonction informatique terminée, le temps d'arrêt cesse, et tout est en place pour qu'elle reprenne un rythme soutenu de nouveau développement. Subtilement, la fonction informatique passe à la phase d'intégration.

3.4 LA PHASE D'INTÉGRATION

Au moment même où les utilisateurs abandonnent l'espoir de voir l'informatique leur apporter quelque chose de neuf, on leur fournit des terminaux interactifs ainsi que l'assistance nécessaire à l'utilisation et à l'exploitation de la technologie de bases de données. Prenant conscience des possibilités offertes, les utilisateurs exigent un meilleur service et sont disposés à payer le prix nécessaire, ce qui engendre des taux de croissance des coûts informatiques rappelant ceux de l'étape 2, autrement dit des taux que l'on n'espérait plus revoir.

3.4.1 Le portefeuille d'applications

Cette phase se caractérise donc par l'utilisation à grande échelle de technologies nouvelles. Le potentiel de ces technologies ouvre la voie au développement de plusieurs applications nouvelles intégrant les données de systèmes existants à la conversion d'applications existantes.

Les systèmes d'information de contrôle de gestion représentent une partie importante (30 %) des nouvelles applications. À la remorque de ceux-ci, les systèmes de planification stratégiques commencent à apparaître.

Grâce à l'utilisation rétroactive des nouvelles technologies sur les applications existantes, les barrières empêchant la cueillette des différentes informations pour ces systèmes tombent. Cependant, le parallélisme du développement crée encore une redondance des données. Les mécanismes de contrôle utilisés jusqu'alors, parce qu'ils étaient principalement orientés vers l'ordinateur et non vers les données, n'ont pu permettre d'éviter cette duplication.

3.4.2 L'organisation informatique

L'effort de restructuration et de professionnalisme entrepris par la fonction informatique au cours de la phase de contrôle lui permet dorénavant d'offrir des services de qualité.

Les spécialistes ont adopté un comportement plus discipliné dans leurs activités. En plus de savoir utiliser les technologies nouvelles, ils connaissent maintenant les attentes de l'entreprise à leur endroit. L'assimilation des standards et des méthodes employés dans le développement et l'exploitation des applications permet de distribuer plus facilement le personnel dans les différents projets sans compromettre nécessairement la qualité des services fournis.

Certaines équipes de projet se consacreront donc au service des utilisateurs, afin de développer de nouvelles applications ; d'autres se concentreront sur la fonction informatique même, afin d'expérimenter et d'approfondir des technologies nouvelles, et de développer des applications corporatives de longue haleine. La structure matricielle constitue l'encadrement adéquat pour permettre à la fois une plus grande distribution des effectifs vers les usagers et une bonne concentration du personnel orienté vers l'expertise de la technologie.

3.4.3 Les systèmes de planification et de contrôle

Pendant la phase 3, la fonction informatique s'est appliquée à établir une discipline visant l'utilisation efficiente de l'ordinateur. Durant la phase d'intégration, elle se préoccupera d'ajuster les contrôles mis en place aux besoins particuliers des services offerts. Durant cette période de développement majeur, certains contrôles sont allégés, et l'accent est mis sur une planification tactique des activités.

La fonction informatique a comme objectif d'accorder l'offre et la demande. Le spectre d'une seconde phase de développement excessif suivi d'une sévère mise au point hante toute l'entreprise. On voudra donc prévoir plutôt que réagir. Cela a même pour effet que les utilisateurs des nouvelles applications exigent une croissance qui se situe à la limite des possibilités d'extension du service informatique.

En plus de personnaliser les mécanismes de contrôle, on prépare les plans de développement et d'exploitation avec les utilisateurs pour former le plan directeur de la fonction informatique. Le résultat ultime de ce plan consiste en l'approbation du budget et des priorités des services que la fonction informatique dispensera durant l'année.

Cet assouplissement des mécanismes de contrôle, combiné à l'établissement d'une planification conjointe entre la fonction informatique et les utilisateurs, laisse croire à une maîtrise de la situation. Cependant, ces mécanismes sont surtout destinés à une gestion interne de l'ordinateur et non pas à un contrôle de la croissance de son utilisation et à une limitation de l'explosion des coûts. Vers la fin de la phase 4, lorsque la confiance exclusive accordée aux contrôles de l'ordinateur se révèle inefficace, les difficultés provoquées par une croissance rapide commencent à créer une autre série de problèmes. La redondance des données complique l'utilisation des systèmes de contrôle et de planification. On demande un meilleur contrôle et une plus grande efficience.

3.4.4 La prise de conscience des utilisateurs

L'avènement des nouvelles technologies laisse entrevoir aux utilisateurs des applications de l'informatique qu'ils n'auraient pu imaginer auparavant. Sortant d'une disette en termes de nouvelles applications, et s'apercevant qu'avec les nouveaux outils mis à leur disposition ils peuvent être moins dépendants de la fonction informatique, les utilisateurs exigent une foule de nouveaux services informatiques.

L'effet désiré de l'imputation des coûts informatiques à leur budget se concrétise graduellement. Maintenant plus familiers avec l'informatique, les utilisateurs sont motivés à prendre de plus grandes responsabilités. Leur participation s'accroît principalement dans le domaine de la saisie et de l'interrogation des données. La qualité des informations véhiculées dans les applications devient leur responsabilité.

Leur participation à l'établissement du plan directeur a pour conséquence directe d'amener graduellement les utilisateurs à prendre les commandes dans la destinée de la fonction informatique de l'entreprise.

3.4.5 Le passage à la phase suivante

La recrudescence des nouvelles applications fondées sur une technologie moderne ne garantit pas nécessairement le succès. Si cette période d'innovations n'est pas accompagnée des mécanismes de planification et de contrôle appropriés ou d'une organisation informatique équili-

brée entre la spécialisation technique et la spécialisation de l'utilisateur, elle risque de ramener la fonction informatique au début de la phase 3, soit la phase de contrôle.

L'interrelation des quatre facteurs de croissance constitue la clé du succès, spécialement durant cette phase d'intégration. On doit assurer la maîtrise de la ressource « ordinateur » avant de pouvoir gérer la ressource « donnée ».

Les leçons tirées des phases précédentes doivent inciter la direction générale de l'entreprise à suivre de très près cette prolifération de nouvelles applications de l'informatique. La planification tactique mise en branle dans cette phase est un outil qu'il faut gérer avec soin. Les priorités qui y sont inscrites doivent représenter la réalité. Continuer à appliquer une stratégie artisanale consistant à répondre à toute demande qui se présente peut avoir des conséquences désastreuses. « L'importance et la complexité des activités de l'entreprise font que l'informatique ne peut être tout pour tous », dit Nolan.

À ce stade de leur évolution, les services informatiques jouent souvent un rôle stratégique dans l'entreprise, et une panne de quelques heures du centre de traitement peut avoir des répercussions très graves sur la production de biens ou de services à la clientèle. La haute direction ne peut se permettre de prendre la fonction informatique à la légère.

McFarlan et McKenney ont particulièrement étudié cette situation et recommandent à la direction de telles entreprises de tenir compte des nécessités suivantes[13] :

— Elle doit s'engager activement dans le comité de direction de la fonction informatique.

— Étant donné que la planification est critique, elle doit être reliée à la stratégie corporative. Une attention particulière doit être accordée à l'allocation des ressources.

— Le portefeuille d'applications doit comporter des projets à risques élevés, propres à gagner un avantage stratégique.

— Étant donné que la capacité de traitement est critique, une certaine marge de manœuvre doit être conservée.

— La direction de l'informatique doit être placée très haut dans l'entreprise.

— L'innovation technique est critique et doit pouvoir suivre les progrès.

— On doit comprendre que l'engagement des utilisateurs dans la spécification des applications et la sélection des priorités est très important mais souvent émotionnel.

— Le système d'imputation des coûts informatiques est critique et doit être conçu de façon précise.

— Le contrôle des dépenses informatiques doit être axé sur l'efficacité. Les applications doivent rester à jour.

— Toute performance discutable de la part des gestionnaires de la fonction informatique doit être prise en considération rapidement et sérieusement.

Ces quelques conseils, donnés par ces deux spécialistes de la gestion de l'informatique, ne font que rehausser les propos de Nolan, qui considère la phase d'intégration comme un stade critique de l'évolution de la fonction informatique.

Comme la phase 2 permettait d'implanter l'ordinateur de façon généralisée dans les opérations de l'entreprise, la phase d'intégration donne à celle-ci les moyens d'utiliser la majorité des informations pertinentes pour sa gestion.

3.5 LA PHASE DE GESTION DES DONNÉES

La phase 5 est pour la ressource « donnée » ce que la phase 3 était pour la ressource « ordinateur ». Cette phase se caractérise donc par la rationalisation dans l'utilisation de la ressource « donnée ». L'entreprise veut adapter les mécanismes de planification et de contrôle existants en vue de gérer économiquement les données.

3.5.1 Le portefeuille d'applications

La prolifération des nouveaux systèmes d'information, développés pendant la phase 4 avec la technologie des bases de données et les facilités de télécommunication, a laissé derrière elle une certaine duplication des données. Le portefeuille d'applications de la phase de gestion des données est surtout composé de systèmes d'information intégrant les données corporatives nécessaires à la gestion tactique et stratégique. Ces applications sont souvent le fruit d'une réorganisation des systèmes existants du plus bas niveau dans la hiérarchie.

On développe également des outils spécialisés pour la gestion des données et pour la gestion du réseau afin de permettre un déploiement contrôlé des applications dans l'entreprise. La gestion efficace de ces ressources ouvre la porte à du traitement distribué des applications et à un développement décentralisé de celles-ci chez les utilisateurs.

3.5.2 L'organisation informatique

L'effort nécessaire pour contrôler la ressource « donnée » crée dans l'organisation centralisée de l'informatique un besoin de constituer un groupe corporatif administrant les données. De même, un centre de contrôle du réseau est mis en place pour assurer un niveau de service répondant aux attentes des utilisateurs.

La position stratégique de la fonction informatique dans l'entreprise lui permet maintenant de remplir complètement les trois volets de sa mission. La fonction conseil auprès de toute l'entreprise peut maintenant être assumée adéquatement.

3.5.3 Les mécanismes de planification et de contrôle

À cette phase de la gestion des données, le défi de base consiste à développer des systèmes de gestion communs à toutes les applications de l'informatique tout en permettant un accès souple aux données partagées.

L'instauration de normes et de standards appliqués aux données plutôt qu'à l'ordinateur est de mise. Ces mécanismes, accompagnés d'outils gérant les télécommunications et la distribution des capacités de traitement, doivent être orientés selon le concept de service à la clientèle. Il en est de même pour le système d'imputation, qui doit être basé sur des coûts standards des services de « données » offerts.

Le comité de direction constitue un instrument de plus en plus indispensable pour accorder les priorités avec les objectifs de l'entreprise. L'établissement du portefeuille d'applications normatif par ce comité fournit un plan stratégique de développement de la ressource « donnée ».

En parallèle, la gestion du cycle de vie des applications revêt une importance capitale ; cette gestion vise l'exploitation des applications informatiques à un coût minimal, tout en leur assurant une longévité respectable.

On assure en outre un contrôle strict des modifications pour offrir un niveau de service uniforme aux utilisateurs. Les mesures des performances de l'ordinateur s'étendent au réseau de télécommunications et aux bases de données.

Des procédures d'audition internes prennent forme pour permettre d'évaluer la conformité du portefeuille d'applications et des ressources utilisées avec les plans établis.

Toutes ces mesures amènent la fonction informatique à s'ouvrir à son environnement externe. Elle se prépare ainsi à synchroniser toute sa gestion avec l'orientation stratégique de l'entreprise.

3.5.4 La prise de conscience des utilisateurs

Les différentes incitations faites par l'entreprise, pour rendre plus responsables les utilisateurs de la fonction informatique, atteignent effectivement leur but à la phase 5.

Maintenant que les utilisateurs des services informatiques ont obtenu une certaine satisfaction de leurs besoins, ils tiennent à s'engager activement dans la gestion de leurs données. Souvent, ce sont les utilisateurs qui déclenchent la seconde vague de contrôles. Non seulement ils sont conscients des risques encourus du fait d'un développement massif, mais encore ils connaissent suffisamment les activités de la fonction informatique pour accepter ce ralentissement nécessaire dans le développement de nouvelles applications.

Leur participation conjointe dans l'établissement des mécanismes de planification et de contrôle leur permet de comprendre l'importance stratégique des applications informatiques. Ils s'appliquent donc à définir sérieusement leurs responsabilités dans la qualité des données utilisées et leur rôle dans la conception efficace d'applications rationnelles.

3.5.5 Le passage à la phase suivante

Le degré de sévérité vécu dans la phase de gestion des données dépend principalement de l'attitude de l'environnement externe (direction générale, utilisateurs). L'engagement de celui-ci est devenu indispensable. Isoler la fonction informatique pour consolider sa gestion au moment de la phase de contrôle ne peut réussir maintenant.

L'environnement externe doit absolument prendre les commandes dans ce processus. Sinon les conflits renaîtront de plus belle, et la volonté d'associer les services informatiques au succès de l'entreprise risque de demeurer pendant longtemps un vœu pieux. La direction générale, le comité de direction, le directeur de la fonction informatique et les principaux utilisateurs doivent donc s'asseoir à la même table et élaborer une stratégie globale de l'utilisation des données de l'entreprise.

Cette collaboration ne peut être soudaine ; il importe donc de mettre ce rapprochement en marche dès la phase 4, pendant que tous travaillent à intégrer les données pour qu'elles puissent être utilisées comme support à la prise de décision tactique et stratégique de l'entreprise. Autrement, le directeur de la fonction informatique aura une lourde tâche s'il veut ramener sa fonction sur la pente du progrès. La direction générale devra faire des interventions énergiques sans nécessairement aider la cause de la fonction informatique.

Les mouvements vers la décentralisation doivent être calculés pour qu'ils correspondent à la planification stratégique de l'entreprise. Cette phase de positionnement de la fonction informatique, arrêtée par l'établissement de mécanismes de gestion conformes à ceux de l'entreprise, redonnera à la fonction informatique un troisième souffle qui lui permettra de prendre la voie de la maturité avec sérénité.

3.6 LA PHASE DE MATURITÉ

Lorsque les changements apportés durant la phase de gestion des données sont entrés dans les mœurs, la fonction informatique atteint sa maturité dans l'entreprise. Elle devrait, de ce fait, pouvoir produire des bénéfices économiques de manière continue, tout en maintenant un équilibre constant entre l'offre et la demande.

3.6.1 Le portefeuille d'applications

Munie déjà des systèmes d'information répondant à la majorité des besoins sectoriels de son organisation, l'entreprise oriente le développement des applications vers une intégration des systèmes reflétant les flux d'information réels. L'apport de la technologie et la maturité des utilisateurs ont permis l'équilibre entre les applications centralisées (données partagées, systèmes communs) et les applications décentralisées sous le contrôle de l'utilisateur. Les barrières géographiques ou divisionnaires ne sont plus des obstacles pour accéder aux données corporatives ou aux banques de données publiques et fournir à la haute direction un soutien total pour la prise de certaines décisions.

3.6.2 L'organisation informatique

Maintenant que l'organisation informatique remplit véritablement le rôle qui lui a été conféré, elle se doit de suivre l'évolution du reste de l'entreprise.

Les services utilisateurs sont devenus un contrepoids important dans l'orientation de la fonction informatique. Le directeur de cette fonction fait face au problème suivant : il doit se battre pour assurer un équilibre entre la protection d'une entité organisationnelle et le maintien de cette entité au au même niveau que son environnement. La solution réside dans la qualité des communications entre le directeur de l'informatique et la direction générale, tout autant qu'entre ce directeur et les services utilisateurs.

En raison d'une certaine stabilité établie dans le portefeuille des systèmes d'information, le directeur de la fonction informatique risque

d'être pris à partie par le reste de l'entreprise, soit parce qu'il permet à certains groupes de sa fonction de vieillir au nom de la stabilité, soit parce qu'il introduit des changements au nom des progrès technologiques.

À ce stade, la fonction informatique est plus que jamais en interdépendance étroite avec les services utilisateurs. Ces derniers ont acquis une expertise informatique leur permettant de participer directement au développement et à l'exploitation de certaines applications. Respecter l'équilibre entre la centralisation des effectifs de la fonction informatique, orientés surtout vers la recherche, et la décentralisation des analystes de systèmes, des programmeurs et des opérateurs dans les services utilisateurs, pour contrôler leurs applications informatiques, constitue un enjeu de taille. On crée des rôles tampons (conseiller de liaison et d'information) pour préserver le personnel informatique des incursions fréquentes des services utilisateurs et pour assurer que les développements « locaux » s'inscrivent dans une architecture globale du portefeuille d'applications de l'entreprise.

3.6.3 Les mécanismes de planification et de contrôle

La fonction informatique doit faire comme l'entreprise, qui consacre des ressources à sa planification stratégique pour ajuster sa mission aux conditions de changement du monde extérieur, si elle veut être en mesure de répondre aux changements de son environnement externe. À partir du plan stratégique global de l'entreprise, la fonction informatique établit ses orientations selon les services futurs qu'elle doit rendre, la manière dont ces services seront rendus et les ressources qui seront utilisés (données, personnel, technologie et finance). Les informations sont ensuite intégrées aux architectures globales (données, applications, technologie) utilisées par la fonction informatique. Le processus de planification stratégique se termine par la production d'un plan triennal ou quinquennal. Ce plan servira de base à l'établissement du plan directeur tactique de la fonction informatique.

Tous ces mécanismes de planification entraînent un processus de révision constante afin de valider la pertinence des stratégies avancées. Le comité de direction joue un rôle prépondérant dans l'ajustement de ces plans.

3.6.4 La prise de conscience des utilisateurs

L'activité informatique est maintenant perçue comme une fonction intégrée à l'évolution de l'entreprise. Les utilisateurs sont conscients de la nécessité d'avoir une fonction informatique centrale pour évaluer les applications potentielles des nouvelles technologies, pour instaurer les normes et standards d'utilisation des services informatiques et pour développer et exploiter les systèmes d'information corporatifs. En outre, les utilisateurs acceptent de partager avec la fonction informatique la responsabilité de la qualité des données et de la conception efficace d'applications profitables.

4. Conclusion

L'avancement de la technologie et l'évolution de l'entreprise sont deux dimensions qui peuvent influencer l'équilibre atteint à la phase de maturité.

Les innovations technologiques ne cessent de multiplier les nouvelles applications informatiques dans l'entreprise. Dans les années 70, les réseaux de télécommunications et les bases de données ont modifié de façon magistrale leurs champs d'application. Les années 80 nous laissent entrevoir des changements radicaux dans les tâches de bureau avec l'avènement de la bureautique, et même dans les foyers avec les ordinateurs personnels et la câblodistribution. Verrons-nous des phases 7 et 8 dans l'évolution de la fonction informatique ? Ne serait-il pas possible que cette activité acquière une maturité générale dans l'entreprise ?

McFarlan et McKenney semblent être de cet avis. Ils considèrent en effet qu'une fois qu'une entreprise a atteint une certaine maturité, l'acquisition de nouvelles technologies influence son équilibre. L'assimilation de cette nouvelle technologie passe par quatre étapes :

— Identification et acquisition de la technologie ayant un intérêt potentiel. Expérimenta-

tion de cette technologie à l'aide d'un projet pilote mené par la fonction informatique centrale. Les résultats de ce projet devraient servir à découvrir les problèmes et à déterminer l'opportunité d'utiliser cette technologie en plus de dresser une première liste des applications pouvant en bénéficier.

— Apprentissage et adaptation de la technologie par l'encouragement d'expérimentations orientées vers les usagers à travers une série de projets pilotes. L'objectif de cette expérimentation généralisée est de développer l'intérêt des utilisateurs et de les laisser proposer des applications profitables de cette technologie. Souvent, les applications proposées différeront de celles qui avaient été avancées par la fonction informatique au début.

— Rationalisation. Maintenant que la technologie est raisonnablement assimilée par la fonction informatique et les utilisateurs, il faut développer les outils de contrôle adéquats pour l'utiliser de façon efficiente. Des standards formels, des mécanismes de facturation aux utilisateurs et des études de coûts et bénéfices sont appropriés à ce stade.

— Maturité. La technologie parvenue à cette étape est maintenant asservie par l'organisation. Il faut cependant que l'entreprise admette que de nouvelles technologies peuvent rendre désuètes celle qui a atteint la maturité, et que le conservatisme ou la rigidité organisationnelle risquent de ralentir le processus d'adoption de nouvelles technologies.

Ce processus n'est pas sans rappeler les premières phases de l'évolution de la fonction informatique. La direction générale doit reconnaître également qu'elle peut trouver simultanément dans son organisation des technologies parvenues à des stades différents de leur évolution. Elle ne doit donc pas aborder la gestion de son activité informatique de façon monolithique.

En plus de la technologie appliquée à différents niveaux dans l'organisation, les change-

ments de stratégies ou de structures organisationnelles obligent la direction à gérer en parallèle plusieurs stades d'évolution de son activité
informatique. L'exploitation d'un nouveau type
de produits ou de services ou une réorganisation significative dans l'entreprise peuvent modifier sensiblement la stabilité de la fonction informatique.

C'est donc dans cette perspective qu'une entreprise à maturité d'un point de vue informatique doit aborder l'avenir.

NOTES BIBLIOGRAPHIQUES

1) R.L. NOLAN. « Plight of the EDP Manager », *Harvard Business Review*, Prentice-
Hall, Mai-juin 1973.
2) C.F. GIBSON et R.L. NOLAN. « Managing
the Four Stages of EDP Growth », *Harvard
Business Review*, Janv.-fév. 1974.
3) R.L. NOLAN. « Managing the Crisis in Data Processing », *Harvard Business Review*,
Mars-avril 1979.
4) T.R. GILDERSLIEVE. « Organizing the
Data Processing Function », *Datamation*,
Nov. 1974.
5) N.V. AHITUV et S. NEUMANN. *Principles
of Information Systems for Management*, Dubu-
que, Iowa, Wm C., Brown Company, 1982.
6) IBM. « A Management System for the Information Business », *IBM*, Vol. 1, 1981.
7) H.A. SIMON. *The New Science of Management Decisions*, Harper and Row, 1960.
8) H. LUCAS. *The Analysis, Design and Implementation of Information Systems*, McGraw-
Hill, 1976.
9) C.F. GIBSON et A.A. SCHNIDMAN. *Information Technology and Organizational
Change*, Index Systems Inc., Sept. 1981.
10) P.G.W. KEEN. « Information Systems and
Organizational Change », *Communications of
the ACM*, Janv. 1981.
11) IBM. « Project Management Guide », *IBM*,
Toronto, 1981.
12) R.L. NOLAN. « Effects of Chargeout on
User/Manager Attitudes », *Communications
of the ACM*, Mars 1977.
13) W.F. McFARLAN et J.L. McKENNEY. *Is
Perspectives*, Harvard Business School, Doc.
n° 0-182-160, 1981.

CHAPITRE 18

LA GESTION DES RELATIONS DU TRAVAIL

par

Michel Grant

et

Noël Mallette

« Il y a des grèves chez vous ? Vous n'avez donc pas de police ? »

Staline
au représentant américain Hopkins, 1942.

Le phénomène de la négociation de contrats de travail fait souvent les manchettes, surtout lorsqu'il s'agit de conflits dans les services publics. Ainsi, relations du travail et grèves sont souvent associées.

Dans ce texte, nous traiterons de relations du travail et non de relations industrielles. En effet, si certains auteurs les considèrent comme similaires, une tendance claire se dégage pour reconnaître aux termes « relations industrielles » une portée plus large qu'à l'expression « relations du travail ». Les relations industrielles s'appliquent aux relations aussi bien individuelles que collectives qui se nouent à l'occasion ou à propos du travail au sein des sociétés touchées par l'industrialisation. Gérard Dion[1] définit les relations du travail comme « l'ensemble des rapports qui s'établissent au niveau de l'entreprise, de l'industrie ou de toute l'éco-

nomie entre les différents agents de production ».

La définition des « relations du travail » pour laquelle nous optons est plus structurelle et institutionnelle et moins interpersonnelle. Le conflit constitue l'essence même des relations du travail, puisque la stratification sociale et la hiérarchisation des postes au sein de l'entreprise suscitent des tensions. Ces tensions ne nécessitent pas une présence syndicale, mais il est évident que la présence d'un syndicat et l'existence d'un cadre juridique ont pour effet de canaliser et de fournir un cadre spécifique à la résolution des conflits. Ainsi, nous définissons les « relations du travail » comme l'ensemble des rapports et des conflits survenant entre les employeurs et leurs salariées et leurs salariés, ainsi que leurs organisations respectives s'il y a lieu, et dont l'encadrement est défini en partie par l'État. Ces rapports et ces conflits peuvent produire des conventions collectives, des accords, des politiques du personnel, des coutumes, etc., bref, des règles de coexistence des parties.

1. Un modèle d'analyse du système de relations du travail

Nous entendons par système de relations du travail un modèle d'analyse qui définit les facteurs ou variables qui interviennent dans le champ des relations du travail. Le modèle explique la nature et le sens des interactions et facilite la compréhension et même la prédiction des effets de ces relations. Ce modèle peut nous aider à comprendre les différences entre les conventions collectives d'une industrie à l'autre ou du secteur public au secteur privé. Il peut également éclairer l'examen de la force respective des parties lors d'une négociation collective.

La notion de système, d'abord développée dans le domaine des sciences pures, a été transposée dans le domaine des sciences sociales et administratives. Nous reconnaissons quatre composantes dans le fonctionnement d'un système. Ce sont :

— l'environnement interne du système lui-même ;

— les intrants (ou *inputs*) qui proviennent de l'extérieur et de l'intérieur du système. Ainsi, le système de relations du travail est soumis à l'influence de facteurs économiques externes, tels que l'inflation, et de facteurs économiques internes, comme les objectifs syndicaux de négociation ;

— les extrants (ou *outputs*) sont les résultats produits par le système : conventions, grèves, etc. ;

— la rétroaction (feedback d'informations), qui permet aux extrants de modifier les intrants. Ainsi, un nombre élevé de grèves illégales peut amener des changements juridiques dans l'environnement externe dont fait partie le système légal. Ces changements pourront avoir une influence sur le comportement des parties et produire ainsi de nouveaux résultats tels qu'une baisse du nombre de grèves illégales.

Inspiré par les travaux de Talcott Parsons, Clark Kerr et Abraham Siegel[2], John T. Dunlop a construit une théorie générale des relations du travail[3]. Malgré les critiques, le modèle proposé par Dunlop demeure pertinent encore aujourd'hui et ce, en dépit des modifications proposées par différents auteurs. Dunlop définit le système des relations du travail comme le jeu de trois acteurs : le patronat, le ou les gouvernements, et les syndicats et leurs membres. Ces acteurs interviennent simultanément et interagissent pour décider des règles qui vont encadrer leurs relations (par exemple, les lois, les conventions collectives). Ces relations se déroulent dans un contexte qui influencera leurs résultats, en délimitant le pouvoir de négociation de chacun. Dunlop nomme trois types de contexte dont doivent tenir compte les acteurs :

— les caractéristiques technologiques des conditions de travail et de la vie au travail ;

— les contraintes économiques et financières qui pèsent sur les acteurs ;

— la structure politique et géographique du pouvoir dans la société[4].

Ainsi, les caractéristiques propres à l'industrie minière influencent les formes d'organisation du travail, les types de main-d'œuvre, les qualifications de même que les revendications syndicales. Ces revendications sont différentes de celles qu'on trouverait, par exemple, chez des employées ou des employés de bureau. Selon Dunlop, le contexte économique est constitué des marchés des produits et de la main-d'œuvre. Une entreprise qui jouit d'une position monopolistique pourra plus facilement octroyer des avantages que si elle était soumise à une très forte concurrence. Un syndicat qui négocie dans un contexte de chômage élevé n'aura pas la même force qu'en période de prospérité.

La répartition du pouvoir dans une société se reflète aussi dans le domaine des relations du travail. Dans un pays communiste, le mouvement syndical est intégré au fonctionnement de l'appareil d'État, tandis que dans les pays libéraux, le mouvement syndical est autonome, mais il est parfois appelé à négocier avec l'État dans le contexte d'un rapport de forces.

Le système des relations du travail est maintenu par une idéologie, un ensemble d'idées ou de croyances partagées par les acteurs. Cette idéologie commune définit le rôle des acteurs. Plusieurs critiques ont reproché au modèle de Dunlop d'être trop statique, de ne pas tenir compte de l'origine et du déroulement des conflits, d'être trop préoccupé par l'équilibre du système. Ainsi pour les théoriciens marxistes et néo-marxistes, les relations du travail ne sont que le reflet du mode d'organisation et de production de la société capitaliste ; ils reprochent à Dunlop et à ses disciples d'axer leur analyse sur les éléments qui préservent le *statu quo* social.

Néanmoins, le modèle proposé par Dunlop s'avère très utile pour comprendre la réalité des relations du travail dans une société industrialisée démocratique. Le modèle que nous suggérons provient des modifications apportées par Craig[5] à la théorie de Dunlop. La figure 18.1 indique que les extrants du système des relations du travail (par exemple, une baisse de productivité) peuvent devenir des intrants par rapport à l'un des systèmes du contexte (par exemple, la technologie utilisée).

Le modèle suggère que les résultats (conditions de travail, climat organisationnel, absentéisme ou grèves) sont fonction à la fois de l'environnement interne du système des relations du travail (syndicats, patronat et gouvernement) et de l'environnement externe (technologie, cadre juridique et conditions économiques ou politiques).

Dans ce chapitre, nous examinerons certaines composantes du modèle, les autres étant analysées dans d'autres parties du volume.

Nous étudierons, en premier lieu, le processus de négociation collective. Il s'agit là, en effet, d'un élément important de la gestion des relations du travail. En second lieu, nous examinerons l'évolution du syndicalisme au Canada et au Québec. Les méthodes de règlements et les législations ont été forgées par l'expérience : il est donc important de saisir le contexte histori-

que. En troisième lieu, nous aborderons le cadre juridique qui gouverne le règlement des conflits d'intérêts entre les employeurs et les employés. En dernier lieu, nous procéderons à l'examen des acteurs syndicaux et patronaux en présence, à l'aide de cas particuliers au Québec. L'influence mutuelle de ces facteurs sera discutée au fil de la présentation.

1.1 LA NÉGOCIATION COLLECTIVE

L'historique que nous dresserons dans une section suivante indique que la reconnaissance du droit à la négociation a été la résultante de plusieurs luttes ouvrières qui se sont déroulées au cours de plusieurs décennies. Pour certains marxistes, la négociation collective ne constituait qu'une des formes de la lutte des classes et pouvait même limiter la conscience des enjeux au seul terrain de l'action économique. Évidemment, pour Lénine et ses disciples, l'action syndicale était une école de formation pour le communisme et devait déboucher sur l'action politique[6]. La négociation collective est une institution des sociétés démocratiques. Elle constitue un instrument de transformation et de recherche de nouveaux équilibres, tant dans l'ensemble de la société que dans celui de l'entreprise, par l'instauration d'un processus de rajustements et de réaménagements périodiques des règles de coexistence, qui sont définies et élaborées suivant une dynamique de conflit et de tension entre les parties.

La négociation collective s'est intégrée dans les modes de gestion des entreprises et constitue la forme prédominante de l'action et des préoccupations syndicales. Pour certains, la négociation collective constitue une forme de coopération ou même de participation conflictuelle, puisqu'elle consiste à influencer les décisions de l'entreprise[7].

Retenons d'abord la définition suivante de la négociation collective :

« une relation de pouvoir qui s'exerce à l'intérieur d'un processus de détermination conjointe de règles et dont l'enjeu, pour chaque partie, est d'obtenir le maximum de contrôle sur les éléments qui définissent la situation de travail »[8].

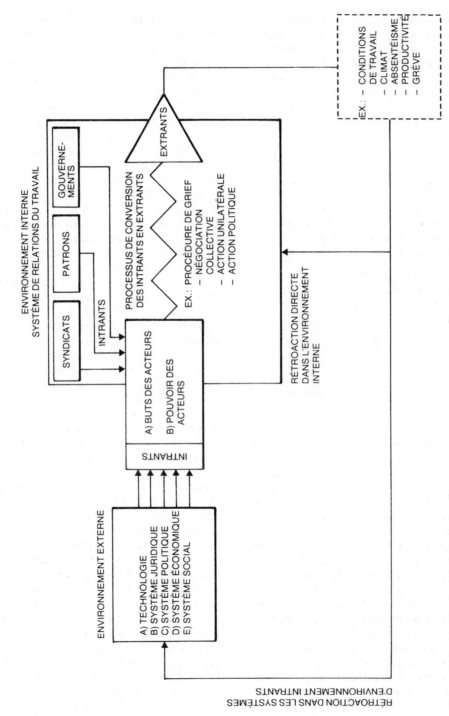

Figure 18.1 Modèle des relations de travail

Deux éléments caractérisent la négociation collective : la relation de pouvoir, d'une part, et le processus d'entente, d'autre part. Dans ce contexte, même la grève ou le lock-out deviennent des instruments qui, tout en exprimant un conflit d'intérêts, ont pour objectif d'amener à des ententes dont le contenu sera déterminé par les rapports de forces entre les parties patronale et syndicale.

1.2 LE POUVOIR DE NÉGOCIATION

En 1969, le rapport de la Commission Woods, chargée par le gouvernement fédéral d'étudier les relations du travail au Canada et de faire des recommandations, affirmait ce qui suit[9] :

> « On ne peut pas prendre pour acquis qu'il existe une corrélation entre les résultats de la négociation collective et une quelconque idée de justice. La négociation collective est fondamentalement une épreuve de force dont le résultat est plus le reflet de la situation économique respective des protagonistes à un moment donné que des mérites de certaines normes de justice dont ils se réclament. »

Les différences existant entre les conventions collectives dépendent des habiletés des parties ou des stratégies utilisées par les négociateurs. Il existe toutefois une zone d'incertitude au sein de laquelle les parties vont de part et d'autre déployer leurs efforts pour obtenir le meilleur règlement négocié possible.

Le syndicat et l'employeur sont soumis à des contraintes qui proviennent de l'environnement interne et de l'environnement externe. Aussi, un syndicat dont le degré de militantisme (c'est-à-dire environnement interne) est faible verra son comité de négociation dans une position inconfortable face à l'employeur. L'existence ou l'absence de stocks de produits finis influencera l'évaluation du recours à la grève ou au lock-out. Une entreprise qui se situe dans un marché où la concurrence des produits importés est forte ne pourra pas accorder les mêmes conditions de travail que celle qui est en situation de monopole.

Les contraintes peuvent donc provenir des contextes technologique, juridique, économique, politique et social. Une entreprise dont les opérations sont fortement automatisées n'envisagera pas les inconvénients d'une grève éventuelle de la même manière qu'une entreprise à faible densité de capital physique et à forte intensité de main-d'œuvre (par exemple, le secteur de la téléphonie vs l'industrie du vêtement pour dames). Une législation qui prévoit des dispositions antibriseurs de grève donne à une grève éventuelle un caractère beaucoup plus percutant. Nous pourrions puiser une série d'exemples dans différents scénarios qui se forment dans l'environnement interne ou externe des parties. L'intervention et l'interaction de ces variables déterminent le pouvoir de négociation de chacune des parties.

Les deux parties ont, sur la question salariale par exemple, des positions qui peuvent varier selon l'évaluation qu'elles font de la capacité de résistance de leur adversaire. Il existe quand même, pour les positions de chacune des parties, une limite inférieure et une limite supérieure. Ainsi, le patron est bien conscient qu'il doit maintenir un certain salaire minimal, pour tenir compte de la loi ou du marché de la main-d'œuvre dans son industrie. Du côté syndical, on sait qu'il existe une limite au-delà de laquelle les revendications salariales perdraient toute crédibilité, même aux yeux des membres. Hicks traçait le graphique suivant (voir la figure 18.2) où le niveau de salaire acceptable pour chacune des parties est fonction de la durée de la grève appréhendée ou en cours, SS^I représentant la courbe de résistance syndicale et EE^I la courbe de résistance de l'employeur, P étant le point d'entente prévisible correspondant à un salaire et à une durée de grève donnés[10].

Sans prétendre que les parties se livrent à des exercices quasi mathématiques, nous pouvons toutefois affirmer qu'elles font un type de raisonnement formel. Le syndicat est prêt à diminuer ses revendications à mesure que la durée de la grève appréhendée ou en cours se prolonge. La courbe atteint cependant un niveau où elle tend à être parallèle à la limite inférieure de l'employeur, et ce, en dépit du prolongement de la grève. Le même raisonnement s'applique à la courbe de la fonction de l'employeur à mesure qu'elle s'approche de la limite supérieure du syndicat. Le but des tactiques de négociations consiste évidemment pour le syndicat à connaître et même à déplacer vers le haut la limite de l'employeur, et pour l'employeur à connaître et aussi à déplacer mais vers le bas la limite du syndicat.

Le modèle esquissé à la figure 18.2 peut être utile pour comprendre les facteurs qui influencent les raisonnements que font les parties en ce qui concerne la détermination des salaires. Le professeur Neil W. Chamberlain a proposé un modèle qui comprend les équations suivantes :

- Pouvoir de négociation = $\dfrac{\text{Coût d'un désaccord pour le syndicat}}{\text{Coût d'un accord pour le syndicat}}$
  de l'employeur

- Pouvoir de négociation = $\dfrac{\text{Coût d'un désaccord pour l'employeur}}{\text{Coût d'un accord pour l'employeur}}$
  du syndicat

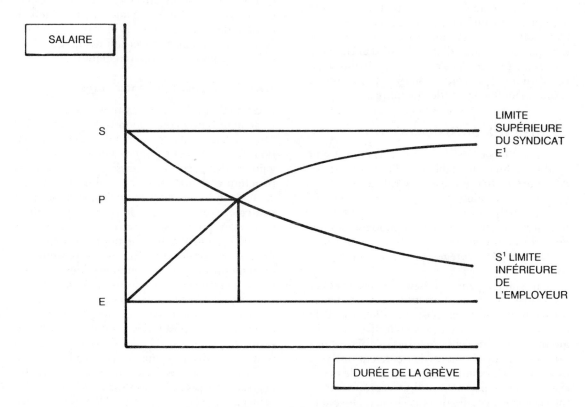

Figure 18.2   Graphique du niveau de salaire en fonction de la durée de la grève

Ainsi, le pouvoir de négociation de l'employeur sera faible si le coût pour le syndicat d'un refus des offres patronales et d'un recours éventuel à un arrêt de travail est perçu comme inférieur au coût que représente l'acceptation, c'est-à-dire un accord portant sur les dernières offres patronales. Dans la situation où le coût pour l'employeur d'une acceptation des contre-propositions syndicales serait supérieur au coût de leur rejet, le pouvoir de négociation du syndicat se trouve alors affaibli.

Au fur et à mesure de la négociation, les parties procèdent à l'évaluation de leur pouvoir de négociation, ainsi qu'à celui de leur adversaire. Les coûts auxquels nous nous référons ici peuvent être monétaires et non monétaires. Ainsi l'acceptation par un employeur d'une clause d'ancienneté qui s'appliquerait immédiatement aux promotions pourrait poser des problèmes sérieux de gestion. De même, l'acceptation par le syndicat d'une clause d'ancienneté qui réduirait les possibilités de promotion constituerait un coût politique pour lui en termes d'insatisfaction des membres.

1.3 NIVEAUX DE NÉGOCIATION

La plupart des négociations concernent un seul syndicat et un seul établissement et ce, à cause du caractère décentralisé et local de notre régime de négociation ; 86 % des conventions collectives analysées et en vigueur en 1982 entraient dans cette catégorie ; cependant, ces négociations s'appliquaient à 37,6 % des salariées et des salariés protégés par une convention collective[11].

Un syndicat peut représenter les salariées et les salariés répartis dans plusieurs établissements du même employeur. En 1982, c'était le cas de 9 % des conventions collectives s'appliquant à 14,6 % de l'ensemble des salariées et des salariés qui possédaient des conventions[12]. Il existe au Québec quelques expériences de négociations faites par un syndicat regroupant les salariées et les salariés de plusieurs employeurs : c'est le cas, par exemple, de l'industrie du vêtement pour dames. Ce mode ne représentait en 1982 que 1,8 % des conventions collectives et 5,3 % des salariées et des salariés[13].

Les négociations dans le secteur public et parapublic ne comprenaient en 1982 que 1,6 % des conventions, mais s'appliquaient à 41,7 % des salariées et des salariés protégés par l'ensemble des conventions analysées par le ministère du Travail[14].

1.4 LA PRÉPARATION DE LA NÉGOCIATION

La préparation implique pour les parties syndicale et patronale le choix d'une équipe de négociation, l'analyse des négociations antérieures, la cueillette des données, la préparation des revendications et la définition des objectifs.

Déjà lors de la préparation, chaque partie devra tenir compte de ses contraintes ainsi que de celles de la partie adverse. L'habileté des négociateurs consistera à manœuvrer en tenant compte de l'environnement interne et externe. La préparation de la négociation implique donc déjà des considérations stratégiques.

1.4.1 Les négociations antérieures

Il est souhaitable, dans les mois qui suivent le règlement d'une convention collective, de procéder de part et d'autre à un bilan de la négociation non seulement pour tracer le tableau des gains et des pertes mais aussi pour préparer la prochaine négociation au point de vue du contenu des demandes et de l'élaboration de la stratégie. Nous utilisons le terme « revendications » tant pour désigner ce que nous appelons les « offres patronales » que pour décrire les demandes syndicales. En effet, un employeur a le droit de proposer dans son intérêt des amendements à la convention collective à renouveler, et il arrive qu'il le fasse. Le contexte économique des dernières années a incité plusieurs employeurs à proposer des modifications à des clauses qui, jusque-là, étaient considérées comme des droits acquis par les syndicats.

Les éléments essentiels de cet examen des négociations précédentes devraient toucher les principaux événements et problèmes survenus, les difficultés subies lors de la ratification du contrat de travail, les conflits, le taux de participation aux assemblées syndicales, la souplesse ou la rigidité des mandats confiés par des médias, etc. Quant au bilan du contenu des négociations comme telles, on peut tracer le tableau suivant :

Revendications de l'entreprise	Revendications du syndicat
1. Celles qui ont été acceptées par le syndicat ;	1. Celles qui ont été acceptées par l'entreprise ;
2. Celles qui ont été abandonnées par l'entreprise ;	2. Celles qui ont été abandonnées par le syndicat ;
3. Celles qui ont fait l'objet d'un compromis : nature du compromis.	3. Celles qui ont fait l'objet d'un compromis : nature du compromis.

On peut dégager les coûts du règlement en termes économiques, en termes de degré de satisfaction des membres vis-à-vis de leur syndicat et de leurs dirigeants, et en termes de contraintes pour la gestion. Cette opération peut également permettre de repérer les problèmes ou les revendications qui risquent de resurgir lors de la prochaine négociation. Une telle démarche permet d'élaborer une stratégie à partir même de la préparation de ses propres revendications.

1.4.2 Le choix de l'équipe de négociation

L'équipe de négociation participe activement à la préparation des revendications, et ce, non seulement pour connaître les textes mais aussi pour bien alimenter l'argumentation qu'elle aura à soutenir devant l'équipe adverse. L'équipe de négociation doit être la plus représentative possible. L'important n'est pas tant le nombre de personnes que le choix de personnes qui proviennent des services où se trouvent les principales concentrations de personnel, du moins du côté syndical. Il faut que les personnes qui composent les comités de négociation respectifs soient en mesure de refléter les aspirations et les problèmes de leur milieu et qu'elles soient de plus en mesure de remplir leur mandat avec compétence.

Ainsi du côté patronal, il est normal de voir le directeur du personnel agir comme porte-parole, ou du moins comme membre du comité de négociation, de même que le trésorier ou une personne disposant des informations sur les implications financières de la convention, ainsi que des personnes dont les fonctions se rattachent directement à la direction de la production ou des opérations de l'entreprise (par exemple, le gérant de l'usine). Il s'agit donc de cadres supérieurs susceptibles de jouir d'une bonne crédibilité face à la partie syndicale.

Quant au comité de négociation de la partie syndicale, il doit refléter la structure politique du syndicat. La négociation de la convention collective constituant la principale activité syndicale, on trouve dans le comité le président du syndicat et les officiers du syndicat. Le nombre de personnes varie selon les effectifs et leur répartition dans les services de l'entreprise. Dans la très grande majorité des cas, le comité syndical est assisté d'une personne ressource qui, à titre de conseiller technique ou d'agent d'affaires, apporte une expertise et agit souvent comme porte-parole.

Du côté patronal, le porte-parole peut être le directeur des relations du travail, le gérant de l'usine ou parfois un avocat extérieur. Pour les deux parties, il est nettement préférable de désigner des personnes qui disposent d'un mandat clair et d'un ascendant sur leurs commettants. À défaut de quoi, les échanges deviendront difficiles et ponctués de délais occasionnés par de fréquents retours à l'assemblée générale ou au conseil d'administration ; une telle situation risque de créer des tensions.

Le rôle de l'équipe de négociation est évidemment de représenter les parties à la table de négociation et de tenir informés les membres, dans le cas du syndicat, ou la direction et les cadres, dans le cas de l'entreprise. Bien informer est une tâche primordiale si on veut s'assurer la mobilisation et l'appui. Même pour la partie patronale, la solidarité et la loyauté des cadres et des contremaîtres peuvent devenir des facteurs importants dans la détermination du pouvoir de négociation, particulièrement à l'occasion des contacts quotidiens avec les syndiquées et les syndiqués dans le milieu de travail ou à l'occasion d'une grève ou d'un lock-out. Le comité syndical doit être capable d'évaluer les attentes et le degré de mobilisation des membres, surtout lorsqu'il s'agit de mesurer les réactions de l'assemblée générale à une recommandation éventuelle de refus ou d'acceptation des propositions patronales. C'est souvent par les délégués syndicaux que le comité de négociation réussira ou non à bien jauger l'état d'esprit.

1.4.3 La préparation des revendications

La cueillette des données nécessaires à la préparation des revendications patronales et syndicales provient souvent en partie des mêmes sources internes ou externes.

● Les données internes

Le bilan de l'application de la convention collective se fait à partir de l'examen de la nature des griefs et de leur fréquence. L'examen du nombre de griefs porte sur ceux qui ont été résolus et ceux qui ne l'ont pas été, ceux qui se sont rendus à l'arbitrage et les décisions rendues. À ce stade, il s'agit non seulement d'examiner les amendements à apporter à la convention mais aussi d'être en mesure de prévoir les revendications de l'autre partie.

Les parties doivent également constituer un dossier sur les éléments ayant une incidence monétaire. Elles ont ainsi besoin de connaître le salaire moyen afin d'être en mesure d'évaluer les coûts et les implications d'une hausse de salaire ; il faut également connaître la répartition des employées et des employés dans la structure salariale, et le nombre d'heures régulières et supplémentaires travaillées. D'autres informations sur les caractéristiques de la main-d'œuvre, telles que l'âge, le sexe, l'ancienneté et l'évolution des effectifs, permettent d'évaluer les coûts des avantages sociaux et même de saisir les conséquences de modifications éventuelles à la clause d'ancienneté sur les mouvements du personnel (c'est-à-dire la promotion, la mise à pied, le rappel, etc.).

● Les données externes

Les données externes proviennent d'entreprises ou de secteurs d'activités comparables au point de vue des produits, des services, de la clientèle ou des tâches effectuées par le personnel. Le syndicat comme l'employeur effectuent cette recherche en tentant évidemment de choisir les points de comparaison qui vont étayer leurs demandes respectives. Les deux parties veulent connaître leur position par rapport à d'autres syndicats et à d'autres entreprises au sujet de chacun des éléments de la rémunération (salaires, vacances, congés, etc.).

Les données relatives aux taux de chômage au pays, dans la province et dans la région concernée, reflètent un élément contraignant de l'environnement. Des informations sur le taux de productivité dans l'ensemble de l'économie de même que dans l'établissement et l'entreprise serviront de point de référence dans la négociation salariale. Les indices des prix à la consommation seront aussi examinés. Les données juridiques qui encadrent les droits et obligations des parties de même que celles qui expriment la position de l'entreprise viendront compléter ces informations.

1.4.4 La détermination des objectifs

Les parties sont bien conscientes du fait que leur cahier initial de revendications ne constitue qu'un point de départ. Des concessions mutuelles devront être faites au fur et à mesure du déroulement de la négociation. Au-delà des détails circonscrits dans les projets de convention, les parties ont des objectifs non écrits qui serviront de guide dans la présentation et l'acceptation de certaines contre-propositions. Pour le syndicat, l'objectif de la négociation peut être d'obtenir la parité avec une entreprise voisine ou même un syndicat concurrent. L'objectif peut être aussi la réduction des écarts dans l'échelle salariale ou même la révision du mode de rémunération (par exemple, un taux horaire au lieu d'un taux à la pièce). Pour l'employeur, l'objectif peut être axé beaucoup plus sur la préservation des droits de gérance que sur des questions strictement monétaires ou sur la recherche de moyens pour hausser la productivité. Il importe donc que chacune des parties définisse bien ses priorités.

1.5 LA PRÉPARATION À LA GRÈVE OU AU LOCK-OUT

La négociation collective étant une relation de pouvoir, les parties tentent de démontrer leur capacité de résistance et leur volonté de prendre les moyens pour atteindre leurs objectifs et de s'opposer à certaines revendications de la partie adverse. Le syndicat procède à une évaluation du recours à la grève à partir de critères tels que son efficacité escomptée, l'existence d'un fonds de grève, etc. Du côté patronal, on évalue également les effets d'une grève ou même d'un lock-out en mesurant les coûts par rapport à l'acceptation de revendications syndicales, aux réactions de la clientèle, à la capacité de résistance du syndicat, aux possibilités de poursuivre la production, etc. La préparation à la grève ou au lock-out ne signifie donc pas qu'une partie va nécessairement y recourir, mais chacun veut démontrer à l'autre qu'il est prêt à cette éventualité.

La préparation à la grève du côté syndical exige la diffusion soutenue de l'information chez les membres et le souci constant de garder le contact avec eux. Au moment stratégique, le syndicat tentera d'obtenir un mandat de grève de façon à augmenter la pression sur la partie patronale. Entre-temps, un comité syndical peut veiller à la détermination et même à l'application graduelle des moyens de pression (par exemple, manifestation à la cafétéria à l'heure du repas, distribution de tracts, ralentissement de travail, etc.).

Du côté patronal, un comité examine les moyens à mettre en œuvre et les conséquences de la poursuite des activités de l'entreprise pendant une grève. La protection des biens constitue une autre préoccupation (par exemple, recours à une agence de sécurité, chauffage). De plus, même si la direction convient de ne pas poursuivre la production, elle doit quand même définir une politique pour l'expédition des stocks accumulés, pour la réception des marchandises et pour l'entreposage. Elle doit enfin décider du statut des cadres durant un conflit appréhendé et, s'il y a lieu, du statut des autres salariées et salariés qui ne font pas partie du groupe menaçant de faire la grève.

1.6 LE DÉROULEMENT DE LA NÉGOCIATION

Les tactiques auxquelles nous faisons référence sont surtout celles qui correspondent à la stratégie des parties en négociation directe. La présence d'un médiateur ou d'un conciliateur peut modifier le comportement des parties, mais, essentiellement, elles continuent à recourir aux tactiques pour s'amener l'une l'autre à faire les concessions recherchées.

1.6.1 L'étape initiale des négociations directes

Denis Carrier définit comme suit cette étape initiale :

> « L'étape initiale des négociations directes (est) celle qui s'étend du début des négociations jusqu'au moment où, en raison de concessions réciproques ou unilatérales, les préférences réelles* des parties sont assez rapprochées les unes des autres pour qu'avec un minimum d'habileté un accord puisse être conclu. »[15]

> * Par préférence réelle d'une partie, on entend le règlement qu'elle est effectivement prête à accepter sur une clause, et ce, en dépit de sa demande initialement formulée.

Le cheminement à l'intérieur duquel s'inscrit cette étape initiale peut porter d'abord sur une clause ou un certain nombre de clauses pouvant atteindre l'étape finale d'un accord. Ainsi, les parties peuvent s'entendre sur l'ensemble des clauses normatives sans avoir même amorcé la discussion sur les clauses salariales. Lorsque les parties auront réglé plusieurs groupes d'articles et que ceux qui sont en suspens sont bien définis, l'ensemble de la négociation en arrive à une étape finale.

1.6.2 Les objectifs et tactiques durant l'étape initiale

Le premier objectif est de mieux s'informer sur les revendications de la partie adverse et également sur les siennes. Les tactiques d'information aident à atteindre cet objectif. Déjà chacune des parties tente par ses questions de déceler les préférences réelles de l'autre, c'est-à-dire de ce qu'elle serait vraiment prête à accepter plutôt que d'avoir à subir un conflit. Une partie qui pense avoir réussi à connaître la préférence réelle de son adversaire peut en être insatisfaite et tenter de la modifier.

Le second objectif de cette étape initiale consiste à convaincre l'autre partie de modifier ses préférences réelles. Les tactiques correspondant à cet objectif sont la persuasion et l'argumentation. Le rôle des arguments objectifs n'est pas prépondérant en négociation, surtout en présence d'entreprises et de syndicats dont l'expérience en relations du travail est étendue. Les négociateurs expérimentés peuvent même prévoir l'argumentation de l'autre porte-parole à la lecture de son cahier de revendications. Les arguments objectifs peuvent jouer un rôle important lorsqu'ils réussissent à constituer un des éléments de la relation de pouvoir. Ainsi, un syndicat tente de convaincre la partie patronale des dangers existant dans l'entreprise pour la santé du personnel ; devant le refus de la partie patronale, le syndicat peut décider de rendre public un dossier sur les problèmes de santé et de sécurité, dans l'espoir d'une réaction publique favorable au syndicat. L'argument objectif se sera alors transformé en moyen de pression.

Le troisième objectif de l'étape initiale consiste à convaincre l'autre partie qu'en l'absence de changement d'attitude de sa part, des moyens de pression comme la grève ou la fermeture de l'usine seront utilisés. C'est ce qu'on appelle des tactiques de coercition. Il ne s'agit pas ici de mettre à exécution la menace mais de l'évoquer. Ces tactiques peuvent prendre la forme d'engagements ou de « bluff ». Ainsi, un porte-parole menace l'autre partie de ne signer aucun autre accord à moins qu'elle ne fasse certaines concessions sur un article en discussion. La réaction de la partie adverse peut dépendre de l'article en question ; s'il s'agit d'un article d'importance secondaire, l'ultimatum lancé peut être perçu comme un « bluff », et la partie qui s'est engagée devra battre en retraite et trouver le moyen de se désengager. S'il s'agit d'un engagement sur une question de principe, les négociations risquent d'aboutir à une impasse.

Une partie peut être influencée par l'engagement de l'autre et présenter de nouvelles propositions. Il est préférable de ne pas recourir trop fréquemment aux engagements, puisqu'ils risquent d'être interprétés comme des « bluffs ».

1.6.3 L'étape finale des négociations directes

Le passage à cette étape se fait d'une façon graduelle, lente et parfois imperceptible. On sent que les parties sont rendues à cette étape lorsqu'elles recourent à des tactiques de coopération. Ainsi, un négociateur évitera de provoquer inutilement son vis-à-vis ; il tentera même de lui faciliter la tâche en faisant des concessions qui pourront hausser le prestige de son interlocuteur au sein de son comité et favoriser l'obtention de nouveaux mandats. On voit qu'à cette étape il y a possibilité d'entente sur un certain nombre d'articles.

1.6.4 Les concessions

Une concession hâtive ne sera pas nécessairement interprétée comme un geste de bonne foi ; elle pourra même être perçue comme une manifestation de faiblesse ou de peur. L'existence de délais dans la convocation d'une assemblée ou d'une marge dans le déclenchement de la grève crée des conditions favorables à des concessions. Si l'employeur juge que la grève est inévitable ou si le syndicat veut prolonger la négociation de façon à laisser écouler la marchandise accumulée, une concession d'une partie n'en provoquera sans doute pas une en retour chez la partie adverse.

Par ailleurs, une concession peut être jugée insuffisante par la partie qui la reçoit ; dans ce cas, la concession peut soit provoquer une impasse, soit entraîner une nouvelle concession ou une contre-proposition de la part de la partie insatisfaite.

Une concession mal présentée ou mal articulée peut hausser la préférence réelle de la partie adverse. Ainsi, la partie syndicale demande que la période de temps pour déposer un grief passe de 30 jours à 90 jours, alors que sa préférence réelle est de 45 jours ; supposons que la partie patronale lui offre dès la première journée de négociation une prolongation de la période de 30 jours à 50 jours ; le syndicat peut alors modifier sa préférence réelle à la hausse et estimer qu'il existe une possibilité d'obtenir plus de 50 jours.

1.6.5 Les signes

Les signes sont des tactiques de coopération qui, tout en n'étant pas en soi des concessions, visent à communiquer à la partie adverse l'intention de faire d'autres contre-propositions.Ainsi, on feint d'oublier certaines clauses qu'on avait pourtant l'intention d'amender. On se déclare prêt à examiner des avenues de règlements pourvu que la partie adverse soit prête à reconsidérer ses positions sur d'autres articles, ou on affirme qu'il n'y a rien d'impossible sur telle ou telle question. Les signes peuvent aussi se manifester par des expressions, des gestes ou même des silences.

1.6.6 La conciliation

La conciliation se fait dans la poursuite de la négociation. Par opposition à l'arbitre, dont la décision devient la convention collective, le conciliateur ne dispose que du pouvoir que les parties veulent bien lui reconnaître. Le conciliateur peut jouer le rôle de catalyseur et permettre aux parties de poursuivre les négociations. Ainsi une partie incapable de prendre l'initiative d'une contre-proposition pourra se rallier à une hypothèse de règlement énoncée par le conciliateur. Si le conciliateur jouit d'un certain prestige auprès des parties et qu'il contrôle leurs communications, les perspectives d'en arriver à un accord s'améliorent.

1.6.7 La grève

Malgré toutes les tactiques, les compromis et même les contraintes, la partie syndicale, par exemple, peut décider d'aller en grève. Le syndicat devra préparer des activités pour tenir ses membres informés et occupés pendant la grève. On choisira sans doute un local de grève aménagé pour les réunions. On distribuera les pres-

tations aux grévistes qui participent aux lignes de piquetage. Le but premier du piquetage est d'informer le public sur les enjeux de la grève, mais il sert également à surveiller les activités de l'employeur, les entrées et les sorties de la marchandise et du personnel qui y travaille pendant le conflit. Au fur et à mesure que la grève se prolonge, le syndicat sollicitera des appuis financiers et moraux auprès des différents groupes de la région ; il cherchera à faciliter le crédit pour les grévistes auprès des marchands. Bref, il déploiera les efforts nécessaires pour assurer la résistance financière et psychologique des membres.

Du côté patronal, on tentera de faire contrepoids à la propagande syndicale auprès des médias et même parfois auprès des employés. Cette tactique peut parfois produire l'effet contraire et rendre les membres encore plus solidaires de leur syndicat. Dans les cas où des dommages sont infligés par les grévistes à la propriété ou lorsque des voies de faits sont commises à l'égard des cadres, l'employeur intentera des poursuites judiciaires ou tentera d'obtenir des injonctions pour limiter le nombre de piqueteurs et circonscrire le déroulement du piquetage.

1.6.8 Protocole de retour au travail

À moins d'une fermeture d'usine ou d'un déménagement, une convention collective sera négociée ou imposée par une loi ou un tribunal d'arbitrage. Dans le cas le plus fréquent, soit celui d'un règlement négocié, le syndicat tiendra à définir les conditions du protocole de retour au travail. Il s'agit d'une entente négociée où l'employeur s'engage à ne prendre aucune mesure disciplinaire contre une ou un salarié à cause de gestes posés pendant la grève. Ces protocoles peuvent également contenir des dispositions relativement au cumul de l'ancienneté pendant la grève ainsi que d'autres avantages de la convention collective, comme les vacances, les congés de maladie, etc. Les poursuites intentées en vertu du Code pénal ne peuvent toutefois être annulées par un protocole de retour au travail. Le protocole fait habituellement partie intégrante de la convention collective.

1.7 RÉGIMES PARTICULIERS

1.7.1 Secteurs public et parapublic

La loi[16] de l'Assemblée nationale du Québec prévoit une négociation à trois paliers : provincial, régional ou local. En pratique, la négociation se déroule au palier provincial dans les secteurs de l'éducation et des affaires sociales. Dans le secteur de l'éducation, on trouve des tables de négociation pour les réseaux d'enseignement élémentaire et secondaire et pour le secteur collégial. Ces secteurs sont subdivisés entre enseignants, professionnels non enseignants et personnel de soutien ; on trouve ensuite une autre subdivision basée sur l'affiliation syndicale.

Dans le réseau des affaires sociales, on trouve des tables sectorielles constituées sur la base professionnelle (employés généraux, infirmières et infirmiers, employés professionnels, techniciennes et techniciens) et sur la base de l'affiliation syndicale (C.S.N., C.S.D., F.T.Q., C.O.P.S., autres). On trouve également des tables de négociation pour la fonction publique proprement dite (la S.A.Q., l'Hydro-Québec, etc.).

Les employeurs des centres hospitaliers, des centres d'accueil, des centres de services sociaux, des commissions scolaires et des collèges, sont regroupés en associations représentées aux tables de négociation correspondant à leurs secteurs d'activité. Toutefois, la loi prévoit que le gouvernement définit en pratique la politique de rémunération et de conditions de travail concernant le personnel des secteurs public et parapublic. Les associations patronales jouent donc un rôle marginal dans ces négociations. Le front commun F.T.Q.-C.E.Q.-C.S.N. a toujours, depuis 1972, négocié les salaires à une table centrale directement avec les représentants du gouvernement.

1.7.2 Le secteur de la construction

Depuis 1968, les négociations dans le secteur de la construction au Québec se déroulent à l'échelle provinciale. L'adhésion syndicale se fait lors d'un vote secret, et chaque travailleur demeure membre de l'association de son choix.

Ainsi, le travailleur de la construction membre de la F.T.Q. peut travailler sur le même chantier que des membres de la C.S.N. et de la C.S.D. exerçant le même métier que lui. Cette situation provient du fait que le travailleur de la construction peut changer souvent d'employeur et de lieu de travail, et qu'il s'identifie beaucoup plus à son métier et à son secteur d'activité qu'à un établissement, comme c'est le cas pour ceux et celles qui sont sous la juridiction du Code du travail.

Une loi impose aux constructeurs un regroupement sectoriel, l'Association des entrepreneurs en construction du Québec (A.E.C.Q.), qui agit à titre de représentant des employeurs auprès des syndicats pour les fins de la négociation. Dans l'industrie de la construction, les parties négocient le contenu d'une convention, mais le gouvernement adopte le décret qui définira les conditions de travail.

Les associations syndicales reconnues par la loi sont la F.T.Q.-Construction, le Conseil provincial des métiers de la construction (C.P.M.Q.-international), la C.S.N. et le Syndicat de la construction de la Côte-Nord. Au cours des trois mois précédant l'expiration d'un décret, le travailleur peut, par un vote secret, modifier son affiliation syndicale. Enfin, on ne trouve dans ce secteur qu'une seule unité de négociation. Si une association est majoritaire par suite d'un vote secret, elle aura le monopole de représentation. Sinon, le jeu des alliances déterminera le regroupement qui négociera avec l'A.E.C.Q.

2. Le contexte historique

Les facteurs contextuels qui influencent le système des relations du travail ont pris forme au fil des décisions passées. L'objet de cette section est de faire état des événements majeurs qui ont structuré le contexte des relations du travail et dont les effets se font sentir aujourd'hui.

La première centrale syndicale au Canada, le Congrès des métiers et du travail du Canada (C.M.T.C.), fut fondée en 1886. Les débuts du syndicalisme remontent toutefois à une époque plus lointaine. Les premiers groupes de travailleurs à s'organiser ne furent pas ceux dont les conditions de vie et de travail étaient les plus difficiles. Le syndicalisme apparaît d'abord chez les hommes de métier. La première « union » au Québec serait apparue en 1823 chez les tailleurs de vêtement à Montréal, puis chez les typographes, les charpentiers-menuisiers, les peintres et les tailleurs de pierre[17]. Ces premières impulsions syndicales furent plutôt éphémères.

2.1 L'INDUSTRIALISATION ET LA MONTÉE DU SYNDICALISME

Le développement des échanges commerciaux, la construction des chemins de fer et les débuts d'industrialisation au Canada favorisèrent l'émergence de l'organisation syndicale. Les travailleurs canadiens furent plus portés à adhérer à des unions internationales qu'aux unions canadiennes, moins bien établies.

La montée du syndicalisme correspond donc à celle de l'industrialisation, au passage du travail artisanal au travail en usine. Jusqu'en 1872, les associations visant la réglementation collective des conditions d'emploi sont considérées comme des conspirations criminelles entravant la liberté de commerce. Les premières luttes ouvrières ont donc été marquées par la violence et des affrontements avec les forces policières. Les premières grèves ont trait à la reconnaissance syndicale. Ce n'est qu'en 1885 qu'on verra le Québec adopter sa première loi du travail, la Loi des manufactures, qui limitait le travail des femmes et des enfants à 10 heures par jour et à 60 heures par semaine.

L'année 1886 marque le début de l'unité syndicale par la fondation de la première centrale syndicale canadienne, le Congrès des métiers et du travail du Canada (C.M.T.C.), et aux États-Unis par la fondation de la Fédération américaine du travail (F.A.T.). Les délégués des unions internationales allaient s'assurer du contrôle du mouvement syndical canadien, notamment par des campagnes d'organisation favorisées par la reprise économique. La formule de syndicalisation qui prévalait à cette époque était encore fondée sur la base du métier. En

1902, le C.M.T.C. expulse les Chevaliers du travail, dont les membres étaient regroupés sur une base industrielle. Cet acte confirme le contrôle des unions de métier sur le mouvement syndical canadien.

Tableau 18.1 Répartition des unités syndicales par allégeance au Québec, 1901-1921

Année	Internationaux	Indépendants/ nationaux	Catholiques	Total
1901	74	62	N.D.	136
1906	155	81	N.D.	236
1911	190	N.D.	N.D.	–
1916	236	70	23	329
1921	334	38	120	492

2.2 L'OPPOSITION AUX SYNDICATS AMÉRICAINS

Le départ des Chevaliers du travail du C.M.T.C. correspond à l'intensification de l'opposition aux unions internationales. La scission du C.M.T.C. provoqua la création du Congrès national des métiers et du travail du Canada (C.N.M.T.C.); 16 des 23 organisations expulsées du C.M.T.C. provenaient du Québec[18]. Dès 1906, le C.M.T.C. comptait 20 000 adhérents; les difficultés de recruter en Ontario et en milieu anglophone l'amenèrent à changer d'appellation en 1908 pour devenir la Fédération canadienne du travail (F.C.T.). En 1915, la F.C.T. ne comptait plus que 7 000 membres répartis dans 63 syndicats, dont seulement 12 au Québec.

En 1901, Mgr Bégin fut appelé comme arbitre dans un conflit dans l'industrie de la chaussure à Québec. La décision arbitrale imposait la reconnaissance du syndicat par l'employeur et la nomination d'un aumônier comme conseiller auprès du syndicat. En 1907 est fondé le premier syndicat à étiquette catholique à Chicoutimi avec Mgr Eugène Lapointe, qui forma en 1912 la Fédération catholique du Saguenay. Sur le plan des relations du travail, les syndicats catholiques prônaient la complémentarité des responsabilités entre patrons et ouvriers et la solidarité chrétienne. La fondation de la Confédération des travailleurs catholiques du Canada (C.T.C.C.) en 1921 constitue l'aboutissement de cet effort des unions internationales pour offrir aux travailleurs canadiens-français un encadrement qui correspondait à leurs caractéristiques culturelles. La C.T.C.C. devenait la troisième centrale syndicale au Canada et comptait 21 000 membres au moment de sa formation[19].

Bien qu'ils ne fussent plus considérés comme des conspirateurs criminels depuis 1872, les syndicats ne pouvaient s'appuyer sur aucune législation pour faire reconnaître le droit d'association, prohiber les congédiements pour activités syndicales et obliger les employeurs à négocier. L'Assemblée législative du Québec adoptait, en 1901, la Loi des différends ouvriers, dont l'application était facultative et se limitait à offrir aux parties des services de médiation et de conciliation. Elle ne contenait aucune disposition relative au droit d'association, aux congédiements pour activités syndicales, à l'obligation de négocier et au statut de la convention collective, et les parties pouvaient recourir au lock-out ou à la grève en tout temps.

En 1921, une autre loi imposait l'arbitrage dans le secteur municipal, mais les parties avaient le droit de recourir à la grève et au lock-out après l'arbitrage.

2.3 L'ÉMERGENCE DES SYNDICATS INDUSTRIELS

La crise économique a donné lieu au regroupement des syndicats industriels aux États-Unis et au Canada. Contrairement aux unions de métier, qui s'organisaient selon un mode vertical, c'est-à-dire par professions, les syndicats industriels étaient regroupés en fonction de l'attachement au milieu de travail. Le regroupement des travailleurs dans de grands établissements, l'uniformisation des tâches et la mécanisation contribuèrent à l'éclatement des structures de métier que les unions traditionnelles reflétaient.

Les tensions entre ces deux formes d'organisation syndicale se manifestaient dans le contenu des revendications et le degré de militantisme, les syndicats industriels démontrant beaucoup plus de dynamisme et d'agressivité.

En 1938, les syndicats industriels (par exemple, ceux de l'automobile, des métallos, etc.) quittèrent la Fédération américaine du travail et formèrent une nouvelle centrale aux États-Unis, le Congrès des organisations industrielles (C.O.I.). Ces divisions et ces luttes intersyndicales eurent des répercussions au Canada. La F.A.T. intima le C.M.T.C. d'expulser de ses rangs les syndicats affiliés aux unions membres du C.O.I. Une fois ces syndicats expulsés, on forma une nouvelle centrale syndicale canadienne, le Congrès canadien du travail (C.C.T.), en fusionnant avec le congrès pancanadien du travail constitué en 1927 par le regroupement de la Fédération canadienne du travail (F.C.T.) et avec des syndicats canadiens tels que la Fraternité canadienne des cheminots. Les trois principales centrales canadiennes en 1940 étaient donc la C.T.C.C., le C.C.T. et le C.M.T.C.

Durant la crise économique qui débuta en 1929, le nombre de grèves diminua, les travailleurs étant plus sensibilisés au maintien de l'emploi qu'à la lutte pour l'amélioration des conditions du travail et de la rémunération. La moyenne annuelle du nombre de grèves durant les années 30 fut de 25, tandis que de 1941 à 1945, elle fut de 82. La plupart des grèves étaient menées par les unions internationales. De 1915 à 1936, les syndicats catholiques ne furent engagés que dans 9 grèves[20]. L'accélération de l'industrialisation et la montée d'un nouveau « leadership » allaient imprimer une nouvelle orientation à la C.T.C.C.

Cette période fut marquée par la transformation de la C.T.C.C. en centrale syndicale, plus dure à l'égard du patronat et plus agressive face au pouvoir politique. Les enjeux des grèves dépassaient souvent le cadre des relations du travail et prenaient l'allure d'affrontements politiques. Le mouvement syndical constituait le plus important foyer d'opposition à l'Union nationale dirigée par Maurice Duplessis.

L'effort de guerre permit d'accélérer le processus d'industrialisation. L'adoption de la Loi des relations ouvrières en 1944 allait favoriser la syndicalisation. Il s'agissait de la première loi du travail complète au Québec ; on y prévoyait des mécanismes d'accréditation, de protection du droit d'association, d'obligation de négociation avec un syndicat accrédité et d'encadrement du droit de grève. La progression des effectifs syndicaux fut rapide au Québec, passant à 114 707 en 1940 à 354 300 en 1960[21].

En 1952, le C.C.T., organisme canadien réunissant des unions canadiennes et des unions internationales affiliées au Congrès des organisations industrielles (C.O.I.), allait former une fédération provinciale, la Fédération des unions industrielles du Québec (F.U.I.Q.). Les chiffres suivants donnent une idée de la répartition dans les trois centrales canadiennes[22].

ANNÉE	C.M.T.C.	C.T.C.C.	C.C.T.
1940	132 702	46 341	—
1941	144 592	46 032	125 000
1949	450 000	83 112	350 000
1956	640 271	101 169	377 926

En 1956, à la suite de la fusion de la F.A.T. et du C.O.I. aux États-Unis, le C.C.T. et le C.M.T.C. fusionnèrent pour créer le Congrès du travail du Canada (C.T.C.). Les effectifs en 1960 étaient de 1 122 831 pour le C.T.C., et de 101 942 pour la C.T.C.C.

Sur le plan structurel, la fusion de la F.A.T. et du C.O.I. en 1955 aux États-Unis entraîna la fusion du C.M.T.C. et du C.C.T. au Canada l'année suivante. En 1957, la F.P.T.Q. (affiliée au C.M.T.C.) et la Fédération des unions industrielles du Québec (F.U.I.Q.), qui regroupaient les syndicats affiliés au C.C.T. au Québec, s'unirent pour constituer la Fédération des travailleurs du Québec.

En raison de son militantisme, la C.T.C.C. se rapprochait de plus en plus du C.C.T. Le C.C.T. au Québec et plus tard, à partir de 1952, sa Fédération provinciale, la F.U.I.Q., constituèrent le fer de lance de l'opposition à Maurice Duplessis, non seulement lors de grèves mais aussi contre des projets de loi qui s'attaquaient aux droits syndicaux. Ainsi, en 1954, le projet de loi 19 conférait à la Commission des relations ouvrières le pouvoir de révoquer l'accréditation d'un syndicat qui comptait un communiste parmi ses dirigeants. La C.T.C.C., la F.U.I.Q. et l'Alliance des professeurs de Montréal organisèrent une importante manifestation à Québec.

Des efforts furent déployés pour intégrer la C.T.C.C. dans la nouvelle centrale, le C.T.C. Le projet de fusion rencontra toutefois une opposition au congrès de la C.T.C.C. en 1956[23], où cette dernière posa ses conditions pour préserver son autonomie à l'intérieur de la nouvelle centrale; du côté du C.T.C., l'opposition vint surtout des unions de métiers de la F.P.T.Q. À son congrès de 1958, le C.T.C. se vit refuser le mandat de négocier une entente avec la C.T.C.C. Comme conclut Jacques Rouillard:

« Les unions internationales avaient mis de côté le principe d'exclusivité juridictionnelle lors de la fusion FAT-COI, mais il était douteux qu'elles aient été prêtes à faire de même pour une centrale aussi minuscule que la CTCC à l'échelle du continent américain. Des obstacles presque insurmontables hypothéquaient donc une entente entre les deux centrales: le CTC avait peu de pouvoir sur ses syndicats affiliés, tandis que la CTCC posait des conditions d'affiliation difficilement acceptables. »[24]

Du côté du C.T.C. au Québec, la grève de Murdochville, en 1957, fut l'occasion de cimenter l'unité au sein de la nouvelle F.T.Q. et de faire oublier les vieilles querelles F.P.T.Q.-F.U.I.Q.[25]. Du côté de la C.T.C.C., les préoccupations au sujet de la fusion furent progressivement noyées par le vent nationaliste qui allait avantager la croissance de la centrale durant les années 60. De plus, le congrès de 1960 de la C.T.C.C. allait consacrer la déconfessionnalisation des structures et modifier l'appellation de la centrale par un nouveau nom, la Confédération des Syndicats nationaux (C.S.N.). Finalement, ce climat allait favoriser celle-ci dans les campagnes de maraudage, particulièrement contre les affiliés de la F.T.Q., et ce, jusqu'à la victoire de la F.T.Q. en 1966 dans un vote d'allégeance syndicale à l'Hydro-Québec. Ces luttes intersyndicales du début des années 60 allaient repousser pour cette décennie toute velléité d'action unitaire et allait amener le C.T.C. à reconnaître progressivement les particularités du milieu québécois en accordant beaucoup plus d'autonomie à la F.T.Q.

2.4 L'EXPANSION SYNDICALE AU QUÉBEC

Au cours des années 60, la nationalisation des institutions privées permit la constitution d'un courant nationaliste appelant la modernisation du réseau hospitalier, du système d'éducation et du réseau hydro-électrique[26]. Les années 60 furent une période d'expansion et en particulier pour la C.S.N. qui, favorisée par le contexte nationaliste de l'époque, avait remplacé la F.P.T.Q. comme bénéficiaire des faveurs gouvernementales. En 1965, l'Assemblée législative du Québec adoptait la loi de la fonction publique accréditant un syndicat organisé par la C.S.N., le Syndicat des fonctionnaires provinciaux du Québec.

La reconnaissance du droit de grève aux salariées et aux salariés des services publics contribua à favoriser la syndicalisation dans des secteurs où les conditions de rémunération étaient inférieures à celles qui prévalaient dans le secteur privé. De nombreuses grèves eurent lieu : la Société des alcools, les hôpitaux, l'Hydro-Québec, le transport en commun, les enseignants et les professionnels du gouvernement du Québec. Les relations du travail étaient caractérisées par l'aspect spectaculaire des grèves et de leur effet sur la population.

Le début des années 70 fut marqué par l'adoption de la Loi sur les mesures de guerre (en octobre 1970). Cet événement contribua à radicaliser et à polariser les forces sociales au Québec. Le mouvement syndical redevint, avec le Parti québécois cette fois, le foyer de l'opposition au régime politique en place. Le point culminant de l'opposition survint lors de la constitution d'un front commun F.T.Q.-C.E.Q.-C.S.N. dans le secteur public et parapublic. La négociation de 1972 fut l'occasion d'une grève générale terminée par la loi 19, d'injonctions, de l'emprisonnement des trois présidents de la F.T.Q., de la C.E.Q. et de la C.S.N., qui avaient suscité une grève générale engageant cette fois-ci les syndicats du secteur privé, particulièrement dans le domaine de la construction et chez d'autres groupes affiliés, surtout à la F.T.Q.

Au moment de cette crise, trois dirigeants de la C.S.N. décidèrent de créer une nouvelle centrale, la Centrale des syndicats démocratiques. À leurs yeux, la C.S.N., en raison de son discours marxiste et radical, était éloignée des membres et non démocratique. Ce malaise durait depuis quelques années au sein de la C.S.N. L'évolution des effectifs syndicaux reflète particulièrement les pertes subies par la C.S.N. Le tableau suivant indique l'évolution des effectifs des centrales de 1957 à 1978.

ANNÉES	C.T.C.	F.T.Q.	C.S.N.	C.E.Q.	C.S.D.
1957	250 000	92 000	100 000		
1960	250 000	99 000	94 000	30 000	
1964	250 000	111 000	141 000	42 000	
1966	325 000	141 000	204 000	54 000	
1972	342 000	233 000	219 000	70 000	21 000
1978	420 000	300 000	178 000	85 000	42 000

2.5 LA MULTIPLICATION DES CONFLITS

Le secteur de la construction est le théâtre d'affrontements résolus par des lois spéciales. Par suite des événements survenus à Baie-James en 1974, le gouvernement du Québec institue la Commission Cliche, dont les recommandations serviront aux lois 29 et 30 sur la présomption de culpabilité des chefs syndicaux, sur leur déqualification en cas de condamnation pour délits et sur les modifications à la structure de l'Office de la construction du Québec (O.C.Q.). La grève de 22 mois à la United Aircraft et les violents affrontements dont elle est le théâtre, en mai 1975, font apparaître un débat sur la nécessité d'une législation « antiscab ».

2.6 LE PARTI QUÉBÉCOIS ET LES SYNDICATS

L'arrivée au pouvoir du Parti québécois et l'affirmation de son préjugé favorable aux travailleurs allaient substantiellement modifier les discours et les pratiques syndicales. Les difficultés économiques croissantes, les négociations dans les secteurs public et parapublic, les positions contradictoires des centrales syndicales face à des projets de loi importants allaient faire ressortir les différences entre, d'une part, la

F.T.Q., représentant la majorité des travailleuses et des travailleurs du secteur privé et, d'autre part, la C.S.N. et la C.E.Q., regroupant les personnes œuvrant dans le secteur public. La F.T.Q. et la C.S.D. voyaient l'État comme le législateur devant assurer l'équilibre des droits entre le patronat et le mouvement syndical. Ces attitudes divergentes se manifestaient lors des sommets économiques auxquels la F.T.Q. participait. La F.T.Q. jugea positif le bilan politique et législatif du Parti québécois et renouvela son appui lors de l'élection du printemps 1981, qui reporta ce parti au pouvoir.

Le contexte économique très difficile des années 1981 et 1982 incita le gouvernement du Québec à procéder à des réductions dans les finances publiques et, par conséquent, dans les conditions de travail et de rémunération. Les négociations furent marquées par des lois spéciales qui non seulement mettaient fin aux grèves, mais aussi imposaient des conditions de travail (loi 70, loi 105, loi 111). Le nombre de jours-personnes perdus passa de 6 583 488 à 1 399 356 en 1982.

Dans un geste visant sans doute à se rapprocher des centrales syndicales, le gouvernement de Lévesque faisait adopter, en juin 1983, la loi 17 resserrant les dispositions antibriseurs de grève du Code du travail.

2.7 LA STAGNATION DU TAUX DE SYNDICALISATION

Depuis quelques années, le taux de syndicalisation a tendance à baisser au Québec. Les difficultés incitent les centrales syndicales à réclamer des amendements au Code du travail pour faciliter l'accès au syndicalisme. Voici les taux de syndicalisation de 1970 à 1982[27].

1970 = 41,1 %	1976 = 37,0 %
1971 = 42,1 %	1977 = 37,0 %
1972 = 41,9 %	1978 = 36,9 %
1973 = 39,5 %	1979 = 36,4 %
1974 = 41,3 %	1980 = 36,0 %
1975 = 38,0 %	1981 = 38,3 %
	1982 = 37,3 %

La répartition en 1983 des salariées et des salariés couverts par des conventions collectives selon l'affiliation syndicale était la suivante[28] :

Affiliation	Salariés(es)	Pourcentage
C.E.Q.	70 809	8,3
C.S.C.	1 734	0,2
C.S.D.	44 962	5,3
C.S.N.	192 274	22,6
F.T.Q.[29]	282 419	33,1
C.T.C.[30]	40 533	4,8
U.P.A.	2 272	0,3
Indépendants[31]	217 167	25,5
Autres	347	0,0
TOTAL	852 517	100,0

L'impulsion donnée à la syndicalisation dans les années 60 provient principalement du secteur des services publics. Tous les employés du secteur public sont syndiqués, alors que dans le secteur privé le taux de syndicalisation ne dépasse pas 25 % (par exemple, dans les secteurs du commerce et de la finance).

3. Le cadre législatif

La raison d'être des lois publiques est de faire en sorte que les agents connaissent les « règles du jeu ». Il en est de même pour les relations du travail. Au Canada, la loi précise le cadre des relations du travail à deux niveaux : le niveau macroscopique, où elle procède au partage des compétences constitutionnelles entre deux ordres de parlements, et le niveau microscopique, où elle départage les droits individuels et collectifs des parties. Nous examinerons ici trois éléments, soit le partage des compétences législatives en matière de relations du travail, le contrat individuel de travail et les rapports collectifs du travail.

3.1 LE PARTAGE DES COMPÉTENCES LÉGISLATIVES EN MATIÈRE DE RELATIONS DU TRAVAIL

Le Canada est régi par un système politique de type fédératif, dans un régime parlementaire de type britannique. La particularité des systèmes politiques de type fédératif tient au partage le plus hermétique possible des pouvoirs législatifs entre deux paliers, le Parlement central et le Parlement local. Au Canada, le partage de la compétence[32] fut effectué en 1864 et sanctionné en 1867, à l'occasion de l'adoption par le Parlement britannique de ce qu'il est convenu d'appeler incorrectement l'Acte de l'Amérique du Nord britannique (AANB), qui tenait encore lieu, après plus de 115 ans et de nombreuses modifications, de constitution canadienne.

Les relations du travail ne sont pas une matière que la constitution canadienne a attribuée expressément à l'un ou à l'autre des deux ordres de parlements. Les relations du travail seront donc sous compétence fédérale ou provinciale, selon que l'activité principale de l'organisation en question sera elle-même sous compétence fédérale ou provinciale. La principale source des pouvoirs respectifs du Parlement du Canada et des dix parlements provinciaux se trouve aux articles 91 et 92 de l'AANB. On qualifie ces pouvoirs, du fait qu'ils apparaissent nommément à l'AANB, de pouvoirs nommés.

Par ailleurs, si certaines matières furent attribuées au Parlement du Canada ou aux Assemblées législatives provinciales, certaines autres ne furent pas attribuées étant donné qu'elles n'existaient pas à l'époque : l'aéronautique, la radiodiffusion, la télédiffusion, la câblodistribution, l'extraction du pétrole du sous-sol marin, par exemple. Ces matières furent attribuées par les tribunaux à la compétence du Parlement du Canada.

Ce partage des compétences législatives en matière de relations du travail explique donc l'existence de deux régimes indépendants de lois du travail, l'un adopté par le Parlement du Canada, l'autre par chacune des Assemblées législatives provinciales. Leurs compétences et leurs champs d'application respectifs sont mutuellement exclusifs, et aucune personne physique du Québec ne peut être régie simultanément, quant à une prestation de travail, à la fois par le Code canadien du travail et par le Code du travail du Québec.

3.2 LE CONTRAT INDIVIDUEL DE TRAVAIL

Une personne physique qui s'entend avec une autre personne physique ou morale (ou l'un de ses représentants), quant à une tâche à accomplir en contrepartie d'une rémunération, s'engage dans un contrat individuel de travail. Ainsi, la prestation de travail, moyennant rémunération, dans un état de subordination juridique, est un contrat individuel de travail ; ce contrat peut être indistinctement oral ou écrit.

La nature du contrat individuel de travail a été profondément bouleversée depuis quelques années[33]. La source originale du contrat individuel de travail est le Code civil. La notion de contrat individuel de travail, appelé « contrat de louage d'ouvrage », y est ainsi définie :

> « 1665a. Le louage d'ouvrage est un contrat par lequel le locateur (le salarié) s'engage à faire quelque chose pour le locataire (l'employeur) moyennant un prix. »

Cette définition fut modifiée par le projet de contrat individuel de travail soumis par l'Office de révision du Code civil[34] :

> « 667. Le contrat de travail est celui par lequel l'employé, moyennant rémunération, s'oblige pour un temps limité à effectuer, selon les instructions et sous la direction de l'employeur, un travail matériel ou intellectuel. »

De nombreuses autres lois ou dispositions de lois sont venues compléter ce cadre fragmentaire du contrat individuel de travail depuis surtout la fin des années 1970. Plus récemment, la Loi sur la santé et la sécurité du travail[35] et la Loi sur les normes du travail[36] ont accordé aux travailleurs des droits substantifs fort importants. Sauf certaines exclusions ou exceptions contenues dans ces lois, celles-ci sont intégrées au contrat individuel de travail des personnes physiques en emploi au Québec. On appelle cette pratique, qui consiste à incorporer des textes de lois à des contrats librement négociés, la législation supplétive.

Le champ de la réglementation du contrat individuel de travail a donc connu une explosion considérable ces dernières années. Sa source n'est plus le seul Code civil. Une multitude de lois sont venues suppléer aux carences des anciennes lois devenues désuètes. Étant donné le faible pouvoir de marchandage du salarié devant l'employeur, on a longtemps assimilé le contrat individuel de travail à un contrat d'adhésion[37]. Or les mécanismes créés par les nouvelles législations ont tenté d'atténuer cet écart et de rétablir l'équilibre entre les parties.

3.3 LES LOIS DU TRAVAIL ET LES MÉCANISMES CRÉÉS SOUS LEUR EMPIRE

Les lois qui encadrent les relations collectives du travail au Canada sont, pour une bonne part, d'inspiration américaine. Ce qui fait qu'outre certaines exceptions, les mécanismes et les règles « substantives » créés sous leur empire sont comparables et même similaires. L'interprétation et l'application de ces lois du travail sont confiées à des organismes spécialisés qu'on appelle des commissions des relations du travail (C.R.T.), dont les appellations peuvent varier ; ainsi, aux termes du Code canadien du travail, cette commission porte le nom de Conseil des relations du travail. Le Québec fait un peu bande à part à cet égard. Selon le Code du travail du Québec, les matières à caractère pénal, c'est-à-dire les questions dont la sanction peut être indistinctement l'imposition d'une amende (versement d'une somme d'argent au fonds consolidé de la province) ou l'emprisonnement, sont confiées en première instance à la juridiction du Tribunal du travail. Les matières civiles, selon le Code du travail, celles dont la sanction est l'imposition d'une indemnisation (versement d'une somme d'argent à la personne qui a subi un préjudice) ou l'octroi d'un droit qui ne comporte pas de connotation pénale, sont de la juridiction d'un commissaire du travail en première instance.

3.3.1 La protection du droit d'association et la notion de salarié

L'objectif essentiel des législations du travail comme le Code du travail du Québec est d'assurer le maintien de la « paix industrielle » en per-

mettant des relations de travail efficaces, dans le respect réciproque de l'une et l'autre partie. Une fois le principe de la liberté d'association exprimé à l'article 3 du Code du travail[38], il importe de créer un environnement susceptible d'aider un syndicat naissant à se développer.

Le législateur a donc assis les fondements de cette protection sur des dispositions de deux types. Il a d'abord posé une interdiction réciproque aux parties de « dominer, entraver ou financer la formation ou les activités » du syndicat ou d'une association d'employeurs (art. 12 du Code du travail), et une interdiction également réciproque d'user « d'intimidation ou de menaces pour amener quiconque à devenir membre, à s'abstenir de devenir membre ou à cesser d'être membre d'une association de salariés (syndicat) ou d'employeurs » (art. 13 du Code du travail). Il est aussi fait interdiction à l'employeur de refuser d'embaucher une personne qui a eu recours à la protection du Code du travail, peu importe qu'elle ait été alors au service de ce même employeur ou d'un autre, ou de se livrer contre elle à quelque menace de renvoi ou d'autre type pour l'amener « à s'abstenir ou à cesser d'exercer un droit qui lui résulte du présent code » (art. 14 du Code du travail).

Le législateur a ensuite interdit le renvoi pour activités syndicales, c'est-à-dire le congédiement d'un salarié qui se prévaudrait des dispositions du Code du travail et qui tenterait de procéder à la création d'un syndicat dans son établissement. La protection que veut assurer la loi à l'encontre de pareille pratique est exprimée aux articles 15 à 20 du Code du travail.

Le commissaire du travail est habilité à corriger la situation faite à un salarié par un employeur qui « congédie, suspend ou déplace un salarié, exerce à son endroit des mesures discriminatoires ou des représailles, ou lui impose toute autre sanction à cause de l'exercice par ce salarié d'un droit qui lui résulte du présent code ». Ces dispositions visent à assurer aux salariés désireux de se former en syndicat la protection nécessaire pour que le pouvoir de dissuasion de l'employeur ne les empêche pas de donner suite à leur volonté.

La « clientèle » visée par le Code du travail, outre « l'employeur », est le « salarié » (art. 1[39] du Code du travail) ; est une personne syndicable celle dont le statut correspond à la notion de salarié :

« 1[39]. « Salarié » - une personne qui travaille pour un employeur moyennant rémunération, cependant ce mot ne comprend pas :

1. une personne qui, au jugement du commissaire du travail, est employée à titre de gérant, surintendant, contremaître ou représentant de l'employeur dans ses relations avec ses salariés ;
2. un administrateur ou officier d'une corporation, sauf, si une personne agit à ce titre à l'égard de son employeur après avoir été désignée par les salariés, ou une association accréditée (…) ».

L'exclusion des agents de maîtrise et des cadres aide à démarquer la notion de « salarié » du Code du travail de celle du contrat individuel de travail. Ce n'est pas la terminologie employée qui importe (« gérant, surintendant, contremaître ») mais l'essence des fonctions décrites, qu'il s'agit d'extrapoler du contenu des tâches spécifiques. Le recours dans la loi à ces trois titres couramment utilisés dans les organisations doit traduire l'essence des postes qui démarquent leurs titulaires des exécutants sous leur direction ; ils doivent donc généralement avoir des subordonnés hiérarchiques en nombre suffisant pour justifier un emploi du temps de « dirigeant », avoir autorité sur les matières telles que la distribution et l'évaluation du travail et du rendement, la surveillance générale du travail exécuté, le pouvoir de procéder à l'embauche ou au congédiement de subalternes ou d'avoir l'autorité de faire des recommandations à ce sujet.

Quant à la notion de « représentant de l'employeur dans ses relations avec ses salariés », elle permet l'exclusion de la notion de « salarié » de personnes qui ne sont pas nécessairement des « gérants, surintendants, contremaîtres », mais qui détiennent un poste incompatible avec le statut de « salarié », tel le directeur du personnel de l'organisation.

D'autres exclusions sont prévues par la loi à la notion de « salarié ». Qu'il suffise d'en souli-

gner une ici, soit celle de « fonctionnaire du gouvernement dont l'emploi est d'un caractère confidentiel » (art. 1[39]-[40] du Code du travail). Suit une liste non exhaustive de ces fonctions à exclure de la notion de « salarié ». Cette dernière exclusion indique donc que seul le travail à caractère confidentiel assumé par un fonctionnaire est un motif d'exclusion ; toute personne qui assumerait pareille tâche hors du cadre de la fonction publique, si son travail ne l'assimile pas aux « gérant, surintendant, contremaître », conserve donc son statut de « salarié » aux termes du Code du travail et en fait ainsi une personne syndicable.

3.3.2 L'accréditation

La définition retenue de l'accréditation s'inspire de celle du professeur Claude D'Aoust[41] :

« la reconnaissance officielle, par un organisme spécialisé créé par la loi, de la représentativité d'un syndicat », au sein d'une entité appelée unité d'accréditation (qui, elle, regroupe des postes ou des fonctions) « à l'égard de la totalité ou d'un groupe de salariés » généralement « à l'emploi d'un même employeur » en l'un de ses établissements, laquelle reconnaissance est porteuse de droits, dont le principal pourrait être celui de négocier une convention collective. »

Le regroupement à partir duquel la création d'un syndicat est déclenchée est l'unité d'accréditation. Il s'agit donc pour les promoteurs de circonscrire avec le plus de précision possible le découpage de cette unité, c'est-à-dire de prévoir les postes qui pourraient être regroupés en unités distinctes au sein d'un même établissement de l'employeur. Dans l'hypothèse où l'employeur manifeste son désaccord avec le type de découpage auquel aura procédé le syndicat, il appartient au commissaire du travail, et possiblement au Tribunal du travail, de trancher.

Il est donc fondamental que les parties maîtrisent les critères du découpage de l'unité d'accréditation, l'employeur en vue de le contester, le syndicat pour obtenir gain de cause. Une décision de la Commission des relations du travail du Québec a énoncé des critères qui trouvent encore application aujourd'hui.

Le premier critère est celui de la « volonté des salariés librement exprimée ». L'initiative de l'action, en matière de syndicalisation, doit venir des salariés. Toutefois, le découpage de l'unité d'accréditation est une matière pour laquelle l'employeur est habilité à intervenir. Si l'employeur et le syndicat requérant sont d'accord avec le découpage de l'unité d'accréditation, l'accréditation est accordée sur-le-champ par un fonctionnaire rattaché au bureau du commissaire du travail.

Le second critère est celui de « l'histoire des accréditations, des négociations et des conventions collectives chez cet employeur ou chez d'autres employeurs ». Les circonstances retenues comme valables à l'occasion du découpage de l'unité d'accréditation dans d'autres entreprises ou établissements créent des précédents. Néanmoins, ce critère précisant chaque cas est un critère d'espèce. Le découpage doit s'adapter à l'évolution réelle de la structure de l'entreprise.

Le troisième critère est celui du « simple bon sens », qui devrait faire en sorte que soient réunis en une même unité d'accréditation les salariés qui ont des intérêts communs en raison des éléments suivants : « (I) Une similitude de travail et de fonctions ; (II) similitude de salaires et de façons de rémunération ; (III) similitude dans les conditions de travail ; (IV) similitude de métiers et de qualifications ; (V) interdépendance et interchangeabilité dans les fonctions ; (VI) transférabilité et promotion des salariés d'une catégorie à une autre ».

Le quatrième critère est celui de la « paix industrielle ». On ne peut donc requérir de l'employeur qu'il soit en négociation perpétuelle en raison du nombre élevé d'unités. Le fractionnement trop grand des unités d'accréditation d'un même établissement aboutirait à la création d'unités d'accréditation trop restreintes pour favoriser l'éclosion de syndicats vigoureux.

L'ensemble de ces facteurs guide les parties, l'employeur et les promoteurs du syndicat, au moment de l'opération qui déclenche le processus d'accréditation, de même que le commissaire du travail, puis éventuellement le Tribunal du travail, à qui incombera la responsabilité de déterminer la circonscription du syndicat dans l'établissement, l'unité d'accréditation appropriée, le regroupement de postes de travail ou de fonctions qu'occupent des salariés.

Une fois ce préalable déterminé, il importe que les promoteurs du syndicat dans l'établissement tentent d'amener les salariés de l'unité d'accréditation à adhérer au syndicat ; cette opération devra être menée hors des heures (art. 5 du Code du travail) et des lieux (art. 6 du Code du travail) du travail. C'est ce qu'il est convenu d'appeler la campagne d'organisation syndicale, qui consiste à amener le plus grand nombre de salariés de l'unité d'accréditation visée à adhérer au syndicat.

3.3.3 Différends de travail et mécanismes de règlement

La notion de différend contenue dans le Code du travail [art. 1(e)] est celle d'une « mésentente relative à la négociation ou au renouvellement d'une convention collective ». Le désaccord se manifeste donc dès le moment de l'étape de la négociation. Dès l'expiration d'une convention collective, il y a un différend qui ne débouche pas nécessairement sur la grève ou le lock-out. En effet, les différends qui se traduisent par une grève ou un lock-out représentent une faible proportion.

3.3.4 La grève

La grève est définie comme « la cessation concertée de travail par un groupe de salariés » (art. 1(g) du Code du travail). La grève n'a pas à avoir d'objectif pour être tout à fait légale. Le professeur Gérard Dion[42] a recensé 58 types de grève (journées pédagogiques, manifestations, etc.). La légalité de la grève tient au moment de son déclenchement. Elle ne peut être déclarée pendant la durée de la convention collective, à moins de dispositions spéciales. Lorsqu'une partie dénonce une convention collective en vigueur 90 jours avant son expiration, le droit de grève est acquis. La dénonciation de la convention collective signifie que l'une des parties compte procéder à la négociation d'une nouvelle convention collective. Le défaut de donner à l'autre partie cet avis de dénonciation entraîne un retard quant à l'acquisition du droit de grève, soit 90 jours après l'expiration de la convention collective.

Dans le cas où l'employeur exerce une activité dite de « service public » (art. 111.0.16 du Code du travail), certaines dispositions additionnelles trouvent application. La notion de « service public » de l'article 111.0.16 recouvre les activités suivantes :

— une corporation municipale et une régie inter-municipale ;

— un établissement d'un conseil régional au sens des paragraphes a et f de l'article 1 de la Loi sur les services de santé et les services sociaux ;

— une entreprise de téléphone ;

— une entreprise de transport terrestre à itinéraire asservi, tels un chemin de fer et un métro, et une entreprise de transport par autobus ou par bateau ;

— une entreprise de production, de transport, de distribution ou de vente de gaz, d'eau ou d'électricité ;

— une entreprise d'enlèvements d'ordures ménagères ;

— une entreprise de transport par ambulance et la Société canadienne de la Croix-Rouge ;

— un organisme mandataire du gouvernement, à l'exception de la Société des alcools du Québec et d'un organisme dont le personnel est nommé et rémunéré selon la Loi sur la fonction publique.

En effet, tout syndicat d'un de ces secteurs doit donner au ministre du Travail et à l'employeur un avis de sept jours francs au sujet du moment du déclenchement de la grève. Il y a alors obligation pour les parties de continuer à dispenser les services essentiels (art. 111.0.20 du Code du travail). Un décret gouvernemental peut être remis par le gouvernement (art.

111.0.24 du Code du travail), en vue de suspendre l'exercice du droit de grève.

Le Code du travail prévoit maintenant qu'un vote au scrutin secret des membres du syndicat accrédité doit précéder le déclenchement d'une grève. Lorsqu'un syndicat accrédité décide par vote majoritaire de ses membres de recourir à la grève, il doit en avertir le ministre du Travail « dans les quarante-huit heures qui suivent le scrutin » (art. 20.2 du Code du travail). L'employeur peut, lui aussi, recourir à une mesure visant à « contraindre [ses salariés] à accepter certaines conditions de travail », en opposant son refus de « fournir du travail à un groupe de salariés à son emploi » ; c'est la définition du lock-out (art. 1(h) du Code du travail).

Il fut un temps au Québec, aux termes des lois provinciales, comme c'est encore le cas selon les lois fédérales, où l'employeur pouvait poursuivre ses opérations pendant une grève légale. Depuis l'entrée en vigueur des lois dites « anti-scab » en 1978, l'employeur n'a plus les coudées franches à cet égard, puisque « la sanction économique équivalente à la grève n'est plus le lock-out mais plutôt la capacité de faire face à la grève »[43].

Les solutions de rechange qui permettent dorénavant à un employeur de poursuivre ses opérations malgré la grève d'un groupe de salariés sont limitées ; il ne peut recourir qu'aux agents de maîtrise du même établissement, pourvu qu'ils aient été embauchés avant le début des négociations, et aux agents de maîtrise auxquels se rapporte l'exception de l'article 109.1(f) du Code du travail, soit ceux qui appartiennent à une organisation dont l'unité d'accréditation chevauche deux établissements ou plus. On constatera donc qu'il devient virtuellement impossible, dans le cas d'un employeur qui n'a qu'un seul établissement et dont les opérations ne sont pas hautement automatisées, de poursuivre son travail si ses salariés sont en grève légale.

Les relations du travail sont conflictuelles et permanentes, jusqu'à ce qu'un des deux partenaires disparaisse, soit par révocation du certificat d'accréditation, soit par la fermeture de l'établissement. L'économie du régime des relations du travail en Amérique du Nord se veut la moins interventionniste possible dans les différends qui opposent l'employeur et le syndicat de ses salariés. On laisse donc aux parties le soin de régler ces différends selon leurs volontés propres et les mécanismes qui leur conviennent le mieux.

3.3.5 L'arbitrage des différends

Un second mécanisme de règlement des différends est l'arbitrage. En effet, plusieurs lois interdisent à des catégories de salariés le recours à la grève, et à leurs employeurs, le recours au lock-out. Comme dans le cas des policiers et des pompiers, l'arbitrage est alors offert ; les policiers de la Sûreté du Québec, les agents de la paix de la fonction publique provinciale, les inspecteurs d'autoroutes, les gardes-chasses et les gardiens de prison font partie de cette catégorie. Dans les autres cas, les parties, d'un commun accord, peuvent déférer leur différend à l'arbitrage.

L'arbitre est un spécialiste en relations du travail ; certains arbitres font de l'arbitrage leur principale occupation. Le Conseil consultatif du travail et de la main-d'œuvre, organisme paritaire constitué de représentants des employeurs et des syndicats, dresse chaque année une liste de personnes habilitées à agir à titre d'arbitres (art. 77 du Code du travail). Il est cependant possible pour les parties, si elles s'entendent sur le choix de la personne qui agira à titre d'arbitre, de retenir les services d'une personne dont le nom n'apparaît pas sur la liste du Conseil consultatif du travail et de la main-d'œuvre. En cas d'incapacité des parties de s'entendre entre elles, le ministre du Travail nomme l'arbitre à partir de la liste susdite.

L'arbitre s'entoure de deux assesseurs, qui représentent chacun une partie (art. 78 du Code du travail) au différend, qui l'aident dans l'analyse de la preuve qui lui est soumise.

Le rôle de l'arbitre de différend consiste à entendre la preuve des parties relativement aux dispositions de la convention collective dont elles n'ont pas convenu entre elles à l'occasion de leurs négociations privées. Les règles qui éclairent le résultat auquel il doit arriver sont

générales et lui laissent une large discrétion dans le processus de détermination des clauses qu'il aura à rédiger.

La sentence arbitrale à laquelle arrive l'arbitre a l'effet d'une convention collective signée par les parties (art. 93 du Code du travail).

Pour éviter que certains arbitres ne tranchent trop souvent « la poire en deux » devant des revendications extrêmes des deux parties, on a imaginé un type « d'arbitrages par mode de choix forcé », selon lequel l'arbitre ne peut choisir une position intermédiaire par rapport à celles des deux parties, soit sur l'ensemble des dispositions en litige, soit sur chacune des clauses en litige[44]. C'est précisément ce type d'arbitrage qui régit le règlement des différends salariaux entre les joueurs de deux ligues majeures de base-ball d'Amérique du Nord et les propriétaires d'équipes. L'arbitre doit alors choisir la position de celle des deux parties qui lui paraît la plus raisonnable dans les circonstances.

Les parties, tant patronale que syndicale, sont rébarbatives à l'inclusion de l'arbitrage des différends dans le régime des relations du travail, qu'il s'agisse du cas de la négociation de la première convention collective ou de l'arbitrage des différends en toute autre circonstance. Pourtant, une étude démontre que l'accréditation du syndicat dans l'établissement est à l'origine d'un choc culturel très grand pour l'employeur qui « croit perdre son entreprise »[45].

Toute intervention d'un tiers compétent dans le règlement d'un différend est susceptible d'aider les parties à s'apprivoiser l'une l'autre et de favoriser ainsi l'éclosion de la paix industrielle assurée par un climat de franche collaboration.

4. Les acteurs en présence

4.1 LES ORGANISATIONS SYNDICALES

4.1.1 Une typologie

Les objectifs et les actions reliés à la négociation et à l'application de la convention collective constituent aujourd'hui le centre des préoccupations et des orientations du mouvement syndical. Ces actions et ces objectifs ont varié dans leur forme au cours de l'histoire, selon les obstacles et les conditions du milieu. Il importe donc de dresser dans un premier temps une typologie de l'action syndicale.

Louis-Marie Tremblay[46] distingue trois types d'objectifs : 1) les objectifs professionnels qui se rattachent aux conditions de travail dans l'entreprise ; 2) les objectifs paraprofessionnels qui débordent le lieu de travail et qui concernent la condition socio-économique du syndiqué ainsi que les programmes de sécurité sociale tels les régimes de rentes ou l'accessibilité au système d'éducation ; 3) les objectifs idéologiques formulés sous forme d'un projet de société globale de type social-démocrate, socialiste ou autre.

Les moyens d'action correspondant à l'atteinte de ces objectifs sont de deux ordres : 1) l'action politique exercée sur les pouvoirs publics sous des formes partisanes (par exemple, l'appui à un parti politique) ou non partisanes (par exemple, la présentation de mémoire devant une commission parlementaire ou la pression) ; 2) l'action économique dans les lieux de travail, la négociation collective constituant évidemment la forme la plus courante.

Les événements qui se déroulent en Pologne depuis quelques années démontrent cependant que l'action économique des syndicats peut poursuivre des objectifs non professionnels, telle la démocratisation d'une société. Par ailleurs, l'action politique peut être utile pour l'atteinte d'objectifs purement professionnels ; ainsi, on voit les centrales syndicales faire pression sur les gouvernements pour l'adoption de lois qui facilitent l'exercice du droit de grève.

En Amérique du Nord, ce sont d'abord les objectifs professionnels et les actions économiques qui ont constitué l'approche dominante, l'action politique servant de soutien de l'action économique pour l'atteinte des objectifs professionnels.

Le syndicat local est l'unité de base de toute centrale syndicale. Les regroupements s'effectuent de la verticale à l'horizontale. Par structure verticale, on entend un regroupement sur une base industrielle ou sectorielle. Ainsi, un regroupement de syndicats dans le secteur de la métallurgie constitue un élément de la structure verticale (par exemple, le Syndicat des métallos). Par structure horizontale, on entend un regroupement sur une base inter-industrielle ou inter-sectorielle au sein d'un territoire ou d'un pays. Ainsi, une centrale syndicale qui regroupe les salariées et les salariés de plusieurs secteurs d'activités différents constitue une structure horizontale.

Dans les lignes suivantes, nous examinerons les principaux groupes syndicaux, soit la C.S.N., la F.T.Q., le C.T.C., la C.S.D. et la C.E.Q.

- ● La Confédération des syndicats nationaux (C.S.N.)

— Structures

Dès qu'une majorité de salariées et de salariés décide démocratiquement d'adhérer à la C.S.N., elle doit, conformément aux statuts de cette dernière, s'affilier aux instances suivantes : d'abord à la C.S.N., qui est la centrale comme telle, puis à la fédération professionnelle correspondant au secteur d'activité du groupe et au conseil central de la région. Par exemple, un groupe de salariées et de salariés syndiqués œuvrant dans un centre hospitalier de la région montréalaise et affilié à la C.S.N. fait également partie de la Fédération des affaires sociales (F.A.S.) et du Conseil central des syndicats nationaux de Montréal (C.S.N.). La fédération est un élément de la structure verticale, puisqu'elle regroupe les personnes travaillant dans le même secteur ; le conseil central est un élément de la structure horizontale, puisqu'il regroupe les syndicats œuvrant dans différents secteurs mais à l'intérieur de frontières géographiques définies.

Chacun de ces niveaux de la structure syndicale dispose de ses propres instances décisionnelles, qui sont interreliées selon un mode de délégation défini dans les statuts de chacun des niveaux. Ainsi, la C.S.N. a ses statuts, de même que chaque fédération, chaque conseil et, la plupart du temps, chaque syndicat local. Ces statuts et règlements doivent être conformes aux statuts généraux de la centrale ; ainsi, les règlements locaux d'un syndicat local ne pourraient contenir des dispositions qui stipuleraient que le syndicat peut se désaffilier de sa fédération sans se désaffilier de la C.S.N.

L'autorité du syndicat local est l'assemblée générale des membres. Quant aux autres niveaux, l'instance suprême est le congrès de l'organisme, au cours duquel on définit les principales orientations et où on élit les dirigeants. À ce congrès la très grande majorité des délégués proviennent des syndicats locaux. La structure organisationnelle est celle que présente la figure 18.3.

— Orientations

Dans l'aperçu historique concernant la C.S.N., nous avons vu comment celle-ci s'est transformée et s'est radicalisée en s'inspirant de plus en plus dans son discours de la grille d'analyse marxiste. La forte concentration de syndicats du secteur public à l'intérieur de ses rangs influence l'idéologie de la centrale et la porte à être très distante et très critique vis-à-vis de l'État. Cela n'est pas sans créer des conflits avec ses syndicats du secteur privé. Par exemple, le refus

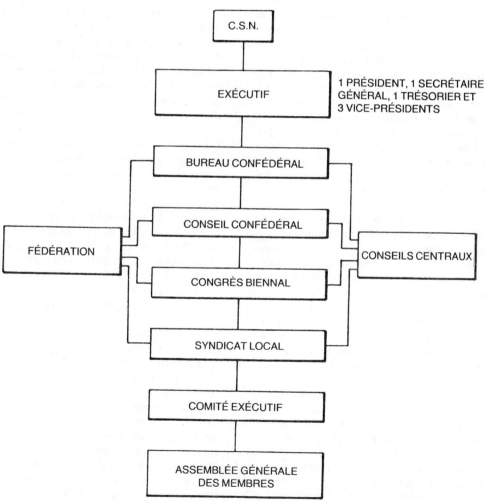

Figure 18.3 Structures de la C.S.N.

du congrès de la C.S.N. en 1982 de participer au conseil d'administration de la Commission de la santé et de la sécurité du travail constitue un indice révélateur du malaise interne. Malgré des pertes importantes de membres, elle a quand même pu se maintenir sur le plan financier et toujours entretenir une image militante et agressive face aux employeurs et aux gouvernements.

- La Fédération des travailleurs du Québec (F.T.Q.)

— Le C.T.C.

On ne peut parler des structures de la F.T.Q. sans se référer à celles des unions internationales et à celles des unions canadiennes. D'une part, la F.T.Q. est le regroupement volontaire des cellules ou sections locales affiliées au C.T.C. au Québec. Formellement, la F.T.Q. est une fédération provinciale détenant sa charte du C.T.C. D'autre part, le C.T.C. est un regroupement de sections locales membres d'unions internationales ou canadiennes. Tout comme la F.T.Q., le C.T.C. est un élément de la structure horizontale, puisqu'il regroupe des syndicats œuvrant dans des champs d'activités différents.

Ces unions sont des éléments de la structure verticale, puisque chacune rassemble des sections locales dont les membres travaillent dans un domaine industriel ou professionnel spécifique. Ces unions peuvent être parfois internationales, tels les Travailleurs unis de l'automobile (T.U.A.), qui compte des membres à la fois aux États-Unis et au Canada ; elles peuvent parfois être canadiennes, telle la Fraternité canadienne des cheminots, dont l'action se circonscrit à l'intérieur du Canada.

Certains peuvent se demander avec raison pourquoi le C.T.C. a plus de membres que la F.T.Q. au Québec. Les motifs expliquant cette situation proviennent du caractère facultatif de l'affiliation à la F.T.Q. et de ce que les statuts de beaucoup d'unions posent comme condition d'affiliation à leur organisation l'affiliation au C.T.C. mais pas nécessairement à la fédération provinciale. Ainsi, un groupe de travailleuses et de travailleurs qui décident d'adhérer au Syndi-

cat canadien de la fonction publique (S.C.F.P.) devient automatiquement membre du C.T.C. en vertu des statuts du S.C.F.P. mais pas nécessairement de la F.T.Q.

Étant un élément de la structure horizontale, le C.T.C. n'a pas pour rôle la négociation et l'application de la convention collective. Le principal rôle du C.T.C. est de faire les représentations politiques auprès du gouvernement canadien sur toute matière pouvant concerner la promotion et la défense du bien-être socio-économique des membres, particulièrement sur le plan législatif et en ce qui concerne les politiques gouvernementales touchant ces derniers.

Contrairement à ce qui se passe à la C.S.N., où le fonds de grève relève de la centrale et non des fédérations, au C.T.C. cette question relève des unions. Le pouvoir du C.T.C. sur ses affiliés est beaucoup plus faible, et la structure qui s'en dégage est beaucoup plus décentralisée, les principaux services se concentrant davantage dans les unions.

Ces structures beaucoup plus éclatées se manifestent également dans un recoupement beaucoup plus fréquent des juridictions professionnelles entre les différentes unions. Ainsi, on retrouve au Québec deux unions qui recrutent des membres dans le secteur des soins de la santé, soit l'Union des employés de service et le Syndicat canadien de la fonction publique. Un travailleur qui veut s'affilier à la C.S.N. ne peut se trouver que dans une seule fédération dont la juridiction est définie statutairement ; dans le cas du C.T.C. et de la F.T.Q. au Québec, les dédoublements de juridiction créent un éventail de choix plus large. Toutefois, cette situation n'est pas sans créer des conflits internes et même parfois des « maraudages ».

Chacun des niveaux de la structure dispose de ses propres instances décisionnelles. Ainsi, une union internationale a un exécutif élu à chaque congrès ou au suffrage universel (par exemple, les Métallos), de même que le C.T.C., les fédérations provinciales et les conseils du travail. Ce sont les délégués des sections locales qui débattent et adoptent les résolutions définissant les orientations et les diverses politiques syndicales. L'examen de ce tableau devrait nous amener à constater que les principaux pouvoirs

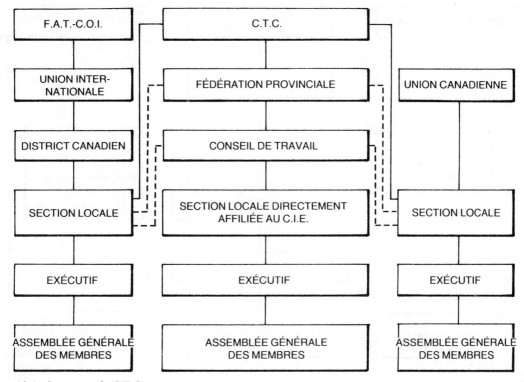

Figure 18.4 Structures du C.T.C.

se trouvent beaucoup plus dans les organismes se situant dans la structure verticale, c'est-à-dire au niveau des unions.

— Structures de la F.T.Q.

L'examen des structures du C.T.C. devrait nous aider à comprendre les structures de la F.T.Q.; la figure 18.5 présente cette situation.

Le congrès de la F.T.Q. est l'instance décisionnelle suprême de la F.T.Q., et la plupart des délégués proviennent des sections locales, les autres provenant des conseils du travail.

Les conseils du travail sont un élément de la structure horizontale en ce qu'ils regroupent les sections locales affiliées au C.T.C. à l'intérieur d'une région donnée (par exemple, le Conseil régional des travailleurs(euses) de l'Abitibi-Témiscamingue). Leur rôle est surtout un rôle de formation, de représentation politique aux niveaux régional et municipal et d'appui aux diverses luttes syndicales. À la suite d'une réso-

lution adoptée au congrès du C.T.C. en 1974, la F.T.Q. s'est vu reconnaître un statut particulier à l'intérieur de la centrale canadienne par l'attribution de la juridiction sur les conseils du travail. Tout comme à la F.T.Q., l'affiliation à un conseil est facultative; ainsi une section locale peut être membre de la F.T.Q. sans être membre d'un conseil, et inversement.

L'instance décisionnelle entre les congrès de la F.T.Q. est le conseil général, dont la composition est déterminée lors des congrès de la F.T.Q. par les déléguées et les délégués des conseils du travail et des sections locales regroupées selon des secteurs d'activités industrielles (par exemple, métallurgie et mines, pâtes et papiers, etc.).

— Orientations de la F.T.Q.

Formellement, la F.T.Q. a très peu de pouvoir. On constate pourtant que progressivement depuis 1964, les sections locales ont voulu lui

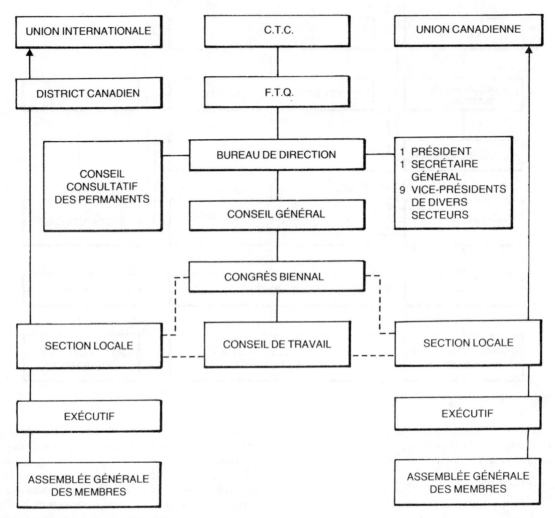

Figure 18.5 Structures de la F.T.Q.

faire jouer un rôle de véritable centrale, particulièrement à cause des pressions suscitées par la présence de la C.S.N. au Québec. L'aspect facultatif de l'affiliation à la F.T.Q. fait que celle-ci n'a que le pouvoir que veulent bien lui reconnaître ses affiliés selon les circonstances. De plus, une section locale insatisfaite des prises de position de la centrale (par exemple, l'appui au « oui » lors du référendum de 1980) peut s'en désaffilier. Cette fragilité de la F.T.Q. la rend très sensible aux conséquences des politiques qu'elle adopte et l'oblige à se soucier de

refléter encore mieux la réalité de ses membres. Sa force réside donc dans le fait que les consensus qui y sont élaborés, tout en étant parfois moins spectaculaires, représentent davantage la réalité et le vécu des membres.

La concentration majoritaire des effectifs de la F.T.Q. dans le secteur privé amène celle-ci à avoir une perception différente du rôle de l'État. La vision de l'organisation et la répartition du pouvoir dans la société s'assimilent beaucoup plus à la social-démocratie dans le cas de la F.T.Q. Ce qui sous-entend une place importante pour les droits collectifs et une espèce de négociation permanente du contrat social entre le patronat et le mouvement syndical, l'État agissant comme arbitre.

- La Centrale des syndicats démocratiques (C.S.D.)

Formée en juin 1972 à l'occasion d'un schisme à l'intérieur de la C.S.N., la C.S.D. n'en a pas moins conservé certaines caractéristiques de cette dernière sur le plan des structures organisationnelles. Toutefois, les regroupements sur une base professionnelle ou régionale demeurent facultatifs.

En réaction contre le mode de fonctionnement de la C.S.N., les fondateurs de la C.S.D. ont voulu se donner des structures qui favoriseraient l'exercice de la démocratie directe. Ainsi, les dirigeants de la C.S.D. sont élus au suffrage universel des membres et non lors d'un congrès. Tout comme à la F.T.Q. et à la C.S.N., le congrès de la C.S.D. constitue l'instance décisionnelle suprême. Par la suite, il n'existe pas de structures intermédiaires comme le conseil confédéral à la C.S.N. ou le conseil général à la F.T.Q., où le mode de délégation est défini selon une représentation par secteurs d'activités.

La C.S.D. a préféré opter pour une structure qui assurerait une représentation à chacun des syndicats locaux, l'assemblée plénière. Celle-ci a pleine juridiction sur la direction de la centrale entre les congrès. Le tableau des structures de la C.S.D. pourrait donc se présenter comme à la figure 18.6.

Les orientations de la C.S.D. sont marquées par le souci de se démarquer de la C.S.N. De plus, la très forte concentration de la C.S.D. dans des secteurs mous de l'économie (vêtement, textile) la rend très sensible aux problèmes économiques, aux questions reliées à la démocratie industrielle et à la qualité de la vie au travail, ainsi qu'à la nécessité d'un consensus entre les partenaires sociaux, soit le gouvernement, le patronat et les syndicats.

- La Corporation des enseignants du Québec (C.E.Q.)

Jusqu'en 1974, la C.E.Q. a un statut mi-syndical mi-corporatif. En effet, l'appartenance à la Corporation des instituteurs catholiques (C.I.C.), devenue par la suite la Corporation des enseignants du Québec, était une condition d'emploi dans les écoles catholiques du Québec. Voulant se donner un statut de centrale syndicale et recruter ainsi des membres auprès du personnel de soutien et dans d'autres secteurs d'activités, elle devint la Centrale de l'enseignement du Québec. Dans les faits, la C.E.Q. demeure une fédération professionnelle plutôt qu'une centrale syndicale dont la caractéristique fondamentale (comme à la C.S.N., à la C.S.D. et à la F.T.Q.) est de regrouper horizontalement les sections ou syndicats locaux œuvrant dans plusieurs secteurs d'activités différents. Or la réalité de la C.E.Q. est marquée par la présence quasi totale des enseignants et par la prédominance des problèmes reliés à leurs conditions de travail. Essentiellement, le tableau des structures de la C.E.Q. se présente comme à la figure 18.7.

La C.E.Q. fournit des services au point de vue des négociations nationales et des services techniques de toutes sortes (recherche, information, etc.). Les syndicats locaux d'enseignants assument eux-mêmes les tâches reliées à l'application auprès des gouvernements.

Au cours des dernières années, on a vu la C.E.Q. tenir un type de discours souvent similaire à celui de la C.S.N., particulièrement depuis l'accession du Parti québécois au pouvoir. La dernière ronde de négociations a particulièrement marqué la C.E.Q. avec les lois 105 et 111 et avec les modifications apportées par les décrets aux conditions de travail des enseignantes et des enseignants. Cela ne pourra sans doute que contribuer à polariser les relations entre la C.E.Q. et le gouvernement du Québec.

4.2 LES ORGANISATIONS PATRONALES

Il peut sembler paradoxal à certains qu'on songe à regrouper au sein d'une même association des entreprises en concurrence sur le marché d'un produit ou d'un service. Le phénomène associatif survient d'une façon beaucoup moins spontanée dans le milieu patronal. D'ailleurs, les associations patronales prennent une place relativement moins importante pour les

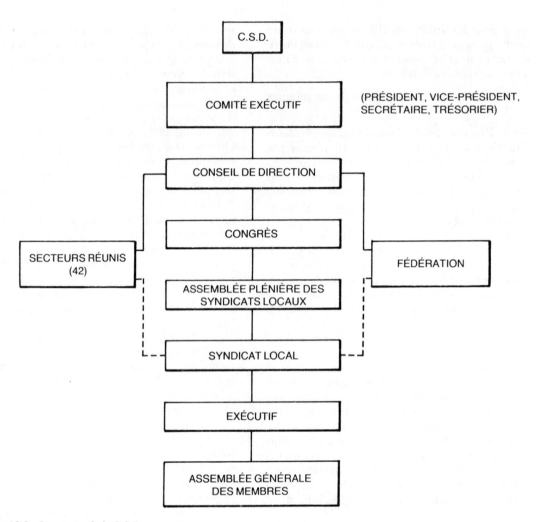

Figure 18.6 Structures de la C.S.D.

entreprises si on la compare à celle qu'occupent les regroupements syndicaux pour les salariées et les salariés.

Les besoins ne sont pas du même ordre. Ainsi, une entreprise peut fort bien compter sur ses propres ressources pour négocier une convention collective et gérer celle-ci ; son auto-suffisance financière lui permet d'une façon générale de combler ses besoins à ce point de vue. Il n'en demeure pas moins que les employeurs ont dans le domaine des relations du travail des intérêts communs qui débordent le cadre de l'entreprise spécifique. Il existe plusieurs asso-

ciations patronales qui se livrent même une forte concurrence pour le recrutement[48].

4.2.1 Types d'associations patronales

Tout comme les associations syndicales, les associations patronales peuvent avoir des structures de type horizontal ou des structures de type vertical ou sectoriel.

Les associations verticales comprennent les associations patronales spécialisées dans un secteur d'activité économique, par exemple l'Association des mines de métaux du Québec Inc. (A.M.M.Q.).

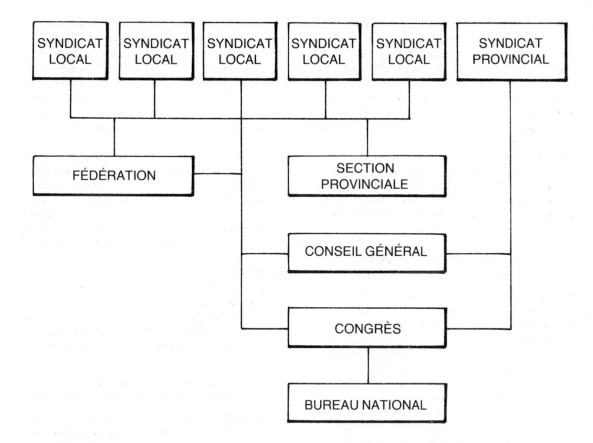

Figure 18.7 Structures de la C.E.Q.

SYNDICAT LOCAL:
Syndicat dont la juridiction couvre un certain territoire géographique strictement local ou régional, pouvant ne regrouper qu'une catégorie de membres (ex.: personnel de soutien) ou plusieurs catégories de membres (ex.: personnel de soutien et enseignants). Ce syndicat est directement représenté au Conseil général et au Congrès. Il peut se regrouper au sein d'une section provinciale.

FÉDÉRATION:
Section provinciale dont la juridiction couvre l'ensemble du territoire québécois, et qui regroupe des syndicats de travailleurs de l'enseignement ayant une unité particulière d'intérêts. La fédération est directement représentée au Conseil général et au Congrès. Actuellement, il n'existe à la C.E.Q. qu'une seule fédération de ce type, soit celle des cégeps.

SYNDICAT PROVINCIAL:
Syndicat dont la juridiction couvre l'ensemble du territoire québécois, et qui réunit les travailleurs de l'enseignement ayant une unité particulière d'intérêts. Il est directement représenté au Conseil général et au Congrès. Actuellement, il n'existe à la C.E.Q. qu'un syndicat provincial, soit le Syndicat des professionnels et professionnelles du réseau scolaire du Québec.

SECTION PROVINCIALE:
Organisme de coordination et de services dont la juridiction couvre l'ensemble du territoire québécois, et qui réunit des syndicats ou des sections de syndicats ayant une unité particulière d'intérêts. Ce type de section n'a aucune représentation politique directe au Congrès (ex.: fédération des professeurs d'université).

Les associations horizontales sont celles qui regroupent des compagnies ou des dirigeants d'entreprises provenant de divers secteurs sur une base nationale, provinciale ou régionale. Le Conseil du patronat du Québec (C.P.Q.) est une association de type horizontal, puisqu'on y trouve aussi bien des associations de type horizontal que des associations de type vertical. Il s'agit en fait d'une véritable « centrale » patronale. Les trois organisations patronales que nous allons examiner sont de type horizontal, soit le C.P.Q. (Conseil du patronat du Québec), l'Association des manufacturiers canadiens (section Québec) et la Chambre de commerce de la province de Québec (C.C.P.Q.).

4.2.2 Le Conseil du patronat du Québec (C.P.Q.)

La création du C.P.Q. répondait à un besoin de constituer une confédération des associations patronales agissant à titre de porte-parole des compagnies québécoises dans le domaine des relations du travail. La fondation du C.P.Q. est le produit d'une longue gestation et correspondait à un vœu qui émanait non seulement du milieu patronal mais aussi des milieux gouvernemental et syndical. C'est en 1969 que la naissance du C.P.Q. fut officiellement annoncée.

Son rôle est d'assurer la liaison entre les divers groupements patronaux pour réaliser des consensus et élaborer des stratégies communes, de participer aux diverses instances de consultation, d'agir auprès de l'opinion publique et de représenter le patronat auprès du pouvoir politique.

Le C.P.Q. est constitué principalement de 130 associations sectorielles ; on y trouve également des associations horizontales comme le Centre des dirigeants d'entreprises et l'Association des manufacturiers canadiens (section Québec) (A.M.C.Q.). L'ensemble des entreprises représentées au C.P.Q. ont à leur service environ 80 % de la main-d'œuvre au Québec. La structure du C.P.Q. est présentée à la figure 18.8[49].

Le C.P.Q. est dirigé par un conseil d'administration composé de 28 personnes, dont 22 proviennent des associations. Le comité exécutif, composé de huit personnes, est responsable devant le conseil d'administration dont celles-ci émanent. On trouve également un Bureau des gouverneurs (30 personnes) représentant 300 entreprises individuelles qui fournissent 80 % de son budget (46). Ce bureau n'a aucun caractère décisionnel, mais il exerce une autorité morale importante sur les orientations et les politiques du C.P.Q.

La dépendance financière du C.P.Q. à l'égard des grandes entreprises confère à celles-ci une influence prépondérante. Ainsi, l'attitude vis-à-vis du syndicalisme est celle de la tolérance. Tout en souhaitant que la législation du travail reflète le consensus des parties, le C.P.Q. considère qu'en l'absence d'un tel consensus, « il appartient à l'État de prendre ses responsabilités »[50].

Les conflits de travail dans les services publics et la construction ont passablement modifié l'attitude plus ouverte et plus positive que le C.P.Q. manifestait à l'égard du rôle du syndicalisme au Québec au moment de sa fondation[51].

4.2.3 L'Association des manufacturiers canadiens (section Québec) (A.M.C.Q.)

L'A.M.C.Q. est une des associations horizontales membres du C.P.Q. et constitue l'une des sections de l'Association des manufacturiers canadiens (A.M.C.). L'A.M.C. existe depuis 1871 ; elle compte 10 000 entreprises membres dont 2 000 au Québec. Elle regroupe des entreprises du secteur manufacturier, dont les trois quarts ont moins de 100 employées et employés. Au Canada, l'A.M.C. est très connue à cause de son rôle auprès du gouvernement canadien. Au Québec, ce rôle est largement assumé par le C.P.Q. L'A.M.C.Q. fournit surtout des services techniques dans l'aide au commerce extérieur et des informations à ses membres sur la législation du travail.

4.2.4 La Chambre de commerce de la province de Québec (C.C.P.Q.)

Fondée en 1809, la C.C.P.Q. regroupe 207 chambres locales, dont la Chambre de commerce de Montréal, et compte 40 000 membres. Ses membres peuvent être des indivi-

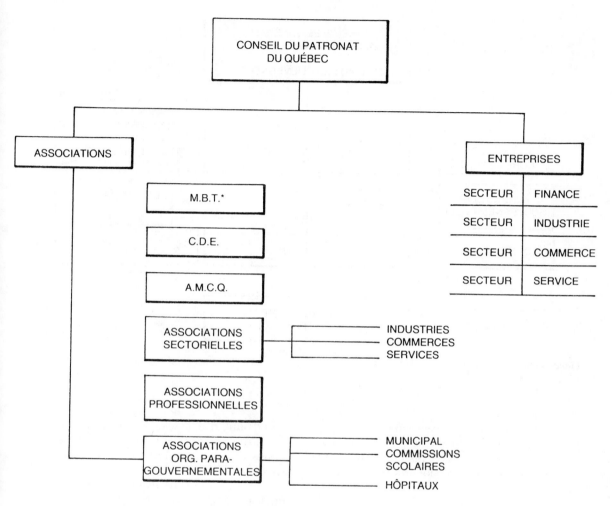

Figure 18.8 Structure du Conseil du patronat du Québec (C.P.Q.)

dus ou des corporations. On trouve plus de 37 000 femmes ou hommes d'affaires dans la C.C.P.Q. Ses objectifs sont larges et débordent le cadre des relations du travail. Sa préoccupation de promouvoir le développement économique et l'entreprise privée amène souvent la C.C.P.Q. ou une chambre locale à prendre position publiquement lors des conflits de travail qui influencent l'économie d'une ville ou d'une région. Ses orientations sont très éloignées de celles du syndicalisme. La C.C.P.Q. est une concurrente du C.P.Q., et le renforcement des chambres locales semble susciter une certaine remise en question de son rôle.

Nous n'avons pas épuisé la liste des organisations patronales. L'attention plus particulière que nous avons accordée au C.P.Q. nous semblait opportune à cause de la prépondérance et de la représentativité de cet organisme. Le choix des deux autres groupes visait plutôt à illustrer le type de services et la diversité des associations patronales dans leur composition.

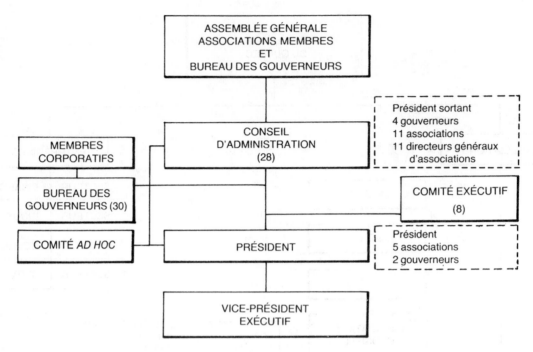

Figure 18.9 Organigramme du C.P.Q.

Malgré la concurrence entre les divers groupes patronaux, c'est quand même par leur entremise que les employeurs réussissent à jouer leur rôle de groupe de pression dans la société québécoise.

5. Conclusion

Est-il possible de gérer les relations du travail ? Le responsable des relations du travail, qu'il soit de la structure hiérarchique à qui incombe la responsabilité directe de s'acquitter de cette fonction ou de la hiérarchie de conseil qui doit, à partir de son service, dispenser les avis aux cadres, doit s'intégrer à l'organisation et fournir sa prestation au même titre que tout autre gestionnaire de l'organisation. Le présent chapitre a fait état des données contextuelles et stratégiques accessibles aux dirigeants des relations du travail qui aspirent à contrôler leur environnement. Nous y avons vu que les dirigeants dispo-

sent d'outils d'analyse et de prise de décision qui sont produits par les différents courants scientifiques des sciences humaines et surtout des sciences de la gestion.

Si nous avons constaté que les systèmes et les modèles sont mis à la disposition du dirigeant des relations du travail, il y a également lieu de souligner que son aspect de « clinicien » ne doit pas être atrophié, sous prétexte que son champ d'intervention est plus fluide, moins prévisible que les autres champs d'intervention et les autres disciplines qui composent la gestion. Les relations du travail peuvent être gérées, et leur résultats évalués en regard d'objectifs poursuivis et mesurables ; ils doivent être soumis à une appréciation critique (audit)[52], de manière à renverser l'image négative que véhicule souvent le service du personnel des organisations[53] et qui rejaillit sur la fonction et le service des relations du travail, évaluation qui transcende les cultures et les barrières organisationnelles.

NOTES BIBLIOGRAPHIQUES

1) G. DION. *Dictionnaire canadien des relations du travail*, Québec, Les Presses de l'Université Laval, 1976, p. 301.

2) F. SELLIER. Introduction, F. Sellier (éd.), *Les Relations industrielles*, Paris, Les Presses Universitaires de France, 1976, p. 3.

3) J.T. DUNLOP. *Industrial Relations Systems*, New York, Henry Holt and Company, 1958, p. 399.

4) J.T. DUNLOP. « La notion de système de relations industrielles », dans F. Sellier (éd.), *Les Relations industrielles*, Paris, Les Presses Universitaires de France, 1976, p. 90.

5) W.S.A. CRAIG. « A Model for the Analysis of Industrial Relations Systems », dans H.C. JAIN. *Canadian Labour and Industrial Relations*, Toronto, McGraw-Hill, 1975, p. 2-11.

6) Lénine. *Que faire ?*, Paris, Éditions du Seuil, 1966, p. 319.

7) J. BARBASH. « Collective Bargaining and the Theory of Conflict », *British Journal of Industrial Relations*, London School of Economic and Political Science, Vol. XVIII, n° 1, 1980, p. 87-88.

8) G. LAFLAMME. *Peut-on concilier négociation collective et participation ?*, Participation et négociation collective, XXXIIᵉ congrès des relations industrielles, Québec, Les Presses de l'Université Laval, 1977, p. 80.

9) Canada, *Rapport* de l'équipe spécialisée en relations du travail, Ottawa, Imprimeur de la Reine, 1969, p. 129.

10) N. CHAMBERLAIN et J.W. KUHN. *Collective Bargaining*, New York, McGraw-Hill, 1965, p. 169.

11) Centre de recherche et de statistiques sur le marché du travail. *Conditions de travail contenues dans les conventions collectives au Québec 1982*, Québec, ministère du Travail, 1983, p. 39.

12) *Ibid.*

13) *Ibid.*

14) *Ibid.*

15) D. CARRIER. *La Stratégie des négociations collectives*, Paris, Presses Universitaires de France, 1967, p. 87.

16) Loi sur l'organisation des parties patronale et syndicale aux fins des négociations collectives dans les secteurs de l'éducation, des affaires sociales et des organismes gouvernementaux, L-Q. 78, C. 14.

17) J. BOIVIN et J. GUILBAULT. *Les Relations patronales-syndicales au Québec*, Chicoutimi, Gaëtan Morin Éditeur, 1982, p. 45-52.

18) *Ibid.*, p. 55.

19) J. ROUILLARD. *Histoire de la CSN*, Montréal, Confédération des syndicats nationaux et Éditions du Boréal Express, 1972, p. 22.

20) J. BOIVIN et J. GUILBAULT. *Op. cit.*, p. 64.

21) G. DION. *Dictionnaire canadien des relations du travail*, Québec, Les Presses de l'Université Laval, 1976, p. 655.
Note : Au Canada, le nombre de personnes syndiquées était de 365 544 en 1940 et de 1 459 000 en 1960.

22) G. DION. *Op.cit.*, p. 658.
Note : En 1957, au moment de la fusion, la F.P.T.Q. comptait 35 000 cotisants, soit 25 % des effectifs du C.M.T.C. au Québec.

23) J. ROUILLARD. *Histoire de la CSN*, Montréal, Confédération des syndicats nationaux et Éditions du Boréal Express, 1972, p. 180-183.

24) *Ibid.*, p. 182.

25) J. GÉRIN-LAJOIE. *Les Métallos, 1936-1981*, Montréal, Les Éditions du Boréal Express, 1982, p. 109-110.

26) J. BOIVIN et J. GUILBAULT. *Op. cit.* - Les effectifs de la F.T.Q. sont moins nombreux que ceux du C.T.C. parce que l'affiliation à la F.T.Q. est facultative et qu'un syndicat au Québec peut donc être affilié au C.T.C. sur le plan canadien mais non à la F.T.Q.

27) Gouvernement du Québec. *L'État de la situation économique*, Conférence au Sommet de Montebello, mars 1979, p. 83.
F. DELORME. « Quelques données sur la syndicalisation au Québec en 1977 », *Le marché du travail*, Centre de recherche et de statistiques sur le marché du travail, vol. 1, n° 1, mai 1980, p. 34.

A. PARENT. « La syndicalisation au Québec », *Le marché du travail*, vol. 3, n° 6, juin 1982, p. 61.
J. BARIL, R. CHAMARD, R. COURCHESNE, R. MORISSETTE, A. PARENT et J. PES. « Les relations du travail en 1983 », *Le marché du travail*, vol. 5, n° 1, janvier 1984, p. 61.

28) J. BARIL, R. CHAMARD, R. COURCHESNE, R. MORISSETTE, A. PARENT et J. PES. « Les relations du travail en 1983 », *Le marché du travail*, vol. 5, n° 1, janvier 1984, p. 62.

29) Il s'agit de syndicats affiliés également au C.T.C.

30) Il s'agit de syndicats non affiliés à la F.T.Q., puisque l'appartenance à celle-ci est facultative.

31) On trouve par exemple dans cette catégorie des groupes importants comme le Syndicat des fonctionnaires provinciaux du Québec, les Teamsters, la Fédération des syndicats du secteur de l'aluminium, des syndicats de policiers et de pompiers, etc.

32) Au sens de droit de légiférer sur une matière, aux termes d'un texte constitutionnel.

33) F. MORIN. « Pour un titre deuxième au Code du travail portant sur la relation individuelle de travail », 1974, McG.L.J. 414.

34) Office de révision du Code civil. *Rapport sur le Code civil du Québec*, Québec, Éditeur officiel du Québec, 1977, Volume I, n° 667.

35) L.R.Q., 1977, ch. S-2.1.

36) L.R.Q., 1977, ch. N-1.1.

37) J.-L. BEAUDOIN. *Les Obligations*, Montréal, Les Presses de l'Université de Montréal, 1970, p. 31 : « Dans le contrat d'adhésion […], l'une des parties perd cette faculté de libre négociation des conditions de son engagement en se voyant imposer d'avance toutes les conditions du contrat et en ne gardant que le choix, parfois purement théorique, de contracter ou de ne pas contracter. »

38) « 3. Tout salarié a droit d'appartenir à une association de salariés de son choix et de participer à la formation de cette association, à ses activités et à son administration. »

39) G. DION. *Op. cit.*, p. 301.

40) Direction de l'économie et des recherches. *Répertoire des termes et expressions utilisés en relations industrielles et dans des domaines connexes*, Ottawa, Ministère du Travail, 1967, p. 112.

41) « L'accréditation », dans N. MALLETTE, *La Gestion des relations du travail au Québec - Le cadre juridique et institutionnel*, Montréal, McGraw-Hill, Éditeurs, 1980, p. 127.

42) *Dictionnaire canadien des relations du travail*, Québec, Presses de l'Université Laval, 1976, p. 178-182.

43) Rapport de l'équipe spécialisée en relations du travail [Commission Woods], *Les Relations du travail au Canada*, Ottawa, Information Canada, 1968, par. 607.

44) Pour une discussion de cette technique, voir N. MALLETTE, *La Gestion des relations du travail au Québec*, Montréal, McGraw-Hill, Éditeurs, 1980, p. 191-194.

45) M. GIRARD et Y. ST-ONGE. « L'arbitre des premières conventions collectives quatre ans après… », *Le Marché du travail*, septembre 1982, vol. 3, n° 9, p. 56 ; *L'Arbitrage des premières conventions collectives*, Québec, Centre de recherche et de statistiques sur le marché du travail, 1982, 137, LIV.

46) L.-M. TREMBLAY. « L'action politique syndicale », *Relations industrielles*, Québec, Les Presses de l'Université Laval, vol. XXI, n° 1, 1966, p. 44-57.

47) J. BOIVIN et J. GUILBAULT. *Op. cit.*, p. 117.

48) Journal *Les Affaires*, semaines du 16 au 29 juillet 1983.

49) G. DUFOUR. « Les acteurs : l'organisation patronale », dans N. Mallette (éd.), *La Gestion des relations du travail au Québec : le cadre juridique et institutionnel*, Montréal, McGraw-Hill, 1980, p. 387.

50) *Ibid.*, p. 378.

51) *Ibid.*, p. 376-379.
J. BOIVIN et J. GUILBAULT. *Op. cit.*, p. 126-128.

52) D. YODER, H.G. HENEMAN, J.G. TURNBULL et C.H. STONE. *Handbook of Personnel Management and Labor Relations*, New York, McGraw-Hill Book Company, 1958, section 24 ; D. YODER. *Personnel Manage-*

ment and Industrial Relations, Englewood Cliffs, N.J., Prentice-Hall, Inc., Sixth Edition, 1970, p. 695-717.

53) R.-É. MILLER. *Innovation, Organization and Environment*, Sherbrooke, Institut de recherche et de perfectionnement en administration, Université de Sherbrooke, 1971, p. 105.

CHAPITRE 19

LA GESTION DES RESSOURCES HUMAINES

par

Roland Foucher

> « *Un homme, considéré en lui-même, a seulement des devoirs, parmi lesquels se trouvent certains devoirs envers lui-même. Les autres, considérés de son point de vue, ont seulement des droits. Il a des droits à son tour quand il est considéré du point de vue des autres, qui se reconnaissent des obligations envers lui. Un homme qui serait seul dans l'univers n'aurait aucun droit, mais il aurait des obligations.* »
>
> **Simone Weil**

La gestion des ressources humaines peut être envisagée de diverses façons. Il est possible notamment de considérer sa nature, ses effets et l'attention qu'on lui accorde dans les organisations. Chacun de ces aspects peut donner lieu à des points de vue différents, comme le montrent les exemples suivants.

Selon certaines personnes, la gestion des ressources humaines est synonyme d'activités administratives (tenue des dossiers, organisation d'activités, etc.) et techniques (utilisation de tests, réalisation d'entrevues, etc.). Selon d'autres, elle revêt un caractère moins spécialisé ; constituant une fonction de gestion, elle comporte des dimensions stratégiques (formulation de politiques, élaboration de prévisions, etc.) et prend racine dans les règles qui régissent le fonctionnement social des organisations.

En plus de susciter des réflexions sur sa *nature*, la gestion des ressources humaines peut aussi faire penser aux *effets* qu'elle est susceptible de provoquer. Ainsi, certaines dirigeantes et certains dirigeants d'entreprises estiment que la façon de gérer le personnel constitue une des clés du succès de leur organisation ; dans leur volume intitulé *In Search of Excellence*, Peters and Waterman (1982) traitent d'ailleurs de la façon dont les entreprises à succès gèrent leurs ressources humaines. Par contre, d'autres dirigeantes et dirigeants se basent notamment sur les conflits de travail et sur les coûts de la main-d'œuvre, et insistent sur les problèmes que peuvent susciter les ressources humaines et les atteintes que celles-ci sont susceptibles de porter à la survie de leur entreprise.

On peut aussi envisager la gestion des ressources humaines sous l'angle de *l'attention* que les organisations lui accordent. Selon certaines dirigeantes et certains dirigeants d'entreprises, les ressources humaines représentent un actif précieux qu'ils s'efforcent de préserver et de développer ; en conséquence, ils consacrent beaucoup d'énergies à la gestion de cet actif. L'énoncé de politique suivant, qui provient de la compagnie Hewlett-Packard, constitue un exemple de cette façon de penser :

« Nous sommes fiers des personnes qui travaillent dans notre organisation, de leur rendement et de leurs attitudes à l'égard de leur travail et de la compagnie. Celle-ci a été construite grâce à la contribution de chaque individu qui la compose, en respectant la dignité de chacun et en reconnaissant sa réussite personnelle... Nous voulons que les personnes aiment leur travail chez H-P et qu'elles soient fières de leurs réalisations. Ceci signifie que nous devons témoigner à chacune d'entre elles la reconnaissance dont elle a besoin et qu'elle mérite. »[1]

D'autres dirigeantes et dirigeants manifestent cependant moins d'intérêt à l'égard des ressources humaines et ne déploient pas toutes les énergies nécessaires à la gestion de ces derniers.

Ces divers points de vue fournissent des exemples de thèmes dont nous traiterons dans ce texte. Après avoir défini ce qu'est la gestion des ressources humaines, nous fournirons des précisions sur sa nature et ses objets. Nous traiterons ensuite des moyens d'action en cette matière. Enfin, nous discuterons des buts de la gestion des ressources humaines.

1. Définition de la gestion des ressources humaines

S'insérant dans un contexte organisationnel et social dans lequel elle prend racine, la gestion des ressources humaines a des fondements d'ordre administratif, économique, juridique, psychologique et sociologique. La conception de la gestion des ressources humaines que nous proposons dans ce texte s'inspire d'ailleurs d'apports théoriques reliés à ces divers types de fondements, lesquels peuvent être résumés par les 10 énoncés rapportés au tableau 19.1. La définition qui en découle se lit ainsi :

« La gestion des ressources humaines est un sous-système du management général. Elle constitue un effort d'harmonisation des relations entre les individus et le travail, et une tentative de conciliation d'objectifs susceptibles de diverger. Elle se compose d'actions à un niveau individuel et à un niveau organisationnel, lesquelles ont des dimensions culturelles et structurelles qui se complètent et se soutiennent mutuellement. Ces actions se regroupent en programmes interdépendants et complémentaires, en fonction des objets de la gestion des ressources humaines. Ces programmes sont ceux de dotation et de développement, d'aménagement du travail et des conditions dans lesquelles il s'effectue, de relations du travail et d'encadrement ; ce dernier sert de soutien aux trois premiers. Ces programmes influent sur la quantité et la qualité des personnes disponibles, sur leur motivation et sur diverses dimensions de la santé physique et mentale. C'est en agissant principalement sur ces facteurs qu'ils collaborent au fonctionnement efficace et efficient des individus et de l'organisation, et qu'ils aident cette dernière à assumer ses responsabilités sociales vis-à-vis ses personnels, contribuant ainsi à assurer sa continuité. »

Nous reprendrons cette définition en tenant compte de quatre dimensions qui permettent de considérer la gestion des ressources humaines sous différents angles. Ce sont la nature, l'objet, les programmes d'action et les buts de la gestion des ressources humaines :

1.1 LA NATURE DE LA GESTION DES RESSOURCES HUMAINES

La gestion des ressources humaines est un sous-système du management général, en interaction avec diverses dimensions de l'organisation et de la société. Le tableau 19.1 rapporte des exemples d'influences exercées par certaines d'entre elles.

En tant que sous-système du management général, elle consiste à mettre sur pied des programmes d'action qui concernent l'ensemble de l'organisation et qui exigent l'exercice de fonctions de gestion (planification, organisation, coordination, contrôle et évaluation ; aménagement d'un environnement propice à l'atteinte d'objectifs) et de fonctions techniques se rattachant à ces programmes. Elle demande aussi que des actions soient posées à un point de vue plus individuel en rapport avec ces mêmes programmes ; celles-ci consistent essentiellement en des relations interpersonnelles et se fondent sur l'utilisation de diverses habiletés.

Il convient aussi de mentionner que la gestion des ressources humaines est un effort d'harmonisation des relations entre les individus et le travail, et une tentative de conciliation

Tableau 19.1 Énoncés sur lesquels se fonde la définition proposée

NUMÉRO	ÉNONCÉS

E_1: Les organisations sont des systèmes qui interagissent avec la société dont ils font partie. Ces derniers se composent à leur tour de sous-systèmes qui sont en interaction les uns par rapport aux autres.

E_2: Les organisations qui produisent des biens ou des services constituent des systèmes socio-économiques. Leur survie à long terme dépend de la réalisation des missions économiques et sociales.

E_3: Les membres d'une organisation interagissent avec les divers éléments qui constituent cette dernière; en conséquence, ils ne constituent pas des objets mais des sujets qui contribuent à former et à modifier l'organisation. Il importe donc que les membres d'une organisation bénéficient de conditions leur permettant de bien utiliser leurs ressources.

E_4: En tant qu'entités ayant des missions sociales et en tant que sous-systèmes de la société vis-à-vis de laquelle elles ont des responsabilités, les organisations se doivent de minimiser les effets négatifs du travail, d'offrir des conditions de travail justes, et d'éviter la discrimination dans l'embauche et les affectations.

E_5: Les membres d'une organisation sont des êtres humains dont les besoins exprimés, les intérêts, les valeurs et les aptitudes sont susceptibles de différer. En conséquence, il n'existe pas de solution unique en matière de gestion des ressources humaines. Une approche «contingente», c'est-à-dire qui considère les situations, les personnes et les circonstances, peut s'avérer plus efficace.

E_6: Les organisations constituent des systèmes comportant des dimensions culturelles et structurelles. Gérer implique des actions par rapport à chacune de ces dimensions.

E_7: Les personnes humaines sont des êtres à la fois émotifs et rationnels. En conséquence, il est possible que l'implantation de systèmes de gestion basés sur la rationalité rencontre des embûches et qu'il faille, entre autres, trouver des moyens pour surmonter ces dernières.

E_8: En regroupant des personnes susceptibles d'exercer des jeux de pouvoir et d'exprimer des intérêts divergents, et en mettant ces dernières en contact avec des éléments qui peuvent s'avérer frustrants, les organisations constituent des lieux de conflits. En d'autres termes, ce sont des systèmes socio-politiques qui doivent prévoir des mécanismes pour gérer les conflits.

E_9: Deux des variables qui contribuent à expliquer le rendement humain sont les aptitudes et la motivation, selon l'équation «Aptitudes X Motivation = Rendement». En conséquence, ces deux variables constituent des objets privilégiés d'intervention.

E_{10}: Les personnes humaines sont elles-mêmes des sous-systèmes d'un environnement auquel elles s'avèrent sensibles. Celui-ci peut être source de conditionnement et d'apprentissage. Gérer implique donc la capacité d'aménager l'environnement pour qu'il favorise des apprentissages et suscite la motivation.

d'intérêts et d'objectifs susceptibles de diverger. Enfin, la gestion des ressources humaines consiste à mettre sur pied des programmes d'action dont les dimensions culturelles et structurelles se complètent et se soutiennent mutuellement.

1.2 L'OBJET DE LA GESTION DES RESSOURCES HUMAINES

Qu'elles portent sur ce que veulent faire les personnes (ou sur leur motivation) ou sur la qualité de vie dont elles bénéficient, les interventions en matière de gestion des ressources humaines gravitent autour de *trois pôles* : les personnes, les postes de travail et les conditions de travail qui les caractérisent, et les relations du travail. C'est ce que montre la figure 19.1.

1.3 LES PROGRAMMES D'ACTION EN GESTION DES RESSOURCES HUMAINES

Ces trois pôles d'attraction peuvent d'ailleurs servir à regrouper les actions en matière de gestion des ressources humaines sous la forme de thèmes ou de programmes d'action interdépendants et complémentaires. Ces programmes sont ceux de la dotation et du développement des ressources humaines, ceux de l'aménagement du travail et des conditions dans lesquelles il s'exerce, et ceux des relations du travail. Un quatrième programme regroupe des actions d'encadrement, qui permettent d'assurer un soutien aux autres formes d'intervention. Quoique chacun de ces programmes ait des objectifs propres, ils concourent tous à l'atteinte de buts communs.

À ces programmes s'ajoutent des actions à un point de vue individuel, dont les principales dimensions sont les suivantes : l'élaboration de contrats psychologiques, les communications (formulation de directives, rétroaction, etc.), les activités de conseil, la gestion des conflits, les actions destinées à susciter la motivation et le choix d'un style de « leadership » adapté aux circonstances.

1.4 LES BUTS DE LA GESTION DES RESSOURCES HUMAINES

Ces interventions (ou moyens d'action) portent sur la capacité d'agir des individus (aptitudes, habiletés, connaissances, etc.), sur leur volonté d'agir (ou, en d'autres termes, sur leur motivation) et sur des dimensions de la qualité de vie au travail. C'est en influant sur ces différents facteurs que la gestion des ressources humaines collabore au fonctionnement efficace et efficient des individus et de l'organisation, et qu'elle aide cette dernière à assumer ses responsabilités sociales vis-à-vis de ses employées et de ses employés, contribuant ainsi à assurer sa continuité en tant qu'entité socio-économique soumise à des pressions internes et externes.

La figure 19.2 présente les programmes d'action en montrant les liens qu'ils entretiennent entre eux et avec divers autres éléments : caractéristiques de l'organisation, environnement de cette dernière et objectifs à atteindre. Ces renseignements sur les divers éléments de la définition proposée serviront de base aux précisions que nous fournirons sur la nature de l'objet de la gestion des ressources humaines, sur les programmes d'action en cette matière et sur les buts de cette dernière.

2. Nature et objet de la gestion des ressources humaines

En tant que sous-système du management général, la gestion des ressources humaines comporte diverses dimensions. Nous fournirons des précisions sur quatre d'entre elles : la gestion des ressources humaines en tant qu'activité d'harmonisation des individus et du travail ; la gestion des ressources comme intervention portant sur des dimensions culturelles et structurelles ; la gestion des ressources humaines comme activité d'aménagement de l'environnement par la gestion d'incitations ; la gestion des ressources humaines comme tentative de conciliation d'intérêts susceptibles de diverger.

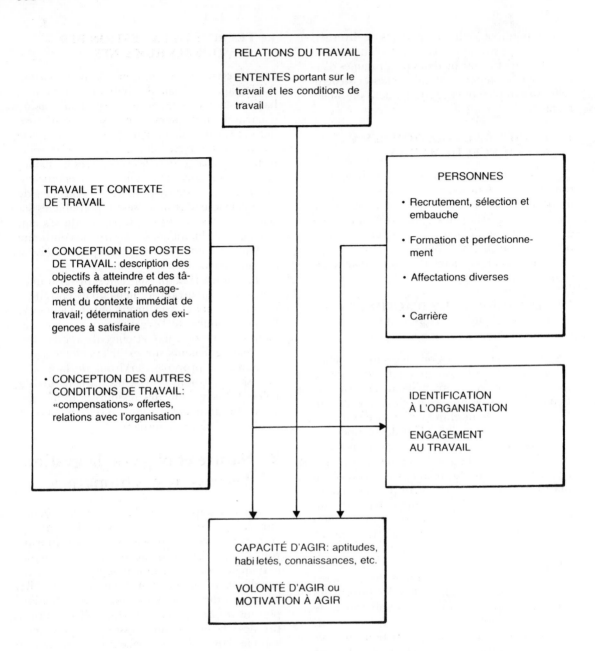

Figure 19.1 Objets de la gestion des ressources humaines et exemples d'actions

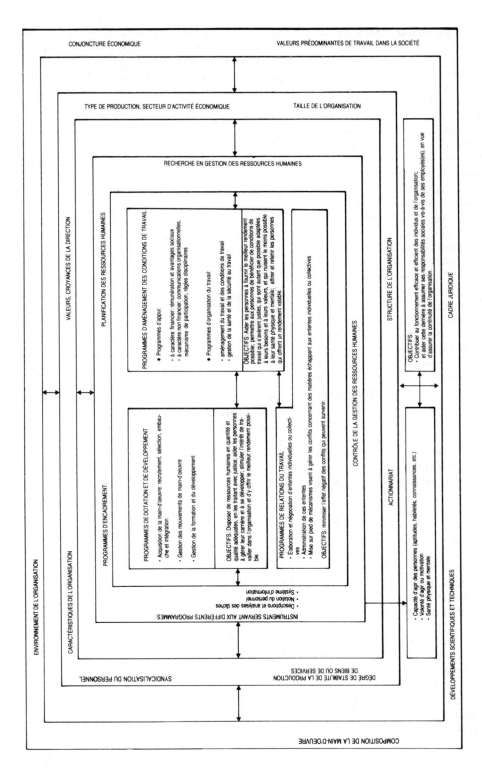

Figure 19.2 Illustration du modèle de gestion des ressources humaines

2.1 HARMONISER LES PERSONNES ET LE TRAVAIL

Harmoniser les personnes et le travail peut signifier trois choses différentes : prendre les postes comme points de référence et essayer d'y adapter les individus ; faire participer les principaux intéressés à l'aménagement du travail afin que ce dernier soit mieux adapté à ceux qui l'effectuent ; enfin, essayer d'implanter une conception des postes de travail qui soit fonction d'une vision normative que l'on a de ce dernier (vision normative désignant une application de principes), afin de mieux tenir compte des caractéristiques des individus. Les approches de l'organisation du travail, dont nous traiterons dans une autre partie de ce texte, adoptent l'une ou l'autre de ces perspectives.

Quelle que soit l'approche utilisée pour susciter une harmonie entre les personnes et le travail, il importe que celle-ci soit appuyée par les structures et la culture de l'organisation. À ce chapitre, il peut être intéressant de rapporter les deux exemples suivants qui satisfont à ce principe, tout en différant profondément l'un de l'autre quant aux modes d'organisation du travail. Le premier est celui des restaurants McDonald's, et le second celui de la Dana Corporation[2].

L'organisation du travail, dans les restaurants McDonald's, s'inspire du management scientifique. Le travail à effectuer est simple et répétitif ; la formation requise pour effectuer la majeure partie des tâches est, en conséquence, de courte durée. Le type de main-d'œuvre choisi est bien adapté à ce genre de tâches : dans une proportion assez forte, il s'agit d'étudiantes et d'étudiants travaillant à temps partiel, et qui cherchent essentiellement à satisfaire un besoin économique et, possiblement, à acquérir une expérience de travail. En conséquence, il est moins probable de voir apparaître les effets négatifs qu'engendre, à long terme, un travail de cette nature. En raison des courts cycles de formation requis par l'exercice des fonctions, le taux de roulement de ce type de main-d'œuvre, qui peut s'avérer élevé, ne pose pas de problème majeur. Enfin, les employées et les employés à temps partiel constituent un type de personnel

approprié à la variation de la demande de services, selon les heures et les jours. Cette harmonie entre le travail et le type de personnes engagées est soutenue par un système hiérarchique et par une culture où la dimension du service à la clientèle est renforcée, notamment par des symboles tels que la nomination de l'employée ou de l'employé modèle.

Le second exemple est celui de la Dana Corporation. Diverses succursales de cette compagnie décentralisée (chacune des succursales possédant des pouvoirs de décision) ont tenté des expériences en matière d'organisation du travail après que René McPherson en eût pris la direction. Ces expériences furent d'ailleurs rendues possibles en raison des changements qu'il apporta. Comme le montre le tableau 19.2[3], ces derniers touchèrent à la fois aux aspects structurels (degré de centralisation, nombre de niveaux hiérarchiques, « procédures » administratives) et aux aspects culturels (notamment les croyances et les valeurs) de l'organisation.

En plus de montrer que des actions sur les dimensions structurelles et culturelles de l'organisation peuvent s'avérer nécessaires pour assurer un changement profond (ces deux types de dimensions se complétant et se soutenant mutuellement), cet exemple permet de constater que les structures et la culture reflètent le degré de confiance que l'on accorde aux individus (ou le degré d'autonomie au travail dont ils bénéficient) et la part de responsabilités qu'on leur confie (ou le degré de structuration de leurs tâches). Ce sont là deux des dimensions du climat organisationnel fréquemment dégagées (Campbell et coll. 1976 ; Muzenrider, 1967 ; Waters, Roach et Bathlis, 1974). Les autres sont l'estime et le soutien accordés par le supérieur hiérarchique immédiat, et les récompenses (ou la façon de reconnaître un bon et un mauvais rendement). Résultat de la culture et des structures de l'organisation, le climat organisationnel peut fournir des points de repère pour déterminer s'il existe une harmonie entre les individus et leur milieu de travail.

Tableau 19.2   Changements culturels et structurels:
exemple de la Dana Corporation

	CHANGEMENTS APPORTÉS
CHANGEMENTS STRUCTURELS	• Remplacement de l'épais cahier de règlements par une courte déclaration de principes. • Réduction de l'état-major, qui passa de 400 à 150 personnes, et du nombre de niveaux hiérarchiques de 11 à 5. • Accent mis sur les directeurs (trices) d'usine au nombre de 90. Leur titre fut modifié et ils reçurent l'autonomie nécessaire à la réalisation des missions de leur unité administrative. Ils furent encouragés à expérimenter des techniques de gestion et à innover. • Encouragement de la participation des employés(es) de la base. • Ouverture des communications. Mentionnons, par exemple, que de nombreux renseignements sur le fonctionnement et la situation financière de la compagnie furent fournis aux employés(es).
CHANGEMENTS CULTURELS (CROYANCES, VALEURS)	• «Rien ne pousse davantage les gens à s'investir, rien ne maintient mieux la crédibilité ou ne suscite plus d'enthousiasme que la communication de personne à personne. Il est fondamental de fournir et de discuter de tous les résultats de l'entreprise avec notre personnel... Nous avons le devoir de proposer une formation et de donner des possibilités de se développer à notre personnel productif qui veut accroître sa compétence, élargir ses perspectives de carrière ou simplement compléter sa culture générale... Il est essentiel de garantir la sécurité d'emploi.» • «Tant que nous ne serons pas persuadés que l'expert, dans tout domaine, est la plupart du temps celui qui se charge de ce travail, nous limiterons toujours le développement de cette personne et sa contribution à l'entreprise. Prenez l'exemple d'un atelier: dans cet espace, personne ne peut mieux faire fonctionner une machine, maximiser sa production, en améliorer la qualité et optimiser le circuit des matières, que les opérateurs(trices), les manutentionnaires et les gens de l'entretien qui en sont responsables... Nous ferions mieux de commencer à admettre que les gens les plus importants d'une entreprise sont ceux qui fournissent un service, qui fabriquent ou ajoutent de la valeur aux produits, et non pas ceux qui administrent les activités... Ce qui implique que lorsque je me trouve dans votre atelier, je ferais mieux de vous écouter!»

2.2 FAIRE DES INTERVENTIONS AYANT UNE PORTÉE CULTURELLE ET STRUCTURELLE

Comme le montrent les exemples de la Dana Corporation et des restaurants McDonald's, la gestion des ressources humaines prend racine dans les rapports qui s'établissent entre les individus et les dimensions culturelles et structurelles de l'organisation. La figure 19.3 permet de comprendre cette affirmation. Alors que les structures offrent un cadre d'action, la culture[1] de l'organisation peut exercer, selon Smirchich (1983), les fonctions suivantes: favoriser l'identification des individus, faciliter l'engagement à l'égard de quelque chose de plus large que le

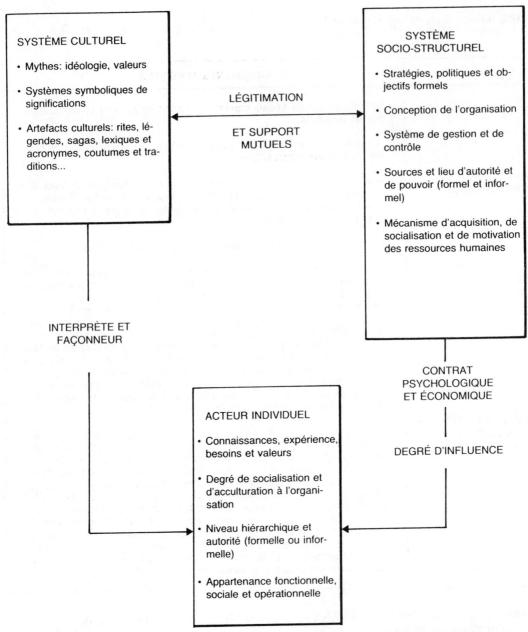

Source: Y. Allaire et M. Firsirotu, «La dimension culturelle des organisations: conséquences pour la gestion et le changement des organisations complexes», dans G. Tarrab *et al. La Psychologie organisationnelle au Québec*, Montréal, Presses de l'Université de Montréal, 1983.

Figure 19.3   Coupe schématique de l'organisation complexe

moi, accroître la stabilité du système social, et guider et modeler les comportements.

Quoique plusieurs actions en matière de gestion des ressources humaines (mécanismes d'acquisition et d'intégration de la main-d'œuvre, mécanismes destinés à susciter la motivation du personnel, etc.) se classent dans le sous-système structurel, il ne faut pas négliger le fait qu'elles sont en interaction avec des facteurs culturels qui peuvent les compléter ou leur nuire. En raison de l'importance que revêtent les concepts, nous fournirons deux exemples se rattachant directement à des programmes d'action en matière de gestion des ressources humaines. Le premier exemple a trait à la notation du personnel; le second porte sur leur formation.

Il peut être plus facile de mettre sur pied des systèmes de sélection ou de notation du personnel qui mettent l'accent sur l'excellence si le système culturel et les ententes avec le personnel valorisent cet aspect. La compagnie IBM[5] constitue un très bon exemple d'harmonisation, au chapitre de l'évaluation du personnel, des sous-systèmes culturels (culte de la fierté de travailler dans cette organisation, symboles d'appartenance et d'excellence allant jusqu'à la prescription d'un style vestimentaire pour les représentants, croyance aux vertus de la sécurité d'emploi à condition qu'elle soit reliée au rendement, etc.) et structurel (politiques et pratiques de notation, de promotion et de rémunération accordant une primauté au rendement)[6].

Le second exemple visant à expliquer l'influence des facteurs culturels sur les programmes d'action en matière de gestion des ressources humaines porte sur les croyances que l'on peut avoir à l'égard de la formation du personnel. Intervenir dans la formation offerte aux employées et aux employés implique, à notre avis, que l'on examine d'abord les croyances entretenues à l'égard de cette dernière. Celles-ci peuvent être variées et avoir diverses conséquences, comme le montrent les exemples rapportés au tableau 19.3. L'élaboration de politiques et la mise sur pied d'activités de formation allant à l'encontre de croyances dominantes pourraient se buter à de sérieux obstacles si aucune action n'était entreprise dans le but de modifier ces dernières.

2.3 AMÉNAGER LE MILIEU POUR QU'IL OFFRE DES INCITATIONS

Exercer une influence sur le milieu implique aussi des actions d'un autre type que celles qui portent directement sur les croyances, les valeurs ou les symboles. Ainsi, agir sur le milieu consiste à *aménager* celui-ci pour qu'il offre des *incitations* pouvant contribuer à accroître la motivation ou le sentiment d'appartenance des individus à l'égard de l'organisation[7]. Les incitations sont ainsi définies :

> « Ce sont des moyens concrets que se donnent les organisations pour stimuler l'acquisition (en grande partie consentie) de certains comportements (ou de certaines attitudes) ou pour éteindre certains d'entre eux en vue d'accroître les contributions aux tâches et/ou aux objectifs de l'organisation, et/ou l'identification à cette dernière. Ces moyens concrets procurent certains avantages (plus ou moins tangibles) à l'individu et peuvent exercer un rôle symbolique. »

Cette définition nous porte à considérer les incitations comme un moyen d'agir sur l'environnement qui diffère des normes et des règlements tout en les complétant, en raison des facteurs suivants :

— elles n'ont pas le caractère coercitif des règlements et des normes ;

— elles ne constituent pas une simple balise orientant des comportements (ce que sont les règlements et les normes), mais apportent quelque chose à l'individu ;

— elles servent surtout à accroître le rendement ou la présence de comportements désirés, alors que les règlements servent essentiellement à les maintenir (ou, en d'autres termes, à assurer un minimum).

Comme le montre le tableau 19.4, les incitations peuvent exercer divers rôles en vue d'accroître les contributions des individus (engagement au travail) et de favoriser leur identification à l'organisation (ou, en d'autres termes, leur sentiment d'appartenance et leur dévouement). Chaque rôle est assumé par des

Tableau 19.3   Exemples de croyances pouvant être entretenues à l'égard de la formation et leurs conséquences possibles.

CROYANCES	CONSÉQUENCES POSSIBLES
• **Recevoir de la formation constitue un droit; chacun peut (voire doit) en profiter.**	• Chacun essaie d'en profiter; • Présence de clauses dans la convention de budgets de formation; • Comités paritaires pour l'attribution de budgets de formation; • Absence fréquente de politiques de formation qui tiennent compte des besoins de l'organisation; • Attribution de budgets de formation au plus grand nombre de personnes possible ou, parfois, au mérite.
• **Les employées et les employés sont responsables de leur formation et de leur développement.**	• Peu d'activités de formation dans l'entreprise et peu de budget dévolu à ce type de programmes; • Soutien à des initiatives individuelles (paiement de frais de scolarité, par exemple), sans plan d'ensemble.
• **Les êtres humains sont égaux; c'est la société qui crée des inégalités. La formation permet de rétablir un équilibre et c'est par elle que l'entreprise peut progresser.**	• Utilisation exagérée de la formation comme outil de changement, en raison du caractère déficient de la sélection; • Évaluation insuffisante des résultats de la formation.
• **Seule l'entreprise peut fournir une formation adéquate.**	• Manque de reconnaissance et de soutien aux activités de formation choisies à l'extérieur de l'organisation; • Développement d'activités de formation à l'intérieur de l'entreprise, souvent sans considérer d'autres possibilités de choix.
• **L'expérience acquise dans l'entreprise est le meilleur instrument de formation.**	• Embauche de candidats ayant un degré de scolarité minimal; • Développement de la «formation sur le tas», parfois au détriment d'autres formes d'activités de formation.

incitations spécifiques, quoique certaines d'entre elles puissent en remplir plus d'un.

Certaines incitations ont pour rôle premier de stimuler les contributions des individus. Elles se divisent en deux catégories. Les premières sont extérieures au travail lui-même; elles peuvent avoir un caractère financier (diverses façons d'associer la rémunération au rendement) ou non financier (signes distinctifs plus ou moins permanents de reconnaissance du rendement, félicitations privées, etc.). Les secondes sont reliées au travail lui-même. Elles consistent à aménager ce dernier pour qu'il devienne stimulant, pour qu'il suscite un fort engagement des individus; cercles de qualité, enrichisse-

Tableau 19.4 Nature, rôles escomptés, objectifs et buts des systèmes d'incitations

Nature et rôles escomptés	Afin	Dans le but
UN MOYEN DE STIMULER ET RÉCOMPENSER LES CONTRIBUTIONS AUX TÂCHES ET AUX OBJECTIFS DE L'ORGANISATION	D'ACCROÎTRE LA CONTRIBUTION AUX TÂCHES ET AUX OBJECTIFS DE L'ORGANISAION (Job involvement)	D'ASSURER LA SURVIE OU LA CROISSANCE ÉCONOMIQUE DE L'ORGANISATION
UN MOYEN DE SYMBOLISER L'IMPORTANCE ACCORDÉE AUX VALEURS ET AUX OBJECTIFS DE L'ORGANISATION; UN MOYEN DE TÉMOIGNER DE L'INTÉRÊT À L'ÉGARD DES EMPLOYÉS ET DE LEURS CONTRIBUTIONS	D'ACCROÎTRE LE DÉSIR «D'APPARTENANCE» À L'ORGANISATION, LA FIERTÉ ET, EN CONSÉQUENCE, L'IDENTIFICATION À L'ORGANISATION (Organizational commitment)	D'ASSURER LE MAINTIEN DE L'ORGANISATION EN TANT QUE GROUPE SOCIAL
UN MOYEN D'ASSURER DES CONDITIONS DE TRAVAIL PLUS ÉQUITABLES, D'OFFRIR UNE MEILLEURE QUALITÉ DE VIE		D'ASSUMER LE RÔLE SOCIAL DE L'ORGANISATION

ment de tâches et groupes semi-autonomes peuvent entrer dans cette catégorie d'incitations.

La seconde fonction exercée par les incitations consiste à renforcer l'image de l'organisation en vue de favoriser l'identification à cette dernière. Refléter la réussite de l'organisation (par des fêtes destinées à célébrer des réussites, par des réunions d'information sur les réalisations de l'organisation, par des publications témoignant de ces dernières, etc.), refléter la communauté d'intérêts entre dirigeantes et dirigeants et employées et employés (par des régimes de participation à la propriété, par des colloques ou réunions portant sur les problèmes de l'organisation, etc.) et fournir des signes tangibles d'appartenance à l'organisation (distribution de « produits » à l'effigie de l'organisation, organisation d'équipes (sportives, culturelles ou sociales) ayant des rencontres intra-muros ou représentant l'organisation, etc.) constituent des exemples de moyens pour renforcer l'image de l'organisation.

Il convient toutefois de mentionner que les incitations ne constituent pas la seule façon de renforcer l'image de l'organisation. Parmi les autres moyens, il y a les symboles et les mythes transmis par des mécanismes d'intégration ou de socialisation aux valeurs de l'organisation, les résultats qu'atteint celle-ci, la qualité des ententes qu'elle conclut avec ses employées et ses employés et certaines des marques d'intérêt témoignées à leur égard.

Témoigner de l'intérêt aux employées et employés constitue d'ailleurs une autre façon d'accroître le désir d'appartenance à l'organisation. Comme l'indique le tableau 19.5, les communications verticales et horizontales, la reconnaissance des contributions antérieures des individus et l'intérêt particulier porté à chacun peuvent contribuer à l'atteinte de cet objectif.

Enfin, les incitations peuvent contribuer à assurer des conditions de travail plus équitables ou à offrir une meilleure qualité de la vie au travail. Le tableau 19.5 fournit une liste de

Tableau 19.5   Les incitations en tant que marques d'intérêt

EXEMPLES DE TÂCHES	EXEMPLES DE MOYENS

ENTRETENIR DES COMMUNICA-
TIONS VERTICALES DESCEN-
DANTES QUI SONT ADÉ-
QUATES

FOURNIR DE L'INFORMATION SUR L'ORGANISATION
(JOURNAL, CONFÉRENCES, ETC.)

RENCONTRER LES EMPLOYÉES ET LES EMPLOYÉS

VEILLER À L'ACCESSIBILITÉ (PROXIMITÉ PHYSIQUE
DES BUREAUX; PROCÉDURES SIMPLES D'ACCESSI-
BILITÉ; ATTITUDES D'ACCUEIL)

VEILLER À L'ACCESSIBILITÉ (PROXIMITÉ PHYSIQUE
DES BUREAUX; PROCÉDURES SIMPLES D'ACCES-
SIBILITÉ; ATTITUDES D'ACCUEIL)

FOURNIR DES POSSIBILITÉS DE
COMMUNICATIONS VERTICALES
ASCENDANTES QUI SONT ADÉ-
QUATES

AVOIR DES RÉACTIONS AUX SUGGESTIONS, RE-
MARQUES

AVOIR UNE PROCÉDURE OFFICIELLE POUR DES
SUGGESTIONS*

CRÉER DES COMITÉS CONCERNANT CERTAINS DES
ASPECTS DE LA VIE ORGANISATIONELLE EN VUE
DE FAVORISER LA PARTICIPATION*

RECONNAÎTRE ADÉQUATEMENT
LES CONTRIBUTIONS ANTÉ-
RIEURES DES INDIVIDUS

RECONNAÎTRE L'ANCIENNETÉ (À COMPÉTENCE
ÉGALE SI NÉCESSAIRE) POUR LA PARTICIPATION
À CERTAINS COMITÉS

À COMPÉTENCE ÉGALE, FAVORISER LA PROMO-
TION DE PERSONNES PROVENANT DE L'ORGANI-
SATION

TENIR COMPTE DE L'ANCIENNETÉ POUR ATTRI-
BUER DES PROMOTIONS AUX MEMBRES DE L'OR-
GANISATION

OFFRIR DES PLANS DE CARRIÈRE (CHEMINEMENTS
PRÉVUS DE CARRIÈRE QUI TIENNENT COMPTE DES
ASPIRATIONS ET DES ATTITUDES DES MEMBRES)

ASSOCIER CERTAINS PRIVILÈGES À L'ANCIENNETÉ
(EXEMPLE: PLACES OCCUPÉES DANS LE STA-
TIONNEMENT) ET FÊTER CERTAINS ANNIVERSAI-
RES AYANT TRAIT À L'ANCIENNETÉ

Tableau 19.5 Les incitations en tant que marques d'intérêt (suite)

EXEMPLES DE TÂCHES	EXEMPLES DE MOYENS

ACCORDER, AUX DIVERS GROUPES D'EMPLOIS, DES SIGNES DE STATUT QUI MONTRENT QUE L'ON RECONNAÎT LEUR CONTRIBUTION AUX MISSIONS DE L'ORGANISATION

VEILLER À CE QUE DU RESPECT ET UNE CERTAINE DÉFÉRENCE SOIENT MANIFESTÉS À L'ÉGARD DE CHACUNE ET DE CHACUN

AMÉNAGER LES LIEUX DE TRAVAIL DE FAÇON FONCTIONNELLE (EN RELATION AVEC LES BESOINS RELIÉS AUX TÂCHES) MAIS EN OFFRANT DES ÉLÉMENTS ADDITIONNELS (TELS QUE LA DÉCORATION) QUI MONTRE QUE L'ON RECONNAÎT L'IMPORTANCE DES TÂCHES ACCOMPLIES PAR RAPPORT AUX MISSIONS DE L'ORGANISATION

LE TEMPS VARIABLE QUE L'ON PREND POUR RÉPONDRE À DES DEMANDES SELON LE GROUPE PRIS EN CONSIDÉRATION; LE TEMPS VARIABLE QUE L'ON PREND POUR EFFECTUER DES CHANGEMENTS QUI S'IMPOSENT SELON LE GROUPE PRIS EN CONSIDÉRATION

OFFRIR DES SERVICES D'AIDE POUR L'ORIENTATION DE LA CARRIÈRE

FAIRE SENTIR QUE L'ON PORTE UN INTÉRÊT PARTICULIER À CHACUN

OFFRIR DES SERVICES D'AIDE ET DE RÉFÉRENCE POUR LES PERSONNES QUI ÉPROUVENT DES PROBLÈMES SUSCEPTIBLES DE NUIRE À LEUR TRAVAIL

OFFRIR DES SIGNES TANGIBLES DE FÉLICITATIONS OU DE CONDOLÉANCES POUR DES ÉVÉNEMENTS PRÉCIS DE LA VIE

* La participation et les suggestions sont susceptibles de stimuler directement les contributions, à condition d'être reliées au travail et de satisfaire à certains autres critères.

conditions de travail[8]. L'amélioration de certaines de ces conditions, particulièrement celles qui concernent les aspects psychosociaux du travail, peut contribuer à stimuler les apports des individus. D'autres dimensions peuvent aussi influencer le rendement si elles sont inférieures à certains seuils. Enfin, l'amélioration des conditions de travail peut aussi constituer, pour les employées et les employés, un signe de l'attention que leur porte l'organisation et favoriser ainsi l'identification à cette dernière. Toutefois, quels que soient les autres effets possibles des interventions sur les conditions de travail, elles sont ici envisagées comme un moyen d'améliorer le sort des employées et des employés en vertu de la responsabilité sociale de l'organisation. Mentionnons, par exemple, que certains aspects de la situation de travail influent sur la santé physique des personnes (charge physique de travail, environnement) et sur leur sécurité

Tableau 19.6　Liste de conditions de travail

MÉTA-DIMEN-SIONS	DIMENSIONS	MÉTA-DIMEN-SIONS	DIMENSIONS
SITUATION DE TRAVAIL	● TRAVAIL LUI-MÊME • Aspects psychosociaux – Degré de variété – Possibilités de prendre des initiatives – Possibilités de créativité – Possibilités de communiquer – Degré de collaboration – Possibilités de voir les résultats de son travail • Structuration du travail – Degré d'autonomie – Type de supervision reçue (pressions et cohérence) – Degré de clarté des rôles et des tâches • Charge mentale – Contrainte de temps – Complexité-vitesse – Attention – Minutie • Charge physique – Charge statique – Charge dynamique • Conception du poste – Hauteur et éloignement du plan de travail – Alimentation et évacuation des pièces – Encombrement et accessibilité du poste – Commandes et signaux ● TEMPS DE TRAVAIL • Nombre d'heures • Distribution des heures de travail • Souplesse des horaires • Heures chômées et heures rémunérées ● ENVIRONNEMENT PHYSIQUE DE TRAVAIL • Ambiance thermique • Bruit • Éclairage • Vibrations ● ENVIRONNEMENT «CHIMIQUE» ET «BIOLOGIQUE» • Agents chimiques (solvants, gaz, poisons, etc.) • Agents biologiques (bactéries, microbes, etc.)	SITUATION DE TRAVAIL	● SERVICES DE SOUTIEN FOURNIS POUR EXÉCUTER LE TRAVAIL • Équipements, outillages, etc. • Aide technique • Services de soutien (tels que secrétariat) • Rapidité avec laquelle on peut obtenir les éléments nécessaires à l'exécution du travail ● QUALITÉ DES RAPPORTS INTERPERSONNELS RELIÉS AU TRAVAIL • Avec les collègues • Avec les superviseurs
		FUTUR DÉSIRABLE	● SÉCURITÉ FACE À L'AVENIR • Degré de sécurité d'emploi • Régime de retraite • Protection en cas d'absences (particulièrement d'absences prolongées) • Niveau de revenu assuré • Aide reçue en cas de mise à pied ou de congédiement ● AVENIR PROMETTEUR • Possibilités d'accroître ses gains • Possibilités de promotion ou de mutation de poste • Degré de transférabilité de l'expérience acquise • Possibilité d'année sabbatique, de congé-éducation
		ATTRAIT DE LA RÉMUNÉRATION	● ÉQUITÉ DE LA RÉMUNÉRATION ● STABILITÉ DE LA RÉMUNÉRATION ● NIVEAU DE LA RÉMUNÉRATION (Incluant la rémunération de base et la rémunération additionnelle rattachée à des considérations autres que le rendement)
		TRAITEMENT ÉQUITABLE	● ÉVALUATION ÉQUITABLE • Critères d'évaluation qui rendent compte des contributions • Application équitable de ces critères ● AFFECTATIONS ÉQUITABLES ET ATTRIBUTION ÉQUITABLE DE PROMOTIONS
		AUTRES CONDITIONS	● AVANTAGES RATTACHÉS À L'ORGANISATION (Exemples: cafétéria, stationnement, possibilités d'achats à tarifs réduits, etc.) ● AVANTAGES RATTACHÉS AU POSTE

au travail (charge physique et conception du poste) ; d'autres influencent leur santé mentale (aspects psychosociaux, structuration du travail et charge mentale) ; d'autres enfin ont trait à la justice dont on fait preuve à leur égard.

Les incitations peuvent donc exercer plusieurs rôles et contribuer à l'atteinte d'objectifs différents. Il importe en conséquence d'analyser la situation de l'organisation pour déterminer quels objectifs on doit poursuivre (accroître l'engagement au travail ou l'identification à l'organisation) et quelle forme d'incitation est requise pour atteindre ces derniers. Ce diagnostic et cette prise de décision se réalisent en plusieurs phases :

— détermination des écarts entre la situation actuelle et celle qui est désirée ;

— détermination des facteurs qui contribuent à créer ces écarts ;

— inventaire des moyens d'action ;

— évaluation des moyens d'action en vue de déterminer s'ils satisfont aux critères requis pour atteindre les objectifs visés ;

— évaluation des coûts de ces moyens d'action ;

— analyse des forces positives et négatives pouvant influer sur l'implantation du changement escompté ;

— choix des moyens d'action et détermination des modalités d'implantation.

Il convient enfin de mentionner que cette démarche s'applique aussi au choix des moyens d'action visant à agir sur les facteurs culturels de l'organisation et à d'autres activités en matière de gestion des ressources humaines, dont celles qui ont trait aux *efforts de conciliation entre divers types d'objectifs et d'intérêts*.

2.4 ESSAYER DE CONCILIER DES OBJECTIFS ET DES INTÉRÊTS

Cette dernière dimension de la gestion des ressources humaines prend elle aussi racine dans la nature même des organisations et des règles qui régissent leur fonctionnement. Les nombreuses publications dont elle fait l'objet se fondent tou-

tefois sur des postulats différents. Alors que certains auteurs, tels Argyris (1964) et McGregor (1960), s'inspirent d'une vision idéaliste de l'homme et considèrent le conflit comme une situation transitoire, d'autres définissent l'organisation comme un lieu où le conflit constitue un état permanent ; Pettigrew (1973) et Touraine (1965), par exemple, font partie de ce second groupe. Les moyens d'action et les objets d'interventions considérés par ces publications varient aussi :

— Certaines cherchent à concilier les intérêts et les objectifs en agissant sur les attitudes, les croyances et les valeurs, en vue de créer un climat de confiance et de collaboration. La conception du développement organisationnel qui se rattache au courant de pensée des relations humaines dans les organisations constitue le meilleur exemple de cette façon de procéder. Ce type d'intervention peut permettre d'atténuer les conflits, mais il ne les élimine pas ; de plus, il s'avère incomplet s'il ne s'accompagne pas d'une action sur les structures et les processus.

— D'autres proposent une modification des structures dans le but d'atténuer, voire d'éliminer, les effets dysfonctionnels des intérêts individuels. Le concept de bureaucratie idéale, tel que proposé par Weber (1947), constitue un effort pour juguler ces derniers. Certains auteurs (Crozier, 1960 ; Merton, 1968) ont cependant démontré que, dans les faits, la bureaucratie produit elle-même des dysfonctions et que les structures n'arrivent pas à elles seules à annihiler les effets des intérêts individuels.

— D'autres cherchent aussi à agir sur les processus (ou, en d'autres termes, sur certains aspects « informels » de l'organisation) : styles d'autorité, mécanismes de gestion des conflits, communications informelles, etc. Ces dimensions sont aussi prises en considération par divers adeptes du développement organisationnel. Elles ne permettent toutefois pas, à elles seules, de gérer les conflits inhérents au fonctionnement organisationnel.

Ces quelques remarques montrent que la conciliation d'objectifs et d'intérêts peut être facilitée par des interventions portant sur trois types d'objets.

L'établissement d'une confiance réciproque[9] entre dirigeantes et dirigeants et employées et employés constitue une dimension importante du fonctionnement organisationnel[10]. Un énoncé de politique de la compagnie Hewlett-Packard va d'ailleurs dans ce sens :

> « Nous estimons que les politiques générales et les attitudes des cadres envers les employées et les employés sont plus importantes que les dispositions spécifiques des programmes en matière de gestion du personnel. Pour que les relations avec les employées et les employés soient bonnes, il faut que ces derniers puissent se fier aux motivations et à l'intégrité de leurs supérieures et leurs supérieurs hiérarchiques et de la compagnie en général, car l'absence de confiance conduit à des conflits. »[11]

La valeur du processus de sélection, la cohérence des discours (en fonction de croyances, de valeurs), la qualité des communications et le respect d'ententes déjà contractées sont au nombre des principaux facteurs qui peuvent aider les personnes à se fier à la sincérité des autres et à croire en leurs aptitudes. L'établissement d'une confiance réciproque entre dirigeantes et dirigeants et employées et employés constitue, à notre avis, une condition préalable à la conciliation des divers intérêts ou objectifs qui peuvent exister dans une organisation : l'absence de cette dernière conduit à l'utilisation de stratégies et de tactiques qui risquent, à long terme, d'envenimer la situation et d'attiser le conflit.

Un des enjeux qui peuvent exister dans une organisation est le partage du pouvoir et de l'autorité. Certaines solutions à ce partage sont de nature structurelle (solutions qui doivent, rappelons-le, s'accompagner d'actions au point de vue culturel et offrir une formation technique appropriée aux personnes concernées) et ont trait, plus précisément, à l'établissement de mécanismes de participation. En raison toutefois des significations différentes que peut prendre ce terme, diverses précisions s'imposent à son sujet.

Mentionnons en premier lieu qu'il est possible de considérer la participation selon le degré d'engagement qu'elle suscite : simple information, consultation ou codécision. On peut aussi l'envisager selon la façon dont elle s'effectue ou son mode : participation directe (sans intermédiaire) ou participation indirecte (par délégation de pouvoir). Enfin, il est aussi possible de la considérer sous deux autres angles : selon le niveau de décision et selon l'objet en cause. Les niveaux de décision sont les suivants : l'atelier (ou l'entité de travail), l'unité d'accréditation d'un syndicat, l'organisation, l'ensemble de l'industrie ou du secteur industriel, et le niveau national. Les objets de la participation peuvent être les suivants : la propriété, les profits ou les résultats, les conditions de travail, la gestion de l'entreprise au niveau tactique (niveau de l'atelier ou de l'entité de travail) et la gestion de l'entreprise au niveau stratégique (participation au conseil d'administration ou au conseil de direction). Le tableau 19.7 mentionne des mécanismes de participation regroupés selon l'objet de cette dernière et les niveaux de décision en cause[12].

Lorsqu'on choisit un mécanisme de participation, il importe de faire une analyse des besoins et des objectifs poursuivis, car chacun d'eux peut comporter des avantages et des inconvénients. Au chapitre des avantages, il peut être utile de faire remarquer que les divers mécanismes de participation constituent des formes d'incitations qui peuvent, selon le cas, remplir différents rôles, aidant ainsi à accroître les contributions des individus et à stimuler leur désir de rester dans l'organisation[13]. En ce qui a trait aux inconvénients possibles, les facteurs suivants méritent une attention particulière : la charge supplémentaire de travail que requiert la participation, les pertes de temps qu'elle peut occasionner, les jeux de pouvoir qu'elle est susceptible d'encourager et les attentes parfois trop élevées qu'elle peut susciter, sans réussir à les satisfaire. Il importe donc de bien connaître les caractéristiques spécifiques du mécanisme choisi : sa nature, les changements qu'il est susceptible d'apporter, les conditions nécessaires à son implantation et ses coûts. En conclusion, la participation constitue un moyen intéressant pour

Tableau 19.7 Taxinomie des formules de participation en fonction des niveaux de décision et des champs de l'objet de la participation

OBJET \ NIVEAU	ATELIER	ORGANISATION	MULTI-ORGA-NISATIONNEL	ÉTAT
Propriété		– Actionnariat des employés – Autogestion – Coopératives de production		– Régime communiste
Profits ou résultats		– Divers systèmes de participation aux résultats		
Conditions de travail (ou main-d'oeuvre)		– Négociations collectives – Comité d'entreprise, de sécurité, de surveillance, etc.	– Négociations sectorielles – Conseils consultatifs – Comités d'entreprise...	– Conseils consultatifs
Gestion de l'entreprise (niveau tactique)	– Enrichissement des tâches – Groupes semi-autonomes	– Enrichissement et groupes semi-autonomes de la P.M.E. – Cogestion minoritaire ou paritaire – Comités d'entreprise consultatifs		– Sommet économique
Gestion de l'entreprise (niveau stratégique)				

essayer de concilier des intérêts divergents, mais elle n'est pas une panacée.

En outre, le pouvoir comme enjeu donne lieu à des jeux politiques et à la constitution de coalitions[14]. La gestion des ressources humaines requiert en conséquence la maîtrise d'habiletés politiques afin qu'on puisse établir les coalitions appropriées et faire face adéquatement au pouvoir informel qui émane d'autres coalitions. Ces habiletés politiques impliquent :

— La capacité de comprendre son environnement socio-politique : forces en présence, liens entre les personnes, intentions non dévoilées, etc.

— La capacité d'utiliser des formes appropriées de pouvoir. Celles-ci sont, selon French et Raven (1959), le pouvoir légitime (ou rationnel), le pouvoir de récompense, le pouvoir de coercition, le pouvoir de référence et le pouvoir d'expert. On peut aussi ajouter le pouvoir d'information et le pouvoir charismatique[15].

— La capacité de négocier, c'est-à-dire d'utiliser des stratégies, des tactiques et des arguments appropriés pour convaincre une autre partie et en arriver à une entente avec elle.

Enfin, les efforts à déployer pour concilier des intérêts et des objectifs différents impliquent que les gestionnaires puissent adopter les stratégies adéquates et mettre sur pied les mécanismes appropriés pour gérer les conflits. Ceux-ci peuvent porter sur divers aspects : le partage des ressources, l'autorité et la juridiction, les fonctions et les responsabilités à assumer, les objectifs à atteindre, la collaboration entre individus ou unités administratives, et la comptabilité des personnes. Il existe des méthodes et des techniques pouvant aider à la résolution de chacun de ces types de conflits. L'utilisation de stratégies appropriées est un autre facteur qui influe sur le règlement des conflits. Ces stratégies sont la collaboration, le compromis, l'imposition d'une solution par l'une des parties, l'adaptation à la solution proposée par l'autre partie et la fuite[16]. Chacune de ces stratégies implique l'utilisation de tactiques, et la manifestation de comportements et d'attitudes appropriées. Quoique la collaboration soit celle qui s'avère la moins susceptible de produire des conséquences négatives à long terme, chacune des stratégies mentionnées peut s'avérer utile selon les circonstances.

3. Programmes d'action en gestion des ressources humaines

Les fonctions que nous avons décrites (soit harmoniser les individus et le travail, agir sur les structures et la culture, aménager l'environnement par la gestion d'incitations et essayer de concilier des intérêts susceptibles de diverger) impliquent la réalisation d'actions qui se regroupent, en partie, sous forme de programmes, lesquels sont, rappelons-le, au nombre de quatre : les programmes d'encadrement, les programmes de dotation et de développement, les programmes d'aménagement du travail et des conditions dans lesquelles il s'exerce, et les programmes de relations du travail. Nous fournirons des précisions sur les sous-groupes d'activités qui composent chacun de ces programmes en nous efforçant de déterminer leur nature, leurs fonctions, les principales conditions qui régissent leur utilisation et les liens qui les unissent au programme en cause. Avant de commencer cette description, il convient cependant de fournir les précisions suivantes sur ces programmes d'action :

— Ils ont un caractère technique qui s'est d'ailleurs accru à la suite de recherches menées depuis le début du XXe siècle en matière de gestion des ressources humaines. Même si nous insisterons surtout sur ces dernières dans les pages qui suivent, il ne faut pas oublier que la gestion des ressources humaines doit aussi s'accompagner, par exemple, d'actions au point de vue culturel.

— Ces programmes peuvent, selon leur degré de complexité et la façon de les appliquer, contribuer à accroître la formalisation des rapports dans l'organisation. Il ne faut donc pas oublier les besoins réels qu'ils ont pour but de combler, sinon ils risquent de devenir dysfonctionnels.

3.1 PROGRAMMES D'ENCADREMENT

Les programmes d'encadrement ont pour fonction de relier la gestion des ressources humaines à la planification stratégique de l'organisation, d'éclairer la perspective selon laquelle s'exercent les diverses activités en matière de gestion des ressources humaines, et de faciliter la conception, la mise sur pied, la coordination et l'évaluation des autres programmes d'action. Ils comprennent quatre sous-groupes interdépendants et complémentaires d'actions : la planification des ressources humaines, la recherche en matière de gestion des ressources humaines, le contrôle de la gestion des ressources humaines, et la conception d'instruments destinés aux différents programmes d'action.

La *planification des ressources humaines* représente un cadre à l'intérieur duquel peuvent s'ordonner et se préciser toutes les actions en cette matière. Elle constitue une approche qui permet d'intégrer et de coordonner différents programmes ayant chacun leurs objectifs. Elle vise à proposer une stratégie globale de main-d'œuvre dont le but est de faciliter la réalisation de la planification stratégique de l'organisation, dans laquelle elle s'insère d'ailleurs. Concrètement, elle comprend des prévisions et des plans d'action coordonnés.

La planification des ressources humaines a pour rôle d'*équilibrer* le marché du travail de l'organisation en orientant et en coordonnant les programmes de main-d'œuvre. Plus précisément, elle cherche à influer sur l'évolution du travail en prévoyant les changements qui peuvent survenir, afin de créer une harmonie entre le travail et les personnes qui l'effectuent. Elle cherche aussi à influencer les personnes dans leur relation avec le travail ou, en d'autres termes, à aménager des incitations qui permettent d'attirer, de retenir et de stimuler les ressources humaines. La planification des ressources humaines a aussi pour rôle *d'intégrer* ces dernières à la stratégie de développement de l'organisation et aux autres planifications spécifiques (financière, par exemple). Enfin, elle sert de cadre permettant de *coordonner* les autres programmes d'action en matière de gestion des ressources humaines.

Pour assumer ces trois rôles, la planification des ressources humaines doit avoir un caractère stratégique et tactique. Au point de vue stratégique, elle se compose de prévisions à long terme qui sont reliées à la stratégie de développement de l'organisation, à la fois en prolongeant cette dernière et en l'influençant. Comme elle requiert la contribution de spécialistes, elle implique une démarche qui est souvent quantitative et se limite à la formulation de politiques à un niveau général. En d'autres termes, avec une planification stratégique on considère l'ensemble des emplois et des personnes et non pas des cas particuliers. Par contre, c'est ce qu'on fait avec une planification tactique. Celle-ci constitue la mise en œuvre détaillée des politiques ; l'approche est alors qualitative et individuelle, les caractéristiques spécifiques des personnes et des postes étant prises en considération.

La planification des ressources humaines peut aussi comporter une action sur les carrières. Le processus de planification de ces dernières constitue un effort d'harmonisation des aspirations individuelles et des besoins de l'organisation. Planifier les carrières sur le plan organisationnel implique premièrement, comme le mentionnent Guérin et Charette (1984), que l'organisation dispose de renseignements sur les carrières qu'elle peut offrir. Deuxièmement, elle se doit de bien connaître les employées et les employés. Ces deux types de renseignements

l'aideront à concilier les aspirations des individus et les besoins de l'organisation. Troisièmement, planifier les carrières au niveau de l'organisation implique pour celle-ci qu'elle aide ses employées et ses employés à gérer leur carrière.

En plus d'actions directes portant sur la main-d'œuvre, la planification des ressources humaines peut impliquer des interventions dans la structuration de l'organisation et son développement, en raison notamment de l'influence que ces facteurs exercent sur la gestion des ressources humaines. La détermination des structures de l'organisation, de ses systèmes de production et de ses systèmes d'autorité et de contrôle constitue trois des tâches auxquelles il est avantageux d'associer la planification des ressources humaines.

Les programmes d'encadrement comportent, en plus de la planification des ressources humaines, des actions portant sur le *contrôle de la gestion des ressources humaines*. Bien que le contrôle en cette matière constitue une pratique assez peu répandue, il existe diverses approches pour l'effectuer. La première se limite à la cueillette et à la description de données sur les effectifs et les pratiques en gestion des ressources humaines ; la loi française du Bilan social, par exemple, s'inscrit dans cette perspective. Le problème fondamental de cette approche consiste à déterminer le choix de l'information à recueillir. La deuxième approche consiste à obtenir des renseignements sur les résultats de la gestion des ressources humaines en vue d'évaluer cette dernière ; l'information recueillie est alors directement reliée aux objectifs des programmes d'action en gestion des ressources humaines. La troisième approche vise à recueillir des renseignements sur les relations que le service du personnel (l'unité administrative spécialisée en gestion des ressources humaines) entretient avec les autres unités administratives et sur l'efficacité de certaines de ses pratiques. Il existe d'ailleurs, en rapport avec ce dernier aspect, des modèles mathématiques visant une évaluation plus objective[17]. La quatrième approche, soit celle de la comptabilisation des ressources humaines, propose d'évaluer, avec des méthodes qui varient selon les auteurs, les coûts de la gestion des ressources humaines et la valeur des actifs en cette matière (avec des façons de procéder pour effectuer un amortissement), comme s'il fallait incorporer ces résultats au bilan de l'organisation. Bien qu'elle soit attrayante à première vue, cette approche n'est pas sans poser de problèmes, plus ou moins aigus selon la méthode utilisée.

En raison des différences d'approches et de méthodes en matière de contrôle de la gestion des ressources humaines, il importe de définir les objectifs que l'on poursuit à ce chapitre et d'évaluer les méthodes disponibles par rapport à ces derniers avant de faire des choix. Il convient d'ailleurs de rappeler que le contrôle a pour but de faire le point afin d'entreprendre, s'il y a lieu, des actions correctives.

Deux des aspects les plus souvent mesurés comme indices de rendement de la gestion des ressources humaines sont le taux de roulement du personnel et son absentéisme. Étant donné que le principal problème pouvant être causé par ces facteurs, abstraction faite de certains types de coûts qu'ils engendrent, est celui d'une diminution possible de l'efficience et de l'efficacité[18], il nous apparaît dangereux de considérer une intervention par rapport à ces phénomènes sans analyser conjointement l'effet sur le rendement (comme le font malheureusement trop de recherches). De plus, en raison des causes multiples du roulement et de l'absentéisme (plusieurs facteurs pouvant influer sur la capacité et la motivation à être présent), il est essentiel de poser un diagnostic adéquat avant d'agir sur ces phénomènes.

La *recherche* constitue un troisième mode d'encadrement pouvant contribuer à l'efficience et à l'efficacité des programmes d'action en matière de gestion des ressources humaines. Par recherche, nous entendons la mise en œuvre d'une démarche qui se fonde sur une réflexion et sur l'utilisation d'une méthodologie adéquate, en vue d'exercer l'une ou l'autre des fonctions suivantes : expérimenter de nouvelles façons de faire ; adapter, développer ou valider[19] des instruments ; déterminer les réactions du personnel à l'égard de divers aspects du fonctionnement organisationnel ; analyser et évaluer des pratiques. Quelles que soient les fonctions précises qu'elle exerce, la recherche a pour but d'éclairer les décisions et les pratiques concernant le personnel de l'organisation et constitue un instrument pouvant aider à la gestion des changements.

Les trois types d'actions que nous avons décrits, soit la planification, le contrôle et la recherche, sont utiles à la *formulation de politiques* en matière de gestion des ressources humaines. Ces politiques peuvent être élaborées dans le but de proposer de nouvelles orientations ou de corriger une situation déficiente ; elles permettent d'ailleurs d'éclairer la formulation de directives et de règlements. Nous les définissons de la façon suivante :

« Reflétant des attitudes et se fondant sur des croyances plus ou moins explicites (conception de l'homme au travail, conception de l'organisation - principalement de ses buts et de sa gestion), les politiques en matière de gestion des ressources humaines *énoncent les buts, les objectifs et les principes directeurs* exprimés par la direction générale ou approuvés par elle en rapport avec l'ensemble des programmes de gestion des ressources humaines (politiques générales) ou en rapport avec des programmes particuliers (politiques spécifiques). S'adressant à l'ensemble du personnel ou à des groupes déterminés, ces politiques servent à accroître la rationalité et la cohérence des actions à entreprendre, et ont pour but d'encadrer et de guider l'élaboration des programmes (choix de moyens d'action, formulation de « procédures », etc.) et leur application (mise en œuvre de moyens d'action, choix à effectuer au niveau individuel, etc.), prescrivant ainsi des comportements à adopter. »

Avant de diffuser ces dernières, il importe de vérifier si elles sont conformes aux législations promulguées par les gouvernements et de déterminer si elles sont compatibles avec d'autres politiques de l'organisation. Il est utile aussi de préciser quelles personnes sont chargées de les appliquer et à qui elles s'adressent. Lorsque les politiques sont en vigueur, il est avantageux de vérifier si elles atteignent les objectifs pour lesquels elles ont été formulées, et de déterminer si leur application pose des problèmes.

Il convient de terminer cette description des actions d'encadrement en mentionnant quelques-uns des effets négatifs que l'on peut observer lorsque l'une ou l'autre d'entre elles est inexistante ou qu'elle comporte des faiblesses majeures :

— Ne pas disposer des ressources requises au moment où l'on en a besoin, en raison de prévisions inadéquates ;

— Disposer de ressources humaines peu motivées par les nouveaux objectifs que l'organisation veut atteindre, à cause d'une mauvaise harmonisation de la stratégie de gestion et de la gestion des ressources humaines ;

— Avoir à appliquer des clauses de conventions collectives mal adaptées aux exigences de la production, en raison d'une mauvaise coordination des programmes d'action ;

— Rater l'implantation de changements souhaités, en raison d'une mauvaise perception des forces en présence ou de problèmes non prévus (planification et recherche déficientes) ;

— Devoir intervenir intuitivement par rapport à des problèmes existants, faute de renseignements qu'aurait pu fournir une recherche bien menée ;

— Être incapable d'évaluer les programmes en place, faute de renseignements adéquats (recherche et contrôle déficients) ;

— Ignorer dans quelle mesure on atteint les objectifs visés (contrôle inefficace).

Nous avons aussi intégré aux programmes d'encadrement des instruments qui servent d'appui à l'ensemble des programmes d'action en matière de gestion des ressources humaines. Ces instruments sont la description et l'analyse des tâches (ou des postes), la notation du personnel et les systèmes d'information. Le texte qui suit fournira des précisions sur la nature et les fonctions de chacun de ces instruments.

La *description* et l'*analyse de postes* sont des instruments fortement reliés aux programmes d'organisation et de relations du travail ; mentionnons, par exemple, que les descriptions de postes peuvent être plus ou moins détaillées, et leur application s'avérer plus ou moins rigide selon le mode d'organisation du travail qui prévaut et la nature des ententes de travail qui sont en vigueur. Quoiqu'elles puissent produire certaines dysfonctions, comme celle de renforcer la mentalité selon laquelle rien ne doit être fait en dehors des tâches que comporte officiellement le poste, les descriptions de postes peuvent entre autres servir à faire savoir aux personnes concernées ce qu'elles ont à accomplir. La description des postes est d'ailleurs un processus qui consiste à recueillir, puis à consigner les renseignements qui permettent de mieux connaître un poste de travail, notamment ce que fait la personne qui en est le titulaire, pourquoi elle le fait, comment elle le fait et dans quelles conditions elle le fait. Préciser les raisons d'être et les objectifs du poste constitue la dimension centrale de ce processus, car les tâches ne sont que des moyens pour atteindre des buts. Ceux-ci sont décrits par des verbes d'action sous forme de courts énoncés qui peuvent être regroupés en fonctions ou attributions. L'analyse de tâches complète la description du poste en précisant ce que le titulaire de ce dernier doit posséder ou être pour assumer adéquatement les tâches et les devoirs qui lui incombent. En d'autres termes, elle permet de dégager les exigences du poste de travail. La description et l'analyse de poste peuvent être réalisées à l'aide de différentes techniques (entrevue individuelle ou de groupes, questionnaire « fermé » ou ouvert, observation systématique, etc.), et diverses personnes peuvent y contribuer (titulaire du poste, supérieur hiérarchique immédiat, analyste, etc.). Enfin, elles peuvent notamment servir aux fins suivantes : déterminer des critères de sélection (ou de choix) du personnel, analyser des besoins de formation, effectuer des enquêtes salariales et évaluer les emplois à des fins de rémunération, réaliser des analyses de productivité et déterminer les critères sur lesquels se base la notation.

La *notation du personnel*, le deuxième instrument dont nous traiterons, est un processus qui consiste à estimer la conduite, le travail d'une personne. En raison des divers objets sur lesquels peut porter la notation, des différentes formes qu'elle est susceptible de prendre et des objectifs variés auxquels elle peut être destinée, les remarques suivantes s'imposent :

— La notation peut porter sur les résultats du travail ou être constituée de jugements (donc de perceptions se fondant plus ou moins sur des faits) ayant trait à des comportements ou à des traits de personnalité[20].

— Ces jugements peuvent être portés à l'aide de différents types d'échelles que nous divisons en deux catégories en raison de leurs propriétés métriques : ce sont les échelles ayant un critère absolu ou un étalon objectif de comparaison (échelles graphiques, choix forcés, listes à cocher, liste d'incidents critiques, etc.) et celles qui sont de nature relative (échelles de rang, comparaisons par appariement, etc.). Chacune comporte des avantages et des inconvénients en raison des facteurs suivants : valeur sur le plan métrique (degré de sensibilité à certaines erreurs de mesure), fins auxquelles elles sont destinées (certaines, par exemple, sont mieux adaptées à des fins de recherche) et efforts de conception qu'elles exigent.

— Bien qu'elle puisse être effectuée par la personne concernée ou par ses collègues de travail, la notation est le plus souvent faite, en dehors des milieux professionnels, par un supérieur hiérarchique.

— La notation peut servir à des fins administratives (augmentation des salaires et gestion des mouvements de main-d'œuvre), à des fins de formation (détermination des besoins de formation) ou à des fins de recherche (validation d'instruments de sélection ou, en d'autres termes, détermination de leur capacité prédictive). Mêler plusieurs de ces objectifs peut constituer un problème en raison des facteurs suivants : les personnes qui évaluent sont susceptibles de

porter un jugement différent selon qu'il s'agit d'objectifs reliés à l'administration ou au perfectionnement ; les réactions des personnes évaluées risquent de différer selon les objectifs poursuivis, les désaccords pouvant s'avérer plus nombreux s'il s'agit d'objectifs administratifs ; enfin, certaines échelles de mesure servant à la notation sont davantage appropriées à l'un ou l'autre de ces objectifs.

La notation du personnel comporte normalement une entrevue avec les personnes concernées ; les objectifs de cette entrevue sont d'analyser le travail effectué, de trouver des moyens (s'il y a lieu) pour améliorer la situation actuelle et de tracer des plans d'avenir. Divers facteurs sont toutefois susceptibles d'influer sur la façon dont se déroule l'entrevue (efficience) et sur les résultats qu'elle permet d'atteindre (efficacité), soit, par exemple, l'amélioration du rendement. Au nombre des principaux facteurs, il convient de mentionner l'absence ou la présence de crainte, l'identification des problèmes reliés au travail, la fixation conjointe d'objectifs futurs de travail et la capacité d'influencer la planification de son développement personnel[21]. Il convient enfin de mentionner que l'entrevue constitue parfois une expérience difficile en raison des perceptions différentes que supérieures et supérieurs hiérarchiques et employées et employés entretiennent à l'égard du travail et du rendement atteint. Les deux principales façons de surmonter cette difficulté sont les suivantes : s'assurer que les évaluatrices et les évaluateurs possèdent les aptitudes requises pour bien observer les comportements et évaluer ces derniers, et les programmes adéquats de formation pouvant contribuer au développement de ces habiletés ; éviter que la notation ne constitue qu'un événement annuel en l'insérant dans un processus de gestion selon lequel une rétroaction régulière et appropriée est donnée aux employées et aux employés. La notation est d'ailleurs en soi une forme de rétroaction, comme le soulignent notamment Ilgen, Fisher et Taylor (1979) dans leur recension d'écrits sur le sujet.

Les *systèmes d'information* constituent le troisième type d'instruments servant aux divers programmes de gestion des ressources humaines. Les renseignements qu'ils permettent de colliger peuvent servir à administrer le personnel[22], à contrôler la gestion des ressources humaines, et à faciliter la réalisation de recherches et les prises de décisions. Ces renseignements peuvent avoir trait au personnel et aux programmes d'action. Il importe enfin de mentionner que ces systèmes peuvent être manuels ou informatisés. Quoique l'informatisation ait été longue à s'implanter en ce qui concerne la gestion des ressources humaines[23], la situation a commencé à changer depuis quelques années. En plus de permettre de traiter plus d'informations en moins de temps, l'informatisation rend possibles certaines tâches telle la simulation sur ordinateur lors de négociations collectives.

3.2 PROGRAMMES DE DOTATION ET DE DÉVELOPPEMENT

Les programmes d'encadrement servent, comme nous l'avons vu, à faciliter la réalisation des autres programmes d'action en matière de gestion des ressources humaines, notamment ceux de dotation et de développement. Ils se composent de trois sous-groupes d'actions interdépendants, soit l'acquisition de la main-d'œuvre, la gestion des mouvements de main-d'œuvre et des carrières, et les activités destinées à la formation du personnel. Ayant tous pour objet les personnes, ces sous-groupes d'actions concourent à des objectifs communs qui sont, rappelons-le, les suivants : permettre à l'organisation de disposer des ressources humaines en quantité et en qualité adéquates par rapport aux postes à combler, en les traitant avec justice ; aider les personnes à gérer leur carrière et à se développer ; stimuler l'intérêt de travailler dans l'organisation et d'y offrir le meilleur rendement possible.

Le *recrutement* constitue la première étape de l'acquisition de la main-d'œuvre. Recruter, c'est accomplir une démarche pour trouver des personnes susceptibles de combler un ou des postes existants (qui sont soit disponibles au moment du recrutement, soit susceptibles de le devenir à brève échéance) ou de combler des postes qui seront bientôt créés. Cette démarche comporte

trois étapes. Après avoir déterminé le type de main-d'œuvre que l'on désire, il faut préciser si l'on recherchera des candidates et des candidats à l'intérieur ou à l'extérieur de l'organisation, ou si l'on sollicitera ces deux sources de main-d'œuvre. Enfin, on choisit une ou plusieurs techniques de communication pour tenter d'atteindre les candidates et les candidats recherchés[24], en tenant compte des trois critères suivants : le budget disponible, l'efficacité escomptée de la technique utilisée par rapport aux besoins à combler (délais encourus et type de main-d'œuvre qu'elle rejoint) et la facilité qu'a l'organisation d'attirer chez elle de nouveaux employés. Celle-ci dépend principalement des facteurs suivants : le marché du travail par rapport au type de main-d'œuvre recherchée, l'image de l'organisation, sa situation géographique et les conditions de travail offertes. Il convient enfin de signaler que les politiques et les pratiques de recrutement doivent s'efforcer de respecter la législation et la jurisprudence en matière de discrimination dans l'emploi[25], ainsi que les clauses des ententes collectives de travail concernant le recrutement.

En résumé, recruter constitue une forme de mise en marché qui demande qu'on analyse les besoins de l'organisation, qu'on examine les forces et les faiblesses du « produit » offert, qu'on détermine les clientèles cibles et qu'on choisisse les moyens appropriés pour les atteindre. Quoiqu'il puisse être parfois difficile de trouver des candidats adéquats, il nous semble préférable d'éviter de présenter de façon trop positive les conditions de travail offertes ou d'exercer des pressions auprès des candidates et des candidats pour qu'ils acceptent le poste, en raison notamment de l'insatisfaction qui peut en résulter par la suite.

S'il fournit des candidates et des candidats en quantité et en qualité adéquates, le recrutement peut contribuer à améliorer la *sélection*[26], du fait des meilleures possibilités de choix qui sont offertes. Comme il s'agit d'une situation demandant que des choix soient faits et que des décisions soient prises, la sélection est également influencée par d'autres facteurs ; mentionnons notamment les aptitudes des sélectionneurs (capacité de recueillir et de traiter les informations, jugement, etc.), les critères sur lesquels sont fondées leurs décisions et la qualité des instruments qu'ils utilisent pour recueillir les informations. Nous fournirons des précisions sur ces deux derniers facteurs.

Les critères sur lesquels doivent être fondées les décisions de sélection sont ceux qui s'avèrent pertinents à l'exercice des fonctions confiées au futur membre du personnel, que ce soit dans l'immédiat ou dans un avenir plus lointain si l'on désire considérer la carrière. Prendre ces décisions implique qu'on puisse comparer ce qu'offre l'organisation et ce qu'est la candidate ou le candidat, ce qui exige trois choses :

— la connaissance de ce qu'offre l'organisation, soit les responsabilités à assumer et les tâches à accomplir, les conditions dans lesquelles travaillera l'employée ou l'employé, (notamment les possibilités de carrière), les critères utilisés pour évaluer le rendement au travail et les qualifications (ou exigences) requises ;

— la connaissance de la candidate ou du candidat ; les aspects que l'on peut avoir à approfondir sont ses intérêts et ses sources de motivation, ses aptitudes (intellectuelles, psychomotrices, sensorielles ou physiques), ses connaissances, ses traits de personnalité, sa façon de travailler et sa santé ;

— l'utilisation d'instruments de sélection pour effectuer cette comparaison ; ce peut être un formulaire de demande d'emploi ou un curriculum vitæ, des tests ou examens psychotechniques (inventaires d'intérêts, tests de personnalité et tests d'aptitudes), des examens de connaissances, des simulations, des entrevues, une vérification des recommandations et un examen médical. Chacun de ces instruments peut fournir des renseignements sur divers aspects que l'on peut vouloir mieux connaître.

Sélectionner demande donc qu'on examine la candidate ou le candidat en rapport avec des dimensions pertinentes au poste qui lui sera confié ou à la séquence de postes qu'elle ou qu'il occupera ; dans ce second cas, on examinera davantage le potentiel de la candidate ou du candidat.

Les renseignements requis pour essayer d'harmoniser les personnes et les postes de travail sont recueillis à l'aide d'instruments de sélection. Les critères suivants peuvent être utilisés pour choisir ces instruments :

— leurs caractéristiques intrinsèques (ce qu'ils peuvent mesurer, leurs limites et les conditions qu'ils requièrent pour être administrés de façon adéquate) ;

— la pertinence des renseignements qu'ils mesurent par rapport aux aspects de la situation de travail à prendre en considération ;

— leur capacité de mesurer effectivement ce qu'ils prétendent mesurer (validité de contenu) et leur stabilité (ou fidélité) ;

— la capacité des sélectionneurs d'utiliser les instruments pris en considération ;

— les coûts qu'occasionnent la conception et l'utilisation des instruments considérés, ainsi que les possibilités réelles d'en faire usage (par exemple, le temps que requiert leur utilisation).

L'utilisation d'instruments valables, dans des conditions appropriées, peut aider à rendre moins subjectif le processus de décision et à réduire le nombre de décisions erronées, soit celles qui consistent à engager une candidate ou un candidat inadéquat (erreur d'acceptation) ou à sous-évaluer une candidate ou un candidat valable (erreur de rejet).

S'il y a plusieurs candidats à évaluer et que l'on ne désire pas connaître le potentiel de chacun mais choisir le ou les meilleurs d'entre eux, il est utile de mettre sur pied un processus d'élimination progressive (ou d'entonnoir). L'ordre dans lequel les instruments sont utilisés doit satisfaire aux critères suivants : le degré d'objectivité de l'instrument et sa valeur scientifique, le nombre de sujets qu'il permet d'éliminer, les frais qu'occasionne son utilisation, et le fait d'avoir à recourir à des personnes qui ne sont pas directement concernées par le processus de sélection. En respectant ces critères, on peut utiliser les instruments dans l'ordre suivant : formulaire de demande d'emploi (ou curriculum vitæ), examens psychotechniques et examens de connaissances, simulation(s), entrevue(s), examen médical et vérification des recommandations. Chacune de ces étapes doit permettre de rejeter les candidates ou les candidats non valables et de retenir ceux qui le méritent.

Il convient enfin de fournir les précisions suivantes sur la sélection du personnel :

— Il existe des lois influant sur la sélection du personnel, principalement celles qui concernent la non-discrimination dans l'emploi et l'accès à l'information privée. Il importe donc de vérifier si les renseignements demandés sont conformes aux exigences de ces lois et à la jurisprudence en ces matières.

— La façon idéale de sélectionner serait de fournir la possibilité à toutes les candidates et à tous les candidats qui postulent un emploi d'être à l'essai durant un certain temps. C'est parce que cette situation n'est pas viable sur le plan économique que l'on applique un processus de sélection.

— La sélection se base sur le postulat qu'il existe des différences entre les personnes, lesquelles peuvent influer sur le rendement au travail et la longueur de la période de formation initiale. La qualité de la sélection influence donc la formation.

Une fois les nouveaux employés choisis, on peut procéder à leur *embauche* et à leur *accueil*. Ce processus implique diverses tâches. En relation avec l'embauche proprement dite, il convient de mentionner les tâches suivantes : avertir les candidats retenus et conclure avec eux une entente finale ; communiquer avec les personnes dont la candidature n'a pas été retenue afin de leur faire part de la situation ; effectuer les démarches nécessaires à l'intégration (ou au transfert) administrative des employées et des employés : les inscrire sur la liste de paye et dans le programme d'avantages sociaux, remplir les formulaires de déduction d'impôts, etc. L'accueil peut s'effectuer grâce à un processus d'intégration en bonne et due forme, d'une longueur et d'une complexité variables. À travers ce processus, on peut poursuivre les objectifs

suivants : faire mieux connaître l'organisation (histoire, organigramme, bilan, politiques, valeurs et croyances, etc.), fournir des renseignements sur les règles administratives et les règlements en vigueur, faire connaître les collègues de travail, montrer comment le poste occupé s'insère dans l'organisation, et passer un contrat psychologique avec le nouveau membre du personnel. Ces programmes d'accueil font d'ailleurs partie de mécanismes plus complexes de socialisation[27] aux valeurs de l'organisation.

On peut embaucher une personne pour un poste précis de travail ; mais on peut aussi le faire en fonction d'un type d'emploi. Dans ce cas, on procède au placement de cette personne en l'affectant à un poste précis de travail[28] après lui avoir donné, si nécessaire, une formation initiale (ou « entraînement »). Cette forme d'affectation ne constitue toutefois qu'un des divers types de mouvements de main-d'œuvre qu'une organisation peut être appelée à gérer. Les autres sont :

— la mutation (affectation à un poste de niveau hiérarchique équivalent, dans une autre unité administrative ou un autre lieu géographique) ;

— la promotion hiérarchique[29] (affectation à un poste de niveau hiérarchique plus élevé) ;

— la rétrogradation hiérarchique (diminution des responsabilités avec conservation du même poste, ou affectation à un poste de niveau hiérarchique moins élevé) ;

— le congédiement (renvoi pour raisons disciplinaires ou mauvais rendement) ;

— le non-renouvellement de contrat (renvoi avant l'attribution de la permanence ; peut être une forme de congédiement ou de mise à pied) ;

— la mise à pied (peut être temporaire ou définitive, individuelle ou collective ; elle constitue une suspension de la relation de travail pour des raisons de disponibilité de l'emploi) ;

— la mise à la retraite prématurée (mise à la retraite avec certains avantages additionnels avant l'âge prévu ; elle peut être causée par une disponibilité insuffisante de l'emploi).

Alors que les trois premières catégories ont trait à des mouvements internes de main-d'œuvre, les quatre autres consistent en des mouvements vers l'extérieur de l'organisation. À ces sept catégories de mouvements de main-d'œuvre qui sont suscitées par la direction, il faut en ajouter trois autres qui ont pour origine les employées ou les employés ; ce sont le refus de recevoir une promotion ou une mutation, les départs volontaires et les départs involontaires (en raison, par exemple, du déménagement de la conjointe ou du conjoint).

Avant d'apporter des précisions sur certains de ces mouvements de main-d'œuvre, il est utile de mentionner que la gestion de ces derniers peut être facilitée par différents mécanismes :

— la formulation de politiques qui précisent notamment les critères en vertu desquels chaque forme d'affectation est effectuée et les conditions dans lesquelles celle-ci devrait se réaliser ;

— la cueillette et l'analyse de statistiques sur les formes de mouvements de main-d'œuvre qui ont pour origine les employées ou les employés, afin de mieux connaître les causes de ces mouvements ;

— la réalisation d'entrevues de départ ou la relance à l'aide de questionnaires afin de mieux connaître les causes de ces phénomènes ;

— la mise sur pied, en plus de la notation du personnel, de mécanismes destinés à évaluer le potentiel des employées et des employés afin d'aider les individus et l'organisation à mieux gérer les carrières ; les centres d'appréciation du personnel par simulation constituent un de ces mécanismes ;

— le service de conseil de carrière afin de guider les personnes dans la gestion de cette dernière : renseignements sur les cheminements de carrière, aide à la connaissance de soi, conseils concernant la fixation d'objectifs de carrière, etc. ;

— des programmes de formation de divers types pouvant aider à la gestion de certains mouvements de main-d'œuvre : programmes de développement professionnel, de préparation à la retraite, etc. ;

— l'aide individuelle apportée aux membres du personnel qui éprouvent des problèmes personnels tels que l'alcoolisme, afin de prévenir certains mouvements de main-d'œuvre.

Il convient de mentionner aussi que des législations et une jurisprudence influent sur la marge de liberté dont jouissent les organisations pour effectuer ces mouvements de main-d'œuvre. Ces lois sont la Charte des droits et libertés de la personne, qui réglemente les critères d'attribution des promotions, la loi sur les mises à pied collectives, les clauses des normes minimales de travail concernant les renvois individuels et la jurisprudence en matière de discipline qui peut influer sur les congédiements.

Nous terminerons cette étude de la gestion des mouvements de main-d'œuvre en traitant de l'attribution des promotions. Tout en devant s'avérer juste et constituer un signe de reconnaissance, l'attribution de promotions vise en premier lieu le meilleur rendement de l'organisation. En conséquence, le critère prépondérant de cette attribution doit être celui des qualifications en fonction du nouveau poste[30] ; l'ancienneté et le rendement antérieur constituent toutefois des critères qui peuvent s'ajouter à celui des qualifications. Cette affirmation ne signifie cependant pas que l'organisation doit négliger de faire tous les efforts nécessaires pour aider les employées et les employés qui le méritent à développer leurs connaissances et leurs habiletés.

La gestion des mouvements de main-d'œuvre peut être facilitée par des actions appropriées en matière de *formation du personnel*. Il ne s'agit toutefois pas là de la seule mission que l'on peut vouloir attribuer à cette dernière, comme le montrent les deux conceptions suivantes. La première consiste à définir la formation comme un processus organisé ayant pour but d'aider les membres de l'organisation à acquérir les connaissances, les habiletés et les attitudes requises pour assumer adéquatement les fonctions et responsabilités qui leur sont dévolues, et celles qui pourraient leur être octroyées dans l'avenir. Selon cette conception, les contributions de l'organisation en matière de formation concernent surtout les postes de travail et ont pour but d'améliorer le rendement (actuel et futur). L'autre perspective consiste à considérer la formation comme un droit des travailleuses et des travailleurs ou, en d'autres termes, comme une dimension des conditions de travail et de la responsabilité sociale des organisations. Ont tendance à s'inscrire dans ce courant de pensée les interventions de l'État visant à forcer les organisations à affecter un pourcentage de leur masse salariale à des fins de formation[31], ainsi que certaines clauses de conventions collectives de travail prévoyant un mécanisme semblable. Quoique ces deux positions semblent à première vue très différentes l'une de l'autre, des précisions de vocabulaire et l'énumération des divers types d'interventions des organisations en matière de formation peuvent aider à jeter un autre éclairage sur ce débat.

Apporter des précisions de vocabulaire incite en premier lieu à faire une distinction entre les termes généraux suivants : éducation, instruction et formation. L'éducation se rapporte à l'ensemble des processus qui ont pour but d'aider l'individu à développer les différentes dimensions de sa personnalité en vue d'un fonctionnement social adéquat ; elle englobe l'instruction, qui a trait au développement de connaissances et d'habiletés. La formation se distingue de ces dernières par la spécificité plus grande de ses objectifs et par le temps moins long qu'elle requiert. Les différentes actions qu'une organisation peut entreprendre en matière de formation peuvent se classer ainsi :

— La formation initiale (ou « l'entraînement ») ; c'est la formation donnée par une organisation au moment où un individu accède à un poste de travail, afin de l'aider à assumer adéquatement ses nouvelles fonctions et responsabilités.

— La mise à jour ; au sens restreint, ce sont les actions de formation destinées à aider le personnel à acquérir les connaissances et les habiletés requises pour faire face adéquatement à des changements (technologiques ou autres) reliés à l'exercice de ses fonctions. Au sens plus large, il s'agit d'actions destinées à aider le personnel à maintenir ses connaissances à jour ; certaines de ces actions peuvent toutefois être confondues avec le perfectionnement.

— Le perfectionnement ; ce sont les actions qui visent à accroître la compétence par rapport à l'exercice de fonctions actuelles (un minimum acceptable étant déjà acquis) ou à assurer une préparation en vue de fonctions, de responsabilités futures.

Ces actions sont toutes reliées aux postes de travail et visent une meilleure adéquation des personnes et de ces postes.

Avant de fournir des précisions sur les actions qu'il est possible d'entreprendre en matière d'éducation ou d'instruction, il convient de définir un concept autour duquel les autres s'articulent, soit celui d'éducation (ou de formation) de base. Celui-ci se rapporte au degré d'instruction dont doit disposer une personne pour assumer ses rôles de citoyenne et de citoyen dans une société donnée. Un de ceux-ci étant le travail, l'éducation de base se rapporte implicitement au degré d'instruction dont doit disposer une personne pour accéder à un emploi (ou, en d'autres termes, à sa formation professionnelle de base). Pour améliorer son éducation, une personne peut accomplir l'une ou l'autre des actions suivantes :

— le développement personnel, c'est-à-dire le relèvement de l'éducation en général ;

— le recyclage ; il s'agit de l'acquisition d'une nouvelle formation professionnelle de base permettant l'accès à un autre emploi ;

— le développement professionnel, c'est-à-dire l'accroissement de la formation professionnelle, soit l'éducation reliée à la profession, à la carrière de la personne.

Quoique ces trois types d'actions relèvent d'abord des personnes concernées, l'organisation peut y contribuer. Les raisons suivantes peuvent l'inciter à agir en ce sens. La première a trait à ses responsabilités sociales ; sa contribution au recyclage professionnel de ses employées et de ses employés et, dans une certaine mesure, sa collaboration au développement professionnel du personnel s'inscrivent dans cette perspective. La seconde raison a trait à la qualité des conditions de travail ; sa contribution à certains types d'actions destinées à accroître l'éducation des individus peut être considérée comme un avantage social susceptible de stimuler l'intérêt de travailler dans l'organisation. Mentionnons en outre que le recyclage et le développement professionnel peuvent constituer des investissements à long terme, notamment si les personnes qui en bénéficient offrent déjà un rendement valable et s'avèrent intéressées à poursuivre leur carrière dans l'organisation.

Ces précisions de vocabulaire peuvent faciliter la formulation de politiques pour l'organisation, en aidant celle-ci à déterminer le type de besoins par rapport auxquels elle accepte d'agir, les raisons pour lesquelles elle le fait, la nature des actions qu'elle consent à entreprendre, les critères sur lesquels elle se fonde pour choisir les personnes qui bénéficient de services en matière de formation et d'éducation, et les agents auxquels elle recourt pour diffuser ces derniers. À ce chapitre, notons que l'organisation peut elle-même offrir des services ou recourir à des agents externes. Bien que des institutions publiques d'enseignement ou des organismes privés puissent constituer des ressources valables, il importe que l'organisation accomplisse elle-même certaines tâches, principalement en rapport avec les actions de formation telles que définies dans ce texte. Ces actions sont :

— la détermination des besoins de formation. Les tâches et les responsabilités, l'équipement, le rendement et les aspirations constituent les principaux objets que l'on peut considérer pour effectuer cette analyse. Il existe d'ailleurs différentes techniques permettant de mesurer chacun d'entre eux.

— la planification, l'organisation et la mise sur pied des actions en matière de formation. Cette étape, qui est fondée sur les besoins identifiés, demande que les tâches suivantes soient accomplies : déterminer les diverses actions à entreprendre et les énergies à y consacrer ; préciser la forme d'encadrement que l'on privilégie pour chacune de ces actions (formation au travail, stages ou cours, interventions ponctuelles ou aide à l'apprentissage autonome), trouver les ressources qui peuvent y contribuer et choisir ces dernières, planifier l'évaluation, établir un calendrier d'activités et organiser ces dernières. Mentionnons que chaque forme d'encadrement peut à son tour exiger une planification spécifique. Enfin, remarquons que les actions en matière de formation constituent un moyen parmi d'autres de favoriser l'apprentissage, celui-ci étant défini comme le processus par lequel un comportement est acquis ou modifié.

— le « suivi » de la formation. Lorsque cette dernière se donne sous forme de stages ou de cours, il importe que l'on puisse aider les personnes concernées à appliquer, dans leur situation de travail, ce qu'elles ont acquis.

— l'évaluation de la formation. Cette dernière peut porter sur le déroulement du processus de formation ou sur les résultats atteints. Elle peut aider à ajuster les actions au fur et à mesure qu'elles se déroulent ou permettre de porter un jugement sur ces dernières.

3.3 PROGRAMMES D'AMÉNAGEMENT DES CONDITIONS DE TRAVAIL

Les programmes de dotation et de développement sont en interaction avec les programmes d'aménagement des conditions de travail qui regroupent, rappelons-le, les programmes d'appui et les programmes qui concernent directement le travail. Les programmes d'appui sont de deux ordres : ceux à caractère financier et ceux à caractère non financier. Les programmes d'aménagement du travail et des conditions dans lesquelles il s'exerce sont les programmes d'organisation du travail et de gestion de la santé et de la sécurité au travail.

Bien que leur contenu diffère, ces programmes d'action ont été réunis sous un même titre à cause de deux facteurs : les liens qu'ils entretiennent entre eux et leur contribution à l'atteinte d'objectifs communs. Ces objectifs sont les suivants : attirer et retenir les personnes qui offrent un rendement valable ; aider les personnes à fournir le meilleur rendement possible ; permettre aux personnes de bénéficier de conditions de travail justes et équitables, qui soient autant que possible adaptées à leurs aptitudes, à leurs besoins et à leurs valeurs, et qui nuisent le moins possible à leur santé physique et mentale.

À la fois symbole et réalité concrète, la *rémunération* constitue l'aspect le plus tangible de ce que retire une personne des tâches qu'elle accomplit dans une organisation. Comme le montrent les résultats de plusieurs recherches, elle est susceptible de produire divers effets sur les personnes : intérêt de venir travailler dans une organisation et d'y rester, satisfaction à l'égard du salaire et du travail en général, absentéisme, santé[32], motivation et rendement au travail. La relation entre la rémunération et ces derniers facteurs est toutefois complexe :

— la capacité qu'ont les autres facteurs de la situation de travail de susciter de la satisfaction peut accroître ou atténuer l'importance accordée à la rémunération et son influence sur la motivation ;

— en agissant comme renforcements, les modes de rémunération qui tiennent compte du rendement, notamment du rendement individuel, sont susceptibles d'influer davantage sur la rémunération et le rendement ;

— la perception de la rémunération comme rétribution équitable ou injuste[33] peut influer sur la motivation et le rendement.

En plus d'avoir des effets sur les individus, la rémunération accapare une part importante du budget de fonctionnement des organisations, laquelle est d'environ 40 % dans les entreprises manufacturières et de 70 % dans celles qui offrent des services. Il serait superflu de mentionner les effets que peut exercer sur les organisations une rémunération mal gérée.

Au sens restreint, la rémunération se définit comme l'ensemble des avantages matériels reçus par l'employée et l'employé pour l'exécution des fonctions se rattachant à son poste. Ces avantages peuvent se composer de diverses parties :

— le salaire,

— les suppléments reliés à des conditions de travail (indemnités de vie chère, primes pour le travail de nuit, etc.),

— les suppléments reliés au rendement, au mérite (primes, bonis),

— les revenus différés,

— les avantages sociaux.

Envisagée sous un autre angle, la rémunération recouvre l'ensemble des sommes déboursées par un employeur pour ses employées et ses employés, celles-ci étant en règle générale classées en deux catégories : la rémunération directe (salaire de base et suppléments) et la rémunération indirecte (soit les autres avantages matériels).

Gérer la rémunération implique que l'on définisse une politique en cette matière. Celle-ci doit considérer diverses influences, soit : celle des politiques gouvernementales en matière de rémunération, qui se manifestent dans des lois[34], dans des interventions (comme celle sur le contrôle des prix et des salaires), et dans les politiques et les pratiques de rémunération de l'État ; celle des politiques et des pratiques de rémunération de l'ensemble des employeurs, notamment ceux qui œuvrent dans le même secteur d'activité économique ; celle de l'état de l'économie (taux d'inflation, degré de prospérité, etc.), et plus particulièrement la situation économique de l'entreprise. À ces facteurs il convient d'ajouter les effets exercés par les valeurs et les croyances des personnes qui dirigent l'organisation. Quoique les objectifs de rémunération puissent varier selon les employeurs, il est intéressant de rapporter ceux qu'a dégagés une étude du Bureau de recherches sur les traitements (publiée en 1974 par le gouvernement fédéral canadien). Ceux-ci sont, par ordre, l'équité interne, l'équité externe, la récompense du rendement, la motivation des employées et des employés, la résolution de problèmes de recrutement, et l'influence sur la notation du personnel.

Le système de rémunération qui résulte de ces politiques peut comporter diverses caractéristiques, lesquelles doivent être prises en considération dès la conception de ce système. Ces caractéristiques sont : le degré de complexité du système (en regard de sa compréhension et de son application), le degré d'entente qui existe à son sujet entre les membres de l'organisation, son degré de flexibilité par rapport aux changements, sa capacité de susciter la motivation, son degré d'équité et, enfin, les coûts qu'il engendre par rapport à la capacité de payer de l'organisation.

Les principales tâches à accomplir lorsqu'on met sur pied un système de rémunération ont trait à la détermination des salaires de base. Une des approches fréquemment utilisées à cette fin est celle de l'évaluation des emplois. Elle consiste à déterminer et à comparer les exigences que l'exécution d'un travail impose à une personne, sans tenir compte des capacités ou du rendement de cette dernière. Dans le cadre de cette approche, les principales étapes que comprend le processus de détermination des salaires de base sont :

— Une étape préalable (optionnelle), qui consiste à amener des représentantes et des représentants des syndicats ou du personnel non syndiqué à s'engager dans cette démarche, afin notamment de faciliter l'application subséquente du système mis en place.

— Une étape où on effectue les descriptions et analyses des emplois (ou bien où on s'inspire de celles qui existent), lesquelles serviront de base à l'évaluation des emplois.

— L'étape où on choisit et applique une méthode d'évaluation des emplois qui permettra de déterminer la valeur relative des emplois dans l'organisation et, ce faisant, qui servira de base à une différenciation des taux de salaire. Les diverses méthodes[35] doivent toutes satisfaire à des conditions d'utili-

sation, lesquelles peuvent être plus ou moins complexes.

— Celle où on réalise des enquêtes salariales qui permettent de recueillir des renseignements sur les niveaux de salaires payés pour des emplois comparables à ceux qui ont été évalués, en utilisant des sources de renseignements et des méthodes d'enquête appropriées.

— Celle où on met au point une structure salariale ou, en d'autres termes, où on établit des échelles de salaires et les salaires individuels. C'est l'étape qui permet de transformer les résultats de l'évaluation en taux de salaire, la façon de la faire variant toutefois selon la méthode d'évaluation utilisée[36].

— Celle où on détermine les critères d'augmentation salariale et les modes d'ajustement de la structure des salaires de base.

Plusieurs personnes reçoivent, en plus de leur rémunération de base qui est versée en fonction du temps passé au travail, une rémunération additionnelle fondée sur le rendement (quoique, dans certains cas, le rendement soit le seul critère sur lequel soit fondée la rémunération). Celle-ci peut emprunter diverses formes, qui peuvent être ainsi regroupées :

— Les régimes d'incitation, selon lesquels une portion du salaire est versée en fonction du rendement. Ces régimes peuvent considérer le rendement des individus, celui du groupe ou celui de l'organisation. Les indices sur lesquels on se base pour accorder le paiement additionnel sont, selon le cas, la productivité, les coûts ou une évaluation portée par les supérieures et les supérieurs hiérarchiques.

— Les primes d'intéressement ou bonis, dont le versement est tributaire du rendement obtenu. Ceux-ci peuvent être versés sur une base individuelle, sur une base de groupe ou sur une base organisationnelle à des périodes variables (semestrielle, annuelle). Les critères d'attribution sont, selon le cas, la productivité, les coûts ou l'évaluation faite par les supérieures et les supérieurs hiérarchiques.

Bien que ces différentes façons de récompenser pour le rendement visent à stimuler ce dernier, elles n'y parviennent pas toutes, et les résultats obtenus ne sont pas nécessairement ceux escomptés, en raison notamment des facteurs suivants :

— S'il n'existe pas de lien direct de cause à effet entre le rendement des individus et le versement d'une rémunération additionnelle, les effets sur l'accroissement du rendement risquent d'être minimes. C'est le cas notamment des bonis versés sur une base organisationnelle.

— En favorisant trop l'augmentation de la quantité de production, certaines méthodes peuvent produire des effets dysfonctionnels tels que la diminution de la qualité. De même, trop favoriser le rendement individuel dans des emplois interdépendants peut nuire à la collaboration entre individus.

Mentionnons enfin que l'efficacité d'un système de rémunération basé sur le rendement peut être fortement influencée par les deux facteurs suivants : la confiance qui existe entre la direction et le personnel et l'objectivité des critères utilisés pour évaluer le rendement (Lawler, 1971 ; McClelland, 1961).

Les *avantages sociaux* constituent l'autre partie de la rémunération[37] qui mérite notre attention. En contribuant à susciter l'intérêt de travailler dans une organisation, les avantages sociaux se sont considérablement accrus au cours des dernières décennies. Ainsi, le pourcentage de la masse salariale qui leur est consacré est passé de 15 % en 1953 à 33 % en 1978 pour l'ensemble du Canada. Sur une base pondérée[38], les avantages sociaux constituent de 25 % à 30 % des salaires. Traduits en dollars, ils représentaient, en 1980, environ 4 000 $ par employée ou employé ou 2,50 $ l'heure, soit au total environ 11 milliards de dollars sur une masse salariale de 40 milliards pour le Québec. Les principaux facteurs qui ont contribué à cette évolution sont :

— l'introduction des avantages sociaux dans les matières faisant partie des conditions d'emploi négociables (à la suite d'une décision de la Cour d'appel des États-Unis dans le cas d'Inland Steel, où elle jugea que le régime de retraite fait partie des conditions d'emploi négociables) ;

— l'utilisation des avantages sociaux par les entreprises comme moyen d'alléger leur fardeau fiscal ;

— la multiplication des régimes publics d'avantages sociaux ;

— la pression à la hausse exercée par les lois sur les normes minimales de travail ;

— l'utilisation, par les syndicats, des avantages sociaux comme moyen d'accroître les gains résultant de la négociation collective.

Bien que la liste des avantages sociaux varie selon les organisations, ces avantages peuvent être ainsi regroupés : heures chômées et rémunérées (congés annuels, jours fériés, vacances, etc.), avantages statutaires (assurance-chômage, accidents du travail, etc.), programmes collectifs de protection (régimes privés de pension, assurances, etc.) et avantages financiers en espèces (participation immédiate ou différée aux profits, régime d'achat d'actions, etc.) ou ayant une valeur monétaire (repas subventionnés, automobile fournie, etc.). Plusieurs de ces avantages ont un caractère strictement privé, alors que d'autres sont de type public : certains d'entre eux sont gérés par l'État (le Régime d'assurance-maladie du Québec, par exemple) et d'autres servent à compléter des programmes publics (le régime supplémentaire des rentes, par exemple). Enfin, certains avantages sociaux ont un caractère obligatoire, alors que d'autres sont facultatifs. Quoique l'on parle depuis un certain temps déjà d'assouplir les régimes d'avantages sociaux en proposant un plus grand nombre de choix aux membres du personnel (choix qui devraient impliquer des débours semblables de la part de l'employeur), l'application de cette conception a fait peu de progrès, en raison notamment des problèmes administratifs qu'elle pose.

L'administration des avantages sociaux constitue d'ailleurs un champ d'activités qui est déjà complexe, à cause des lois qui ont une incidence en la matière et des fonctions qu'elle oblige à exercer. Les lois à considérer sont celles à caractère général et qui ont une incidence sur la gestion des avantages sociaux (telle la Loi sur les impôts), celles qui portent sur un régime précis mais qui s'adressent à tous les travailleurs (Loi de la Régie des rentes, par exemple), et celles qui traitent d'un régime spécifique pour un groupe d'employées et d'employés (régime de retraite des enseignants, par exemple). Les principales fonctions à exercer sont la consignation et la diffusion des renseignements prescrits, les relations avec les tiers (tels les assureurs), la gestion financière (comptabilisation, contrôle et gestion des fonds), ainsi que l'application et l'interprétation des dispositions des régimes et, le cas échéant, des dispositions pertinentes de la convention collective.

En plus de la rémunération et des avantages sociaux, l'organisation peut aussi mettre sur pied des programmes d'appui à caractère non financier pour susciter, notamment, une plus forte identification du personnel à son égard. Le premier programme dont nous traiterons est celui des *communications organisationnelles*.

Bien que les recherches portant sur les fonctions exercées par les services du personnel montrent que, dans la majorité des grandes organisations, les communications internes font partie des responsabilités qui incombent à cette unité administrative spécialisée (Janger, 1977), rares sont les volumes de base en gestion des ressources humaines qui en traitent.

Les paragraphes qui suivent mentionnent les principales raisons qui nous incitent à les intégrer aux programmes d'appui.

— Comme le propose Pfeffer (1981), une des fonctions de gestion consiste à créer des symboles et un langage commun. Les communications constituent un moyen pour arriver à cette fin, étant donné qu'elles sont elles-mêmes constituées de symboles et de langages, et qu'elles reflètent des croyances et des valeurs.

— Les entreprises qui réussissent bien auraient tendance, selon les recherches menées par Bowman (1978), la firme McKinsey (1981) et Siegel (1984), à diffuser, dans leur journal

d'entreprise ou dans leur rapport annuel, ou dans les deux, des informations qui ont les caractéristiques suivantes : elles sont plus accessibles, elles mettent davantage l'employée et l'employé en relief (laissant ainsi transparaître les valeurs de la direction), elles reflètent l'importance accordée à la clientèle, et témoignent des réussites de l'organisation. Comme le mentionne la firme McKinsey (1981), ces communications auraient pour effet d'accroître le sentiment d'appartenance à la compagnie.

Les principaux moyens d'action en matière de communications organisationnelles sont les programmes d'accueil et d'intégration des nouvelles employées et des nouveaux employés, les moyens d'information (journal de l'organisation, rapport annuel, autres publications officielles, affichage, etc.), les fêtes et autres événements spéciaux auxquels sont conviés les membres du personnel, les rencontres d'information et d'échange, certains mécanismes de participation permettant d'accroître les discussions reliées au travail (les cercles de qualité, par exemple), et les autres moyens permettant au personnel d'exprimer ses opinions (sondages, boîtes de suggestions, etc.). La publicité de l'organisation et les « procédures » administratives (en tant que régulateurs des communications qui reflètent des valeurs centrées sur les personnes ou sur les choses) doivent aussi être comptées au nombre des moyens d'action en matière de communications organisationnelles.

Ceux-ci servent à l'atteinte des objectifs suivants : aider à la constitution d'images et de valeurs communes, favoriser la circulation des informations (ascendantes, descendantes et latérales), stimuler les échanges de vues et faciliter l'exercice du travail.

La qualité des communications constitue une dimension essentielle d'autres programmes d'action, notamment celui de la *discipline*, en influant sur son application. Quoiqu'elle se distingue des autres actions d'appui par son caractère plus juridique et par le fait qu'elle peut donner des punitions comme forme de renforcement, la discipline partage certaines caractéristiques des autres actions : elle aussi peut contribuer à l'exercice efficace du travail et au fonctionnement de l'organisation en tant que système social ; et elle fait partie des conditions dans lesquelles l'organisation fonctionne et auxquelles une personne peut être plus ou moins adaptée. Elle ne constitue toutefois pas, de quelque façon que ce soit, un substitut à d'autres types d'actions visant au bon fonctionnement de l'organisation. L'application fréquente de mesures disciplinaires peut d'ailleurs constituer un indice de mauvaise santé organisationnelle.

L'exercice de la discipline relève du pouvoir légitime de l'employeur, lequel a des racines juridiques et psychosociales. Ainsi, l'État reconnaît à l'employeur et à ses délégués le droit de sévir contre les manquements aux normes et aux règles de conduite qui ont cours dans leur organisation, à condition qu'ils agissent conformément aux lois en vigueur et aux ententes qu'ils ont contractées avec le personnel. En conséquence, l'employeur qui impose des sanctions en enfreignant les règles édictées dans les lois ou dans le contrat collectif de travail s'expose à ne pas pouvoir les appliquer et même à devoir verser, le cas échéant, des compensations monétaires aux personnes lésées. De leur côté, les employées et les employés acceptent, en vertu des lois concernant le contrat de travail, de reconnaître les droits de l'employeur et de se plier aux obligations qu'ils ont à son égard, lesquelles n'excèdent par la relation de travail. Les fondements psychosociaux de la discipline sont démontrés notamment par des recherches anthropologiques déterminant, par exemple, que les mythes et les rites exercent des fonctions normatives à l'égard des conduites humaines, et par des recherches en psychologie génétique permettant de constater que l'acquisition de règles de conduite, même si elle évolue, se fait très tôt dans la vie.

S'insérant dans un système de gestion, le programme de discipline a trois objectifs : favoriser la manifestation de comportements désirables, éviter l'expression de ceux qui sont non désirés et empêcher la répétition de ces derniers s'ils se sont produits. Pour atteindre ces objectifs, il faut remplir les quatre fonctions suivantes de la discipline : préciser les comportements à adopter (c'est un guide), indiquer les conduites à éviter (c'est une balise), apporter des correctifs

aux écarts qui peuvent se présenter entre les comportements exigés et ceux qui sont manifestés (c'est un contrôle et une aide), et permettre de trouver un règlement aux problèmes qui se présentent (c'est un mécanisme de règlement des conflits). Pour exercer chacune de ces fonctions dans une politique précise de discipline (c'est-à-dire qui indique clairement l'approche utilisée et les objectifs poursuivis), il faut accomplir des tâches qui ont des fondements psychologiques et juridiques.

Préciser les comportements à adopter et à éviter a pour but d'établir un contrat entre les deux parties, lequel peut être négocié ou, au moins, discuté afin qu'en soit facilitée l'application. Les comportements à adopter et à éviter peuvent avoir trait aux aspects suivants : les temps de travail, les comportements qui peuvent nuire au rendement (par exemple, consommer de l'alcool ou de la drogue au travail), le respect des lois, le respect des règles de sécurité, l'obéissance, et la protection des biens et équipements. Quoique plusieurs individus se plient aux règles en vigueur en raison de leur code d'éthique personnel et de la formation que leur donne l'organisation, d'autres peuvent avoir davantage besoin de renforcements positifs (des félicitations, par exemple) pour respecter ce contrat. D'autres enfin, à cause de leur responsabilité ou d'autres facteurs, peuvent avoir besoin de mesures disciplinaires. Il ne faut donc pas établir un système disciplinaire en ne considérant que ces dernières personnes.

L'apport de correctifs aux écarts qui peuvent se produire entre les comportements exigés et ceux manifestés se fait par l'intermédiaire de ces tâches :

— Déterminer des sanctions. Il faut tenir compte de la gravité de la faute et de sa fréquence, et il faut que les sanctions soient proportionnelles à ces éléments. Les sanctions doivent aussi s'appliquer de façon progressive selon, par exemple, les étapes suivantes : avertissement verbal puis écrit, suspensions de longueurs variables et congédiement. On peut aussi prévoir des mesures progressives d'une autre nature pour les personnes qui souffrent de problèmes tels que l'alcoolisme (à condition que leur rendement actuel ou passé soit valable), lesquelles peuvent aboutir, par exemple, à une thérapie obligatoire.

— Établir une procédure disciplinaire. Celle-ci comporte diverses étapes : établissement des faits (cueillette d'informations à cette fin), diagnostic visant à déterminer les causes des comportements observés, vérification du dossier personnel de l'employée ou de l'employé, analyse de moyens d'action, application des moyens choisis, et rédaction d'un rapport. Ce processus a pour but de s'assurer que les actions appropriées soient posées en fonction d'une faute dont les faits sont établis et les causes connues.

— Effectuer des contrôles réguliers. L'application des règlements de façon sporadique risque de créer des inéquités et de renforcer des comportements déviants.

— Appliquer, lorsqu'il y a lieu, la procédure disciplinaire prévue. Trois remarques s'imposent à ce sujet. Il importe de faire un bon diagnostic pour déterminer s'il s'agit de motifs disciplinaires (c'est-à-dire d'actes volontaires qui ne sont pas une incapacité de répondre aux exigences normales de l'emploi). Ensuite, grâce notamment à ce diagnostic, on pourra déterminer si des sanctions seront appliquées. Enfin, il est essentiel que l'ensemble de cette démarche s'effectue avec équité.

Enfin, il est nécessaire, si l'on veut assurer justice et équité, de prévoir un mécanisme d'appel. Celui-ci est d'autant plus important que certaines recherches ont démontré que les cadres peuvent avoir tendance à porter des jugements différents à propos des mêmes dérogations aux règlements.

Des programmes adéquats de discipline, de communications organisationnelles et de rémunération contribuent à créer un contexte qui facilite l'exercice du travail. Toutefois, les facteurs les plus susceptibles d'influer sur le rendement et sur la qualité de la vie au travail sont ceux qui résultent de l'aménagement du travail et des conditions dans lesquelles il s'exerce. C'est

pourquoi nous fournirons des précisions sur les principales approches de l'organisation du travail (approche classique, approche ergonomique et approches psychosociales) et sur l'analyse des conditions de travail, même si ces fonctions relèvent à la fois de la production et de la gestion des ressources humaines[39].

L'approche classique se fonde sur une conception de l'organisation ayant les caractéristiques suivantes : regroupement par fonction des différentes activités de l'organisation, hiérarchisation des structures de l'entreprise sous forme de pyramide, choix judicieux des personnes en fonction des tâches à accomplir, description précise des fonctions et des responsabilités de chaque personne, et établissement de « procédures » de travail détaillées. Cette approche, qui cherche à accroître la productivité en mettant l'accent sur le travail et son aménagement (les personnes étant sélectionnées en fonction de ce dernier), s'inspire principalement des principes suivants : on accroît la productivité en divisant le travail en tâches les plus simples possibles et en confiant à chaque personne un nombre restreint de tâches différentes, car on facilite alors l'apprentissage de ces dernières et l'atteinte rapide d'un seuil de rendement valable (PRINCIPE DE LA DIVISION ET DE LA PARCELLISATION DU TRAVAIL) ; on soutient la motivation des travailleuses et des travailleurs par des incitations extérieures au travail lui-même, notamment par une rémunération au rendement, car l'intérêt pour ce qu'ils font n'est pas leur source première de motivation (CONCEPTION INSTRUMENTALE DU TRAVAIL) ; le travail est plus productif s'il est conçu par des spécialistes en organisation du travail, car ceux qui l'exécutent n'ont pas la compétence et l'intérêt pour améliorer les méthodes de travail (PRINCIPE DE LA DIVISION ENTRE LA CONCEPTION ET L'EXÉCUTION DU TRAVAIL). Ces principes guident la formulation des règles d'aménagement du travail énoncées par les ingénieurs industriels. Ces règles concernent notamment les deux aspects suivants :

— L'économie de mouvements. Celle-ci est réalisée par la façon dont on utilise le corps humain (exemple : les deux mains doivent commencer et compléter un mouvement en même temps), par l'aménagement physique du poste de travail (exemple : place précise et fixe pour chaque outil) et par la conception des outils et des équipements (exemple : deux ou plusieurs outils doivent être combinés chaque fois que cela est possible).

— L'« ordonnancement » et la coordination d'activités divisées par « services ». L'ordonnancement est réalisé par le travail à la chaîne, et la coordination de chaque équipe est assurée, par exemple, par une technique de recherche opérationnelle (planification par réseau).

Il faut remarquer que ce type d'approche peut susciter des problèmes, particulièrement au point de vue de la santé et de la sécurité au travail et au point de vue de la motivation des travailleuses et des travailleurs.

— Les postes de travail étant conçus sans que soient pris en considération les travailleurs qui les occupent, il y a un risque de créer des conditions de travail préjudiciables à la santé et à la sécurité de ceux qui les occupent.

— La monotonie et l'absence de signification et de pouvoir constituent certains des effets que peut provoquer cette forme d'organisation du travail, lesquels effets sont susceptibles à leur tour d'exercer diverses influences : faible motivation au travail, existence de normes informelles qui nuisent au travail, sabotage, faible qualité des produits ou des services, etc. Les sondages nationaux sur la satisfaction au travail révèlent d'ailleurs que les ouvrières et les ouvriers forment le groupe d'employées et d'employés le moins satisfait, ce qui s'explique en partie par le fait que ce groupe est le plus touché par cette forme d'organisation du travail.

L'ergonomie ne remet pas en cause les principes qui guident l'approche classique de l'organisation du travail. Elle s'efforce cependant de favoriser une plus grande harmonie entre les hommes et le travail en aménageant les postes de travail pour qu'ils s'adaptent mieux à ceux qui les occupent. Comme le mentionne Gilbert (1984), l'ergonomie est :

> « L'application conjointe des sciences biologiques et des sciences de l'ingénieur, application destinée à assurer entre l'homme et le travail le maximum d'adaptation mutuelle, dans le but d'accroître le rendement du travailleur et de contribuer à son bien-être [...] « [Le] maximum d'adaptation » mutuelle signifie qu'on recherche le meilleur compromis possible entre les exigences du travail et les caractéristiques humaines, en respectant simultanément la santé, la sécurité et la productivité de la personne au travail. »[40]

L'ergonomie a pour principaux objets d'intervention les caractéristiques des personnes (nature et résistance des structures biologiques concernées par le travail humain, postures, fatigue, perception des signaux, etc.), et les caractéristiques des équipements et de la technologie (commandes et affichage, aménagement spatial, etc.). Elle peut servir à concevoir les postes de travail (en respectant les caractéristiques de l'homme dès la conception des machines et des lieux de travail), à apporter des corrections à la situation existante (par exemple, en mettant en place des dispositifs de protection et en améliorant l'ambiance physique) et à fournir des normes concernant la santé et la sécurité au travail (en permettant de disposer d'un cadre de référence autre que celui des règles établies).

Contrairement à l'ergonomie, les approches psychosociales remettent en cause l'approche classique de l'organisation du travail. Quoiqu'elles aient toutes ce point en commun, elles diffèrent sous plusieurs rapports :

— L'approche socio-technique propose une modification des structures de l'organisation et un réaménagement du travail en fonction de certains principes. Elle cherche à considérer l'organisation dans son ensemble et requiert la participation des travailleuses et des travailleurs. Les groupes semi-autonomes, qui s'inspirent de cette approche, comportent des caractéristiques semblables.

— L'enrichissement des tâches, tel que proposé par Herzberg (1966, 1968), se fonde sur une approche individuelle et normative (c'est-à-dire en fonction de certains principes), selon laquelle le travail est modifié, mais par les structures de l'organisation.

— La modification des tâches, telle que proposée par d'autres auteurs, notamment Myers (1970), privilégie l'enrichissement de ces dernières, mais en faisant participer les personnes concernées au réaménagement des postes de travail.

— L'approche de Hackman et Lawler (1971) et de Hackman et Oldham (1976) consiste à analyser le travail en fonction de certaines caractéristiques, mais en considérant les besoins exprimés par les personnes concernées.

L'approche socio-technique[41] considère l'organisation comme un système ouvert sur l'environnement, qui comporte des dimensions sociales et techniques, l'action conjointe sur ces deux sous-systèmes étant la seule qui puisse favoriser un meilleur fonctionnement de l'organisation. Cette approche cherche à favoriser l'économie tout en voulant préserver la variété et la capacité d'adaptation de l'organisation. Elle demande que soient identifiés les éléments du milieu avec lesquels cette dernière est en interaction, puis que soient spécifiées les conditions qui permettront des échanges favorables à chacune des parties. Elle conduit à identifier des conditions de survie de deux ordres : des échanges appropriés avec l'environnement, et des ressources internes dont l'agencement et le mode d'action soient cohérents et variables. Le design organisationnel et l'aménagement du travail qui résultent de cette approche comprennent notamment les caractéristiques suivantes :

— L'acquisition d'une vue d'ensemble de l'organisation et l'orientation de cette dernière vers la réalisation de sa tâche première et des principales étapes de transformation qu'elle requiert. Étant donné que c'est par le travail que la tâche première de l'organisation peut devenir un pôle d'attraction pour les individus, la structure même de celui-ci

doit susciter une mobilisation d'efforts. Pour satisfaire à cette condition, le travail doit comporter les éléments suivants : défi, apprentissages, signification, situation future enviable, appui, respect et appréciation des collègues, et engagement dans les processus de décision. Le rôle des gestionnaires consiste d'ailleurs à faciliter le travail des employées et des employés de la base.

— La réduction des variations (c'est-à-dire ce qui nuit à l'orientation du travail vers l'accomplissement de la tâche première), soit en modifiant la technologie, soit en élaborant des structures sociales favorables à la diminution de ces dernières.

— L'aménagement des fonctions exercées par les gestionnaires pour qu'ils assument le contrôle des frontières de leur unité administrative (c'est-à-dire expliquer les exigences de l'organisation, procurer au groupe les ressources nécessaires à la réalisation de son travail et représenter celui-ci) ; la régulation interne des unités de travail est confiée, de préférence, aux employées et aux employés.

Ces divers éléments montrent que l'approche socio-technique diffère de l'approche classique en faisant que les employées et les employés se sentent engagés dans l'organisation du travail, en proposant une autre forme de division et de coordination du travail, et en considérant les motivations provenant de ce dernier.

La constitution de groupes semi-autonomes s'inspire souvent de l'approche socio-technique, qui a d'ailleurs été à leur origine (en ce qui a trait aux groupes de production). Ces groupes sont des équipes de personnes responsables collectivement d'une production donnée, qui organisent elles-mêmes le travail sans être soumises au contrôle d'un représentant hiérarchique. Les groupes semi-autonomes établissent de nouvelles relations de pouvoir en remettant en cause la fonction de commandement et les relations entre collègues, celles-ci pouvant être gérées par les employées et les employés. Les nouveaux rôles ainsi définis sont les suivants : la direction de l'organisation détermine la production à effectuer et délimite le cadre général de l'organisation du travail (par exemple, la technologie) ; les employées et les employés choisissent les moyens à utiliser, et il arrive même qu'ils soient responsables du contrôle de la qualité, de la discipline et même de l'ordonnancement du travail ; le rôle de la maîtrise (« contremaître »), s'il est maintenu, est profondément modifié. En plus de modifier les relations de pouvoir, les groupes semi-autonomes transforment l'organisation du travail, notamment par rapport aux aspects suivants : répartition des tâches effectuée par les employées et les employés (du fait qu'ils sont collectivement responsables d'une production donnée) ; acquisition d'une vue d'ensemble du travail par l'établissement de liens entre les postes, une des conséquences étant la rotation systématique de ceux-ci (dans le but d'accroître la souplesse et d'enrichir le travail individuel). On modifie d'ailleurs le travail en considérant le travail individuel et les conditions dans lesquelles il s'exerce ; les changements portent à la fois sur le poste de travail et le groupe de travail, et ils ont une incidence sur la philosophie de gestion de l'organisation.

Contrairement aux deux approches précédentes, celle qui a été proposée par Herzberg (1966, 1968) porte seulement sur la modification du travail (et non pas du pouvoir) et considère les postes isolément. Les principes invoqués se fondent sur une conception de la motivation selon laquelle les facteurs intrinsèques, c'est-à-dire reliés au travail lui-même, sont ceux qui suscitent une motivation et une satisfaction accrues. En conséquence, enrichir le travail signifie améliorer les caractéristiques intrinsèques, soit la tâche elle-même, les possibilités de se réaliser, la reconnaissance, les responsabilités (ou l'autonomie) et les possibilités de se perfectionner.

Contrairement à Herzberg, Myers (1970) fait participer l'employé(e) à la redéfinition du travail, alors que Hackman et Lawler (1971) et Hackman et Oldham (1976) cherchent à déterminer l'effet de variables intermédiaires sur les réactions qu'un individu manifeste à l'égard de l'enrichissement des tâches. De façon plus large, ils proposent une conception de l'organisation du travail selon laquelle les caractéristiques d'un emploi (ses dimensions, la capacité qu'ont ces dernières de susciter la motivation, et les états psychologiques qu'elles produisent) n'influent pas de la même façon sur les réactions qu'un individu manifeste à l'égard de son travail (motivation, qualité du travail, satisfaction, absentéisme et roulement), selon qu'il a un fort ou un faible besoin de croissance.

Les approches psychosociales ont donné lieu à de nombreuses expérimentations. Elles ont d'ailleurs fortement influencé le courant de pensée sur la qualité de vie au travail dont nous traiterons dans la partie de ce texte qui porte sur les buts de la gestion des ressources humaines. Ces expériences n'ont cependant pas toujours donné les fruits escomptés, et il importe de bien connaître les conditions requises à leur implantation, ainsi que les effets secondaires qu'elles sont susceptibles d'engendrer, avant de concevoir des postes de travail en vertu de ces principes.

En matière d'organisation du travail, il importe aussi de mentionner que certaines approches utilisent la participation des travailleuses et des travailleurs comme moyen d'accroître le rendement et d'améliorer le travail, sans toutefois mentionner le contenu précis à modifier. La technique des cercles de qualité (à propos de laquelle nous fournirons quelques précisions), les programmes de réductions des coûts (réalisés par le recours à la contribution du personnel) ou d'attribution d'une rémunération additionnelle basée sur le rendement de l'organisation (Scanlon Plan, plan Rucker ou autres techniques similaires), et certaines formes d'application de la gestion par objectifs peuvent être classés au nombre de ces approches, même s'ils diffèrent sous plusieurs rapports.

Les cercles de qualité sont des groupes d'employées et d'employés volontaires d'une unité administrative spécifique ; dotés d'une formation technique et administrative appropriée (procédés de fabrication, méthodes d'analyse et de résolution de problèmes, conduite de réunion, etc.), ils se réunissent régulièrement (en moyenne, une heure par semaine durant les heures ouvrables) dans le but de déceler, d'analyser et de résoudre les problèmes reliés à l'unité administrative concernée. Leur travail a pour objet la réduction des frais d'exploitation ou d'autres types d'améliorations à apporter : amélioration du matériel, de la sécurité, de l'environnement, de la formation professionnelle, etc. Essentiellement conçus à l'origine pour améliorer la qualité de la production, ces groupes ont vu leurs missions se diversifier considérablement ; cette diversification a fait surgir de nouvelles appellations : groupes de progrès, de participation, etc. La mise sur pied de cercles de qualité dans une organisation implique la constitution d'un comité directeur, l'embauche d'un « facilitateur » ou personne ressource, la nomination d'animatrices ou d'animateurs qui sont fréquemment la supérieure ou le supérieur hiérarchiques immédiats des membres d'un cercle donné, et les membres de chacun des cercles. Les nombreuses expériences de cercles de qualité montrent que diverses conditions d'implantation peuvent faciliter leur réussite.

L'organisation du travail et des conditions dans lesquelles il s'exerce demande aussi qu'on aménage les horaires de travail. Ceux-ci peuvent prendre diverses formes :

— horaires rotatifs : formule selon laquelle une personne travaille, selon les moments, à des heures différentes, lesquelles varient de façon systématique ;

— horaires fixes : formule selon laquelle les heures d'arrivée et de départ sont prédéterminées et stables ;

— horaires comprimés : formule selon laquelle les heures de travail d'une semaine sont concentrées en un moins grand nombre de jours, leur total demeurant inchangé ;

— horaires variables : formule selon laquelle les employées et les employés peuvent, à l'intérieur de certaines limites, choisir de façon quotidienne et autonome leurs heures d'arrivée et de départ. L'horaire comporte des « plages fixes » durant lesquelles la présence de l'employée ou de l'employé est obligatoire et des « plages mobiles » en début et en fin de journée, et parfois à l'heure du midi. Durant ces dernières, l'employée ou l'em-

ployé peut commencer ou interrompre son travail au moment de son choix, à la condition d'avoir fourni un nombre d'heures de travail déterminé à la fin d'une « période de référence » (une journée, une semaine, quinze jours ou un mois). Certaines organisations acceptent des écarts, à l'intérieur de limites bien définies, dans le nombre d'heures de travail à la fin de la période. Ainsi, un crédit ou un débit d'heures pourra être compensé à la période suivante ;

— horaire échelonné ou décalé : forme d'horaire fixe impliquant que les employées et les employés peuvent commencer ou interrompre leur travail à des heures différentes, mais ne permettant pas à ces derniers de décider chaque jour et de façon autonome de leur horaire de travail ;

— horaire libre : formule selon laquelle l'employée et l'employé décident de leurs heures de travail ;

— horaire partagé : formule selon laquelle un même poste de travail (et son horaire) est partagé par plus d'une personne (en règle générale, pas plus de deux).

L'aménagement des horaires de travail implique que l'on considère les besoins auxquels la formule prise en considération peut répondre, les conditions auxquelles son implantation doit satisfaire et les divers types d'effets qu'elle peut susciter. La loi concernant les normes de travail et, le cas échéant, les clauses pertinentes de la convention collective doivent aussi être considérées lorsque l'on veut modifier un horaire existant. Il convient enfin de mentionner que les diverses formes d'horaires à temps partiel et les heures supplémentaires (c'est-à-dire le travail effectué en surplus de l'horaire normal de travail) font aussi partie de l'aménagement des horaires de travail.

On doit analyser le travail et les conditions dans lesquelles il s'exerce pour déterminer dans quelle mesure la productivité et la situation de travail sont adéquates. Le premier type d'analyse, soit celui qui porte sur la productivité[42], implique que l'on considère les aspects suivants :

— les résultats atteints (désirés : quantité et qualité des produits ou des services ; indésirés : accidents et débours qu'ils entraînent) par rapport aux ressources utilisées pour y parvenir (financières, humaines et physiques, s'il y a lieu) ;

— les effets exercés sur ce rapport par la qualité des matières premières à transformer, les méthodes de travail utilisées, les équipements, etc. ;

— les effets exercés sur ce rapport par les comportements (absentéisme, bris d'équipement, etc.) et les attitudes qu'adopte la main-d'œuvre, et l'identification des causes qui sont à leur origine.

En plus d'aider à déterminer certains des facteurs qui peuvent être à la source d'un rendement insuffisant, l'analyse de la situation de travail fournit des renseignements sur la qualité de la vie au travail dont bénéficie le personnel. Cette analyse a pour objet :

— les effets exercés par le travail sur les employées et les employés : santé physique et mentale, attitudes (aliénation, satisfaction), temps libre pour exercer d'autres activités, etc. ;

— les conditions de travail. Diverses grilles d'analyse des caractéristiques objectives du travail peuvent être utilisées pour les emplois de production ; les plus connues sont celles du L.E.S.T. (Laboratoire d'économie et de sociologie du travail) et de la Régie Renault. L'A.N.A.C.T. (Association nationale pour l'amélioration des conditions de travail), un organisme français, a élaboré une grille pour l'analyse des conditions de travail dans des postes administratifs ;

— les mécanismes d'adaptation qu'utilisent les individus pour pallier certains problèmes que pose la situation de travail (postures incorrectes, utilisation d'outils de fortune, absentéisme, etc.).

La participation des employées et des employés à l'analyse de leur situation de travail peut s'avérer très utile, entre autres pour éviter qu'on leur impose des solutions toutes faites qui ne tiennent pas compte de leurs besoins et des mécanismes d'adaptation qu'ils ont pu adopter. Cette analyse constitue d'ailleurs une des dimensions fondamentales de la *gestion de la santé et de la sécurité au travail*. Un programme d'action en cette matière devrait aussi comporter des activités de prévention, lesquelles ont pour objet :

— la conception des postes de travail. Comme nous l'avons vu, l'ergonomie peut s'avérer d'un apport précieux à cette étape. En règle générale, il est d'ailleurs plus facile d'éliminer des problèmes au moment de la conception des postes plutôt que de les corriger par la suite ;

— la sélection adéquate des individus en fonction des caractéristiques du poste ;

— la formation du personnel, qui peut porter sur divers aspects : moyens à utiliser pour préserver la santé, risques inconnus, comportements à adopter dans des situations d'urgence, etc. ;

— l'éducation du personnel par des actions à long terme pouvant contribuer à améliorer la santé : programmes de conditionnement physique, diététique, thérapies visant à restreindre la consommation de cigarettes et d'alcool, etc. ;

— la création d'un contexte qui valorise la santé et la sécurité au travail, afin de susciter la motivation à adopter des attitudes et des comportements adéquats en cette matière ;

— la formulation d'un code de discipline visant à favoriser le respect des règles de sécurité.

Les programmes de santé et de sécurité au travail impliquent aussi la formulation de normes à respecter (notamment celles qui sont édictées par le représentant du législateur). Celles-ci peuvent avoir trait à divers aspects de l'environnement : environnement chimique (gaz, solvants, etc.), biologique (bactéries, microbes, etc.), physique (bruit, vibrations, etc.), mécanique (outils, équipement, etc.) et psychosocial (cadences, horaires, etc.). La santé et la sécurité au travail sont d'ailleurs réglementées par une loi, la Loi sur la santé et la sécurité au travail, qui précise les droits des travailleuses et des travailleurs, les obligations des employeures et des employeurs (qui sont nombreuses), les conditions prévalant à la constitution d'un comité de santé et de sécurité au travail dans les organisations, le rôle de la représentante ou du représentant à la prévention (travailleuse ou travailleur) qui consacre une partie de son temps à l'inspection des lieux de travail, aux enquêtes sur les accidents, etc.) et celui des autres intervenants : fournisseurs, associations de travailleuses et de travailleurs et d'employeures et d'employeurs, Commission de la santé et la sécurité au travail (C.S.S.T.), etc. Il convient de terminer par les remarques suivantes : nous avons inclus la santé et la sécurité au travail dans les programmes d'organisation du travail parce qu'elles dépendent fortement de cette dernière ; de plus, elles doivent, comme les autres dimensions du travail, être harmonisées avec les personnes qui l'exécutent. Enfin, trois types de raisons peuvent inciter les organisations à s'occuper adéquatement de la santé et de la sécurité au travail : elles sont d'ordre éthique, juridique et économique ; les raisons d'ordre économique sont les débours qu'est susceptible d'encourir l'organisation et les coûts indirects (débours encourus par l'État et les citoyens pour assumer les problèmes de santé occasionnés par le travail).

3.4 LES PROGRAMMES DE RELATIONS DU TRAVAIL

Étant donné qu'un chapitre de ce volume traite des relations du travail, nous nous limiterons à énoncer certains des effets que peuvent produire les relations de travail sur la gestion des ressources humaines. Nous mentionnerons aussi des moyens pour gérer, au point de vue institutionnel, certains types de conflits qui peuvent faire partie des relations de travail, considérées dans un sens large.

Le climat dans lequel s'est déroulée la négociation, les conflits qui ont pu se produire et le contrat collectif de travail qui en résulte sont tous des éléments susceptibles d'influer sur le fonctionnement et le rendement économique de l'organisation en agissant sur les facteurs suivants :

— la main-d'œuvre (motivation au travail et rendement des employées et des employés, capacité de retenir le personnel en place et d'attirer de nouveaux membres, etc.) ;

— les conditions d'exercice des autres programmes d'activités en matière de gestion des ressources humaines, comme le montrent les exemples rapportés au tableau 19.8 ;

— le caractère plus ou moins rigide et formel des rapports entre la direction et le personnel, lesquels contribuent à créer le climat et la culture de l'organisation.

En tant que moyen de régler des conflits, les programmes de relations du travail (considérés dans un sens large) peuvent aussi comprendre d'autres mécanismes institutionnels. Mentionnons, par exemple, les mécanismes de règlement des conflits entre groupes de travail (ou unités administratives), les mécanismes d'appel en matière de discipline et les mécanismes d'appel en matière de notation du personnel. La mise sur pied de ces mécanismes s'inscrit dans une perspective selon laquelle le conflit est considéré comme une dimension de la vie dans les organisations et ces mécanismes comme un moyen de le gérer.

3.5 ACTIONS AU POINT DE VUE INDIVIDUEL

En plus d'exiger des actions au point de vue collectif, qui soient organisées sous forme de programmes, la gestion des ressources humaines demande qu'on intervienne sur une base plus individuelle. Les principales actions à ce chapitre sont l'élaboration de contrats psychologiques, les communications (formulation de directives, rétroaction, etc.), la consultation, la gestion des conflits, les actions destinées à susciter la motivation, et le choix d'un style de « leadership » adapté aux personnes et aux situations.

Le contrat psychologique constitue une entente plus ou moins officielle entre une personne et sa supérieure ou son supérieur hiérar-

Tableau 19.8 Contrats collectifs de travail et autres programmes de gestion des ressources humaines: exemples d'effets possibles

PROGRAMMES	EFFETS POSSIBLES
DOTATION	• Clauses de sécurité d'emploi qui peuvent influer sur les possibilités d'effectuer des changements technologiques ou autres.
	• Clauses de sécurité d'emploi qui influent sur les possibilités de muter un individu, de le mettre à pied ou de le congédier.
	• Clauses précisant les critères d'embauche du personnel syndiqué et de l'attribution de la permanence.
	• Clauses prévoyant le respect de l'ancienneté comme critère de promotion, de mutation, etc.
APPUI	• Retenue à la base de cotisations syndicales.
	• Échelles de salaire qui ne tiennent pas compte du rendement réel de l'individu (d'où la nécessité parfois de trouver d'autres moyens pour susciter la motivation).
	• Nécessité de respecter les clauses de la convention collective en matière d'attribution des périodes de vacance.
ORGANISATION DU TRAVAIL	• Nécessité de respecter des descriptions de tâches qui sont susceptibles de compliquer le fonctionnement de l'organisation.
	• Nécessité de respecter des clauses de la convention collective en matière d'attribution des horaires de travail.

chique immédiat et dont les buts sont de soutenir la motivation et de favoriser un meilleur rendement, en permettant à l'employée et à l'employé de mieux utiliser ses ressources, de recevoir l'aide dont il peut avoir besoin et d'éviter certains problèmes qui pourraient survenir. Il consiste à définir les attentes mutuelles (besoins à satisfaire, tâches à accomplir, soutien requis), à formuler une entente (responsabilités et fonctions à assumer, objectifs à atteindre, comportements à adopter et à éviter, aide requise) et à prévoir des mécanismes de contrôle et, s'il y a lieu, de réajustement. L'entente concerne les deux parties, et la fixation d'objectifs réalistes en constitue une dimension importante. Ces objectifs fournissent à l'employée et à l'employé un stimulant et un guide, selon la conception de la motivation proposée par Locke (1968); par ailleurs, ils peuvent aider la supérieure ou le supérieur hiérarchique immédiat à évaluer le travail. Mentionnons que la formulation de l'entente, et plus narticulièrement des objectifs, doit prendre en considération certaines dimensions de la personnalité de l'employée et de l'employé, telles que la confiance et l'estime de soi, les croyances entretenues à l'égard du contrôle de sa destinée et le besoin de réussite, chacun de ces facteurs pouvant influer sur le réalisme des objectifs visés.

L'établissement du contrat psychologique est un élément clé du processus de communication qui doit s'instaurer entre une supérieure ou un supérieur hiérarchique et le personnel qu'elle ou qu'il dirige. La communication, comme l'a par exemple constaté Mintzberg (1973) dans son étude sur les rôles des gestionnaires, constitue une dimension fondamentale de ce type de poste, à la fois en raison du temps qu'elle exige et de l'influence qu'elle est susceptible d'exercer sur les autres activités de gestion.

Établir ce processus de communication signifie pour les cadres qu'ils doivent remplir diverses tâches, notamment les suivantes:

— fournir les renseignements dont les personnes ont besoin dans l'exercice de leurs fonctions, ce qui implique par exemple la transmission de directives claires;

— manifester des réactions aux employées et aux employés sur la façon dont ils exercent leurs fonctions : méthodes de travail utilisées, comportements manifestés, etc. ;

— s'informer des problèmes auxquels font face les employées et les employés dans l'exercice de leurs fonctions ;

— recevoir les commentaires et les suggestions du personnel.

En plus de respecter les règles inhérentes à chacun de ces aspects de la communication, le cadre doit maîtriser certaines habiletés s'il veut que les communications soient adéquates. Les principales sont l'aptitude à écouter et à s'adapter au style de communication des personnes à qui il s'adresse, la capacité de choisir des canaux de communication et de formuler des messages de façon adéquate, la maîtrise de techniques d'entrevue et d'animation de réunions.

La communication peut aussi trouver une application particulière dans le service de conseil auprès du personnel. Celui-ci consiste principalement à aider les employées et les employés à gérer leur carrière et à résoudre des problèmes qui nuisent (ou qui peuvent nuire) à leur rendement. Si ces problèmes sont simples, le cadre peut assumer cette relation d'aide, à condition de posséder les habiletés requises. Dans les cas d'alcoolisme, de dépression nerveuse ou d'autres problèmes complexes, le cadre peut encourager l'employée et l'employé à consulter un spécialiste ; certaines organisations font d'ailleurs de cette solution une condition au maintien de l'emploi lorsque la situation est détériorée.

L'établissement de communications adéquates peut aussi contribuer à prévenir les conflits et faciliter la résolution des problèmes, le cas échéant. Comme nous l'avons mentionné dans la partie de ce texte qui traite de la gestion des ressources humaines comme effort pour concilier des intérêts susceptibles de diverger, la gestion des conflits implique l'utilisation de stratégies et de tactiques qui peuvent varier selon les circonstances. D'ailleurs, certaines d'entre elles, soit la collaboration et la négociation, se fondent sur l'établissement d'une relation de confiance et sur des communications adéquates.

Ces dernières constituent aussi un moyen de susciter la motivation du personnel. Cet autre type d'action auprès des individus nécessite :

— qu'on connaisse les besoins et les valeurs des employées et des employés en raison des effets qu'ils peuvent exercer sur la motivation au travail ;

— qu'on offre des renforcements positifs qui soient adaptés aux besoins et aux valeurs du personnel. La reconnaissance d'améliorations apportées aux méthodes de travail ou au rendement est un exemple de renforcement positif ;

— qu'on enlève de la situation de travail les éléments qui sont susceptibles de créer des renforcements négatifs ou, en d'autres termes, de nuire à la motivation. Mentionnons l'exemple suivant : éliminer les retards dans la livraison de matières premières afin de réduire les pertes de temps qui sont source d'apathie et de désintéressement ;

— qu'on évite de créer des interactions qui peuvent constituer un renforcement négatif, telle la fixation d'objectifs trop élevés ;

— qu'on use de sanctions lorsque c'est nécessaire.

Enfin, la gestion des ressources humaines implique, selon divers chercheurs, que les cadres soient capables d'adapter leur style de « leadership » aux personnes et aux situations. Selon Hersey et Blanchard (1977), un des facteurs qui déterminent ce choix est le degré de maturité d'un groupe, celui-ci étant défini par la compétence des personnes et par leur motivation. Ainsi, ces auteurs considèrent qu'on se doit d'être plus directif avec un groupe qui a, selon ces deux critères, peu de maturité. En plus des travaux sur les choix d'un style de « leadership », ceux de Vroom et Yetton (1973), par exemple, peuvent aider à déterminer un mode de prise de décision adapté au type de problème à résoudre[43], en considérant la nature des connaissances requises, la gravité du problème et l'importance que revêt l'acceptation par les employées et les employés de la solution retenue.

Terminons cette description des différents types d'actions en gestion des ressources humaines en mentionnant que les volumes sur la gestion du personnel fournissent des précisions au sujet des programmes d'action, alors que ceux qui concernent le comportement organisationnel traitent des actions à un point de vue individuel. De plus, c'est également dans ces ouvrages que l'on peut trouver des précisions sur les fondements psychologiques de la gestion des ressources humaines.

4. Conclusion : les buts de la gestion des ressources humaines

Ces diverses actions en matière de gestion des ressources humaines ont pour but de favoriser le développement économique des organisations et de leur permettre d'assumer leurs responsabilités sociales, deux conditions que nous jugeons essentielles au maintien à long terme des organisations en tant que systèmes sociaux soumis à des pressions internes et externes. Cette affirmation demande qu'on y apporte des clarifications. En fait, il peut être utile de préciser pourquoi nous considérons prioritaire l'atteinte d'objectifs économiques et pourquoi nous estimons que le fait d'assumer des responsabilités sociales auprès des employées et des employés constitue une mission nécessaire à la survie à long terme des organisations qui produisent des biens ou des services.

Les objectifs d'ordre économique sont prioritaires parce que, sans leur atteinte, ces organisations ne peuvent pas exister. De plus, l'histoire montre que l'atteinte de ce type d'objectifs conditionne la façon d'assumer des responsabilités sociales. Mentionnons, à l'appui de cette affirmation, que c'est dans les pays dont l'économie est développée que sont promulguées les lois les plus progressives en matière de responsabilité sociale des organisations. De plus, c'est en période de prospérité économique que l'on a davantage tendance à réglementer en cette matière.

Bien qu'elle ait donné lieu à de nombreuses publications depuis 1970[44], la notion de responsabilité sociale de l'organisation demeure un concept dont l'objet est imprécis. Sont considérés comme objets de responsabilité sociale les lois que l'État demande aux organisations de respecter, ces dernières constituant le reflet des préoccupations des citoyennes et des citoyens et des priorités qu'il se fixe. Peuvent aussi être considérés comme objets de responsabilité sociale les améliorations que les organisations apportent volontairement aux conditions de travail des employées et des employés en raison d'une philosophie de gestion. Le concept de responsabilité sociale peut alors rejoindre celui de la qualité de la vie au travail, dans la mesure où l'on définit celle-ci comme une situation qui a des effets bénéfiques (objectifs et subjectifs) sur les travailleuses et les travailleurs. Cette conception de la Q.V.T. permet d'utiliser des instruments d'analyse des conditions de travail qui prennent en considération diverses dimensions, et non pas seulement celles qui concernent l'enrichissement du travail (autonomie accrue, tâches plus variées, etc.).

Notez que nous proposons le concept de qualité de vie au travail plutôt que celui de satisfaction parce qu'il peut être décomposé en dimensions qui sont, du moins en ce qui concerne bon nombre d'entre elles, mesurables objectivement. Le concept de satisfaction, en plus d'être mal défini malgré plus de cinquante années de recherches sur le sujet (Foucher, 1984), est essentiellement subjectif et peut constituer une mesure inadéquate de la réalité ; ainsi, des personnes peuvent se déclarer satisfaites d'un environnement qui comporte de sérieuses déficiences, par habitude ou par manque de critère de comparaison.

Enfin, nous proposons les concepts d'engagement à l'égard du travail et d'identification à l'organisation comme objectifs intermédiaires à atteindre[45]. Ces deux concepts constituent des mesures indirectes de la motivation au travail, qui peuvent être reliés à divers facteurs de la vie organisationnelle, tels l'absentéisme du personnel, son roulement et son rendement.

NOTES BIBLIOGRAPHIQUES

1) Tiré de Ouchi (1981), p. 115 et 116. Traduction libre.

2) Il peut être intéressant de mentionner également l'exemple des bureaucraties professionnelles, les hôpitaux et universités pouvant être des prototypes de ce genre d'organisation qui comprend notamment les caractéristiques suivantes : organisation du travail favorisant la liberté ; structures de participation permettant aux professionnelles et aux professionnels d'influer sur la gestion de l'institution ; organisation centrée sur la carrière des individus (plutôt qu'individus dont la carrière est centrée sur l'organisation) ; normes auxquelles on demande d'adhérer en raison de l'utilité qu'elles peuvent avoir par rapport à la carrière des individus ; mécanismes d'évaluation impliquant une forte contribution des pairs. L'ensemble de ces facteurs concourent à faire du professionnel un pôle d'attraction, celui-ci étant considéré comme l'élément moteur de ce type d'organisation. Pour une description plus approfondie, on peut consulter, entre autres, l'ouvrage de Mintzberg (1982).

3) Tiré de Peters et Waterman (1982), p. 248 à 250. La traduction est libre et nous avons aménagé la présentation des textes.

4) Les textes suivants, par exemple, fournissent des renseignements plus approfondis sur la notion de la culture organisationnelle et sur sa gestion : Allaire et Firsirotu (1984a et 1984b), Allen et Kraft (1982), Baker (1980), Davis (1984), Deal et Kennedy (1982), Peters et Waterman (1982), Pfeffer (1981) et Smirchich (1983).

5) Comme le mentionnent Allaire et Firsirotu (1984) en se référant à un article de *Fortune* (10 janvier 1983) basé sur un sondage effectué auprès de 6 000 dirigeantes et dirigeants d'entreprises, IBM est la compagnie la mieux évaluée parmi les 200 plus grandes entreprises américaines.

6) Peters et Waterman (1982) fournissent plusieurs exemples provenant de cette compagnie.

7) Cette perspective est fondée sur une approche behavioriste et écologique de l'étude du comportement humain.

8) Cette liste s'inspire notamment des travaux du L.E.S.T. (Laboratoire d'économie et de sociologie du travail) et de ceux du Tavistock Institute.
Voir Guélaud et coll. (1975) pour les travaux du L.E.S.T.
Voir Engelstad (1972) pour les travaux du Tavistock Institute.

9) La confiance dans le milieu de travail a deux dimensions : elle implique que l'on puisse se fier à la sincérité des autres personnes et à leurs habiletés (Cook et Wall, 1980).

10) Certains auteurs, tels Dwivedi (1982, 1983) et Gibb (1978), considèrent l'établissement de la confiance comme étant à la base du développement organisationnel.

11) Tiré de Ouchi (1981), p. 115 et 116. Traduction libre.

12) Cette typologie provient d'un texte de Turgeon (1977). Il convient de mentionner qu'il existe d'autres typologies de la participation. Celle qui a été proposée par Laflamme (1984) regroupe des mécanismes de participation (sous le titre de démocratie industrielle) selon quatre niveaux : celui des vouloirs (valeurs, stratégie sociale), celui des savoirs (information et éducation), celui des pouvoirs (atelier, management, conseil d'administration, assemblée générale) et celui des avoirs (résultats d'opérations, propriété).

13) Accroître la satisfaction et l'engagement des personnes à l'égard de leurs tâches, et satisfaire leurs besoins d'identification à l'organisation peuvent faciliter l'exercice du pouvoir (Houghland et Wood, 1980).

14) Mintzberg (1983) et Pfeffer (1981), par exemple, en traitent.

15) Définition de chacune de ces formes de pouvoir : LÉGITIME (basé sur l'autorité reconnue), RÉCOMPENSE (fonction du droit de récompenser des comportements), COERCITION (fonction du droit de punir des comportements), RÉFÉRENCE (fonction de la capacité de servir de modèle à

imiter), EXPERT (détenu en vertu de connaissances, d'habiletés), INFORMATION (détenu en raison de la possession d'informations), CHARISMATIQUE (attraction exercée en vertu de la personnalité et du message livré).

16) Alors que la collaboration (ou solution de problème) permet à chacune des parties de satisfaire au moins de façon acceptable ses divers intérêts, le compromis (qui résulte souvent de négociations) permet à chacune des parties de satisfaire certains de ses intérêts. Thomas (1976) fournit une grille permettant d'évaluer chacune des stratégies.

17) Cascio (1980) et Schmidt et coll. (1979) font une recension des écrits en la matière pour la sélection du personnel. Landy, Farr et Jacobs (1982) formulent un modèle pour évaluer l'utilité de la notation.

18) L'efficacité se rapporte à l'atteinte d'objectifs, alors que l'efficience a trait au bon fonctionnement.

19) Valider peut signifier diverses choses telles que préciser la capacité prédictive d'un instrument ou déterminer si celui-ci mesure vraiment ce qu'il prétend mesurer.

20) Exemples de résultat : le volume de vente d'un vendeur ; le nombre de produits finis durant une période précise de temps. Exemples de comportements : le nombre de retards, le nombre d'absences, le nombre de fois où la personne sévit contre une autre et le degré de sévérité de ces sanctions. Exemples de traits de personnalité : la ponctualité, l'assiduité, la sévérité.

21) Burke et coll. (1978) et Nemeroff et Wexley (1979) présentent, en plus des résultats de leur propre recherche, une bonne recension des écrits en la matière.

22) Dans de nombreuses entreprises, certains renseignements concernant le personnel sont colligés par le service des finances ou de comptabilité (ou par une firme externe dans le cas des P.M.E.) qui administre les salaires et les avantages sociaux.

23) On parlait déjà d'informatisation des données en gestion des ressources humaines au début des années 60. Pourtant, plus de vingt ans plus tard, de nombreuses organisations ont encore un système manuel d'information sur le personnel. Le fait que l'informatisation du système d'information sur les ressources humaines ne s'avère pas rentable financièrement à court terme constitue une des raisons de ce retard.

24) Les principales techniques sont : l'affichage interne, le bureau d'embauche de l'organisation, le recours à une banque d'anciennes candidates et d'anciens candidats, les médias écrits (quotidiens, revues spécialisées, journaux locaux), les médias électroniques, les agences privées de placement, les agences publiques de placement, les syndicats, les corporations professionnelles et autres associations, les recommandations faites par des membres de l'organisation, les congrès et autres techniques de relations publiques, et les institutions scolaires.

25) Mentionnons, par exemple, que les programmes d'action positive destinés à accroître l'embauche de certaines catégories de main-d'œuvre et l'interdiction d'exclure automatiquement certaines d'entre elles (en raison du sexe, des liens de parenté avec des membres de l'organisation ou d'autres motifs interdits de discrimination) constituent des facteurs qui influent sur le recrutement.

26) Le ratio de sélection traduit le lien entre ces deux fonctions. La formule de ratio de sélection est $RS = n/N$, où RS = le ratio de sélection, n = le nombre de postes à combler et N = le nombre de candidats(es).

27) Alors que certains auteurs tel Van Maanen (1979) en fournissent une typologie, d'autres analysent leurs effets ; mentionnons, par exemple, Lewis, Posner et Powell (1983), et Schein (1961, 1967).

28) Le recrutement dans l'armée constitue un excellent exemple de la double étape embauche-placement.

29) Promotion peut aussi vouloir dire accroissement de responsabilités (sans changement de niveau hiérarchique) et changement de classe de rémunération.

30) L'attribution d'une promotion constitue une situation de sélection.

31) Une loi de cette nature existe en France. Au Québec, la Commission d'étude sur la formation (professionnelle, sociale et culturelle) des adultes a fait des recommandations à cet effet en 1982.

32) Mentionnons, par exemple, que la rémunération à la pièce peut faire prendre des risques à la travailleuse et au travailleur, lesquels risques sont susceptibles d'affecter sa sécurité et sa santé. De plus, certaines formes de rémunération au rendement peuvent engendrer un stress trop élevé chez des personnes mal adaptées à ces dernières.

33) La comparaison suivante joue sur cette perception : les rétributions reçues par rapport aux contributions effectuées comparées aux rétributions que reçoivent les autres en fonction de leurs contributions.

34) Les divers gouvernements du Canada (fédéral, provinciaux et territorial) ont adopté des lois qui réglementent la rémunération. Ce sont la Loi sur le salaire minimum, les normes de travail (qui prévoient certains avantages sociaux et qui réglementent le paiement de tarifs spéciaux pour les heures supplémentaires), les lois sur les justes méthodes d'emploi (à travail égal, salaire égal) et les lois sur le paiement des sommes dues.

35) Ces méthodes peuvent se diviser en deux catégories. La première comporte les méthodes traditionnelles quantitatives et non quantitatives. On y trouve principalement la méthode de rangement ou de classement hiérarchique, la méthode de classification par catégories, la méthode des aptitudes de base, la méthode des points et la méthode de comparaison par facteurs. La seconde catégorie comporte des méthodes dites « mixtes », puisqu'il s'agit en l'occurrence de la combinaison de méthodes traditionnelles.

36) Les principaux problèmes à résoudre au cours de cette étape sont la détermination du nombre de structures salariales requises, la détermination de la courbe de salaire de l'organisation, l'établissement d'un taux unique ou de classes hiérarchiques (à taux unique ou multiple), et l'établissement d'un taux individuel pour chacun des emplois ou chacune des classes d'emploi possédant à peu près les mêmes valeurs relatives.

37) En raison notamment du fait que certains avantages sociaux (les vacances, par exemple) peuvent être comptabilisés dans le salaire ou dans les avantages sociaux, on utilise souvent l'expression « rémunération globale » pour désigner le total des salaires et des avantages sociaux.

38) « Sur une base pondérée » indique que l'on a tenu compte de l'effet de certaines variables qui ont tendance à faire surestimer le pourcentage de la masse salariale allant aux avantages sociaux. Mentionnons aussi qu'il existe diverses façons de calculer l'importance des avantages sociaux.

39) Dans la pratique, le service de production contribue plus à l'exercice de ces fonctions que le service du personnel ; divers sondages (Guérin, 1984 ; Janger, 1977 ; White et Boynton, 1974) montrent d'ailleurs que ce dernier service contribue peu à l'aménagement du travail. En considérant celui-ci comme une dimension de la gestion des ressources humaines, nous ne prétendons pas qu'il doive être le monopole du service du personnel. Ce que nous cherchons à démontrer, c'est que la recherche d'harmonie entre le travail et les personnes constitue une dimension fondamentale de la gestion des ressources humaines, qui peut être assumée par les cadres hiérarchiques, le service de production et le service du personnel.

40) Gilbert (1984), dans Tarrab, p. 171.

41) Cette approche a été conçue par des chercheurs du Tavistock Institute de Londres. Pour plus de précisions, consultez notamment les ouvrages suivants : Boisvert (1980), Davis et Trist (1974), Trist et Bamforth (1951) et Trist et coll. (1963).

42) Le chapitre de ce volume portant sur la production fournit un cadre d'analyse plus complet pour effectuer ces analyses de productivité.

43) Les modes de prise de décision considérés par le modèle sont la prise de décision par

le cadre lui-même, la prise de décision par ce dernier après consultation des employés et la prise de décision conjointe.

44) Les textes suivants, par exemple, traitent de cette notion : Adizes et Weston (1983), Arcelus et Schaffer (1982), Carrol (1979), Edmunds (1977), Elkins (1977), Frederick (1981), Tuzzolino et Armandi (1981) et Zenisek (1979).

45) Diverses recherches traitent de ces concepts (leur mesure et leurs effets). Mentionnons, par exemple, les travaux de Benabou (1984), de Kanungo (1979, 1981, 1982), de Morris et Sherman (1981), de Saal (1978) et de Wiener et Vardi (1980).

CHAPITRE 20

LA RECHERCHE, LE DÉVELOPPEMENT ET L'INNOVATION

par

Roger A. Blais

« Toujours une mutation laisse des pierres d'attente pour une mutation nouvelle. »

Machiavel

1. Préambule

La technologie est le fer de lance de la plupart des entreprises. On entend par là un ensemble bien organisé de connaissances éprouvées se rapportant aux principes de fonctionnement, aux normes, ainsi qu'à l'utilisation efficace et sûre des outils, appareils et équipements de production.

Cet ensemble de connaissances théoriques et pratiques repose, d'une part, sur les fondements de la science et, d'autre part, sur l'expérience de l'industrie et l'économie des opérations. Ce capital intellectuel est investi dans la conception, l'application et l'évaluation des méthodes et des procédés de production, ainsi que dans le choix et l'utilisation de diverses formes d'énergie, divers types de matériaux et autres moyens de production.

Cela comprend à la fois les connaissances des phénomènes physiques et biologiques qui intéressent l'industrie (par exemple, les propriétés des fluides ou les lois de la génétique), l'application de ces principes à la production industrielle (telle la genèse de nouvelles plantes par recombinaison génétique) et le savoir-faire entourant les opérations quotidiennes de production (tel celui d'un corps de métier).

La technologie apparaît non seulement comme l'un des principaux facteurs de production mais aussi comme une ressource stratégique pour l'entreprise. En effet, le changement technologique est devenu si rapide et si envahissant de nos jours qu'il faut constamment profiter des progrès scientifiques et dessources de la technologie : nouveaux produits supérieurs aux produits existants, nouvelles méthodes et nouveaux équipements de production, nouvelles conceptions ajoutant aux produits existants d'importantes caractéristiques nouvelles, nouvelles techniques d'organisation du travail de marketing et de management. Même dans le secteur des services, il faut savoir profiter du changement technologique si on veut demeurer compétitif. Et dans nombre de secteurs, les produits existants sont remplacés par des produits supérieurs en l'espace de moins de cinq ans.

Ce chapitre est donc essentiellement consacré au changement technologique, ce qui constitue la dynamique même de la technologie et en assure l'évolution. Or le changement technologique est alimenté par l'invention, la recherche et le développement (R-D), et l'innovation industrielle. Son but est clair : satisfaire les besoins et produire à meilleur coût.

Alors que l'entreprise traditionnelle se préoccupe beaucoup de sa trésorerie et de sa rentabilité à court terme, l'entreprise moderne se distingue notamment par la qualité des nouvelles idées qui y prennent naissance et par le soin qu'apportent ses dirigeants à faire fructifier ces idées et, le cas échéant, à trouver dans d'autres sources les idées et le savoir-faire techniques qu'il leur faut. Étant invariablement le fruit des cerveaux, ces nouvelles idées ne peuvent s'épanouir que si les dirigeants sont convaincus de leur importance et qu'ils prennent un soin particulier des personnes qui les proposent et les mettent à profit. Comme le soulignent Peters et Waterman[1], « une nouvelle idée peut circuler sans être utilisée dans une entreprise pendant des années, non pas parce qu'on ne reconnaît pas ses mérites, mais parce que personne n'a assumé la responsabilité de passer de la théorie à la pratique. Les idées sont inutiles si elles ne sont pas utilisées. Seule leur mise en œuvre démontre leur valeur. Jusque-là, elles sont dans les limbes. »

La R-D dans l'entreprise (ou faite à l'extérieur pour le compte de celle-ci) est avant tout une question de mentalité ou d'attitude de la part du dirigeant. Trop nombreux sont les dirigeants qui ont les yeux rivés sur le passé plutôt que sur l'avenir. Constamment en butte à des difficultés internes et face à un environnement externe plus ou moins contraignant mais toujours changeant, le chef d'entreprise doit percevoir et saisir les occasions qui se présentent. Il doit assurer le positionnement de son entreprise dans les marchés et, de ce fait, lui fournir un cadre d'innovation adéquat. Sinon, l'entreprise périclitera et finira par disparaître.

Point n'est besoin d'être un scientifique pour diriger une entreprise à base technologique. Au contraire, les chercheurs sont souvent de piètres administrateurs. Mais le dirigeant, quelle que soit sa profession, doit bien comprendre le trio produit-technologie-marché. Il doit s'assurer que la stratégie de l'entreprise englobe la R-D sous une forme ou sous une autre s'il veut atteindre les objectifs d'innovation visés. C'est dans cette optique que ce chapitre a été conçu : souligner l'importance du changement technologique, fournir une compréhension de la R-D innovatrice et montrer comment cette fonction critique s'insère dans la stratégie de l'entreprise.

2. La technologie : une ressource stratégique

Le changement technologique est beaucoup plus que le changement d'une technique par une autre (une technique est une méthode de production en usage). C'est un net progrès des connaissances s'appliquant à toute une branche de l'industrie, alors que le changement d'une technique par une autre consiste plutôt à modifier le caractère de l'équipement, des produits ou de l'organisation de production, ce qui se fait souvent par le biais d'un transfert de technologie. Pour profiter du changement technologique, il faut non seulement savoir que l'information existe, mais encore apprendre à la maîtriser et à la faire sienne. Bien mieux, il faut générer soi-même les nouvelles connaissances.

Il existe une importante distinction entre la création et la dissémination d'une nouvelle technologie, d'une part, et son application pratique dans des systèmes opérationnels, d'autre part. Ce processus de transfert d'une nouvelle connaissance à une application originale et commercialement réussie est la trame de l'innovation industrielle, ce que nous discuterons plus loin dans ce chapitre.

La R-D industrielle a principalement pour but de faire avancer la technologie. Mais la recherche aura peu d'effet sur les techniques utilisées par l'industrie et sur la productivité industrielle si la fonction de recherche n'est pas en adéquation avec la fonction de production et la fonction de marketing. D'où la nécessité d'une stratégie d'innovation pour l'entreprise.

2.1 UN TREMPLIN VERS LES NOUVELLES TECHNOLOGIES

Pour une entreprise à base technologique, il n'existe pas desubstitut ni d'équivalent à la maîtrise concurrentielle de sa technologie et à la supériorité technique de ses opérations. La direction de l'entreprise risque d'avoir des surprises très désagréables si elle ne surveille pas constamment les aspects technologiques et si elle n'incorpore pas l'innovation dans sa stratégie.

Dès lors, les efforts de R-D dans l'entreprise doivent être bien dirigés. On a beaucoup écrit sur la gestion de la R-D industrielle, mais les conditions varient tellement d'un secteur industriel à l'autre et d'une entreprise à l'autre qu'il est difficile de modéliser le corpus des connaissances qui s'y rattachent. Alors que la gestion professionnelle d'une entreprise s'applique essentiellement aux opérations et à la trésorerie, la gestion de la R-D et de l'innovation se concentre sur la création, le développement et l'application d'idées novatrices. Ce processus, qui a été décrit en détail par Yao et Blais[2], est semblable aux mécanismes « autoadaptés » qu'on trouve dans la théorie des contrôles en génie électrique. Il s'agit de flots d'information autoadaptés qui circulent dans une série de boucles de rétroaction dont le point d'origine est un bon plan conceptuel et le point de sortie la satisfaction des besoins du marché. Le plan d'action doit être constamment révisé, à mesure que de nouveaux résultats expérimentaux deviennent disponibles et que de nouvelles perceptions du marché surgissent.

En d'autres termes, la gestion de la R-D et de l'innovation dans l'entreprise n'est rien d'autre que la gestion du changement technologique au sein de la firme. Bien que durant la dernière décennie les systèmes de planification stratégique aient progressé, on a accordé peu d'attention au changement et à la planification technologiques. Même si la plupart des compagnies surveillent attentivement l'efficacité de leurs efforts technologiques (par exemple, si leurs laboratoires de recherche sont bien dirigés, s'ils sont assez étroitement liés à la production et au marketing), elles sous-estiment souvent les facteurs critiques de gestion efficace des nouvelles technologies. Les questions importantes sont :

— Quelle nouvelle technologie doit-on rigoureusement poursuivre et quand doit-on le faire ?

— Comment diriger la transition d'une technologie à une autre ?

— Comment préparer l'entreprise au changement technologique ?

Ces trois questions fondamentales sont toutes d'ordre stratégique. Une fois que les choix sont faits, il n'y a pas de retour en arrière, et la nature de la concurrence dictera si oui ou non on a fait les bons choix et si on les a faits à temps. Même si les dirigeants se sentent plus confortables avec la technologie que leur firme maîtrise déjà, ils doivent explorer les solutions de rechange susceptibles de leur fournir des technologies plus puissantes ou moins dispendieuses.

Le défi qui se pose est celui de maximiser les profits qu'une entreprise peut retirer de la R-D durant un certain nombre d'années. Ce qu'on recherche en réalité, c'est la maximisation de la valeur présente nette de l'investissement en R-D par rapport aux dépenses de R-D. Foster[3] exprime cette relation comme suit :

$$VPN = \frac{\text{progrès technique}}{\text{investissement en R-D}} \times$$

$$\frac{\text{VPN de l'investissement en R-d}}{\text{progrès technique}}$$

où

le terme de gauche est la productivité technique de la R-D ;

le terme de droite est le rendement commercial de la R-D, en termes de valeur présente nette (VPN) ;

le progrès technique est une mesure de la performance du produit (par exemple, le nombre de multiplets dans un micro-ordinateur, la résistance au feu d'une céramique, le nombre de cycles de fatigue qu'un acier peut supporter à une certaine température et sous une charge donnée).

Le terme de gauche de l'équation présentée ci-dessus n'est rien d'autre que la pente de la courbe en S représentée à la figure 20.1. Cette courbe nous rappelle que toute technologie a ses limites. Au début, lorsque la technologie est nouvelle, la performance des produits qui résultent de la R-D va croître lentement. Ensuite, à mesure que la R-D fournit de nouvelles solutions, la performance croît rapidement. Éventuellement, elle atteindra une limite en dépit d'efforts soutenus en R-D. En somme, le progrès technique résultant des efforts de R-D pour un produit particulier est une courbe en forme de cloche (figure 20.1).

Le ratio VPN est un excellent indicateur de la performance de la R-D. Selon Foster, la plupart des compagnies peuvent augmenter ce facteur de performance de 200 à 300 % en s'attaquant aux points clés suivants : 1) augmenter la pente de la courbe en S et la gravir plus rapidement ou plus efficacement, 2) coupler les programmes techniques et la stratégie et 3) s'assurer de la justesse de cette stratégie.

Il en résulte quatre façons essentielles d'augmenter le rendement des investissements dans la R-D :

— se concentrer sur les technologies qui ont le meilleur potentiel technique ;

— améliorer l'efficacité du processus de R-D ;

— assurer un bon couplage des programmes techniques et des besoins du marché ;

— développer des stratégies axées sur le potentiel des technologies que la firme possède déjà ou qu'elle peut maîtriser.

Les deux premiers facteurs augmentent la productivité de la R-D, et les deux autres accroissent son rendement.

On ne saurait trop insister sur le choix d'une technologie appropriée pour une firme particulière à un moment donné. Comme nous l'avons souligné plus haut, la productivité de la R-D est directement fonction du positionnement de la firme par rapport aux limites de la technologie.

Ainsi, lorsque la productivité de la R-D plafonne ou diminue après avoir atteint un haut niveau, la seule façon de gagner du terrain est de se greffer à une autre courbe en S où le taux de productivité de la R-D sera plus élevé.

Comme le montre la figure 20.2, cette opération signifie que la firme doit cheminer à travers une « discontinuité technologique », qui est souvent ardue et pleine d'embûches.

Lorsqu'une firme fonctionne sur la courbe A et atteint un point où la technologie est à maturité, elle ne progresse plus que très lentement en dépit d'un effort intense de R-D. Pour la même quantité d'efforts, il vaut beaucoup mieux passer à une nouvelle technologie B afin de réaliser des progrès plus grands.

Selon Foster, les discontinuités technologiques sont beaucoup plus fréquentes et stratégiquement importantes qu'on ne le croit généralement. Elles apparaissent dans toutes les industries, et de façon assez régulière. Par exemple, dans le marché des communications et des ordinateurs des années 40, le passage des tubes à vide aux transistors fut une grande discontinuité technologique. De même, vers la fin des années 50 apparaissaient les premiers circuits électriques sur des puces de silicium, alors qu'à la fin des années 60 prenait naissance l'industrie des microprocesseurs. En 1977, Intel - alors le plus grand manufacturier de « chips » - mettait sur le marché son microprocesseur 8748 avec 20 000 transistors (10 fois plus que le microprocesseur inventé par M.E. Hoff, fils, en 1971). En 1984, les circuits intégrés les plus denses contiennent 600 000 transistors sur une puce de silicium de 6 mm de côté. Chacun de ces transistors fait le même travail qu'un tube à vide, mais en étant 66 milliards de fois plus petit. On attend maintenant des développements spectaculaires du côté des circuits intégrés à grande vitesse et à très grande capacité de mémoire, grâce au remplacement du silicium par l'arséniure de gallium et composés connexes.

Voici d'autres exemples de discontinuités technologiques. Dans l'industrie des contenants métalliques, la transition de la boîte de conserve composée de trois pièces à la boîte de deux pièces fut un changement radical. Les parois des cannettes se font de plus en plus minces, et

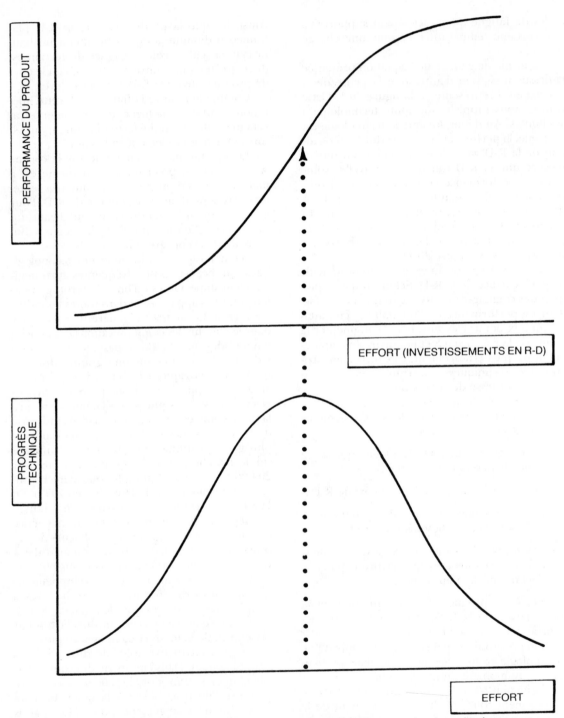

Figure 20.1   Courbe en S de performance technologique en fonction de l'effort en recherche et développement. Sa pente atteint un sommet au milieu (Source : Richard N. Foster, 1982)

la substitution des métaux conventionnels de ces cannettes par l'aluminium se répand de plus en plus. Dans le domaine de l'emballage, on a vu la substitution des empaquetages de papier par des empaquetages métalliques et, ensuite, par des enveloppes polymériques.

De telles discontinuités technologiques constituent autant de possibilités stratégiques permettant à l'entreprise de gagner une part du marché par rapport à ses concurrents. Ainsi, l'adaptation à ces discontinuités est souvent la seule solution aux problèmes d'une productivité de R-D en déclin et d'une position concurrentielle précaire.

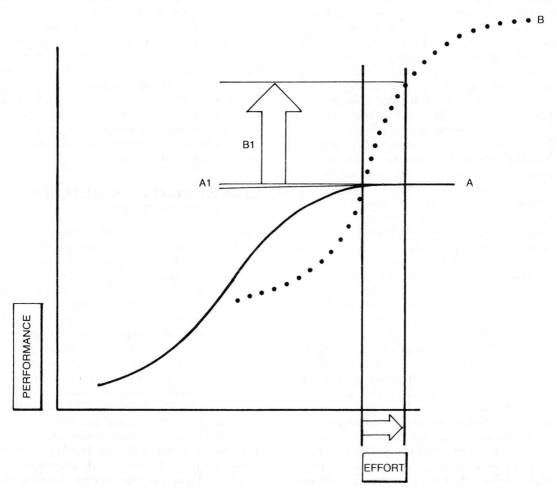

Figure 20.2   Embûches entourant le saut d'une technologie à pleine maturité (A) à une technologie en pleine expansion (B) (Source : Richard N. Foster, 1982)

La décision de passer ou non à une autre courbe en S peut entraîner d'énormes conséquences pour l'entreprise. Comparons, par exemple, les cas de National Cash Register (NCR) et Burroughs. Au milieu des années 50, ces entreprises se ressemblaient beaucoup, étant toutes deux engagées dans la fabrication et la vente des caisses enregistreuses électromécaniques. Elles jouissaient d'un volume semblable de ventes d'environ 250 millions de dollars par année. Chacune se disait résolue à entrer dans l'ère de l'électronique. Mais alors que Burroughs adopta un programme ambitieux de R-D à la fin des années 50 afin de passer de la courbe en S électromécanique à la courbe en S électronique, la direction de NCR continua d'en parler mais ne fit rien. Le résultat fut qu'au début des années 70, Burroughs se portait très bien, alors que NCR se trouvait en sérieuses difficultés financières. Dans les années 60, Burroughs travaillait d'arrache-pied pour développer de nouvelles générations d'ordinateurs et incorporer les plus récents développements de la microélectronique à sa gamme de produits. À la même époque, NCR se concentrait sur la diminution des coûts de ses produits électromécaniques standards. La direction de NCR déclarait vouloir devenir le numéro 2 dans les ordinateurs après IBM, mais ne voulait pas investir en conséquence. En 1970, NCR était devenu le champion des enregistreuses électromécaniques, mais dut se départir de 137 millions de dollars de stock de machines périmées et d'équipement désuet. Le président de l'entreprise fut limogé, 28 des 35 cadres supérieurs furent affectés à d'autres emplois, et environ 15 000 employés furent mis à pied. Heureusement, NCR est maintenant en bonne voie de récupération. Mais tous ces traumatismes auraient pu être évités si la direction de NCR avait décidé d'adopter la nouvelle courbe en S.

Le problème est donc de prévoir ces discontinuités technologiques et de les franchir avec succès. Au même titre que les chefs de file des industries de tubes à vide se sont faits complètement dépasser par des petites entreprises innovatrices offrant des transistors et ensuite des microprocesseurs, les géants de l'industrie chimique d'aujourd'hui ne risquent-ils pas de se faire damer le pion par des petites firmes de biotechnologies s'intéressant aux produits chimiques?

La gestion de la R-D et de l'innovation est donc d'une grande importance pour l'entreprise, car c'est son avenir même qui est en cause. Voilà pourquoi les dirigeants des entreprises à base technologique doivent se soucier du positionnement de leurs firmes par rapport aux changements technologiques. Ils doivent adopter les stratégies qui s'imposent, sinon ils risquent fort de se trouver un jour en chômage.

Dans ce contexte, ne faudrait-il pas repenser les programmes de formation que dispensent nos écoles d'ingénierie et d'administration? Ou, tout au moins, imaginer un nouveau programme axé à la fois sur la technologie et l'administration? On sait que les étudiants en ingénierie ne reçoivent qu'une faible formation en sciences de l'administration et que les étudiants en administration se familiarisent rarement avec la technologie. Pourtant, la technologie et la gestion sont les deux composantes essentielles de toute entreprise. Le changement technologique est sans doute le défi majeur à relever pour les dirigeants d'entreprises.

2.2 LE PHÉNOMÈNE DES MUTATIONS TECHNOLOGIQUES

Après avoir vécu une période d'euphorie (milieu de la courbe en S) caractérisée par de fortes augmentations de performance technique et de rentabilité, le dirigeant peu rompu à la technologie est naturellement enclin à extrapoler loin dans l'avenir ces augmentations de performance technique. Impressionné par la santé financière de son entreprise et encouragé par des profits élevés, il ne s'aperçoit pas que la santé technologique de son entreprise est en voie de se détériorer rapidement (marginalisation des augmentations de performance technique au sommet de la courbe en S). Une entreprise peut paraître très rentable à court terme si on en croit les indicateurs économiques, alors qu'en réalité la productivité de la R-D peut être en baisse rapide. Dans ce cas, la technologie a atteint ses limites, et une crise va s'amorcer si l'entreprise ne parvient pas à effectuer la transition à une technologie supérieure et à se greffer à une nouvelle courbe de progrès technique (voir la figure 20.2).

Pour comprendre ce concept de la maturation de la technologie dans l'entreprise et son effet sur la performance technique, examinons l'évolution de l'industrie du pneu. Surveillons en particulier les discontinuités technologiques et analysons brièvement le comportement des firmes dans ce secteur.

Pour ce qui est du matériau entrant dans la fabrication du pneu en caoutchouc et constituant la corde structurale, on est passé successivement du coton à la rayonne (1931), à la super-rayonne (1933), à la super-2 rayonne, à la super-3 rayonne, au nylon (1947) et enfin au polyester (1963). Au point de vue structural, on est passé du pneu conventionnel au pneu à carcasse à pli croisé, puis au pneu radial ceinturé de fils d'acier et, tout récemment, au pneu radial toute saison (invention de Michelin). Ces discontinuités technologiques profondes se sont produites dans un secteur pourtant assez traditionnel. Voyons maintenant ces étapes l'une après l'autre.

Au moment où ces développements se produisaient, American Viscose atteignait le sommet de la courbe en S pour la rayonne, alors que Dupont introduisait le nylon dans les pneus dont la performance s'avérait de beaucoup supérieure à celle de la rayonne super-3. Puis survint une troisième discontinuité technologique occasionnée par l'introduction du polyester, qui produisit une forte augmentation de la performance par rapport au nylon, mais qui n'exigea que de faibles investissements en R-D. Celanese, alors le deuxième fabricant mondial de polyester, était le chef de file technologique et réussit à devancer Dupont et à devenir le fabricant numéro 1 de corde de polyester pour les pneus ceinturés. Pendant ce temps, Dupont traînait à l'arrière et continuait d'investir dans des améliorations de la corde de nylon, lesquelles, somme toute, se sont avérées fort marginales par rapport aux investissements consentis.

Puis apparaît une quatrième discontinuité technologique avec l'introduction, par Michelin, du pneu radial dont la performance dépassait celle des pneus ceinturés, quelle que soit la nature de la corde utilisée. Enfin, il sera intéressant de voir quelle part de marché Michelin réussira à prendre avec l'introduction toute récente de son pneu radial toute saison.

Dans cette série de développements technologiques, l'augmentation de la performance technique à l'étape médiane est environ trois fois supérieure à ce qu'elle est dans l'étape finale (partie supérieure de la courbe en S). Ainsi, la productivité de la R-D à l'étape initiale du développement du nylon ne fut que de 0,066 unité par million de dollars investi dans la R-D, alors qu'elle augmenta de 400 % à l'étape médiane et diminua à 0,075 à l'étape finale[4].

Pour les concurrents, la situation fut beaucoup plus dramatique. Dupont n'obtenait que 0,075 unité de performance à la dernière étape de développement de son nylon, alors que Celanese, en pleine progression (étape médiane d'une nouvelle courbe en S), obtenait 0,33, soit 4,5 fois la performance de Dupont. En plus, le produit de Celanese était nettement supérieur (d'où d'une seule pierre, deux coups gigantesques). Aucune compagnie, fût-elle Dupont, ne peut soutenir longtemps une telle concurrence.

La conclusion est claire. Le dirigeant averti doit prêter une attention spéciale à la technologie et à la R-D comme base essentielle de la stratégie de son entreprise. Il doit gérer efficacement la technologie et ne pas se fier seulement aux indicateurs économiques.

Il doit donc surveiller de près les fondements scientifiques qui imposent des limites réelles au progrès désiré, ainsi que le niveau d'atteinte de telles limites.

En effet, les faits scientifiques sont inéluctables. Considérons l'exemple de l'anhydride phtalique. Selon les lois de la stœchiométrie, il est impossible d'obtenir plus de 1,156 kg d'anhydride phtalique à partir d'un kilo de naphtalène. C'est là une limite physique qui ne peut être dépassée mais qu'il faut viser. Ce qu'il faut retenir toutefois, c'est que lorsque ce procédé fort simple fut développé, on a commencé avec un rendement de 85 %. Avec des investissements additionnels en R-D, on a réussi à atteindre un rendement de 95 % (très près de la limite théorique), au-delà duquel on ne peut obtenir d'amélioration même en poursuivant la R-D.

2.3 UN MILIEU PROPICE À L'INNOVATION

Un autre aspect à considérer dans la stratégie de l'entreprise est l'établissement d'un milieu propice à l'innovation, et donc à la créativité et à l'esprit d'entreprise. Pour reprendre l'exemple du pneu mentionné plus haut, considérons l'innovation du pneu radial introduit par Michelin. Cette « modification » au pneu conventionnel s'est traduite par un effet de milliards de dollars sur la société moderne : durée des pneus deux fois plus longue, économie d'essence en raison d'une meilleure traction, sécurité accrue pour les passagers, etc. Mais pourquoi le pneu radial est-il si efficace ? La réponse est dans l'analyse paramétrique[2].

Tous les pneus sont caractérisés par les paramètres suivants : force et rigidité dans diverses directions, forme géométrique particulière sous charge, caractéristiques de transmission des charges latérales et de cisaillement, et, finalement, l'« empreinte » du pneu sur le pavé. Les pneus conventionnels furent conçus essentiellement en fonction de leur résistance à la pression. Les fibres de renforcement étaient placées principalement d'un bord de la jante à l'autre (voir la figure 20.3), et le pneu une fois gonflé se présentait sous forme de beigne. Par contraste, le pneu ceinturé de fils d'acier est renforcé tout au long de son périmètre extérieur, parallèlement aux sillons de la semelle du pneu (voir la figure 20.4), ce qui lui confère une grande rigidité longitudinale. Lorsqu'il est gonflé, le pneu se présente en section sous forme d'un cylindre.

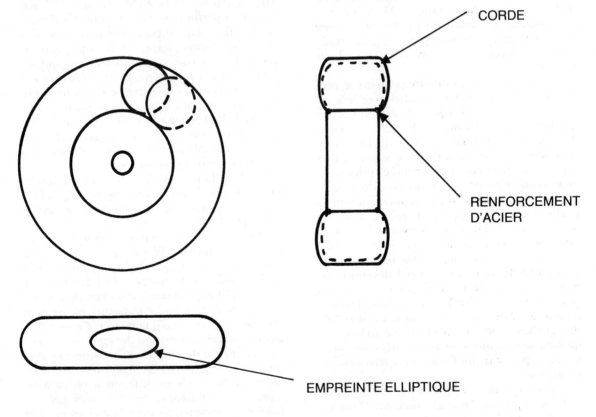

CORDE

RENFORCEMENT D'ACIER

EMPREINTE ELLIPTIQUE

Figure 20.3 Pneu conventionnel

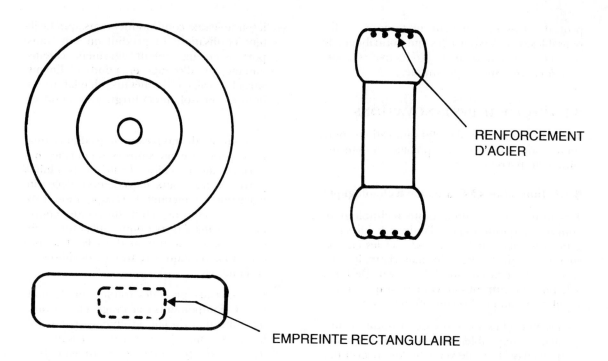

Figure 20.4 Pneu radial

Puisque la fonction primaire de tout pneu est de fournir une bonne traction, la forme de l'empreinte est importante. Dans le cas du pneu conventionnel, l'empreinte est de forme elliptique (figure 20.3) ; il se produit un glissement latéral entre la semelle du pneu et le pavé lorsque le pneu roule. Par ailleurs, le pneu radial a une empreinte rectangulaire (figure 20.4), ce qui fournit une meilleure adhésion de la semelle au pavé et cause fort peu de glissement latéral. Ainsi, l'identification d'un paramètre clé et l'introduction d'un changement de conception pour répondre correctement à un problème technique ont produit une innovation majeure, le pneu radial.

Si ces principes de stratégie sont valables pour l'industrie du pneu, à plus forte raison le sont-ils pour les industries de hautes technologies, où les changements sont encore plus fréquents et plus percutants et où les percées technologiques sont plus nombreuses.

Cet ensemble de considérations sur les mutations et discontinuités technologiques nous conduit maintenant à un survol du processus de l'innovation.

3. L'innovation industrielle

La R-D industrielle n'a de sens que si elle conduit à l'innovation technologique. En effet, l'innovation est l'introduction originale et commercialement réussie d'un nouveau produit, procédé ou système. C'est la mise en application fructueuse d'un nouveau concept, d'une découverte ou d'une invention. Mais invention n'est pas synonyme d'innovation, car beaucoup d'inventions n'arrivent jamais sur le marché.

La notion de succès commercial est également importante, car c'est le marché qui décide si une découverte est vraiment utile. Bien sûr, les améliorations apportées aux produits ou aux procédés existants demeurent toujours indispensables, car ce sont elles qui contribuent le plus à l'augmentation de la productivité et, partant, à la croissance économique.

3.1 TYPOLOGIE DES INNOVATIONS

Pour bien saisir la réalité des innovations, nous en dressons ci-dessous la typologie en nous inspirant de Barreyre[5].

3.1.1 Innovations à dominante technologique

Les innovations à dominante technologique sont très importantes pour l'industrie. Elles portent aussi bien sur les méthodes et les équipements que sur l'énergie, les matériaux, les produits ou les procédés de fabrication. De façon schématique entrent sous cette rubrique (individuellement ou en diverses combinaisons) :

— les nouvelles matières ou produits bruts : acier inoxydable, Formica, polyuréthane, plexiglass, fibre de verre, nylon, néocéramiques, matériaux composites, pénicilline, DDT, etc. ;

— les nouveaux composants, éléments ou sous-systèmes : transistor, circuit intégré imprimé, microprocesseur, écran cathodique, pneu à carcasse radiale, vidéojeux, mémoires à tores de ferrite, etc. ;

— les nouveaux produits finis faisant appel à un ou deux principes simples, par exemple, stylo à bille, lentille cornéenne, rasoir à lames interchangeables, brosse à dents électrique, motoneige, spirales de Humphrey pour la concentration des minerais, fibres optiques, etc. ;

— les systèmes complexes qui combinent de manière ingénieuse des composants nouveaux ou déjà connus, selon un ensemble de principes scientifiques : téléviseur couleur, turbotrain, microscope électronique, torche à plasma, commande numérique de machines-outils, stimulateur cardiaque programmable, lecteur optique de caractères relié aux caisses enregistreuses, etc. ;

— les nouveaux conditionnements qui facilitent l'utilisation du produit ou son transport, ou en augmentent l'agrément : caféinstantané, jus d'orange en poudre, aliments surgelés, collage de métaux, dépilatoire en bombe aérosol, métallurgie des poudres, etc. ;

— l'utilisation de nouveaux ingrédients (matière première ou sources d'énergie) qui permettent de réaliser le même produit à partir de nouveaux ingrédients : électricité marémotrice, métaux de récupération, protéines extraites de rebuts de viande, engrenages en matière plastique, substitution du cuivre par l'aluminium dans les fils conducteurs, plastiques renforcés de fibres de carbone, etc. ;

— les nouveaux procédés fondés sur de nouveaux équipements : aciérage en continu, ultrafiltration du lait, machinage par rayon laser, assemblage par robot, essais non destructifs par ultrasons, prospection minière par procédé magnétotellurique, soudage par faisceaux d'électrons, analyse d'oligo-éléments par spectrophotométrie, réacteurs nucléaires, etc.

3.1.2 Innovations à dominante commerciale

Les innovations de type commercial découlent d'une trouvaille en aval de la production. Elles reposent essentiellement sur la découverte d'un nouveau mode de mise en marché :

— nouvelle présentation d'un produit : livre en format de poche, nouveaux emballages, cirage en tube, etc. ;

— nouveau mode de distribution d'un produit : distributeurs mécaniques de cigarettes ou d'aliments, ventes de porte à porte, location de services de reprographie Xerox, etc. ;

— nouvelle application d'un produit : ciné-parc, pilule anovulante, machines à laver industrielles pour laver les tripes d'animaux, etc. ;

— nouveaux moyens de promotion des ventes : listes de clients potentiels selon diverses catégories, nouvelles formes de publicité (l'exemple le plus frappant est sans doute celui de la campagne publicitaire qui se limitait à dire « il n'y aura pas de publicité »), etc. ;

— nouveau système commercial : payer-emporter, stations libre-service, hypermarchés avec escomptes, ventes à l'entrepôt, logements en copropriété, prêt-bail pour location d'équipement industriel, etc.

3.1.3 Innovations à dominante organisationnelle

Ces innovations ont trait aux nouveaux modes d'organisation de l'entreprise ainsi qu'à ses processus et ses modalités de développement. Voici quelques exemples : la budgétisation à base zéro, la rationalisation des choix budgétaires, le franchisage appliqué à l'hôtellerie, les structures matricielles d'organisation, la gestion participative par objectifs, le prélèvement automatique sur compte bancaire et l'informatique de gestion.

3.1.4 Innovations à dominante institutionnelle

Ces innovations se font dans les pouvoirs publics et se traduisent habituellement par l'instauration de nouvelles normes destinées à assurer le progrès économique et social. À titre d'exemples, mentionnons les règlements anti-inflationnistes, la charte des droits de la personne, la loi nationale sur les brevets, les régimes de rentes, les règlements antipollution, les normes de construction, les spécifications sur les drogues et les aliments ou les dégrèvements d'impôt pour encourager la R-D.

3.2 PARADIGME DE L'INNOVATION

Dans les années 60, on croyait que la recherche fondamentale menait naturellement à la recherche appliquée et que celle-ci conduisait au développement technique et, par là, à l'introduction de nouveaux produits et procédés dans la société. On pensait qu'un effort accru de R-D

susciterait normalement un taux plus élevé d'innovation.

Or la vérité est tout autre. De nombreuses études indiquent que c'est plutôt le paradigme suivant qui s'applique :

Capacité + Besoins ---- Invention ----
Démonstration
technique de faisabilité ---- INNOVATION
---- Diffusion

C'est ainsi que la contribution principale de la R-D consiste plutôt à consolider et à élargir la capacité technique requise pour l'invention, l'innovation et la diffusion. Comme le rappelle Hollomon[6], l'utilité de la recherche fondamentale est surtout d'aider l'ensemble des nations à développer une capacité générale de changement technologique et de progrès socio-économique plutôt que de favoriser une nation ou une firme en particulier.

Ainsi, la recherche fondamentale sert essentiellement à élargir le champ des connaissances et à former des spécialistes utiles à la société. Par contre, les nouvelles techniques et les nouveaux appareils scientifiques issus de la recherche fondamentale ou appliquée fournissent de nouveaux instruments d'intervention qui serviront un jour au changement technologique sous une forme ou sous une autre.

3.3 LE PROCESSUS DE L'INNOVATION INDUSTRIELLE

Le modèle de la figure 20.5 représente le processus de l'innovation industrielle et fournit une explication du paradigme susmentionné. La branche de gauche est de nature technique, alors que la branche de droite traduit les aspects socio-économiques. La branche centrale représente les diverses étapes d'actualisation de l'innovation. Le but, indiqué au bas du diagramme, est évidemment l'adoption généralisée de l'innovation par l'industrie et les diverses classes de consommateurs.

Les nouvelles idées qui donnent naissance à l'innovation s'alimentent à l'une des deux sources suivantes ou aux deux en même temps :

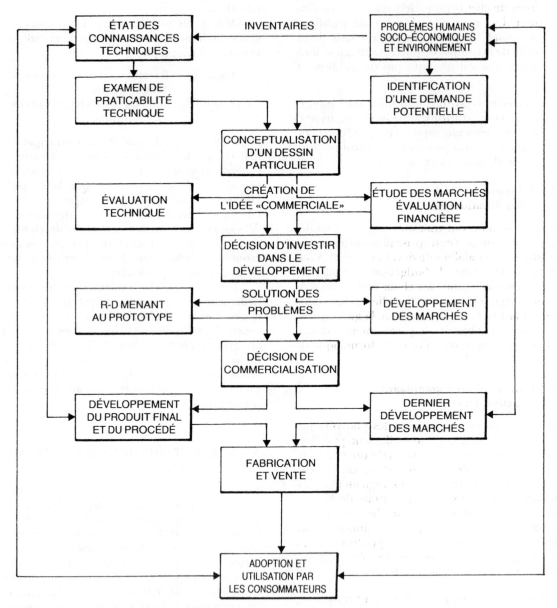

Figure 20.5 Le processus de l'innovation technologique

— la connaissance des besoins du marché ou la perception de certains problèmes pratiques à résoudre (force de la demande ou *market pull*) ;

— la connaissance des possibilités qu'offre un développement scientifique ou technologique (poussée de la technologie ou *technology push*).

Dans le premier cas, on cherche une solution à un problème, alors que dans le deuxième, on veut trouver des applications à une « solution » qui a été découverte.

De nombreuses études indiquent que ce sont les idées émanant du marché ou des besoins qui sont la principale source des innovations commercialement réussies. Par exemple, dans leur étude exhaustive de 567 cas d'innovations réussies aux États-Unis, Myers et Marquis[7] ont trouvé que 78 % de ces innovations s'étaient inspirées des besoins du marché, alors que seulement 22 % étaient des poussées technologiques.

Le tableau 20.1 résume les connaissances sur les principales sources d'innovations aux États-Unis en fonction de ces deux pôles principaux : besoins du marché et nouvelles possibilités technologiques.

On sait également que durant la phase d'éclosion des idées novatrices, l'information trouve le plus souvent sa source à l'extérieur de l'entreprise (clients, fournisseurs, concurrents, revues spécialisées, annonces de nouveaux produits, etc.). Par contre, durant la phase de résolution d'un problème technique, les sources internes d'information sont les plus utilisées. Durant cette deuxième phase, la cueillette et l'analyse de l'information sont plus structurées que durant la première. Par ailleurs, la communication verbale est la source prépondérante d'information dans les deux phases.

Un aspect fondamental de ce modèle des innovations réussies est l'association étroite entre l'information technologique et l'information commerciale et économique se rapportant aux marchés. Il ne sert à rien de cheminer bien loin dans le développement d'une nouvelle technologie ou d'un nouveau produit si on n'a pas une assez bonne perception des besoins du marché et du mode de pénétration de ce marché. Cette question est discutée dans la sous-section traitant des nouveaux produits industriels.

3.4 LA CHAÎNE DE L'INNOVATION

Le processus de l'innovation est constitué d'une chaîne d'événements. Pour que l'innovation se matérialise, il faut s'assurer que tous les chaînons soient assez forts. Si, d'une part, la R-D sert à diminuer la marge d'incertitude dans la mise au point d'un nouveau produit ou d'un nouveau procédé, d'autre part, il faut faire en sorte que tous les ingrédients essentiels y soient. Le succès d'une innovation n'est pas le fruit du hasard. Il n'existe pas non plus de formule magique pour atteindre le succès. On peut même affirmer que la gestion de l'innovation est la partie la moins bien connue des sciences de la gestion, surtout dans la petite entreprise, où les fonctions du dirigeant sont souvent floues et changeantes.

Le processus de l'innovation fait appel à un éventail de disciplines et de talents à la fois techniques et non techniques. La figure 20.6 décrit les diverses étapes du processus au point de vue opérationnel. On comprend à partir de cette figure, qu'à mesure qu'évolue le processus, des talents différents sont requis.

Par exemple, au premier stade, ce sont les talents de créativité qui s'avèrent les plus précieux. Mais à mesure qu'on s'approche du marché, ce sont les talents analytiques et entrepreneuriaux et l'expérience des affaires qui ont préséance. Il faut donc reconnaître, prévoir et planifier ces diverses étapes.

Tableau 20.1 Source des innovations

Auteurs	Proportion émanant des besoins du marché et de la production	Proportion émanant des possibilités technologiques
BAKER *et al.*	77 %	23 %
CARTER ET WILLIAMS	73	27
GORDHAR	69	31
SHERWIN et ISENSON	66	34
LANGRISH *et al.*	66	34
MYERS et MARQUIS	78	22
TANNENBAUM *et al.*	90	10
UTTERBACK	75	25
Moyenne:	74 %	26 %

Summer Myers et Donald G. Marquis, *Successful Industrial Innovations*, Washington, D.C., National Science Foundation, NSF 69-17, 1969.

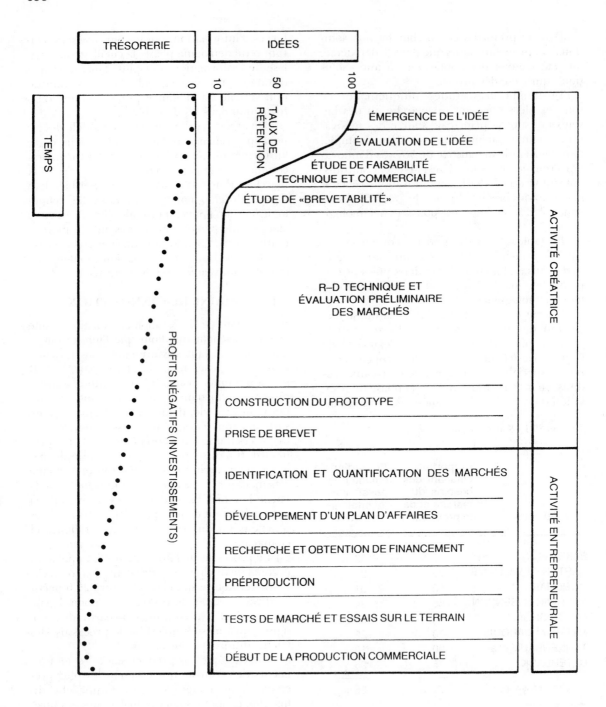

Figure 20.6 Étapes dans le développement d'un nouveau produit ou d'un nouveau procédé

Les diverses étapes à franchir, au nombre de cinq, se présentent comme suit :

3.4.1 Émergence de l'idée

Comme nous l'avons déjà souligné, les nouvelles idées sont issues essentiellement de deux sources. La première, la plus féconde, réside dans la perception d'un besoin du marché et la recherche d'un moyen pour répondre à ce besoin. On peut aussi découvrir que les nouvelles connaissances peuvent servir à faire quelque chose d'une manière différente et améliorée ou servir à une application toute nouvelle. La deuxième source se trouve dans la recherche scientifique, car les résultats inédits de la recherche permettent d'envisager de nouvelles configurations de la matière ou de concevoir de nouveaux produits, procédés ou systèmes.

Plus des trois quarts des concepts innovateurs tirent leur origine d'une connaissance préalable des besoins et des spécifications des marchés, alors qu'environ un cinquième de ces concepts sont fondés sur une nouveauté technologique en quête d'une application quelconque. On comprend dès lors pourquoi la plupart des innovateurs développent leurs nouveaux concepts dans leur propre champ d'expertise, car c'est là qu'ils connaissent le mieux les besoins à satisfaire.

De plus, la majorité des innovations réussies sont de nature évolutive, c'est-à-dire qu'elles sont des extensions des technologies déjà connues ou des raffinements de ces mêmes technologies visant à mieux répondre aux besoins pressentis. Quoique certaines percées technologiques conduisent à des développements spectaculaires (par exemple, le transistor, et maintenant les puces électroniques), ces événements sont peu fréquents.

3.4.2 Évaluation de l'idée

Toute nouvelle idée, si intéressante soit-elle, doit répondre à des critères essentiels pour s'avérer commercialement rentable. Il faut donc s'interroger sur :

— sa faisabilité technique : Le concept de base est-il bon ? L'invention est-elle facile à réaliser ? Le prototype est-il suffisamment éprouvé ?

— ses risques financiers : Les frais de capital et autres coûts pour atteindre l'étape de mise en marché sont-ils raisonnables ? Les frais pourront-ils être récupérés assez rapidement ? Les revenus prévus couvriront-ils toutes les dépenses du projet ? Engendreront-ils des profits substantiels ?

— sa réponse aux besoins du marché : Le marché visé est-il de grande envergure ? Est-il en déclin ou en rapide expansion ? La demande pour ce produit est-elle assez stable et peu sujette aux fluctuations ? Le cycle de vie d'un tel produit est-il assez long ?

— son accueil probable sur le marché : L'invention comble-t-elle des besoins essentiels ? Ses avantages sont-ils clairs et faciles à communiquer ? Ses caractéristiques sont-elles nettement supérieures à celles des produits concurrents ? Quels sont les coûts et les efforts de promotion, de distribution et d'entretien nécessaires ?

— ses avantages concurrentiels : Le nouveau produit est-il plus durable et plus attrayant que les produits concurrentiels ? La compétition dans ce domaine est-elle forte ou faible ? La nouvelle idée peut-elle être protégée par un brevet ?

— ses aspects juridiques et sociaux : La nouvelle idée est-elle conforme aux lois et réglementations en vigueur ? Le nouveau produit est-il sécuritaire ? Est-il sans danger pour l'environnement ? Est-il profitable pour la société ?

C'est en fonction de tels besoins que le Centre d'innovation industrielle à Montréal a développé un système simple et complet d'évaluation des inventions, d'une part, et un système d'évaluation des projets de nouveaux produits industriels, d'autre part (système NewProd).

3.4.3 Développement technique et développement commercial

Le développement technique et le développement commercial sont effectués en concomitance. Mieux on connaît la faisabilité technique et la valeur économique de l'innovation en puissance, plus il devient possible de planifier les diverses étapes conduisant à sa commercialisation.

Bien qu'en matière d'innovation il n'existe pas de scénarios sans surprises, il faut s'interroger sur les modes de fabrication, la quantité et les sources de capitaux requis ou le recrutement d'un personnel qualifié. De même, il faut étudier les efforts de R-D nécessaires pour affiner le nouveau produit ou le nouveau procédé et établir les spécifications du concept, ainsi que les coûts probables, la nature et l'importance des marchés, la protection de cette propriété intellectuelle par brevet ou dessin de fabrique. Les efforts risquent d'être perdus si on ne procède pas au préalable à un bon examen des marchés. Par ailleurs, l'analyse de la rentabilité est inutile si le projet n'est pas techniquement réalisable et commercialement prometteur.

En effet, comme l'indique la figure 20.6, tout au plus 10 % des concepts originaux atteignent le stade de l'innovation. Autrement dit, le « taux de mortalité » des nouvelles idées est très élevé. Les innovations commercialement réussies ne représentent guère plus de 1 ou 2 % des idées nouvelles initiales.

C'est pourquoi à ce stade du projet il est si important de développer un plan d'affaires assez détaillé. La préparation d'un tel plan forcera l'entrepreneur à se pencher sur toutes les facettes de son projet et à les intégrer dans des stratégies cohérentes de production, de marketing, de financement et de recrutement des ressources humaines. Par ailleurs, le plan d'affaires doit être suffisamment étoffé pour permettre aux investisseurs potentiels d'évaluer le projet et de prendre les décisions qui s'imposent. Plus de 80 % des plans d'affaires soumis aux investisseurs de capitaux de risque sont rejetés après une première lecture[8]. Il faut donc que le plan d'affaires soit bien fait et qu'il mette en relief les caractéristiques de l'entreprise et de son type

d'industrie (c'est-à-dire croissance et facteurs d'attrait), l'unicité du projet, le calibre des gestionnaires, le financement requis et le retour d'investissement.

3.4.4 Essais

La phase d'essais est celle où on s'assure que le projet d'innovation satisfait aux conditions désirées. Pour ce faire, un projet pilote est nécessaire. S'il s'agit d'un nouveau procédé, il faudra l'éprouver à l'échelle d'une usine pilote afin d'en étudier les paramètres et de définir les conditions de son application industrielle. S'il s'agit d'un produit, il faudra construire un prototype et, par itérations, en améliorer le concept et en réduire le coût. Bien souvent, il faudra fabriquer le nouveau produit en lots et le tester sur le marché. S'il s'agit d'un procédé, il faudra tester les produits auprès des clients.

3.4.5 Commercialisation

La phase finale est celle où il faut faire l'ingénierie du nouveau produit ou du nouveau procédé, en organiser la production, mettre sur pied l'équipe de promotion et de vente, lancer le produit et en assurer l'administration.

Chacune des étapes susmentionnées (voir la figure 20.6) comprend une série d'activités subsidiaires qu'il serait trop long de définir ici. Cependant, il importe de retenir qu'à chaque étape il faut décider si on peut passer à l'étape suivante ou non. Cette série de décisions exige qu'à chaque étape on dispose de l'information nécessaire, car les décisions doivent être objectives et non subjectives. L'intuition seule ne suffit pas, elle doit être appuyée par les faits.

Alors que les talents de créateur se manifestent à l'étape 1, ce sont les talents d'entrepreneur qui ont préséance à l'étape 3 et de plus en plus par la suite. Or il arrive souvent que les inventeurs ou les concepteurs d'idées ne réussissent pas, parce qu'ils n'ont pas les talents nécessaires ou les connaissances suffisantes pour entreprendre avec succès les étapes menant à la commercialisation. De même, beaucoup d'en-

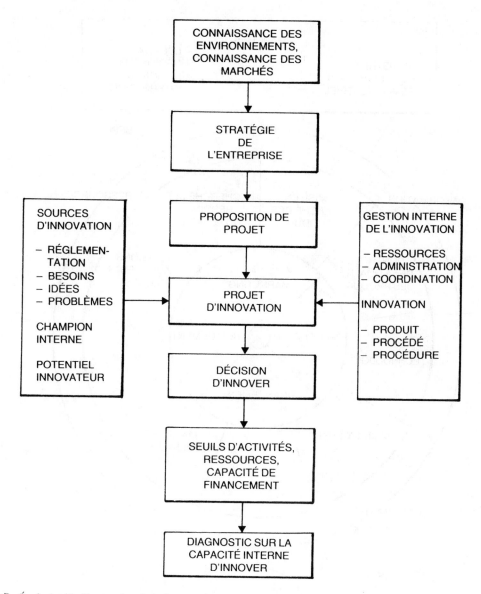

Figure 20.7 Évolution de l'innovation dans l'entreprise

trepreneurs n'atteignent pas leur but parce qu'ils sous-estiment la complexité technique d'un projet, comprennent mal les besoins du marché ou s'improvisent gestionnaires sans avoir la préparation requise ou l'expérience nécessaire.

3.5 ÉVOLUTION DE L'INNOVATION DANS L'ENTREPRISE

L'entreprise qui n'innove pas est vouée à la stagnation et éventuellement à la disparition, car elle sera vite dépassée par ses concurrents. Les

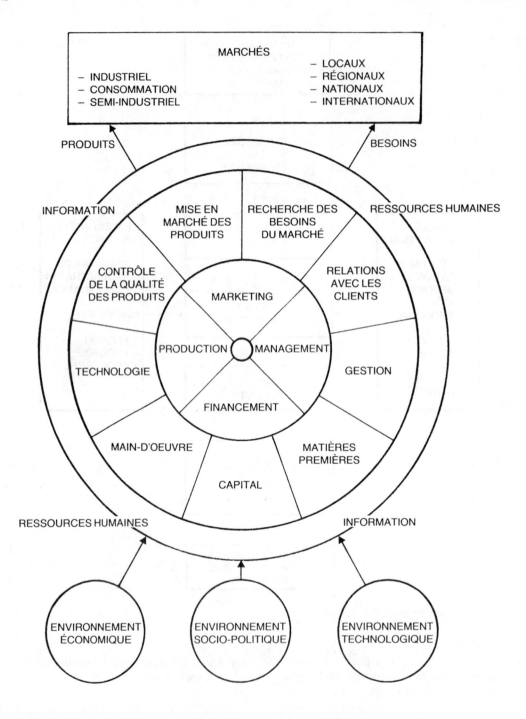

Figure 20.8 Relations entre les facteurs et fonctions internes de l'entreprise et ses marchés et environnements externes (Source : Dominique Mascolo, Centre d'innovation industrielle, Montréal, 1984)

marchés statiques n'existent pas, et la technologie évolue continuellement. On ne peut plus guère espérer pouvoir vendre le même produit aux mêmes clients pendant cinq ou dix ans sans rien changer. Il faut donc constamment s'adapter à de nouvelles conditions de production et de mise en marché. Dans cette course sans fin, ce sont ceux qui ont le plus d'endurance qui remportent la palme.

Le chef d'entreprise dynamique doit donc s'organiser afin de tirer profit du changement technologique. Comme l'indique le schéma de la figure 20.7, une des décisions cruciales qu'il doit prendre est d'abord celle d'innover. Cette décision est avant tout une question de connaissances et d'expertise. Comme le montre la figure 20.7, trois principaux facteurs interviennent dans cette décision :

— l'identification d'un besoin, la naissance d'une nouvelle idée et l'existence d'un « champion » de cette nouvelle idée à l'intérieur de l'entreprise ;

— la stratégie de l'entreprise ;

— le diagnostic sur la capacité interne de l'entreprise d'innover.

Pour reprendre ce schéma d'analyse, précisons que l'innovation dans l'entreprise doit reposer sur la considération des facteurs suivants :

- L'ENTREPRISE
  - ses forces, ses faiblesses — diagnostic
  - ses facteurs de production — productivité
  - ce qu'on veut en faire — stratégie
- LES MARCHÉS
  - ce qu'ils utilisent — besoins actuels
  - ce qu'ils pourraient utiliser — besoins potentiels
- LES ENVIRONNEMENTS
  - technologique
  - économique
  - socio-politique

Ces divers facteurs sont itératifs et cumulatifs. Ce qu'on manque une première fois, on l'améliore et on se reprend de nouveau jusqu'à ce qu'on réussisse. Par exemple, plusieurs petites entreprises manufacturières maintenant prospères ont failli une première fois. Il existe un apprentissage pour l'entreprise, au même titre que pour l'artisan, qui ne devient maître dans son métier qu'en répétant ses efforts et en accumulant de l'expérience.

La technologie dans l'entreprise et la R-D qui la sous-tend sont reliées aux autres facteurs de production, tant à l'intérieur qu'à l'extérieur, ainsi qu'aux marchés et autres environnements externes. La figure 20.8 montre ces diverses relations.

3.5.1 Les dimensions de l'innovation

En termes très simples, l'innovation dans l'entreprise se présente sous les six dimensions suivantes :

CONCEPT : ce qu'on veut faire de neuf,
SYNCHRONISATION : quand ce doit être prêt,
TÂCHES : à accomplir,
TEMPS : pour faire le travail et « rentrer dans son argent »,
COÛT : des diverses étapes de réalisation,
ARGENT : requis pour le financement.

Ces dimensions varient selon les modes d'intervention, les types d'entreprises, les secteurs industriels et les marchés visés. Mais dans chaque cas il faut avoir un concept novateur assez clair et répondant à un besoin du marché. Si on est incapable de déterminer avec précision les tâches, le temps et les coûts, alors la recherche et le développement s'imposent. Si seules les tâches peuvent être précisées, alors les risques d'échec sont plus élevés. Par contre, si on réussit à préciser les cinq premières dimensions et si le concept est excellent, on peut généralement trouver les capitaux nécessaires.

Dans sa plus simple expression, la recherche dans l'entreprise est l'activité qui consiste à définir les problèmes techniques et à leur apporter des solutions, alors que le développement vise à choisir la meilleure solution et à l'adapter aux besoins de l'entreprise. D'une certaine façon, les problèmes deviennent une ressource à exploi-

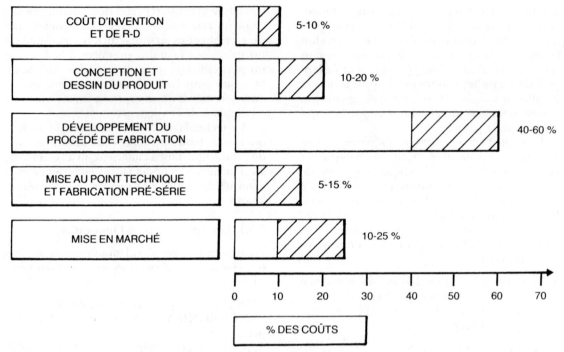

Figure 20.9 Répartition des coûts dans le processus de l'innovation

ter, car des solutions innovatrices à ces problèmes se transforment en innovations profitables pour l'entreprise.

3.5.2 Coûts et durée des activités innovatrices

Le dirigeant d'une entreprise innovatrice doit savoir que les coûts initiaux d'invention et de R-D ne sont qu'une faible partie des coûts totaux d'une innovation, comme le montre la figure 20.9. Rien ne sert à l'entreprise de s'aventurer en R-D si elle ne peut assumer les autres coûts en aval de l'invention.

Contrairement à ce que l'on pourrait penser, le coût des innovations n'est pas toujours exorbitant. À titre d'exemple, le tableau 20.2 présente les coûts de 567 cas d'innovations réussies aux États-Unis (le coût a été multiplié par un facteur de 4 afin de tenir compte de l'inflation depuis les années 60).

La figure 20.10 montre l'évolution théorique des activités d'innovation au sein de l'entreprise et leur effet sur le fonds de roulement. On

remarquera que la moitié gauche de ce schéma (phase d'investissement) correspond à la figure 20.6. Les variables indiquées ici se rapportent exclusivement à l'innovation elle-même.

La courbe C décrit l'évolution du fonds de roulement (« trésorerie ») à mesure que l'innovation se matérialise, le point CO étant celui où

Tableau 20.2 Coût de certaines innovations dans cinq industries

Coût	Nombre d'innovations	%
Moins de 100 000 $	187	33
Entre 100 000 $ et 400 000 $	180	32
Entre 400 000 $ et 4 000 000 $	132	23
Plus de 4 000 000 $	68	12
	567	100

(Source: Myers et Marquis, 1969)

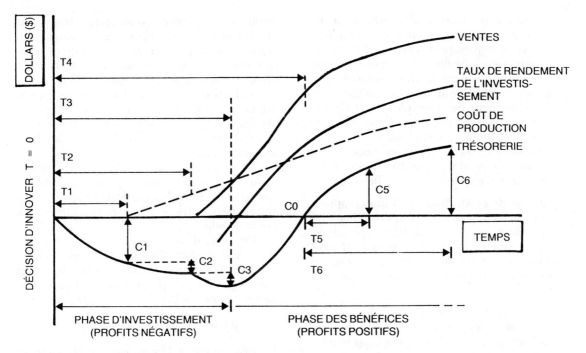

Figure 20.10   Coûts et temps des activités innovatrices (Source : Dominique Mascolo, Centre d'innovation industrielle, Montréal, 1984)

on a récupéré les investissements de création et de développement de l'innovation ainsi que les frais de préproduction (« profits négatifs »). On définit les diverses périodes comme suit :

T0 : décision d'innover ;

T1 : début de la production présérie ;

T2 : début de la vente de la production présérie (essais de marché) ;

T3 : point où les ventes égalent le coût de production (seuil de rentabilité) ;

T4 : point où on a récupéré tous les investissements et où on commence à faire des profits ;

T5 : phase accélérée de réalisation de profits ;

T6 : phase de fléchissement des ventes et de diminution proportionnelle relative des profits.

3.6 LES RISQUES ASSOCIÉS

Il est essentiel de reconnaître les risques associés à la R-D, d'une part, et à l'innovation, d'autre part. L'analyse soigneuse de ces risques peut rendre les dirigeants sceptiques. Ils doivent néanmoins s'assurer que les problèmes sont correctement identifiés au fur et à mesure que le projet d'innovation se développe. Néanmoins, l'analyse des risques ne doit pas nuire à la créativité de l'équipe, ni faire perdre des occasions commerciales.

En effet, le cheminement de l'innovation est loin d'être linéaire. Il consiste en une série d'expérimentations et d'itérations : « Vingt fois sur le métier remettez votre ouvrage… » L'analyse des risques aidera à surmonter des problèmes embarrassants ou même à les prévoir. De plus, elle permettra de réorienter les efforts et de redéployer les ressources à mesure que le projet avance.

Les risques sont de deux catégories : techniques et commerciaux. Les risques techniques se rangent dans les classes suivantes :

— Risques scientifiques : les principes ne sont pas bien connus ou leur importance n'est pas bien comprise.

— Risques d'ingénierie : la transposition des principes scientifiques en des accomplissements pratiques peut s'avérer difficile ou exiger trop de temps. Des problèmes peuvent survenir dans la conception de certaines pièces, la réalisation des mécanismes, l'établissement des contrôles, le choix des matériaux ou des procédés, l'assemblage de pièces à géométrie complexe, etc. De plus, les conditions du marché et les spécifications requises peuvent changer durant les phases de R-D et d'ingénierie (voir la figure 20.6).

— Risques de production : difficultés d'approvisionnement ou coûts excessifs des matières premières, de la main-d'œuvre spécialisée, des équipements ou de l'énergie. Il peut aussi arriver que les capitaux disponibles soient insuffisants pour assurer la production.

— Risques d'obsolescence : l'objet de l'innovation peut devenir désuet à cause de progrès technologiques rapides. Il peut aussi être rapidement déclassé par l'apparition imprévue dans le marché d'un produit qui lui est nettement supérieur.

Les risques commerciaux comprennent la surestimation ou les changements dans la demande, les pressions exercées par les concurrents et les réactions mitigées de la clientèle. Des obstacles peuvent être créés par des gens qui, pour une raison ou une autre, s'opposent à l'innovation. Il s'agit d'entrer dans le marché à un moment favorable dans la croissance du marché et lorsque l'énergie, les matières premières et les services d'appoint sont disponibles à un coût modéré.

Même s'il est impossible de prévoir toutes les difficultés rattachées à un projet d'innovation et d'en quantifier tous les risques, il faut néanmoins éviter d'y plonger « tête baissée ». Il faut en évaluer le niveau d'incertitude afin de pouvoir mieux déployer les efforts et investir plus sagement les fonds nécessaires.

Une méthode permettant d'évaluer ces risques est présentée à la figure 20.11. Il s'agit d'une matrice où les risques techniques sont portés en abscisse et les risques de marketing en ordonnée, avec trois niveaux pour chaque type de risques, d'où la présence de neuf cases. Même si le projet n'est qu'au début du développement, il est généralement assez facile de le situer sur une telle grille (figure 20.11).

Si le projet se situe dans le coin gauche supérieur, l'entreprise a besoin d'une expertise en marketing. Par contre, si le projet se place dans le coin droit inférieur, il faut d'abord une expertise technologique.

La figure 20.12 montre la variation des niveaux de risques à mesure que le projet d'innovation se matérialise, à partir de l'étape exploratoire jusqu'à l'usine pilote et finalement à la commercialisation.

On peut donc conclure que le processus d'innovation vise à diminuer la marge d'incertitude dans la transformation d'une idée originale et porteuse de progrès jusqu'à son implantation commerciale.

3.7 ÉQUIPAGE D'INNOVATION

Contrairement à l'invention, l'innovation ne vient pas tellement d'un seul individu, si talentueux soit-il, mais plutôt d'une équipe. Le dirigeant doit donc s'assurer que l'équipage est au complet, sinon la réussite commerciale est compromise.

L'idéogramme de la figure 20.13 représente une tranche verticale à travers l'entreprise. Les dirigeants sont au sommet, les cadres au milieu, et les « troupes » en bas. C'est aux dirigeants et aux cadres que revient la responsabilité de remplir les fonctions critiques de l'entreprise vis-à-vis de l'innovation.

Les personnes remplissant ces fonctions critiques constituent l'équipage d'innovation. Or le succès d'une entreprise innovatrice dépend de l'équilibre entre ces diverses fonctions critiques, ainsi que de l'adéquation entre les aspirations des individus et la nature des tâches qui leur sont assignées.

Les organismes sont des collections d'individus. Les meilleurs plans stratégiques risquent d'être sans effet s'il ne s'établit pas une véritable synergie entre les membres de l'équipage d'innovation et le reste de l'entreprise. On peut consulter à ce sujet le livre de Peters et

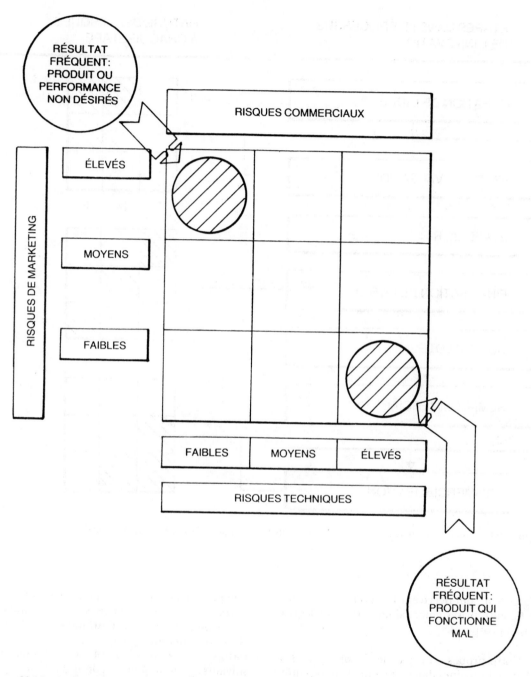

Figure 20.11 Analyse des risques par matrice bidimensionnelle (Source : Innovation Canada, 1976)

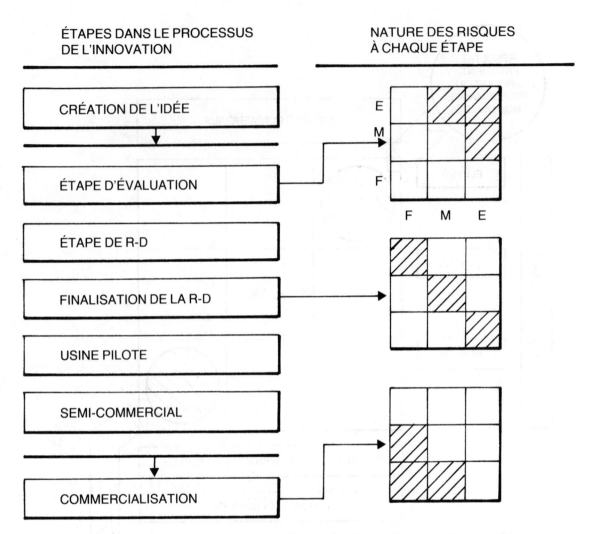

Figure 20.12   Diminution de risques dans le processus de l'innovation (Source : Innovation Canada, 1976)

Waterman[1], qui décrivent les modes de gestion de 62 entreprises américaines fort innovatrices et très prospères.

Notre propos n'est pas de discourir sur les relations humaines dans l'entreprise mais plutôt de mettre en relief la singularité de l'équipage d'innovation et les profils contrastés de ses membres. Pour que ceux-ci soient aussi efficaces que possible, le dirigeant doit faire en sorte que leurs aspirations essentielles soient comblées. Ces aspirations varient d'un individu à l'autre. Retenons néanmoins que la motivation des cadres est axée sur un ou plusieurs des facteurs suivants : goût du pouvoir, désir d'un statut particulier, satisfaction du travail accompli, estime des autres et importance accordée aux rapports interpersonnels.

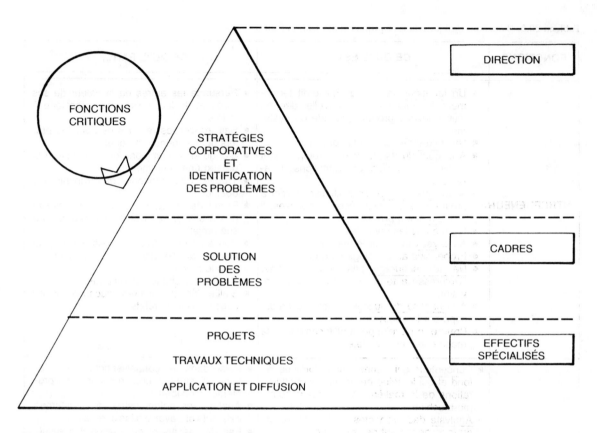

Figure 20.13 Cheminement de l'innovation dans l'entreprise

Tableau 20.3 Fonctions critiques dans l'équipage d'innovation (suite)

FONCTIONS	CE QU'IL EST...	CE QU'IL FAIT...
SCIENTIFIQUE CRÉATEUR	• Un expert dans un ou deux domaines de la technologie. • Aime la théorie et la conceptualisation. Pas désarçonné par les abstractions. • Créateur de nouvelles idées. • Inventeur • Généralement de type chercheur, souvent individualiste, motivé par la curiosité. Un peu rêveur.	• Travaille et approfondit certains domaines de la technologie. • S'attache à résoudre des problèmes scientifiques et techniques de divers ordres. • Génère de nouvelles idées et essaie leur faisabilité. • Recherche des percées technologiques. Découvre de nouvelles façons de voir les choses.

Tableau 20.3   Fonctions critiques dans l'équipage d'innovation (suite)

FONCTIONS	CE QU'IL EST...	CE QU'IL FAIT...
ENTREPRENEUR	• Un fanatique talentueux qui croit fermement à l'avenir d'une nouvelle idée ou d'un nouveau produit, procédé ou système. • Un «engagé», résolu et audacieux. • A le goût du risque et est profondément motivé pour réaliser ses ambitions. Il travaille fort. • A de l'imagination, de l'initiative et met à profit toutes les ressources disponibles. Il voit loin et est pressé. • N'aime pas les contrôles. • A les yeux rivés sur le marché. • Propension au bricolage bien fait. • Ne se décourage pas et est obstiné. S'intéresse à tous les aspects de l'innovation. • A la hantise du succès et est peu préoccupé par le «pouvoir». • Préfère le développement technique à la recherche fondamentale.	• Persuade les autres de la valeur de ses idées et de leur utilité, mais une idée à la fois. • Sait trouver les ressources pour les projets qui lui tiennent à coeur. • S'érige en «champion» de sa cause et la défend énergiquement. • Trouve des moyens de franchir les obstacles. • Prend des risques financiers et n'hésite pas à utiliser ses loisirs pour promouvoir ses projets. • Pousse l'idée (pas nécessairement la sienne) au développement technique et vers le marché. • Réalise les choses et les pousse. • S'allie les partenaires nécessaires au succès de ses projets.
ANALYSTE CONCEPTEUR	• Concepteur qui connaît son domaine à fond et qui imagine de nouvelles configurations de la matière et du rapport homme-machine. • Analyste des propriétés de la matière et du fonctionnement des machines. • Souvent, est du type ingénieur classique. • Aime le concret et ne craint pas la routine. • N'aime pas le risque. • Un peu égocentrique et rêveur. • N'est pas vraiment attiré par la recherche.	• Puise dans ses connaissances et sa «réserve d'astuces» pour résoudre des problèmes bien identifiés. • Analyse les défectuosités des systèmes existants et travaille à les corriger. • Fait des essais et en analyse les résultats. • Recherche des solutions élégantes. • Est généralement au service de quelqu'un d'autre. • Son cadre de travail est étroit. • Fonctionne avec les normes et les codes techniques.
INFORMATEUR «gatekeeper»	• Possède une grande compétence technique et une habileté naturelle pour obtenir rapidement toutes sortes d'informations utiles à son organisme. • Informateur technique. • Mine de renseignements. • Belle personnalité et facile à approcher. • Très sociable. • Il aime aider les autres. • Est respecté au point de vue technique, tant à l'intérieur de son organisme qu'à l'extérieur. • Méthodique, il sait ranger l'information selon ses principaux usages.	• Se maintient remarquablement au courant de tout ce qui se passe dans son domaine et dans les divers secteurs (industrie, gouvernement, universités). • Reçoit de l'information et la communique rapidement à ses collègues. • Il se tient au courant de ce qui se passe en lisant les périodiques scientifiques et techniques, en participant à des congrès et par ses nombreux contacts personnels. • Sert de source de renseignements pour son organisme. • Fournit en quelque sorte une coordination informelle auprès de ses collègues.

Tableau 20.3 Fonctions critiques dans l'équipage d'innovation (suite)

FONCTIONS	CE QU'IL EST...	CE QU'IL FAIT...
VENDEUR	• Informateur commercial. Connaît bien les préférences des consommateurs et utilisateurs et ce qui est exigé des produits. • Respecté par les clients et par les usagers. • Adore traiter avec les gens. • Retire une grande satisfaction à aider les usagers. • Possède de solides connaissances techniques. • Personnalité engageante. • Attiré par l'argent. • Fin négociateur. • A du flair pour les nouvelles tendances du marché. • Aime la vie sociale.	• Sert de liaison entre le travail technique et les exigences de la production, du marketing et la satisfaction de la clientèle. • S'assure que le développement et la conception des produits soient fondés sur des facteurs qui assurent le succès commercial. • A constamment le marché à l'oeil. • Fournit au personnel des indications sur l'évolution des marchés. • Aide les clients et les utilisateurs à résoudre leurs problèmes.
DIRECTEUR DE PROJET	• Gestionnaire habile, au centre de la prise de décision, de l'information et des problèmes. • Pivot de l'équipe et lien direct avec l'état-major. • Apprécié pour son objectivité et sa grande compétence technique. • Personne dynamique. • Sait prendre des décisions rapides et éclairées. • S'intéresse à une large gamme de disciplines et sait en retirer la synergie. • Un «faiseur» et un décideur. • Humaniste, il sait s'attirer de bonnes collaborations.	• Dirige l'équipe et motive ses gens. • Planifie, organise et dirige les projets. • S'assure que les exigences administratives soient suivies. • Assure la coordination entre les membres de son équipe. • Établit les budgets et s'assure d'obtenir les ressources nécessaires. • Veille à ce que les projets progressent bien. • Accorde les buts du projet avec les objectifs de son organisme.
PARRAIN	• Un sénior, qui a de l'expérience dans le lancement de nouvelles idées et de nouvelles entreprises. • Qui se trouve à un niveau hiérarchique supérieur ou qui a directement accès à d'importantes ressources. • Qui est un bon «coach». • Assez objectif. • Qui a une vision des choses réalisables.	• Aide les autres à développer leurs talents. • Sert de conseiller et de confident au directeur de projet. • Fournit l'accès aux ressources de l'organisme. • Libère l'équipe des tracasseries administratives. • Arbitre les conflits quand ils se présentent. • Endosse le projet et le rehausse de son prestige.

4. La recherche et le développement

4.1 LA RECHERCHE SCIENTIFIQUE

Ce chapitre ne serait pas complet sans quelques explications sur la recherche scientifique, soit l'ensemble des activités liées à la conquête et à la mise en valeur des connaissances. La recherche scientifique comprend :

— la recherche fondamentale,

— la recherche orientée,

— la recherche appliquée,

— le développement.

La recherche scientifique est un processus organisé et méthodique d'acquisition et d'application de nouvelles connaissances se rapportant au monde physique qui nous entoure. Elle est axée sur des lois rigoureuses et fondée sur l'expérimentation, l'analyse et la synthèse.

On ne naît pas chercheur, on le devient. Au même titre qu'un médecin doit, avant de soigner des malades, acquérir une connaissance approfondie du corps humain, un professionnel désirant s'adonner à la recherche scientifique doit d'abord faire son apprentissage et se familiariser avec la méthode scientifique. Cela exige non seulement des capacités intellectuelles au-dessus de la moyenne mais aussi beaucoup de labeur, de ténacité et de rigueur intellectuelle.

4.1.1 La recherche fondamentale

Appelée souvent « libre » ou « pure », la recherche fondamentale est généralement le fait d'individus plutôt que d'équipes. Elle est axée sur l'expérimentation personnelle, stimulée par l'imagination théorique et gouvernée par la précision des observations et des normes.

Dans cette activité, le chercheur jouit d'une grande liberté, tant dans le choix de ses objectifs scientifiques que dans l'organisation de son travail. Il s'aventure constamment dans l'inconnu et il cherche à mieux comprendre les lois de l'univers. Il est poussé par la curiosité et le désir

d'en savoir plus long. Sa conduite est rarement influencée par les besoins du marché. C'est de lui que viennent bien souvent les nouvelles connaissances qui permettront éventuellement des percées technologiques dans le milieu industriel. Ainsi, l'invention du transistor a été rendue possible grâce aux progrès réalisés dans le domaine des semi-conducteurs.

La recherche fondamentale est surtout le propre des universités. Cependant, il arrive parfois que des entreprises laissent à leurs plus éminents chercheurs une liberté complète et qu'elles les encouragent à faire reculer les frontières du savoir sans égard aux besoins immédiats. Ces chercheurs produisent un effet d'entraînement même dans leur milieu industriel et stimulent la performance de leurs collègues engagés en recherche appliquée. Appartenant à une fraternité internationale du plus haut niveau scientifique, ils aident l'entreprise à se maintenir à la pointe des domaines d'excellence et à profiter des connaissances disponibles à l'échelle mondiale. Par exemple, les Laboratoires Bell au New Jersey comptent de nombreux savants parmi ses 15 000 professionnels de R-D, dont une dizaine de prix Nobel. Pourtant, ces laboratoires continuent à très bien desservir leurs deux grandes sociétés mères, l'American Telephone and Telegraph (ATT) et Western Electric.

4.1.2 La recherche orientée

Axée sur les sciences fondamentales mais de nature thématique, la recherche orientée vise à améliorer l'état général des connaissances dans un secteur particulier de la science. À titre d'exemples, mentionnons les ressources hydriques (modèle prévisionnel des crues dans une région donnée), l'énergie (phénomènes de conduction de la chaleur), les matériaux (étude de la supraconductivité dans divers matériaux), ressources naturelles (géochimie des éléments, pédologie des sols agricoles ou écologie du couvert forestier).

Dans la recherche orientée, le chercheur ne jouit plus d'une liberté totale dans le choix de ses objectifs. Il doit se concentrer sur un secteur particulier des connaissances. D'ailleurs, cette recherche se fait souvent en équipe et elle est soumise à une programmation qui s'échelonne souvent sur plusieurs années.

La recherche orientée est surtout le propre des laboratoires gouvernementaux et des centres de recherche universitaires.

4.1.3 La recherche appliquée

La recherche appliquée vise à résoudre des problèmes pratiques par l'emploi de la méthode scientifique. Fondée sur les notions d'utilité, d'économie et de sécurité, elle a pour résultat la production de nouvelles substances utiles ou de nouveaux produits, appareils et équipements. Elle sert également à améliorer les produits et procédés existants afin de les rendre plus économiques, plus fonctionnels ou plus sûrs. Axée sur la conception et fondée sur l'expérimentation, elle vise à apporter des solutions optimales aux problèmes pratiques.

Le chercheur engagé dans cette activité tend à développer des méthodologies génériques et suffisamment puissantes pour résoudre efficacement des catégories de problèmes, tels que la miniaturisation de circuits électroniques, la lutte contre la corrosion, la transmission de l'énergie électrique à haut voltage, l'amélioration d'un procédé de fabrication ou la conception d'un nouvel alliage supérieur aux produits existants.

La recherche appliquée est surtout réalisée par l'industrie. En effet, les firmes industrielles étant près des marchés et disposant déjà d'un appareil de production, elles sont en meilleure position que les laboratoires gouvernementaux ou universitaires pour trouver des solutions concrètes et pratiques. Toutefois, un nombre croissant d'écoles d'ingénierie œuvrent en recherche appliquée.

4.1.4 Le développement

Le développement représente la dernière étape de la recherche scientifique. Cette activité est axée sur l'obtention d'un rendement économique. Elle comprend la fabrication des prototypes et tous les essais qui s'y rattachent, ainsi que les itérations menant à leur optimisation. Les prototypes doivent ensuite être adaptés aux échelles de production et aux contraintes d'é-

quipement, de matériaux, d'énergie, de main-d'œuvre et de coûts. Cette activité exige beaucoup d'ingéniosité ainsi que de l'expérience.

Le développement précède la production industrielle. Il vise à fournir toutes les spécifications requises afin de pouvoir réaliser avec succès l'ingénierie des produits et des procédés. Il va de soi que l'industrie est toute désignée pour conduire ce genre d'activités. Cependant, il arrive souvent que de grandes firmes d'ingénieurs-conseils soient chargées de concevoir et de diriger des projets de développement d'envergure.

Le développement technique peut coûter très cher. En fait, si une firme dépense 100 000 $ en recherche fondamentale, il lui en coûtera souvent plus d'un million de dollars en recherche appliquée et plus de dix millions en développement. Par conséquent, rien ne sert à une firme de s'engager en recherche si elle ne dispose pas des moyens nécessaires pour poursuivre le développement technique et les autres activités consécutives à la recherche.

Enfin, ajoutons que « R-D » est l'expression la plus souvent utilisée pour la recherche scientifique. Dans le contexte industriel, la R-D désigne un ensemble d'activités menant à l'innovation technologique.

Dans la petite entreprise traditionnelle de fabrication, la R-D n'est souvent guère plus que le contrôle de la qualité des produits ou l'étude ponctuelle d'un problème de fabrication, ou la mise au point technique d'un nouveau produit. Par contre, dans la grande entreprise déjà bien structurée ou dans la petite entreprise de haute technologie, la R-D est une activité cohérente et soutenue, conduite à grands frais par des chercheurs chevronnés qui sont passés maîtres dans une branche particulière de la science ou de la technologie.

4.2 RENTABILITÉ DE LA R-D

La R-D industrielle contribue de façon considérable à la croissance et à la rentabilité des entreprises. L'industrie américaine a investi plus de 40 milliards de dollars dans la R-D en 1983, et la plupart des pays de l'OCDE consacrent plus de 2 % de leur produit intérieur brut à la R-D. Ces

Tableau 20.4   Taux annuels composés de croissance en 1950-1974

INDUSTRIES	R-D* %	EMPLOIS %	PRODUCTIVITÉ %	VENTES %
Hautes technologies, moyenne	–	2,6	4,0	6,7
Instruments scientifiques	10,6	3,1	2,4	5,6
Équipement électrique	9,7	2,7	4,4	7,2
Produits chimiques	9,3	2,1	3,7	5,9
Moyennes technologies, moyenne	–	2,2	1,4	3,6
Machinerie	6,0	2,5	1,3	3,8
Caoutchouc, plastique	3,2	3,3	1,7	5,0
Raffinage du pétrole	2,5	0,1	2,7	2,8
Basses technologies, moyenne	–	0,3	2,0	2,3
Pierre, argile et verre	1,8	0,9	1,5	2,4
Papier et produits connexes	1,6	1,5	1,8	3,4
Métaux primaires	1,3	0,3	1,1	1,4
Métaux ouvrés	1,2	1,7	1,5	3,2
Aliments	0,8	− 0,2	2,7	2,6
Textiles et vêtements	0,3	− 0,2	3,5	3,3
Bois et produits connexes	0,3	− 0,2	3,0	3,5

* Dépenses de R-D exprimées en fonction de la valeur marchande des produits et des services.

Sources: Data Resources, Lexington, Mass., 1978.

sommes énormes ne seraient pas investies si la R-D n'était pas rentable.

Dans le contexte de l'entreprise, la R-D sert, d'une part, à développer de nouveaux produits et, d'autre part, à améliorer les produits et procédés existants. Par les importants gains de productivité et la croissance des ventes qu'elle engendre, la R-D contribue à la rentabilité.

Nulle part ce phénomène n'est plus apparent que dans les industries de haute technologie. Comme le montre le tableau 20.4, les industries à plus forte intensité de R-D enregistrent de plus forts gains de productivité et connaissent une plus grande croissance de leurs ventes que les industries de moyenne ou de basse technologie. Elles créent aussi plus d'emplois.

Alliée à une gestion éclairée et dynamique, la R-D est un des principaux moyens qui s'offrent à l'entreprise pour assurer sa compétitivité et lui permettre de capter de nouveaux marchés. À cause des changements technologiques de plus en plus rapides, le dirigeant d'une entreprise à base technologique peut percevoir des occasions nouvelles et en tirer profit. Mais il peut aussi s'engager sans trop s'en rendre compte dans des avenues technologiques sans issue. Il se retrouve souvent dans des zones floues et doit constamment faire face à l'incertitude. C'est sans doute pourquoi un nombre accru d'entreprises s'engagent de nos jours dans la R-D. Comme l'indique le tableau 20.5, les sommes investies par l'industrie américaine dans la R-D en 1982 équivalaient en moyenne à 2,4 % des ventes et 56,4 % des profits en 1982.

Une autre façon d'évaluer la rentabilité de la R-D est de mesurer les profits attribuables à la R-D durant une année donnée et de diviser ce chiffre par la somme des dépenses de R-D encourues durant cette même année. Bien sûr, cette méthode ne s'applique qu'aux entreprises d'une certaine taille qui poursuivent des activités de R-D depuis plusieurs années et qui possèdent déjà un portefeuille de projets de R-D,

Tableau 20.5 Investissements industriels dans la recherche et le développement aux États-Unis en 1983, en fonction des ventes (%) et des profits (%), ainsi qu'en dollars par employé

INDUSTRIES	INVESTISSEMENTS EN R-D		
	% Ventes	% Profits	$ par employé
Semi-conducteurs	7,8	281,9	3 535
Traitement de l'information (périphériques, services)	7,2	129,6	4 340
Traitement de l'information (ordinateurs)	6,8	73,5	5 112
Médicaments	6,0	59,7	4 836
Instruments (outils de mesure et de contrôle)	5,2	122,1	3 142
Aérospatiale	5,1	167,5	4 091
Traitement de l'information (équipement de bureau)	5,1	130,2	3 594
Industries des loisirs (et vidéojeux)	4,8	69,5	3 505
Véhicules (automobiles, camions)	4,0	−382,4	3 845
Électronique	3,8	86,1	2 285
Machinerie (agricole et de construction)	3,3	1 627,9	3 161
Produits chimiques	2,9	82,2	3 756
Conglomérats industriels	2,8	67,2	1 863
Produits électriques	2,8	45,3	1 933
Machinerie (minière et d'usinage)	2,6	174,7	2 025
Manufactures diverses	2,4	60,3	1 687
Industrie «automotive» (pièces, équipement)	2,3	251,3	1 667
Pneus et caoutchouc	2,3	131,6	1 695
Produits domestiques et personnels	2,3	38,6	2 568
Services et approvisionnements pétroliers	2,1	21,9	1 885
Appareils	2,0	86,3	1 469
Matériaux de construction	1,3	127,4	1 217
Télécommunications	1,3	13,1	850
Mines et métaux primaires	1,2	−33,9	1 516
Pâtes et papiers	1,0	41,6	1 034
Contenants	0,7	64,8	661
Aliments et boissons	0,7	18,4	834
Acier	0,7	−9,0	836
Textiles et vêtements	0,6	29,1	331
Mazout	0,5	12,8	2 628
Tabac	0,5	4,6	275

Source: Business Week, 20 juin 1984.

de brevets, d'accords industriels et d'innovations déjà commercialisées.

Utilisant cette méthode, Griliches[9] s'est servi d'un échantillon de 883 entreprises pour mesurer la rentabilité de la R-D. Ces entreprises affichaient des ventes totales de 232,2 milliards de dollars et dépensaient 11 425 milliards de dollars en R-D. Griliches a constaté que le « retour d'investissement » des sommes consacrées à la R-D variait entre 19 et 103 %, comme le montre le tableau 20.6. Le faible taux affiché par le secteur de l'électronique et des communications (c.-à-d. 3 %) est dû aux délais enregistrés dans la

Tableau 20.6   Retour d'investissement des dépenses de R-D dans des entreprises américaines

INDUSTRIES	NOMBRE D'ENTREPRISES	VENTES TOTALES (milliards de $)	DÉPENSES DE R-D (milliards de $)	RETOUR D'INVESTIS- SEMENT %
Produits chimiques et pétroliers	110	48,4	1,294	103
Machinerie et produits métalliques	187	23,7	0,958	28
Produits électroniques et communications	102	23,2	2,579	3
Transport et véhicules	34	29,6	1,062	29
Avionique et satellites	31	16,8	4,610	29
Autres	419	90,5	0,922	19

Z. GRILICHES. *Returns to Research and Development in the Private Sector*, NBER Conference on New Developments in Productivity Measurement, Williamsburg, U.S.A., November 1975.

commercialisation des nouveaux produits émanant de ce secteur en pleine expansion.

En étudiant des projets individuels et non pas des agglomérations de projets comme dans l'exemple précédent, Mansfield[10] a étudié 17 cas d'innovations dans lesquels le retour d'investissement en R-D a été calculé par la méthode de la valeur nette actualisée. Il a trouvé que le retour d'investissement s'élevait en moyenne à 25 %, plus 25 % additionnels résultant des effets d'entraînement. Tout récemment, Tewksbury et ses collaborateurs[11] ont étudié 20 autres cas d'innovations dues à la R-D. Ils ont découvert un retour moyen d'investissement de 39,4 %.

Pourquoi la R-D est-elle si rentable, alors qu'une forte proportion des projets de R-D (50 % ou plus) n'aboutit pas à des succès commerciaux ? La raison est simple : les projets qui réussissent compensent amplement pour ceux qui ne se matérialisent pas en innovations rentables. De plus, une innovation réussie génère des profits année après année. Si, comme Brinner l'a démontré, le retour d'investissement est de 30 % pour un produit d'une durée de 10 ans, ce gain s'élève à 35 % si le produit ou le procédé a une vie utile de 15 ans et il diminue à 12 % si la vie utile de l'innovation n'est que de cinq ans (cas exceptionnel).

4.3 LA FONCTION DE LA R-D DANS L'ENTREPRISE

La fonction de la R-D dans l'entreprise est double : d'une part, appuyer la production et augmenter la rentabilité à court terme grâce à des améliorations apportées aux produits et aux procédés existants et, d'autre part, assurer l'avenir de l'entreprise grâce à des innovations technologiques importantes. Il s'agit donc d'établir un équilibre entre les activités à court terme et les efforts stratégiques à plus longue échéance.

La R-D doit être en étroite relation avec les autres fonctions critiques de l'entreprise, notamment celles du marketing, de la conception de produits et de l'ingénierie, et de la fabrication. Par exemple, en ce qui concerne le marketing, les chercheurs doivent surveiller ce qui se passe ailleurs en science et en technologie dans le domaine qui intéresse l'entreprise, et tenter d'appliquer ces résultats. Il leur faut découvrir conjointement avec leurs collègues du marketing les nouvelles possibilités technologiques correspondant à des besoins du marché que l'entreprise est en bonne position d'exploiter. L'adéquation entre la R-D et le marketing permettra également de mieux orienter les efforts internes de R-D déjà entrepris. De plus, il faut veiller à assurer la propriété intellectuelle des résultats internes de R-D prometteurs et les protéger par des brevets d'invention.

De même, la R-D doit être en symbiose avec la conception et l'ingénierie des produits. Les résultats de recherche peuvent être très prometteurs, mais il n'en découle pas pour autant que tous les paramètres de la conception sont connus ou qu'on peut certifier l'ingénierie du produit. Il faudra bien souvent recourir à des travaux de R-D supplémentaires pour obtenir les connaissances requises. Le cas échéant, les chercheurs devront s'enquérir de « l'état de cet art » à l'extérieur afin de pouvoir répondre aux exigences de leurs collègues concepteurs et analystes. Par contre, la R-D a pu donner naissance à un nouveau produit qui n'aurait pas été conçu autrement. Ou encore, la R-D peut indiquer une nouvelle conception plus économique d'un produit existant ou permettre une augmentation de performance du produit ou du procédé. Dans un cas comme dans l'autre, il est indispensable de maintenir une bonne liaison entre les équipes de R-D et d'ingénierie.

La liaison entre la R-D et la fabrication doit également être étroite. Lorsqu'un nouveau produit est destiné à la fabrication, la phase de R-D n'est pas terminée pour autant, loin de là. Si, comme cela se produit souvent, le nouveau produit est complexe ou si les modifications apportées par la R-D à un produit existant exigent des changements importants dans le procédé de fabrication, l'équipe de R-D devra suivre de près toutes les étapes des changements dans l'usine et aider à résoudre les problèmes. En effet, on devra peut-être imposer des modifications importantes au produit pour l'adapter aux équipements, le procédé de fabrication devra être rodé et il faudra faire des compromis entre les spécifications originales et la performance, la fiabilité, la durabilité, la taille, le poids, l'apparence

et le coût du nouveau produit. Lorsqu'il s'agit d'une première fabrication, il faut parfois recourir aux fondements même de la science et de la technologie qui ont donné naissance à la découverte. Il faut donc se résoudre à de nombreuses itérations jusqu'à ce que le produit ou le procédé soit optimisé, ce qui exige un effort soutenu d'une équipe interdisciplinaire et polyvalente.

Il existe d'énormes différences dans l'efficacité et la rentabilité des efforts de R-D d'une entreprise à l'autre. À l'instar des autres fonctions de l'entreprise, la R-D doit être bien gérée. Cela comprend, entre autres :

— une planification stratégique de la recherche ;

— une bonne adéquation entre le programme de R-D et les objectifs généraux de l'entreprise ;

— une assez grande souplesse de fonctionnement afin de pouvoir adapter le programme de recherche aux changements technologiques extérieurs, aux changements dans la politique de l'entreprise, et à l'évolution des marchés ;

— une programmation par projet, ayant des objectifs clairement définis au départ, une évaluation périodique des résultats et un système adéquat de rapports sur les résultats de la R-D ;

— une allocation suffisante de ressources pour atteindre les objectifs visés ;

— un réexamen périodique du programme en fonction des nouvelles possibilités et en vue d'éliminer les projets non productifs ou peu rentables ;

— une organisation flexible adaptée aux effectifs de recherche et aux objectifs poursuivis ;

— un climat de travail et des conditions qui favorisent la créativité et l'invention plutôt que la production routinière ;

— un bon réseau de communications, tant à l'intérieur du laboratoire de R-D qu'à l'exté-

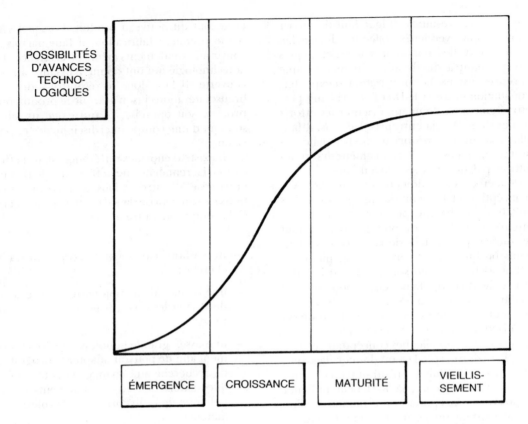

POSSIBILITÉS D'AVANCES TECHNOLOGIQUES

ÉMERGENCE   CROISSANCE   MATURITÉ   VIEILLISSEMENT

Figure 20.14   Courbe de cycle de vie d'une technologie

rieur avec les autres groupes de l'entreprise ;

— et, enfin, une communication adéquate des résultats de R-D à tous les intéressés et une utilisation effective.

Un autre aspect important de la gestion de la R-D dans l'entreprise est la mesure du rendement de la R-D en fonction des efforts consentis et des mutations technologiques dont il a été question au début de ce chapitre. À cette notion se rattache le concept de la maturation de la technologie, que nous allons maintenant décrire.

La courbe en S de la figure 20.14 représente ce concept de maturation. Par analogie avec le cycle de vie des industries ainsi que des produits, une technologie particulière traverse successivement quatre phases au cours de son évolution : l'émergence, la croissance, la maturité et le vieillissement. Durant l'émergence, la nouvelle technologie subit les turbulences qu'occasionnent les découvertes qui se succèdent rapidement, et reflète un potentiel commercial marqué par l'incertitude. La phase de croissance est une phase d'exploitation rapide et d'augmentation continue du nombre de participants. Une fois que les découvertes principales sont faites et que les possibilités de nouvelles applications sont largement exploitées, le progrès technologique ralentit de plus en plus, et chaque addition aux connaissances devient de plus en plus marginale et coûte de plus en plus cher : c'est la phase de maturité et, à l'extrême, celle du vieillissement de la technologie considérée.

Le but de la R-D est de fournir de nouvelles connaissances. En retour, ces connaissances font foi des progrès technologiques réalisés. Or,

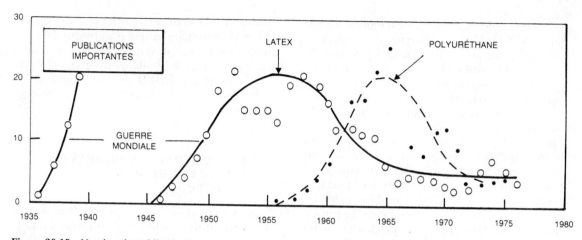

Figure 20.15 Nombre de publications importantes (normalisées) dans l'industrie des coussins à base de mousse résiliente (Source : Philip A. Roussel, 1984)

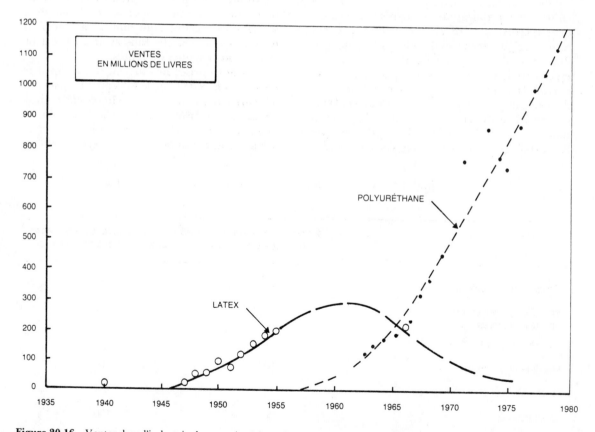

Figure 20.16 Ventes dans l'industrie des coussins à base de mousse résiliente (Source : Philip A. Roussel, 1984)

puisque la tendance générale du monde scientifique est de publier les nouvelles connaissances, on peut se servir de l'évolution historique du nombre de publications pour exprimer les progrès technologiques réalisés et, ainsi, mesurer la productivité de la R-D[12].

Pour une technologie qui a connu un cycle complet d'évolution, comme c'est le cas pour la mousse de latex du caoutchouc (voir la figure 20.15), le nombre de publications au cours des années se traduit par une courbe en cloche dont la partie descendante traduit la maturité et ensuite le vieillissement de la technologie. Cette courbe en cloche rappelle la courbe des ventes d'un produit qui a connu un cycle de vie complet, telle la mousse de latex du caoutchouc (figure 20.16).

Par contre, il existe un décalage entre la courbe des publications (progrès technologiques récents) et la courbe des ventes (progrès technologiques incarnés dans le système de production et de commercialisation). Ce décalage est illustré par les courbes se rapportant, d'une part, à la mousse de latex du caoutchouc et, d'autre part, à la mousse de polyuréthane. Dans ce dernier cas, la chute du nombre de publications depuis 1965 pourrait laisser présager que la technologie du polyuréthane s'achemine vers

son stade de maturité. Autrement dit, la R-D sur le polyuréthane risque maintenant d'être de moins en moins productive et de coûter plus cher pour chaque « unité de progrès » réalisée.

Le dirigeant de R-D doit donc faire attention à ce qui se passe dans son secteur de science et de technologie.

4.4 ÉVALUATION DES PROJETS DE NOUVEAUX PRODUITS INDUSTRIELS

Une évaluation a priori des projets de nouveaux produits industriels s'impose, avant même qu'on investisse des sommes importantes dans la R-D et qu'on utilise d'autres ressources de l'entreprise. Ne pas entreprendre cette évaluation et ne pas supputer ses chances de succès ou ses risques d'échec équivaudrait à lancer un produit sur le marché sans avoir au préalable évalué son potentiel de ventes.

Les entreprises investissent beaucoup d'argent dans la R-D (voir le tableau 20.5), surtout les entreprises de haute technologie (voir le tableau 20.4). IBM investit à elle seule plus de deux milliards de dollars dans la R-D annuellement. Or une grande partie de la recherche in-

Tableau 20.7   Dépenses relatives de R-D pour le développement de nouveaux produits industriels aux États-Unis en 1969

Industries	Nombre de grandes entreprises étudiées	Pourcentage de la R-D consacrée aux nouveaux produits
Équipement électrique	28	79 %
Produits chimiques et pharmaceutiques	34	82
Instruments scientifiques	16	88
Machinerie et ordinateurs	19	68
Avionnerie	6	84
Alimentation	7	100

Source: A. Gerstenfeld, 1970.

dustrielle est consacrée au développement de nouveaux produits (voir le tableau 20.7).

De plus, les industriels s'attendent à ce que leurs investissements dans la R-D soient remboursés en cinq années ou moins. Or, si les retombées potentielles de la R-D et du développement de nouveaux produits réussis sont élevées, les risques qui s'y rapportent le sont également. Il y a donc lieu de profiter de l'expérience acquise pour évaluer les projets de R-D et guider le processus de développement et de lancement de nouveaux produits industriels.

4.4.1 Le développement de nouveaux produits

Le lancement réussi de nouveaux produits est l'essence même de la concurrence. Face à un « cycle de vie » plus court des produits, à l'invasion de produits concurrents supérieurs et au vieillissement des produits et marchés existants, l'entreprise se voit forcée de se tourner vers de nouveaux produits afin d'assurer sa croissance et ses profits.

Toutefois, réussir le lancement d'un nouveau produit n'est pas chose facile. Même si l'industrie est soucieuse des besoins des marchés et qu'elle vise constamment la rentabilité de ses investissements en R-D, plus de la moitié des nouveaux produits lancés s'avèrent des échecs commerciaux. L'investissement est considérable et il s'agit donc de le valoriser par une évaluation a priori du projet de développement. La question cruciale qui se pose alors est la suivante : quel projet de développement de nouveaux produits doit-on privilégier au départ ?

Or de nombreuses études de la performance industrielle indiquent qu'une stratégie de produits est un des principaux fondements de la performance d'une entreprise. Il n'y a que deux stratégies appropriées pour survivre et croître dans un environnement de plus en plus concurrentiel et hostile. La première consiste à devenir un fabricant à gros volume, à bas coût et à bas prix (économies d'échelle et réduction des coûts de production grâce aux améliorations technologiques). La seconde est une stratégie axée sur des produits uniques et différenciés, d'une haute qualité, commandant des prix

élevés et destinés à des segments spécifiques de marchés. Les prix plus élevés permettent à la firme de faire des profits substantiels et d'en réinvestir une partie dans des développements qui lui permettront de maintenir son « leadership ». Ainsi, la différenciation du produit est la pierre angulaire de la seconde stratégie.

Selon Urban et Hauser[13], une bonne stratégie de produits exige l'adéquation entre le marketing et la R-D. Le marketing sert à identifier et à évaluer les besoins des clients, et la R-D et l'ingénierie permettent de développer les nouveaux produits en conséquence. Les firmes innovatrices ne sont pas nécessairement celles qui produisent les meilleurs développements technologiques mais celles qui savent ce qui peut être commercialisé.

Cette notion de qualité du produit, facteur décisif de compétitivité, se retrouve dans les études PIMS (« Profit Impact of Market Strategy ») conduites à l'Université Harvard[14]. Ces études indiquent que la qualité du produit est source de profits pour l'entreprise, quelle que soit sa taille ou sa part du marché.

Une enquête du Conference Board menée auprès d'industriels montre qu'environ 15 % des ventes étaient dues à des nouveaux produits majeurs (c'est-à-dire des percées technologiques) introduits sur le marché au cours des cinq années précédentes[15]. Selon cette même étude, 71 % des dirigeants interviewés étaient d'avis que leurs firmes dépendraient davantage des nouveaux produits au cours des cinq années suivantes.

Si importants soient-ils pour la profitabilité de l'entreprise, le développement et la commercialisation de nouveaux produits est une affaire risquée. Selon Hopkins, pour 100 nouveaux produits industriels lancés sur le marché, seulement 60 s'avèrent des succès commerciaux. Des résultats identiques ont été obtenus par Crawford[16]. Selon Cooper[17], sur 100 nouveaux produits industriels canadiens (majeurs et mineurs) pleinement développés, 60 s'avèrent des succès commerciaux, 20 ne sont pas lancés finalement sur le marché et 20 sont des échecs commerciaux. Bien plus, ces statistiques ne considèrent pas les nombreux projets de nouveaux produits qui sont abandonnés durant le stade du développement technique ou de la recherche et qui n'atteignent jamais le stade de la commercialisation.

L'étude la plus approfondie à ce sujet est celle de Booz, Allen et Hamilton[18]. Selon ces auteurs, environ 70 % de toutes les ressources consacrées par l'industrie au développement de nouveaux produits s'appliquent à des produits qui s'avèrent des échecs commerciaux. Le taux d'« attrition » est extraordinairement élevé : de 58 idées de nouveaux produits conçues, élaborées et développées par l'industrie, seulement une devient un succès commercial :

— 78 % des nouvelles idées sont rejetées lors du premier tamisage ;

— des idées restantes, 46 % sont abandonnées après une étude commerciale, ce qui ne laisse que 54 % pour le développement technique ;

— de ces dernières, 43 % sont finalement abandonnées après les travaux techniques ;

— parmi les produits qui ont franchi toutes les étapes du développement, 50 % n'atteignent pas le stade du lancement commercial ;

— et finalement, des quelques produits lancés, environ 50 % s'avèrent des échecs commerciaux.

Le résultat final est que moins de 2 % des propositions de nouveaux produits deviennent des succès commerciaux. Les dirigeants d'entreprise font donc face au dilemme suivant : le développement de nouveaux produits est une affaire très risquée et fort dispendieuse, mais le succès de leur entreprise en dépend.

Il faut, par conséquent, diminuer les risques associés au développement de nouveaux produits industriels. Il est également évident que la meilleure façon de diminuer les risques est de bien choisir au départ les meilleures idées de nouveaux produits. Ce tamisage permettra de réduire le taux d'échecs, d'utiliser les ressources à meilleur escient et d'accroître les retombées économiques pour l'entreprise.

Soulignons que ce tamisage initial vise davantage à rejeter les projets peu prometteurs qu'à appuyer fortement les projets retenus. Il faut se rappeler en effet que des propositions de nouveaux produits qui passent avec succès l'étape du tamisage initial, seulement 15 % deviennent des produits commercialisés, toujours selon l'étude d'Allen et Hamilton. Par ailleurs, il faut éviter que le tamisage initial soit rigoureux au point qu'aucune bonne idée ne puisse passer. Puisqu'au départ environ les trois quarts des idées de nouveaux produits ne sont pas retenues, il faut s'assurer que seules les bonnes idées passent le premier tamisage. En d'autres mots, il faut rejeter au départ toutes les propositions qui ont peu de chances de succès.

La meilleure façon de s'assurer que les projets de nouveaux produits soient des succès est de tenir compte des caractéristiques et des conditions de succès ou, à l'inverse, des caractéristiques génériques des projets qui échouent. De nombreuses études montrent que les projets qui échouent sont ceux qui affichent des carences notables au point de vue du marketing. Par exemple, Cooper[19] a découvert que dans 114 cas d'échecs de nouveaux produits, les causes principales d'insuccès étaient rattachées au marketing :

— sous-estimation de la force des concurrents (36,4 %),

— surestimation du nombre d'usagers potentiels (20,5 %),

— prix trop élevé pour le produit (18,2 %),

— difficultés ou carences techniques associées au nouveau produit (20,5 %),

— autres causes (4,4 %).

Les innovations qui réussissent se distinguent par les traits suivants :

— satisfaction évidente d'un besoin existant du marché,

— net avantage préférentiel du produit,

— produit conçu selon les spécifications du marché et les besoins des clients,

— existence d'un « champion » du produit et apport d'individus clés,

— développement technique efficace,

— bonnes communications internes et externes,

— excellence des techniques de cueillette et d'analyse des données et de la prise de décision,

— cohérence dans la gestion du développement des nouveaux produits.

Des nombreuses études sur la gestion des nouveaux produits, on peut retenir les leçons suivantes (tirées de Cooper) :

— On peut prédire assez correctement le succès ou l'échec d'un projet de nouveau produit industriel.

— Le sort d'un projet de nouveau produit est largement influencé par les actions de la direction.

— Le succès d'un nouveau produit dépend d'un ensemble complexe de variables.

— Une forte orientation vers les besoins du marché est un préalable du succès.

— Le succès dépend beaucoup du produit lui-même : la qualité de sa conception, ses caractéristiques uniques, ses avantages et bénéfices tels que perçus par le client, son prix.

— Le succès dépend également d'une campagne de lancement soigneusement conçue et correctement exécutée.

— L'innovation est grandement influencée par de bonnes communications internes ainsi que par une bonne coordination des divers groupes concernés.

4.4.2 Un modèle pratique d'évaluation

Trois questions fondamentales se posent lorsqu'il s'agit d'évaluer des propositions de développement de nouveaux produits industriels :

— La mission : le nouveau produit envisagé cadre-t-il bien avec le domaine d'affaires ou la mission de l'entreprise, c'est-à-dire avec les types de technologies, de produits et de marchés que l'entreprise veut poursuivre ?

— La faisabilité : le projet est-il réalisable avec les connaissances technologiques et les ressources déjà disponibles dans l'entreprise ou faudra-t-il faire appel à des ressources externes ?

— La « désirabilité » : le projet est-il attrayant pour l'entreprise ? En tenant compte des ressources à investir, des rendements financiers prévus, des pertes possibles, quelle est la probabilité de succès ?

C'est en fonction de ces inconnues que le professeur Robert G. Cooper, anciennement de la faculté de management de l'Université McGill, a conçu et réalisé un modèle empirique des facteurs de succès et d'échec de projets de nouveaux produits industriels. Grâce à l'étude exhaustive de 200 cas de nouveaux produits industriels, dont 100 étaient des succès et 100 des échecs, il a développé le système informatisé d'évaluation NewProd[20]. Ce système est commercialisé par le Centre d'innovation industrielle (Montréal).

Le système de diagnostic analyse les réponses à 48 questions regroupées sous les principales rubriques suivantes :

— ressources internes requises (8 questions),

— nature du projet (10 questions),

— aspect novateur du projet (8 questions),

— caractéristiques du produit fini prévu (7 questions),

— marché pour ce produit (15 questions).

Le système peut servir jusqu'à dix évaluateurs par projet. Chaque évaluateur répond aux énoncés par une cote variant de zéro (fortement en désaccord) à dix (fortement en accord). Il inscrit de plus son degré de confiance dans chacune de ses réponses par une cote variant entre zéro (très incertain) et dix (certain). Chaque projet peut ainsi être caractérisé par 960 réponses, qui sont traitées par ordinateur et comparées aux résultats des 200 études de cas susmentionnées. En outre, elles sont analysées selon les 13 facteurs indépendants énumérés dans le tableau 20.8.

Tableau 20.8   Facteurs d'évaluation d'un nouveau produit

CHAMPS	FACTEURS	% VARIANCE*
AVANTAGES DIFFÉRENTIELS DU PRODUIT	1. Supériorité et unicité du produit 2. Caractères innovateurs du produit (premier sur le marché) 3. Avantages économiques du produit	12,3 6,1 2,1
CADRE PROJET/ENTREPRISE	4. Nouveauté pour l'entreprise 5. Compatibilité entre le projet et les ressources de l'entreprise 6. Nouveauté de la production et de la technologie 7. Compatibilité avec les ressources techniques de l'entreprise	19,6 17,2 3,4 2,9
NATURE ET AMPLEUR DU MARCHÉ	8. Besoins, taille et croissance du marché 9. Compétitivité dans le marché 10. Force de la concurrence	4,8 11,3 4,9
CARACTÈRES DU PRODUIT	11. Définition exacte du produit 12. Degré de spécialisation du produit 13. Complexité et ampleur technologique du produit	3,6 2,7 8,9

* Pourcentage de la variance expliquée par chaque facteur, après rotation. La somme de ces pourcentages n'est pas égale à 100,0 % à cause des deuxièmes décimales.

Source: Robert G. Cooper, 1982.

En se basant sur les 200 cas étudiés, Cooper a calculé que la capacité de prédiction du modèle NewProd est de 82,7 % pour les succès et de 86,0 % pour les échecs. Les cas échappant à la « prédictabilité » de ce modèle ne révèlent aucune tendance particulière vers un facteur plutôt qu'un autre.

L'utilisation d'un système d'évaluation tel que NewProd comporte de nombreux avantages :

— L'évaluation est faite par des experts internes représentant les diverses fonctions de l'entreprise, c'est-à-dire direction générale, production, marketing, ingénierie et conception, recherche et développement, ventes et publicité, achats, etc. Ainsi, toutes les fonctions critiques de l'entreprise sont mises à contribution plutôt qu'une seule comme la R-D ou le marketing.

— *De facto*, les évaluateurs se servent d'une même base d'information pour leur évaluation du projet, ce qui facilite la cohérence de l'évaluation et la discussion des résultats.

— Néanmoins, chaque évaluateur fait son évaluation d'une manière indépendante, ce qui permet de découvrir les opinions de chacun selon sa sphère d'excellence.

— Au lieu de se fier à l'intuition ou à une expérience restreinte, la direction profite ainsi de l'expérience d'un grand nombre d'autres firmes.

— L'évaluation tient compte d'un grand nombre de variables pertinentes. Ces variables sont pondérées par les indices obtenus des 200 études de cas.

— Non seulement le système vise à prédire si le nouveau produit sera un succès ou un échec, mais il fournit également la probabilité de succès.

— Le système d'évaluation fournit une excellente base de discussion à propos des mérites et des lacunes du projet. Il fournit aussi des points de repère lors du développement ultérieur d'un projet.

En guise de conclusion, répétons que les gestionnaires doivent surveiller de très près leur système de génération de nouveaux produits et s'assurer qu'ils misent au départ sur les bons projets.

4.5 LES TRANSFERTS DE TECHNOLOGIE

À l'instar de la R-D, les transferts de technologie peuvent permettre à l'entreprise d'innover mais par l'acquisition de plans, devis et savoir-faire complet, venant d'ailleurs, d'un nouveau produit ou d'un nouveau procédé de fabrication. Il s'agit donc de connaissances nouvelles pour la firme mais d'une technologie connue.

Comme le soulignent Blais et Robichaud[21], les transferts de technologie sont particulièrement utiles pour la petite entreprise manufacturière qui n'a pas les ressources humaines ou financières pour entreprendre elle-même le développement technologique convoité.

Ainsi, l'entreprise acquiert une technologie éprouvée et elle profite directement des connaissances et de l'expérience du fournisseur. Si l'accord industriel a été bien négocié, la firme réceptrice sait à quoi elle s'engage et ce qu'elle peut en retirer. Elle n'encourt donc pas des risques financiers élevés et elle évite aussi les risques techniques inhérents à la R-D, car son fournisseur a déjà franchi cette étape avec succès. Elle peut donc s'engager dans la commercialisation assez rapidement.

Cependant, l'entreprise se trouve en situation de dépendance vis-à-vis de son fournisseur. Les modifications ou adaptations du produit ou du procédé sont aux frais de l'acquéreur. Enfin, certaines limites contractuelles peuvent être contraignantes, par exemple des redevances élevées qui grugent les profits ou des clauses de performance trop sévères.

La réussite d'un transfert de technologie dépend de nombreux facteurs. Tout d'abord, il faut bien identifier le besoin à combler. Si le besoin est réaliste (exemple : une amélioration du procédé de fabrication), les spécifications techniques le seront également, et la nouvelle technologie aura de meilleures chances d'être utilisée efficacement. Les spécifications doivent être précisées : taille, poids, fonctions, matériaux, énergie, coût, fiabilité, durabilité, etc. Il est souvent avantageux que les spécifications soient définies par un comité interdisciplinaire à l'intérieur de l'entreprise, préférablement avec le concours du fournisseur de la technologie désirée.

Il est conseillé de ne pas s'en tenir à un seul offrant. Une fois en possession de quelques offres de fournisseurs valables et déjà expérimentés en transferts de technologie, le directeur du projet serait bien avisé de s'adjoindre un comité de sélection constitué d'un expert technique, d'un spécialiste de la mise en marché et d'un spécialiste des licences ou accords industriels. L'analyse des offres doit comprendre :

— un avis technique sur la valeur intrinsèque de la technologie à acquérir,

— un avis sur l'étendue de la protection offerte et sur la valeur du brevet couvrant ladite technologie,

— un avis commercial sur l'ampleur du marché de cette nouvelle technologie et ses caractéristiques,

— un avis global sur les chances de réussir à intégrer cette nouvelle technologie dans les rouages de l'entreprise.

L'entreprise requérante a le choix entre obtenir une licence de fabrication, négocier une coparticipation ou conclure un achat à prix forfaitaire. Chacune de ces formules a ses avantages et ses inconvénients. Quelle que soit la formule envisagée, le demandeur doit négocier et rechercher une solution qui soit avantageuse à la fois pour lui et pour le fournisseur de technologie.

Enfin, l'accord industriel doit tenir compte de tous les aspects contractuels, techniques, juridiques et financiers se rapportant au transfert. Pour ce faire, l'entreprise trouvera avantage à consulter un cabinet d'études spécialisé en la matière.

5. L'effet de la R-D et de l'innovation à l'échelle internationale

Dans cette dernière section, nous jetons un regard sur l'activité de R-D et d'innovation au niveau international et nous soulignons l'importance de cette activité pour la croissance économique et l'émergence de nouvelles firmes technologiques.

5.1 CONTRIBUTION À LA CROISSANCE ÉCONOMIQUE

Le progrès technologique est le principal facteur de croissance économique et l'élément essentiel d'augmentation de la productivité. Selon les études économiques, les principaux facteurs de croissance de la productivité sont la technologie, les nouveaux investissements en capital et l'amélioration de la main-d'œuvre. Les résultats du tableau 20.9 soulignent l'importance primordiale des améliorations technologiques à cet égard. Des observations à peu près identiques ont été faites pour le Japon durant la période de 1953 à 1971, époque où le taux de croissance de l'économie japonaise surpassait celui des autres pays (8,8 % par année contre une moyenne de 4,2 % pour les 10 pays de l'OCDE étudiés).

Les investissements dans la R-D alimentent l'invention, et l'innovation qui en résulte permet d'améliorer la productivité. Les firmes et les pays qui investissent plus dans la R-D sont davantage en mesure d'affronter la concurrence et de conquérir des marchés d'exportation. Par ailleurs, le rendement « social » de l'investissement national dans la R-D est fort élevé, comme l'indique le tableau 20.10.

Ce rendement comprend les profits additionnels qui découlent de la R-D pour le secteur privé, ainsi que l'augmentation de productivité des firmes qui achètent leurs matériaux et équipements de compagnies ayant une forte intensité de R-D, les économies qui en résultent pour les consommateurs et les bénéfices qu'en retirent les citoyens aux points de vue de l'environ-

Tableau 20.9 Contribution des facteurs à la productivité

AUTEURS	PÉRIODE	MAIN-D'OEUVRE	CAPITAL	TECHNOLOGIE
DENISON, E.F. (1977)	1929-1969	18 %	20 %	62 %
KENDRICK, J.W. (1973)	1948-1969	10 %	18 %	72 %
CHRISTENSEN, L.R. (1975)	1947-1973	14 %	42 %	44 %

Source: Ministère du Travail des États-Unis, 1977.

Tableau 20.10 Rendement social de la recherche et du développement

FELLNER (1970) – estimation pessimiste	31 %
FELLNER (1970) – estimation optimiste	48 %
GRILICHES (1973)	40 %
GRILICHES (1975)	47 %
TERLECKYJ (1976) – estimation pessimiste	55 %
BRINNER (1977)	43 %
MANSFIELD *et al.* (1977)	50 %

Source: Roger Brinner, 1978.

nement, de la santé, de la sécurité, des économies d'énergie et des ressources naturelles peu abondantes.

5.2 COMPARAISONS DE L'ACTIVITÉ DE R-D AU NIVEAU INTERNATIONAL

Le tableau 20.11 montre l'ampleur des activités de R-D dans un groupe représentatif de pays de l'Organisation de coopération et de développement économique (OCDE). On remarquera que le financement public de la R-D est beaucoup plus élevé dans les pays qui consacrent plus d'efforts dans la défense nationale et l'aérospatiale, soit les États-Unis, l'Allemagne fédérale, le Royaume-Uni et la France. On remarquera également qu'à l'exception notable du Canada, le secteur des entreprises contribue de façon très significative au financement et à l'exécution de l'effort national de R-D. Le Canada fait également figure de parent pauvre en ce qui concerne la recherche dans les universités, notamment en sciences naturelles et en génie.

Il en est de même pour ce qui est des dépenses de R-D per capita, comme l'indique le tableau 20.12. Ce n'est certes pas une coïncidence qu'un petit pays comme la Suisse, peu pourvu en richesses naturelles, dépense plus en R-D per capita que tout autre pays industriel et qu'il détienne le premier rang en termes de PNB *per capita* dans le monde.

5.3 COMPARAISONS DE L'ACTIVITÉ D'INVENTION AU NIVEAU INTERNATIONAL

De sporadique et parcellisée qu'elle était il y a 50 ans, la recherche scientifique est devenue une

Tableau 20.11 Dépenses nationales de recherche et développement en 1979, en pourcentage du produit intérieur brut

	ÉTATS-UNIS	ALLEMAGNE FÉDÉRALE	ROYAUME-UNI	FRANCE	SUISSE	JAPON	PAYS-BAS	SUÈDE	BELGIQUE	CANADA
Dépenses totales de R-D	2,39	2,27	2,20	1,81	2,29	2,04	1,99	1,87	1,37	1,04
Financement public de la R-D	1,20	1,10	1,10	1,00	0,481	0,600	0,935	0,729	0,671	0,562
Dépense & espace	0,737	0,220	0,679	0,459	0,084	0,080	0,029	0,115	0,002	0,044
Autres fins	0,463	0,880	0,421	0,541	0,614	0,520	0,906	0,614	0,669	0,518
Secteur des entreprises										
Exécution	1,60	1,66	1,41	1,08	1,80	1,22	1,02	1,31	0,95	0,48
Financement	1,08	1,32	0,89	0,77	1,74	1,20	0,91	1,13	0,90	0,40 +
Secteur universitaire										
Exécution	0,35	0,41	0,25	0,27	0,57	0,43	0,49	0,44	0,29	0,24
Sciences naturelles et génie	0,32	0,33	0,19	0,21	0,37	0,35	0,37	0,39	0,23	0,17

Source: Bulletins de l'OCDE.

Tableau 20.12 Dépenses nationales de R-D per capita en 1979 en dollars U.S.

	Tous les secteurs	Recherche universitaire
ÉTATS-UNIS	254 $	37 $
ALLEMAGNE FÉDÉRALE	283 $	51 $
ROYAUME-UNI	125 $	14 $
FRANCE	193 $	30 $
Moyenne:	214 $	33 $
SUISSE	370 $	68 $
JAPON	173 $	49 $
PAYS-BAS	183 $	45 $
SUÈDE	242 $	55 $
BELGIQUE	155 $	31 $
CANADA	111 $	25 $
Moyenne:	206 $	46 $

Source: Bulletins de l'OCDE.

activité hautement organisée. Dans la plupart des pays industrialisés, plus de 75 % de la recherche industrielle est effectuée par un petit nombre de grandes firmes. Les entreprises de haute technologie consacrent entre 2 et 10 % de leur chiffre d'affaires annuel à la R-D. Plus la durée utile des produits est courte, plus l'entreprise se voit forcée d'investir en R-D afin de maintenir sa position concurrentielle (voir la figure 20.17).

Il n'est donc pas étonnant de constater que l'activité d'invention est étroitement liée à l'activité de R-D, ainsi qu'on peut le déduire des statistiques sur les brevets d'invention. Comme l'indique le tableau 20.13, plus un pays est actif en R-D, plus ses résidants obtiennent de brevets. Le Canada fait exception à cette règle, car 94 % de ses brevets sont délivrés à des étrangers. D'ailleurs, faut-il de nouveau le souligner, l'activité de R-D industrielle au Canada est plus faible que dans les autres pays industrialisés.

Comme l'indique le graphique de la figure 20.18, il existe une étroite corrélation entre l'activité de R-D et le nombre de brevets délivrés aux résidants d'un pays, qu'il s'agisse du nombre total de brevets par rapport aux dé-penses nationales de R-D (corrélation indiquée par des points) ou du nombre de brevets par 10 000 habitants par rapport aux dépenses de R-D per capita (corrélation indiquée par des cercles).

Les brevets sont un aspect important de la stratégie d'une entreprise, car ils confèrent à leurs propriétaires un droit exclusif de propriété intellectuelle durant une période de 17 années. Le dirigeant d'entreprise aura avantage à se familiariser avec le sujet et à consulter des experts le cas échéant. De nombreux ouvrages existent sur le sujet, dont celui de Dubuc[22].

5.4 LES NOUVELLES ENTREPRISES TECHNOLOGIQUES (VENTURING)

La naissance et la prolifération de nouvelles entreprises technologiques constituent une caractéristique dominante de notre ère. Par opposition aux firmes traditionnelles qui affichent une forte intensité de capital ou de main-d'œuvre, ou des deux, les nouvelles entreprises technologiques reposent sur une forte intensité des connaissances.

Puisque ces nouvelles firmes créent des emplois et stimulent singulièrement l'économie, il semble opportun de les caractériser. D'ailleurs, avec l'essor de l'informatique, de la microélectronique, des biotechnologies, des lasers, des fibres optiques, de l'instrumentation biomédicale, etc., on peut prévoir que ce phénomène continuera à prendre de l'ampleur.

5.4.1 Technologies de pointe

Notre ère est marquée par des changements techniques extrêmement rapides et profonds. Ce qui était hier une technologie de pointe ne l'est plus aujourd'hui : fibres synthétiques, plastiques, ferrites, radio, télévision, satellites, radar, circuits intégrés, lampes à vide, transistor, antibiotiques, pilules sulfa, pilules anticonceptionnelles, moteurs à réaction, fission nucléaire, algèbre booléenne, etc., sont devenus des éléments de la vie quotidienne.

Les nouvelles technologies de pointe se distinguent par un ensemble d'attributs assez particuliers :

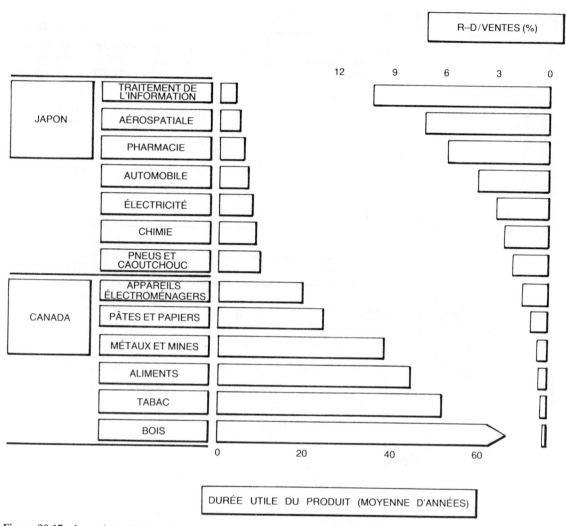

Figure 20.17 Intensité en R-D en fonction de la durée utile des produits dans divers secteurs (Source : SCIENTIST)

— elles touchent beaucoup de gens, pénètrent dans plusieurs secteurs et se trouvent dans plusieurs pays ;

— elles diminuent l'effort physique ainsi que le stress ;

— elles améliorent la santé ou allongent la vie utile des produits ;

— elles créent des changements sociaux ;

— elles servent des buts nationaux ;

— elles sont dictées par des impératifs d'économie, de durabilité et de sécurité ;

— elles donnent naissance à des technologies subsidiaires ;

— elles exigent un long développement ;

— leur ratio bénéfices/coûts est élevé ;

— elles sont l'un des rares moyens d'atteindre les buts désirés.

Tableau 20.13   Brevets délivrés en 1980

Pays	Nombre total de brevets délivrés au pays	% de brevets délivrés aux résidants du pays	Nombre de brevets aux résidants nationaux par 10 000 de population
ÉTATS-UNIS	61 827	60,0	16,7
ALLEMAGNE FÉDÉRALE	20 188	48,7	16,3
ROYAUME-UNI	23 804	21,7	9,2
FRANCE	28 060	30,0	15,7
SUISSE	5 961	24,7	23,4
JAPON	46 106	82,5	32,6
SUÈDE	4 998	27,9	16,8
CANADA	23 895	6,3	6,3

Source: Organisation mondiale de la propriété intellectuelle, 1982.

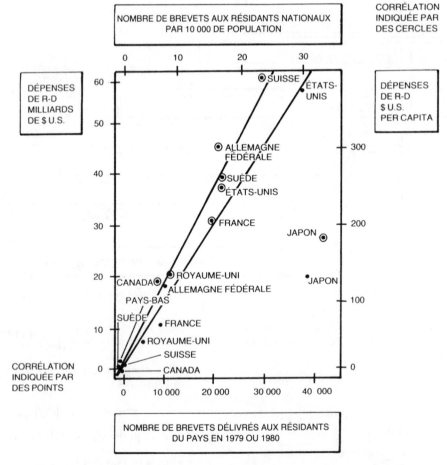

Figure 20.18   Corrélation entre l'activité d'invention et l'activité de R-D (Source : Bulletins de l'OCDE et de l'OMPI)

Tableau 20.14 Estimation du taux d'innovation aux États-Unis selon la taille des entreprises et les investissements en recherche et développement*

PÉRIODE	TAILLE DE L'ENTREPRISE		(Nombre d'employés)
	< 1 000	1 000 – 10 000	> 10 000
1953-1959	100,0 %*	29,5 %	3,9 %
1960-1966	64,4	14,4	2,2
1967-1973	35,1	9,0	2,0
Moyenne:	57,3 %	15,0 %	2,4 %

* Ces statistiques ont trait au taux d'innovation relié aux investissements en recherche et développement, en prenant comme base de comparaison les entreprises de moins de 1 000 employés durant la période 1953-1959 et en assignant à celles-ci un score de 100 % pour ladite période.

Source: National Science Foundation, 1977.

C'est à la lumière d'une telle distinction que l'Institut Battelle des États-Unis a fait en 1982 une analyse serrée et multivariable de quelque 250 technologies dans le monde, selon divers scénarios. L'étude a permis de conclure que les nouvelles technologies les plus prometteuses d'ici la fin des années 80 sont:

— le génie génétique,

— les microprocesseurs,

— la productivité du rapport homme-machine,

— les insecticides microbiens.

Tableau 20.15 Fréquence des innovations majeures faites par des inventeurs indépendants et des petites entreprises aux États-Unis

Auteurs	Types d'inventions	% des inventions faites par des inventeurs indépendants et des petites entreprises
JEWKES, SAWERS et STILLERMAN (1958)	Groupe de 61 innovations majeures au XXe siècle.	50 %
HAMBERG (1963)	Percées technologiques, 1946-1956.	67 %
PECK (1962)	Groupe de 149 inventions se rapportant à la technologie de l'aluminium.	86 %
HAMBERG (1963)	Groupe de 7 percées technologiques dans la technologie de l'acier.	100 %
ENOS (1962)	Groupe de 7 percées technologiques dans le craquage et le raffinage de pétrole.	100 %

Source: F. Prakke, 1974.

5.4.2 Importance de l'activité entrepreneuriale

De nombreuses études tendent à montrer que ce sont les petites entreprises (moins de 500 employés) qui ont créé la majorité des emplois au cours des dernières années. Aux dires de certains, il s'agit de plus de 80 % de tous les nouveaux emplois.

Cette tendance, qui a également été observée par l'OCDE dans ses pays membres, témoigne du caractère entrepreneurial des petites firmes. Celles-ci réussissent beaucoup mieux que les grandes entreprises à innover et à s'insérer de façon dynamique dans de nouvelles « niches » des marchés. Ce fait est mis en évidence par le tableau 20.14.

De même, c'est un fait reconnu que les inventeurs indépendants et les petites entreprises sont la principale source des innovations majeures (percées technologiques), comme le montre le tableau 20.15.

Un des phénomènes les plus importants relatifs aux petites compagnies de haute technologie est qu'elles tirent leur origine des « incubateurs », c'est-à-dire des grands laboratoires de recherche où les futurs entrepreneurs apprennent à maîtriser tel ou tel domaine de technologie de pointe. Devenant insatisfaits des conditions qui leur sont offertes ou frustrés que leurs nouvelles idées ne soient pas acceptées par la direction, ces chercheurs quittent l'établissement pour fonder leur propre compagnie, ce qu'on appelle un spin-off. Dans certains cas, les incubàteurs sont de grands laboratoires universitaires ou paragouvernementaux où l'esprit d'entreprise est encouragé. Les meilleurs exemples de ce phénomène sont la manne de compagnies de haute technologie ayant donné naissance à la « route 128 » en banlieue de Boston ou la « vallée du silicium » à Palo Alto en Californie.

5.4.3 Caractéristiques des nouvelles firmes technologiques

En termes de ventes annuelles, de revenus nets et d'impôts et taxes payés à l'État, les nouvelles firmes technologiques offrent une performance nettement supérieure à celle des autres entreprises. Selon une étude faite par Morse[23] pour la période de 1969 à 1974, les nouvelles compagnies technologiques ont crû à un taux moyen de 42,5 % par année comparativement à 13,2 % pour les entreprises dites dynamiques et 11,4 % pour les entreprises ayant atteint le stade de la maturité. L'industrie américaine des semiconducteurs s'est développée 5 fois plus rapidement que le PNB entre 1963 et 1973, pendant que le secteur des circuits imprimés a augmenté 80 fois plus vite[24].

Les nouvelles firmes technologiques sont des créateurs prolifiques de nouveaux emplois. Par exemple, Birch[25] a découvert à propos des 5,6 millions d'entreprises inscrites sur la liste de Dun & Bradstreet entre 1969 et 1976, qu'environ 50 % des nouveaux emplois furent créés par de petits entrepreneurs indépendants contre moins de 15 % dans les grandes entreprises. Or il s'agissait de petites entreprises de toutes sortes, alors que les petites firmes technologiques affichent une performance nettement supérieure à la moyenne. Dans l'industrie électronique américaine (ÆA), par exemple, les compagnies émergentes ont créé en 1976 une moyenne de 89 emplois chacune, comparativement à une moyenne de 69 nouveaux emplois dans les industries à maturité qui, pourtant, employaient 27 fois plus d'effectifs que leurs jeunes compétiteurs[26].

Les nouvelles firmes technologiques démontrent une performance remarquable au point de vue des exportations et elles consacrent proportionnellement beaucoup plus d'argent à la R-D que les autres firmes. La même étude ÆA a montré que pour chaque part de 100 $ de capital-équité investi en 1976 par un groupe de 77 compagnies fondées entre 1971 et 1975, les ventes aux exportations s'élevaient à 70 $, alors que les investissements en R-D s'élevaient à 33 $. Cela confirme le caractère entrepreneurial de leurs dirigeants.

Ces petites firmes technologiques sont beaucoup plus dynamiques que les autres au point de vue de l'innovation. Pour elles, une invention représente une occasion majeure d'entrer dans le marché. Étant petites, elles doivent nécessairement innover constamment pour croître. Leur effet sur l'économie est double : d'abord pour ce qu'elles sont et ce qu'elles font, ensuite par leur effet d'entraînement sur les grandes compagnies, qui deviennent alors moins conservatrices et se voient forcées d'intégrer les derniers changements technologiques dans leur système de production.

Les fondateurs de ces compagnies jouent un rôle prépondérant dans le succès de ces entreprises, du moins durant les premières années. Ce sont des entrepreneurs hors pair. La plupart héritent d'une tradition familiale bien ancrée dans le monde des affaires ou de l'industrie, leur père étant généralement à son propre compte. Ils ont souvent un haut niveau d'éducation ; par exemple, les entrepreneurs qui ont établi la route 128 près de Boston étaient en moyenne détenteurs d'une maîtrise. Ils sont généralement jeunes, leur âge moyen n'étant que de 32 ans. Ils sont orientés beaucoup plus vers le développement technologique que vers la recherche fondamentale ou appliquée. Enfin, presque tous sont obsédés par l'idée de réaliser des choses concrètes. Ce ne sont pas des rêveurs.

Ces compagnies œuvrent aux frontières de la technologie (*state of art*). Elles composent constamment avec le changement technologique dans des domaines de pointe : semi-conducteurs, communications, informatique, télématique, vidéodisques, lasers, robotique, microélectronique, avionique, satellites, microprocesseurs, produits pharmaceutiques, appareils scientifiques, appareils biomédicaux, biotechnologies, et ainsi de suite. Elles doivent savoir profiter rapidement des percées technologiques, soit pour améliorer considérablement leurs produits, soit pour adopter de nouveaux procédés de fabrication qui leur permettront de réduire d'une manière appréciable leurs coûts de production.

Dans un tel environnement instable, les dirigeants de ces compagnies doivent s'assurer en premier lieu d'une bonne gestion de la technologie : quelle technologie doivent-ils poursuivre à un moment donné ? Comment effectuer une bonne transition d'une technologie à une autre ? Comment préparer l'entreprise pour le changement technologique ? Les dirigeants doivent pouvoir reconnaître assez tôt les limites de la technologie qui les intéresse afin de savoir ce qu'ils pourront en retirer. Ils doivent mesurer le rendement de leurs efforts par rapport à l'augmentation de la performance (principe de la courbe en S). Il leur faut créer dans l'entreprise un climat favorable à une créativité soutenue et à la réussite de l'innovation. L'organisation doit être souple afin de s'adapter à des changements fréquents. Les objectifs de l'entreprise doivent être clairs, et les responsabilités doivent être déléguées à de petits groupes interdisciplinaires de personnes très motivées. L'information doit circuler rapidement à travers tous les paliers de l'entreprise, et les communications doivent être faciles entre la direction et les employés.

En guise de conclusion, ajoutons que les nouvelles compagnies technologiques constituent un défi singulier pour les industriels. Les compagnies établies depuis longtemps doivent apprendre le leitmotiv de l'innovation et créer une culture corporative propice à la créativité de leurs employés et à une augmentation de la productivité.

5.5 STOCK DE RESSOURCES HUMAINES

La direction des entreprises industrielles a connu une évolution considérable au cours des dernières décennies. Aux chefs d'entreprises autodidactes de la première génération ont succédé des gestionnaires professionnels. Puis sont apparus à la tête des grandes entreprises des avocats ou des financiers. Sous l'impulsion des changements technologiques importants qui bouleversent maintenant les structures industrielles, on assiste à une entrée de plus en plus forte de hauts gestionnaires rompus à la fois aux technologies de pointe et aux sciences de l'administration.

Déjà, la majorité des grandes entreprises manufacturières au Japon sont dirigées par des ingénieurs. À une échelle beaucoup plus restreinte mais croissante, le même phénomène apparaît en Europe et en Amérique du Nord.

Le tableau 20.16 est révélateur à ce sujet. On voit que les économies industrielles les plus solides sont souvent caractérisées par une proportion d'ingénieurs forte comparativement à

Tableau 20.16   Nombre de certains professionnels par 10 000 de population en 1980

	Comptables	Avocats	Ingénieurs	Ratio I ÷ (C + A)
ÉTATS-UNIS	46	22	63	0,9
CANADA	15	15	48	1,6
PAYS-BAS	9	29	128	3,4
URSS	41	7	186	3,9
SUISSE	2	7	35	3,9
ALLEMAGNE FÉDÉRALE	11	8	78	4,1
JAPON	3	1	31	7,8
FRANCE	2	3	40	8,0

celle des comptables et avocats, ainsi que par un nombre absolu d'ingénieurs relativement élevé.

Par ailleurs, on estime que les quelque 125 000 ingénieurs au Canada en 1983 étaient répartis comme suit : production (45 %), administration (25 %), conception (10 %), marketing (10 %), recherche et enseignement (10 %).

Face aux changements technologiques profonds déjà solidement amorcés et qui prendront sans doute davantage d'ampleur à l'avenir, toute entreprise ou toute nation dynamique doit refaire son stock de ressources humaines si elle veut demeurer compétitive. C'est peut-être là le plus grand défi qui se pose aux gestionnaires modernes, notamment au chapitre du recyclage et de la formation continue de la main-d'œuvre.

NOTES BIBLIOGRAPHIQUES

1) T. PETERS et R. WATERMAN. *Le Prix de l'excellence : Les secrets des meilleures entreprises*, Paris, InterÉditions, 1982.

2) T. YAO et R.A. BLAIS. « The Innovation Galore, from Classroom to the Shop Floor », *Technovation*, Elsevier, Vol. 1, 1982, p. 255-273.

3) R.N. FOSTER. « Boosting the Payoff from R&D », *Research Management*, Janv. 1982, p. 22-27.

4) B.T. SCHOFIELD. « Strategy and Innovation, Top Management's Role », in *R&D Strategies in a Competitive Environment*, Montréal, A. Williams, Editor, Concordia University, Transactions of 21st Annual Conference, Canadian Research Management Association, October 1983, R.A. Blais, Conference Chairman.

5) P.-Y. BARREYRE. *Stratégie d'innovation dans les moyennes et petites industries*, Suresne, France, Éditions Hommes et Techniques, 1975.

6) J.H. HOLLOMON. *Technical Change and American Enterprise*, Washington, D.C., National Planning Association, 1974.

7) S. MYERS et D.G. MARQUIS. *Successful Industrial Innovations*, Washington, D.C., National Science Foundation, NSF 69-17, 1969.

8) J. MANCUSO. « How a Business Plan is Read », *Business Horizons* , Août 1974.

9) Z. GRILICHES. « Returns to Research and Development in the Private Sector », Williamsburg, U.S.A., NBER Conference on New Developments in Productivity Measurement, Nov. 1975.

10) E. MANSFIELD, J. RAPOPORT, A. ROMEO, S. WAGNER et G. BEARDSLEY. « Social and Private Rates of Return from Industrial Innovations », *Quarterly Journal of Economics*, Mai 1977, p. 221.

11) J.G. TEWKSBURY, M.S. CRANDALL et W.E. CRANE. « Measuring the Societal Benefits of Innovation », *Science*, Août 1980.

12) P.A. ROUSSEL. « Technological Maturity Proves and Valid and Important Concept »,

Research Management, Vol. 77, nº 1, 1984, p. 29-34.

13) G.L. URBAN et J.R. HAUSER. *Design and Marketing of New Products* , New Jersey, Prentice-Hall, Inc., 1980.

14) S. SCHŒFFLER. « Impact of Strategic Planning on Profit Performance », *Harvard Business Review*, mars-avril 1974, p. 137-145.

15) D.S. HOPKINS. *New Product Winners and Losers*, Conference Board : Report nº 773, 1980.

16) C.M. CRAWFORD. « New Product Failure Rates - Facts and Fallacies », *Research Management*, sept. 1979, p. 9-13.

17) R.G. COOPER. *Un Guide pour l'évaluation de projets de nouveaux produits industriels*, Montréal, Centre d'innovation industrielle, 1984.

18) BOOZ, ALLEN & HAMILTON. *Management of New Products*, New York, Booz, Allen & Hamilton, Inc., 1968.

19) R.G. COOPER. « Why New Industrial Products Fail », *Industrial Marketing Management*, nº 4, 1975, p. 315-326.

20) R.G. COOPER. *A Guide to the Evaluation of New Industrial Products for Development*, Montréal, Centre d'innovation industrielle, 1982.

21) R.A. BLAIS et M. ROBICHAUD. *Les Transferts de technologie pour la PME*, Montréal, Centre d'innovation industrielle, série CIIM-PME, brochure nº 9, 1984.

22) J.H. DUBUC. *Ce qu'il faut savoir en matière de brevets d'invention* , Montréal, Centre d'innovation industrielle, série CIIM-PME, brochure nº 12, 1983.

23) R.S. MORSE. *The Role of New Technical Enterprises in the U.S. Economy*, Commerce Technical Advisory Board, Secretary of Commerce, U.S., 1976.

24) R. ROTHWELL. *Technology, Structural Change and Manufacturing Employment*, IFAC Workshop on Automation and Demand for Work and the Economy, University of Aston in Birmingham, May 7-9, 1980.

25) D. BIRCH. *The Job Generation Process*, Cambridge, MIT Program on Neighbourhoods and Change, 1979.

26) E.V.W. ZSCHAU. *Capital Formation*, Task force of the American Electronics Association, Statement before the Senate Select Committee on Small Business, February 8, 1978.

CHAPITRE 21

CONCLUSION : LA NATURE DE L'ADMINISTRATION

par

Roger Miller

> « *La communication de l'excellence procède aussi par la voie de l'autorité. Le véritable chef, s'il se préoccupe du bien commun et du bien privé, est une personne d'excellence. Au delà de l'amour, de l'exemple et de l'amitié, il communique l'excellence par sa façon de commander et de lier les actions privées au bien commun.* »

Yves Simon

Une définition de l'administration s'impose pour conclure ce volume consacré à l'étude du phénomène de la direction des entreprises. Or, donner une définition succincte de l'administration n'est pas une tâche facile. En fait, quiconque se hasarderait à vouloir en simplifier la définition à outrance pourrait à la limite être taxé d'esprit superficiel. Avec raison d'ailleurs, car l'administration est en réalité un phénomène complexe et dynamique d'actions individuelles et collectives.

Les événements hétérogènes qui constituent le phénomène de l'administration ne peuvent être cernés qu'à l'aide d'un ensemble de propositions. Il est donc illusoire, voire inconsidéré, de croire que l'on puisse élaborer une définition simple de l'administration. Les tentatives de définition succincte de l'administration se heurtent la plupart du temps à des clichés. La perspective que nous privilégions dans cette conclusion est de montrer que l'administration est un phénomène complexe d'actions individuelles et d'événements organisationnels, qu'on ne peut cerner qu'à l'aide d'un ensemble de propositions.

L'intérêt d'aborder le phénomène de l'administration à l'aide d'un ensemble de huit propositions est de rendre compte de ses divers aspects. L'administration est un champ de recherche et une science appliquée. Mais elle est aussi une pratique individuelle. La figure 21.1 résume l'ensemble des propositions utiles pour cerner le phénomène de l'administration.

Un premier groupe de cinq propositions présente l'administration comme un phénomène objectif analysable à l'aide d'instruments

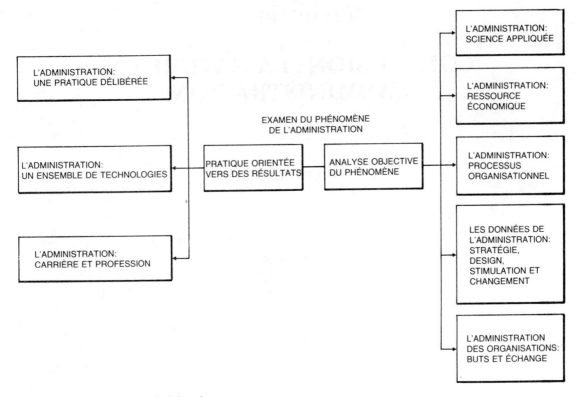

Figure 21.1   Définition de l'administration

conceptuels. L'administration est définie comme une science appliquée et comme une ressource économique au même titre que le capital ou le travail. L'administration apparaît aussi comme un processus organisationnel dont les domaines d'application sont la stratégie, la mobilisation des ressources, le design organisationnel et la stimulation des performances. Le processus permet aux organisations de réaliser des fins très différentes.

Dans un second groupe de trois propositions, nous examinons l'administration sous l'aspect de pratiques individuelles, de technologies de gestion et de carrière. L'administrateur efficace connaît et utilise les théories et les technologies appropriées, mais il les applique avec jugement. L'administration est aussi considérée comme une des professions les plus répandues dans les sociétés industrialisées.

1. L'administration est une ressource économique

L'administrateur et l'entrepreneur contribuent d'une manière substantielle à la croissance économique. Les études macro-économiques dont l'objet est de rendre compte de la croissance ont constaté l'effet majeur des connaissances administratives et scientifiques. Ces connaissances se traduisent en progrès économiques par des investissements, des lancements d'entreprises et des innovations.

L'influence de l'administration et de la technologie sur la croissance économique a été illustrée de manière éloquente par des économistes tels qu'Edward Dennison, François Perroux ou Joseph Schumpeter. Selon Edward F. Dennison, les contributions des facteurs de production tels que le travail, le capital et la terre n'expliquent qu'un peu plus de la moitié de la croissance économique[1]. Les progrès techniques et administratifs, quant à eux, expliquent le reste. Pour le secteur secondaire, les progrès des connaissances technologiques et administratives expliquent environ 40 % de la croissance économique, soit sensiblement le même pourcentage que le travail et le capital ; les économies d'échelle et une meilleure organisation des industriels rendent compte du reste. En fait, les progrès des connaissances scientifiques et administratives sont le plus important facteur d'explication de la croissance économique.

Les activités d'administration exercées par les entrepreneurs, les cadres d'entreprises et les administrateurs publics forment donc l'élément moteur du progrès économique. Les entrepreneurs sont peu nombreux, mais leur rôle est capital. Ils organisent le passage de l'invention ou de l'information à la production concrète par le lancement d'entreprises et l'innovation dans les produits ou les procédés. L'administrateur innovateur prend des décisions qui stimulent la concurrence et qui permettent le renouvellement des gammes de produits. Ainsi, les dirigeants affectent une proportion élevée des revenus (de 1 % à 20 % de leur chiffre d'affaires selon l'industrie) à des activités de recherche scientifique dont l'effet se réalisera dans l'avenir[2].

2. L'administration est un processus organisationnel

L'administration est un processus organisationnel d'orientation, de coordination des activités humaines et techniques et de motivation, dont le but est d'atteindre des objectifs concrets. Le processus d'administration est composé d'activités d'instauration, d'analyse, de décision, d'influence et d'évaluation réparties dans le temps et aux différents niveaux hiérarchiques. Ces activités sont exercées par des dirigeants ou des groupes de dirigeants dans des situations dynamiques et conflictuelles.

Le processus d'administration est un flux d'actions et d'activités qui se déploie en vue de la réalisation d'objectifs. La structure de l'organisation influence le processus, mais ce sont les membres qui l'instaurent et l'entretiennent par leurs actions. Par ailleurs, l'organisation est le lieu de multiples processus de communication, de socialisation ou de contrôle, comme l'indique la figure 21.2. Dans la mesure où ces processus sont gérés d'une manière rationnelle, ils s'intègrent aux activités d'administration.

Les décisions administratives, c'est-à-dire celles qui ont trait à la stratégie, à la mobilisation des ressources, au design organisationnel et à la motivation des comportements, sont réparties inégalement dans la hiérarchie, mais s'additionnent et s'entrecroisent pour former des flux d'actions. Organisés et institutionnalisés par des règles, des systèmes de gestion ou des structures, ces flux d'actions forment le processus d'administration. Sans l'exercice d'actes volontaires orientés vers le changement, l'organisation est vouée à la répétition des programmes existants[3]. Par contre, sans contrôle ni coordination des actions, l'organisation devient un lieu de conflits continuels.

Le processus d'administration est stimulé par la concurrence et les évaluations externes des clients, des investisseurs ou des distributeurs. De plus, les initiatives individuelles des dirigeants ou les mécanismes formels de l'organisation tels que la planification activent sans cesse le processus d'administration. La mise en œuvre et le contrôle des solutions choisies s'appuient surtout sur l'exercice du pouvoir et de l'influence. L'autorité légitime s'exerce par l'intermédiaire de la structure hiérarchique, des systèmes de décision et de coordination ou par des styles de « leadership » appropriés aux circonstances. Les objectifs visés et les programmes utilisés pour les atteindre sont communiqués par les voies hiérarchiques ou la participation.

Le processus d'administration dans les organisations est donc le fruit des actions de plusieurs personnes. Les activités de choix, d'influence et d'évaluation sont le plus souvent exercées par des spécialistes et des cadres au sein de l'organisation. L'administration est rarement le fait d'une seule personne, mais elle est au contraire un processus où plusieurs diri-

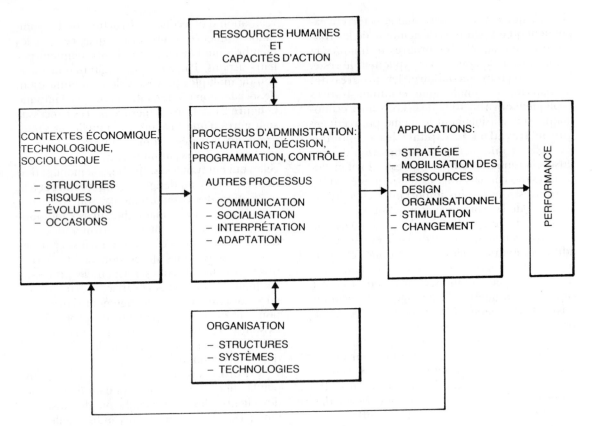

Figure 21.2 L'administration: processus organisationnel

geants en coalition jouent des rôles divers. Les organisations, notamment les entreprises, œuvrent dans des environnements économiques, technologiques et socio-politiques dont la nature et la dynamique évoluent rapidement et appellent des adaptations continues.

3. Les problèmes clés de l'administration sont : la stratégie, la mobilisation des ressources, le design organisationnel, la stimulation (motivation) et le changement

Le processus d'administration fait intervenir des choix critiques en vue d'assurer la survie et le progrès de l'organisation. Par ordre d'importance, ces choix critiques sont la formulation d'une stratégie, la mobilisation des ressources, le design organisationnel, la stimulation des activités courantes et le changement[4]. La figure 21.3 présente un schéma de ces diverses applications du processus d'administration.

Grâce à la formulation d'une stratégie, le processus d'administration précise les clientèles, les technologies et les produits ou services. La mise en place de la stratégie exige la mobilisation de ressources humaines, financières et techniques. Une fois la stratégie arrêtée et les ressources disponibles, il s'agit alors de créer une organisation propice à la gestion rationnelle des ressources financières, humaines, professionnelles et techniques.

La structure sera construite de façon à accomplir les tâches découlant de la stratégie[5]. Le·

personnel sera sélectionné en fonction de ces tâches spécifiques, puis groupé en unités tenant compte de la spécialisation des individus et des fonctions en place dans l'entreprise. Des moyens de coordination, de motivation et de communication appropriés seront mis en œuvre afin d'assurer l'intégration et de stimuler les activités. La formation assurera l'identification des membres à l'organisation et le développement d'une culture propice à la réalisation de la mission. Enfin, la mesure des résultats déclenchera

un réexamen de la situation ; débutera alors un autre cycle du processus d'administration (voir la figure 21.3).

Le style que prendra le processus d'administration dépendra des conditions spécifiques mais aussi des préférences des dirigeants. Par exemple, le style de direction approprié à une entreprise chimique dont la technologie est stable et continue sera différent de celui d'une entreprise de haute technologie dont les produits sont en continuelle évolution. Le style de

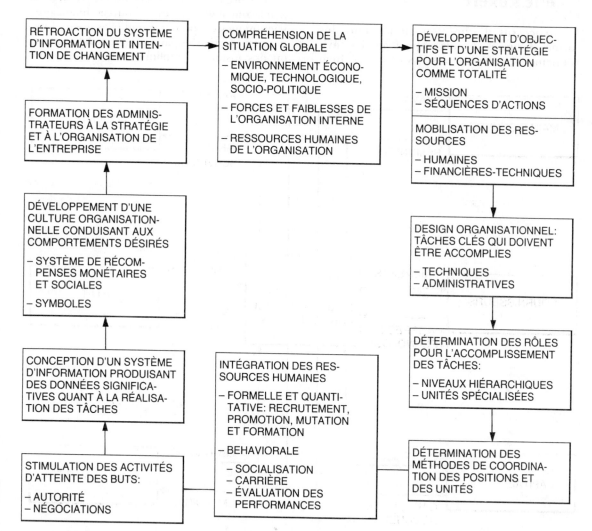

Figure 21.3 Les problèmes clés de l'administration

direction adapté à un hôpital ou à une université où les professionnels jouent des rôles clés sera plus décentralisé que celui d'une entreprise de transport aérien, où tous les comportements doivent être prévus avec exactitude.

4. L'administration prend des colorations distinctes selon les fins des organisations où elle s'exerce

Le processus d'administration prend des formes distinctes selon la technologie, les environnements, et les attentes des membres. Bien

que comportant des éléments universels que l'on retrouve d'une entreprise à l'autre, le processus différera selon qu'il s'agit d'une entreprise économique, d'un hôpital, d'une école ou d'un organisme public[6]. Or les techniques des sciences administratives font peu de différences entre les types d'organisations. Pour Herbert Simon, par exemple, la United States Steel Corporation, la Croix-Rouge ou une administration publique sont toutes des organisations où se déroule un processus d'administration[7].

Les organisations reçoivent, en échange de leurs contributions, les ressources financières, scientifiques et sociales essentielles à leur fonctionnement. Créées par des groupements privés ou des instances publiques, les organisations

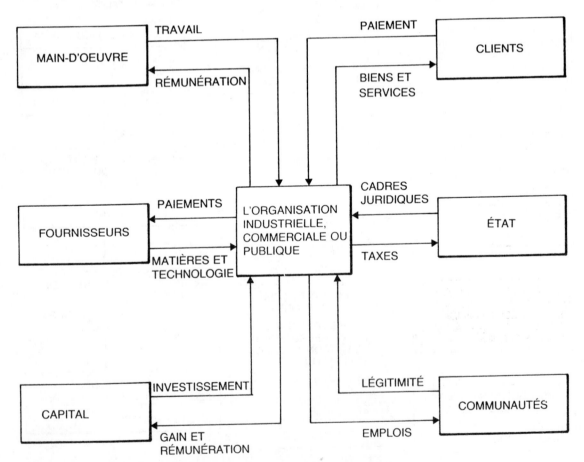

Figure 21.4   L'administration des échanges avec les partenaires de l'organisation

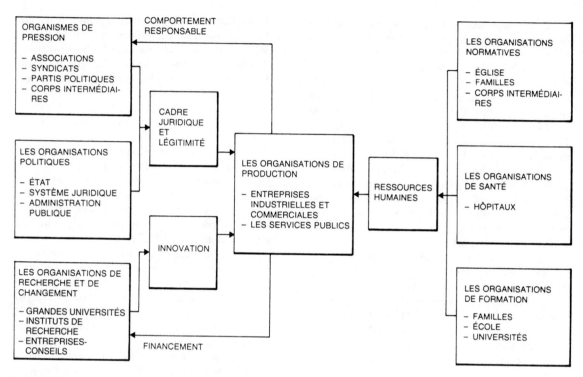

Figure 21.5   Les organisations qui secondent les organismes de production

produisent les biens et les services dont la collectivité estime avoir besoin; leurs fins s'insèrent donc dans un cadre social.

L'atteinte de ces buts divers exige des échanges continus avec les partenaires qui fournissent les ressources nécessaires à la réalisation des activités[8]. La figure 21.4 fait état des principaux échanges que l'administration doit effectuer pour assurer la survie et la progression de l'organisation. La mobilisation des ressources, intellectuelles et physiques, en vue de produire les biens et les services désirés permet de réaliser les fins. L'administration consiste donc à gérer des flux continus d'échanges et à articuler les ressources pour produire ces biens et services. Aux travailleurs, la direction offre des rémunérations en échange de leur travail; aux clients, les produits et les services désirés contre des paiements immédiats ou différés. L'entreprise paie des taxes à l'État, en contrepartie du cadre juridique fourni. Et enfin, le capital investi sous forme de moyens de production, de machines ou de bâtiments est rémunéré par des dividendes, des intérêts et l'accroissement de l'avoir des actionnaires.

La figure 21.5 fournit une description des types et des buts des organisations dans une société civile. Les organisations de production, c'est-à-dire les entreprises privées et les services publics, ont comme objectif la prospérité, c'est-à-dire la production de biens et de services et la rémunération des contributions dans le but d'accroître la richesse. La répartition des richesses produites par les entreprises s'effectue, d'une part, par les mécanismes du marché tels que la concurrence et les négociations collectives et, d'autre part, par les interventions publiques de nature réglementaire ou fiscale. La prospérité est réalisée en bonne partie par la création d'entreprises adaptées aux nouvelles technologies et aux besoins nouveaux de façon à contrebalancer la fermeture d'établissements non rentables.

Les organismes de pressions servent de mécanismes de cristallisation et d'articulation des attentes des membres d'une communauté civile. Partis politiques, syndicats et corps intermédiaires ont pour objet de concrétiser les attentes et d'exercer une influence sur l'entreprise et les instances politiques[9]. Les actions des groupes de pression sont efficaces dans la mesure où leurs pouvoirs s'appuient sur des normes sociales largement partagées. Les organisations normatives telles que l'Église et la famille (et même les écoles à certains égards) ont pour but de transmettre les normes sociales et les vertus nécessaires à la réalisation du bien. Sans leur contribution à l'apprentissage, la vie sociale serait difficile, voire impossible.

Les institutions de formation, c'est-à-dire les écoles et les universités, ont pour but la préparation de la main-d'œuvre par la transmission des connaissances humaines et scientifiques nécessaires à la vie sociale et à la production. Les institutions hospitalières et médicales se consacrent au maintien de la santé par la prévention et la thérapie. Les universités orientées vers la recherche, les instituts privés ou publics de recherche visent la création et le développement des connaissances scientifiques dont l'application accroîtra la prospérité. Enfin, les institutions politiques ont pour objet le bien commun. Grâce à la formulation et à l'application de législations, elles gèrent les intérêts conflictuels et redistribuent les richesses soit directement par les méthodes fiscales, soit par l'accessibilité à l'éducation, à l'emploi ou aux services médicaux.

Le processus d'administration prendra différentes formes selon les fins distinctes poursuivies par ces organisations, ces fins distinctes qui s'entrecoupent de façon à constituer une société ordonnée et cohérente mais empreinte de concurrence.

5. L'administration : une science appliquée

L'administration se constitue en science appliquée grâce aux activités de recherche et de réflexion des universitaires ou des praticiens. Henri Fayol, initiateur du champ d'études qu'est l'administration, était lui-même un chef d'entreprise qui voulait conceptualiser son expérience de façon à enseigner l'administration à l'École Polytechnique de Paris. L'administration devient de plus en plus un savoir formel, une science appliquée qui offre des schémas conceptuels, des théories et des technologies en vue d'accroître la rationalité et l'efficacité des actions.

Au même titre que le génie, la médecine ou l'architecture, l'administration se veut une science appliquée et pratique[10]. En effet, à l'instar de ces disciplines, l'administration repose sur des faits complexes et sur la poursuite d'objectifs concrets. Les contextes des décisions sont souvent définis et difficiles à structurer. Les caractéristiques de ces contextes sont connues de manière explicite mais aussi de façon intuitive. Les raisonnements utilisés reposent en partie sur la perception subjective des faits et la structuration progressive des problèmes. La démarche intellectuelle ne procède pas par raisonnements purement logiques ou mathématiques, mais suppose la structuration des faits et des problèmes à l'aide de schémas conceptuels d'analyse. Les décisions font appel à des connaissances scientifiques, à des schémas théoriques et au jugement. Tout comme le génie, la médecine ou l'architecture, l'administration est orientée vers l'atteinte de buts fermement ancrés dans la réalité. Les théories et les recherches sont des supports de l'action.

L'administration est une science appliquée qui s'appuie à la fois sur des recherches formelles, des schémas conceptuels et des leçons tirées de l'expérience personnelle et des cas particuliers. Le tableau 21.1 donne une esquisse des approches privilégiées présentement dans les sciences administratives selon deux dimensions, soit le degré de formalisation théorique et la qualité des données empiriques.

Selon les prescriptions de la tradition positiviste (case 1), les sciences administratives devraient formuler et vérifier, grâce à la méthode expérimentale, des théories à la fois formelles, objectives et parcimonieuses. Plusieurs chercheurs se sont engagés dans cette voie. Ces recherches formelles, bien que rigoureuses dans la formulation des objets d'analyse et la vérifica-

Tableau 21.1   Les recherches en sciences administratives

		Mesure et qualité des faits empiriques	
		élevée	faible
Degré de formalisation théorique	élevé	• tradition empirico-formelle • méthode herméneutique 1	schéma conceptuel 2
	faible	les réminiscences des chefs d'entreprise 3	cas et expérience 4

tion empirique, s'avèrent néanmoins difficiles et limitées. En effet, les changements continus, l'organisation et l'environnement de même que les influences des actions individuelles sont tels qu'il est difficile d'établir des lois claires, valides et immuables. Tout au plus, les sciences administratives offrent-elles des quasi-lois, c'est-à-dire des préceptes généraux dont l'applicabilité est contingente à la situation et aux acteurs.

Le dynamisme et la multiplicité des situations sont tels que plusieurs chercheurs voient plus d'avantages à élaborer des schémas conceptuels (case 2) que des théories empiriques vérifiables par l'expérimentation. Les schémas conceptuels sont des cadres généraux et des concepts qui permettent de comprendre et d'aborder des réalités complexes en vue de l'action. Les travaux de Herbert A. Simon sur les organisations ou ceux de Chester Barnard et James D. Thompson sur l'administration en sont des illustrations brillantes[11]. Les schémas conceptuels

guident les recherches scientifiques, mais leur véritable intérêt est surtout d'ordre explicatif et pédagogique[12]. Les schémas conceptuels proposent des cadres vérifiés en partie par l'expérience et permettent d'organiser les faits empiriques et les situations dynamiques en vue de l'action. La validité d'un schéma conceptuel réside d'abord dans sa rigueur théorique mais surtout dans sa validité expérientielle et sa fécondité au point de vue de la compréhension des faits et des situations.

Les réminiscences des chefs d'entreprise (case 3), fondées sur une expérience riche, sont formulées sans rigueur théorique. Les plus connues sont celles d'Alfred P. Sloan[13]. Les cas particuliers et les expériences vécues (case 4) n'offrent ni schémas théoriques rigoureux ni mesures de concepts, mais peuvent servir au développement de schémas conceptuels ou d'approches phénoménologiques.

6. L'administration est une pratique personnelle délibérée

L'administration est aussi une pratique personnelle délibérée, qui comprend à la fois des éléments intellectuels, des jugements et l'exercice de la volonté. La qualité de la pratique de l'administration s'accroît avec l'expérience mais aussi avec l'apprentissage de schémas conceptuels et des technologies qui permettent de

structurer les problèmes. La prise de décision et son exécution sont des processus à la fois analytiques, intuitifs et politiques.

L'aspect analytique de la pratique de l'administration fait référence à l'utilisation des capacités intellectuelles en vue de structurer les problèmes grâce aux théories, aux schémas conceptuels ou aux recherches empiriques. L'expérience et l'intuition aident aussi à bien saisir les problèmes[14]. Les capacités volitives permettent de faire des choix en fonction des buts à atteindre et de mettre en œuvre des moyens

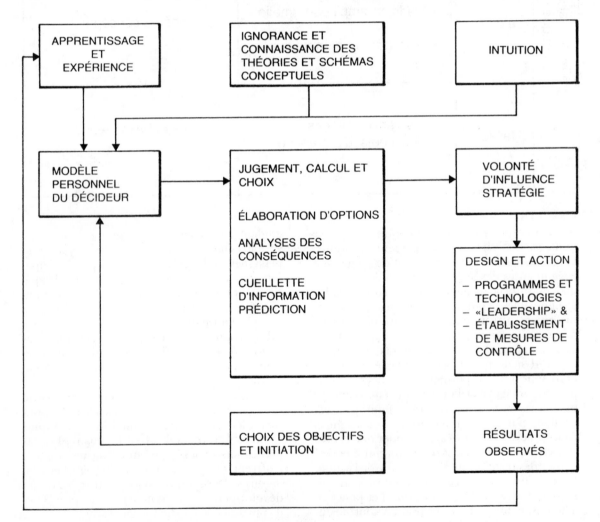

Figure 21.6   L'administration: pratique personnelle délibérée

utiles en vue de concrétiser les décisions prises. Au niveau personnel, l'administration n'est ni un art ni une science rigide mais, au contraire, une pratique délibérée où s'harmonisent analyse, intuition, volonté et jugement.

La délibération est le processus par lequel le preneur de décisions part d'un souhait général pour en arriver à un propos concret et immédiatement réalisable. Procédé intellectuel orienté vers la pratique, la délibération débouche sur le propos d'agir. L'administrateur efficace utilise des schémas conceptuels, les améliore à la lumière de son expérience et sait porter des jugements au moment de l'analyse des situations concrètes. La pratique conduit ainsi à des apprentissages chez l'administrateur, grâce à des échanges féconds entre, d'une part, les schémas conceptuels qui permettent de structurer les problèmes et, d'autre part, les jugements basés sur l'expérience. Les dirigeants prennent leurs décisions à l'aide de modèles personnels explicites ou implicites. Ces modèles peuvent être fortement structurés et formels, ou au contraire, implicites et vagues. En l'absence d'efforts analytiques et intellectuels rigoureux, des schémas de décision incomplets, partiels, implicites et même émotifs dominent la prise de décision.

La figure 21.6 résume les éléments essentiels de l'administration comme pratique délibérée. Prenons comme point de départ le modèle personnel du décideur. Les modèles personnels utilisés sont construits en premier lieu à partir des connaissances théoriques et des schémas conceptuels. L'ignorance et les a priori limitent la portée des schémas personnels ; l'expérience, l'apprentissage et l'intuition au contraire aident les administrateurs à se forger des modèles personnels plus complets. Les succès et les échecs confirment ou infirment la validité des conceptions personnelles.

La décision est prise après maints jugements et calculs. Le choix des objectifs et le temps consacré à l'examen des moyens et des informations appropriés influencent la qualité de la décision. À son tour, la décision doit se traduire en propos concrets grâce à des interactions personnelles avec les pairs, les supérieurs et les subordonnés. À cet égard, l'administrateur joue le rôle de « leader » et de motivateur. De plus, la mise en œuvre des décisions exige des activités de communication, de contact et d'influence directes ou symboliques auprès des partenaires externes de l'organisation.

En bref, l'administration est une pratique personnelle délibérée, où la connaissance rigoureuse des technologies ou des schémas conceptuels devient de plus en plus importante[15]. La qualité des décisions et de leur mise en œuvre s'accroît avec l'expérience et l'apprentissage de schémas conceptuels, mais ces décisions supposent toujours des initiatives personnelles et l'exercice de la volonté.

7. La pratique de l'administration s'appuie sur des technologies

Les impératifs de l'action dépassent souvent les cadres des théories et des schémas conceptuels. Les dirigeants d'entreprise font alors appel à des technologies de gestion inspirées des théories ou issues de la pratique ; ces outils augmentent alors la portée de leurs actions. L'administration puise largement dans les sciences sociales telles que l'économie, la psychosociologie, la sociologie ou le génie pour développer ses outils ou élaborer ses méthodes d'action. Les dirigeants ont à leur disposition des instruments permettant de résoudre les « problèmes » tels qu'ils les définissent. À vrai dire, la résolution des problèmes d'administration s'effectue moins par l'application des théories que par la mise en place de technologies de décision et d'action[16].

Les technologies de gestion sont des pratiques proposées par des universitaires et des consultants et raffinées par l'application au sein des firmes. Ces technologies sont ensuite diffusées par l'enseignement universitaire et les publications professionnelles. Les technologies s'appuient sur des théories économiques, sociologiques ou mathématiques, mais découlent la plupart du temps des pratiques confirmées par l'expérience.

L'usage des technologies varie selon les problèmes et les informations disponibles. Cer-

Tableau 21.2   Quelques exemples de technologies d'administration

Planification
- courbe d'expérience
- cheminement critique
- rationalisation des choix budgétaires
- simulations
- typologies BCG
- «Brainstorming» et Delphi
- scénarios industriels

Méthodes quantitatives
- modèles de décision dans l'incertain
- programmation linéaire ou dynamique
- file d'attente
- logiciels d'application
- analyse des systèmes
- systèmes d'information de gestion
- régression et lissage des données

Organisation
- direction par objectifs
- dynamique de groupe et diagnostics
- développement organisationnel
- centre d'évaluation des performances
- analyse transactionnelle

- réunions de confrontation
- analyse des styles de direction Blake et Mouton
- enquête et rétroaction organisationnelles

Marketing
- modèles de localisation
- modèles de décision
- valeur de l'information
- enquêtes par questionnaires, «panels» ou groupes
- techniques de segmentation des marchés

Finance
- analyse des ratios
- analyse des coûts et bénéfices
- analyse de l'efficacité par rapport au coût
- analyses de portefeuille
- sensibilité du point mort

Fabrication
- conception et fabrication assistées par ordinateur
- technologie des groupes
- optimisation des réseaux
- commande optimale des stocks

taines technologies consistent en l'analyse de facteurs d'ordre quantitatif ou mesurable : c'est le cas entre autres de l'analyse des ratios, des arbres de décision ou de l'analyse des coûts et bénéfices. D'autres technologies font appel à des facteurs plus qualitatifs. Dans ce groupe, citons la dynamique des groupes, la direction par objectifs et le « brainstorming ». Les technologies formelles telles que les simulations stratégiques, le développement de nouveaux produits ou la conception et la fabrication assistées par ordinateur sont autant d'exemples d'outils qui s'appuient sur des connaissances mathémati-

ques ou informatiques. Le tableau 21.2 donne des exemples de technologies utilisées en administration.

Les technologies font peu de différences entre l'administration publique et l'administration privée ; le problème commun est l'utilisation efficiente et efficace des ressources afin d'atteindre les buts visés. Certes, les mesures d'efficience varient d'une organisation à l'autre : profit pour une entreprise, par exemple, coût par élève dans une école ou coût par journée de maladie dans un hôpital.

8. L'administration est une carrière et une occupation professionnelle dans les sociétés industrielles

L'administration est enfin une occupation professionnelle menant à des carrières au sens d'organisation. Toutefois, l'administration n'est pas un domaine professionnel dans le sens d'un ordre exerçant un contrôle sur les actes professionnels (le droit, la médecine ou le notariat). Nous examinerons dans cette section l'importance croissante des postes de nature administrative dans l'économie et la notion de carrière.

Le progrès des organisations a élargi d'une manière significative l'importance des rôles administratifs. Au Canada, par exemple, plus de 5 % des emplois entrent dans les catégories d'occupation de direction[17]. Au fil des années, la proportion des employés affectés à des fonctions administratives reliées aux opérations courantes ou à la planification s'est accrue. La proportion des personnes employées à des postes dits administratifs s'accroît à mesure que l'économie s'industrialise et que le nombre d'organisations augmente.

La croissance des fonctions administratives et techniques est imputable à trois types de facteurs. D'abord, les innovations structurelles et les systèmes de gestion impliquent le recours à du personnel hautement qualifié dont les activités sont orientées vers la coordination et la stimulation des performances. Le développement des sièges sociaux, des laboratoires et des directions régionales est lié, d'une part, à l'expansion géographique et à la diversification et, d'autre part, à la complexité des mécanismes de décision. Ensuite, l'accroissement du personnel administratif et scientifique est intimement associé au lancement de nouveaux produits et procédés. Les innovations exigées par la concurrence ont pour conséquence d'augmenter le nombre de personnes affectées à des activités de planification. Enfin, la croissance des bureaucraties publiques au cours des dernières décennies a contribué largement à accroître la proportion des emplois de nature administra-

tive. En bref, la volonté et la capacité d'affecter du personnel à la coordination, à la planification ou à l'innovation ont fait augmenter la proportion de postes de nature administrative.

Un thème souvent évoqué dans le domaine de l'administration est le passage du contrôle effectif des entreprises, des propriétaires-dirigeants aux administrateurs professionnels rémunérés. La multiplication des postes de direction au sein des administrations publiques a aussi donné une nouvelle impulsion à l'aspect « professionnel » de la gestion. Par contre, la création continue d'entreprises rappelle l'importance de l'entrepreneur.

La notion de carrière rend compte, d'une part, des besoins des organisations en main-d'œuvre hautement qualifiée et, d'autre part, de l'offre de personnes qui ont décidé d'acquérir une formation administrative et technique en vue de se consacrer à des responsabilités de direction. La notion de carrière est en effet intimement liée au développement des organisations. La carrière est un cheminement, une progression de postes au fil des années en fonction de spécialités et de compétences. Ce cheminement individuel se caractérise par une série de déplacements verticaux, où les responsables ont l'occasion d'exercer une influence décisionnelle et un rayonnement personnel plus marqués. De même, les déplacements latéraux de postes d'une fonction ou d'une division à l'autre donnent aussi aux personnes l'occasion de voir l'ensemble des activités de l'organisation. Dans la mesure où les politiques et les procédures sont en accord avec les attentes des titulaires, on peut présumer que ceux-ci apprennent les valeurs et les comportements espérés. Par contre, plus les désaccords sont grands, plus la personne devra faire des compromis entre ses priorités et celles de l'organisation ; ou sinon elle devra quitter cette organisation.

Le cheminement au sein des postes au fil des années s'accompagne de changements dans les comportements, les motivations et les interactions avec l'organisation[18]. L'étude de ces différents changements a permis d'identifier les principaux stades d'une carrière. Le stade d'exploration est celui où la personne, à la suite de sa formation, cherche un emploi et fait son entrée dans une organisation de son choix. La personne peut alors décider soit de quitter cette organisation après quelques années ou d'y rester en vue d'y faire carrière. Le stade de l'avancement est caractérisé par un apprentissage et des progrès personnels, et par des déplacements latéraux et verticaux. Le stade de la contribution est celui où la personne occupe des fonctions stables et assume des responsabilités accrues ; il est marqué par des contributions importantes à l'organisation. Par la suite, la carrière atteint un stade de saturation et même de déclin jusqu'à la retraite.

9. Conclusion

La complexité de la définition de l'administration reflète bien les difficultés du gestionnaire au travail et particulièrement face aux comportements humains. Nous avons cherché à démontrer, tout au long de cette analyse, l'importance de comprendre et de maîtriser les concepts de l'administration dans une approche globale. Mais, quel que soit le niveau élevé de rationalité, l'être humain est à la fois le seul à prendre la décision finale et à connaître les conséquences des actes résultant de ses choix.

En d'autres mots, les décisions des cadres et des employés ont une dimension morale. Nous nous retrouvons donc devant un paradoxe apparent : en tant que science appliquée, l'administration n'implique aucune considération morale, alors que la pratique personnelle de l'administration pose aux décideurs des choix moraux continuels.

L'administration, science pratique orientée vers le concret, est amorale ; elle a pour objet de fournir les moyens les plus efficaces d'atteindre des fins. Les fins à poursuivre tombent hors du champ de préoccupation de l'administration. Toutefois, le dirigeant, quant à lui, est confronté sans cesse à des problèmes d'ordre moral, car il doit d'abord décider avec prudence de la légitimité et de la pertinence des fins à poursuivre. L'administration lui fournit les méthodes efficaces autant pour poursuivre des fins justes et bonnes que pour viser des fins injustes et mauvaises. Il doit faire des choix.

C'est pourquoi la pratique de l'administration suppose une formation morale solide chez les décideurs. En effet, l'administrateur dispose de ressources et de moyens qui lui permettent de poser des gestes dont la portée morale est grande. Donc, l'étude de la morale et de la philosophie ou même des idées politiques et sociales lui seront plus utiles à cet égard que l'apprentissage de l'administration, qui n'est qu'une science appliquée.

NOTES BIBLIOGRAPHIQUES

1) E.F. DENNISON. *Accounting for U.S. Economic Growth*, Washington, The Bookings Institute, 1974.

2) J. BALDERSTON. *Modern Management Techniques in Engineering and R & D*, New York, Van Nostrand Reinhold, 1984.

3) P. DE BRUYNE. *Esquisse d'une théorie générale de l'administration*, Louvain, Vander, 1966.

4) H.A. SIMON et J.G. MARCH. *Organizations*, New York, Wiley, 1958.

5) A.A. THOMPSON et A.J. STRICKLAND. *Strategic Management*, Plano, Texas, Business Publications, 1984.

6) T. PARSONS. *Structure and Processes in Modern Societies*, New York, Free Press, 1960.

7) H.A. SIMON. *Administrative Behavior*, New York, Free Press, 1957.

8) B. YAVITZ et W.H. NEWMAN. *Strategy in Action*, New York, Free Press, 1980.

9) R.A. DAHL. *Modern Political Analysis*, Englewood Cliffs, N.J., Prentice-Hall, 1973.

10) J. FORRESTER. *Collected Papers*, Cambridge, Mass., The MIT Press, 1975.

11) C. BARNARD. *The Function of the Executive*, Cambridge, Mass., Harvard University Press, 1938.

12) J.D. THOMPSON. *Organizations in Action*, New York, McGraw-Hill, 1967.

13) A.P. SLOAN. *My Years with General Motors*, New York, Doubleday, 1964.

14) H. MINTZBERG. *The Mind of the Strategist*, Montréal, McGill University, 1983.

15) C. SUMMER *et al. The Managerial Mind*, Homewood, Ill., Richard D. Irwin, 1977.

16) P. KEEN et M. SCOTT MORTON. *Decision Support Systems*, Boston, Mass., Addison-Wesley Publishing Reading, 1978.

17) Y. ALLAIRE et R. MILLER. *L'Adaptation de l'entreprise à la francisation*, Montréal, Institut de Recherche C.D. Howe, 1980.

18) E. SCHEIN. *Organizational Psychology*, Englewood Cliffs, N.J., Prentice-Hall, 1970.

Index